Hermann Sudendorf

Urkundenbuch zur Geschichte der Herzöge von Braunschweig und Lüneburg

Und ihrer Lande vom Jahre 1374 bis 1381

Hermann Sudendorf

Urkundenbuch zur Geschichte der Herzöge von Braunschweig und Lüneburg
Und ihrer Lande vom Jahre 1374 bis 1381

ISBN/EAN: 9783743391635

Hergestellt in Europa, USA, Kanada, Australien, Japan

Cover: Foto ©ninafisch / pixelio.de

Weitere Bücher finden Sie auf **www.hansebooks.com**

URKUNDENBUCH

ZUR

GESCHICHTE

DER

Herzöge von Braunschweig und Lüneburg

UND IHRER LANDE,

GESAMMELT UND HERAUSGEGEBEN

VON

H. SUDENDORF,

DR. PHIL., ARCHIVRATH ZU HANNOVER.

FÜNFTER THEIL.
VOM JAHRE 1374 BIS ZUM JAHRE 1381.

HANNOVER.

CARL RÜMPLER.

1865.

Hofbuchdruckerei der Gebr. Jänecke in Hannover

Verzeichniss

der

Copiare, Register und Manuscripte, die zu dem vorliegenden fünften Theile benutzt sind.

Ausser einigen in den vorigen Theilen verzeichneten Copiaren, Registern und Manuscripten gehört folgendes im Archive der Stadt Lüneburg befindliche Registrum hierher.

XVII. Ein Registrum, welches mit den Worten beginnt: „Anno domini. M. CCC. LXXXXIII. feria fecunda poft Letare ego confcribere Incepi infrafcripta et regiftrare". Der Schreiber desselben, gewiss ein Notar des Raths der Stadt Lüneburg, vielleicht Willer Krowel, hat seinen Namen nicht genannt. Dieses Registrum enthält 36 Quartblätter von Papier, also 72 Seiten (mit 124 Nummern). Auf dem Deckel von Pergament steht von etwa gleichzeitiger Hand geschrieben: „Hic inclufa quia tangunt Opidum Luneborgh nemini oftendantur uel prefententur preterquam Proconfulibus uel Confulibus ibidem. Et propter hoc prefentem fcripturam Ego hinr kule qui ea extra manum Confulum repperi propria manu fcripfi et figneto meo fignaui et claufi." In einem anderen Codex des Archives der Stadt Lüneburg schreibt Heinrich Kule: „Anno domini M CCC^{mo} Nonagefimo nono feria fexta proxima ante dominicam qua cantatur Letare que fuit feptima dies menfis Marcij Ego henricus küle fui per Confulatum luneburgenfem in eorum Notarium receptus et acceptatus." Das Registrum ist jetzt in der Registratur auf dem Rathhause zu Lüneburg verzeichnet als „Ein altes Buch, enthaltend verschiedene Nachrichten von der Sate und andern Stadtsachen de 1398." Von einer und derselben Hand geschrieben, erstreckt es sich eigentlich nur bis zum Jahre 1395 inclusive. Eine Urkunde jedoch ist aus dem Jahre 1396, eine andere aus dem Jahre 1398. In das Registrum sind nach jenen 36 Blättern so viel Hefte (in Quarto) hineingelegt, dass die Gesammtzahl der Blätter auf 118 (also 236 Seiten) steigt. Ausserdem liegen noch mehre lose Blätter, Bogen und ein Octav-Heft darin. Sie alle betreffen mit wenigen Ausnahmen, wie das Registrum selbst, Angelegenheiten der Sate bis zum Jahre 1397. Jedoch auch einige spätere Urkunden und Urkunden vor der Satezeit sind darin enthalten.

A*

Verzeichniss
der
im vorliegenden fünften Theile citirten Werke.

Ausser einigen in den vorigen Theilen verzeichneten Werken gehören hierher folgende.

J. Ch. Beckmann Historie des Fürstenthums Anhalt von dessen alten Einwohnern und einigen annoch vorhandenen alten Monumenten, natürlicher Gütigkeit, Eintheilung, Flüssen, Städten, Flecken und Dörfern, fürstl. Hoheit, Geschichten der fürstl. Personen. Zerbst 1710. fol.

J. P. Cassel Urkunden von einigen Verträgen, welche die Stadt Bremen zum Besten ihrer Handlung in vorigen Zeiten mit etlichen besonders Hanse-Städten aufgerichtet. Bremen 1707. 4to.

H. Dürre Geschichte der Stadt Braunschweig im Mittelalter. Braunschweig 1861. 8°.

H. A. Erhard Regesta historiae Westphaliae accedit codex diplomaticus. Die Quellen der Geschichte Westphalens. Band 1 und 2. Münster 1847 und 1851. Band 3 von R. Wilmans. Münster 1859 und 1861. 4to.

L. Hänselmann Der Aufruhr des Jahres 1374. Ein Beitrag zur Geschichte der Stadt Braunschweig. Braunschweig 1865. 8°.

W. von Hodenberg Lüneburger Urkundenbuch, auf Kosten der Lüneburger Landschaft herausgegeben. Abtheilung 7 und 15. Celle 1859 und 1861. 4to

G. Ch. Joannis Tabvlarvm litterarvmqve vetervm vsqve hvc nondvm editarvm Spicilegivm idqve primvm. Francofvrti ad Moenvm 1724. 8°.

Die Bremische Chronik des G. Rynesberch und des H. Schene in J. M. Lappenberg's Geschichtsquellen des Erzstiftes und der Stadt Bremen. Bremen 1841. 8°.

J. H. Schmincke Historische Untersuchung von des Otto des Schützen Begebenheiten am clevischen Hofe, herausgegeben von F. Ch. Schmincke. Cassel 1746. 8°.

F. Ch. Schmincke Monumenta Hassiaca, darinnen verschiedene zur hessischen Geschichte und Rechtsgelehrsamkeit dienende Nachrichten und Abhandlungen an das Licht gestellt werden. Theil 1—4. Cassel 1747 bis 1765. 8°

Geschichtliche Einleitung.

Herzog Otto von Braunschweig zu Göttingen.

Als am 15. März 1367 die Verlobung zwischen dem aus dem geistlichen Stande zurücktretenden Landgrafen Hermann von Hessen und der Tochter des Grafen Johann von Nassau Statt gefunden, Landgraf Heinrich der Braut seines Neffen Schloss und Stadt Giessen zum Witthum verschrieben und, dass man ihr daselbst huldige, befohlen hatte, konnte Herzog Otto zu Göttingen, wenn auch die Aussichten auf das Erlöschen des landgräflich hessischen Mannesstammes nicht ganz verschwunden waren, die sich ihm entgegenstellenden Schwierigkeiten, jemals in der Regierung des Landes Hessen nachzufolgen, nicht mehr verkennen. Fünf Monate nachher, am 17. August 1367, wurde zu Cassel zwischen dem Grossvater und seinem Enkel ein Vertrag geschlossen, der eher auf vorgefallene Reibungen und Missheligkeiten, als auf ein bestehendes gutes Einverständniss schliessen lässt. Nur diejenigen Bestimmungen wurden darin getroffen, welche um Ruhe und Frieden zwischen Nachbarstaaten herzustellen und zu erhalten, durchaus nothwendig waren. Auch kein anderer Zweck für dasselbe wurde von beiden Seiten angegeben. Der Landgraf und der Herzog versprachen, dass, wenn zwischen ihnen selbst, ihren Amtleuten, Burgmannen, Mannen, Bürgern oder sonstigen Unterthanen Streit oder Irrungen entstünden, weder sie noch die Ihrigen sich selbst Recht verschaffen sollten. Sie ernannten vielmehr zwei Schiedsrichter und einen Obmann und überliessen diesen, mit den beiden von jeder Seite in der Angelegenheit zunächst betheiligten Amtleuten über den Streit und die Irrungen in Freundschaft oder nach dem Rechte zu richten und zu entscheiden. Beide Fürsten gaben sich das Wort, dass keiner von ihnen in seine Schlösser einem Feinde des Andern Geleit geben wolle, es sei denn, dass der Feind im Gefolge des Einen von ihnen sich befinde und mit ihm hineinritte. Dasselbe versprachen sie für ihre Amtleute. Zum Schlusse gelobte man gegenseitigen Schutz für Lande, Leute und Unterthanen. Dieser auf keine bestimmte Dauer geschlossene Vertrag erfüllte einstweilen seinen Zweck. Im folgenden Jahre trifft man sogar zwei Mal den Herzog Otto bei seinem Grossvater in Cassel zum Besuche. Das erste Mal, am 24. März, gab ihm dieser ein Zeichen verwandtschaftlicher Liebe dadurch, dass er ihm seinen Theil des Schlosses Windhausen bei Gittelde unter Vorbehalt des Oeffnungsrechts auslieferte und anvertraute, bis er oder seine Erben es zurückfordern würden. Für die zur Befestigung des Schlosses etwa vorzunehmenden Bauten versprach er ihm alsdann Kostenersatz zu leisten. Dieses Schloss scheint von den Herzögen zu Grubenhagen an einige ihrer Mannen früher verpfändet worden zu sein. So hatten der Ritter Ludolf von Oldershausen und sein Sohn Johann einen Theil am Schlosse und ihnen überliessen am 29. September 1338 die Gebrüder Heinrich, Hans und Ludolf von Medem, Söhne Heinrichs, nebst den Gebrüdern Heinrich, Eberhard, Ulrich und Ludwig von Medem, Söhnen Hermann's, denjenigen Theil desselben, welchen ihr Vetter Ritter Ludolf von Medem besessen hatte. Durch Zahlung der Pfandsumme mochte der Landgraf sich in den Besitz der ganzen Schlosses oder eines Theils desselben gebracht haben. Bei dem zweiten Besuche des Herzogs in Cassel, am 8. Mai 1368, verpfändete ihm sein Grossvater auf unbestimmte Dauer das an der Eller zwischen Bockelnhagen und Silkerode auf dem Eichsfelde gelegene Schloss Allerburg oder Ellerburg mit allem Zubehör für 615 Mark löthigen Silbers, sich das Oeffnungsrecht vorbehaltend. Von jener Pfandsumme hatte der Herzog 415 Mark den von Berlepsch auf Geheiss seines

Grossvaters ausbezahlt. Die übrigen 200 Mark und ausserdem 30 Mark sollte er dazu verwenden, um von den von Bockelnhagen und von Königrode ihr Pfandrecht am Schlosse und von den von Kerstelingrode, von Westerhagen, von Minnigerode und von dem Tiehe Theile des Schlosses, die sie im Besitze hatten, einzulösen. Ausgelegte Baukosten wollte ihm der Landgraf bei der Einlösung erstatten. Wie eine Urkunde vom 2. Juli 1375 bemerkt, war das Schloss für 700 Mark löthigen Silbers gekauft worden. Es gehörte wahrscheinlich vorher auch den Herzögen von Grubenhagen. Der Kauf muss vor dem 15. März 1341 Statt gefunden haben, weil zu dieser Zeit das Schloss von dem Landgrafen schon verpfändet war. Zehn Jahre später, am 20. September 1351, wird Johann Reme als Inhaber des Schlosses genannt; er muss es also nur pfandweise besessen haben. Vergleicht man die Kaufsumme des Schlosses mit dem Gelde, wofür es der Landgraf seinem Enkel verpfändete, so kann in dieser Ueberlassung keine besondere Gunst und Gabe des Landgrafen erkannt werden. Wohl aber tritt in der Erwerbung der Schlösser Windhausen und Allerburg das Bestreben des Herzogs hervor, von der Landgrafschaft Hessen zunächst die braunschweigschen Pfandstücke in seinen Besitz zu bringen, wie denn überhaupt alle seine späteren Unternehmungen gegen Hessen es deutlich zeigen, dass er vor allem es auf frühere Theile des Herzogthums Braunschweig, namentlich auf die Landschaft an der Werra, abgesehen hatte. Einige Wochen, nachdem er beide Schlösser erhalten hatte, nämlich am 12. Juni 1368, schloss er mit dem Markgrafen von Meissen das schon früher erwähnte Bündniss, mit Hülfe dessen er allem Anscheine nach beabsichtigte seine Pläne gegen Hessen zur Ausführung zu bringen. Gleich dazu zu schreiten hinderten ihn, ausserdem dass die Sache noch nicht gehörig vorbereitet war, manche Zwischenfälle und andere Pläne, die er zur Vergrösserung seiner Macht verfolgte. In das Jahr 1368 fällt ein Krieg, den er und Herzog Albrecht zu Grubenhagen gegen den Bischof Gerhard von Hildesheim wegen der von Schwicheldt und von Oberg führte. Derselbe endete damit, dass, wie schon in der Geschichte der Herzöge Wilhelm und Magnus von Braunschweig und Lüneburg mitgetheilt worden ist, der Bischof das Schloss Wallmoden zerstörte. Gegen ihn in dieser Gegend einen festen Platz zu besitzen, war dem Herzoge Otto von grosser Bedeutung. Die benachbarte Stadt Goslar, aus der die Herzöge zu Göttingen und Grubenhagen den Zehnten vom Rammelsberges bezogen, hatte sich schon früher verpflichtet, ihm jährlich zehn Mark löthigen Silbers zu entrichten. Am 5. Februar 1370 erhöhete der Rath der Stadt diese Abgabe um das Doppelte auf die Dauer der nächsten vier Jahre. Dafür versprach der Herzog, die Stadt gegen jedermann zu vertheidigen. Sie aber sollte nicht nur sein Bestes suchen und fördern, sondern auch, falls er um ihretwillen in Krieg geriethe und sie die Ihrigen in seine Schlösser legte, ihm, wenn er es forderte, mit aller Macht Heeresfolge leisten.

Herzog Otto konnte es nicht vergessen, dass der Erzbischof Gerlach von Mainz dem Landgrafen Hermann die Zusicherung ertheilt hatte, ihn bei der Herrschaft von Hessen zu schützen und ihn mit den Lehnen des Stiftes Mainz zu belehnen, dass er sich ferner die Oeffnung der Schlösser Hardegsen und Moringen erwirkt und sich auf dem Schlosse Bodenstein festgesetzt hatte. Er benutzte gern die Gelegenheit, die sich ihm darbot, dem Erzbischofe zu schaden. Das Capitel zu Nörten, einer Stadt im Gebiete des Stiftes Mainz, wünschte, weil es in ihr nicht gehörig durch Festungswerke geschützt war, seinen Sitz nach Göttingen zu verlegen. Diesem Wunsche kam der Herzog bereitwillig entgegen. Am 23. Juni 1369 zu Harste verwandelte er mit Zustimmung seiner Mutter Elisabeth und seiner Gemahlinn Miraslava die Kirche St. Jacobi zu Göttingen in eine Collegiatkirche nach dem Muster der Collegiatkirchen zu Braunschweig, stiftete zwölf Canonicate oder Präbenden in ihr, stellte unter sie die Kirchen St. Johannis, St. Nicolai und Corporis Christi, schenkte das Patronatrecht über die vier genannten Kirchen zu Göttingen dem Capitel zu Nörten, welches um sechs Canonici vermehrt werden sollte, wies ihm die Kirche St. Jacobi zum Sitze an und nahm es in seinen Schutz. Um Bestätigung der Verlegung sollte bei der Stadt Göttingen und bei dem Erzbischofe nachgesucht werden. Dieser aber verweigerte, wie zu erwarten war, die Einwilligung. Nichtsdestoweniger blieben der Herzog und das Capitel bei ihrem Vorsatze, weshalb der nachfolgende Erzbischof Johann Hülfe gegen sie bei dem Papste Gregor XI. suchen musste. Die Verlegung unterblieb nun, weil der Papst dem Herzoge und dem Capitel am 1. März 1372 den Bann androhete, wenn sie von ihr nicht abständen.

Glänzende Anerbietungen, welche dem Herzoge Otto zu Anfange des Jahres 1370 sein Vetter, Herzog Magnus, machte, beschäftigten ersteren so sehr, dass seine Pläne gegen Hessen deshalb einstweilen in den Hintergrund traten.

Herzog Magnus bot ihm eine Erbverbrüderung an und eröffnete ihm die Aussicht zur Nachfolge nicht nur im Herzogthum Braunschweig, sondern auch im Herzogthum Lüneburg. Herzog Otto, obwohl ihm noch kein Sohn geboren war, ging auf den Vorschlag seines Vetters ein und schloss die beiden schon früher mitgetheilten Verträge vom 31. März 1370. Das Bündniss, welches am 6. October 1370 ihm mit dem Bischofe Gerhard von Hildesheim verband und Zeugniss davon ablegt, dass er seinem Bunde mit den Markgrafen von Meissen treu geblieben war und bleiben wollte, der darauf folgende Krieg, in welchen er und Herzog Albrecht zu Grubenhagen gegen den mit den Grafen von Werningerode und Regenstein verbündeten Bischof geriethen, die Verhandlungen über den Waffenstillstand am 29. December 1370 und der endlich erzielte Frieden bedürfen hier keiner weiteren Erörterung, weil sie dieselbe schon in der Geschichte des Herzogs Magnus gefunden haben. Während jenes Krieges verpfändete Herzog Otto das Schloss Brackenberg mit den Dörfern Meensen, Atzenhausen und „Rosthagen", mit allen Dörfern, Gerichten und Rechten, wie die von Stockhausen es von ihm besassen hatten, namentlich mit den Dörfern Lippoldshausen und Mollenfelde, mit dem „Leinholze", mit Vogtei und Gericht unter Vorbehalt des Oeffnungsrechtes dem Ritter Hermann und dem Knappen Hans, Gebrüdern von Kolmatsch, auf die Dauer ihres Lebens für 400 Mark Silbers. Die Urkunde darüber ist zu Münden am 7. November 1370 ausgestellt und enthält ausser anderen gewöhnlichen Bestimmungen auch folgende. Es wurde den von Kolmatsch gestattet, einen Theil der genannten Summe Geldes, wenn die Noth sie dazu triebe, von ihren Genossen durch Verpfändung des Schlosses sich wieder zu verschaffen. Auch erlaubte ihnen der Herzog, sich, ohne es ihm zu verkünden, gegen Raub und Gewalt vom Schlosse zu wehren, und versprach, wenn das Schloss verloren würde, ihnen ein anderes in demselben Gerichtsbezirke zu erbauen oder, falls sie es vorzögen, ihnen die Pfandsumme zu erstatten. Wenn sie wegen des „Leinholzes" mit Arnold von Berlepsch oder mit den Amtleuten des Landgrafen zum Kriege kämen, sollte erweislicher Schaden und Verlust ihnen ersetzt werden. Auch ihre Auslagen für Ankäufe von Erbgut zum Schlosse und für Bauten zur Befestigung desselben sollten sie bei der Einlösung nach Abschätzung vergütet erhalten.

Am 21. Januar 1371 gab der Herzog als Lehnsherr seine Einwilligung dazu, dass die am 7. Januar 1368 für 130 Mark den Gebrüdern von Wintzingerode verpfändeten, zu einem Burglehn auf dem Schlosse Uslar gehörenden Dörfer Wiensen und „Waggenhosen" ihnen nun für 153 Mark löthigen Silbers von Arnold von Portenhagen als Pfand gelassen wurden. Heinrich und Diedrich von Wintzingerode sassen als Burgmänner auf dem Schlosse Uslar und ihr Bruder Johann, früher Pfarrer zu Schnöen, war Domherr zu Paderborn geworden. Den beiden Ersteren lag viel daran, die genannten Dörfer, wenn dieselben dem Herzoge heimfielen, auf immer mit ihrem Burglehn verbinden zu dürfen. Sie erreichten dies auch im Vereine mit ihrem Bruder Johann. Der Herzog nämlich versprach am 5. Februar 1371 auf Bitten des Arnold von Portenhagen, wenn dieser bei seinem Tode keine Söhne hinterliesse, die von Wintzingerode mit den beiden Dörfern zu belehnen. Eine noch grössere Begünstigung erwies er ihnen, indem er am 22. Juli 1378 dem Arnold von Portenhagen die Bewilligung ertheilte, beide Lehndörfer ihnen aufzutragen. Auch die Veräusserung eines anderen Burglehns gestattete er. Das am 7. Mai 1351 dem Ritter Otto von Holtzhausen verliehene Burglehn auf dem Schlosse Münden und das halbe Dorf Nienhagen bei Escherode sah dessen Wittwe Margaretha und ihr Sohn Otto zu verkaufen sich genöthigt. Mit Bewilligung des Herzogs traten das Burglehn und das Burgsitz nebst dem halben Dorfe den Gebrüdern Hermann und Conrad Waltsmid von Imbsen am 17. März 1371 für 23 Mark löthigen Silbers ab. Um diese Zeit oder etwas später ersuchten wahrscheinlich nicht ohne Erfolg die Gebrüder Hermann und Hans Kordewan den Herzog, sechs Mark an dem ihnen zu Lehn gegebenen, in der Stadt Moringen gelegenen Sattelhofe und die Erstattung der anzuwendenden Baukosten dem Heinemann von Schneben zu bewilligen. Man würde sich täuschen mit der Annahme, dass der Herzog mit solch friedlichen Regierungsgeschäften, wie den eben beschriebenen, seine Zeit ausgefüllt habe, denn ein zu unruhiger Geist besselte ihn. In dem zuletzt genannten Jahre lag er mit der Stadt Nordhausen in Fehde und machte viele Gefangene. Am 11. August 1371 verglich er sich mit den Rathsherren der Stadt, dass sie ihm oder seinen Erben für ihre Bürger und Diener, die er gefangen habe, 800 Mark löthigen Silbers zu Ellrich oder zu Klettenberg, so fern sein Schwager Graf Heinrich von Hohnstein lebe und zu Lande sei, sonst aber in der Stadt Northeim zu Schatzung geben sollten.

Herzog Otto besass zwei Schwestern, Adelheid und Agnes, von denen die erstere mit dem Grafen von Hohnstein vermählt wurde. Seine Schwester Agnes gab er am 3. August 1371 dem Grafen Gottfried von Ziegenhain dem jüngern zur Gemahlinn und versprach ihm 1000 Mark Silbers zu Brautschatz. Dieser sollte von dem Anfalle bezahlt werden, welcher nach dem Tode des Landgrafen Heinrich ihm vom Lande Hessen gebühren würde. Der Herzog gelobte, ohne des Grafen Bewilligung und Rath oder ohne ihm den Brautschatz ausbezahlt zu haben, sich auf keinen Vertrag mit dem Landgrafen einzulassen. Stürbe er aber vor diesem, so sollte der Brautschatz von dem nachfolgenden Herzoge aus dem Lande Göttingen bezahlt und, was der Graf dann im Namen seiner Gemahlinn wegen ihres Anfallsrechtes ferner fordern würde, ihm nicht geweigert sondern wohl gegönnt werden. Aus besonderer Freundschaft und ganzer Liebe, wie es in der Urkunde heisst, auch wegen des Nutzens und Schutzes ihrer Lande und Leute schlossen beide Schwäger ein inniges Bündniss mit einander, das nur der Tod scheiden sollte. Sie gelobten an Eides Statt, mit Land und Leuten gegen jedermann in allen Fällen, wo es ihnen die Ehre erlauben würde, sich gegenseitig treu Hülfe zu leisten und Rath zu ertheilen. Dies sollte einer dem andern zu Gute halten und zum Besten kehren. Stellte schon der Pfandbrief über das Schloss Brackenberg vom 7. November 1370 einen vom Schlosse aus gegen Hessen zu führenden Krieg in Aussicht, so sieht man hier, wo der Herzog jeglichen ohne fremde Einmischung mit dem Landgrafen zu errichtenden Vertrag von der Hand weiset, die Spannung zwischen beiden schon weit gediehen. Das Bündniss war mit einem beharrlichen Feinde des Landgrafen geschlossen, dem es sehr willkommen war, durch den verschriebenen Antheil am Anfalle des Landes Hessen einen Vorwand mehr zu seinen Feindseligkeiten gegen dasselbe zu erlangen. Der Herzog und der Graf verfolgten nun gemeinsam dasselbe Ziel, den Landgrafen zur Anerkennung ihrer Ansprüche auf Hessen zu zwingen. Dazu bedurften sie einer grösseren Schaar Reisiger, als sie zu stellen vermochten. Zur Ausführung ihres Planes bedienten sie sich deshalb einer Genossenschaft von Rittern und Knappen, die sich die Gesellschaft vom Sterne nannte. Wie die Städtebündnisse erstrebten die Rittergesellschaften, von denen zuerst das Jahr 1327 Kunde giebt, die Erhaltung des Friedens und des Rechtes. Weil aber jede Rittergesellschaft ihren Mitgliedern Recht zu verschaffen beabsichtigte, die meisten unter ihnen auf Kriegshandwerke und zur Beute mehr Neigung als zum Frieden in sich trugen, ausserdem eine Genossenschaft gar zu gern für ihre Mitglieder Partei ergreift, mussten diese Gesellschaften eher Kriegsanstifter als Friedensboten und leicht das Werkzeug eroberungssüchtiger Oberen werden, für deren vermeintliche Rechte sie alsdann kämpften. Jede solche Gesellschaft wurde zwar nur auf die Dauer gewisser Jahre gestiftet, konnte aber erneuert werden. Ihr jährlich gewähltes Oberhaupt hiess der Hauptmann oder König; ihm waren die übrigen Mitglieder oder Gesellen zum strengen Gehorsam verpflichtet. Oft auch zählte die Gesellschaft mehre Obere. Der König richtete in Zwistigkeiten unter den Gesellen. Wer von ihnen sich seinem Ausspruche nicht fügte, wurde von allen übrigen angefeindet. Wenn der König Streitigkeiten mit Fremden nicht schlichten konnte, schuldeten die Gesellen gegen dieselben sich unter einander treue Hülfe, so dass der Streit des Einen der Streit Aller wurde. In dieser zur Erhaltung der Genossenschaft allerdings nothwendigen Bestimmung lag gerade die Möglichkeit, die Gesellschaft zu missbrauchen. Jedoch gegen seinen eigenen Landesherrn und gegen seinen Lehnsherrn war, wenn er der Lehnspflicht gegen ihn nicht ledig werden konnte, kein Geselle dem andern zur Hülfe verpflichtet. Sie alle kamen jährlich mehre Mal zusammen oder hielten, wie sie es nannten, ein Capitel, um über ihre gemeinsamen Angelegenheiten zu berathen. Alle trugen an ihrem Gewande dasselbe Zeichen, von welchem die Gesellschaft ihren Namen führte. Solche Verbindungen schlossen nicht nur Dienstverträge mit Fürsten, sondern Fürsten selbst stifteten Rittergesellschaften und stellten sich an deren Spitze, um dieselben zu ihrem eigenen Nutzen auszubeuten. Den passendsten Werbeplatz für solche Genossenschaften boten die Turniere dar. Am 6. Februar 1368 wurde zu Göttingen ein sehr grosses gehalten, auf welchem Herzog Otto, sein Vetter Herzog Albrecht zu Grubenhagen, Graf Hermann von Everstein, der Graf von Bentheim, viele Ritter und Knappen, auch Bürger von Cassel, Fritzlar, Einbeck, Duderstadt, Northeim und Uslar sich einfanden. Unter den Gästen waren viele sehr schöne, in Purpur gekleidete Frauen. An ihren Gürteln trugen sie klingende Knöpfe oder Glöckchen. Ein noch glänzenderes Turnier fand eben daselbst am 20. October 1370 Statt. Der Rath zu Göttingen hatte zuvor um des Herzogs Otto willen allen denen sicheres Geleit versprochen, die zu Hofe kommen würden. Ausser dem Herzoge selbst nahmen unter anderen an dem Feste Theil Herzog Balthasar von Braunschweig, Graf Heinrich von Hohnstein, Graf Hermann von Everstein, die Grafen von Stolberg, von Regenstein, von Lutterberg und von Bentheim, der edele Herr Burchard von Schonenberg, die edelen Herren von Plesse, die Herren von Heldrungen und von Brakel, die Rathsherren von Goslar, Uslar und Duderstadt. Des Herzogs Mutter und seine Gemahlin, auch die Frau von Cleve, wahrscheinlich die Wittwe des Landgrafen Otto von Hessen, Tochter des Grafen Diedrich von Cleve, beehrten das Fest mit ihrer Gegenwart. Unter den vielen übrigen Theilnehmern an demselben werden namhaft gemacht die Herren von Lisberg, von Isenburg, von Eisenbach, von Hatzfeld und von Falkenberg, eben dieselben, welche einige Zeit später als Mitglieder der bald darauf gestifteten Gesellschaft vom Sterne genannt werden, so dass es scheint, der Grund zu derselben sei auf dem Turniere in Göttingen gelegt worden. Da man nur von den wenigsten Gesellen die Namen kennt, mögen sich noch weit mehre unter den Grafen, Edelen, Rittern und Knappen, die man als Gäste des Turniers aufgeführt findet, haben werben lassen. Nicht eher aber als nach dem 3. August 1371, nach dem Abschlusse des Bündnisses mit dem Grafen von Ziegenhain, wird die Gesellschaft ins Leben getreten sein; denn ein Stern, wie ihn der Graf in seinem Wappen führte, war das Erkennungszeichen der Gesellen. An ihrer Spitze standen als Hauptleute Herzog Otto und Graf Gottfried von Ziegenhain der ältere, nach dessen am 8. October 1372 erfolgten Tode Graf Gottfried der jüngere seines Vaters Stelle in der Gesellschaft einnahm. Zu ihr sollen sieben Grafen, neun edele Herren, der Bischof von Paderborn, der Abt von Fulda und mehr als 2000 Ritter und Knappen mit 350 Burgsitzen in Hessen, der Wetterau, den Rheinlanden, Fulda, Thüringen, Sachsen und Westphalen gehört haben. Die Zwistigkeiten des Landgrafen Hermann mit dem Grafen von Ziegenhain und beider Landgrafen Feindschaft mit Friedrich von Lisberg auf dem Schlosse Herzberg gaben die erste Veranlassung zum Ausbruche der Fehde. Mit tausend Rittern und Knappen zog Landgraf Hermann, nachdem er mit dem Grafen von Waldeck noch ein Turnier zu Göttingen am 5. October 1371 besucht hatte, ungefähr im November desselben Jahres vor das genannte Schloss. Die Besatzung desselben war durch Hülfstruppen des Herzogs Otto verstärkt, und als nun noch ein grosses Heer der Sterner, 1500 Ritter und Knappen, zum Entsatze heranrückte, war der Landgraf gezwungen, eilig die Belagerung aufzuheben und sich auf Hersfeld zurückzuziehen. Die Landgrafen Heinrich und Hermann, an allen Grenzen ihres Landes von dem ausgebreiteten Bunde der Sterner bedroht, selbst nicht sicher vor vielen ihrer eigenen Mannen, die heimlich oder öffentlich dem Bunde beigetreten waren, verboten am 16. Februar 1372 allen ihren Mannen und Burgmannen, in die Gesellschaft der Sterner sich aufnehmen zu lassen, und forderten von denen, die sich schon darin befanden, dass sie austräten. Nach Marburg und nach Cassel berief Landgraf Hermann die Rathsherren und Bürger der Städte und erlangte durch ergreifende Reden ihr Gelöbniss, ihm mit aller Macht zur Errettung des Landes beizustehen. Mehre Schlösser besetzte er mit neuen Amtleuten und verpflichtete diese, ihm Gewaffnete zu stellen. Freiwillig oder durch die Umstände gezwungen sandten nun sehr viele aus der Mannschaft ihre Fehdebriefe an die Grafen von Ziegenhain und an die Gesellen vom Sterne. Es gelang den Landgrafen, selbst die Bundesgenossen des Herzogs Otto, die Markgrafen von Meissen, für sich zu gewinnen. Die Freundschaft mit dem Markgrafen Balthasar war ihnen besonders von Bedeutung, denn um seinetwillen kündigten Graf Hermann von Beichlingen, Graf Heinrich von Schwarzburg zu Arnstadt, Herr Gebhard von Querfurt, die Ritter Friedrich von Wangenheim und Reinhard Rost dem Bunde der Sterner am 12. August 1372 die Fehde an. Auch Herzog Albrecht zu Grubenhagen, schon seit dem Jahre 1370 mit Landgrafen Hermann verbündet, versagte ihm seine Hülfe nicht, nachdem er Frieden und Ruhe mit dem Grafen Wilhelm von Berg und Ravensberg durch einen Vertrag am 25. März 1372 sich gesichert hatte. Je grösser die Zahl der Bundesgenossen auf beiden Seiten wurde, je mehr die Heeresmassen wuchsen, um so heftiger entbrannte die Fehde. Grosse Schlachten wurden zwar nicht geschlagen, aber nach damaligem Brauch auf Streifzügen das feindliche Land mit Feuer und Schwert verwüstet. Herzog Otto bedrängte seinen Feind in diesem Kriege hart und muss nicht unbedeutende Vortheile über ihn erlangt haben, denn er rückte bis auf zwei Stunden von Cassel vor, setzte sich hier fest und begann, ohne dass die Landgrafen es hindern konnten, so nahe der feindlichen Hauptstadt im März des Jahres 1372 den Bau der Burg Sichelstein. Sie dagegen mussten sich darauf beschränken, jener gegenüber die Burg Sensenstein zu errichten. Dieser Krieg und die langen Vorbereitungen zu demselben werden nicht weniger, als das Ausbleiben der Hülfstruppen, welche Herzog Magnus von Braunschweig und Lüneburg zu schicken sich anheischig gemacht hatte, aber nicht entbehren konnte, die Veranlassung gewesen sein, dass Herzog Otto den am 31. März 1370 gegen Herzog Magnus übernommenen Verpflichtungen nicht nachkam. Er durfte seine Kräfte nicht zersplittern und noch weniger eine so misliche Sache, wie die seines Vetters, zu der seinigen machen, wenn er seine Pläne auf Hessen zu einem glücklichen Ende bringen wollte. Eher durfte er sich den Herzögen von Sachsen und Lüneburg anschliessen. Durch ein Bündniss mit ihnen würde er den Kaiser für sich gewonnen haben, ohne dessen Einwilligung er doch seine Ansprüche auf Hessen verwirklichen zu können, nie hoffen durfte. Deshalb ist es auch nicht ganz unwahrscheinlich, dass er selbst im März des Jahres 1371 dem Herzoge Albrecht von Sachsen und Lüneburg ein Bündniss habe anbieten lassen. Dieser aber mochte die Pläne des Herzogs durchschauen und gegen einen Krieg mit Hessen, in den er würde verwickelt worden sein, bei der Ungewissheit, welchen Ausgang seine eigene Angelegenheit nehmen könnte, grosse Bedenken hegen; er verwarf am 21. März 1371 den Antrag, sich mit dem Herzoge Otto zu verbünden.

Mit abwechselndem Glücke wurde auf beiden Seiten gekämpft, bis die drei Markgrafen von Meissen sich ohne Rückhalt für die Landgrafen entschieden. Auf Lebenszeit hatten sie sich am 12. Juni 1368 dem Herzoge Otto zur Hülfe in jedem Kriege verpflichtet, den er mit ihrer Bewilligung und nach ihrem Rathe beginnen würde. Von Anfang an werden sie die Unternehmungen des Sternerbundes gegen Hessen missbilligt haben und erblickten deshalb in ihrem Bündnisse mit dem Herzoge kein Hinderniss, sich so eng wie möglich mit den Landgrafen zu vereinigen. Diese erwarteten, bei ihnen nicht nur Hülfe im gegenwärtigen Kriege zu finden, sondern verlangten auch Bürgschaft dafür, dass die Landgrafschaft Hessen° niemals an ihre Feinde, am wenigsten an den Herzog Otto und dessen Erben komme; so erbittert war ihr Hass gegen ihn geworden. Um diesen ihren Zweck zu erreichen, waren sie bereit, dasjenige auszuführen, was schon der Vater der Markgrafen im Jahre 1329 erstrebt, auf Befehl des Kaisers Ludwig aber hatte unterlassen müssen. Sie stifteten nämlich mit den Markgrafen eine Erbverbrüderung. Nachdem beide Landgrafen noch zuvor, am 4. Juni 1373, den Werner von Hanstein, so lange die Fehde dauern würde, in ihren Dienst gegen den Herzog Otto genommen hatten, beschworen sie und die Gebrüder Friedrich, Balthasar und Wilhelm, Landgrafen in Thüringen, Markgrafen zu Meissen, im Osterlande und zu Landsberg, Grafen zu Orlamünde und Herren des Landes Pleissen auf einer Zusammenkunft zu Eschwege am 9. Juni 1373 die neue Verbrüderung, zu welcher die Räthe, Mannen und Diener auf beiden Seiten ihnen gerathen hatten und welche zu errichten sie selbst, wie sie betheuerten, durch angeborene Liebe, rechte Treue und besondere Freundschaft sich bewogen fühlten. Sie erklärten, dass diese Erbverbrüderung und Vereinigung die Fürstenthümer und Herrschaften auf beiden Seiten mit allen Landen und Leuten, die sie nun besässen oder noch erhalten möchten, umfasse, so dass sie sich gegenseitig mit allen ihren Landen und Leuten getreulich Hülfe schuldeten. Auch habe jeder von ihnen seine Herrschaften und alle seine Mannschaften, nämlich seine Grafen, Herren, Freien, Dienstmannen, Ritter, Knechte, Burgmannen und Bürger, überhaupt seine Burgen, Städte, Lande und Leute dem andern eine rechte Erbhuldigung leisten lassen und es solle ihm, wo er sie noch nicht empfangen habe, noch gehuldigt werden. Seien es nun die drei Markgrafen oder die beiden Landgrafen, welche, ohne Lehnserben zu hinterlassen, stürben, so sollten ihre Fürstenthümer und Herrschaften mit allen sowohl nun ihnen gehörenden als auch künftig in ihren Besitz gelangenden Landen und Leuten an den überlebenden Theil oder an dessen Erben fallen und bei demselben ewig bleiben. Von beiden Seiten gelobte man sich, nichts zu unternehmen, wodurch die Gültigkeit dieses Vertrages geschwächt oder der Ausführung Hinderniss bereitet würde. Die drei Markgrafen verpflichteten sich und ihre Erben, dass, wenn das Fürstenthum und die Herrschaft Hessen in der bezeichneten Weise an sie käme, niemals es zu gestatten noch zu bewilligen, dass ein Theil davon oder Alles, was dazu gehöre, an den Herzog Otto, an seine Erben oder an einen derjenigen, die nun Feinde der beiden Landgrafen seien, jemals komme, vielmehr nach allem Vermögen ohne Gefährde dies zu verhüten. Wer von ihnen den andern beerben würde, sollte die Pfandverschreibungen, die derselbe zu seinem oder seines Landes Nutzen oder aus Noth über Schlösser, Gülten oder Güter ausgestellt habe und nicht ohne Arglist anstellen würde, unverändert und gänzlich halten, auch die Lande und Leute desselben, Grafen, Herren, Freien, Dienstmannen, Ritter, Knechte, Burgmannen, Bürger und Städte, bei allen ihren früheren Rechten und Gewohnheiten lassen und schützen. Die Amtleute auf beiden Seiten, sowohl die schon ernannten als auch die noch zu ernennenden, sollten eidlich geloben, mit den ihnen anvertrauten Schlössern und Aemtern den Herren, welche die anderen beerben würden, gehorsam und unterthänig zu sein. Den Städten wurde, damit man auf beiden Seiten Sicherheit erhalte, befohlen, über ihre Huldigung Urkunden auszustellen. Diese wurde nun in denjenigen Städten und Schlössern, welche damit noch rückständig waren, ohne Verzug, so unter anderen in Gotha am 12. Juni, geleistet. Im letzten Monate des Jahres 1373 begab sich Landgraf Hermann von Hessen nach Prag, um für sich und seinen Oheim die Gesammtbelehnung mit den Landen der drei Markgrafen von dem Kaiser zu erhalten. Ihr musste seine Belehnung mit der Landgrafschaft Hessen vorangehen. Zu beiden brachte er die schriftliche Bewilligung seines Oheims mit. Als oberster Lehnsherr verlieh ihm alsdann Kaiser Karl IV. am 6. December 1373 das Fürstenthum, die Landgrafschaft und Herrschaft zu Hessen und zwar so, dass beide Landgrafen Heinrich und Hermann mit einander und ihre rechten Manneslehnserben und Nachkommen sie gemeinsam ewig und erblich besitzen sollten. Nach eben vollzogener Belehnung wies der Kaiser dem Landgrafen Hermann, der zu derselben mit Fahnen und Bannern vor ihm erschienen war, in die Gewähr und in den Besitz der Landgrafschaft. Eine Woche nachher, am 13. December 1373, als der Kaiser zu Prag viele Fürsten, Grafen und Edele um sich versammelt hatte, traten Markgraf Wilhelm von Meissen und Landgraf Hermann von Hessen mit den Bannern und Fahnen ihrer Fürstenthümer vor den Kaiser und baten, ersterer in seinem und seiner Brüder Namen, letzterer für sich und seinen Oheim, um die Gesammtbelehnung mit allen ihren Fürstenthümern und Herrschaften. Zu diesem Zwecke trug Landgraf Hermann, wie es in der über die Belehnung ausgestellten Urkunde heisst, die Landgrafschaft dem Kaiser auf. Es darf hierbei nicht an ein Auftragen freier Allodial-Güter an den Kaiser gedacht werden, denn die Landgrafschaft mit allen Landen beider Landgrafen wurde schon bei der jetzt Tage vorher ertheilten Belehnung von ihm ganz wie Reichslehen behandelt. Es kann hier unter Auftragung nur die Auflassung des Lehns verstanden werden. Dieselbe war, um die Gesammtbelehnung zu erhalten, nothwendig. Unter anderen zeigt sich dies Erforderniss bei der Gesammtbelehnung mit der Mark Brandenburg vom 18. März 1363. Auch jetzt empfing der Kaiser, wie die Urkunde selbst berichtet, die Aufreichung oder Auflassung des Lehns sowohl von dem Landgrafen als auch von dem Markgrafen. Darauf verlieh er den drei Markgrafen in der Person des Markgrafen Wilhelm das Fürstenthum und die Landgrafschaft Hessen, den beiden Landgrafen aber in der Person des Landgrafen Hermann die Fürstenthümer der Markgrafschaft Meissen und der Landgrafschaft Thüringen, jedem von ihnen als Miterben und Erbgenossen des andern. Zugleich verfügte er, dass ihre rechten Manneslehnserben auf eben dieselbe Weise gleiche Miterben in den genannten Fürstenthümern und in den Landen, welche sie etwa später noch erwerben würden, ewig bleiben sollten. Ueber jeden, der sich den Bestimmungen dieser Gesammtbelehnung widersetzen würde, verhängte er eine Strafe von tausend Mark löthigen Goldes. Nicht nachträglich etwa ertheilte er bei dieser Gelegenheit seine Zustimmung zur Erbverbrüderung vom 9. Juni 1373, noch verlieh er ihr jetzt erst seine Bestätigung. Er selbst sprach es bei der Gesammtbelehnung aus, dass jene Verbrüderung vormals mit seiner, als des Kaisers und obersten rechten Lehnsherrn Erlaubniss, Gunst, Bewilligung und mit seinem Wissen geschlossen worden sei. Es mussten Unterhandlungen mit ihm, um jene Erlaubniss zu erlangen, vorangegangen sein. Nicht unwahrscheinlich ist es daher, dass die drei Markgrafen, welche noch am 8. Juli 1372 Bundesgenossen des Herzogs Magnus von Braunschweig und Lüneburg gewesen waren, durch das Versprechen einer Gesammtbelehnung mit der Landgrafschaft Hessen sich vom Kaiser hatten verlocken lassen, nicht nur von dem Bunde mit dem Markgrafen von Brandenburg und den Herzögen von Baiern zurückzutreten, sondern auch den Herzog Magnus zu verlassen und am 26. November 1372 zu Pirna das bekannte Bündniss mit dem Kaiser und dessen Sohne zu schliessen, wodurch Herzog Magnus seine Politik zu ändern veranlasst wurde. Das nächste halbe Jahr bis zum 9. Juni 1373 werden sie benutzt haben, um die beiden Landgrafen für die Erbverbrüderung zu gewinnen und die Sache mit ihnen in völlige Ordnung zu bringen, denn, wie schon erwähnt ist, hatten vor dem 9. Juni 1373 schon fast alle Städte und Schlösser der Fürsten auf beiden Seiten die Erbhuldigung geleistet. So waren es also die Markgrafen von Meissen, welche, wie sie früher die Berechnungen des Herzogs Magnus zu nichte gemacht hatten, nun die Pläne des Herzogs Otto durchkreuzten und ihm die Aussicht auf die Nachfolge in Hessen gründlich verdarben. Auch die Hülfe, die er in dem Bunde der Sterner gefunden hatte, sollte ihm genommen werden. Am nächsten Tage nach der Gesammtbelehnung befahl der Kaiser den Burgmannen zu Friedberg, sich von der Gesellschaft mit dem Sterne loszusagen und ihre Feindseligkeiten gegen die Markgrafen und Landgrafen einzustellen. Aehnliche Befehle werden an die übrigen

Mitglieder des Bundes ergangen sein. Einer nach dem andern verglich sich mit den Landgrafen; der Bund ging seiner Auflösung entgegen. Nur Herzog Otto mit seinem Schwager, dem Grafen von Ziegenhain, beharrte bei der Fehde gegen die Landgrafen. Er machte Frieden mit seinen übrigen Feinden und sah sich nach neuen Bundesgenossen um. Zuerst beseitigte er seine Zerwürfnisse mit der Stadt Duderstadt. Sie gehörte dem Stifte Mainz, um dessen Besitz sich damals zwei Bischöfe stritten. Mit Adolf, einem der beiden, wünschte der Herzog sich zu verbünden und schon vorher die Stadt für sich und ihn zu gewinnen. Er nahm sie auf die Dauer der vier nächsten Jahre in seinen Schutz. Falls er während der Zeit mit dem Stifte Mainz oder dessen Erzbischofe in Krieg geriethe und die Stadt gegen ihn daran Theil nehmen müsste, so sollte gleich nach Ankündigung ihrer Feindschaft dies mit ihr errichtete Bündniss, jedoch nur während eines solchen Krieges, ungültig sein; in keinem andern Falle aber durfte die Stadt gegen ihn etwas unternehmen. Keine Forderung seiner Mannen gegen das Stift Mainz sollte diesen zu Angriffen auf die Stadt ein Recht verleihen. Bliebe sie dennoch von ihnen nicht verschonet, so öffnete er ihr sein Land zur Verfolgung ihrer Gegner. Diesen Vertrag besiegelte er am 24. Juni 1374. Am folgenden Tage hielt er zu Göttingen ein Turnier, auf welchem unter andern Graf Heinrich von Hohnstein erschien. Mit dem Grafen Otto von Schauenburg verband er sich am 17. August 1374. Der Graf gelobte, ihm nie Feind zu werden, ihm gegen jedermann, die eigenen Bundesgenossen ausgenommen, zu seinem Rechte behülflich zu sein, nie zum Nachtheile des Herzogs andere Bündnisse zu schliessen, zum Kriege ihm zwanzig Gewaffnete guter Leute zu senden und ihm zur Vertheidigung seines Landes mit aller Macht zu folgen. Die Verpflegung der Hülfstruppen im eigenen Lande übernahm der Herzog. Der Graf wollte den Schaden, den er und die Seinen erleiden würden, selbst tragen, dafür aber auch erbeutete reisige Habe und gefangene Bürger nach Anzahl seiner gewaffneten Leute mit dem Herzoge theilen. Brandschatzung, genommenes Vieh und Bauernhabe fiel demjenigen zu, der die Truppen mit Lebensmitteln zu versehen hatte.

Bald nachher führten die Unterhandlungen, welche der Herzog mit dem Erzbischofe Adolf von Mainz angeknüpft hatte, zu dem gewünschten Bündnisse mit demselben. Adolf, bisher Bischof von Speier, war nach dem am 12. April 1373 erfolgten Tode des Erzbischofes Johann von Mainz von den Domherren dieses Stiftes zu ihrem Erzbischofe gewählt worden. Die Städte und Schlösser des Stiftes waren ihm überliefert und hatten ihm gehuldigt. Der Papst, die Wahl nicht anerkennend, hatte dagegen den Bischof Ludwig zu Bamberg früher zu Halberstadt, einen Bruder der drei Markgrafen von Meissen, zum Erzbischofe ernannt. Im Bunde mit seinen Brüdern und vom Kaiser begünstigt, war Ludwig bestrebt, seinen Gegner zu verdrängen und sich in den Besitz des Stiftes Mainz zu setzen. Die gemeinsame Feindschaft gegen die Markgrafen von Meissen und deren Verbündete, die Landgrafen von Hessen, einigte den Herzog und den Erzbischof Adolf und liess sie sich einander finden. Der Erzbischof, ein geborener Graf von Nassau, und das Domcapitel zu Mainz besiegelten am 30. August 1374 eine Urkunde folgenden Inhalts. Sie verbanden sich mit dem Herzoge Otto auf Lebenszeit desselben und des Erzbischofes gegen den Bischof Ludwig von Bamberg, gegen die Markgrafen von Meissen, gegen die Landgrafen von Hessen, gegen deren Helfer und gegen jedermann zu gegenseitiger Hülfe. Hiervon nahmen sie und der Herzog jeder seine Bundesgenossen aus, der Erzbischof namentlich den Erzbischof Kuno von Trier nebst dessen Stift; auch gelobte jeder, nicht ohne Bewilligung des andern frühere Bündnisse zu verlängern. Erzbischof Adolf und das Domcapitel verpflichteten sich, dem Herzoge 120, er ihnen 100 leicht bewaffnete Reiter zu Hülfe zu senden, ausserdem jeder, die Hülfstruppen, wenn sie in seine Schlösser oder in seine Herberge anlangten, zu verpflegen und die Kosten für den Hufbeschlag der Pferde zu tragen. Nur Pfandlöse, nämlich Zahlung der Zeche, blieb ausgeschlossen. Mit den Kriegsgefangenen und der Beute wollte man es in folgender Weise halten. Gefangene Bauern und Lebensmittel fielen demjenigen zu, der den Zug unternahm und die Truppen verpflegte. Brandschatzung aber und sonstige Gefangene, als Fürsten, Grafen, Herren, Ritter, Knappen oder Bürger, wollte man unter sich theilen nach Anzahl gewaffneter Leute, die jeder alsdann im Felde haben würde. Den Amtleuten auf beiden Saiten wurde zur Pflicht gemacht, sich gegenseitig darin zu unterstützen und einig zu werden, dass solche Brandschatzung erhoben und die dafür gewährte Sicherheit gehalten würde. Käme es zu täglichem Kriege, so sollten der Erzbischof und das Domcapitel in eins ihrer Schlösser auf derjenigen Seite der Werra, wo Rustenberg liegt (bei Kirchgandern auf dem Eichsfelde am rechten Ufer der Leine), also an der rechten Seite der Werra, 50, er aber in eines seiner Schlösser 40 leicht bewaffnete Reiter als Besatzung legen oder sie sonst irgend wohin in die grösste Nähe des Feindes nach Gelegenheit des Krieges senden und sie dort verpflegen. Wenn sie so gemeinsam zu Felde lägen, seien erbeutete Lebensmittel, Gefangene oder Brandschatzung wieder nach Verhältniss der auf beiden Seiten im Felde vorhandenen gewaffneten Leute zu theilen. In einem anderen Kriege, als gegen den Bischof, die Markgrafen und Landgrafen, sollten der Erzbischof und das Domcapitel ihre 50 Mann in eins der Schlösser des Herzogs, er seine 40 Mann in eins ihrer zwischen Grünberg (bei Giessen) und Mainz gelegenen Schlösser, welches sie oder ihre Amtleute ihm bestimmen würden, senden und daselbst verpflegen, die Theilung des Gewinnes aber in derselben Weise, wie zuletzt erwähnt ist, vollzogen werden. Eroberte Schlösser jedoch blieben den Verbündeten gemeinsam, so dass jeder seinen Theil nach dem schon oben bezeichneten Verhältnisse daran erhielt, falls die Schlösser nicht Lehn oder Eigenthum des Einen unter ihnen bildeten, in welchem Falle sie ihrem Herrn zurück zu geben seien. Wären sie aber seine Pfandschlösser, so sollte die Pfandsumme zur Theilung kommen. In denjenigen eroberten Schlössern, die man gemeinsam behielt, wollte man sich einander Burgfrieden schwören und besiegeln, oder man wollte sie nach einmüthigem Beschlusse brechen. Erhielte man aber für ein Schloss Geld oder eine sonstige Vergütung, so stand auch diese wieder zur Theilung nach dem angegebenen Verhältnisse. Jeder der Verbündeten schuldete dem andern, wenn er angegriffen, belagert oder verhauet würde, treue Hülfe mit eigener Person und mit aller Macht sofort nach dazu erhaltener Aufforderung. Des Stiftes oberster Amtmann zu Rustenberg übernahm dem Herzoge Otto gegenüber mit derselben Berechtigung auch die gleiche Verpflichtung. Sechzehn Meilen in die Runde sollten der Erzbischof und das Domcapitel dem Herzoge zu Göttingen, er ihnen zu Rustenberg Heeresfolge leisten. Keiner von ihnen durfte dem Andern Schlösser zu nahe bauen, noch die Leute und Lande des Andern sich anmassen. Für künftige Irrungen zwischen ihnen selbst, ihren Mannen, Burgmannen und Unterthanen setzten sie ein Schiedsgericht ein. Zu Mitgliedern desselben ernannten der Erzbischof und das Domcapitel den Heinrich Knorren und den Siegfried von Bültzingslöwen den älteren, Herzog Otto den Ritter Burchard von Steinberg den jüngern und Hermann von Kolmatsch. Obmann wurde Ritter Heinrich von Hardenberg der ältere. Dies Gericht sollte, wenn die Forderung den Erzbischof, das Domcapitel, ihre Diener oder Unterthanen beträfe, zu Duderstadt, wenn sie aber den Herzog oder die Seinen beträfe, zu Göttingen zusammentreten und richten. Wenn Mannen, Burgmannen, Diener oder Unterthanen des Stiftes oder des Herzogs sich dem Ausspruche dieses Gerichtes nicht fügen würden, so wollte man gegen dieselben, bis sie thäten, was das Gericht von ihnen verlangt hätte, sich gegenseitig getreu Hülfe leisten. Das Domcapitel gelobte, falls Erzbischof Adolf stürbe oder auf andere Weise vom Stifte Mainz käme, keinen Erzbischof oder Administrator anzunehmen, zu empfangen oder zuzulassen, wenn er nicht eidlich verspräche dieses Bündniss zu besiegeln und, so lange der Herzog leben würde, zu halten. Der Erzbischof nebst dem Domcapitel und der Herzog beschworen den Vertrag. Jener versprach sich von demselben Schutz für alle seine Lande, Mannen und Leute, das Domcapitel grossen Nutzen und Frieden für Land und Leute des Stiftes; ganz andere Zwecke hoffte der Herzog durch diesen Bund zu erreichen. Der Erzbischof war verbunden mit den Grafen von Schwarzburg, von Ziegenhain, von Gleichen, von Stolberg, von Hohnstein, von Waldeck, von Katzenelnbogen, von Nassau-Dillenburg, mit den Städten Nordhausen, Mühlhausen und Erfurt und mit der Gesellschaft der Sterner. Das bildete eine grosse vereinigte Macht. Wenn sie mit und für den Herzog gegen Hessen kämpfte, stand für ihn der günstigste Erfolg in Aussicht. Wie der Vertrag des Erzbischofes mit dem Herzoge zeigt, war man auf einen gewaltigen und hartnäckigen Kampf gefasst und knüpfte an denselben grosse Erwartungen; ganz ernstlich und sehr umständlich besprach man sich schon über Theilung der Beute, der Brandschatzung, der Gefangenen und der eroberten Schlösser, bevor man sie hatte. Der Herzog scheint sich der Richtigkeit seiner Berechnungen so sicher gefühlt zu haben, dass er von nun an kein Bedenken mehr trug, sich in das Verhältniss seiner Vettern, der Söhne des Herzogs Magnus, zu den Herzögen von Sachsen und Lüneburg zu mischen und wegen ihrer Angelegenheiten sich in blutige Fehden einzulassen. Ueber diese, ihren Verlauf und ihre Folgen Genaueres mitzutheilen, wird sich in der Geschichte der Herzöge von Sachsen und Lüneburg und der Söhne des Herzogs Magnus Gelegenheit bieten. Er setzte sich mit seinem Heere im Herzogthume seiner Vettern fest, breitete dadurch seine Macht bis an die Grenze des Bisthums Halberstadt aus und verlangte Hülfstruppen aus demselben. Am 22. October 1374 sah sich Bischof Albert von Halberstadt folgenden Vertrag zu schliessen veranlasst. Er verbündete sich auf Lebenszeit mit dem Herzoge und versprach, die Feinde desselben nicht zu hausen oder zu hegen, noch ihnen förderlich zu sein, ihm gegen jedermann mit Ausnahme der Bundesgenossen und derjenigen, gegen welche er ihm Recht verschaffte, zu helfen und ihm mit 30 leicht bewaffneten Reitern, wenn es aber gefordert würde, mit so grosser Macht, als er aufzubringen vermöchte, Heeresfolge zu leisten. Während derselben sollte der Herzog die Reiter, sobald sie in sein Land kämen, verpflegen und für den Hufbeschlag der Pferde sorgen, dafür aber den Gewinn im Kriege allein behalten. Jeder der beiden Verbündeten gelobte, des andern Land, Mannen und Leute bei Rechte zu lassen, sie aufs getreueste zu schützen und zu vertheidigen.

Nach Süden und nach Norden hin richtete der Herzog zu gleicher Zeit seine Waffen, wohl nicht genau untersuchend, ob seine Schatzkammer genügende Mittel enthielte, um die Kosten seiner kriegerischen Unternehmungen zu decken. Deshalb wurde er dazu gedrungen, ein mitten in seinem Lande gelegenes, den feindlichen Angriffen weniger ausgesetztes und zu Unternehmungen gegen den Feind nicht besonders geeignetes Schloss als Sicherheit für ein Anlehn Freunden anzubieten. Am 18. December 1374 verpfändete er unter Vorbehalt des Oeffnungsrechtes den edelen Herren Johann und Gottschalk von Plesse sein Schloss Bovenden mit dem Gerichte, mit seinen im Gerichtsbezirke wohnenden Leuten und mit sechs Mark jährlicher Hebung bei dem Rathe der Stadt Northeim für 400 Mark Silbers auf die Dauer von wenigstens sechs Jahren, gestattete ihnen, wenn er nach dieser Zeit keine Zahlung auf Kündigung leistete, das Schloss und jene Hebung an seine Mannen zu verpfänden, und versprach, vorgenommene Bauten bei der Einlösung nach Abschätzung zu vergüten. Trotz der Lage des Schlosses nahm er auf die Möglichkeit, dass er es zum Kriege würde gebrauchen müssen, Bedacht und verpflichtete sich, falls er davon Krieg führte, Pförtner, Thurmleute und Wächter zu beköstigen, auch die edelen Herren nebst ihrem Gesinde vor Unfug zu bewahren. Zugleich traf er die gewöhnlichen Bestimmungen über Ersatz für das Schloss, falls es erobert würde, und über Gestattung der Selbsthülfe. Besonders zu bemerken ist die Freiheit, welche er bei dieser Gelegenheit seinen Leuten zugestand, sich in dem Dorfe Bovenden niederzulassen oder aus demselben herauszuziehen, und die Bestimmung, dass von ihrem jedesmaligen Wohnorte es abhängen sollte, ob sie ihm oder den Pfandinhabern gehörten. Wie der Herzog dieses Schloss eine Zeit lang entbehrte, um Gold herbeizuschaffen, nahm er auch keinen Anstand, Rechte und Güter, die er noch niemals verlehnt, sondern stets selbst besessen hatte, als erbliches Lehn aus seiner Hand zu geben, um dadurch einen Dienstmann für sein Heer zu gewinnen. Die von Hanstein waren ihm feindlich gesinnt. Werner von Hanstein hatte sich am 4. Juni 1373 gegen ihn den Landgrafen von Hessen zum Dienste verpflichtet, Heinrich und Ditmar von Hanstein waren am 23. October 1374 Verbündete der Landgrafen geworden. Den Lippold von Hanstein dagegen zog der Herzog zu sich hinüber, indem er ihm am 27. Januar 1375 das Gericht, die Gülte und sein Gebiet zu Reiffenhausen und „Dedazelhusen" mit Ausnahme seiner leibeigenen Leute daselbst zu Lehn verlieh. Dafür gelobte Lippold, ihm als ein Mann seinem Herrn zu dienen. Vielleicht hatte er dem Herzoge die 500 Mark löthigen Silbers in baarem Gelde vorgeschossen, für welche dieser ihm den Rath und die Bürger der Stadt Göttingen zu Bürgen stellte. Um ihnen Sicherheit zu gewähren, falls sie statt seiner dieses am nächsten 25. December fällige Geld zahlen müssten oder den Gläubiger auf andre Weise befriedigen würden, verpfändete der Herzog ihnen am 1. Februar 1375 die Beede und seinen Zins von den Häusern, Baustellen und von dem Markte zu Göttingen nebst dem Gerichte in der Stadt und auf dem Leineberge, indem er ihnen zugleich gestattete, Gerichtsschulzen und Gräfen dabei anzustellen. Die genannten Pfandstücke wird der Rath in Besitz erhalten haben, denn am 3. Februar 1377 zahlte er dem Lippold von Hanstein die Schuld des Herzogs aus. Früher schon, am 25. März 1374, hatte die Stadt für den Herzog bei dem Ritter Heinrich von Hanstein und dessen Söhnen Lippold und Ditmar wegen einer Schuld von 400 Mark die Bürgschaft übernommen.

Während dessen waren die Landgrafen von Hessen und die Markgrafen von Meissen nicht müssig gewesen. Das Bündniss des Herzogs mit dem Erzbischofe von Mainz mahnte sie ernstlich, sich auch durch Bundesgenossen zu stärken. In dem eigenen Vetter des Herzogs Otto stellten sie ihm einen wegen der Nähe seines Landes sehr unbequemen Feind entgegen. Sie fanden diesen zur Theilnahme an ihrem Kriege gegen Herzog Otto sehr geneigt, weil er auf das von demselben besetzte, zwischen Badenhausen und Osterode gelegene Schloss Hindenburg, dessen eine Hälfte Herzog Magnus der Ältere am 6. December 1345 besass, Ansprüche erhob und Herzog Otto sie ihm nicht zugestand. Herzog Albrecht von Braunschweig verbündete sich also am 2. October 1374 aufs neue mit dem Landgrafen Hermann und zwar dies Mal auf ihrer beider Leibenszeit. Keiner von ihnen sollte jemals gegen den andern Feindschaft beginnen. Der Herzog gelobte, mit den Landen und Leuten, über die er nun gebiete oder die er noch gewinnen würde, und nach allem Vermögen dem Landgrafen gegen jedermann getreu behülflich zu sein. Hiervon nahm er aus das Reich, die drei Markgrafen von Meissen, den Grafen Heinrich von Waldeck und den Grafen Otto von Tecklenburg. Dabei machte er die wohl auf frühere Verträge sich stützende Bedingung, dass, wenn die Markgrafen von ihm Hülfe gegen den Landgrafen fordern würden, er dieselbe, ohne das Bündniss mit ihm zu verletzen, leisten dürfe. Wenn sonst der Landgraf seinen Dienst verlangte, wollte er innerhalb vier Wochen darnach zehn gute Leute mit Hauben auf seine eigene Kosten und Schaden in dasjenige landgräfliche Schloss legen, welches ihm bezeichnet würde, und was man da erwürbe, sollte nach Anzahl der Leute getheilt werden. Ausserdem verpflichtete sich der Herzog, ihm nach allem Vermögen Heeresfolge zu leisten. Wenn Burgmannen des Herzogs oder andere seiner Mannen, welche Schlösser zum Eigenthum oder von ihm zu Pfande besässen, Feinde des Landgrafen würden, erkannte dieser den Herzog als seinen Richter über sich und sie an. Wenn sie nun der Entscheidung des Herzogs sich nicht würden fügen wollen, schuldete der Herzog dem Landgrafen gegen sie dieselbe Hülfe, wie gegen andere Feinde. Den Landgrafen um Schuldforderungen zu pfänden, wurde den herzoglichen Mannen und Dienern gestattet. Wegen dabei vorfallender Wunden und Todtschlages sollte keiner an dem andern Rache nehmen. Würden aber die Mannen und Diener, statt nach Pfandrecht zu verfahren, mit Brand und Raub den Landgrafen angreifen, so wollte der Herzog ohne Arglist dagegen einschreiten. Am folgenden Tage nach Abschluss dieses Vertrages, am 3. October 1374, traten zu Cassel die beiden Landgrafen von Hessen, die drei Markgrafen von Meissen und Herzog Albrecht von Braunschweig zusammen und verbündeten sich gegen den Herzog Otto von Braunschweig, gegen alle seine Helfer und gegen jedermann, der ihm sonst noch beistehen würde. Man verabredete, dass Herzog Albrecht in seine Schlösser, wo es für sie alle am nützlichsten und gelegensten sein würde, 60, die Markgrafen und Landgrafen 30 leicht bewaffnete Reiter zu einem täglichen Kriege legen sollten. Zwei Drittel der Brandschatzung, die man vom Feinde erhöbe, wurden dem Herzoge Albrecht, ein Drittel den übrigen Verbündeten zuerkannt. Im Felde gemachte Beute und gemeinsam eroberte Schlösser sollten nach Verhältniss der Anzahl gewaffneter reisiger Leute, die jeder von ihnen dann im Felde habe, getheilt werden, das Schloss Hindenburg aber, wenn sie es eroberten, dem Herzoge Albrecht allein verbleiben, denn es sei früher sein Schloss gewesen und er sei Lehnsherr über dasselbe. Jeder der Verbündeten gelobte, nicht ohne die anderen, wenigstens nicht ohne deren Wissen und Willen Frieden oder Sühne mit dem Herzoge Otto oder mit seinen Helfern zu schliessen. Frühere, zwischen den drei Markgrafen, dem Herzoge Albrecht und dem Landgrafen Hermann geschlossene Verträge blieben in Kraft. Wenn Herzog Albrecht keine Lust dazu haben würde, brauchte er den drei Markgrafen keine Hülfe gegen den Bischof Adolf von Speier zu leisten. Unter diesem verstand man den Erzbischof Adolf von Mainz, der erklärlicher Weise von den Markgrafen und ihren Verbündeten nur als Bischof von Speier anerkannt wurde.

Nachdem man auf beiden Seiten Bundesgenossen gefunden hatte, wurde der Beginn der Feindseligkeiten nicht länger verschoben. Herzog Otto soll die Markgrafen, als sie die Burg Haustein belagerten, überfallen haben. Landgraf Hermann rückte mit einem Heere in das Land Göttingen ein und brannte Dransfeld nieder. Vielleicht schon jetzt eroberten die Landgrafen Schönstein, ein Schloss, welches dem Grafen von Ziegenhain gehörte und in einer Urkunde vom 9. Mai 1376 als ihm genommen bezeichnet wird. Die Feinde setzten dem Herzoge Otto so scharf zu, dass er, von dem Erzbischofe Adolf ohne Hülfe gelassen, sich gezwungen sah, zur Vermittelung einer Sühne die angebotenen Dienste seines Vetters, des Herzogs Albrecht von Braunschweig, anzunehmen. Dieser schlichtete als Schiedsrichter am 26. Februar 1375 zu Münden die Fehde zwischen dem Herzoge Otto und den Landgrafen Hermann und bestimmte, nachdem sie einander auf sein Geheiss für sich, ihre Mannen, Lande und Leute und für alle Theilnehmer an der Fehde, Landgraf Hermann namentlich für den Landgrafen Heinrich, eine Sühne gelobt hatten, Folgendes, welches zu erfüllen beide Theile gelobten. Die Landgrafen sollten dem Herzoge Otto, so lange er lebte, die Hälfte ihres Schlosses Allerburg, welches einzulösen ihm schon am 8. Mai 1368 gestattet worden war, mit der Hälfte alles Zubehöres, wie sie das Schloss bisher besessen hätten, überlassen. Sie durften den ihm zu überlassenden Theil nach seinem Tode von seinen Erben durch Zahlung der Hälfte des für das Schloss entrichteten Kaufgeldes und der hundert Mark löthigen Silbers, welche er nach ihrem Rathe auf das Schloss zum Behuf des Baues am Mauerwerk verwendet haben würde, einlösen. Landgraf Hermann wurde verpflichtet, ihm innerhalb der drei ersten Jahre nach dem Tode des Landgrafen Heinrich 3000 casseler Mark, nämlich jedes Jahr 1000 Mark, zu Cassel zu bezahlen und sie ihm bis Münden oder, wenn Münden nicht in der Gewalt des Herzogs sei, nach Göttingen oder Friedland geleiten zu lassen. Dafür sollten Herzog Otto und seine rechten Erben auf alle rechtlichen Forderungen und Ansprüche, die sie an Land und Leute zu Hessen und an die dereinstige Nachlassenschaft des Landgrafen Heinrich bisher gehabt hätten oder haben möchten, Verzicht leisten. Ebendasselbe sollte von seiner Mutter und von seinen Schwestern geschehen. Herzog Otto versprach, wenn er sie hierzu nicht zu bewegen vermöchte, ihnen in keiner Weise Hülfe, Beistand oder Rath gegen die Landgrafen zu ertheilen, sondern vielmehr diesen beizustehen. Er und der Landgraf sollten, jeder den Mannen des andern, welche Forderungen gegen ihn hätten, Billigkeit oder Recht widerfahren lassen, der andere ihm behülflich sein, dass dieselben sich daran genügen liessen und keine Gewalt brauchten, keiner aber sich der Mannen des andern annassen. Die Landgrafen erboten sich, den Ritter Hermann von Kolmatsch mit dem Gute, welches von ihnen der herzogliche Diener Alexander Sterre zu Lehn verlangte, und jeden seiner Genossen, dem er es verkaufen würde, damit zu belehnen. Herzog Otto wurde verpflichtet, dem Hans von Gladebeke für das Gut, welches derselbe zu Harste besass, nach dem Ermessen zweier herzoglicher Mannen und zweier Freunde des Klägers, oder wie Herzog Albrecht als Obmann es bestimmen würde, Ersatz zu leisten. In den Irrungen zwischen Hans von Gladebeke dem ältern und seinem Neffen Hans von Gladebeke dem jüngern sollte ein Schiedsgericht und derselbe Obmann entscheiden. Die Landgrafen schlossen die Markgrafen von Meissen in die Sühne ein. Alle Gefangenen sollten in Freiheit gesetzt, rückständige Gefangengelder und Brandschatzungen nicht entrichtet werden. Käme es zum Kriege zwischen dem Stifte Mainz und den Landgrafen, so wurde es dem Herzoge Otto erlaubt, seinem Bunde vom 30. August 1374 treu, dem Stifte Hülfe zu leisten und eine Besatzung von 40 leichten Reitern in seine eigenen Schlösser zu legen. Jedoch sollte er bei dieser Hülfsleistung den Landgrafen alles zu gute halten. Alle diese Bedingungen wurden von dem Herzoge Otto und von dem Landgrafen Hermann angenommen. Beide gelobten sich einander in aller Treue, dieselben stets und fest ohne Arglist und Gefährde zu halten und Brief und Siegel darüber zu geben. Würden zwischen ihnen sich Irrungen darüber erheben oder sonst etwas dazwischen fallen, so sollten sie es vor den Herzog Albrecht bringen, dem, was er ihnen heissen würde, folgen und sich daran genügen lassen. Aus diesem Vertrage erhellet unter andern, dass die von Kolmatsch, denen Herzog Otto am 7. November 1370 das Schloss Brackenberg verpfändet hatte, auf seiner Seite standen, aus dem Geschlechte der von Gladebecke aber einige ihm, andere den Landgrafen anhingen. Seine und seines Vaters Verhandlungen mit den von Gladebecke vom 23. März 1356 und 25. Juli 1368 über die Güter zu Harste sind bekannt. Er selbst hatte später, am 11. November 1373, auch wohl in der Absicht, sein Kriegsheer gegen Hessen um einen reisigen Mann zu vermehren, dem Ritter Hermann von Gladebeke einen früher dem Heinrich von Harste gehörenden Burgsitz auf dem Schlosse Harste zu Lehn gegeben, nämlich den alten Thurm und die daran stossende, bis zur herzoglichen Küche reichende Kemnade, die diesen Gebäuden entlang sich erstreckende Stallstelle im Graben, zwei sich gegenüber liegende Höfe mit dazu gehörenden Strassen und mit anderthalb Hufen Landes, ausserdem vier Mark jährlicher Einkünfte aus der Beede, Gülte und Rente zu Lenglern, die er durch Pfändung der Bauern zu erheben ihm bewilligte, wenn der Amtmann zu Harste die Pfändung nicht vornähme. Er hatte ihm diese Güter und einen Hof mit zwei Hufen zu Bühren von Zehnten, Dienst, Vogtei und Beede befreiet, ihm zugleich Selbsthülfe zu Harste auf frischer That, in allen übrigen Streitigkeiten aber erst dann, wenn er ihm nicht innerhalb zweier Monate zum Rechte verhülfe, gestattet. Wie bei den von Hanstein sieht man auch hier bei den von Gladebecke, dass der Krieg Spaltungen in den einzelnen ritterbürtigen Geschlechtern hervorgerufen hatte, dass früher gegründete Lehnsverhältnisse keine Bürgschaft mehr für die Treue gewährten, sondern nur jedesmal der augenblickliche Vortheil entschied. Dabei traf den Lehnsherrn der unvermeidliche Nachtheil, dass er beim Beginn eines Krieges ohne neue Verleihungen selten mit Sicherheit auf seine Mannen sich verlassen konnte. Herzog Otto durfte hierüber sich am wenigsten beklagen, da er durch seine Werbungen für die Gesellschaft vom Sterne zum Abfall von Dienst- und Lehnsherrn verleitet hatte. Der Inhalt obiger zwischen dem Herzoge Otto und dem Landgrafen Hermann vermittelten Sühne deutet an, dass das Schloss Allerburg dem Herzoge in der Fehde entrissen worden war, denn beide Landgrafen sollten es abtreten, wie sie es bisher besessen hätten. Schon 1374 wird der Herzog das Schloss verloren haben, denn in diesem Jahre setzten die Landgrafen, nicht er, die von Uslar als Burgmänner auf dasselbe. Ganz gewiss ist es dagegen, dass der Herzog das Schloss Windhausen, wovon ein Theil ihm nicht verpfändet, sondern am 24. März 1368 von seinem Grossvater auf unbestimmte Zeit nur anvertraut worden war, der übrige Theil aber während des Krieges in seinen Besitz gekommen sein mochte, wenigstens bis zum 12. März 1375 in seiner Gewalt behielt. Als Hermann, Heinrich und Henning von Gnsteds am 14. August 1372 ihren Theil des Schlosses den Gebrüdern Ludolf und Johann von Oldershausen für das halbe Dorf „Heina" auf die Dauer eines Jahres und fernerhin auf Kündigung tauschweise überliessen, nahmen sie auf den Fall Rücksicht, dass Herzog Otto von ihnen das Schloss einlösen könnte. Am 1. Februar 1375 verpfändete er den Rittern Hans und Hermann von Oldershausen und dem Conrad Spade unter Vorbehalt des Oeffnungsrechtes sein Schloss Windhausen, wie es in seinem Besitze sei, auf die Dauer von wenigstens zwanzig Jahren für 220 löthige Mark und für die nach Abschätzung zu vergütenden Kosten des von ihnen an dem Schlosse etwa vorzunehmenden Baues, verpflichtete sich auch, während er davon Krieg führen würde, Pförtner und Wächter zu beköstigen und die Pfandinhaber vor Unfug der Besatzung zu bewahren. Sie dagegen sollten sein Geleit, seine Fürsprache und seinen Frieden halten. Hinsichtlich des Ersatzes für das Schloss, wenn es erobert würde, und der zu gestattenden Selbsthülfe galten die gewöhnlichen Bestimmungen. Am 12. März 1375 gelobten Conrad Spade mit seinem Sohne Bertold und die beiden genannten Ritter von Oldershausen, während der ganzen Pfandzeit gemeinsam auf dem Schlosse zu sitzen und mit einander Burgfrieden zu halten. Als Grenzen, innerhalb welcher er gelten sollte, wurden bezeichnet die Tränke vor der Vorburg, der Knickhagen und die beiden Gewässer auf beiden Seiten des Schlosses. Wer innerhalb dieser Grenzen den andern verwundete, hatte zu erwarten, nach Burgfriedensrechte gerichtet zu werden. Entzweieten sich die Knechte der Pfandinhaber, so durfte keiner von diesen sich rächend darein mischen. Wenn derjenige Knecht, welcher Unrecht hätte, sich dem Ausspruche der beiderseitigen Pfandinhaber und ihrer Freunde nicht fügen würde, so musste sein Herr ihn entlassen und durfte ihn nicht gegen den andern vertheidigen. Würden dem Spade oder den von Oldershausen Gefangene gebracht, die nicht ihre offenbaren Feinde wären, so sollte Conrad Spade das Geld, welches sie von den Gefangenen erlangten, erheben und so lange behalten, bis sie beschlössen, welchen Bau am Schlosse sie dafür ausführen wollten. Wer von ihnen den von dem Herzoge Otto ausgestellten Pfandbrief besässe, sollte denselben den anderen zu gute halten. Keiner durfte ohne Bewilligung des anderen, Feinde desselben aufnehmen. Er musste, wenn es unwissentlich geschehen war, sie sogleich nach erlangter besserer Kunde entlassen und durfte sie dann vor und bei der Abreise, zu welcher für einen Tag und eine Nacht Sicherheit bewilligt wurde, vor Schaden bewahren. Wenn einer der Pfandbesitzer in Krieg verwickelt würde, sollte er den anderen, der nicht daran Theil nähme, so wenig wie möglich in den Räumlichkeiten des Schlosses beengen und ihn vor Unfug bewahren. Zu der Pfandsumme hatten die von Oldershausen 120, Conrad Spade nebst seiner Frau, die deshalb ein Leibzuchtsrecht daran besass, 100 Mark hergegeben. Ausserdem hatten die von Oldershausen zuvor den Brunnen gemacht, der noch nicht in Rechnung gebracht war. Die Baukosten, die jeder von ihnen an dem Schlosse anwenden würde, sollte er dem Herzoge, wenn die Pfandjahre abgelaufen seien und dieser das Schloss wieder einlösen würde, berechnen. In dieser letzten Bestimmung liegt ein sicherer Beweis, dass der Herzog das Schloss weder verloren noch dasselbe oder einen Theil davon aus seiner Gewalt gegeben hatte.

Die geringen Zugeständnisse, welche die Landgrafen dem Herzoge Otto in der Sühne gemacht hatten, zeigen deutlich genug, dass nicht er als Sieger dieselben vorgeschrieben hatte. Statt sein vermeintliches Anfallrecht an Hessen anerkannt zu sehen, hatte er nur die Zusicherung erhalten, dass ihm dereinst eine Summe Geldes ausbezahlt werden sollte, welche wegen ihres geringen Betrages für nichts anders, als für die Brandschatzgelder oder für die Mitgift seiner Mutter angesehen werden können. Ein solches Abkommen konnte ihn nicht befriedigen. Dass auch seiner Mutter und seinen Schwestern dasselbe nicht annehmlich erscheinen würde, deutet der Wortlaut der Sühne an. In ihr ist es selbst ausgesprochen, dass noch manches vorfallen könne, bevor zur Ausführung der übernommenen Verpflichtungen geschritten würde. Herzog Otto gab noch nicht Brief und Siegel über die mit den Landgrafen errichtete Sühne, eben so wenig stellten sie ihm jetzt eine Bestätigungsurkunde darüber aus. Am 7. April 1375 fiel er in die Landschaft an der Werra ein und belagerte die Stadt Eschwege. Die Bürger vertheidigten sich tapfer, dennoch wurde nur wie durch ein Wunder die Stadt gerettet. Ob Herzog Otto seine Widersetzlichkeit gegen die Bestimmungen der Sühne noch weiter getrieben habe, ist nicht bekannt. Zu Hause mit seinen eigenen Mannen hatte er Zwistigkeiten, die er beseitigen musste, um seine Macht nach aussen nicht stets gelähmt zu fühlen. So war er über das Dorf Allershausen mit den Gebrüdern Heinrich und Diedrich von Wintzingerode, demselben, welchen er am 5. Februar 1371 die Dörfer Wiensen und „Waggenhosen" zu Lehn versprochen hatte, und mit ihrem Vetter Conrad von Wintzingerode in Streit und Zwietracht gerathen. Während sie, als seine Burgmänner zu Uslar, das Dorf von ihm zu Lehn zu besitzen behaupteten, machte er auf den Besitz desselben Ansprüche. Sie mögen sich ernstlich gegen ihn gewehrt haben, denn er verglich sich mit ihnen am 20. Mai 1375 gänzlich und wohl, welche Bezeichnungsweise gewöhnlich von der Schlichtung arger Zwistigkeiten gebraucht wird. Er verzichtete auf alles Recht über das Dorf mit Ausnahme des Lehnsrechtes und verlieh dem Johann von Wintzingerode, Domherrn zu Paderborn und Bruder des Diedrich und Heinrich, ein Leibzuchtsrecht daran.

Herzog Albrecht von Braunschweig und der edele Herr Heinrich von Homburg mussten um diese Zeit auf eine Vorladung, vor dem Papste zu Avignon sich zu stellen, gefasst sein. Sie hatten den Subdiaconus Bertold Proyt in der Diöcese Paderborn gefangen genommen und ihn eine Zeit lang in Gefangenschaft gehalten, weshalb über sie der Bann ausgesprochen worden war. Sie hatten zwar dem Gefangenen bei seiner Entlassung Genugthuung geleistet und um Befreiung aus dem Banne nachgesucht, mussten aber in Ungewissheit der Entscheidung harren. Obwohl der Cardinal Johann, päpstlicher Pönitentiar, am 28. Juni 1375 an den Bischof von Paderborn ein Schreiben aufsetzte, worin er ihm befahl, dass er sie vom Banne befreie, weil Kriegsgefahr und Unsicherheit der Wege sie an einer Reise zum Papste verhindere, zugleich aber mit Erneuerung des Bannes drohete, wenn sie nach Beseitigung der Hindernisse die Reise nicht unternähmen, so konnten sie von dieser günstigen Wendung ihrer Angelegenheit doch noch nicht Kunde besitzen. Selbst der Bischof wird sie erst kurze Zeit vor dem 25. April 1376 erhalten haben, an welchem Tage er den edelen Herrn von Homburg aus dem Banne entliess. Eben so wenig, wie vorher, wird der Bann und die beständige Erwartung einer päpstlichen Vorladung den Herzog Albrecht abgehalten haben, mit aller Macht den Landgrafen gegen den Herzog Otto Hülfe zu leisten. Jetzt auch mag er mit Gewalt sich in den Besitz des Schlosses Windhausen oder eines Theils desselben gesetzt haben. Herzog Otto unterlag nochmals seinen Feinden; es blieb ihm nun nichts anders übrig, als sich den Bedingungen der Sühne zu fügen und Brief und Siegel darüber zu geben. In einer besonderen Urkunde erklärte er am 2. Juli 1375, dass er sich mit den beiden Landgrafen von Hessen um alle seine bisherigen Ansprüche gegen sie oder auf ihr Land gründlich und auf ewig verglichen und gesühnt habe. Wenn sie oder einer von ihnen mit dem Erzbischofe Adolf von Mainz oder mit denen Stifte oder mit einem anderen Erzbischofe daselbst, dessen Bundesgenosse er sei, in Krieg geriethen, so sollte er die 40 leichten Reiter, womit er dem Erzbischofe oder dem Stifte Hülfe schuldete, als Besatzung in seine eigenen Schlösser gegen die Landgrafen und ihre Helfer, falls es sich so gebührte, legen und diese Hülfsleistung den beiden Landgrafen und ihren Landen und Leuten zu gute kehren, wie die von dem Herzoge Albrecht vermittelte Sühne bestimme. In einer zweiten Urkunde wiederholte er die Bestimmung der Sühne, welche ihn und die beiden Landgrafen, jeden von ihnen, verpflichtete, den Mannen und Burgmannen die andern Billigkeit oder Recht widerfahren zu lassen und seine eigenen Mannen und Burgmannen anzuhalten, dass auch sie, sich mit Recht und Billigkeit begnügend, nicht zu Gewaltthaten schritten. In einer dritten Urkunde leistete er und seine Mutter die in der Sühne verlangte Verzicht auf alle rechtlichen Forderungen und Ansprüche, welche sie an Land und Leute in Hessen und an die dereinstige Nachlassenschaft des Landgrafen Heinrich hätten, und versprachen, die Gräfinnen Agnes von Ziegenhain und Adelheid von Hohnstein, Schwestern des Herzogs, zu derselben Verzichtleistung zu bewegen. Die einzelnen Bestimmungen dieser drei Urkunden gelobte der Herzog in aller Treue stets und fest ohne alle Gefährde zu halten. Jetzt traten ihm auch die beiden Landgrafen auf seine Lebenszeit die Hälfte ihres Schlosses Allerburg mit der Hälfte alles Zubehöres ab und stellten an demselben 2. Juli 1375 eine Urkunde darüber aus, in welche sie die in der Sühne über dies Schloss enthaltenen Bestimmungen, namentlich dass sie es für 350 Mark löthigen Silbers und für hundert löthige Mark Baukosten von seinen Erben wieder einlösen könnten, aufnahmen, auch für die der Einlösung vorhergehende Kündigung und für die darauf folgende Zahlung Fristen angaben. Damit man auf beiden Seiten gesichert sei, — denn während der Herzog die eine Hälfte des Schlosses erhielt, blieben die Landgrafen im Besitze der andern, — wurde bedungen, dass man sich gegenseitig Burghut geloben sollte. Die Landgrafen bekräftigten den Inhalt ihrer Urkunde in gleicher Weise, wie der Herzog seine Verpflichtungen zu halten gelobt hatte. An demselben Tage werden über die einzelnen Punkte, welche die Sühne noch ausserdem enthält, Briefe und Siegel gegeben worden sein, nur sind sie bis jetzt nicht aufgefunden worden. Es ist schon bemerkt worden, dass der Herzog das Schloss Allerburg und zuletzt auch das Schloss Windhausen in dem Kriege vermuthlich verloren hatte. Nicht weniger scheint ihm das Schloss Hindenburg vom Feinde genommen worden zu sein. Die Markgrafen, die Landgrafen und Herzog Albrecht hätten nach dem in ihrer Urkunde vom 3. October 1374 angegebenen Verhältnisse die Theilung der in ihre Gewalt gekommenen Schlösser unter sich vornehmen müssen. Dies wurde aber dem Anscheine nach nicht genau gehalten, sondern unter ihnen ein anderes Abkommen vielleicht eine Ausgleichung vermittelst Zahlungen getroffen. Denn nicht nur erhielten die Markgrafen, so viel bekannt ist, keinen Theil an irgend einem Schlosse, welches vor dem Kriege Herzog Otto besessen hatte, sondern dieser selbst wurde auch in dem Besitz der Hälfte eines jeden der genannten drei Schlösser gelassen. Wenn er das halbe Schloss Allerburg auch nur zu Pfande behielt, so wurde die Hälfte der Schlösser Windhausen und Hindenburg nun sein Eigenthum; als solches erscheint sie in einer Urkunde vom 2. October 1381. Die andere Hälfte des Schlosses Allerburg war den Landgrafen, die des Schlosses Windhausen dem Herzoge Albrecht in der Theilung zugefallen, während von derselben das Schloss Hindenburg, wie der Vertrag vom 3. October 1374 bestimmte, ausgeschlossen blieb. Auf den beiden zuletzt genannten Schlössern war es wegen des gemeinsamen Besitzes ebensowohl, wie auf dem Schlosse Allerburg, erforderlich, dass die Schlossinhaber für ihre Sicherheit gegen einander sich Gewähr leisteten. Dies geschah von dem Herzoge Albrecht am 1. August 1375. Die schweren Strafen, welche er dabei seinen Leuten auf den Schlössern für etwaigen Friedensbruch androhete, verdienen wohl zur Bezeichnung damaliger Rechtspflege einzeln hervorgehoben zu werden. Er einigte sich mit dem Herzoge Otto und gelobte, mit ihm und dessen Erben Burgfrieden und Burghut auf den beiden Schlössern in Worten und Werken zu halten. Der Burgfrieden erstreckte sich zu Hindenburg von der Ringmauer des Schlosses bis zur Süse rund um das Schloss, zu Windhausen ebenfalls von der Ringmauer bis an das schwarze und das weisse Wasser, und an beiden Orten rings um die oberen Häuser. Herzog Albrecht versprach, dass weder er noch seinetwegen jemand von denen, über die er Macht besässe, seinem Vetter oder dessen Erben an ihrem Theile beider Schlösser und an den dortigen Besitzungen Schaden oder Hinderniss bereiten sollte. Er verbot seinen Amtleuten und ihrem Gesinde auf beiden Schlössern, seinen Vetter, dessen Erben oder das von demselben darauf gehaltene Gesinde mit Worten oder Werken zu misshandeln. Geschähe es dennoch von einer seiner Leute, so durfte weder er, noch sein Amtmann, noch sonst jemand seinetwegen mit dem Aergsten einschreiten. Vielmehr sollten beide Herzöge, ihre Amtleute und Gesinde den Friedensbrecher, wenn sie seiner habhaft werden könnten, ergreifen und ihn nicht schützen. Hätte er jemanden getödtet, so sollte ihn Todesstrafe treffen. Entflöhe er, so sollte der Amtmann des Herzogs Albrecht nicht nur beschwören, dass er keine Macht über ihn besitze und sich keiner Arglist schuldig mache, sondern auch dem Herzoge Otto das Währgeld für den Getödteten entrichten. Wer von den Leuten des Herzogs Albrecht einen der Leute des Herzogs Otto mit oder ohne Verwundung lähmte, dem sollte die Hand abgehauen werden. Entflöhe er, so sollte der Amtmann dem Herzoge Otto das halbe Währgeld entrichten. Auf leichtere, nicht mit Verwundung, Tödtung oder Lähmung verbundene Verletzungen, sogenannte Dünnschläge, nämlich Schläge an die Dünnen oder Schläfen, wurde als Strafe der Verlust des Daumens gesetzt. Trat in Folge der Verletzung doch noch Tod oder Lähmung ein, so ging es wieder an Hals oder Hand. Blieb der Schlag aber ohne jene gefährlichen Folgen, so hatte der Amtmann, wenn der Verbrecher entkam, nur ein Viertel des Währgelds zu zahlen. Wenn einer der Leute des Herzogs Albrecht jemanden aus dem Gesinde des Herzogs Otto mit Worten übel behandelte und seiner Ehre zu nahe trat, so sollte er in Gegenwart Aller auf beiden Schlössern widerrufen, sein Unrecht eingestehen und betheuern, dass es ihm leid thue. Wäre er nicht dazu zu bewegen, so musste Herzog Albrecht ihn gehen heissen und dem Herzoge Otto für ihn zwanzig Pfund Wachs geben. In allen genannten Fällen sollte der Amtmann den Reinigungseid schwören und, wenn auch das Währgeld je nach der Schwere des Vergehens ganz oder theilweise gezahlt oder das Wachs geliefert worden sei, gleichwohl der entflohene Friedensbrecher, bevor er den beiden Herzögen und den Freunden des Getödteten oder Verletzten Genugthuung geleistet habe, von ihnen allen und von den herzoglichen Amtleuten als Feind behandelt werden. Herzog Albrecht gelobte und befahl seinen Amtleuten, offenbare Feinde seines Vetters nicht wissentlich auf eins der beiden Schlösser aufzunehmen, dieselben aber, wenn es unwissentlich geschähe, gleich nach erhaltener Anzeige fortzuschicken. Herzog Otto und seine Amtleute aber sollten diesen Feinden alsdann einen Tag und eine Nacht Sicherheit gewähren und letztere während der Zeit nichts Feindliches gegen ihn unternehmen. Herzog Albrecht verpflichtete sich, seinen Theil der beiden Schlösser keinem Herrn zu verpfänden und sie niemandem, als seinem Vetter Otto oder dessen Erben, jemals zu überlassen oder zu verkaufen. Er einigte sich mit ihm, dass keiner von ihnen seinen Theil der beiden Schlösser verpfände, ohne dem andern zuvor von dem künftigen Pfandbesitzer Burgbut geloben und Sicherheit dafür leisten zu lassen, und dass, wenn einer von ihnen Amtleute auf den Schlössern ein- oder absetzte, die Amtleute auf beiden Seiten beschwören sollten, die Burghut, den Burgfrieden und alle obigen Bestimmungen zu halten. Er versprach für sich, seine Amtleute und sein Gesinde, von keinem der beiden Schlösser seinem Vetter, dessen Mannen und Leuten oder denen, gegen welche derselbe zum Rechte verhelfen würde, Schaden zuzufügen oder zufügen zu lassen und, wenn es dennoch unwissentlich geschähe, sofort nach Billigkeit oder Recht Genugthuung zu leisten oder von seinen Amtleuten leisten zu lassen mit Ausnahme aller Fälle, in welchen Hals und Hand in Frage käme. Geriethe er mit seinem Vetter in Krieg oder Fehde, so sollten beide Schlösser nebst den dortigen Amtleuten und Gesinde auf beiden Seiten in völliger Sicherheit verbleiben und keiner der beiden Herzöge dem andern an den Schlössern und den dortigen Besitzungen Schaden thun. Jede sonstige Beschädigung der Schlösser, alle Ansprüche auf sie und Belagerung oder Verlust derselben verpflichtete sich Herzog Albrecht mit seiner ganzen Macht abzuwehren und versprach, bevor die Schlösser wieder gewonnen wären, nicht Sühne oder Frieden zu schliessen. Zuletzt leistete er einen Eid, alle obigen Zusagen seinem Vetter und den Erben desselben gänzlich und stets ohne Arglist halten zu wollen. Dieselben Verpflichtungen, welche er hier übernahm, wird auch ihm gegenüber Herzog Otto als die seinigen in gleicher Weise anerkannt haben. So war denn, weil die Markgrafen auch Aufnahme in die Sühne gefunden hatten, der Frieden zwischen dem Herzoge Otto und allen gegen ihn Verbündeten hergestellt. Statt eine Landgrafschaft zu gewinnen, hatte er selbst Verluste erlitten und musste Schlösser, die er vorher allein besass, mit seinen früheren Feinden theilen. Einen so unruhigen Geist, wie den seinigen, konnte kein erlittener Schaden entmuthigen, keine Erfahrung wurde ihm zur Warnung. Wohl nur das geringe Vertrauen, welches Herzog Albrecht auf die Friedensliebe seines Vetters setzte, veranlasste ihn, sich des Schlosses Hardenberg für kriegerische Unternehmungen zu versichern. Indem er am 6. December 1375 dem Ritter Heinrich von Hardenberg, dem Knappen Hildebrand, Bruder desselben, und dem Ritter Heinrich, einem Sohne des ersteren, versprach, sie zu vertheidigen und ihnen in ihren Nöthen mit aller Macht beizustehen, nahm er ihnen das Gelöbniss ab, dass sie sich in Streitigkeiten seiner Entscheidung fügen und ihm nicht nur mit dem Schlosse Hardenberg, sondern auch mit den anderen in ihrem Besitze befindlichen Schlössern gegen jedermann, ausgenommen das Stift Mainz und den dortigen Erzbischof, so oft er es fordern und so lange er leben würde, Hülfe leisten wollten. Falls er von dem Schlosse Hardenberg Krieg zu führen beabsichtigte, sollten sie es ihm öffnen, auch seinem Amtmanne für ihn und seine Diener die nöthigen Räumlichkeiten in Küche, Kellern, Ställen und anderen Gemächern anweisen. Während eines solchen Krieges waren der Herzog und der Amtmann, den er auf das Schloss setzte, verpflichtet, den von Hardenberg Friedegut zu geben, sie, ihr Schloss und ihre Güter vor Schaden und Unfug gegen die herzogliche Besatzung zu schützen und Thurmhüter, Thorwächter nebst den andern Wächtern auf dem Schlosse zu beköstigen. Weil dasselbe dem Herzoge Albrecht gegen das Stift Mainz verschlossen blieb, konnte er es wegen der Oertlichkeit kaum gegen sonst jemanden, als gegen seinen Vetter, dereinst mal zu gebrauchen beabsichtigen. Dieser war so sehr mit kriegerischen Gedanken beschäftigt, dass selbst ein Patronatrecht ihm dazu dienen musste, die Zahl seiner Mannen zu vermehren. Am 31. December 1375 gestattete er den Gebrüdern Endeman, Bürgern zu Göttingen, und ihren Erben, den Altar St. Crucis in der dortigen Kirche St. Nicolai mit

Gütern zu beschenken und denselben bei jeder Vacanz einem Priester zu verleihen. Er gab ihnen das Patronatrecht über den Altar zu Erbleben. Dafür sollten sie und ihre Erben seine und seiner Nachfolger Mannen sein.

Nachdem Herzog Otto geschlagen war, besetzten der Erzbischof Adolf von Mainz und seine übrigen Bundesgenossen die Stadt Erfurt. Kaiser Karl IV. hatte die Stadt am 24. März 1375 aufgefordert, Ludwig, den Bruder der Markgrafen von Meissen, welchem er die Regalien verliehen habe, als Nachfolger des verstorbenen Erzbischofes Johann von Mainz, in den Landfrieden aufzunehmen, welcher am 28. März 1372 zwischen dem Königreiche Böhmen, den Stiften Mainz und Nauenburg, den Grafen von Gleichen, von Hohnstein, von Schwarzburg, von Stolberg und den Städten Erfurt, Mühlhausen und Nordhausen auf die Dauer von zehn Jahren errichtet worden war, und hatte verlangt, dass die Stadt diesem Frieden gemäss dem Erzbischofe Ludwig gegen jedermann zu seinem Rechte behülflich sei. Zugleich hatte er der Stadt angekündigt, dass er und sein Sohn, der König von Böhmen, nicht mehr mit ihr im Landfrieden verbleiben wolle, denselben vielmehr widerrufe, falls sie seiner Aufforderung nicht nachkäme. Sie folgte seinem Befehle nicht, sondern nahm die Besatzung auf. Das Heer des Erzbischofs Adolf und seiner Verbündeten soll aus 1600 Rittern und Knechten bestanden haben. Mit diesem verwüsteten sie die benachbarten Lande der Markgrafen von Meissen. Diese belagerten darauf die Stadt. Landgraf Hermann zog ihnen mit einem sehr grossen Heere, bestehend aus 6000 Rittern und Knechten und einer weit grösseren Anzahl von Bürgern und Bauern, zu Hülfe. Nachdem sie zwei Wochen lang die Stadt belagert hatten, stiess zu ihnen ein kaiserliches und böhmisches Heer unter der Anführung des Kaisers, den sein Sohn Wenzel und die Kaiserinn begleiteten. Dass dies im August des Jahres 1375 vorgefallen sei, sagt die gleichzeitige Chronik von Meissen und beweiset eine Urkunde des Kaisers, die er für die Stadt Halle am 29. August 1375 im Felde vor Erfurt ausstellte. Acht Wochen dauerte die Belagerung. Das Heer vor der Stadt war auf 40000 Mann wohlgerüsteter Truppen, nach einer anderen Nachricht auf mehr als 90000 Mann herangewachsen. Die Herren, Ritter und Knechte in der Stadt machten sich meistens bei Nacht und Nebel davon und hinterliessen dem Kaiser ein leeres Nest. Von der Stadt Erfurt zog das vereinigte Heer der Belagerer vor das Schloss Tonna, welches die Grafen Heinrich und Ernst von Gleichen, Vasallen und Bundesgenossen des Erzbischofs Adolf, von den Markgrafen von Meissen zu Lehn besassen. Graf Ernst war, weil er den an ihn, wie an die Stadt Erfurt, ergangenen kaiserlichen Befehle nicht gehorcht hatte, mit der Stadt in die Reichsacht gerathen. Während der Belagerung erlangte der Erzbischof für sich und sein Domcapitel, für die beiden Grafen von Gleichen, für die Grafen Johann von Schwarzburg, Heinrich von Stolberg, Heinrich von Hohnstein, für die Städte Erfurt, Mühlhausen und Nordhausen, für seine sonstigen Helfer und für alle seine Lande und Leute einen Waffenstillstand von seinem Gegner Ludwig und von dessen Brüdern, den drei Markgrafen von Meissen. Der Kaiser selbst vermittelte diesen Waffenstillstand, der bis zum 24. Juni 1377 bestehen sollte, erklärte die Reichsacht, welche er über den Grafen Ernst von Gleichen und über die Stadt ausgesprochen hatte, einstweilen, nämlich bis zum Ablauf des Waffenstillstandes, für ausser Kraft gesetzt und stellte hierüber noch im Felde vor Tonna am 6. September 1375 eine Urkunde aus. Erzbischof Adolf suchte nun auch mit den Landgrafen von Hessen in ein besseres Verhältniss zu treten. Am 13. April 1376 schloss er zu Eltvil mit ihnen zum gegenseitigen Schutze ihrer Lande ein Bündniss, welches bis zum 24. Juni 1378 dauern sollte. Sie unterwarfen sich seiner rechtlichen Entscheidung in ihren Streitigkeiten mit dem Grafen von Ziegenhain bis zu Ende des Bündnisses, wogegen er versprach, dem Grafen gegen sie vor Ablauf der genannten Frist keine Hülfe, falls derselbe ihnen Recht verweigere. Gegen den Geistlichen und Klöster in Hessen gelobte er während der Zeit bis zum 24. Juni 1377 keine weltliche Gewalt zu gebrauchen. Sie aber sollten seinem Gegenbischofe Ludwig während dessen nicht förderlich, er sonst berechtigt sein, sie ausserhalb des Gebietes der Landgrafen zu verfolgen. Die Landgrafen sollten die ihm feindlichen Geistlichen, die ausserhalb der Landgrafschaft wohnten, gegen ihn, wenn er sie verfolgte, nicht schützen, die in ihrem Lande befindlichen Güter und Einkünfte seiner ihm geneigten Geistlichen unbehindert lassen, er dagegen in die Güter des deutschen Hauses zu Marburg sich keine Eingriffe erlauben. Das grösste Zugeständniss, welches bei diesen Friedensverhandlungen den Landgrafen gemacht wurde, später aber auch zu neuen Zwistigkeiten Veranlassung gab, war in einer besonderen Urkunde enthalten, die, gleichfalls am 13. April 1376 ausgestellt und besiegelt, Ulrich von Kronenberg, des Erzbischofes Vizthum im Rheingau, dem Landgrafen Hermann einhändigte. In dieser Urkunde verzichtete nämlich der Erzbischof auf die ihm von dem Herzoge Otto gegen beide Landgrafen im Bündnisse vom 30. August 1374 versprochene Hülfe und verlangte nur, dass dasselbe gegen andere Herren und Leute in Kraft bliebe.

Einige Wochen vorher, am 24., 25. und 26. Februar 1376, hielt Herzog Otto zu Göttingen ein Turnier. Er erschien auf demselben, wie am 20. October 1370, in Begleitung seiner Mutter, seiner Gemahlinn und der Frau von Cleve, wahrscheinlich der Schwiegertochter des Landgrafen Heinrich von Hessen. Der Graf von Schwarzburg, der edele Herr Heinrich von Hohnstein, zwei edele Herren von der Lippe, drei edele Herren von Plesse, Bürger von Braunschweig und viele Ritter und Knappen waren unter den eingeladenen Gästen. Man vermisst die zum früheren Feste am 20. October 1370 geladenen auswärtigen Mitglieder des Sternerbundes. Das Turnier glänzte wieder durch die Anwesenheit vieler sehr schöner Frauen. Sie waren in Purpur gekleidet, am Gesäss von recht weitem Umfange, und Gürtel, mit klingenden Knöpfen oder Glöckchen besetzt, hielten ihr Gewand. Es wurde eine Pracht zur Schau getragen, gegen welche die durch Kriege hervorgerufene Armuth des Landes weit abstach. Von der Verpflichtung, dem Erzbischofe Adolf von Mainz gegen Hessen in irgend einer Weise beizustehen, entbunden, mit den Landgrafen selbst ausgesöhnt, setzte Herzog Otto desto eifriger den Krieg fort, in welchen er durch Einmischung in die Angelegenheiten seiner Vettern, der Söhne des Herzogs Magnus von Braunschweig, gerathen war. Es darf hierüber wieder auf die Geschichte der Herzöge von Sachsen und Lüneburg und der Söhne des Herzogs Magnus verwiesen werden. Bevor er auch auf dieser Seite zur Ruhe gelangte, belästigte ihn sein Schwager, der Graf Gottfried von Ziegenhain, weil ihm keine anderen Mittel gegen den Herzog zu Gebote standen, auf eine eigenthümliche Weise. Der Graf hatte in dem Kriege gegen Hessen bis zu Ende desselben ausgeharret, war auch zu Erfurt während der Belagerung der Stadt im Dienste des Erzbischofs Adolf gewesen. Er behauptete, der Vertrag vom 3. August 1371 sei verletzt worden, denn ohne seinen Willen und Rath und ohne dass die tausend Mark Brautschatz seiner Gemahlinn von dem Herzoge ausbezahlt seien, habe dieser den Vergleich vom 26. Februar und 2. Juli 1375 mit dem Landgrafen geschlossen. Obgleich die dem Herzoge für sein Anfallsrecht an Hessen zugestandene Summe von 3000 Mark vollkommen genügte, um davon zu der bedungenen Zeit den Brautschatz zu zahlen, scheint es doch nicht, dass der Herzog seine Schwester, die Gräfinn Agnes von Ziegenhain, seinem Versprechen vom 2. Juli 1375 gemäss habe bewegen können, auf die Nachlassenschaft ihres Grossvaters und auf dessen Lande zu verzichten. Sie forderte Zahlungsanweisungen von ihrem Bruder, die er nicht ertheilen wollte. Um den Herzog hierzu zu zwingen, zog der Graf mit seinen Leuten auf die Strassen und überfiel plündernd die Wagenzüge, welche den Städten des Herzogs Waaren zuführten oder von dorther kamen. Dabei untersuchte er nicht, wem die einzelnen Güter gehörten, die er raubte, und verschonte also auch die Bürger fremder Städte nicht. Kaufleute aus Halberstadt, aus Naumburg, aus Hildesheim, sogar aus Prag forderten von ihm am 13. September 1377 zu Unterhandlungen Vollmacht und ordnete die Angelegenheit. Er stellte nun für den ganzen Betrag des Brautschatzes seine Freunde, Mannen und Städte als Bürgen, wogegen seine Schwester Agnes und Graf Gottfried von Ziegenhain am 15. September 1377 auf die Erfüllung der wegen Zahlung der tausend Mark in der Urkunde vom 3. August 1371 enthaltenen Bedingungen, jedoch unbeschadet des übrigen Inhalts jener Urkunde, verziehteten. Zugleich gelobten sie ihm, von dem nun auch durch Bürgschaft gesicherten, auf 400 Mark sich belaufenden Reste der Schuld die ihnen von den Bürgern der Stadt Göttingen ausbezahlten hundert Gulden abzurechnen, und gestatteten dem Herzoge, den von ihnen zurückbehaltenen Theil aller mit Beschlag belegten Waaren der Bürger Göttingen's, worunter Röcke von Sarsche (französisch: serge), Baumwolle, Papier, Handschuhe, Taschen, Tücher zu Siebtebeuteln, Zwirn, Bleeh, Zinn, Fello und Kamille, bis zum 7. März 1378 abholen zu lassen, widrigenfalls sie die Waaren so theuer als möglich ausbieten lassen, ihm darnach noch zwei Wochen lang den Vorkauf gestatten und den auf die eine oder andere Weise dafür erzielten Erlös von jenen 400 Mark abrechnen wollten. Zwei Wochen später, am 29. September 1377, gelobten vierzehn Bürger der Stadt Braunschweig an Eides Statt, nie Forderungen an den Grafen wegen ihrer Güter, die er, um die Zahlung des Brautschatzes zu erzwingen, mit Beschlag belegt habe, zu stellen. Die Wegelagerung des Grafen und das Verhalten des Herzogs gegen ihn geben, wenn irgend etwas, ein klares Bild von den damaligen gesunkenen, wüsten Zuständen, welche der nie endende Krieg in dem Herzogthume Göttingen geschaffen hatte. Es fehlten dem Herzoge die Mittel, auch nur 400 Mark baar zu zahlen, und die Macht, das tolle Treiben des Grafen mit Gewalt zu hindern. Die Noth zwang ihn, ungewöhnliche Steuern von den geistlichen Stiftungen zu fordern. An die Canoniei und die Capellane des Stiftes Gandersheim stellte er das Begehren, ihm eine Beede zu entrichten, nämlich, wie er sich selbst ausdrückte, ihm ihr Geld und Gut herzugeben. Sie müssen ihn auf irgend eine Weise zufrieden gestellt haben, denn am 16. December 1377 gelobte er für sich, seine Erben und seine Beamten, keine Beede mehr von ihnen zu verlangen, weder ihnen noch nach ihrem Tode ihren Gütern irgend wie Schaden zuzufügen oder sich das Ihrige zuzueignen, sondern sie und dasselbe nach Vermögen zu vertheidigen, so oft sie dessen bedürften und es forderten, auch sie bei ihren früheren Freiheiten und Rechten zu lassen. Dafür sollten sie jährlich einmal eine kirchliche Gedächtnissfeier für ihn, seine Eltern und seine Erben halten. Am 24. Juni 1378 befand er sich in so grosser Geldverlegenheit, dass er nur auf einen Monat hundert Mark löthigen Silbers von der Stadt Göttingen lieh. In einer langen Reihe von Jahren giebt es nur folgendes Beispiel, dass er Gelder dazu verwandte um durch Ankauf sein Herzogthum zu verbessern. Ritter Conrad von Rosdorf und seines verstorbenen Bruders, des Ritters Ludwig Söhne, die Knappen Conrad, Johann, Dethard und Ludwig von Rosdorf hatten dem Vater des Herzogs am 30. Juli 1354 ihre Güter zu Harste, ihr Pfandrecht auf das dortige Schloss nebst Schnedinghausen und Berwardshausen verkauft. Nachdem von den vier genannten Brüdern der noch in einer Urkunde vom 31. Mai 1358 erwähnte Knappe Conrad gestorben war, hatten die drei ihn überlebenden dem Herzoge Ernst ihre Schlösser Hardegsen und Moringen geöffnet und ihm das Näherrecht bei Verpfändung oder Verkauf der Schlösser am 16. April 1363 eingeräumt. Man findet diese drei Brüder von Rosdorf noch zusammen auf dem 6. Februar 1368 zu Göttingen gehaltenen Turniere. Die drei von Rosdorf, welche auf dem dortigen Turniere am 20. October 1370 erschienen, werden dieselben gewesen sein. Zwischen den Jahren 1374 und 1379 starben Johann und Dethard von Rosdorf. Jener hinterliess die Söhne Ludolf, Johann, Ludwig und Conrad. Von Dethard hinterblieb nur ein Sohn, Namens Ludwig. Mit diesen Söhnen seiner Brüder, mit seinen Vettern, wie er sie nannte, sass nun der Knappe Ludwig von Rosdorf auf den Schlössern Hardegsen und Moringen. Von ihnen allen kaufte Herzog Otto, des eingeräumten Näherrechtes sich bedienend, Hardegsen und Moringen nebst ihren anderen Besitzungen und Erbgütern für 3000 Mark. Er zahlte am 26. Januar 1379 dem Knappen Ludwig von Rosdorf, Sohne des Ritters Ludwig, den Antheil aus, welcher demselben an dem Kaufgelde gebührte und wahrscheinlich tausend Mark betrug. Unverkennbar ist die Absicht, die ihn bei diesem Kaufe leitete. Er wollte es für immer verhindern, dass fremden Fürsten, wie früher dem Erzbischofe von Mainz, die Schlösser gegen seinen Willen geöffnet würden. Nach einer anderen Nachricht soll er Hardegsen in diesem Jahre erobert haben. Alleiniger Herr zu Moringen wurde er durch jenen Kauf nicht, denn Landgraf Hermann von Hessen belehnte am 24. August 1377 den Conrad von Asche mit der Freiheit über neun Hufen in der Mark zu Moringen, über seinen Sattelhof und über dreizehn Koten daselbst, mit dem Zehnten über alle diese Güter, mit der Freiheit über die Strasse innerhalb derselben und mit einer Mühlenstelle. Er war also Lehnsherr einer nicht unbedeutenden Besitzung zu Moringen; aber es fehlte ihm dort an Festungswerken. In dieser Hinsicht erlangte der Herzog gegen ihn daselbst einen bedeutenden Vortheil durch jenen Kauf. Die neue Erwerbung erschöpfte, wie es scheint, seine Casse völlig und nöthigte ihn am

9. November 1379, die 2200 Gulden von Lippold von Hanstein zu entleihen, wofür er am 24. November desselben Jahres den Rath der Stadt Göttingen als Bürgen stellte.

Das alte Schloss zu Gleichen besassen die von Uslar und von Kerstlingerode zu Lehn von dem Herzoge. Erstere geriethen über ihre Antheile am Schlosse unter sich in Streit; es kam darüber zwischen ihnen zu Unwillen und Auflauf, bis endlich am 6. Mai 1379 Heinrich von Uslar mit seinen Söhnen Heise und Heinrich in einem Vergleiche gelobte, dass bei dem Tode seines Bruders Hermann dessen Antheil an dem Schlosse, an der Vorburg und am Graben nebst dessen ganzen Nachlasse auf seinen Vetter Hildebrand von Uslar und dessen Söhne Diedrich, Hildebrand und Otto erblich übergeben sollte und dass er seinem Bruder Ernst, wenn derselbe dagegen Einspruch erhöbe, nicht beistehen wollte. Um nicht alle früheren Mittheilungen über das Schloss Gieselwerder zu wiederholen, sei hier an Folgendes erinnert. Seit dem Jahre 1303 und noch mit grösserer Bestimmtheit seit dem Jahre 1313 lassen sich zwei Hälften des Schlosses unterscheiden, die eine, welche dem Erzbischofe von Mainz, die andere, welche den Herzögen gehörte. Jene war seit 1346 den von Hardenberg verpfändet. Die Pfandschaft war ihnen 1350, 1351 und 1357 erneuert worden. Nachdem sie sich wegen des Schlosses mit den von Adelebsen am 10. April 1364 abgefunden hatten, befahl ihnen Erzbischof Gerlach von Mainz am 26. August desselben Jahres, eine Feste und einen Bau vor dem Schlosse zu errichten, so dass man mit Volk sicher darin liegen könne, und versprach, ihnen die Baukosten bei der Einlösung des Schlosses mit 50 Mark Silbers zu vergüten. Obgleich die Herzöge Albrecht und Johann von Braunschweig bei der Theilung ihrer Lande am 31. März 1267 übereingekommen waren, die Insel Gieselwerder gemeinsam zu behalten, ist die herzogliche Hälfte des dortigen Schlosses doch später den Herzögen von Lüneburg allein verblieben. Am 16. October 1340 verpfändeten dem Grafen Otto von Waldeck sein Schwiegervater, Herzog Otto zu Lüneburg, und dessen Bruder, Herzog Wilhelm, Gieselwerder für 600 löthige Mark. Am 20. September 1351 wurden die von Boventen und Reme Pfandbesitzer der herzoglichen Hälfte des Schlosses bis endlich die edelen Herren von Homburg diese am 2. Mai 1354 pfandweise erhielten. Sie blieben im Besitze, weil Herzog Wilhelm von Braunschweig und Lüneburg den Pfandvertrag mit ihnen am 30. November 1357 und am 2. Februar 1364, das letzte Mal auf wenigstens sechs Jahre, verlängerte. Sie verpfändeten am 1. August 1371 ein Viertel des Schlosses den Besitzern der anderen Hälfte, den von Hardenberg, auf vierwöchentliche Kündigung, in Folge dessen sie nur ein Viertel behielten, die von Hardenberg aber drei Viertel in ihrem Besitze hatten. An demselben Tage, als die Herzöge Magnus und Otto von Braunschweig eine Erbverbrüderung unter sich errichteten, nämlich am 31. März 1370, gestattete dieser jenem, das halbe Schloss Gandersheim und die Hälfte des Schlosses Gieselwerder wieder einzulösen. Von der Urkunde, welche Herzog Otto darüber ausstellte, ist nur noch eine ziemlich unklare Inhaltsangabe vorhanden. Dieselbe ist vielleicht so zu verstehen, dass er in derselben das Zugeständniss annahm, die Hälfte beider Schlösser, also Gieselwerder von den edelen Herren von Homburg, einlösen zu dürfen, und sie seinem Vetter für 4000 Mark löthigen Silbers dereinst zurückgeben versprach. Dass er sich in den Besitz des Schlosses Gieselwerder brachte, ist gewiss, denn, während es später nie wieder als ein Zubehör des Herzogthums Lüneburg genannt wird, führte Herzog Otto dasselbe nicht nur unter seinen übrigen Schlössern am 2. October 1381 auf, sondern er verfügte auch über dasselbe schon am 21. Januar 1380 mit der Bemerkung, dass er es bisher besessen habe. Deshalb also und weil die edelen Herren von Homburg nicht mehr als Pfandinhaber des Schlosses vorkommen, wird er es von ihnen eingelöset haben. An dem zuletzt genannten Tage verpfändete er sein Schloss Gieselwerder, nämlich die Hälfte desselben, mit der Erklärung hinzufügte, unter Vorbehalt des Oeffnungsrechtes den Pfandinhabern der erzbischöflichen Hälfte, den Gebrüdern Ritter Heinrich und Knappen Hildebrand von Hardenberg und dem Ritter Heinrich, einem Sohne des ersteren, für 180 löthige Mark, worin zehn Mark für anzuwendende Baukosten begriffen waren, auf die Dauer von wenigstens fünf Jahren, vom 25. December 1380 an zu rechnen. Dabei traf er die gewöhnlichen Bestimmungen für den Fall, dass von dem Schlosse Krieg führen würde oder dass dasselbe in seinem Kriege verloren würde, denn selbst Krieg von demselben anzufangen verbot er den von Hardenberg. Indem er sie, wie seine anderen Mannen zu vertheidigen versprach, gestattete er ihnen Selbsthülfe vom Schlosse, wenn er ihnen würde kein Recht verschaffen können. Die eine Hälfte des Schlosses Schöneberg, welche dem Herzoge Albrecht von Braunschweig, nachdem er die andere 1318 an das Stift Mainz verkauft hatte, geblieben war, gehörte später, wie Urkunden vom 7. Mai 1351, 15. Juli 1352 und 30. November 1357 zeigen, zum Herzogthume Göttingen. Die an das Stift Mainz verkaufte Hälfte dieses Schlosses, das Schloss Hardenberg selbst und Nörten, das Schloss Gleichenstein und das Dorf Geismar besassen die von Hardenberg von dem genannten Stifte. Weil Herzog Otto ungeachtet ihrer grossen Abhängigkeit von demselben ihnen seine Hälfte des Schlosses Gieselwerder pfandweise überliess und sie so zu Inhabern des ganzen Schlosses machte, muss er es für sehr unwahrscheinlich gehalten haben, während der nächsten Jahre in eine Fehde mit dem Stifte verwickelt zu werden. Obgleich sie ihm die Pfandsumme baar auszahlten, nöthigte ihn doch fünf Monate später, am 19. Juni 1380, als er auf seinem Schlosse Hardegsen verweilte, neue Geldverlegenheit, dem Rathe und den Bürgern der Stadt Göttingen seine Dörfer Roringen und „Omborn" (vor dem göttinger Walde, östlich von Herberhausen gelegen) zu verkaufen. Er überliess sie ihnen mit Gericht, das Halsgericht ausgenommen, mit Vogtei, Dienst, Beede, mit Allodial- und Lehngütern und mit allem sonstigen Zubehör, auch namentlich mit den Lehngütern im letzteren Dorfe, welche ihm die von Rosdorf abgetreten hatten, und mit der Mannschaft der Güter in beiden Dörfern. Er wies die Mannen, welche die Güter von ihm und von den von Rosdorf zu Lehn besessen hatten, und die Güter, die ihm dort erledigt werden möchten, an den Rath der Stadt, als künftigen Lehnsherrn, gestattete demselben, dortige verpfändete Güter einzulösen und belehnte ihn mit den zu beiden Dörfern gehörenden Lehngütern. Er gelobte, den Rath und die Bürger an den dazu gehörenden Holzungen und namentlich an den bisher in ihrem Besitze gewesenen zwischen „Omborn", Roringen, „Meinershausen", Waake, Mackenrode und Kerstlingerode gelegenen Holzungen und Wäldern nicht zu hindern. Er ertheilte ihnen die Zusicherung, mit Zoll und Geleite zu Göttingen es zu halten, wie es von Alters her Gewohnheit gewesen sei, und dieses sollte durch eidliche Aussage des Raths der Stadt festgestellt werden. Er verzichtete darauf, von den Bürgern der Stadt Gebühren für Geleit auf denjenigen Strassen zu erheben, welche er nach anderer Richtung hin, als nach der Stadt, anlegen würde, und sie daran zu hindern, wenn sie ihre eigenen Güter nach Göttingen fahren liessen. Er erlaubte ihnen, die über Grone gelegenen Holzungen, den „Knutherg", das „Bredeholz" und die anderen dazu und zu den Dörfern Altengrone, Burggrone, Ellichausen, Hetjershausen, Ellershausen und „Luttekenluren" gehörenden Holzungen hägen und verwalten zu lassen. Seine darin berechtigten Mannen und Leute sollten mit ihnen darin Bauer-Innung halten, dafür aber die Holzungen, mit anderen Erbexen, benutzen. Den Bürgern und Einwohnern der Stadt gestand er das Recht zu, seine Mannen und Leute wegen Schuldforderungen oder sonstigen Streitigkeiten vor dem Gerichte auf dem Leineberge, welches fünf Jahre vorher der Stadt verpfändet worden war, zu verklagen und dieselben, wenn sie dort sich nicht stellten oder verurtheilt würden oder ihre Schuld nicht bezahlten, vor geistliche Gerichte laden zu lassen. Er erlaubte den Bürgern, um ihre Stadt, wo es ihnen am gelegensten wäre, Landwehren zu graben, Warten zu bauen, Bergfrieden (Thürme), Warten und Schlagbäume auf die Landwehren zu setzen, sie zu bewahren und zu bewachen, und verlangte nur freien Durchgang durch dieselben für sich und seine Diener. Er gestattete ihnen, jährlich einen achttägigen Freimarkt in ihrer Stadt zu halten, und bewilligte allen Besuchern desselben freies Geleit in seinem Lande. Zugleich legte er alle bisher zwischen ihm und der Stadt obwaltende Zwietracht bei und verzichtete, deshalb Forderungen gegen sie zu erheben. Für die beiden Dörfer, für die übrigen genannten Güter und für obige Zugeständnisse und Bewilligungen erhielt er von dem Rathe und den Bürgern, abgerechnet das Geld, wofür die Dörfer und Güter schon verpfändet waren, 250 löthige Mark ausbezahlt. Nichts desto weniger lieh er zwei Monate später, am 15. August 1380, von den Gebrüdern Roda, Bürgern zu Göttingen, hundert Mark löthigen Silbers. Dafür verschrieb er ihnen zehn löthige Mark jährlicher Gülte aus der Beede zu Northeim, händigte ihnen die über diese von dem dortigen Rathe ihm ausgestellte Schuldverschreibung ein, sicherte sich aber das Recht, dieselbe und seine Schuldverschreibung zu jeder Zeit nach Kündigung wieder einlösen zu können. Hebungen bei dem Rathe zu Northeim hatte er schon früher, am 19. December 1374, verschrieben. Die dortige Beede muss ein bequemes und gesuchtes Unterpfand gewesen sein.

Landgraf Heinrich von Hessen, Grossvater des Herzogs Otto, war unterdessen zu Anfange des Jahres 1377 gestorben und Landgraf Hermann sein einziger Nachfolger in der Regierung geworden. Herzog Otto hatte seine Gemahlinn Miraslava, Tochter des Grafen Johann von Holstein zu Plön, durch den Tod verloren und eine zweite Ehe mit Margaretha, Tochter des Grafen von Berg, geschlossen. Am 24. Juni 1379 hatte er ihr Schloss und Stadt München mit Zoll, Geleit, Gericht, Dörfern und allem Zubehör zur Leibzucht, Schloss Sichelnstein zur Morgengabe verschrieben, damit sie die Stadt und beide Schlösser lebenslänglich besitzen sollte. Das Bündniss des Erzbischofes Adolf von Mainz mit dem Landgrafen Hermann vom 13. April 1376 war am 24. Juni 1378 erloschen. Auf Geheiss des Erzbischofes waren die von Hardenberg Feinde des Landgrafen geworden und hatten am 21. November 1378 von ersterem die Weisung erhalten, zu den Bürgern der Stadt Geismar mit zwölf leicht bewaffneten Reitern zu stossen, mit ihnen für ihn und sein Stift gegen den Landgrafen die Stadt zu besetzen und ihnen in ihren Nöthen zu helfen. Bedrückungen der Bürger in den Städten Nieder-Hessens durch die Burgmannen und durch andere Ritter und Knappen hatten 1378 zu einer Vereinigung der Städte geführt. In Cassel war es sogar zu einem Aufruhr gegen den Landgrafen gekommen, durch Vermittelung des Markgrafen Balthasar von Meissen aber die Streitigkeit geschlichtet worden. In ihm und seinen Brüdern erblickten die Bürger den künftigen Nachfolger ihres Landgrafen, weil dieser noch kinderlos war, und begünstigten des ersteren Einmischung in Angelegenheiten des Landes Hessen. Nachdem der Landgraf sich mit einer Rittergesellschaft, der Gesellschaft von dem Horne, am 19. Januar 1379 verbündet hatte, verband er sich am 22. Mai 1380 zu Frankfurt mit dem Churfürsten Rudolf von der Pfalz zum Kriege gegen den Erzbischof Adolf von Mainz. Es folgten darauf seine Feldzüge gegen Densburg, Mardorf, Melnau und Hatzfeld. Während dessen beunruhigte die Rittergesellschaft vom Falken, an deren Spitze ein Amtmann des Stiftes Mainz stand, das nördliche Hessen. Die Mitglieder dieser Gesellschaft im Verein mit Kriegsleuten aus Mainz und Waldeck überfielen am 19. November 1380 bei Fürstenberg die Bürger der Stadt Frankenberg und nahmen viele derselben gefangen. Fast zu gleicher Zeit, am 23. September 1380, verband sich der Abt Bodo von Corvey mit dem Grafen Hermann von Everstein, Sohne des Grafen Otto, gegen die von Schartenberg, gegen die von der Malsburg und von Dalwig zu Schauenburg in Hessen (bei dem Dorfe Hof am Fusse des Habichtswaldes in der Umgegend von Cassel). Er versprach, ihm mit Land und Leuten und mit aller Macht zu helfen, ohne ihn keinen Frieden oder Sühne zu schliessen noch in Verhandlungen einzutreten und während des Krieges Land und Leute des Grafen gegen den Feind zu schützen. Die von Schartenberg hatten im Kriege gegen den Herzog Otto und die Sterner für den Landgrafen gefochten. Ihnen hatten am 18. März 1376 die Landgrafen das Schloss Schartenberg verpfändet. Das Schloss Schauenburg aber gehörte zum Stifte Mainz. Dennoch musste eine Fehde gegen die Inhaber des Schlosses auch das benachbarte hessische Gebiet beunruhigen. Bei allen diesen Zwistigkeiten und Fehden spielte Herzog Otto den müssigen Zuschauer. Er konnte es, denn der Erzbischof Adolf von Mainz hatte am 13. April 1376 auf alle von ihm gegen den Landgrafen zu leistende Hülfe verzichtet; auch diesem schuldete er keine. Als der Herzog aber im September des Jahres 1361 von seinem Vetter, dem Herzoge Friedrich, und von den Bürgern der Stadt Braunschweig unvermuthet in Wolfenbüttel überfallen und aus Schloss und Land verjagt wurde, als so aller dadurch erlangter Gewinn, dass er sich seinem Vetter als Beschützer angedrängt und in dieser Stellung durch schwere Kriege sich befestigt hatte, mit einem Schlage verloren ging, da machte sich ihm der Mangel treuer Bundesgenossen recht fühlbar und es entstand in ihm der Entschluss, sich dem mit ihm ausgesöhnten Landgrafen von Hessen zu nähern. Es ist schon erwähnt worden, dass die Theilung der Eroberungen zwischen den Markgrafen von Meissen, den Landgrafen von Hessen und dem Herzoge Albrecht von Braunschweig, wie es scheint, nicht in der Weise vollzogen war, wie das Bündniss vom 3. October 1374 vorschrieb. Die Unzufriedenheit der Markgrafen darüber, die Einmischungen des Markgrafen Balthasar in hessische Landesangelegenheiten und dessen Streben, sich in Hessen einen Anhang zu verschaffen, mochten dem Landgrafen Hermann argen Verdruss bereiten. Die Stimmung, in welche er dadurch gerieth, und der Krieg mit dem Erzbischofe liess ihn wünschen, einen Bundesgenossen gegen jedermann an dem Herzoge Otto zu finden. Dieser zeigte sich dazu sehr geneigt, wenn er dafür, falls die Ehe des Landgrafen Hermann, wie bisher, kinderlos bliebe oder derselbe keine Erben hinterliesse, zur Nachfolge in Nieder-Hessen gelangen sollte. Wegen der am 9. Juni 1373 zwischen den Markgrafen von Meissen und Landgrafen von Hessen errichteten Erbverbrüderung war dies im genannten Falle nur auf Umwegen zu erreichen. Auch der Herzog besass noch keine Kinder; er konnte also dem Landgrafen mit gleich grosser Wahrscheinlichkeit die Aussicht auf Nachfolge im Herzogthume Göttingen eröffnen, wenn es ihm gelang, das Hinderniss, welches frühere Erbverträge entgegenstellten, zu umgehen. Die im herzoglichen Hause am 20. Mai 1322 und 5. Mai 1345 geschlossenen Verträge, ganz besonders die Erbverbrüderung, welche Herzog Otto selbst am 31. März 1370 mit seinem Vetter, dem Herzoge Magnus errichtet und am 21. October 1374 mit dessen Sohne Friedrich wahrscheinlich erneuert hatte, machten jede andere ähnliche Verfügung über das Herzogthum Göttingen ungültig. Herzog Otto und der Landgraf suchten deshalb wenigstens durch gegenseitige Verpfändung ihrer Schlösser ihren Zweck zu erreichen. Obgleich die Erbverbrüderung mit Meissen dem Markgrafen die Pflicht auflegte, es nach Kräften zu verhüten, dass die Landgrafschaft oder ein Theil derselben dem Herzoge Otto jemals zufiele, erlaubte sie doch dem Landgrafen, wegen seines eigenen und seines Landes Nutzen oder Noth Schlösser, Gülten und Güter zu verpfänden; die Erbverbrüderung mit dem Herzoge Magnus verbot aber dem Herzoge Otto die Verpfändung von Schlössern an Fürsten und Grafen, verlangte ausserdem die Bestätigung seiner Vettern bei jeder anderen Verpfändung seiner Schlösser und die ungesäumte Auslieferung derselben. Dies mochte dem Landgrafen wohl nicht bekannt sein; Herzog Otto aber setzte sich darüber hinweg, weil weder er noch Herzog Magnus die übrigen Bestimmungen der Erbverbrüderung gehalten hatte. Ausserdem glaubte er sich jetzt aller Verpflichtung gegen Herzog Friedrich entbunden, nachdem ihn dieser in Wolfenbüttel überfallen und aus dem Herzogthume Braunschweig vertrieben hatte. Zum Herzogthume Göttingen gehörten damals folgende Schlösser und Städte: Sichelnstein, Schloss und Stadt Münden, Bramburg (am rechten Weserufer nördlich von Hemeln), Giesselwerder, Schöneberg (bei Hofgeismar), Lauenförde, Niesover, Fürstenberg, Schloss und Stadt Uslar, Schloss und Stadt Moringen, Schloss und Stadt Hardegsen, Harste, Friedland, Brackenberg, Dransfeld, Bovenden, Niedeck, Northeim, Brunstein, Windhausen, Hindenburg (zwischen Badenhausen und Osterode), Stadt und Schloss Gandersheim, Stauffenburg, Seesen, Gebhardshagen, Harzburg und Göttingen. Sie alle lagen mit Ausnahme der am Rheinhardswalde gelegenen Schlösser Giesselwerder und Schöneberg im eigentlichen Lande Göttingen oder in dem zum Herzogthume gehörenden Theile des Harzes, Gebhardshagen jedoch im Herzogthume Braunschweig. Dieses Schloss hatte noch am 27. Juni 1354 dem Herzoge Magnus dem älteren gehört, mag sich aber unter den Schlössern befunden haben, die dessen Sohn Magnus am 31. März 1370 dem Herzoge Otto einzulösen gestattete und dieser einlösete. Wenn die Inhaltsangabe der von dem Herzoge Otto an dem genannten Tage ausgestellten Urkunde so zu verstehen ist, wie bei Gelegenheit des Schlosses Giesselwerder angedeutet wurde, so möchte auch das ganze Schloss Gandersheim im Jahre 1381 unter die Schlösser des Herzogthums Göttingen zu zählen sein. Ursprünglich gehörte dem Herzoge Otto davon nur eine Hälfte. Er besass Giesselwerder und Schöneberg mit dem Stifte Mainz getheilt, Windhausen und Hindenburg gemeinsam mit seinem Vetter, dem Herzoge Albrecht zu Grubenhagen. Nieder-Hessen, auch das Land diesseits des Spiesses genannt, umfasste damals folgende Schlösser und Städte: Schloss und Stadt Cassel, Schloss und Stadt Grebenstein, Schloss und Stadt Immenhausen, Schloss und Stadt Trendelburg, Zierenberg, Schartenberg (bei Zierenberg), Schloss und Stadt Wolfhagen, Witzenhausen, Ziegenberg, Arnstein (beide bei Witzenhausen), Allendorf, Fürstenstein (zwischen Allendorf und Eschwege), Bilstein (bei Allendorf), Eschwege, Wanfried, Schloss und Stadt Sontra, Reichenbach (bei Lichtenau), Lichtenau, Schloss und Stadt Spangenberg, Melsungen, Schloss und Stadt Rotenburg, Friedewald (bei Hersfeld), Schloss und Stadt Homberg, Schloss und Stadt Gudensberg, Schloss und Stadt Felsberg, Niedenstein und Falkenstein (bei Niedenstein). Von diesen gehörte Trendelburg zur Hälfte dem Stifte Paderborn. Ungefähr eben so hoch oder etwas höher, als in Nieder-Hessen, belief sich die Anzahl der Schlösser und Städte im Lande jenseits des Spiesses und in den ausserhalb des Landes Hessen gelegenen, dem Landgrafen gehörenden Gebieten. Halb Hessen also forderte Herzog Otto für sein Herzogthum, Pfand gegen Pfand, und der Landgraf willigte ein. Beide klagten über ungerechte Bedrängungen und Gewalt, die sie erlitten hätten, und gaben diese als die Veranlassung zu folgendem Vertrage an, den sie nach dem Rathe ihrer Freunde am 2. October 1381 mit einander errichteten. Sie verschrieben, im Falle dass einer von ihnen, ohne Leibeserben zu hinterlassen, stürbe, sich einander für 300000 Mark löthigen Silbers die genannten Schlösser, Burgen und Städte mit dazu gehörenden Landen, Herrschaften und Leuten. Jene Summe sollte, ungetheilt, dem Ueberlebenden ausbezahlt werden, bevor er die Schlösser, Burgen, Städte, Lande und Herrschaften des Verstorbenen herausgäbe; einzeln sollten sie nicht eingelöset werden. Jeder der beiden Fürsten gelobte, seine Amtleute, Burgmannen und Bürger in den genannten Schlössern und Städten und in den dazu gehörenden Gerichten dem andern hierauf huldigen zu lassen und keinen Amtmann dort anzustellen, der nicht zuvor wegen der Pfandsumme dem andern Huldigung geleistet habe. Von seinen genannten Schlössern und Städten einige zu einem billigen Preise an Ritter oder Knappen auf Zeit zu verpfänden ward keinem der beiden Fürsten verwehrt, wohl aber die Verpfändung derselben an Fürsten oder Herren. Der Ueberlebende war berechtigt, die so schon verpfändeten oder später erst verpfändeten Stücke einzulösen, und verpflichtet, sie mit den übrigen ihm verschriebenen Landestheilen für 300000 Mark und für das Geld, womit er jene Stücke eingelöset hätte, auszuliefern. Die Huldigung der Pfandinhaber und ihr Gelöbniss, sie ihm nicht zu entfremden, wurde ihm zugesichert. Gegen Anschuldigungen wegen dieses Vertrages sollte Einer dem Andern auf Tagefahrten, wenn sie nicht weiter als vier Meilen Weges von der Grenze seines Landes gehalten würden, beistehen und rathen, auch jeder den Andern und die Seinen auf dem Wege dahin und nach Haus schützen. Gegen diejenigen der genannten Schlösser, Burgen oder Städte, welche sich dieser Verpfändung und Einigung widersetzen würden, wollten beide Fürsten sich getreu mit Rath und aller Macht Beistand leisten, um sie zur Huldigung anzuhalten. Weil aber die von Göttingen behaupteten, dass es gegen ihre Gewohnheit sei, bei Lebenszeit ihres Herrn einem andern zu huldigen, so wurde es dem Herzoge Otto zugestanden, sie zur Huldigung nicht drängen zu brauchen. In einem wegen dieses Vertrages etwa ausbrechenden Kriege sollte in die Schlösser desjenigen von ihnen, dem er entstände, der andere zu täglicher Kriegsführung, falls sie zu ihr sich entschlössen, unverzüglich innerhalb vierzehn Tagen 32 ehrbare, leicht berittene, wohl gerüstete Mannen senden und ihnen den zu erleidenden Schaden ersetzen, der andere aber sie verpflegen. Die reisigen Leute, welche von diesen gefangen würden, wollten sie nach Anzahl der mit Lanzen bewaffneten Reiter, die jeder von ihnen im Felde hätte, unter sich theilen. Gefangene Bauern aber, Mundvorrath oder Brandschatzung wurden demjenigen allein zuerkannt, der die Truppen verpflegen würde. Unternähme irgend jemand einen Feldzug wegen dieses Vertrages gegen einen der beiden Fürsten oder bedürfte sonst einer von ihnen der Heeresfolge des andern, so sollte dieser in eigener Person und mit Land und Leuten auf eigenen Gewinn und Schaden ihm leisten. Beide Fürsten gelobten, mit dem Herzoge Friedrich oder den anderen Söhnen des Herzogs Magnus von Braunschweig und Lüneburg, mit den Markgrafen von Meissen, mit irgend anderen Herren oder mit sonst jemandem in kein Bündniss, keinen Vertrag noch in Unterhandlungen zum Nachtheile dieses Vertrages heimlich oder öffentlich sich einzulassen. Stürbe Herzog Otto, ohne Leibeserben nachzulassen, so sollte seine Wittwe, Herzoginn Margaretha, auf ihr Leibgeding, Schloss und Stadt Münden und Sichelnstein, und auf die ihr daselbst geleistete Huldigung verzichten, auch die dortigen Amtleute, Burgmannen und Bürger der ihr geleisteten Eide und Gelöbnisse entlassen, der Landgraf aber, dem beide Schlösser und die Stadt ausgeliefert würden, ihr dafür Schloss und Stadt Grebenstein mit so vielen Gütern und Holzungen, als zu jenen gehörten, zum Leibgedinge anweisen und die früheren Leibzuchtsgüter der Herzoginn mit den anderen ihm verschriebenen Schlössern und Städten für die genannte Summe Geldes besitzen. Zugleich errichteten beide Fürsten auf Lebenszeit ein Bündniss mit einander. Jeder von ihnen verpflichtete sich in demselben, die Lande, Leute, Unterthanen, Strassen und Güter des anderen, als wären es die seinen, getreu zu beschützen, Schlösser, Lande, Leute, Mannen, Burgmannen, Bürger oder Bauern des anderen nicht anzugreifen, noch sie gegen ihn zu vertheidigen, auch den Seinen nicht zu gestatten, dass sie bevor ihre Sache vor dem zuständigen Gerichte ausgetragen und Rechtsverweigerung eingetreten sei, Beschlag auf die Güter des andern legten. Würden einer der beiden Fürsten oder seine Unterthanen ausser Fehde von irgend einem Herrn oder sonst von jemandem angegriffen, so sollten der andere und dessen Amtleute mit Land und Leuten dagegen einschreiten. Niemals sollte Feindschaft zwischen beiden Fürsten sich erheben, sondern gegenseitig Schutz den Landen und Leuten ohne alle Arglist, welche Menschenherzen erdenken möchten, geleistet werden. Zur Schlichtung ihrer Irrungen und der Streitigkeiten ihrer Amtleute, Mannen, Burgmannen oder Unterthanen unter einander ernannten sie, falls sie nicht selbst Tagefahrten darum halten wollten, ein Schiedsgericht und zum Obmann desselben ihren lieben Heimlichen und Getreuen, den Ritter Eberhard von Duchenau. Für die an den Malstätten vom Schiedsgerichte zu haltenden Tagefahrten wurde sicheres Geleit von beiden Seiten bewilligt. Auf den Tagefahrten sollte die betreffende Streitsache erst erledigt werden, bevor man zu anderen überginge. Dem Ausspruche des Schiedsgerichtes und des Obmannes sollte man von beiden Seiten sich fügen. Falls Mannen, Burgmannen oder Unterthanen des einen Fürsten wegen Schuld Forderungen gegen den andern erhöben, sollte der Herr des Gläubigers darum mahnen, das Schiedsgericht aber zwei Wochen nachher darum zusammentreten und der Verklagte dem Ausspruche desselben und des Obmanns innerhalb der nächsten zwei Wochen nachkommen; im entgegengesetzten Falle durfte der Kläger aus seines Herrn Schlössern den verklagten Fürsten pfänden, nur musste er nach Pfandrecht dabei verfahren. Wenn Mannen, Burgmannen oder

Unterthanen des einen Fürsten gegen diese Bestimmungen handelten und den andern hierüber angriffen, so sollte ihr Herr sie nicht halten, sondern sie von sich und aus seinen Schlössern, Landen und Gebieten ausweisen und sofort seinem angegriffenen Bundesgenossen gegen sie so lange Hülfe leisten, bis sie ihm würden gerecht werden. Falls Ritter Eberhard von Buchenau stürbe, so wollten beide Fürsten, jeder durch zwei seiner Diener, innerhalb der nächsten vierzehn Tage auf einer Zusammenkunft einen neuen Obmann wählen lassen; wenn bei der Wahl Einstimmigkeit nicht zu erreichen sei, sollten die Würfel entscheiden. Der neue Obmann sollte beiden Fürsten eidlich geloben, jedem von ihnen in allen Sachen, die an ihn gebracht würden, ein gerechter Richter sein zu wollen. Beide gelobten, keinen Vorwand oder Ausrede zu suchen oder zu gebrauchen, um diese Vereinigung oder Verpfändung zu widerrufen, zu brechen, zu schwächen oder aufzuhalten. Sie bekräftigten sie vielmehr beide durch einen zu den Heiligen geschworenen Eid. An demselben Tage einigten sich beide Fürsten, ihre Irrungen über Holzungen, Wasser oder Feld durch ein Schiedsgericht schlichten zu lassen und durch Grenzsteine und in Urkunden die Grenzen zu bezeichnen, welches alles sofort innerhalb der nächsten vier Wochen geschehen sollte. Ausserdem trafen sie mit einander die Uebereinkunft, dass der Herzog, so lange der Landgraf oder dessen Leibserben lebten, kein Forstrecht über den Rheinhardswald in Anspruch nehmen, auch keinen Förster darüber anstellen, und dass der Landgraf das Kloster Hilwartshausen bei Recht lassen sollte. Der Rheinhardswald und der Kauffunger Wald sind die beiden Waldbezirke, in denen sowohl der Landgraf als der Herzog berechtigt waren. Ueber die Jagd im Kauffunger Walde, welche schon am 6. Juli 1306 ein Gegenstand des Vertrages zwischen ihren Vorfahren gewesen war, hatte sich zuletzt am 24. Juni 1363 Landgraf Heinrich mit dem Herzoge und dessen Vater geeinigt, nämlich keine Heckenjagd, das heisst keine Jagd mit Wildhecken oder Zäunen, während der nächsten acht Jahre in diesem Walde auszuüben oder zu gestatten, sondern sich in dieser Zeit auf die starke Jagd oder das Pirschen (Bürschen) zu beschränken.

Der Wortlaut des Vertrages vom 2. October 1381 über die Landesverschreibung und über das Bündniss zwischen dem Herzoge und dem Landgrafen beseitigt durch einige darin vorkommende Stellen und Bestimmungen allen Zweifel, ob man es wohl auf einer oder der anderen Seite mit dem Vertrage aufrichtig und ehrlich gemeint habe. Die gewissenhafte Ausnahme, welche hinsichtlich der Bürger zu Göttingen, um nicht mehr zu versprechen, als was man würde halten können, gemacht wurde, die Betheuerung, alle Arglist verbannen zu wollen, welche von Menschenherzen erdacht werden könnte, und der Eid, mit welchem der Vertrag beschworen wurde, dieses sorgfältige, bindende und erschwerende Verfahren hätte unterbleiben können und würde vermieden worden sein, wenn Hinterlist beim Abschlusse des Vertrages im Spiele gewesen wäre. Herzog Otto, treu dem neuen Bündnisse, enthielt sich aller Feindseligkeit gegen den Landgrafen, bis im dritten Jahre nachher der schiedsrichterliche Ausspruch von Grafen, Herren und Rittern die vom Erzbischofe Adolf von Mainz auf seine Hülfe am 13. April 1376 geleistete Vorsicht für ungültig erklärte und ihn dadurch zwang, an dem Kriege des Erzbischofes gegen den Landgrafen Theil zu nehmen. Er hatte in der That auch gar keine Veranlassung, die Beseitigung oder Aufhebung der gegenseitigen Landesverpfändung und des Bündnisses zu wünschen, denn sie versprach ihm Alles, was nach der am 9. Juni 1373 zwischen Hessen und Meissen errichteten Erbverbrüderung für ihn hinsichtlich der hessischen Erbschaft noch erreichbar war.

Die Herzöge von Sachsen und Lüneburg und die Söhne des Herzogs Magnus (torquatus).

Die Herzöge Friedrich und Bernhard, Söhne des Herzogs Magnus von Braunschweig und Lüneburg, hatten, während ihr Oheim, Herzog Ernst, zu Magdeburg in der Gefangenschaft sass, die Regierung im Herzogthume Braunschweig angetreten. Seine unfreiwillige Abwesenheit kam ihnen dabei sehr zu Statten. Weil die beiden Herzöge wohl eine grössere Zuneigung zu ihrem Oheime, als ihnen lieb sein mochte, bei dem Rathe und den Bürgern zu Braunschweig voraussetzten, sannen sie auf ein Mittel, das Schloss Wolfenbüttel, wenn sie jetzt noch nicht es einzulösen vermöchten, doch aus der Gewalt des Rathes zu bringen und es zuverlässigen Anhängern zu übergeben. Dasselbe war zuletzt am 12. März 1373 von dem Herzoge Magnus für 3781 löthige Mark dem Rathe bis zum 2. April 1374 und, wenn dieses Geld dann nicht zurückbezahlt würde, weiterhin auf Kündigung zu Pfande gesetzt. In der genannten Summe waren begriffen $2118^1/_2$ Mark für Wolfenbüttel besonders nebst den Zinsen eines Jahres zu 8 Procent im Betrage von 169½ Mark, die für Anlagen auf dem Schlosse Vorsfelde am 26. Juni 1372 verschriebenen 500 Mark, ferner 777 Mark in Vorsfelde, womit der Rath dieses am 7. September 1357 den von Salder zu Lichtenberg verpfändete Schloss eingelöset haben mochte, und 200 Mark, die er dem Ritter Lippold von Stenbeke für Königslutter gegeben hatte, nebst 16 Mark Zinsen von einem Jahre für diese 200 Mark. Nach dem Tode des früheren Vogtes Johann von Campe waren die Gebrüder Burchard und Lippold von Stenbeke Vögte auf dem Schlosse Wolfenbüttel geworden. Als solche hatten sie 59 Mark löthigen Silbers für die Herzöge ausgelegt und dies Geld bei Andern aufgeliehen. Diese Schuld vor dem nächsten 11. November zu bezahlen, gelobten die Herzöge Friedrich und Bernhard am 21. Januar 1374 und entliessen wahrscheinlich die von Stenbeke zu gleicher Zeit aus dem Amte. Am folgenden Tage bewogen sie den Rath der Stadt Braunschweig zu einem Vergleiche über das Schloss Wolfenbüttel. Darin gelobte er, dasselbe sechern Bürgen, welche sie für die Zahlung der Pfandsumme stellen würden, auszuliefern. Sie dagegen verpflichteten sich, an jedem der folgenden Tage, nämlich am 1. Mai und 29. September 1374 und am 22. April 1375, jedes Mal 1000 Mark, am 29. September des folgenden Jahres aber 850 Mark auf die Pfandsumme zu bezahlen. Die Ritter Hans von Honlege, Diedrich von Wallmoden, Ludolf von Veltheim und die Knappen Conrad von Weferlinge, Helmbert und Diedrich von Mandelsloh, welche als Bürgen von den Herzögen gestellt wurden, sollten das Schloss dem Rathe zu gute halten und ihm mit allem Zubehör wieder ausliefern, wenn eine der Zahlungen zur bedingten Frist unterbliebe. Wenn dieselben aber alle zur rechten Zeit geleistet seien, so sollten sie das Schloss den beiden Herzögen und deren Brüdern nicht länger vorenthalten. Die Pfandsumme erscheint hier um 69 Mark erhöhet, welches zum Theil daher rührt, dass der Rath dem Burchard von Stenbeke wegen dessen schon erwähnten Auslagen mit 50 Mark löthigen Silbers befriedigte. Am 22. Januar 1374 gelobten die Herzöge, die genannten sechs Ritter und Knappen von der übernommenen Bürgschaft zu befreien, und erlaubten ihnen, im entgegengesetzten Falle das Schloss dem Rathe auszuliefern, sich also selbst von ihr frei zu machen. Zweien von ihnen, dem Helembert von Mandelsloh und seinem Vetter Diedrich übertrugen sie an demselben Tage die Verwaltung des Schlosses und versprachen, Kosten und Schaden, welche dieselben dabei erleiden würden, zu ersetzen. Drei Tage nachher übergab der Rath den sechs Bürgen das Schloss und erhielt von ihnen eine Urkunde, worin sie sich zu obigen Verpflichtungen bekannten. Zugleich erhöheten ihm die Herzöge die Pfandsumme um den Betrag der für sie ausgelegten 50 Mark löthigen Silbers. Von den sechs Bürgen sind die Ritter Hans von Honlege und Ludolf von Veltheim hinlänglich bekannt. Sie gehörten zu den Vormündern, welche den Herzögen am 20. September 1370 verordnet waren. Sie hatten sich von den Friedensunterhandlungen im vorigen Jahre fern gehalten, wurden gleich darauf, am 10. December 1373, von den Herzögen Friedrich und Bernhard als ihre Mannen bezeichnet und zu Schiedsrichtern in etwaigen Streitigkeiten mit dem Herzogthume Lüneburg bestellt. Ritter Hans von Honlege hatte schon im Jahre 1347 dem Kriegswesen im Herzogthume Braunschweig vorgestanden und war von dem Herzoge Magnus am 15. Februar 1371 zum Amtmanne über alle Lande und Schlösser in der Herrschaft Lüneburg worden. Die von Honlege hatten das früher (am 25. Mai 1346) ihnen zur Hälfte, später (am 7. April 1354 und 30. April 1357) der Stadt Braunschweig ganz verpfändete Schloss Campen, wie es scheint, von der Stadt eingelöset. Die Stadt hatte Briefe über das Schloss Gifhorn von der Herrschaft Lüneburg erhalten, das heisst sie besass es zu Pfande. Später war sowohl dieses Schloss als auch das ihr am 11. November 1367 auf die Dauer von drei Jahren verpfändete Schloss Auseburg entweder in ähnlicher Weise, wie oben von dem Schlosse Wolfenbüttel bemerkt ist, in den Besitz der von Veltheim übergegangen oder dieselben sassen als Vögte und Amtleute darauf. Was die übrigen Bürgen, welche die Herzöge der Stadt für das Schloss Wolfenbüttel stellten, betrifft, so ist über den Ritter Diedrich von Wallmoden nur zu bemerken, dass er einst gegen den Vater der Herzöge gekämpft hatte und aus dem Treffen vor Mansfeld am 27. Juni 1367 glücklich entkommen war. Der Knappe Conrad von Weferlinge war seit dem 2. Februar 1368 drei Jahre lang Pfandinhaber des Schlosses Esbeck gewesen. Die Knappen Helmbert von Mandelsloh und die Gebrüder Heinrich und Diedrich von Mandelsloh hatten dem Vater der Herzöge so treu gedient, dass er ihnen am 10. Februar 1373 auf ihre Lebenszeit das Schloss Bordenau überliess. Es scheint jedoch, dass sie nicht die Mittel besassen, es von den von Campen einzulösen und deshalb nicht zum Besitze gelangten. Dass die Ritter Hans von Honlege und Ludolf von Veltheim bei den Herzögen als die ihnen vom Vater bestimmten Vormünder volles Vertrauen genossen, ist sehr erklärlich. Sie nebst den Ihrigen, von denen des ersteren Sohn Ludolf noch zu Lüneburg gefangen sass, und Heinrich von Veltheim, welcher sein nächtliches Einsteigen in die Stadt Lüneburg mit langer Gefangenschaft hatte büssen müssen, bildeten mit den von Mandelsloh eine Partei, die ihren Hass gegen die Herzöge von Sachsen und Lüneburg gar nicht zügeln konnte, einen grossen Einfluss über den Herzog Friedrich erlangte und noch häufig in den Kämpfen gegen die Herzöge von Sachsen und Lüneburg wird genannt werden müssen.

In den beiden Verträgen vom 23. Juni 1355 über die Nachfolge des Herzogs Ludwig in den Herzogthümern Braunschweig und Lüneburg war eine Theilung der Lande ausgeschlossen. Auch Herzog Magnus der jüngere hatte in seiner Urkunde vom 22. October 1367 bestimmt vorgeschrieben, dass sie nicht Statt finden sollte, und zugleich angeordnet, dass immer nur der Älteste unter seinen Söhnen, falls derselbe dazu tauglich sei, zur Regierung gelange. Dieses Vorrecht der Erstgeburt und die Untheilbarkeit der Lande war in den Urkunden der Herzöge Wilhelm und Magnus vom 14. September 1368 wieder anerkannt. Indem Herzog Magnus am 20. September 1370 für seine Söhne Vormünder ernannte, hielt er an der Untheilbarkeit fest, räumte aber seinem ältesten Sohne jenes Vorrecht nicht ein. Alle diese Bestimmungen waren unter der Voraussetzung getroffen, dass in dem Herzogthume Lüneburg nur das herzogliche Haus Braunschweig regieren würde. An den Grundsätzen, deren Befolgung für nothwendig erachtet worden war, um den Besitz beider Herzogthümer diesem Hause zu bewahren, musste nun noch weit fester gehalten werden, da es darauf ankam, die Macht des Herzogthums Braunschweig nicht zu zersplittern, um das durch die Sühne vom 25. September 1373 den Söhnen des Herzogs Magnus auf das Herzogthum Lüneburg zugestandene Recht mit den Waffen vertheidigen zu können. Eine Theilung der Lande begünstigte Fehden unter der zugleich getheilten, also verschiedenen Herren zugewiesenen Mannschaft, gefährdete dadurch den Frieden der übrigen Unterthanen und schwächte auch so, wenn nicht schon in anderer Weise, die Macht des herzoglichen Hauses. Das Vorrecht der Erstgeburt, welches in jener Sühne in Bezug auf die Nachfolge im Herzogthume Lüneburg beibehalten war, musste schon deswegen zur Anerkennung im Herzogthume Braunschweig gelangen, damit der Wille des Herzogs Magnus, dass beide Herzogthümer nur einen Herrscher über sich hätten, wenigstens so oft zur Ausführung käme, als ein Herzog von Braunschweig im Herzogthume Lüneburg regieren würde. Die Herzöge Friedrich, Bernhard, Heinrich und Otto, Söhne des Herzogs Magnus, erkannten es als ihre Aufgabe, sich, ihr Land, die Städte und Leute ihrer Herrschaft Braunschweig bei Gnaden, Ehren und Würden zu erhalten und Eintracht unter ihnen zu stiften. Das einzige Mittel dazu fanden sie in einer für ewige Zeiten anzuordnenden Untheilbarkeit der Herrschaft. Sie zogen ihre Mutter, die Herzoginn Katharina, alle ihre Mannen und die Bürger in den Städten der Herrschaft Braunschweig darüber zu Rathe und einigten sich mit ihrer aller Bewilligung über folgende Bestimmungen. Die Herrschaft Braunschweig mit allen Städten, Schlössern, Landen und Leuten, Lehen und Zubehör sollte ewig eine ungetheilte Herrschaft bleiben und weder von ihnen noch von ihren Erben getheilt werden. Lebenslänglich sollte der älteste von ihnen der Herrschaft, der Städte, Schlösser, Lande und Leute mächtig sein und denselben sich, seinen Brüdern und ihrer aller Erben zu gute und zum Nutzen vorstehen; er sollte alle geistlichen und weltlichen Lehen verleihen und befugt sein, sowohl verpfändete Schlösser, Lande und Leute und alle sonstigen Pfandstücke einzulösen und wieder zu verpfänden, als auch Amtleute und Vögte auf den Schlössern zu ernennen und abzusetzen. Die Pfandbesitzer sollten geloben, mit den Schlössern und sonstigen Pfandstücken sich nach dem Tode des ältesten Herzogs zu seinem nächsten Bruder, falls er noch geistlich sei, und nach dem Tode der vier Herzöge zu ihrem ältesten Sohne zu halten. Wer nach dem Tode des ältesten der vier Herzöge unter den überlebenden dem Alter nach auf ihn folgte, und so fort immer der bejahrteste von ihnen, nach ihrem Tode aber der älteste ihrer Söhne und nach deren Tode wieder der älteste Sohn sollte unter denselben Bedingungen und in derselben Weise lebenslänglich der Herrschaft mächtig sein und ihr vorstehen. Bevor die Urkunde hierüber ausgefertigt wurde, erhielt der Entwurf derselben noch folgende Zusätze. Der Älteste Herzog sollte nicht nur den Städten, Schlössern, Landen und Leuten, die damals zu der Herrschaft gehörten, sondern auch denen, die zu ihr noch hinzukämen, lebenslänglich vorstehen und ihrer mächtig sein. Es wurde ihm untersagt, Städte, Schlösser, Lande und Leute der Herrschaft ohne Bewilligung seiner Brüder, der Mannschaft und der Städte in der Herrschaft Braunschweig zu verkaufen oder abzutreten. Ein Zusatz, dessen Aufnahme, wie es scheint, die Mannschaft und die Städte gefordert haben und noch ganz zuletzt erlangten, bestimmte, dass, wenn die vier Herzöge oder ihre Erben, alle insgesammt oder einer besonders, obige Bestimmungen alle oder zum Theil nun oder künftig nicht hielten, welcher Herzog es auch sei, der sich dies zu Schulden kommen liesse, die Mannschaft und die Städte der Herrschaft Braunschweig der Huldigung, der Eide und der Gelöbnisse ledig und entbunden sein sollten, die sie ihm geleistet hätten oder ihm noch zu leisten sonst verpflichtet sein würden, und dass sie ihn, falls er nicht innerhalb des nächsten Jahres in Freundschaft oder nach dem Rechte Genugthuung leistete, für ihren Herrn nicht ferner anzuerkennen brauchten, ohne dass er sie deshalb behelligen dürfte. Am 1. Februar 1374 gelobten die vier Herzöge zu Braunschweig nicht nur sich gegenseitig, sondern auch der Mannschaft und den Städten der Herrschaft Braunschweig, dieses Uebereinkommen ewig und unverbrüchlich zu halten. Obgleich Herzog Friedrich durch diesen Vertrag einziger Regent des Herzogthums Braunschweig geworden war, vollzog er doch die wichtigeren Regierungshandlungen in Gemeinschaft mit seinem Bruder Bernhard. Es musste beiden von grosser Wichtigkeit sein, bevor ihr Oheim aus der Gefangenschaft befreit würde, die Huldigung der Stadt Braunschweig zu erlangen. Sie beeilten sich daher, den üblichen Huldebrief zu geben, und ertheilten der Stadt also am 3. Februar 1374 alle diejenigen Zusicherungen, welche sie von den Herzögen Magnus und Ernst am 14. Februar 1345, von dem Herzoge Otto von Göttingen am 1. September 1367 und von dem Herzoge Magnus dem jüngern am 21. October desselben Jahres erhalten hatte. Hiermit aber begnügte sich der Rath der Stadt nicht. Er befand sich in Ungewissheit, ob er nicht den Oheim der Herzöge, den gefangenen Herzog Ernst, als seinen Herrn anzuerkennen schuldig sei. Derselbe hatte sich, wie aus einem Schreiben des Herzogs Friedrich vom 26. Februar 1385 erhellet, wegen seines väterlichen Erbes mit seinem Bruder, dem Herzoge Magnus dem jüngern, (wahrscheinlich einige Zeit vor dessen Tode) in irgend welcher Weise verglichen; nur fehlt jetzt die Urkunde darüber. Waren in ihr etwa dieselben Grundsätze aufgestellt, nach welchen die jungen Herzöge so eben unter sich die Nachfolge in der Regierung geregelt hatten, so besassen zu derselben nun nicht sie sondern er ein Recht. Der Rath und die Bürger wollten sich zu keinem Schritte bewegen lassen, der möglicher Weise eine Rechtsverletzung in sich schlösse und ihnen später die grösste Verantwortung zuziehen konnte. Um hiergegen gedeckt zu sein, verlangten sie, da die Herzöge auf der Forderung des Huldigungseides bestanden, von ihnen das schriftliche Zugeständniss, dem Herzoge Ernst denselben Beweis ihrer Treue, wie ihnen, geben zu dürfen. Auch die Mannschaft wird hinsichtlich dieses Verlangens sich der Stadt angeschlossen haben. Noch am 3. Februar 1374 erklärten daher die vier Herzöge, weder sie noch ihre Erben würden gegen den Rath und die Bürger zu Braunschweig oder gegen die Mannschaft einen Unwillen fassen, auch sie deshalb nicht behelligen, wenn dieselben mit dem Herzoge Ernst sich darüber einigten, dass sie nicht nur die Güter, welche sie von der Herrschaft zu Lehn besitzen sollten, von ihm empfangen, sondern dass ihm auch Rath und Bürger die Huldigung leisteten. Zugleich versprachen sie dem Rathe, den Bürgern und der Mannschaft allen möglichen Beistand gegen ihn, wenn er mit demselben in der bezeichneten Weise sich nicht einigen könnte und darüber sich Unrecht gegen sie erlauben würde. Nach Empfang dieser Zusicherung huldigten die Rathsherren und Bürger der Stadt Braunschweig an demselben Tage den Herzögen Friedrich und Bernhard und ersterer verlieh ihnen ihre Lehen. Die Nachricht, dass auch die Mannschaft nun ihre Lehen von ihm in Empfang genommen habe, findet sich nicht, und es scheint fast, dass die Mannen aus Vorsicht sich mit der Belehnung nicht beeilten. Wie oft anscheinend unerhebliche Umstände doch der Beobachtung nicht unwerth sind, so verdienen auch die Zeugen, welche am 1. und 3. Februar in Braunschweig die Herzöge umgaben, als diese den Vertrag über die Nachfolge schlossen und den Huldebrief ertheilten, wohl bemerkt zu werden. Die Inhaber des Schlosses Wolfenbüttel, Johann von Honlege, Diedrich von Wallmoden, Conrad von Weferlinge und Helmbert von Mandelsloh durften bei diesen wichtigen Handlungen nicht fehlen. Sie bildeten mit den abwesenden Ludolf von Veltheim und Diedrich von Mandelsloh, wie es scheint, den herzoglichen Rath im Lande Braunschweig. Die Anwesenheit der Bürgermeister und Rathsherren der Stadt Braunschweig erklärt sich leicht durch die Wichtigkeit, welche die zu behandelnden Fragen für sie hatten. Den Probst Hermann Knigge zu Wennigsen, einen der geschicktesten und treuesten Räthe des verstorbenen Herzogs Magnus, hatte wohl die Liebe zu den Söhnen seines Herrn und die Hoffnung, ihnen mit seinem Rathe jetzt gerade am meisten nützen zu können, nach Braunschweig geführt. Ausser diesen allen waren auch die Knappen Rötger von Gustede und Eberhard von Marenholtz Zeugen der Verhandlungen, jener an beiden genannten Tagen, dieser wenigstens an dem ersteren. Was mochte sie, von denen wenigstens der eine unzweifelhaft Mann des Herzogthums Lüneburg war, dazu berechtigen, sich in jene Versammlung, die über Angelegenheiten des Herzogthums Braunschweig berieth, zu drängen, oder was mochte die jungen Herzöge bewegen, sie in dieselbe zu berufen? Die Knappen Rütger von Gustede und Eberhard von Marenholtz waren am 10. December des vorigen Jahres von den Herzügen Wenzlaus und Albrecht von Sachsen und Lüneburg in allen künftigen Irrungen mit dem Herzogthume Braunschweig zu Schiedsrichtern ernannt worden, besassen also deren volles Vertrauen. Man muss in ihnen Gesandte und Räthe dieser beiden Herzöge erblicken. Ihre Einmischung in die Verhandlungen sollte den Bürgern der Stadt Braunschweig und den Mannen des Herzogthums die Ueberzeugung beibringen, dass die jungen Herzöge nicht ohne mächtige Bundesgenossen seien und dass, wenn aus Rücksicht auf den Herzog Ernst ihnen Huldigung und Gehorsam verweigert würde, die ganze Macht des Herzogthums Lüneburg sich für sie erheben würde. Solche Bedeutung eben hatte der Beistand, der auf Tagefahrten geleistet wurde. Nach Abschluss des Vertrages vom 10. December 1373 zwang der eigene Vortheil die Herzöge Wenzlaus und Albrecht, hier die Vermittelung zu übernehmen. Wenn sie auf die durch jenen Vertrag ihnen versprochene Hülfe sich sichere Rechnung machen wollten, mussten sie es sich angelegen sein lassen, die jungen Herzöge in den Stand zu setzen, dass sie sie leisten konnten. Nachdem unter ihrem Beistande und durch ihren Einfluss die öffentlichen Angelegenheiten im Lande Braunschweig zu Gunsten der Herzöge Friedrich und Bernhard geordnet worden waren, befreiete sich Herzog Ernst am 21. März 1374 zu Calbe aus der Gefangenschaft dadurch, dass er versprach, am 21. Mai, 29. September, 25. December 1374 und am 22. April des folgenden Jahres jedes Mal 100 löthige Mark, also im Ganzen 400 Mark Lösegeld dem Erzbischofe von Magdeburg zu entrichten. Wahrscheinlich hoffte er, dass die Stadt Braunschweig das erforderliche Geld anschaffen würde. Es wäre nicht das erste Mal gewesen, dass sie die Gelder aufbrachte, womit ihr Herzog sich aus der Gefangenschaft loskaufte. Die im Jahre 1406 verfasste sogenannte heimliche Rechenschaft des Rathes zu Braunschweig, welche eben sowohl, wie die im Jahre 1474 beendete Chronik St. Aegidii daselbst, den Herzog Magnus den ältern, nicht seinen Sohn gleiches Namens, unter die im Treffen vom 3. September 1367 Gefangenen zählt, berichtet Folgendes. Um sich und die Seinen, welche mit ihm die Niederlage im Stifte Hildesheim erlitten hatten, aus der Gefangenschaft zu befreien, verschrieb Herzog Magnus dem dortigen Bischofe 3800 Mark, zu einer gewissen Zeit zu bezahlen, und setzte ihm dafür das Schloss Wolfenbüttel zu Pfande. Als die Frist ablief und der Herzog keine Zahlung leisten konnte, hielt der Rath der Stadt Braunschweig, damit das Schloss der Herrschaft nicht verloren ginge, es für besser, dass er selbst das Geld auslegte und der Herrschaft, der Stadt und dem Lande zu gute das Schloss in Besitz nähme. Weil er das Geld nicht vorräthig hatte, musste er es anleihen und verzinsen. Von dem Ritter Conrad von Lutter borgte er nämlich 1000 Mark und räumte ihm dafür das Schloss Hessen ein. Das übrige Geld entlieh er von Bürgern und einigen Klöstern zu Braunschweig. Die Verträge hierüber fehlen. Bei Verpfändungen war es nicht immer nothwendig, das Pfandstück dem Berechtigten auszuliefern. Wurde wirklich das Schloss Wolfenbüttel vom Herzoge dem Rathe verpfändet, so scheint es doch, dass dieser damals nicht zum Besitze gelangte, Herzog Magnus der jüngere vielmehr gleich nach seines Vaters Tode die Schuld beim Rathe tilgte. Noch wahrscheinlicher jedoch ist ein zweiter Fall, dass nämlich Herzog Magnus der ältere das Schloss Wolfenbüttel vom Bischofe, nachdem die Stadt demselben Zahlung geleistet hatte, wieder zu sich nahm, eben für seine Schuld dem Rathe am 11. November 1367 das Schloss Asseburg verpfändete und ausserdem etwa die Pfandsummen für das Schloss Hessen und für die verpfändeten Gerechtsamen in der Stadt Braunschweig verhältnissmässig erhöhete. Die sogenannte heimliche Rechenschaft fügt hinzu, dass der Rath jene 3800 Mark noch schuldete, als sich die Geschichte zutrug, über welche hier gleich berichtet werden soll. Bald nach dem 2. April 1374 trat die Stadt Braunschweig mit dem Erzbischofe von Magdeburg über die Befreiung ihrer gefangenen Bürger in Unterhandlung. Am 16. April 1374 kam ein Vergleich zu Stande; 4000 Mark betrug das Lösegeld, welches für die Gefangenen entrichtet werden sollte; ausserdem waren 600 Mark erforderlich, um die verlorene Habe zu ersetzen.

Der Rath der Stadt Braunschweig besass zwar herzogliche Schlösser für 20000 Mark zu Pfande, hatte aber daneben eine Schuldenlast von 10000 Mark und durfte ausserdem einer gewissenhaften Verwaltung des Vermögens der Stadt sich nicht rühmen. Er fürchtete die Gilden gegen sich herauszufordern, wenn er die Bürger mit neuen

Abgaben belegte. Es blieb ihm aber nichts übrig, als hierüber mit denselben eine Einigung zu versuchen. Er berief die Gildemeister, um mit ihnen zu berathen, wie das Lösegeld für die Gefangenen aufzubringen sei. Als er und sie zu diesem Zwecke am 17. April 1374 Morgens 8 Uhr in dem Refector des Klosters der Barfüssermönche zu Braunschweig versammelt waren, begannen die Gildemeister mit dem Rathe zu zanken und ihn zu schelten; sie schickten heimlich in den Hagen und liessen ein beunruhigendes Gerücht aussprengen, welches in seinem Umlaufe wachsend behauptete, der Rath wolle sie in dem Kloster heimlich umbringen. Auf dieses Gerücht eilten die Bauermeister zum Kloster und meldeten dem Rathe, das gemeine Volk komme gelaufen, um die Rathsherren zu erschlagen. Augenblicklich ging die Versammlung auseinander, die Rathsherren und die meisten Gildemeister verfügten sich in ihre Wohnungen, die Gildemeister der Schuhmacher und Gerber aber gingen, um Bericht zu erstatten, zu ihren Gilden, die zu einer Morgensprache auf dem Schuhhofe am Altstadtmarkte versammelt waren. Durch ihren Vortrag zur Wuth gereizt brachen die Schuhmacher und Gerber auf und zogen, indem sich viel gemeines Volk ihnen anschloss, vor die neben dem Schuhhofe gelegene Wohnung des Bürgermeisters Diedrich von dem Damme, zündeten das Haus an, plünderten es und trieben, während er sich in ein Nachbarhaus flüchtete, seine Frau und seine Kinder, nachdem sie ihnen die Kleider ausgezogen hatten, nackend aus dem Hause. Andere liefen in die Weinkeller, zerschlugen die Fässer und liessen den Wein auf die Erde laufen. Da eilte der Frohnbote nach dem Steinmarkte zur Wohnung des anderen Bürgermeisters Conrad Doring, ihm das Vorgefallene zu melden. Zugleich trat bei diesem der Stadthauptmann mit anderen rechtlichen Leuten ein. Er rieth, an die Sturmglocke zu schlagen, damit man Hülfe bekäme, dem Aufstande zu steuern und das Feuer zu löschen. Doch in der allgemeinen Bestürzung wurde sein Rath überhört oder unedle Nebenrücksichten liessen den Bürgermeister den wohlgemeinten Rath nicht befolgen. Unterdessen wuchs die tobende Menge vor dem brennenden Hause; denn da war niemand, der ihr wehrte. Angesehene Bürger standen unter dem Haufen und begünstigten das Toben des wüthenden Volkes. Es fand endlich den Bürgermeister Diedrich von dem Damme, ergriff ihn, schleppte ihn in den Hagen und band ihn dort an eine Säule beim Wendengraben. Dann schlossen die Aufrührer die Stadtthore. Auch andere Rathsherren, unter ihnen Ludolf von Ingeleben in dem Hagen, und reiche Leute aus den Geschlechtern wurden ergriffen und in Diebeskeller gesetzt. Conrad Doring mit drei anderen Rathsherren flüchtete auf den Thurm des Michaelis-Thors. Hier wurde er von den Gildemännern und von dem gemeinen Volke belagert. Sie befahlen ihm, mit seinen Begleitern vom Thurme hinabzusteigen; doch er verlangte Sicherheit für Leib und Gut. Sie wurde ihm verbürgt von einigen Leuten seiner Partei, die unter dem Haufen standen. Er glaubte ihren Worten und stieg mit seinen Begleitern hinunter. Als er aber mit ihnen hinaustrat, wurden er und sie ergriffen, gefesselt in den Hagen geschleppt, gleich Missethätern an die Säule gebunden und von Bewaffneten bewacht. Am 19. April führten hochmüthig und prahlend die Aufrührer die beiden Bürgermeister Diedrich von dem Damme und Hans von Himstidde nach dem Hagen-Markte und liessen sie enthaupten. Von dort zogen sie in die Neustadt und liessen hier vor dem Weinkeller die beiden Bürgermeister Hermann Gustidde und Henning Lnseken auf dieselbe Weise hinrichten. Noch zwei andere Bürgermeister, Hans von Göttingen und Bruno von Gustidde, erschlugen sie vor den eigenen Häusern derselben. Einen Bürgermeister aus dem Sacke traf am Papenstiege dasselbe Schicksal, als er sie ermahnte, von solchem Frevel abzulassen. Am 21. April hielten sie in der Altstadt Gericht über die Bürgermeister Conrad Doring und Ambrosius von Sunnenberg, verurtheilten sie zum Tode und liessen sie sofort auf dem Markte der Altstadt enthaupten. Mit Thränen in den Augen ermahnte Conrad Doring vor seiner Hinrichtung die versammelte Menge, Eintracht zu halten, allen Hass abzulegen und sofort einen Rath wieder zu wählen, denn die Stadt könne desselben nicht entbehren. Er rieth ihr, sich vor der Herrschaft und vor der Mannschaft zu hüten, denn da fehle Treue und Glauben. Er bat dringend, von fernerem Blutvergiessen abzulassen. Zuletzt fragte er die zunächst stehenden, welche Platz machten, was er verbrochen habe und wessen sie ihn beschuldigten. Als keine Antwort erfolgte, wandte er sich zu dem gemeinen Volke und bat demüthig und um Gottes willen, ihm zu vergeben, wenn er jemanden beleidigt habe; er wolle gern sterben. Da standen wohl tausend Menschen, Männer, Weiber und Kinder, und weinten. Die Wortbrüchigen aber riefen: Hau ab, hau ab! Conrad Doring selbst forderte den Scharfrichter auf zu gehorchen, kniete nieder und sein Haupt fiel.

Kaum war das Morden beendet, so hätte die Mehrzahl der Aufrührer es um eine Tonne Goldes ungeschehen machen mögen. Viele gereuete es, andere achteten es wenig und stürmten fort. Viele der Reichen flohen und wurden verbannt. Einige der Gefangenen erhielten ihre Freiheit gegen das eidliche Gelöbniss, zehn Meilen weit die Stadt zu meiden, andere wurden mit Hausarrest begnadigt und mussten Schatzung zahlen. Wer von den Rathsherren, von ihren Kindern und von den Geschlechtern aus der Stadt entkommen konnte, war am besten daran. Während in der Altstadt, im Hagen, in der Neustadt und im Sacke der Aufruhr tobte, schützten sich gegen ihn der Rath und die Bürger der Altenwiek, indem sie sich bewaffneten, die Brücken abbrachen, die Thore schlossen und so ihr Stadttheil absperrten. Die Aufrührer wählten einen neuen Rath aus allen Aemtern, wie es ihnen gefiel, und setzten sich selbst an die Stelle der Ermordeten und Vertriebenen. Um sich zu rechtfertigen, sandten sie Briefe an viele Aemter in verschiedenen Städten und klagten, dass sie zu sehr bedrückt und höher besteuert gewesen seien, als sie es hätten ertragen können. Durch solche Briefe reizten sie die Gemeinden in anderen Städten gegen ihren Rath auf. Das konnte von den Städten nicht geduldet werden. Nachdem der Aufruhr ausgetobt hatte und ein neuer Rath gewählt worden war, erkannte diesen der Rath der Altenwiek an, hielt mit ihm die gewöhnlichen Rathsversammlungen und unterrichtete ihn in den Angelegenheiten der Stadt.

Das Lösegeld von 4000 Mark für die Gefangenen in Magdeburg, welches die nächste Veranlassung zum Aufruhr gegeben hatte, wurde nun doch, wie die magdeburger Chronik meldet, bezahlt. Herzog Ernst befand sich in der Stadt Braunschweig einige Wochen nach jenen blutigen Auftritten. Er ertheilte am 17. Mai dem Rathe und den Bürgern daselbst seinen Huldebrief gleiches Inhaltes mit dem, welchen sie fünfzehn Wochen vorher von seinem Neffen erhalten hatten. Nur wenige Zeugen waren dabei zugegen, unter ihnen die aus jenen Schreckenstagen bekannten Rädelsführer. Der Rath musste ihm das schriftliche Versprechen geben, ihm Schloss und Stadt Schöningen nebst dem Schlosse Wolfenbüttel ausliefern zu wollen, hielt es aber nicht. Ueber Güter, welche der Herzog nun der Mannschaft und den Bürgern verliehen habe, findet sich keine Nachricht. Es scheint überhaupt nicht, dass er grossen Anhang erlangt habe. Je mehr es ihm daran gebrach, desto weniger schwer wurde es seinen Neffen, sich in der Herrschaft zu befestigen. Den von Honlege auf dem Schlosse Weferlingen und den von Veltheim auf den Schlössern Harbeke und Destedt schuldeten sie aus dem vorigen Kriege eine sehr grosse Summe. Ihnen durften sie dafür unbedenklich Schlösser des Herzogthums auf einige Zeit überlassen. Die Treue und die Macht dieser ihrer Anhänger gab ihnen sogar weit grössere Bürgschaft, dass die Schlösser nicht würden verloren werden, als die Anstellung gewöhnlicher Vögte und Amtleute. Die Herzöge Friedrich und Bernhard verpfändeten deshalb am 9. Juni 1374 den Rittern Hans von Honlege und Ludolf von Veltheim, den Knappen Ludolf von Honlege und Heinrich von Veltheim und zur treuen Hand derselben dem Ritter Diedrich von Wallmoden Schloss und Stadt Vorsfelde nebst dem Werder für 800 löthige Mark und Schloss und Stadt Königslutter für 650 löthige Mark, also beide Schlösser und Städte mit Vogteien, Gericht und Zöllen, aber ohne geistliche und weltliche Lehen für 1450 löthige Mark, unter Vorbehalt des Oeffnungsrechtes und auf unbestimmte Zeit. Von dieser Summe hatten die von Honlege und von Veltheim 250 löthige Mark ausgegeben, um Königslutter von dem Ritter Lippold von Stenbeke einzulösen. Die übrigen 1200 Mark waren ein Ersatz für den Schaden, den sie und ihre Freunde mit den Ihrigen im Dienste der Herzöge und des Vaters derselben oder sonst durch Kost und Zehrung erlitten hatten. Die Abrechnung darüber blieb jedoch noch vorbehalten. Unter den übrigen gewöhnlichen Bedingungen ist besonders die hervorzuheben, dass die Pfandinhaber niemandem Schaden oder Unrecht von den Schlössern zufügen und die zu diesen gehörenden herzoglichen Leute nicht verderben, vielmehr sie treu vertheidigen sollten. Wenn auch damals noch kein Streit über das Schloss Vorsfelde zwischen den Herzögen Wenzlaus und Albrecht und dem Herzoge Friedrich ausgebrochen sein mochte, so war doch schon vermuthlich Zweifel darüber erhoben, ob es zur Herrschaft Braunschweig oder zur Herrschaft Lüneburg zu zählen sei. Die Verpfändung desselben an treue Mannen war daher sehr zu empfehlen.

Die Söhne des Herzogs Magnus nebst dem Herzoge Otto zu Göttingen und dem Herzoge Albrecht zu Grubenhagen waren rechtmässige Herren der Stadt Braunschweig. Es mangelte ihr also nicht an hoher Obrigkeit und dennoch konnte fünf Tage lang und noch länger der Aufruhr wüthen. Durch die Abwesenheit der Herzöge aus der Stadt lässt sich dieser Umstand nicht genügend erklären. Die Söhne des Herzogs Magnus würden, wenn sie nicht, wie Herzog Albrecht von Sachsen und Lüneburg, dessen damaliger Aufenthalt ausser Landes in Schomaker's Chro-

E*

nik bezeugt wird, gerade verreiset waren, von Celle kaum eines halben Tages bedurft haben, um nach Braunschweig zu Pferde zu gelangen. Fast ebenso verhielt es sich mit der Entfernung auf Seiten der anderen Herzöge. Herzog Albrecht zu Grubenhagen ritt auch in der That am 18. oder 19. April nach Braunschweig und verlangte eingelassen zu werden. Man schlug es ihm ab. Seine Bitten, nicht zu morden, sein Erbieten, dass er über die Gefangenen richten helfen wolle, blieben unberücksichtigt. Am 19. April erhielt er Kunde von den Gräuelthaten, die an diesem Tage darinnen vollbracht waren. Da erfasste ihn Jammer und Unmuth; er liess satteln und ritt von dannen. Eben so wenig wie seine Bitten fruchtete ein in Braunschweig eintreffendes Schreiben des Kaisers, der sich damals zu Tangermünde aufhielt. Am 20. April nämlich richtete er darin an die Stadt den Befehl, durch Fürsten und Städte den Streit entscheiden, zu Mord und Verbrechen aber sich nicht hinreissen zu lassen. Wären die Herzöge mit starken Reiterschaaren vor den Thoren der Stadt erschienen, so würde Furcht und Schrecken vor den Rädelsführern aus den Gemüthern der grossen Mehrzahl in der Stadt gewichen sein und dem Entschlusse, im Verein mit den Truppen den Aufruhr niederzuwerfen, Platz gemacht haben. Nicht einmal von einer Bestrafung der Aufrührer durch die Herzöge weiss die Geschichte etwas zu sagen. Nur Herzog Albrecht zu Grubenhagen liess die Stadt seine Ungnade empfinden. Durch den dreitheiligen und doch gemeinsamen Besitz der Stadt sah jeder der Herzöge die Gewalt gelähmt, die er in ihr wohl hätte ausüben mögen. Ausserdem war die Unabhängigkeit, die Selbstständigkeit der Städte und ihre Macht in der That so gross, dass jeder Fürst, wenn er es sich auch nicht versagen konnte, ihnen gelegentlich manches Hinderniss in den Weg zu legen, es doch wohl reiflich überlegen mochte, bevor er sich in die inneren Angelegenheiten einer so mächtigen Stadt wie Braunschweig einmischte. Und dennoch gewährt dies Alles hier noch keine genügende Erklärung. Es muss an die Rede erinnert werden, welche der Bürgermeister Conrad Doring im Angesichte des Todes hielt. „Hütet euch vor der Herrschaft und vor der Mannschaft", sprach er, „denn da fehlt Treue und Glauben". Hierdurch deutete er hinlänglich an, dass die Aufrührer einen Rückhalt bei den Herzögen zu finden hofften. Sie hatten sich hierin, sofern es den Herzog Otto zu Göttingen betraf, wohl nicht verrechnet. Da sie nun im neuen Rathe sassen, traten sie am 27. Mai 1374 mit ihm wegen eines Bündnisses in Verhandlung. Für 1000 Mark versprach er, so lange er leben würde, der Stadt in jeder Noth seinen Beistand und wird dadurch die übrigen Herzöge gehindert haben, einzuschreiten. So viel er dabei an Macht und Einfluss in der Stadt gewann, ebenso viel verloren sie. Auch die Herzöge Friedrich und Bernhard mussten nun gern oder ungern den neuen Rath in der Stadt Braunschweig anerkennen und ihn schalten und walten lassen. Sie stellten ihm am 10. August 1374 eine Urkunde aus, worin sie erklärten, dass aller Unwille und alle Zwietracht zwischen ihnen und dem Rathe oder den Bürgern zu Braunschweig beigelegt sei. Namentlich versprachen sie, wegen alles dessen, was zwischen dem alten Rathe und der Gemeinde vorgefallen sei, den Rath und die Bürger noch sonst jemanden nicht mehr zu belästigen. Es blieb nicht bei der Versicherung der Einigkeit; sie trat unter andern auch in folgendem Umstande zu Tage. Damit die am 22. und 25. Januar 1374 den Zahlungen für das Schloss Wolfenbüttel gesetzten Fristen desto leichter gehalten werden möchten, ergriff nun im Vereine mit den herzoglichen Vögten der neue Rath Massregeln, welche den Dompropst Nicolaus fliehen und in Hildesheim veranlassten, Schutz dagegen bei dem ihm vom päpstlichen Stuhle zum Beschirmer ernannten Dompropste Ekhard in Minden zu suchen. Dieser befahl am 3. September 1374 allen Pfarrern und Geistlichen, dass sie die Ritter Conrad von Luttar, Ludolf von Veltheim, die Knappen Heinrich von Veltheim und Diedrich von Winnigstede, Vögte der jungen Herzöge von Braunschweig, die Gemeinde, die Rathsherren und die Vorsteher der Innungen in der Stadt Braunschweig und diejenigen, welche zur treuen Hand der Herzöge und der Stadt das Schloss Wolfenbüttel inne hätten, unter Androhung des Bannes und des über die Stadt und über das Land der Herzöge zu verhängenden Interdictes ermahnten, die Abgaben, welche sie unter dem Vorgeben, damit das Schloss Wolfenbüttel für die Herzöge einlösen zu wollen, eintrieben, von den Leuten, Gütern und Zehnten der Dompropstei in Hildesheim ferner nicht zu fordern. Wahrscheinlich wegen dieser unrechtmässigen Belastung der Leute des Stiftes und der Dompropstei nahm Aschwin von Steinberg, bischöflicher Vogt zu Steuerwald, mehrere Bürger der Stadt Braunschweig am 10. August bei Dutzen in der Nähe von Lesse gefangen und beraubte sie ihrer Pferde und ihrer Habe, wofür der Bischof jedoch am 29. August Ersatz versprach. Der neue Rath der Stadt Braunschweig mochte sich schon vorher ähnliche Uebergriffe erlaubt haben. Durch diese Voraussetzung wird es erklärlieb, warum die von Wallmoden, von Steinberg und der Marschall von Peine die Stadt schon früher befehdeten. Sie entledigte sich am 27. Mai 1374 dieser Feinde durch Zahlung von 160 Mark.

Graf Christian von Oldenburg hatte am 31. October 1368 die Grafschaft Oldenburg von dem Herzoge Magnus dem jüngern zu Lehn empfangen. Am 15. August 1374 verpfändete Graf Christian von Delmenhorst die von seinem Vater auf ihn vererbte Grafschaft und Herrschaft Delmenhorst mit dem Schlosse gleiches Namens und das von ihm gebauete Schloss Walsburg (bei Dötlingen), welches er der Gräfinn Heilwich von Delmenhorst und ihrem Sohne Otto in der Fehde abgenommen hatte, für 7000 alte bremer Mark dem Grafen Otto, Sohne des Grafen Gerhard von Hoya und Bruchhausen, und wies an ihn die Unterthanen in der Grafschaft. Neun Tage später ersuchte er den Herzog Erich von Sachsen-Lauenburg, Sohn des Herzogs Erich, die Vogtei über Stuhr (bei Delmenhorst) und über Grolland (in Obervieland), welche er von ihm zu Lehn besass, dem Grafen Otto von Hoya zu verleihen. Zugleich richtete er an den Herzog von Braunschweig das Gesuch, den Grafen Otto mit der Herrschaft Delmenhorst zu belehnen. Wie ein am 10. August 1390 über diese Herrschaft ausgestellter Lehnbrief zeigt, ist hier unter dem Herzoge von Braunschweig nur Herzog Friedrich, Sohn des Herzogs Magnus, zu verstehen. Am 14. September 1374 erfolgte die förmliche Abtretung der Grafschaft. Graf Christian verzichtete gänzlich auf dieselbe und gelobte, künftig als Graf von Delmenhorst nichts ohne Geheiss und Genehmigung des Grafen Otto vorzunehmen. Die Grafschaft mit dem Schlosse war ein Lehn der Kirche Bremen. Es liegt keine Nachricht vor, dass der Erzbischof gegen diese Belehnung, welche Herzog Friedrich vollzogen haben wird, Einspruch erhoben hätte. Er war Oheim desselben; ausserdem war das Stift seit dem 4. October 1368 dem Herzoge Magnus dem jüngern und seinen Söhnen verpfändet, stand also zum Herzoge Friedrich in einer gewissen Abhängigkeit. Es war überhaupt so sehr an Macht und Ansehen gesunken, hatte so sehr an Selbständigkeit verloren, dass es bald bei diesem, bald bei jenem Herrn Schutz und Hülfe suchte und sein Recht nicht selbst zu vertheidigen vermochte.

Das Uebergewicht an Macht, welches Herzog Otto in der Stadt Braunschweig über seine Vettern erlangte, wuchs so sehr, dass dem Anscheine nach von seinem Entschlusse, den Herzögen Friedrich und Bernhard oder dem Herzoge Ernst seinen Beistand zu verleihen, es abhing, ob jene in der Regierung sich halten würden oder dieser zu derselben gelangen sollte. Sein Bestreben, im Herzogthume Braunschweig eine feste Stellung zu gewinnen, und seine Macht, diese Absicht ausführen zu können, war so unzweifelhaft, dass es den jungen Herzögen gerathen erschien, das Unvermeidliche durch rechtlichen Vertrag so unschädlich wie möglich zu machen. Zugleich mochte er es gegen sie wohl nicht an Betheuerungen fehlen lassen, dass aufrichtige Liebe, die reinste Absicht, sich ihrer Unerfahrenheit anzunehmen, und die in der Erbverbrüderung am 31. März 1370 übernommenen Verpflichtungen ihn leiteten. Am 21. October 1374 errichteten die Herzöge Friedrich und Bernhard mit ihm einen Vertrag, worin sie ihn als ihren Vormund anerkannten und wegen streitiger Güter sich mit ihm verglichen. Wahrscheinlich geschah auch damals, was eine Urkunde seines Sohnes vom 19. Mai 1395 als bekannt voraussetzt. Herzog Otto bestimmte nämlich wegen besonderer Freundschaft und Verwandtschaft, dass, wenn er, ohne Leibeslehnserben zu hinterlassen, stürbe, seine Lande und Leute dem Herzoge Friedrich zufallen sollten, und liess ihm in den Städten Northeim, Münden, Uslar und Gandersheim die Huldigung leisten. Vermuthlich fand eine vollständige Erneuerung oder Bestätigung der Erbverbrüderung vom 31. März 1370 Statt. Durch Uebertragung der Vormundschaft wurde die Regierung des Herzogthums Braunschweig in die Hände des Herzogs Otto gelegt. An demselben 21. October lieferte der Rath der Stadt Braunschweig das Schloss Wolfenbüttel an die Söhne des Herzogs Magnus aus. Für sie nahm es Herzog Otto zu Göttingen in Besitz. Aus dem Ertrage der dieses Schlosses wegen erhobenen Börde sollten 200 Mark den von Veltheim, um den Helembert von Mandelsloh damit zu befriedigen, 600 Mark dem Herzoge Otto, der mit der Hälfte dieser Summe den Conrad von Weserlinge abzufinden übernahm, und 600 Mark dem Rathe ausbezahlt werden. Die Bürger der Stadt Braunschweig kamen und liessen sich von den Herzögen Otto und Friedrich belehnen. Nur die Mannschaft hielt sich zurück und gab dadurch ihr Missfallen zu erkennen. Herzog Otto erfüllte nun als Vormund der jungen Herzöge ein von dem neuen Rathe der Stadt Braunschweig gestelltes Verlangen, welches, wie es scheint, abgelehnt hatten. Er zog nämlich die Güter der Vertriebenen und Ermordeten ein, liess sich aber von dem Rathe dafür, dass er hierin den Bitten desselben willfuhr, eine Summe Geldes auszahlen. Dadurch ertheilte er dem Aufruhre nachträglich seine

Genehmigung. Die Gilden und die Gemeinde gewannen dadurch ein solches Gefühl der Sicherheit, dass sie die Vertriebenen aufforderten, sie vor dem Gerichte ihrer Herrschaft zu verklagen, wenn sie glaubten, dass ihnen Unrecht geschehen sei. Ausser den schon erwähnten Gründen, welche die jungen Herzöge bewogen, sich unter die Vormundschaft des Herzogs Otto zu stellen, mag bei ihnen, besonders bei dem Herzoge Friedrich ein gegen die Herzöge Wenzlaus und Albrecht von Sachsen und Lüneburg erwachtes Misstrauen mitgewirkt haben. Auch Herzog Otto wird sich desselben nicht haben erwehren können. Wodurch es hervorgerufen war, wird sich in Folgendem zeigen.

In der Sühne vom 25. September 1373 war bestimmt worden, dass Riepenburg und Kirchwerder dem Herzoge Erich von Sachsen-Lauenburg zurückgegeben werden sollten, wenn er vor dem 29. September 1374 dem Herzoge Albrecht von Sachsen und Lüneburg dasjenige leistete, wozu ihn seine Verträge verpflichteten. Auch sollte er unterdessen hinsichtlich des Zolles zu Bleckede dem Herzoge Albrecht zu Grubenhagen erzeigen, was recht sei. Um zwischen ihm und dem Herzoge Albrecht von Sachsen und Lüneburg den Frieden herzustellen war am 30. September 1373 eine Tagefahrt zu Artlenburg gehalten worden. Die Verhandlungen wurden fortgesetzt und führten nicht nur zum Frieden und Bündnisse sondern auch sogar zu einer Erbverbrüderung. Die Herzöge Wenzlaus und Albrecht von Sachsen und Lüneburg liessen alle ihre Mannen mit allen ihren Schlössern, Landen und Leuten und mit ihrer ganzen Herrschaft Sachsen ihrem Vetter, dem Herzoge Erich, und seinen Erben, er alle seine Mannen mit allen seinen Schlössern, Landen und Leuten und mit seiner ganzen Herrschaft ihnen und ihren Erben in der Weise huldigen, dass, je nachdem seine Vettern oder er, ohne rechte Lehnserben Mannesgeschlechtes zu hinterlassen, verstürben, die Mannen, Lande, Schlösser, Leute und die ganze Herrschaft bei den überlebenden Herzögen der Herzoge und bei deren Erben erblich bleiben, auch zu denselben, als ihren rechten natürlichen Erbherren, und zu sonst niemandem sich halten sollten. Darauf besiegelten er und sie am 5. April 1374 zu Lüneburg folgenden Vertrag ewiger Freundschaft. Er und sie wollten sich getreulich helfen, sich gegenseitig bei Schlössern, Landen und Leuten, die jeder besass oder noch bekäme, und bei allem Rechte gegen jedermann mit Ausnahme des Kaisers und Reiches nach allem Vermögen und ohne Arglist erhalten und sich einander, wenn es erforderlich sei, mit ganzer Macht Heeresfolge leisten. Wer von ihnen diese forderte, sollte seinem Vetter, der ihm folgte, oder dessen Hauptleuten, die derselbe zur Belagerung von Schlössern oder zu Hülfe in sein Land senden würde, und den ihrem Befehle untergebenen Truppen, so lange sie bei ihm sein würden und er ihrer bedürfte, die Beköstigung geben und ihren Pferden Futter und Hufbeschlag liefern. Alles, was im Kriege genommen, und Brandschatzung, die erhoben würde, bekam als Beihülfe zur Verpflegung derjenige von ihnen, dem die Heeresfolge geleistet wurde. Gewinn an Gefangenen war gemeinsam; sie sollten nach Anzahl gewaffneter Leute vertheilt werden. Wenn Schlösser erobert wurden, die zur Herrschaft des einen der Verbündeten gehörten, so blieben sie ihm allein. Alle übrigen eroberten Schlösser bekam derjenige von ihnen, der den Feldzug unternommen hatte. Die Herzöge Wenzlaus und Albrecht gelobten, ihres Vetters Mannen, Bürger, Unterthanen und Schutzbefohlenen, er die Ihrigen, namentlich die Bürger zu Lüneburg, bei Recht und guter Gewohnheit zu lassen und gleich den eigenen Unterthanen zu vertheidigen. Die von den früheren Herzögen zu Lüneburg seinen Unterthanen und die von den Herzögen zu Lauenburg den Unterthanen seiner Vettern ausgestellten Urkunden sollten gehalten werden. Die Erbverbrüderung, welche sie errichteten, erstreckte sich nicht nur über die Mannschaft, die Schlösser, Lande und Leute in beiden Herzogthümern Sachsen und über diese selbst, wie die Herzöge sie damals besassen, omfasste nicht nur alles, was dazu gehörte und in der Herzöge Gewalt war, sondern auch alles, worüber sich ihre Macht noch erstrecken würde, alles, was noch künftig durch Erbfall oder auf andere Weise hinzukommen konnte. Die Amtleute und Pfandbesitzer der Schlösser in beiden Herrschaften sollten über die von ihnen auf die Erbverbrüderung geleistete Huldigung Urkunden ausstellen. Wer von den Herzögen den andern beerbte, sollte des Verstorbenen Schulden bezahlen und nur vermittelst Zahlung der Pfandsummen sich in den Besitz der von demselben verpfändeten Schlösser und Güter setzen. Die Herzöge Wenzlaus und Albrecht öffneten ihrem Vetter alle ihre, er ihnen alle seine Schlösser. Sie und alle ihre Erben sollten, wie er und seine Erben, in Streitigkeiten mit Dritten jeder des andern Entscheidung fügen und, wenn ihm so Recht widerfahren könnte, ohne gegenseitige Bewilligung keinen Krieg beginnen. Unter derselben Bedingung öffneten seine Vettern ihm und seinen Erben auch alle Schlösser der Herrschaft Lüneburg, deren er bedürfte und deren sie mächtig wären oder würden, und gelobten, dass die

Besitzer derselben ihm die deshalb erforderliche Versicherung schriftlich ertheilen sollten. Für den Fall, dass sie selbst, ohne rechte Lehnserben zu hinterlassen, stürben, traten sie ihm und seinen Erben ihr Recht über die Herrschaft Lüneburg ab und verpflichteten sich, wenn er nach ihrem Rathe darüber einen Vertrag mit den Söhnen des Herzogs Magnus von Braunschweig errichten könnte, ihm dabei behülflich zu sein. Sie sollten nach seinem Tode seine Mutter Agnes und seine Gemahlinn Sophie, er nach ihrem Tode ihre Wittwen bei ihren Leibgedingen lassen. Aus dem Nachlasse eines jeden von ihnen sollte jede seiner Töchter mit 2000 Mark löthigen Silbers ausgesteuert werden. Herzog Erich und seine Vettern versprachen sich gegenseitig Beistand, um Streitigkeiten zwischen ihren Mannen, Amtleuten und Unterthanen zu beseitigen. Gelänge dies nicht durch Vergleich oder nach dem Rechte, so sollte einer dem andern mit aller Macht dazu Hülfe leisten. Ueber Riepenburg und Kirchwerder wurde nichts schriftlich bestimmt. Die Uebergabe dieses Schlosses und Landes an den Herzog Erich fand wohl auch am 5. April 1374 Statt. Vier Tage darauf gelobte er zu Lüneburg seinen Vettern, getreu daran zu arbeiten, dass er seine Mannen von der Huldigung frei mache, welche sie den Söhnen des Herzogs Magnus geleistet hatten. Als er am 18. Februar 1369 auf den Fall, dass er, ohne Kinder zu hinterlassen, stürbe, sein Fürstenthum und seine Herrschaft den Herzögen Wilhelm und Magnus überliess und ihnen 70000 löthige Mark darin verschrieb, hatte er ihnen und ihren Erben seine Mannen und Amtleute hierauf schon huldigen lassen und verpflichtete zu derselben Huldigung alle seine späteren Amtleute. Das Versprechen, seine Mannen davon wo möglich befreien zu wollen, welches er nun am 9. April 1374 gab, war eine nothwendige Folge des eben mit seinen Vettern errichteten Vertrages. An demselben Tage befriedigte er sie wegen ihrer Forderung hinsichtlich des Zolles zu Eislingen (Zollenspieker). Sie betrug 1600 Mark löthigen Silbers, für welches Geld sein Vater am 24. Juni 1363 dem Herzoge Wilhelm von Braunschweig und Lüneburg den Zoll verpfändet hatte. Dieser war alsdann am 10. April 1373 von dem Herzoge Magnus dem Herzoge Erich zurückgegeben worden. Der Zoll gehörte zu der Herrschaft Lüneburg, wie Herzog Wilhelm sie hinterlassen hatte, und hatte deshalb der Sühne vom 25. September 1373 gemäss von den Söhnen des Herzogs Magnus wieder herbeigeschafft werden müssen. Jetzt entsagten die Herzöge Wenzlaus und Albrecht allen Ansprüchen auf den Zoll und versicherten, ihrem Vetter kein Hinderniss in der Erhebung desselben bereiten zu wollen. Dagegen bescheinigte er, von ihnen wegen der 9921 und 386 Mark löthigen Silbers befriedigt worden zu sein, wofür ihm Herzog Magnus und dessen Erben am 8. April 1373 die Schlösser Bleckede und Hitzacker mit den Zöllen und allem Zubehör und den Zoll zu Schnackenburg verpfändet hatten. Dadurch genügte er zugleich der Bedingung, welche seine Vettern in die Sühne vom 25. September 1373 zu Gunsten des Herzogs Albrecht zu Grubenhagen aufgenommen hatten. Es stand nun bei ihnen, diesem sein Recht wegen des Zolles zu Bleckede widerfahren zu lassen. Auffallen muss es, dass Herzog Erich in der ausgestellten Bescheinigung nicht auch das Schloss Schnackenburg, welches ihm doch zugleich mit den beiden anderen Schlössern verpfändet war, namhaft machte. Wahrscheinlich hatte Kaiser Karl IV. seine Ansprüche auf dieses in seinem Landbuche als Zubehör der Altmark aufgeführte Schloss inzwischen geltend gemacht, weshalb es bei obigen Verhandlungen zwischen den Herzögen von Sachsen nicht mehr in Betracht kommen konnte. Die Bescheinigung des Herzogs Erich, dass er wegen der Pfandsummen der Schlösser und Zölle befriedigt worden sei, ist nicht so zu verstehen, als hätte er sie schuldenfrei ausgeliefert und das Pfandrecht seiner Mannen daran abgelöset. Dies zu thun, blieb vielmehr den Herzögen Wenzlaus und Albrecht überlassen. Er hatte kurz vor dem 10. April 1373 dem Hartwig Zabel, Bertold von Ritzerow und Helmold von Plesse 6087 löthige Mark mit 4 Procent jährlicher Zinsen in den Zöllen zu Schnackenburg und Hitzacker verschrieben. Die Zölle hatten, wie es scheint, so viel eingebracht, dass seitdem jene Summe bis zu 3900 Mark löthigen Silbers sich vermindert hatte. Der Ertrag beider Zölle während eines Jahres muss sich also auf 2430 löthige Mark belaufen oder nach Abzug von 243 Mark Zinsen für ein Jahr 2187 löthige Mark reinen Ueberschusses betragen haben. Jene 3900 löthige Mark Schuldforderung waren so unter die Pfandinhaber vertheilt, dass davon dem Hartwig und Nicolaus Sabel oder Zabel 1000 löthige Mark, den Gebrüdern Bertold und Otto von Ritzerow und den Gebrüdern Helmold und Johann von Plesse 2500 löthige Mark und endlich den Gebrüdern Friedrich, Meister Johann und Diedrich von Wantzenberg 1200 Mark Pfennige oder 400 löthige Mark gebührten. Der herzogliche Schreiber oder Amtmann Friedrich von Wantzenberg und seine Brüder mochten durch Auszahlung der 400 Mark löthigen Silbers an die übrigen Pfand-

Inhaber ihr Recht an den Zöllen erworben haben. Sie alle traten nun ihr Pfandrecht den Herzögen Wenzlaus und Albrecht ab und erhielten dafür von diesen statt der Zahlung eine Anweisung auf die Stadt Lüneburg. Der Rath derselben verpflichtete sich, den Zabel, von Ritzerow und von Plesse ihre Forderung in drei Fristen bis zum 29. März 1377, den von Wantzenberg aber die 1200 Mark Pfennige am 24. Juni 1375 zu bezahlen. Obgleich die Herzöge Wenzlaus und Albrecht am 9. April 1374 gelobten, es nicht dahin kommen zu lassen, dass der Rath statt ihrer zu den bestimmten Zeiten die Zahlungen leisten müsste, lieferten sie ihm doch, um ihn auf jeden Fall wegen der übernommenen Bürgschaft sicher zu stellen, das Schloss Bleckede mit allem Zubehör ohne den Kornzoll aus, denn dieser war von ihnen schon am 30. Juli 1373 dem Herzoge Albrecht zu Grubenhagen auf seine Lebenszeit verschrieben worden. Sie gestatteten dem Rathe, das Schloss jemandem, der ihnen und ihm dafür die erforderliche Sicherheit biete, zur Verwaltung anzuvertrauen, und versprachen, die Verwaltungskosten zu erstatten. Ausserdem verpflichteten sie sich, zur ferneren Sicherheit einem ehrlichen Manne, der des Raths Vertrauen besitze, das Schloss Hitzacker und den Zoll daselbst zur treuen Hand des Rathes auszuliefern, und erlaubten diesem, das Schloss Hitzacker mit dem Zolle und den zuletzt (1370) an die von Zellenstedt, von Wirte, von Gittelde und Schencke verpfändet gewesenen Sülzzoll zu Lüneburg für die Zahlung, falls der Rath dieselbe wegen der Bürgschaft zu den Verfallzeiten leisten müsste, und für den dabei zu erleidenden Schaden, nämlich für rückständige oder fällige Zinsen zu verpfänden. Wer von ihm in dieser Weise ein Pfandrecht daran erwürbe, dem erboten sie sich über dasselbe eine Urkunde auszustellen. Würde der Rath bei der Verpfändung, bei der Zahlung und wegen der Bürgschaft sonst noch irgend welchen Schaden erleiden, so wollten sie ihm dafür nach gehöriger Nachweisung desselben Ersatz geben. Ueberschüsse der Einnahmen von dem Schlosse und den beiden Zöllen sollte ihnen zu gute der Rath in Rechnung bringen. Sie versprachen, die Kosten eines nach ihrem Rathe auf dem Schlosse Bleckede vorzunehmenden Baues nach Ermessen des Wedekind, edelen Vogtes von dem Berge, und des Archidiakons Johann von Bücken nebst Pfandsumme und sonstigen Kosten zu ersetzen. Darnach sollte der Rath ihnen beide Schlösser und Zölle wieder ausliefern. Würden aber inzwischen eins oder beide Schlösser durch Kriegsunglück verloren, bevor die Herzöge ihre Schuld abgetragen und den Schaden, welchen die Amtleute und Diener auf denselben wegen des Rathes und der Herzöge im Felde erlitten, vergütet hätten, so sollten solche Verluste nicht dem Rath sondern die Herzöge treffen, diese vielmehr zur dereinstigen Zahlung der Pfandsumme und Erstattung der Kosten verbunden bleiben, zunächst aber die verlorenen Schlösser wieder erobern und dem Rathe dieselben ausliefern. Sie versprachen, die Amtleute und Diener, welche der Rath auf beiden Schlössern halten würde, gleich den eigenen getreu zu vertheidigen. Zum Schlusse erwähnten sie noch besonders, dass, wenn sie und nicht der Rath zu den Verfallzeiten die Zahlungen geleistet hätten und zugleich von ihnen alle Kosten und Schaden vergütet worden sein, der Rath ihnen die Schlösser und Zölle sofort wieder ausliefern sollte. Dieser aus Vorsicht gemachte Vorbehalt wurde durch den ferneren Verlauf der Angelegenheit ganz überflüssig; denn die Herzöge konnten zu keiner der gesetzten Fristen das erforderliche Geld aufbringen. Schlösser und Zölle blieben deshalb dem Rathe. Ihre Verpfändung war für ihn der Anfang zur grossartigen Erwerbung von Schlössern im Herzogthume. Denn bei den meisten wegen Kriegsschulden verpfändeten Schlössern wurde, wenn sie eingelöst und die Gläubiger befriedigt werden sollten, die Hülfe des Rathes zu Lüneburg in Anspruch genommen, und keine andere Sicherheit, als das Pfandrecht an denselben konnten die Herzöge ihm anbieten. Wohl mag es hier hervorgehoben werden, dass Herzog Erich nur seinen Vettern, nicht auch den Herzögen Friedrich und Bernhard die oben erwähnte Bescheinigung über die Schlösser und Zölle ausstellte, dass ferner der Rath der Stadt Lüneburg nur von den Herzögen Wenzlaus und Albrecht und von deren Erben die Einlösung der Schlösser und Zölle erwartete, nur ihnen und ihren Erben, nicht auch etwa den Herzögen Friedrich und Bernhard oder deren Brüdern und Erben sie auszuliefern sich anheischig machte. Die Herzöge Wenzlaus und Albrecht gingen also hier darauf aus, bedeutendes Privat-Eigenthum leichtes Kaufes im Herzogthume Lüneburg zu erlangen. Der Rath zu Lüneburg gab das Schloss Bleckede, gleich nachdem er es in Besitz genommen hatte, dem Rathsherrn Nicolaus von der Molen zu verwalten. Hitzacker wurde zu demselben Zwecke dem Otto Grote anvertraut. Auch das Schloss Winsen an der Luhe sollen im Jahre 1374 die Herzöge dem Rathe zu Lüneburg verpfändet und dieser es dem Busso von Alvensleben (auf Erxleben) überlassen haben. Der geschlossenen Erbverbrüderung fehlte, damit sie zu

Recht bestehe, noch die kaiserliche Bestätigung. Karl IV. kam in die Nähe des Herzogthums Lüneburg; er war am 2. März 1374 mit seiner Gemahlinn und seinen drei Söhnen nach der Mark Brandenburg gereiset und verweilte dort bis in den Monat August bald in dieser bald in jener Stadt. Vom 29. Juni bis 8. Juli 1374 befand er sich zu Tangermünde, wo er das Schloss zu einer passenden Wohnung für seine Söhne Sigismund und Johann einrichten liess; denn sie sollten hier unter Aufsicht des Bischofes von Lebus als ihres Hofmeisters und obersten Kanzlers der Mark ihren beständigen Aufenthalt nehmen. Hier hielt er am 29. Juni einen zahlreich besuchten Fürstentag. Unter andern hatten sich eingefunden die Herzöge Wenzlaus und Albrecht von Sachsen und Lüneburg, die Herzöge von Stettin und Mecklenburg, die Markgrafen von Meissen, der Erzbischof von Magdeburg, die Bischöfe von Hildesheim, Merseburg und Halberstadt, die Grafen von Anhalt, mehre Harzgrafen und der edele Vogt Wedekind von dem Berge. Hier errichtete er einen allgemeinen Frieden für die Neumark und die Gegend jenseits der Oder mit den Herzögen von Stettin und Mecklenburg, für die Gegend der Ober-Elbe und des Harzes mit dem Erzbischofe von Magdeburg, dem Herzoge Wenzlaus von Sachsen, den Markgrafen von Meissen und einigen Edelen des Harzes, für die Lausitz endlich mit eben demselben und den Grafen von Anhalt. Hier erlaubte er am 4. Juli zum Schutze der bischöflichen Güter und um Friedensruhe herzustellen dem Bischofe Gerhard von Hildesheim und dessen Nachfolgern, zwei Freigrafenstühle innerhalb der Herrschaft und der weltlichen Gerichtsbarkeit des Bischofes und der Kirche, nämlich zu Peine und Sarstedt, nach Art der Freigrafenstühle in Westphalen von neuem zu errichten, und verbot allen Reichsgetreuen, namentlich den Freigrafen in Westphalen, bei Verlust ihres Amtes, den Bischof und die Kirche daran zu hindern. Drei Monate nachher, am 8. October 1374, trat er der Ausübung dieser eben verliehenen Gerichtsbarkeit entgegen, indem er von dem Bischofe verlangte, dass derselbe so lange davon abstehe, bis vor dem Reiche entschieden sei, ob sie Bestand haben solle, denn der Erzbischof von Cöln und einige Fürsten und Herren in Westphalen hatten gegen die Errichtung der beiden Freigrafenstühle, als unvereinbar mit alter Gewohnheit und früheren Verleihungen der Kaiser und Könige, Einspruch erhoben. Ebenfalls bei jener Zusammenkunft der Fürsten zu Tangermünde ertheilte der Kaiser am 8. Juli, indem er den Grundsatz aufstellte, dass das Reich, wenn die Fürstenthümer in demselben ungetheilt blieben, gestärkt würde, durch ihre Wiedervereinigung also dem Reiche Ehre und Nutzen entstünde, mit Rath seiner und des Reichs Fürsten, Grafen, Freien und Getreuen und nach reiflicher Ueberlegung den Herzögen Wenzlaus und Albrecht von Sachsen und Lüneburg einerseits und dem Herzoge Erich von Sachsen-Lauenburg andererseits seine Bewilligung, ihre von ihren Stammvätern getheilten Fürstenthümer, Herrschaften, Lehen, Lande, Schlösser, Mannschaften, Leute und Güter, nicht nur diejenigen, welche sie schon besässen, sondern auch künftig erlangen würden, mit allen Ehren, Würden und Freiheiten zu einem ungesonderten Lehn, Fürstenthume und Lande zusammen zu legen und zu vereinigen, so dass die Vereinigung und Zusammenlegung von Ober- und Niedersachsen, wie sie dieselbe vorgenommen hätten oder noch vornehmen würden, ewig bestehen und, falls auf einer Seite keine Lehnserben hinterblieben, Fürstenthümer, Herrschaften, Schlösser, Mannschaften, Lande und Leute mit allen Ehren, Würden und Freiheiten auf den andern Theil und dessen Nachkommen vererben sollten. Er gestattete, dass auf diese Bestimmungen die Mannschaften, Lande, Städte und Leute in beiden Fürstenthümern beiden Theilen Erbhuldigung leisteten. Der Kaiser befolgte bei dieser Bewilligung dieselbe Politik, welche ihn leitete, als er am 15. Juli 1363 die Reichsacht gegen den Herzog Erich von Sachsen-Lauenburg aussprach und dessen Herzogthum den Herzögen von Sachsen-Wittenberg zuerkannte, dieselbe Politik, welche ihn zu Ende des Jahres 1371 oder zu Anfang des folgenden die besten Festen des Herzogthums Sachsen-Wittenberg als Pfand für seine Vorschüsse fordern liess. Je weiter er die Herzöge Wenzlaus und Albrecht nach Westen wies, desto leichter hoffte er, ihr Herzogthum Wittenberg erwerben und dasselbe, wie er es eben mit der Mark Brandenburg gethan hatte, mit der Krone Böhmen erblich vereinigen zu können. Die oben mitgetheilten, zwischen den Herzögen von Sachsen errichteten Verträge und die kaiserliche Bestätigung berührten gar zu nahe die Angelegenheiten und Rechte der Söhne des Herzogs Magnus und konnten nur störend auf das gute Verhältniss einwirken, welches die Sühne vom 25. September 1373 zwischen ihnen und den Herzögen von Sachsen-Wittenberg hatte stiften sollen. Die vom Kaiser bestätigte Erbverbrüderung vom 5. April 1374 drohete, das einer gleichen Bestätigung entbehrende Pfandrecht, welches der Vertrag vom 18. Februar 1369 den Söhnen des Herzogs Magnus an dem Herzogthume Sachsen-Lauenburg verlieh, zu nichte zu machen, drohete, nach dem Aussterben der Herzöge von Sachsen-Wittenberg die abwechselnde Regierung im Herzogthume Lüneburg zu verewigen und also nicht allein die Rechte der Söhne des Herzogs Magnus, sondern auch des nach ihrem Aussterben zur Nachfolge im Herzogthume Lüneburg durch die Erbverbrüderung vom 31. März 1370 berufenen Herzogs Otto von Göttingen zu kränken. Hinzu kam das sichtliche Bestreben der Herzöge Wenzlaus und Albrecht, sich allein Schlösser und Zölle im Herzogthume Lüneburg zuzuschreiben zu lassen. Es scheint ihnen gelungen zu sein, den Herzog Bernhard hinsichtlich aller seiner Bedenken zu beruhigen. Sie werden ihm vorgestellt haben, dass sie ihre Ansprüche auf das Herzogthum Lauenburg, weil in demselben ihm und seinen Brüdern gehuldigt worden sei, nicht geltend machen könnten, wenn er und seine Brüder die Unterthanen von dieser Huldigung nicht entbänden, dass eben so wenig ohne seine und seiner Brüder Einwilligung die Herzöge von Sachsen-Lauenburg zur Regierung im Herzogthume Lüneburg gelangen könnten, dass eben deshalb Herzog Erich es übernommen habe, zu versuchen, ob er sich über beide Angelegenheiten mit ihm und seinen Brüdern vergleichen könne. Sie werden betheuert haben, dass weder sie noch Herzog Erich sich hätten Rechte übertragen wollen oder können, die sie nicht besässen; sie werden darauf hingewiesen haben, dass in beiden Angelegenheiten ein Vergleich mit den Söhnen des Herzogs Magnus vorbehalten worden sei, von denen es abhänge, wie viel sie zu bewilligen für gut fänden; hinsichtlich der ihnen allein zugeschriebenen Schlösser und Zölle wird von ihnen die Erklärung abgegeben worden sein, dass sie wegen einer gewissen Summe Geldes, die ihnen persönlich aus einem nach Lage der Umstände nur sie und den Herzog Erich betreffenden Vergleiche gebühre, aber der Herrschaft Lüneburg zu gute gekommen sei, sich dieser gegenüber nur als pfandberechtigt an den Schlössern und Zöllen betrachteten und in diesem Sinne sie weiter verpfändet hätten. Herzog Bernhard fasste Vertrauen zu ihnen; es erging ihm, wie einst dem Herzoge Albrecht selbst, als er seinen Oheimen und seinem Grossvater, dem Herzoge Rudolf, mehr Glauben schenkte, als seinem andern Grossvater, dem Herzoge Wilhelm von Lüneburg. Nur Herzog Friedrich konnte das einmal gefasste Misstrauen nicht bannen und schloss sich um desto enger an den Herzog Otto an. Er schenkte sein Vertrauen einem Unwürdigen und hätte kaum schlechter als mit ihm fahren können. Es gereuete ihn, die Sühne und den Vergleich vom 25. September 1373 angenommen zu haben. Zur Bestätigung derselben und zum Zeichen der Ergebenheit und Treue hätten er und seine Brüder, wie der Kaiser es am 23. und 28. October des vorigen Jahres verlangt hatte, vor ihm bei seiner ersten Anwesenheit in der Mark Brandenburg erscheinen müssen. Man sucht sie aber vergeblich unter den Fürsten, die den Kaiser bei seinem obigen Besuche in der Mark umgaben. Noch weniger war es ihm gelungen, die Herzöge Friedrich und Bernhard zu bewegen, dass sie wegen des Herzogthums Braunschweig an dem allgemeinen Frieden, den er mit den benachbarten Fürsten und Herren schloss, Theil nahmen.

Alles, was über die beiden ältesten Söhne des Herzogs Magnus in den nächsten Jahren mitzutheilen ist, steht mit der Regierungsgeschichte der Herzöge Wenzlaus und Albrecht zu Lüneburg in so engem Zusammenhange, dass es zugleich mit dieser behandelt werden kann. Nur über den Herzog Ernst mag hier noch mitgetheilt werden, dass der Rath der Stadt Braunschweig sein Versprechen, ihm Wolfenbüttel und Schöningen auszuliefern, nicht hielt. Der Herzog befehdete deshalb im Jahre 1377 die Stadt, errichtete dann am 24. Juni 1377 mit ihr eine Sühne, worin er gegen Zahlung von 300 Mark auf Erfüllung jenes Versprechens verzichtete und die Stadt stets getreu zu vertheidigen gelobte. Um nachzuweisen, in wie fern auf den Entschluss des Herzogs Friedrich, sich seinem Vetter, dem Herzoge Otto in die Arme zu werfen, auch das Verhalten der Herzöge Wenzlaus und Albrecht einwirken konnte, ist im Obigen dem Gange der sie betreffenden Ereignisse etwas vorgegriffen. Das Ueberschlagene muss also hier nachgeholt werden und die Erzählung mit dem Anfange des Jahres 1374 wieder beginnen. Schomakers Chronik berichtet, dass Herzog Albrecht am 6. Januar dieses Jahres mit seinen Rittern und Edelen zu Lüneburg ein Stechspiel hielt, wobei er mit dem Rathe und den Bürgern fröhlich war, und dass darauf am 5. März zu Celle eine Tagefahrt mit den von Braunschweig gehalten wurde. Der Regierung im Herzogthume Lüneburg stand Herzog Albrecht meistens allein vor, weil im Herzogthume Sachsen-Wittenberg die Anwesenheit des Herzogs Wenzlaus erforderlich schien. Diese Theilung war nur eine Anordnung der Zweckmässigkeit. Sein Recht auf das Herzogthum Lüneburg gab Herzog Wenzlaus dadurch nicht auf. Es scheint, dass er mit dem Herzoge Albrecht ein ähnliches Uebereinkommen traf, wie später, am 7. Januar 1387, mit dem Herzoge Bernhard, wonach er für die Zeit seiner Abwesenheit diesem die Regierung im Herzogthume Lüneburg überliess, sie aber gemeinsam mit ihm führte, wenn er selbst herüberkam. Wenn also Urkunden, welche Angelegenheiten des Herzogthums Lüneburg betreffen, mit den Namen der Herzöge Wenzlaus und Albrecht beginnen, werden sie in der Regel nur von letzterem ausgestellt sein. Es nahete die Zeit, dass das Eheverlöbniss des Herzogs Albrecht und der herzoglichen Wittwe Katharina einer auf die Sühne des vorigen Jahres folgenden Verabredung gemäss gefeiert werden musste. Es geschah am 5. Mai 1374, 41 Wochen nach dem Tode des Herzogs Magnus. Zwei Tage später verkaufte die Herzogin das Haus und den Hof zu Celle, welche dem Küchenmeister Christian von Langelege gehört hatten, für 95 löthige Mark dem Rathe der Stadt Lüneburg und dem Archidiakon Johann von Bücken. Auf Rechte dritter Personen wurde dabei nicht Rücksicht genommen und so kam es, dass der Rath für Haus, Hof und Hausstelle am 22. September 1381 den Sohn des Küchenmeisters, den Knappen Heinrich von Langelege, Vogt zu Rethem, entschädigen musste. Der Rath und sein Geschäftsträger, als welchen man den Archidiakon bezeichnen kann, bedurften, um jedenfalls dem herzoglichen Hofe nahe zu bleiben, das nicht fern vom Schlosse gelegene Haus, weil es doch nun zu wahrscheinlich war, dass Herzog Albrecht seine Residenz von Lüneburg nach Celle verlegen würde. Auf den 7. Juni 1374 war die Vermählung des Herzogs Albrecht mit der Herzogin Katharina festgesetzt. Dieser Nachricht fügt der gleichzeitige Notar des Rathes zu Lüneburg hinzu: „da sollten alle Gefangene los sein auf beiden Seiten". Nach einer Bestimmung der Sühne vom 25. September 1373 mussten alle diejenigen unter ihnen, welche während der Nacht vor dem 21. October 1371 in die Stadt Lüneburg eingestiegen waren, sich stellen, um den Herzögen Wenzlaus und Albrecht und der Stadt Urfehde zu schwören. Viele derselben fanden sich zu diesem Zwecke schon am 7. Mai 1374 in Lüneburg ein. Es waren der edele Herr und Ritter Heinrich von Homburg, der Ritter Gerhard von Wederden und die Knappen Ludolf von Honlege, Hartwig von Brugem, Diedrich von Reden, Grube von Steinberg, Heinrich von Gittelde, Bernhard Hoyge, Heinrich von Osen, Odo von Halle, Hermann von Nuderde, Johann von Elminghusen (oder Ellenbrichus, wie er sich in seinem Siegel nannte), Wollerd von Lengede, Heinrich Musselval und Albert Stich. Sie alle, jeder einzeln für sich seine Erben und Freunde, gelobten an jenem Tage durch einen Eid, wegen der Gefangenschaft, in welcher sie zu Lüneburg gehalten worden waren, und wegen alles dessen, was in Folge derselben an ihnen und ihren Freunden, die sechs ersteren unter ihnen auch wegen alles dessen, was an ihren Dienern und Knechten, es sei Gefängniss oder Todtschlag, geschehen war, niemals an den Herzögen Wenzlaus und Albrecht, an dem Rathe und den Bürgern zu Lüneburg, an den Erben und Nachfolgern derselben sich zu rächen, ihnen keinen Schaden zuzufügen, noch Feinde der Herzöge, ihrer Mannen, ihres Landes, des Rathes und der Bürger, der Erben und Nachfolger und der Schutzbefohlenen der Herzöge und des Rathes jemals zu werden. Jeder von ihnen jedoch durfte seinem rechten Herrn unter dessen Banner, wo es im Felde erschiene, behülflich sein. Wem unter ihnen von Unterthanen oder Schutzbefohlenen der Herzöge Unrecht geschehen würde, der sollte darüber bei den Herzögen und ihrem Rathe klagen und durfte, wenn er acht Wochen nach der Klage vergeblich auf Rechtshülfe gewartet haben würde, sich selbst zum Rechte verhelfen. Durch diese Selbsthülfe würde keiner von ihnen seine Urfehde und Sühne verletzen, aber jeder von ihnen sollte sie ferner zu halten verpflichtet sein. Sie alle stellten Bürgen. Für den edelen Herrn Heinrich von Homburg übernahmen der Graf Otto von Hallermund und der edele Herr Wedekind von dem Berge die Bürgschaft. Von obigen Gefangenen sind als Mannen des edelen Herrn von Homburg Diedrich von Reden, Grube von Steinberg, Heinrich von Osen, Odo von Halle, Hermann von Nuderden und Albert Stich durch ein Schreiben der Rathsherren der Stadt Lüneburg aus dem Anfange des Jahres 1372 bekannt. Dieselbe Urfehde und Sühne schwur Ritter Hans von Vreden am 4. Juli und Arnold Bandow am 9. September 1374. Diesem wurde die Bürgschaft erlassen; jener aber stellte zwei Bürgen, unter ihnen den Johann von Vreden zu Kirchberg bei Seesen im Harze.

Nur die regierenden Herren sollten nach einer in der Sühne enthaltenen Bestimmung Lehne verleihen. Deshalb resignirte Conrad Osslevessehen (oder Oslevessen) am 11. April 1374 zu Lüneburg die ihm von Aschwin von Alten zu Lehn gegebenen, vor der Stadt Hannover gelegenen anderthalb Hufen Landes, nachdem er sie dem Rathsherrn Brand Schele zu Hannover verkauft hatte, zu Gunsten des Käufers dem Herzoge Albrecht, als Oberlehnsherrn. Auffallend dabei ist nur, dass er sie nicht auch dem Herzoge Wenzlaus aufliess. Bei einer andern Gelegenheit, als es sich um Verleihung von Rechten handelte, verfügten darüber die Herzöge Wenzlaus und Albrecht nicht allein. Nur

F*

mit Bewilligung der Herzöge Friedrich und Bernhard gestatteten sie am 15. und 21. Mai 1374 den Gebrüdern Helmold und Diedrich Tareke, Bürgern zu Hannover, einen Altar in der Kirche St. Georgii zu Hannover zu bauen und zu dotiren, verliehen ihnen und den Nachkommen beider das Patronatrecht über den Altar, reservirten dasselbe aber sich und allen Herzögen zu Lüneburg, sobald die Nachkommenschaft der Gründer des Altars aussterben würde. Ungeachtet ihrer schon ertheilten Bewilligung bestätigten die Herzöge Friedrich und Bernhard noch besonders am 26. Mai obige Verleihung. Herzog Albrecht allein überliess am 1. Juni 1374 dem Kloster Diesdorf eine jährliche Geldhebung zu Soltendick, welche der herzogliche Lehnsmann Werner Pawenberg seiner Tochter bei ihrer Aufnahme in dasselbe zur Mitgift bestimmt hatte. Er und Herzog Wenzlaus verliehen zu Lüneburg am 24. August 1374 das ihnen von dem von Campe erledigte Dorf Ebra dem Werner und Busso von Bertensleben zu Lehen, indem sie dabei der geleisteten Dienste des ersteren erwähnten. Diese beiden waren mit ihrem Theile des Schlosses Wolfsburg am 7. April 1371 in den Dienst der Herzöge getreten und hatten für sie im Kriege gegen den Herzog Magnus gefochten. Um den Schein des Eigennutzes nicht aufkommen zu lassen, bemerkten die Herzöge bei dieser Belehnung, dass sie zu derselben auch dadurch bewogen worden seien, weil Werner von Bertensleben den Herzögen Friedrich und Bernhard 60 löthige Mark an seiner Schadenberechnung erlassen habe. Fünf Wochen später, als Meister Johann von Peine, Pfarrer zu Fallersleben, um eines Tausches willen seine Pfarre verlassen wollte, nahm er allein auf den Herzog Albrecht als Lehnsherrn derselben Rücksicht. Sie diesem zu resigniren bevollmächtigte er den Meister Günther von Lulne und den Vicar Eckebrecht Plumeyer zu Hildesheim, und diese beauftragten damit am 27. September den Johann von Fallersleben, Vicar in der Kirche St. Crucis zu Hildesheim.

Die von Alvensleben auf den Schlössern Calbe und Klötze waren treue Anhänger des Herzogs Magnus des jüngeren gewesen. Ihre Vettern, die von Alvensleben auf dem Schlosse Rogätz, dagegen schlossen sich später eben so enge an die Herzöge von Sachsen und Lüneburg an. Ludolf von Alvensleben, in der Schlacht bei Farrsen am 5. September 1367 mit vielen anderen aus dem Heere des Erzbischofes von Magdeburg in Gefangenschaft gerathen, aber bald desselben entlassen, kaufte im Jahre 1369, als er schon die Ritterwürde erlangt hatte, gemeinsam mit seinem Bruder Friedrich die eine Hälfte des Schlosses Rogätz von dem Erzbischofs Albrecht von Magdeburg für hundert Mark Silbers. Beide wurden von ihm damit belehnt und erhielten das Versprechen, dass er sie auch mit der anderen Hälfte belehnen wolle, sobald sie dieselbe würden gekauft haben. In dem sechs Jahre später geschriebenen Landbuche der Mark Brandenburg erscheinen sie als Besitzer des ganzen Schlosses. Es lag am linken Ufer der Elbe, wo die Ohre sich in sie ergiesst, nicht weit von Wollmirstedt an der Strasse von dort nach Stendal. Zuerst am 25. November 1373 zu Lüneburg findet man den Ritter Ludolf von Alvensleben im Gefolge der Herzöge Wenzlaus und Albrecht. Dann, am 5. April 1374, erscheint er wieder zu Lüneburg unter den wenigen Vertrauten, welche als Zeugen beim Abschlusse der Erbverbrüderung von den beiden Herzögen hinzugezogen wurden. Bald darauf liehen sie hundert Mark Silbers ihm und seinem Bruder Friedrich, welches Geld diese wahrscheinlich gleich zum Ankaufe der anderen Hälfte des Schlosses anwandten. Für das erhaltene Darlehn begaben sich beide Brüder am 21. Mai 1374 mit ihrem Schlosse Rogätz auf ewig in den Dienst der Herzöge Wenzlaus und Albrecht und der Erben derselben. Sie öffneten ihnen das Schloss gegen jedermann mit Ausnahme des Stiftes Magdeburg und ihrer Freunde, deren sie zu Rechte mächtig seien. Wenn die Herzöge oder ihre Erben von dem Schlosse Krieg führen oder die Aufnahme einer Besatzung fordern würden, sollten sie einen Hauptmann auf dasselbe setzen, der nicht nur ihrem sondern auch der von Alvensleben Beifall besässe und diesen die auf Festen gebräuchliche Burghuldigung leistete. Würde der Burgfrieden gebrochen, so durfte von keiner Seite Rache genommen werden; sondern zwei herzogliche Mannen und zwei Freunde der von Alvensleben sollten darüber in Freundschaft oder nach dem Rechte richten. Die Herzöge übernahmen alle Kosten auf dem Schlosse während eines Krieges, versprachen, nach ihres Hauptmanns Rathe Schadenersatz durch Feindes Gut für die zum Schlosse gehörenden Güter zu gewähren; dagegen gehörte ihnen alles, was die von Alvensleben dem Feinde abgewinnen würden, seien es Gefangene, Brandschatzung oder erbeutete Vorräthe. Würde das Schloss aus Veranlassung des Krieges der Herzöge verbrannt oder belagert, so waren diese verpflichtet, es so bald, wie möglich, zu entsetzen. Würde es in ihrem Kriege erobert, so wollte man sich gemeinsam zu dem Besitze desselben wieder verhelfen und, bevor man es erlangte, nicht Sühne oder Frieden mit dem Eroberer schliessen. Wenn die Herzöge diese Hülfe nicht innerhalb eines Jahres leisteten, sollten sie ein Jahr darnach den von Alvensleben nach dem Ermessen zweier Freunde derselben und zweier herzoglichen Mannen den durch Verlust des Schlosses erlittenen Schaden entweder durch Zahlung oder vermittelst Auslieferung einer anderen Feste ersetzen. Sie gelobten, die von Alvensleben gegen jedermann getreu zu vertheidigen, und diese, dem auf Billigkeit oder Recht sich gründenden Ausspruche der Herzöge zu allen Zeiten und in allen ihren Streitigkeiten sich zu fügen. Für allen Schaden, welcher in ihrem Dienste die von Alvensleben während des Krieges treffen könnte, wurde ihnen Ersatz zugesichert. Dies Dienstverhältniss konnte von beiden Seiten gekündigt und dann nach einem halben Jahre durch Zurückgabe der hundert Mark gelöset werden. Solche Verträge, wie dieser, wurden doch nur in der Aussicht auf Krieg geschlossen. Fast sollte man glauben, es sei mit diesem Vertrage auf einen dereinstigen Krieg gegen den Herzog Friedrich abgesehen gewesen, denn auffallen muss es allerdings, dass der Dienst nach dem Tode der Herzöge Wenzlaus und Albrecht nur ihren Erben, nicht zunächst dem Herzoge Friedrich, als rechtmässigen Nachfolger im Herzogthume Lüneburg, geleistet werden sollte. Jedoch die ihnen feindliche Gesinnung der Ritter und Knappen, welche sein Vertrauen besassen, mochte den beiden sächsischen Herzögen, denen sie nicht unbekannt bleiben konnte, es unzweifelhaft erscheinen lassen, dass sie in naher Zukunft, wenn nicht mit dem Herzoge Friedrich selbst, gewiss mit jenen unversöhnlichen Feinden manchen Kampf zu bestehen haben würden. Nicht nur die künftigen Fehden, auch die Plünderungen und Raubzüge, von denen als unvermeidlichen Nachweben des schweren Krieges das Land trotz der Sühne des vorigen Jahres damals heimgesucht wurde, bildeten für die Herzöge den Gegenstand gerechter Sorgen.

Nachdem Herzog Albrecht am Abende des 7. Juni 1374 seine Vermählung mit der Wittwe des Herzogs Magnus in Celle gefeiert hatte, ritt er mit Diedrich Springintgud und Albert Hoyke, den beiden Bürgermeistern der Stadt Lüneburg, welche ihn auch, wie Schomaker behauptet, im Mai auf einer Reise zum Kaiser begleitet hatten, am 11. Juni nach Hannover. Von dort mit ihnen nach Celle zurückgekehrt, ritt er in ihrer Begleitung zu einer mit dem neuen Rathe von Braunschweig abzuhaltenden Tagefahrt. Veranlassung zu derselben mochten die Verhandlungen der Stadt mit den von Bertensleben in Folge einer mit ihnen wegen des Schlosses Vorsfelde geführten Fehde oder die Streitigkeiten der von Wenden, von Estorff und von Berfeld mit der Stadt geben. Diese hatten im vorigen Monate Vieh geraubt, welches den Bürgern zu Braunschweig gehörte. Nicht diese Stadt allein hatte solche Belästigungen zu tragen. Krieg und Fehde herrschten überall in den Landen Braunschweig und Lüneburg. Sogar in der nächsten Umgegend der Stadt Lüneburg wurden die Landgüter von Feinden und Räubern täglich verwüstet. Ausserdem lastete auf ihnen der Druck, welchen Vögte und ihre Diener durch Erpressen willkürlicher Abgaben ausübten. Dies war unter anderen der Grund, weshalb der Bischof Heinrich von Verden am 30. Juni 1374 dem Nicolaus Floreke, Capellan und Notar des Rathes zu Lüneburg, erlaubte, diejenigen Ländereien, welche demselben als Vicar der Capelle St. Fabiani zu Bardowiek gehörten, zu vertauschen oder zu verkaufen. Um Friedensruhe in seinem Stifte herzustellen, in welches aus dem benachbarten Herzogthume das Elend des Krieges hinübergetragen war, liess der Bischof Gerhard von Hildesheim sich vom Kaiser am 4. Juli 1374 die Freigrafenstühle bewilligen. Es lastete auf seiner Hauptstadt das Interdict, weil einige Bürger derselben verdächtigt waren, bei der Gefangennahme des Scholasters St. Crucis gegenwärtig gewesen zu sein. Hier konnte er selbst helfen und ihre Geistlichen wegen einer zur Kriegszeit verübten Gewaltthat, also auch in Folge der allgemeinen Unruhen, verhängte Interdict aufheben. Am 24. Juli 1374 befahl er der Geistlichkeit der Stadt, den Gottesdienst wieder zu beginnen. Der Bischof Heinrich von Verden konnte das in der Umgegend von Uelsen, in der Vogtei Uelsen und zu Bevensen gelegene Gut seines Stiftes gegen Räuberei und Plünderung, wie es scheint, nur dadurch schützen, dass er aus einem der mächtigeren ritterbürtigen Geschlechtern in der Nachbarschaft Vögte über dasselbe setzte. Er ernannte dazu am 24. August 1374 die Gebrüder Hermann und Hans Spörken und verpfändete ihnen und der Frau des ersteren für ein Darlehn von 200 Mark löthigen Silbers und um 150 Mark Pfennige die Vogtei über das Gut mit Ausnahme des Zehnten zu Barum (bei Bevensen). Vielleicht waren es gerade sie, von denen er am meisten belästigt worden war. Wenigstens setzte er eine vor dem 29. September mit ihnen zu haltende Tagefahrt an und versprach, freundlich von ihnen zu scheiden. Ueberall in den Landen Braunschweig und Lüneburg, wie in den meisten benachbarten Stiften und Grafschaften, wurde das Bedürfniss eines allgemeinen Friedens lebhaft empfunden. Nachdem der Krieg unter den Mächtigen aufgehört hatte, sollten auch die Kleinen ihre Raubzüge einstellen, welche fast noch verderblicher wirkten als jener. Dieser Zweck war nur durch einen Landfrieden zu erreichen, ähnlich demjenigen, welchen die Herzöge von Sachsen-Lauenburg, die Grafen von Holstein, Graf Otto von Schauenburg und die Städte Lübeck und Hamburg am 19. Februar 1374 auf die Dauer von zwei Jahren geschlossen hatten. Die Bischöfe Wedekind von Minden und Gerhard von Hildesheim, Herzog Albrecht von Sachsen und Lüneburg, Reichserzmarschall, die Herzöge Friedrich und Bernhard von Braunschweig und Lüneburg, Graf Gerhard von Hoya und Bruchhausen, sein Sohn Otto, Graf Erich von Hoya und der edele Herr Wedekind von dem Berge, Vogt des Stiftes Minden, hielten deshalb am 15. August 1374 eine Zusammenkunft und errichteten einen Landfrieden auf die Dauer der nächsten drei Jahre. Die Bürgermeister und Rathsherren der Städte Minden, Hildesheim, Lüneburg und Hannover traten demselben bei. Zu ihrem Landvogte wählten und ernannten die Verbündeten den edelen Mann, Herrn Wedekind von dem Berge. Die Stadt Braunschweig war unter ihnen nicht vertreten. Wahrscheinlich sollte sie, als dessen unwürdig, nicht am Frieden Theil nehmen. Die Bestimmungen desselben sind folgende. In den Landen und Gebieten, welche den genannten Herren und den mit ihnen verbündeten Städten gehören, soll jedermann, der darin ansässig ist, er sei geistlichen oder weltlichen Standes, wenn er nur Rechtes pflegen will, jedermann, der von aussen hineinkömmt, er sei Pilger, Kaufmann oder wer er sei, an Leib und Gut vor ungerechter Gewalt sicher sein und steten Frieden geniessen. Keiner der Verbündeten noch jemand von ihren Unterthanen darf den andern feindlich behandeln oder ihm mit Vorsatz Schaden thun, sondern jedermann soll bei seinem Rechte bleiben. Hat jemand sich über etwas zu beklagen, was während des Landfriedens vorgefallen ist, so mag er die Sache, wo es sich gebührt, anhängig machen und da sein Recht verfolgen. Dort soll zu rechten Zeiten entschieden werden und jeder muss sich dem richterlichen Erkenntnisse fügen. In Streitigkeiten der verbündeten Herren unter einander oder mit den Städten soll, falls sie sich nicht in Freundschaft oder nach dem Rechte vergleichen können, Herzog Albrecht von Sachsen und Lüneburg, vorausgesetzt, dass ihn selbst die Angelegenheit nicht betrifft, Schiedsrichter sein. Betrifft sie aber ihn selbst, so entscheidet sie der älteste der verbündeten Herren, der an ihr unbetheiligt ist. In Streitigkeiten zwischen der Mannschaft und den Städten eines und eben desselben Herren, in Streitigkeiten seiner Mannen unter einander oder zwischen seinen Städten richtet er selbst. Wenn aber seine Mannschaft oder seine Städte mit der Mannschaft oder den Städten eines andern der verbündeten Herren Streit bekommen, soll, falls sie sich nicht in Freundschaft vergleichen können, der Herr des beklagten Theils Richter sein. Der Kläger muss seine Klageschrift innerhalb acht Tagen dem Richter und dem Beklagten, dieser innerhalb acht Tagen darnach seine Gegenrede dem Richter senden. Innerhalb der nächsten vier Wochen erfolgt das Urtheil. Wie es auch dem Rechte gemäss ausfällt, jeder hat sich darnach zu richten. Thut er es nicht, so wird er nachfällig. Wer dennoch, sei er im Bezirke des Landfriedens ansässig oder fremd, jemanden in den Landen oder Gebieten der Verbündeten mit Krieg, Raub, Diebstahl, Brand, Gefangennahme, Todtschlag oder Verwundung heimsucht und auf handhafter That ergriffen wird, den soll man nach seines Bruches und des Gerichtes Rechte richten. Wer einen verfesteten (gebannten) Mann oder Friedensbrecher greift, ist verpflichtet, ihn zu Gericht zu bringen und darf sich nicht mit dem Versprechen, dass derselbe sich im Gefängnisse einstellen wolle, genügen lassen noch ihn dem Landfrieden entführen. Handelt er dabei treulos gegen den Landfrieden, so hat er, wenn er dessen überführt wird, gleiche Schuld, wie jener, auf sich geladen. Wird der Verfestete oder Friedensbrecher flüchtig und ist jemand dabei, der soll es mit Gerücht (Gerüft, dem Rufe nach Hülfe) beschreien. Dem Gerüchte soll man folgen nach Rath der Amtleute und Unterthanen der verbündeten Herren im Gebiete derselben, nach Rath der Städte in ihrem Gebiete, wie es sie für den Landfrieden nützlich und gut dünkt. Ist jemand, ohne auf handhafter That beschrieen zu sein, beschuldigt, diesen Landfrieden gebrochen zu haben, so wird der Richter des Ortes, wo das Verbrechen geschehen ist, ihn vorladen, damit er innerhalb vierzehn Tagen unter sicherem Geleite vor ihm erscheine und sich verantworte. Kann er sich nach dem Rechte nicht verantworten oder erscheint er nicht vor Gericht, so soll man ihn in demselben verfesten und er soll darum leiden, was Rechtens ist. Vergleicht er sich aber innerhalb der genannten Frist mit dem Kläger, so dass er diesem genügt, und entrichtet er dem Richter die Geldbusse, so soll die Sache beigelegt sein. Wenn jemand, der in Verfestung gerathen ist, innerhalb vierzehn Tagen sich nicht aus ihr heranzieht und Rechtes pflegt, so wird der Richter es den verbündeten Herren und Städten schriftlich anzeigen und ihn sofort in allen obersten Gerichten verfesten. Der so Verfestete soll nirgends, wo man seiner habhaft werden kann, Frieden, Geleit oder Sicherheit finden. Man soll ihn ergreifen, in welchem Gerichte der Verbündeten er auch gefunden wird, und jedermann, der dabei ist, soll dazu helfen, damit man über ihn richte. Er soll in der Verfestung bleiben und leiden, wie das Recht derselben mit sich bringt, selbst dann noch, wenn dieser Landfrieden erloschen ist, es sei denn, dass er inzwischen in Güte oder nach dem Rechte Kläger und Richter befriedige. Wer ihn wissentlich beget oder hauset oder ihm irgend Vorschub thut, wodurch er dem Landfrieden entzogen und entfernt wird, der ist, wenn er dessen überführt wird, dem Thäter gleich schuldig. Fällt etwas vor, wozu man aller Verbündeten bedarf, sei es dass Hülfeleistung, Heeresfolge, Belagerung oder etwas dergleichen erforderlich wird, so soll man es ihrem Landvogte, dem edelen Herrn Wedekind von dem Berge, anzeigen und er sie alle zur Heeresfolge aufbieten, wie weiter unten näher bestimmt ist. Jeder ist dann verpflichtet sie zu leisten und auch dabei zu bleiben. Wenn irgend ein Herr oder sonst jemand, ausser dem Landfrieden stehend, gegen einen der Verbündeten oder gegen einen Unterthan desselben, der ihrer rechtlichen Entscheidung sich fügen will, Klage erhebt oder ihn aussergerichtlich belanget, so soll der edele Herr Wedekind von dem Berge in ihrer aller Namen, wenn er dazu aufgefordert wird, für diesen das Recht anbieten. Wird demselben dennoch Unbill zugefügt, so wollen sie alle ihm behülflich sein und ihm zu seinem Rechte beistehen. Der edele Herr Wedekind besitzt Vollmacht, an dem Landfrieden Verbesserungen vorzunehmen. Zu diesem Zwecke wollen sie alle eine Tagefahrt halten oder die Ihrigen zu derselben senden, wohin er es verlangt. Alle geloben, darin ihm beizustehen und folgsam zu sein. Es sollen der Bischof von Minden mit zehn, der Bischof von Hildesheim mit fünf und zwanzig, die Herzöge Albrecht, Friedrich und Bernhard mit vierzig, Graf Gerhard und sein Sohn mit funfzehn, Graf Erich mit ebensoviel, der edele Herr Wedekind von dem Berge mit fünf, die Rathsherren zu Minden mit vierzehn, die zu Hildesheim mit ebensoviel, die zu Lüneburg mit zwei und zwanzig und die zu Hannover mit zwölf Gewaffneten Heeresfolge leisten, so dass man, 172 Mann stark, zu Felde ziehen kann. Wenn dem edelen Herrn Wedekind diese Anzahl zu klein dünkt, so darf er ein höheres Aufgebot ergehen lassen; auch mag er es ermässigen nach Gelegenheit, wie es ihm nützlich dünkt. Hierin wollen alle Verbündeten ihm gehorsam und folgsam sein. Während der Heeresfolge steht jeder mit den Seinen Kost und Schaden selbst, Gewinn wird nach Anzahl Gewaffneter vertheilt. Sind zwei, die mit zu Felde liegen, in Streit gerathen oder beschuldigt einer den andern, so dürfen sie während der Heeresfolge und des Feldzuges und acht Tage darnach sich nicht angreifen noch mit Wort oder That mahnen. Wer sich hiergegen vergeht, über den soll, wie über einen Friedensbrecher gerichtet werden. Wenn ein innerhalb der Grenzen des Landfriedens ansässiger Unterthan der Verbündeten den Landfrieden nicht beschwören will, so soll er mit den Seinen desselben sich nicht erfreuen und was ihm innerhalb oder ausserhalb dieses Gebietes geschieht, geht die Verbündeten nichts an. Vergreift er sich aber an etwas innerhalb der Grenzen des Landfriedens, so wollen sie ihn in oben beschriebener Weise mit dem Rechte verfolgen und sämmtlich seine Feinde sein. Wenn irgend ein am Landfrieden nicht Theil nehmender Herr oder Mann in einer der verbündeten Herren Lande etwa Leute oder unbewegliche Güter besitzt und ihm daran Schaden geschieht, so brauchen die anderen Herren es nicht zu wehren noch um des Landfriedens willen deshalb Heeresfolge zu leisten. Jeder am Landfrieden Theil nehmende Herr soll seiner Lande und Leute, die Mannschaft der Ihrigen und jeder Stadtrath seiner Stadt, wie bisher, nach Gewohnheit und Recht mächtig bleiben und sie behalten. Wer von den Fürsten, Herren oder Städten sich früher mit jemandem verbunden hat, mag es damit halten, wie seine Pflicht es verlangt. Dadurch wird der Landfrieden nicht gebrochen. Wer von ihnen wegen eines solchen Bündnisses den anderen gegen jemanden keine Hülfe leisten darf, dem schulden sie auch keine Hülfe gegen denselben. Werden einem von ihnen des Landfriedens wegen Verdriesslichkeiten bereitet, so wollen sie alle ihm getreu behülflich sein und selbst nach dem Erlöschen des Landfriedens es bleiben, bis die Sache in Freundschaft oder nach dem Rechte beigelegt ist. Wenn die Verbündeten andere Herren und Städte in den Landfrieden aufzunehmen wünschen, so mag der Landvogt mit Zustimmung der zunächst benachbarten Herren und Städte die Aufnahme vornehmen. Die neuen Mitglieder sollen alle Bestimmungen des Landfriedens bestätigen, geloben und beschwören, mit einer ihrer Macht entsprechenden Anzahl Gewaffneter die Heeresfolge leisten und ihren Beitritt in besiegelten Briefen erklären, welche der Urkunde über den Landfrieden hinzuzufügen sind. Liegt einer der Verbündeten schon mit jemandem in offenbarer Fehde, so brauchen die übrigen ihm gegen denselben um des Landfriedens willen keine Hülfe und Heeresfolge zu leisten. Stirbt der edele Herr Wedekind von dem Berge innerhalb der nächsten drei Jahre oder kann er wegen echter Noth dem Amte eines Landvogtes nicht vorstehen, so sollen die Herren und Städte innerhalb vier Wochen einen andern, der ihnen dazu tauglich dünkt, an seine Stelle setzen. Alle Verbündeten, die Herren und die Rathsherren der Städte, beschworen diesen Landfrieden, gelobten, ihn gegen jedermann mit Ausnahme des heiligen römischen Reiches stets getreu und unverbrüchlich ohne Arglist zu halten, und besiegelten die darüber ausgestellte Urkunde. Die erste Handlung, welche der erwählte Landvogt Wedekind von dem Berge darauf vornahm, war, dass er an demselben Tage für jeden einzelnen der Verbündeten eine Abschrift der Urkunde besorgte und sie beglaubigte. Die Abschriften, welche er den Städten Lüneburg und Minden gab, sind noch vorhanden. Der Zweck dieses Landfriedens hätte sich wohl mit den Mitteln, die er vorschrieb, erreichen lassen, wenn die Herzöge nicht selbst den Krieg von neuem unter sich begonnen und dadurch allen bösen Leidenschaften, dem Parteihasse und der Raubsucht freien Spielraum verschafft hätten.

Gegen die Salinsteuer, welche zu erheben dem Rathe der Stadt Lüneburg am 25. August 1370 von dem Herzoge Magnus bewilligt worden war, hatte die am 13. Januar 1371 vom Domcapitel zu Lübeck mit den Prälaten im Herzogthume Lüneburg gestiftete Vereinigung keinen Schutz gewähren können. Wie früher im Namen des Herzogs Magnus, trieb der Rath, seitdem die Herzöge Wenzlaus und Albrecht ins Land gekommen waren, in ihrem Namen die Steuer ein. Wie sie am 6. Januar 1371 bestimmt hatten, sollte er dieselbe so lange beziehen, bis die Schuld der Stadt mit allen Zinsen getilgt sei. Seit dem Anfange des Jahres 1371 hatte sicherlich diese Steuer schon so viel eingebracht, dass damit die vor dem genannten Jahre des Herzogs Magnus wegen gemachte Schuld hätte abgetragen werden können. Dennoch fuhr der Rath, durch die nach jener Zeit entstandene Schuldenlast gedrückt, fort, diese ergiebige Erwerbsquelle bestens zu benutzen, bis die Aebte zu Walkenried, Amelunxborn, Dobberan, Riddagshausen, Hiddensee (oder Hiddens-Öe bei Rügen) und Niencamp (in derselben Gegend), die Aebtissinn zu St. Johann in Lübeck und die Capitel zu Lübeck, Ratzeburg, Schwerin und Hamburg es endlich dahin brachten, dass ihre Klagen auf einer Tagefahrt Gehör finden sollten. Besonders eifrig scheint die Geistlichkeit der Stadt Lübeck die Angelegenheit betrieben zu haben. Man verhandelte eben über Zeit und Ort der Tagefahrt, als die beiden Bürgermeister der Stadt Lüneburg, Diedrich Springintgud und Albert Hoyke, in Celle verweilten und im Begriff standen, den Herzog Albrecht auf Tagefahrten nach Hannover und Braunschweig zu begleiten. Sie durften bei den Verhandlungen, welche mit den Prälaten gehalten werden sollten, nicht fehlen. Deshalb benachrichtigten sie am 10. Juni die übrigen Rathsherren zu Lüneburg, dass sie kaum in der nächsten Woche zurückkehren könnten, jedoch hofften, wenn die Tagefahrt des Rathes der Stadt Lüneburg mit der Geistlichkeit zu Lübeck auf die Zeit zwischen dem 18. und 24. Juni angesetzt würde, dabei sein könnten. Nur wünschten sie, weil für sie die Reise nach Lübeck mit Gefahr verbunden sei, dass die Tagefahrt zu Lüneburg oder Hamburg gehalten würde. Sie schuldeten nämlich dem Bürger Haase zu Lübeck 1000 Mark Pfennige, wofür sie ihm drei ihnen gehörende Herrschaften auf der Saline zu Lüneburg verpfändet hatten. Wahrscheinlich waren die Zinsen davon, welche jährlich 100 Mark betrugen, nicht entrichtet und die beiden Bürgermeister mussten, wenn sie nach Lübeck kamen, dessen gewärtig sein, dass man sie der Schuld wegen verhaftete. Mit den Zinsen von den 2900 Mark, wegen welcher der Rath zu Lübeck die Bürgschaft für die Stadt Lüneburg übernommen hatte, mochte es sich ebenso verhalten und auch den übrigen Rathsherren der Stadt Lüneburg aus der von ihnen jener Bürgschaft wegen am 25. August 1371 ausgestellten Verschreibung, wenn sie nach Lübeck kamen, Gefahr für ihre mitgebrachte Habe erwachsen, nicht zu gedenken der übrigen Schulden, die sie dort gemacht hatten, und der dafür rückständigen Zinsen, wegen welcher sie verhaftet werden konnten. Die Geistlichkeit liess es nach gefallen, ihre Bevollmächtigten nach Lüneburg zu senden. Hier verglichen und sühnten sich am 13. Juli 1374 die Bürgermeister und Rathsherren mit den genannten Aebten und Capiteln und mit der Aebtissinn zu Lübeck wegen aller Zwietracht über die den Klöstern und Stiften derselben gehörenden Renten und Gütern auf der Saline zu Lüneburg, welche sie gegen den Willen der Eigenthümer für sich, für die Stadt und für deren Helfer gehoben hatten. Sie setzten jene Klöster und Stifte wieder in den Besitz ihrer Salingüter, gestatteten ihnen, dieselben, wie zur Zeit der Herzöge Otto und Wilhelm von Lüneburg, ewig frei zu benutzen, versprachen, dieselben gleich ihren eigenen zu beschirmen und zu vertheidigen, das Giessen der Steigen Eimer (zum Behufe der Stadt) nebst allen anderen von ihnen auf das Salzgut gelegten Lasten abzuschaffen und hinsichtlich dieser Alles dem Ermessen der von beiden Seiten dazu gewählten Gesetzgeber („Sateleute"), nämlich des Abtes Werner Grote zu Lüneburg, des Probstes Heinrich zu Ebstorf, des Domdechanten Johann zu Lübeck, des Domherrn Jacob Krumbeks daselbst und der Bürgermeister Jacob Pleskow und Johann Perseval zu Lübeck, anheimzustellen. Keine Belastung jener Salzgüter wollten sie sich mehr erlauben noch sie Anderen gestatten, sondern vielmehr allen Fleiss und alle ihre Macht in guter Treue und ohne irgend welche Arglist darauf verwenden, dass sie unterbliebe. Wie Schomaker behauptet, wurde dieser Vergleich nicht zu Lüneburg, sondern zu Lübeck, nachdem man fast vierzehn Tage lang verhandelt hatte, geschlossen. Als Abgesandte des Raths zu Lüneburg nennt er die Bürgermeister Diedrich Springintgud und Albert Hoyke nebst dem Rathsherrn Diedrich Bromes und sagt, hätten die Forderung einer Salzsteuer damit begründet, dass die Stadt nur durch die Händel, zu denen die Prälaten mitgerathen hätten, in schwere Schulden gekommen sei; denn dabei, dass die Rathsherren (den Prälaten) die Salzgüter beschirmt hätten, habe sich das Spiel erhoben. Wie derselbe Berichterstatter bemerkt, wurden gleich nach der mit den Prälaten gehaltenen Zusammenkunft der Bürgermeister Diedrich Springintgud und der Rathsherr Heinrich Sotmesters zu einer grossen Tagefahrt gesandt, die am 22. Juli zu Stralsund Statt fand. Die Gläubiger der Stadt Lüneburg berechneten richtig, dass die Einnahmen derselben durch den eben geschlossenen Vergleich würden geschmälert werden, und einige von ihnen drangen jetzt auf Befriedigung ihrer Forderungen. Henning von Molne ersuchte den Herzog Albrecht, den Rath der Stadt zur Zahlung von 120 Mark anzuhalten und, falls dies ebensowenig wie sein früheres häufiges Mahnen fruchten würde, es ihm nicht zu verargen, wenn er die Rathsherren pfänden würde. Zugleich versicherte er ihm seine Bereitwilligkeit zum Dienste, aus welchem sie ihn verdrängten. Johann Knigge zu Hallerburg, einer der Räthe des verstorbenen Herzogs Magnus, schrieb an die Rathsherren Diedrich Springintgud, Albert Hoyke und Johann Semmelbecker, erinnerte sie an die Unterredung, welche sie und der Archidiakon Johann von Bücken mit ihm vor dem Beginne der Friedensunterhandlungen zu Hannover gehalten hätten, und ersuchte sie, ihm dafür, dass er die Sühne vom 25. September 1373 vermittelt habe, die versprochene Belohnung zu geben. Die Zehrungskosten, welche sie ihm zu ersetzen sich verpflichtet hätten, betrügen wohl 36 Mark. Die Pfänder, die er dafür gesetzt habe, seien noch nicht eingelöset. In gutem Glauben an ihre Redlichkeit habe er gehandelt und glaube auch noch, dass sie ihr Wort halten würden. Habe er die Belohnung noch nicht verdient, so wolle er sie noch gern verdienen, wo sich Gelegenheit dazu bieten und es ihm geziemen würde. Wenigstens möchten sie ihm die Zehrungskosten ersetzen, denn während der Friedensverhandlungen habe niemand ihm etwas gegeben, er vielmehr für alle seine Ausgaben mit seinem eigenen Gelde bestritten. Er bat um eine Antwort, nach welcher er sich richten könne, denn wohl länger als ein Jahr hange schon die Sache. Wenn sie ihm eine Zahlung leisten wollten, möchten sie das Geld dem Boten mitgeben. Ungestümer verfuhr Ritter Heinrich von Salder. Der Rathsherr Johann Semmelbecker zu Lüneburg hatte von ihm zum Behufe der Stadt 800 Mark Pfennige geliehen. Einige Rathsherren und Bürger der Stadt hatten für ihn Bürgschaft geleistet. Nachdem alle Bemühungen des Ritters Heinrich von Salder, wieder zu seinem Gelde zu gelangen, vergeblich geblieben waren, bat er die Rathsherren der Stadt Hannover, für ihn den Rathsherrn Johann Semmelbecker und dessen Bürgen zu mahnen. Was sie darauf ausrichteten, befriedigte ihn nicht. Indem er ihnen für ihre Bemühungen dankte, schrieb er ihnen, es dünke ihn, dass ihre Vermittelung noch nicht geholfen habe. Er bat sie, den Johann Semmelbecker und dessen Bürgen, die ihm so jämmerlich und schändlich wortbrüchig geworden seien, nochmals zu mahnen. Bliebe auch dies ohne Erfolg, so müsse er den Schuldbrief mit den Siegeln gleich einer in den Hag eingeschlossenen Sau achten, bis Schuldner und Bürgen ihre Ehre besser gegen ihn bewahrten, denn niemand sei bei ihm zu Lande, der die alte, übelriechende, finnige, kranke Sau haben wolle. Mit solch schimpfenden Redensarten verband er die Warnung für die Rathsherren zu Hannover als gute Leute, sich vor jenen wortbrüchigen Menschen zu hüten. Sein Schmähen und Schimpfen hatte wenigstens die Folge, dass die Rathsherren der Stadt Lüneburg am 13. December 1374 gelobten, ihm jene 800 Mark auszubezahlen. Die Zinsen für die beiden nächsten Jahre sollten ihm von Johann Semmelbecker, für die folgenden Jahre aber, falls das Capital stehen bliebe, von den Rathsherren entrichtet werden. Die Schulden der Stadt hatten sich in dem Jahre 1374 wohl nich vermindert. Mochten auch manche getilgt sein, so waren andere von bedeutender Höhe hinzugekommen, wie folgende Uebersicht nachweiset. Die Rathsherren stellten am 6. Januar 1374 der Margaretha, Wittwe des Tile Turits, Bürgers zu Salzwedel, dem Gerlach von dem Broke und dem Gereke Pawel, Bürgern zu Braunschweig, eine Schuldverschreibung über 400 Mark löthigen Silbers (1200 Mark Pfennige) aus und versprachen mit Bewilligung der Gilden und der Bürger, am 2. Februar 1375 das Geld auszuzahlen. Am 4. Februar gaben sie ihrem Mitbürger Engelke Kappenberg einen Schuldbrief über 656 Mark lüneburger Pfennige und bestimmten, dass er aus dem Salzhause, in welchem er sieden liesse, so viel von der Vorbate und von den Fluthen, als sie davon in jedem anderen Salzhause jährlich erhielten, so lange jedes Jahr inne behalten sollte, bis er bezahlt sein würde. In welchem Jahre er kein Salz siedete, sollte ihm am 25. December dieselbe Einnahme in einem anderen Salzhause angewiesen werden. Am 7. April bescheinigten sie, dem Johann von Bücken, Archidiakon zu Modestorf, 600 Mark lüneburger Pfennige schuldig zu sein, und verpflichteten sich, sie ihm jährlich mit $6^2/_3$ Procent zu verzinsen. Zu demselben Zinsfusse entliehen sie von ihm am 25. April 120 Mark Pfennige. Auf ihre Bitten verbürgten sich Tideke Beteke, Gottfried von Hagen, Hildebrand von Raven und Heinrich Witte für sie bei dem Rathe zu Salzwedel wegen 1350 Mark (wahrscheinlich löthigen Silbers, also 4050 Mark Pfennige), welche demselben am 22. April 1375 bezahlt werden mussten. Ausserdem hatten dieselben für viele andere Schulden der Stadt Lüneburg schon vor dem Jahre 1374 Bürgschaft geleistet und erboten sich, sie auch künftig für Anleihen der Stadt zu übernehmen. Für alle diese Bürgschaften gewährten ihnen die Rathsherren folgende Sicherheit. Die Vorbate, welche der Sülfmeister in diesem und dem folgenden Jahre dem Rathe geben musste, sollte weder dieser noch sonst jemand erheben, bevor von ihr die genannten Bürgen die übernommenen Schulden bezahlt hätten. Würde sie nicht hinreichen, um diese alle davon zu bezahlen, so sollten die Bürgen den Theil der Fluthen, welchen der Rath von ihren und ihrer Freunde Salzhäusern zu nehmen berechtigt sei, so lange zu Hülfe erhalten, bis alle jene Schulden getilgt und die für den Rath übernommenen Bürgschaften erledigt sein würden. Am 12. Mai verschrieben die Rathsherren dem Conrad von Muden, Vicar zu Verden, 7 Mark jährlicher Zinsen für 100 Mark Pfennige, welche er ihnen geliehen hatte. Am 23. Mai stellten sie dem Hermann und Heinrich von dem Damme jedem eine Schuldverschreibung über 720 lübeckische Gulden (144 löthige Mark oder 432 Mark Pfennige) aus und versprachen, am 10. Juni des folgenden Jahres ihnen das Geld zurückzubezahlen. Am 25. Mai verpflichteten sie sich, der Beke, Wittwe ihres Mitbürgers Lüder Drake, für die ihnen geliehenen 300 Mark lüneburger Pfennige jährlich $6^2/_3$ Procent Zinsen zu geben. Für ein ebenso grosses Darlehn versprachen sie an demselben Tage ihrem Mitbürger Heinrich Witte ebenso viel Zinsen. Am 9. Juni erklärten sie, von Richard Kyl, Rathsherren zu Hamburg, 800 Mark lüneburger Pfennige erhalten zu haben. Um diese Schuld abzutragen, trafen sie folgende Anordnung. Sie wiesen ihm die Fluthen zweier Häuser auf der Saline an, welche Heinrich von Erpensen zum Sieden besass. Derselbe sollte ihm, bis dadurch die Schuld getilgt sein würde, bei jeder Fluth, von der nächsten, nämlich von der sechsten Fluth dieses Jahres an, die Hälfte des Geldes geben, welches von den ganzen Fluthen beider Häuser erhoben würde. Falls auch der Rath während der Zeit anderen auf der Saline begüterten Leuten mehr als die Hälfte ihrer Fluthen lassen würde, so wollte er dennoch dem Richard Kyl die oben erwähnte Hälfte auszahlen lassen. Auch versprachen die Rathsherren, ihm zwei andere Häuser anzuweisen, wenn Heinrich von Erpensen nicht sieden liesse oder stürbe. Am 23. August stellten sie dem Rathsherrn Ludemann Ruscher einen Schuldbrief über 700 Mark lüneburger Pfennige aus, deren eine Hälfte am 10. Juni des nächsten Jahres, die andere am 1. Juni 1376 zurückbezahlt werden sollte. Am 31. October verschrieben sie dem Rathsherrn Johann Semmelbecker $6^2/_3$ Procent Zinsen in einem der Stadt gehörenden Hause für ein Darlehn von 90 Mark (wahrscheinlich löthigen Silbers, also 270 Mark Pfennige). Am 20. December verpfändeten sie ihrem Mitbürger Hinse von Wildeshausen eine Bude für 60 Mark lüneburger Pfennige. Rechnet man zu allem diesem die 800 Mark lüneburger Pfennige hinzu, welche sie am 13. December dem Ritter Heinrich von Salder verschrieben, so ist der Gesammtbetrag der Schuld, worüber sie in diesem Jahre Verschreibungen ausstellten, 10820 Mark Pfennige, also 1210 Mark geringer als in dem Kriegsjahre 1372.

Der klägliche Zustand der städtischen Haushaltung, das beständige Wachsen der Schulden und die Ungewissheit, ob überhaupt und in welcher Höhe die Salzsteuer ferner bewilligt werden würde, musste den Vätern der Stadt grosse Sorgen bereiten. Das Beispiel der Stadt Braunschweig zeigte, wohin es führen könnte, wenn der gemeine Bürger sich zu sehr von Abgaben gedrückt fühlte; und dennoch war eine Erhöhung derselben nicht zu vermeiden, wenn die Salzsteuer gänzlich aufhörte oder zu sehr ermässiget würde. Die Rathsherren glaubten, ein Mittel zur Beförderung des allgemeinen Wohlstandes und der Zahlungsfähigkeit der gemeinen Bürger in der Einschränkung ihrer Ausgaben für Festlichkeiten und Putz gefunden zu haben, und arbeiteten deshalb an einer Verordnung, welche Vorschriften über Verlobungsfeste, Verlobungsgeschenke, Aussteuer der Bräute, Hochzeiten, Brautbäder, Trachten der Jungfrauen, Frauen und Bürger bringen sollte. Je mehr Enthaltsamkeit sie darin den reicheren Bürgern auferlegten, je mehr Entsagung sie von ihnen forderten, desto nachdrücklicher durften sie auch von dem ärmeren Bürger verlangen, sich einzuschränken, und um so weniger brauchten sie zu fürchten, dass der Neid und die Missgunst des geringen Standes rege würde und zu Gräuelthaten wie in der Stadt Braunschweig verleitete. Obgleich die Verordnung nur noch im Entwurfe vorhanden ist, dürfte doch wohl kaum daran gezweifelt werden, dass sie eingeführt worden sei. Einige der Kleidungsstücke und Gegenstände des Putzes, welche darin erwähnt sind, gehören einer längst entschwundenen Zeit an und bedürfen jetzt wohl einer Beschreibung oder wenigstens einer Erklärung ihrer Benennungen. Unter Hosen verstand man lange, bis zum Knie oder über dasselbe hinaufreichende Strümpfe oder auch Beinkleider und Strümpfe aus einem Stücke. Der Hoiken oder Heuken wurde von Männern und Frauen getragen und gehörte deshalb sowohl zum Heergewette als auch zum Gerade. Man hat darunter bei Männern nur einen Mantel (pallium, toga) zu verstehen. Nach einer Nachricht aus dem Jahre 1351 trug man damals Hoiken, die weit, lang, oder auch kurz waren und, so weit sie reichten, den Körper ganz umgaben. Wegen ihrer Gestalt wurden sie Glocken genannt. Als Frauentracht war der Hoiken Mantel und Kopfputz zugleich. Er glich weniger der römischen palla als der calantica oder calantica, einer Bedeckung des Kopfes, die, an demselben befestigt, wie ein Schleier über die Schultern herabhing. Zu Braunschweig wurde im Jahre 1421 den Frauen und Jungfrauen verboten, Hoiken oder Röcke von der Länge zu tragen, dass sie ihnen auf der Erde nachschleifen. In der Stadt Hamburg, wo der Hoiken lange im Gebrauche geblieben ist, wird er im vorigen Jahrhunderte beschrieben als eine Weibertracht, bestehend in einem hohen und steifen schwarzen Kopfschmucke oder Kaputze, vorn platt und breit, oben rund und schräg in die Höhe gehend, wovon hinten ein Mäntelchen mit steifen Falten herabhing. Nach einer aus Pommern herrührenden Beschreibung befand sich am Mäntelchen auch ein Kragen. In Holstein war während des vorigen Jahrhunderts der Hoiken als eine Kappe mit hinten herabhängendem mantelartigem Kragen bekannt. Damals trugen in der Grafschaft Mark die Frauen vom unteren Range noch Hoiken von schwarzem Tuche, wenn sie zur Kirche gingen. Die Regentücher der Frauen wurden in Bremen Hoiken genannt. Der Tip-Hoiken, eine uralte bremische Weibertracht, war besonders bei feierlichen Gelegenheiten im Gebrauche. Es war ein schwarzer Mantel, den die Weiber über den Kopf hingen und an welchem oben vor der Stirn ein langer etwas vorgebogener Schnabel, eine Schneppe oder Schnippe, der Tipp (Zipfel, Zopf) hervorragte. Johann Adolfi genannt Neocorus giebt in seiner mit dem Jahre 1618 schliessenden Chronik des Landes Dithmarschen ein Capitel über Brautwerbung, Mitgift und hochzeitliche Freuden und ein anderes über die Kleidung und Trachten der Dithmarschen mit Abbildungen. Er macht von dem Hoiken folgende Beschreibung. Früher schenkte wohl ein Bräutigam seiner Braut einen Hoiken, aussen aus schwarzem leydener, inwendig aus grünem bardowieker Tuche gearbeitet. Die Hoiken, welche die Frauen und Jungfrauen jetzt tragen, sind sich gleich, ungefüttert und eng gefaltet, von braunem, dunkelbraunem oder violenbraunem englischem Tuche, mit einer seidenen Naht oder einem Streifen Sammt eingefasst. Sie setzen den Hoiken gewöhnlich auf das Haupt. Die Frauen aber im Kirchgange oder Leichenzuge hängen ihn um den Hals und schleifen ihn um das Haupt. Um ihn auf den Schultern zusammenzuhaken, gebrauchen Vornehme drei oder vier Paar kostbare grosse vergoldete Schrauben. Vor Alters haben vornehme Frauen Spannhoiken oder Spangenhoiken getragen. Ehemals waren dieselben von grünem, nun sind sie von braunem leydener Tuche und gleich den gekräuselten Röcken in Krausen oder kleine Falten gezogen. Vorn hinunter standen auf beiden Seiten breite oder grosse silberne Platten, darunter, auch wohl vergoldete Spangen. Jetzt wird ein solcher Hoiken an einigen Orten nur an Brauttagen getragen. Die Braut hängt ihn um den Hals oder auf die Schulter. Soweit Neocorus. Im Latein des Mittelalters hiess der Hoiken huca, in Frankreich huque, in England

G*

huke, in Holland huik. Die Schweden nennen noch jetzt im gemeinen Leben ein um den Kopf zu bindendes Tuch hukle. Eine andere sowohl bei Männern als auch bei Frauen gebräuchliche Kopfbedeckung war die Kogel, Kagel, Kugel oder Gugel. Dieser Kopfputz mag anfangs dem morgenländischen Kopfbunde geglichen und von der kugelförmigen Gestalt seinen Namen erhalten haben. Luther, zu dessen Zeiten die Kugel nicht mehr im Gebrauche war, bemerkt, dass von ihr viel unnützes Tuchs um den Kopf herabhing. Vielerlei Arten der Kopfbedeckung erhielten diesen Namen. Besonders wurde die Kappe oder Kaputze am Rocke oder Mantel, welche über den Kopf gezogen werden konnte, auch der Mantel selbst mit einer solchen daran befindlichen Kappe die Kugel genannt. Die Bezeichnung „Hut oder Kugel" kommt in Schriften des Mittelalters nicht selten vor. Die Kugel muss also mehr eine Kopfbedeckung, als ein Mantel gewesen sein. In Ostfriesland verstand man darunter eine hohe Frauenmütze, in Holstein eine Kappe mit langen Klappen über die Schultern. Neocorus beschreibt die Kagel auf folgende Weise. Wenn die Frauen und Jungfrauen über das Feld gehen, tragen sie Kageln, getheilt von Farbe, die linke Seite von rothem, die rechte von schwarzem Tuche. Wenn die Frauen in die Kirche gehen, tragen sie unter dem Hoiken die Kagel. Bei den Frauen geht vorn auf der rechten Seite eine Reihe Knöpfe hinunter. Diese waren anfangs von Tuch. An ihre Stelle traten kupferne, bald silberne vergoldete Knöpfe, von denen die vier oder sechs untersten wie Laubwerk gearbeitet waren. Jetzt aber werden sie so gross, wie ein Taubenei gemacht, künstlich ausgearbeitet und mit kleinen Ringen und Körnern besetzt. Solcher Knöpfe folgen 19 der Reihe nach auf einander. Die Kagel war anfangs nicht länger, als dass sie den nackten Hals gegen Wind, kalte Luft und Sonnenhitze schützte. Später reichte sie bis auf, nun aber über die Schulter. Oben von dem Haupte hing ein Band herab, ebenfalls von Farbe und Zeug getheilt, welches man in den Gürtel steckte oder bisweilen um das Haupt band. Unter der Kagel trugen die Frauen Hauben. Wenn die Braut heimgeführt wird, trägt sie eine schwarze Kappkagel, welche ihr das ganze Haupt und Angesicht bedeckt, so dass sie nur dadurch Athem holen und sehen kann, niemand aber ihr Antlitz zu schauen vermag. Zum weiblichen Schmucke gehörte die Wumpel oder Wimpel. Sie soll dasselbe Gewand, wie das römische theristrum gewesen sein. Andere erkennen in ihr das peplum. Sie wird mit Schleier und Tuch oft zusammen genannt und muss mit ersterem fast gleichbedeutend gewesen sein, denn es heisst bisweilen „Wimpel oder Schleier". In Frankreich hiess das Brusttuch der Weiber guimpe (und guimple) und noch jetzt wird das Brustschleier der Nonnen dort so genannt. In England versteht man unter wimple sowohl die Haube als auch den Schleier. Diesem nähert sich eine andere Erklärung, nach welcher die in den hochdeutschen Gedichten des Mittelalters vorkommende Wimpel eine Binde war, welche das Haar zusammenhielt und zugleich als Kopfputz diente. Ein anderer Theil der weiblichen Kleidung, der Mowe oder die Maue bedeutet noch jetzt in vielen Gegenden Niedersachsens den Aermel. Von dem Rocke abgesondert ist aus der Maue der Muff, jenes bekannte zur Erwärmung der Hände dienende Kleidungsstück, geworden. Etwas schwieriger ist die Erklärung des in der Verordnung vorkommenden Wortes die Kolte. Es werden in niedersächsischen Schriften erwähnt seidene Kolten und Vorhänge, ferner Handtücher, Kolten und Tischtücher. Wegen dieser Zusammenstellung hat man in Kolten Bettdecken, Bettüberzüge, Küssen, Matratzen oder Polster (culcitae) suchen zu müssen geglaubt. Im Mittelhochdeutschen bedeutet aber Kolze oder Golze die Beinbekleidung, Schuhe und Stiefel. Das ebenfalls in der Verordnung sich vorfindende Wort Bokerey ist wahrscheinlich aus dem lateinischen Worte des Mittelalters boquerania, bucaranum oder buchiranum entstanden. Es war der Name für eine Art feines gewebtes Zeuges. Im Mittelhochdeutschen bedeutet Buckeram, Buckeran oder Buggeram ein aus Ziegenhaar gewebtes, bald mehr bald minder kostbares Zeug. Jetzt versteht man in Frankreich unter bougran sowohl ein grobes Gewebe von Wolle oder Ziegenhaaren als auch gesteifte Leinewand. Ziemlich ungewiss muss die Bedeutung des Wortes Brase bleiben. Männer trugen Brasen oder Bratzen vor dem Hemde und auf den Kleidern; Frauen trugen sie vor dem Rocke. Bei beiden gehörten sie zum Geschmeide und werden mit Fingerringen und Spangen zusammen genannt. Es ist hier wohl weniger an ein Bracelet als an eine Broche mit Edelsteinen zu denken. Im Mittelhochdeutschen bedeutet Prasem, Brasme oder Brasin einen kostbaren Stein, im Oberdeutschen Brosse eine Knospe. Durch die Erklärung obiger Benennungen für die damaligen Trachten wird manche Schwierigkeit für das Verständniss der Verordnung beseitigt sein. Weil sie eine der ältesten und ausführlichsten im nördlichen Deutschland ist, weil sie einen Blick gewährt in das häusliche und bürgerliche Leben einer reichen Stadt des Mittelalters, in seine Sitten und

Gebräuche, soll sie hier vollständig mitgetheilt werden. Während man sie liest, verweilt man in einer angesehenen Bürgerfamilie vom Tage der Verlobung der Tochter des Hauses bis zu ihrer Hochzeit. Hier folgt die Verordnung. In Gottes Namen Amen. Welchem Manne eine Frau oder Jungfrau zur Ehe versprochen wird, der soll von der Zeit an bis zur Hochzeit keinerlei Festmal mit Wein, Bier, Gewürz und mit Geschenken halten, ausgenommen wenn die Verlobung der Braut gefeiert wird. Dazu mögen zwölf Frauen zusammen kommen, sechs von Seiten des Bräutigams und sechs von Seiten der Braut. Dahin darf der Bräutigam zwei Stübchen Weins aber sonst keine Kostbarkeiten senden. Die Eltern oder Verwandten der Braut dürfen dann auch den Frauen, welche zu ihr kommen, Gewürz vorsetzen; jedoch soll es nicht mehr kosten als acht Schillinge. Will, wenn man die Verlobung der Braut feiert, der Bräutigam der Braut ein Tuch senden, so soll es nicht mehr, als drei Mark Pfennige kosten; auch soll keine Frau ein Tuch von höherem Werthe tragen. In dem gesandten Tuche oder mit demselben dürfen kein Gold, kein Silber noch andere Kostbarkeiten von Seiten des Bräutigams mitgebracht werden. Braut und Bräutigam sollen keinen Vortanz halten oder haben, ebensowenig jemand ihretwegen. Nachtänze sollen ganz unterbleiben. Hält jemand Nachtanz, so verfällt er in eine Strafe von zehn Mark löthigen Silbers. Geht eine Frau zum Nachtanze, so soll ihr Mann dafür zur Strafe drei Mark löthigen Silbers erlegen. Dieselbe Strafe sollen Jungfrauen und Wittwen, die zum Nachtanze gehen, erleiden. Die Geschenke, welche der Bräutigam in das Haus der Braut senden soll, bestehen in folgenden. Der Vater und die Brüder der Braut erhalten jeder ein Paar Hosen, der Braut Mutter und die Braut selbst jede ein Paar Schuhe. Sind mehre Frauen im Hause, die zur Braut gehören, so bekommt jede ein Paar Schuhe; jede Magd und jeder Knecht im Hause wird mit vier Schillingen Pfennige beschenkt. Die Braut darf in die Wohnung des Bräutigams seinen Eltern und ihm selbst, jedem ein Badelaken (oder grosses leinenes Tuch zum Abtrocknen nach dem Bade) im Werthe von einer Mark und dem Bräutigam dabei ein Paar leinener Kleider ohne Geschmeide senden. Will man um diese Borten setzen, so soll die Elle davon nicht mehr, als einen Schilling kosten. Die Mägde und Knechte im Hause des Bräutigams werden beschenkt wie die im Hause der Braut. Jedes der Kinder in beiden Häusern erhält einen Schilling Pfennige oder ein Geschenk von gleichem Werthe. Um die Brautlichte zu machen, sollen nicht mehr als sechs Frauen und ihre Mägde zusammen kommen. Ein Brautlicht für grosse Tagehochzeiten soll sechs Pfund Wachs, das andere ebenso viel enthalten. Den Frauen und Mägden, die bei der Bereitung der Lichte halfen, soll man keine Mahlzeit und keinen Wein geben; man darf ihnen aber wohl Bier zu trinken und Muskat und Ingwer aber sonst kein Gewürz reichen. Der Bräutigam soll sich keine neuen Kleider anschaffen noch jemand mit ihm, er sei mit ihm verwandt oder nicht. Wollen die Jungfrauen Geschmeide, Spangen und Litzen zu ihren Hoiken haben, so soll es nicht mehr als eine löthige Mark kosten; und nachdem sie ein Jahr verheirathet sind, sollen sie es nicht mehr tragen. Die Frauen dürfen krause, gestreifte (bunte) Wimpeln mit einem feinen schlichten Gewebe von Seide tragen; es soll kein Gold oder Silber hineingewirkt sein, noch erhabene Arbeit oder Perlen sich darauf befinden. Auch sollen die Frauen keine goldenen oder silbernen Nadeln an sich haben. Will eine Jungfrau oder Frau zum Tanze eine Kugel oder einen Hoiken mit silbernen Spangen besitzen, so soll es im Ganzen nicht mehr als eine halbe Mark werth sein. Der Besatz am Tanzrocke und an anderen Kleidern soll von Pelzwerk oder von seidenem Zeuge sein. Kein Gold, Silber oder Perlen sollen sich daran befinden. Der Besatz soll auch nicht breiter, als eine halbe Elle, sein. Das Silber an den Manen, seien es Spangen oder Knöpfe, und vor dem Rocke darf nicht mehr als eine löthige Mark wiegen. Auch sollen die Frauen oder Jungfrauen um den Hals keine mit Seide, Perlen, Gold oder Silber besetzten Kragen tragen, noch klingende Glocken oder klingende Knöpfe an sich haben. Die Brase vor dem Rocke, mit welchem die Frauen zum Tanze gehen, darf nicht mehr werth sein, als vier löthige Mark. Auch sollen die Frauen auf ihren Hoiken kein Geschmeide tragen und das Gebräme (die Verbrämung) um den Hals und vor dem Hoiken nicht breiter als eine halbe Viertelelle sein. Der Saum an den Frauen-Hoiken darf nicht breiter sein, als drittehalb Viertelelle. Wer hundert Mark Mitgift bekommt, soll eine Aussteuer zum Werthe von zwölf Mark erhalten; und so weiter soll man nach Verhältniss der Mitgift die Aussteuer ermässigen. Man darf dem Bräutigam nicht mehr Aussteuer öffentlich zutragen oder heimlich bringen, als ihm von Rechts wegen gebührt und bei ihm bleiben soll. Der Bräutigam soll sich auch nicht bereden lassen, zur Aussteuer etwas zuzulegen. Der Träger, die ihm die Aussteuer bringen, dürfen nicht mehr als höchstens zehn, wohl aber weniger sein. Man soll ihnen nichts zu essen noch, ausser einem Schilling Pfennige für jeden, sonst etwas geben. Die Aussteuer sollen auch nicht mehr als zwei Frauen mit ihren beiden Mägden begleiten. In des Bräutigams Hause sollen, um die Aussteuer in Empfang zu nehmen, nicht mehr als zwei Frauen mit zwei Mägden sein. Den Mägden darf man wohl vier Schillinge geben. Keine goldenen Stücke soll man zu Kolten geben oder machen. Laken (Tücher), Pfühle und Küssen soll man mit Spangen nicht besetzen und mit Perlen nicht benähen. (Man soll es halten nach alter Gewohnheit.) Wenn der Bräutigam zum Brautgelage einladet, soll er selbdritte (ohne Knechte) sein. Von Seiten der Braut mögen drei ihrer Verwandten ihn begleiten. Keine Mahlzeit soll dabei Statt finden; Getränke darf man ihnen jedoch reichen. Sie sollen auch nicht mehr als zu höchstens sechzig Schüsseln (Tellern, also 120 Gäste) einladen. Zur Kirche soll die Braut gehen, wenn die stille Messe nach dem Hochamte beendet ist. Des ersten Tages, wenn die Braut zur Kirche geht, soll sie des Mittags keine anderen Gäste, als die Jungfrauen allein, bei sich haben. Auch der Bräutigam soll des Mittags niemanden zu Gaste haben. Des ersten Abends mag der Bräutigam wohl funfzehn Schüsseln (Teller) für (dreissig) sitzende Frauen auftragen lassen. Vier Drosten (Truchsessen, Aufwärter) sollen dabei dienen und ausserdem vier Leute umher gehen. Diese acht müssen nachessen. Ebenso mag es die Braut halten. Am andern Morgen, wenn das rechte Brautgelag ist, mag der Bräutigam wohl sechzig Schüsseln (Teller) für (120) sitzende Frauen auftragen lassen. Der Braut und der Jungfrauen Schüsseln werden nicht gerechnet. Zwölf Drosten, die zu essen und zu trinken bringen, und ihrer nicht mehr, ausserdem drei Amtleute (Bedienten) sollen dabei sein. Vier Männer und vier Frauen, ihrer aber nicht mehr, mögen umher gehen, um zuzusehen, dass die Gäste liebreich behandelt werden. Man soll aus dem Hause des Bräutigams oder der Braut weder Verwandten noch Anderen etwas zu essen schicken. Niemand soll des Bräutigams oder der Braut wegen ausser den Häusern derselben Gäste setzen oder zu sich nehmen, wodurch jene Zahl von funfzehn Schüsseln des Abends und sechzig Schüsseln des Morgens überschritten würde. Der Bräutigam und die Braut sollen des ersten Abends nur vier Gerichte, des andern Tages zu Mittag nur fünf Gerichte und des andern Abends wieder nur vier Gerichte geben. Bei jeder Schüssel (jedem Teller) dürfen nur zwei Leute sitzen. Man soll auch auf die Schüsseln (Teller) nur ein Gericht geben. Keinerlei Wildbraten noch Wein soll dabei gereicht werden. Aber Bier, Schollen und Zungen darf der Bräutigam, wenn er will, als ein Gericht geben. Wenn die Tafel aufgehoben ist, soll man da bis zu Ende der Vesper und nicht länger tanzen. Alsdann soll man den Frauen zu trinken reichen und damit soll es ein Ende haben. Am letzten Abende mag der Bräutigam wohl sechs seiner Verwandten und die Braut eben so viele bei sich bewirthen; aber tanzen sollen sie nicht. Keines Mannes Weib soll scharlachene Kleider und krause Tücher, noch Wimpel und Tanzröcke, mit Pelzwerk besetzt, tragen, es sei denn, dass ihr Mann, 600 Mark reich, durch Bürgschaft reich belastet ist. Wenn die Braut nach dem Brautgelage zum Bade geht, sollen nur fünf Frauen sie begleiten und jede der Frauen mag eine Magd mit sich bringen. Mehr Frauen oder Männer sollen ihr durchaus nicht nachfolgen. In den Badestuben soll man kein Gewürz und keinen Trank den Frauen reichen. Der Baderinn (Badefrau) soll die Braut für das Brautbad drei Schillinge und nicht mehr geben. Wenn die Braut von dem Bade nach Hause kommt, mag man den Frauen wohl Muskat und Ingwer vorsetzen und ihnen dabei zu trinken geben. Weiter aber soll keine Mahlzeit gehalten und kein Gewürz gereicht werden. Kein Bürger soll silberne Gürtel, die mehr als drei löthige Mark wiegen, auch keine mit Silber besetzten oder mit Seide benäheten Kleider tragen. Die Röcke der Bürger dürfen nicht kürzer, als eine Hand breit über das Knie, wohl aber länger sein. Zu der Tagehochzeit sollen nicht mehr als vier Spielleute und eine Kuchenbäckerinn genommen werden. Ihnen soll der Bräutigam selbst jedem acht Schillinge geben und sie nirgendshin verschicken. Auch soll niemand vier Wochen vor und vier Wochen nach seiner Hochzeit Gäste bitten. Wem weniger als drei hundert Mark mit seinem Weibe werden, der soll eine Abendhochzeit halten, und dieselbe in folgender Weise angeordnet werden. Am Tage der Hochzeit sollen die Frauen und Jungfrauen sich vor der Vesper im Hause der Braut versammeln. Dahin soll der Bräutigam mit seinen Verwandten kommen. Hier soll man ihm die Braut geben und sie ihm gleich darauf in das Haus bringen. Da sollen sie tanzen. Des Abends sollen er und die Braut gemeinsam nicht mehr Gäste als zu zwanzig Schüsseln (Tellern) haben. Er darf dazu vier Drosten, die aufwarten, ausserdem zwei Männer und zwei Frauen, die umher gehen sollen, bestellen. Diese müssen nachessen. Man soll daselbst nicht mehr als vier Gerichte anftragen. Kein Wildbraten und kein Wein darf dabei gereicht werden. Der Bräutigam soll nur zwei Spielleute und eine Kuchenbäckerinn bestellen, er selbst jedem von ihnen vier Schillinge geben und sie nicht verschicken. Wenn die Braut zu Bette gegangen ist, darf man da keinen Hahn bringen und keinerlei Mahlzeit weiter halten. Des andern Tages soll die Braut ohne Spielleute, von fünf Frauen begleitet, zur Kirche gehen. Diese mögen wohl bei dem Bräutigam essen. Er darf der Braut nur ein Paar Schuhe, sie ihm ein Paar leinener Kleider und ein Badelaken senden. Jedes der Brautlichte soll drei Pfund schwer sein. Die Braut mag zur Badestube gehen. Niemand soll, um Opfergeld oder Kirchmessgeschenk (Brautmessgeschenk) zu begehren, den Bürgern in ihre Häuser kommen oder ihnen darum Hohn sprechen. Jedem der Orgeltreter soll man jeden Tag drei Pfennige geben. Zu weiteren Ausgaben sollen sie die Leute nicht treiben. Demjenigen, der auf der Orgel spielt oder, wie es damals hiess, auf der Orgel singt, soll man jeden Tag einen Schilling geben. Hier bricht die Verordnung oder vielmehr der Entwurf derselben ab. Dass noch mehr zu ihr gehört habe, bezeigt eine unter dem Entwurfe vorhandene Bemerkung, welche auf ein Verzeichnis der einzuladenden Gäste hinweiset. Weniger dasjenige, was die Verordnung erlaubt, als vielmehr alles, was sie verbietet, mag Brauch und Sitte zu Lüneburg gewesen sein. Spielleute erlaubt sie beim Tanze; Vortänzer brauchten also, wie sonst wohl geschah, den Tanz nicht zugleich zu singen. Dafür aber verbietet sie jeden Vortanz wahrscheinlich deshalb, weil er die Ausgaben vermehrte, denn wer mit seiner Tänzerinn einen Vortanz begehrte, musste den Spielleuten ein besonderes Geldgeschenk dafür geben. So war es wenigstens noch später in Hamburg Gebrauch. Wenn sie der Bräutigam von Haus zu Haus schickte, erwarteten sie dafür für ihr Spiel in jedem Hause ein Geschenk. Das konnte in Bettelei ausarten und deshalb das Verbot, Spielleute zu verschicken. Streng hält die Verordnung auf gute Sitte. Nächtliches Tanzen untersagt sie bei schwerer Strafe und hält es für ebenso unanständig, als ob Männer der Braut zum Bade folgen wollten. Ausnahmsweise wurde etwas Wein beim Verlobungsfeste gestattet; bei allen nachfolgenden Festlichkeiten, selbst am Hochzeitstage, durfte kein Wein auf der Tafel erscheinen, kein Wildbraten aufgetragen werden. Dem Biere wurde desto fleissiger zugesprochen. Die Frauen tranken es nach Muskat und Ingwer, wie noch später der geringe Mann Ingwer in Biersuppen mischte. Ueberhaupt scheint Gewürz ihnen für ein Leckerbissen gegolten zu haben. Ein sonderbares Gericht muss Seefisch mit Bier gewesen sein und dennoch hielt man es für sehr fein und kostbar, denn es wurde der Erwägung des Bräutigams anheimgestellt, ob er es wohl geben wollte. Nach alter Sitte nahmen je zwei Gäste eine Schüssel vor sich, griffen ohne Ekel dabei zu empfinden mit Löffel oder Gabel hinein und verzehrten gemeinsam den Inhalt. Wie allgemein die Sitte, sich oft zu baden, gewesen sein mag, zeigt obige Verordnung. Ein Badetuch hält sie für ebenso nothwendig, wie Schuhe und Strümpfe.

Die am 13. Juli 1374 gewählten Gesetzgeber („Sateleute") hatten inzwischen ihre Arbeit begonnen. Sie untersuchten das Schuldenwesen der Stadt Lüneburg, erkannten die Noth derselben an und bestimmten am 28. Januar 1375 zu Lübeck die ihr von dem Salingute der geistlichen Stifte zu leistende Hülfe oder Steuer. Das Giessen der Steigen Eimer zum Behufe der Stadt Lüneburg sollte gänzlich aufhören, dafür sollten ihr im Jahre 1375 vierzig Mark Pfennige von jeder Herrschaft, die Hälfte der Böningen und des Fluthgutes, im Jahre 1376 dreissig Mark Pfennige von jeder Herrschaft, ein Viertel der Böningen und des Fluthgutes, in den beiden folgenden Jahren ein Viertel von jeder Herrschaft, von den Böningen und dem Fluthgute entrichtet werden, nach diesen vier Jahren aber die Saline ewig frei bleiben, jedermann, ohne von der Stadt behindert zu werden, sein Salingut benutzen und der Rath zu Lüneburg die Klöster und Stifte in ihrem Salingute getreu vertheidigen und beschützen. Diese Bedingungen wurden von beiden Seiten angenommen und so war denn für die nächsten vier Jahre der Stadt ein sehr bedeutender Zuschuss zu ihren übrigen Einnahmen gesichert. Fünf Wochen später hielten die Rathsherren zu Lüneburg Abrechnung mit Wilbrand von Redou dem älteren zu Ricklingen und mit seinem Sohne Heinrich. Sie und Herzog Albrecht hatten, als sie die von Reden am 2. März 1371 zu Amtleuten in Hannover und über den südlichen Theil des Herzogthums bestellten, sie ausdrücklich Krieger zu werben und zu unterhalten beauftragten, ihnen Kost und Schaden zu ersetzen. Nachdem sie bei einer darauf folgenden Abrechnung am 27. October 1372 den von Reden 600 lüthige Mark verschrieben hatten, belagerte Herzog Magnus das Schloss Ricklingen vom 12. bis 23. Juli 1373. Obgleich dasselbe keinen grossen Schaden dabei erlitten haben soll, erreichte die Forderung der von Redeu für

Schadenersatz und Auslagen doch eine sehr bedeutende Höhe. Am 4. März 1375 verglich sich der Rath der Stadt mit ihnen und verschrieb ihnen 3000 Mark Pfennige, zur Hälfte am nächsten 25. December und zur andern Hälfte ein Jahr darauf zu zahlen. Dafür verzichteten sie auf alle, aus demjenigen Vertrage herzuleitenden Forderungen, welchen er und die Herzöge Wenzlaus und Albrecht mit ihnen geschlossen hatten, jedoch nur sofern sie ihn betrafen. Der Antheil der Herzöge an der Schuld war also nicht darin begriffen. Wilbrand von Reden der ältere erlebte nicht mehr die Auszahlung der letzten Hälfte des Geldes, welches ihm die Stadt Lüneburg schuldete. Eine Urkunde vom 8. September oder vielmehr vom 18. Juni 1376 bezeichnet ihn als verstorben. Wegen der an Johann (Henning) Knigge, als Vermittler der Sühne vom 25. September 1373, versprochenen Belohnung hatten sich nach Empfang seines Mahnbriefes die Rathsherren mit ihm verglichen. In ihrem Namen nämlich hatte Diedrich Springintgud ihm zu Hildesheim 300 Mark verschrieben und dabei versprochen, dass am 22. April 1375 ihm 30 Mark Zinsen entrichtet werden sollten, er auch zugleich eine neue Ausfertigung des Schuldbriefes erhalten würde. Unter dieser Bedingung hatte sich Johann Knigge verpflichtet, die 300 Mark bei dem Rathe zu Lüneburg bis zum 13. April 1376 stehen zu lassen. Weil aber die Rathsherren das Versprechen nicht hielten, ersuchte er sie brieflich, ihm entweder das Capital auszuzahlen oder die Zinsen zu entrichten und den neuen Schuldbrief auszufertigen. Die 30 Mark verlangte er gleich, denn er schulde sie an Pickard. Den alten Schuldbrief versprach er ihnen von dem Rathe der Stadt Hannover auskündigen zu lassen, sobald sie den neuen, welchen er ihnen zur Besiegelung zuschickte, besiegelt ihm zurücksenden würden. Weil sie am 22. April 1375 für die Herzöge Wenzlaus und Albrecht an die Sabel, von Ritzerow und von Plesse werden Zahlung haben leisten müssen, übernahmen sie nun selbst das Schloss Hitzacker, welches gemäss dem Vertrage vom 9. April 1374 zu ihrer treuen Hand von den Herzögen einem der Mannen ausgeliefert werden sollte. Aber schon am 9. Juni 1375 vertraueten sie dasselbe dem Conrad von Salder von der calenberger Linie bis zum 1. Juni des nächsten Jahres an, indem sie ihn verpflichteten, Land und Leute davon zu beschirmen, keinen ihrer und der Stadt Gegner auf dem Schlosse zu hegen oder zu vertheidigen, dasselbe dem Herzoge zu Lüneburg und ihnen zu gute zu halten und nach ihrer Weisung, falls der Herzog vom Schlosse würde Krieg führen wollen, sich zu richten. Die Gegenleistung des Rathes sollten Engelke Kappenberg und Heine Wulf von Dannenberg bestimmen, beide auch als gewählte Schiedsrichter entstehende Zwistigkeiten schlichten. Dann bewog der Rath zu Lüneburg vierzehn seiner Mitbürger dazu, 960 Mark Pfennige, welche er Bürgern der Stadt Hannover schuldete, diesen auszuzahlen. Er gelobte, das Geld ihnen am 25. Juli 1376 zurückzuerstatten und verpfändete ihnen dafür am 12. Juli 1375 den ihm von den Salininteressenten bewilligten vierten Pfennig der Vorbate (aus dem Fluthgute) in 19 Sülzhäusern zu Lüneburg. Diejenigen, welche während des nächsten Jahres in diesen Häusern sieden würden, sollten ihnen für obige Summe und für fällig werdende Zinsen jenen vierten Pfennig entrichten. Es sollte dafür gesorgt werden, dass die Beede, welche der Rath im nächsten Jahre fordern würde, darauf nicht störend einwirke. Auch versprach der Rath, falls einer von jenen Siedern wegen Forderungen an ihn sie pfänden oder die Zahlung würde hindern wollen, darüber nach dem Sülzrechte zu richten, ihm nämlich die Brände aus dem Feuer zu ziehen und ihm die Sohle im Sohlbrunnen vorzuenthalten. Von der am 9. April 1374 den Rathsherren ertheilten Erlaubniss, den Salzzoll zu Lüneburg zu verpfänden, machten sie Gebrauch, weil sie nach der am 22. April 1375 für die Herzöge Wenzlaus und Albrecht geleisteten Zahlung nun am 24. Juni 1375 für sie die von Wantzenberg befriedigt haben werden. Beide Herzöge und Herzog Bernhard erklärten am 22. Juli 1375, dass mit ihrer Bewilligung und auf ihr Geheiss die Bürgermeister und Rathsherren der Stadt Lüneburg 530 Mark Pfennige jährlicher Rente in dem herzoglichen Salzzolle zu Lüneburg an (namhaft gemachte) Rathsherren und Bürger zu Lübeck und Hamburg für 5300 Mark Pfennige Capital verschrieben hätten. Der Rath zu Lüneburg sollte für dieses ihm schon ausbezahlte Capital die Rente vierteljährlich zu Lübeck aus den Einkünften des Zolles entrichten. Sowohl den Herzogen als ihm stand es frei, noch ausserdem 1700 Mark unter Verpfändung des Zolles aufzunehmen. Obige Gläubiger besassen das Vorrecht, das Geld auch zu dieser neuen Anleihe herzugeben. Wenn sie keinen Gebrauch davon machten, behielten doch die eilf ersten unter ihnen wegen ihrer 4000 Mark und darnach die übrigen drei wegen ihrer 1300 Mark die Priorität vor den neuen Gläubigern. Der Rath sollte ihnen Capital und Rente zu Lübeck auszahlen, wenn er oder die Herzöge den Zoll für mehr als 7000 Mark verpfänden wollten. Die Herzöge verliehen für Capital und Rente, welche sie von allem Schoss, Schatzung und Beede befreieten, Sicherheit zur Zeit eines Krieges oder Zwistes zwischen ihnen oder ihren Mannen oder Unterthanen und den Städten Lübeck und Hamburg und Sicherheit gegen Uebergriffe ihrer Vögte, Amtleute, Diener und Unterthanen, gestatteten auch, falls die Gläubiger Einbusse oder Schaden erlitten, mit Bewilligung der Rathsherren zu Lüneburg, dass diesen und dem Gute derselben das Geleit in den Städten Lübeck und Hamburg entzogen würde und dass die Gläubiger das Gut derselben und der Bürger Lüneburg's überall mit Beschlag belegen möchten. Jeder Gläubiger durfte seinen Theil der Rente Anderen verkaufen oder verpfänden, der Antheil eines jeden aber auch gesondert wieder gekauft werden. Zwei Monate nach dieser Anleihe wurde die andere von 1700 Mark gemacht, auf welche bei ersterer schon Rücksicht genommen war. Am 29. September 1375 verschrieben die Bürgermeister und Rathsherren der Stadt Lüneburg mit Bewilligung und auf Geheiss der Herzöge Wenzlaus, Albrecht und Bernhard denselben Gläubigern, ferner den von Thisenhusen, dem Bürgermeister Johann Perseval zu Lübeck und einem Bürger daselbst für 7000 Mark Pfennige, welche sie von denselben empfangen und zum Nutzen der Stadt Lüneburg verwandt hatten, eine jährliche Rente von 700 Mark Pfennige in dem herzoglichen Salzzolle zu Lüneburg. Sie wiederholten nicht nur alle bei der Anleihe vom 22. Juli 1375 aufgestellten Bedingungen, sondern gelobten auch, dass zwei Bürgermeister der Stadt Lüneburg und zwei Sülfmeister daselbst im Falle säumiger Rentenzahlung ein Einlager zu Lübeck halten sollten, und gestanden den eilf ersten Gläubigern mit 4100 Mark, dann den drei nächsten mit 1400 Mark vor den letzten vier Gläubigern mit 1500 Mark die Priorität zu. So wurde der Rath der Stadt Lüneburg, obgleich das eigene Schuldenwesen ihm Arbeit und Last genug bereiten mochte, wegen der für die Herzöge übernommenen Bürgschaft gleichsam ihr Zollverwalter und Cassirer. Wie Schomaker in seiner Chronik berichtet, setzten die Rathsherren zwei aus ihrer Mitte, den Johann von der Brügge und den Johann Lange, am 1. Juni 1375 in die Zollbude.

Nach dem am 15. August 1374 geschlossenen Handfrieden dauerte die Freundschaft der Herzöge Wenzlaus und Albrecht mit dem Herzoge Friedrich nicht mehr lange Zeit. Nur einmal findet man sie noch in aller Eintracht zusammen. Wie in derjenigen Familie, deren Mitglieder je nach den verschiedenen Linien und Besitzungen sich von Blankenburg, von Nendorf, von Harlingsberg und von Campe nannten und bei denen das Amt eines Drosten, Schenken, Kämmerers und Marschalls des Herzogthums Braunschweig erblich war, so scheint im Herzogthume Lüneburg die Familie von dem Berge die drei ersten Aemter erblich besessen zu haben, während den von Meding das Marschall-Amt und dem Spörken das Pütker-Amt gehörte. Ritter Segeband von dem Berge, welcher bei der Erstürmung der Burg Lüneburg am 1. Februar 1371 erschlagen wurde, war herzoglicher Schenk. Werner von dem Berge, Sohn des Ritters Manegold, bekleidete, wie eine Urkunde vom 5. October 1379 zeigt, das Amt eines Drosten. Ein anderer Werner von dem Berge, am 18. October 1348 als Sohn des Ritters Segeband bezeichnet, später auch Ritter und seit 1363 Rath des Herzogs Wilhelm zu Lüneburg, gerieth mit dem Herzoge Magnus am 13. October 1371 in die Reichsacht und starb als Kämmerer des Herzogthums Lüneburg. Er wird keine Söhne hinterlassen haben. Seine Tochter war die Frau des Ritters Ludolf von dem Knesebeck des älteren. Sowohl Ritter Werner von dem Berge als auch Ritter Ludolf von dem Knesebeck waren im Jahre 1374 verstorben und des letzteren Sohn Werner von dem Knesebeck erbte nun von seinem Grossvater (im Niederdeutschen Eltervater) das Kämmerer-Amt des Herzogthums Lüneburg. Herzog Albrecht belehnte ihn damit zu Lüneburg am 11. November 1374 in einer grossen Versammlung von Bischöfen, Fürsten, Grafen, edelen Herren, Rittern und Knappen, nachdem von ihnen entschieden worden war, dass demselben das Amt von Rechts wegen gebührte. Die Versammlung bestand aus den Bischöfen Gerhard von Hildesheim und Wedekind von Minden, den Herzögen Friedrich und Bernhard von Braunschweig und Lüneburg, dem Grafen Christian von Delmenhorst, den edelen Herren Heinrich und Bodo von Homburg, dem edelen Herrn Wedekind von dem Berge und seinen Brüdern Simon, Otto und Johann, den Rittern Werner von Bertensaleben, Ludolf von dem Knesebeck und Diedrich von Alten und vielen andern Rittern und Knappen. Als am 3. Februar 1375 die Herzöge Wenzlaus, Albrecht und Bernhard dem Abte und Convente des Klosters Scharnebeck das am 21. Januar 1368 gekaufte Gut zu Echem und „Leninghorst" bestätigten, ertheilte Herzog Friedrich seine Zustimmung nicht, auch wurde sie nicht einmal in Aussicht gestellt. Der Zwist zwischen ihm und den drei Herzögen war seinem Ausbruche nahe. Um diese Zeit erhält man von der eigenthümlichen Erscheinung Kunde, dass, obgleich nicht nur der Kaiser befohlen, sondern auch die Söhne des Herzogs Magnus den Städten des Herzogthums es erlaubt hatten, den Herzögen Wenzlaus und Albrecht zu huldigen, die Bürger dieser Städte wegen der Aufnahme der beiden Herzöge noch als meineidig von der Geistlichkeit verschrieen wurden. Die Rathsherren und Bürger der Städte Lüneburg, Hannover und Uelzen hatten sich deshalb an den Cardinal Johann, päpstlichen Pönitentiar, gewandt und ihm vorgestellt, sie hätten, dem vom Herzoge Wilhelm zu Lüneburg in der Aussicht, dass er keine Söhne hinterlassen würde, an sie ergangenen Befehle sich zu widersetzen nicht wagend, dem Herzoge Magnus von Braunschweig, unbeschadet der Rechte eines jeden und unter der Bedingung, dass er sie von der Anklage des Kaisers, dem nach des Herzogs Wilhelm Tode das Herzogthum heimfiel, befreien solle, gehuldigt und ihn als ihren Herrn aufgenommen. Diese Bedingung, von beiden Herzögen angenommen, habe Herzog Magnus nach dem Tode des Herzogs Wilhelm nicht erfüllen können. Der Kaiser habe vielmehr das Herzogthum, als ihm heimgefallen, einem Enkel des Herzogs Wilhelm, dem Herzoge Albrecht von Sachsen, dem es ohnehin wegen Erbrechtes gebührte, verliehen. Dieser sei von ihnen auf kaiserlichen Befehl und weil ihm das Herzogthum dreimal gerichtlich zuerkannt wurde, als ihr Herr aufgenommen. Von einigen einfältigen Priestern würden sie deshalb nun für meineidig erklärt. Auf ihre Bitten, dass ihnen dagegen vom päpstlichen Stuhle geholfen werden möchte, befahl der Cardinal am 21. Februar 1375 dem Bischofe von Verden und dem Bischofe von Minden, ersterem hinsichtlich des Rathes und der Bürger zu Lüneburg und Uelzen, letzterem hinsichtlich des Rathes und der Bürger zu Hannover, hierin nach den Vorschriften des canonischen Rechtes zu verfahren. Nebenbei sei hier darauf aufmerksam gemacht, dass, wie in Urkunden vom 6. Januar und 1. Juni 1371, so auch in obigem Gesuche der Städte auf das Erbrecht der Herzöge von Sachsen-Wittenberg, namentlich des Herzogs Albrecht, Gewicht gelegt wird. Die beiden Bischöfe werden den Städten vor übelen Nachreden bald Ruhe und gegen kirchliche Verfolgung Schutz verschafft haben. Fast zu derselben Zeit, als so die letzten Erinnerungen an den unglückseligen Krieg getilgt werden sollten, begann er wieder mit früherer Wuth. Diesmal wurde er von dem Herzoge Friedrich und seinen beiden jüngsten Brüdern im Bunde mit dem Herzoge Otto zu Göttingen und unter dessen Leitung gegen die Herzöge Wenzlaus, Albrecht und Bernhard geführt. Irrthümlich schon unter dem Jahre 1374 berichtet der Lesemeister Detmar: „Herzog Friedrich sagte sich von den Herzögen Albrecht und Bernhard los, wurde ihr Feind und führte Krieg gegen das Land Lüneburg. Dies war gegen den Vertrag und gegen die Sühne. Anstifter hiervon war Herzog Otto von Braunschweig. Auch er wurde Feind des Herzogs Albrecht." Wie Johann Rufus versichert, that dieser Krieg der brüderlichen Liebe keinen Eintrag, denn trotz desselben wetteiferten die vier Söhne des Herzogs Magnus mit einander, sich, wo sie zusammentrafen, mit allem, was sie vermochten, gegenseitig zu beschenken. Aber für das arme Land wurden dadurch die Drangsale des Krieges nicht geringer. Am 13. April 1375 beauftragten die beiden sächsischen Herzöge den Ritter Werner von Bertensleben, welcher sich mit seinem Theile des Schlosses Wolfsburg am 7. April 1371 in ihren Dienst begeben hatte, ihnen Reisige zu werben, und gelobten, denjenigen, welche in ihrem Kriege zu ihrem Behufe ihm folgen und nachreiten würden, den in ihrem Dienste erlittenen Schaden zu ersetzen, behielten sich aber Gefangene und Brandschatzung allein vor. Nach fruchtlosen Verhandlungen zu Braunschweig und Celle zwischen Herzog Albrecht und den Herzögen Otto und Friedrich (nicht Heinrich, wie aus Versehen im Manuscripte steht) rüstete ersterer, fiel ins Land Braunschweig ein, eroberte Gifhorn, that grossen Schaden, fing achtzehn Mann und nahm über vierzig reisige Pferde weg. So wenigstens erzählt Schomaker in seiner Chronik unter dem 13. Mai 1375, die Eroberung Gifhorn's um mehre Jahre zu früh setzend. Zwischen Juni und October 1375 zog Herzog Otto mit seinem Heere vor das Schloss Neubrück, auf welchem die von Marenholtz sassen, kehrte aber unverrichteter Sache wieder heim. Eine Urkunde vom 8. September 1376 liefert den Beweis, dass die Stadt Hannover in diesem Kriege ihren Herzögen Hülfe leistete. Wahrscheinlich verpflichtete sie sich dazu am 8. Juni 1375. An diesem Tage nämlich erlaubten die Herzöge Wenzlaus, Albrecht und Bernhard dem Rathe der Stadt wegen seines grossen, treuen und willigen Dienstes, den er ihnen oft erzeigt habe und noch ferner leisten solle, einen oder mehre Juden, wie viel derer ihn zum Behufe der Stadt nützlich dünken würde, ungeachtet ihrer Verfügung vom 1. Juni 1371 gegen die Aufnahme derselben, in die Stadt aufzunehmen, sie auch später nach eigenem Ermessen aus der Stadt zu weisen und wieder einzulassen. Sie stellten diese Juden unter die Gewalt des Rathes, gestatteten ihm, von denselben Dienst, Pflicht und Beede zu fordern, und versprachen, dieselben unentgeltlich, jedoch freiwilliger Vergütung unbeschadet, zu vertheidigen. Ausserdem überliessen sie aus derselben Rücksicht dem Rathe und den Bürgern die zum Schlosse Lauenrode gehörende Fischerei, sobald sie oder der Rath dieselbe von dem herzoglichen Vogte zu Hannover eingelöset haben würden. In Folge dessen traten der Knappe Heinrich von Reden am 6. April 1376 und Ritter Diedrich von Alten am 21. Mai desselben Jahres alle ihnen von der Herrschaft Lüneburg verliehenen Rechte über diese Fischerei dem Rathe der Stadt ab. Die Verfügung der Herzöge über die Juden und die Verleihung der Fischerei waren augenscheinlich eine Gegengabe für die zu leistende Hülfe. Die drei Herzöge versprachen zugleich, für beide Begünstigungen die Zustimmung des Herzogs Friedrich von Braunschweig zu erwirken, wenn derselbe sich mit ihnen gesöhnt und wieder vereinigt haben würde. Ebenso gelobten sie bei der Verpfändung des Salzzolles zu Lüneburg am 22. Juli 1375, dass Herzog Friedrich, falls er wieder ihr Freund würde, den Pfandvertrag bestätigen, dass aber, wenn er ihr Feind bliebe, sie und die Rathsherren zu Lüneburg die Gläubiger gegen seine Ansprüche schützen sollten. Auch die Bürgermeister und Rathsherren zu Lüneburg stellten ihre Macht den drei Herzögen in diesem Kriege zur Verfügung. Deshalb wohl wurde es ihnen gestattet, den Salzzoll um 1700 Mark höher zu verpfänden. In der Urkunde, welche sie am 29. September 1375 den Gläubigern ausstellten, gelobten auch sie, dass Herzog Friedrich, falls er, wie sie hofften, wieder Freund der drei Herzöge würde, die Verpfändung bestätigen sollte. Bliebe er aber Feind derselben und der Stadt Lüneburg, so verbürgten sie sich mit den Herzögen dafür, dass er und seine Helfer den Gläubigern an Rente und Capital keinen Eintrag thun sollten. Deutlich ist es in diesen Worten ausgesprochen, dass auch die Stadt Lüneburg in den Krieg gegen den Herzog Friedrich verwickelt war. Die darin zugleich ausgesprochene Hoffnung auf ein baldiges Ende des Krieges ging aber nicht in Erfüllung. Ausser den Städten Lüneburg und Hannover fanden die Herzöge Wenzlaus, Albrecht und Bernhard manche andere Bundesgenossen. Graf Gerhard von Hoya, Hunold von Plettenberg, Graf Wilhelm von Berg, Othrawen von Wenden und Andere sagten mit dem Herzoge Albrecht im Jahre 1375 der Stadt Braunschweig Fehde an. Diese Stadt leistete den Herzögen Otto und Friedrich, wie die Städte Lüneburg und Hannover den drei anderen Herzögen, Hülfe und Beistand. Sie war durch die unglückliche Lage, in welche sie selbst sich gebracht hatte, gezwungen, den genannten beiden Herzögen in Allem willfährig zu sein. Die aus der Stadt vertriebenen Bürger und diejenigen, denen die Ihrigen ermordet waren, wurden in allen Städten und in aller Fürsten Landen, namentlich in der Mark Brandenburg, in Magdeburg, Halberstadt, Hildesheim, Lüneburg und in allen Seestädten gehauset und geheget. Man erlaubte ihnen hier, die Kaufmannsgüter der Braunschweiger, wo sie dieselben träfen, wegzunehmen. Dies hatte zur Folge, dass niemand mehr mit braunschweiger Kaufleuten Handel treiben wollte. Der Stapel wurde von Braunschweig verlegt, denn die übrigen Städte wiesen, nachdem ihre Abgeordneten auf den zu Lübeck am 21. Mai, zu Stralsund am 25. Juli 1374 und später zu Lüneburg gehaltenen Tagefahrten sich mit der Angelegenheit beschäftigt hatten, die Stadt Braunschweig am 24. Juni 1375 aus der Hanse, nahmen den Bürgern der Stadt alle Vorrechte der Kaufleute und verboten bei Todesstrafe, Handel mit ihnen zu treiben. Die zu Lübeck versammelten Rathsherren der Seestädte, der Städte Preussen's, Liefland's und der Südersee schickten Abschriften dieser von ihnen gegen die Frevler und Mörder der Rathsherren der Stadt Braunschweig beschlossenen Verfügung an alle verbündeten und an die übrigen zur deutschen Hanse gehörenden Städte, damit sie den Beschluss, wie es zu Lübeck geschehen war, veröffentlichten, und baten, auf den Vollzug desselben zu achten. Ein solches an die Bürgermeister und Rathsherren der Stadt Minden gerichtetes Schreiben vom 24. Juni 1375 ist noch vorhanden. Zu dieser Strafe kam hinzu, dass die Stadt Braunschweig sehr befehdet wurde, wodurch sie in grosse Noth und Schaden gerieth. Die Bürger wagten kaum aus den Thoren hinauszuschauen. Sie mussten sich den Schutz der Herzöge erkaufen und der kostete vieles Geld. Die Stadt wurde ohnmächtig. Ihr Reichthum, ihre Stärke verging. Niemand wollte ihre Bürger aussen dulden. Unter solchen Umständen und in solcher Abhängigkeit von den beiden Herzögen konnte sie sich unmöglich weigern, ihnen im Kriege ihre streitbaren Männer zu stellen. Diese waren deshalb mit dem herzoglichen Heere gegen Neubrück gezogen, nachdem sie am 14. März 1375 ihre Ehre gegen die von Marenholtz verwahrt hatte, falls ihnen in dieser Heeresfolge Schaden zufügen würde. Der Lesemeister Detmar, der dies Ereigniss aus Versehen ins Jahr 1374 setzt, berichtet, dass Herzog Albrecht das Schloss entsetzte.

Die von Mandelsloh zu Mandelsloh hatten nur auf den Beginn der Feindseligkeiten zwischen den Herzögen

Friedrich und Albrecht gewartet, um sich gegen diesen zu erheben. Mochte nun der Graf von Wunstorf mit dem von Mandelsloh, da sie nach Ausweis einer Urkunde vom 23. April 1372 in näherer Beziehung zu ihm standen, gemeinsame Sache machen, oder war es zwischen ihm und dem Herzoge Albrecht wegen der Verträge vom 1. September 1359 und 2. Februar 1364, welche, wenn auch in allen übrigen Punkten erloschen, dem Herzogthume noch immer ein Näherrecht an den Schlössern Wunstorf und Blumenau sicherten, zu Zwistigkeiten gekommen, wie dem auch sei, Herzog Albrecht begann Fehde gegen den Grafen. Es ist Graf Ludolf von Wunstorf gemeint, denn sein Bruder Ludwig, mit dem er nach bisher gemeinsam geführter Regierung sich am 23. April 1372 geeinigt hatte, dass jeder von ihnen über seine Pfänder, über sein bares Geld und über seine fahrende Habe im Leben und im Sterben frei verfügen dürfe, wird seitdem in Urkunden nicht mehr genannt und war vermuthlich schon gestorben. Eben erst hatten die Herzöge Wenzlaus und Albrecht dem Grafen Otto von Schauenburg, seit dem 17. August des vorigen Jahres Bundesgenossen des Herzogs Otto, befehdet und am 28. August 1375 dem Johann Clüver, seinem Sohne Johann und dem Johann Corlehake für die Gefangenschaft der beiden letzteren bei den Grafen, für ihre Verluste und beschädigten Rüstungen Ersatz geleistet, als Herzog Albrecht sich mit ihm am 6. September desselben Jahres gegen den Grafen Ludolf von Wunstorf verband. Er und Graf Otto verabredeten, gemeinsam ein Schloss zum Lohof (bei Probsthagen) zu erbauen. Jeder von ihnen sollte gleich viel Leute auf eigene Rechnung zum Baue stellen und die Hälfte des erbauten Schlosses zu seinem Antheile bekommen. Der Graf versprach, dem Herzoge, den Landen und Leuten desselben Schlosses keinen Schaden zuzufügen, seinen Amtmann auf dem Schlosse dem herzoglichen Amtmanne daselbst Burghut geloben zu lassen und mit dem Grafen von Wunstorf ohne Bewilligung des Herzogs keinen Frieden noch Sühne zu schliessen. Beide Verbündeten wollten, jeder auf eigene Rechnung, sich mit gleicher Anzahl Leute getreu helfen, um vom Schlosse sich der Herrschaft Wunstorf zu bemächtigen. Soviel sie davon durch Krieg, Vertrag oder Kauf erlangen würden, sollte, gleichmässig und nach Gelegenheit ihrer Lande unter sie getheilt, beim Schlosse verbleiben. Ebenso wollten sie Güter und Schlösser der Herrschaft Wunstorf, deren sie sich bemächtigen würden, unter sich theilen und sich einander gegen jedermann, der ihnen es zu wehren oder sie daran zu verhindern beabsichtigte, mit ganzer Macht beistehen. Alle Zugeständnisse, welche der Graf in diesem Vertrage dem Herzoge machte, sollten auch für dessen Erben gültig sein, diese also die Hälfte des neuen Schlosses und aller Eroberungen besitzen. An die Söhne des Herzogs Magnus wurde dabei nicht gedacht, obgleich wenigstens Herzog Bernhard nichts unternommen hatte, weshalb ihm Herzog Albrecht die aus der Sühne vom 25. September 1373 entspringenden Rechte verweigern zu dürfen glauben konnte. Herzog Bernhard musste sie doch wohl nicht für gefährdet halten, denn er blieb den Herzögen Wenzlaus und Albrecht treu. Gleich am folgenden Tage schenkte er mit ihnen dem Hospitale St. Spiritus zu Hannover eine Wiese in der Weveler- oder Weser-Masch (hinter Herrenhausen). Die Kosten, welche beide Kriege veranlassten, konnte das erschöpfte Land Lüneburg, dessen Schlösser schon wohl alle verpfändet waren, nicht tragen. Die sächsischen Herzöge sahen sich daher genöthigt, die Kräfte ihres eigenen Landes anzustrengen. Bei den Gebrüdern Gerhard und Hermann von Wederden fanden sie Geneigtheit, ihnen gegen eine im Lande Wittenberg zu stellende gehörige Sicherheit Vorschüsse zu leisten. Sie bescheinigten am 9. October 1375, beiden Gebrüdern, welche sie wohl nur aus Höflichkeit edele Herren nannten, 400 Mark brandenburger Silbers nebst dem Betrage des Unterschiedes, um welchen 200 Schock weniger werth seien als 200 Mark brandenburger Silbers, zu schulden, und gelobten, falls sie ihnen am 11. November des folgenden Jahres 200 Mark und ein Jahr darauf den Rest der Schuld zu Wittenberg nicht bezahlten, ihnen dafür unter Vorbehalt des Oeffnungsrechtes das Schloss Jessen (an der schwarzen Elster) mit allem Rechte und Zubehör, die Stadt Jessen ausgenommen, auszuliefern. So oft eine rückständige Zahlung erfolgte, ebenso oft sollten die von Wederden den Herzögen das Schloss wieder abtreten. Wahrscheinlich waren sie nahe Verwandte der Gebrüder von Wederden, die im Rathe des Herzogs Magnus gesessen hatten. Dies hinderte sie nicht, seine und seines Sohnes Friedrich Feinde zu unterstützen. Beide Herzöge befanden sich zu Wittenberg, als sie obige Bescheinigung ausstellten. Von hier reisete Herzog Albrecht zum Kaiser Karl IV. Dieser war, nachdem er am 6. September 1375 im Felde vor Tonna den Waffenstillstand zwischen dem Erzbischofe Adolf von Mainz und dessen Feinden vermittelt hatte, über Kolditz an der Mulde, wo er sich am 10. September befand, in die Ukermark gezogen und verweilte zu Prenzlau am 27. und 29. September. Dann begab er sich in die Priegnitz. Man findet ihn zu Lenzen am 12. und 14. October. Von hier aus beehrte er die Stadt Lübeck mit seinem Besuche. Obgleich kaiserliche Urkunden vom 16. und 20. October den Ausstellungsort Lübeck angeben, hat Karl IV. doch erst am 22. October 1375, wie Detmar berichtet, seinen Einzug in die Stadt gehalten. Als er mit der Kaiserinn vor die Stadt kam, begaben beide sich in die Capelle St. Gertrudis, wo sie ihr kaiserliches Gewand anlegten. Ihnen entgegen ging eine Procession der Geistlichkeit, Frauen und Männer. Das Heiligthum, welches ihr nachgetragen wurde, küsste der Kaiser und die Kaiserinn mit grosser Innigkeit. Darauf stiegen beide zu Pferde. Sein Ross leiteten zwei Bürgermeister, das ihrige zwei Rathsherren. Vier Junker trugen seinen, vier andere ihren Baldachin, worunter sie ritten. Vor ihm ritt ein Rathsherr und trug auf einer Stange die Schlüssel der Stadt, hinter ihm der Herzog Albrecht von Lüneburg mit seinem Zeichen (dem Reichsschwerte). Vor der Kaiserinn ritt der Erzbischof von Cöln mit einem goldenen Apfel. Die Frauen der Stadt, mit ihren besten Kleidern geschmückt, standen zwischen beiden Thoren. Der Zug bewegte sich durch die Stadt bis zum Dome, wo „Ecce advenit Deus judicium tuum" gesungen wurde, und von dort die Königsstrasse entlang in die jenseits der Kirche St. Johannis gelegene Herberge des Kaisers. Da schwiegen nimmer Pfeifen und Trommeln. Des Nachts brannten Lichte aus allen Häusern und es war in der Nacht so hell wie am Tage. Der Kaiser blieb in Lübeck etwa zehn Tage. Als er einst in die Versammlung des Rathes trat, redete er die Bürgermeister „Herren" an, wie er sie oft in der Stadt und in früheren Jahren zu Nürnberg genannt hatte. Sie antworteten demüthig, sie seien keine Herren. Der Kaiser aber entgegnete: „Ihr seid Herren; die alten Register der Kaiser weisen aus, dass Lübeck eine der fünf Städte ist, denen von den Kaisern und ihrem Rathe der Name Herrschaft verliehen wurde, welche je in des Kaisers Rath gehen mögen, wenn sie sind, wo der Kaiser sich aufhält." Die fünf Städte sind Rom, Venedig, Pisa, Florenz und Lübeck. Während der Kaiser zu Lübeck verweilte, erliess er unter andern ein Verbot gegen die Unsitte der Blutrache, die noch in Holstein unter den Bauern herrschte und von ihm als rechter Mord bezeichnet wurde. Aber erst im Jahre 1392 gelang es dem Grafen Nicolaus von Holstein, sie abzuschaffen. Zu Lübeck belehnte der Kaiser den Herzog Albrecht von Lüneburg und zwar, wie dieser gleichzeitigen Nachricht die Chronik des Hermann Corner hinzufügt, mit dem Herzogthume Lüneburg. In des Kaisers Begleitung befand sich auch der Markgraf von Mähren. Viele Fürsten und Herren, Abgesandte der Städte und fremdes Volk ohne Zahl kamen nach Lübeck, während der Kaiser dort sich aufhielt. Eine Urkunde vom 30. October 1375 nennt in seinem Gefolge zu Lübeck den Herzog Albrecht von Sachsen und Lüneburg, Reichserzmarschall und Churfürst, die Bischöfe Bertram von Lübeck, Heinrich von Ratzeburg und Heinrich von Oesel, die Herzöge Albrecht und Ernst von Braunschweig (zu Grubenhagen), Heinrich und Magnus von Mecklenburg, den Grafen Heinrich von Holstein und mehre edele Herren. Auch sollen die Markgrafen Otto von Brandenburg und Wilhelm von Meissen und die Grafen Nicolaus von Holstein und Günther von Rupin damals beim Kaiser in Lübeck gewesen sein. Dass die Söhne des Herzogs Magnus von Braunschweig und Lüneburg diesmal während seines Aufenthaltes in der Mark Brandenburg und in Lübeck, wie er es am 23. und 28. October 1373 gefordert hatte, vor ihm erschienen seien, meldet keine Urkunde noch irgend ein Chronikon. Der Kaiser wird schon am 30. October Lübeck verlassen haben und befand sich am folgenden Tage zu Wismar. Es scheint nicht, dass seine Gegenwart in der nahen Mark Brandenburg und zu Lübeck irgend einen Einfluss auf den Krieg zwischen den sächsischen Herzögen und den verbündeten Herzögen Otto und Friedrich ausgeübt habe; die Feindseligkeiten litten keine Unterbrechung. Wie eine im Jahre 1438 geschriebene Chronik berichtet, holte Herzog Otto mit gewaffneter Hand eine grosse Heerde Vieh aus dem Holzlande von der Wolfsburg, dem Sitze des Ritters Werner von Bertensleben, der für die Herzöge Wenzlaus, Albrecht und Bernhard die Werbungen betrieben hatte. Auf der Rückkehr ins Land Göttingen, am 10. November 1375, lagerte er sich mit den Seinen unter dem Schlosse Liebenberg. Hier beköstigte man ihn mit all seinem Volke und gab dem Vieh Futter. Am folgenden Morgen wollte er die Kost bezahlen; die von Schwicheldt aber weigerten sich, Geld dafür anzunehmen, und erzürnten ihn damit. Er liess das geraubte Vieh in das Land Göttingen treiben und versorgte dadurch seine Schlösser mit Mundvorrath. Den von Schwicheldt aber gab er für ihre Gastfreundschaft Harzburg zu Erb und Eigen. Sie wurden darnach von der Burg Gottes Freund und aller Welt Feind. Andere setzen diese Begebenheit in das Jahr 1370. Hans von Schwicheldt, damals wahrscheinlich bischöflich hildesheimscher Vogt zu Liebenburg, wird von dem Herzoge in einem Schreiben vom 13. November 1368 sein erbgesessener Mann und Amtmann zu Harzburg genannt. Vermuthlich hatte er die Burg nicht zu Erb und Eigen, sondern zu Lehn erhalten. Ueberhaupt kann ihm die Burg nur zur Hälfte verliehen worden sein; denn am 7. Juli 1370 hatte Herzog Otto dem Grafen Conrad von Wernigerode und dessen Söhnen Conrad und Diedrich, als er sich mit ihnen aussöhnte, die Hälfte des Schlosses Harzburg mit der Hälfte alles Zubehöres zurückgegeben und sie damit zu rechtem Erblehn belehnt.

Unter den Ereignissen des Jahres 1375 im Herzogthume Lüneburg mag, obgleich die Stadt Hameln den Herzögen zu Grubenhagen gehörte, ein Vertrag über das Münzen, den die Stadt am 21. September 1375 schloss, in Ermangelung eines passenderen hier auch seine Stelle finden. Die Stadt war seit dem 17. August 1372 dem Grafen Otto von Schauenburg, dessen Bündniss mit dem Herzoge Albrecht von Sachsen und Lüneburg oben erwähnt ist, verpfändet und der Vertrag, über den es sich hier handelt, wurde mit den edelen Herren Siegfried und Heinrich von Homburg errichtet, die in den engsten Beziehungen zu den früheren Herzögen von Lüneburg gestanden hatten. Jener Münzvertrag legte den edelen Herren, falls sie zu Bodenwerder oder an anderen Stellen würden münzen lassen, dieselben Verpflichtungen gegen den Rath der Stadt auf, welche er gegen sie übernahm. Er gelobte ihnen nämlich, aus der löthigen Mark 48 Schillinge unter Vorbehalt von vier Schillingen Gefahrgeld prägen zu lassen, gestattete, dass der edelen Herren Amtleute zu Bodenwerder oder die dortigen Rathsherren die Pfennige in der Münze zu Hameln untersuchen, auch die diesem Vertrage zuwider handelnden Münzer mit zehn Mark löthigen Silbers bestrafen möchten, und versprach, vor Ablauf der nächsten drei Jahre diesen Vertrag mit den edelen Herren zu erneuern oder einen besseren mit ihnen zu errichten.

Wie die magdeburger Schöffenchronik meldet, herrschte im Jahre 1375 zu Magdeburg und in der Umgegend eine tödtliche Krankheit, die so viele Menschen wegraffte, dass man gezwungen war, grosse Gruben zu machen und darin die Leichen ohne Särge neben und auf einander zu legen. Zu Magdeburg hielt die Krankheit wohl anderthalb Jahre an. Auch Schomaker berichtet bei diesem Jahre über eine heftige Pestilenz zu Lüneburg und bemerkt dazu, dass ausser dem Bürgermeister Johann Viscal, der zugleich die Stelle eines Sotmeisters bekleidet und in diesem Amte dem Diedrich Bromes zum Nachfolger erhalten habe, auch der Archidiakon Johann von Bücken gestorben sei. Er nennt ihn Protonotar des Rathes zu Lüneburg. Wenn Johann von Bücken diesem Amte vorstand, wird es erklärlich, warum er die Angelegenheiten der Stadt sich so sehr zu Herzen nahm, dass fast alle wichtigsten Geschäfte derselben durch seine Hand gingen. Wahrscheinlich als Abgesandter der Stadt sass er im Rathe des Herzogs Albrecht von Sachsen und Lüneburg, worin er am 5. April 1374 und 22. Juli 1375 gefunden wird. Die letzte von ihm ausgestellte Urkunde ist vom 10. August 1375. In ihr ertheilte er nochmals seine Zustimmung zu dem am 25. November 1373 beschlossenen Bau des Klosters St. Michaelis zu Lüneburg, welcher auf dem Platze „Hole Eck" am 11. März 1375 unter Aufsicht der Rathsherren Heinrich Sotmeesters und Brand Tzersteds, wie Schomaker berichtet, seinen Anfang genommen hatte. Am 23. April 1376 wurde für den verstorbenen Johann von Bücken, Archidiakon zu Modestorf, ein Jahresgedächtniss in der Kirche St. Johannis zu Lüneburg, in welcher er eine Vicarie dotirt hatte, gestiftet. Sein Nachfolger im Amte war der edele Herr Rudolf von Diepholz, der schon am 10. August 1376 Archidiakon zu Modestorf genannt wird.

Das Jahr 1375 schloss, indem sich für die Stadt Lüneburg das erfreuliche Ergebniss herausstellte, dass ihre Schulden während desselben nicht in dem bisherigen Verhältnisse zugenommen hatten. Nur folgende Verschreibungen der Stadt finden sich ausser denen vom 11. März, 12. Juli und 29. September in diesem Jahre verzeichnet. Alle Schuldposten sind diesmal in gleicher Münzsorte, nämlich in Pfenniggelde, angegeben. Die Rathsherren erklärten am 22. Januar 1375, ihren Mitbürgern Johann Scbermbeke und Volseke Vischer 150 Mark schuldig zu sein, und versprachen, davon die eine Hälfte am nächsten 22. April, die andere am folgenden 10. Juni zu bezahlen. Am 1. Februar verschrieben sie dem Kloster Heiligenthal 10 Mark jährlicher Zinsen für die ihnen geliehenen 100 Mark und am 10. Februar ihrem Mitbürger Volseke Vischer 300 Mark, zur Hälfte am nächsten 25. December, zur anderen Hälfte ein Jahr später zurückzuzahlen. Am 12. März versprachen sie, dem Ludolf von Winsen oder seinen Vormündern die erhaltenen 125 Mark mit 12 Procent jährlich zu verzinsen. Um dem Bertold Ritzerow 500 Mark zu zahlen, hatten sie von Eberhard Kansteen dies Geld geliehen und verpflichteten sich, ihm dafür aus dem Salzzolle

10 Procent Zinsen jährlich zu Lübeck zu entrichten. Ihren Rathsmitgliedern Diedrich Springintgud und Heinrich Sotmeestern, welche für Capital und Zinsen bei Eberhard Kanstean sich verbürgt hatten, gelobten sie am 15. Juni den etwa deshalb zu erleidenden Schaden aus dem Salzzolle und aus den Gütern der Stadt zu ersetzen. Am 19. Juni verschrieben sie dem Heinrich Yhing, Rathsherrn zu Hamburg, 6²/₃ Procent jährlicher Zinsen für 180 Mark Capital. Am 13. Juli verpfändeten sie ihrem Mitbürger Diedrich Duvel ein Haus in der Stadt für 40 Mark, die sie ihm schuldeten. Am 22. August erklärten sie, ihrem Bürgermeister Diedrich Springintgud und ihren Mitbürgern Conrad Boltzen und Warner von Stelle 430 Mark zu schulden, wegen welcher dieselben sich für die Stadt bei Werneke Bischoping, Johann Kale und Johann von Kalvelde verbürgt hatten, und versprachen, ihnen am nächsten 24. Juni die Schuld zu bezahlen. Zugleich wiesen sie ihnen acht Häuser auf der Saline an, nämlich die Häuser Ilinxt, Hannover, Ober-Derntzing, Hening, Nieder-Volquerding, Metting, Ekberting und Eying, damit in derselben Weise, wie es in der Urkunde des Rathes vom 12. Juli 1375 beschrieben wird, die Schuld durch den aus jenen Häusern zu erhebenden vierten Pfennig der Vorbate getilgt würde. Wie damals gelobten sie auch jetzt, auf die Baede Rücksicht zu nehmen, auch Pfändung und Verhinderung der Zahlung nach dem schon bezeichneten Sülzrechte zu bestrafen. Am 23. August bekannten sie sich ihrem Mitbürger Gereke von dem Moyde als Schuldner wegen 150 Mark, wovon 100 am nächsten 24. Juni aus dem vierten Pfennige der Vorbate zweier Häuser auf der Saline ganz in der eben bezeichneten Weise und unter denselben Bedingungen zurückbezahlt werden sollten; die übrigen 50 Mark aber sollte er nach dem 25. December aus dem Ertrage der Fluthen desjenigen Hauses, worin er sieden liesse, in der durch die Urkunde vom 9. Juni des vorigen Jahres angedeuteten Weise entnehmen. Am 28. August verschrieben sie dem Richard Kyl, Rathsherrn zu Hamburg, und seinem Bruder Henneke 6²/₃ Procent jährlicher Zinsen für 720 Mark Capital. Weil der Bürgermeister Diedrich Springintgud sich für die Stadt Lüneburg verbürgt hatte, dass sie dem Heine Hoyern, Bürgermeister zu Hamburg, und dem Gieselbert von der Nienstad, Bürger zu Lübeck, am nächsten 24. Juni 500 lübeckische Mark mit den Zinsen auszahlen würde, und seinen Mitbürgen, dem Heine Sotmeestern, Brand von Tzerstede und Sander Schellepepar Rathsherren, Gottfried von Hagen, Tideke Beteken und Conrad Boltzen Bürgern zu Lüneburg, eine ihm gehörende Herrschaft auf der Saline zur Sicherheit verpfändet hatte, gelobten die Rathsherren am 20. September, ihn auf jeden Fall schadlos zu halten. An demselben Tage stellten sie dem Johann Lembeke, Bürgermeister zu Uelzen, eine Schuldverschreibung über 600 Mark aus, indem sie sich verpflichteten, dieselben vom 29. März 1377 an mit 6²/₃ Procent zu verzinsen, und mit ihm verabredeten, dass vor dem 25. März 1380 keine Kündigung eintreten dürfe. Am 22. September gelobten sie, ihrem Rathsmitgliede Ludemann Ruscher die ihm schuldigen 350 Mark am nächsten 10. Juni zurückzuzahlen, und verpfändeten ihm am 28. September für 400 Mark die Wage der Stadt mit dem zur Wage gehörenden Hause unter der Bedingung, dass er niemanden in dasselbe setze, der dem Rathe und den Kaufleuten nicht angenehm sei. Am 10. October endlich verschrieben sie dem Ludolf von Wittinge, Domherrn zu Hamburg, 6²/₃ Procent jährlicher Zinsen für 90 Mark Capital. Der Gesammtbetrag der Schulden in allen diesen Verschreibungen beläuft sich nur auf 4635 Mark Pfennige. Davon dürfen wahrscheinlich die in der Verschreibung vom 15. Juni enthaltenen 500 Mark und die ebenso hohe Summe, für welche dem Bürgermeister Diedrich Springintgud 20. September Sicherheit gegeben wurde, abgezogen werden. Die erste dieser beiden Schuldposten rührte dem Anscheine nach aus dem am 9. April 1374 mit den Herzögen geschlossenen Vertrage her. Die Stadt konnte nichts dabei verlieren, denn sie war durch Verpfändung des herzoglichen Salzzolles vom 22. Juli und 29. September 1375 hinlänglich gedeckt. In den Urkunden über diese Verpfändung kommt auch namentlich die zweite jener beiden Schuldposten vor. Beide sind hier also als herzogliche Schulden, für welche die Rathsherrn unter gehöriger Sicherheit nur Bürgschaft geleistet hatten, aus den eigentlichen Schulden der Stadt auszuscheiden. Weil zu ihnen aber unstreitig die den von Roden am 4. März 1375 zuerkannten 3000 Mark und diejenigen 960 Mark, welche die Rathsherren am 12. Juli 1375 mehren ihrer Mitbürger verschrieben, gehören, steigt doch die Summe der eigentlich städtischen Schulden, über welche in diesem Jahre Verbriefungen ausgegeben wurden, auf 6595 Mark Pfennige, beträgt also ungefähr ebensoviel, wie im Jahre 1373. Die Schuldverschreibungen in der ersten Hälfte des Jahres betreffen Verbindlichkeiten, die aus früheren Zeiten herrührten, und

die wirklichen Anleihen sind sehr gering. In der letzten Hälfte des Jahres mehren sich diese und werden bedeutender. Die Theilnahme der Stadt an dem wieder begonnenen Kriege scheint Veranlassung dazu gegeben zu haben. Die erste Nachricht, welche das Jahr 1376 bringt, zeigt, dass die Stadt Hannover sogar mitten im Kriege an die Ausführung des Werkes ernstlich dachte, welches für ihren Handel mit Bremen durchaus nothwendig war. Trotz des von dem Herzoge Wilhelm am 20. September 1367 gegen die Anlage eines Wasserweges zur Verschiffung des Korns oder anderer Waare von Hannover erlassenen Verbotes hatte die Stadt, günstige Umstände geschickt benutzend, am 1. Juni 1371 von den Herzögen Wenzlaus und Albrecht das Versprechen erhalten, dass sie zur völligen Herstellung eines freien Wasserweges von Hannover bis in die Aller förderlich sein und die Schiffe, deren Fracht und Mannschaft zwischen Hannover und Bremen beschirmen wollten. Am Schlusse desselben Jahres brachte sie dies Versprechen den Herzögen in Erinnerung und verlangte Verhandlungen mit ihnen wegen der Aller. Damals scheint die Forderung unberücksichtigt geblieben zu sein, bis die Herzöge in dem von neuem entbrannten Kriege die Hülfe der Stadt nicht entbehren konnten. Nun erblickt man die Angelegenheit plötzlich soweit vorgeschritten, dass es nur noch an der Stadt lag, den Bau des Wasserweges zu beginnen, und dass sie in der Aussicht auf baldige Vollendung desselben einen Vertrag wegen der Schifffahrt und des Handels, namentlich des Kornhandels, der zu Hannover stark getrieben wurde, mit der Stadt Bremen schloss. Der Rath der Stadt Hannover gelobte, falls er es dahin brächte, dass der Wasserweg von Hannover nach Bremen schiffbar würde, keine Abgaben von den Schiffen der Bürger Bremen's, noch von letzteren und von allem Gute derselben, welches sie zu Schiffe brächten oder wegführten, mehr oder öfter Abgaben, als von seinen eigenen Bürgern, zu nehmen. Die Bürger Hannover's sollten von dem Korne, welches sie in oder vor die Stadt Bremen brächten, den dritten Theil in dieser Stadt lassen und da verkaufen oder aufschütten, damit es, falls der Rath zu Bremen ihnen die Ausfuhr desselben aus der Stadt nicht erlaubte, dort bliebe. Zugleich versprach der Rath der Stadt Hannover, keinerlei Gut den Feinden der Stadt Bremen zu Schiffe wissentlich zuzuführen. Die Urkunde, welche diesen Vertrag enthielt, lag schon am 27. December 1375 zur Untersiegelung bereit, wurde aber erst am 7. Januar 1376 ausgefertigt. An diesem Tage bewilligte der Rath der Stadt Bremen dagegen den Bürgern der Stadt Hannover und denen, welche das Gut derselben bewahrten, unter der Voraussetzung, dass der Wasserweg schiffbar gemacht würde, Folgendes. Sie durften ihre Waare zu Bremen ausschiffen, dort verkaufen, dort lassen, von dort wegbringen und seewärts verschiffen oder bringen, wohin sie wollten. Ihre Waare, welche sie von der See oder anderswoher brächten, durften sie nach Hannover oder anderswohin verschiffen und transportiren oder zu Bremen ausschiffen, dort verkaufen, dort lassen oder wieder wegbringen, wohin es ihnen beliebte. Zwei Drittel des Korns, welches sie in oder vor die Stadt Bremen brächten, durften sie ausführen, wohin sie wollten. Hinsichtlich des letzten Drittels und der Zufuhr zu Gunsten der Feinde sollte es gehalten werden, wie die von dem Rathe der Stadt Hannover ausgestellte Urkunde bestimmte. Die Bürger dieser Stadt brauchten dem Rathe zu Bremen von ihrem Gute nicht grössere Pflicht leisten, noch mehr Zins geben, als die Bürger Bremen's selbst, auch nicht mehr Wageloha, als diese, falls sie ihr Gut zu Bremen wiegen liessen, entrichten. Der Rath der Stadt Bremen versprach unter Bedingung der Wechselseitigkeit, sich für die Bürger Hannover's und deren Gut auf allen Hin- und Rückreisen durch Fürsprache zu verwenden, und ertheilte die Versicherung, dass weder er noch seine Mitbürger sie und die Bewahrer ihres Gutes, zum Behuf desselben Schiffe zu miethen und zu bekommen, hindern würden. Nach Herstellung des Wasserweges zwischen Hannover und Bremen durfte der Rath der Stadt Bremen, bis die darauf verwandten Kosten dadurch ersetzt sein würden, von allen nach oder von Hannover zu verschiffenden Gütern, nämlich von jeder Waare, eine bremer Mark werth, zwei hannoversche Pfennige, aber von den Schiffen selbst keine Abgabe erheben. Diese Pflicht sollte, wenn ihr bei der Abfahrt genügt sei, von der mit der Fracht erkauften oder erhandelten Rückfracht bei der Heimkehr nicht gefordert werden. Wenn der Rath zu Hannover zum Frieden und zur Sicherheit der Leute und des Gutes während der Reise auf diesem Wasserwege jemandem Freundschaft erzeigte, so durfte er, so oft dies geschehen würde, zum Ersatze der dabei getragenen Kosten in der bezeichneten Weise von der Waare Abgaben nehmen. Dieser Vertrag sollte den Gesetzen oder dem Rechte der Kaufleute, die in der Hanse wären, unschädlich sein. Es ist kaum zu verkennen, welchen Vortheil jede der beiden Städte durch diesen Vertrag erreichen wollte. Die Bürger der Stadt Hannover hofften mit ihm sich die See zu öffnen, um auf eigenen oder gemietheten Schiffen ihre Waaren nach überseeischen Ländern zu bringen und mit denselben dort nach Beseitigung der früheren Zwischenhändler selbst Handel zu treiben. Die Stadt Bremen aber wollte sich die reichen Kornvorräthe sichern, welche aus dem fruchtbaren Lande, in welchem die Stadt Hannover liegt, jährlich ausgeführt wurden. Das Verlangen, dass ein Theil des Korns jedenfalls in Bremen bleiben sollte, wurde jedoch nicht erst jetzt gestellt. Man hatte schon früher es sich gefallen lassen. Zu Ende des 13. Jahrhunderts benachrichtigte der Rath der Stadt Bremen die Rathsherren der Stadt Braunschweig, dass er auf Fürsprache der Stadt Lübeck den Bürgern der sächsischen Städte, nämlich Braunschweig's, Goslar's, Hannover's, Hameln's und anderer, erlaubt habe, ihr in den Schoppen der Bürger Bremen's aufgeschüttetes Korn zu Schiffe oder auf andere Weise auszuführen. Beide Städte, Bremen und Hannover, waren einsichtsvoll genug zu begreifen, dass, wenn ihr obiges Bündniss von Bestand sein sollte, den Bürgern der einen Stadt in der anderen dieselben Begünstigungen, wie den Bürgern dieser, zugestanden werden mussten. Der Vertrag selbst deutet es an, dass die Stadt Hannover es auf eigene Kosten übernahm, den Wasserweg schiffbar zu machen. So sehr sie auch die dazu erforderlichen Arbeiten betrieb, zeigt doch eine Urkunde vom 27. März 1381, dass dieselben damals noch nicht völlig vollendet waren.

Nachdem Herzog Albrecht am 21. December 1375 den Johann, Helmold und Diedrich Tureke mit einer ihnen von dem Ritter Gentes von Holle verkauften Hofstätte auf der Neustadt vor Hannover ohne Zuthun des Herzogs Wenzlaus belebnt hatte, vollzog er einen Monat später, nämlich am 20. Januar 1376, in Gemeinschaft mit ihm eine das Herzogthum Lüneburg betreffende Regierungshandlung. Es handelte sich diesmal um Tilgung von Schulden, welche von dem Herzoge Magnus wegen der Herrschaft Lüneburg gemacht worden waren und deshalb, wie die Sühne vom 25. September 1373 vorschrieb, nach dem Rathe des herzoglichen Raths-Collegii von der Herrschaft bezahlt werden mussten. Von den verschiedenen Vorschüssen, wofür dem Ritter Ludolf von Zellenstede das Schloss Calenberg und der Sülzzoll zu Lüneburg verpfändet, ihm am 28. März 1370 eine jährliche Hebung aus dem Zolle zu Hannover angewiesen war und welche er seit dem 23. Mai 1371, um die Besatzung auf dem Schlosse Calenberg zu verpflegen, gemacht hatte, war ein kleiner Rest ihm noch nicht wieder erstattet worden. Auch erhoben sich die Gebrüder Ordenberg und Siegfried Bock wegen der ihnen von dem Herzoge Magnus am 13. Januar 1370 verpfändeten Schlösser Hallermund und Eldagsen noch die geringe Forderung von 100 Mark löthigen Silbers. Diese Summe legte für die Herzöge Wenzlaus und Albrecht der Rath der Stadt Lüneburg aus. Ferner übernahm er es, für sie am nächsten 13. April 30 löthige Mark und am folgenden 25. December 150 löthige Mark dem Ritter Ludolf von Zellenstede zu entrichten. Er trat also auch hier wieder gleichsam als herzoglicher Schatzmeister oder richtiger Zahlmeister auf. Am 20. Januar 1376 gestatteten ihm beide Herzöge, die genannten Auslagen, also 280 löthige Mark, nebst den fällig werdenden Zinsen, falls sie dem Rathe die 100 Mark nicht am nächsten 13. April zurückerstatteten und nicht sie, sondern er, die Zahlungen an den Ritter Ludolf von Zellenstede leisten würden, auf die Pfandsumme der Schlösser Bleckede und Hitzacker und der Zölle zu Lüneburg und Hitzacker zu schlagen, gelobten auch, den Rath von den Pfandstücken nicht zu entsetzen, bevor sie ihm die Pfandsumme und obiges Geld erstattet hätten. Diesmal wurde Herzog Bernhard von den Verhandlungen über die Verpfändung jener Schlösser und Zölle nicht fern gehalten. Am Schlusse der darüber ausgestellten Urkunde gelobte er mit den beiden anderen Herzögen, den Pfandvertrag zu halten. Weder er noch sie vermochten zu den genannten Fristen das Geld herbeizuschaffen und so wuchs mit der Pfandsumme dem Rathe die Sicherheit für dauernden Besitz der Pfandstücke. Er soll in diesem Jahre die Schlösser Bleckede und Hitzacker an die von Estorff verpfändet haben. Aus dem Bündnisse, welches die Herzöge Wenzlaus und Albrecht am 28. Juni 1371 mit den Burgmannen zu Horneburg errichtet hatten, rührte wahrscheinlich die Schuld von 200 Mark löthigen Silbers her, für welche sie den Gebrüdern Daniel und Iwan von Borch am 12. Juni 1376 in zwei Urkunden Sicherheit stellten. In der ersten gelobten sie und Herzog Bernhard, ihnen hundert löthige Mark zwischen dem 29. März und 5. April 1877 zu Lüneburg zu bezahlen oder bis nach Hamburg, Buxtehude oder Horneburg Geleit zu gewähren. Zugleich verpfändeten sie ihnen für die Schuld auf den Fall, dass die Zahlung nicht erfolgen würde, das zur Herrschaft Lüneburg gehörende Dorf „Lusemur" (Moor) mit Zehnten, Schatz, Beede und Vogtei nebst acht Mark jährlicher Hebung zu Jehrden, indem sie den Pfandbesitzern Schutz gegen die herzoglichen Amtleute versprachen. In der anderen Urkunde verschrieben die Herzöge Wenzlaus und

Albrecht hundert löthige Mark von der Reichssteuer, welche ihnen die Stadt Lübeck auf Geheiss des Kaisers jährlich entrichtete, den Gebrüdern von Borch. Die Zahlung sollte am 8. September 1377 zu Lüneburg geschehen und dasselbe Geleit, wie oben bezeichnet ist, gewährt werden. Zu grösserer Sicherheit stellten die Herzöge ihnen Bürgen, welche die Zahlung leisten und erforderlichen Falls ein Einlager zu Lüneburg halten sollten. Diese letztere Verschreibung konnte Herzog Bernhard nicht mit ausstellen, weil er keinen Anspruch auf die Reichssteuer besass. Schon gleich hier mag die Bemerkung stehen, dass die Herzöge in der Zeit zwischen dem 29. März und 5. April 1377 der übernommenen Verpflichtung nicht nachkamen. Der Rath zu Lüneburg musste ihren Schuldbrief einlösen. Wann dies geschah, ist nicht bekannt. Vielleicht entschloss sich der Rath nicht so bald dazu, die Schuld mit den rückständigen Zinsen auszuzahlen, so dass die unbefriedigte Forderung denen von Borch während der nächsten drei Jahre nach der verstrichenen Zahlungsfrist wohl Veranlassung zu ihrer Feindschaft gegen die Herzöge werden konnte.

Wenn auch eine von den Herzögen Wenzlaus und Albrecht am 3. März 1376 zu Wittenberg ausgestellte Urkunde die Gegenwart des letztern daselbst an jenem Tage als glaublich erscheinen lassen mag, liefern doch jene beiden Urkunden vom 12. Juni 1376 in Verbindung mit dem Folgenden den Beweis, dass nicht immer beide Herzöge da zusammen waren, wo sie mit einander in Urkunden sich nennen, noch ebenso wenig diejenigen Urkunden gemeinsam ausstellten, welche beider Namen an der Spitze tragen, sondern dass Herzog Albrecht bevollmächtigt war, zu denselben den Namen und das Siegel seines Oheims zu gebrauchen. Am 1. Juni 1376 berieth sich Herzog Wenzlaus im Baumgarten zu Rensee mit den übrigen Churfürsten über die vorzunehmende Königswahl und zog mit ihnen und dem Kaiser Karl IV. am 8. Juni in Frankfurt ein. Hier in der Collegiat-Kirche St. Bartholomaei wählte er, als Churfürst, mit den übrigen Churfürsten am 10. Juni 1376 den Sohn des Kaisers, den König Wenzel von Böhmen, zum römischen Könige, ersuchte, wie die übrigen Churfürsten, an demselben Tage den Papst Gregor XI. schriftlich um Anerkennung des neuen Königs und stellte diesem zwei Tage hernach eine Versicherung aus, dass er ihn, so lange er leben würde, für einen römischen König und für den künftigen Kaiser erkennen und halten wolle. Er blieb mit dem Kaiser, dem Könige und den übrigen Churfürsten zu Frankfurt bis zu Ende des Monates Juni, zog dann mit ihnen nach Rensee, wo der neue König auf dem Königsstuhle dem Volke vorgestellt wurde, und wohnte darauf der Feierlichkeit bei, als am 6. Juli 1376 zu Aachen der neue König mit seiner Gemahlinn Johanna von Baiern vom Erzbischofe Friedrich von Cöln gesalbt und gekrönt wurde. Sowohl bei der Krönung als auch bei der Tafel trug er, als Reichserzmarschall, dem Kaiser das Schwert vor. Am folgenden Tage sass er mit vielen anderen Reichsfürsten, Grafen, Freien, Rittern und Knappen zu Aachen in Gegenwart des Kaisers zu Gericht über die Bürger der Stadt Cöln. Am 27. Juli 1376 befanden sich der Kaiser und sein Sohn in Nürnberg. Vor diesem Tage wird auch Herzog Wenzlaus Aachen verlassen haben. Die nach Wunsch vollzogene Wahl gab dem Kaiser Gelegenheit, auch dem Herzoge Wenzlaus einen Wunsch zu erfüllen. Der im kaiserlichen Lehnbriefe vom 27. December 1356 vorgesehene Fall, dass Herzog Wenzlaus Nachfolger seines Bruders Rudolf II. werden würde, war eingetreten. Nach dem Wortlaute der damals festgestellten Erbfolge sollte bei dem Tode des Herzogs Wenzlaus sein erstgeborener oder älterer Sohn und darauf, wenn dieser keine Söhne hinterliesse, Herzog Albrecht und seine männliche Nachkommenschaft in allen Fürstenthümern, nämlich in dem Herzogthume Sachsen, in der Pfalzgrafschaft Sachsen und im Herzogthume Lüneburg, wie nicht weniger im Reichserzmarschallamte und der Churwürde nachfolgen. Es entging dem Herzoge Wenzlaus nicht, dass in dieser Stelle der kaiserlichen Urkunde nicht allen seinen nächsten Mannslehnserben die Nachfolge unzweifelhaft gesichert sei. Dies zu erreichen, war sein Wunsch. Jedoch wollte er mit dem Herzogthume Lüneburg eine Ausnahme machen, weil ihm und dem Herzoge Albrecht mit einander, also zu gesammter Hand, und ihren Erben dasselbe später, nämlich am 3. März 1370, auf ewige Zeiten verliehen, Herzog Albrecht auch im October 1375 zu Lübeck damit belehnt worden war. Man darf, weil kein Zeichen der Uneinigkeit zwischen ihm und dem Herzoge Albrecht vorhanden ist, wohl annehmen, dass er die Zustimmung desselben zur erbetenen Aenderung der Erbfolge dem Kaiser nachwies. Am 10. Juni 1376 zu Frankfurt am Main, gleich nach vollzogener Königswahl, waren um den Kaiser versammelt die beiden geistlichen Churfürsten, Reichserzkanzler und Erzbischöfe Friedrich von Cöln und Kuno von Trier, die beiden weltlichen Churfürsten Pfalzgraf Ruprecht bei Rhein, Reichserztruchsess und Herzog von Baiern, und Markgraf Sigismund von Brandenburg, Reichserzkämmerer, der päpstliche Legat Bischof

Johann von Prag, die Bischöfe Diedrich von Metz und Eckhard von Worms, die Grafen Eberhard von Würtemberg, Diedrich von Katzenellenbogen und Heinrich von Spanheim, die edelen Herren Peter von Wartenberg kaiserlicher Hofmeister, Thimo von Kolditz kaiserlicher Kammermeister und mehre andere Reichsfürsten und edele Herren. Die Anordnungen, welche er in dieser Versammlung zu Gunsten des Herzogs Wenzlaus über die Nachfolge traf, leitete er mit einer Erklärung ein, welche mit der am 27. December 1356 gegebenen in dem Grade übereinstimmt, dass es scheint, als sei sie wie eine vorgeschriebene Segensformel nothwendig gewesen, um kaiserlichen Beschlüssen die gehörige Weihe zu verleihen. Es dürfte dabei die Berufung auf die in der Urkunde des Kaisers vom 27. December 1356 erwähnten, von den Vorfahren des Herzogs Wenzlaus angeblich vollzogenen Königswahlen auch nicht fehlen. Sodann hob der Kaiser besonders hervor, dass Wenzlaus, als Herzog von Sachsen, Reichserzmarschall und Churfürst, mit den übrigen Churfürsten erst vor wenigen Stunden in der Collegiat-Kirche St. Bartholomaei zu Frankfurt den König Wenzel von Böhmen zum römischen Könige gewählt habe, dass ferner Herzog Wenzlaus das Recht, die Stimme, die Würde und die Macht, den römischen König zu wählen, von deren früheren rechtmässigen Besitzern, seinem Vater und Grossvater, geerbt habe. In Erwägung dieses alles bestimmte er mit Rath und Einwilligung der übrigen Churfürsten wie nach dem Rathe aller anderen Fürsten, Edelen und Reichsgetreuen, um künftigen Gefahren vorzubeugen und Zweifel zu beseitigen, für ewige Zeiten, dass das Recht, die Stimme, die Würde und die Macht zu solcher Wahl dem Herzoge Wenzlaus von Sachsen, als Reichserzmarschalle und Churfürsten, seinen Erben und den von ihm abstammenden rechtmässigen Nachfolgern weltlichen Standes stets gebühre, dass er, als Herzog von Sachsen, Reichserzmarschall, wahrer und rechtmässiger Churfürst sei, nach seinem Tode aber seine Erben und rechtmässigen Nachfolger nicht nur das Herzogthum, das Fürstenthum und die Pfalzgrafschaft Sachsen nebst dem Reichserzmarschallamte mit allen Landen, Herrschaften, Eigenthume, Lehen, Freiheiten, Ehren und Zubehör, sondern auch das Recht, die Stimme, die Würde und die Macht, den römischen König zu wählen, ohne Hinderniss besitzen sollten. Zugleich ordnete der Kaiser die Erbfolge in dieser Weise. Es sollten nach dem Tode des Herzogs Wenzlaus sein erstgeborener Sohn, nach dem Tode dieses derjenige unter den Söhnen desselben, welcher der Geburt nach der Ältere sei, und so weiter von den Mannserben des älteren Sohnes stets der von Geburt Ältere, wenn aber der erstgeborene Sohn des Herzogs Wenzlaus keine rechtmässigen Mannserben weltlichen Standes bei seinem Tode hinterlassen haben würde, alsdann der zweite Sohn des Herzogs Wenzlaus, und nach dem Tode dieses sein älterer Sohn weltlichen Standes, ferner falls dem zweiten Sohne des Herzogs Wenzlaus bei seinem Tode solche Erben, wie eben erwähnt sind, fehlen würden, der dritte Sohn des Herzogs Wenzlaus, nach dem Tode dieses sein älterer Sohn weltlichen Standes und so weiter die von ihm in grader Linie abstammenden Mannserben weltlichen Standes das Recht, die Stimme, die Würde und die Macht, einen römischen König zu wählen, und das Reichserzmarschallamt mit allen seinen Herrschaften, Ehren, Rechten, Privilegien, Würden und Zubehör ewig und erblich besitzen. Falls aber Herzog Wenzlaus, ohne rechtmässige, von ihm in grader Linie abstammende Mannserben weltlichen Standes zu hinterlassen, stürbe, so sollte das Fürstenthum, die Pfalzgrafschaft, das Reichserzmarschallamt nebst dem Rechte, der Stimme, der Würde und der Macht, den römischen König zu wählen, an den Herzog Albrecht von Sachsen und Lüneburg und an dessen rechtmässige Mannserben weltlichen Standes fallen. Für diese schrieb der Kaiser dieselbe Erbfolgeordnung, wie für die Nachkommen des Herzogs Wenzlaus, vor. Falls aber auch sie aussturben, wer dann der väterlichen Linie nach der nächste Erbe weltlichen Standes und zur Zeit älterer Herzog von Sachsen sein würde, der und seine Erben nach der bezeichneten Reihenfolge sollten zur Nachfolge gelangen. Wenn jemand von ihnen allen bei seinem Tode rechtmässige aber unmündige Mannserben weltlichen Standes hinterliesse, so sollte des Verstorbenen älterer Bruder oder, wenn kein Bruder ihn überlebte, der ältere Vetter oder der nächste Blutsverwandte weltlichen Standes bis zum 18. Lebensjahre des Nachfolgers die Vormundschaft über diesen hinsichtlich des Churfürstenamtes führen. Zur Regierung der Fürstenthümer, Herzogthümer und Herrschaften aber sollte der Nachfolger in dem von Kaisern und Königen dafür festgesetzten Lebensalter gelangen. Beiden Herzögen Wenzlaus und Albrecht, ihren Erben und rechtmässigen Nachfolgern schenkte, verlieh und bewilligte der Kaiser, die frühere Schenkung erneuernd, das Herzogthum und Fürstenthum Lüneburg, welches sie, wie er bemerkend hinzufügte, durch Gottes Hülfe schon besässen, mit allen Landen, Städten, Schlössern, Weichbildern, Festen, Herrschaften, Eigenthume, Lehen, Rechten,

Gerichten, Nutzungen, Einkünften, Freiheiten und allem Zubehör in den Grenzen, welche es von alter Zeit her gehabt habe. Zugleich hob er alle Gesetze, Rechte, Gewohnheiten, Privilegien und Statute auf, welche dieser Schenkung entgegen stehen möchten. Wer obigen Anordnungen und Bestimmungen sich zu widersetzen oder sie zu übertreten wagen würde, den bedrohete der Kaiser in jedem einzelnen Falle mit einer Strafe von tausend Mark des feinsten Goldes, wovon die eine Hälfte der kaiserlichen Schatzkammer, die andere demjenigen, dem das Unrecht geschehen sei, ausbezahlt werden sollte. Weil der Bischof Ludwig von Bamberg als Erzbischof von Mainz und Reichserzkanzler in Deutschland vom Kaiser anerkannt wurde, unterzeichnete er die von demselben über obiges dem Herzoge Wenzlaus ausgestellte Urkunde. Hatte der Kaiser den Herzog Albrecht früher wohl Reichserzmarschall und Churfürst genannt, so machte er diesem Spiele, nachdem es zu seiner Zeit ihm schon etwas eingebracht haben mochte, nun ein Ende. Ehe man zu Aachen von einander schied, bestätigte König Wenzel am 8. Juli 1376 dem Reichserzmarschalle und Herzoge Wenzlaus von Sachsen und Lüneburg wegen der merklichen getreuen Dienste und Ehre, die er ihm und dem heiligen Reiche oft unverdrossen erwiesen habe, alle demselben und zu seinen Fürstenthümern gehörenden Rechte, Würden, Freiheiten, Gnaden, Gewohnheiten und Herkommen nebst allen hierüber, über seine Fürstenthümer, über die vom Reiche ihm verliehenen Pfandstücke und über andere Gegenstände ihm von dem Kaiser Karl IV. und von anderen Kaisern und Königen aus Gnaden ausgestellten Handfesten und Urkunden.

Unterdessen setzten die Herzöge Wenzlaus und Albrecht ihren Krieg gegen den Herzog Otto fort. Der Ritter Hans von Vreden, von ihnen erst am 4. Juli 1374 gegen Urfehde aus der Gefangenschaft entlassen, und sein Bruder, Ritter Lippold, früher Rath des Herzogs Magnus, begaben sich am 20. April 1376 mit ihrem Schlosse Freden in den Dienst beider Herzöge und gelobten, so lange der Krieg derselben gegen den Herzog Otto dauern würde, von dem Schlosse seine und seiner Helfer Feinde zu sein. Schaden und Kost im Dienste sollten die Herzöge ihnen ersetzen, aller von ihnen über die Feinde erlangter Vortheil, Beute ausgenommen, den Herzögen gehören. Den Gewinn aber, welchen die von Vreden von ihren Gefangenen nehmen würden, sollten sie an ihrer Forderung für Schadenersatz nach Rath der Herzoge kürzen. Diese versprachen, ihnen für ihr Gut Friedegut, falls man es bei den Feinden erlangen könnte, anzuweisen, sie, wenn sie belagert würden, innerhalb sechs Wochen mit ganzer Macht davon zu befreien und, falls das Schloss Freden verbauet oder wegen des Krieges verloren würde, im Vereine mit ihnen denjenigen, der es verbauete oder genommen hätte, zu bekriegen, ohne mit ihm Sühne oder Frieden zu schliessen, bevor das Schloss von dem Baue befreiet wäre oder sie ihnen zur Eroberung des Schlosses geholfen hätten, falls sie nicht vorzögen, nach dem Ermessen zweier herzoglicher Mannen und zweier Freunde der von Vreden Ersatz für dasselbe zu leisten. Letztere gelobten, sich während des Krieges beider Herzöge gegen den Herzog Otto in keine Sühne, in keinen Frieden mit ihm einzulassen. Den Krieg damit zu beenden, sollte allein den Herzögen unter der Bedingung zustehen, dass dieselben auch sie und die Ihrigen in die Sühne oder in den Frieden einschlössen. Die Herzöge verpflichteten sich, die von Vreden und die Ihrigen in ihrem Rechte gegen den Herzog Otto getreu zu vertheidigen. Durch diesen Dienstvertrag erhoben sich Lehnsleute gegen ihren Herrn, denn die von Vreden besassen ihr Schloss von dem Herzoge Otto zu Lehn. Weil dasselbe im Stifte Hildesheim lag, mochte dieses nun nicht mehr von feindlichen Einfällen verschont bleiben und Bischof Gerhard seiner Güter und Unterthanen wegen ein Ende des Krieges herbeizuführen wünschen. Er eignete sich daher besonders zum Vermittler des Friedens. Seine Bemühungen blieben nicht ganz vergeblich. Ein Waffenstillstand wenigstens war der Erfolg derselben. Am 9. August 1376 gelobte Herzog Otto, den zwischen ihm und dem Herzoge Albrecht von dem Bischofe vermittelten Frieden oder vielmehr Waffenstillstand bis zum nächsten 24. Juni zu halten; mit ihm gelobten es neun seiner Mannen, Graf Heinrich von Hohnstein, der edele Herr Johann von Plesse, Pfandbesitzer des herzoglichen Schlosses Bovenden, die Ritter Bertold von Adelebsen, Burchard von Steinberg, Hermann von Kolmatsch, Hermann von Gladebeke, Johann von Escherto und die Knappen Burchard von Lutter und Heinrich von Veltheim. Der Frieden sollte die Mannen, Lande und Leute, die Helfer, Schlösser und Städte beider Herzöge umfassen. Allen Gefangenen auf beiden Seiten mit Ausnahme der gefangenen Bauern und Bürger wurde bis zum Ablaufe der Friedenszeit Freiheit gewährt. Diejenigen unter ihnen, welchen man keinen Glauben schenken könnte, sollten, um zu dieser Freiheit zu gelangen, (dafür, dass sie sich wieder einfinden würden,) Bürgen stellen. Während derselben Zeit sollten alle Brandschatzungen, alle noch nicht fälligen Gefangengelder, für welche Bürgschaft geleistet sei, ausstehen bleiben. Herzog Otto versprach, wenn jemand, der ihm geholfen hätte, Gefangene basässe und sie nicht obiger Bedingung gemäss entlassen wollte, dem Herzoge Albrecht, wie dieser ihm, mit ganzer Macht gegen denselben getreu Hülfe zu leisten, bis sie beide ihn dazu gezwungen haben würden, den Gefangenen Freiheit zu gewähren. Ausserdem verpflichtete er sich, keinem derer, die ihm geholfen hätten, mit Rath oder That beizustehen, falls derselbe diesen Frieden zu halten sich weigerte; ebensowenig wollte er seine Schlösser, deren er mächtig sei, demselben zu seiner Vertheidigung zu gebrauchen gestatten. Zuletzt gelobte er, falls er oder die Seinen den Frieden brächen, innerhalb vierzehn Tagen nach erhaltener Mahnung mit seinen oben genannten neun Mannen in die Altstadt Hildesheim zu reiten, daselbst ein Einlager zu halten und keine Nacht ausser der Stadt ohne besondere Erlaubniss zu verweilen, bevor der Friedensbruch nach Friedensrechte, gesühnt sei. Vierzehn Tage lang wollte er dort mit den Seinen auf die Ankunft dessen, der ihn gemahnt hätte, warten. Derselbe sollte, wenn er käme, von ihm und den Seinen annehmen, was Friedensrecht vorschriebe. Thäte derselbe dies nicht innerhalb jener vierzehn Tage, so durfte der Herzog mit den Seinen unbehelligt von dannen reiten. Den Frieden in eben derselben Weise zu halten, wird auch Herzog Albrecht gelobt haben. Schomaker in seiner Chronik berichtet, dass die Herzöge Albrecht und Otto am 21. Juni 1376 Verhandlungen gepflogen und sich vertragen hätten. Die angegebene Zeit wird wohl nur auf den Anfang der Verhandlungen zu beziehen sein.

Bevor obiger Waffenstillstand geschlossen wurde, entspann sich ein Streit zwischen den Städten Hannover und Lüneburg über die Kriegskosten, aus welchem unter anderen erhellet, dass die in der Urkunde vom 12. Juli 1375 erwähnte Zahlung bei weitem nicht hingereicht hatte, um die Bürger der Stadt Hannover zu befriedigen. Diese Stadt verlangte, dass nicht nur alle ihre Auslagen und all erlittener Schaden während des gegen den Herzog Magnus geführten Krieges, sondern auch der Schaden und die Auslagen, womit sie der neueste Krieg belastet hatte, ihr von der Stadt Lüneburg ersetzt würden, denn sie unterschied nur insofern zwischen beiden Kriegen, dass sie den letzteren für eine blosse Fortsetzung des ersteren erklärte, und hielt deshalb Verpflichtungen, welche die Stadt Lüneburg in diesem übernommen hatte, auch für jenen giltig. Zu denselben gehörte vor allem die Unterhaltung einer Besatzung zu Hannover. Weil die Stadt Lüneburg solche Forderungen zurückgewiesen hatte, nahmen die Rathsherren zu Hannover, um einer Besatzung in der Stadt und der nöthigen Kriegsmannschaft nicht zu entbehren, Gewaffnete in ihren Dienst. Zu diesen mochten Werner von Gilten, Bodo von Hodenberg, Diedrich Rust und Helmich gehören, welche am 13. April 1376 dem Rathe der Stadt eine Quittung, wahrscheinlich über den Sold, ausstellten. Beide Städte wählten zu Schiedsrichtern in ihrem Zwiste den Rath der Städte Lübeck und Hamburg. Die Rathsherren der Stadt Hannover trugen Folgendes klagend vor. Die 500 Mark löthigen Silbers, welche die Stadt Lüneburg ihnen vorzustrecken beim Beginne des Krieges gegen Herzog Magnus versprochen habe, seien ihnen nicht ausbezahlt. Sie hätten deshalb dieselben aufleihen müssen und dafür 250 Mark löthigen Silbers Zinsen entrichtet. Im Juni und am 22. Juli 1371 habe die Stadt Lüneburg sich verpflichtet und darüber Urkunden ausgestellt, ihnen und den Bürgern zu Hannover alle Auslagen so zu ersetzen, dass sie dabei keinen Schaden haben sollten. Hiervon schulde sie noch 8254 Pfund und 17 Schillinge hannoverscher Pfennige Capital und 2368 Pfund und vier Schillinge derselben Pfennige Zinsen, welche sie für die Stadt Lüneburg ihren Mitbürgern entrichtet hätten, ausserdem die Zinsen für dasselbe Capital seit dem letzten 29. September. Diese Zinsen müssten sie ihren Mitbürgern geben, weil sie auf Bitten der Stadt Lüneburg und dem Gelübnisse vom 22. Juli 1371 vertrauend ihnen versprechen, dass ihnen ihre Auslagen ohne allen Schaden zu der bedungenen Frist erstattet werden sollten. Sie hätten, als ihre Mitbürger nicht länger auf Bezahlung warten wollten, die Stadt Lüneburg so lange gemahnt, bis sie (im Juli oder August 1372) sich auch zur Erstattung der Zinsen, welche um ihretwillen ausgelegt würden, bereit erklärte. Ausserdem habe die Stadt Lüneburg ihnen im Juni und am 22. Juli 1371 gelobt und darüber Urkunden ausgestellt, dass eine Besatzung von hundert Gewaffneten zu Hannover während des mit dem Herzoge Magnus und den Seinen um die Herrschaft Lüneburg zu führenden Krieges unterhalten werden solle. Obgleich nun Herzog Magnus todt sei, dauere doch der Krieg um die Herrschaft Lüneburg mit den Seinen fort. Weil die Stadt Lüneburg ihr Versprechen wegen der Besatzung nicht habe, hätten sie durch Todtschlag, Gefangenschaft, Schatzung, Beraubung und Verwüstung ihres Erbgutes grossen Schaden erlitten, welches alles verhütet wäre, wenn man ihnen die versprochene Hülfe geleistet hätte. Der Schaden, der ihnen durch Verweigerung derselben bereitet sei, übersteige 4000 löthige Mark. Seitdem ihnen derselbe zugefügt und die versprochene Hülfe vorenthalten worden sei, hätten sie sich entschlossen, selbst gewaffnete Leute zu halten, die ihnen nun schon über tausend löthige Mark gekostet hätten. Dann trugen sie vor, dass Albert von Bispingdorf, ihr Mitbürger, als er auf Verlangen der Stadt Lüneburg den Herzögen Wenzlaus und Albrecht entgegengeschickt wurde, am 30. oder 31. Mai 1371 in Gefangenschaft gerathen sei, und gaben an, wie viel er noch deshalb zu fordern habe. Im gegenwärtigen Jahre seien sie ihrer Forderung wegen nach Lüneburg geritten und schuldeten ihrem Wirthe daselbst für Zehrung 173 Mark Pfennige ausser dem, was sie vor der Zeit auf ihren des Geldes wegen unternommenen Reisen verzehrt hätten. Ferner betrügen ihre Ausgaben auf der letzten Reise und für sonstige Zehrung wohl 50 löthige Mark. Sie stellten es nun dem Rathe der Städte Lübeck und Hamburg anheim, zu entscheiden, ob die Stadt Lüneburg verpflichtet sei, ihr Gelöbniss zu halten, ihnen und ihren Mitbürgern ihr Geld, Capital und Zinsen, auszuzahlen und allen Schaden zu ersetzen. Auf diese Klage antworteten die Rathsherren der Stadt Lüneburg am 18. Juni 1376. Alles, was sie vorbrachten, ist, sofern es Thatsachen enthält, zu der Erzählung der Begebenheiten aus der Zeit vom Jahre 1370 bis zum Jahre 1374 benutzt worden, also schon bekannt. Sie hoben unter anderen hervor, dass die Stadt Hannover in gleicher Gefahr, wie sie geschwebt habe, von dem Herzoge Magnus heimgesucht zu werden, und dass die Gutachten, welche sie selbst eingeholt habe, die Anerkennung der Herzöge Wenzlaus und Albrecht verlangten. Sie habe Unterhandlungen mit ihnen angeknüpft und deshalb ihren Schreiber nach Lüneburg geschickt, darauf auch, wie sie beabsichtigte, einen wichtigen Gnadenbrief (am 6. Januar und 1. Juni 1371) von den Herzögen erlangt und sich mit der Stadt Lüneburg zur gegenseitigen getreuen Hülfe im Kriege verbunden. Daher rührten die Urkunden und Briefe, auf die sie sich beriefe. Ferner führten sie an, dass sie, um den Bitten des Raths der Stadt Hannover zu willfahren, mehren aus der dortigen Besatzung doppelten Sold gegeben, zum Schutze der Stadt Hannover dem Bischofe von Minden und dem Grafen von Schauenburg grosse Summen Geldes bezahlt und dem Stadthauptmanne Willbrand von Redan die bedeutenden von ihm zu Ricklingen und Hannover getragenen Kosten ersetzt hätten. Ihre Ausgaben für die Söldner zu Hannover und die denselben gezahlten Entschädigungen seien sogar bedeutender, als die übrigen Kriegskosten. Auch sei die Stadt Hannover nicht ganz ohne Entschädigung geblieben, denn sie habe Brandschatzung und bares Geld erhoben. Der edele Herr von Homburg und andere Gefangene seien ihr an Zahlungs Statt angeboten; sie aber habe ihren Entschluss hierüber so lange versehoben, bis diesen Gefangenen in Folge eines Vertrages die Freiheit geschenkt werden musste. Besonders warfen sie es der Stadt Hannover vor, dass sie das Schloss Lauenrode im Juni 1371 gleich nach der Eroberung desselben zerstört, dass sie zu Ende des Jahres 1371 den Friedensbund, welchen ihr die Mannschaft im hannoverschen Lande anbot, zurückgewiesen und dass sie stets von neuem, selbst noch einige Zeit nach dem Tode des Herzogs Magnus, sich gesträubt habe, den Herzögen Wenzlaus und Albrecht zu huldigen. Durch dieses Alles sei ihnen unverwindlicher Schaden bereitet. Auch die verdächtige Haltung der Stadt Hannover im Juli 1373 vor und während der Zeit, dass Ricklingen belagert wurde, brachten sie in Erinnerung. Auf das Verlangen der Stadt Hannover, ihr ferner eine Besatzung von hundert Gewaffneten zu halten, antworteten sie Folgendes. Am 25. September 1373 sei eine Sühne in Gegenwart des Raths der Stadt Hannover und auf sein Anrathen errichtet. In dieselbe hätten die Herzöge von beiden Seiten alle ihre Schlösser, Ritter, Knappen, Städte, Bürger, Bauern und alle Eingesessenen der Herrschaft Lüneburg eingeschlossen. Diese öffentlich zwischen den Herzögen errichtete Sühne und die ihnen beiderseits auf dieselbe geleistete Huldigung habe dem Kriege der Herzöge ein Ende gemacht. Auf welche Weise die Bürger Hannover's wieder in Krieg gerathen seien, würden sie selbst wohl wissen und die Stadt Lüneburg habe nichts damit zu schaffen, denn Hannover sei ebenso wie Lüneburg in die Sühne der Herzöge aufgenommen worden. Die Forderung des Albert von Bispingdorf erkannten sie deshalb nicht an, weil sie ihn durch zwei Gefangene entschädigt hätten und es seine eigene Schuld sei, wenn er den einen derselben unentgeltlich in Freiheit gesetzt habe. Sie machten die Schiedsgericht darauf aufmerksam, auf welche Weise die Stadt Hannover die Urkunden und Briefe, worauf sie sich berufe, bekommen habe, wie sie im Vereine mit ihr in den Krieg gerathen seien und wie sie ihnen unverwindlichen Nachtheil muthwillig bereitet habe, worüber sie wohl grosse Klage erheben dürften, weil sie deshalb weit grösseren Schaden erlitten hätten, als die Stadt Hannover. Wäre es trotzdem die Ansicht des Schiedsgerichts, dass sie ihr etwas schuldig seien, so erboten sie sich, die Schuld nach Ermessen desselben in späteren Jahren, wann und wo sie es ohne ihrer Stadt Verderb vermöchten, abzutragen, denn sie seien in unverwindlichen Schaden gebracht, womit man sie wohl hätte verschonen sollen. Auf obige Klage der Stadt Hannover und auf diese Verantwortung der Stadt Lüneburg erkannte der Rath der Städte Lübeck und Hamburg am 8. September 1376 für Recht, dass die Stadt Lüneburg die Urkunden und Briefe halten solle, welche sie den Rathsherren und Bürgern der Stadt Hannover gegeben habe, dass sie aber von den verlangten Zinsen und Schadenersatze, sofern mehr gefordert würde, als die Urkunden und Briefe auswiesen, nur so viel zu übernehmen brauche, als wozu sie sich ihnen schuldig bekenne, dass ferner die Stadt Hannover von dem Schaden, den durch das Verschulden derselben die Stadt Lüneburg erlitten zu haben behaupte, nur so viel, als sie ihr zugestehe, zu ersetzen brauche, und dass endlich jede der beiden Städte sich dessen, wozu sie sich nicht schuldig bekenne oder was sie der anderen nicht zugestehe, nach ihrer Gewohnheit durch den Eid ihrer Rathsherren entledigen möge. Durch diese Rechtsfindung war wenigstens eine Vorschrift gegeben, wie die Angelegenheit zwischen beiden Städten geordnet werden, wie sie aus einander kommen sollten.

Die Zeit des Waffenstillstandes benutzte Herzog Albrecht dazu, von den ritterbürtigen Geschlechtern diejenigen zu züchtigen, welche in seinem Kriege gegen die Herzöge von Braunschweig eine günstige Gelegenheit gefunden hatten, sich gegen ihn aufzulehnen. Er wandte sich zuerst gegen die von Mandelsloh zu Mandelsloh, von denen Halembert und Diedrich, wie schon unter dem 22. Januar und 1. und 3. Februar 1374 erwähnt ist, zu den entschiedenen Anhängern des Herzogs Friedrich gehörten. Ausserdem mochten die von Mandelsloh dem Grafen Ludolf von Wunstorf, als sein Land von dem Herzoge Albrecht und dem Grafen Otto von Schauenburg bald nach dem 5. September 1375 mit Krieg überzogen wurde, Beistand geleistet haben. Das Gogericht zu Mandelsloh, welches sie von den Herzögen von Sachsen-Lauenburg besessen hatten, war von ihnen im Jahre 1344 den Herzögen von Lüneburg verkauft worden. Mehre Höfe zu Mandelsloh nebst der Vogtei und dem Amte daselbst, das Gericht zu Helstorf und das Amt zu Idensen, ausserdem viele andere Güter besassen sie von dem Stifte Minden zu Lehn, wie das vom Jahre 1304 bis zum Jahre 1324 reichende Lehnsregister bezeugt. Von dem Herzoge Magnus hatten Helembert von Mandelsloh und die Gebrüder Heinrich und Diedrich von Mandelsloh wegen ihrer treuen Dienste am 10. Februar 1373 das Schloss Bordenau auf ihrer dreier Lebenszeit erhalten. Auch dies mochte, obgleich sie das Schloss nicht einlöseten und deshalb nicht zum Besitze gelangten, dem Herzoge Albrecht höchst ärgerlich sein. Um sie anzugreifen, legte er eine starke Besatzung in das Schloss Neustadt und stellte dieselbe unter den Befehl des Rabodo Wale. Dieser hatte früher, wie eine Urkunde vom 28. März 1370 zeigt, mit Anderen das Schloss Calenberg von dem Herzoge Magnus zu Pfande erhalten und von ihm vor dem 30. März 1371 das Schloss Rethem besessen. Am 13. October 1371 war er als treuer Gefährte dieses Herzogs in die Reichsacht gerathen, nach dem Tode desselben aber ebenso treuer Anhänger des Herzogs Albrecht geworden, wie Urkunden vom 17. Mai 1378 und 8. Juni 1381 bezeugen. Das Schloss Neustadt war am 13. December 1370 und mit anderen Schlössern des Herzogthums am 15. Februar 1371 von dem Herzoge Magnus an mehre Ritter und Knappen verpfändet worden, von denen Bodo von Salder noch am 11. November 1371 als Inhaber jenes Schlosses erscheint. Wie vermuthet werden darf, schieden später viele dieser Pfandberechtigten aus und traten ihre Berechtigung den übrigen ab, falls sie nicht, was wahrscheinlicher ist, sich mit den Herzögen abfanden, also in anderer Weise von diesen befriedigt wurden. Zu denen, welche blieben, wird Ritter Diedrich von Alten gehört haben; vielleicht sogar besass er zuletzt allein das Schloss Neustadt pfandweise. Zu dieser Vermuthung führt das von Rabodo Wale aufgestellte Verzeichniss über die Einkünfte oder Gülten des Schlosses. Darin sind angegeben die Strafgelder für Blutrunst, sonstige vom Gerichte erhobene Gelder, Brandschatzung, Königszins zu Neustadt, Abgaben der Bürger Neustadt's, Zins aus der Börde daselbst, Einkünfte aus den Mühlen, Hebungen zu Burgwedel und Rodewald, Brüche aus der Grafschaft Burgwedel, Abgaben der Freien, Zoll, Beede und Zins. Von sämmtlichen Gülten zu Neustadt und in der Grafschaft, bemerkt Rabodo Wale, habe er nur zwei Drittel und von der Brandschatzung nur 105 Pfund erhalten. Weil Ritter Diedrich von Alten, wie in dem Verzeichnisse ausdrücklich bemerkt wird, den übrigen Theil der Brandschatzung zu sich nahm, liegt die Vermuthung nahe, dass er auch das letzte Drittel der übrigen Gülten bekommen habe. Sein Antheil an denselben wird dem Betrage der Zinsen, welche er für sein Darlehn zu fordern hatte, gleich gewesen und Brandschatzung ihm als Friedegut angewiesen worden sein; denn dieses wurde in der Regel den Pfandbesitzern derjenigen Schlösser bewilligt, von welchen der Herzog Krieg führte. Zu Ende des Monats April 1376 war Rabode Wale nach Neustadt gesandt und hatte als Kriegshauptmann mit dem Befehle über die Besatzung die Verpflegung derselben und die Verwaltung in dem zum Schlosse gehörenden Gebiete übernommen. Er führte Rechnung über sämmtliche Ausgaben. Von der Masse der Vorräthe, die wöchentlich verzehrt wurden, kann man auf die Stärke der Besatzung schliessen. Bis zum 28. September 1376 wurden jede Woche in der Regel 7 bis 9 Kühe, wenigstens eine Speckseite, etwa 5 Lämmer und 2 Schweine oder statt ihrer 8 bis 12 Schafe, ein Malter Roggen, ein halbes Fuder Malz, für 6 bis 8 Schillinge Hopfen, 6 bis 8 Malter oder auch 3 bis 4 Fuder Hafer ausser dem Hafer, womit man, wenn der Herzog nach Neustadt kam, seine und seines Gefolges Pferde fütterte, verbraucht. Hühner, Weissbrod, Mandeln, Feigen, Reis, Saffran und Gewürze gehörten zu den Seltenheiten. Dagegen wurden grosse Vorräthe von Bier, Häringen, Butter, Käse und Salz angeschafft. Besonders viel Eier und Fische, unter diesen der Stockfisch, der Spierling (Stint oder Sardelle), der Aal, seltener der Lachs, wurden in Rechnung gebracht. Der Hufbeschlag der Pferde kostete, eins ins andere gerechnet, wöchentlich 3 Schillinge. Zwei Köche sorgten für die Zubereitung der Speisen, ein oder zwei Bäcker für das Backen des Brodes. Jeder von ihnen bekam in dem einen halben Jahre 15 Schillinge, im anderen ein Pfund (gleich 20 Schillingen) zu Lohn. Halbjährlich erhielten der Schliesser ein Pfund, jeder der drei oder vier Wächter 10 Schillinge und der Pförtner 8 Schillinge. Dem Hofmeister gebührten 12 Schillinge, jedem der zwei oder drei Zehenter im Herbste ebensoviel. Wohl nicht unwerth der Beachtung dürften die Preise sein, welche sich aus der Rechnungsablage des Rabodo Wale ergeben. Zu denselben sei hier in Erinnerung gebracht, dass ein Pfund 20 Schillinge, eine Mark 16 Schillinge, ein Schilling 12 Pfennige galt und dass eine löthige Mark den Werth von drei Mark Pfennige besass. Einen Hengst konnte man für 23 Pfund oder auch für 24 löthige Mark kaufen. Sehr verschieden war der Preis eines Pferdes. Er stieg von 6 bis zu 18 Pfund. Ein Ochse kostete 24 Schillinge, eine Kuh 16 bis 20 Schillinge, ein Schwein 17 bis 19 Schillinge, ein Lamm $1^1/_4$ bis $1^1/_3$ Schilling, eine Speckseite 8 Schillinge, ein Lachs 4 bis 6 Schillinge. Ein Fuder Korn enthielt drei Malter. Ein Fuder Bier scheint 24 Tonnen gleich gewesen zu sein. Ein Fuder Roggen kostete 3 Pfund und 12 bis 14 Schillinge, ein Malter Roggen 22 bis 24 Schillinge, ein Fuder Hafer 2 Pfund und 5 bis 14 Schillinge, ein Malter Hafer 11 bis 18 Schillinge, ein Fuder Malz 3 Pfund und 12 Schillinge bis 4 Pfund und 4 Schillinge, 1 Malter Malz 1 Pfund und 2 bis 8 Schillinge, 1 Malter Weizenmalz 1 Pfund und 10 Schillinge. Ein Fuder gewöhnlichen oder auch hildesheimschen Bieres bezahlte man mit 4 Pfund, eine Tonne Butter mit $4^1/_2$ Pfund bis 5 Pfund und $2^1/_2$ Schilling, ein Steinchen Butter mit $3^2/_5$ Schilling, eine Tonne Käse mit $2^1/_2$ Pfund bis 3 Pfund, eine Tonne Häringe mit 1 Pfund und $7^1/_2$ bis $13^1/_2$ Schilling, in der Regel jedoch mit 1 Pfund und 10 Schillingen. Gleich bei der Uebernahme des Schlosses liess Rabodo Wale Zimmerleute und Säger kommen, damit sie Erker auf dem Thurme machten. In der ersten Woche kam der edele Herr Wedekind von dem Berge und blieb zu Neustadt bis zum 3. Mai. Bei seiner Abreise gab ihm Rabodo Wale zur Pfandquittung oder Pfandlöse 82 Pfund; der edele Herr hatte also nicht auf dem Schlosse, sondern in einer Herberge zu Neustadt gewohnt und erhielt jenes Geld, um die Rechnung seines Wirthes damit zu bezahlen. Aus der ungewöhnlich hohen Summe lässt sich schliessen, dass sein Gefolge sehr gross gewesen ist. Am 21. Mai kam Herzog Albrecht mit seinen Dienern und ritt am 27. Mai wieder weg. Während seines Aufenthaltes auf dem Schlosse wurden als Beute 9 Kühe eingebracht. Rabodo Wale sandte ihm am 14. Juni eine Armbrust von Stahl, die er von einem Plattner hatte machen lassen. Am Abende des 21. Juni kam der Herzog wieder und blieb mit den Seinen bis zum 23. Juni. Nachdem er am 12. Juli vergeblich in Neustadt erwartet worden war, traf er mit seinen Dienern am 15. Juli ein, ritt aber am folgenden Tage wieder weg. Um diese Zeit war auch der edele Herr Wedekind von dem Berge in Neustadt. Am Abende des 1. August kam der Herzog nochmals mit seinen Dienern und reisete am 4. August wieder ab. Das Gefolge, welches ihn jedesmal begleitete, muss ebenso gross gewesen sein, als die berittene Mannschaft der Besatzung zu Neustadt, denn beide verbrauchten für ihre Pferde täglich Hafer in gleicher Menge. Seine Begleitung wird nicht aus Hofleuten sondern aus Kriegern bestanden, seine Besuche zu Neustadt nicht friedlichen Zwecken, sondern kriegerischen Unternehmungen gegolten haben. Die Anwesenheit des edelen Herrn von dem Berge zu Neustadt gleich in der ersten Woche und später während eines

Besuches des Herzogs ist dadurch erklärlich, dass er als Landvogt das Aufgebot zur Heeresfolge an die durch den Landfrieden vom 15. August 1374 verbündeten Fürsten und Städte ergehen lassen und nachsehen musste, ob die von ihm berufene Mannschaft sich gestellt habe; ausserdem war er selbst als Bundesgenosse zur Heeresfolge verpflichtet. Von den übrigen Verbündeten schickte Herzog Friedrich seine Hülfstruppen gewiss nicht. Nur von der Stadt Hannover, welche mit zwölf Gewaffneten Heeresfolge leisten musste, hat man die Nachricht, dass sie ihre Kriegsleute in Neustadt stellte. Am Schlusse seiner Rechnungsablage bemerkt nämlich Rabodo Wale Folgendes: „Zu Pfandquittung habe ich diesen Leuten aus Hannover, nämlich dem Basilius von der Neustadt und dem Rotbert von Edingerode mit ihren Genossen, welche mit 24 Pferden zu Neustadt 8 Tage lang waren, 6 Mark und 15 Schillinge gegeben. Als sie das andere Mal mit 28 Pferden 6 Tage lang da waren, gab ich 4 Pfund und 3 Schillinge aus. Zum dritten Male waren Basilius, Drinkmann und Krevet (Krebs) mit 20 Pferden zu Neustadt; damals gab ich 2 Pfund und 8 Schillinge für Pfandquittung aus. Als ich Mandelsloh einnahm, waren die Leute von Hannover mit 30 Pferden 4 Tage lang zu Neustadt und ich gab 3 Pfund 7$\frac{1}{2}$ Schilling für Pfandquittung aus." Unter dem 19. September 1376 bemerkt er: „An diesem Tage nahm ich Rabodo Mandelsloh ein." Also fünf Monate hatten die Belagerung und die Vorbereitungen zu derselben gedauert, bevor die Einnahme des Schlosses erfolgte. Die meisten derjenigen Auslagen, welche Rabodo Wale zuletzt in Rechnung bringt, nämlich 38 Pfund Pfandquittung sowohl für herzogliche als auch für andere Diener und Leute, die zu ihm geritten seien, Zehrungskosten für namhaft gemachte Krieger und Vergütungen, welche er ihnen für verlorene Pferde leistete, werden in diese Zeit gehören. Während der wenigen Tage vom 19. bis 28. September sorgte er auch für Anschaffung der nöthigen Vorräthe zu Mandelsloh. Er blieb bis wenigstens zum 28. Februar 1378 in Neustadt. Seine fernere Rechnungsablage zeigt, dass daselbst bald nach der Einnahme von Mandelsloh der Verbrauch von Lebensmitteln mit Ausnahme der Zeiten, in welchen der Herzog oder andere Herren zu Neustadt verweilten, im Ganzen sich bedeutend verminderte. Namentlich wurden seitdem in der Regel nur 2 oder 3 Malter Hafer wöchentlich verfüttert, woraus am sichersten auf Abnahme der mit Pferden versehenen Besatzung geschlossen werden darf. Auch bewirkte kein späterer Besuch des Herzogs einen grösseren Verbrauch dieses Getreides. Es wird ihn also nur ein kleines Gefolge, keine Kriegerschaar, begleitet haben. Obige weitläufige Erörterung ist meistens deshalb unternommen worden, um es ausser Zweifel zu stellen, dass die am 19. September 1376 erfolgte Einnahme von Mandelsloh nicht so zu verstehen ist, als hätte Rabodo Wale ein herzogliches Schloss, um es zu verwalten, friedlich in Besitz genommen, sondern dass hier von einer Eroberung die Rede ist, obgleich keine Chronik von ihr etwas weiss. Nachdem Tag und Jahr für sie mit Gewissheit gefunden ist, soll nun auch eine spätere Aufzeichnung über die Veranlassung zu derselben und über die näheren Umstände die von Rabodo Wale gegebene Nachricht ergänzen. Bevor Herzog Albrecht im Jahre 1385 den letzten Angriff auf das Schloss Ricklingen unternahm, brachten er und die von Mandelsloh ihre Streitigkeiten vor ein Schiedsgericht, an dessen Spitze Graf Otto von Hoya und Bruchhausen als Obmann stand. Auf der von Mandelsloh Klage und des Herzogs Antwort gab der Graf am 15. April 1385 sein Erkenntniss ab. In diesen Schriftstücken, welche mit dem Beginne der Streitigkeiten anheben, aber bei den einzelnen in ihnen angeführten Thatsachen keine Zeit angeben, sind es die sechs ersten Punkte, welche hier schon in Betracht kommen; nur von dem vierten, die Beziehung zum Stifte Verden betreffend, mag es zweifelhaft sein, ob sein Inhalt nicht auf eine spätere Zeit zu beziehen ist. Es ergeben sich aus jenen sechs Punkten Folgendes; es bestand früher ein alter unversagter Handfrieden zwischen dem Herzoge und den von Mandelsloh; das heisst, man hatte sich gegenseitig durch Handschlag Frieden gelobt und ihn nicht widerrufen. Während dieses Friedens liessen der Rath und die Bürger zu Hannover vierzehn mit Korn, Salz und Bier beladene, den von Mandelsloh gehörende Wagen überfallen und mit den Pferden wegnehmen. Die Leute dabei wurden erschlagen oder verwundet, gelähmt und gefangen. Die von Mandelsloh behaupteten, 500 löthige Mark Schaden hierdurch erlitten zu haben. Obgleich der Herzog, als dies geschah, ausser Landes war, beschuldigten die von Mandelsloh ihn doch des Friedensbruches. Später erhielten sie durch Vergleich Entschädigung von denen, welche sie dieser That anklagten. Während desselben Friedens nahmen Gewaffnete aus Celle, aus Hannover, aus den Schlössern Neustadt, Bordenau und „Griffenburg" ihnen funfzehn Pferde, Wagen mit Korn und Heu nebst dem Zugvieh vor den Wagen weg und beschatzten die Leute. Die von Mandelsloh schlugen den dadurch ihnen verursachten

Schaden auf 100 löthige Mark an und beschuldigten den Herzog, weil die Seinen dies verübt hätten. Ferner während desselben Friedens brannten Leute vom Schlosse „Griffenburg", aus Hannover und vom Schlosse Bordenau ihnen ihre Brücke nieder, zerstörten ihnen ihre Dämme, nahmen ihnen ihre Wege, raubten ihren Knechten Gold, Geld und andere Habe, fälleten ihnen ihre Holzung zu Ricklingen, brachen ihnen vier Häuser zu Mandelsloh ab und warfen die Gräben um das Schloss Mandelsloh zu. Die von Mandelsloh schätzten, diesen, wie sie behaupteten, von des Herzogs Dienern und von den Seinen ihnen und den Ihrigen zugefügten Schaden wohl auf 200 löthige Mark. In diesem und dem vorigen Falle wollte der Herzog sogar die Thäter nicht kennen, verlangte wenigstens, dass sie ihm namhaft gemacht würden. Er und seine Amtleute hatten in jenen den von Mandelsloh gelobten Frieden den Bischof von Verden namentlich eingeschlossen. Dennoch nahmen des Bischofs Leute aus Rotenburg während dieses Friedens zu Kirchwalsede den von Mandelsloh 67 Stück Ochsen und Kühe nebst 15 Pferden weg und fingen zwei Leute. Zu Schaafwinkel nahmen sie ihnen 8 Kühe. Ihren diesmaligen Schaden berechneten die von Mandelsloh zu 300 Mark löthigen Silbers und machten den Herzog dafür verantwortlich. Als Thäter bezeichneten sie Johann von Hohnhorst den älteren und seinen Sohn Johann, Bertold von Hohnhorst und seinen Bruder Johann, Marquard von Zesterfleth, Johann von Utterstede und seinen Sohn Godeward, Heinrich von Borch, Jesse Schutte, Otto von Bredenfleth, Diedrich Vlintzer, Nicolaus von der See, Hermann Schere nebst anderen bischöflichen Burgmännern und Dienern. Mannen des Herzogs und Freunde der von Mandelsloh hatten, — wahrscheinlich gleich nachdem vier Häuser zu Mandelsloh abgebrochen und die Gräben um das Schloss, wie erwähnt ist, zugeworfen waren, — als Schiedsrichter einen Vertrag zwischen beiden Theilen vermittelt und eine Urkunde darüber ausgestellt. Darnach sollten die von Mandelsloh ihre Burg zu Mandelsloh und was dazu gebauet wäre, den Bergfrieden (oder Thurm), die Planken und den Erker, den sie erbauet hätten, brechen, nur das lange Haus, ein Ackerhaus und eine Scheuer daselbst behalten und kein Gebäude dort mehr befestigen noch Gräben ziehen, so dass zu Mandelsloh ferner ja kein Schloss sei. Dagegen sollte der Herzog die Kirche und den Kirchthurm zu Mandelsloh nicht einnehmen oder befestigen noch sich ihrer bemächtigen und, wenn es jemand thäte, es ihm verwehren. Dennoch bemächtigten sich die von Mandelsloh des dortigen Kirchthurms, legten Mannschaft hinein, befestigten ihr Schloss Mandelsloh, drangen daraus in die herzoglichen Lande ein, fielen mit Raub, Brand, Schatzung und Todtschlag über die Leute des Herzogs und über solche, die er von Rechts wegen vertheidigen musste, her, wodurch sie diesen, ihm und seinen Landen, wie er angab, 5000 löthige Mark Schaden zufügten. Darum, nämlich um des Landes Noth, und mit Gerüfte (Gerüchte) dazu geladen, wurde er ihr Feind, nahm die Kirche zu Mandelsloh ein und bemächtigte sich derselben, eroberte von dort in offener Fehde Thurm und Schloss zu Mandelsloh, brach das Schloss, nahm die dem Feinde gehörenden Höfe daselbst, wandte sich von dort zu den übrigen Gütern desselben und entriss sie ihnen. Bei der Eroberung soll der Herzog durch Plünderung und Brand die Kirche und den Kirchhof zu Mandelsloh entweihet haben. Dies wenigstens warfen ihm die von Mandelsloh vor, indem sie überhaupt leugneten, versprochen zu haben, dass sie Mandelsloh brechen wollten. Sie klagten, dass sie und die Ihrigen durch die Eroberung wohl einen Schaden von 1000 Mark löthigen Silbers erlitten hätten. Dass der Herzog sie nun nicht im ruhigen Besitze der Zölle zu Winsen an der Aller und zu Fasel liess, ist wohl sehr erklärlich. Sie beschwerten sich, dass er und seine Amtleute Johann von Escherte und Juncher ihnen diese Zölle, die er selbst ihm zu seiner Urkunde ihnen für ihr Geld verpfändet habe, nähmen. Dagegen behauptete er, ihnen nichts genommen zu haben, was ihnen als Pfand von ihm überlassen worden sei. Wenn ihnen aber die Seinen hinsichtlich der Zölle ein Hinderniss in den Weg gelegt hätten, so sei es in offener Fehde geschehen. Allerdings werden sie die Zölle nicht verloren sondern nur eine Einbusse daran erlitten haben, da sie 1385, nach fast neun Jahren, ihren Verlust nur zu 100 Mark löthigen Silbers berechneten, obgleich nach einer Urkunde vom 10. Februar 1373 ihre jährliche Hebung aus den Zöllen 40 löthige Mark betragen sollte. Folgende Bemerkungen dienen vielleicht dazu, obige Nachrichten zu erläutern. Es muss auffallen, dass der Herzog, während er 1385 in seiner Rechtfertigung den von Mandelsloh Genugthuung von dem Bischofe von Verden (vielleicht dem Nachfolger dessen, unter dem sich obiges zutrug) und von den bischöflichen Leuten verheisst und nicht läugnet, das Schloss Mandelsloh erobert zu haben, sich den Anschein giebt, als sei er allen früheren Feindseligkeiten gegen die von Mandelsloh fern geblieben. Die Schuld, erst angegriffen zu haben, fällt auf die Bürger zu Hannover. Sie benutzten zu dem Ueberfalle die Zeit, in welcher der Herzog ausser Landes war, also die letzten Tage im Juni des Jahres 1374 oder wahrscheinlicher die Tage vom 20. bis 30. October 1375. Auch die beiden folgenden Angriffe, von denen der letzte mit allen Vorbereitungen zu einer Belagerung des Schlosses Mandelsloh endete, scheinen hauptsächlich von ihnen angestiftet zu sein. Wie Neustadt und Bordenau so wird auch das Schloss Griffenburg in der Nähe von Mandelsloh gelegen haben. Die Pfandbesitzer dieser Schlösser oder die Amtleute auf denselben mögen, wenn sie der Billigung des Herzogs gewiss waren, die Bürger der Stadt Hannover bereitwillig aufgenommen haben. Diese aber besass wohl eine wichtige Veranlassung, mit den von Mandelsloh in Streit zu gerathen, der, je beharrlicher ihr von letzteren ihre Forderung verweigert wurde, um desto heftiger werden musste. Erinnerlich ist es noch wohl, welch hohen Werth die Stadt Hannover auf die Herstellung eines Wasserweges nach Bremen legte und was alles sie gethan hatte, um die Bewilligung und Hülfe der Herzöge dazu zu erlangen. Mit der Stadt Bremen hatte sie in der Voraussetzung, dass der Weg zu Stande käme, am 7. Januar 1376, einen Handelsvertrag geschlossen. Nahe der Erfüllung ihrer Wünsche traf sie auf Hindernisse, welche ein ritterbürtiges Geschlecht ihr in den Weg zu legen wagte. Die Gebrüder Heinrich, Diedrich und Statius von Mandelsloh besassen grössere Strecken Landes der Leine entlang nördlich von Neustadt bis in die Aller; namentlich gehörte ihnen die Mühle zu Dienstorf bei Mandelsloh. Sie durften den Schiffen die Fahrt durch das Mühlenwehr hindern und den Arbeiten, welche die Bürger zu Hannover zur Herstellung des Wasserweges an der Leine unternahmen, an manchen Stellen entgegen treten. Von diesem ihrem Rechte machten sie, wie es scheint, eine lange Zeit Gebrauch; denn erst am 27. März 1381 und 22. Februar 1390 verglichen sie sich mit der Stadt, indem sie jene Arbeiten und die Fahrt durch das Wehr gestatteten. Damit Herzog Albrecht den Bürgern der Stadt freie Hand gegen die von Mandelsloh liesse, mussten sie ihm wohl in seinem Kriege gegen die Herzöge Otto und Friedrich Hülfe leisten. Die Rathsherren der Stadt Lüneburg, welche jenem Wasserwege stets gram gewesen waren, äusserten, ähnliches andeutend, am 18. Juni 1376, die Bürger Hannover's würden selbst wissen, auf welche Weise sie wieder in Krieg gerathen seien, und setzten gewiss sehr richtig hinzu, die Stadt Lüneburg habe nichts damit zu schaffen. Landes Noth und Gerüft riefen den Herzog nach Mandelsloh. Der Landfrieden vom 15. August 1374 war also gebrochen und die Gegenwart des edelen Herrn Wedekind von dem Berge nothwendig. Obgleich den von Mandelsloh damals schon eine Holzung zu Ricklingen gehörte, erhielten sie wahrscheinlich erst weit später das dortige Schloss. Ihr Schloss oder ihre Burg zu Mandelsloh, von dem Herzoge so bezeichnet, nannten sie nur ihr Haus oder ihre Wohnung, um nicht selbst einzugestehen, dass sie den von den Schiedsrichtern vermittelten Vertrag gebrochen hätten. Zum Besitze des Schlosses Bordenau waren sie, wie schon erwähnt ist, nicht gelangt; vielmehr wird dasselbe von ihnen oder von dem Grafen von Wunstorf in den Fehden gegen den Herzog zerstört worden sein. Erst nach dem 1. Januar 1376 oder an der Stelle, wo es gestanden hatte, ein neues gebauet. Jedoch hatte Herzog Albrecht den von Mandelsloh über die ihnen am 10. Februar 1373 mit dem Schlosse verpfändeten Zölle zu Winsen und Essel eine neue Verschreibung ausgestellt. Ludolf Juncher, der sie an Erhebung der Zölle hinderte, wird am 8. Januar 1380 herzoglicher Vogt zu Neustadt genannt und muss auch schon früher dort angestellt gewesen sein; wenigstens geschieht seiner am Schlusse der Rechnungsablage des Rabodo Wale öfter Erwähnung. Nach allem diesem hätte also eine von der Stadt Hannover wegen des Wasserweges nach Bremen gegen die von Mandelsloh unternommene Fehde sich zu einem Kriege des Herzogs gegen dieselben erweitert und am 19. September 1376 die Eroberung des Schlosses Mandelsloh herbeigeführt.

Herzog Albrecht kam am 29. September 1376 nochmals nach Neustadt, woselbst zwei Tage vor ihm der edele Herr Wedekind von dem Berge eingetroffen war. Er blieb nur bis zum 1. October. Er und Herzog Wenzlaus hatten am 6. Januar 1371 gelobt, sobald sie Herren des Herzogthums Lüneburg würden, dem Rathe und den Bürgern der Stadt Lüneburg alle denselben vom Herzoge Magnus am 22. August des vorigen Jahres abgedrungenen und genommenen Privilegien und Urkunden, die ihnen die Herzöge Wilhelm und Ludwig oder Herzog Magnus ausgestellt hätten, zu erneuern. Dieses Gelöbniss erfüllten sie am 9. October 1376, indem sie in jenen Privilegien und Urkunden verliehenen und ungeachtet des Verlustes dieser nicht ausser Gebrauch gekommenen Gerechtsamen, Gnaden, Freiheiten und Gaben bestättigten und erneuerten. In einer andern Urkunde wiederholten sie an demselben

K*

Tage das Privileg vom 24. Mai 1371. Zehn Tage später begab sich Herzog Albrecht wieder nach Neustadt und verweilte dort vier Tage, bis zum 23. October 1376.

Nachdem der Bischof Gerhard von Hildesheim den Waffenstillstand zwischen den Herzögen Albrecht und Otto vermittelt hatte, trat er in nähere Beziehung zu letzterem und schloss mit ihm und dem Herzoge Friedrich am 21. December 1376 ein Bündniss, welches freilich zunächst nur Eintracht und Frieden der bischöflichen und herzoglichen Lande bezweckte, ihn aber doch in gewissen Fällen auch nöthigen konnte, für die beiden Herzöge in ihren Kriegen Partei zu ergreifen. Er gelobte nämlich, nicht nur niemals ihr Feind zu werden, sondern auch ihnen, sofern es die Ehre erlauben würde, zur Vertheidigung ihrer Schlösser, Lande und Leute förderlich zu sein. Er und sie setzten für Irrungen, die zwischen ihnen selbst, zwischen ihren Amtleuten, zwischen ihren Mannen oder zwischen einem der Verbündeten und den Mannen des andern entstehen könnten, ein Schiedsgericht ein. Es bestand aus den Rittern Aschwin Schencke und Gerhard von Elze, welche der Bischof, aus den Rittern Burchard von Steinberg dem jüngern und Hermann von Gladebek, welche die Herzöge dazu verordneten, und aus dem Ernst von Dotessem (Dötzum), den man von beiden Seiten zum Obmann wählte. Die Verbündeten gelobten, gegen diejenigen, denen das Recht nicht genügte, sich gegenseitig getreu zu helfen, bis dieselben sich daran genügen lassen würden. Der Bischof versprach, die beiden Herzöge und die Ihrigen bei Rechte zu lassen, Herzog Friedrich, alle von ihm selbst, von seinem Bruder Bernhard und von den Herzögen Wenzlaus und Albrecht dem Bischofe und dem Stifte rücksichtlich der Herrschaft Lüneburg besiegelten Urkunden zu halten und das Stift gegen jedermann, der dasselbe daran hindern würde, vertheidigen zu helfen. Wenn der Bischof wegen einer Reise ausser Landes oder wegen Krankheit einen Administrator ernennen müsste, sollte dieser, bevor er über die Schlösser, Lande und Leute des Stiftes gesetzt würde, diesen Vertrag zu halten, schriftlich geloben. Es scheint, dass der Bischof befürchtete, es möchte nach Ablauf des Waffenstillstandes der Krieg wieder ausbrechen und Herzog Friedrich alsdann den Theil der Vogtei Lauenrode nicht verschonen, welcher am 22. September 1373 dem Stifte verpfändet war.

Wie die magdeburger Schöffen-Chronik unter dem Jahre 1376 berichtet, durchzogen Räuber, Landstroicher und Mordbrenner das magdeburgsche Land und brandschatzten bis vor die Thore der Stadt Magdeburg. Der mit dieser in Streit gerathene Erzbischof Peter soll sie heimlich begünstigt und den Bürgern, die mit Waaren durch das Land fahren mussten, grossen Schaden gethan haben. Weiter erzählt dieselbe Chronik, dass vom Schlosse Dannenberg viele Kaufleute überfallen und beraubt worden seien. Dasselbe widerfuhr auch ohne Zweifel den Kaufleuten der Stadt Lüneburg. Um sie dagegen zu schützen, musste der Rath der Stadt Krieger halten und durch diese die Wegelagerer aufsuchen und züchtigen lassen. Deshalb nahm er den Bertold Kind, welchen der Erzbischof Albert von Bremen am 2. October 1373 als seinen Vogt in Bremervörde bezeichnete, den Hartwig Heest, etwa bis zum 31. October 1375 Pfandbesitzer des Schlosses Haseldorf, und den Gerhard Hoken, beide letzteren aus Holstein gebürtig, in seinen Dienst. Von Bertold Kind ist ein Brief an die Rathsherren zu Lüneburg vorhanden, welcher, wenn er ins Jahr 1376 gehört, am 4. November dieses Jahres geschrieben ist. Darin verlangte Bertold Kind von dem Rathe die Absendung eines Boten nach Ebstorf, Futter und Speise für die Leute und einen Führer, ferner, wenn Ritter Gerhard Hoken und Hartwig Heest kommen wollten, die Absendung eines Boten nach Winsen, der ihnen Speise und Futter schaffte und sie nach Ebstorf, wohin er selbst aufbrechen wollte, zu ihm brächte. Um diese Zeit mag es auch gewesen sein, dass der Bürgermeister Albert Hoyke zu Lüneburg in die unangenehme Lage kam, wegen Schulden der Stadt ein Einlager halten zu müssen. Alles weiset darauf hin, dass der Ort seines unfreiwilligen Aufenthaltes die Stadt Lübeck gewesen sei. Er schrieb seinem Schwager Diedrich Springintgud und meldete ihm, dass er, wo er sich nun befinde, ohne Bürgen oder Pfänder kein Geld mehr bekommen könne. Heinrich Bornstert (zu Lübeck) habe es ihm so nahe gelegt, dass er demselben mit Schaden 21 Last Salz in Bezahlung gegeben habe. Werner Zeles (zu Lübeck), welcher, wie ihm geschrieben sei, 140 Wispel Salz erhalten habe, dürfe nicht mehr als 27 Last empfangen und das Uebrige müsse Brunswik nebst Tonnen und Geld bekommen. Weil er stark gemahnt werde und der Credit sehr leide, wenn die Leute ohne Bezahlung blieben, bat er, dass dem Brunswik noch mehr Salz geliefert werden möchte. Mit Rolef und den anderen Leuten wolle er gern sprechen. Ferner bat er, dem Bischofe und dem Rathe zu schreiben und für die Schuld, um welche er ein Einlager hielt, Bürgen zu stellen, damit er von dannen komme. Ausserdem meldete er seinem Schwager, dass er ihm die Platte (das Bruststück des Harnisches, die Brustplatte) machen lasse. Unter dem Bischofe ist wahrscheinlich der Bischof von Hildesheim zu verstehen, welchem die Stadt Lüneburg um diese Zeit, wie eine Rechnungsablage vom 17. Februar 1380 zeigt, noch wenigstens 580 Mark schuldete. Die Schuldbriefe, welche die Rathsherren der Stadt Lüneburg im Jahre 1376 ausstellten, sind folgende. Am 21. Januar verschrieben sie den Testamentsvollstreckern des verstorbenen Hermann Gallyn, Bürgermeisters zu Lübeck, für 307 $\frac{1}{2}$ Mark ein aus der Stadtkammer jährlich zu entrichtendes halbes Wispel Salz bei jeder Fluth auf der Saline, bis sie denselben irgend ein anderes halbes Wispel gekauft haben würden. Am 5. Februar versprachen sie, der Beke, Wittwe des Nicolaus Wesende, Bürgermeisters zu Uelzen, 150 Mark am 29. März des folgenden Jahres zurückzuzahlen. Ein Haus und einen Hof in der Strasse am Meere hatten sie zur Anlegung einer neuen Strasse gebraucht und verschrieben am 27. Februar für das Haus und den Hof dem bisherigen Eigenthümer, Henneke Gerwens von Kortorf, 105 Mark. Dem Hermann Stolle schuldeten sie 80 Mark und überliessen ihm dafür am 25. April pfandweise den Thurm bei dem Thore der neuen Brücke und die Scheffel, womit das Salz gemessen wurde, nebst den Gebühren für das Messen; von denselben sollte er jedoch, wie dies auch am 12. November 1362 dem Eilemann Kindeschemann zur Pflicht gemacht war, ihnen jährlich 4 Mark bezahlen. Am 16. Juni verschrieben sie dem Barbier Heinrich Pyrtz für die ihnen geliehenen 90 Mark diejenigen 6 Mark Miethe, welche er für ein ihnen gehörendes, von ihm bewohntes Haus ihnen geben musste, also 6 $\frac{2}{3}$ Procent Zinsen. In dem Kriege der Stadt Lüneburg gegen Herzog Magnus hatten auf Bitten des Rathes einige Mitglieder desselben zum Besten der Stadt manche Ausgaben gehabt. Sie legten nun Rechnung ab und bekamen für jene Ausgaben am 28. Juni von dem Rathe Schuldscheine; Johann Rokavalo nämlich erhielt 900 Mark, Johann Semmelbecker 792 Mark, Heine Munther und Johann von der Brugge jeder 300 Mark verschrieben. Am 23. August nahmen die Rathsherren 60 Mark von ihrem Diener Nicolaus Pluckemos auf und versprachen ihm dafür die erste Bude im Schrange (im Scharren, in der Schranne), welche ihnen erledigt würde. Am 29. September stellten sie dem Hermann Bischoping, Rathsherrn zu Hamburg, einen Schuldbrief über 300 Mark aus, am 19. November dem Meister Diedrich Sotmesters einen Schuldbrief über 369 Mark, welche sie ihm wegen versäumter Zinszahlung schuldeten. Johann Roleves, Knochenhauer oder Fleischer zu Lüneburg, vielleicht derselbe Rolef, von welchem Albert Hoyke seinem Schwager schrieb, hatte dem Rathe zu Lüneburg eine Bude in dem Schrange geliehen, der Rath sie während des Krieges gegen den Herzog Magnus verkauft und den Erlös zum Nutzen der Stadt, wo es damals hochnöthig war, ausgegeben. Am 29. November versprach der Rath, ihm die erste Bude, die erledigt würde, wiederzugeben und ihm unterdessen jährlich 16 Mark Rente zu bezahlen. Dieselbe entspricht einem Capitale von 240 Mark. Alle obigen Schuldposten gelobten die Rathsherren mit 6 $\frac{2}{3}$ Procent zu verzinsen. Ausgenommen jedoch sind davon vielleicht diejenigen vom 21. Januar, 25. April, 23. August und 29. November, weil in den sie betreffenden Schuldbriefen nichts darüber bemerkt ist. Auch diessmal sind sämmtliche Summen in gleicher Münzsorte, nämlich in Pfenniggelde angesetzt. Ihr Gesammtbetrag ist nicht mehr als 3993 $\frac{1}{2}$ Mark Pfennige. Alle verbrieften Schulden des Jahres 1376 überstiegen also die des Jahres 1354 nur um 203 $\frac{1}{2}$ Mark Pfennige. Dies allerdings sehr günstige Ergebniss würde von grösserer Bedeutung sein, wenn nicht jene Klageschrift der Stadt Hannover, auf welche die Rathsherren zu Lüneburg am 18. Juni 1376 antworteten, es deutlich zeigte, welche schwere Schuldenlast die Stadt Lüneburg noch zu tragen hatte.

Wegen der Pfarren zu Wittenberg und im Dorfe Rostock waren zu Anfange des Jahres 1377 Vögte und Diener der Herzöge Wenzlaus und Albrecht, wenn nicht gar diese selbst, in den Bann gerathen. Das Spolienrecht über den Nachlass der Geistlichen in dem zur Dompropstei Brandenburg gehörenden Archidiakonate, auch das Synodal- oder Cathedralrecht genannt, gebührte dem Dompropste zu Brandenburg. Die Herzöge Wenzlaus und Albrecht aber nahmen unter Widerspruch des Bischofes und des Dompropstes dieses Recht auf diejenigen Pfarren des Archidiakonats in Anspruch, welche sie selbst verliehen. Weil nun der Bischof ihnen auch das Recht der Verleihung nicht überall, wo sie es zu besitzen behaupteten, zugestand, kam es zu einem heftigen Streite zwischen ihnen und dem Stifte Brandenburg. Die Herzöge liessen von den erledigten Pfarren zu Wittenberg und Rostock Korn, Pferde, Vieh und andere werthvolle Gegenstände wegbringen. Hermann Gerstitz und seine Begleiter holten sich sogar aus der Kirche zu Rostock, was sie glaubten nehmen zu dürfen. Wegen dieser Gewaltthaten wurde der Bann über die

Schuldigen verhängt; der Bischof aber besetzte die Pfarre zu Rostock mit dem Geistlichen Conrad Palmedag. Endlich einigten sich die Herzöge, der Bischof und der Dompropst, ihren Streit durch ein Schiedsgericht entscheiden zu lassen. Zu Rabenstein, wohin sie mit Ausnahme des Herzogs Albrecht kamen, erkannte dies Gericht für Recht, es sollten die Herzöge von dem entwandten Roggen zehn Wispel an die Pfarre zu Wittenberg wieder abliefern, beide Theile das Geld, welches sie inne hätten, behalten und jeder nach seinem Gewissen verwenden, Hermann Gerstitz und die Seinen das Entwandte zurückgeben, der vom Bischofe eingesetzte Pfarrer zu Rostock sein Amt niederlegen, der Bischof dem von den Herzögen einzusetzenden Pfarrer die Besorgung der geistlichen Handlungen anvertrauen, der Bann aufgehoben werden und weder die Herzöge noch ihre Vögte ferner von Kirchen und Pfarren im Bisthume Brandenburg bei deren Erledigung etwas nehmen. Das Spolienrecht des Dompropstes wurde dagegen anerkannt. Im Herzogthume Lüneburg veranlassten, wie es scheint, die Patronatrechte der Herzöge keine Streitigkeiten mit der höheren Geistlichkeit. Die Resignation der Pfarre Fallersleben vom 27. September 1374 ist schon erwähnt. Am 14. Januar 1377 resignirte Heino (Heidenreich), Pfarrer zu Bodenteich, seine Pfarre dem Herzoge Albrecht zu Gunsten des Geistlichen Johann von Walmow. Als die von den Gir gegründete, in der Halle der Kirche St. Cyriaci vor Lüneburg gelegene Vicarie des Altars der Capelle aller Heiligen durch Resignation des Vicars Otto von Hutvlet erledigt wurde, präsentirte Herzog Albrecht am 17. Mai 1377, weil ihm bei dem Aussterben der Gründer das Patronatrecht zugefallen war, dem Archidiakon in Modestorf oder dessen Bevollmächtigten seinen Schreiber, den Geistlichen Ludolf von Munster, zu der erledigten Stelle.

In derselben Jahreszeit, wie vor drei Jahren, trat Kaiser Karl IV. wieder eine Reise in die Mark Brandenburg an. Am 5. April 1377 kam er nach Tangermünde. Hier liess er es seine erste Sorge sein, sich in den Besitz des Schlosses Brome zu setzen. Herzog Magnus der ältere hatte es am 25. Februar 1360 dem Günzel von Bertensleben, dem Paridan von dem Knesebeck, dem Ludolf von dem Knesebeck und dessen Sohne Hans für 700 Mark löthigen Silbers verpfändet. Darauf werden die von dem Knesebeck den Günzel von Bertensleben abgefunden haben, denn sie allein besassen 1375 das Schloss, wie einst am 14. Mai 1352, als sie den Markgrafen für den Herrn desselben anerkannten. Auch Karl IV. behauptete in seinem Landbuche, dass es, wie das Schloss Knesebeck, zur Altmark gehöre. Er forderte es nun zurück, fest entschlossen, seinen Willen zur Geltung zu bringen. Die von dem Knesebeck warteten keine Zwangsmittel ab, sondern überliessen ihm das Schloss durch Vertrag für eine bedungene Summe Geldes. Er war gerade im Begriffe, sich dahin zu begeben, um das Schloss in Besitz zu nehmen, als ihn noch auf dem Marktplatze zu Tangermünde eine Gesandtschaft der Stadt Magdeburg traf. Sie war auf seine Vorladung gekommen, um sich gegen die Beschuldigungen des Erzbischofes zu rechtfertigen. Er gebot den Gesandten, ihn nach Brome zu begleiten. Weil sie aber zu Wasser gekommen waren und keine Pferde bei sich hatten, verlangte er, dass sie ihre Pferde kommen liessen. Auf die deshalb nach Magdeburg gesandte Botschaft eilte eine berittene Schaar junger Knechte und Bürgersöhne herbei und zog mit klingendem Spiele in Tangermünde ein. Die Kaiserinn sah dem Einzuge aus dem Fenster zu. Auf die Nachricht, welche sie hinunter sagen liess, dass der Kaiser bald von Brome zurückkommen werde, ritten der Bürgermeister und der Stadthauptmann Ludolf von Alvensleben mit den bewaffneten Bürgern Magdeburg's ihm entgegen. Sie wurden von ihm sehr freundlich empfangen und begleiteten ihn, in dessen Gefolge sich auch ihr Erzbischof mit wenigen seiner Leute befand, nach Tangermünde zurück. Am andern Morgen zog die berittene Schaar ab; nur die Gesandten blieben noch einige Zeit beim Kaiser. Bald darauf beschloss er, dass Schloss Prezetze zu belagern. Herzog Magnus der jüngere hatte dasselbe nebst dem Schlosse und der Stadt Dannenberg mit Gericht und manchem zur Vogtei Lüneburg gehörenden Sundergute am 10. April 1373 dem Ritter Siegfried von Salder, dem Bruder desselben Conrad von Salder und zur treuen Hand beider einigen Anderen, unter denen Ritter Gebhard von Salder und Bodo von Salder, Vettern Siegfrieds, besonders namhaft gemacht werden müssen, für 3097 löthige Mark verpfändet. Kurz hernach, am 25. Juli 1373, wurde Ritter Siegfried von Salder in demselben Treffen erschlagen, in welchem Herzog Magnus seinen Tod fand. Auch Bodo von Salder starb, wie es scheint, nicht lange hernach, so dass von allen Genannten nur Conrad von Salder und sein Vetter Ritter Gebhard von Salder, beide der calenberger Linie angehörend, auf den Schlössern Prezetze und Dannenberg übrig blieben. Gegen sie zog der Kaiser zu Felde. Als er nun vor dem Schlosse Prezetze lag, liess er die Bürger der Stadt Magdeburg um Kriegsvolk bitten, welches ihm vor das Schloss zu Hülfe zöge. Da sandten ihm die Rathsherren zu diesem Feldzuge die Gewaffneten, welche bei der Stadt Kriegsdienste genommen hatten, unter dem Stadthauptmanne Ludolf von Alvensleben und zwanzig gute Schützen in das Heer. Ihnen voran giengen die Büchsen der Stadt. Der Kaiser lag zwei Tage vor dem Schlosse und stürmte es. Am dritten Tage floh die Besatzung, nachdem sie das Schloss zur Mittagszeit in Brand gesetzt hatte. Es wurde durch das Feuer gänzlich vernichtet, so dass nichts als der Wall übrig blieb. Herzog Albrecht bauete es später wieder auf und es blieb bei dem Lande Lüneburg. Von hier zog der Kaiser mit seinem Heere vor Dannenberg und lag davor vier Tage lang mit dem Kriegsvolke der Städte Magdeburg, Lübeck und einiger Seestädte, denn viele Kaufleute waren aus dem Schlosse überfallen und beraubt worden. Schloss und Stadt wurden aber nicht erobert, sondern der Kaiser erhielt beide durch Vertrag für Geld. Auch sie bekam der Herzog von Lüneburg (Herzog Albrecht) wieder. Diesen Feldzug hatte der Kaiser dem Herzoge von Sachsen (dem Herzoge Wenzlaus) zu gute und zu Liebe unternommen. Am 4. Mai brach das Heer auf und Alle zogen wieder nach Haus. Obiges von der ersten Ankunft des Kaisers zu Tangermünde an findet man mit Ausnahme dessen, was aus bekannten Urkunden hinzugefügt ist, in der magdeburger Schöffenchronik aufgezeichnet. Der Lesemeister Detmar in seiner Chronik ergänzt diese Erzählung, indem er meldet, es hätten ausser den Rathsherren der Stadt Lübeck auch die sächsischen Herren (die Herzöge Wenzlaus und Albrecht) mit dem Kaiser an der Belagerung des Schlosses Theil genommen und die Belagerten hätten sich vor dem vielen trefflichen Kriegsgeräthe der Stadt Lübeck so sehr gefürchtet, dass sie sich entschlossen, wegen Uebergabe des Schlosses zu unterhandeln; darauf sei dasselbe den Herzögen Wenzlaus und Albrecht von Sachsen, Reichsmarschallen, ausgeliefert worden. Johann Rufus in seiner zwischen den Jahren 1395 und 1430 geschriebenen Chronik weiss noch etwas mehr, irret sich aber sicher hinsichtlich des Schlosses Lüchow. Er sagt: „Im Jahre 1377 zog Kaiser Karl IV. an die Elbe, um die Schlösser Lüchow und Dannenberg zu erobern, denn aus diesen Schlössern geschah viel Schaden und Räuberei in den Landen. Als er nun von der Stadt Lübeck Hülfe begehrte, sandte ihm der Rath der Stadt zwei Rathsmitglieder, den Bürgermeister Simon Swarting und den Rathsherrn Gerhard von Alteldorn mit 60 Mann wohl gewaffneter Leute und zwei Bliden mit allem Geräth. Der Kaiser erreichte seine Absicht mit den Schlössern und verbrannte sie." Rufus verwechselt die Schlösser Prezetze und Lüchow mit einander und irret, wenn er behauptet, dass beide Schlösser verbrannt seien. Die Berichte der Chroniken über die Belagerung des Schlosses Dannenberg werden durch andere Nachrichten aus Urkunden vervollständigt. Am 31. März 1377 erhoben die Herzöge Wenzlaus und Albrecht von dem Gelde, welches ihnen der Rath der Stadt Uelzen am nächsten 29. September zu zahlen schuldig war, hundert Mark Pfennige in voraus. So mögen sie auch andere Landeseinkünfte sich haben vorausbezahlen lassen, um die Kosten der beabsichtigten Belagerung Dannenberg's, die schon damals mit dem Kaiser verabredet sein konnte, damit zu bestreiten. In einem späteren Briefe an die Stadt Lüneburg schreibt Herzog Albrecht, von dem Kaiser des Landfriedens wegen zur Heeresfolge gegen das Schloss Dannenberg, aus welchem man ihnen beiden Schaden und Unfug zugefügt habe, aufgeboten, sei er dem Kaiser vor Dannenberg gefolgt und habe seine Ehre gegen den Ritter Gebhard von Salder und gegen Conrad von Salder verwahrt. Am 3. Mai 1377 findet man ihn und den Herzog Wenzlaus mit den Herzögen Albrecht und Friedrich von Braunschweig im Felde vor Dannenberg. Also auch diese beiden herzoglichen Gebrüder waren aus ihrem Lande Grubenhagen dem Rufe des Kaisers zur Belagerung des Schlosses gefolgt. Hier verbanden sie sich an dem genannten Tage mit den Herzögen Wenzlaus und Albrecht, indem sie gelobten, nie Feinde derselben zu werden, noch ihnen unter irgend welchem Vorwande Unrecht zuzufügen, sondern ihnen stets, sofern es die Ehre erlauben würde, gegen jedermann mit Ausnahme des heiligen römischen Reiches wie ein Freund dem andern gern behülflich zu sein. Ein früherer, der Hülfe und des Bündnisses wegen zwischen ihnen errichteter Vertrag sollte erloschen sein. Ohne Zweifel ist damit der Vertrag vom 30. Juli 1373 gemeint. Vermuthlich kurz vor oder während der Belagerung überreichten dem Herzoge Albrecht von Sachsen und Lüneburg einige Bürger der Stadt Lüneburg ein Verzeichniss der ihnen zu Calbe, Tilsen, Dannenberg und zwischen Braunschweig und Lüneburg geraubten, zum Theil nach Calbe und Salzwedel gebrachten Waaren mit der Bitte, durch seine Fürsprache ihnen wieder zum Besitze derselben zu verhelfen. Die geraubten Waaren bestanden in Wolle und wollenen Tüchern aus England und Magdeburg, in Tonnen mit Kupfer und einigen Scheiben Kupfers, in Tonnen mit Neunaugen, mit Häringen, in Tünnchen (Bind) mit Spierlingen (Stint oder Sardellen) und in einigen Streuen Bückinge (Bücklinge). Ein Fass oder eine Tonne Neunaugen wurde zu 24 Mark lübeckisch, eine Tonne Häringe zu 2½ Mark Pfennige, ein Bind Spierlinge zu 3 bis 4 Schillinge berechnet. Einige dieser Waaren hatte Gerhard Greving, andere der Ritter Christian (vermuthlich Christian Bosel) in Dannenberg geraubt. Beide werden zu den Genossen der von Salder gehört haben. Die Bedingungen der Uebergabe des Schlosses Dannenberg enthält folgende Urkunde, welche Nicolaus von Resimburg, Probst zu Cambray, Domherr zu Magdeburg und Breslau und kaiserlicher Rath, Gebhard von Schraplau, Balthasar von Camenz, Rath des Herzogs Albrecht von Sachsen und Lüneburg, und Ludolf von Alvensleben, Stadthauptmann zu Magdeburg, seit dem 21. Mai 1374 im Dienste der Herzöge Wenzlaus und Albrecht, am 5. Mai 1377 noch im Felde vor Dannenberg ausstellten. Wie sie darin erklärten, hatten sie im Auftrage des Kaisers Karl IV. zwischen den Herzögen Wenzlaus und Albrecht einerseits und dem Conrad von Salder andererseits eine Sühne wegen der Pfandschaft des Schlosses und der Stadt Dannenberg vermittelt, Conrad von Salder in Folge dessen für sich und seinen Vetter Gebhard von Salder das Schloss und die Stadt mit der Vogtei, das in die Vogtei Lüneburg gehörende Sundergut und alles, was er hierzu von den früheren Herzögen zu Lüneburg und von beiden Herzögen besass, dem genannten Gebhard von Schraplau und dem Wilbrand von Reden abgetreten und gelobt, diesen alle in seinem Besitze befindlichen Urkunden über die Pfandstücke vor dem nächsten 24. Juni auszuliefern. Alsdann sollten sie beide an dem genannten Tage ihm zu Hannover 600 Mark Silbers, wofür herzogliches Geleit nach Calenberg bewilligt wurde, auszahlen und den Herzögen die Pfandstücke mit jenen Urkunden ausliefern. Conrad von Salder gelobte für sich, für seinen Vetter Gebhard, welcher damals sich vielleicht zu Hallerburg oder Calenberg befand, und für alle seine Anhänger, diese Sühne dem Kaiser, den Herzögen und den Vermittlern der Sühne stets zu halten und in keiner Weise dagegen zu handeln.

Nachdem Detmar in seiner Chronik die Uebergabe des Schlosses Dannenberg erzählt hat, bringt er einige Zeilen weiter eine ebenso unerwartete, als merkwürdige und wichtige Nachricht. Er schreibt: „Als man von Dannenberg abzog, ritt der Kaiser nach Tangermünde. Die Herzöge Wenzlaus und Albrecht, welche ihn dahin begleiteten, liessen sich mit allen ihren Herrschaften und mit der Chur belehnen und mit ihnen Herzog Erich von Sachsen (-Lauenburg). Sie empfingen das Lehn zu gesammter Hand und stellten Urkunden darüber aus, so dass, wer von ihnen oder ihren Erben der älteste sein würde, die Chur haben und allen drei Herrschaften, nämlich den Landen Wittenberg, Lüneburg und Lauenburg vorstehen sollte. Dabei hatten sie über 500 Banner und es geschah mit grosser Pracht." Auch Hermann Corner in seiner während der ersten Hälfte des 15. Jahrhunderts geschriebenen Chronik berichtet ungefähr dasselbe, nur begeht er Fehler in den Namen der Herzöge von Sachsen-Wittenberg und setzt sowohl die Belagerung als auch die Belehnung irrthümlich in das Jahr 1378. Er schreibt: „Nach der Einnahme des Schlosses Dannenberg kehrte der Kaiser mit beiden Herzögen und mit dem Herzoge Erich von Sachsen-Lauenburg nach Tangermünde zurück. Hier verlieh er aus kaiserlicher Machtvollkommenheit dem Herzoge Erich und dessen Erben auf ewige Zeiten gleiches Recht mit dem Herzoge von Sachsen-Wittenberg zur Wahl eines römischen Königs und bewilligte ihm und seinen Erben, mit dem Herzoge von Sachsen-Wittenberg abwechselnd diese Wahl auszuüben." Auf diese Belehnung beriefen sich die Söhne des Herzogs Erich, als sie am 31. März 1424 überall im Lande Sachsen und Westphalen um Fürsprache bei dem Könige Sigismund und den Churfürsten baten, damit ihnen das Herzogthum Sachsen-Wittenberg mit der Chur und dem Reichserzmarschallamte nicht vorenthalten würde. Sie schrieben, ihr Vater und die Herzöge Wenzlaus und Albrecht hätten ihre fürstlichen Lehen, das Land Sachsen mit allen seinen Rechten, Ehren und Würden, wie es auf dieselben von den Vorfahren vererbt sei, von dem Kaiser Karl IV., als er zu Tangermünde in der Mark Brandenburg gewesen sei, empfangen, und noch vielen Leuten sei es im Gedächtnisse. Einer derer, die sich noch genau dessen erinnerten, war Herzog Bernhard von Braunschweig und Lüneburg, derselbe, der trotz der Feindschaft seines Bruders Friedrich gegen die Herzöge Wenzlaus und Albrecht ihnen treu blieb. Er legte am 29. September 1425 das schriftliche Zeugniss ab, er sei gegenwärtig gewesen und habe es gesehen und gehört, dass Kaiser Karl IV. drei Herzöge von Sachsen, nämlich die Herzöge Wenzlaus, Albrecht und Erich mit dem Marschallamte, der Pfalz Sachsen und dem Lande Sachsen belehnt und begnadigt habe, und diese Belehnung sei ihnen zusammen, als rechten wirklichen Vettern, zu gleichem Rechte in Tangermünde ertheilt worden.

Es liegt also keine Verwechselung, noch viel weniger eine Erdichtung vor, deren sich Detmar und Corner schuldig gemacht haben. Die Belehnung war eine Folge der Erbverbrüderung vom 5. April 1374 und der kaiserlichen Bestätigung derselben vom 8. Juli 1374. Wie die Erbverbrüderung sich über beide Herzogthümer Sachsen und über das Herzogthum Lüneburg erstreckte, die kaiserliche Bestätigung alle Fürstenthümer und Herrschaften der drei Herzöge mit allen Ehren, Würden und Freiheiten darin einschloss, musste auch die Belehnung jene drei Herzogthümer mit der Pfalz Sachsen und die beiden fürstlichen Würden, das Reichserzmarschallamt und die Chur umfassen. Zwar nennt Herzog Bernhard in seinem Zeugnisse nicht die Chur. Weil aber, wie schon die goldene Bulle zeigt, jeder der Churfürsten ein Erzamt besass, welches überall als unzertrennlich mit der Chur verbunden erscheint, auch in der kaiserlichen Urkunde vom 10. Juni 1376 das Recht, die Stimme, die Würde und die Macht, einen römischen König zu wählen, dem Herzoge von Sachsen in seiner Eigenschaft als Reichserzmarschall zuerkannt wird, war dem Herzoge Erich mit dem Reichserzmarschallamte auch die Chur, wenn sie in der That nicht namhaft gemacht sein sollte, verliehen. Wahrscheinlich aber nur eben deshalb, weil eins durch das andere bedingt ist, unterliess Herzog Bernhard, die Chur besonders zu nennen. Auch von der Gesammtbelehnung mit dem Rechte auf abwechselnde Regierung im Herzogthume Lüneburg schweigt er, obgleich an ihr nach der vom Kaiser bestätigten Erbverbrüderung nicht gezweifelt werden kann. Vermuthlich erwähnte er sie deshalb nicht, weil es ihn unangenehm berühren mochte, daran erinnert zu werden, und weil die Söhne des Herzogs Erich nicht wegen dieses Rechtes damals bei dem Könige und dem Reiche mit ihrem Gesuche einkamen. Der Umfang der Lehnsgegenstände ist also gewiss richtig von den Chronisten angegeben; nur darin irrt Detmar sicherlich, dass er den ältesten der drei Herzöge und stets den ältesten unter ihren Erben zum alleinigen Inhaber aller dieser Lehne macht, und Corner darin, dass er beide Linien der Herzöge von Sachsen die Churstimme abwechselnd zu führen für berechtigt erklärt. Die Anordnungen des Kaisers vom 10. Juni 1376 werden in Kraft geblieben, dabei aber bestimmt worden sein, dass, wenn der Erbverbrüderung und der ihr ertheilten kaiserlichen Bestätigung gemäss sämmtliche Lehen auf den Herzog Erich und seine Nachkommen vererbt sein würden, auch bei ihnen die am 10. Juni 1376 vorgeschriebene Erbfolge in die Lande und in die damit verbundenen Würden zur Anwendung kommen, also dort der erstgeborene Sohn und seine männlichen Nachkommen, nach ihrem Aussterben aber der älteste Bruder jenes und seine männlichen Nachkommen folgen sollten. Es wurde dem Herzoge Erich und seinen Erben die Zeit, in welcher sie die Chur besitzen sollten, in eine ungewisse weite Ferne gerückt und der Kaiser brauchte, nachdem er seinem Sohne die Nachfolge auf dem Throne römischer Könige gesichert hatte, nicht zu befürchten, dass ein Churfürst aus dem Hause Lauenburg ihm und seinen Nachkommen bald gefährlich werden könnte. Aus früher schon erwähnten Gründen lag ihm sehr viel daran, dass die Herzöge Wenzlaus und Albrecht vor Anderen im Erbrecht auf die Lande des Herzogs Erich einträten. Dies war aber nur durch Erbverbrüderung und Gesammtbelehnung zu erreichen. Auch mochte er, sein Alter wohl fühlend, eine Ahnung davon haben, dass er seinem Ende nicht mehr fern sei, und immerhin eine gewisse Unruhe darüber empfinden, dass er als oberster Richter den Herzögen von Lauenburg schreiendes Unrecht gethan habe. Auch den Herzögen Wenzlaus und Albrecht darf man soviel Einsicht zutrauen, dass sie erkannten, wie zweifelhaft ihr ausschliessliches Recht auf das Erzmarschallamt und die Chur sei. Alle drei mögen geglaubt haben, dass durch die Gesammtbelehnung das Unrecht gesühnt sei. Nur Schade, dass König Sigismund später gewissenlos verdarb, was der Kaiser, sein Vater, wieder gut gemacht zu haben glaubte. Eine verdient hier noch besondere Bemerkung. Herzog Bernhard war Zeuge der Belehnung. That er damals nicht gleich Einspruch dagegen, was unterblieben zu sein scheint, so erkannte er sowohl das dem Herzoge Erich und dessen Erben auf das Herzogthum Lüneburg als auch das den Herzögen Wenzlaus und Albrecht und ihren Erben auf das Herzogthum Lauenburg verliehene Recht an. Bei ihm also waren die Bemühungen der Herzöge Wenzlaus und Albrecht, zu denen sie sich in dieser Angelegenheit am 5. April 1374 verpflichteten, und diejenigen, welchen sich zu unterziehen, Herzog Erich vier Tage später versprach, nicht vergeblich geblieben. Einige Ueberwindung mag es doch dem Kaiser gekostet haben, dem Herzoge Erich die Gesammtbelehnung zu ertheilen, denn derselbe hatte erst vor einem halben Jahre die Kühnheit gehabt, ihm Hindernisse in den Weg zu legen. Nach dem Tode des Königs Waldemar von Dänemark begünstigte der Kaiser sehr die Ansprüche des jungen Herzogs Albrecht von Mecklenburg auf den dänischen Thron gegen Oluf, Sohn des Königs Hakon von Norwegen und der berühmten Königin Margaretha. Dennoch verbündete sich Herzog Erich am 1. November 1376 mit dem Gegenkönige Oluf und dessen Eltern und begab sich in ihren Dienst gegen den Herzog von Mecklenburg. Sie versprachen ihm 5500 löthige Mark, verpfändeten ihm Skanör, Falsterbö und Schonemarket (den Fischmarkt auf Schonen), verpflichteten sich, ihn in den Besitz des Zolles zu Ystad (Vstede) und „Trelleborch" zu setzen, beim Beginne seines Dienstes ihm 1000 löthige Mark auszuzahlen und 60 gewaffnete gute Leute nach Deutschland in seine Schlösser zu schicken. Für andere 1000 löthige Mark sollte er die Schlösser „Openstene" (in Kindahärad in Westgothland), Falkenberg und Laholm (beide in Halland), welche er besass, dem Könige Oluf ausliefern.

Der persönliche Verkehr der Herzöge Wenzlaus und Albrecht mit dem Kaiser zu Tangermünde erleichterte es ihnen, sich mit ihm über streitige Gebietstheile zu verständigen. Ritter Gerhard von Wustrow und seine Söhne Gerhard und Friedrich hatten am 19. April 1360 dem Herzoge Wilhelm das Näherrecht auf ihr Schloss Wustrow eingeräumt. Der Kaiser und sein Sohn Wenzel dagegen hatten am 29. August 1373 dem auf dem Schlosse gesessenen Friedrich von Wustrow alle seine Lehen bestätigt und 1375 das Schloss als zur Altmark gehörig in das Landbuch eintragen lassen. Während seines Aufenthaltes zu Tangermünde wird der Kaiser seine Ansprüche auf das Schloss aufgegeben haben, denn am 24. Mai 1377, als er noch dort verweilte, belehnten die Herzöge Wenzlaus und Albrecht den Knappen Friedrich von Wustrow und seine Vettern Gerhard und Albert von Wustrow mit dem Schlosse und der Stadt Wustrow. Er und seine Vettern gelobten, mit Schloss und Stadt stets ihnen und ihren Erben zu Dienste zu sitzen, bei ihnen zu bleiben und ihnen gegen jedermann behülflich zu sein. Auch räumten sie ihnen beim Verkaufe des Schlosses das Näherrecht ein. Der zur Kriegsführung auf das Schloss zu sendende herzogliche Hauptmann sollte den von Wustrow Burghut geloben und jeder von den andern, wenn er sich gegen ihn Unfug zu Schulden kommen liesse, dafür entschädigen. Die übrigen Bedingungen stimmen mit mehren bei Verpfändung von Schlössern üblichen überein.

Während der Feldzüge gegen die von Mandelsloh und von Salder liessen Herzog Otto zu Göttingen und Herzog Friedrich nebst seinen beiden jüngsten Brüdern und ihren Anhängern trotz des Waffenstillstandes den Herzögen Wenzlaus, Albrecht und Bernhard keine Ruhe. Bald wird sich Gelegenheit finden, ausführlicher von den Verwüstungen zu sprechen, die sie in manchen Gegenden des Landes Lüneburg anrichteten. Die Zeit des Waffenstillstandes näherte sich ihrem Ende. Wenn nicht eine Sühne geschlossen wurde, musste nach dem 24. Juni 1377 der Krieg wieder beginnen und dem Lande weit grösseres Elend, als bisher der Bruch des Waffenstillstandes bringen. Wie der Kaiser des Landfriedens wegen die benachbarten Fürsten und Städte zur Heeresfolge gegen die von Salder aufgeboten hatte, mochte er Miene machen, dasselbe gegen die Herzöge Otto und Friedrich zu thun. Am 6. Juni 1377 findet man den Herzog Otto von Göttingen zu Haldensleben; es lässt sich nicht entscheiden, ob feindliche oder friedliche Absichten ihn in solche Nähe von Tangermünde, wo der Kaiser verweilte, geführt hatten. Zu Haldensleben bevollmächtigte er an dem genannten Tage für sich und für die herzoglichen Gebrüder Friedrich, Heinrich und Otto von Braunschweig den Bischof Gerhard von Hildesheim, zwischen ihnen einerseits und den Herzögen Wenzlaus, Albrecht und Bernhard andererseits eine Sühne zu vermitteln und in ihren Streitigkeiten zu entscheiden, gelobte auch für sich und für die drei herzoglichen Gebrüder, sich der Entscheidung des Bischofs zu fügen und alles zu halten, wozu derselbe sich in ihren Namen verpflichten würde. Für ihn hatte es mit der Sühne solche Eile, dass er gar nicht verlangte, vor Besiegelung der Urkunde, welche die Sühne enthalten würde, dieselbe zu sehen und zu lesen, sondern dass er mit allen Bedingungen zufrieden sein wollte und dem Bischofe sein Siegel gab, um die Sühne damit zu bestätigen. Ein schwerer äusserer Druck musste auf seiner Entschliessung lasten. Der Bischof ging sogleich ans Werk. Er begab sich nach Tangermünde zum Kaiser und vermittelte in Gegenwart und mit Bewilligung desselben, als Bevollmächtigter der Herzöge Otto und Friedrich, zwischen ihnen und den beiden jüngsten Brüdern des letzteren einerseits, den Herzögen Wenzlaus, Albrecht und Bernhard, von denen nur die beiden ersteren gegenwärtig waren, andererseits eine Sühne und Einigung hinsichtlich aller Zwistigkeiten, um welche sie und ihre Helfer auf beiden Seiten mit einander in Krieg gerathen waren. Der ihm gewordenen Vollmacht gemäss versprach er, dass die Sühne ebenso fest gehalten werden sollte, als ob die vier Fürsten, welche er vertrat, gegenwärtig gewesen wären. Sie enthielt folgende Punkte. Herzog Friedrich und seine Brüder Heinrich und Otto wurden für sich und ihre Erben mit den Schlössern Lichtenberg, Neubrück, Thune, Wettmershagen, Wendhausen, Brunsrode, Vorsfelde, Campen, Bahrdorf und Twieflingen von dem Herzogthume und der Herrschaft Lüneburg abgefunden. Falls einige zu diesen Schlössern gehörende Mannen, Dörfer oder Leute in die Vogtei, in das Gericht und Gebiet von Gifhorn gehörten, wurden sie nun davon frei. Mit diesen zehn Schlössern gänzlich abgefunden, behielten die drei Herzöge und ihre Erben auf das Herzogthum und die Herrschaft Lüneburg keine Ansprüche mehr und durften an denselben die Herzöge Wenzlaus, Albrecht und Bernhard ebensowenig, wie diese an den zehn Schlössern jene hindern. Die aus dem Kriege zwischen dem Herzoge Magnus und den Herzögen Wenzlaus und Albrecht herrührenden Schulden wurden getheilt. Soviel davon die beim Lande Lüneburg bleibende Mannschaft betraf, nahmen die Herzöge Wenzlaus, Albrecht und Bernhard auf die Herrschaft Lüneburg, soviel aber davon die Mannschaft in der Herrschaft Braunschweig, die abgetretenen zehn Schlösser und die dazu gehörende Mannschaft betraf, nahmen Herzog Friedrich und seine Erben auf die Herrschaft Braunschweig und auf die zehn Schlösser. Bei einer vor dem nächsten 1. August von allen Herzögen zu haltenden Zusammenkunft sollte Herzog Friedrich für sich, für seine Brüder Heinrich und Otto und für die Erben ihrer drei alle zu der Herrschaft Lüneburg gehörenden Schlösser und Mannschaft mit Ausnahme der zehn Schlösser an die Herzöge Wenzlaus, Albrecht und Bernhard, diese für sich und ihre Erben die genannten zehn Schlösser mit dazu gehörender Mannschaft an jene weisen und jeder die von ihm überwiesene Mannschaft der ihm geleisteten Huldigung entlassen. Die Herzöge Wenzlaus, Albrecht und Bernhard sollten sich der zehn Schlösser gegen den Herzog Otto zu Göttingen, gegen den Herzog Friedrich und beider Erben, ebenso diese nebst den herzoglichen Gebrüdern Heinrich und Otto und ihren Erben sich der Schlösser, welche bei dem Herzogthume und bei der Herrschaft Lüneburg blieben, für jene und deren Erben nicht anmassen. Alle, welche dem Herzoge Otto zu Göttingen und dem Herzoge Friedrich gegen die Herzöge Wenzlaus, Albrecht und Bernhard, oder welche diesen gegen jene zu Hülfe gekommen waren, erhielten, wenn man ihnen von Rechts wegen etwas schuldete, warum sie in Krieg gerathen seien, die Zusicherung, dass man es ihnen leisten wolle; aber auch ihnen wurde die Verpflichtung auferlegt, es ebenso zu halten, wie es sich gebührte. Ausnahme hiervon wurde jedoch mit allem gemacht, was während der Fehde geschehen war. Alle diejenigen, welche im Kriege der Herzöge gefangen waren und denen sie Schadenersatz versprochen hatten, sollten entlassen werden, überhaupt die Gefangenen auf beiden Seiten sofort bis zum nächsten 25. Juli Freiheit geniessen und unterdessen jeder der Herzöge ihnen für sich und bei den Seinen ohne Widerrede die fernere Freiheit erwirken. Die Herzöge Wenzlaus, Albrecht und Bernhard sollten von den Herzögen Otto und Friedrich das Schloss Gifhorn der vom Herzoge Wilhelm oder Magnus oder von beiden ausgestellten Pfandurkunde gemäss einlösen. Falls an derselben etwas dem Rechte nicht gemäss wäre oder beide Herzöge sie nicht bis zum nächsten 1. August herbeischaffen könnten, sollten der Bischof und sein Bruder, der edele Herr Wedekind von dem Berge, und, wenn beide nicht einig werden könnten, der Kaiser in der Angelegenheit die Entscheidung treffen. Was auf diese Weise im ersteren Falle für Recht erkannt und, für welche Summe Geldes das Schloss einzulösen, im zweiten Falle angeordnet würde, dabei sollte es ohne Widerrede bleiben. In allen dereinstigen Irrungen über diese Sühne sollten der Bischof und sein Bruder Schiedsrichter und, wenn sie sich nicht einigen könnten, der Kaiser ihr Obmann sein. Widerrede gegen die Entscheidung dieses Gerichtes war nicht gestattet. Auch wurde dem Kaiser die Befugnis zugestanden, nach eigenem Gutdünken und nach dem Rathe des Bischofes und dessen Bruders zum Nutzen des Landes und Leute zwischen den Herzögen beiderseits eine freundliche Einigung und Verbindung, der sie sich fügen sollten, zu stiften. Rechtliche Schuldforderungen wurden durch diese Sühne nicht berührt. Würde der Bischof oder sein Bruder vor dem 1. August, ehe die Sühne vollzogen wäre, sterben oder wegen echter Noth zu den Verhandlungen nicht kommen können, so sollte innerhalb zweier Wochen an seine Stelle ein Anderer treten. Nämlich für den Bischof mussten alsdann die Herzöge Otto und Friedrich, für den edelen Herrn Wedekind von dem Berge die Herzöge Wenzlaus, Albrecht und Bernhard einen Stellvertreter bevollmächtigen. Vor dem nächsten 1. August sollten die Herzöge an einem ihnen beiderseits passenden Orte zusammenkommen. Herzog Otto von Göttingen sollte die Herzöge Friedrich, Heinrich, Otto und diejenige Mannschaft, welche Schlösser der Herrschaft Braunschweig von ihnen besässe, mit sich dahin bringen. Ebenso sollten die Herzöge Wenzlaus und Albrecht oder einer von ihnen mit dem Herzoge Bernhard dort erscheinen, begleitet von den Abgeordneten der Städte und von der Mannschaft, welche sich zu ihnen hielten und von ihnen Schlösser des Herzogthums und der Herrschaft Lüneburg besässen. Auf dieser Zusammenkunft sollten die Fürsten beiderseits die Städte, Schlösser, Mannschaft, Leute und Güter sich einander anweisen und, wie schon erwähnt ist, auf die geleistete Huldigung verzichten. Wenn von einigen Städten keine Abgeordneten dort erschienen und einige aus der Mannschaft ausblieben, so sollten die Fürsten beiderseits, sobald sie von dort aufbrächen, nach denjenigen Städten und Schlössern reiten, wo es erforderlich wäre, diese Sühne vollziehen und sich einander Urkunden darüber ausstellen, damit die Sühne fest und wohl gehalten würde. Falls auf der Zusammenkunft oder vor dem nächsten 25. Juli ein Zwischenfall sich ereignete, so dass diese Sühne nicht vollzogen würde, sollten die sieben Fürsten am nächsten 1. August nach Tangermünde kommen, die Bevollmächtigten der Städte und die Mannschaft dahin mit sich bringen und daselbst vor dem Kaiser diese Sühne und Entscheidung nebst allen Verträgen vollziehen. Hätte die Vollziehung aber schon früher Statt gefunden, so sollten die sieben Fürsten dennoch am 1. August nach Tangermünde vor den Kaiser kommen, die Sühne erneuern und den Kaiser um schriftliche Bestätigung derselben bitten. Ueber allen Friedensbruch, der auf beiden Seiten bisher verübt wäre, sollten der Bischof und sein Bruder in Freundschaft oder nach dem Rechte richten und gegen ihre Entscheidung kein Widerspruch gestattet sein. In guter Treue und ohne alle Arglist gelobten die Herzöge Wenzlaus und Albrecht für sich, für ihre Erben und für den Herzog Bernhard, ebenso der Bischof im Namen der vier Herzöge, von denen er Vollmacht besass, dass diese Sühne und Entscheidung gänzlich vollzogen und gehalten werden sollte. Die Herzöge Wenzlaus und Albrecht besiegelten die hierüber ausgefertigte Urkunde am 12. Juni 1377 zu Tangermünde; der Bischof heftete daran sein und des Herzogs Otto Siegel und stellte dabei die Bedingung, dass er seines Gelöbnisses ledig sein wollte, sobald der Herzöge Otto und Friedrich, dieser für sich und seine beiden jüngsten Brüder, die Urkunde besiegelt haben würden. Obiger Inhalt der Sühne giebt Andeutungen über die Veranlassung zu dem ihr vorangegangenen Kriege. Bei derselben kommt die Geschichte jener zehn Schlösser und des Schlosses Gifhorn in Betracht. Die Schlösser Lichtenberg und Thune gehörten schon 1273 zum Herzogthume Lüneburg. Auch in Urkunden vom 3. April 1300 und 4. September 1306 erscheint Lichtenberg als ein Schloss des Herzogs von Lüneburg. Am 18. October 1365 verpfändete es Herzog Wilhelm an die von Salder. Es war am 11. November 1379 noch nicht eingelöset. Das Schloss Thune aber verpfändeten die Herzöge von Lüneburg an den Herzog Ernst zu Göttingen und löseten es am 16. October 1347 von ihm ein, worauf es Herzog Wilhelm am 29. September 1356 dem Knappen Balduin von Wenden zu Pfande überliess. Das Schloss Neubrück liessen sich die Herzöge von Lüneburg am 29. Mai 1322 von ihren Vettern, den Herzögen von Braunschweig, zuerkennen, nachdem am 20. September des vorigen Jahres Burchard von Meinersen auf den Werder Verzicht geleistet hatte, auf welchem das Schloss gebauet war. Am 9. December 1379 sass Eberhard von Marenholtz auf dem Schlosse Neubrück. Die Burg Wettmershagen erhielten die Herzöge von Lüneburg am 8. November 1337 durch Kauf von den von Campe; Herzog Wilhelm verpfändete ihnen am 5. März 1357 und Herzog Magnus der jüngere am 8. April 1372 dasselbe Schloss. Das Schloss Wendhausen hatten die Herzöge von Lüneburg gekauft und ihre Vettern, die Herzöge zu Braunschweig, bewilligten ihnen am 20. Juni 1328, es zu behalten. Ein Zubehör zum Schlosse bildete eine Holzung, von welcher besonders bemerkt wurde, dass Herzog Heinrich von Grubenhagen sie besessen habe. Deshalb und weil Ritter Ludolf von Medem, ein Lehnsmann der Herzöge von Grubenhagen, vorher (am 22. Mai 1328) als Besitzer des vierten Theils dieses Schlosses erscheint, ist grosse Wahrscheinlichkeit vorhanden, dass es früher den Herzögen von Grubenhagen gehört habe. Die Herzöge Otto und Wilhelm von Lüneburg verpfändeten am 24. August 1341 dem Drosten Ludeger von Garssenbüttel und darauf dem Herzoge Ernst zu Göttingen, von dem sie es am 16. October 1347 einlöseten, um es am 9. August 1348 dem Drosten Ludeger von Garssenbüttel und dem Johann von Honlege zu verpfänden. Ritter Johann von Ambleben gelobte am 8. September 1351, das Geld zur Einlösung des Schlosses auszulegen; aber nicht ihm, sondern dem Ritter Ludolf von Hohnhorst überliess Herzog Wilhelm von Lüneburg am 4. Juli 1353 das Schloss pfandweise. Später besassen es die von Bertensleben, wie eine Urkunde vom 10. September 1377 zeigt. Am 16. Juli 1381 sass Kannenschlager, wahrscheinlich als herzoglicher Vogt, auf dem Schlosse. Ueber das Schloss Brunsrode fehlt die Nachricht, wie die Herzöge von Lüneburg es erworben haben. Herzog Wilhelm verpfändete es am 30. November 1355 den von Marenholtz, Herzog Magnus der jüngere am 9. Juli 1372 dem Ritter Siegfried von Salder. In der Geschichte der Schlösser Vorsfelde, Campen und Bahrdorf ist ein gewisser Zusammenhang, weshalb sie hier gemeinsam behandelt werden sollen. Als Herzog Otto von Lüneburg mit den Markgrafen von Brandenburg am 18. December 1309 das Gebiet theilte, welches er und sie dem Herzoge Heinrich von Grubenhagen abgenommen hatten, fiel den Markgrafen das Schloss und die Stadt Vorsfelde zu. Die von Bertensleben sassen 1345 auf dem Schlosse, als Herzog Magnus der ältere sich in den Besitz desselben und der Stadt setzte. Dieses Schloss und das Schloss Bahrdorf gehörte zu denjenigen, wegen welcher er in einen Krieg mit dem Erzbischofe Otto von Magdeburg gerieth. Das Schloss Campen, welches früher die von Campe besassen, aber im Kriege der Herzöge von Braunschweig gegen das Stift Hildesheim, wie eine Urkunde vom 20. August 1326 andeutet, verloren, erkannte Herzog Magnus der ältere am 14. Februar 1367 als ein Lehn des Bischofs von Merseburg an. Er und sein Sohn Magnus verkauften den Herzögen Otto und Wilhelm auf Wiederkauf die Schlösser Bahrdorf und Süpplingenburg im Jahre 1347 und das Schloss Campen im Jahre 1348. Ueber den Verkauf der beiden ersteren Schlösser enthalten Urkunden vom 13. December 1347, vom 1. und 6. Januar 1348 und vom 20. Januar und 9. März desselben Jahres, über den Verkauf des Schlosses Campen Urkunden vom 25. Februar, 2., 30., 31. März und 6. April 1348 das Nähere. Das Schloss Campen verpfändeten die Herzöge Otto und Wilhelm am 31. Mai 1349 den von Salder und von dem Knesebeck, Herzog Wilhelm am 7. April 1354 der Stadt Braunschweig. Als dann dieser Herzog am 23. Juni 1355 seine Tochter Mechtilde verlobte, versprach er, falls er einen Sohn bekäme und nicht ihr Verlobter, der Herzog Ludwig von Braunschweig, sein Nachfolger würde, ihr die Schlösser Bahrdorf, Campen und Süpplingenburg oder statt der letzteren, wenn es verkauft würde, das Schloss Vorsfelde, welches er dann einlösen wollte, zur Mitgift zu geben. Weil er zwei Jahre nachher das Schloss Süpplingenburg dem Johanniter-Orden verkaufte, lösete er jenem von ihm dem Herzoge Magnus dem älteren gegebenen Versprechen gemäss das von demselben an die von Bertensleben verpfändete Schloss Vorsfelde nebst der Stadt ein und erhielt es am 12. März 1357 von ihm zu Pfande. Am 7. September 1357 verpfändete er es den von Salder zu Lichtenberg, acht Jahre später der Stadt Braunschweig. Von ihr erhielten es 1366 die von Bertensleben. Die Beköstigung auf dem Schlosse übernahm am 26. Juni 1372 die Stadt. Was sie dafür zu fordern hatte, wurde 1374 auf das Schloss Wolfenbüttel geschlagen. Bevor Herzog Friedrich mit den Herzögen Wenzlaus und Albrecht in Feindschaft gerieth, verpfändete er und Herzog Bernhard am 9. Juni 1374 das Schloss Vorsfelde den von Honlege und von Veltheim. Ob die beiden ersteren Herzöge gleich damals dagegen Einspruch thaten, ist nicht bekannt. Das Schloss Campen verpfändete Herzog Wilhelm am 30. April 1357 nochmals der Stadt Braunschweig. Im Jahre 1377 sassen, wie es scheint, die von Honlege darauf. Sie mochten es von der Stadt zu Pfande haben. Das Schloss Bahrdorf erhielt Ritter Burchard von Marenholtz am 6. December 1364 von dem Herzoge Wilhelm zu Pfande. Er besass es am 8. April 1367 und noch später am 30. April 1372. Das Schloss Twieflingen war früher Eigenthum der von Heimburg. Wie Herzog Wilhelm von Lüneburg es erworben hat, darüber fehlen die Nachrichten. Er verpfändete es am 3. November 1363 den von Honlege und von Wenden. Herzog Magnus der jüngere verkaufte es ungefähr im Jahre 1371 auf Wiederkauf dem deutschen Orden. Was das Schloss Gifhorn betrifft, so war am 31. März 1267 bei der Theilung des Herzogthums in die Herrschaft Braunschweig und in die Herrschaft Lüneburg bestimmt worden, dass Celle zur einen, Gifhorn zur andern gelegt werden sollte. Obgleich nun Celle dem Herzogthum Lüneburg zu Theil wurde, gehörte doch demselben schon am 6. December 1318 auch der Zoll zu Gifhorn. Ritter Albert Bokmast erhielt am 4. Juni 1340 Gifhorn von den Herzögen Otto und Wilhelm zur Leibzucht und seine Söhne gelobten am 10. Februar 1349, dass nach seinem Tode die Grafschaft Gifhorn, wenn die Herzöge ihnen 26 feine Mark gäben, bei dem Schlosse Gifhorn bleiben sollte. Um das Jahr 1360 war daselbst von dem Herzoge Wilhelm ein Zöllner angestellt. Die Sühne selbst enthält die Nachricht, dass das Schloss Gifhorn vom Herzoge Wilhelm oder Magnus oder von beiden verpfändet worden war. Weil die Stadt Braunschweig, wie eine Urkunde vom 3. März 1381 bemerkt, eine von der alten Herrschaft zu Lüneburg über das Schloss ausgestellte Pfandverschreibung besass, kann es nicht zweifelhaft sein, an wen jene Herzöge das Schloss verpfändet haben. Gifhorn wurde am 13. October 1371 von dem Kaiser unter den Ortschaften des Herzogthums Lüneburg angeführt. Im Jahre 1377 und noch am 3. März 1381 sassen die von Veltheim auf dem Schlosse Gifhorn, welches sie wahrscheinlich von der Stadt Braunschweig zu Pfande erhalten hatten. Auf den fünf Schlössern Lichtenberg, Brunsrode, Campen, Bahrdorf und Gifhorn verlieh Herzog Wilhelm, wie sein Lehnbuch aus dem Jahre 1360 bezeugt, Burglehen. Aus Obigem ergiebt sich also, dass die Schlösser Lichtenberg und Thune seit der frühesten Zeit zum Herzogthume Lüneburg gehörten, dass die Schlösser Neubrück und Wendhausen demselben von den Herzögen von Braunschweig zuerkannt waren, dass diese dem Herzogthume Lüneburg die Schlösser Bahrdorf und Campen auf Wiederkauf verkauft, das Schloss Vorsfelde aber zu Pfande überlassen hatten und dass das Schloss Wettmershagen durch Kauf an das Herzogthum Lüneburg gekommen war. Von den Schlössern Brunsrode, Twieflingen und Gifhorn kann nicht nachgewiesen werden, auf welche Weise sie erworben sind. Dass aber Herzog Wilhelm alle eilf Schlösser besessen hat, ist gewiss, dass keins derselben, während er lebte, wieder an das Herzogthum Braunschweig gekommen sei, nur zu wahrscheinlich. Der Vertrag vom 25. September 1373 verlangte, dass alle Schlösser, welche der Herzog bei seinem Tode hinterlassen hatte, zur Herrschaft Lüneburg wieder gelegt werden sollten. Es ist deshalb nicht erklärlich, mit welchem Rechte Herzog Friedrich diejenigen der eilf Schlösser, welche sein Grossvater an das Herzogthum Lüneburg durch Verkauf oder pfandweise abgetreten hatte, ohne sie wiederzukaufen oder einzulösen, verlangen und überhaupt auf die anderen irgend welche Ansprüche erheben konnte. Dennoch that er es, ohne im übrigen die Sühne vom 25. September 1373 umstossen zu wollen. Der Krieg, den er und Herzog Otto zu Göttingen angefangen hatten, wurde also nicht um das ganze Herzogthum Lüneburg, sondern nur um ein Gebiet desselben geführt, welches jene Schlösser einschloss und an der nördlichen Grenze des Herzogthums Braunschweig lag. Dass Herzog Friedrich diese Schlösser als ein Zubehör seines Herzogthums Braunschweig verlangte, nicht etwa der Kaiser und die Herzöge Wenzlaus und Albrecht sie ihm freigebig anboten, wird aus Folgendem zur Gewissheit. Die eben von dem Bischofe Gerhard von Hildesheim vermittelte Sühne kam, wie im voraus bemerkt werden mag und Urkunden vom 10. September 1377 und 11. November 1379 deutlich zeigen, nicht zur Ausführung; dennoch verlangte Herzog Friedrich, als seine Brüder Bernhard und Heinrich allein 1388 das Herzogthum Lüneburg erhielten, jenes Gebiet und bekam auch am 6. Juni des genannten Jahres zu seinem Herzogthume Braunschweig zehn von jenen eilf Schlössern und statt des Schlosses Neubrück das Schloss Fallersleben. Sieben dieser Schlösser gegen die Herzöge Wenzlaus und Albrecht zu behaupten, wurde ihm dadurch erleichtert, dass seine treusten Anhänger dieselben in Besitz hatten. Die von Veltheim sassen auf Gifhorn, die von Honlege auf Campen, beide auf Vorsfelde, die von Wenden auf Thune, die von Campe auf Wettmershagen, die von Salder auf Lichtenberg und Brunsrode. Die Sühne selbst sagt es deutlich, dass manche wegen Schuldforderungen, die ihnen nicht bezahlt waren, an dem Kriege Theil genommen hatten. Derer, welche gegen die Herzöge Wenzlaus und Albrecht, als Herren des Herzogthums Lüneburg, wegen Auslagen für den Herzog Magnus oder wegen der ihm geleisteten Dienste Forderungen erhoben, mochten sehr viele sein. Wenigstens bestimmte der Vertrag vom 25. September 1373, dass solche wegen der Herrschaft Lüneburg gemachten Schulden von ihr bezahlt werden sollten. Mit ihren Forderungen von beiden Herzögen abgewiesen, werden sich viele Anhänger des verstorbenen Herzogs Magnus mit seinem Sohne Friedrich verbunden haben. Die Bereitwilligkeit des Kaisers und der Herzöge Wenzlaus und Albrecht, dem Verlangen des Herzogs Friedrich nachzugeben, darf nicht zu hoch angeschlagen werden. Wie schon früher bemerkt worden ist, hatte der Kaiser die Absicht, die Herzöge Wenzlaus und Albrecht nach Westen hin, in die Herzogthümer Lüneburg und Lauenburg, aus ihrem Herzogthume Sachsen-Wittenberg zu verdrängen. Nur den Umständen hatte er sich am 23. und 28. October 1373 kläglich gefügt, als er die Sühne vom 25. September desselben Jahres bestätigte. Was damals sich nicht hatte ausführen lassen, sollte nun theilweise versucht werden. Der Kaiser gab dazu, dass jene zehn Schlösser an das Herzogthum Braunschweig abgetreten würden, unter der Bedingung seine Einwilligung, dass die herzoglichen Gebrüder Friedrich, Heinrich und Otto mit denselben vom Herzogthume Lüneburg gänzlich abgefunden würden, dass sie allen ihren Ansprüchen und Rechten auf dieses Herzogthum entsagten, dass also für sie die Sühne vom 25. September 1373 nicht mehr bestehen sollte. Nahmen sie diesen Vergleich an, so behielt von dem Söhnen des Herzogs Magnus nur Herzog Bernhard ein Erbrecht am Herzogthume Lüneburg, nur für ihn blieb die Sühne vom 25. September 1373 in Kraft; und wenn es nicht so fügte, dass er, ohne Söhne zu hinterlassen, stürbe, wurden die Herzöge von Sachsen-Wittenberg, was sie und der Kaiser immer gewollt hatten, alleinige Herren des Herzogthums Lüneburg. Diese Aussicht war mit den zehn Schlössern nicht zu theuer erkauft. Der Kaiser liebte, wie die von ihm geschlossenen Erbverbrüderungen zeigen, ein solches Glücksspiel und setzte grosse Hoff-

LXXXVII

nungen darauf. Zu Herren ohne Land durfte und konnte er die Herzöge Wenzlaus und Albrecht nicht machen. Wollte er oder sein Sohn dereinst sich unter irgend welchem Vorwande das Herzogthum Wittenberg aneignen, so musste er zuvor für eine Entschädigung sorgen. Bei ihm und den Herzögen Wenzlaus und Albrecht kam aber noch besonders in Betracht, dass, wenn Herzog Friedrich mit seinen beiden jüngsten Brüdern auf das Herzogthum Lüneburg Verzicht geleistet haben würde, ein sehr grosses Hinderniss gegen die dereinstige Ausführung der über die Herzogthümer Wittenberg, Lauenburg und Lüneburg am 5. April 1374 geschlossenen und sowohl durch die kaiserliche Urkunde vom 8. Juli desselben Jahres als durch die Belehnung zu Tangermünde bestätigten Erbverbrüderung hinweggeräumt sein würde; denn der einzige unter den Söhnen des Herzogs Magnus, der ein Recht auf das Herzogthum Lüneburg behielt, Herzog Bernhard, war bei der Belehnung gegenwärtig gewesen und hatte, wie man annehmen muss, ihr zugestimmt. Für den Herzog Friedrich und seine beiden jüngsten Brüder stand das Herzogthum Lüneburg und ihr Recht an Lauenburg auf dem Spiele; so viel waren ihnen jene zehn Schlösser nicht werth. Zu plump war ihnen die Falle gestellt, in welche sie gehen sollten. Sie werden es gewesen sein, welche der oben vom Bischofe Gerhard vermittelten Sühne ihre Bestätigung verweigerten und dadurch die Ausführung derselben unmöglich machten.

Am folgenden Tage nach Ausfertigung der Urkunde, welche obige Sühne enthielt, nämlich am 13. Juni 1377, vermittelte der Kaiser zu Tangermünde einen Vergleich zwischen der Stadt Magdeburg und ihrem Erzbischofe; an demselben Tage stiftete er in der Schlosscapelle zu Tangermünde Pfründen für einen Probst und eilf Chorherren. Unter anderen waren dabei gegenwärtig Herzog Wenzlaus und Bischof Gerhard von Hildesheim. Herzog Albrecht wird schon von Tangermünde abgereiset gewesen sein. Am 16. Juni 1377 besuchte der Kaiser die Stadt Magdeburg und blieb dort bis zum dritten Tage; auch die Kaiserinn besuchte bald darauf einige Tage lang die Stadt. So vergnügt der Kaiser zurückkehrte, so wenig war die Kaiserinn von der ihr gewordenen Aufnahme befriedigt. Die magdeburger Schöffen-Chronik weiss vieles über den Empfang und den Aufenthalt beider in der Stadt zu erzählen. Von Tangermünde zog der Kaiser in die Neumark und lag am 13. Juli 1377 dort im Felde vor dem Schlosse Königsberg. Dann begab er sich nach der Stadt Dramburg, wo er sich am 16. Juli befand.

Die sehr bedeutenden, durch die Fehde gegen den von Mandeslohe veranlassten Auslagen des Rabodo Wale hatten die Schulden sehr vermehrt, welche auf dem Schlosse Neustadt seit der Zeit des Herzogs Magnus lasteten. Es scheint, dass die Herzöge, dieser Schulden wegen bedrängt, sich an die Stadt Lüneburg mit der Bitte wandten, ihnen zur Einlösung des Schlosses behülflich zu sein. Die Bürgermeister der Stadt hielten darauf wegen der Angelegenheit eine Zusammenkunft mit Ulrich Lutzeke und Burchard Tetze aus Hannover, von denen ersterer 1372 Rathsherr und 1373 Bürgermeister daselbst war, letzterer auch in einer Urkunde vom 11. April 1374 genannt wird. Beide schieden von ihnen mit dem Versprechen, im Rathe zu Hannover es zur Sprache bringen zu wollen, dass die Stadt Hannover etwas zur Einlösung des Schlosses beitrüge. Nach Haus zurückgekehrt schrieben sie ihnen, diejenigen Rathsherren zu Hannover, mit denen sie heimlich Rücksprache genommen hätten, behaupteten, wegen grosser Schulden und weil den Bürgern der Stadt Hannover von ihrem Landgute, auf dessen Ertrag sie zu ihrer Ernährung meistens angewiesen seien, nichts einkäme, zur Einlösung des Schlosses Neustadt nichts beitragen zu können. In anderen Dingen würden sie der Herrschaft zu Diensten und dem Lande zu gute gern thun, was sie könnten. Wenn aber der Herzog von Lüneburg den neuen Landfrieden mit dem Bischofe von Hildesheim und mit den anderen benachbarten Herren vorwärts brächte, so möchten die Bürger und die Bürger in Hannover zur Einlösung des Schlosses wohl nach Vermögen das Ihrige beitragen, nämlich Geld dazu anleihen und verzinsen. Sie baten daher, den Herzog zu bewegen, dass er seinem Versprechen gemäss den Landfrieden fortsetze. Weil die von dem Bischofe Gerhard von Hildesheim zu Tangermünde vermittelte Sühne von dem Herzoge Friedrich nicht anerkannt und also nicht gehalten wurde, suchten braunschweigische sogar hildesheimische Mannen das Land Lüneburg wieder mit Raub und Brand heim. Auch Bürger der Stadt Hannover litten sehr darunter, wie weiter unten ausführlicher beschrieben werden soll. In obigem Briefe ist schon angedeutet, dass ihre Ländereien verwüstet waren. Der am 15. August 1374 geschlossene Landfrieden, die einzige Schutzwehr gegen solche Gewaltthaten, blieb, wenn er nicht erneuert wurde, nur bis zum 15. August 1377 in Kraft. Es war deshalb wohl an der Zeit, dass die Stadt Hannover den Herzog Albrecht an sein Versprechen erinnerte, den Landfrieden fortzusetzen. Einen derer, von welchen sie beunruhigt worden war, den Knappen Heinrich Kreuser, hatte sie glücklich in ihre Gewalt bekommen. Er musste sich am 13. Juli 1377 mit dem Rathe und den Bürgern der Stadt wegen der zwischen ihm und ihnen vorgefallenen Zwistigkeiten sühnen und in künftigen Irrungen mit dem Rathe den Herzog von Lüneburg, mit Bürgern der Stadt Hannover den Rath der Stadt als Richter anerkennen. Wohl gedachten die Herzöge Wenzlaus, Albrecht und Bernhard der Kranken und Hülfsbedürftigen in der Stadt Hannover. Sie schenkten am 11. August 1377 in Lüneburg zu ihrem und ihrer Eltern Seelenheil dem Hospitale St. Spiritus zu Hannover ihre drei Mühlen vor der Stadt, nämlich die neue Mühle bei der Danzelmarsch, die Luchten-Mühle und die Tropen-Mühle, gestatteten den Müllern die Benutzung der herzoglichen Holzungen zur Ausbesserung der Mühlen und verlangten von dem Rathe der Stadt und den Vorstehern des Hospitals nur einen jährlichen Zins aus den Mühlen. Der Bitte des Rathes um Erneuerung des Landfriedens willfahrten sie nicht. Es wird ihnen nicht möglich gewesen sein, denn eben der Bischof von Hildesheim, als Bundesgenosse des Herzogs Friedrich, wird, wie dieser, seine fernere Theilnahme am Landfrieden verweigert haben.

Vor dem September des Jahres 1377 war Kaiser Karl IV. nach Tangermünde zurückgekehrt. Er stellte hier am 1. und 8. September Urkunden aus. Dahin kamen auch die Herzöge Wenzlaus und Albrecht, um ihre Streitigkeiten mit den von Bertensleben schlichten zu lassen. Das Schloss Wolfsburg, welches diese besassen, hatte der Kaiser in seinem Landbuche vom Jahre 1375 für ein Schloss der Altmark, sie selbst aber hatten in einer Urkunde vom 15. August 1362 den Markgrafen für ihren Herrn erklärt. Ihre Streitigkeiten mit den Herzögen konnten dem Kaiser also nicht gleichgültig bleiben. Ritter Werner und Knappe Bosse von Bertensleben, von welchen ersterer seit dem 13. April 1375 Truppen für die Herzöge geworben, beide aber am 7. April 1371 mit ihrem Theile des Schlosses Wolfsburg auf immer in den herzoglichen Dienst getreten waren, mahnten die Herzöge um Schulden, Sold, Kost und Schaden. Zu Tangermünde am 10. September 1377 vermittelten der edele Herr Wedekind von dem Berge, der kaiserliche Rath Nicolaus von Resimburg, Probst zu Cambray, Domherr zu Magdeburg und Breslau, und der edele Herr Balthasar von Camens einen Vergleich zwischen den Herzögen und den von Bertensleben. Jene leisteten diesen Zahlung. Die von den Herzögen den von Bertensleben ausgestellten Pfandverschreibungen, der besondere Schuldschein der Herzöge über 1200 löthige Mark und die über Wolfsburg (am 7. April 1371) und über Wendhausen gegenseitig ausgefertigten Urkunden sollten jedoch in Kraft bleiben. Nebenbei sei hier bemerkt, dass dies hinsichtlich des Schlosses Wendhausen nicht hätte der Fall sein können, wenn die Sühne vom 12. Juni 1377 in Kraft getreten wäre. Auch die Feindschaft zwischen dem Herzoge Albrecht und den von Mandelsloh gab dem Kaiser Veranlassung zum Einschreiten. Als der Herzog im Jahre 1385 auf die Klage der von Mandelsloh antwortete, berief er sich auf Briefe (eine Urkunde) des Kaisers und auf die Acht, in welche die von Mandelsloh gerathen seien. Ebenso erwähnte Graf Otto von Hoya und Bruchhausen als Schiedsrichter am 15. April 1385 der über die von Mandelsloh verhängten Reichsacht. Die Verbindung, in welcher jene Urkunde des Kaisers mit dieser Reichsacht genannt wird, deutet zur Genüge an, dass Kaiser Karl IV., nicht sein Sohn König Wenzel, die von Mandelsloh geächtet hat. Ist dies aber gewiss, so kann es kaum zu einer anderen Zeit, als während des Aufenthaltes des Kaisers zu Tangermünde geschehen sein.

Unterdessen waren zwischen der Stadt Lüneburg und den Herzögen Wenzlaus und Albrecht arge Zwistigkeiten entstanden. Veranlassung dazu scheint die beabsichtigte Einlösung der Schlösser Neustadt, Lüchow und anderer verpfändeter Schlösser gegeben zu haben. Das Schloss Lüchow war von dem Herzoge Magnus am 23. April 1371 für 2000 löthige Mark und für die auf 100 löthige Mark veranschlagten Baukosten an Gerhard von Wustrow verpfändet worden. Nach dem bald darauf erfolgten Tode desselben war Friedrich von Wustrow, Bruder des Verstorbenen, am 14. August 1371 von dem Herzoge Magnus abgefallen, aber vor dem 25. Juli 1372 zur Partei desselben zurückgekehrt und wird dabei von dem Herzoge in den Pfandbesitz des Schlosses gesetzt worden sein. Lüchow musste wegen der Höhe der Schuld, die darauf lastete, unter den Schlössern des Herzogthums eins der ersten sein, welches die Herzöge Wenzlaus und Albrecht einzulösen wünschten. Der Kaiser behauptete in seinem Landbuche vom Jahre 1375, Lüchow sei an das Herzogthum Lüneburg nur pfandweise überlassen und gehöre zur Altmark. Hatten beide Herzöge und Herzog Bernhard während ihres Aufenthaltes zu Tangermünde sich etwa mit dem Kaiser über Lüchow geeinigt und sein angebliches Recht anerkannt, so waren sie verpflichtet, das Schloss, frei von der bedeutenden Schuld, welche Herzog Magnus darauf gelegt hatte, für die vermuthlich geringe Summe, wofür es dem Herzogthume Lüneburg verpfändet sein sollte, dem Kaiser auszuliefern. Es ist nur zu wahrscheinlich, dass sie sich seinen Forderungen nicht völlig abgeneigt gezeigt hatten, denn wohl nicht ganz uneigennützig liess er bald darauf durch seine Räthe auf die Einlösung des Schlosses dringen. Die Herzöge Wenzlaus und Albrecht forderten Zuschüsse von der Stadt Lüneburg, um die Schlösser einzulösen. Die Rathsherren weigerten sich, nachdem sie erfahren hatten, dass die Stadt Hannover für Neustadt nichts beisteuern wollte und dass die Herzöge nicht einmal die Bedingung erfüllen konnten, unter welcher jene Stadt zu einem Darlehn sich erbot. Sie hielten ihnen die grosse, noch auf 100000 Mark Pfennige sich belaufende Schuldenlast der Stadt Lüneburg vor, in welche sie durch den Krieg um das Herzogthum gerathen sei, und verlangten nun ihrerseits, dass die Herzöge, um derentwillen die Schulden gemacht seien, ihnen bei Tilgung derselben Hülfe leisteten. Mit dem Schlusse des Jahres 1378 hörte die Steuer auf, welche der Stadt von der auf der Saline begüterten Geistlichkeit am 28. Januar 1375 bewilligt worden war. Dass vermittelst dieser Steuer bis zu jener Zeit die Schulden nicht konnten abgetragen werden, leuchtete nur zu sehr ein. Diese oder eine ähnliche Steuer musste fortbestehen. Die Herzöge selbst hatten am 6. Januar 1371 dem Rathe gestattet, eine Steuer von allen innerhalb der Stadtmauern belegenen Gütern, wozu auch die Salingüter gehörten, so lange zu erheben, bis die Schulden der Stadt getilgt sein würden, hatten versprochen, ihn für alle um ihretwillen getragenen Kosten zu entschädigen. So an ihre Pflicht erinnert, warfen die Herzöge der Stadt vor, dass sie selbst ihre Schuldigkeit nicht erfülle, namentlich ihnen die Stadtpflicht oder Beede, welche sie doch dem Herzoge Wilhelm jährlich entrichtet habe, vorenthalte. Die Stadt aber war durch eine Urkunde des Herzogs Wilhelm vom 6. Januar 1366 von der Beede bis zum 29. September 1377 befreit und die Beede, wie Herzog Johann am 28. April 1263 bezeugte, früher nur zur Zeit der Noth aus Gunst gezahlt worden. In ihrem Unwillen gingen die Herzöge Wenzlaus und Albrecht, wie es scheint, so weit, dass sie einige Privilegien der Stadt verletzten, obgleich sie dieselben erst vor einem Jahre bestätigt hatten. Da gedachten die Rathsherren jenes, ihre Privilegien schützenden, merkwürdigen Zusatzes, mit welchem die von den Herzögen dem Lande Lüneburg am 6. Januar 1371 ausgestellte Urkunde schliesst, dass nämlich, falls die Herzöge, ihre Erben und Nachfolger oder ihre Amtleute eins der in jener Urkunde enthaltenen Gelöbnisse irgend wie verletzten, innerhalb des ersten Vierteljahres, nachdem die Städte Lüneburg und Hannover darum gemahnet haben würden, nach schiedsrichterlichem Urtheile des Rathes der Stadt Lübeck Genugthuung geleistet werden sollte und dass im entgegengesetzten Falle die Herrschaft, Lande, Städte und Leute sich zu anderen Herren halten möchten und aller den Herzögen geleisteten Huldigung entbunden sein sollten. Man liess den Rathsherren der Stadt Lüneburg nicht Zeit, ihre Klage bei dem Rathe der Stadt Lübeck hineingeben und die Sache bis auf das Aeusserste zu treiben. Der Kaiser mischte sich in die Angelegenheit und veranlasste dadurch die Rathsherren, mehre Mal zu ihm zu reisen. Die in einer Abrechnung vom 17. Februar 1380 hierüber enthaltene Nachricht giebt neben den Kosten die Orte an, wo sie ihn trafen. Sie lautet: „Für eine Reise zum Kaiser zu zweien nach Lübeck, zu zweien nach Möllen, zu fünfen nach Winsen 159 Mark." Die Reisen nach Lübeck und Möllen können jedoch schon im Jahre 1375 unternommen worden sein. Von Tangermünde schickte der Kaiser seine beiden Räthe, den Bischof Heinrich von Ermeland zu Braunsberg und den Nicolaus von Resimburg, Probst zu Cambray, Domherrn zu Magdeburg und Breslau, mit den Herzögen Wenzlaus und Albrecht in die Stadt Lüneburg, um die Irrungen der Herzöge mit den Bürgermeistern und Rathsherren der Stadt freundlich zu schlichten. Die beiden kaiserlichen Räthe und als Bevollmächtigte der Herzöge der edele Herr Wedekind, Vogt von dem Berge, und Ritter Balthasar Herr von Camens traten in Verhandlungen mit Diedrich Springintgud, Albert Hoyke und Johann Lange, Abgeordneten des Rathes der Stadt. Es gelang ihnen einen Vergleich zwischen beiden Theilen zu Stande zu bringen. Es wurde beschlossen, dass zur Tilgung der Schulden der Stadt, in welche sie um der Herzöge, der Herrschaft und ihrer selbst willen durch den früheren Krieg bis zum Abschlusse dieses Vergleiches gerathen sei, die mit Renten auf der Saline begüterte Geistlichkeit Hülfe leisten und alsdann auch der Rath der Stadt einen redlichen Theil der Schulden aus eigenen Renten und Gute zu tilgen übernehmen sollte. Die Herzöge sollten der Stadt diese Steuer von der Saline gönnen und keins der städtischen Rechte kränken, die Stadt ihnen Beede entrichten und auf das Recht, welches ihr jener merkwürdige Zusatz zur Urkunde vom 6. Januar 1371 verlieh, verzichten. Mehre Urkunden wurden in Folge dieses Vergleiches ausgestellt. In der ersten derselben wiederholten die Herzöge alle Zusagen, welche sie am 6. Januar 1371 dem ganzen Lande gegeben hatten, mit Ausnahme jenes ihnen anstössigen Zusatzes. Denselben Geistlichen, Freien, Dienstleuten, Rittern, Knappen, Städten und Weichbildern, wie am 6. Januar 1371, verpflichteten sie sich auch nun diese Zusagen zu halten. In der zweiten Urkunde bestätigten sie die von den früheren Herzögen von Braunschweig und Lüneburg und von ihnen selbst den Prälaten, Stiften, Rittern und Knappen, Rathsherren und Bürgern der Herrschaft und der Stadt Lüneburg und allen Uebrigen, die es betraf, über Gerechtsamen, Freiheiten und Gnaden ausgestellten Privilegien, Handfesten und Urkunden, namentlich die Privilegien, welche der Stadt Recht und Gericht betrafen und die Zusicherung, dass keine neue Saline angelegt, die Einfuhr des Holzes zum Behufe der Stadt Lüneburg und der Saline nicht gehindert noch verboten werden sollte, enthielten oder über sonstige Freiheiten der Saline handelten, nebst vielen anderen Privilegien, nachdem sie dieselben mit ihren Räthen und Mannen, wie es in der Urkunde heisst, wegen allerlei in Zukunft möglicher Zwischenfälle besichtigt, untersucht und richtig befunden hatten. In der dritten Urkunde erklärten sie, die Rathsherren und Bürger der Stadt Lüneburg hätten sich bei ihnen sehr darüber beklagt, dass sie der Stadt wegen in grosse Schulden, die sich noch auf 100000 Mark Pfennige beliefen, gerathen seien und, wenn ihnen nicht besondere herzogliche Gunst widerführe, aus denselben nicht ohne der Stadt Verderb herauskommen könnten. Die Herzöge gelobten deshalb, dass sie, so viel die Rathsherren und Bürger durch Beede und Freundschaft von der Saline und von den gemeinen Gütern in Lüneburg erzielen könnten, ihnen wegen oft erwiesener treuer Dienste gönnen, ihnen getreu dabei förderlich sein und sie in dem, was in oder ausserhalb der Stadt Lüneburg bewilligt würde, schützen wollten, damit die Stadt frei von Schulden würde. Sie gelobten, falls ihre Fürsprache bei den Betheiligten erfolglos bliebe, hinsichtlich der Schulden der Stadt dem Rathe und den Bürgern bei jedermann förderlich und günstig zu sein und sich gegen sie niemandes anzunehmen. Obige drei Urkunden der Herzöge wurden am 3. October 1377 zu Lüneburg ausgestellt. Dabei waren gegenwärtig die beiden kaiserlichen Räthe, die beiden genannten Bevollmächtigten der Herzöge und die Ritter Kuno von Kochstette, Henning von Tziesser (Seieser oder Segeser), Rudolf von Uppin (oder Oppin) und Günther Loser, herzogliche Mannen aus dem Lande Sachsen-Wittenberg. Am folgenden Tage gelobten die Rathsherren und Bürger der Stadt Lüneburg, jenen anstössigen Artikel der herzoglichen Urkunde vom 6. Januar 1371 und die Urkunde selbst, in welcher er enthalten sei, in Zukunft nicht in Anwendung zu bringen noch sich damit zu behelfen, weil sie einsähen, dass daraus Zweifel und Unwille erwachsen könnte. Sie schwächten dadurch die Macht und das Ansehen der Städte im Allgemeinen und legten die mächtigste Waffe ab, die sie selbst gegen Bedrückungen in Händen hatten. Anstatt dass die Herzöge, wie am 7. Januar 1371 versprochen hatten, danjenige in den von ihnen ausgestellten Urkunden änderten, was den Rathsherren der Stadt Lüneburg nicht gefiele, mussten diese sich nun die Beseitigung des Hauptpunktes gefallen lassen, der jenen nicht gefiel. Endlich am 9. October 1377 versprachen die Herzöge auch, weil sie sich mit den Rathsherren und Bürgern geeinigt hatten, dass diese ihnen und ihren Erben, wie früher dem Herzoge Wilhelm, Stadtpflicht, Beede genannt, jährlich entrichten sollten, sie damit bei alter Gewohnheit und Recht zu lassen, sie dafür getreu zu vertheidigen und sie mit keinem Dienste oder Beede ausserdem zu beschweren. Gegenwärtig waren dabei dieselben Zeugen, wie am 3. October und Ritter Diedrich von Alten, welcher auch am 22. Juli 1375 und am 12. Juni 1376 im Gefolge der Herzöge erscheint. Ueber einen Punkt des Vergleiches wurde keine Urkunde ausgestellt. Man hatte nämlich auch verabredet, dass von den jener städtischen Schulden wegen in der Urkunde der Herzöge vom 3. October erwähnten 100000 Mark Pfennige die ersten der Uebereinkunft gemäss zu erhebenden 12000 Mark Pfennige zum Nutzen der Herrschaft Lüneburg verwandt werden sollten. Mit 2100 Mark löthigen Silbers sollte nämlich Schloss und Stadt Lüchow für die Herzöge eingelöset und das von den 12000 Mark Pfennige dann übrig bleibende Geld zur Einlösung des Schlosses Neustadt und anderer Schlösser, welche der Herrschaft am allernützlichsten wären, verwendet werden, so dass kein Pfennig des Geldes zu besonderm Nutzen der Herrschaft kommen sollte. Es muss auffallen, dass die Herzöge keine Urkunde hierüber von dem Rathe in Lüneburg verlangten oder, wenn derselbe sie verweigerte, sich dabei beruhigten. Von grösserer Wichtigkeit erschien dem Kaiser dieser Vergleichspunkt. Zu Tangermünde am 30. October 1377 stellte er eine besondere Urkunde darüber aus, seine Räthe hätten bei ihrer Rückkunft nach Tangermünde ihm berichtet, dass unter anderen namentlich obiger das Schloss Lüchow und sonstige verpfändete Schlösser betreffender Punkt in dem Vergleiche enthalten sei. Die getroffene Uebereinkunft hatte nicht nur für die Stadt Lüneburg sondern auch für das ganze Land ihre bedenkliche Seite. Die herzogliche Urkunde vom 6. Januar 1371 verlieh den Städten Lüneburg und Hannover das Recht, für sich und für alle Stände des Herzogthums als öffentliche Ankläger gegen die Herzöge wegen Verletzung verbürgter Rechte aufzutreten; sie erkannte den Rath der Stadt Lübeck als den Gerichtshof an, welcher das Urtheil fällen sollte. Alles dies wurde beseitigt und nichts neues an dessen Stelle zum Schutze des Rechtes gesetzt. Und wie unmündig oder wenigstens sorglos erscheinen Geistlichkeit, Mannschaft und die übrigen Städte des Landes, dass auch niemand unter ihnen befragt wurde, niemand sich um das bekümmerte, was beschlossen wurde! Die Stadt Lüneburg leistet Verzicht und damit verliert das Land eines seiner wichtigsten Rechte.

Die Herzöge Wenzlaus, Albrecht und Bernhard, Herzog Otto zu Göttingen und Herzog Friedrich mit seinen beiden jüngsten Brüdern hätten am 1. August 1377 zum Kaiser nach Tangermünde kommen müssen, um vor ihm die Sühne vom 12. Juni zu vollziehen. Sie blieben aus, weil Herzog Friedrich dieselbe nicht anerkannte. Aber Herzog Otto von Göttingen kam in der vorletzten Woche des Monates October nach Tangermünde, um über andere Bedingungen sich mit den Herzögen Wenzlaus und Albrecht zu einigen. Hier errichtete er mit ihnen in Gegenwart des Kaisers über alle ihre Irrungen und über den Krieg, worin sie drei um des Herzogs Friedrich willen und aus anderen Veranlassungen mit einander gerathen waren, eine Sühne und gelobte mit ihnen in guter Treue und ohne Arglist, dieselbe dem Kaiser und sich gegenseitig stets fest und unverbrüchlich zu halten. Aller Streit nebst Klagen auf Schadenersatz wurde auf beiden Seiten beigelegt. Jedoch für alles, was von den Mannen und Dienern des einen der drei Herzöge dem andern oder dessen Mannen über die Sühne hinaus und während des Friedens geschehen war, und für den Schaden, welchen der eine Herzog dem andern während des Friedens etwa zugefügt hätte, sollte Ersatz geleistet werden. In diesen Fällen sollten der von dem Herzoge Otto dazu gewählte Bischof Gerhard von Hildesheim und der von den Herzögen Wenzlaus und Albrecht dazu gewählte edele Herr Wedekind von dem Berge, bei denen die Klage vor dem nächsten 6. December eingereicht werden musste, innerhalb der Zeit bis zum nächsten 25. December in Freundschaft oder nach dem Rechte, falls sie aber nicht einig werden könnten, der von beiden Seiten zum Obmanne gewählte Graf Gerhard von Hoya innerhalb der Zeit bis zum 2. Februar 1378 nach dem Rechte richten. Die Entscheidung, wie jene beiden oder der Obmann sie treffen würde, sollte vollzogen und gänzlich gehalten werden. Dazu wollte jeder der Herzöge diejenigen seiner Diener und Mannen zwingen, die sich dessen weigern würden. Die dem Herzoge Otto, seinen Mannen oder Bürgern verpfändeten Schlösser der Herrschaft Lüneburg versprach er mit der Erbberechtigung sofort an die Herzöge Wenzlaus und Albrecht zu weisen. Seine Mannen und Bürger aber durften dieselben so lange behalten, bis ihnen beide Herzöge den Pfandsummen den Pfandbriefen gemäss bezahlt haben würden, und brauchten sie ihnen nicht früher auszuliefern. Die Sühne sollte der ersten, vormals (am 25. September 1373) zwischen den Herzögen Wenzlaus und Albrecht und den Herzögen Friedrich und Bernhard errichteten unschädlich sein, die erste Sühne vielmehr, wie sie besiegelt, gelobt und verbrieft sei, gehalten werden und in Kraft bleiben. Ueber alles dieses stellten Herzog Otto am 24. October, die Herzöge Wenzlaus und Albrecht am 25. October 1377 zu Tangermünde Urkunden aus. Herzog Otto handelte hier als Vormund des Herzogs Friedrich oder als Regent im Lande Braunschweig. Unter den Schlössern der Herrschaft Lüneburg, die ihm verpfändet seien, wird er die beiden, welche er am 31. März 1370 von dem Herzoge Magnus pfandweise erhielt, und unter seinen Mannen und Bürgern, welche von der Herrschaft Lüneburg Schlösser zu Pfande erhalten hätten, die von Veltheim, von Honlege, von Wenden, von Campe und die Stadt Braunschweig verstanden haben. Wegen der von ihm am 6. Juni dem Bischofe Gerhard von Hildesheim ertheilten Vollmacht hielt er sich an dem in seinem Namen von demselben sechs Tage später gegebenen Versprechen gebunden, mit den Herzögen Wenzlaus und Albrecht eine Einigung und ein Bündniss zu schliessen, wie es dem Kaiser passend erscheinen und der Bischof nebst dessen Bruder es ihm rathen würde. Es liegt nur die Urkunde vor, welche ihm über dies Bündniss von beiden Herzögen am 25. October 1377 zu Tangermünde gegeben wurde. In derselben verbanden sie sich mit ihm nach dem Rathe des Kaisers lebenslänglich in guter Treue, an Eides Statt und ohne Gefährde. Sie gelobten, sich zum Vortheil, ihm zum Schaden mit seiner Herrschaft, seinen Landen, Städten, Schlössern, Festen, Mannen, Lehen, Leuten und Guts sich nicht zu befassen noch sie sich anzueignen, seine Städte, Festen, Mannen und Leute gegen ihn nicht zu vertheidigen noch sich derselben gegen ihn anzunehmen, auch seiner Mannschaft und seinen Leuten keinen Schaden zuzufügen. Jeder der drei Herzöge verpflichtete sich, den Mannen des andern Recht zu erzeigen. Die Herzöge Wenzlaus und Albrecht sollten, falls ihre Mannen, Städte und Unterthanen dem Herzoge Otto, seinen Mannen, Städten und Unterthanen Schaden zufügten oder dieselben angriffen, sofort nach der Aufforderung dafür sorgen, dass die Ihrigen Genugthuung leisteten oder dass man wegen Schadenersatzes sich vergliche, und dem Herzoge Otto gegen diejenigen, welche sich dessen weigerten, so lange behülflich sein, bis Genugthuung oder Schadenersatz erfolgen würde. Sie versprachen, Feinde des Herzogs Otto, seiner Herrschaft, seiner Lande, die er damals besass oder noch erhalten würde, niemals zu werden. Aus dieser Einigung und diesem Bündnisse nahmen sie das heilige römische Reich, den Kaiser, seinen Sohn, den römischen König, und ihre eigenen Bundesgenossen aus, wider welche sich hierdurch nicht verbunden zu haben, sie ausdrücklich erklärten, und gelobten in guter Treue und ohne Arglist, alles Obige dem Kaiser, dem Könige und dem Herzoge Otto stets fest und unverbrüchlich ihr Lebenlang zu halten. Herzog Otto wird ihnen eine Urkunde ausgestellt haben, in welcher er gegen sie dieselben Verpflichtungen übernahm. Bei dem Abschlusse sowohl der Sühne als auch dieses Bündnisses waren Zeugen die Bischöfe Gerhard von Hildesheim und Heinrich von Braunsberg, die Grafen Gerhard von Hoya und Christian von Delmenhorst, die edelen Herren Bodo von Homburg, Wedekind von dem Berge und Heinrich von Schraplau, der kaiserliche Oberhofmeister Ritter Peter von Wartenberg, der kaiserliche Oberkämmermeister Thimo von Kolditz, die Ritter Hans von Kotbus, Otto Schenk von Sidow (oder Seidau), Kuno von Kochstette, Günther von der Drosel, Rudolf von Oppin, Werner von Bertensleben, Asehwin Schencke, Burchard von Steinberg, Ludolf von Veltheim und die Knappen Bertold von Adelebsen und Ernst von Dewzheim. Mit der glücklich zu Stande gekommenen Sühne und an Eides Statt gelobten Einigung endigte sich ein Krieg, von dessen Heftigkeit man sich eine Vorstellung machen kann, wenn man hört, welche Verwüstungen sogar während der Waffenstillstände, durch welche er unterbrochen wurde, und nach der Sühne vom 12. Juni 1377 von den Herzögen Otto und Friedrich, von ihren Mannen und Anhängern in dem Herzogthume Lüneburg angerichtet wurden. Die Verzeichnisse über die dadurch erlittenen Schaden werden von dem Herzoge Albrecht und den Seinen, wie die Sühne vom 24. October 1377 vorschrieb, in der Zeit zwischen diesem Tage und dem 6. December 1377 aufgestellt sein. Eins derselben ist, so viele Klagepunkte auch darin enthalten sind, doch nur lückenhaft. Man erfährt daraus Folgendes. Mannen auf dem Schlosse Gifhorn (die von Veltheim) überfielen während des Waffenstillstandes die Ortschaften Hehlen, Stedden, Hagen, Garssen, Fuhrberg, Osterloh, Wahrenholz, Bostel, Walsrode, Thören, Rehwinkel und Hörsten, raubten daselbst Ackerpferde, wilde Pferde, Rinder, Kühe, Schafe und Schweine, nahmen einigen Bürgern von Celle und Hannover Pferde weg und schlugen einen Knecht herzoglicher Diener vor Gifhorn. Wigger von Campe beraubte mit Ludolf und Heinrich von Veltheim und den Ihrigen auf herzoglicher Strasse Frachtwagen einiger Bürger von Lüneburg und Uelzen und that ihnen einen Schaden von 3000 Mark löthigen Silbers. Auch drangen er und Heinrich von Veltheim, während der Herzog ausser Landes war, zweimal in die Vogtei Uelzen ein, führten mit sich heraus eine Menge Pferde, Kühe, Schafe und Schweine, nahmen herzogliche Leute gefangen und erschlugen einige von ihnen. Der dadurch verursachte Schaden belief sich auf 1000 löthige Mark. Pape Otto und seine Genossen nahmen während des Waffenstillstandes die Bertold Kind und Heinrich von Heimbruch gefangen, bereiteten ihnen dadurch einen Schaden von 800 Mark, bemächtigten sich darauf des herzoglichen Mannes Anno von dem Knesebeck und führten ihn gefangen mit sich. Dem Haselbach und seinen Genossen wurde während des Waffenstillstandes Schatzung abgenommen, welche nebst Zehrungskosten 800 löthige Mark betrug. Während des Waffenstillstandes zogen die von Veltheim, von Honlege und andere Mannen und Diener des Herzogs Otto in das Land Sachsen-Wittenberg, raubten, brannten, plünderten und, wer sich ihnen widersetzte, den erschlugen sie. Den dadurch erlittenen Schaden gab der Herzog zu 1000 brandenburger Mark an. Der Bürger Diedrich von Stenhus zu Hannover wurde in der Zeit des Waffenstillstandes, obgleich während desselben kein Geld den Gefangenen abgefordert werden sollte, zur Zahlung gezwungen und erlitt dadurch einen Schaden von 400 Pfund Pfennige. Die von Veltheim, von Honlege und ihre Genossen richteten während des Waffenstillstandes in der Vogtei Bodenteich durch Raub, Brand, Plünderung und durch gefängliche Wegführung von Leuten einen Schaden von mehr als 2000 Mark Pfennige an. Ausserdem fügten dort dieselben aus den Schlössern Gifhorn und Campen und aus den dazu gehörenden Vogteien dem Herzoge Albrecht in der bezeichneten Weise und durch Todtschlag einen Schaden von etwa 700 Mark löthigen Silbers zu. Zu Bredenbeck ansässige Mannen, worunter wahrscheinlich die Knigge zu Bredenbeck, früher treue Anhänger des Herzogs Magnus, verstanden sind, und ihre Genossen nahmen während des Waffenstillstandes die von Alden und andere Mannen und Diener des Herzogs Albrecht gefangen und beschatzten sie. Pape Otto und Prone nebst ihren Genossen raubten zu „Drever" bei Wolthausen und zu Hehlen Pferde, nahmen zu Hehlen den Meier des Herzogs gefangen und beschatzten ihn. Die von Wenden, Santersleben, Pape Otto, die von Weferlinge und der Herrschaft Braunschweig Mannen zogen während des Waffenstillstandes aus Gifhorn, Braunschweig und aus den braunschweigischen Schlössern nach dem Dorfe Flettmar, plünderten es aus, brannten es nieder und richteten dadurch einen Schaden von 500 Mark löthigen Silbers an. Prone, Conrad zu Gifhorn und Horsteke raubten während desselben Waffenstillstandes Kühe zu Schwachhausen, Pferde zu Nordburg, fingen den Meier des Herzogs daselbst und nahmen von ihm Schatzung. Im letzten Waffenstillstande, für welchen sich Balthasar von Camena und Conrad von Marenholz wegen des Herzogs Albrecht, und die Ritter Burchard von Steinberg, Ludolf von Veltheim von feindlicher Seite verbürgt hatten, unternahmen die Braunschweiger unter Herzog Friedrich einen Angriff, erbeuteten eilf reisige Pferde und nahmen sechs Knechte gefangen, von denen sie vier erschlugen. Ein zweites Verzeichniss wiederholt die letzten Klagepunkte des vorigen und fügt ihnen folgende neue hinzu. Einem Meier des Herzogs, mehren Bürgern zu Celle, Leuten zu Altenhagen und anderen namhaft gemachten Leuten wurden ihre Pferde geraubt. Henneke von Hagen wurde gefangen und geschatzt. Einige dieser Räubereien in der Gegend von Celle wurden von Pape Otto und Prone ausgeführt. Zu Altenhagen wurden Kühe weggenommen. Ludolf von Honlege und Heinrich von Wenden zogen mit Heinrich von Veltheim aus der Vogtei Gifhorn nach Garssen und führten von da 120 Kühe weg. Conrad zu Gifhorn, Prone und Gereke Harpe raubten (am 18. Februar 1377) vor Celle dem Herzoge Albrecht vier Klosterpferde und nahmen einen Bürger von Celle gefangen. Ein drittes Verzeichniss, welches ebenfalls mit den letzten Klagepunkten des ersten schliesst, beginnt mit einer ausführlichen Nachricht über den Schaden, welchen Heinrich von Veltheim den Leuten des Herzogs Albrecht auf dem Grete, zu Eschede, Dalle, Hohnhorst „Wiemborstel" und Scharnhorst zufügte. Er nahm ihnen alles Vieh, Pferde, Ochsen, Kühe, Schafe, Schweine, Ziegen, bares Geld und Schmucksachen (Perlen). Sogar Plunderkram liess er nicht liegen. Zu Eschede wurde ein Haus und Hof niedergebrannt. Bei diesem Raubzuge auf dem Grete verloren Bürger zu Celle 240 Schafe. Ferner, fährt das Verzeichniss fort, hielt Heinrich von Veltheim auf dem „Palvorde", liess Priegnitzer, Wigger von Campe, Bodendorf und andere seine Diener nebst den beiden Horsteken reiten und bei Nacht drei Dörfer Garssen, Hehlen und Altenhagen in die Asche legen, wodurch er einen Schaden von 500 Mark löthigen Silbers anrichtete. Als Hans von Schwicheldt vor Celle kam, dem dortigen Vogte und den Bürgern eine Niederlage beibrachte und ihnen ausserdem 1000 Mark Schaden zufügte, war Heinrich von Veltheim sein Genosse, versorgte ihn und die Seinen mit Lebensmitteln zu Isenbüttel und erhielt den dritten Theil des Gewinnes. Auch steckte er das Schloss zu Hohne in Brand. Hinsichtlich dieser letzteren Nachricht ist jedoch noch einiges zu bemerken. An der Stelle des Original-Verzeichnisses, wo der angebliche Name Hohne steht, ist unmittelbar nach den letzten Buchstaben dieses Namens das Papier ausgerissen; der letzte Buchstabe selbst hat eine so unbestimmte Gestalt, dass man ihn ebensowohl für ein o als für ein e halten kann. Hinzu kommt, dass früher noch kein Schloss zu Hohne genannt wird. Eine Urkunde vom 11. Juli 1372 erwähnt nur das Dorf Hohne. Auf der Bibliothek zu Wolfenbüttel wird eine noch nicht veröffentlichte Chronik des 15. Jahrhunderts aufbewahrt, welche an den meisten Stellen mit der Chronik des Hermann Corner übereinstimmt. Sie berichtet unter dem Jahre 1377 Folgendes: „Von Kriegsleuten und Mannen aus der Diöcese Hildesheim wurde die Verrätherei angestiftet, wobei es auf die Stadt Hannover abgesehen war. Es wurde jemand gedungen, an vier Ecken der Stadt brennbare Stoffe zu legen und sie bei Nacht anzuzünden. Wenn dies geschähe und die Bürger zum Löschen ängstlich herbei eilten, wollten jene Mannen in demjenigen Stadttheile, in welchem das Kloster der Minoriten liegt, in die Stadt eindringen und sie einnehmen. Indessen wurde der Verräther auf handhafter That ergriffen. Auf der Folter gestand er, vom Lesemeister im Kloster der Minoriten zur That gedungen zu sein, und wiederholte diese Aussage bei seiner Hinrichtung." Vielleicht ist in obigem Verzeichnisse des erlittenen

Schadens Hannover (honouere) statt Hohne (hone) zu lesen. Unter dem Schlosse zu Hannover würde dann, obgleich wenigstens ums Jahr 1380, wie eine in dasselbe zu setzende Urkunde zeigt, daselbst ein Schloss stand, die mit Festungswerken versehene Stadt selbst zu verstehen sein. Wird doch in einer Urkunde vom 14. December 1356 neben dem später zerstörten Schlosse Lauenrode das Schloss Hannover genannt. Heinrich von Veltheim und seine Genossen, die von Schwicheldt, wären dann diejenigen Kriegsleute und Mannen aus der Diöcese Hildesheim gewesen, welche die Verrätherei gegen Hannover anzettelten.

Aus dem 14. Jahrhunderte fehlen alle Nachrichten, auf welche Weise die Landwirthschaft in den herzoglichen Landen betrieben wurde. Es muss daher schon willkommen sein, wenn man auch nur über den Bestand des Viehes auf den Bauerhöfen statistische Angaben aus jener Zeit bekommt. Diese sind in zweien der oben benutzten Verzeichnisse enthalten; denn da die Höfe ganz ausgeplündert und alles Viehes beraubt worden, bezeichnet der Verlust, den jeder Hof erlitt, auch die Anzahl des gewöhnlich auf demselben gehaltenen Viehes. Im Allgemeinen ergiebt sich, dass Pferde zum Ackerbau weniger als Rinder werden benutzt worden sein. Unter dem allgemeinen Namen Vieh verstand man Rinder, Ochsen und Kühe. Ziegen wurden auf Höfen, denen es an Kühen nicht fehlte, in grosser Menge gehalten. Das erste Verzeichniss giebt die Anzahl des Viehes auf Höfen zu Wahrenholz, Bostel, Garssen und Rehwinkel etwas genauer an. Es nennt einen Hof mit 3 Pferden, 6 grossen Rindern und 5 Schweinen, einen andern mit 20 Stück grossen Viehes und zwei Pferden, einen dritten mit 8 Rindern, 50 Schafen und einem Pferde, noch andere Höfe mit 8 bis 11 Stück grossen Viehes. Das dritte Verzeichniss, welches die Gegend von Eschede, Dalle, Hohnhorst, „Wiemborstel" und Scharnhorst betrifft, kennt Höfe von sehr verschiedener Grösse. Es nennt einen Hof mit 14 Stück Vieh, 110 Schafen, 18 Schweinen und 6 Ziegen, einen andern mit 15 Stück Vieh, 140 Schafen, 60 Schweinen und 15 Ziegen, einen dritten mit 15 Stück Vieh, 90 Schafen, 11 Ziegen und 16 Schweinen, einen vierten mit 5 Stück Vieh, 70 Schafen, 7 Schweinen und 5 Ziegen. Einem fünften Hofe mit 9 Stück Vieh, 43 Schafen und 26 Ziegen fehlten Schweine, einem sechsten mit 10 Stück Vieh, 45 Schweinen und 9 Ziegen fehlten Schafe; aber auf jedem der beiden Höfe wurde ein Pferd gehalten. Ein siebenter Hof besass 11 Stück Vieh, 50 Schafe und 5 grosse Schweine. Von den Höfen mittlerer Grösse nennt das Verzeichniss einen mit 6 Kühen, 8 Schweinen und 16 Ziegen, einen andern mit 5 Stück Vieh, 50 Schafen und 15 Ziegen, einen dritten mit 8 Stück Vieh und 24 Schafen, einen vierten mit 6 Kühen und 30 Schafen, einen fünften mit 4 Stück Vieh und 40 Schafen, einen sechsten mit 3 Kühen, 16 Schafen und 3 Schweinen, einen siebenten mit 3 Kühen, 2 Ochsen und 5 Ziegen, einen achten mit 7 Kühen und 11 Schweinen. Den kleinen Höfen fehlten meistens die Kühe. Es werden genannt ein Hof mit einer Kuh, 8 Schweinen und 11 Schafen, ein anderer mit einer Kuh und 32 Schafen, ein dritter mit 160 Schafen, 16 Schweinen und 10 Ziegen, ein vierter mit 120 Schafen und 5 Ziegen, ein fünfter mit 60 Schafen, 6 Schweinen und 6 Ziegen, ein sechster mit 10 Schweinen und 12 Ziegen, ein siebenter mit 32 Schafen und 6 Ziegen. Auf einigen Höfen werden 2 bis 4 Kühe, auf anderen 10 bis 13 Schweine oder 29 bis 43 Schafe und ausserdem kein anderes Vieh gefunden. Zweimal kommt ein Hof mit 2 Pferden vor. Auch die damaligen Preise auf dem Lande erfährt man aus jenen Verzeichnissen. Ein abgebranntes Gehöfte mittlerer Grösse, ein Bauerhaus nebst allen anderen auf dem Hofe stehenden Gebäuden, wurde auf 40 Mark angeschlagen. Ein Pferd galt eine bis sechs löthige Mark. Auch 8 bis 10 Mark wurden dafür gerechnet. Das Pferd eines Bürgers zu Hannover wurde zu 11½ Mark, das eines herzoglichen Dieners zu 40 Mark Pfennige angesetzt. Ein gewöhnliches Ackerpferd scheint in der Regel mit 5 bis 6 Mark Pfennige bezahlt worden zu sein. Ein Stück grosses Viehes oder ein Ochse kostete 4 Mark, ein Stück gewöhnlichen Viehes oder eine Kuh 12 Schillinge bis 2 Mark, in der Regel 1½ oder 2 Mark. Ein Schwein galt 8 bis 12 Schillinge, ein grosses Schwein 1 Mark bis 18 Schillinge. Ein Schaf wurde mit 4 Schillingen, eine Ziege mit 3 Schillingen oder etwas weniger bezahlt.

Das zum Herzogthume Lüneburg gehörende, in der Vogtei Gardelegen gelegene Schloss Altenhausen hatten die Herzöge Wenzlaus und Albrecht am 31. März 1371 dem Erzbischofe von Magdeburg zugesichert. Sie konnten es ihm aber damals nicht verschaffen. Er erhielt es am 11. Mai 1371, als er mit dem Herzoge Magnus Frieden schloss, von diesem nur zu Pfande; zugleich wurde es von dem Herzoge als ein Lehn des Stiftes anerkannt. Auch dieses Schloss forderte der Kaiser als ein Zubehör der Altmark zurück. Die magdeburger Schöffen-Chronik berichtet unter dem Jahre 1377: Kurz vor dem 11. November entzog der Kaiser dem Lande (dem Stifte Magdeburg) das demselben verpfändete und seit langer Zeit nicht eingelösete Schloss Altenhausen und legte es zu der Mark. Wie Johann Rufus in seiner zwischen den Jahren 1395 und 1430 geschriebenen Chronik erzählt, kam der Kaiser am 10. November 1377 nach Lüneburg und blieb daselbst zwei Nächte. Am folgenden Tage nach seiner Ankunft gaben die Herzöge Wenzlaus, Albrecht und Bernhard dem Abte und Convente zu Oldenstadt einen Hof in der Stadt Uelzen mit dem Stalle zurück und befreieten ihn von Stadtpflicht. Die Geistlichkeit im Herzogthume hatte sich zum Herzoge Magnus gehalten. Dies mochte Veranlassung dazu gegeben haben, dass von seinen Feinden jener Hof dem Kloster genommen war. Der Kaiser wollte, wie er sechs Tage später zeigte, keine Unbill gegen die Geistlichkeit dulden. Mit seinem Besuche in Lüneburg scheint das Zurückgeben des Hofes in näherer Beziehung zu stehen. In Begleitung des Herzogs Albrecht zog der Kaiser weiter nach Minden. Er muss in Uelzen, Celle und Hannover einige Zeit verweilet haben, denn er kam erst am 16. November gegen Abend vor Minden an. Als er die über die Weser führende Brücke erreicht hatte, kamen ihm Bischof Wedekind von Minden, die Prälaten und die übrige Geistlichkeit in Procession, geistliche Lieder singend, ausserdem die Bürgermeister, Rathsherren und Bürger der Stadt entgegen. Als der Kaiser mitten auf der Brücke angelangt war, überreichte ihm der Bischof die eben vorher von dem Bürgermeister Johann Bodendorp erhaltenen Schlüssel der Stadt, der Festungswerke und der Vorstädte. Der Kaiser gab die Schlüssel dem Bischofe zurück und dieser dem Bürgermeister. Der Bischof aber liess zum ewigen Zeugnisse, dass er als Herr der Stadt anerkannt worden sei, noch an demselben Tage eine Urkunde über diesen Vorfall durch einen Notar aufsetzen. Zeugen waren dabei Bischof Gerhard von Hildesheim, Herzog Albrecht von Sachsen und Lüneburg, zwei Domherren zu Minden, Otto von dem Berge und Ludwig von Zersen, Ludemann Cruse und Ulrich Haverenbor. Der Kaiser hielt sich bis zum dritten Tage in Minden auf und wohnte im dortigen Kloster der Prediger-Mönche. In der Klosterkirche zeigte man ihm die Grabstätte des Geschichtschreibers Heinrich von Herford. Er liess ihm im Chor der Kirche ein Grabmahl errichten. Die Prälaten, Domherren und übrigen Geistlichen zu Minden klagten dem Kaiser, dass Herzöge, Grafen, edele Herren, Ritter, Schulzen und andere weltliche Herren, auch Rathsherren der Städte und Ortsvorsteher in der Diöcese Minden Statute und Verordnungen gegen die Freiheiten und Privilegien der Geistlichkeit erlassen hätten und in Anwendung brächten. Unter anderen hätten dieselben befohlen, dass keine Güter von Weltlichen in den Besitz der Geistlichen übergehen sollten, dass kein Geistlicher in Civil-Sachen zu gerichtlichen Verhandlungen oder als Zeuge zuzulassen sei, dass, wer mit dem Banne der Kirche belegt worden, in weltlichen Gerichten nicht zurückgewiesen noch in der Rathsversammlung oder bei anderen weltlichen Handlungen gemieden werden brauchte. Die Geistlichkeit beschuldigte dieselben, dass sie Geistliche gefangen nähmen, sich der Güter derselben bemächtigten, die Geschenke der Gläubigen kürzten, unrechtmässiger Weise Abgaben von Gütern und Einkünften der Kirche forderten, mit einem grossen Gefolge ihrer Mannen auf Gütern der Kirchen und Klöster sich ins Quartier legten, Fuhren von diesen Gütern verlangten, mit Raub und Brand die Besitzungen der Kirchen und Geistlichen verwüsteten, dass sie sich weigerten, zwischen Geistlichen und Laien geschlossene Verträge in die dazu bestimmten Bücher einzutragen und zu besiegeln, dass sie sich der an Kirchen gemachten Schenkungen und Legate bemächtigten und in Kirchen, auf Kirchhöfen und an anderen geistlichen Freistätten diejenigen ergriffen, die sich dahin flüchteten. Alles dieses verbot der Kaiser am 17. November 1377 zu Minden auf das Strengste; er gebot die Aufhebung jener Verordnungen und bedrohete diejenigen mit den schwersten Strafen, welche sich ferner solche Uebergriffe erlauben würden. Mehren Erzbischöfen und Bischöfen, vielen Fürsten und Herren, unter ihnen den Herzögen von Sachsen, Lüneburg und Braunschweig, befahl er bei Verlust der kaiserlichen Huld, der Geistlichkeit Beistand zu leisten, damit die Uebelthäter bestraft würden. An demselben Tage zu Minden bestätigte er dem Bischofe Wedekind von Minden alle Gerechtsamen, Privilegien, Urkunden, Gnadenbezeugungen, Freiheiten und Schenkungen, welche dessen Kirche von früheren Kaisern und Königen erhalten hatte, und erlaubte wegen getreuer Dienste dem Grafen Gerhard von Hoya auf Wiederruf, zu Gadesbünde auf der Strasse zwischen Rethem und Nienburg einen Zoll, nämlich von jedem Pferde, welches Kaufmannswaare trüge oder zöge, einen alten Turnos-Groschen zu erheben. In des Kaisers Gefolge befanden sich damals die Bischöfe Gerhard von Hildesheim, Heinrich von Verden und Heinrich von Paderborn, die Herzöge Albrecht von Sachsen und Lüneburg und

Wenzlaus von Oppeln, die Grafen Burchard von Hardeck, Gerhard von Hoya, Busso und Heinrich von Schraplau, die edelen Herren Otto Vogt von dem Berge, Peter von Wartenberg kaiserlicher Oberhofmeister, Thimo von Kolditz kaiserlicher Oberkammermeister, Hinko von Lipa, Albert von Sternberg, Simon von der Lippe, Busko vom Pritzan, Busseto von Bistritz, Alhard von dem Bussche Drost zu Ravensberg und Heinrich von Exigelhem. Von Minden reisete der Kaiser nach Herford weiter. Hier ertheilte er am 19. November 1377 wegen getreuer Dienste dem Bischofe Wedekind von Minden auf Wiederruf die Erlaubniss, in der Stadt Petershagen einen Zoll, nämlich von jedem Pferde, welches Kaufmannswaare trüge oder zöge, zwei schwere Pfennige, wovon sechs einen alten Turnos galten, zu erheben. An demselben Tage kam er nach Bielefeld. Auf der Reise dahin wird Bischof Wedekind von Minden seine grossen und vielen Klagen gegen die Stadt Minden ihm vorgetragen und bei ihm geneigtes Gehör gefunden haben. Ein zu Bielefeld am 19. November 1377 geschriebener kaiserlicher Befehl an die Bürgermeister, Rathsherren, Geschworenen, Innungen und Gemeinde in der Stadt Minden untersagte es diesen ernstlich, zu solchen Klagen ferner Veranlassung zu geben. Als der Kaiser zu Bielefeld erfuhr, dass in der Nähe, zu Engern, Wittekind, Anführer der Sachsen in ihrem Kriege gegen Karl den Grossen, begraben liege, begab er sich dahin, um dessen Grabmal zu sehen. Er fand es vom Alter etwas verunstaltet, befahl, es zu säubern und wieder herzustellen, und liess die Wappen des Kaisers Karl des Grossen und des Königreichs Böhmen hinzufügen. Von dort kehrte er nach Herford zurück. Der dortige Convent war mit dem Herzoge Albrecht (Sohne Otto's), nicht als Herzoge von Lüneburg sondern als Herzoge von Sachsen Engern und Westphalen, wegen des Klosters und der Stadt in Streit gerathen. Der Kaiser liess sich die Privilegien des Klosters und der Stadt vorlegen. Darauf entschied er gegen den ihn begleitenden Herzog für die Unabhängigkeit der Stadt. Weil die Stelle der Aebtissin unbesetzt war, wurde auf seinen Befehl zur Wahl geschritten. Das Kloster stellte er unter den Abt zu Corvey. Von Herford begab er sich über Paderborn nach Dortmund und schenkte diese bisher freie Stadt dem Erzbischofe von Cöln. Der Kaiser war auf einer Reise nach Paris, um den König von Frankreich dort zu besuchen, begriffen. Ihm auf derselben hier weiter zu folgen, würde zu weit führen. Nur so viel bemerkt, dass er am 4. Januar 1378 seinen Einzug in Paris hielt, am 16. Januar von dort wieder abreisete und auf seiner Rückreise am 4. März bis Heidelberg gelangte. Unter den vielen Fürsten, Grafen, Edelen und Rittern, welche auf dieser Reise sein Gefolge bildeten, befanden sich Herzog Albrecht von Sachsen und Lüneburg und Herzog Heinrich von Braunschweig (Sohn des Herzogs Magnus). Beide werden als Gäste im Gefolge des Kaisers bei den Festlichkeiten zu Paris genannt, welche eine zum Andenken an die bei dieser Gelegenheit beobachtete Etiquette, wie es scheint, von Amts wegen verfasste, in einer noch nicht vollständig veröffentlichten französischen Chronik enthaltene Aufzeichnung beschreibt. Auch der Lesemeister Detmar berichtet in seiner Chronik unter dem Jahre 1377: Kaiser Karl zog nach Frankreich und mit ihm Herzog Albrecht von Sachsen und Lüneburg.

Während der Abwesenheit des Herzogs Albrecht, welche bis etwa zur Mitte des Februars 1378 gedauert zu haben scheint, ruheten alle wichtigeren Regierungsgeschäfte im Herzogthume Lüneburg. Weder von ihm noch von den Herzögen Wenzlaus und Bernhard wurden dies Herzogthum betreffende Urkunden in jener Zeit ausgestellt; auch nicht eine ist gefunden worden. Geringere Regierungsangelegenheiten scheinen von dem Rathe des Herzogs Albrecht, dem edelen Herrn Balthasar von Camenz, besorgt worden zu sein. Er und der Vogt Johann von Rostock zu Lüneburg gaben am 4. December 1377 im Auftrage des Herzogs von Lüneburg dem Kloster Scharnebeck für 100 Mark Pfennige den Hof zu Lüneburg zurück, in welchen der Herzog vom Rathe der Stadt eingewiesen worden war, und gelobten, den Hof dem Kloster zu beschirmen. Den Mönchen mochte derselbe wegen ihrer Treue gegen Herzog Magnus genommen worden sein. Balthasar von Camenz wird am 31. August 1378 ausdrücklich Rath des Herzogs Albrecht genannt. Als der Rath der Stadt Lüneburg sich und dem ganzen Lande am 6. Januar 1371 die bekannten Zusicherungen, welche zum grössten Theile am 3. October 1377 wiederholt wurden, von den Herzögen Wenzlaus und Albrecht geben liess und als mit ihnen die Söhne des Herzogs Magnus am 25. September 1373 die bekannte Sühne errichteten, wird es weder ihro noch der Rathsherren Absicht gewesen sein, dass Ausländer in den Rath der Herzöge berufen würden. Wenn es auch in den über den herzoglichen Rath handelnden Vertragspunkten nicht geradezu verboten war, spricht doch der unzweideutige Sinn derselben dagegen. Kaum hatten der Kaiser und Herzog Albrecht das Land verlassen, so trieben darin einige Wegelagerer wieder ihr Handwerk. Hermann Bock meldete den Rathsherren der Stadt Lüneburg, dass er die Plote, welche im vorigen Frieden Alten-Medingen und auch während dieses Friedens auf herzoglichen Strassen geplündert und Leute des Herzogs beraubt hätten, auf flüchtigem Fusse verfolgt, sie auf handhafter That ergriffen und ihnen Gleiches mit Gleichem vergolten habe. Im Allgemeinen übrigens scheint das Land sich einer grösseren Ruhe, als früher, erfreut zu haben. Die Fürsprache, welche die Herzöge für die Stadt Lüneburg bei der Geistlichkeit eingelegt hatten, nicht weniger aber ihre Erklärung, dass sie sich niemandes annehmen würden, der sich den Forderungen der Stadt widersetzte, brachte bald eine Einigung zwischen der Stadt und den auf der Saline begüterten Geistlichen zu Stande. Die Rathsherren der Stadt einerseits, die Aebte zu Harsefeld, Lüneburg, Oldenstadt, Walkenried, Amelunxborn, Dobberan, Loccum, Reinfeld, Riddagshausen, Niencamp, Scharnebeck und Hiddensee (oder Hiddens-Öe), die Pröbste, Dechanten und Capitel der Domkirche zu Verden, St. Andreae daselbst, beatae Mariae zu Hamburg, St. Blasii zu Braunschweig, St. Petri et Pauli zu Bardowiek und St. Sixti zu Ramelsloh, die Pröbste zu Heiligenthal, Ebstorf, Lüne, Medingen, Buxtehude, Neukloster (bei Buxtehude), Walsrode, Diesdorf, Dambke, Wienhausen, Isenhagen und Mariensee, die Aebtissinn zu St. Johann in Lübeck, die Provisoren des Hospitals St. Spiritus zu Lübeck und viele anderen Prälaten oder Geistliche andererseits errichteten am 25. November 1377 in ihren Irrungen über die genannter Geistlichkeit gehörenden Renten und Güter auf der Saline zu Lüneburg einen Vergleich und eine Sühne. Sie wählten gemeinsam den Abt zu Reinfeld, die Pröbste zu Heiligenthal und Lüne, den Bursarius zu Scharnebeck, vier Rathsherren und vier Bürger zu Lüneburg, denen der Rath ein Verzeichniss der Schulden geben sollte, in welche die Stadt wegen allgemeiner Landesnoth gerathen sei und welche von der Rente des Salingutes derer, die sich zu dieser Sühne hielten, bezahlt werden sollten. Von der Rente jeder Pfanne sollten 100, von der Rente jedes Wispels 50 Mark Pfennige und so fort von jeder anderen Rente nach Verhältniss halbjährlich entrichtet werden. Jedermann war es erlaubt, seine Renten und Güter auf der Saline durch Bezahlung einer entsprechenden Summe Geldes hiervon frei zu machen. Diese Abgabe sollten jene zwölf Männer erheben und zur Bezahlung der Schulden anweisen. Die Rathsherren und Bürger gelobten, sich ausserdem der Rente und des Salingutes derer, die sich zu dieser Sühne hielten, nicht zu bemächtigen, es nicht zu kürzen oder zu beschweren, jene Salininteressenten vielmehr bei Recht, Freiheit, im Besitz und Nutzung zu lassen und zu vertheidigen. Die Rathsherren namentlich verpflichteten sich, und jedes neu gewählte Mitglied sollte dem Rathe schwören, dies alles zu halten und niemanden in den Rath zu wählen, der nicht einen Eid darauf leistete. Brächen sie diesen Vergleich, so unterwarfen sie sich im voraus mit Bewilligung der Herzöge in dieser Angelegenheit der Gerichtsbarkeit der Bischöfe von Lübeck und Ratzeburg. Würde aber die Stadt Lüneburg belagert, geriethe sie und die Saline in Noth oder drohete beiden Verderben, so sollten auf die Anzeige davon die Aebte zu Lüneburg, Dobberan, Reinfeld, Scharnebeck, die Dechanten zu Lübeck und Hamburg und die Pröbste zu Ebstorf und Lüne, wenn aber diese sich nicht einigen könnten, mit ihnen der Rath der Städte Lübeck und Hamburg die der Stadt Lüneburg in jener Noth zu leistende Hülfe bestimmen. Ausserdem schrieben die Rathsherren dem jährlich zu wählenden Soodmeister sein amtliches Verhalten vor und bewilligten, dass der Vergleich vom päpstlichen Stuhle bestätigt würde. Dann bekräftigten sie auf dem Rathhause zu Lüneburg ihre eben übernommenen Verpflichtungen den gegenwärtigen Prälaten durch einen Eid. Bemerkenswerth ist es, dass das Domcapitel zu Lübeck diesem Vergleiche nicht beitrat und noch zwölf Jahre lang sich demen weigerte. Nicht minder günstig für die Stadt Lüneburg, wie er, war der Umstand, dass sie seit langer Zeit nicht so wenige Schulden hatte machen brauchen, wie in diesem Jahre. Am 14. Februar 1377 verschrieben die Rathsherren dem Kloster zu Buxtehude 6⅔ Procent Zinsen für ein Capital von 300 Mark. Einige Zeit nachher leistete Diedrich Springintgud, Albert Hoyke, Johann Roksvale, Heine Sotmesters, Sander Schellepeper und Johann Grabow Rathsherren zu Lüneburg, Diedrich Beteke, Gottfried von Hagen, Heinrich Witte und Johann Hoyemann, Bürger daselbst, in ihrem und ihrer Erben Namen für den Rath wegen einer Schuld Bürgschaft bei Rolf Münther und Johann Stope, Bürgern zu Lübeck. Der gesammte Rath der Stadt Lüneburg ertheilte ihnen deswegen und wegen aller anderen für ihn übernommenen Bürgschaften am 20. Juni 1377 Sicherheit gegen etwa zu erleidenden Schaden. Ausser diesen sind keine anderen Schuldverschreibungen des Rathes in das dazu bestimmte Registrum unter diesem Jahre eingetragen.

Am 20. December 1377 traf der edele Herr Wedekind von dem Berge zu Neustadt ein und am 27. December waren, wie Babodo Wale schreibt, die „Herren" daselbst. Sie müssen mit starkem Gefolge dort gewesen sein, denn wenigstens 6 Kühe, 5 Schweine, 24 Schafe, 2 Malter Roggen und 2 Malter Hafer wurden auf dem Schlosse in jener Woche mehr verzehrt, als vor diesem Besuche. Vielleicht waren jene Herren der Bischof Gerhard von Hildesheim und der edele Herr Wedekind von dem Berge, welche hier zusammen gekommen sein werden, um in den an sie gelangten Klagen über Schaden, der während des Waffenstillstandes verübt war, zu entscheiden. Es hätte dies der Urkunde vom 24. October 1377 gemäss schon zwei Tage vorher geschehen müssen, konnte aber leicht durch Zufall verzögert worden sein.

Ueber das den Herzögen Wilhelm und Magnus am 4. October 1368 verpfändete Erzstift Bremen fernere Nachrichten mitzutheilen, ist im Obigen unterlassen worden. Das Versäumte nachzuholen, bietet sich hier eine passende Gelegenheit, weil über das Herzogthum Lüneburg aus der Zeit, dass Herzog Albrecht ausser Landes war, wenig berichtet werden kann und gerade zu dieser Zeit der Erzbischof in eine Fehde gerieth, die nicht mit Stillschweigen übergangen werden darf. Am 31. October 1374 einigten sich die zum Graben, welcher der alte Deich genannt wurde, gehörenden Erbexen und Landleute, nämlich die Bauern zu Walle, Mohr, Wasserhorst, Bavendam, Gröpelingen, bei der Wümme, zu „Wischbusen", Oslebshausen und Grambke, einen Graben und Siel oder Schleuse im Blocklande (nahe bei Bremen) anzulegen. Solche Verbesserungen, die zudem ohne Zuthun des Erzbischofes unternommen wurden, kommen kaum in Betracht bei der heillosen Wirthschaft, welche im Stifte geführt wurde. Wenn Schiffe hamburger Bürger oder fremder Kaufleute, indem sie mit ihren Waaren nach Hamburg fuhren oder von dort zurückkehrten, wegen Sturmes, Windstille, widrigen Windes und zu starker Ebbe am Meeresufer oder im Bette der Elbe auf Sandbänke geriethen, auch wohl gar auf das Land geworfen wurden, liess der Erzbischof Albrecht, indem er sich auf ein Gewohnheitsrecht berief, durch seine Amtleute und Vögte die Schiffe trotz päpstlicher Verbote ausplündern und wegnehmen. Solchen Raub verwandte er zu seinem Nutzen. Er hatte öffentlich verkündigen lassen, dass allen Kaufleuten mit ihren Waaren sicheres Geleit in seinem Stifte gewährt sein und ihnen zu Wasser und zu Lande kein Leid geschehen sollte. Als darauf Bürger Hamburg's aus England eine Schiffsladung Tücher auf der Elbe nach Stade brachten, geriethen sie in dem Flusse auf eine Sandbank. Die Wellen spülten die Ballen Tücher von dem Schiffe weg und trieben sie bei dem Alten-Lande ans Ufer. Conrad Kammermeister, Amtmann und Vogt zu Bremervörde, Knappe Daniel von Borch und Johann Schoke bemächtigten sich derselben im Namen des Erzbischofes, und dieser theilte mit ihnen die Beute. Alle Bitten, sie zurückzugeben, blieben erfolglos. Weil deshalb die Beraubten den Amtmann und seine beiden Genossen vor geistlichem Gerichte verklagten, kündigten alle drei und der Erzbischof der Stadt Hamburg Fehde an. Gleich darauf erfolgten neue Belästigungen. Einem hamburger Bürger, als er wegen der seinem Schiffe drohenden Gefahren dasselbe in einen Hafen des Stiftes brachte, liess der Erzbischof eine Menge Tonnen Häringe wegnehmen. Einen Geistlichen, welcher in Oxford studiren wollte, liess er auf der Reise dahin auffangen, ihn der 200 Mark, die derselbe bei sich führte, und seiner ganzen Habe berauben. Damit nicht zufrieden erpresste er von ihm 600 Mark als Lösegeld. Ein Schiff hamburger Bürger wurde durch Sturm bei dem Alten-Lande auf's Ufer geworfen. Der Erzbischof liess es durch seine Amtleute Conrad Kammermeister und Bertold Kind in Besitz nehmen und eignete es mit den darin enthaltenen Gütern zum Werthe von 300 Mark sich an. Alles dies that er, wie sein und seiner Amtleute Fehdebriefe erklärten, nur deshalb, weil hamburger Bürger die Seinen vor geistlichem Gerichte verklagt hatten. Er trieb es so weit, dass Papst Gregor XI. dagegen einschreiten musste und am 2. April 1375 den Bann über Conrad Kammermeister und dessen beide Genossen, nur nicht über den Erzbischof, aussprach. Obgleich mit Schulden überlastet, verschwendete der Erzbischof die wenigen Einkünfte, die ihm übrig blieben. Wie ein gleichzeitiger Geschichtsschreiber, Gerhard Rynesberch oder Herbord Schene, erzählt, hatte er den geschicktesten Koch, der seines Gleichen im ganzen Lande suchte. Derselbe arbeitete länger als vier Wochen an einer Mahlzeit von zwanzig Gängen, deren jeder drei Gerichte für die Herren, zwei für die Knappen und eine für die Knechte enthielt. Viele vergoldeten und versilberten Gerichte waren symmetrisch aufgestellt, als ganze vergoldete und versilberte Lachse, grosse ganze wehrhafte Burgen, um welche lebendige Fische schwammen und aus denen lebendige Vögel flogen. Auch menschliche Figuren waren darauf angebracht. Man sah da mancherlei Thiere und grosse fliegende Vögel, Schwäne, Kraniche, Pfauen und dergleichen, meistens vergoldet und versilbert. Menschliche Figuren in voller Rüstung wurden zum Essen aufgetragen und ausserdem so mancherlei, was jener Zeitgenosse nicht zur Hälfte beschreiben zu können versichert. Er fügt hinzu, es sei berechnet worden, dass diese Mahlzeit gewiss tausend lübecker Mark gekostet habe. Der Erzbischof muss in seinem ganzen Wesen mehr einem Weibe als einem Manne ähnlich gewesen sein. Sonderbare Gerüchte kamen über ihn in Umlauf und bezeichneten ihn als Mannweib. Der Domdechant Johann von Zesterfleth nebst einigen Domherren hielt es ihm am 5. Februar 1376 vor. Dafür wurde er vom Erzbischofe verfolgt und musste fliehen. Es kam sogar zwischen beiden zur Fehde. Weil aber inzwischen noch in demselben Jahre der Erzbischof sich in Bremen, in Hamburg und in Stralsund von Bischöfen, anderen Prälaten, Fürsten, Rathsherren der Städte, vielen Rittern und Knappen untersuchen liess und die Unwahrheit des Gerüchtes sich herausstellte, musste, wie eine vom Grafen Christian von Oldenburg vermittelte Sühne vorschrieb, der Domdechant mit hundert guten Mannen den Erzbischof um Verzeihung bitten. Die Herrschaft, das Schloss und die Vogtei Stotel, welche das Domcapitel dem Erzbischofe am 2. October 1373 abgetreten hatte, verpfändete dieser am 6. März 1375 wegen Geldverlegenheit für 450 löthige Mark dem Rathe zu Bremen auf die Dauer von wenigstens zehn Jahren. Dagegen lösete er am 9. August desselben Jahres mit 450 bremer Mark das halbe Schloss Thedinghausen von dem Rathe der Stadt Bremen ein. Mit seinen eigenen Mannen und Städten in Fehde gerathen, schloss er am 31. October 1375 mit dem Grafen Adolf von Holstein ein Bündniss zu gegenseitiger Hülfe auf zehn Jahre gegen jedermann, indem er nur seine Freunde, nämlich die Herzöge von Braunschweig, seine Vettern, und die Grafen von Hoya und Tecklenburg davon ausnahm, gegen die er, so lange sie in Streitigkeiten mit seinem Verbündeten sich seiner Entscheidung unterwürfen, ihm keine Hülfe leisten wollte. Zugleich öffnete er ihm alle seine Schlüsser und sein Land. Von dem Grafen, der kurz vorher, am 13. Juli, das Land Stormarn, das Schloss Trittau und die Stadt Oldesloe für 4900 Mark Pfennige an die Stadt Lübeck verpfändet hatte, empfing er 3000 Mark Pfennige und lösete damit die Hälfte des jenseit der Elbe, der Stadt Stade gegenüber gelegenen, um das Jahr 1317 erbaueten Schlosses Haseldorf mit dazu gehöriger Vogtei von Hartwich Heest ein. Zu dieser Hälfte gehörten auch das Dorf „Langenbrok", welches bis zum Schlusse des Jahres 1333 dem Stifte von dem Herzoge von Sachsen-Lauenburg und von den Grafen von Holstein vorenthalten worden war, ausserdem Zehnten, Pachtgelder und Kreuzpfennige zu Hamburg und in der Umgegend. Dies alles, grössten Theils, wie es scheint, zu denjenigen Gütern der von Barmstedt gehörend, welche am 19. März 1301 durch Tausch an das Stift gekommen waren, verpfändete er am 31. October 1375 dem Grafen Adolf für jene vorgeschossenen 3000 Mark auf die Dauer von wenigstens zehn Jahren. Auch bewilligte er ihm, die andere Hälfte des Schlosses mit dazu gehöriger Vogtei von Burchard Krummedik, dem sie am 8. September 1366 verpfändet worden waren, einzulösen. Die 4150 löthigen Mark, wofür die Herzöge Wilhelm und Magnus ein Pfandrecht an dem Stifte Bremen besassen, werden zurückbezahlt und dadurch ein zwischen den Söhnen des Herzogs Magnus und den Herzögen von Sachsen und Lüneburg möglicher Streitpunkt beseitigt worden sein. Der Erzbischof aber war an dies Verhältniss der Abhängigkeit gewöhnt und suchte in einem ähnlichen die ihm fehlende Stütze. Er ernannte am 20. Januar 1376 den Grafen Adolf von Holstein und den Conrad Kammermeister auf Kündigung, zu welcher das Recht beiden Theilen eingeräumt wurde, zu Amtleuten über das ganze Stift, damit sie es nach seinem Rathe verwalteten, und verpfändete ihnen das Schloss Bremervörde mit der „Slikburg", die Grafschaft Buxtehude, das Alte-Land und die Grafschaft Kehdingen mit allen Pfandstücken des Stiftes, welche er oder sie einlösen würden. Er versprach, sie von dem Amte nicht eher zu entsetzen, noch ihnen die verpfändeten Gebietstheile zu nehmen, bevor er ihnen alle für ihn schon gemachten und spätere Auslagen erstattet, auch allen in seinem oder des Stiftes Dienste zu erleidenden Schaden ersetzt haben würde. Lebenslänglich wollte er mit ihnen sein Land und seine Schlösser in seiner Macht behalten, versprach jedoch, sie ihnen, so lange dieser Vertrag währte, nicht zu entfernen. Um dem Grafen grössere Sicherheit zu geben, gestattete er demselben, falls die Einkünfte jener Gebietstheile, die Auslagen und den Schaden nicht hinreichten, dass er, wie viel dies betragen möchte, auf die Pfandsumme des Schlosses Haseldorf schlüge. Zwei Tage später stellte er eine Bescheinigung aus, dass der Graf 450 Mark Pfennige für ihn ausgelegt habe. Die Noth zwang ihn, die erste Pfandsumme für das Schloss Langwedel, welche 1050 löthige Mark betrug und am 1. August 1373 um 280 bremer Mark erhöht worden war, am 14. Juli 1376 um 1090 bremer Mark zu steigern. Er verpflichtete sich, das Schloss dem Rathe und den Bürgern zu Bremen noch wenigstens fünf Jahre zu lassen. Diese erklärten sich am 9. August 1376 bereit, die Hälfte des Schlosses für die Hälfte der Pfandsumme dem Domcapitel zu überlassen. Man wollte alsdann gemeinsam das verfallene Schloss wieder aufbauen und gemeinsam einen Vogt oder Amtmann darauf setzen. Schon lange hatte der Erzbischof darüber nachgesonnen, wie er es verhüten möchte, dass das Schloss, die Vogtei, das Amt und Weichbild Wildeshausen, welche seit langen Jahren an Ausländer verpfändet waren, dem Stifte entzogen würden. Da entschlossen sich der Domdechant und das Domcapitel zu Bremen nebst dem Rathe und den Bürgern der Stadt, Wildeshausen einzulösen, um es dem Stifte zu retten. Der Erzbischof verpfändete es ihnen zu gleichem Rechte am 14. Juli 1376 für 2600 bremer Mark, von welcher Summe ein Theil genügte, um den bisherigen Besitzer zu befriedigen, ein anderer Theil in die leere Schatzkammer des Erzbischofes floss. Er bewilligte dem Domcapitel und dem Rathe, 300 bremer Mark auf den Bau des Schlosses zu verwenden, und verpflichtete sich, Wildeshausen dereinst nur zum Behufe des Stiftes einzulösen, besonders es keinem edelen Herrn zu verpfänden. Das Domcapitel bezahlte ihm den Rest jener Pfandsumme, 389 bremer Mark, am 16. Januar 1377 aus. Am 18. Juni 1377 bestätigte er der Stadt Stade ihr altes Recht, diejenigen, welche durch Verbrechen gegen sie in die Oberacht gerathen und friedlos geworden seien, überall im Stifte Bremen und in seinen Schlössern zu ergreifen, wegzuführen und nach Recht und Gewohnheit mit ihnen zu verfahren. Um diese Zeit verlobte sich Graf Christian von Oldenburg mit Agnes, einer Schwestertochter des Erzbischofes. Er hatte sich diesem durch seine Dienste sehr verbunden, dabei aber manche Kosten und Auslagen gehabt, für welches alles er dem Erzbischofe 200 löthige Mark anrechnete. Zur Tilgung dieser Schuld fehlte das bare Geld und, obwohl Stotel noch bis zum Jahre 1385 dem Rathe der Stadt Bremen zu Pfande stand, verpflichteten sich am 29. August 1377 der Erzbischof mit seinem Vogte Conrad Kammermeister zu Bremervörde unter Angelobung eines in der Stadt Bremen zu haltenden Einlagers, dem Grafen die Herrschaft und das Schloss mit der ganzen Grafschaft Stotel innerhalb der Zeit bis zum 25. Juli des nächsten Jahres für jene Schuld als Pfand anzuliefern. An demselben Tage entlieh er von dem Grafen 500 löthige Mark und trat dafür ihm, dessen künftiger Gemahlinn Agnes und ihren Erben die Vogtei und das Gericht des Lechterlandes (im Stedingerlande) mit allem Zubehör in der Brokseite und der Lechterseite, nämlich Zehnten, Höfe und Ländereien zu Ranzenbüttel, Campe, Schlüte (im Kirchspiele Berne), zu Bardewisch und Butzhausen (im Kirchspiele Bardewisch), die Fähre zu Ochtum (im Kirchspiele Altenesch) und die sämmtliche zu diesen Gütern gehörende Mannschaft pfandweise ab. Erlitte der Graf im erzbischöflichen Dienste Verluste oder hätte er andere Kosten, so wurde es ihm gestattet, den Betrag derselben auf die Pfandsumme zu schlagen. Ausserdem verpfändete der Erzbischof ihm und seiner Nichte Agnes dieselbe Vogtei und das Gericht für 300 bremer Mark (die Mark zu 32 Grote gerechnet). Bei beiden Pfandsetzungen versprach er, die Einlösung nicht gegen den Willen des Grafen und der Gräfinn vorzunehmen. Auch verpflichtete er sich, den Pfandvertrag zu halten, falls die Ehe zwischen beiden nicht zu Stande käme. Der 29. August 1377, an welchem er Obiges vornahm, scheint ein von ihm für solche Geschäfte angesetzter Tag gewesen zu sein. An demselben erneuerte er mit dem Grafen Adolf von Holstein den am 31. October 1375 auf die Dauer von zehn Jahren über die Hälfte des Schlosses Haseldorf abgeschlossenen Pfandvertrag, ohne jedoch diesmal zu bestimmen, wie lange Zeit das Verhältnis währen sollte. Um 2000 Mark Pfennige, welche der Graf ihm geliehen oder vielmehr für ihn ausgelegt hatte, wurde die Pfandsumme erhöht. Der Erzbischof behielt sich diesmal das Recht vor, dass ihm das Schloss geöffnet werde, und musste dem Grafen die Zusicherung ertheilen, dass derselbe das Schloss, das Pfand und die Pfandsumme auf keine Weise verwirken noch sich ihrer verlustig machen würde. Diese am ersten Vertrage vorgenommenen Veränderungen berechtigen zu der Vermuthung, dass Zwistigkeiten zwischen dem Erzbischofe und Grafen vorgefallen waren und die grosse Freundschaft zwischen beiden gestört hatten. Eine Folge davon mag es gewesen sein, dass Ersterer sich den Grafen Christian von Oldenburg zu gewinnen suchte. Dennoch konnte er nicht umhin, an dem genannten Tage dem Grafen Adolf nochmals zu bewilligen, dass er die andere Hälfte des Schlosses einlösen möge. Am folgenden Tage verfügte Graf Adolf, unzweifelhaft als Amtmann des Stiftes, über das Schloss Bremervörde. Er vertrauete es mit dem Lande und allen dazu gehörenden Pfändern den Gebrüdern Gerlach, Meinrich, Gebhard und Friedrich Schulte an, von denen ersterer Abt zu Harsefeld war. Sie verpflichteten sich, ihm am nächsten 28. October 790 Mark Pfennige und an dem folgenden 18. April 1500 Mark Pfennige zu entrichten, falls aber die letztere Zahlung zur bestimmten Zeit nicht erfolgte, ihm das Schloss mit den Schlüsseln dazu und alles, was sie mit demselben empfangen hatten, wieder auszuliefern. Der Vertrag vom 31. October 1375 über Haseldorf wird nochmals und zwar durch folgende (nur in einer Abschrift erhaltene) Urkunde verändert worden sein, falls nicht in ihr, was wohl wahrscheinlich ist, durch einen Schreibfehler die Jahreszahlen 1375 und 1377 verwechselt worden sind, so dass sie nur einen Revers zur Urkunde vom 31. October 1375 bilden würde. Nach ihr verpfändete der Erzbischof am 31. October 1377 dem Grafen die Hälfte des Schlosses mit der halben Vogtei und mit dem Kirchspiele „Langenbrok", wie es Hartwich Heest besessen hatte, für 3000 Mark Pfennige. Der Graf gelobte, mit Wissen des Erzbischofes Vögte und Amtleute auf das Schloss zu setzen, welche, wie früher Tideke Hoken, des Schlosses wegen dem Erzbischofe Gelöbniss leisten sollten, verpflichtete sich, bei ihm gegen Uebergriffe zu klagen und sich an dem Rechte oder dem Vergleiche genügen zu lassen, wozu derselbe ihm innerhalb der nächsten sechs Wochen verhelfen würde. Auch versprach er, ihm in allen Fällen, in welchen er ihm nicht zum Rechte oder Vergleiche verhelfen könnte, das Schloss zu öffnen. Stürbe der Graf innerhalb der nächsten zehn Jahre, so sollte das Schloss dem Erzbischofe, sobald er die Pfandsumme den Rathsherren zu Kiel und Neustadt auszahlen würde, von dem gräflichen Vogte ausgeliefert werden. Die Noth zwang den Erzbischof am 8. October 1377, das Schloss und die Vogtei Thedinghausen dem Rathe und den Bürgern zu Bremen, von denen er die Hälfte des Schlosses und der Vogtei erst zwei Jahre vorher eingelöset hatte, für 900 löthige Mark auf die Dauer von wenigstens drei Jahren zu verpfänden. Wie häufig Streitigkeiten der Mannen eines Herrn mit dem benachbarten Herrn zu ernsten Zwistigkeiten zwischen beiden führten, war auch zwischen dem Erzbischofe und dem Herzoge Erich von Sachsen-Lauenburg auf diese Weise Unfrieden gestiftet worden. Hinzu kamen Irrungen über das Schloss Bederkesa und die Geneigtheit der Wurstfriesen und Hadeler, sich ihren Verpflichtungen gegen den Erzbischof zu entziehen. Eine Urkunde vom 19. März 1301 stellt es ausser Zweifel, dass der Erzbischof schon damals Einkünfte aus dem Lande Hadeln bezog. Ausserdem hatten die Eingesessenen des Kirchspiels Lüdingworth im Westerende dem Erzbischofe und dem Stifte Bremen Zins und Gülte zu entrichten, am 3. Mai 1370 gelobt. Die Wurstfriesen aber waren durch Verträge vom 24. Juni 1304 und 11. November 1336 dem Stifte Bremen zu jährlichen Abgaben verpflichtet. Die herzogliche Macht im Lande Hadeln war in letzterer Zeit dadurch vermehrt worden, dass nicht nur Walther Kule, ein Sohn jenes zwanzig Jahre früher von des Herzogs Vater und der Stadt Hamburg verfolgten Freibeuters gleiches Namens, am 8. Mai 1370, als er die Grafschaft im Lande Hadeln von dem Herzoge Erich von Sachsen-Lauenburg zu verwalten übernahm, mit Leib und Gut, mit seinem Schlosse und mit seinen Freunden in den Dienst des Herzogs getreten war und ihm, falls er selbst ins Land Hadeln käme, oder dem herzoglichen Gesandten sein Schloss gegen Bürgschaft zu öffnen und zur Verfügung zu stellen gelobt hatte, sondern auch dadurch, dass Wilhelm Lappe sich ihm am 12. October desselben Jahres mit Leib und Gut und mit seinem Schlosse Ritzebüttel zum Dienste verschrieben und ihm gegen Bürgschaft das Schloss zur Verfügung gestellt hatte. Am 24. Juni 1372 aber öffneten er und sein Bruder Walther, Söhne Alverich's, das Schloss auch dem Rathe der Stadt Hamburg, als sie demselben für 240 Mark Pfennige die ihren Vorfahren vom Herzogthume Lauenburg am 21. October 1324 verpfändeten Dörfer Wolde und Groden im Lande Hadeln pfandweise überliessen und aus ihrem Gebiete zu unternehmende Räubereien zu verhindern gelobten. Zur bestimmten Zeit, am 29. September 1374, tilgten sie die Schuld nicht; es blieben daher die Dörfer verpfändet und das Schloss dem Rathe geöffnet. Beide Brüder verpfändeten es ihm sogar im Jahre 1379 für 200 Mark Pfennige. Was nun endlich Bederkesa betrifft, wo, wie eine Urkunde vom 17. Mai 1321 beweiset, zwei Häuser oder Schlösser standen, so hatten die Knappen Bertold und Alverich Lappe ihren Theil des unteren Schlosses daselbst und der Börde am 27. Mai 1357 dem Stifte Bremen überlassen. Später hatte Erzbischof Albrecht selbst einen Theil der Burg und der Börde von Johann von der Liet und einen anderen Theil der Burg von Johann Clüver gekauft. Bederkesa war dem Lande Hadeln zu nahe, als dass der Herzog gleichgültig dagegen bleiben konnte, wenn hier der Erzbischof sich immer mehr fest setzte. So brach denn zwischen beiden die Fehde aus. Sie endete damit, dass der Herzog dem Erzbischofe wegen Bederkesa Zugeständnisse machte. Er schloss mit ihm einen Vergleich und sogar ein Bündniss. Der Erzbischof gelobte, Feind des Herzogs nie zu werden, ihm gegen jedermann, ausgenommen den Herzog Otto von Braunschweig, die Söhne des Herzogs Magnus, die Grafen Gerhard, Otto und Erich von Hoya, die Grafen Conrad und Christian von Oldenburg, die edelen Herren von

Diepholz und den Grafen Adolf von Holstein, mit zwanzig Gewaffneten und erforderlichen Falls mit ganzer Macht Hülfe zu leisten und ihm seine Schlösser zu öffnen. In Irrungen des Erzbischofes und seiner Mannen mit dem Herzoge sollten erzbischöfliche und herzogliche Mannen entscheiden, in Irrungen des Erzbischofes mit den Mannen und Leuten des Herzogs, namentlich mit den Wurstfriesen und Hadelern, sollte der Herzog ihm zum Rechte oder Vergleiche verhelfen, zur Zeit einer Sediavacanz im Stifte der Herzog seine Klagen gegen das Stift, dessen Mannen und Leute vor dem Domcapitel vorbringen. Dem Erzbischofe verblieben die ihm von Johann von der Liet und Johann Clüver verkauften Antheile an dem Schlosse und der Börde zu Bederkesa. Würde er andere Antheile daran, die des Herzogs väterliche Erbgüter nicht wären, mit dessen Rathe und Hülfe erwerben können, so verpflichtete er sich, sie gegen Ersatz der halben Kosten mit ihm zu theilen und seinen Theil dem Diedrich von Mandelsloh zu lassen, welcher damit von dem Herzoge aus Liebe und Freundschaft zum Erzbischofe belehnt und davon herzoglicher Mann werden sollte. Die Kosten der Abfindung für die Kinder des Johann von der Liet wollten sie gemeinsam tragen. Dieser Vergleich und dieses Bündniss, im Jahre 1378 errichtet, muss in den ersten Monat des Jahres gesetzt werden. Wenigstens scheint eine Urkunde des Herzogs vom 20. Januar 1378 damit im Zusammenhange zu stehen. In derselben schloss er mit dem Rathe und den Bürgern zu Stade einen Waffenstillstand auf die Dauer von drei Jahren, indem er sich nach Verlauf dieser Zeit das Recht der Kündigung vorbehielt. Er bemerkte dabei, dass die Stadt mit dem Lande Hadeln einen besondern Waffenstillstand geschlossen habe. Uebrigens suchte der Herzog seine Macht im Erzbisthume immer mehr auszubreiten. Am 4. April 1378 liess er sich von den Gebrüdern Erich und Diedrich von Elme (vielleicht Elmlohe auf dem seit 1372 herzoglichen Schlosse gleiches Namens oder auf Bederkesa) huldigen und Lehnsdienste geloben. Im nächsten Jahre am 17. April empfing er von den Eingesessenen des Kirchspiels Lohe die Huldigung und das Gelöbniss der Treue. Er nahm sie zu seinen treuen biedern Leuten an und gelobte, sie, wie seine übrigen Unterthanen, zu schützen. Auch im Lande Hadeln gewann er selbst da an Macht, wo der Erzbischof eine Abhängigkeit von sich zu begründen getrachtet hatte. Die Eingesessenen der Woster-Innung des Kirchspiels Lüdingworth oder die im Westen der Kirche Gesessenen suchten seine und seiner Vögte zu Bederkesa Hülfe und verpflichteten sich dafür am 10. August 1381, ihm und seinen treuen Mannen zu Bederkesa jährlich eine bestimmte Abgabe zu entrichten. Am 29. des folgenden Monates vertraute der Herzog die Grafschaft im Lande Hadeln dem Walther Kule, Sohne Heinrich's an, um ihn dadurch die in der Gefangenschaft abgenommene Schatzung und sonstigen Schaden zu ersetzen. Walther Kule gelobte, die ihm und seinen Erben auf die Dauer der nächsten zwölf Jahre übertragene Grafschaft dem Herzoge nach den ersten sechs Jahren für 600 Mark, sonst nach Verlauf der zwölf Jahre ohne Entgelt zurückzugeben und während jener Jahre den herzoglichen Leuten kein Unrecht zuzufügen.

Im Herzogthume Lüneburg ereignete sich vor der Rückkunft des Herzogs Albrecht zu Anfange des Jahres 1378 nur weniges, dessen Erwähnung geschehen muss. Die Rathsherren der Stadt Lüneburg vom Rathe und den Bürgern zu Uelzen oft und dringend gemahnt, dass sie ihrem Versprechen vom 9. März 1371 gemäss ihnen die Auslagen für die Verpflegung der während des Krieges gegen Herzog Magnus zu Uelzen unterhaltenen Besatzung erstatteten und die ausserdem vorgeschossenen Gelder ihnen wieder auszahlten, entschlossen sich endlich, mit dem Rathe der Stadt Uelzen, als Bevollmächtigtem ihrer dortigen Gläubiger, abzurechnen. Durch Vermittlung der Pröbste Heinrich zu Ebstorf, Johann zu Lüne und Johann zu Medingen und des Bürgermeisters Johann Lange zu Lüneburg verglich man sich über die Kriegsschuld und setzte sie auf 4500 Mark Pfennige an. Ausserdem betrugen die aus Darlehen der Bürger Uelzen's, des Johann Lembeke, Hermann Sten, Johann Hollenstede, Nicolaus Wezende und Appele herrührenden Schulden 1521 Mark Pfennige. Wie viel Zinsen für diese letztere Summe die Rathsherren zu Lüneburg zu bezahlen hätten, überliess man ihrem eigenen Ermessen. Am 6. Januar 1378 ertheilten sie dem Rathe und den Bürgern zu Uelzen für alle diese Schulden eine Anweisung von 500 Mark an den Probst zu Ebstorf und von eben so viel an den Probst zu Heiligenthal. Zur Tilgung des Restes der Schuld setzten sie 100 Mark Pfennige aus, die von der Saline zu Lüneburg bei allen Fluthen, bis die Schuld dadurch bei allen Fluthen völlig abgetragen sein würde, entrichtet werden sollten. Ausser dieser ist nur noch eine Schuldverschreibung der Rathsherren im Jahre 1378 eingetragen. Johann von der Brügge, Rathsherr zu Lüneburg, hatte nämlich zum Besten der Stadt und auf Bitten des Raths in dem Kriege desselben gegen Herzog Magnus 150 Mark Pfennige ausgegeben. Nachdem er darüber Rechnung abgelegt hatte, erkannten die übrigen Rathsherren in einer Urkunde vom 1. April 1378 diese Schuld an und versprachen, bis zur Tilgung derselben ihm 6⅔ Procent Zinsen jährlich zu bezahlen. Die Nachkommen des Grafen Gerhard des jüngern von Hallermund, Graf Otto und dessen Söhne Otto und Wilbrand, besassen einen Antheil, vielleicht drei Achtel, an der Vogtei zu Völksen. Ein Achtel dieser Vogtei hatte Herzog Wilhelm am 3. Juni 1366 gekauft. Noch ein anderer Theil derselben, wahrscheinlich die Hälfte, gehörte, wie eine Urkunde vom 13. Januar 1370 andeutet, zu dem herzoglichen Schlosse Hallermund und zu derjenigen Hälfte des Schlosses Eldagsen, welche die Herzöge von Lüneburg weit früher erworben hatten. Die drei Grafen verpfändeten den ihnen verbliebenen Theil mit dem Gerichte am 7. Januar 1378 dem Bertold von Ilten und den Gebrüdern Arnold und Hartmann von Lathusen für zwölf Pfund Pfennige, behielten sich jedoch die Hälfte der Strafgelder für blutrünstige und ähnliche Beschädigungen vor. Ihr Wohlstand muss sehr gesunken und den eines gewöhnlichen ritterbürtigen Geschlechtes wenig übertroffen haben, da sie einer so geringen Summe Geldes wegen sich zur Verpfändung veranlasst sahen. Eben so geringfügig muss er erscheinen, wenn man erfährt, dass sie ihrem Vetter, dem Grafen Heinrich von Hallermund, am 23. April 1380 einen Hof zu Diedersen und ihren Antheil an der „Scheven-Mühle" unter der Bedingung des Heimfalls der Güter verkauften. Noch deutlicher zeigt sich ein Jahr später der Mangel, als Graf Otto und sein Sohn Otto sich kaum der wegen Schulden angelobten Haft entziehen konnten. Sie mussten deshalb mit den Knappen Aschwin von Roden und Henning und Diedrich von Reden dingen, bis diese am 1. Juni 1381 versprachen, beiden Grafen, wenn dieselben ihnen 30 löthige Mark bezahlt und eine Urfehde gelobt haben würden, das Gefängniss zu erlassen und sie aller übernommenen Verbindlichkeit zu entheben. Was nun ferner die Ereignisse im Herzogthume Lüneburg während der Abwesenheit des Herzogs betrifft, so hatten einige Mannen dieselbe benutzt, um sich eigenmächtig zu ihrem vermeintlichen Rechte zu verhelfen. Es hatten die Gebrüder Ludolf und Manegold von Estorff, seit dem 23. April 1372 Pfandbesitzer des Schlosses Meinersen, bei einem auf ihre Feinde unternommenen Angriffe Güter des Domprobstes und des Domcapitels zu Hildesheim nicht verschonet. Am 13. Januar 1378 sühnten sie sich mit beiden und gelobten, in keinem andern Falle, als in einer Fehde gegen den Bischof von Hildesheim, Feinde derselben zu werden. Ein Auswärtiger, Gerhard von Rokestorp, hatte sich dagegen das Herzogthum Lüneburg zum Schauplatze seiner Thaten ausersehen, wurde aber am 13. Januar 1378 gezwungen, dem Herzoge von Lüneburg eine Urfehde zu schwören. Er gelobte, in keinem andern Falle, als in einem Kriege seines Landesherrn gegen den Herzog, Feind dieses, der Mannen, Städte, Lande und Leute desselben zu werden. Endlich im Februar 1378 langte Herzog Albrecht von seiner Reise nach Frankreich im Herzogthume Lüneburg wieder an. Am 20. Februar kam er nach Neustadt. Acht Tage später legte Rabodo Wale über seine dortige Verwaltung, welche damit ihr Ende erreicht zu haben scheint, Rechnung ab. Bald darauf wird er mit Unterthanen des edelen Herrn Simon von der Lippe in Streitigkeiten gerathen und gegen dieselben Gewalt gebraucht haben, denn er wurde vor das Freigericht zu Biest (bei Lemgo) geladen. Herzog Albrecht nahm sich seiner an und schrieb dem edelen Herrn, er sei gegen ihn und gegen jedermann des Angeklagten zu Allem, was die Ehre gebiete, mächtig. In der Erwartung, dass es wegen des Vorgefallenen zu Tagefahrten zwischen dem Herzoge und dem edelen Herrn oder sonst jemandem kommen würde, bekräftigte Rabodo Wale am 17. Mai 1378 mit einem Eide sein dem Herzoge gegebenes Gelöbniss, dass derselbe seiner auf den Tagefahrten zur Ehre mächtig sein sollte und dass er selbst dort der Ehre gemäss Rede und Antwort stehen wollte. Wie die Sache weiter verlief, ist nicht bekannt. Vielleicht steht sie mit der Gefangenschaft des Conrad Rebock in Verbindung. Dieser gelobte am 17. September 1378 mit seinem Vater Heinrich, welcher mit dem Grafen von Pyrmont und mit dem Freigrafen des edelen Herrn von der Lippe in einer Urkunde vom 3. Mai 1354 zu Lügde genannt wird, also wohl in jener Gegend ansässig war, den Herzog, den Rath und die Bürger zu Hannover, namentlich den Rotbert von Edingerode und den Martin von Lude wegen seiner Gefangenschaft und des erlittenen Schadens nicht mehr anzuschuldigen. Kaum in das Herzogthum zurückgekehrt traf Herzog Albrecht mit dem Bischofe Heinrich von Verden Verabredungen über die Einlösung eines der vom Herzoge Magnus am 30. März 1371 dem Stifte verpfändeten Schlösser. Sie betrafen das Schloss Lauenbrück, dessen Verpfändung für 400 löthige Mark die Herzöge Wenzlaus und Albrecht nach jener Zeit anerkannt hatten. Am 12. März 1378 gelobte der Bischof, dass, wenn die Herzöge dem Stifte oder dem Ritter Heinrich von Issendorf, damaligem Besitzer des Schlosses, am nächsten 24. Juni oder am folgenden 16. März 400 löthige Mark bezahlen würden, ihnen das Schloss wieder ausgeliefert werden, sie jedoch ihm alsdann des Stiftes Gut wieder überlassen sollten, welches er zum Schlosse gelegt hatte. Würde das Schloss vor jener Zeit verloren, so sollten weder sie noch er mit demjenigen, der es gewonnen hätte, Sühne oder Frieden errichten, bis sie gemeinsam es wieder erobert oder ein anderes in demselben Gerichtsbezirke erbaut hätten. Letzteres sollte auch geschehen, wenn es verbrannt würde. Fünf Tage nach diesem Uebereinkommen begaben sich der Bischof, sein Domcapitel nebst den Rathsherren und Bürgern zu Verden in den Dienst der Herzöge Wenzlaus und Albrecht und gelobten, mit allen ihren Schlössern ihnen getreu zu Diensten sein und sie ihnen gegen jedermann in allen Nöthen öffnen zu wollen. Wenn den Herzögen Unrecht geschähe, so wollten sie innerhalb eines Monats ihnen, falls sie es könnten, zum Rechte verhelfen, woran sich dann die Herzöge genügen lassen sollten. Vermöchten sie es aber nicht, so stellten sie ihnen ihre ganze Macht zur Verfügung. Dafür verlangten sie, dass die Herzöge sie und das ganze Stift getreu vertheidigten und ihnen gegen jedermann, dem sie zum Rechte erböten, mit aller Macht Hülfe leisteten. Dabei gelobten sie, stets jeder auf Recht und Billigkeit gegründeten Entscheidung der Herzöge sich zu fügen, ihnen und den Ihrigen kein Unrecht zu thun, sondern sie bei allem Rechte zu lassen. Ein dem letzteren gleiches Versprechen erhielten sie von den Herzögen. So lange als diese leben würden, sollte das Dienst- und Schutzverhältniss bestehen. Irrungen zwischen den Verbündeten oder ihren Unterthanen sollten zu Walsrode durch ein Schiedsgericht geschlichtet werden. Den Herzögen und ihren Amtleuten wurde gestattet, diejenigen, welche, nachdem sie ihnen Schaden zugefügt hätten, ihre Zuflucht in den Schlössern oder dem Lande des Stiftes suchten, darin zu verfolgen. Würden die Herzöge aus des Stiftes Schlössern Krieg führen wollen, so übernahmen sie es, die nöthige Mannschaft hineinzulegen und dieselbe zu verpflegen. Geschähe dieser oder den Herzögen alsdann von des Stiftes Leuten Unfug, so sollte Genugthuung dafür innerhalb vierzehn Tagen erfolgen. Gefangene, Beute, Brandschatzung und sonstigen Gewinn im Kriege wollte man nach Anzahl der gewaffneten Leute, die von beiden Seiten, als er erlangt worden sei, dabei im Felde gewesen wären, theilen. Vergriffe man sich an Freundes Gut, so sollte es zurückgegeben werden. Keinem der Verbündeten wurde es erlaubt, ohne der anderen Bewilligung Sühne oder Frieden zu schliessen. Wenn aber die Herzöge ihren Verbündeten zu dem, was recht und billig wäre, verhelfen könnten, wollten diese dem Abschlusse einer Sühne und eines Friedens nicht entgegen sein; die Herzöge sollten dann sie nicht nur darin aufnehmen sondern sie auch getreu darin sicher stellen. Würde ein Schloss des Stiftes verloren, belagert oder verbauet, so verpflichteten sich die Herzöge ohne Arglist, so bald sie könnten, mit ganzer Macht zu Hülfe zu kommen und Rettung zu bringen. Wenn nach dem Tode des Bischofs Heinrich sein Nachfolger diesem Bündnisse nicht beitreten wollte, so sollten das Domcapitel, die Rathsherren und die Bürger ihm zwar erweisen, was Ehre und Recht verlangte, dabei aber ihren Verpflichtungen gegen die Herzöge nachkommen und das Bündniss mit ihnen halten. Kein Herzog von Lüneburg hatte in früheren Bündnissen mit dem Stifte Verden so viel erlangt, als in diesem den Herzögen Wenzlaus und Albrecht zugestanden wurde. Während der Verhandlungen über dies Bündniss oder bald nachher wird Bischof Heinrich nach Celle gekommen sein. Hier legte er in folgender Angelegenheit Fürsprache für den Herzog Albrecht bei dem Convente des Klosters Diesdorf ein. Der Herzog hatte nämlich in einem von ihm zu Lüneburg am 10. November wahrscheinlich des vorigen Jahres geschriebenen Briefe den Probst, die Priorin und den Convent des Klosters, indem er sich darauf berief, dass die vorigen Herzöge zu Lüneburg in allen Klöstern, welche liegende Güter in der Herrschaft Lüneburg besassen, um eine Pfründe nach alter Gewohnheit zu bitten pflegten und dass man ihnen die Bitte nicht abschlug, gleichfalls darum gebeten, ihm dasselbe zu erweisen, die Jungfrau nämlich, für welche er sich bei ihnen verwenden würde, um seiner ersten Bitte willen in das Kloster unweigerlich aufzunehmen und ihr eine Frauen-Pfründe zu verleihen. Bei seinem Regierungsantritte hatte er zu Gunsten des Conrad von Boldensen mit Rücksicht auf das Recht der ersten Bitte über eine Pfründe im Kloster verfügt. Weil er nun auf obiges Schreiben keine Antwort erhielt, veranlasste er den Bischof, als derselbe bei ihm in Celle zum Besuche war, dem Probste, der Priorin und dem Convente zu schreiben. Der Bischof rieth ihnen, dem Herzoge zu willfahren, denn der Unwille desselben über die Verweigerung der Pfründe könnte ihnen und ihrem Kloster zu grossen Nachtheil bereiten.

Nachdem Herzog Albrecht am 28. März 1376 den von seinem Rathe Balthasar von Camenz und von dem Vogte

Johann von Rostock am 4. December des vorigen Jahres mit dem Kloster Scharnebeck geschlossenen Vergleich bestätigt und dem Abte und Convento daselbst den ihnen von den Rathsherren der Stadt Lüneburg genommenen, bisher von ihm bewohnten Hof in der Stadt Lüneburg zurückgegeben hatte, verlegte er seine Residenz nach Celle. Hier liess er sich am 11. April 1378 von Brand von Bergen, gewöhnlich Brendeke genannt, welcher, früher zu Kettenburg, schon seit einer Reihe von Jahren als Vogt die Verwaltung auf dem Schlosse Celle geführt hatte, Rechnung ablegen, aus welcher sich ergab, dass nach Abzug der Einnahmen von den Ausgaben der Herzog ihm 233 Mark und $10^1/_4$ Schilling schuldig blieb. Von dieser Zeit an liegen aus verschiedenen Jahren Rechnungen Brendeke's und seiner Nachfolger über die Hofhaltung zu Celle vor. Dieselben gewähren nicht nur einen Blick in die Lebensweise, die dort geführt wurde, sondern enthalten auch manche Nachrichten über Tagefahrten, Feldzüge und Reisen des Herzogs.

Ritter Diedrich von Alten wohnte zu Calenberg. Er wird das dortige Schloss als Amtmann oder Pfandinhaber besessen haben. Das ihm und Anderen von dem Herzoge Magnus am 15. Februar 1371 verpfändete Schloss Neustadt war vermuthlich, wie schon nachgewiesen ist, ihm als Pfand verblieben. An Forderungen, die er an die Herzöge Wenzlaus, Albrecht und Bernhard zu erheben hatte, konnte es also gewiss nicht fehlen. Am 11. April 1378 gelobten die drei Herzöge und mit ihnen Ritter Werner von Bertensleben, Junger Wilbrand von Reden, vielleicht ein Sohn des aus dem Kriege gegen Herzog Magnus bekannten, vor dem 18. Juni 1376 verstorbenen Wilbrand von Reden, und Heinrich von Langelege, die 400 Mark löthigen Silbers, welche sie dem Ritter Diedrich von Alten schuldeten, ihm oder dem Ritter Hans von Honlege, dessen Sohne Ludolf oder den Rittern Friedrich und Gerhard von Wederden am 10. April 1379 auszuzahlen. Weil die Genannten mit ihm am 15. Februar 1371 das Schloss und die Stadt Neustadt erhalten hatten, rührte wahrscheinlich die Schuld aus diesem Pfandverhältnisse her. Obgleich die Knappen Eilhard und Ernst von Dotessem am 29. November 1375 als Inhaber des bischöflich hildesheimschen Schlosses Ruthe erscheinen, besass doch Ritter Diedrich von Alten dieses Schlosses wegen, von welchem ein Theil, wie eine Urkunde vom 25. November 1349 beweiset, ihm, seinem Bruder Martin und dem Conrad von Elvede verpfändet war, noch Ansprüche gegen den Bischof Gerhard von Hildesheim. Erst am 18. November 1378 wurde er hinsichtlich dieser Forderungen von dem Bischofe befriedigt.

Wichtige Angelegenheiten mussten den Herzog Albrecht beschäftigen. Gegen Gewohnheit pflog er am 13. April 1378 des Nachts bei Licht Verhandlungen. Am 22. April begab er sich nach Hermannsburg in Begleitung seines Notars Paul von dem Berge und des Hans Vriberg und kam am folgenden Tage nach Celle zurück, von wo er sogleich einen Boten nach Uelzen sandte. Am 25. April hatte er Gäste zu Celle. An diesem Tage gelobten zu Wittenberg ihm und Herzoge Wenzlaus vier Mannen des Bischofs Diedrich von Brandenburg, dass der Vogt desselben auf dem an das Stift verpfändeten herzoglichen Schlosse Wiesenburg dieses als ein Erbgut der beiden Herzöge und als ein Pfand des Stiftes bis zur Einlösung behandeln und halten sollte. Zur treuen Hand der Herzöge leisteten sie dafür Bürgschaft dem edelen Herrn Gebhard von Schraplau, den Rittern Kuno von Kochstette, Hans Loser, Günther von der Drosel, Heinrich von Seben und dem Knappen Richard von Glueck. Auch die hierüber ausgestellte Urkunde beweiset, dass nicht beide Herzöge immer zusammen da waren, wo sie gemeinsam in Urkunden genannt werden. Als Herzog Albrecht und die Herzogin am Morgen des 28. Aprils zu Celle gefrühstückt hatten, ritt er nach Neustadt, sie aber begab sich auf eine Wallfahrt nach St. Hülfe. Sie nahm einen Wildbraten und vier Stockfische mit auf den Weg. Auch hatte sie sich zu dieser Reise neue Schuhe machen lassen. Am folgenden Tage kam der Herzog von Neustadt zurück. Am Abende des 2. Mai's ritt er nach Hermannsburg, blieb dort die Nacht und reisete nach Lüneburg weiter, wohin ihm ein Bote aus Celle einen Brief des Otto von der Gowisch am 8. Mai nachbrachte. Ein anderer Bote aus Celle trug zwei Tage später ein Schreiben des Herzogs nach Calenberg zum Ritter Diedrich von Alten. Am folgenden Tage kam die Herzogina von St. Hülfe zurück. Am 14. Mai war der Herzog zu Bergen und kam am nächsten Tage nach Walsrode. Hier trat er im Beisein seines Rathes Balthasar von Cament eine Tagefahrt mit dem Grafen von Hoya. Vielleicht wollte der Graf Fürsprache für die von Mandelsloh einlegen, denn die Gebrüder Heineke, Diedrich und Statius von Mandelsloh waren seine Mannen und Burgmänner zu Drakenburg. Am andern Tage ritt der Herzog von Walsrode nach Neustadt. Von seinem Gefolge blieben Ritter Werner von Bertensleben, Eberhard von Marenholtz und der Vogt Brendeke die Nacht zu Walsrode. An demselben Tage ritten der edele Herr von dem Berge, Balthasar von Camenz und Hermann Spörken nach Soltau und übernachteten dort. Der Herzog kam am 17. Mai von Neustadt nach Celle, ritt aber am 19. Mai wieder nach Walsrode, blieb dort, wo auch Eberhard von Marenholtz war, zwei Nächte und hielt während der Zeit eine Tagefahrt zu Verden. Am 21. Mai kam er von Walsrode nach Bergen, schickte einen Boten an Gottschalk von Reden und Briefe nach Uelzen und Dodenteich. Jene vielen Reisen, die der Herzog machte, die Briefe, die er schrieb, die Boten, die er sandte, scheinen mit einem Zuge gegen Gadenstedt (bei Peine), den er vorbereitete, im Zusammenhange zu stehen. Schon die mit dem 28. Februar 1378 schliessende Abrechnung über Neustadt berichtet über einen Zug gegen Gadenstedt. Es verlor nämlich Ludeke Juncker ein Pferd, als er mit Balthasar von Camenz vor Gadenstedt war. Dieser hatte also vermuthlich schon vor der Rückkunft des Herzogs aus Frankreich Gadenstedt angegriffen. Es wird hier einst Johann von Godenstede (Gadenstedt), der am 21. December 1364 unter den Mannen des Stiftes Hildesheim erscheint, und nach ihm Hermann von Godenstede seinen Sitz gehabt haben. Herzog Albrecht behauptete ungefähr im Jahre 1380 gegen den Bischof von Hildesheim, sich früher hinsichtlich dessen, was er dem Hermann von Godenstede gethan hätte, wohl verwahrt zu haben. Er wird ihm also förmlich Fehde angekündigt haben. Am 24. Mai 1378 kam der Vogt Brendeke nach Winsen mit 45 gewaffneten Leuten und 20 Schützen. Er verpflegte sie dort eine Nacht und anderthalb Tage und ritt mit ihnen vor Gadenstedt. Während dessen lagen als Besatzung zu Celle die von Hademstorp, Lambert und Johann von Alden, die von Hohnhorst, Werner Monek mit seinen Gesellen, Segeband von Estorff, Vischer und Rasch. Diese Vorsichtsmaassregel deutet einen so starken Feind an, dass er durch ein kühnes Wagniss sich des Schlosses Celle, wenn es nicht gehörig bewacht gewesen wäre, hätte bemächtigen können. Am 26. Mai kamen die gewaffneten Leute wieder nach Celle. Sie brachten, wie Brendeke's Verzeichniss der Einnahmen auf dem Schlosse Celle beweiset, Gefangene und mehr als zwanzig Kühe von Gadenstedt zurück. Am 29. Mai kam von Lüneburg der Herzog nach Bergen, wo er eine Mahlzeit hielt. Am folgenden Tage zu Celle war ihm nicht wohl, dennoch hatte er Tages darauf Gäste; auch schrieb er an Heinrich von Reden und Bertold von Landsberg. Am 2. Juni ritt er nach Hannover, am nächsten Tage fuhr die Herzogin nach Brökel, war aber am 5. Juni wieder in Celle. Tages zuvor war auch der Herzog von Hannover spät Abends nach Celle zurückgekehrt, denn er ass hier an diesem Tage gegen Gewohnheit bei Licht. Am 8. Juni ertheilte er den Rathsherren der Stadt Celle das ausschliessliche Recht des Verkaufes und Schankes von Wein und fremdem Bier in der Stadt; jedoch sollten sie ihm davon Abgaben entrichten. Auch gelobte er, von dem Gute der Rathsherren und der Bürger für Geleit und Zoll nicht mehr, als zu den Zeiten des Herzogs Wilhelm dafür entrichtet sei, zu nehmen. In der darüber gegebenen Urkunde wurden neben ihm die Herzöge Wenzlaus und Bernhard als Aussteller derselben genannt. Am 8. Juni ritt Herzog Albrecht nach Dorfmark, wohin der Vogt Brendeke am Tage zuvor ihm eine Tonne Biers hatte bringen lassen, und übernachtete dort. Er hatte wegen seines Befindens einen Arzt zu Pferde kommen lassen, denn noch war, wie es scheint, die Residenz Celle keines Arztes Wohnsitz. Am 11. Juni fuhr die Herzogin nach Lauenburg, um zwei Wochen dort zu verweilen. Während dessen war der Herzog in Winsen an der Luhe, wohin ihm am 13. Juni von Celle ein Brief des Gottschalk von Reden nachgeschickt wurde. Am folgenden Tage ritten die Gefährten des Vogtes Brendeke in Celle (seine Kumpane, seine Compagnie) mit dem Ritter Brand von dem Hus nach Uelzen.

Die Unternehmungen, welche Herzog Albrecht am 5. September 1375 mit dem Grafen Otto von Schauenburg gegen die Grafschaft Wunstorf verabredete, hatten ihren Zweck verfehlt. Zwar blieb also Graf Ludolf von Wunstorf im Besitze seiner Grafschaft, sah sich aber am 22. Juni 1378 genöthigt, den mit dem Herzoge Wilhelm am 2. Februar 1364 auf die Dauer von vier Jahren geschlossenen Vertrag mit dem Herzoge Albrecht auf ewige Zeiten zu erneuern und ausserdem Zusicherungen zu ertheilen, aus denen man einige derjenigen Gründe errathen mag, welche den Herzog zu einer Fehde gegen den Grafen Ludolf bestimmt hatten. Der Graf begab sich mit seinem Theile der Stadt Wunstorf, mit dem Schlosse Blumenau und mit seiner ganzen Herrschaft Wunstorf in den Dienst und in den Schutz der Herzöge Wenzlaus und Albrecht, ihrer Erben und der nachfolgenden Herzöge zu Lüneburg und verpflichtete seine Erben zu demselben Dienstverhältnisse. Er versprach, seine Schlösser den Herzögen im Streite gegen jedermann, wenn sie seiner rechtlichen Entscheidung sich fügen würden, zu öffnen, wogegen sie ihn gegen jedermann, dem er sich zum Rechte erböte, treu vertheidigen und ihm helfen sollten. Er unterwarf sich, seine Erben und die Seinigen zu allen Zeiten der auf Billigkeit oder Recht gegründeten Entscheidung der Herzöge und der Nachfolger derselben und versicherte, es ihnen anzeigen zu wollen, wenn ihm Unrecht geschähe. Könnten sie dann innerhalb des nächsten Monates ihm nicht zum Rechte verhelfen, so sollten sie ihn getreu vertheidigen und ihm namentlich mit ihren Schlössern Neustadt und Bordenau Hülfe leisten. Er gelobte, den Herzögen, ihren Erben, ihrem Lande, ihren Leuten und Schutzbefohlenen kein Unrecht zu thun noch ihnen von seinen Schlössern Schaden zuzufügen oder zufügen zu lassen. Er gestattete den Herzögen, diejenigen, von welchen sie oder die Ihrigen Schaden erlitten hätten, in seinen Schlössern oder Lande zu verfolgen, und versprach ihnen dabei seine und der Seinen getreue Hülfe. Irrungen zwischen ihm und den Herzögen oder zwischen den Seinigen und den Ihrigen sollten zu Neustadt durch ein Schiedsgericht geschlichtet werden. Würde er aus Noth die Herrschaft Wunstorf verkaufen oder veräussern, so wollte er es den Herzögen oder ihren Erben und nachfolgenden Herzögen zu Lüneburg anzeigen. Alsdann sollte ihnen vier Wochen lang das Näherrecht zustehen. Dasselbe bewilligte er ihnen auch, wenn seine Erben sich zum Verkaufe entschlössen. Die Herzöge ertheilten ihm die Zusicherung, seine Schlösser, wenn dieselben belagert oder verbauet würden, mit ganzer Macht so bald als möglich ohne Arglist entsetzen zu wollen. Falls die Urkunde, welche er über dies Dienstverhältniss ausstellte, beschädigt oder verloren würde, so übernahm er die Verpflichtung, sie innerhalb vier Wochen nach erhaltener Aufforderung zu erneuern. Der Graf wurde nun von dem Herzoge Albrecht aufgefordert, den von Mandelsloh Fehde anzukündigen, und that es mit den Seinen, indem er und sie in ihren Fehdebriefen bemerkten, dass es um des Herzogs willen geschähe. Die Leute der von Mandelsloh zu Osterwald und in anderen Dörfern hatten, um während der Feindseligkeiten sich Ruhe zu verschaffen, von dem Herzoge und seinen Amtleuten, Ritter Johann von Escherte, Pippelhorn und Witte Robbeke, sich einen Frieden und Sicherheit vor dem Herzoge und seinen Helfern erkauft. Bald darauf beklagten sie sich, dass jene drei Amtleute nebst dem Grafen von Wunstorf und den Seinen ihnen den Frieden gebrochen und ihnen dadurch einen Schaden von hundert Mark löthigen Silbers zugefügt hätten. Der Graf und Ritter Johann von Escherte leugneten aber, bei dieser That betheiligt gewesen zu sein. Ebenso wies der Herzog die Beschädigung der von Mandelsloh zurück, ihnen eine Verschreibung über 29½ bei dem Rathe der Stadt Lüneburg zu erhebende Mark löthigen Silbers, die er ihnen nahm, früher ausgestellt zu haben. Diese Nachrichten finden sich in den Streitschriften des Jahres 1385.

Die Herzogin kam von Lauenburg über Winsen am 25. Juni nach Celle zurück. Obgleich von hier Briefe des Herzogs am 29. Juni nach Ahlden und Rethem geschickt wurden, befand er sich doch auswärts. Am 5. Juli kam Herzog Erich von Lauenburg nach Celle und war bei der Herzogin zu Gaste. Ein von dem Herzoge Albrecht an Hasselbach gerichteter und am 7. Juli von Celle aus besorgter Brief beweiset nicht, dass der Herzog daselbst war, sondern nur, dass sein Briefwechsel über Celle ging oder dass der Herzog, während seiner Abwesenheit Schreiben in seinem Namen anzufertigen, seine Räthe oder seinen Notar beauftragt hatte, denn er selbst war nach Wittenberg verreiset, wohin ihm ein Bote am folgenden Tage nachgeschickt wurde. Mit dem Vogte Brendeke hatte er den Eberhard von Marenholtz in Celle zurückgelassen. Als am 17. Juli wieder ein Bote nach Wittenberg zum Herzoge geschickt wurde, befand sich dieser wahrscheinlich schon in Prag. Hier wiederholte der Kaiser am 15. Juli 1378 sein Zeugniss vom 30. October 1377 über das von dem Rathe der Stadt Lüneburg mit den Herzögen Wenzlaus und Albrecht getroffene Uebereinkommen, dass mit den ersten 12000 Mark Pfennige, welche die Salinsteuer aufbringen würde, die Schlösser Lüchow, Neustadt und andere verpfändeten Schlösser der Herrschaft für die Herzöge eingelöset werden sollten. Wenn nicht ein anderer Beweis dafür vorläge, so liesse sich schon hieraus schliessen, dass die Rathsherren zu Lüneburg in der Erfüllung dieser von ihnen übernommenen Verpflichtung säumig gewesen waren. Der Herzog kam am 4. August von Prag nach Celle zurück. Bald darauf, am 15. September, schrieb der edele Herr Wedekind vom Berge, Vermittler jener Uebereinkunft, an Diedrich Springintgud, Albrecht Hoyke und Johann Lange, Bürgermeister zu Lüneburg, es nehme ihn Wunder, dass sie das von den Herzögen der Herrschaft, den Landes und der Leute wegen auf sie und den Rath der Stadt gesetzten Vertrauen täuschten, die Schlösser Lüchow, Neustadt und andere Schlösser mit den zuerst erhobenen 12000 Mark Pfennige nicht gelöset hätten. Er ermahnte sie, dem Vertrage gemäss die Bezahlung ohne Verzug zu leisten, damit die Herzöge, er und die anderen Unterhändler des Vertrages nicht andere Wege in dieser Angelegenheit einschlagen brauchten. Zugleich benachrichtigte er die

O*

Prälaten, Klöster und Geistlichen, welche Gülten auf der Saline zu Lüneburg besassen, dass er obiges Schreiben abgeschickt habe. Sie werden nicht weniger als die Herzöge über die Verletzung des Vertrages unwillig gewesen sein. Während der Abwesenheit des Herzoges rüstete der Vogt Brendeke in Celle sich zu einem Zuge gegen die Stadt Braunschweig. Am 20. Juli hatte er zwölf Gewaffnete zu Winsen gesammelt und beabsichtigte mit ihnen vor die Stadt zu ziehen. Vier Tage später kamen fünf Gewaffnete von Hannover hinzu, welche der Vogt nach Celle, wo er mit seinen Kompanen und des Herzogs Mannen noch verweilte, beschieden hatte. An dem Tage, als der Herzog von Prag zurückkam, sandte er sogleich einen Boten nach Hannover. Unterdessen war das herzogliche Heer schon bis vor Dahlum vorgerückt, wohin am 6. August ein Bote von Celle geschickt wurde. Der Herzog wird sich bald darauf auch dahin begeben haben; er kam am 10. August des Nachts nach Celle zurück. Des folgenden Tages kamen zu Hehlen gewaffnete Leute, um mit dem Herzoge nach Braunschweig aufzubrechen. Sie lagen zu Hehlen und Bröckel, die von Hannover aber zu Bostel. Am nächsten Tage war der Herzog mit den guten Leuten vor Braunschweig und kam Abends nach Bröckel zurück, wo er übernachtete. Des anderen Tages zog er mit ihnen in Celle ein. Der Vogt Brendeke verzeichnete unter den Einnahmen auf dem Schlosse Celle zwanzig Kühe als Beute, die vor Braunschweig gemacht war. Schon bei Dahlum werden sich die feindlichen Heere gegenüber gestanden haben. Man darf dies aus einer Urkunde vom 25. November 1378 schliessen, in welcher die Rathsherren der Stadt Braunschweig gelobten, dass, wenn ihr Mitbürger Heneke Schotteler des Gefängnisses und des Gelübdes ledig erklärt würde, welches er vor Dahlum gelobt habe, sie dasselbe Zugeständniss auch Gereke Berkowe und Knipes gewähren wollten. In gleicher Weise wurde Ludolf Wackersleben, der im Dienste der Stadt durch Hartmann Spörken und dessen Gesellen gefangen war, ausgetauscht. Welche Streitigkeiten mit der Stadt Braunschweig der feindlichen Unternehmung gegen sie vorangegangen waren, ist nicht bekannt. Der Rath der Stadt gelobte dem Herzoge Otto für den Herzog Friedrich und für das Land eine grosse Summe Geldes, wovon die Stadt das meiste aufbringen musste. Die Verhandlungen hierüber fanden zu „Erdburg" statt und jenes Geld betrug wohl 1600 Mark. So berichtet die heimliche Rechenschaft des Rathes zu Braunschweig. Dürfte man hierbei voraussetzen, dass dieser Vergleich im Jahre 1378 zu Stande kam, ihm eine Fehde zwischen beiden Herzögen vorangegangen war, die Stadt für Herzog Friedrich Partei ergriffen und Herzog Otto den mit ihm am 25. October des vorigen Jahres verbündeten Herzog Albrecht zu Hülfe gerufen hatte, so würde der Zug des Herzogs Albrecht nach Braunschweig hierdurch seine Erklärung finden. Spätere Chroniken setzen ein hier in Frage kommendes Ereigniss in das Jahr 1379. Conrad Botho, dessen Chronik mit dem Jahre 1489 schliesst, erzählt: Im Jahre 1379 wurden den Bürgern zu Braunschweig hart vor den Thoren von ihren Feinden die Knoeben abgehauen. Sie zogen aus und gewannen Vogtsdahlum. Nach der bis zum Jahre 1474 reichenden Chronik St. Aegidii in Braunschweig wurde das Schloss Dahlum von den Bürgern der Stadt Braunschweig am 23. August 1379 erobert. Eine im Jahre 1438 geschriebene Chronik behauptet gewiss irrig, dass Herzog Albrecht von Sachsen und Lüneburg ihnen bei der Eroberung von Vogtsdahlum geholfen habe.

Herzog Albrecht schickte am 15. August 1378 einen Boten nach Blumenau, also zum Grafen von Wunstorf. Fünf Tage später erschienen zu Stedden gewaffnete Leute, die, vielleicht von diesem gesandt, nach Celle ritten. Auch liess der Herzog am 27. August seine Mannen von Ahlden und Rethem kommen. Wahrscheinlich sollten sie in seiner Abwesenheit das Schloss Celle bewachen; denn er ritt am 31. August, nachdem er noch Tages zuvor einen Boten mit Briefen nach Warpke gesandt hatte, nach Lüneburg, um von dort dem Herzoge von Mecklenburg in Schwerin einen Besuch abzustatten. In Celle liess er ausser seinem Notar Paul von dem Berge seinen Rath Balthasar von Camenz zurück, welcher jedoch am 2. September Celle verliess, um, wie es scheint, ihm zu folgen. Während der Abwesenheit des Herzogs wurden seine Briefe über Celle besorgt. Nicht nur am Tage seiner Abreise entsandte er einen Boten, auch am 3. September wurden Briefe des Herzogs nach Ahlden und Rethem, am 5. September nach Wunstorf und Neustadt von Celle durch Boten überbracht und am 6. September ein reitender Bote von Celle nach Hannover geschickt. In Schwerin angelangt, schloss der Herzog ein Bündniss mit dem alten Herzoge Albrecht von Mecklenburg. Man gelobte sich gegenseitig Hülfe gegen jedermann mit Ausnahme des Kaisers, der Söhne desselben, des Herzogs Erich von Sachsen-Lauenburg und der Grafen von Holstein. Zugleich wurde verabredet, dass Albrecht, Sohn des Herzogs Heinrich von Mecklenburg und Enkel des alten Herzogs Albrecht, mit

Elisabeth, Tochter des Herzogs Albrecht von Sachsen und Lüneburg, sich ehelich verbinden sollte. Der Braut wurde eine Mitgift von 2500 Mark Silbers und ein Leibgeding von 500 Mark Silbers jährlicher Einkünfte im Lande Boitzenburg oder Wittenburg, falls aber der junge Herzog König von Dänemark würde, in diesem Reiche verschrieben. Herzog Albrecht von Sachsen und Lüneburg und seine Gemahlinn Katharina hatten eines ihrer Kinder in der Zeit zwischen dem 23. Mai und 25. Juni 1378 verloren, denn seit jener Zeit erscheint statt der Kinder in der Umgebung der Herzoginn nur eins. Dies ihnen verbliebene Kind war ihre Tochter Elisabeth, die höchstens viertehalb Jahre alt sein konnte. An demselben Tage, als der Herzog obige Verträge zu Schwerin geschlossen hatte, am 8. September 1378 nämlich, kam er von dort nach Celle zurück. Nur zwei Tage gönnte er sich Ruhe, dann ritt er am 10. September Morgens gleich nachdem er gefrühstückt hatte, nach Burgdorf zu einer mit dem Bischofe von Hildesheim zu haltenden Tagefahrt. Der edele Herr Wedekind von dem Berge begleitete ihn, kam aber noch an demselben Tage nach Celle zurück. Zu Burgdorf wird der Bischof sich über den Zug nach Gadenstedt und über die von Reden beklagt haben. Vermuthlich hatte nämlich schon jetzt Heinrich von Reden das Stift von dem Schlosse Rieklingen aus angegriffen. Wie Herzog Albrecht ungefähr im Jahre 1380 behauptete, geschah es zu einer Zeit, als er über das Schloss und über Heinrich von Reden keine Macht besass. Von Burgdorf begab der Herzog sich nach Neustadt, wohin ihm am 13. September ein Bote von Celle einen Brief nachbrachte. Hier, in der Nähe der Grafschaft Schauenburg, wird er von der Absicht des Grafen Otto, sich mit dem edelen Herrn Heinrich von Homburg zu verbünden, Kunde erhalten haben. Das Bündniss kam auch, während der Herzog in Neustadt war, zu Stande. Der Graf gelobte am 13. September 1378, nie Feind des edelen Herrn zu werden und ihm gegen jedermann, die Bundesgenossen und diejenigen, gegen welche er der Ehre wegen nicht kämpfen dürfte, ausgenommen, mit aller seiner Macht Hülfe zu leisten. Ihre oder ihrer Mannen Irrungen sollten zu keiner Selbsthülfe führen, sondern durch ein Schiedsgericht zu Hameln oder Münder geschlichtet werden. Wer sich dem widersetzte, sollte auf keiner von beiden Seiten Unterstützung finden, bis er sich dem Rechte fügte. Es unterliegt wohl keinem Zweifel, dass der edele Herr dem Grafen Otto dieselbe Hülfe versprach. Die Unternehmung des Grafen und des Herzogs vom 5. September 1375 gegen die Grafschaft Wunstorf war fehlgeschlagen. Wie es scheint, gab sie der Graf darum nicht auf und sein Bündniss mit dem früheren Feinde des Herzogs, dem edelen Herrn Heinrich von Homburg, brachte der Grafschaft Wunstorf von neuem Gefahr. Am 14. September kam der Herzog von Neustadt nach Celle zurück. Nachdem er am nächsten Tage einen Brief an Gottschalk von Reden vielleicht wegen Einlösung des Schlosses Rieklingen gesandt und Mahlzeit gehalten hatte, ritt er nach Lüneburg. Am 18. September reisete er von hier nach Soltau, wo er speisete und in einer Herberge übernachtete. Am anderen Tage ritt er von Soltau nach der „Könen-Brücke", hielt dort eine Tagefahrt mit dem Erzbischofe von Bremen, ritt des Abends nach Walsrode und blieb dort die Nacht in einer Herberge. Am folgenden Morgen nahm er sein Frühstück zu Walsrode ein und wird dann nach Celle zurückgekehrt sein, wo er die nächste Woche blieb. Wie sein öfterer Aufenthalt zu Neustadt durch die gegen die von Mandelsloh fortgesetzte Fehde veranlasst sein mochte, so war sie auch vielleicht der Gegenstand der Verhandlungen auf der mit dem Erzbischofe von Bremen gehaltenen Tagefahrt. Als der Erzbischof am 20. Januar 1376 den Grafen Gerhard von Hoya und den Conrad Kammermeister zu Amtleuten über sein ganzes Stift ernannte und ihnen bedeutende Bezirke desselben verpfändete, befand sich Diedrich von Mandelsloh unter denen, welche zur treuen Hand beider die denselben vom Erzbischofe gemachten Zusagen empfingen. Er besass so sehr das Vertrauen des Erzbischofes, dass dieser, als er im Jahre 1378 sich gezwungen sah, die Hälfte alles dessen, was er von der Bürde und dem Schlosse Bederkesa künftig noch erwerben würde, dem Herzoge Erich von Sachsen-Lauenburg zu bewilligen, sich entschloss, die andere Hälfte, damit sie ihm verbliebe, den Diedrich von Mandelsloh vom Herzoge zu Lehn nehmen zu lassen. In einer Urkunde (vom 23. April) des Jahres 1379 wird Heineke von Mandelsloh Amtmann des Erzbischofes genannt. Die gleichzeitige Chronik des Gerhard Rynesberch oder Herbord Schene berichtet unter dem Jahre 1381, dass die von Mandelsloh damals wohl an zehn Schlössern des Stiftes Bremen Antheil besassen. Sie suchten also in diesem Stifte wieder zu gewinnen, was sie im Herzogthume Lüneburg verloren hatten. Wenn der Erzbischof ihnen Frieden mit dem Herzoge zu verschaffen wünschte und deshalb mit ihm eine Tagefahrt hielt, so ist dies wohl sehr erklärlich, da sie seine Amtleute und Pfandbesitzer seiner Schlösser waren.

Um den von Bertensleben zu Wolfsburg, die seit dem 7. April 1371 ihnen die treuesten Dienste geleistet hatten, ein Zeichen der Anerkennung zu geben, verliehen die Herzöge Wenzlaus und Albrecht am 26. September 1378 dem Ritter Werner von Bertensleben die Anwartschaft auf das Kirchlehn zu Walstawe in der Altmark, falls die damit von den früheren Herzögen von Lüneburg belehnten Gerhard und Hans von Walstawe bei ihrem Tode keine rechten Lehnserben hinterlassen würden. Wenn Ritter Werner von Bertensleben unbeerbt stürbe, sollte das Kirchlehn, nämlich das Patronatsrecht, dem Busso von Bertensleben zufallen. Das Bündniss vom 13. September zwischen dem Grafen Otto von Schauenburg und dem edelen Herrn Heinrich von Homburg war wohl nicht eine blosse Drohung gegen den Grafen Ludolf von Wunstorf geblieben. Wie es scheint, hatte dieser den Herzog aufgefordert, ihm dem Versprechen vom 22. Juni 1378 gemäss Hülfe zu bringen und ihn namentlich aus den Schlössern Neustadt und Bordenau gegen den Grafen Otto zu vertheidigen. Nachdem am 28. September von Celle ein Fuder Biers, dieses nothwendigen Getränkes für reisige Leute, nach Neustadt geschafft worden war und der Herzog am nächsten Tage noch einen Brief an den Probst zu Walsrode abgeschickt hatte, ritt er am 30. September vor Tagesanbruch von Celle weg, um vor Hagenburg, ein Schloss des Grafen von Schauenburg, zu ziehen. In derselben Nacht waren Ritter Hartwich von der Stillten, Bürgermeister von Lüneburg, der herzogliche Küchenmeister Hogeherte, Vogt daselbst, und Johann von Hohnhorst der jüngere zu Winsen. Am Tage langte dort auch Ludolf von Estorff mit 28 Reutern an und zog in Celle ein. Sie alle werden dem Herzoge in das Heer gefolgt sein. Nachdem der Vogt Brendeke einen Boten nach Celle nach Brunsrode am 1. October vermuthlich im Auftrage des Herzogs gesandt hatte, kam dieser am folgenden Tage von Neustadt zurück. Was er vor Hagenburg ausgerichtet und ob er überhaupt das Schloss angegriffen habe, ist nicht bekannt. Es heisst in der Nachricht darüber nur, dass er am 30. September wollte vor Hagenburg gezogen sein.

Am 6. October nach gehaltener Mahlzeit ritt der Herzog von Celle nach Soltau und übernachtete dort in einer Herberge. Bei ihm waren Balthasar von Camenz und Eberhard von Marenholtz. Am folgenden Tage kam er von Soltau zurück. Zwei Tage später, Morgens nach eingenommenem Frühstücke, ritt er nach Hannover. Des anderen Tages, während er von dort nach Neustadt sich begab, wurde von Celle ein Bote mit seinen Briefen nach Bevensen und ein anderer nach Neubrück, wo Eberhard von Marenholtz wohnte, geschickt. Der Herzog kam am 11. October von Neustadt nach Celle zurück und begab sich, nachdem er am nächsten Tage einen Boten nach Gifhorn und Wolfenbüttel vermuthlich an Herzog Friedrich, einen andern nach Otterberg gesandt hatte, nach Hermannsburg. Hierhin brachte ihm am 13. October vor Tagesanbruch ein Bote von Celle einen Brief, in welchem wahrscheinlich Herzog Friedrich seine Absicht, nach Celle zu kommen, ankündigte. Herzog Albrecht übernachtete zu Hermannsburg und kam von dort am 14. October wieder nach Celle. Des anderen Tages langte Herzog Friedrich von Braunschweig in Celle an. Herzog Albrecht liess ihn zu Gaste bitten. Der Besuch kann nur von kurzer Dauer gewesen sein, denn am 16. October vor Tagesanbruch ritt Herzog Albrecht nach Hannover, kam aber schon am nächsten Tage von dort zurück. Mit dem Aufenthalte des Herzogs zu Walsrode am 19. und 20. September und mit dem von ihm am 29. September an den dortigen Probst geschriebenen Briefe mochte die Absicht verbunden sein, eine Zusammenkunft der höheren Geistlichkeit des Herzogthums in Celle zu veranlassen. Der Herzog wünschte nämlich, als Beihülfe zur Einlösung der verpfändeten Schlösser eine Salinsteuer und eine allgemeine Beede von der Geistlichkeit zu erhalten. Am 18. October erschienen die Prälaten, Aebte und Pröbste des Herzogthums in Celle und wurden vom Herzoge zu Gaste gebeten. An demselben Tage sandte er einen Boten nach Braunschweig, vermuthlich um die Unwilligkeit der Prälaten dem Herzoge Bernhard, der, wie es scheint, sich dort aufhielt, anzuzeigen. Tages darauf kamen nach Celle Ritter Werner von Bertensleben, Eberhard von Marenholtz, Wilbrand von Reden und Hermann Spörken. Am 20. October vor Tagesanbruch ritt der Herzog nach Hildesheim, indem er zur Bewachung des Schlosses Celle die von Obbernshusen und andere seiner Mannen zurückliess. Sein Verhältniss zum Bischofe Gerhard wurde trotz der mit demselben am 10. September gehaltenen Tagefahrt immer bedenklicher und sollte bevor noch ein Jahr verstrich, zur offenen Fehde führen. Nach zweitägigen Verhandlungen kam der Herzog von Hildesheim zurück. Gleich am folgenden Tage schickte er von Celle einen Brief nach Hannover und einen reitenden Boten nach Lüneburg. Während dessen stellten sich, von ihm beschieden, Johann von Hohnhorst und Johann von Hademstorf beritten zu Winsen ein. Zu ihnen verfügte sich am 24. October der Herzog, seinen Rath Balthasar von Camenz in Celle zurückkamend. Er ritt am 25. October nach Bergen und von dort später nach Neustadt, wohin ihm am 30. October ein Bote von Celle einen Brief nachbrachte. Aber schon am Abende desselben Tages kam er selbst aus Hannover nach Celle zurück. Mit seinen früheren Verbündeten, den Burgmannen zu Horneburg, hatte er sich vereinigt, woraus im folgenden Jahre Fehde entstand. Zu ihnen gehörten, wie zwei Urkunden des Jahres 1380, von denen die eine am 15. April ausgestellt ist, zeigen, der Ritter Meinrich Schulte, Gebhard Schulte, langer Friedrich Schulte, Godewart, Daniel und Iwan von Borch. Dass alle sechs mit Helmbert, Heineke und Diedrich von Mandelsloh befreundet waren, erhellet aus zwei Urkunden vom 12. Juni 1376. Wegen seiner Zwietracht mit den Burgmannen zu Horneburg, welche entweder aus den von ihm am zuletzt genannten Tage den Gebrüdern Daniel und Iwan von Borch ausgestellten Schuldverschreibungen herrühren oder aus Parteilichkeit der Burgmannen für die von Mandelsloh entstanden sein mochte, wird der Herzog eine Zusammenkunft mit Friedrich Schulte verabredet haben. Er ritt am 2. November ihm nach Soltau entgegen und übernachtete daselbst. Am andern Tage sandte er einen Brief durch einen Boten nach Horneburg. Er reisete weiter nach Winsen an der Elbe (Luhe), wohin am 6. und 7. November Briefe von Celle ihm nachgesandt wurden. Am 8. November kamen des Herzogs Diener Otto von Glyn, Marschall im Herzogthume Wittenberg, Hans Spörken und Hondorp nach Celle. Während dessen war der Herzog von Winsen nach Lüneburg geritten, dem Anscheine nach um die Rathsherren und Bürger der Stadt zu einer Salinsteuer und zu einer allgemeinen Beede zu bewegen. Er kam von dort am 11. November wieder nach Celle und bat am folgenden Tage seine Prälaten und den Rath der Stadt Lüneburg zu Gaste. Am 13. November lud er den Ritter Mathias von Jagow und seine früheren Feinde, die von Veltheim, zu Gaste, zog sie auch am nächsten Tage zur Tafel. Am 16. November Morgens nach eingenommenem Frühstücke ritt er nach Uelzen. Zugleich wurden von ihm geschriebene Briefe durch Boten zum Bischofe von Hildesheim und nach Ahlden und Rethem gebracht. Otto von Glyn, der seine Wohnung in dem Hause eines Bürgers zu Celle genommen hatte, blieb wenigstens noch fünf Tage. Der Herzog kam am 18. November von Uelzen nach Celle zurück. Nachdem er Tages darauf einen Brief nach Verden geschrieben und einen reitenden Boten zum Grafen von Wunstorf und zum Ritter Brand von dem Hus abgeschickt hatte, ritt er nach Winsen an der Aller, wo er übernachtete. Der sorgsame Vogt zu Celle sandte dahin am folgenden Tage eine Tonne Biers, welche der Herzog und die Seinen leerten. Am 21. November des Abends begab sich der Vogt mit Heinrich von Hademstorp zum Herzoge nach Winsen an der Aller. Am nächsten Tage langte dieser von dort in Celle wieder an. Am 23. November ging, vom Vogte gesandt, ein Bote nach Hannover. Am folgenden Tage kamen zu Celle des Herzogs Mannen Heinrich von Langelege, Ulrich Behr, Vurhop und Heinrich von Hudenberg.

Ritter Gebhard von Salder und sein Vetter Conrad konnten es noch nicht verschmerzen, dass Waffengewalt sie zu der Sühne vom 5. Mai 1377, wodurch sie das Schloss Dannenberg verloren, gezwungen hatte. Ersterer wurde durch seinen Zorn so sehr hingerissen, dass er dem Herzoge Albrecht durch dessen Diener ankündigen liess, er wolle sein Feind sein. Die Nachtheile und Verluste, durch welche ihn vermuthlich bald darauf der Herzog strafte, liessen ihn seine Uebereilung bereuen. Er wandte sich an die Rathsherren der Stadt Lüneburg, welche seinem Vetter Conrad am 9. Juni 1375 auf kurze Zeit das Schloss Hitzacker anvertrauet hatten, in der Hoffnung, dass sie die Vermittelung zwischen ihm und dem Herzoge übernehmen würden. Auf ihre schriftliche Fürsprache antwortete der Herzog, er habe die Sühne vom 5. Mai 1377 gehalten, bis ihm Ritter Gebhard von Salder Feindschaft ankündigte. Jetzt, scheint es, befürchteten Gebhard und Conrad von Salder, dass ihnen das Schloss Hallerburg, welches sie ungefähr im Jahre 1371 an die edelen Herren von Homburg überlassen, später aber wieder erhalten hatten, von dem Herzoge genommen werden möchte, und suchten es in andere Hände zu bringen. Sich auf eine von dem verstorbenen Herzoge Magnus ihnen einst ertheilte Anweisung berufend, lieferten sie deshalb am 25. November 1378 das Schloss für 1100 Mark löthigen Silbers dem edelen Herrn Siegfried von Homburg und seinen Söhnen Heinrich und Burchard aus. Der Älteste von beiden, Heinrich, aus seiner Gefangenschaft zu Lüneburg bekannt, war seit kurzem Bundesgenosse des Grafen von Schauenburg, als dessen Feind der Herzog sich durch den Zug gegen Hagenburg erklärt hatte. Dass diese Feindschaft noch bestand, wird eine Nachricht vom 5. December dieses Jahres sehr wahrscheinlich machen. Die von Salder lieferten also das Schloss Hallerburg an einen Feind des Herzogs aus.

Am 26. November 1378 kamen Balthasar von Camenz, der während der letzten sieben Wochen nicht in der

Umgebung des Herzogs genannt ist, und Hermann Spörken nach Celle. Gleich nach ihrer Ankunft ritt der Herzog nach Hermannsburg, schickte aber vorher einen Brief nach Neubrück, wahrscheinlich an Eberhard von Marenholtz, und einen Boten nach Burgwedel und Burgdorf. Er reisete weiter nach Lüneburg und kam von dort am 4. December nach Celle zurück, wo Ritter Werner von Bertensleben, Eberhard und Conrad von Marenholtz und Slengerdus seiner warteten. Am folgenden Tage sandte der Vogt zu Celle mit seinen Briefen einen Boten zu den Bauern wegen der Brandschatzung. Wo sie bedungen war und erhoben werden sollte, ist nicht angegeben. Es kann sein, dass Bauern, welche der Stadt Braunschweig gehörten, oder Leute der von Mandelsloh oder Unterthanen des Grafen von Schauenburg durch das Versprechen, diese Schatzung zu zahlen, feindliche Behandlung von sich abgewehrt hatten. An demselben Tage sandte der Herzog einen Boten nach Moisburg vermuthlich in seiner Angelegenheit mit den Burgmannen zu Horneburg. Eberhard von Marenholtz aber und Gottschalk von Reden nebst den Kompanen des Vogtes (der Compagnie zu Celle) ritten auf des Herzogs Befehl nach Stadthagen in der Grafschaft Schauenburg. Der Zweck der Sendung einer solchen Anzahl reisiger Leute konnte nur eine kriegerische Unternehmung auf des Grafen Otto Gebiete sein. Am 6. December nach Tisch ritt der Herzog nach Neustadt. Zwei Tage später wurde ein von ihm geschriebener Brief an den Grafen Heinrich von Holstein durch einen Boten von Celle gebracht. Ueber Hannover reisete der Herzog am 9. December nach Celle zurück. Am 12. December schrieb er wieder nach Moisburg und schickte einen Boten nach Warpke. Zwei Tage später nach Tisch ritt er nach Neustadt, wohin ihm Eberhard von Marenholtz, welcher Nachts zu Winsen angekommen war, folgte. Am 16. December verliess er Neustadt und kam nach Celle. Drei Tage später ritt er nach Winsen an der Aller, den Balthasar von Camenz in Celle zurücklassend. Er übernachtete zu Winsen und kam am 20. December nach Soltau, wo er während der Nacht in einer Herberge blieb. Bei ihm waren Gottschalk von Reden, die von Barvelde und Hermann Spörken. Er hatte zu Soltau Truppen zusammengezogen, wahrscheinlich um in das Stift Bremen gegen Horneburg zu ziehen. Aber der Ritt wurde wendig, das heisst: der Zug unterblieb. Am 21. December kam der Herzog von Soltau nach Celle und sandte einen Boten nach Dannenberg. Am Weihnachtsabende, 24. December, opferte er die grosse Summe von zehn Mark Pfennige, welche ihm der Vogt gab. Dieser sandte am folgenden Tage einen Boten nach Neubrück. Der Herzog, in dessen Auftrage es geschehen war, ritt am 26. December von Celle weg in der Richtung nach Lüneburg und veranlasste am folgenden Tage, dass ein Bote von Celle nach Braunschweig geschickt wurde. Er wird am 29. December in Lüneburg gewesen sein. An diesem Tage verpflichtete er für 126 Mark Pfennige dem Heine Peineke, Bürger zu Lüneburg, eilf Mark jährlicher Rente von der Gülte im Grimm oder vor dem Rothen-Thore unter der Bedingung, in jedem Jahre die Rente einlösen zu dürfen. In der hierüber ausgefertigten Urkunde wurde neben dem Herzoge Albrecht auch Herzog Wenzlaus als Aussteller genannt und der von Herzog Bernhard zur Verpfändung ertheilten Bewilligung erwähnt. Das Jahr 1378 schloss für die Stadt Lüneburg sehr günstig, denn es scheint, dass sie während desselben ausser den am 6. Januar und 1. April anerkannten Schulden keine anderen gemacht hat. Ein Unglück, welches, wie Schomaker in seiner Chronik erzählt, sich am 22. Juli 1378 ereignete, dass nämlich fünf Häuser auf der Saline gänzlich abbrannten, traf nicht die Stadt allein, sondern am meisten die Salininteressenten. In diesem Jahre schickte sie, wie dieselbe Chronik bemerkt, ihre beiden Bürgermeister Diedrich Springintgud und Johann Lange zum neuen Kaiser (Könige) Wenzel. Sie werden ihre Reise dahin wohl erst nach dem 29. November 1378 angetreten haben, denn an diesem Tage starb Kaiser Karl IV. zu Prag. Hätte er länger gelebt, wer weiss, welche Schlüsser der Herzogthümer Braunschweig und Lüneburg er als angebliches Zubehör der Altmark noch zurückgefordert haben würde! Sein schwacher Sohn Wenzel vermochte nicht, die Anmassungen seines Vaters geltend zu machen. Schloss Lüchow allein blieb beim Herzogthume Lüneburg.

Am 2. Januar 1379 ging ein Bote von Celle vermuthlich mit einem Briefe der von Vreden zu Freden nach Winsen an der Aller zum Herzoge; um seinetwillen wurde ein anderer zwei Tage später vom Vogte nach Wolfenbüttel gesandt. Am 5. Januar ging ein Bote von Celle mit des Herzogs Briefe nach Calenberg, also wahrscheinlich zum Ritter Diedrich von Alten, ein anderer nach Wottmershagen. Eine Antwort des Herzogs wurde am 11. Januar von Celle nach Freden geschickt. Der Herzog war am 15. Januar des Nachts zu Hermannsburg und kam am folgenden Tage von Lüneburg nach Celle. Hier traf er die von Bertensleben, von dem Knesebeck und andere seiner Mannen.

Er sandte am 17. Januar einen Boten zum Bischofe nach Hildesheim; ein anderer ging nach Rethem. Heinrich von Veltheim war, wie es scheint, zum Herzoge, gegen den er noch vor anderthalb Jahren gekämpft hatte, in ein besseres Verhältniss getreten. Mit ihm kamen Conrad von Marenholtz, Ludolf von Estorff und Hartmann Spörken am 21. Januar nach Winsen und ritten zum Herzoge nach Celle. Am nächsten Tage ging ein Bote von Celle nach Lehndorf im Herzogthume Braunschweig, um Brandschatzungsgelder für den Herzog einzutreiben. Desselben Tages kam der Herzog, seinen Notar Paul von dem Berge in Celle zurücklassend, mit den guten Leuten, nämlich mit den Rittern und Knappen, nach Soltau und zog mit ihnen über Schneverdingen in das Stift Bremen. Beim Auszuge und auf der Heimkehr verweilte er drei Nächte zu Soltau in einer Herberge. Während dieses Feldzuges, am 24. Januar, entsandte er den Heinrich von Reden und Johann von Mandelsloh. Sie ritten nach Walsrode und übernachteten dort. Am folgenden Tage blieben die guten Leute zu Soltau; der Herzog aber ritt nach Bergen und war dort während der Nacht. Am 26. Januar kam er mit den guten Leuten in Celle an und liess sie da speisen. Sein Zug in das Stift Bremen galt den Burgmannen von Horneburg. Der Lesemeister Detmar erzählt in seiner Chronik unter dem Jahre 1379: Herzog Albrecht stritt mit den Horneburgern, Mannen des Stiftes Bremen, und gewann den Streit. In der Klageschrift des Herzogs aus dem Jahre 1385 gegen die von Mandelsloh wird die Behauptung dieser erwähnt, dass sie nach einer von ihnen gegen ihn geführten Fehde sich mit ihm gesühnet hätten. In ihrer Klageschrift aus demselben Jahre sagen sie, er habe ihnen nach dem Leben gestanden, ihnen nach Gut und Ehre getrachtet und würde ihnen dies alles genommen haben, wenn er es gekonnt hätte. Dies sei zu einer Zeit geschehen, als einige von ihnen in seinem Rathe sassen, in seinem Dienste waren und auch durch besondere Verträge sich mit ihm verbunden hatten. Ohne seine Ehre gegen sie zu verwahren, habe er sie verstossen und ihnen durch alles dies einen Schaden von etwa 10000 Mark löthigen Silbers zugefügt. Weil nun vor dem Jahre 1383 ausser dem Johann kein anderer von Mandelsloh im Dienste des Herzogs namhaft gemacht und Johann auch nur am 24. Januar 1379 in der Umgebung des Herzogs gefunden wird, so setzt man die Sühne der von Mandelsloh, welche doch sicherlich einem Dienstvertrage mit dem Herzoge vorangehen musste, in den letzten Monat des Jahres 1378. Wie es scheint, erhielten sie in der Sühne das Schloss Mandelsloh wieder. Auch das Schloss Lauenbrück, welches der Herzog von dem Bischofe von Verden oder von dem Ritter Johann von Issendorf am 24. Juni 1378 wieder erhalten haben wird, gab er den von Mandelsloh zu Pfande, gerieth aber, wie seine Klageschrift aus dem Jahre 1385 beweiset, darüber mit ihnen später in Streit. Am 31. Januar 1379 kam der Herzog, nachdem er drei Tage zuvor von Celle, daselbst den Balthasar von Camenz zurücklassend, nach Neustadt geritten war, in Walsrode an, verweilte hier in einer Herberge und hielt eine Tagesfahrt mit dem Grafen von Hoya. Auch diese mochte vielleicht auf die von Mandelsloh Bezug haben, da bald nach der Sühne, wie eben erwähnt ist, wieder Irrungen zwischen einigen von ihnen und dem Herzoge entstanden. Des folgenden Tages kam der Herzog von Walsrode nach Celle zurück. Am 6. Februar wurde von hier ein Bote an Heinrich von Reden, drei Tage später ein anderer nach Meinersen und ein dritter des Herzogs wegen nach Isernhagen geschickt. Am 11. Februar kam Balthasar von Camenz von dem Hofe vor Goslar, nämlich von dem dortigen Turnier, wohin er vermuthlich schon am 1. Februar geritten war. Obwohl der Herzog sich am 9. Februar unpässlich befunden haben wird, (denn er ass kein Fleisch), ritt er fünf Tage später zum Hofe, also auch zu Turnier, nach Cöln, während sein Notar Paul von dem Berge in Celle zurückblieb. An demselben Tage wurde von Celle ein Bote an Herzog Albrecht von Braunschweig und ein anderer nach Lüneburg gesandt. Eine Woche später gingen von Celle zwei Boten zusammen nach Cöln zum Herzoge und an demselben Tage ein Bote nach Uelzen, ein anderer nach Winsen. Auch nach Braunschweig wurde am 26. Februar ein Bote gesandt. Am 2. März kam der Herzog nach Celle von dem Hofe zu Cöln zurück. In der nächsten Nacht wurde der Herzogin weh, wie der Vogt Brendeke in seiner Rechnungsablage bemerkt. Am 3. März wurde ein Bote nach Wendhausen, also vermuthlich an die von Bertensleben, am 5. März ein Bote nach Hannover, am folgenden Tage ein anderer nach Knesebeck von Celle geschickt. Am 6. März legte der Vogt Brendeke von Bergen dem Herzoge Abrechnung über die Verwaltung auf dem Schlosse Celle vor. Es ergab sich, dass er eine Forderung von 189 Mark und 10 Schillingen behielt.

Einen Beweis, wie wenig das Herzogthum Lüneburg sich des Friedens und der Ruhe erfreuete, liefert der

Umstand, dass der Abt und der Convent des Klosters St. Michaelis zu Lüneburg, welches mit der Kirche von dem zerstörten Schlosse in die Stadt verlegt worden war, die Kosten für die nothwendige Reparatur der erst kürzlich gebaueten Kirche wegen der bisher im Lande herrschenden Kriege nicht bestreiten konnten, weshalb Papst Urban VI. allen Gläubigen, die zur Deckung der Kosten beitragen würden, am 4. April 1379 einen Ablass verlieh. Obgleich die übrigen Klöster des Herzogthums durch Kriegsdrangsale ebenso sehr gelitten haben werden und zudem ihre Einkünfte durch die der Stadt Lüneburg bewilligte Abgabe von der Saline sehr geschmälert wurden, bestand Herzog Albrecht auf seiner Forderung einer allgemeinen Beede und einer Salinsteuer. Er und die Herzöge Wenzlaus und Bernhard erklärten zwar, von Rechts wegen keine allgemeine Beede vom Lande fordern zu dürfen, noch ein Gewohnheitsrecht oder sonstiges Recht auf eine Steuer von der Saline oder von den Salingütern zu besitzen; dennoch baten sie um dieselbe freundlichst wegen der offenbaren grossen Noth, in welcher sich die Herrschaft befinde, da die Lande von einigen Schlössern arg beschädigt würden und diese in Ermangelung eines jeden anderen Rettungsmittels auf ewige Zeiten der Herrschaft verloren sein möchten. In Berücksichtigung dieser Noth bewilligten ihnen dann auch am 15. Juni 1379 die Aebte, Pröbste und sonstige Geistlichkeit, die Mannen, Ritter und Knappen, und die Bürger in der Herrschaft Lüneburg als Beihülfe zur Einlösung der Schlösser eine allgemeine Beede über ihre Leute, ausserdem aber die genannten Geistlichen und die Convente nebst den Bürgern zu Lüneburg und den übrigen Salininteressenten zur Abwehr gegen die geschilderte Noth vier Mark Pfennige von jeder Pfanne auf der Saline zu Lüneburg und zwei Mark von jedem Wispel Salzes. An demselben Tage gelobten zu Lüneburg die drei Herzöge für sich, ihre Erben und Nachfolger, jene allgemeine Beede nicht für ein Recht noch für eine Pflicht oder Gewohnheit halten zu wollen und um keinerlei Noth willen weder sie noch eine Salinsteuer ferner zu fordern, sondern sowohl die Geistlichkeit, die Mannen und die Bürger als auch alle Salininteressenten bei Recht, Gewohnheit und Freiheit zu lassen. Aehnliche Zusicherungen waren am 22. und 28. April 1263 und über hundert Jahre später, am 25. August 1370, gegeben worden, blieben aber gerade dann, wenn sie Schutz gewähren sollten, nämlich wenn die Noth herantrat und gebieterisch drängte, unberücksichtigt. Den Ertrag der diesmaligen Beede mögen die Herzöge beabsichtigt haben, zur Einlösung der Schlösser Lüchow, Neustadt, Gifhorn, Lichtenberg, Campen, Vorsfelde, Thune, Wettmershagen, Brunsrode und Bredenbeek zu verwenden. Nur einem der Prälaten gelang es, sich der Entrichtung der Beede zu entziehen. Es war Otto Kultzing aus Uelzen, Probst des im Kirchspiele Kirchgellersen vor 65 Jahren gestifteten Praemonstratenser-Klosters Heiligenthal. Dieser hatte, als er sah, dass auch nach dem Tode des Herzogs Magnus die Lage des Landes der unaufhörlichen Kriege wegen immer schlechter wurde, den an seines Klosters Hof zu Lüneburg grenzenden Hof des Bürgermeisters Hartwich von den Sülten, nicht frei von dem an die Stadt zu entrichtenden Schoss, für 600 Mark Pfennige gekauft und beabsichtigte auf den Rath des Bischofs Heinrich von Verden und nach eingeholter Bewilligung der Oberen seines Ordens, das Kloster Heiligenthal nach Lüneburg zu verlegen. Er entdeckte sein Vorhaben seinen vertrautesten und treuesten Freunden, dem Johann Weigergang, Probst zu Lüne, und den Bürgermeistern Diedrich Springintgud und Johann Lange zu Lüneburg (von denen letzterer erst 1377 Bürgermeister geworden war), ihre Hülfe und ihren Rath sich erbittend. Diedrich Springintgud gab zur Antwort, er sei Bürgermeister zu Lüneburg, könne und wolle seines Eides wegen nichts anders thun, als wovon er wisse, dass es der Stadt zum Nutzen gereiche; jedoch wolle er dem Vorhaben nicht entgegen sein. Aehnliches antworteten der beiden anderen Freunde. Als darauf Herzog Albrecht von jedem Prälaten, also auch von dem Probste Otto zu Heiligenthal, eine gewisse Summe Geldes forderte, ging dieser zu jenem und bat, mit dieser Abgabe ihn um Gottes willen zu verschonen. Der Herzog möge doch der treuen Arbeit und Mühen gedenken, deren er, der Probst, für ihn im Kriege gegen den Herzog Magnus öffentlich und im Geheimen, Tages und Nachts, mit Lebensgefahr auf Geheiss der Bürgermeister zu Lüneburg sich unterzogen habe. Solche Beede sei nie früher von den Landesherren gefordert worden. Er werde zwar den Prälaten gerechnet, sei aber keiner, wenn es auf Besitz ankäme; er gehöre unter die Prälaten, wie der Lehrtreter unter die Reuter. Wolle der Herzog ihn nach einen anderen passenden Ort versetzen, wo es ihm möglich werde, ruhig und reinlich zu leben und sich zu bereichern, dann könne er, wenn er Reichthum erworben habe, nach Verhältniss, wie ein anderer Prälat, geben. Der Ort seines Klosters sei wegen Mangels an Quellwasser, wegen Gestankes der Luft, die keinen Abzug habe, und wegen der entsetzlichen Menge von Kröten ganz untauglich für ein Kloster; daher komme es auch, dass ausser armen von der Strasse aufgegriffenen Geistlichen keine gesunden jungen Leute zu finden seien, die sich aufnehmen liessen. Nach diesen und anderen Klagen fragte der Herzog, ob denn der Probst einen anderen passenderen Ort für das Kloster wisse. Als der Probst dies bejahete und auf eine andere Frage, wo der Ort sei, die Stadt Lüneburg nannte, fragte der Herzog weiter, ob der für das Kloster ausgewählte Platz von Stadtpflicht frei sei. Nur ein Theil desselben nicht der ganze Platz, erwiederte der Probst. Da sprach der Herzog: „Im Namen Gottes und um seinetwillen, ich will euch beistehen." Seit dieser Zeit bis zur Verlegung des Klosters, also etwa vier Jahre lang, belästigte er das Kloster Heiligenthal nie, sondern, wenn er mit den Rathsherren zu Lüneburg oder mit einigen derselben oder mit einzelnen Bürgern daselbst uneins war, schickte er den Diedrich Hogeherte, Küchenmeister des Herzogthums Lüneburg, welcher von den Verhandlungen zwischen ihm und dem Probste wusste, heimlich zu diesem und liess ihm sagen, er möchte von seinem Vorhaben nicht abstehen, sondern standhaft bleiben; er selbst wolle ihm auch gegen den Willen der Rathsherren getreu zur Verlegung des Klosters verhelfen; darauf könne er sich verlassen. Solches und ähnliches sagte er ihm selbst öfters in vertraulichen Gesprächen. Wie uneigennützig auch der Herzog sich hierbei zeigte, wollten doch endlich seine Amtleute und Räthe erfahren, was der Probst ihm nach geschehener Verlegung geben wolle. Man wurde um 400 Mark Pfennige einig. Aber dafür sollte der Herzog bei dem Rathe der Stadt Lüneburg getreu darauf dringen, dass die Sache schnell zu Ende käme. Dies nahm der Herzog an. So machte der Probst sich von der Beede frei, denn die versprochene Summe Geldes war nur der Preis für den von dem Herzoge zu leistenden Beistand.

In dem Lande Braunschweig regierte noch immer, von dem Herzoge Otto zu Göttingen abhängig oder, wie man es nannte, unter dessen Vormundschaft, Herzog Friedrich. Zu ihrem und ihrer Eltern Seelenheil schenkten beide Herzöge am 2. April 1379 dem Kloster auf dem Rennelberge vor Braunschweig die demselben von ihrem Lehnsmanne, dem Bürger Conrad von Sunnenberge zu Braunschweig, überlassenen fünf Hufen zu Sonnenberg mit Höfen und Hausstellen, frei von Vogtei und Dienst, und ungefähr zu derselben Zeit dem Kloster Riddagshausen die ihnen von Eggeling von der Molen resignirten fünf Höfe zu Wittmar unter Asseburg, zehntfrei. Trotz der Sühne vom 3. December 1373 und obwohl Graf Otto von Schauenburg seit dem 17. August 1374 auf das engste mit dem Herzoge Otto verbündet war, benutzte Herzog Friedrich die wenige Macht, welche ihm sein Vetter liess, dazu, den vermeintlichen Mörder seines Vaters, den Grafen Otto mit Wort und That zu beleidigen, ihn zu beunruhigen und sich an ihm zu rächen. Freundlich soll die Einigung gewesen sein, die darauf zwischen ihnen erfolgte. Nur eine Sinnesänderung des Herzogs Friedrich oder die Erkenntniss, dass er einen Unschuldigen beschuldigte, musste dem vorangegangen sein. Er und der Graf errichteten am 25. Juli 1379 für sich und ihre Erben wegen des Vorfalles, dass Herzog Magnus umkam, wegen aller Fehde, alles Unwillens, aller bisherigen Irrungen und Vorfälle eine rechte, beständige und feste Sühne, so dass Herzog Friedrich und seine Erben dies alles nicht ahnden noch dafür Rache nehmen sollten mit Worten oder mit Werken.

Die Zwistigkeiten zwischen dem Herzoge Albrecht und dem Bischofe Gerhard von Hildesheim hatten so sehr zugenommen, dass der Herzog sich zur Fehde gegen ihn entschloss. Er kündigte wegen des grossen ihm und den Seinen geschehenen Unrechts und mit ihm um seinetwillen kündigten auch Ritter Christian Bosel, Wasmod von Meding, schwarzer Lambert von Alden, alle übrigen von Alden, Hermann und Hans Spörken, Gottschalk und langer Wilbrand von Reden und Ulrich und Werner Behr dem Bischofe Fehde an. Am 1. August 1379 nahm der Herzog den Ritter Lippold von Vreden mit dem von hildesheimschem Gebiete umgebenen Schlosse Freden in seinen Dienst. Derselbe gelobte, ihm mit dem Schlosse getreu zu dienen und behülflich zu sein, es ihm namentlich gegen den Bischof, so lange der Krieg zwischen beiden dauern würde, zu öffnen. Aussicht auf gute Beute in der nächsten Umgegend war vorhanden. Deshalb wollte Ritter Lippold diesen Gewinn nicht mit dem Herzoge theilen und entschloss sich, Kost und Schaden selbst zu tragen. Der Herzog aber sollte, wenn wegen seines Krieges das Schloss belagert oder verbauet würde, dasselbe ohne Arglist und so bald als möglich mit ganzer Macht retten. Würde er den Ritter Lippold oder dessen Leute aufbieten, mit Gewaffneten zu ihm zu reiten, so sollte er ihm und ihnen die Auslagen für Beköstigung auf der Hinreise und Rückkehr und den in seinem Dienste dann erlittenen Schaden ersetzen, dafür aber auch allen Gewinn mit Ausnahme der Beute allein behalten. Keine Sühne oder Frieden, worin der Bischof nicht

p*

die Verpflichtung übernähme, dem Herzoge und dem Ritter Lippold Billigkeit oder Recht widerfahren zu lassen, sollte mit ihm von einem der beiden geschlossen werden. Den Herzog begünstigte das Glück in diesem Kriege nicht. Wie die hildesheimer Chronik berichtet, zog der Bischof vor das Schloss Calenberg, belagerte es und leitete mit grosser Mühe und vielen Kosten die Leine ab. Auch bauete er, wie aus einem in das Jahr 1380 zu setzenden Briefe erhellet, vor das Schloss Calenberg das Schloss „Nabershausen". Der grösste Verlust des Herzogs aber bestand darin, dass, wie die hildesheimer Chronik bezeugt, der Bischof das ihm einst am 6. Januar 1372 von dem Herzoge Magnus verpfändete Schloss Coldingen in der Fehde eroberte und behauptete.

Die bewilligte allgemeine Beede und die Salinsteuer lieferten keinen so grossen Ertrag, dass die Herzöge Wenzlaus und Albrecht nicht zu neuen Verpfändungen hätte schreiten müssen. Am 19. Juni 1379 verliehen sie aus besonderer Freundschaft dem Woldeke, Vogte auf dem Schlosse Moisburg (früher zu Lüneburg), und seinem Sohne Ludolf wegen treuer Dienste beider das Schloss und die Vogtei Moisburg mit hoher und niederer Gerichtsbarkeit, geistliche und weltliche Lehen ausgenommen, unter Vorbehalt des Oeffnungsrechtes zur Leibzucht und gelobten, die Erben derselben nicht eher von dem Schlosse und der Vogtei zu entsetzen, bis 1700 Mark Pfennige, welche sie dem Vogte und seinem Sohne schuldeten, zurückbezahlt und die im Schlosse, in der Vorburg und der Mühle unternommenen Bauten vergütet sein würden. Nach dem Tode beider Herzöge sollten sich Woldeke, sein Sohn und beider Erben mit dem Schlosse zu den nach Ausweis der (am 25. September 1373) über die Herrschaft Lüneburg errichteten Sühne nachfolgenden Herzögen halten. Die übrigen Vertragspunkte über das Schloss Moisburg stimmen ganz mit den sonstigen Bedingungen in Schlossverschreibungen überein. Nachdem beide Herzöge sich als Patrone am 2. August 1379 von Friedrich von Bervelde, Probste zu Dannenberg, seine Probstei, weil er ihr wegen Altersschwäche nicht mehr vorzustehen vermochte, hatten resigniren lassen, setzten sie am 27. September 1379 den Rathsherren und Bürgern der Stadt Lüneburg die denselben am 9. April 1374 und 20. Januar 1376 verpfändeten Schlösser Bleckede und Hitzacker ausserdem noch für 2400 Mark Pfennige, wovon keine Zinsen berechnet werden sollten, zu Pfande und gelobten, vor Bezahlung dieser und der einzigen Pfandsumme sie von den Schlössern nicht zu entsetzen. Für andere 2400 Mark Pfennige verpfändeten sie ihnen an demselben Tage unter Vorbehalt des Oeffnungsrechtes das Schloss Lüdershausen, welches die Bürger im Februar des Jahres 1371 erobert hatten, mit Gericht, Vogtei, Dienst, Strafgeldern, Zoll, Führe, Führeschatz und allem, was zur Zeit des Herzogs Wilhelm dazu gehört hatte, auf die Dauer von wenigstens einem Jahre. Die Saat auf dem Felde sollte bei der Einlösung den Rathsherren und Bürgern verbleiben, falls die Herzöge dieselbe nicht nach Schätzung übernehmen wollten. Würde ein herzoglicher Amtmann auf das Schlosse zur Kriegsführung geschickt, so sollte er oder der Vogt der Stadt auf demselben sich Burghut geloben. Die Rathsherren und Bürger versprachen, nach dem Tode beider Herzöge zu den nach Ausweis der (am 25. September 1373) über die Herrschaft Lüneburg errichteten Sühne nachfolgenden Herzögen mit dem Schlosse sich zu halten. Die übrigen Bedingungen dieser Verpfändung sind aus früheren Schlossverschreibungen, in denen ganz gleiche vorkommen, zu sehr bekannt, als dass sie hier wiederholt zu werden brauchten. Nicht ganz zwei Drittel der Gelder, welche den Herzögen auf jene drei Schlösser geliehen wurden, waren im städtischen Haushalte erübrigt worden. Denn die Rathsherren der Stadt Lüneburg hatten am 30. April von Rudolf Münter zu Lübeck 200 Mark zu $6^{3}/_{4}$ Procent Zinsen, am 1. Mai von einem ihrer Rathsmitglieder, Johann Grabow, 630 Mark zu $6^{1}/_{3}$ Procent Zinsen, am 4. August von einem andern, Johann Rokswale, 334 Mark zu $6^{7}/_{12}$ Procent Zinsen aufgenommen, am 15. August dem Ludeke Raven die Stadtwage mit allem Zubehör und Einkommen nebst dazu gehörendem Hause und Hofe unter der Bedingung, dass er den Kaufleuten bequem sei und für das Wiegen nicht mehr, als Gewohnheit sei, nehme, für 400 Mark bis zur Rückzahlung dieser Summe überlassen und endlich am 23. August ihrem Rathsmitgliede Johann Scummelbecker für vorgeschossene 250 Mark $6^{7}/_{8}$ Procent Zinsen verschrieben. Diese Summen, welche zusammen 1814 Mark Pfennige betragen, waren aber auch die einzigen Gelder, worüber die Rathsherren in diesem Jahre Schuldbriefe ausstellten.

Herzog Bernhard, obwohl in Urkunden öfter mit den Herzögen Wenzlaus und Albrecht genannt, wird doch allem Anscheine nach ebenso wenig wie Herzog Wenzlaus seinen Aufenthalt im Herzogthume Lüneburg gehabt haben. Es scheint, dass er bei seinem Bruder Friedrich in Braunschweig oder Wolfenbüttel verweilet hat. Aber vom November 1379 an findet man ihn die beiden nächsten Jahre in Celle, von wo er zwar, wie Herzog Albrecht, sich dann und wann entfernte. Am 7. November ritt Herzog Albrecht, indem er zu Celle den Herzog Bernhard, seinen Notar Paul von dem Berge, Wilbrand von Reden und andere seiner Diener zurückliess, nach Walsrode und hielt daselbst des Nachts eine Tagefahrt mit den von Mandelsloh. Es waren entweder manche ältere Sachen mit ihnen noch zu berichtigen oder neuere zu verhandeln. Am 8. November nahm der Vogt zu Celle eine Viertelmark löthigen Silbers von einem Gefangenen Hans von Crottorf (bei Oschersleben) ein, der wahrscheinlich seit dem Treffen vor Dahlum in Haft sass. Abends kam Herzog Albrecht von Walsrode zurück. Am folgenden Tage erschienen zu Celle Eberhard von Marenholtz, Aschwin von Salder und Otto von der Gowisch. Die beiden Letzteren kamen, um von dem Herzoge einen neuen Pfandbrief über das Schloss Lichtenberg für die von Salder zu erlangen, denen dasselbe seit dem 18. October 1365 verblieben war. Herzog Albrecht einigte sich nun mit jenen beiden, das Schloss nebst den Gerichten aber ohne geistliche und weltliche Lehen dem genannten Aschwin von Salder, Aschwin's Sohne, und den Vettern desselben, Johann, Sohne des Hans von Salder, und Aschwin, Sohne des Ritters Eberhard von Salder, wenigstens während der nächsten fünf Jahre zu lassen. Er verpfändete es ihnen und zu ihrer treuen Hand dem Otto von der Gowisch, Bertold von Ilten und Heinrich von Cramm für 6000 Mark löthigen Silbers unter Vorbehalt des Oeffnungsrechtes. Der Pfandbrief, den er ihnen darüber gab, ist in seinem und des Herzogs Wenzlaus Namen am 11. November 1379 ausgestellt. Die allgemeinen Bedingungen darin stimmen mit den im Pfandbriefe vom 18. October 1365 enthaltenen überein. Den von Salder wurde diesmal das Zugeständniss gemacht, dass, wenn nach geschehener Kündigung ihnen zur bestimmten Zeit die Pfandsumme nicht ausbezahlt würde, sie für dieselbe das Schloss nebst Zubehör biedern Leuten, ihre Genossen wären, jedoch nicht Fürsten, Herren oder Städten, verpfänden und, wenn sie vor dem Schlosse oder in dem dazu gehörenden Gerichte überfallen oder beraubt würden, sofort das Vergeltungsrecht üben dürften. Mit zehn Mark jährlich, welche zur Pfandsumme zu schlagen seien, sollten sie die Zäune und das Dach des Schlosses in gutem Stande erhalten. Alle in ihrem Besitze befindlichen Pfandbriefe früherer Herzöge von Lüneburg über das Schloss wurden durch diesen für nichtig erklärt. Am Schlusse desselben ist die Bedingung getroffen worden, dass nach dem Tode der Herzöge Wenzlaus und Albrecht, falls sie vor der Einlösung des Schlosses stürben, die von Salder sich mit dem Schlosse zu dem Herzoge Friedrich oder zu dem Herzoge Bernhard, welchem alsdann nach Ausweis der errichteten Sühne es gebühren würde, der Herrschaft Lüneburg vorzustehen, und dann ferner zu den Erben der Herzöge Wenzlaus und Albrecht sich halten sollten. In ähnlicher Weise wurde bei der Verpfändung der Schlösser Gifhorn und Fallersleben am 31. October 1381 bestimmt, dass die Pfandinhaber nach dem Tode der beiden sächsischen Herzöge zum Herzoge Friedrich, falls er dann noch leben würde, sonst aber zu seinem ältesten Bruder und dann ferner zu den Erben der beiden Herzöge Wenzlaus und Albrecht nach Ausweis der Sühnebriefe sich mit den Schlössern zu halten hätten. Dagegen war, wie schon erwähnt ist, für denselben Fall bei der Verpfändung der Schlösser Moisburg und Lüdershausen am 19. Juni und 27. September 1379 nur im Allgemeinen gesagt worden, dass die Pfandinhaber mit den Schlössern bei den nach Ausweis der Sühne von Rechts wegen in der Herrschaft Lüneburg nachfolgenden Herzögen bleiben sollten. Eben dasselbe schreibt ein Pfandbrief vom 25. Januar 1382 vor. Andere Pfandinhaber mussten am 1. Januar 1380 geloben, den Pfandvertrag über ihr Schloss nach dem Tode der Herzöge Wenzlaus und Albrecht dem Herzoge Bernhard und nach seinem Tode dem nach Ausweis der Sühne in der Herrschaft Lüneburg nachfolgenden Herzoge zu halten. Damit stimmt eine Bedingung in dem Pfandbriefe vom 8. März 1383 überein, welche verlangt, dass der Vertrag über das Schloss dem Herzoge Bernhard und den Erben der Herzöge Wenzlaus und Albrecht der über das Land Lüneburg errichteten Sühne gemäss gehalten werde. Noch andere Pfandinhaber verpflichteten sich am 5. April 1381, in dem genannten Falle zu demjenigen Sohne des Herzogs Magnus von Braunschweig, dem dann die Herrschaft Lüneburg von Rechts wegen gebühren würde, und nach dessen Tode zu dem ältesten unter den Söhnen der beiden Herzöge von Sachsen und Lüneburg nach Ausweis der unter den Herzögen errichteten Sühne sich mit dem Schlosse zu halten. Es fragt sich, auf welche Sühne, ob auf die vom 25. September 1373 oder auf die vom 12. Juni 1377 in obigen Bedingungen Bezug genommen wird. Man muss sich erinnern, dass die erstere Sühne den ältesten Sohn des Herzogs Magnus, den Herzog Friedrich, zum Nachfolger der Herzöge Wenzlaus und Albrecht im Herzogthume Lüneburg bestimmte, die letztere dagegen alle Söhne des Herzogs Magnus mit Ausnahme des Herzogs Bernhard von der Nachfolge im Herzogthume Lüneburg ausschloss.

Der Wortlaut in den erwähnten Pfandverschreibungen vom 19. Juni und 27. September 1379 und vom 25. Januar 1382 lässt es zu, die eine oder die andere Sühne hier als gemeint anzusehen. Auch die Bedingung im Pfandbriefe vom 5. April 1381 kann auf die eine oder andere bezogen werden. Die am Schlusse des Pfandbriefes vom 11. November 1379 aufgenommene Bedingung, in welcher ein Paar Wörter an einer lückenhaften Stelle aus der ähnlichen im Pfandbriefe vom 31. October 1381 ergänzt werden müssen, ist, weil nach ihr das Schloss Lichtenberg unter den Erben der Herzöge Wenzlaus und Albrecht bei dem Herzogthume Lüneburg bleiben sollte, unvereinbar mit der Annahme, dass hier die Sühne vom 12. Juni 1377 gemeint sei. Diese Sühne erweiset sich hier schon dadurch als ungültig, dass die Herzöge Wenzlaus und Albrecht das Schloss Lichtenberg verpfändeten. Sie war, wie schon oben einmal behauptet ist, nicht zur Ausführung gekommen. Dennoch wird hier und noch deutlicher in den Urkunden vom 1. Januar 1380 und 8. März 1383 gesagt, dass Herzog Bernhard zum Nachfolger der Herzöge Wenzlaus und Albrecht im Herzogthume Lüneburg bestimmt sei. Es bleibt daher wohl nichts anders übrig, als anzunehmen, dass zwar bisher allein die Sühne vom 25. September 1373 zu Rechte bestand, die Herzöge Friedrich und Bernhard aber zwischen dem 11. November 1379 und dem 1. Januar 1380 unter Zustimmung der Herzöge Wenzlaus und Albrecht sich darüber einigten, dass nach dem Tode dieser beiden Herzog Bernhard statt seines Bruders Friedrich, vermuthlich unbeschadet der Rechte, welche den Nachkommen desselben aus der ersteren Sühne zustanden, im Herzogthume Lüneburg regieren und ebenfalls nach dem Tode jener beiden Herzöge die Schlösser Gifhorn und Fallersleben dem Herzoge Friedrich auf die Dauer seines Lebens überlassen werden sollten. Möglich ist es daneben, dass Herzog Bernhard seinem Bruder Friedrich dasselbe Versprechen auch in Bezug auf die übrigen in der Sühne vom 12. Juni 1377 erwähnten Schlösser ertheilte, so dass dieser, was er von Anfange an verlangt hatte, auf beschränkte Zeit zugestanden erhielt. Durch einen solchen Vergleich, wie den eben erwähnten, wurde die Wiedervereinigung der Herzogthümer Braunschweig und Lüneburg unter ihren angestammten Fürsten in noch weitere Ferne, als bisher, geschoben.

Die Fehde zwischen dem Herzoge Albrecht und dem Bischofe Gerhard von Hildesheim mochte etwa ein Vierteljahr gedauert haben, da versuchte Herzog Otto zu Göttingen, als Bundesgenosse beider, Frieden zwischen ihnen zu stiften. Am 11. November 1379 begab sich Herzog Albrecht, nachdem er an demselben Tage den Vertrag über das Schloss Lichtenberg geschlossen hatte, von Celle nach Neustadt, um von dort nach Hameln auf eine mit dem Herzoge Otto und dem Bischofe zu haltende Tagefahrt zu reiten. Es scheint jedoch nicht, dass schon jetzt beide Theile sich zum Frieden geneigt zeigten. In Celle war Herzog Bernhard mit Gens, Andreas Berne, Hondorp und Anderen zurückgeblieben. Zwei Tage hernach kamen mit Pferden Knechte des Rathes der Stadt Lüneburg nach Celle und brachten Tücher, welche dem Herzoge Albrecht gehörten. Die geringeren Diener auf dem Schlosse erhielten nämlich das Tuch zu ihrer Kleidung vom Vogte geliefert. Dieses und das Tuch, welches der Herzog und Andere am Hofe gebrauchten, scheint aus Lüneburg bezogen worden zu sein. Unterdessen war Herzog Albrecht von Hameln nach Winsen an der Aller gekommen. Dahin ritt zu ihm am Abende des 16. Novembers Herzog Bernhard und blieb mit ihm dort die Nacht, kam aber schon am folgenden Tage mit Balthasar von Camenz nach Celle zurück. Tages darauf ritten beide wieder fort und liessen zu Celle den herzoglichen Notar Paul von dem Berge, Gens, Vriberg und andere herzoglichen Diener. Neben diesen werden am 20. November und die nächsten fünf Tage Haselbach und die Pfeifer als anwesend auf dem Schlosse genannt. Sie alle hatten ihre Pferde bei sich. Bei den herzoglichen Reiterschaaren werden damals wohl keine anderen Spielleute, als Pfeifer gehalten worden sein. Die sogenannten Bungen (Pauken oder Trommeln), die damals neben den Pfeifen im Gebrauche waren, fehlten der Besatzung des Schlosses. Am 26. November kamen nach Celle die Herzöge Albrecht und Bernhard aus Dannenberg zurück. Es hatte daselbst eine Tagefahrt mit dem Markgrafen Sigismund von Brandenburg, einem Sohne des verstorbenen Kaisers Karl IV., Statt finden sollen; derselbe war jedoch, wie es scheint, ausgeblieben. Am nächsten Tage ritt Herzog Albrecht, während Herzog Bernhard mit Haselbach und Anderen in Celle blieb, nach Pattensen, um wieder eine Tagefahrt mit dem Bischofe von Hildesheim zu halten. Wahrscheinlich ohne etwas ausgerichtet zu haben, traf er am Abende des 1. Decembers in Celle wieder ein. Zugleich mit ihm kamen Ritter Werner (von Bertensleben), der lange Wilbrand (von Reden) und andere herzoglichen Diener. Vielleicht jetzt liess sich Ritter Werner von Bertensleben die Urkunde geben, in welcher Herzog Albrecht bescheinigte, dass er sich mit ihm, nachdem von demselben Rechenschaft über Verlust und Einnahme abgelegt worden sei, wegen aller Forderungen und alles Unwillens verglichen habe. Ritter Johann von Escherte, Ritter Ludolf und Paridam von dem Knesebeck, Eberhard und Conrad von Marenholtz, Rabodo Wale und Otraven von Bervelde waren Vermittler dabei gewesen. Am Abende des 2. Decembers ritten die Herzöge Albrecht und Bernhard nach Lüneburg. Zu Celle blieben Haselbach, der herzogliche Notar Paul, Andreas Beme, Gens, Vriberg, Krevet (Krebs) und die Pfeifer. Sie alle mit den zwei Tage später genannten Heinrich bildeten die berittene Besatzung des Schlosses Celle oder waren diejenigen, welche, wie es damals hiess, inne hüteten. Auch hatte Herzog Albrecht, wie gewöhnlich bei seiner Abreise, seine Pferde mit Ausnahme derer, die er und seine Begleiter ritten, in Celle zurückgelassen. Es waren ihrer diesmal nur zwei stehen geblieben, wie eine Aufzeichnung vom 4. December zeigt. Die Verhandlungen mit dem Bischofe von Hildesheim setzte Herzog Albrecht selbst während seiner Reisen fort. Am 5. December sandte sein Notar Paul von dem Berge zu Celle einen Brief des Herzogs zum Bischofe. Ritter Ludolf von dem Knesebeck und Paridam und Werner von dem Knesebeck werden die Herzöge nach Lüneburg gefolgt sein. Ihr Zweck war, einen neuen Pfandbrief über das Schloss Knesebeck, welches sie von dem Herzoge Magnus ungefähr seit dem Schlusse des Jahres 1370 besassen, zu erlangen. Sie hatten seitdem soviele Auslagen für diesen Herzog und soviele Kosten auf dem Schlosse gehabt, dass ihre Forderung von 1230 Mark löthigen Silbers, wofür ihnen dasselbe damals zu Pfande verschrieben worden war, sich dadurch um 1200 Mark, also fast um das Doppelte, vermehrt hatte. Nachdem sie hierüber Rechenschaft abgelegt hatten, erhielten sie am 6. December 1379 eine von den beiden Herzögen und dem Herzoge Wenzlaus ihnen an diesem Tage über das Schloss ausgestellte Verschreibung. Sie bekamen dadurch dasselbe mit Vogtei, Gericht und allem Zubehör, geistliche und weltliche Lehen ausgenommen, für 2430 löthige Mark auf unbestimmte Zeit von neuem zu Pfande. Auch die 30 löthigen Mark jährlicher Hebung aus benachbarten Gütern, welche Herzog Magnus ihnen mit dem Schlosse verschrieben hatte, wurde ihnen zugesichert. Das Oeffnungsrecht, die von den Pfandinhabern und dem herzoglichen Amtmanne auf dem Schlosse während eines Krieges sich gegenseitig zu leistende Burghut, das Friedegut, der Entsatz des Schlosses von Belagerung, der Ersatz für Verlust desselben, die Vertheidigung, welche die Herzöge den Pfandbesitzern schuldeten, die Pflicht dieser, den herzoglichen Landen und Leuten keinen Schaden zuzufügen, die Selbsthülfe, die Erstattung der Baukosten, das Recht der Pfandinhaber, das Schloss weiter zu verpfänden, die Vergütung der Saat bei der Einlösung des Schlosses, kurz alle Punkte, worauf es bei Verpfändungen von Schlössern nur ankommen mochte, wurden in diesem Vertrage gehörig berücksichtigt. Die Bürgen der von dem Knesebeck gelobten, falls derselbe von diesen irgend wie verletzt würde, ein Einlager in Uelzen zu halten.

Während der Abwesenheit des Herzogs Albrecht, am 7. December, trug ein Bote aus Celle einen Brief von ihm zum Grafen von Wunstorf, wodurch dieser, wie es scheint, eingeladen wurde. Zwei Tage später musste ein anderer Bote von dort einen Brief des Herzogs nach Neubrück an Eberhard von Marenholtz bringen. Ein Dritter ging am 11. December von Celle mit Briefen zum Herzoge nach Lüneburg. In Hermannsburg, von Ludolf (wahrscheinlich dem Vogte Ludolf Juncker zu Neustadt) dahin geführt, traf der Graf den Herzog. Die Zusammenkunft war von kurzer Dauer. Nur eine Nacht blieb Herzog Albrecht in Hermannsburg. Dann am Abende des 16. Decembers langte er wieder in Celle an, begleitet von dem Herzoge Bernhard, Balthasar von Camenz und Eberhard von Marenholtz. Am folgenden Tage kamen auch der Pütker Hermann Spörken und Haselbach, letzterer nach einer kürzeren Abwesenheit vom Schlosse, nach Celle zurück, wogegen Eberhard von Marenholtz am 22. December wieder abreisete. Anderthalb Wochen blieb Herzog Albrecht zu Celle; da liess es ihm keine Ruhe mehr im Schlosse; er machte sich auf und ritt, vermuthlich von dem Herzoge Bernhard begleitet, am 27. December nach Neustadt. Sein Notar Paul von dem Berge, Haselbach, Wytze, Gens, Schorleke, Vriberg, Schilling und andere Gewaffneten blieben in Celle zurück. Drei Tage später kamen aus Neustadt vom Herzoge Albrecht Herzog Bernhard, Otto von Ritzerow, der Pütker, Heine, Schorleke, der also seinem Herrn dahin gefolgt war, und andere herzoglichen Diener in Celle an.

Es ist schon bemerkt worden, dass Helembert, Heinrich und Diedrich von Mandelsloh, obgleich Herzog Magnus ihnen auf ihrer dreier Lebenszeit das Schloss Bordenau am 10. Februar 1373 überlassen hatte, nicht zum Besitze desselben gelangt waren, weil sie es von den von Campen nicht einzulösen vermochten, und dass dann das Schloss vermuthlich von ihnen oder von dem Grafen von Wunstorf in den Fehden gegen den Herzog zerstört worden war. Auch die Gebrüder Gottschalk, Hans und Hermann von Campen liessen sich nun, während Herzog Albrecht in Neustadt war, ihren Pfandbrief von ihm erneuern. Sie stellten am 1. Januar 1380 einen Revers aus, dass die Herzöge Wenzlaus und Albrecht ihnen Bordenau, den Wall und das Dorf mit der Mühle, mit Fischerei und allem Zubehör, die Nutzung des Waldes mit dem über der Leine gelegenen Acker, welcher, als zu Bordenau noch ein Schloss stand, von demselben aus bebauet wurde, für dieselbe Summe, wofür der verstorbene Herzog Wilhelm es ihnen zu Pfande setzte, nämlich für 220 Mark löthigen Silbers verpfändet und ihnen gestattet hätten, den Wall mit Planken zu versehen, auf demselben ein Haus (Schloss), einen Bergfrieden und dazu Thore und Brücken, auch in der Vorburg ein Vorwerk und dazu Planken, Thore und Brücken zu erbauen. Die Herzöge verpflichteten sich, bei der Einlösung, welche zwei Jahre nach der Kündigung und, da letztere während der drei ersten Jahre nicht erlaubt wurde, frühestens fünf Jahre nach dieser Erneuerung des Vertrages Statt finden sollte, nach Abschätzung die Kosten zu ersetzen, welche die von Campen durch Bauen und Graben zum Behufe des Schlosses angewandt haben würden. Alle bei Schlossverpfändungen im Allgemeinen gebräuchlichen Bedingungen fanden in diesem Vertrage ihre Aufnahme, unter ihnen auch die, dass der herzogliche Amtmann, welcher auf das Schloss, um von demselben Krieg zu führen, geschickt würde, die von Campen und die Ihrigen vor Schaden und Unfug sichern, ihnen, wenn solcher geschähe, Entschädigung leisten, ihnen Friedegut geben, während des Krieges Pförtner und Wächter beköstigen und das Schloss bewahren sollte, dass ferner die Herzöge, wenn das Schloss verloren würde, den von Campen ein ebenso werthvolles Pfand dafür ausliefern oder innerhalb des nächsten Jahres ihnen die Pfandsumme mit den Baukosten auszahlen sollten. Die von Campen erklärten geradezu, dass sie, bevor die Herzöge ihnen hierfür nicht Sicherheit und Bürgschaft gestellt hätten, dieselben und den herzoglichen Amtmann nicht auf das Schloss lassen würden. Es sprach hierbei aus ihnen die Erinnerung an die traurigen Erfahrungen, welche sie unmittelbar vor und nach der Zerstörung des Schlosses gemacht haben werden. So ist auch wohl die von ihnen gemachte Bedingung zu erklären, dass ihnen Selbsthülfe gestattet werde, wenn Jemand sie ruchlos mit Raub oderch Brand überfiele, und dass die Herzöge und deren Amtleute ihnen alsdann getreulich beistehen sollten. Die Vorsicht, welche die von Campen beim Abschlusse dieses Vertrages anwandten, war auch schon deshalb ganz zweckmässig, weil durch das Schutzverhältniss, in welches der Graf von Wunstorf am 22. Juni 1378 zum Herzoge getreten war, das Schloss Bordenau neben dem Schlosse Neustadt grösseren Gefahren, als sonst, ausgesetzt wurde. Zu wem sich nach dem Tode der Herzöge Wenzlaus und Albrecht zu halten, die von Campen gelobten, ist schon oben erwähnt worden.

In den ersten Tagen des Januars 1380 fand zu Hannover eine Tagefahrt statt, auf welcher Herzog Albrecht mit dem Bischofe (von Hildesheim) zusammentraf. Herzog Otto (zu Göttingen) hatte, weil er zwischen ihnen zu vermitteln suchte, den Bischof dahin begleitet. Hier endlich wird es ihm gelungen sein, für die Bedingungen der Sühne, welche er vorschlug, von beiden die Zustimmung zu erlangen und sie zu bewegen, dass sie ihren Streit durch Schiedsrichter schlichten liessen. Er selbst übernahm die Bürgschaft für den Bischof. Am 5. Januar kam Herzog Albrecht von Hannover nach Celle zurück und schickte sogleich einen Brief nach Verden, wahrscheinlich zum dortigen Bischofe. Zwei Tage später kamen Ritter Werner von Bertensleben und Andere in Celle an. Unterdessen hatte der Rath der Stadt Hannover einen feindlichen Zug vor das Schloss Ohsen beschlossen und ausgeführt. Die eine Hälfte des Schlosses gehörte dem Grafen von Everstein, auf der anderen, der herzoglichen, sassen, weil das Pfandrecht, welches der Bischof von Hildesheim am 6. Januar 1372 darüber erworben hatte, durch den Vertrag vom 22. September 1373 beseitigt worden war, nach wie vor dem 1. Februar 1371 die edelen Herren von Homburg. Wodurch diese und der Graf von Everstein sich den Rath der Stadt Hannover zum Feinde gemacht hatten, ist nicht bekannt. Sie waren Bundesgenossen des Herzogs Otto, auf dessen Hülfe gegen die Stadt sie also Anspruch machen durften. Die Rathsherren hatten, da es ihnen an reisigen Leuten gebrach, einige Gewaffneten, Conrad von der Rith, Hermann Visbeke, Johann von Ebbinghusen, Krevet und Andreas Berne, von denen die beiden letzteren sich in den ersten Tagen des vorigen Monates noch in Celle befanden, zu diesem Zuge von Ludolf Juncber, Vogte zu Neustadt, geliehen und verglichen sich mit ihm am 8. Januar wegen des Schadens, welchen dieselben dabei erlitten hatten. Sie blieben ihm nur noch 14 Pfund weniger vier Schillinge schuldig und versprachen mit den Geschworenen zu

CXXI

Hannover, ihm diese Schuld von dem nächsten Schoss zu bezahlen. Eine eigenthümliche Erscheinung ist es, dass hier ein herzoglicher Vogt zu einem Feldzuge der Stadt gegen Fürsten und Herren, die mit dem Herzoge nicht verfeindet waren, sondern von denen der eine als sein Bundesgenosse ihm Frieden zu verschaffen suchte, herzogliche Reuter auslieh. Zu den Söldnern der Stadt wird Ludolf von Herze (Heirse bei Eldagsen) gehört haben. Er gerieth in Gefangenschaft und wurde zu Homburg in Haft gebracht. Als er am 25. Juli 1380 daraus entlassen wurde, schwur er mit seinem Bruder Hermann und mit Heinrich von Twyste, wegen dieser Gefangenschaft keine Rache an dem Herzoge Otto, an dem edelen Herrn von Homburg und an dem Grafen Hermann von Everstein dem jüngern nehmen zu wollen noch Feinde derselben jemals zu werden.

Wegen der Irrungen mit dem Bischofe zu Hildesheim bedurfte es noch einer Tagefahrt, auf welche er selbst kommen wollte. Sie sollte in Burgdorf gehalten werden. Zu derselben ritt Herzog Albrecht am 12. Januar 1380 Abends aus Celle, blieb die erste Nacht auf dem „Asemoor" und die zweite zu Burgdorf. Auf dieser Tagefahrt wird man die Schiedsrichter gewählt haben. Es waren die Ritter Diedrich von Alten, Lippold von Vreden und Werner von Bertensleben. Nachdem Balthasar von Camenz mit anderen herzoglichen Dienern an demselben Abende, als der Herzog aus Celle weggeritten war, sich dort eingefunden hatte, kam zwei Tage später Herzog Albrecht, begleitet von den Rittern Werner von Bertensleben und Christian Bosel, mit anderen Mannen von Burgdorf zurück. Schon am nächsten Tage ritt er nach Walsrode, um dort mit Herrn Johann von Zesterfleth, Domdechanten zu Bremen, eine Tagefahrt zu halten. Ohne Zweifel betraf sie seine Fehde mit den Burgmannen zu Horneburg. Die Verluste, welche sie werden erlitten haben, machten sie zur Sühne geneigt; jedoch kam sie erst drei Monate später zu Stande. Nachdem der Herzog zwei Nächte in Walsrode zugebracht hatte, kam er am 17. Januar in Celle wieder an. Hier waren unterdessen Herzog Bernhard, Balthasar von Camenz und Andere zurückgeblieben. Am 16. Januar hatten Heinrich Fine mit seinen Gesellen und die Hannoverschen, nachdem sie die Nacht vorher in Hambühren geblieben waren, sich in Celle eingefunden und wurden hier nicht im Schlosse sondern in Herbergen untergebracht. Sie mochten gerade von einem Zuge in das Stift Bremen zurückgekommen sein. Desselben Tages hatte Eberhard von Marenholtz Celle nach kurzem Aufenthalte wieder verlassen. Am 18. Januar schickte Herzog Albrecht einen Brief nach Lichtenberg dem Anscheine nach an die von Salder und ritt dann mit Heinrich Fine, dessen Gesellen und den Hannoverschen nach Hannover, indem er den Herzog Bernhard und Balthasar von Camenz mit mehren seiner Diener in Celle zurückliess. Nach fünf Tagen langte er in Celle wieder an. Daselbst kam am folgenden Tage Bertold von Hohnhorst wohl mit 26 Reitern. Am Abende des nächsten Tages wurden zu Bergen zwei Rosse gebracht, die nach Celle weiter geführt werden sollten; sie mögen zu der Beute aus dem Stifte Bremen gehört haben. Nochmals ritt Herzog Albrecht nach Hannover, während Herzog Bernhard in Celle blieb. Er kam drei Tage nach seiner Abreise, am 29. Januar, von Hannover zurück, schickte am folgenden Tage einen Brief an Eberhard von Marenholtz und ritt dann am 31. Januar zu dem Hofe nach Wittenberg. Auch hier wird unter Hof wohl ein Turnier zu verstehen sein. Wie es scheint, begleitete ihn dahin Herzog Bernhard, während der herzogliche Notar Paul von dem Berge, Schorlike, Gens, Heinrich von Meding, Vriberg, die Jäger und Andere in Celle zurückblieben, um das Schloss zu bewachen oder inne zu halten. Auch die Jäger waren, wie die Uebrigen, beritten. Sie gehörten nicht eigentlich zu den Kriegsleuten, sondern betrieben vom Schlosse die Jagd mit Hunden. Man trifft sie am 6. Februar zu Hermannsburg. Am Tage nach der Abreise des Herzogs wurde von Celle ein von ihm geschriebener Brief nach Lichtenberg geschickt. Wie am 21. Februar 1379 gingen auch nun am 9. Februar 1380 zwei Boten aus Celle dem Herzoge Albrecht entgegen, um ihn vom Turniere abzuholen und ihm als Führer zu dienen. Er kam am 12. Februar mit dem Herzoge Bernhard nach Celle zurück, nachdem von hier Tages zuvor der Vogt Brendeke von Bergen zu Celle und der herzogliche Notar Paul von dem Berge nach Neustadt geritten waren. Balthasar von Camenz, zum letzten Male am 18. Januar 1380 in Celle genannt, verschwindet seitdem aus der Umgebung des Herzogs. Ob er bald darauf in die Mark Bautzen zurückgekehrt oder gestorben ist, bleibt unentschieden.

Die Schulden der Stadt Lüneburg hatten am 3. October 1377 sich noch auf 100000 Mark Pfennige belaufen. Am 25. November desselben Jahres war ihr eine Salinsteuer, womit diese wegen allgemeiner Landesnoth gemachten Schulden getilgt werden sollten, von den Salininteressenten bewilligt worden. Die zwölf Männer, welche man damals verordnet hatte, die Steuer zu erheben und Zahlungen anzuweisen, legten am 17. Februar 1380 den Prälaten und dem Rathe der Stadt Lüneburg über Einnahme und Ausgabe Rechnung ab. In zwei Jahren hatten sie aus den 216 Pfannen, den 814 Wispeln, einem Fuder und dem übrigen Gute auf der Saline 63192 Mark erhoben und damit 50270 Mark Schulden abgetragen. Der Unterschied zwischen beiden Summen beträgt 12922 Mark. Von diesem Gelde werden die in der Urkunde der Kaisers vom 30. October 1377 erwähnten 12000 Mark den Herzögen zur Einlösung der Schlösser bezahlt worden sein. Bei dieser Annahme bleiben 922 Mark übrig, mit denen noch Schulden getilgt werden konnten. Unter den vielen bezahlten Schuldposten sind aufgeführt 840 Mark für Hartwig von Reden und 1710 Mark für Heinrich von Reden, dem die Stadt noch 240 Mark schuldig blieb. Die am 4. März 1375 verabredeten Zahlungsfristen müssen also nicht gehalten sein. An die Stadt Hannover waren 7600 Mark, an die Stadt Uelzen, deren Forderung nach dem Vergleiche vom 6. Januar 1378 noch 4500 Mark betrug, 3500 Mark bezahlt worden. Der Bischof von Hildesheim hatte 580 Mark erhalten. Den Bürgern, welche den Söldnern Herberge gegeben hatten, waren mehre tausend Mark dafür vergütet worden. Aufgeführt sind ferner die Kosten einiger Reisen zum Kaiser nach Lübeck, Möllen und Winsen, 100 Mark für Häringe, die der Herzog erhalten hatte, ein Geschenk von 30 Mark für ihn und von 20 Mark für die Herzoginn. Sogar eine Ausgabe für des Rathes Marstall hat in der abgelegten Rechnung Aufnahme gefunden. Es würde zu weit führen, die übrigen berichtigten Schuldposten hier einzeln zu berücksichtigen. Es mag nur noch bemerkt werden, dass unter ihnen auch 77 Mark vorkommen, welche als ein Theil der am 15. Juni 1379 von der Saline dem Herzoge bewilligten Beede ihm mit dieser ausbezahlt waren, dann aber dem Domcapitel zu Lübeck, weil sie von dessen Salingute erhoben waren, hatten zurück gegeben werden müssen. Es ergiebt sich daraus, dass das Domcapitel, wie am 25. November 1377 der Salinsteuer für die Stadt Lüneburg, so auch am 15. Juni 1379 der Beede für den Herzog sich widersetzt hatte. Nach Angabe der zwölf Verordneten belief sich zur Zeit ihrer Rechnungsablage die Forderung der Bürger zu Hannover und Uelzen noch auf 9075 Mark, zu deren Zahlung gewisse Salingüter der Prälaten angewiesen waren. Andere verbriefte Schulden betrugen 4685 Mark. Mit Einschluss der Steuer von den eben genannten Gütern war noch auf 14181 Mark als sichere Einnahme von der Saline zu rechnen. Von anderen 900 Mark durfte man mit Wahrscheinlichkeit wohl nur 300 erwarten; für das Fehlende sollte der Rath einstehen. Rechnet man die erhobene Einnahme mit den noch rückständigen Geldern, die nach Obigem als sicher oder unsicher zu betrachten waren, zusammen, so ergiebt sich als Gesammtertrag der Salinsteuer die Summe von 78273 Mark, also 21727 Mark weniger als die Schuldenlast betrug, zu deren Tilgung sie bewilligt war. Wie es scheint, musste sich die Stadt Lüneburg vorerst mit dem begnügen, was für sie von der Saline theils schon erhoben worden war, theils als noch zu erheben in der Rechnungsablage bezeichnet ist. Die Schulden, welche sie nun noch besass, konnten sie nicht drücken. Von ihnen müssen jedenfalls die Summen abgerechnet werden, für welche ihr die Schlösser Bleckede, Hitzacker, Lüdershausen und der Salzzoll zu Lüneburg verpfändet waren. Nach einer Aufzeichnung in Schomackers Chronik besass Gebhard von dem Berge das Schloss Bleckede bisher von der Stadt; sie aber verpfändete es 1380 dem Hermann Spörken und dem Ludolf von Estorff, welchen es der Bürgermeister Diedrich Springintgud und der Rathsherr Nicolaus Schomaker im Namen der Stadt auslieferten. Bald darauf mag der Brief geschrieben sein, welchen die Rathsherren zu Lüneburg von Manegold von Estorff, einem Bruder Ludolf's, erhielten. Er meldete ihnen darin, dass Bertold von Heimbruch und Johann von dem Berge das Vorwerk nebst Ställen, Balken und allem auf dem Schlosse Bleckede, woran sie Schaden anrichten konnten, abgebrannt und zu Stiepelse geplündert hätten. Er bat, deshalb zu schreiben und dafür zu sorgen, dass dort weiter kein Schaden geschähe. Auch Dahlem sei niedergebrannt und der Hagen würde verwüstet, dass er nie wieder bepflanzt werden könne. Es muss unentschieden bleiben, ob dieser feindliche Ueberfall mit der Fehde des Herzogs gegen Mannen des Stiftes Bremen oder mit Irrungen zwischen der Stadt Lüneburg und den von dem Berge, welche bei Ablieferung des Schlosses Bleckede entstanden sein konnten, zusammenhängt.

Ungefähr im April des Jahres 1380 werden die Schiedsrichter, die Ritter Diedrich von Alten, Lippold von Vredan und Werner von Bartensleben, ihre Entscheidung in dem Streite zwischen dem Bischofe von Hildesheim und dem Herzoge Albrecht abgegeben haben. Sie nimmt Bezug auf die Klage und Antwort des Einen und des Andern;

man bleibt aber, weil diese beiden Schriften fehlen, über den Gegenstand und die Geschichte des Streites meistens in Ungewissheit. Nur Folgendes ergiebt sich mit Bestimmtheit. Der Bischof beklagte sich zu wiederholten Malen darüber, dass der Herzog die mit ihm errichteten Verträge verletzt habe. Heinrich von Reden auf dem Schlosse Ricklingen, Hermann und Hartmann Spörken und Brendeke von Bergen, Vogt zu Celle, waren gegen den Bischof ausgezogen und hatten ihm vielfachen Schaden zugefügt. Die feindlichen Unternehmungen des Vogtes Brendeke mochten wohl nur eine Vergeltung der Niederlage gewesen sein, die er und die Bürger zu Celle im Jahre 1377 von dem Ritter Hans von Schwicheldt erlitten hatten. Der Herzog selbst hatte das Schloss Bodenburg, auf welchem die von Steinberg, Mannen des Herzogs Otto zu Göttingen und des Bischofes, sassen, angegriffen, und den Hermann von Godenstede (Gadenstedt) feindlich behandelt. Ausserdem behauptete der Bischof, dass Geld nicht erhalten zu haben, welches der Herzog ihm zu zahlen dem Gebhard von Salder gelobt hatte. Ein anderer Gegenstand der Klage des Bischofes betraf ein vor Hannover vorgefallenes Treffen. Dabei waren nämlich einige seiner Leute in die Gewalt des Herzogs gerathen und in dessen Schlosse zu Hannover zurückgehalten worden. Ernst von Dotzmem, welcher das bischöfliche Schloss Ruthe besass, und Heinrich Bock, auch einer der bischöflichen Mannen, waren gefangen worden. Ueber alles dieses führte der Bischof Klage. Der Herzog antwortete unter anderen Folgendes hierauf. Zur Zeit als Heinrich von Reden die Feindseligkeiten von dem Schlosse Ricklingen gegen den Bischof unternahm, habe er selbst über ihn und über das Schloss keine Gewalt besessen, es sei vielmehr ihm und den Seinen damals von dem Schlosse sogar Schaden zugefügt worden. Den Zug gegen Bodenburg aber habe er mit Zustimmung des Bischofes ausgeführt. Diese Aeusserung des Herzogs leitet auf die Vermuthung, dass der Zug schon in der Fehde gegen den Herzog Otto zu Göttingen bald nach dem 20. April 1376, vielleicht mit Hülfe der von Vreden, unternommen worden sei. Was den Hermann von Godenstede anbetrifft, so behauptete der Herzog in seiner Antwort, sich früher hinsichtlich dessen, was er ihm gethan hätte, wohl verwahrt, ihm also förmlich Fehde angekündigt zu haben. Er versicherte, dass das Geld, dessen Empfang der Bischof leugnete, demselben dennoch bezahlt sei. Ferner behauptete er, dass diejenigen Leute des Bischofes, welche er zu Hannover auf sein Schloss aufgenommen habe, zu ihm geflohen seien, sich ihm auf Gnade ergeben und Gnade von ihm erlangt hätten. Für den gefangenen Ernst von Dotzmem habe er das Lösegeld hergegeben und ihn dadurch befreiet. Den Heinrich Bock habe er zwar wegen gewisser Zwistigkeiten mit ihm gefangen genommen, ihn aber aus Freundschaft dem Bischofe frei gegeben. Heinrich Bock war nämlich bischöflicher Amtmann, besass als solcher das Schloss Winzenburg, auf welches ihm der Ritter Conrad von Steinberg Geld herlieh, und gemeinschaftlich mit Hans von Borchtorp das Schloss Wiedelah, welches der Bischof später für die Kosten des von ihnen beiden zu Wiedelah aufgeführten Baues, für die ferneren Kosten desselben und für 30 Mark dem edelen Herrn Walther von Dorstadt verpfändete. Im Jahre 1381 verpfändete Bischof Gerhard seinem Amtmanne Heinrich Bock für die demselben schuldigen 100 Mark und für 200 Mark, wofür der frühere Bischof Heinrich dem Ritter Timme Bock die Burg Gronau mit der Gülte zu Pfande gesetzt hatte, auf die Dauer von wenigstens zwei Jahren dieselbe Burg mit 30 Mark löthigen Silbers jährlicher Gülte in dem Dorfe Eberholzen, in den Flössen und der Fähre zu Poppenburg und in der Vogtei Gronau. Heinrich Bock war also gewiss einer der Beamten, welche sich des besonderen Vertrauens des Bischofes erfreueten, und stand ihm so nahe, dass der Herzog mit seiner Freilassung dem Bischofe einen Freundschaftsdienst erwiesen zu haben behaupten durfte. Auf die Klage des Bischofes und auf die Antwort des Herzogs thaten die Schiedsrichter folgenden Ausspruch. Es sollte der Herzog diejenigen Verträge, welche er anerkennen würde, dem Bischofe halten. Wegen des Heinrich von Reden und des Schlosses Ricklingen sei er, wenn seine Aussagen darüber richtig befunden würden, dem Bischofe zu nichts verpflichtet. Den Hermann und Hartmann Spörken und den Vogt Brendeke sollte er dem Bischofe auf einer Tagefahrt stellen. In denjenigen Stücken, in welchen ihre Aussagen ihn nicht entlasten könnten, würde er selbst sich verantworten müssen. Vermöchte er nicht, den Hartmann Spörken wegen gewisser Punkte der Anklage dem Bischofe zur Rede zu stellen oder hätte derselbe wegen anderer sich nicht zur Ehre verwahrt, so sollte der Herzog selbst das Geschehene verantworten und dem Bischofe darum leisten, wozu er verpflichtet sei. Wenn der Bischof gestände, dass er zu dem Zuge gegen Bodenburg seine Einwilligung gegeben habe, so sei der Herzog ihm deshalb zu nichts verpflichtet, sonst aber müsse er sich darüber verantworten. Ebenso wenig sei er dem Bischofe hinsichtlich dessen, was dem Hermann von Godensted geschehen sei, zu etwas verpflichtet, falls er nämlich den Beweis für seine Behauptung beibringen könnte. Auch hinsichtlich der Geldforderung des Bischofes sollte es auf den Beweis ankommen, dass die Zahlung geleistet sei. Könnte er nicht geführt werden, so müsste der Herzog noch bezahlen. Wenn endlich die Aussagen des Herzogs in Bezug auf die in das Schloss zu Hannover aufgenommenen Leute, auf Ernst von Dotessem und Heinrich Boek sich als richtig erwiesen, so sei er auch in diesen Stücken dem Bischofe zu nichts verpflichtet. Dieser Ausspruch der Schiedsrichter war von so vielen Voraussetzungen bedingt, deren Grund oder Ungrund sich erst herausstellen musste, so dass noch wenig Aussicht auf eine baldige Beendigung der Angelegenheit hervortrat. Dennoch wird die von dem Herzoge Otto zu Göttingen vermittelte Sühne schon jetzt auf beiden Seiten angelobt worden sein. Eine Folge derselben muss es gewesen sein, dass die Herzöge Wenzlaus, Albrecht und Bernhard am 25. April 1380 zu Gunsten des Bischofes Gerhard von Hildesheim und seines Stiftes auf das Schloss Coldingen, welches er, wie schon erwähnt ist, erobert hatte, und auf dessen Zubehör Verzicht leisteten. Die von Reden nannten dieses Schloss am 11. November 1353 das ihrige und werden, wenn Herzog Magnus es ihnen wegen ihres Abfalls genommen hat, nach der Zeit es wieder erhalten haben. Auch Gottschalk, Wilbrand und Burchard von Reden mussten nun am 25. April 1380 zu Gunsten des Bischofes und des Stiftes dieselbe Verzicht leisten; und damit der Bischof unter allen Umständen sich das Eigenthum und den Besitz des Schlosses sicherte, ruhete er nicht eher, bis auch die Herzöge Friedrich und Heinrich am 5. Juni sich alles Rechtes und aller Ansprüche auf dasselbe nebst Zubehör begaben. Es erlitt noch manchen Anstand bis die Irrungen zwischen dem Herzoge Albrecht und dem Bischofe geschlichtet wurden. Zwischen beiden wurde am 27. September 1380 folgende Uebereinkunft getroffen. In ihren Irrungen und denen ihrer Mannen, diejenigen Punkte ausgenommen, welche in der von dem Herzoge Otto zwischen beiden vermittelten Sühne enthalten seien, sollten der von dem Bischofe gewählte Ritter Hans von Schwicheldt und der vom Herzoge Albrecht gewählte Ritter Lippold von Vreden entscheiden. Jede Partei musste vor dem 7. October seine Klage bei seinem Schiedsrichter und nach ebenso langer Zeit seine Antwort auf die Klage des Gegners bei beiden Richtern einreichen. Innerhalb vier Wochen sollten diese einstimmig ihr Urtheil nach dem Rechte abgeben. Hätte eine der Parteien in ihrer Klage einen Punkt aufzuführen vergessen, so sollte dieses Versäumniss ihr unschädlich sein; sie durfte alsdann eine besondere Klage daraus machen, dieselbe jedoch vor diesem Schiedsgerichte nicht mehr vorbringen. Würden die genannten beiden Schiedsrichter sich über das abzugebende Erkenntniss nicht einigen können, so sollten sie innerhalb zweier Wochen einen Obmann einträchtig wählen. Welchem der beiden er beipflichtete, bei dessen Ansspruche sollte es bleiben. Vier Wochen wurden dem Obmanne vergönnet, um die Entscheidung zu treffen, und ein Vierteljahr den Parteien, um dasjenige auszuführen, was ihnen würde auferlegt worden sein. In dem Falle aber, dass die Schiedsrichter in der Wahl eines Obmannes uneinig wären, sollten sie ihre von einander abweichenden Rechtsfindungen an den Gerichtshof bringen, wohin es sich von Rechts wegen gebühren würde. In den Irrungen des Bischofes mit Heinrich de Wend wurden die Ritter Heinrich von Schwicheldt und Johann von Escherte, in den Irrungen des Herzogs mit dem Ritter Ludolf von Tzellenstede die Ritter Lippold von Vreden und Heinrich von Schwicheldt zu Schiedsrichtern gewählt, um zu entscheiden, wozu einer gegen den andern der Ehre wegen verpflichtet sei. Jede dieser zuletzt genannten Parteien sollte zwei Bürgen dafür stellen, dass sie dasjenige, was die Schiedsrichter ihr auferlegen würden, innerhalb eines Vierteljahres darnach ausführen wollte. Die Bürgen aber wurden ihrer Verpflichtung für entbunden erklärt, falls nicht bis zum 11. November 1380 in den Irrungen zwischen dem Bischofe und dem Herzoge ein einstimmiges, auf Recht oder Billigkeit gestütztes Urtheil erfolgt sei. Wäre jedoch bis zu dieser Frist ein solches abgegeben, so sollte obige Verabredung für jeden der beiden Fürsten und für seinen ritterbürtigen Gegner verbindliche Kraft behalten. Diese Uebereinkunft selbst gab durch die in ihr enthaltene Bestimmung über nachträglich zu erhebende Klagen das Mittel an die Hand, die ganze Angelegenheit in die Länge zu ziehen. Es bedurfte solcher Mittel kaum, da der Bischof ausserdem Gelegenheit aufzufinden wusste, sich der Erfüllung dessen, wozu er in der Sühne gelobt hatte, zu entziehen. Er hatte in derselben sich verpflichtet, das von ihm vor dem Schlosse Calenberg erbaute Schloss „Nabershausen", ehe der 29. September erschiene, zu brechen. Er liess diese Frist verstreichen und das öftere Mahnen des Herzogs Albrecht unberücksichtigt. Da entschloss sich dieser, weil für den Bischof der Herzog Otto zu Göttingen Bürgschaft geleistet hatte, an denselben die Aufforderung ergehen zu lassen, dass er noch ohne Verzug seine Bürgschaft halte, für den Abbruch des Schlosses „Nabershausen" sorge und fernerem Mahnen vorbeuge. Er wandte sich aber nicht an Herzog Otto selbst, sondern ersuchte den edelen Herrn Simon von der Lippe brieflich, statt seiner ihn zu mahnen, und drohete, wenn er der Vermittelung des edelen Herrn sich nicht erfreuen könnte, den Herzog öffentlich des Wortbruches, den kein Biedermann sich zu Schulden kommen lasse, anzuklagen. Vor Ablauf der vier ersten Monate des Jahres 1381 scheint aller Zwistigkeit zwischen dem Herzoge und dem Bischofe kein Ende gemacht worden zu sein. Auch zu dieser Zeit erst wurde im Stifte Vergütung für Expressungen geleistet, welche sich ein bischöflicher Beamter wegen des Krieges erlaubt hatte. Wie früher schon mal der Bischof von den Leuten und Gütern der Dompropstei Schatzung, Brede und Dienst verlangt und dadurch den Dompropst veranlasst hatte, sich am 2. März 1376 mit den übrigen Domherren zu verbinden, um alle erlaubten Mittel anzubieten, womit sie solche Bedrückungen abzuwehren vermöchten, so hatte auch später der bischöfliche Vogt, Ritter Hans von Schwicheldt, welcher seit dem 20. August 1380 mit Baseke von Rössing und Kabodo von Wirte das Schloss Peine besass, Schatzung von Leuten der Dompropstei ohne Bewilligung des Dompropstes, Domdechanten und Domcapitels beizutreiben sich nicht gescheuet. Bischof Gerhard erklärte am 16. Februar 1381, dass sein Vogt dies gethan habe, als derselbe aus Nothwehr und zur Vertheidigung des Landes im Kriege gegen den Herzog von den Dörfern und Leuten im Stifte eine allgemeine Schatzung erhob, erkannte das den Leuten der Dompropstei geschehene Unrecht an, versprach auch, es nicht wieder zu gestatten und den Betrag der unrechtmässig bezogenen Schatzung zurückzugeben.

Kurze Zeit bevor das erste Schiedsgericht wegen der Zwistigkeiten des Herzogs und des Bischofes zusammentrat und Verzicht auf das Schloss Coldingen geleistet wurde, nahmen auch die Streitigkeiten, in welche der Herzog mit den Burgmannen zu Horneburg und deren Bundesgenossen verwickelt war, ein Ende. Am 15. April 1380 errichteten der Ritter Meinrich Schulte, die Knappen Gebhard Schulte, langer Friedrich Schulte, Bertold Schulte, Friedrich Schulte genannt Schrammeke und Johann Schulte, Sohn Meinrich's, Godewart und Iwan von Borch, Moritz Marschalk und Heinrich von Osten, alle auf dem Schlosse Horneburg, und die Gebrüder Wilhelm und Nicolaus von der Kula auf dem Schlosse Kuhla eine Sühne mit den Herzögen Wenzlaus, Albrecht und Bernhard wegen alles dessen, was bisher zwischen ihnen vorgefallen war, und wegen aller anderen Streitigkeiten. Sie und ihre Erben, und wer auf den Schlössern Horneburg und Kuhla sässe, sollten nie Feinde der Herzöge, der Erben derselben und der nachfolgenden Herzöge zu Lüneburg werden, vielmehr sie, ihre Lande, Leute und Schutzbefohlenen aus beiden Schlössern und deren Gebiete getreu vor Schaden bewahren, in keiner Weise aber ihnen daraus Schaden oder Unrecht zufügen oder zufügen lassen. Sie gelobten, den Herzögen, deren Erben und Nachfolgern im Herzogthume auf Verlangen jedesmal, wenn sie denselben nicht an einem billigen Vergleiche oder zum Rechte verhelfen könnten, gegen jedermann mit Ausnahme des Erzbischofes von Bremen beide Schlösser zu öffnen. In ihren künftigen Irrungen mit den Herzögen sollten zwei von der einen und zwei von der andern Seite gewählte und innerhalb der auf die Mahnung folgenden beiden Monate nach Winsen zu entsendende Schiedsrichter in Freundschaft oder nach dem Rechte entscheiden. Vier Wochen später musste ihrem Ausspruche auf beiden Seiten Folge geleistet sein. Künftige Streitigkeiten zwischen dem Erzbischofe und den Herzögen sollte ein aus zwei erzbischöflichen und zwei herzoglichen Mannen gebildetes Schiedsgericht in Hamburg, wo dasselbe innerhalb der nächsten vier Wochen nach der Aufforderung zusammen zu treten angewiesen wurde, in Freundschaft schlichten und, wenn dies nicht möglich wäre, sie nach dem Rechte zu Ende bringen. Könnten die Schiedsrichter über die Rechtsfindung sich nicht einigen, so sollten sie von beiden Seiten in dieser Sache sich auf den Herzog von Sachsen-Lauenburg berufen, sie ihm nämlich zur Entscheidung vorlegen. Für die Ausführung seines Ausspruches wurde dem dadurch Betroffenen eine Frist von acht Wochen vergönnt. Man nahm nun auf beide Fälle Rücksicht, dass nämlich entweder der Erzbischof oder die Herzöge sich weigern könnten, dasjenige dem Gegner zu leisten, was der Ausspruch dem einen oder dem anderen auferlegen würde. Weigerte der Erzbischof sich, so wollten die Burgmannen zu Horneburg und die von der Kula mit den Schlössern neutral bleiben und ihm gegen die Herzöge nicht beistehen, wohl aber wenn diese sich weigerten. Ebenso wie im ersteren Falle wollten sie es halten, wenn die Herzöge zwar erbötig wären, dasjenige, wozu der richterliche Ausspruch sie verpflichtete, dem Erzbischofe zu erweisen, dieser aber die Annahme des Dargebotenen ablehnen würde. Die

Burgmannen zu Horneburg und die von der Kula waren wohl nicht von dem Erzbischofe beauftragt, Obiges über das Schiedsgericht zwischen ihm und den Herzögen zu verabreden oder festzusetzen. Entweder beruhete es auf einer früheren Uebereinkunft zwischen ihm und den Herzögen oder die Burgmannen und die von der Kula nahmen es sich heraus, dem Erzbischofe die Bedingungen vorzuschreiben, welche er erfüllen müsste, wenn er auf ihre Hülfe rechnen wollte. Letztere Annahme entspricht wohl dem Charakter dieser unbändigen Stiftsmannen. Die Söhne des Godewart von Borch waren in obiger Sühne, obgleich ihr Vater dieselbe für sich und seine Erben besiegelt hatte, doch nicht namhaft gemacht. Am 6. Mai 1380 traten sie ihr bei und gelobten, sie zu halten, als ob sie von ihnen selbst besiegelt wäre. Wie wenig auf Treu und Glauben der Burgmannen zu Horneburg gebauet werden durfte, hatte schon der Administrator Moritz von Oldenburg in seiner Urkunde vom 18. August 1359 ausgesprochen. Sie und Nicolaus von der Kula brachen auch jetzt ihr Gelöbniss, vereinigten sich mit Heinrich Scharpenberg auf dem Schlosse Brobergen und mit mehren anderen Mannen des Stiftes, erhoben sich gegen den Herzog Albrecht und zwangen ihn, von neuem gegen sie zu Felde zu ziehen. Die Klageschrift der von Mandelsloh aus dem Jahre 1385 bringt die Nachricht, dass der Herzog, als er den Damm zu Brobergen nehmen wollte, drei Dörfer der von Mandelsloh geplündert, 17 Pferde daraus weggeführt und dadurch einen Schaden von 200 Mark löthigen Silbers angerichtet habe. Ausserdem behaupteten die von Mandelsloh, dass sein Zug in das Stift Bremen, welches ihnen, wie sie sich ausdrückten, zum Pfande gesetzt war — sie hatten nämlich Theil an zehn Schlössern des Stiftes — ihnen und ihren Schutzbefohlenen einen grossen Verlust an Todten, Gefangenen und Gütern bereitet habe. Sie schätzten ihn auf 1000 löthige Mark. Auch beklagten sie sich, dass auf den ihnen verpfändeten Strassen des Stiftes Heinrich von Heimbruch aus Winsen mit seinen Gesellen und Dienern Strassenraub getrieben, Kaufleute gefangen und geplündert, dass er namentlich ihren Vogt Bokeler und Diedrich von Bardenvlet gefangen, beiden ihre Habe genommen und sie beschatzt habe. Den dadurch erlittenen Schaden berechneten sie zu zweihundert Mark löthigen Silbers. In diesem letzteren Falle leugnete der Herzog alle Mitwissenschaft. Seine Behauptung mag richtig sein, denn, da Winsen an der Luhe schon 1374 ein Pfandschloss der Stadt Lüneburg geworden sein soll, so kann Heinrich von Heimbruch, als ein von der Stadt oder dem Schlosse gesetzter Vogt, entweder auf ihr Geheiss oder auf eigene Verantwortung gehandelt haben. Gegen herzogliche Amtleute und Diener erhoben die von Mandelsloh die Beschuldigung, dass dieselben den Hermann von dem Kerkhove gefangen, geplündert und ihm fünf Pferde und zwei Gefangene abgenommen hätten. Sie bezeichneten ihn als ihren Diener und Knecht und gaben ihren Schaden in diesem Falle zu 200 Mark löthigen Silbers an. Alles dies, worüber sie sich in ihrer Klageschrift 1385 beschwerten, muss vor dem 3. August 1380 während des Zuges des Herzogs gegen Horneburg und Brobergen vorgefallen sein. Wohl keinem dieser Vorfälle lag eine feindliche Absicht des Herzogs gegen die von Mandelsloh zu Grunde, denn, wie dieselbe Klageschrift sagt, leisteten sie ihm Hülfe und Beistand, als er Feind der Burgmannen zu Horneburg und der Mannen des Stiftes war. Im Kriege konnte oft Freundes Gut nicht verschonet werden, wenn es mit Feindes Gute zusammen lag, und das war gerade hier der Fall. Endlich bezwang Herzog Albrecht die Burgmannen zu Horneburg, die Besitzer der Schlösser Kuhla und Brobergen und die übrigen mit ihnen verbündeten Stiftsmannen auch diesmal. Wilhelm von der Kula war, wie es scheint, inzwischen gestorben. Die Sühne vom 15. April 1380 wurde nochmals angelobt, auch Heinrich Scharpenberg mit dem Schlosse Brobergen trat ihr bei. Ausserdem schwuren am 3. August 1380 der Ritter Meinrich Schulte, sein Sohn Johann, Godewart von Borch und Nicolaus von der Kula, Knappen, indem sie sich auf die Sühne bezogen, welche sie mit den übrigen Burgmannen zu Horneburg gelobt hatten, ferner Otto von Bredenvlet, Arnold von Stade, Christian von der Lyd, Johann von der Hagen, Ulrich Viselhoved, Segebode und Hermann von dem Kerkhove, Heinrich Snor und Gerhard Schutte den Herzögen Wenzlaus, Albrecht und Bernhard eine Sühne und Urfehde wegen alles bisher Vorgefallenen und aller Irrungen. Sie gelobten, nie in ihrem Leben Feinde der Herzöge noch Feinde der Lande und Leute derselben zu werden. Zugleich schwuren die neun Letzteren, niemals den Herzögen oder deren Landen und Leuten Schaden oder Unrecht thun zu wollen. Dass der unter ihnen genannte Hermann von dem Kerkhove von herzoglichen Amtleuten und Dienern gefangen war, ist schon oben gesagt worden. Auch die zwölf Anderen werden seine Leidensgefährten in der Gefangenschaft gewesen sein; sonst würden sie sich schwerlich zu einer Urfehde verstanden haben und man würde ihnen nur haben zumuthen können, eine Sühne zu beschwören.

Anfangs hatten die Herzöge Friedrich und Bernhard die Urkunden, welche Regierungshandlungen im Herzogthume Braunschweig betrafen, gemeinsam ausgestellt. Dann hatte Herzog Otto am 21. October 1374 sich zum Vormunde der Söhne des Herzogs Magnus aufgeworfen und als solcher in Ausfertigungen der erwähnten Art neben seinem Namen nur den des Herzogs Friedrich geduldet, wie unter andern die Urkunde vom 2. April 1379 zeigt. Wie die oft erwähnte, bis zum Jahre 1438 reichende Chronik sagt, sass er zu Wolfenbüttel, verfuhr hochmüthig gegen Braunschweig, liess Bürger der Stadt aufgreifen und sie zu Wolfenbüttel in den Stock legen. Die Söhne des Herzogs Magnus aber ritten irrend umher, waren Herren ohne Land, so lange Herzog Otto die Vormundschaft führte. Den jungen Herzog Friedrich nannte man aus Spott den Herzog mit drei Pferden. Im Jahre 1380 erreichte die Vormundschaft des Herzogs Otto ein Ende. Ueber ihre noch unmündigen Brüder Otto und Heinrich übernahmen sie nun die Herzöge Friedrich und Bernhard. Dass dies geschehen sei, sagen sie in einer Urkunde vom 6. Juli 1380. In derselben schenkten sie das Eigenthum an vier Hufen und einem Hofe zu Stöckheim, welche ihr Lehnsmann Heinrih Bock dem Altare St. Jacobi in der Kirche St. Michaelis zu Braunschweig überlassen und ihnen resignirt hatte, diesem Altare. Herzog Friedrich gelangte nun zu dem Rechte, welches ihm der Vertrag mit seinen Brüdern am 1. Februar 1374 zugesichert hatte. Deshalb bewilligte er allein am 15. August 1380 dem Heinrich Kerkhof den Verkauf jährlicher Hebungen in der Münze zu Braunschweig an das auf dem Rennelberge bei der Stadt gelegene Kloster, indem er sich als Lehnsherrn das Recht des Wiederkaufes vorbehielt. Zwar war Herzog Otto noch nicht völlig beseitigt. Ausserdem dass er seine ererbten Rechte in der Stadt behielt, die ihm niemand nehmen konnte, behauptete er sich auch in dem Schlosse Wolfenbüttel und mochte unter denjenigen Mannen des Herzogthums, welche lieber Gewalt als Recht übten, noch manchen Anhänger besitzen. Aber das Uebergewicht seiner Macht war dahin und der Partei der Aufrührer in der Stadt ihre Hauptstütze entzogen. Das Recht konnte jetzt wieder zur Geltung kommen. Die Verhältnisse in der Stadt Braunschweig waren seit dem Aufstande sehr kläglich. Folgendes etwa theilt das sogenannte Geschichtbuch der Stadt Braunschweig hierüber und über die nächsten Ereignisse mit. Die Stadt war schwach, Rath und Bürger waren arm geworden; sie mussten sich schwere Steuern auflegen. Es stand so hin bis in das siebte Jahr, ehe die Geschlechter ausser der Stadt und die in der Stadt auf beiden Seiten des Haders müde wurden. Während dessen waren auch viele der Aufrührer, die sich an Leib und Gut vergangen hatten, gestorben und dadurch manches Hinderniss einer Aussöhnung beseitigt worden. Auf der am 24. Juni 1379 zu Lübeck gehaltenen Tagefahrt der Hanse wurde über die Wiederaufnahme der Stadt Braunschweig in den Bund verhandelt und die Bedingungen festgestellt. Es kamen im Auftrage aller Hansestädte Abgeordnete von Lübeck, Hamburg und Lüneburg und vermittelten zwischen der Stadt Braunschweig und den aus ihr Vertriebenen eine Sühne. So viele Abgesandte der Stadt, als Leute erschlagen waren, mussten am 13. August 1380 vor den Stufen des Domes zu Lübeck um Gottes und der heiligen Jungfrau willen von den Hansestädten Verzeihung erflehen, Abbitte thun und um Wiederaufnahme in die Gerechtsame der Kaufleute und in die Hanse bitten. Die Aufnahme geschah; dabei wurde bestimmt, dass die Bürger zu Braunschweig die vertriebenen Geschlechter wieder einliessen und ihnen das Genommene wiedergäben. Hierauf ritten die Abgeordneten der Städte Lübeck, Hamburg und Lüneburg nach Braunschweig, führten die Geschlechter dort wieder ein und setzten einen Rath, wie er zuvor war. Dem Herzoge Otto wurden 400 Mark gegeben, damit er den Vertriebenen ihre Güter wiedergab. Jedermann musste bei seinem Eide abliefern, was er aus ihren Häusern entwandt hatte. Für die Seelen der Ermordeten wurde eine Capelle mit zwei Altären gebauet. Besonders liess Herzog Friedrich es sich angelegen sein, die neue Ordnung herzustellen. Die oben erwähnte Chronik sagt unter dem Jahre 1381 von ihm: Er arbeitete mit grossem Fleisse und die Städte Lübeck, Hamburg und Lüneburg leisteten ihm dabei Hülfe. Er machte Frieden in der Stadt Braunschweig, führte die Geschlechter wieder in die Stadt und bestätigte einen neuen Rath. Erst jetzt, nachdem die rechtmässige Regierung in die Stadt wieder eingesetzt war, zeigte sich Herzog Albrecht zu Celle nicht abgeneigt, einen Bund mit ihr zu schliessen. Am 2. November 1380 verhandelte hierüber der Rath der Stadt mit ihm. Man einigte sich über den Inhalt und die Fassung der Urkunden, welche man gegenseitig ausstellen und besiegeln sollte. Der Herzog gelobte, dass seine

Amtleute der Stadt zum Rechte gegen ihre Feinde behülflich sein sollten, falls diese in seinen Schlössern von ihr angetroffen würden. Das Schloss Banzleben hatten die Bürger von Braunschweig am 3. April 1380 mit Feuer zerstört und Johann von Weferlinge auf demselben in den Flammen seinen Tod gefunden. Die um das Jahr 1438 geschriebene Chronik behauptet, dass die Zerstörung des Schlosses mit Hülfe des Herzogs Albrecht geschehen, er also schon mit der Stadt verbündet gewesen sei. Es beruht ihre Angabe wohl auf einem Irrthume, wenigstens schweigen andere Chroniken davon, welche über die Eroberung des Schlosses berichten.

Welchen Ertrag auch die am 15. Juni des vorigen Jahres bewilligte allgemeine Beede und die Salzsteuer den Herzögen Wenzlaus, Albrecht und Bernhard geliefert haben mochten, so war er entweder längst seinem Zwecke entsprechend zur Einlösung von Schlössern verwandt oder sonst in den vielen Fehden verbraucht worden. Sogar auswärts, bei Heinrich Langbeen und Mathias Wulfhagen, Bürgern zu Hamburg, hatten die Herzöge Anleihen machen müssen. Sie ertheilten ihnen dafür Anweisungen auf die am 29. September jedes Jahres fällige Beede der Stadt Lüneburg und die Rathsherren dieser Stadt gelobten am 16. August 1380, den beiden Bürgern zu Hamburg am nächsten 29. September 130, ein Jahr darnach 120 und noch ein Jahr später 110 Mark Pfennige von der Beede für die Herzöge zu bezahlen. Auch die Stadt Lüneburg sah sich trotz der ihr bewilligten Salzsteuer gezwungen, wiederum Geld zu borgen oder Güter der Stadt zu verkaufen. Am 14. März überliessen die Rathsherren eine Bude im Schrange dem Hans von Easche für 60 Mark. Am 25. Juni versprachen sie ihrem Rathsmitgliede Ludolf von Vintlo 5$^{5}/_{8}$ Procent jährlicher Zinsen für die ihnen geliehenen 342 Mark. Am folgenden Tage borgten sie von ihrem Mitbürger Conrad von Boltzen 224 Mark und gelobten, am 21. September des nächsten Jahres die Summe zurückzubezahlen. Am 29. Juni verschrieben sie für 120 Mark ihrem Rathsmitgliede Ludolf von Vintlo, für 60 Mark den Gebrüdern Johann und Volkmar von der Weser Bürgern zu Lüneburg, für ebensoviel dem Meineke von Lo und für 40 Mark ihrem Mitbürger Heinrich Witte 5 Procent jährlicher Zinsen. Aus den Einkünften des Kalkberges, auf welchem das Schloss Lüneburg gestanden hatte, sollten diese Gläubiger die Zinsen von denjenigen bezahlt erhalten, welche von der Stadt den Kalkberg besassen. Endlich am 9. August liehen die Rathsherren noch 400 Mark von ihrem Rathsmitgliede Johann Rokawale zu 5 Procent jährlicher Zinsen auf. Dies sind die einzigen Verschreibungen des Rathes aus dem Jahre 1380, welche aufgefunden worden sind. Sie umfassen nicht mehr als 1306 Mark Pfennige. Noch deutlicher, als dieser geringe Betrag, zeigt der Zinsfuss, in welcher Abnahme die Schuldenlast begriffen sein musste. Die Rathsherren waren sogar in der Lage, dass sie für Gefälligkeiten und Dienste, welche ihnen und der Stadt erwiesen waren, freiwillig Belohnung zu ertheilen sich nicht zu scheuen brauchten. Wegen solcher Verdienste schenkten sie am 22. Februar 1380 dem Bürgermeister Johann Lembeke zu Uelzen auf seines Bruders Diedrich Todesfall ein Haus und einen Hof zu Lüneburg.

Wie leer die Schatzkammer der Herzöge geworden sein mag, ist daraus ersichtlich, dass an das Schloss Neustadt, dessen Einlösung als dringend, nämlich zum Wohle des Landes durchaus erforderlich dargestellt und dann auch ohne Zweifel bewerkstelligt war, nun auch die Reihe kam, wenigstens zur Hälfte verpfändet zu werden. Und noch dazu ein Ausländer, ein Mann des Grafen von Schauenburg war es, dem es anvertrauet wurde. Ritter Brand von dem Hus stellte am 21. September 1380 einen Revers aus, dass ihm die Herzöge Wenzlaus und Albrecht die Hälfte des Schlosses und der Stadt Neustadt mit der Hälfte alles Zubehöres, Rodewald und die geistlichen und weltlichen Lehen ausgenommen, für 350 löthige Mark auf die Dauer von wenigstens zwei Jahren verpfändet hätten. Ueber die andere Hälfte sollten die Herzöge den Gottschalk von Reden als Vogt setzen, ihn, bevor sie die Pfandsumme zurückbezahlt hätten, seines Amtes nicht entsetzen und, wenn er es freiwillig niederlegte, den von ihm alsdann Bezeichneten, wenn er aber stürbe, einen andern von Reden nach Rath des Brand von dem Hus zum dortigen Vogte ernennen. Der zeitige Vogt auf dem Schlosse und der Pfandinhaber sollten, ersterer im Namen der Herzöge, sich einander Burghut leisten. Die übrigen Bedingungen waren die bei Schlossverpfändungen gewöhnlichen; so wurde es auch dem Brand von dem Hus bewilligt, die Hälfte des Schlosses an seine Genossen, mit Ausnahme bestimmter Fürsten, Herren und Städte, zu verpfänden, falls nach der Kündigung ihm die Pfandsumme nicht zur bestimmten Frist zurückbezahlt würde. Er stellte den Herzögen Bürgen, welche erforderlichen Falles ein Einlager zu Hannover halten sollten. Unter ihnen waren Herbord und Statius von Mandelsloh. An demselben Tage wurde eine Urkunde ausgefertigt, in welcher die Herzöge Wenzlaus, Albrecht, beide als Reichserzmarschälle bezeichnet, und Herzog Bernhard dem Kloster Ebstorf das Eigenthum des Dorfes Gross-Süstedt schenkten. Hans von dem Berge hatte es mit ihrer Bewilligung dem Kloster, welches darin schon einen Hof und eine Kothe besass, verkauft. Es wurde bestimmt, dass das Dorf, wie zur Zeit, als der Verkäufer und dessen Vater es besassen, mit dem genannten Hofe und der Kothe ausserhalb des Ganes (Gogerichtes) „Schmalke" bleiben sollte und dass der Probst zu Ebstorf das ganze Dorf zu seinem freien Gerichte Linden und Stadorf oder zu dem Gan (Gogerichte) Ebstorf legen dürfte.

Das letzte Mal hatte Brendeke von Bergen, Vogt zu Celle, am 14. Februar 1380 dem Herzoge über die Verwaltung auf dem Schlosse Kochnung abgelegt. Seine Auslagen seit diesem Tage bis zum 24. Februar 1381 betrugen 1609 Mark und 3½ Schilling oder wohl richtiger 1590 Mark und 8½ Schilling. Aufgenommen hatte er dagegen 1300 Mark und 3 Schillinge, so dass nach seiner Berechnung der Herzog ihm 309 Mark und 6 Pfennige schuldig blieb. Da der Vogt Alles, was auf dem Schlosse gebraucht wurde, anschaffen und vorläufig aus seinen Mitteln bezahlen musste, so giebt obige Summe von etwa 1600 Mark Pfennige die Kosten der dortigen Hofhaltung von einem Jahre an. Die Aufzeichnungen des Vogtes über seine Auslagen aus dem Jahre 1381 sind erhalten. Wie die vorigen liefern sie ein freilich ziemlich dürftiges Tagebuch über die Hofhaltung zu Celle und über die Reisen, Tagefahrten und Feldzüge des Herzogs. Im Februar des Jahres war Herzog Albrecht nach Münden zum Hofe, nämlich zu einem Turniere, geritten. Den Hermann Bock mit anderen Bewaffneten hatte er in Celle zur Bewachung des Schlosses gelassen. Am 2. März wurde vom Schlosse ein Bote nach Lüchow gesandt, um Volenscher's Bürgern zu mahnen. Weiter unten wird es sich zeigen, dass der Herzog einen Streit mit der Stadt Salzwedel auszufechten gehabt hatte. Volenscher mochte dabei von den herzoglichen Leuten gefangen und dann aus der Haft zu Celle gegen Bürgschaft entlassen worden sein. Auf seinem Rückwege von Münden wird der Herzog durch Braunschweig gekommen sein. Mit dieser Stadt errichtete er zwei neue Verträge, worüber am 3. März 1380 vier Urkunden ausgefertigt wurden. Wie es in zweien derselben heisst, verbanden sich die Herzöge Wenzlaus, Albrecht und Bernhard mit den Rathsherren und Bürgern der Stadt Braunschweig auf die Dauer der nächsten drei Jahre, einander sich nicht Feind und Feind derer zu werden, über welche einer von ihnen Macht besässe. Die Herzöge wollten die Rathsherren und Bürger gegen jedermann getreu vertheidigen, diese jene vor Schaden bewahren und davor warnen, wo sie es mit Ehren thun könnten. Beide Theile wollten mit aller Macht sich gegenseitig gegen Unrecht helfen, möchte es der Stadt aus herzoglichen Schlössern oder den Herzögen aus Schlössern der Stadt von irgend jemandem, dessen man nicht mächtig werden könnte, zugefügt werden. Die Feinde und verfesteten Leute des Einen sollte der Andere nicht, die Herzöge nicht in denjenigen ihrer Schlösser, deren sie mächtig wären, die Rathsherren und Bürger nicht in der Stadt noch sonst an Orten, worüber sich ihre Macht erstreckte, hausen oder hegen. Träfen diese ihre Feinde in herzoglichen Schlössern, oder jene die ihrigen in der Stadt an, so sollte, falls man ihrer sonst nicht mächtig sei, jedem sein Recht über seine Feinde gestattet sein und er ohne Gefahr und ohne das Bündniss zu verletzen sie verklagen dürfen. Die Herzöge versprachen, in ihrem Lande und auf ihren Strassen die Rathsherren, Bürger und deren Gut, gleich den eigenen Unterthanen und deren Gut, getreu zu vertheidigen. Die früher (am 2. November 1380) der Stadt von dem Herzoge Albrecht besiegelte Urkunde sollte ausser Kraft treten, jedoch die darin erwähnte Summe von 50 Mark ihm bezahlt werden. Während der drei Jahre durfte keiner von ihnen den Feinden des Anderen Nahrungsmittel liefern oder demselben förderlich sein. Jene 50 Mark werden dem Verfasser der schon erwähnten, ums Jahr 1438 geschriebenen Chronik Veranlassung gegeben haben aufzuzeichnen, die Stadt Braunschweig habe einen andern Herrn, den Herzog Albrecht von Sachsen und Lüneburg, gekauft, der alsdann dem Rathe und den Bürgern geholfen habe, dass sie auszogen und einige Schlösser eroberten. Der zweite an demselben Tage zwischen den Herzögen und der Stadt geschlossene Vertrag war gegen die von Veltheim gerichtet. Ritter Ludolf von Veltheim und Heinrich und Hans von Veltheim hatten von der Stadt die Schlösser Gifhorn und Asseburg in Besitze. Als Vögte oder Amtleute mochten sie von ihr darauf gesetzt worden sein, während der Zeit, dass sie die Schlösser verwalteten, manche Gelder ihr vorgeschossen und auf diese Weise ein Pfandrecht daran erlangt haben, also Pfandbesitzer geworden sein. Je länger ein solch doppeltes Verhältniss ohne gehörige Abrechnung dauerte, desto leichter konnten Irrungen entstehen. Von den früheren Herzögen zu Lüneburg war das Schloss Gifhorn und am 11. November 1367 von dem

R

Herzoge Magnus dem älteren das Schloss Asseburg an die Stadt verpfändet worden. Weil sie nicht selbst die Verwaltung auf den Schlössern führen konnte, mag sie dieselbe schon damals den von Veltheim anvertrauet haben. Leicht erklärlich also ist es, dass sie mit diesen in Zwistigkeiten gerieth, zumal der aus den Aufrührern hervorgegangene Rath der Stadt während der langen Jahre seines Bestehens nicht die Macht besessen haben wird, die von Veltheim zu ihrer Pflicht anzuhalten. Auf der andern Seite beschwerte sich auch Herzog Albrecht über die von Veltheim. Sie hatten ihm auf der Heide Gefangene abgenommen. Wahrscheinlich waren es Kriegsgefangene, die er aus dem Stifte Bremen oder von Salzwedel über die Heide in seine Schlösser hatte bringen lassen wollen. Der Herzog und die Stadt bedurften jeder der Hülfe des andern, um die von Veltheim zu züchtigen. Er musste wünschen, dass die von Veltheim, seine alten Feinde, von dem Schlosse Gifhorn entfernt, sie, dass beide Schlösser ihr wieder ausgeliefert würden. Zwei Urkunden vom 3. März 1381 enthalten die zwischen ihnen deshalb getroffene Einigung. In denselben verbanden sich die Herzöge Wenzlaus, Albrecht und Bernhard einerseits, die Rathsherren und Bürger der Stadt andererseits, um Feinde der genannten von Veltheim zu werden, und gelobten, nicht eher Sühne oder Frieden zu schliessen, bis dieselben den Herzögen wegen der abgenommenen Gefangenen und der Stadt wegen des Schlosses Asseburg erzeigen würden, wozu sie von Ehre und Rechts wegen verpflichtet seien. Hundert löthige Mark Entschädigung sollten die Herzöge, wenn sie nicht wegen des Schlosses, ebensoviel die Rathsherren und Bürger, wenn sie nicht wegen der Gefangenen Feinde der von Veltheim werden wollten, ein Theil dem andern, entrichten. Beide verpflichteten sich, Feinde derer zu werden, die sich in diese Angelegenheit mischen würden, und nicht ohne ihre beiderseitige Einwilligung Sühne oder Frieden mit dem von Veltheim, falls er mit denselben zur Fehde käme, zu schliessen. Würde Gifhorn gewonnen, so sollte ein herzoglicher und ein städtischer Vogt gemeinsam auf dem Schlosse sitzen, bis die Rathsherren und Bürger den Herzögen, falls diese mit ihnen es erobert hätten, die Hälfte der Pfandsumme, wofür die von Veltheim es besassen, falls aber die Herzöge es erobert hätten, jene Pfandsumme ganz bezahlten; und in dem letzteren Falle sollte, bis die Zahlung erfolgen würde, der herzogliche Vogt zwei Drittel, der städtische ein Drittel alles Zubehöres des Schlosses in Nutzung nehmen. Nach erhaltener Zahlung sollten die Herzöge den Rathsherren und Bürgern das Schloss ausliefern und diese es der ihnen von den früheren Herzögen von Lüneburg darüber ausgestellten Pfandverschreibung gemäss besitzen. Gewönnen sie aber ohne Hülfe der Herzöge das Schloss, so durften sie gleich ohne Zahlung in den alleinigen Besitz desselben wieder eintreten. Nach Abschluss dieser Verträge reisete Herzog Albrecht weiter und kam noch an demselben Tage in Celle wieder an.

Heinrich von Langelage, Bischof von Verden und seit dem 17. März 1378 Bundesgenosse des Herzogs Albrecht, hatte seinen Verwandten, die er zu sehr geliebt haben soll, das Schloss Rotenburg auf guten Glauben anvertrauet. Von ihnen hatten es die von Mandelsloh erhalten. Nach dem Tode des Bischofes, der am 13. Januar 1381 eintrat, entspannen sich gleich Zwistigkeiten wegen des Schlosses zwischen seinem Nachfolger Johann von Zesterfleth und den von Mandelsloh. Der neue Bischof, früher als Domdechant zu Bremen Feind des dortigen Erzbischofes, wird, obgleich keine Urkunde darüber aufgefunden ist, nicht Anstand genommen haben, in das von seinem Vorgänger am 17. März 1378 mit dem Herzoge errichtete Bündniss sofort einzutreten, wozu ihm selbst ein Vertragspunkt darin das Recht verlieh. Der Herzog fühlte sich berufen, nicht nur zwischen ihm und den von Mandelsloh, sondern auch zwischen diesen und den Bremern, mit denen sie in Streit gerathen waren, die Vermittelung zu übernehmen. Es wurde dazu eine Tagefahrt in Verden angesetzt. Der Herzog reisete am 4. März dahin, kam Abends in Dorfmark und am nächsten Tage des Abends zu Verden an. Obgleich er hier bis zum 7. März nach dem Essen blieb und so lange mit den Parteien verhandelte, gelang es ihm doch nicht, sie zu einigen. Während seiner Abwesenheit von Celle ging von dort am 6. März ein Bote zum Bischofe von Hildesheim, ein anderer nach Braunschweig und ein dritter am 7. März nach Gifhorn, um Briefe des Herzogs zu überbringen. Die beiden letzteren Sendungen betrafen ohne Zweifel die mit den von Veltheim zu beginnende Fehde. Von Verden war der Herzog nach Barstedt gereiset, um mit dem Herzoge Otto von Göttingen eine Tagefahrt zu halten. Den Gegenstand der Verhandlung auf derselben und den Inhalt des Briefes an den Bischof zu Hildesheim bildete vermuthlich die Beschwerde des Herzogs Albrecht, dass das Schloss „Nabernhausen" noch nicht gebrochen und manches andere, wofür sich Herzog Otto verbürgt hatte, noch nicht erfüllt sei. Von dieser Tagefahrt kam Herzog Albrecht am 11. März nach Celle zurück, wo inzwischen

Herzog Bernhard geblieben war. Am 14. März ritt Herzog Albrecht von Celle weg in der Richtung nach Lüneburg. Er hinterliess drei Briefe, von denen am folgenden Tage der eine an den Grafen von Hoya, am 16. März der andere nach Rotenburg und der dritte nach Gifhorn besorgt wurde. An wen die Briefe geschrieben waren, ist von den beiden letzteren unschwer zu bestimmen. Der Brief an den Grafen mochte auch die Angelegenheit der von Mandelsloh betreffen, da sie darauf sannen, von der Grafschaft Hoya aus in das Stift Bremen einzufallen. Am Abende des 17. März kamen zu Winsen an der Aller der Ritter Bertold von Rotenberg, Wilbrand Knigge und Andere mit 34 Pferden und ritten zum Herzoge. Nicht wahrscheinlich ist es, dass er sie wegen der Fehde gegen die von Veltheim berufen habe. Sie erhielten schon acht Tage später Pfandquittung, um ihren Wirthen zu zahlen, wurden also entlassen. Dass der Reisige noch damals Stücke seiner Rüstung als Pfand für nicht bezahlte Zeche in der Herberge zurückliess, zeigt ein Beispiel vom 19. März, als der Vogt zu Celle für den Sattel des Lutteken Ludeke 7 Schillingen zu Pfandquittung gab. An demselben Tage zog von Celle die Herzogin hinüber an die Luhe. Sie nahm nämlich für die nächsten 15 Wochen ihren Aufenthalt zu Winsen an der Luhe. Am Tage nach ihrer Abreise schickte sie diejenigen, welche sie zu Pferde begleitet hatten, nach Celle zurück. Am 24. März wurden von Celle Briefe des Herzogs nach Oebisfeld und Neubrück, also an die von Oberg und Marenholtz, gesandt. Vier Tage später kam der Herzog nach Celle zurück, nachdem er mit der Stadt Salzwedel eine Sühne errichtet hatte. In derselben werden ihm die 50 Mark Silbers versprochen worden sein, deren seine Urkunde vom 8. September 1381 erwähnt. Einen Tag später als er langten auch zu Celle seine Ritter an. Die Bemühungen des Herzogs für die von Mandelsloh scheinen der Stadt Hannover sehr zu Statten gekommen zu sein. Endlich nämlich gelobten am 27. März 1381 die Gebrüder Heinrich, Diedrich und Stacius von Mandelsloh, die Bürger der Stadt Hannover, deren Leute und Gut auf dem Wasserwege zwischen Bremen und Hannover und die zur Herstellung eines Fahrwassers zwischen Hannover und der Aller ausgeführten und noch zu unternehmenden Arbeiten und Anlagen, als Mündungen und Wehre zur Durchfahrt für die Schiffe, wo sie es nur könnten, unverzüglich und getreu beschirmen und beschützen zu wollen. Ein gutes Vernehmen zwischen ihnen und dem Herzoge war auf einige Zeit hergestellt. Die Verwaltung der Vogtei Lauenrode wurde sogar dem Diedrich von Mandelsloh und dem Lippold von Salder überwiesen. Die Herzöge Wenzlaus, Albrecht und Bernhard stellten nämlich am 30. März 1381 eine Urkunde aus, worin sie den zu der Lichtenberger Linie gehörenden Gebrüdern Gebhard und Johann von Salder, Bertold's Söhnen, der einst (1357) Vorsfelde besessen hatte, und zu deren treuer Hand jenen beiden die Vogtei mit allem Rechte und Gerichte, nur nicht mit geistlichen und weltlichen Lehen, auf halbjährige Kündigung nach dem ersten Jahre für 400 löthige Mark verpfändeten und auslieferten. Sie stellten ihnen den Ritter Johann von Escherte und die Knappen Eberhard von Marenholtz, alten Werner und Gottschalk von Reden, schwarzen Lambert von Alden und langen Wilbrand von Reden, vermuthlich herzogliche Amtleute und Vögte, zu Bürgen, damit dieselben ein Einlager zu Hannover hielten, falls zur bedungenen Frist die Pfandsumme nicht zurückbezahlt würde. An demselben Tage bescheinigte Heinrich von Reden, von den Herzögen Wenzlaus und Albrecht nach Rechnungsablage Bezahlung erhalten zu haben, behielt sich jedoch sein Recht wegen Forderungen, über welche er ihre Schuldverschreibungen besässe, und wegen einer anderen 100 löthige Mark betragenden Forderung vor. Weil er eine Zeit lang sich dem Herzoge Albrecht widersetzt hatte, so dass diesem alle Macht über ihn und das Schloss Ricklingen entzogen und sogar Schaden von dem Schlosse zugefügt war, wird der Herzog dasselbe dem von Reden genommen oder vielmehr von ihnen eingelöset haben. Der Zeit nach muss dies mit der Rechnungsablage des Heinrich von Reden zusammengefallen sein. Die Einlösung wird in der Weise geschehen sein, dass die von Mandelsloh das dazu erforderliche Geld hergaben und dadurch die bisherigen Rechte der von Reden an dem Schlosse erwarben, also Pfandbesitzer desselben wurden. Am folgenden Tage ritt der Herzog nach Dorfmark, blieb dort zwei Nächte und drei Tage. In der Nähe, bei des Bischofes Brücke, hielt er eine Tagefahrt mit dem Bischofe von Verden und den von Mandelsloh. Hier mag es gewesen sein, dass der Bischof sich verpflichtete, das Schloss Rotenburg von den von Mandelsloh mit 8000 Mark Pfennige einzulösen. Am 2. April kam der Herzog von der Tagefahrt nach Celle zurück. Während dessen hatte die Stadt Braunschweig am 31. März 1381 mit den von Marenholtz, von Berfelde, mit Rabodo Walo und Wasmod Kannenschleger ein Bündniss geschlossen. Der Zweck der Stadt dabei konnte sein, die Hülfe derselben in der bevorstehenden Fehde gegen die von Veltheim oder bei ihrem Zuge gegen das Schloss Twieflingen, welches sie beabsichtigte, in Anspruch zu nehmen. Von diesem Schlosse, welches ungefähr im Jahre 1371 dem deutschen Orden auf Wiederkauf verkauft war und später eingelöset sein wird, hatten die von Utze die Handelsstrasse zwischen Braunschweig und Magdeburg unsicher und dadurch beide Städte sich zu Feinden gemacht.

Bei seiner Rückkunft nach Celle wird der Herzog die Urkunde vorgefunden haben, durch welche der Probst Heinrich, die Aebtissinn Elisabeth und der Convent des Klosters Wienhausen ihm ihre Erkenntlichkeit erzeigen wollten. Er hatte ihnen zu seinem und seiner Eltern Seelenheil mit Berücksichtigung der Dürftigkeit des Klosters und in der Hoffnung, den Gottesdienst in der Kirche Bröckel zu mehren, diese Kirche mit allem Zubehör geschenkt. Sie gelobten in einer Urkunde vom 31. März 1381, nach dem Tode des dortigen Pfarrers Johann von Osbernshausen einen Priester auf der Pfarre zu halten, welcher dem Gottesdienste und dem dahin gehörenden Volke ehrlich und gottselig vorstehe, zehn oder zwölf Nonnen und zwei Priester jährlich am Tage der Kirchweih nach Bröckel zur Vermehrung des Gottesdienstes zu senden, auch zum Danke für die Schenkung von dem an diesem Tage eingenommenen Opfer und von anderen Einkünften der Pfarre die Kosten für zwei Memorien der Eltern des Herzogs zu bestreiten, von denen die eine am 22. August, die andere am 9. Februar jährlich gehalten werden sollte. Ausserdem versprachen sie, die Memorie des Herzogs, dem sie den Titel Reichserzmarschall beilegten, nach seinem Tode zu begehen und damit die Gedächtnissfeier aller verstorbenen Herzöge und Herzoginnen von Sachsen, von Lüneburg und von Braunschweig zu verbinden. Unter andern sollten an jedem Tage dieser Memorien den Nonnen zwei gute Gerichte und eine gute Tonne hildesheimschen Bieres gegeben, jeder Nonne zwei Weissbrote, jedem Bruder und jeder Schwester ein Weck und ein guter Becher Bieres gereicht werden.

Lange Zeit an einem Orte zu verweilen, war gegen die Gewohnheit des Herzogs. Am 4. April ritt er nach Wietzendorf. Am folgenden Tage wurden durch Boten zwei Briefe, die er zurückgelassen hatte, der eine nach Pattensen, der andere nach Braunschweig gebracht. Dieser betraf vielleicht den Zug gegen Twieflingen, weil der Herzog an demselben Theil zu nehmen sich entschloss. Er war durch sein Bündniss verpflichtet, die Bürger der Stadt Braunschweig gegen die Räubereien zu schützen, welche vom Schlosse aus betrieben wurden. Es gehörte nämlich zu denen, welche Herzog Wilhelm besessen und mit dem Herzogthume Lüneburg hinterlassen hatte; es bildete also auch nun dem Rechte nach einen Bestandtheil dieses Herzogthums. Am 7. April ging von Celle ein Bote nach Calenberg, am folgenden Tage ein anderer nach Neubrück. Ersterer war vielleicht der Ueberbringer eines neuen Pfandbriefes für die von Alten über das Schloss Calenberg. Derselbe wird am 5. April 1381 ausgefertigt sein. An diesem Tage nämlich stellten auch der Ritter Diedrich von Alten und seine Söhne Werner und Reiner ihren Revers über die Verpfändung aus. Sie erklärten darin, dass ihnen unter Vorbehalt des Oeffnungsrechtes das Schloss Calenberg mit Gericht, Recht, Nutzung und allem Zubehör, jedoch ohne geistliche und weltliche Lehen, wie sie es schon im Besitze hätten, ferner eine jährliche Hebung von 25 Mark löthigen Silbers im Zolle zu Hannover und der Hof zu Engelbostel (wahrscheinlich derselbe, über dessen Einlösung Herzog Wilhelm sich am 28. September 1356 mit Bertold von Lenthe einigte), auch alle heimfallenden Lehen in der Vogtei Calenberg auf einjährige Kündigung nach den ersten fünf Jahren von den Herzögen Wenzlaus und Albrecht für 4400 löthige Mark und für die auf 300 löthige Mark festgesetzten Kosten des ihnen am Schlosse gestatteten Baues verpfändet seien. Ausser den bei ähnlicher Gelegenheit gewöhnlichen Bedingungen waren auch die weniger oft vorkommenden gestellt, dass die Pfandbesitzer dem herzoglichen Amtmanne, welcher auf das Schloss, um Krieg davon zu führen, gesandt würde, für Ersatz des Schadens, der ihm oder den Seinen von ihnen oder den Ihrigen geschähe, Sicherheit leisten und dass sie und die Ihrigen vom Schlosse die Herzöge, deren semhafte Mannen und Leute nicht berauben noch ihnen Schaden zufügen sollten. Ferner wurde den von Alten gestattet, das Schloss, wenn zur bedungenen Frist die Pfandsumme nicht zurückbezahlt würde, biedern Leuten, nur nicht Fürsten, Herren und Städten, zu verpfänden. Eine Bedingung, welche die von Alten machten und die ihnen auch bewilligt wurde, bestand darin, dass, wenn jemand in dem zum Schlosse gehörenden Gerichtsbezirke in ihrer Nähe würde bauen, nämlich Festungswerke würde anlegen wollen, wodurch ihnen Schaden entstehen möchte, die Herzöge ihnen dies sollten hindern helfen. Deutlich genug ist dadurch auf das Schloss „Nabershausen" hingewiesen, welches der Bischof von Hildesheim vor Calenberg gebauet hatte.

CXXXIII

Endlich gelobten die von Alten, mit dem Schlosse, wenn beide Herzöge vor der Einlösung desselben gestorben sein würden, zu demjenigen Sohne des Herzogs Magnus von Braunschweig sich zu halten, dem alsdann die Herrschaft Lüneburg von Rechts wegen gebühren würde, und nach dessen Tode zu dem Ältesten unter den Söhnen der beiden Herzöge von Sachsen und Lüneburg nach Ausweis der unter den Herzögen errichteten Sühne. Für die Erfüllung der übernommenen Verpflichtungen stellten sie Bürgen und diese gelobten, erforderlichen Falles ein Einlager in Hannover zu halten. Weil den von Alten auf einige Zeit der Besitz des Schlosses wieder gesichert war, kauften sie am 1. Mai 1381 von dem Ritter Gebhard von Salder die zwischen dem Mühlenwege und dem Damme vor dem Schlosse gelegene, 45 Morgen Landes umfassende Holzung, welche sein Grossvater (Ritter Conrad zu Calenberg) von den von Röming gekauft hatte. Gegen Erstattung des Kaufgeldes liessen gewöhnlich die Pfandinhaber herzoglicher Schlösser bei diesen, wenn sie sie wieder ablieferten, diejenigen Grundstücke, welche sie in der nächsten Umgegend durch Kauf erworben hatten.

Am 9. April kam Herzog Albrecht von Winsen an der Luhe nach Celle. Hier erhielt er einen Besuch von dem (Grafen) von Wernigerode. Am 15. April ritt er nach Hameln auf eine mit dem Herzoge Wilhelm von Berg zu haltende Tagefahrt und kam von dort erst am 21. April zurück. Während dessen blieben zu Celle der von Wernigerode und die herzoglichen Mannen, welche inne hüteten. Zwei Tage vor der Rückkunft des Herzogs wurde ein von ihm an Eberhard von Marenholtz gerichteter Brief und ein anderer nach Ebstorf von Celle aus durch Boten an den Ort ihrer Bestimmung gebracht. Am 23. April resignirte Pfarrer Hermann zu Eitzum dem Herzoge, als dem Patrone, den Altar St. Johannis in der Kirche St. Aegidii zu Hannover zu Gunsten des Geistlichen Ludolf Kimbeker. Zwei Tage später ritt der Herzog nach Burgdorf und hielt hier eine Tagefahrt mit dem Bischofe (von Hildesheim). Am folgenden Tage kam er von dort zurück. Am 28. April ritt er, wie es scheint, begleitet von dem Herzoge Bernhard, dem Grafen (von Wernigerode) und dem Vogte Breudeke zu Celle, nach Dorfmark, übernachtete dort und ritt am folgenden Tage nach Verden auf eine Tagefahrt. Am 30. April ritt er von Verden nach Dorfmark zurück. Der Vogt verliess ihn am 3. Mai und kam wieder nach Celle. Zwei Tage später langte hier ein Brief der Stadt Braunschweig an, welcher vermuthlich zum Aufbruche gegen Twieflingen aufforderte. Er wurde sogleich von einem Boten über die Heide zum Herzoge gebracht. Darauf kamen am 9. Mai die Herzöge Albrecht und Bernhard und mit ihnen der Graf nach Celle zurück. Dieser und die herzoglichen Mannen zu Celle müssen sich bald darauf entfernt haben; man sieht es daran, dass nur die Pferde der beiden Herzöge am 12. Mai dort noch standen. Bevor Herzog Albrecht den Zug gegen Twieflingen unternahm, hielt er mit dem Grafen von Hoya, vielleicht um von ihm zu demselben Hülfe zu erlangen, eine Zusammenkunft zu Neustadt. Er ritt dorthin am 14. Mai und kam am nächsten Tage zurück. Drei Tage später zog er seine Truppen zusammen, um sie gegen Twieflingen zu führen. Am 19. Mai brach er mit ihnen auf, zog nach Braunschweig und weiter vor Twieflingen. Von der Besatzung zu Celle erhielten drei Mann, Schorlike, Berne und Lutteke Ludeke Pfandquittung oder Zahlung, ritten also auch hinweg. Herzog Bernhard, welcher den Feldzug gegen Twieflingen mitmachte, langte mit 40 Gewaffneten am 21. Mai von dort wieder in Celle an. Auch Herzog Albrecht kam am folgenden Tage von Braunschweig und Twieflingen zurück. Zwei Tage später waren die Leute einzeln geritten, das heisst das Heer war wieder auseinander gegangen. Die Lieferanten („Winner," Gewinner) stellten sich am 28. Mai in Celle ein, wahrscheinlich um ihre Rechnungen zu überreichen. Der Feldzug fiel allerdings in die Kreuzwoche (vom 19. bis 26. Mai), wie der Lesemeister Detmar in seiner Chronik richtig bemerkt; nur setzt er ihn irrthümlich in das Jahr 1380. Er berichtet darüber Folgendes: In der Kreuzwoche desselben Jahres zogen Herzog Albrecht von Sachsen und Lüneburg und die Bürger der Städte Braunschweig und Magdeburg vor Twieflingen; sie gewannen das Schloss und brachen es, weil grosse Räuberei davon geschehen war. Die magdeburger Schöffenchronik giebt etwas ausführlichere Nachrichten über dies Ereigniss, welches sie zwar in das Jahr 1381, aber irrthümlich auf St. Lucas Tag (18. October) verlegt. Die in ihr enthaltene Aufzeichnung ist diese: „In demselben Jahre an einem Montage auf St. Lucas Tage zogen die Bürger von Magdeburg und mit ihnen andere Mannen des Stiftes vor das Haus Twieflingen. Als dasselbe schon gewonnen war, langten auch die Bürger von Braunschweig mit dem Herzoge von Sachsen und Lüneburg an. Des Morgens früh im ersten Sturme gewannen sie das Haus und brannten es rein aus. Da kam der mächtige Herzog von Braunschweig über

Wald (Herzog Otto von Göttingen) und wollte die Burg wieder bauen. Als dies die Bürger von Braunschweig und Magdeburg erfuhren, zogen sie wieder hin, brachen die Thürme und die Mauern nieder und füllten die Gräben und den Hag (Wall) mit Steinen und Erde aus." Aus einem Briefe, welchen die Stadt Magdeburg am 24. Mai 1381 an die Stadt Halle schrieb, ergiebt sich, dass auch diese Stadt bei der Eroberung des Schlosses Hülfe geleistet hatte. Die Schöffenchronik fährt dann weiter fort: „Die Bürger von Magdeburg hatten des Jahres viele Feldzüge unternommen, zwei in den Hasenwinkel vor Bahrdorf und gegen die von Alvensleben auf Calbe in dem Werder; gar muthig suchten sie ihre Feinde auf und trafen sie." Sie fielen also auch in das Herzogthum Lüneburg ein. Ihr Zug gegen Bahrdorf wird den von Marenholtz gegolten haben, welche wenigstens noch am 30. April 1372 auf dem Schlosse sassen. Wie von Twieflingen werden auch von Bahrdorf Wegelagerungen die Handelsstrassen unsicher gemacht haben.

Die von Mandelsloh wussten dem Herzoge wenig Dank für seine Bemühungen, ihre Streitigkeiten mit dem Bischofe von Verden zu schlichten. Es kam ihm zur Kunde, dass sie sich über ihn beschwerten, er thäte ihnen Unrecht. Während er am 21. Mai in Braunschweig war, schrieb er deshalb an den Dompropst und das Domcapitel zu Hildesheim, er habe erfahren, dass die von Mandelsloh sich über ihn beklagten; das sei unbillig und unrecht von ihnen. Er versicherte, der Probst und das Capitel sollten seiner dazu mächtig sein, dass er von den von Mandelsloh Recht annehmen und es ihnen widerfahren lassen wolle, wie es sich gebühre, und bat, dieses für ihn anzubieten. Von Twieflingen und Braunschweig zurückgekehrt, blieb der Herzog nur fünf Tage in Celle. Nachdem er am 27. Mai einen Brief vermuthlich in der Angelegenheit gegen die von Veltheim nach Braunschweig geschickt hatte, ritt er an demselben Tage mit dem Herzoge Bernhard und mit dem Ritter Johann von Escherte von Celle weg in der Richtung nach Lüneburg. Mit denen, welche die Besatzung zu Celle bildeten, blieb Ritter Bertold von Rutenberg auf dem Schlosse zurück. Er schickte am nächsten Tage seinen und seiner Gesellen Fehdebrief nach Gifhorn. Zu den Unternehmungen gegen dieses Schloss rüstete man sich nun eifrig. Von der Stadt Braunschweig und von Conrad von Marenholtz langten am 29. Mai in Celle Briefe für den Herzog an, welche ihm sogleich ein Bote nach Winsen brachte. Am nächsten Tage schon war ein Brief des Herzogs, wahrscheinlich der Fehdebrief für die von Veltheim, in Celle. Ein Bote ging sofort damit nach Gifhorn. Am 3. Juni kam Herzog Albrecht mit dem Herzoge Bernhard und mit dem Ritter Johann von Escherte aus der Gegend von Lüneburg nach Celle zurück und entsandte noch desselben Tages einen Boten mit seinem Antwortschreiben nach Braunschweig. Es sammelten sich zu Celle die Ritter und Knappen und die Gewaffneten aus den Städten, mit welchen der Angriff auf das Schloss Gifhorn unternommen werden sollte. Am 7. Juni kamen zu Celle Korlehake (aus der Grafschaft Hoya) mit seinen Gesellen, die von Uelzen und andere Mannen des Herzogs. Gleich nach seiner Ankunft schickte Korlehake seinen Fehdebrief nach Gifhorn. Am folgenden Tage gelobten Eberhard und Conrad von Marenholtz, Rabodo Wale, Otraven und Johann von Bervelde, welche schon am 31. März 1381 der Stadt Braunschweig ihre Hülfe zugesagt hatten, den Herzögen Wenzlaus, Albrecht und Bernhard mit 40 leicht bewaffneten Reitern zu dienen. Dafür sollten während des Krieges mit denjenigen, deren Feinde sie um der Herzöge willen würden, diese ihnen vierteljährlich 240 löthige Mark für Beköstigung und Futter geben. Ihr Gewinn und Schaden sollte in folgender Weise auf Rechnung der Herzöge kommen. Zögen diese fünf Mannen Gewinn von reisigen Leuten und erlitten sie dagegen Schaden, so wollten sie die Herzöge auffordern, selbst zu kommen oder Vollmächtigte zu senden, um innerhalb vier Wochen von dem Gewinne den Schaden zu ersetzen. Thäten die Herzöge dies in der bestimmten Frist nicht, so möchten jene selbst den Betrag ihres Schadens von dem Gewinne nehmen. Würden die Herzöge unaufgefordert ihnen in dieser Weise den Schaden vergüten wollen, so sollten sie es vier Wochen vorher anzeigen; dann durfte die Annahme des Schadenersatzes nicht verweigert werden. Was dabei von dem Gewinne übrig bliebe, möchten jene für sich behalten, bis neuer Gewinn hinzukäme und neuer Schaden erlitten würde. In obiger Weise sollte es dann damit ferner gehalten werden. Gewinn, welcher bei Beendigung des Krieges übrig bliebe, sollte den Herzögen oder ihren Bevollmächtigten getreu abgeliefert werden. Dagegen verpflichteten sich die Herzöge, den Schaden, zu dessen Ersatze der Gewinn nicht ausreichen würde, innerhalb eines Vierteljahrs, nachdem er erlitten sei, zu vergüten. Würden mehr Gewaffnete täglich gehalten werden müssen und dazu die Herzöge ihre Einwilligung ertheilen, so sollten diese auch in demselben Verhältnisse von 40 Reitern zu 240 Mark die Vergütung für die Beköstigung erhöhen. Wenn die fünf Mannen ihre Freunde mit dem Versprechen des Schadenersatzes bewögen, ihnen zu Hülfe zu ziehen, galt auch hinsichtlich dieser obige Bedingung über Gewinn und Schaden und deren Ausgleichung. Gewinn an Bauernhabe, sonstige Beute und Brandschatzung sollten in der Abrechnung über die Beköstigung den Herzögen gut geschrieben werden. Dafür gelobten diese, die Brandschatzungen, um welche die von Marenholtz, Wale und von Bervelde mit Leuten gedungen haben würden, ihnen gegen herzogliche Diener und Mannen zu schützen. Dass dieser Dienstvertrag zunächst zum Zwecke, die von Veltheim zu befehden, geschlossen wurde, unterliegt wohl keinem Zweifel. Es wuchs durch Zuzug noch immer die Zahl der Krieger in Celle. Am 9. Juni kamen dort die von Alden. Am folgenden Tage wurden zwei Boten nach Meinersen geschickt; ein dritter ging zwei Tage später mit einem Briefe des Herzogs nach Braunschweig. An demselben Tage kamen der Ritter Johann von Escherte und Heinrich Bock nach Celle. Ein Fuder Bier, welches am folgenden Tage von Burgdorf dem Herzoge gegeben wird für die Truppen bestimmt gewesen sein, ebenso die Tonne Bier, welche drei Tage später nach Langlingen, auf halbem Wege zwischen Celle und Gifhorn gelegen, geschafft wurde. Inzwischen verliessen am 14. Juni Herzog Albrecht, Heinrich Bock, Korlehake und Christian Havekehorst das Schloss Celle, während Herzog Bernhard auf demselben blieb. Es waren zwischen den Bremern und dem Herzoge Albrecht Irrungen ausgebrochen, welche etwa vier Monate später zur Fehde führten. Auf einer Tagefahrt zu Soltau sollte der Versuch gemacht werden, ob man sich in Güte einigen könnte. Dorthin ritt Herzog Albrecht, als er Celle verliess, und blieb zwei Nächte zu Dorfmark. Wenn die Verhandlungen mit den Bremern auch die Irrungen nicht völlig beseitigten, so werden sie doch den Erfolg gehabt haben, dass einige Mannen des Stiftes dem Herzoge ihre Hülfe in seinen Fehden zusagten. Mit einem Briefe des Herzogs ging, während dieser noch abwesend war, ein Bote von Celle am 18. Juni nach Brunsrode. Am nächsten Tage kamen Gewaffnete aus Ahlden nach Winsen an der Aller. Sie und die von Hannover hielten Tages darauf ihren Einzug in Celle. Unterdessen waren hier mehre Briefe für den Herzog angekommen, welche ihm an diesem Tage über die Heide nachgeschickt wurden. Ihr Inhalt scheint seine Rückreise beschleunigt zu haben. Er kam aus der Gegend von Lüchow am 24. Juni nach Celle an und verpfändete hier an demselben Tage in einer Urkunde, die angeblich von ihm und Herzoge Wenzlaus ausgestellt war, seinem Küchenmeister Diedrich Hogeberte für 100 Mark Pfennige die jährliche Abgabe von zehn Mark aus dem Fischwehre zu Bleckede, zu welcher sich die Besitzer desselben am 23. November 1365 verpflichtet hatten. Des erhaltenen Geldes bedurfte er zu einem Ritt, den er auf den Tag nach seiner Rückkunft angelegt hatte, nämlich zu einem Feldzuge, den er beabsichtigte. Aber der Ritt wurde wieder wendig, das heisst kam nicht zu Stande oder unterblieb. Der Brief, welchen der Herzog an diesem Tage nach Neubrück, also an die von Marenholtz, schrieb, betraf vermuthlich diese Angelegenheit. Jedoch wurde ein Trupp Reiter zu einem Streifzuge gegen die von Veltheim ausgeschickt. Am 29. Juni ritt der Herzog nach Hannover und Neustadt, um eine Tagefahrt mit dem Grafen von Hoya zu halten. Briefe, die im Verlaufe des Tages angekommen sein mochten, und ein Habicht wurden ihm noch vor Abend mit einem Boten nach Hannover nachgeschickt. Von den Anstrengungen auf der Tagefahrt gedachte der Herzog durch Jagd mit dem Falken sich zu erholen. Am folgenden Tage zog die Herzogin von Winsen, wo sie seit dem 19. März ihr Hoflager gehalten hatte, hinüber nach Celle, wohin auch der Herzog am 1. Juli in Celle zurückkehrte. Die von ihm ausgesandten Leute, seine Diener, hatten unterdessen auf die von Veltheim gebrannt, deren Besitzungen nämlich mit Sengen und Brennen überfallen. Von diesem Unternehmen kamen sie am 2. Juli nach Celle zurück. Zwei Tage später ging ein Bote von Celle mit neuen Fehdebriefen nach Gifhorn, ein anderer brachte Briefe nach Braunschweig. Am folgenden Tage zog der Herzog seine Truppen zusammen. Dazu kamen gegen Abend Heinrich Bock, Hermann Spörcken, Iwan von Borch und Wilbrand von Reden mit ihren Gesellen. Nachts war der Herzog zu Dorfmark; da lagen auch Korlehake und seine Gesellen. Von hier ritt der Herzog nach Verden zu einer Tagefahrt, kam am Abende des 6. Juli nach Dorfmark zurück und langte am 7. Juli in Celle wieder an. Tages zuvor war auch Korlehake mit seinen Gesellen nach Celle gezogen. Die Anhäufung von Truppen zu Celle fand Statt, um mit ihnen Glentorf im Herzogthume Braunschweig anzugreifen. Hierin hatte sich der Herzog mit der Stadt Braunschweig geeinigt, deren Handel von diesem Schlosse, wie von Twieflingen, gehemmt und beunruhigt sein wird. Vielleicht gehörte es sogar den von Veltheim. Den ersten Zug dahin führte Herzog Bernhard an. Er ritt mit den guten Leuten (Rittern und Knappen), welche Herzog Albrecht hatte bitten oder aufbieten lassen, am 8. Juli von Celle weg und brannte (das Dorf) Glentorf. Als sie am folgenden Tage sich auf dem Rückwege machten, wurden ihnen zwei Fuder Bier und 21 Scheffel Hafer nach Meinersen entgegen gesandt, denn wie die Pferde nicht ohne Hafer, so konnten die Reiter nicht ohne Bier bestehen. Am 10. Juli zog von Meinersen Herzog Bernhard mit den guten Leuten wieder in Celle ein. Tages darauf ritten sie in ihre Heimath. Unter ihnen waren Korlebake, Iwan von Borch, die Bremer und Ritter Gebhard von Alvensleben, die sämmtlich Pfandquittung erhielten. Korlebake, die Bremer und Iwan von Borch übernachteten zu Dorfmark, wo der Vogt zu Celle sie auch unterhalten musste.

Herzog Albrecht, der sonst stets zu Pferde seine Reisen machte, fuhr am 12. Juli 1381 Nachts, nachdem er einen Boten mit einem Briefe nach Braunschweig gesandt hatte, von Celle weg in der Richtung nach Hannover, um mit dem Bischofe von Hildesheim eine Tagefahrt zu halten. Gegenstand derselben mögen seine Irrungen mit dem von Mandelsloh gewesen sein, denn, wie es scheint, übernahm nun der Bischof statt des Dompropstes und Domcapitels die Rolle eines Vermittlers zwischen den Streitenden. Am 15. Juli kam der Herzog zurück. Seine Ankunft nicht abwartend, hatte Tages zuvor der (Graf) von Wernigerode, welcher den Zug gegen Glentorf mitgemacht haben kann, Pfandquittung von dem Vogte zu Celle genommen, war also abgereiset. Am Tage nach der Ankunft des Herzogs erhielten auch Heinrich Bock und Heinase, die bei einem Bürger zu Celle untergebracht waren, ihre Pfandquittung. Um dieselbe für den Ritter Bertold von Rutenberg zu leisten, musste der Vogt zu Celle, augenblicklich von Geld entblösst, seinen Zelter einem dortigen Bürger verpfänden. Ungewöhnlich viele Boten entsandte Herzog Albrecht in diesen Tagen. Am 16. Juli schickte er einen Boten mit einem Briefe an Kanneschleger nach Wendhausen, am 18. Juli einen andern mit einem Briefe nach Braunschweig, am folgenden Tage einen dritten mit einem Briefe nach Calenberg. Am 24. Juli ging ein Bote nach Neubrück, am 28. Juli ein anderer nach Braunschweig. Am folgenden Tage brachte ein Bote einen Brief vom Herzoge nach Neustadt und Tages darauf ging ein Bote nach Meinersen. Ein neuer Zug gegen Glentorf sollte unternommen und ausserdem eine Tagefahrt mit dem von Mandelsloh, eine andere mit Heinrich von Veltheim, eine dritte mit den Verdenern und Bremern gehalten werden. Diese Angelegenheiten mochten den Gegenstand der vielen Briefe und Botschaften bilden. Am 29. Juli zog der Herzog bei Celle seine Truppen zusammen; es kamen dazu seine Mannen mit den Lüneburgern. Zwei Tage später ritt er von Celle weg, kam aber Abends wieder, um sich nach Burgdorf zu begeben. Am 4. August ritt er, begleitet von dem Herzoge Bernhard, der seine Pferde in Celle stehen liess, wieder fort, um eine Tagefahrt mit dem Bischofe von Hildesheim und den von Mandelsloh zu halten. Auf derselben mag es ihm gelungen sein, nicht nur die Klagen des von Mandelsloh zufrieden zu stellen, sondern auch von ihnen das Versprechen zu erlangen, dass sie ihm Hülfe leisten wollten, falls er mit den Bremern in Fehde geriethe. Am 7. August kamen beide Herzöge nach Celle zurück. Des folgenden Tages ritt Herzog Albrecht zu einer mit den Braunschweigern zu haltenden Tagefahrt. Auf derselben wurde auch Heinrich von Veltheim erwartet, mit welchem der Herzog sich daselbst in Unterhandlungen einlassen wollte. Weil er ausblieb, kam der Herzog am Abende desselben Tages unverrichteter Sache nach Celle zurück. Am 12. August ritt er nach der Heide zu, blieb die Nacht zu Dorfmark und hielt am folgenden Tage vor der Landwehr zu Verden mit dem dortigen Bischofe eine Tagefahrt, auf welche auch die Bremer kamen. Dann ritt er nach Rethem und kehrte von dort am 14. August nach Celle zurück. Hier erwarteten ihn Hermann Bock, Diedrich Vritze, Herwig von Utze und die Kompane des Heinrich Bock. Das herzogliche Heer machte sich am 16. August zum Aufbruche fertig und folgenden Tages zog der Herzog mit demselben vor Glentorf. Ausser vier Fass Bier wurden dem Heere ein ganzes Fuder hildesheimer Biers und Kaufbrot, nämlich nicht auf dem Schlosse Celle gebackenes, sondern gekauftes Brot nachgefahren. Ritter Ludolf von dem Knesebeck blieb mit Anderen auf dem Schlosse um inne zu hüten. Der Herzog eroberte Glentorf und kam dann am 19. August des Abends in Celle wieder an. Zwei Tage später erhielten die Gesellen Klüver's ihre Pfandquittung, wurden also entlassen. Dass die Bürger Braunschweig's Glentorf erobert haben, ist dem Verfasser der mit dem Jahre 1474 schliessenden Chronik St. Aegidii zu Braunschweig und dem Conrad Botho wohl bekannt; dieser setzt das Ereigniss in das Jahr 1379, jener in das Jahr 1380, indem er dabei bemerkt, dass das Schloss niedergebrannt worden sei. Nur die schon oft erwähnte bis zum Jahre 1438 reichende Chronik ertheilt die genauere Auskunft, dass Herzog Albrecht den Bürgern Braunschweig's geholfen habe, Glentorf einzunehmen. Sie fügt dem hinau, dass die Bürger auch Brunsrode und die Burg Wettmershagen gebrochen haben. Diese war am 8. April 1372 den von Campe, Brunsrode am 9. Juli 1372 dem ein Jahr später erschlagenen Ritter Siegfried von Salder, zu seiner treuen Hand aber dem Conrad und Gebhard von Salder und einigen Anderen verpfändet worden. Dem Herzoge Albrecht war die Fehde, welche er wegen des Schlosses Dannenberg gegen die beiden genannten von Salder hatte führen müssen, und die von Wigger von Campe gegen ihn im Jahre 1377 bewiesene Feindseligkeit in noch zu frischem Andenken, als dass er nicht gern alles hätte geschehen lassen, was die Stadt gegen diese drei Mannen unternahm.

Herzog Albrecht ritt am 22. August 1381 von Celle nach Uetze, wohin eine Tonne Bier mitgenommen wurde. Abends kam er wieder. Dass dieser Ritt ein Streifzug, vielleicht gegen die von Veltheim, gewesen sei, ist deshalb zu vermuthen, weil Kühe genommen wurden, wofür am folgenden Tage diejenigen, welche sie genommen hatten, in Celle mit Häringen bewirthet wurden. Am 25. August ritten die Herzöge Albrecht und Bernhard nach Hannover und kamen am 27. August Abends von dort zurück. Tages zuvor war von Celle ein Bote mit Briefen des Herzogs Albrecht an den Ritter Spörken und an Diedrich von Bodendike gesandt worden. Am 28. August ritt Herzog Albrecht nach Lüneburg und kehrte erst am 5. September zurück. Während dessen hielten die berittenen Jäger von dem Schlosse Celle am 2. September eine Jagd im Wietzenbruch und im „Ratenbruch". Dass auf solchen Jagden auch Bären erlegt wurden, ist gewiss, denn sie kamen als Braten auf des Herzogs Tafel. Einen Tag vor seiner Rückkunft schickte der Herzog einen Brief über Celle nach Knesebeck. Nachdem er am 6. September einen Brief an den Grafen Otto von Hoya geschrieben hatte, ritt er am folgenden Tage nach Bergen, um daselbst eine Tagefahrt mit dem Bischofe von Verden zu halten. Er übernachtete in Bergen und kam am 8. September Abends aus der Gegend von Hannover wieder in Celle an. Hier war seine Gegenwart erforderlich, weil er in der Gegend von Celle wieder Truppen zusammenzog. Graf Erich von Hoya war dazu eingeladen worden. Er hatte am 26. Februar des vorigen Jahres von dem Grafen Gerhard von Bruchhausen die Herrschaft gleiches Namens erworben, sie sechs Tage darauf von dem Herzoge Erich von Sachsen-Lauenburg zu Lehn erhalten und mit derselben seine Grafschaft ansehnlich vergrössert. Er langte am 7. September 1381 Abends mit 24 Gewaffneten in Celle an. Ein ganzes Fass Bier liess der Vogt ihm in seine Herberge bringen und alles Gesinde auf dem Schlosse erhielt ausnahmsweise Weissbrot. Noch am Tage seiner Rückkunft nach Celle stellte der Herzog dem Eberhard und Conrad von Marenholtz eine Anweisung auf die 50 Mark Silbers aus, welche die Bürgermeister und Rathsherren von Salzwedel, wahrscheinlich als sie mit ihm vor etwa einem halben Jahre eine Sühne errichteten, ihm am 29. September zu bezahlen versprochen hatten. Den Grafen Erich und mehre Andere, welche inne hütteten, in Celle zurück lassend, ritt der Herzog am 9. September mit 50 Gewaffneten nach Braunschweig. Er kam mit ihnen, nachdem ein Bote am 11. September ihm nachgeschickt war, am 14. September Abends von dort zurück. Ueber den Zweck, welcher ihn mit so starker Mannschaft nach Braunschweig führte, lässt die Begebenheit, die sich um diese Zeit dort zutrug, kaum in Ungewissheit. Im Jahre 1381 gewann Herzog Friedrich mit den Bürgern Braunschweig's das Schloss Wolfenbüttel, welches sein rechtes Erbe war, ihm aber von dem Herzoge Otto zu Göttingen vorenthalten wurde. Dieser raubte, sengte und brennete von dem Schlosse und nahm viele Leute gefangen. Herzog Friedrich ritt vor das Schloss und forderte von dem Vogte die Oeffnung desselben. Als der Vogt ihn eingelassen hatte, wies er diesen ab. Nach der Einnahme fand er auf dem Schlosse viele gefangene Bürger Braunschweig's und Kaufleute im Stocke. Ihnen allen lösete er die Banden und setzte sie in Freiheit. So erzählt der Lesemeister Detmar. Nach der Chronik des Johann Rufus geschah dies alles während Herzog Otto in fernen Landen und der Vogt nicht auf dem Schlosse war. Wie sie erzählt, nahm Herzog Friedrich dem Thorwächter die Schlüssel, warf ihn in den Graben, schloss das Thor auf, befreiete die Gefangenen, legte Besatzung in das Schloss, liess den Rath der Stadt Braunschweig kommen und lieferte ihm das Schloss aus. Anders wieder stellt Conrad Botho den Verlauf der Sache dar. Die von Braunschweig hatten, so berichtet er, es mit dem Herzoge Friedrich verabredet, dass er nur selbdritte auf das Schloss ging und den Herzoge Otto die Messe besuchte. Unter einem Vorwande verliess er die Messe, eilte auf die Burg, zog die Brücke auf, befreiete die gefangenen Bürger, bewaffnete sie und steckte einen Speer mit einem Waffenhandschuhe an dessen Spitze wie eine Fahne auf. Als dieses Zeichen der auf dasselbe wartende ausserhalb des Schlosses aufgestellte Späher erblickte, rannte er nach Braunschweig. Sogleich wurde hier an die Glocken geschlagen. Die Bürger machten sich auf, zogen nach Wolfenbüttel und halfen dem Herzoge das Schloss einnehmen. Herzog Otto aber liess sich über die Ocker setzen und entfloh. Fast auf dieselbe Weise berichtet über diese Begebenheit der Verfasser der schon öfter erwähnten bis zum Jahre 1438 reichenden Chronik. Nach ihm waren es einige bei Stöckheim haltende Reuter, die nach Braunschweig ritten und dorthin die Nachricht vom Gelingen des Anschlages brachten. Die Chronik St. Aegidii in Braunschweig enthält eine genauere Angabe über die Zeit obiges Ereignisses. Sie sagt: „Am 18. September 1381 übergab Herzog Friedrich dem Rathe und den Bürgern der Stadt Braunschweig das Schloss Wolfenbüttel in guter Freundschaft und Treue." Dies wird einige Tage nach der Einnahme geschehen sein; sie fällt deshalb in die Zeit, während welcher Herzog Albrecht mit seinen 50 Gewaffneten in Braunschweig war. Wie sehr auch die Berichte aus einander gehen, so viel steht fest, dass der Ueberfall des Schlosses zwischen dem Herzoge Friedrich und dem Rathe der Stadt, der noch ein Pfandrecht daran besass, verabredet war, dass jener die List ausführte, dieser aber für die etwa erforderlichen Streiter sorgte. Weil nun die Stadt mit dem Herzoge Albrecht verbündet war und schon manches kriegerische Unternehmen mit ihm gemeinsam ausgeführt hatte, ist es höchst wahrscheinlich, dass sie ihn auch diesmal zu Hülfe gerufen hatte. Die Umstände gestalteten sich während der Ausführung des kühnen Wagnisses so günstig, dass dem Herzoge Albrecht wohl kaum ein Antheil an der That zufallen konnte, weshalb die Chroniken auch seiner Hülfe nicht erwähnen.

Am 17. September Morgens ritten Graf Erich von Hoya und Korlehake von Celle weg, nachdem sie Pfandquittung erhalten hatten. Schon am 18. September begab sich Herzog Albrecht wieder nach Hannover. Am nächsten Tage wurde ein Bote von Celle nach Braunschweig geschickt. Nach kurzer Abwesenheit kam der Herzog am Abende des 21. Septembers von Hannover zurück. Am folgenden Tage traf der Herzog von Sachsen-Lauenburg zum Besuche in Celle ein; auch kamen Bertold von Hohnhorst der jüngere, Klüver, die Hannoverschen, Wilbrand von Reden und andere herzoglichen Mannen. Mit dem Herzoge von Sachsen-Lauenburg ritt Herzog Albrecht am 23. September nach Braunschweig. Während seiner Abwesenheit wurde am 24. September ein Bote nach Neubrück und am folgenden Tage ein anderer nach Braunschweig geschickt. Beide Herzöge kamen in Begleitung des Herzogs Bernhard am 26. September von Braunschweig zurück. An diesem Tage und an den beiden folgenden erwähnt der Vogt zu Celle in seinen Aufzeichnungen des Hafers von den Klosterwagen, welcher dem Herzoge gehörte. Am 20. October bemerkt er, dass die Klosterwagen diesen Hafer gebracht hätten, als man den Bergfrieden lud, und am 5. October schreibt er, dass auf dem Schlosse Celle 21 Scheffel oder Wichhimten Roggen verbacken worden seien, als der Herzog den Bergfrieden laden liess. Unter einem Bergfrieden verstand man einen meistens aus Steinen oder mit Fachwerk erbaueten Thurm, der in einer Burg oder Stadt, gewöhnlich neben dem Thore, zur Vertheidigung desselben und zum Schutze der Mauern errichtet war. Auf Höfen ritterbürtiger Mannen bildete er oft mit der ihn umgebenden Mauer oder den Planken nicht selten die ganze Burg. Während des Jahres 1378 waren viele Handwerker, als Zimmerleute, Säger, Lehmdecker oder Kleiber und Schmiede auf dem Schlosse Celle in Thätigkeit. Sie arbeiteten, wie die Aufzeichnungen des Vogtes vom 29. Mai, 7. und 28. Juli, 18. November und 24. December 1378 beweisen, an den beiden Bergfrieden, an dem neuen Pforthause, am neuen Thore und am Steinthore. Noch am 9. März 1381 waren die Zimmerleute auf dem Schlosse damit beschäftigt, die Planken und die Hameigde oder die Umzäunung (mit dem Sperrbaume) herzustellen. Aus allem diesem ersieht man, dass Herzog Albrecht, sobald er seine Residenz nach Celle verlegte, für die Befestigung des Schlosses Sorge trug. Im September 1381 mochten die Bauten an den Bergfrieden, an den Planken und der Hameigde beendet sein und der Herzog zur Feier dieses Ereignisses ein Fest anstellen, nämlich den Bergfrieden oder zum Bergfrieden laden, wie man noch jetzt in vielen Gegenden eine Haushebung festlich begeht. Die geladenen Gäste werden Gaben mitgebracht, die Klöster Wagen voll Hafer zum Geschenke geschickt haben. Dies Fest scheint gleich nach der Rückkunft des Herzogs von Braunschweig im Beisein des Herzogs Bernhard und des Herzogs von Sachsen-Lauenburg gefeiert worden zu sein, worauf dann letzterer am 27. September mit den Seinen nach Hause ritt.

Die Absicht des Erzbischofes Albrecht von Bremen war darauf gerichtet, sich von der Abhängigkeit zu befreien, in welche er durch seinen am 20. Januar 1376 mit dem Grafen Adolf von Holstein-Plön errichteten Vertrag gerathen war. Vor Allem schien es erforderlich, von ihm das Schloss Haseldorf wieder zu erhalten. Weniger Sorge bereitete dem Erzbischofe die Frage, woher er das Geld zur Einlösung des Schlosses nehmen sollte, als der Zweifel, ob der Graf ihm dasselbe für die Pfandsumme zurückgeben würde. Am 12. März 1378 liess dieser sich jedoch bewegen, ihm seine Bereitwilligkeit dazu zu bescheinigen, und stellte ihm zum Ueberflusse seine beiden Vettern, die Grafen Heinrich und Nicolaus von Holstein-Rendsburg zu Bürgen dafür. Indessen gerieth der Erzbischof in Fehde mit den Burgmannen zu Brobergen und forderte von dem Grafen Hülfe. Dieser sandte zehn gewaffnete Mannen seiner Diener unter Anführung seines Küchenmeisters Ovo von Ziggem. Im Dienste des Erzbischofes erlitten sie an Gefangenen, an Pferden, an Verwundeten und durch ihre eigene Beköstigung einen Schaden, der sich auf 500 Mark Pfennige belief. Diese Summe zu bezahlen, stand nicht in der Macht des Erzbischofes. Er verpfändete deshalb auch für sie dem Grafen am 23. April 1378 zu Bremervörde das Schloss und die Vogtei Haseldorf. Im folgenden Jahre erneuerte und erweiterte er ihm sogar den alten Pfandvertrag. Er verschrieb ihm nämlich zu Stade unter Vorbehalt des Oeffnungsrechtes das Schloss Haseldorf mit dazu gehörender Vogtei, mit den Kirchspielen „Langenbruch", „Asfleth", „Bishorst", Haselau und Haseldorf, mit der „Twiselen", mit der Wüstenei als Seestermühe und Seester, mit Lehngütern, Dienst, Beede, hoher und niederer Gerichtsbarkeit, mit allem Zubehör, mit den Zehnten, Pachtgeldern und Kreuzpfennigen zu Hamburg und in der Umgegend für 7200 Mark Pfennige, die der Graf ihm geliehen hatte, und versprach, alle Kosten, welche dieser auf Bauten im Schlosse, auf Gräben, auf sonstige Verbesserungen oder auf Deiche in der „Twiselen", in der Wüstenei und in der Vogtei verwenden würde, bei der Einlösung zu erstatten. Auch diesmal ertheilte er die Zusicherung, dass der Graf das Schloss mit allem Zubehör, das Pfand und die Pfandsumme, auf keine Weise verwirken oder sich ihrer verlustig machen würde. Im Falle der Eroberung oder der Zerstörung des Schlosses wurde die Uebereinkunft getroffen, welche fast in allen Verträgen über Schlossverpfändungen ihren Platz fand. Weniger allgemein erscheint die aufgenommene Bedingung, dass das zum Ersatze des Schlosses, wenn es erobert oder zerstört würde, an einer anderen Stelle des Gerichtsbezirkes und der Vogtei zu erbauende neue Schloss, damit dasselbe dem Pfandbesitzer später nicht zum Hindernisse und Schaden gereiche, gebrochen werden sollte, sobald ihm das erstere Schloss in dem früheren guten Stande wieder ausgeliefert würde. Alle Einkünfte, welche der Graf oder die Seinen während der Pfandzeit aus der Vogtei und den Pfandstücken beziehen würden, sollten ihm verbleiben und der Erzbischof oder das Domcapitel nie Ansprüche darauf erheben. In demselben Jahre ereignete es sich, dass in Stade ein Geistlicher als Mordbrenner auf frischer That ergriffen wurde und sein Verbrechen eingestand. Ueber ihn als einen Geistlichen erstreckte sich die Gerichtsbarkeit der Bürgermeister und Rathsherren der Stadt nicht. Sie lieferten ihn also an den Erzbischof aus und dieser verdammte ihn zum Kerker, damit er sich dort bessere und seine Sünden beweine. Nun entstand für den Erzbischof die Verlegenheit, wo er ihn unterbringen sollte, denn in der Stadt Stade besass er nicht einmal einen Kerker und in den dortigen Klöstern wurde ihm ein dazu passendes Zimmer verweigert. Es blieb ihm nichts übrig, als die Bürgermeister und den Rath zu bitten, dass sie ihm einen Kerker liehen, um den Verbrecher hinein zu setzen. Bei ihnen fand er williges Gehör und lieferte ihnen am 8. December 1379 den Mordbrenner mit der Versicherung wieder aus, dass, wenn demselben etwas Arges zustiesse oder er im Kerker stürbe, sie deshalb von aller Verantwortung frei sein sollten. Je machtloser der Erzbischof war, desto mehr hob sich das Ansehen und die Macht der Städte im Stifte, namentlich der Stadt Bremen. Um sie zu vermehren, schloss diese Stadt Verträge mit benachbarten Herren; auch fiel es ihr nicht schwer, unter den Besitzern von Schlössern im Stifte mehre für sich zu gewinnen. Am 11. September 1378 liehen die Rathsherren zu Bremen dem edelen Herrn Johann von Diepholz 80 schwere Mark mit dem Versprechen, sie vor Ablauf eines vollen Jahres nicht wieder zu fordern. Er gelobte, dass, so lange er das Geld schuldig sei, und sogar während des nächsten halben Jahres nach Abtragung der Schuld die Rathsherren und Bürger von ihm und den Seinen keinen Schaden erleiden sollten, er vielmehr jeden Schaden, als ob dieser ihn selbst träfe, von ihnen abwenden wollte. Er gestattete ihnen, in sein Land und nach seinen Schlössern zu reisen, und versprach, Ersatz zu leisten, wenn ihnen oder den Ihrigen aus seiner Herrschaft oder aus seinen Landen von den Seinen Schaden zugefügt würde. Jedoch machte er die Ausnahme, dass er dem Grafen Otto von Hoya gegen die Stadt Hülfe leisten dürfte, wenn derselbe ihr Fehde ankündigen würde. Dann aber sollte er einen Monat vor Beginn seiner Feindschaft das Geld zurückzahlen und seine Ehre gegen die Stadt verwahren. Zwei Jahre später öffneten sich den Rathsherren und Bürgern der Stadt Bremen vier Schlösser im Stifte. Die Knappen Heinrich von Aumunde, Diedrich und seine Söhne, Erp von Aumunde, Diedrich von Reken, Christian von Aumunde und Johann von der Hude, Johanns Sohn, erklärten am 28. September 1380, dass ihre Schlösser Blumenthal und Hude, welche früher Martin Hude besessen habe, dem Rathe, den Bürgern und der Gemeinde der Stadt zu allen ihren Nöthen offene Schlösser sein und zwölf Jahre lang bleiben sollten. Sie gelobten, dem Rathe, den Bürgern und den Kaufleuten keinen Schaden zuzufügen, noch zu Wasser oder Land sie zu berauben. Auch verpflichteten sie sich, während der zwölf Jahre dem Rathe, wenn er ihre Hülfe verlangte, mit Leib und Gut Beistand zu leisten. Geriethen sie oder ihre Knechte in Streitigkeiten mit den Bürgern oder deren Leuten, so sollte ein Schiedsgericht in der Stadt Bremen den Streit schlichten. Die Knappen Lüder der ältere und seine Söhne Christian und Martin, Johann der ältere, Lüder, Sohn Gebhard's, und Hilmar, Sohn Erich's, alle genannt von der Hude, errichteten am 4. October 1380 einen dem obigen gleichlautenden Vertrag über das Schloss Hude mit der Stadt. Unter denselben Bedingungen wurde am 19. November 1380 ihr auch das Schloss Schönbeck von den Knappen und Gebrüdern Lüder, Bernhard und Martin von Schonenbeke geöffnet. Zwischen zwei Amtleuten des Erzbischofes, Conrad Kammermeister und Bertold Kind, scheint Uneinigkeit über das Schloss Krahnsburg entstanden und ersterer ein Gegner der Stadt gewesen zu sein. Mit ihr machten gemeinsame Sache das Domcapitel, die Städte Stade und Buxtehude und die Stiftsgenossen. Ihnen allen jenes Schloss zu öffnen gelobte Bertold Kind am 17. December 1380 eidlich und verpflichtete sich in derselben Weise, es niemanden zum Nachtheile des Stiftes auszuliefern, namentlich erklärte er, dass Conrad Kammermeister und dessen Erben kein Recht auf das Schloss und Zubehör noch das Eigenthum darüber besässen, und betheuerte, dass weder er noch seine Erben es jemals demselben und dessen Erben gestatten sollten, auf das Schloss zu kommen. Nach den Gebrüdern Schulte waren die Städte Bremen und Stade Pfandbesitzer des Schlosses Bremervörde geworden und ungeachtet des vom Erzbischofe am 29. August 1377 mit dem Grafen Christian von Oldenburg errichteten Vertrages hatte die Stadt Bremen das Schloss Stotel behalten. Auch über das Schloss und die Herrschaft Delmenhorst erstreckte sich die Gewalt des Raths der Stadt. Auf folgende Weise war er zu derselben gelangt. Graf Christian von Delmenhorst hatte seine Grafschaft und Herrschaft mit dem Schlosse gleiches Namens am 15. August 1374 dem Grafen Otto von Hoya verpfändet und sie ihm einen Monat später gänzlich abgetreten. Dann war Graf Otto von Tecklenburg Besitzer der Herrschaft Delmenhorst geworden. Wie es scheint, hatte er sie in Folge der von ihm gegen die Grafen Otto und Erich von Hoya geführten Fehde erhalten, deren eine Urkunde vom 18. Januar 1377 erwähnt. Schon Graf Otto von Tecklenburg verpfändete Schlösser, Gebiete, Leute und Güter in dieser Herrschaft dem Rathe der Stadt Bremen. Darauf einigte und verglich er sich mit dem Grafen Otto von Delmenhorst, Sohne des Grafen Christian, und lieferte ihm die Herrschaft mit allem Zubehör wieder aus. Er ersuchte nun am 17. September 1380 die Bürgermeister und den Rath zu Bremen, dass sie dem Grafen Otto von Delmenhorst gestatten möchten, statt seiner die Pfandstücke wieder einzulösen. Doch diesem fehlten, wie es scheint, die Mittel dazu. Er stellte deshalb am 9. October 1380 den Rathsherren und Bürgern der Stadt einen neuen Pfandbrief aus. Darin verschrieb er ihnen die Hälfte des Schlosses und Weichbildes Delmenhorst, des Gerichtes, Zolles und der Mühle, ein Viertel der Herrschaft Delmenhorst und die Hälfte der vom Stifte dieser Herrschaft verpfändeten „zwölf Lande" in Lechterlande (im Stedingerlande) als ein Pfand für 324 löthige Mark auf die Dauer von wenigstens zwei Jahren und erlaubte ihnen, die Pfandstücke einem Dritten anzuvertrauen oder zu verpfänden, der, wie es auch sein Amtmann sollte, ihnen zu ihrem Gelde und Pfandrechte, ihm aber zu seinem Erbrechte huldigen würde. Schon am 27. October desselben Jahres vertrauten die Rathsherren ihm selbst als ihrem Amtmanne obige Pfandstücke an. Er gelobte, die Rathsherren und Bürger, ihre Leute und Meier, auch die Strassen zu Lande und Wasser von dem Schlosse nach aller Macht zu schützen und ihnen Frieden zu erhalten, ferner nicht zu gestatten, dass jemand von oder auf dem Schlosse, im Weichbilde oder in der Herrschaft ihnen oder den Ihrigen irgend Unrecht zufüge, vielmehr ihr Bestes zu erstreben und zu ihrem Schaden ihre Feinde auf dem Schlosse, im Weichbilde und in der Herrschaft nicht zu dulden. Das Schloss wollte er den Rathsherren in allen ihren Nöthen öffnen und ihnen die Pfandstücke, wenn sie es von ihm ein Jahr zuvor gefordert haben würden, wieder ausliefern. Dass in der genannten Frist entweder diese Auslieferung oder die Erstattung der Pfandsumme erfolgen sollte, dafür stellte er vier Tage später zwölf Bürgen, welche erforderlichen Falls ein Einlager in der Stadt Bremen zu halten gelobten. Er wusste sich so sehr das Vertrauen der Rathsherren zu gewinnen, dass sie mit den Geschworenen und Eingesessenen des Viehland's ihn am 1. April 1381 zum Gografen dieses Landes für das laufende Jahr (bis zum 22. Februar 1382) wählten. Er verpflichtete sich als solcher, das Viehland und die Leute darin getreu zu vertheidigen und sie innerhalb und ausserhalb Landes vor allem Unrechte und vor Gewalt zu beschirmen. Zugleich erklärte er, kein Eigenthumsrecht noch sonstiges Recht über dies Land oder über die Eingesessenen und deren Gut zu besitzen, erkannte auch das Recht der Geschworenen und der Gemeinde des Landes an, nach dem 22. Februar mit Rath und Hülfe der Rathsherren zu Bremen einen Gografen zu wählen. Unterdessen war es Letzteren geglückt, sich den Grafen Otto von Hoya zum Freunde zu machen. Er gelobte am 5. Februar 1381, so lange er leben würde, nicht Feind des Rathes und der Gemeinde der Stadt Bremen werden zu wollen, vielmehr ihr Bestes heimlich und öffentlich zu erstreben und, sofern er es verhindern könnte, nicht zu gestatten, dass jemand aus seiner Herrschaft ihnen und den Ihrigen Schaden zufügte, wenn es aber dennoch geschähe, dabei einzuschreiten, als ob es ihn selbst beträfe. Um diese Zeit endlich wird Erzbischof Albrecht sich mit seinen Stiftsamtleuten, dem Grafen Adolf von Holstein und dem Conrad Kammermeister, abgefunden und sich von ihnen los gemacht haben. Er bedurfte jedoch eines Mannes, der ihre Stelle versah, und dazu wählte er den Grafen Bernhard von Schauenburg, Domprobst zu Hamburg, welcher, wie es scheint, ihn aus seiner Geldnoth zog und dafür Aussicht auf die Nachfolge in der erzbischöflichen Würde erhielt. Obgleich die Ernennungsurkunde nicht vorliegt, beseitigen doch folgende Umstände jeden Zweifel darüber, dass Domprobst Bernhard Amtmann oder Administrator des Stiftes Bremen geworden sei. Nicht nur befahl der Erzbischof am 27. October 1381 den Bürgermeistern und Rathsherren der Städte Bremen und Stade, dass sie dem Domprobste das Schloss Bremervörde mit der Vogtei, wie sie es besässen, ausliefern und wegen des Geldes, welches derselbe an das Schloss angelegt habe, ihm ergeben sein sollten, sondern Domprobst Bernhard gelobte auch vier Tage später dem Rathe und der Gemeinde zu Bremen, sie und die Ihrigen sowohl im Stifte Bremen als auch sonst, wo er es könnte, nach Kräften getreu zu vertheidigen und zu schützen, sie und die Ihrigen bei allen ihren alten Rechten, Freiheiten, Gewohnheiten und Sitten zu lassen, ihnen alle Urkunden, welche ihnen Erzbischof Albrecht und dessen Vorgänger verliehen hätten, besonders alle ihnen von dem Erzbischofe über Schlösser, namentlich über Langwedel, Thedinghausen, Wildeshausen und Stotel ausgestellten Pfandbriefe zu halten, keines dieser Schlösser ohne ihre Bewilligung von ihnen einzulösen noch einlösen zu lassen und, falls er selbst Erzbischof von Bremen würde, ihnen die Urkunden über ihre Gerechtsamen, Freiheiten, Sitten, Gewohnheiten und Schlösser zu bestätigen. Der Preis, um welchen Graf Adolf von Holstein von dem ihm übertragenen Amte zurücktrat, wird in folgender ihm erwiesenen Gnadenbezeigung bestanden haben. Der Erzbischof erklärte nämlich zu Buxtehude in einer Urkunde vom 9. September 1381, er habe in seiner Noth bei dem Grafen Rath, Hülfe und Förderung suchen müssen; als ihn seine Mannschaft und seine Städte von Schlössern und Landen verdrängten, da habe der Graf die Städte und Mannen getreu ermahnt, für ihn an sie geschrieben und würde, wenn der Krieg länger gewährt hätte, ihm in seinen Nöthen mit Rath und Hülfe Beistand geleistet haben. Für diesen Dienst und guten Willen, welchen der Graf ihm damals und ihm und seinem Stifte auch früher vielfältig erwiesen habe, erzeigte er ihm die Gnade und gab ihm das Versprechen, dass, so lange einer von ihnen beiden leben würde, das Schloss und die Vogtei Haseldorf mit Zubehör ihm gelassen und nicht eingelöset werden sollte. So standen die öffentlichen Angelegenheiten im Stifte Bremen, als die Spannung zwischen den mit der Stadt Bremen verbündeten Mannen des Stiftes und dem Herzoge Albrecht einen solchen Grad erreicht hatte, dass dieser damit umging, ihnen und der Stadt Fehde anzukündigen. Rücksicht auf diese dem Stifte drohende Gefahr mochte den Erzbischof bestimmt haben, sich in dem Domprobste Bernhard eine Stütze zu suchen. Der Herzog hatte sich die von Mandelsloh dazu ausersehen, ihm in seinem Unternehmen gegen das Stift Hülfe zu leisten. Wahrscheinlich um mit ihnen das Nähere zu verabreden, ritt er am 29. September 1381 nach Winsen an der Aller, wo er mit ihnen eine Zusammenkunft hielt. Von dort ritt er weiter nach Bergen und blieb hier während der Nacht.

Von Celle wurde am 30. September 1381 ein Bote nach Braunschweig, am 2. October ein anderer mit des Herzogs Briefe nach Lüneburg geschickt. Dahin begab sich der Herzog zum Jahrmarkte und kam von demselben am 5. October nach Celle zurück. Folgenden Tages, als 36 Fass Bier von Hannover anlangten, rückten die in der

Umgegend versammelten Truppen des Herzogs in das Feld. Wohin sie sich wandten, ist nicht bekannt. Er selbst ritt am 7. October, an welchem Tage auch Bertold von Hohnhorst Celle verliess, nach Neustadt, von woher er zwei Tage später am Abende nach Celle zurückkehrte. Hier kamen am 11. October die von Rethem, von Ahlden und Hademstorf. Des nächsten Tages ritt der Herzog nach der Heide zu und kam am 14. October wieder. Dann ritt er zwei Tage später nach Dorfmark, war aber am folgenden Tage wieder in Celle. Ohne sein Zuthun wurde um diese Zeit eine Burg zerstört, von welcher, weil sie in der Nähe des Schlosses Lichtenberg lag, die Grenzen des Herzogthums leicht beunruhiget werden konnten. Es war die Burg Bahrum; jedoch hatten diesmal nicht herzogliche Gebiete sondern benachbarte Besitzungen des Dompropstes und Domcapitels zu Hildesheim von ihr zu leiden gehabt. Als Hans von Sowinge (Sauingen), Besitzer der Burg, gestorben war, traten jene geistlichen Herren in Unterhandlung mit seinen Hinterbliebenen, einer Wittwe und zweien Söhnen, von denen der eine noch unmündig war. Was Waffen von dem Manne wohl nicht leicht erzwungen hätten, das erreichte bei dem Weibe die Macht der Kirche. Die Wittwe und ihre Söhne lieferten ihre Wohnung auf dem obersten Walle zu Bahrum dem Dompropste und dem Domcapitel aus. Mit ihrer Bewilligung wurde die Wohnung abgebrochen und der Wall, worauf sie stand, zerstört. Am 19. October 1381 gestatteten sie, dass die Gräben zugedämmt würden, so fern es noch nicht geschehen sei, und versprachen für sich und ihre Erben, auf dem Walle nicht mehr zu bauen noch bauen zu lassen, auch wegen dieser Angelegenheit den Domherren oder dem Stifte keinen Schaden zuzufügen. Als Entschädigung erhielten sie 25 löthige Mark.

Von Lüneburg, wohin er wohl auch zum Jahrmarkte gereiset war, kam Herzog Bernhard am 20. October 1381 wieder nach Celle. Mit ihm zugleich trafen hier mehre herzoglichen Diener und Mannen ein, unter ihnen Ritter Ludolf von dem Knesebeck, Hermann Bock, Hermann Spörken, der lange Wilbrand (von Reden) und Burchard von Reden. Am folgenden Tage ritt Herzog Albrecht mit den guten Leuten nach Hannover, wohin ihm am 23. October ein Bote nachgeschickt wurde. Wahrscheinlich durch die Nachricht, welche dieser überbrachte, fand sich der Herzog zur Rückkehr veranlasst. Er kam am Abende des nächsten Tages aus der Gegend von Hannover, nachdem er im Stifte Hildesheim gewesen war, in Celle wieder an. Jene Nachricht betraf vielleicht die bevorstehende Ankunft des Herzogs Heinrich von Mecklenburg. Er war nach dem am 19. Februar 1379 erfolgten Tode seines Vaters Albrecht regierender Herr in Mecklenburg-Schwerin geworden. Die am 8. September 1378 vollzogene Verlobung seines Sohnes mit der Tochter des Herzogs Albrecht von Sachsen und Lüneburg und das an demselben Tage geschlossene Bündniss hatte zwischen beiden Herzögen Freundschaft gestiftet. Sie allein, kein anderer Zweck, scheint den Herzog Heinrich nach Celle geführt zu haben. Er langte am 25. October in Hermannsburg an, wo für seine Bewirthung von dem Vogte zu Celle gesorgt wurde, blieb dort über Nacht und kam am Abende des folgenden Tages nach Celle, nachdem Ritter Ludolf von dem Knesebeck, Hermann Bock, Hermann Spörken und andere herzoglichen Mannen kurz zuvor weggeritten waren, um ihm und den Seinen Platz zu machen. Ein ganzes Fass Bier wurde dem fürstlichen Gaste in seine Herberge gebracht und des Besuches wegen eine Tonne Häringe im Schlosse aufgeschlagen. Wichtige Geschäfte riefen den Herzog Albrecht nach Braunschweig. Er ritt dahin am 27. October, während der Herzog von Mecklenburg mit den Seinen in Celle blieb. Alle Versuche des Herzogs Albrecht und der Stadt Braunschweig, sich des Schlosses Gifhorn zu bemächtigen, waren bisher vergeblich gewesen. Es bedurfte dazu grösserer Anstrengungen. Ein günstiger Umstand trat jedoch hinzu; Herzog Friedrich nämlich war nicht abgeneigt, sich dem Bündnisse des Herzogs Albrecht und der Stadt anzuschliessen und über das Schloss Gifhorn, an welchem ihm wenigstens ein Pfandrecht im Juni 1377 zugestanden war, sich mit ihnen in einen Vergleich einzulassen. Während Herzog Albrecht in Braunschweig verweilte, einigte man sich über die Bedingungen und setzte zwei Urkunden darüber auf. In der ersten errichteten die Herzöge Wenzlaus und Albrecht einerseits, Herzog Friedrich und die Stadt Braunschweig andererseits ein Bündniss auf die Dauer von sechs Jahren. Keiner von ihnen sollte des Andern Feind werden noch ihm und den Seinen Unrecht thun. Künftige Streitigkeiten zwischen beiden Theilen, Irrungen der Herzöge Wenzlaus und Albrecht mit den Mannen des Herzogs Friedrich oder mit der Stadt Braunschweig oder mit seinen anderen Städten, Irrungen des Herzogs Friedrich und der Stadt Braunschweig mit Mannen oder Städten der Herrschaft Lüneburg und Streitigkeiten zwischen Mannen oder Städten beider Herrschaften sollte ein aus zwei Mannen der Herzöge Wenzlaus und Albrecht und aus zwei Mannen oder Freunden des anderen Theils bestehendes Schiedsgericht und Heinrich Bock, als Obmann, entscheiden. Gegen diejenigen Mannen und Städte auf der einen Seite, welche den Mannen und Städten auf der andern Seite Unrecht thäten und sich dem Ausspruche des Schiedsgerichtes nicht fügten, wollten die Verbündeten gemeinsam als Feinde auftreten, bis dem Rechte Genüge geschähe. Ebenso wollten sie sich gegenseitig gegen jedermann getreu helfen, der, ausserhalb des Landes Braunschweig und des Landes Lüneburg gesessen, einem von ihnen oder Mannen und Städten eines der beiden Länder Unrecht thäte. In einem Kriege eines der Verbündeten sollte ihm der andere, wenn er vergeblich zu vermitteln versucht hätte, 20 Gewaffnete, aber auf Erfordern mehr Leute senden und ihm, wenn der Feind in eines der beiden Lande einzudringen oder in demselben Schlösser zu belagern oder Festungswerke anzulegen beabsichtigte, mit aller Macht Heeresfolge leisten. Wem die 20 Gewaffneten geschickt würden, der sollte ihnen Schaden ersetzen, ihnen Beköstigung und Futter geben und allen Gewinn, den sie erlangten, behalten. Würden jedoch mehr Leute gesandt, so sollte ihr Herr ihren Schaden tragen und ihren Gewinn erhalten, wenn darüber nicht andere Abrede genommen wäre. Keiner der Verbündeten durfte zum Nachtheile des andern die Feinde und verfesteten Leute desselben hausen oder hegen. Durch dieses Bündniss sollten die früheren Verträge unter den Verbündeten nicht aufgehoben werden. In der andern Urkunde verpfändeten die Herzöge Wenzlaus und Albrecht und die Herzöge Friedrich und Bernhard auf die Dauer von wenigstens acht Jahren dem Rathe und den Bürgern der Stadt Braunschweig die Schlösser Gifhorn und Fallersleben mit allem Zubehör, aber ohne geistliche und weltliche Lehen, für schon bezahlte 2200 löthige Mark, ferner für 50 löthige Mark, welche zum Bau verwandt werden sollten, und für die Kosten der Reparatur etwaigen Brandschadens. Nur den Herzögen Wenzlaus und Albrecht, welche auch für die Schlösser Gewähr leisteten, und dem Rathe wurde nach acht Jahren Kündigung gestattet. Würde die Pfandsumme nach der Kündigung nicht zur bestimmten Frist ausbezahlt, so durfte der Rath die Schlösser weiter verpfänden, nur nicht an Fürsten und Herren. Die genannten beiden Herzöge behielten sich das Oeffnungsrecht vor, bewilligten dem Rathe unter den gewöhnlichen Voraussetzungen die Selbsthülfe von den beiden Schlössern und trafen mit ihm die bei Schlossverpfändungen gebräuchlichen Verabredungen für den Fall, dass sie von den Schlössern Krieg führen, oder dass dieselben verloren würden. Stürben die Herzöge Wenzlaus und Albrecht vor der Einlösung, so sollten für die Kosten der Rath und die Bürger sich mit beiden Schlössern, falls Herzog Friedrich dann noch lebte, zu diesem, sonst zu seinem ältesten Bruder und nach dessen Tode zu den Erben der Herzöge Wenzlaus und Albrecht nach Ausweis der über das Herzogthum Lüneburg errichteten Sühne halten. In dieser Urkunde erscheinen als eigentliche Herren sowohl des Schlosses Gifhorn als auch des hier zum ersten Male genannten Schlosses Fallersleben die Herzöge Wenzlaus und Albrecht. Die Herzöge Friedrich und Bernhard konnten ausser dem durch die Sühne vom 25. September 1373 für sie festgestellten Rechte kein anderes, als etwa ein Pfandrecht daran in Anspruch nehmen. Was ihnen in obiger Urkunde mehr zugestanden wurde, muss ihnen eben bei Gelegenheit der Verhandlungen, welche dem Bündnisse vorangingen, bewilligt worden sein. In dem Pfandbriefe ist keine Andeutung vorhanden, dass das Schloss Gifhorn noch in Feindes Händen sich befand, und dennoch lassen Ereignisse des folgenden Jahres dieses nicht bezweifeln. Den Widerspruch, der hierin zu liegen scheint, beseitigt die Annahme, dass die von Veltheim die Auslieferung des Schlosses zwar versprochen hatten, die Herzöge im Vertrauen darauf es der Stadt verpfändeten, die von Veltheim dann aber sich weigerten, ihr Wort zu halten.

Nachdem Herzog Albrecht am 31. October 1381 sowohl das Bündniss mit dem Herzoge Friedrich und der Stadt Braunschweig als auch den Pfandbrief über die Schlösser Gifhorn und Fallersleben besiegelt hatte, kam er am Abende desselben Tages von Braunschweig nach Celle zurück. Hier traf er seinen Gastfreund, den Herzog von Mecklenburg, noch an. Es waren diesem unterdessen am 28. October drei Fass Bier und schon zwei Tage darauf wieder ein Fass in seine Herberge aus dem herzoglichen Keller gebracht worden. Zwei Tage später erhielt er wieder ein Fass und des anderen Tages eine Tonne Bier; auch wurden ihm fünf Scheffel oder Wichbimten Hafer vor seine Herberge gefahren. Ross und Reiter waren also mit allem reichlichst versehen, was für sie zur Nothdurft und Nahrung des Leibes gehörte. Am 2. November ritt Herzog Albrecht in Begleitung seines Gastfreundes nach Neustadt. Auch Bertold von Hohnhorst, der am vorigen Tage mit Klüver und Korlehake nach Celle gekommen war, reisete wieder ab.

Das Vorspiel zur Fehde des Herzogs gegen Bremen war, dass die von Mandelsloh und ihre Genossen in das Stift Bremen, besonders in Pfandgüter der Stadt, einfielen. Die näheren Umstände giebt die bremische Chronik an, deren Verfasser Rynesberch und Schene sind. Am 2. November 1381, so erzählt sie, hatten sich die Gebrüder Heineke, Diedrich und Stacius von Mandelsloh, die Gebrüder Gerhard und Ortgis Klenck, die Gebrüder Ulrich und Werner Behr, Bertold von Landesberg, Johann Gropeling, Arnold von Weyhe, Culemann und die Burgmannen von Drackenburg versammelt. Sie zogen aus Drackenburg mit hundert leicht bewaffneten Reitern und mit vierzig Schützen ins Stift Bremen, ritten über die Weser durch die Furth überhalb Thedingbausen und beschädigten die Vogtei Langwedel mit Raub, Brand und Plündern. Da liess der lange Friedrich Schulte, Vogt zu Langwedel, an die Glocken schlagen und die Rathsherren zu Bremen bitten, dass die Gewaffneten der Stadt zu Fuss und zu Pferde nach Thedingbausen eiligst kämen. Da fanden sie ihn mit einem guten Haufen reisiger Leute. Die Burgmannen von Thedingbausen mussten mit jagen und der Rath bat den langen Friedrich, Heerführer des Zuges zu sein. Unterdessen kam ihnen so grosse Hülfe, dass sie stärker wurden, als die Feinde. Als sie da den Feinden nachsetzten, liessen diese alles, was sie genommen hatten, stehen und warfen von sich, was sie beim Plündern erbeutet hatten. Die von Bremen folgten ihnen bis vor Blender. Als die Feinde durch die Holzung zur Hecke hinaus wohl zwei Acker Landes weit gekommen waren, hielten sie wegen Müdigkeit ihrer Pferde. Das war ihr Plan, denn sie konnten nichts anders. Da jagte der lange Friedrich mit nur 30 Leuten nach durch die Hecke und wartete nicht auf sein ganzes Gefolge, denn die Jagd war wohl eine Meile lang. Als die Feinde sahen, ritten sie ihnen wieder unter die Augen. Der Rathsherr Arnold Doneldey hatte die Hut der Bürger und that mit etwa 20 derselben sofort einen Ausfall. Als der lange Friedrich die Feinde sah, befahl er endlich, umzukehren, und rief: die Feinde sind uns zu stark, wir wollen wieder hinter die Hecke; von dort wollen wir dann einen Ausfall thun. Eher jene aber zurückkehren konnten, wurden sie gefangen und geschlagen. Die Feinde rannten zugleich mit den Bremern wieder durch die Hecke und diejenigen unter diesen, die den Plan des langen Friedrich nicht kannten noch seine Worte gehört hatten, flohen alle. Gefangen wurden der Probst zu Hadeln, der lange Friedrich Schulte, vier Burgmänner von Thedingbausen, vier Rathsherren von Bremen und ausserdem noch mehre Leute. Zwei andere fielen im Treffen. Die gefangenen Bürger lösten sich mit tausend Mark löthigen Silbers. Inzwischen schlossen die Rathsherren der Stadt mit dem ganzen Stifte ein Bündniss, in welchem ihnen 300 leicht bewaffnete Reiter versprochen wurden. Da nahmen sie zuerst den Gebrüdern von Mandelsloh alle ihre Besitzungen im Stifte Bremen, denn dieselben hatten Antheil wohl an zehn Schlössern. Des alles wurden die von Mandelsloh verlustig, denn, obgleich sie mit dem Rathe der Stadt Freundschaft geschlossen hatten, handelten sie gar zu übel gegen die Stadt. Zugleich kündigte Herzog Albrecht ihr Fehde und beschädigte Achim und andere Dörfer in der Vogtei Langwedel. Aber die von Bremen fielen dagegen mit 300 leicht bewaffneten Reitern in das Herzogthum ein und verübten dort einen zehnmal grösseren Schaden mit Raub und Brand. Sie nahmen Walsrode ein und legten es in Asche. Darauf eroberten sie Drackenburg und brannten es nieder. Dann zogen sie mit Büchsen und Belagerungswerkzeugen vor Zwitschen und wollten das Schloss belagern. Da flohen die Gebrüder Ulrich und Werner Behr und setzten das Schloss selbst in Brand. Ausserdem fügten sie ihnen sehr grossen Schaden zu. Nachdem der Krieg drei Vierteljahre gedauert hatte, wurde er mit einer Sühne beendet. In diesem Kriege gewannen die von Bremen mit Büchsen und Blieden das Schloss Brobergen, welches sehr fest war. Es wurde bestimmt, dass es der Stadt Bremen ein offenes Schloss sein sollte. Auch gewann die Stadt das halbe Schloss Bederkesa und die halbe Herrschaft. Soweit reicht die von der Chronik gegebene Nachricht. Sie wird ergänzt durch die Klageschrift gegen den Herzog, welche die von Mandelsloh im Jahre 1385 einreichten. Es wird darin Folgendes behauptet. Als er Feind der von Horneburg, der Mannen des Stiftes und der Stadt Bremen war, einigte er sich mit den von Mandelsloh, dass sie ihm Hülfe leisten und förderlich sein sollten. Sie thaten es um seinetwillen. Er dagegen versprach, sie in allem ihrem Rechte getreu zu vertheidigen und namentlich ihnen zu helfen, dass sie die Summen Geldes wieder erhielten, wofür ihnen Schlösser und Lande der Stifts Bremen und Verden verpfändet waren. Als sie ihm dann die versprochene Hülfe brachten, verband er sich gegen die von Mandelsloh mit denjenigen, gegen welche sie ihm halfen, und errichtete mit den Feinden eine Sühne, ohne die von Mandelsloh darin einzuschliessen. Diese berechneten den Schaden, den sie dadurch erlitten, zu 6000 Mark löthigen Silbers. Hiergegen verantwortete sich der Herzog, indem er versicherte: Alles, was er zu ihnen geredet und gesagt habe, sei von ihm gehalten und er in keinem Punkte ihnen wortbrüchig geworden. Er berufe sich deshalb auf den Inhalt des Bündnisses, welches er mit dem Stifte und dem Erzbischofe von Bremen geschlossen habe. Gern würde er die von Mandelsloh gegen jedermann in ihrem Rechte vertheidigt haben und ihnen förderlich gewesen sein, falls sie sich damals kein Unrecht gegen ihn und die Seinen erlaubt hätten. Da sie dies aber thaten, habe er sich zu ihrer Vertheidigung nicht verpflichtet gefühlt.

Die oben erwähnte Reise des Herzogs Albrecht nach dem Schlosse Neustadt muss sehr nothwendig gewesen sein, weil er sich daran durch den Besuch des Herzogs von Mecklenburg nicht hindern liess, und steht vielleicht mit einem Ereignisse im Zusammenhange, über welches Hermann von Lerbeke in seiner Chronik der Bischöfe von Minden berichtet. Er erzählt: „Im dreizehnten Regierungsjahre des Bischofs Wedekind von Minden (12. Juni 1381 bis 12. Juni 1382) nahm Bischof Gerhard von Hildesheim die Stadt Wunstorf ein und beabsichtigte sie zu besetzen. Weil jedoch sein Bruder Bischof von Minden war, zog er seine Truppen zurück und versicherte, dies aus Ehrfurcht vor dem heiligen Peter, Schutzpatrone der Kirche Minden, zu thun, welcher die Stadt zum Theil gehörte." Den anderen Theil der Stadt hatte der Graf von Wunstorf zu Lehn von der Kirche erhalten. Herzog Albrecht war seit dem 22. Juni 1378 sein Schutzherr und also wohl dazu berufen, eine gütliche Vermittelung zwischen dem Grafen und dem Bischofe von Hildesheim zu versuchen. Dies mag auch der Zweck seiner Reise gewesen sein. Während seiner Abwesenheit von Celle kamen am 4. November dorthin Ritter Christian Bosel und der lange Wilbrand von Reden. Weil sie ihn nicht fanden, ritten sie am folgenden Tage zu ihm nach Hannover. Nachts kamen Herzog Albrecht und der Herzog von Mecklenburg von Neustadt zurück. Der Vogt sorgte dafür, dass wieder drei Scheffel oder Wichhimten Hafer und ein Fass Bier in die Herberge des fürstlichen Gastes gebracht wurden. Am 6. November kamen der Ritter Christian Bosel und Wilbrand von Reden, weil sie den Herzog auch in Hannover nicht gefunden hatten, nach Celle zurück. Des nächsten Tages nahm der Herzog von Mecklenburg Abschied, worauf dann Herzog Albrecht, begleitet von Christian Bosel und Wilbrand von Reden, am 8. November wieder nach Hannover ritt. Von dort zurückgekehrt hielt er Abrechnung mit Breudeke von Bergen, Vogte zu Celle. Die Einnahme auf dem Schlosse betrug seit dem 24. Februar 1381, also während 8 Monate und 2 Wochen, 1196 Mark 10 Schillinge und 3 Pfennige, die Ausgaben 1573 Mark und 9 Schillinge lüneburger Pfennige. Der Herzog blieb dem Vogte 600 Mark Pfennige schuldig und entliess ihn seines Amtes. Am 12. November ernannte er den Segeband Voss zum Vogte auf dem Schlosse Celle. Welche Reisen er vor dem Schlusse des Jahres noch unternahm, ist nicht bekannt. Mit der Herzogin befand er sich wenigstens am 27. November und 4. December zu Celle. Von der dortigen Besatzung erhielten am 27. December Hans Pape, Henneke Schutte und ihre Gesellen, welche in Häusern der Bürger untergebracht waren, Pfandquittung, zogen also wahrscheinlich ab.

Für die Stadt Lüneburg endete auch das Jahr 1381 mit einem günstigen Abschlusse der Rechnung über ihr Schuldenwesen. Die Rathsherren der Stadt verschrieben am 12. Mai dem Johann von Schepenstede, Rathsherrn zu Lübeck, 10 Procent jährlicher Zinsen für die ihnen geliehenen 300 Mark Pfennige. Sie erklärten am 2. August, dem Knappen Eckhard von Gilten und seinen Brüdern Henning und Werner, dem Vollerd von Tzule und seinem Sohne Detlef 400 Mark Pfennige schuldig zu sein, und verpflichteten sich, dies Geld am 29. September 1382 auszuzahlen. Am 16. October versprachen sie dem Conrad von Urden, Bürger zu Lübeck, 6²⁄₃ Procent jährlicher Zinsen für die ihnen vorgeschossenen 150 Mark Pfennige. Der ganze Betrag der Schulden, welche in diesem Jahre hinzukamen, überschritt also nicht die Summe von 850 Mark Pfennige.

Berichtigungen.

Theil I. Seite 16 Zeile 23 lese man *profentes* statt *protenfes*.
Theil II. Seite VI muss als Tochter des Herzogs Ernst des jüngeren *Adelheid, vermählt mit dem Grafen Heinrich von Hohnstein* statt *Elisabeth, vermählt mit dem Grafen Wilhelm von Henneberg* verzeichnet werden (cfr. Theil V. pag. VII Zeile 42 bis pag. VIII Zeile 2, pag. XVIII Zeile 41 und 42).
Theil IV. Seite XIII Zeile 10 lese man *dereinst von ihm wieder einzulösen*, welche statt *einzulösen, deren andere Hälfte*.
Theil IV. Seite LXX Zeile 29 lese man *Einbeck, mit denen sie sich am 6. December 1370 verbunden hatten* statt *Einbeck* (cfr. Rehtmeiers Chronica pag. 642 Nota o).
Theil IV. Seite LXXVI Zeile 34 lese man *30. März* statt *6. April*.
Theil IV. Seite XCVI Zeile 24. In einem Register über das Archiv, welches früher auf dem 3 Meilen von Prag entfernten Schlosse Karlstein aufbewahrt wurde, kommt eine Urkunde vom 21. April 1371 vor, worin die Herzöge Wenzlaus und Albrecht von Sachsen das Bekenntnis anstellen, dass sie ihre Schlösser und Städte Mühlberg (an der Elbe) und Werdenheim dem Könige Wenzel von Böhmen mit Bewilligung des Kaisers verkauft haben. (Cfr. F. M. Pelzel's Geschichte Kaiser Karls des Vierten, Königs in Böhmen, Theil II. Dresden 1783. 8° pag. 837.)
Theil IV. Seite CXXXIV Zeile 19 lese man *Schöningen und eine Urkunde vom 12. März 1348 des Salzwerkes zu Barnstorf* statt *Schöningen*.
Theil IV. Seite CXLIV Zeile 35 lese man *Goltern oder Eckerde, eine dritte Ricklingen, eine vierte Mompel* statt *Mompel* (cfr. Leibnitii Scriptores Tom. II. pag. 193, Tom. III. pag. 187, 386, 566, 675; Meibomii rerum Germanicarum Tom. I. pag. 570).
Theil IV. Seite 255 Zeile 4 lese man *non* statt *vor*.
Theil IV. Seite 255 Zeile 22 lese man *wolda* statt *wolde*.
Theil IV. Seite 256 Zeile 29 lese man *teftā notarios* (nämlich *teftamentorum notarios*) statt *notarios*.
Theil V. Seite 9 Zeile 19 lese man das erste Mal *marcas* statt *marcam*, das zweite Mal *marcam* statt *marcas*.
Theil V. Seite 10 Zeile 35 lese man *floten* statt *floten*.
Theil V. Seite 46 Zeile 47 muss vielleicht *Gasliker* statt *Densliker* gelesen werden. Die Original-Urkunde nämlich lässt es zweifelhaft, ob der erste Buchstabe des Wortes ein *D* mit daran befindlichem, über das folgende *e* sich erstreckendem Striche oder ein *G* sein soll.
Theil V. Seite 49 Zeile 24 lese man *tehm* statt *tehmm*.
Theil V. Seite 59 Zeile 23 muss das Wort *entweder* ausfallen.
Theil V. Seite 59 Zeile 24 muss der Zusatz *oder noch wahrscheinlicher Allerberg bei Reinhausen* ausfallen.
Theil V. Seite 61 Zeile 14 lese man *4. März* statt *11. März*.
Theil V. Seite 85 Zeile 40 lese man *Andree* statt *Andres*.
Theil V. Seite 106 Zeile 10 lese man *Munster* statt *Münster*.
Theil V. Seite 109 Zeile 34 lese man *1. August* statt *25. Juli*.
Theil V. Seite 126 Zeile 14 muss das Wort *Bitter* ausfallen.
Theil V. Seite 130 Zeile 16 lese man *Sifendesmendechsten* statt *Sesendesmendechsten*. Vielleicht aber ist im Copiar ein Schreibfehler begangen, so dass es heissen müsste *Vifendesmendechsten*.
Theil V. Seite 136 Zeile 33 lese man *Nordberg* statt *Nordberg*.
Theil V. Seite 137 Zeile 23 lese man *nem he vi* statt *nem her*.
Theil V. Seite 140 Zeile 10 muss vielleicht *honoure* statt *hons (nobor)* gelesen werden.
Theil V. Seite 153 Zeile 17 lese man *Summa* statt *Summa*.
Theil V. Seite 177 Zeile 17. *X ?* gehört nicht zum Vorhergehenden sondern zum Folgenden.
Theil V. Seite 177 Zeile 43 lese man *tumen* statt *trumen*.
Theil V. Seite 182 Zeile 8 lese man *über das* statt *über dem*.
Theil V. Seite 182 Zeile 9 lese man *getroffene* statt *getroffenem*.
Theil V. Seite 200 Zeile 44 lese man *(unft erum) statt (ers erum)*. Cfr. Seite 256 Zeile 37.
Theil V. Seite 208 Zeile 11 lese man *Bergfrieden* statt *Burgfrieden*.
Theil V. Seite 222 Zeile 13 lese man *9. November* statt *16. November*.
Theil V. Seite 231 Zeile 44 lese man *ruttembergha* statt *wittembergha*.
Theil V. Seite 249 Zeile 31 lese man *Rotenbury* statt *Rodenbury*.
Theil V. Seite 261 Zeile 35 müssen die Buchstaben K. 0. ausfallen.

1. Die Herzöge Friedrich und Bernhard von Braunschweig und Lüneburg geloben, die von den Gebrüdern Burchard und Lippold von Stenbeke, als Vögten auf dem Schlosse Wolfenbüttel, gemachte Schuld von 69 Mark löthigen Silbers ihnen oder den Gläubigern zu bezahlen. — 1374, den 21. Januar. IV.

We frederik vñ bernd etc bekennen openbare in deffeme breue dat we borcharde vñ lippolde gebrudere geheiten von Stenbeke vnſe leuen getruwen ſchullen vñ willen entledigen negenvndveſtich lodige mark ſuluers brunſwichſer wichte vñ witte wür ſe de ſculdik ſint von gewinnes wegen dat ſe hat hebben vñ dan vppe deme huſe to woluelbutle vñ nomen hebben de wile ſe vogete dar ſulues weren vñ we ſchullen dat don twiſchen hir vn ſende Mertens dage de negeſt to komende is vñ wat we on des geldes an oren ſculden nicht entledigen alzo vor ſcreuen is dat ſchullen we on betalen vppe den vorbenompten ſunte Mertens dach. Des to vrkunde hebbe we vnſe Ingeſele vppe deſſen breff laten drucken. De gegeuen is to brunſw na goddes bord dritteynhundert Jar dar na in deme virvndeſeuentichſten Jare an ſunte agneten dage der hilgen Juncwrowen.

2. Die Herzöge Friedrich und Bernhard von Braunschweig und Lüneburg geloben, den Hans von Honlege, Diedrich von Wallmoden, Ludolf von Veltheim, Conrad von Weferlinge, Helmberd und Diedrich von Mandelsloh von der für sie bei dem Rathe der Stadt Braunschweig wegen des Schlosses Wolfenbüttel geleisteten Bürgschaft zu befreien, widrigenfalls dieselben das Schloss dem Rathe ausliefern dürfen. — 1374, den 22. Januar. IV.

We freder vnd bernd gebrudere etc bekennet dat we hern hanſe von honlege hern dider von walmede hern lud von velthem Riddere Corde von weuerlynge helmolde von Mandeſle vñ dider von Mandeſlo ünen vedderen vnſen leuen getruwen ſchullen vñ willen entledigen von deme louede dat ſe deme Rade to brunſw vnſen leuen getruwen von vnür wegen louet hebbet vor dat Slot to woluelbutle vn were dat we ſe dar af nicht entledigeden to ſodanen tiden alze ore bref vd wiſet den ſe deme rade to brunſw entſament dar vppe gegeuen hebben So ſchullen ſe ſik ſuluen von on ontledigen mid deme ſuluen vnſen ſlote alze de ſulue ore bref vd wiſet den ſe deme vorſcreuen rade to brunſw ghenen hebben ouer dat Slot to woluelbutle alzo dat ſe om dat antworden mogen von vnür wegen Des to vrkunde etc. De geuen is na goddes bord dritteynhundert Jar dar na in deme virvndeſeuentichſten Jare an ſunte vincentius dage.

3. Die Herzöge Friedrich und Bernhard von Braunschweig und Lüneburg geloben, dem Helmberd und Diedrich von Mandelsloh Kosten und Schaden, welche dieselben auf dem Schlosse Wolfenbüttel erleiden werden, zu ersetzen. — 1374, den 22. Januar. IV.

We freder vñ bernd etc bekennen dat wo vñ vnſe eruen helmb vñ dider von Mandeſle vnſen leuen getruwen ſtan vor koſte de ſe hebben vppo deme Slote to wofeſ efte ſe den ſchaden nemen de wile dat ſe koſte liden vppo deme ſuluen vnſen Slote woluelbutle vñ wad ſe koſte liden dar vppe edder ofto ſe ſchaden dar nemen bynnen der tüd alze vor ſcreuen is dar willen we ſe von gutliken entledigen vñ entleghen Des to tughe hebben we vnſe Ing. De gegeuen is to brunſw na goddes bord dritteynhundert Jar dar na in deme virvndeſeuentichſten Jare an ſunte vincentius dage.

4. Die Herzöge Friedrich und Bernhard von Braunschweig und Lüneburg erheben dem Rathe der Stadt Braunschweig um die von demselben für sie dem Knappen Burchard von Stenbeke bezahlten 50 Mark löthigen Silbers die Pfandsumme des Schlosses Wolfenbüttel. — 1374, den 25. Januar.   IV.

We. Junghere Frederͬ vñ Bernd. von der gnades. hertogen to. Brunſ̄ vn to Luneb. Bekennen openbare
in deſſem breue. dat de erbaren lude. vnſe leuen getruwen de Rad vñ de Borgere to Brunſw̄. hebbet. vor
os vñ van vnſer wegen. ut geghenen. vnd betalet. Borcharde van Stenbeke knapen. veftig rede lodige mark
Brunſw̄ wichte vñ witte. vñ vor de ſuluen veſtik mark. vorpende we on dat Slod to wolfelb̄. mid der ſummen des. geldes. vñ to der ſummen. de. ſe dar vore anhadden. dar on vſe here vñ vadir. hertoge Magnus
deme god gnedik ſi on. dat ſulue Slod. vore vorpendet heft alſe de Breff udwiſet. den he on dar up gegho-
10 uen vñ beſegheit heft. alſo dat ſe des Slotes van ſik nicht antworden enſchollen we enhebben on de veſ-
tig mark to der ganczen ſummen. dar on dat Slod er deſſer thiid van vnſem heren vñ vadire. vore vorpendet was. genczliken vñ al wedir gegeuen vñ betalet. vppe. de thijd wanne. we on dat leſte gheft van
der ganczen ſummen betalet vñ wedir gheuet. alſo alſe dat gedeydinget is. vñ hebbet. des to eyner betu-
gynge vñ bekandniſze. vnſe Ing gehenget laten to deſſem Breue   Datum Anno dominj M CCC. LXXIIII.
15 die connerſionis Sancti Pauli.

5. Die Ritter Hans von Honlege, Diedrich von Wallmoden, Ludolf von Veltheim und die Knappen Conrad von Waferlinge, Helmbert und Diedrich von Mandelsloh geloben, nachdem ihnen der Rath der Stadt Braunschweig das demselben von dem Herzoge Magnus von Braunschweig und Lüneburg verpfändete Schloss Wolfenbüttel ausgeliefert hat, dem von den Herzögen Friedrich und Bernhard von Braunschweig und Lüneburg und ihren Brüdern mit dem Rathe getroffenen Uebereinkommen gemäss das Schloss dem Rathe wieder auszuliefern, falls die Herzöge dem Rathe nicht an jedem der folgenden Tage, nämlich am 1. Mai und 29. September 1874 und am 22. April 1375, jedes Mal 1000 Mark, am 29. September des folgenden Jahres aber 850 Mark auf die Pfandsumme bezahlen, dagegen, wenn die vier Zahlungen geleistet sind, das Schloss den Herzögen auszuliefern. — 1374, den 25. Januar.   IV.

We her hans von honlege her diderik van walmede her ludolf van[1]) riddere Cord von weuerlinge
helmbert van Mandello vñ diderik van Mandelle knapen. bekennet openbare in deſſeme breue dat we hebbet entfangen vñ ingenomen van deme rade vn den borgeren to brunſw̄ dat Slot to wolnelbūtle mit alle
deme dat dar to hord alſo alſe vſe here hertoge Magnus hertoge to brunſw̄ vñ to luneb deme god gnedich
ſi on dat vorpendet vñ he ſeghelt heft alſe ſin bref den he on dar op gegenen heft vtwiſet vppe alſodane
30 degedinge alſe vſe Juncheren hertoge frederik vñ hertoge bernd vñ ore brodere des ſuluen hertogen Magnus ſone mit deme rade vñ mit den borgeren to brunſw̄ gedegedinget hebbet de degedinge ſtat alſus dat
de vorbenomden Juncheren hertoge frederik vñ hertoge brend[2]) vñ ore brodere deme rade to brunſw̄ to
deſſeme neyſten to komenden ſunte wolburge dage Inder Stad to brunſw̄ betalen ſcullet vñ willet van der
gantzen ſummen des geldes dar on dat Slot to wolnelbūtle van oreme heren vñ vadere vore vorpendet is
35 duſent mark brunſwikeſcher wichte vñ witte vñ darna to deme neyſten to komenden ſunte Michelis dage
auer duſent mark vñ denne darna to deme neyſten to komenden paſchen auer duſent mark vñ denne dar
to deme neyſten to komenden ſunte Michelis dage neghede halp hundert mark der vorſcreuenen wichte vñ
witte vñ welk deſſer vorbenomden ver ſummen vppe deſſe vorſcreuenen tide nicht betalet enworden alſe
vorſcreuen is So ſcolde we vñ welden wanne Jenich brok an der beredinge worde alze vorſcreuen is deme
40 Rade vñ den borgeren to brunſw̄ dat ſulue Slot to wolnelbūtle mit alle deme dat dar to hord van ſtaden an
wedir antworden ledich vñ los ane hinder wedir ſprake vñ vortogh   vñ we ſcullet dat ſulue Slot van orer
wegene wol bewaren vñ to gude holden.   Welk ok deſſer vorbenomden ſummen betalet worde dar ſcolde
de rad van brunſw̄ quite breue vp gegeuen[3]) dar ſe des innebekenden dat ſe vpgenomen hedden. Wanne

---
1) Hier fehlt veltham. 2) bernd. 3) geuen.

ok dit gheld vppe deſſe vorbenomden tide albetalet wore So ſcolde we dat Slot to woluelbutle mit alle
deme dat dar to hord vnſen vorſereuen Juncheren hertogen frederike vn̄ hertogen bernde. vn̄ oren broderen
wedir antworden vn̄ ſcolet des denne van deme Rade ledich vn̄ los weſen. Were ok dat binnen deſſer
tid vſer Jenich af ghinge So ſcolden de anderen de nochten leuenden enen anderen In des doden ſtede ſetten binnen den erſten verteynachten de ſcolden alle deſſe vorſereuen ſtucke louen deme Rade vn̄ den bor- 5
geren to brunſw̄ in ſinenne ſunderliken breue vn̄ dar enſcolde deſſe bref nicht mede vorbroken weſen alle
deſſe vor ſereuen ſtucke vn̄ en Jowelk biſunderen loue we deme Rade vn̄ den borgeren to brunſw̄ Intruwen
mit ſamder hand ſtude vn̄ vaſt to holdende vn̄ hebbet des to enor be tughinge vn̄ bekantniſſe vſe Ingeſegele
witliken ghehenget laten to deſſeme breue   Na godes bord duſent Jar vn̄ dre hundert Jar In dome vere
vn̄ Seuentigeſten Jare In Sünte paulis dage alſe he bekaret ward.   10

6. Die Herzöge Friedrich, Bernhard, Heinrich und Otto von Braunschweig und Lüneburg, Gebrüder, errichten,
um sich, ihr Land, Städte und Leute ihrer Herrschaft Braunschweig bei Gnaden, Ehren und Würden zu
erhalten und Eintracht unter ihnen zu stiften, damit dieselben stets zusammen und ungetheilt bleiben, mit
Rath und Bewilligung ihrer Mutter Katharina, aller ihrer Mannen und der Bürger in den Städten der
Herrschaft Braunschweig unter sich folgenden Vertrag: Die Herrschaft Braunschweig mit allen Städten, 15
Schlössern, Landen und Leuten, Lehnen und Zubehör soll weder von ihnen noch von ihren Erben getheilt
werden. Es soll der älteste von ihnen der Herrschaft, der Städte, Schlösser, Lande und Leute, die dazu
gehören oder noch hinzukommen, lebenslänglich mächtig sein und denselben sich, seinen Brüdern und deren
Erben zu gute und zum Nutzen vorstehen, soll alle Lehne verleihen und befugt sein, Pfandstücke einzulösen und wieder zu verpfänden, Amtleute und Vögte auf den Schlössern zu ernennen und abzusetzen, aber 20
keine Schlösser, Städte, Lande und Leute der Herrschaft ohne Bewilligung seiner Brüder, der Mannschaft
und der Städte in der Herrschaft Braunschweig zu veräussern. Die Pfandbesitzer der Schlösser sollen
geloben, mit denselben nach dem Tode des ältesten Herzogs sich zu seinem ältesten Bruder, falls er nicht
geistlich ist, und nach dem Tode der vier Herzöge zu ihrem ältesten Sohne zu halten. Wer nach dem
Tode des ältesten der vier Herzöge der älteste von den überlebenden ist, und sofort immer der älteste von 25
ihnen und nach ihrem Tode der älteste ihrer Söhne soll unter denselben Bedingungen lebenslänglich der
Herrschaft mächtig sein und ihr vorstehen. — 1374, den 1. Februar.   IV. Cnopt.

We Freder vnd Bernh̄ Hinr̄ vnd Otte Brodere[1] van goddes gnaden hertoghen to Brunſw̄ vn̄ to
Luneb. Bekennen openbare in deſſem Breue. vor Alle den. de on ſeen edder horen leſen   Vppe dat we vns
vnſe Land Stede. vnd Ludhe. Geiſtlik vnd werltlik. vnſer herſchop to Brunſw̄. by. gunden. Eren vn̄ werde- 30
cheit beholden. vnd eyndrechticheit der ſuluen vnſer Lande Stedhe. vnd lude. maken. alſo dat de eyn blyuen
vn̄ vngedoylet van vns al vn̄ van allen vnſen. Eruen. in tokamenden thiden Ewiglichen. Hebben we myd
radhe vnd. vulbort vnſir leuen vrowen. vnd Muder vrowen Kather̄. vnd al vnſir leuen man. vn̄ Borghere. al
vnſir Stede. vnſir herſchop to Brunſw̄. vns genczliken voreynet. vns vnd on to nutte. vnd to vromen. In deſſer wiſe. Dat vnſe vorbenompte herſchop to Brunſw̄ myd allen Stedhen ſloten Landen. vnd Luden. myd 35
allen leuen geiſtliken vn̄ werltliken vnd gemeinlike myd al ore tobehoringhe. ewelliken vnd vmmer. eyn
vnghetwiget herſchop ſchol. blyuen.   vnd we noch vnſe Eruen. ſcholen noch en wellen. do myd nichte delen
noch twighen. vnd ſchullen vn̄ willen dat holden ewigliken. alze hir naſteid geſcreuen Dat de Eldeſte Bruder. vnder vns vorbenompten hertogen vnſer herſchop to Brunſw̄ Stede Slote Lande vnd Lude Geiſtlik vnd
werltlik de nv dar to horet edder dar to noch kamen moghen[2] myd alle ore tobehoringhe ſchal mechtik 40
weſen. vnd ſchal de truwelken vorſtan. vns allen to ghude vnd to nod, vn̄ vnſen Eruen al
de wile dat he leuet. vnd ſchal mechtik weſen. ſine Louedaghe. alle geiſtlike lẽn vnd werltlike to vorlenende.
de to vnſir vorbenompten herſchop to Brunſw̄ nv horet edder dar nach to kamen moghen   Ok ſo ſchal

---

Folgende in obigem Concepte enthaltene Wörter und Sätze ſind in dasselbe von der Hand dessen, der das Concept geschrieben hat, hineincorrigirt: [1] *Brudere.* [2] *de nv dar to — moghen.*

vñ mach do vorbenompte vnfe eldefte Broder. de wile dat he leuet mechtik wefen Slote Land vnd lude
vñ alle pendhe. de vorpendet fin. lofen vñ de wedir vorfetten vñ vorpenden. vnd amechtihde vñ voghede
vppe. de Slote fetten. vnd de wedir vntfetten wanne vñ wu dikke des behuff is. Auer flote ftede land
vñ lude der herfchop to Brunfw enfchal he nicht vorkopen noch vorlaten ane willen vñ volbort finer
5 Brodere vñ der Manfchop vñ ftede in der herfchop to Brunfw. ³) Vnd weme de vorbenompten Slote ⁴)
aldus von om vorpendet edir vorfattet worden, dat fcholde men myd Breuen alzo vorwaren wanne vnfis
eldeften Broder de nv leuet to kord worde van dodhe. dat fe fik denne. fcholden holden myd den Sloten
vnd penden. an den de denne de Eldefte vnder vns vorbenompten Brudern were. defte he neyn pape edor
geiftlik man enwere. efte an vnfen Eldeften Sone. wanne vnfir Brodere neyn leuende were. in allir wife
10 alfe fe fik vore. an vnfen eldeften Bruder gedan hadden. de wile dat he leuede. Vnd wanne vnfe Eldefte
Bruder de nv is af ghet van dodhe da ghod vor fi. welk vnder vns Brodern denne de Eldefte is. de
Schal vnfer vorbenompten herfchop to Brunfw. myd aller tobehoringhe. myd allen lenen Geiftlik vñ werltlik.
mechtik wefen. vnde de truweliken fik vn finen Brudern vñ Eruen. vnde des doden Bruder kindern efte he
echte kindere lete. vorftan. in allir wife alfe vnfe. Bruder fcholde dan hebben. de wile dat he leuede alze
15 hir vore fcreuen is. Vnd denne io fo vort de de denne de Eldefte vnder vns vorbenompten Brudern were
alze vorfcreuen is. eddir vnfe eldefte echte fone icht vnfir Brudere neyn leuendhe were. echte we echte fone
hedden eddir wunnen. vñ vort an ore Eldefte echte ⁵) fone. fcholde der herfchop to Brunfw mechtik wefen.
fine Leuedaghe. vnd fcholde ⁶) Slote Stede Land vñ lude. myd al oro tobehoringe. truweliken vorftan. fik
vnd finen Brudern vnd rechten Eruen to nod. vnd to ghudhe. in aller wife alze vorfcreuen is. *) Alle deffe
20 vorbenompten Stukke. vnd or iowelk befunden. Loue we. vorbenompten Brodere. Freder Bernd. Hinr vñ Otte
hertogen to Brunfw vnd to Luneb. vnder andern vnd vnfir manfchop. vnd fteden vnfir vorbenompten herfchop to Brunfw. ewliken. vnd jummer. ftede vnd vafte to holden vnd vnvorbroken vor vns vn alle vnfe
Eruen. vñ hebben des etc to vrkunde vñ to bekantniffe vnfe Ing etc. Teftes huius rej funt Johans de
honleghe. Her dider van walnede Ridders ⁷). Rudker van Guftedhe. Curd van Wenerlynge her horman
25 knyghe proneft to Wenygfen. helmbert van Mandeflo. Euerd van Marenholte. Tyle vam damme vn Curd
Dorink Borgermeftere. der Stad to Brunfw vñ do Ganeze Rad dar fuluens. vnde vele andere vnfir man
vnd guder lude. Datum Brunfw Anno dominj CCC LXXIIII in vigilia Purificationis Beate Marie.
Gedruckt in Kleinfchmidt's Sammlung von Landtags-Abfchieden 1. 38. Erath's Hiftorifche Nachricht von den Erbtheilun-
gen pag. 25. Rehtmeier's Chronica pag. 661. Apologia oder abgenötigte gründliche Widerlegung eines vermeineten Difcurfes etc.
30 Beil. B.

7. **Die Herzöge Friedrich und Bernhard von Braunschweig und Lüneburg erneuern die von den Herzögen Magnus und Ernst am 14. Februar 1345 der Stadt Braunschweig ertheilten Zusicherungen, gestatten den dortigen Bürgern, sich, wenn sie verklagt werden, vor ihrem ordentlichen Richter zu verantworten, geloben, in ihren eigenen Streitigkeiten mit dem Rathe als dessen Gewohnheit und Recht dasjenige anzuerkennen, was zwei**
35 **Rathsherren als solches beschwören, die Klagen jedes Anderen als durch den Eid beider entkräftigt abzuweisen, die Rechte des Rathes und der Stadt zu bessern und nicht zu kränken, die Bürger wegen keiner Sache zu beschuldigen, die zu Zeiten ihres Vaters und ihrer Vorfahren vorgefallen ist, kein Gut, welches zu oder aus der Stadt gefahren, getrieben oder getragen wird, hindern zu lassen, wenn es nicht offenbarer Feinde Gut ist, niemanden zu Gesinde zu nehmen und gegen die Stadt zu vertheidigen, gegen den sie ihr**
40 **nicht Recht gestatten und ihr zum Rechte verhelfen, über keinen Bürger, der gegen sie sich vergeht, noch über sein Gut selbst zu richten, es sei denn, dass er auf handhafter That des Todtschlages ergriffen wird,**

³) Auer flote ftede — in der herfchop to Brunfw. Die im erften Theile diefes Satzes ftehenden Worte der herfchop to Brunfw haben anfangs in demfelben nicht geftanden, sondern sind noch fpäter hinzugesetzt ⁴) vorbenompten Slote. ⁵) echte. ⁶) fcholde.
⁷) Riddere.
45 *) Hier fehlt ein ganzer Abfatz, welcher in den früher gedruckten Texten vorhanden ist.

sondern davon Anzeige bei dem Rathe und der Stadt zu machen, und an dem Rechte oder gütlichen Vergleiche, wenn diese ihnen verhelfen, sich genügen zu lassen, die Stadt getreu zu ihrem Rechte zu vertheidigen und sie bei Gnaden und Recht zu lassen, sie und ihre Meier nicht mit Beede oder Dienst zu beschweren, bei Erhebung der über sie oder ihre Meier gerichtlich verhängten Geldstrafen so gnädig zu verfahren, dass sie nicht zu Grunde gerichtet werden, keine neue Schatzung im Lande über sie und ihre Meier, wodurch sie benachtheiligt werden, anzusetzen und alle von ihrem Vater und von ihren Vorfahren dem Rathe und der Stadt oder einzelnen Bürgern ausgestellten Urkunden zu halten. Zugleich bestätigen sie die Privilegien der Stadt. — 1374, den 3. Februar. **IV.**

Wý Jungher Frederich vnde Bernd von der gnade Goddes Hertogen tů Brunſwich vnde tů Lunebr Bekennet openbare Indeſſeme Breue Dat wý noch vnſe rechte Eruen enſchollet neyne Cloſtere edder Conuente Geyſtlicker lude mannen edder vrouwen Setten orlouen edder vulborden tů wonende bynnen der Stad vnde der Mûren tů Brunſwich. vnde ok buten der Stad alzo verne als ore vý drift es Wý bekennet ok des dat wý vnde vnſe rechte Eruen hebbet der ſuluen vnſer Stad tů Brunſwich. vnde vnſen lyuen Borgern dar ynne Bý namen inder Oldenſtad indeme Hagheue inder Nyenſtad Inder Olden wik vnde indeme Sacke. dý gnade vnde dat recht ghegheuen dý dar nů ynne ſyn. vnde Borgere vnde Borgerſchen ſyn. dý ſchollen vrý weſen von allerleye anſprake, Wý na deſſem daghe ok als deſſe Brep ghegheuen es indý ſuluen vorſegheden vif Stede vnſer Stad tů Brunſwich. vore vnde Borgher worde vnde openbar dar ynne were Jar. vnde dach ane anſprake. dý. ſcholde des ſuluen rechtes[1] vnde vrý Borgher weſen als hir vore geſchreuen es. Worde ok Jement anſpraket bynnen. Jare. vnde daghe myt rechte. dý dý Burſchop ghewunnen hedde. den enſcholde dý Rad vor nenen Borger hebben he enhedde ſik vorlykent myd der Herſchop myt vruntſchop. edder myt rechte,, Wý ok vnde vnſe rechte Eruen willen vnde ſchollet dý vif Stede vnſer Stad tů Brunſwich beſchermen vnde vordeghedinghen alle ores rechtes vnde vrýheyt alſe ſý dý Oldinghes, von vnſen Eldern. gehad hebben vnde hebbet vnde ore recht tů Beterne vnde nicht tů Ergerne, Were ok dat alzo, dat Jenich man. der ſuluen vnſer Borgere Jenighen vorlern wolde vor lat edder Eygen. edder Jenighe anſprake dûn wolde edder Jenighe ſchult gheuen wolde dý ſcholde antworden vor vnſem gerichte inder Stad tů Brunſwich. vnſe vörbenomden Borgere der vif Stede vnſer Borgere[2] tů Brunſwich. moten oř recht wol betern wor ſý moghen vnde wor dar nement enklaget. dar endarf. nynnant richten Were ok dat ſý yemant ſchuldigen wolde ſo ſcholden ſý antworden dar id oň gheborde von rechte tů antwordende vnde des ſcholle wý ſý vordegedingen. Were ok dat Jenich ſchelinge twiſchen os. vnde deme Rade tů Brunſwich velle wat denne twene manne vt dem Rade med oreme rechte behelden dat ore olde gewonheyt vnde recht geweſen hette dar ſcholde wý ſý bý laten vnde bý beholden Wolde den Rad ok anders Jemant ſchuldigen wes denne twene manne vt deme rade den rad vntledigheden myd rechte des ſcholde dý rad los weſen vnde des ſcholde wý ſý vordeghedingen vnde ſchollet des rades vnde der Stad tů Brunſwich recht beteren vnde med nichte vorkrenken Vord mer Bekenne wý ok vnde vnſe Eruen dat vnſe Borgere der vorbenomden vif Stede vnſer Stad tů Brunſwich vnde oř ghud ſchollen Tollen vrý weſen in vnſem lande vnde in vnſen Steden vnde tů allen vnſen Sloten Wý ok inder Stad tů Brunſwich voget es von vnſer weghene dý ſchal richten bynnen der Stad vnde Butene, alſe verne als ore vý drift wendet Vortmer vppe dat vnder vnſen mannen vnde vnder vnſen vorbenomden Borgern neyn twidracht enwerde So ſcholle wý oň eynen Marſchalk ſetten dý vnſen Borgern Richte ouer vnſe manne des one nod ſý Wý en willet ok des nicht dat vnſer Dynneſtman Jenich Jenyghen vnſer Borgere tů Brunſwich myd lenghude wýſe an eynen andern heren dý beneden oň ſý des wille wý oň erſtan Wý dûn oň ok dý ghnade welk Borger ghud hedde tů lene von vnſem dýneſtmanne Storue dý ane Eruen So ſcholde dý Borgher volghen an os vnde[3] wolden one belenen med deme ſuluen gude ane wedder ſprake vnde ghaue, Wý enſchollen ok vmme nene Sake ſchuldigen dý bý vnſes Heren vnſer vader tyden. vnde vnſer Eldern gheuallen weren Wý enſchullet ok nenerleý ghud dat men tů der

---

[1] Hier fehlt bruken. [2] Stad statt Borgers. [3] Hier fehlt we.

Stad odder von der Stad vorede dreue edder droghe hindern laten id enſÿ vnſer openbarn vyende, Wÿ en
ſchollet ok nymande tů geſinde nemen den wÿ wedder dÿ Stad. vnde orome rechte vordeghedinghen wÿ enwillen one oń tů rechte ſetten vnde oń rechtes von ome helpen Were ok dat vnſer Borgere Jenich Broke
dede wedder os. andeme Borgere noch anſynemo ghude enwille wÿ nen ſulfgerichte důn, Id enwere dat he
5 worde beghrepon vp hanthaftiger dat enes dotſlaghes wÿ endeden dat witlich deme rade aller erſt vnde
der ſtad Hulpen ſÿ vns dar vmme mynne edder rechtes dar ſcholde wÿ vns ane noghen laten Ok wille
wÿ vnde ſchollet ſÿ truwelicken vordeghedinghen tů orme rechte vnde bÿ ghnaden. vnde bÿ rechte laten
vnde beholden tů allen tyden,   vnde wÿ edder dÿ vnſe enwillet noch enſchollet dÿ ore vnde ore meygere met nichte beſwaren myd Bede. edder mod dinſte edder Jenigerleÿ wys Were ok dat ſÿ edder ore
10 meygere Broke deden dÿ oń myt rechte ghevunden worden tů beterne. dat ſcholde wÿ. vnde dÿ vnſe oń
gnedelicken holden vnde keren dat ſÿ des vnvorderuet bleuen Ok enwille wÿ. vnde en ſchollet noch dÿ
vnſe nene nye Schattinghe in vnſem lande ouer ſÿ. vnde ore meygere vnde dÿ ore ſetten edder ſetten laten
dar ſÿ. edder dÿ ore mede beſchadet werden Wort mere bekenne wÿ dat wÿ. vnde vnſe rechten Eruen
willen. vnde ſchollen. alle dÿ Breue dÿ vnſe Here. vnſe vader Hertoge Magnus. deme ghot ghnedich ſÿ vnde
15 vnſe Eldern gheghouen hebben deme Rade. vnde der Stad tů Brunſwich vnde eynome Jowelken Borgere tů
Brunſwich den Breue von oń gho gheuen ſint gantz ſtede. vnde vnvorbroken holden, vnde beſtedigen alle ore
priuilegia in aller wiſe als wÿ dÿ ſuluen beſegelt hetten Wÿ willet ok dÿ ſuluen vorbenomden Borgere
truwelicken vordegedinghen vnde beſchermen vnde ores rechtes dat ſÿ von vnſen Eldern vnde vorvaren ghehad hebbet vnde willet oń dat ſtede vnde gantz holden   Wolde ſÿ ok alle deſſer vorſegheden ghnade
20 vnde rechtes dat wÿ. vnde vnſe Eldern one gheghouen hebbet Jenich man vor vnrechtigen des wille wÿ ore
beſchermer weſen nů vnde tů allen tyden vnde tů allen oren noden An eyn orkunde vnde Stedicheyt
alle deſſer vorſchreuenen dinge hebbe⁴) vor os. vnde vnſe Eruen vnſe ingeſ gehenget laten tů deſſem Breue.
Deſſer dinge ſint ouch getzůge vnſe manne. vnde dynere dÿ dar an. vnde ouer geweſen hebbet dÿ hir nach
gheſcreuen ſtan Her Herman Knygke Prouest tů wenygſzen. Her Hans. von Holeghe. Her Dyder von Wal-
25 mede rittere Rotgher von Guſtede. Cord. von Weuerlinghe Helmbert von Mandeſle knapen Hermannus vnſe
Schriuere Tyle von deme Damme. Eylard von der heyde. Cord. Doring Hennyg Eylers Herman. von Guſtede
Hans. von der Molen Brolius Sunnenberch vnde anderer vromen lude nuch Vnde es geſchen Na Goddes
Bord Duſent Jar vnde dry Hundert indeme vyere. vnde Seuentigeſten Jare. in ſunte Blaſius. dage des Hey-
lighen Mertelers.

30   Gedruckt im Urkundenbuch der Stadt Braunschweig. Band I. pag. 60) und 61.

**6. Die Rathsherren und Bürger der Stadt Braunschweig huldigen den Herzögen Friedrich und Bernhard von
Braunschweig und Lüneburg, und Herzog Friedrich belehnt sie.** — 1374, den 3. Februar.   IV.

Anno dominj M CCC LXXIIII die Sancti Blaůj.
Iſto die Sancti. Blaſij. Conſules et Ciues Brunſw̄. fecerunt homagium Dominis ducibus Brunſwicenſibus
35 et Luneb̄ Frederico et Bernhardo.
Dominus Fredericus prenominatus inpheodauit ipſos in bonis que secuntur.
Hinr̄ Holtnikker XXX ſ in moneta.
Hinr̄ vam hus VII huven to Adenvm Item IIII huve to wirdhe myd den houen de dar to horen.
Brun van Ghuſtede IIII huve to Lyndem vn eynen hoff¹) Item tw huve vn twe howe to halchtere.
40 Item eyne huve vn eynen hoff to holtorpe. eyn pund in der Muntie.
Eylhard van der heyde twey pund in der Munthie. vnd dre pund. in deme rechten tollen in der Stad
Brunſw̄, vnde den haluen tollen da ſuluens. dit heft he. von allen heren.

---
⁴) Hier fehlt wÿ.
¹) Daneben ſteht von etwa gleichzeitiger Hand geschrieben: de hadden de ſalighen had.

Curd Bakkerman vn̄ eylhard van der heyde. hebben von deſſem vorſcreuen heren Frederͣ enphangen. Ses pund geldes andem Greuen ſchote indem richte to der Peſere. vnde tw mark geldes myd den Buren to kochinghen. ²)

Ernbrecht. herman. Rulf vnd Bertram von veltſtedhe. VIII pund geldes in der Munthie myn. V. ſ.

Tyle nodberg vn̄ de von veltſtede. vorſcreuen hebbet to hope tw huſe to Tymmerla tw huſe to hed- 5 berghe Item ver huſe to Lyndem eyne mark geldes an twen huſen to groten Denkede. ³)

Hans van heimſtedhe. vn̄ Jordan. van Alnelde hebbet den haluen tegenden to hoddorpe. vn eynen hoff dar ſuluens.

Hans van heymſtede vn̄. Eggelink wagghen vn̄ ſine Brudere de Molen to Denkede.

Hans van der molen vn̄ Eggelink ſin ⁴). veddere. hebbet viff huve to widmere ⁵) vnd ſeuen Morghen 10 rodelandes. alle teghend vn̄ eynen kodhoff dar ſuluens, ver huſe to Bortfelde. eynen Buwe hoff vn̄ Eluen kodhoſe dar ſuluens. ⁶) ver pund geldes ⁷) in der viſſcherie. de dar an geyt to Eyſbuttele vnd wend ſich to Elbere. de vogelweyde. de da an tryt to Eyſbuttele went indat Blankendal. vn̄ geit vor dem nodberghe vp wend indat ſiken hold.

Ambroſius Curd vn̄ hans van ſunnenberghe viſ huſe to Sunnenberge eynen Buwſhoff twe kothone. ⁶) 15 tw huſe. vn eynen hoff to Geuenſleue.

Curd van Stokkem. eyn verndels. myd tw huſe. to ludken denkede. eynen Buw hoff vn̄ twe kothoſe.

Clawus van kubbelynge, vn̄ Curd ſin Brodere. eyne halue huſe. to Ořem. vn̄ eynen kothoff, vn̄ to Vlechtorpe ver huſe. vn̄ eyn Borchlen tom kampe vp me huſe. eynen kodhoff. vn eynen Bw hoff dar ſuluens. myd al dem. dat dar to hort. 20

Ludolf van Soldhe ⁸) dre huſe to Gheuenſleue. vn twelf ſ tynſes. dar ſuluens. ver hodhoſe. ¹⁰).

Curd Stapel. de Eldere. Jordan. van Aluelde. Curd Stapel. de Junghe. vnd Jordan ſin Bruder. VI huſe to detterne. hofe vn̄ kodhoſe dar ſuluens. de dar to horen. eyne huſe to wedele. vn̄ eyn hoff.

Hennynk Eylers. Curd Brande. Hinr̄ vnd Brendeke Curd eylers Sone VIII pund geldes in der muntie II! mark in den Joden. Dyt lenen de heren van Brunſw̄ alle. den tegenden to Lere. tw huſe to denkede. 25

Hans ¹¹) von vynſleue. Eyne Huben. vnde Ses acker graſes vp deme velde tū Hoczlem.

Kord voget Eyne Huben vnde twene Hone. tū Sickte vnde eyne Huben vnde eynen Hof tū Sliſtede.

Detmar ¹²) von Bornem I Huben tū Tzicktem vnde tzū Hotzclem I̅ Huben. ¹³)

Kord Doring Tyln Doring Hinr̄ vnde Ekeling Doring patrui IIII" huben tū Engelmſtede vnde 30 twene houe. dar hort tū kord tyle vnde Jordan von alenelde vnde . I . huben tū kiſſenbrucke. vnde twene houe dar ſuluns vnde II pund geldes. inder Montie . I . pund indeme tolne vnde IIII" huben tū lutken laſſarde vnde . I . hof.

Ekkeling rudoluʼs ¹⁴) huben tū groten denkede vnde III hone.

---

²) Der Satz: *Curd Bakkerman — kochinghen* ist durchſtrichen. Von etwa gleichzeitiger Hand iſt daneben geſchrieben: *dit gud 35 heft min here van brunſw̄ wedder loſed van curdes wine beckermanne*. ³) Die Worte: *Item ver — Denkede* und die vorhergehenden Worte *ver huſe to Tymmerla* ſind durchſtrichen. Von gleichzeitiger Hand iſt daneben geſchrieben: *aduocatus tol(lit) ad caſtrum*. ⁴) Die Worte *Hans — ſin* ſind durchſtrichen. ⁵) Die Worte *viſ huve to widmere* ſind durchſtrichen. Von etwa gleichzeitiger Hand iſt daneben geſchrieben: *de viſ huue (ſint) yheeghent deme (cloſtere) to riddaġ*. ⁶) Die Worte *ver huſe — dar ſuluens* ſind durchſtrichen. Darüber iſt von etwa gleichzeitiger Hand geſchrieben: *filij erulis habet*. ⁷) Zur Seite iſt von etwa gleichzeitiger Hand bemerkt: 40 *III talenta ſunt (appropriata I altari eccleſie (ſancte ka)ẏherine in brunſw̄ Karrenaghe fecit dominus Frederͣ appropriauit*. ⁸) Die Worte *viſ huſe — kothone* ſind durchſtrichen. Von etwa gleichzeitiger Hand iſt darüber geſchrieben: *de V huus heſt hertoge otte vn min junchare F ophent deme cloſtere vpp deme reuentberg*. ⁹) Die folgende Hand hat hier hinzugefügt: *vnde Egbeř ſyn vyeer Bruder*. ¹⁰) Die folgende Hand hat hier hinzugefügt: *reẏ vnde eme tzins vnde dinſtes vnde ſchotes vry*. ¹¹) Mit dem Worte *Hans* beginnt eine andere Hand. ¹²) *Detmar* iſt durchſtrichen. Statt deſſen hat die folgende, nämlich die dritte Hand dieſes Lehnsregiſters 45 geſchrieben: *Hinr̄ et Detmar clemmes*. ¹³) Zwiſchen dieſem Satze und dem folgenden (nämlich bis zu Ende der Seite) iſt im Manuſcripte ein groſſer Raum unbeſchrieben gelaſſen.

Gerlach von deme Broke . I . hof tů wendeborch dat het dỹ hohof. vnde . I mark Geldes tů Bornem vñ twe huben vnde an twen houen.

Detmar muntmeſtere vnde Hans ſyn Broder IIII huben vnde twene houe tů Brofzzem. [14])

Ludolf. vnde Hans. von wenthuſen II huben. tů Ingeleue. VIII ſcepel rogen vnde dỹ vogedie tů Honrode ouer achte houe. vnde wat dar tů hort.

Heyne von deme kerchoue. vnde hinř ſyn vettere hebben XI pund inder montie vnde dỹ vogedie ouer XI huben tů Latamme vnde dỹ vogedie ouer . V . huben tů Bornem.

Heyne von deme kerchoue. vnde hinř ſyn vettere vnde Henning Salig vnde Salig ſyn Bruder Den Byer toln half in der gantzen ſtad vnde XXVII ſcepel moltes inder molen achter der Borch.

Henning Bolte vnde Denike Bolte II pund geldes. inder montie.

Herman ruſcher VII Suben tů Etzem vnde . I . molen. vnde houe vnde huben vnde alle dat dar tů hort.

Meſter Ludolf von raleberg IIII^{or} huben tů Lynden IIII huben tů Bortuelde vnde IIII^{or} houe vnde wat dar tů hort.

Bertold von Oſterode XXX ſcillinge Brunſw an deme Greuen ſchote tů Broytſzem.

Bertold von Broytſtede III huben tů Lengede. vnde . I . hof.

Jordan kramer Jordan. vnde Godike ſyne vettern XIIII ſcepel moltes in Beyden molen vor der nyenſtad V pund penninge inder montie . I . pund penninge inder Eptiſchen gude von Ganderſem tů groten denkede. †) . I . wiſez by deme Hunrebruke I tegenden tů vlechtorpe III huben tů Staampleue . I . hube tů Etzem. I huben tů alne I huben tů Sliſtede.

Hinř von vrde . I . huben tů Sickte . I . pund geldes inder montie.

Tyle von Guſtede. vnde Herman Brodere IIII^{or} pund geldes inder Montie.

Henning Salig vnde Salig ſyn Bruder dỹ vogedie ouer X huben tů Sickte Tů Berkling XXXII ſcillinge.

Ludeman Engelken vnde Bertold von Lindem . I . huben tů Atleueſchen.

Ekeling von Sicktem. vnde Lud ſyn Broder I huben vp deme velde tů Sicktem.

Kord Holtnicker Henning Holtnicker Hinř Holtnicker veddern . I . huben tů Machterſem vnde den dritten teyl an den twen deylen inder molen tů der vere vnde tů Berchling . I . huben ledich vnde twe huben voget gudes vnde twe huben latgudes tů Gylſzem med allenne rechte vnde III huben tů vynlleue vnde III mark inden Joden.

Ekkeling kogele. Albŕ vnde Henning den tegenden tů Boymſtorpe.

Ludike von remling . I . pund geldes tů Berchling.

Gerke Pawel IIII^{or} huben tů Inttegen denkede [15]) vnde IIII^{or} huben tů remeling XXI ſ geldes an dren huben tů vogedes dalem III pund Geldes vnde dỹ vogedie indeme dorpe tů Olbere. Ses pund geldes vp der Montie.

Achatius Grube IIII^{or} huben vnde . I . hof tů wynnigeſtede III huben tů Ingelem.

Hans von deme byle I huben tů Sule med allenne rechte vnde Ludeman von Twelche. [16])

Heynike von Grunowe . I . huben tů watſem med allenne rechte.

Heynike von Inttiken dalem II huben landes vp deme velde tů lutken dalem vnde . I . hof. vnde wat dar tů hort tů lutken dalem.

Curd [17]) lude de to twiflingen beſeten is. riſ hufe vñ eyn borchleen vp deme huſe vñ wad dar to hort.

---

[14]) Der Satz *Detmar — Brofzzem* ist durchstrichen. Daneben ist von etwa gleichzeitiger Hand geschrieben: *de keſp ludeke van deme kopen ciuis in brunſw*. [15]) Die Worte *Gerke — denkede* sind durchstrichen. [16]) Der Satz *Hans — Twelche* ist durchstrichen. [17]) Mit dem Worte *Curd* beginnt eine dritte, gleichfalls gleichzeitige Hand dieses Lehnsregisters.

†) Das Amt und der Zehnte zu grossen Denkte gehörte der Abtissinn zu Gandersheim cfr. die Urkunde du 1350 in Harenberg's Historia ecclesiae Gandersheimensis pag. 834.

Herwich kerftens morans in watxem ł huue to watxem et alheydis vxor fua habet oam ad dotalicium.

Heyneman beckere de tauerne to lindem.

Brand clemmerogke XII fol voghed penninge an dren huuen vppe deme velde to vimmelfe.

Thyderik van cletlinge famulus III huue vp deme velde to hefnem vnde enen hoff [19] vnde tw huue to linde.

Brant clemmerogke IIII huue vn I hoff to groten ftockem.

Henning Conrades ludeman et hans Cordes fone ghogreuen moranti in foltdalem I manfum in foltdalem enen zedelhoff enen kothoff et I würt.

Hinrik van cueffem den haluen tegheden to kochinge.*)

9. Forderung der Stadt Braunschweig an die Herzöge von Braunschweig wegen der ihr verpfändeten Schlösser Wolfenbüttel, Vorsfelde, Neuhaus bei Vorsfelde und Königslutter. IV.

Nota fuper Wulf XXI^C marce et XIX marca puri.

Item pro expenfis. In nouo Caftro Barffelde V^C marce fine confu.

Item. fuper Varffolde VII^C. marce. LXXVII marce fine confu.

Item. II^C marce pro. Luttere domino Luppoldo. de Steinbeke.

Cenfus annualis huius XVI marce.

Cenfus fuper XXI^C. marcam et XIX marcas fupra fcriptas. centum marce. cum LXX marcis minus dymidia marka.

Summa fummarum huius XXXVII^C. marce. puri. et LXXXI marce puri. fuper hanc fummam habent literam dominj ducis fuper. wolfelbutle Burgenfibus in Brunfw obligatum.

Litere fuper Varffolde. debent adhuc domino reprefentari.

Super hoc habent vnam literam a domicellis noftris iplis nouiter datam fuper . L . . marcas quas dederunt Borch de fteinbeke.

10. Herzog Erich von Sachsen-Lauenburg einerseits und seine Vettern, die Herzöge Wenzlaus und Albrecht von Sachsen und Lüneburg, andererseits errichten mit einander folgenden Vertrag ewiger Freundschaft. Er und sie wollen sich getreulich und nach allem Vermögen behülflich sein, einander bei Schlössern, Landen und Leuten, die jeder jetzt besitzt oder noch bekommt, und bei allem Rechte gegen jedermann mit Ausnahme des Kaisers und Reiches zu schützen, und sich einander, wenn es erforderlich ist, mit ganzer Macht Heeresfolge leisten. Sie wollen seine Mannen, Bürger und Unterthanen, er die Ihrigen, namentlich die Bürger zu Lüneburg, bei Rechte lassen und gleich den eigenen Unterthanen vertheidigen. Die von den früheren Herzögen zu Lüneburg seinen Unterthanen und die von den Herzögen zu Lauenburg den Unterthanen seiner Vettern ausgestellten Urkunden sollen gehalten werden. Seine Vettern haben ihre Mannen mit allen Schlössern, Landen und Leuten und mit ihrer ganzen Herrschaft zu Sachsen ihm, er seine Mannen mit Schlössern, Landen und Leuten und mit seiner ganzen Herrschaft ihnen in der Weise huldigen lassen, dass, je nachdem seine Vettern oder er, ohne rechte Lehnserben Mannesgeschlechtes zu hinterlassen, versterben, die Mannen, Lande, Schlösser, Leute und Herrschaft bei den überlebenden Herzögen oder Herzoge und dessen Erben ewig bleiben und zu denselben als ihren natürlichen Erbherren sich halten sollen. Die Amtleute und Pfandbesitzer der Schlösser in beiden Herrschaften sollen hierüber schriftliche Versicherungen anstellen.

---

[19]) Die Worte *III huue — hoff* sind durchstrichen.

*) Es liegt ein Zettel bei, auf welchem von einer mit Obigem gleichzeitigen Hand geschrieben steht: *Dit is dat her cord van bade entfangen heft von mineem Juncherem hertogen Frederike teyn punt vp der muntfmede to brunfw Item tô adenftidde IIII huue vñ VH kothof Tu bulthen vif huue vñ dre hiue*

Wer von den Herzögen auf diese Weise den andern beerbt, soll des Verstorbenen Schulden bezahlen und
nur vermittelst Zahlung der Pfandsummen sich in den Besitz der von demselben verpfändeten Schlösser und
Güter setzen. Herzog Erich öffnet seinen Vettern alle seine, wie ihm alle ihre Schlösser. Sie und ihre Erben
sollen, wie er und seine Erben, in Streitigkeiten mit Dritten sich jeder Entscheidung fügen
und ohne gegenseitige Bewilligung keinen Krieg führen. Unter dieser Bedingung öffnen seine Vettern ihm
und seinen Erben auch alle Schlösser der Herrschaft Lüneburg, deren er bedarf und deren sie mächtig sind
oder werden, und geloben, dass die Besitzer derselben ihm die deshalb erforderliche Versicherung schriftlich
ertheilen sollen. Für den Fall, dass sie selbst, ohne rechte Lehnserben zu hinterlassen, sterben, treten sie ihm
und seinen Erben ihr Recht aber die Herrschaft Lüneburg ab und verpflichten sich, ihm zur Errichtung
eines darauf bezüglichen Vertrages mit den Söhnen des Herzogs Magnus von Braunschweig behülflich zu
sein. Sie wollen nach seinem Tode seine Mutter Agnes und seine Gemahlinn Sophie, er nach ihrem Tode
ihre Wittwen bei ihren Leibgedingen lassen. Aus dem Nachlasse eines jeden von ihnen soll jede seiner
Töchter mit 2000 Mark löthigen Silbers ausgesteuert werden. Herzog Erich und seine Vettern wollen einander
helfen, Streitigkeiten zwischen ihren Mannen, Amtleuten und Unterthanen durch Vergleich oder nach dem
Rechte zu beseitigen. — 1374, den 5. April. K. O.

Wy Erik de Jünghere. van godes gnaden Hertoghe to Saffen. bekennet vnde betughet in deffeme openen breue, dat wy. vnde vfe eruen. vs. myt vfen leuen vedderen. hern Wentzeflawe. vnde hern Albrechte
hertoghen to Saffen. vnde to Luneborch. vnde eren eruen hebbet ghefat. in ene ftede ewighe vruntfchop do
wy nenewijs breken fcollen vnde willen, vnde fcollet vnde willet. en. truweliken beholpen wefen. vnde by
floten. landen. vnde luden de fe nv hebben. vnde noch kryghen. vnde by alleme rechte beholden. na al
vfer macht funder arghelift yeghen alles wene. vtghenomen vfen heren den .. keyfer myt deme Romefchen
Ryke vnde fchullet vnde willet. en myt gantzer macht volghen. wanne. en des behoof is vnde vs dat verteynnacht vorekundeghet vnde wanne wy vfen vorbenomeden vedderen volghen. edder vfe houethde fenden
vor Slote. edder wor en des behoof is, vnde in ere lant komen. fo fcullen fe vs. vnde den vfen. edder
vfen houetluden de wy en fendet. vnde den eren pleghen kofte. voder. vnde hoflach. alle de wyle. dat
wy. edder de vfe. by. en fiin vnde fe vnfer behouet. Vnde nemen fe vnde wy denne vromen. an name.
edder dinghetale den fcolden fe hebben to hulpe to eren koften. Neme wy ok vromen an vanghenen de
fcolde vfer beyder wefen. vnde fcolden de delen na mantale wapender lude, Wunne wy ok Slote de to
vfer herfchop horden. de fcolden vfe bliuen. Horden fe ok to vfer vorbenomeden vedderen herfchop.
fo fcolden fe ere bliuen. Horden fe ok noch to vfer herfcop. to rechte to erer. wes de reyfe were de
fcolde de flote beholden., Ok fcolle wy vnde willen. vfer vorbenomeden vedderen. Man. Borghere. vnde
vnderfaten. vnde by namen de Borghere to luneborch. vnde alle de. do en boren to vordeghedinghende
laten by rechte. vnde by guder wonheyt, vnde by brenen. de fe hebben van vfen elderen. vnde van vs
fament edder by funder. Vnde willen fe lyk den vfen vordeghedinghen wor en des behof is, Ok hebbe
wy gheholdeghet laten vfen vorbenomeden vedderen vnde eren eruen al vfe man. myt al vfen floten. landen vnde luden. vnde myt vfer gantzen herfcop. vnde wat dar to hort. dez wy mechtich fiin. vnde noch
mechtich werden, vnde noch in tokomenden tyden van eruetales weghene edder anders dar to komen mach.
alfo befchedeliken oft wy ftoruen. ane rechte lenes eruen mannes gheflechte van vfeme lyue. edder in wel-
kerwija, Vnde wanne vfe vorbenomede herfcop. ane rechte lenes eruen. alfe vorghefcreuen is eruelos
worde. fo fchullen vfe man. land. Slote. vnde lude. vnde vnfe gantze herfchop erflik bliuen. by vfen vorbenomeden vedderen. vnde eren eruen. vnde fik an fe holden. alfe in ere rechten naturliken erue heren.
vnde in andern nemende. Ok fcollen vfe ammetlude de wy nü hebben vnde na deffeme daghe meer fetten. edder wy de Slote pandes ynne heft. de fcollen vfen vorbenomeden vedderen. vnde eren eruen. des
ere openen breue gheuen vnde fe dar mede bewaren. alfe en des not is. oft wy ftoruen ane rechte lenes
eruen mannes gheflechte. dat fe fik denne myt den Sloten. vnde wes wy en. beualen hebben. an deffe fuluen vfe vedderen. vnde ore eruen holden fcollen. alfe in ere rechte naturliken erue heren. Vnde in andern

nemonde. vnde fcollen. en. de flote. vnde wes wy. en beualen hebben nenewijs entvernen,   Doch io hedden wy edder vfe eruen. Slote odder ander gůt vorpendet vfen mannen. ammechtluden. edder anders weme. dar men redelike bewifinghe to hedde. de Slote. edder dat gůd fcolden vfe vorbenomeden vedderen, edder ere eruen lofen oft fe dat hebben wolden likerwijs alfe wy fcolden dan hebben.   Bleue wy ok fchult fchuldich na vfeme dode de men redeliken bewifen mochte. de fcolden fe vruntliken betalen,   Vortmer fcolen 5 al vfe Slote. vfen vorbenomeden vedderen. vnde eren eruen open ftan. vnde fchullet en. de ewichliken open holden to alle eren noden. vnde fe dar ane bewaren. alfe en. des behof is,   Doch fcolle wy vnfer vorbenomeden vedderen. vnde erer eruen meehtich wefen to lyke. vnde to rechte,   vnde wor en dat fcheen kan. na vfeme rade. dar en bouen fcollen fe nicht krighen. fe en dôn dat myt vfer volbort,   Ok fcolle wy vfer vorbenomeden vedderen echte . . hufvrowen. de. fe nu hebben. vnde noch worden moghen laten by eren 10 lyfghedinghen. vnde fe en to gude dar truweliken ane vordeghedinghen.   Vorfloruen ok vfe vorbenomeden vedderen . . alfe vorghefereuen is dat god vorbede. vnde leten fo vrowen eruen na. de fcal men boraden. na erer vrunde rade. van deme erue. dat fe na leten, Vnde fcal ener yewelken . . twe důfent lodighe mark mede gheuen van deme erue.   Worde ok yenich twidracht twifchen vfer vorbenomeden vedderen. mannen. ammetluden. vnde vnderfaten. vnde den vfen. dar fcolde vfer en. deme anderen ouer helpen mynne edder 15 rechtes.   Vnde wor vfer en. dat nicht vortbringhen mochte. dar fcolde eme de andere to helpen truweliken. na al finer macht   Alle deffe vorfcreuenen ftucke. loue wy vorfcreuen Erik vorghenomet. vor vs. vnde vor vfe eruen. vnfen louen vedderen. Wentzeflawe. vnde Albrechte. hertoghen to Saffen. vnde to Luneborch vorghenomet. vnde eren eruen in guden truwen. ftede. vnde vnuorbroken ewichliken to holdene funder allerleye arghelift vnde hebben des to bekantniffe vnfe Inghezeghel witliken. vnde myt gudeme wil- 20 len ghe henghet laten. an deffen bref.   Hir hebben ouer. vnde an ghe wefen. vnfe leuen trůwen man. vnde Ratgheuen. her Wafmod fchaeke. her vicke van hidzackere riddere. hartwich tzabel. Buffo van der Gartow. detlef gronow. heuneke fchaeke. Bertolt van Rittzerow helmolt van Pleffe Frederik wantzenberch knapen, de edele Baltazar van kamentz. her Johan van Bucken. archidyaken to Luneborch. her ludelef van aluenfleue riddere, Cone Barfût dyderich Springintgůt. albert hoyke vnde anderer bederuer lude nôch.   Deffe 25 bref is ghegheuen. vnde fcreuen to Luneborch na Godes bord dritteynhundert Jar dar na in deme voere vnde Seuentigoften Jare de vegheften mydwekenes na Pafchen.

Gedruckt in Sudendorf's Registrum Theil III. pag. 79.

K. O.

Wy Wentzeflaw. vnde Albrecht. van godes gnaden hertoghen to Saffen. vnde to Luneborch. bekennet. 30 vnde betůghet in deffeme openen breue,. dat wy. vnde vfe eruen. vs. myt vfeme louen vedderen hertoghen Erike van Saffen deme Jůngheren. vñ fynen eruen hebbet ghefat In ene ftede ewighe vruntfchap de wy nenewijs breken fcollen vnde willen, vñ fcullen vnde willet en. truweliken beholpen wefen, vnde by floten. landen. vnde luden. de fe nů hebben. vnde noch krighen. vnde by alleme rechte beholden. na alle vfer macht funder arghelift yeghen alles wene. vtghenomen vfen heren . . den keyfer myt deme Romefchen Ryke. 35 vnde fchullet vñ willet en myt gantzer macht volghen. wanne en. des behof is, vnde vs, dat verteynacht vorekundeghet, vnde wanne wy vfeme vorbenomeden vedderen volghen. edder vfe houetlude fenden. vor Slote. edder wor eme des behof is. vnde in fiin lant komen fo fcal he vns. vnde den vfen. edder vfen houetlůden de wy eme fendet. vñ den eren ploghen kofte. voder. vnde hoflflach. alle de wile,. dat wy. edder. de vfe, by em fiin. vñ he vfer behôuet.   Vnde neme be vñ wy denne vromen. an name. 40 edder dinghetale den fcolde he hebben to hulpe to fynen kofton.,   Neme wy ok vromen an vanghenen de fcolden vfer beyder fiin vñ fcolden de delen na mantale wapender lude,.   Wůnne wy ok flote de to vfer herfcop horden de fcolden vfe bliuen.,   Horden fe ok to vfe vorbenomeden vedderen herfcop. fo fcolden fe fiin blyuen   Horden fe ok noch to vfer herfcop. noch to fyner, wes de royfe were de fcolde de Slote beholden.,   Ok fo fcholle wy vñ willen. vfes vorbenomeden vedderen. man borghere vñ vnderfaten, vñ 45 al de. de eme boren to vordeghedingende laten by rechte. vñ by guder wonheyt. vnde by breuen. de fe

hebben van vſen vorvarnen hertoghen to Luneborch. ſament, edder by ſunder, vn willen ſe lyk den vſen vordoghedinghen. wor en des behof is, Ok hebbe wy ghehuldeghet laten vſeme vorbenomeden veddern. vñ ſynen eruen. al vſe man.. myt al vſen floten. landen vñ luden. vnde myt vſer gantzen herſcop to Saſ- fen. vnde wat dar to hord des wy mechtich ſyn. vñ noch meehtich werden, vñ noch in tokomenden tyden.
5 van eruetales weghene, edder anders dar to komen maeh. alſo beſchedeliken ofte wy ſtoruen. ane rechte lenes eruen mannes gheſlechte. van vſen lyuen, edder in welkerwijs., vnde wanne vſe vorbenomede her- ſcop ane rechte lenes eruen alſe vorgeſcreuen is erueles worde, ſo ſeullen vſe man. land. Slote. vñ lude., vñ vſe gantze herſcop erflik bliuen by vſem vorbenomeden vedderen. vñ finen eruen, vnde ſyk an ſe hol- den, alz in ere rechten naturliken erue heren. vnde In anders nemende, Ok ſeollen vſe ammetlüde de wy
10 nv hebben. vnde na deſſeme daghe meer ſetten, edder wy vſe flote pandes Inne heft, de ſeollen vſeme vor- benomeden vedderen. vnde finen eruen. des ere openen breue gheuen. vnde ſe dar mede bewaren alſe en des noot is, ofte wy ſtoruen. ane rechte lenes eruen. alſe vorſcreuen is, dat ſe ſyk denne myt den Sloten. vñ wes wy en beualen hebben. an deſſen ſuluen vſen vedderen. vn ſyne eruen holden ſcolen. alſe in ere rechten naturliken erue heren. vnde yn anderz nemende, vnde ſcollet en de Slote. vñ wes wy en beualen
15 hebben nenewijs entvernen, Doch io. hedde wy. edder vſe eruen flote, eder andergud vorpandet vſen mannen. ammetluden edder anderz weme. dar men redelike bewyſinghe to hedde. de Slote. edder dat güt ſcolde vſe vorbenomede veddere. eder ſyne eruen loſen, eft ſe dat hebben wolden lykerwijs. alſe wy ſcol- den dan hebben, Blue wy ok ſchult ſchuldich na vſeme dode de me redeliken bewiſen mochte. de ſcol- den ſe vruntliken betalen, Vortmer ſeollen al vſe Slote. vſeme vorbenomeden veddern vñ finen eruen
20 open ſtan, vñ ſcollen en de ewichliken open holden to al eren noden. vnde ſcollen ſe dar ane bewaren. alz en des behof is, doch ſcolle wy vſes vorbenomeden vedderen. edder ſyner eruen mechtich weſen to lyke vñ to rechte, vnde. wor en dat ſcheen kan na vſeme rade. dar en bouen ſcollen ſe nicht krygen ſe en don dat myt vſer volbort. Ok ſcolle wy dem vorbenomeden vſem vedderen. vñ ſynen eruen open holden. al de Slote der eme behoof is, der wy mechtich ſiin. vnde mechtich werden in tokomenden tyden. in der
25 herſcop to Luneborch. to alle eren noden, vnde ſcollen ſe myt den de erer mechtich ſiin, edder mechtich werden in tokomenden tyden truweliken. dar ane vorwaren. alſe en des not is,. Doch ſcolle wy vnſes vorbenomeden vedderen. vñ ſyner eruen mechtich weſen to lyke vñ to rechte. vñ wor en dat ſehen kan. na vſeme rade dar en bouen ſchullen ſe nicht krighen ſe en don dat myt vſer volbort., Ok late wy dome ſuluen vſen vedderen vorbenomet. vñ finen eruen. alle de rechticheyt de wy hebben in der herſcop to
30 Luneborch, allo beſchedeliken ofte wy ſtoruen. ane rechte lenes eruen alſe vorſcreuen is, vnde konde de ſulue vſe veddere ycht deghedingen myt hertoghen Magnus kinderen van Brunſwik na vſeme rade. dar ſcolle wy ome truweliken to belpen. vñ dar to vorderen, Ok ſcolle wy vſes vorbenomeden vedderen möder vern agneſen. vnde vern Soſyen ſyne echten huſvrowen. eder wy ſyn echte huſvrowe worde. laten by eren liſghedinghen vñ ſe en to gude dar truweliken ane vordegedinghen, Vorſtorue ok vſe veddere vorbenomet.
35 alſe vorſcreuen is. dat god. vorbede. vnde lete he vrowen eruen na. de ſcal men beraden na erer vrunde rade. van deme erue. dat he na lete., vnde ſcal ener yewelken twe duſent lodeghe mark mede ghenen van dem erue Worde ok yenich twidracht twiſchen vſes vorbenomeden vedderen Mannen. ammecht- luden, edder vnderſaten. vnde den vſen. dar ſcolde vſer en deme anderen ouer helpen mynne eder rechtes, vnde wor vſer en dat nicht vortbringhen mochte. dar ſcolde eme de andere to helpen truweliken na al
40 ſiner macht, Alle deſſe vorſcreuenen ſtucke. loue wy wentzellaw. vñ Albrecht vorbenomet. vor vs, vnde vor vſe eruen. vſeme leuen vedderen. hertoghen Erike van Saſſen deme Jungheren. vnde ſynen eruen vor- benomet in guden trüwen. ſtede. vñ vnvorbroken ewichliken to holdene ſunder allerleye arghelift. vnde heb- ben des to bekantniſſe vnſe Inghezeghele witliken. vñ mit gudem willen ghehenghet laten. an deſſen bref., Hir hebben ouer. vnde an geweſen. vſe leuen trüwen man.. vnde Ratgheuen. de edele Baltazar van kamenta.
45 Her Johan van Bueken archidyaken to Luneborch. her Ludeleſ van aluenſleue ridder. Cône Barſůt. Dyderich Springintgůd. albert hoyke., Her waſmod ſchacke. Her vicke van Hidzackeren riddere. Hartwich tzabel.

Buſſo van der Gartow. Detlef gronow. Henneke ſchacke. Bertolt van Rittzerow. Helmolt van pleſſe. frederich wantzenberch. vnde anderer bederuer lude nôch, Deſſe bref is ghegheuen vnde ſereuen to Luneborch. na Godes bort dryttynhundert Jar dar na in deme veere vnde Seuentigeſten Jare des negheſten mydwekenes na Paſchen.

Gedruckt in Sudendorf's Registrum Theil III. pag. 82.   5

11. **Die Herzöge Wenzlaus und Albrecht von Sachsen und Lüneburg bescheinigen, von ihrem Vetter, dem Herzoge Erich von Sachsen-Lauenburg, wegen ihrer Forderung hinsichtlich des Zolles zu Eislingen (Zollenspieker) befriedigt worden zu sein. — 1374, den 9. April.** K. O.

Wy wentzilaw vnde albrecht van godes gnaden hertoghen to ſaſſen. bekennet vnde betughet. in deſſem openen breue. dat vſe leue voddere hertoghe Erik van ſaſſen de iunghere. vs vnde vſen 10 eruen heft ghe maket vſen willen vm den toln to eyſlinghe. alſo oft wy dar ienigherleye rechticheyt inne hadden. edder gheit. vnde en ſcollen vnde en willen dar nicht mer vp ſaken. vnde vſen vorghenomeden redderen vnde ſine eruen edder wy den tolne heft van erer weghen in nenen ſtucken dar ane hinderen. vnde oft wy ienighe. breue van vſen. vor varnen heren to luneborch dar vp hedden de ſcolen dot vnde ſvnder macht weſen. to witliker bekantniſſe hebbe wy vſe ingheſeghele an deſſen bref ghe honght.   ghe 15 gheuen to lvneborch na godes bort drutteynhundert iar dar na in dem ver vnde ſouentigheſten iare des erſten ſondaghes na paſchen alſ me ſinght quaſi modo geniti.

Gedruckt in (Hugo's) Bericht, Beilage No. 40.

12. **Herzog Erich von Sachsen-Lauenburg gelobt seinen Vettern, den Herzögen Wenzlaus und Albrecht von Sachsen und Lüneburg, getreu daran zu arbeiten, dass er seine Mannen von der Huldigung befreie, welche** 20 **sie den Kindern des Herzogs Magnus geleistet haben. — 1374, den 9. April.** K. O.

Wy Erik de iunghere van godes gnaden hertoghe to ſaſſen. bekennet vnde betughet in deſſem openen breue. dat wy in guden truwen. dar vmme arbeyden ſcollen vnde willen dat wy vſe man de hertoghen magnus kinderen ghe huldigbet hebben van en bringhen alſo dat ſe der huldinghe loos werden. vnde ſcollen vnde willen dat don ſunder arghelyſt   dat loue wy vſen leuen vodderen. hern wentzilawe vnde hern 25 albrechte. hertoghen to ſaſſen vnde to luneborch vnde eren eruen in guden truwen ſunder arghelyſt ſtede vnde vaſt to holdene. vnde hebben to tughe vſe ingheſeghel an deſſen bref ghe henght.   ghe gheuen to lvneborch na godes bort. dar na in dem ver vnde ſouentigheſten iare. des erſten ſondaghes na paſchen alſe me ſinght quaſi modo geniti.

Gedruckt in Ayrori Vindiciae pag. 47. (Hugo's) Bericht, Beilage No. 41.   30

13. **Herzog Erich von Sachsen-Lauenburg bescheinigt, von seinen Vettern, den Herzögen Wenzlaus und Albrecht von Sachsen und Lüneburg, wegen der 9921 und 386 Mark löthigen Silbers befriedigt worden zu sein, wofür ihm Herzog Magnus von Braunschweig und deſſen Erben die Schlöſſer Bleckede und Hitsacker mit den Zöllen und den Zoll zu Schnackenburg verpfändet hatten. — 1374, den 9. April.** K. O.

Wy Erik de iunghere van godes gnaden hertoghe to ſaſſen bekennet vnde betughet in deſſem openen 35 breue dat vſe leuen vedderen her wentzilaw vnde her albrecht hertoghen to ſaſſen vnde to luneborch hebben vſen willen ghe maket vm de teyn duſent lodighe mark min neghen vndeſouentich lodighe mark. vnde verhundert lodighe mark min verteyn marke lodich. dar vs hertoghe magnus van brunſwich. vnde ſine eruen. blekede vnde hidzacker mit den tolnen vnde eren to behoringhen. vnde den tolne to der ſnakenborch vore vorpandet hadde.   to witliker bekantniſſe hebbe wy vſe ingheſeghel an deſſen bref ghe hengbt. 40 ghe gheuen to lvneborch na godes bort drutteynhundert iar dar na in dem ver vndeſouentigheſten iare des erſten ſondaghes na paſchen alſe me ſinght quaſi modo geniti.

Gedruckt in (Hugo's) Bericht, Beilage No. 39.

14. Die Herzöge Wenzlaus und Albrecht von Sachsen und Lüneburg liefern das Schloss Bleckede mit allem
Zubehör ohne den Kornzoll an den Rath der Stadt Lüneburg aus, um ihm dadurch Sicherheit für die
3900 Mark löthigen Silbers zu geben, welche er für sie zu zahlen übernommen hat. Von jener Summe sind in
drei Terminen, nämlich am 23. April 1375, 13. April 1376, 29. März 1377, dem Hartwig und Nicolaus Sabel
5 1000 löthige Mark, den Gebrüdern Bertold und Otto von Ritzerow und den Gebrüdern Helmold und Johann
von Plesse 2500 löthige Mark und endlich am 24. Juni 1375 den Gebrüdern Friedrich, Meister Johann
und Diedrich von Wantzenberg 1200 Mark Pfennige zu zahlen. Zur ferneren Sicherheit wollen die Herzöge einem ehrlichen Manne, der des Raths Vertrauen besitzt, das Schloss Hitzacker und den Zoll daselbst
zur treuen Hand des Rathes ausliefern und gestatten diesem, das Schloss Hitzacker mit dem Zolle und dem
10 Salzzoll zu Lüneburg für die Zahlung, falls der Rath dieselbe wegen der Bürgschaft zu den Verfallzeiten
leisten muss, und für den dabei zu leidenden Schaden zu verpfänden. Sie versprechen, die Kosten eines
nach ihrem Rathe auf dem Schlosse Bleckede vorzunehmenden Baues nach Ermessen des Wedakind, edelen
Vogtes von dem Berge, und des Archidiakons Johann von Bucken nebst den Verwaltungskosten des Schlosses dem Rathe zu ersetzen und die Amtleute desselben auf beiden Schlössern gleich den eigenen getreu zu
15 vertheidigen. — 1374, den 9. April. E. O.

Wy .. Wentzlaw. vn̄ Albrecht van godes gnaden. hertoghen to Saſſen vnde to Luneborgh. Bekennen
vnde Betüghen openbare in deſſes breue. Dat vnſe louen ghetruwen Raadmanne. vnſer ſtad to Luneborgh
dorch vnſer beede willen. vor vns ghe louet hebben to betalende. veer Duſent lodighe mark. min hundert
lodighe mark. de lodighe mark. mit dren mark penninghen to loſende. de to Lubeke. edder to hamborgh
20 ghenghe vnde gheeue ſyn. Indeſſer wys to betalende. To deme erſten. Hartwighe. vn̄ Clawefe ſabele. vn̄
eren eruen. Duſent lodighe mark. der ſchal nion. en vyfhundert lodighe mark gheuen to paſghen de nu
negheſt to komende is na der vtghift deſſes breues. vn̄ duſent mark penninghen. to deme paſghen. dar negheſt
nakomende. vnde vyf hundert mark penninghe to deme paſghen dar negheſt nakomende. Vnde Bertolde
van Ritzerowe helmolde van pleſſe Otten van Ritzerowe bertoldes broder. Henneken van pleſſe helmoldes
25 broder. vn̄ eren eruen. Druddehalf duſent lodighe mark. Duſent lodighe mark to paſghen. nu negheſt to
komende. vn de anderen duſent lodighe mark. to deme negheſten paſghen. darna to komende vn̄ vyfhundert lodighe mark to deme paſghen dar na negheſt to komende. Vnde Frederike. Meſter Johanne vn̄
Diderike broderen ghe heten van wantzenberghe vn̄ eren. eruen. twelf hundert mark penninghe to ſunte
Johannes daghe to middenſomere. de nu negheſt to komende is. na der vtghift deſſes breues. voort ouer en
30 iaar. Vnde des leuedes. ſchole wy .. ſe .. to den ſuluen tiden be neemen. vnde ſchadelos holden. Doch
ſchole wy .. en .. vnſe Slot Blekede van ſtaden an. antworden. mit aller to behoringhe. ane den korne tollen. to ener vor waringhe. vn̄ dat moghen ſe .. voort anderen wene ſe .. willen. vnde de .. ſchal vns.
vnde den Raad daar truweliken ane vor waren. vnde ſchollen de koſte vppe deme ſlote ſtaan. de ſe reddeliken be wiſen moghen. Ok ſchole wy .. enene eerliken manne denie ſe .. des louen. vn̄ anders nemende
35 ane eren willen. vnſe Slot hidzaker. vnde ok den tollen dar ſulues antworden to erer truwen hant. ok to
ener vor waringhe alſo. were dat ſe .. des loftes. vn̄ der beredinghe. to alſo danen tiden. alſe vorſcreuen
ſteyt. in Jenighen ſchaden quemen. ſo moghen ſe .. dat ſulue vnſe Slot hidzakere mit deme tollen vn̄ vnſen
ſulte tollen in vnſer ſtad to luneborgh vor ſetten. vn̄ vor penden. weme ſe .. willen. wo dicke en .. des behuf is. vor de boredinghe. vn̄ vor den ſchaden. Vn̄ wenne ſe .. de vorbenomeden tollen beyde. vn̄ dat Slot
40 hidzaker vor pendeden. eddor vor ſatten. Den ſchole wy .. dat vorbreuen. wo dicke en .. des behuf is.
alſo. dat ſe .. dar wol ane vor waret ſyn. Vnde were. dat vnſe vorbenomeden Raadmanne van Luneborgh.
bouen de vor ſettinghe. Slote. vn̄ tollen. der beredinghe. vn̄ des loftes. in Jenighen ſchaden quemen. den
ſe .. reddeliken be wiſen moghen. dar ſchole wy .. ſe .. van entleddeghen. wanne wy .. van en .. dar vmme
ghemanet weerden. Lepe en .. ok van deme Slote. vnde van den twen tollen wat ouer. dat ſcholen ſe ..
45 vns .. to ghude holden. vn̄ wanne wy .. ſe .. des loftes. vn̄ der koſte. de ſe .. to Blekede dön. vn̄ gicht
ſo dar wat vor buweden na vnſeme Rade. des dar not were. na beſegghinghe. der Erliken heren. hern

Wedekindes des eddelen vogbedes. van dem berghe. vn hern Johannes van Bücken archidyakens to Luneborgh. edder twyger anderer wifen lude. ofte men. der twiger nicht hebben en mochte. fchadelos beneemen. fo fcholen fe.. vns.. vnfe vorbenomeden Slote beyde. vnde de twe tollen wedder antworden. Were ok. des god nicht en wille. dat en.. der Slote Jenich afghe wunnen worde. oer wy.. fe.. des loftes. kofte. vñ fchaden. edder de ammechtlude vñ deenre van den Sloten fchaden nemen. van vnfer. vñ des ltades weghene. 5 vppe dem velde. den fe.. reddeliken bewifen mochten. entleddeghodon alfe vorfereuen is. De fchade feholde vnfe wefen. vñ nicht vnfes rades to Luneborgh. vñ wy.. fcholden fe.. des loftes. vñ der beredinghe allikewol fchadelos be neemen. vñ fcholden en.. de Slote wedder bekreebteghen. vñ en.. de Slote in de weere. wedder antworden in aller wife. alfe vorfcreuen fteyt. Ok fchole wy.. de ammechtlude. vñ deenre. van des Rades weghene ¹) vppe den Sloten Syn. ghe lyk vnfen eghenen deenren truweliken vor deegbedinghen. 10 Were ok. dat vnfe Raad to Luneborgh vor vns in deffen vorfereuenon tyden. nene beredinghe en deden. fo fcholden fe.. vns to der tyd. alfe wy.. de leften beredinghe ghantliken mit koften. buwe. vude fchaden. ghedaan hedden. alfo vorfcreuen fteyt. vnfe vorbenomeden Slote vñ tollen wedder antworden ane wedderfprake. Alle deffe vorfereuenen ftucke. vñ een Jewelk bifunderen. loue wy.. Wentzlaw. vñ Albrecht. hertoghen to Saffen vnde to Luneborgh vorbenomet. mit ener fameden hant. vnfen leuen ghe truwen. Raadman- 15 nen. vnde den menen Borgheren vnfer Stad to Luneborgh. de nu fyn. vnde eren nakomelinghen. fteede vnde vaft truweliken vnuorbroken to holdende. vn hebben des to tûghe. vnfe lughefeghele mit ghudeme willen an deffen bref heten henghen De ghefereeuen vnde gheeuen is Na godes Bord. Drutteynhundert iaar in deme veer vñ Seuentigheften iare. des erften fondaghes na pafghen alfe men finghet Quaſi modo genitj.

Auf der Rückseite der Urkunde steht von etwas späterer Hand (nämlich im Jahre 1892) geschrieben: 20
De houetfumme van deffes breue weghene XIᴹ mark VIIᶜ mark.
De Tyns by XVIII iaren XXIIIIᴹ mark vnd IIIᶜ mark vnd ok XVIIIᶜ mark dar dat gheld erft mede worden wart.
De Summe der kofte van den Sloten Vᴹ mark. VIᶜ mark.
De Summe van dem Buwe XIIIᶜ mark. 25
De Summe des fchaden der Ammechtlude Vᴹ mark.
De ghantze Summe de uppe deffen Breff kumpt is XLIXᴹ mark vnde IIIᶜ mark.

K. O.

Wy.. Raadmanne der Stad to Luneborgh. Bekennen. vñ betughen openbaro in deffeme breue. Dat wy.. vor de Hochgbebornen vorften. Hern Wentzlawe. vñ hern Albrechte. hertoghen to Saffen. vñ to Luneborgh. 30 vnfe leuen gnedighen heren. dorch erer beede willen. ghe louet hebben to betalende. veer Dufent lodighe mark. min hundert lodigho mark. iewelke lodighe mark. mit dren mark penninghen to lofende. de to lubeke edder to hamborgh gheughe vn gheeue fyn. Indeffer wys to betalende. To demo erften. hartwighe vñ Clawefe izabele. vnde eren eruen. Dufent lodighe mark. der febal men en.. vyfhundert lodighe mark gheuen to pafghen. de nu neghelt to komende is. na der vtghift deffes breues. vñ dufent mark penninghe. to deme 35 pafghen. dar nogheft nakomende. vñ vyfhundert mark penninghe to deme pafghen dar negheft na komende Vñ Bertolde van Ritzerowe. helmolde van pleffe. Otten van Ritzerowe bertoldes broder. henneken van pleffe helmoldes broder. vñ eren eruen Druddehalf dufent lodighe mark. Dufent lodighe mark to pafghen nu negheft to komende. vn de anderen Dufent lodighe mark to deme negheften pafghen darna to komende. vn vyfhundert lodighe mark to deme pafghen. dar na negheft to komende. Vnde Frederike. Mefter Johanne. vñ 40 Dider brodere ghe heten van wantzenberghe. vñ eren eruen. twelf hundert mark penninghe to funte Johannes daghe to middenfomere. de nu neghelt to komende is. na der vtghift deffes breues. vort ouer een iaar. Vñ des louedes fcholen fe.. vns.. to den fuluen tiden be neemen. vñ fchadelos holden. Doch fcholen fe.. vns.. ere Slot Blekede. van ftaden an antworden mit aller to behoringhe. ane den korn tollen. to ener vor waringhe. vñ dat moghe wy.. vort antworden weme wy.. willen. vnde de fchal fe.. vñ vns. 45

---
¹) Das Copiar XIV. schiebt hier *de* ein.

dar truweliken ane vor waren. vñ fe fcholen de kofte. vppe deme Slote ftaan. de wy.. reddeliken bewifen
moghen. Ok fcholen fe.. eneme Erliken manne. deme wy.. den louen. vñ anders nemende ane vnfen
willen. ere Slot hidzaker. vnde ok den tollen dar fulues. antworden to vnfer truwen hant ok to ener vor
waringhe. alfo. were. dat wy.. des loftes. vñ der be redinghe to alfo danen tiden. alfe vore fereuen fteyt in
5 ienighen fchaden quemen. fo moghe wy.. dat fulue ere Slot hidzaker. mit deme tollen. vñ eren fulte tollen
in erer ftad to luneborgh vorfetten vñ uor penden. weme wy willen. wo dicke vns des behûf is. vor de beredinghe. vñ vor den fchaden. vñ weme wy.. de vorbenomeden Tollen beyde vn dat flot hidzaker vor
pendeden. edder vor fatten. den fcholen fe.. dat vor breuen wo dicke vns.. des behûf is. alfo. dat wy..
wol dar ane vor waret fyn. vñ were dat wy.. vorbenomede Raadmanne van luneborgh bouen de vor fet-
10 tinghe. Slote vñ tollen der be redinghe. vñ des loftes in ienighen fchaden quemen. den wy.. reddeliken
bewifen moghen. dar fcholen fe.. vns.. van entleddeghen. wanne fe.. van vns.. dar vmme ghemanet
werden. Lepe vns ok. van deme Slote. vñ van den twen tollen wat ouer. dat fchole wy.. en.. to ghûde
holden. Vñ wanne de vorbenomeden vnfe heren. edder ere eruen oft fe nicht en weren. vns.. des loftes.
vn der kofte. de wy.. to Blekede dôn. vñ gicht wy.. dar wat vor buweden na ereme Rade. des dar noot
15 weere. na befegghinghe der Erliken heren. hern Wedekindes. des eddelen voghedes van dem berghe. vñ
hern Johannes van Bûcken archidyakens to luneborgh. edder twyger anderer wifen lude. oft men der twiger
nicht hebben en mochte. fchadelos be nemen. fo fchole wy.. den vorbenomeden vnfen heren. vn eren eruen.
de vorbenomeden ere Slote beyde. vn de twe tollen. wedder antworden. Were ok. den god nicht en wille.
dat vns der Slote Jenich af ghe wunnen worde eer fe.. vns.. des loftes. kofte. vñ fchaden. edder de amnech-
20 lude vn deenre van den Sloten fchaden nemen. van erer. vñ vnfer weghene. vppe deme velde. den wy..
reddeliken bewifen mochten entleddegheden. alfe vorefereuen is. De fchade fcholde ere wefen. vñ nicht
vnfe. vñ fe. fcholden vns.. des loftes. vñ der beredinghe allikewol fchadelos be neemen. vñ fcholden vns..
de Slote wedder bekrechteghen. vñ vns. de Slote wedder in de weere antworden in aller wife. alfe vorefereuen fteyt. Ok fcholen fe.. de amnechtlude vñ deenre. de van vnfer weghene vppe den floten fyn.
25 ghe lyk. eren eghenen deneren truweliken vor degheidinghen. Were ok. dat wy.. vorbenomede Raadmanne
to luneborgh. vor de vorbenomeden vnfe heren. in deffen vorfereuenen tiden. nene be redinghe en deden.
fo fcholde wy.. en.. to der tyd. alfo fe.. de leften beredinghe ghenliken mit kofte. ghe buwe. vñ fchaden
ghe daan hadden alfo vorfereuen fteyt. ere vorbenomeden Slote vñ Tollen wedder antworden quyt vñ vry.
ghenliken ane wedderfprake   Alle deffe vorfereuenen ftucke.. vñ een Jewelk bifunderen loue wy.. vor-
30 benomede Raadmanne. vn wy.. ghe menen borghere der ftad to luneborgh. de nu fyn. vñ vnfe nakomelinghe Den vorbenomeden vnfen leuen guedighen heren. hern wentzlaue vñ hern albrechte. hertoghen to
Saffen vñ to luneborgh. vñ eren rechten eruen. fteede vñ vaft truweliken vnuorbroken to boldende. vñ
hebbet des to tughe. vnfer Stad Ingbefeghel mit ghûdene willen an deffen bref ghe henghet   De gbo
fereuen. vñ gheuen is. Na godes Bord Drutteynhundert iar in deme veer vñ feuentigheften iare. des erften
35 fondaghes na pafghen. alfe men finghet Quafi modo genitj.

Auf der Rückseite der Urkunde steht von gleichzeitiger Hand geschrieben: Blekede hitzacker gheloſet.
Eine etwas spätere Hand hat hinzugefügt: van don van luneburg.

**15. Conrad Oeslevesschen resignirt die ihm von Aschwin von Alten zu Lehn verliehenen, von ihm dem Raths-
herrn Brand Schele zu Hannover verkauften, vor der Stadt Hannover gelegenen anderthalb Hufen Landes
40 dem Herzoge Albrecht von Sachsen und Lüneburg zu Gunsten des Käufers. — 1374, den 11. April. K. O.**

Deme houchgeboren vorften mynem Leuen guedigen herren hertogen Albrechte. van Saffen vnde to
Luneborch Enbede ik Curd oflleuefchen mynen willegen denft   Leue gnedighe herre wetet dat ik. hern
Brande fchelen Ratmanne to Hanover recht vnde redeliken verkofft vnde laten hebbe anderhalue hufe landes vor der ftad to hanover gelegin de ik van afchine van alton to lene hadde vnde late vnde goue iû
45 do fuluen anderhalue hufe landes. vp in deffeme breue alfe ik iû de vore iou(ntliken) in iegenwordicheit myns

herron des abbetes van Luneborch freder wantzenberge(s) Johannes vome fteynhu(s) vnde Borchardes tetzen
vp gouen hebbe vnde bidde iu donftliken dat gi dem fuluen hern Brande fchullen de vorbeñ anderhalue hufe
lenen mit fodanem rechte als ik de van (afchine) van alten had hebbe vnde eme de vorkofft vnde laten
hebbe   vnde wen gi dat dan hebben. fo willen ik vnde myne eruen dar nummer mer vp faken nochte
dar nenerleyge anfprake mer an hebben   dat loue ik vor my vnde vor myne eruen in deffeme breue 5
de fcreuen is to Luneborch   Na godes bord drittenhundert Jar in deme ver vnde Seuentigeften Jare des
negeften dingefdages na dem fondage Qualimodo geniti vnder mynem Ing.

**16. Herzogin Katharina von Braunschweig und Lüneburg verkauft das Haus und den Hof zu Celle, welche
dem Christian von Langelege gehört haben, für 25 löthige Mark dem Rathe der Stadt Lüneburg und dem
Archidiakon Johann von Bucken dafelbft. — 1374, den 7. Mai.**   XV. 10

We ver Katherina van godis gnaden hertoginne to Brunffw vnde to Luneborg bekennen openbar in
deffem breue. dat we dat hus vnd den hof to Tzelle, de ichtefwanne kerftens van langelege gehord hadde,
hebben vorkoft vnd laten mit aller tobehoringe vnd vryheid den erliken luden dem Rade to luneborg vnd
dem Archidiakene hern Johanne van Bucken to luneborg vor vif vnd twintigh lodige mark Brunffw wichte
vnd witte de vns rede betalet vñ in vnfe nut gekomen fin   Vnd we fchullen vnd willen on des houes 15
hufes vnd word en recht warend wefen vor alleffweme wo dicke on des behof is. vnde fchullen den fuluen
hof mit aller vriheit funder Stadplicht eweeklikken befitten vnd mede don vnd laten wat fe willen   Alle deffe
vorfchreuen ftucke loue we ver Katherina vorbeñ dem vorbeñ Rade to luneborg hern Johanne van Bucken
dem Archidiakene darfuluen vnd to erer truwen hand deme de deffen bref heft mit eren willen ftede vnd
vaft vnde vnvorbroken to holdende.   To ener groteren betuginge vnde wiffenheit fo hebbe we vnfe Ingel 20
mit witfcop vnde willen gehenget laten to deffem breue.   De gegheuen vnd gefchreuen is Na gods bord dritteynhundert yar dar na in dem veer vnd Seuentigeften yare des erften Sondaghes na Sunte Walburgis daghe.

**17. Der edele Herr Heinrich von Homburg, Ritter, der Ritter Gerhard von Wederden und die Knappen Ludolf
von Hanlege, Hartwig von Bragem, Diedrich von Reden, Grube von Steinberg, Heinrich von Gittelde,
Bernhard Hoyge, Heinrich von Ossen, Ode von Halle, Hermann von Ruderde, Johann von Elminghusen,
Wellard von Langede, Heinrich Kumelval und Albert Stich schwören, jeder einzeln für sich, seine Erben
und Freunde, wegen der Gefangenschaft, in welcher er zu Lüneburg gehalten worden ist, und wegen alles
deffen, was in Folge derselben an ihm und seinen Freunden, die sechs erfteren unter ihnen auch wegen
alles deffen, was an ihren Dienern und Knechten, es sei Gefängniss oder Todtschlag, geschehen ift, niemals
an den Herzögen Wenzlaus und Albrecht von Sachsen und Lüneburg, an dem Rathe und den Bürgern zu
Lüneburg, an den Erben und Nachfolgern derselben sich zu rächen, ihnen keinen Schaden zuzufügen, noch
Feinde der Herzöge, ihrer Mannen, ihres Landes, des Rathes und der Bürger, der Erben und Nachfolger
und der Schutzbefohlenen der Herzöge und des Rathes jemals zu werden. Jeder von ihnen jedoch darf
seinem rechten Herrn unter deffen Banner, wo es im Felde erscheint, behülflich sein. Wenn einer ihnen
von Unterthanen oder Schutzbefohlenen der Herzöge Unrecht geschieht, der soll darüber bei den Herzögen
und ihrem Rathe klagen und darf, wenn er acht Wochen nach der Klage vergeblich auf Rechtshülfe gewartet
hat, sich selbst zum Rechte verhelfen. Durch diese Selbsthülfe soll seine Urfehde und Sühne nicht verletzt, sondern er dieselbe ferner zu halten verpflichtet sein. Jeder von ihnen ftellt Bürgen. — 1374, den
7. Mai.**   K. O.

We. Her Hinrik en Edele Here van Homborch riddere. bekennen openbare in deffem breue. dat we 40
hebben gheloued in guden truwen vn ghefworen. vnde loued vñ fwered to den hylghen. dat we noch vnfe
eruen. edder vnfe vrund. de dor vnfen willen don vñ laten willen. deffe vengniffe op an vns to Luneborch
ghefcheen is. vñ al dat dar van ghefcheen is. an vns. edder an vnfen vrunden. denren. ofte knechten. id
fi vengniffe edder dotflach. nymmer mer wreken willen. edder witen. an den Heren. hern Wendzflawen. vñ

hern Alberte Hertoghen to Saffen vn to Luneborch. vn deme Rade. vn den Menen Borgheren to Luneborch
noch an eren Eruen. edder nakomelingen. dat on to fchaden komen moghe. Ok en wille we. der Heren.
erer man. eres landes des Rades. vn der Borghere vorbenomd. erer eruen noch erer nakomelinge. vn alle
der. de de Heren. edder de Rad mid rechte vordeghedinghen moghen. vyend nvmber mer werden. noch
5 ere erghofte wernen mid rade. edder mid dade. de wyle we leuen. funder vnfeme rechten erue Heren.
mote we wol behulpen wefen. vnder finer bannere. dar de vp dem velde were. Vnde ver vnrechtede vs
ok iemend na deffer tyd. de vnfer Heren vorbenomd vnderfate were. edder on to rechte to verdeghedinghede berede. dat fcholde we on kvndeghen. vnde ereme Rade. hulpen fe vns dar nicht rechtes vmme
binnen achte wekenen. dar neghest. wanne we dat alfo verkvndeghed hedden. fo mofte we vns fuluen wol
10 behulpen wefen. weder dene. vnde de. de vns vervnrechteghed hedden. alfo lange. went vns recht van on
weder vare. dar fcholde we vns deme ane noghen laten. Vnde hir mode en fcholden deffe ede. lofte.
vnde orveyde nicht mede verbroken wefen. de we ghedan hebben. alfo na vn vore ghefcreuen fteyd. men
de fchullen bi vuller macht bliuen. Vnde bouen alle deffe ftucke fchulle we vnde willen. on ene rechte
fone. vn ene rechte olde orveyde holden. Alle deffe vorfcreuenen ftucke. vnde en Jewelk befunder. loue
15 we. her Hinrik van Homborch. in guden truwen mid vnfen borghen de hir na befcreuen ftan. mid ener
famenden hand ftede. vnde vaft vnverbroken ane argheliß to holdende. Vnde we. Greue Otte van Halremvnd. vnde her Wedekynd de Edele van dem Berghe. Ryddere. bekennen in deffem fuluen breue. dat
we alle deffe vorfcreuenen ftucke. vn en Jewelk befundern. louen mid hern Hinrike van Homborch vorbenomd. vn vor ene. den vorfcreuenen Heren. van Saffen vnde Luneborch. vnde deme to Luneborch. vnde
20 den menen borgheren vnde eren nakomelingen ftede vnde vaft. vnverbroken to holdende funder Jenigherleye argheliß. vnde hulperede. To ener grotteren betughinge alle deffer vorfcreuenen ftucke. fo hebbe we.
her Hinrik van Homborch fakewolde. vnde Greue Otte van Halremvnd. vnde her Wedekynd van dem
Berghe vorbenomden. medelouere. vnfe Inghefeghele witliken gheheenged laten to deffem breue de ghe
fcreuen vnde ghegheuen is. Na goddes bord Drytteynhundert Jar. dar na in dem veer vn feuentigheften
25 Jare des erften Sondaghens na funte Walburge daghe der Hylghen Junevrowen.

K. O.

Ik. her Gherd van Wedderden. Riddere. bekenne openbare in deffem breue. dat ik hebbe gheloued
in guden truwen vn ghefworen. vnde loue vnde fwere to den hylghen. dat ik noch mine eruen. edder mino
vrund de dor minen willen don vn laten willen. deffe vengniffe. de an my to Luneborch ghefchen is. vnde
30 al dat dar van ghefchen is. an my. edder an minen vrunden. denren. ofte knechten. id fi vengniffe edder
dot flach. nvmber mer wreken wille edder witen. an den Heren. hern Wentzlawen. vnde hern Alberte hertoghen to Saffen vn to Luneborch. vnde dem Rade. vnde dem menen borgheren to Luneborch. noch an eren
Eruen. edder nakomelingen. dat on to fcaden komen moghe. Ok en wil ik der Heren. erer man. eres
landes. des Rades vn der Borghere vorbenomd. erer Eruen noch erer nakomelinge. vn alle der de de He-
35 ren. edder de Rad mid rechte vor deghedingen moghen. vyend nvmber mer werden. noch ere erghofte wernen mid rade eder mid dade. de wile ik leue, funder minem rechten erne heren mod ik wol behulpen
wefen vnder finer bannere. dar he vp dem velde were. Vnde ver vnrechtede my ok Jemond na deffer
tyd. de miner Heren vorbenomd vnderfate were. edder on to rechte to verdeghedingende berede. dat fcholde
ik on kvndeghen vnde ereme rade. hulpen fe mi dar nicht rechtes vmme. binnen achte weken dar neghest.
40 wanne ik dat alfo verkvndeghed hedde. fo mofte ik my fuluen wol behulpen wefen. weder dene vn de. de
my vervnrechtighed hedden. alfo lange went my recht van on weder vare. dar fcholde ik my den an
ghenoghen laten. Vnde hir mede en fcholden deffe ede. lofte. vn orveyde. nicht mede verbroken wefen.
de Ik ghedan hebbe. alfo na vnde vore ghefcreuen fteyt. men de fchollen by vuller macht bliuen. Vnde
bouen alle deffe ftucke. fchal ik on vn wille ene rechte fone. vn ene rechte olde orveyde holden. Alle
45 deffe vorfcreuenen ftucke. vnde en Juwelk befunder loue ik her Gherd vorbenomd in guden truwen
mid minen borghen de hir na befcreuen ftad mid ener famenden hand. ftede vn vaft vnverbroken ane

arghelift to holdende. Vñ we. Hinrik van Oberghe. vñ Hyldebrand van Ouefuelde knapen bokennen in deffem fuluen breue. dat we alle deffe vorfcreuenen ftucke. vñ en Jowelk befunder. louen mid hern Gherde van Wodderden vorbenomd. vñ vor ene. den vorfcreuenen Heren van Saffen vñ Luneborch vñ deme Rade to Luneborch vñ dem menen Borgheren vñ oren nakomelingen ftede vñ vaft. vnverbroken to holdende funder Jenigherleye arghelift vñ hulperede. To ener grotteren betughinge al deffer vorfcreuenen ftucke fo 5 hebbe ik her Gherd van Wodderden fakewolde. Hinrik van Oberghe vnde Hyldebrand van Ouefuelde vorbenomd medelouere vnfe Ingbefeghele witliken ghebenghed laten to deffem breue do ghefcreuen vnde ghe gheuen is. na goddes bord. Dryttey̆nhundert Jar dar na in dem veer vnde feuentigheften Jare. des erften fondaghes na funte Walburge daghe der hilghen Juncvrowen.

K. O. 10

Ik. Ludolf van Honleghe knape. bekenne openbar in deffem breue. dat ik hebbe gheloued in guden truwen vnde ghe fworn vñ loue vnde fwere to den bylghen. dat ik noch mine eruen. edder mine vrund. de dor minen willen doen vnde laten willen. Deffe vengniffe de an mi to Luneborch ghefcheen is. vñ al dat dar van ghefcheen is an mi. eder an minen vrunden. denren ofte knechten. id fi vengniffe eder dotflach nymber mer wreken wille eder witen. an den Heren. hern Wentslawen. vñ hern alberte hertoghen to Saf- 15 fen vñ to Luneborch. vñ dem Rade vñ den menen Borgheren to Luneborch. noch an eren eruen eder nakomelingen dat os to fchaden komen moghe. Ok en wil ik der heren. erer man. eres landes des Rades vñ der borghere vorbenomd. erer eruen noch erer nakomelinge. vñ alle der de de heren. eder de Rad mit rechte vor daghedingen moghen. vyend nymber mer werden noch ere erghefte weruen. mid rade eder mit dade. de wile ik leue. Sunder myme rechten oruen heren mot ik wol behulpen wefen vnder finer bannere 20 dar de vp dem velde were. Vñ ver vnrechtede mi ok Jemend na deffer tyd. de miner heren vor benomd vnderfate were. eder on to rechte to verdeghedingende borede. dat foholde ik on kvndeghen. vnde erenen Rade. hulpen fe mi dar nicht rechtes vnme binnen achte wekenen. dar mgheft wanne ik dat alfo vorkvndighed hedde. fo mofte ik mi fuluen wol behulpen wefen. weder dene eder de. de mi ver vnrechtiged hedden. alfo lange went mi recht van on weder were dar fcholde ik mi den an ghenoghen laten. vnde hir mede 25 en fcholden deffe ede. lofte vnde orveyde nicht mede verbroken wefen. de ik ghe dan hebbe. alfo na vnde vore ghefcreuen fteyt. men de fchullen bi vuller macht bliuen. Vnde bouen alle deffe ftucke. fchal ik vn wille on ene rechte fone. vnde ene rechte olde orveyde holden. Alle deffe vorfcreuen ftucke. vñ en Jowelk befunder loue ik Ludolf van Honleghe vorbenomd. mid minen borghen de hir na hefcreuen ftan. mid ener famenden hand. ftede vnde vaft vnverbroken. ane arghelift to holdende. Vnde we. 30 Hinrik van wenden. Ludolf van veltvm. bekennen in deffem fuluen breue. dat we alle deffe vorfcreuenen ftucke. vñ en Jowelk befunder louen mid Ludolue van Honleghe vorbenomd. vñ vor ene den vorfcreuenen Heren van Saffen. vñ Luneborch. vñ deme Rade to Luneborch. vñ den menen Borgheren vñ eren nakomelingen ftede vñ vaft. vnverbroken to holdende funder Jenigherleye arghelift vñ hulperede. To ener grotteren betughinge al deffer vorfcreuen ftucke. fo hebbe ik Ludolf van Honleghe fakewolde. vñ Hinrik van 35 wenden. vn Ludolf van veltvm. vorbenomden. medelouere vnfe Inghefegbele witliken ghe benghd to deffem breue. de ghe gheuen vñ ghefcreuen is na goddes bord Drytteynhundert Jar. dar na in deme veer vnde feuentigheften Jare. des erften Sondaghes na funte walburge daghe.

K. O.

We, Hardewich van Brugheim de eldere. Dyderik van Reden. vn Grube van deme Steynberghe. kneohte 40 bekennet openbare in doffem breue Dat we hebbet ghe louet in guden truwen vñ ghe fworen. vñ loued vñ fwered to den hilghen. Dat we noch vfe eruen. eder vfe vrund. de dor vfen willen. don vñ laten willen. doffe vengniffe. de an os to Lunenborch ghe fcen is vñ al dat dar van ghe fcen is. an vns. eder an vfen vrunden. Denereu. ofte knechten. id fi vengniffe. eder Doitflach. nummer mer wreken willen. eder witen. an den Heren Wentslawen vñ Hern alberte Hertogh(en to) Saffen vñ to Lünenborch. vñ deme Rade vñ 45 den menen borgheren to Lunenborch. noch an oren eruen. eder Nakomelin(ghen dat) on. to fchaden komen

3*

moghe. Ok en wille we der heren. orer man. orer landes. Des Rades vn der borghere vor(benomd) orer
eruen. noch orer nakomelinghe vnde alle der. de. de heren. eder de Rad mit rechte ver deghodinghen
moghen. vyent nummor mer werden. noch ore erghefte weruen. mit rade. eder mit dade. de wile we leuen.
Sunder vfeme rechten eruen heren. mote we wol be hulpen wefen vnfer finer Banneren. dar de vppe deme
5 velde were Vnde ver vnrechtede vns ok iement na doffer tyd. de vnfer heren vorbenomd. vnderfate were.
eder on. to rechte to ver dedinghende borde. Dat fcolde- we on kundeghen. vñ orme rade hulpen fe vns
dar nicht rechtes vmme. binnen achte weken dar neyft wanne we dat alfo verkundighet hedden. fo mochte
we vns fulnen wol be hulpen wefen weder dene vñ de vns ver vnrechtighed hedden. alfo langhe went vns
recht van on weder vore. dar fcolde we vns den an ghenoghen laten Vnde hir mede. en fcolden doffe
10 ede. lofte. vñ Orueyde nicht verbroken wefen. de we ghe dan hebben. alfe na. vnde vor fereuen fteyt. men.
de feullen bi vuller macht bliuen Vñ bouen alle doffe ftucke feulle we vñ willen on ene rechte fone vñ
ene rechte olde Orveyde holden. Alle doffe vorfereuenen ftucke vñ eyn iowelk befunder loue we Hardewich van Brughem de eldere. Dyderik van Reden vñ Grube van deme Steynberghe in guden truwen mit
vnfen borghen de hir na fereuen ftan. mit ener fameden hant ftede vñ vaft vnverbroken ane arghelift to
15 holdende Vnde we Arnt Rufchepol. Frederik van Wenthufen vñ Henrik van kaluelde knechte. bekennen
in doffem fuluen breue Dat we alle doffe vorfereuenen ftucke. eyn iowelk befunder. louen mit Hardewighe
van Brughem. Dyderike van Reden vñ Gruben van deme Steynberghe vorbenomd. vñ vor fe. Den vorfereuenen Heren van Saffen vñ van Lunenborch vñ deme Rade to Lunenborch vñ den menen borgheren vñ
oren nakomelinghen ftede vñ vaft vn verbroken to holdende funder ieneghderleye arghelift vñ hulperede. To
20 ener grotteren botüghenghe alle doffer vorfereuenen ftucke. fo hebbe we Hardewich van Brughem. Dyderik
van Reden vñ Grube van deme Steynberghe fakewolden. Arnd Rufchepol. Frederik van wenthufen vñ
Henrik van Kaluelde alle vorbenomd. mede louere. vnfe Inghefegele witliken ghe Hengh laten to doffem
breue. De ge fereuen vñ ghe geuen is Na goddes bort dritteynhundert iar In deme veir vñ Seuentigheften
iare des erften fondaghes na Sente Walburghe daghe der hilghen Juncurowen.
25   K. O.

Ek henrik van ghittelde k(nape be)kennu openbare in deffem breue dat ek hebbe loued in guden
truwen vñ ghe fworen vñ loued vñ fwere to (den hylg)hen dat ek noch myne eruen eder myne vrund de
dor mynen willen don vñ laten willen deffe vengniffe de an (m)y (to lun)enborch ghe fchen is vñ al dat
dar van ghefchoen is an my eder an mynen vrunden id fi vengniffe eder dotflach nummer mer vreken wil-
30 len edder witen an den heren horn wendzflawen vñ hern alberte hertoghen to faffen vñ to lunenborch vñ
deme rade vñ den menen borgheren to lunenborch noch an eren eruen edder nakomelingen dat on to
fchaden komen moghe ok en wille ek der heren orer man eres landes des rades vñ der borghere vorbenomd erer eruen noch orer nakomelinghe vn al der de de heren edder de rad mid rechte vordeghodingben
moghen vyend nümber mer werden noch ere ergheftte weruen mid rade noch mid dade de wyle ek leue
35 funder myme rechten heren mote ek wol behulpe wefen vnder finer bannere. dar de vppe deme velde were
vn vor vnrechtede my ok iement na deffer tid de myner heren vorbenomd vnder fate were edder on to
rechte to verdeghodinghede borode dat fcholde ek on kundeghen vñ ereme rade hulpen fe my dar nicht
rechtes vmme binnen achte wekenen dar nogheft wanne ok dat alfo ver kundighed hedde fo mochte ek my
wol fuluen by hulpe wefen weder den de my vor vnrechted hedde alfo langhe went my recht van on weder
40 vore dar fcolde ek my donne ane noghen laten vnde hir mede en fcholden doffe ede lofte vñ orveyde
nicht mede verbroken wefen de ek ghe dan hebbe alfo na vnde vore ghe fereuen fteyd men de fchullen by
wller macht bliuen vnde boun alle doffe ftucke fchal ek vñ wille on ene rechte fone vn ene rechte olde
orveyde holden alle deffe vorfereuenen ftucke vñ en Jewelik befunder loue ek hinrik van ghittelde in
guden truwen mid minen borghen de hir na befereuen ftan mid ener famenden hand ftede vñ vaft vnvor-
45 broken ane arghelift to holdende vn ek dyderik van taftunghen de langhe vñ dyderik van taftunghen
de kortte vedderen knapen bekennen in deffem fuluen breue dat we alle deffe vor fereuenen ftucke vñ en

iewelk be funderen louen mid henrike van ghittelde vor benomd vñ (v)or (en)e (d)on vor fcrouenen heren van faffen vñ lunenborch vñ deme rade to lunenborch vñ den menen borgheren) vñ eren nakomelingen ftede vñ vaft vnvorbroken to holdende fünder ienigherleye arghelift vñ (hulpe)rede to ener grotteren betüghinge alle deffer vor fcreuenen ftucke fo (heb)be ek hinrik van ghittelde fakewolde vñ dyderik vñ dyderik ghe heten van taftünghen vor benomden mede louere vnfe Inghefeghele (wi)tliken ghe henghed laten 5 to deffom breue de ghe fcreuen vñ ghe ghenen is Na godes bord (dritteyn)hundert Jar dar na in deme veer vnde feuentigeften iare des erften Sondaghes na (funte wa)lburge daghe (der) hylghen ivñevrowen.

K. O.

Ek bernt hoyge knape bekenne openbare in deffem breüe dat ek hebbe loued in guden truwen vnde ghe fworen vnde loued vnde fwere to den hilghen dat ek noch myne erüen eder myne vrund de myne 10 willen don vñ laten willen deffe vengniffe de an my to luneborch ghe fchen is vñ al dat dar van ghe fcheen is an my eder an mynen vrunden id fi vengniffe eder dotflach nummer mer vreken willen edder witen an den heren hern wendzslawen vñ hern alberte hertoghen to faffen vñ to lüneborch vñ deme Rade vñ den menen borgheren to luneborch noch an eren eruen edder na komelingen dat on to fchaden komen moghe ok en wille ek der heren orer man eres landes des Rades vñ der borghere vor benomd erer erüen 15 noch erer nakomelinghe vñ al der de de heren edder de rad mid rechte vor deghedinghen moghen vyend nümber mer werden noch ere erghefte weruen mid rade noch mid dade de wyle ek leüe fünder myme rechten heren mote ek wol behulpe wefen vnder finer bannere dar de vppe deme velde were vñ vor vnrechtede my ok iemend na deffer tid de myner heren vor benomd vnder fate were edder on to rechte to verdoghedinghede borede dat fcholde ek on kündeghen vñ ereme Rade hulpen fe my dar nicht rechtes 20 vmme binnen achte wekenen dar negheft wanne ek dat alfo verkündighed hedde fo mochte ek my wol fülüen by hulpe wefen weder den de my vor vnrechted hedde alfo langhe went my recht van on weder vore dar fcolde ek my denne ane noghen laten vñ hir mede en fcholden deffe ede lofte vñ er veyde nicht mede verbroken heren mote ek wol ghe dan hebbe alfo na vñ vore ghe fcreuen fteyd men de fchullen by wller macht bliuen vnde bouen alle deffe ftucke fchal ek vñ wille on ene rechte fone vñ ene rechte olde orveyde hol- 25 den alle deffe vorfcreüenen ftucke vñ en Jewelik be funder loue ek bernt hoyge in güden truwen mid minen borghen de hir na be fcreuen ftan mid ener famendenhand ftede vñ vaft vn vorbroken ane arghelift to holdende vñ ek hennik van ghüftede vñ ek hinrik van wallenftede knapen bekennen in deffem fulnen breüe dat we alle deffe vorfcreüenen ftucke vñ en Jewelik be funderen louen mid berende hoygen vor benomd vñ vor ene den vor fcreuenen heren van faffen vñ lunenborch vñ deme rade to lunenborch vñ den menen bor- 30 gheren vñ eren na komelingen ftede vñ vaft vnverbroken to holdende funder ienigherleyo arghelift vñ hulpe rede to ener grotteren betüghinge alle deffer vor fcreuenen ftucke fo hebbe ek bernt hoyge fakewolde vñ hennik van ghuftede vñ hinrik van wallenftede vorbenomden mede louere vnfe inghefeghele witliken ghehenghed laten to deffem breüe de ghe fcreuen vñ ghe ghenen is Na godes bord dritteynbundert iar dar na in dem veer vñ feuentigeftem Jare des erften Sondaghes na funte walburge daghe der 35 hilghen Jvncvrowen.

K. O.

Ek, henrik van ofen knape Bekenne openBare in deffem Breüe dat ek hebbe loüed in guden truwen vnde ghe fworen vnde loued vnde fwero toden hilghen dat ek noch myne erüen eder myne vrund de dor myne willen don vñ laten willen deffe vengniffe de an my to lune Borch ghefchen is vñ aldat dar van 40 ghefcheen is an my eder an mynen vrunden id fi vengniffe eder dotflach nummer mer vreken willen edder witen anden heren hern Wendzslawen vn hern Alberte hertoghen to faffen vñ to lüneborch vñ deme Rade vñ den menen Borgheren to luneborch noch an eren eruen edder nakomelingen dat on to fchaden komen moghe ok en wille ek der heren orer man eres landes des Rades vñ der Borghere vor Benomd erer erüen noch erer nakomelinghe vñ alder de de heren edder de rad mid rechte vordeghedinghen moghen 45 vyend nümber mer werden noch ere erghefte weruen mid rade noch mid dade de wyle ek leüe fünder

myme rechten heren mote ek wol Behulpe wefen vnder finer Bannere dar de vppe deme velde were vn̄
vor vnrechtede my ok iemend na deffer tid de myner heren vorbenomd vnder fate were adder on to rechte
to ver deghedinghede borede dat fcholde ek on kundeghen vn̄ erome Rade hulpen fe my dar nicht rechtes vmme Binnen achte wekenen dar negheft wanne ek dat alfo ver kvndighed hedde fo mochte ek my
5 wol fuluen By hulpe wefen weder den de my vor vnrechted hedde alfo langhe went my recht van on
weder vore dar fcolde ek my denne ane noghen laten vn̄ hir mede. en fcholden deffe ede lofte vn̄
orveyde nicht mede vorbroken wefen de ek ghe dan hebbe alfo na vn̄ vore ghefcreuen fteyd men de fchullen by wller macht bliuen vnde Bouen alle deffe ftucke fchal ek vn̄ wille on ene rechte fōne vn̄ ene
rechte olde orveyde holden alle doffe vorfcreuenen ftucke vn̄ en Jewelik befunder loue ek henrik van
10 ofen in guden truwen mid minen Borghen de hir na be fcreuen ftan mid ener famendenhand ftede vn̄ vaft
vnvorbroken ane argheliſt to holdende vn̄ ek frederik vnde henrik Brodere gheheten van ofen vorbenomden
Bekennen in deffem fuluen Broue dat we alle deffe vorfcreuenen ftucke vn̄ en Jewelk Be fundern louen mid
henrike van ofen vorbenomd vn̄ vor ene. den vor fcreuenen heren van Saffen vn̄ luneborch vnde deme to
luneborch vn̄ den menen Borgheren vn̄ eren nakomelingen ftede vn̄ vaft vnverbroken toholdende funder
15 Jenigherleye argheliſt vnde hulpe rede   To ener grotteren betüghinge alle deffer vorfcreuenen ftucke fo
hebbe ek henrik van ofen fakewolde vnde frederik vn̄ henrik ghe heten van elze vorbenomden mede
lovere vnfe Inghefeghele witliken ghehenghed laten to deffem Broue   de ghe fcreuen vn̄ ghe gheuen is Na
godes bord Drytteynhundert iar dar na indem veer vnde feuentigeſten Jare des erften Sondaghes na funte
Walburge daghe der hylghen Jvncvrowen.
20   K. O.
Ek Odo van halle knape Bekenne openbare in deffem Breue dat ek hebbe ghe loued in guden truwen
vnde ghe fworen vnde loued vnde fvere toden hilghen dat ek noch myne eruen eder myne vrund de dor
mynen willen dun vnde laten willen deffe venguiffe de an my ghe fchen is to luneb︤r vnde aldat dar van
ghe fchen is an my eder an mynen vrunden id fy venguiffe eder dot flach nummer mer wreken willen eder
25 witten anden heren wendaflawe vnde heren alberte hertoghen to faffen vn̄ to luneb︤r vn̄ deme Rade vnde
den menen Borgheren to luneb︤r noch an eren eruen eder nakomelingen dat on to fuaden moghe komen
ok en wille ek der heren erer man eres landes des rades vnde der Borghere vor Benomd erer eruen noch
erer nakomelinge vnde der de de heren eder de rad mid rechte vordedinghen moghen vyend nummer
mer werden noch ere ergeffe weruen mid rade noch mid dade de wyle ek leue funder myne rechten
30 heren mote ek wol Be hulpen wefen vnder finer Banneren dar de vppe deme welde is vnde ver vnrechtede my ok iemend na deffer tid de mynes heren vor Benomd vnder fate were oder on to rechte to ver-
dedinghe Borede dat fcolde ek on kundeghen vnde erme rade hulpen fe my dar nicht rechtes vmme
Binen achte weken dar negheft wan ek dat alfo vor kundeghod hedde fo mochte ek my fuluen wol be
hulpen wefen weder denc de my vor vnrechted hedde alfo langhe wend my recht van on wedder vore
35 dar fcolde ek my denne an noghen laten vn̄ hir mede fcolde deffe ede lofte vn̄ orveyde nicht mede vor
Broken wefen de ek ghe dan hebbe alfo vnde vor fcreuen fteyd men de fcullen By wller macht Bliuen
vnde Bouen alle deffe vor fcreuene ftucke vnde en iewelik By funder loue ek Ode van halle in ghuden
truwen mid mynen Borghen de hir na fcreuen ftan mid ener famder hand ftede vnde vaft vnvorbroken ane
argeliſt to holdene vnde ek hormen van ftellere hermen van Berneffe knapen Be kennen in duffem fuluen
40 Breue dat we alle deffe vor fcreuene ftucke en iewelik Be funder louen mid oden van halle vor Be nomd
vnde vor ene den vor fcreuen heren van faffen vn̄ luneb︤r vnde deme to luneb︤r vnde den menen Borgheren
vn̄ eren na kome lingen ftede vnde vaft vn vor Broken to holende funder ienigherleye argheliſt vnde hulpe
rede   to ener grotteren Be tughinge alle deffer vor fcreuene ftucke fo hebbe ek ode van halle fakewolde
hermen van ftellere hermen van Berneffe vor be nomeden mede louere vnfe in ghefoghele witliken ghe hen-
45 ghed laten to deffen Breue de ghe fcreuen vn̄ geuen is na godes Bord drytteynhundert iar dar na indem
veer vnde Seuentigeſten iare des erſten fendages na funte walburghe daghe der hilghen Jnncvrowen.

K. O.

Ek hermen van nůderde knape Bekenne openbare in deſſem Brēue Dat ek hebbe ghe loůed in guden trůwen vn̄ gheſworen vn̄ loved vn̄ ſvere to den hilghen dat ek noch myne erůen eder myne vrund de dor mynen willen důn vnde laten willen deſſe vengniſſe de an my gheſchen is to Luneborch vnde aldat dar van gheſchen is an my edder an mynen vrunden id ſy vengniſſe eder dot ſlach nummer mer wreken willen 5 edder witten an den heren wendaſlawen vnde heren alberte hertoghen to ſaſſen vnde to Lůneborch vnde deme rade vn̄ deme menen Borgeren to Luneborch noch an eren erůen edder nakome linghen dat on to ſcaden moghe komen ok en wille ek der heren erer man eres landes des rades vn̄ der Borghere vor Benomd erer erůen noch erer nakomelinghe vn̄ alle der de de heren eder de rad mid rechte vordedinghen moghen vyend nummer mer werden noch ere ergheſte weruen mid rade noch mid dade de wyle ek 10 leůe ſunder myne rechten heren mote ek wol Behulpen weſen vnder ſiner Banneren dar de vppe deme welde is vnde vor vnrechtede my ok iemend nadeſſer tid de mynes heren vor Benomd vnder ſate were eder on to rechte to verdedinghede Borede dat ſcolde ek on kundeghen vnde erme rade hulpen ſe my dar nicht rechtes vmme Binnen achte weken dar nogheſt wan ek dat alſo vor kundighed hedde ſo mochte ek my ſulůen wol Behulpen weſen weder dene de my vor vnrechteghede hedde alſo langhe wend my 15 rechd van on weder vore dar ſcolde ek my denne an noghen laten vnde hir mede ſcolde deſſe ede lofte vnde or weyde nicht mede vorbroken weſen de ek ghe dan hebbe alſo na vnde vor ſcreuen ſteyt men de ſcullen By wller macht bliůen vnde boůen alle deſſe ſtucke ſcal ek vnde wille on ene rechte ſone vnde ene rechte olde orveyde holden alle deſſe vor ſcreuen ſtucke vnde en iewelik By ſunder loue ek hermen van nůderde in ghuden trawen mid mynen Borghen de hir na ſcreuen ſtan mid ener ſamder hand 20 ſtede vnde vaſt vn vorbroken ane arghelift to holdende vnde ek Johan bůch Berend van hupede knapen Bekennen in deſſem ſulůen Breůe dat we alle deſſe vor ſcreuene ſtucke en iewelik Be ſunder loůen mid hermen van nuderde vor Benomd vnde vor ene den vor ſcreuenen heren van ſaſſen vnde luneborch vnde deme to luneborch vnde den menen Borgheren vnde eren nakomelinghen ſtede vnde vaſt vn vorbroken to holdende ſunder ienigher leye argheliſt vn̄ hulpe rede to ener grotteren Be tugheninge alle deſſer vor ſcreuen ſtucke 25 ſo hebbe ek hermen van nuderde ſakewolde vnde Johan bůch Berend van hupede vor Be nomeden mede louere vnſe in gheſeghele witliken ghehengbed laten to deſſen Breůe de ghe ſcreuen vnde geuen is nagodes Bord drytteyn hundert iar dar na in deme veer vnde ſeuentigeſten iare den erſten ſondaghes na ſůnte walburghe daghe der hilghen Juncvrowen.

K. O. 30

Ek Johan van elminghuſen knape Bekenne openbare in deſſem Breůe dat ek hebbe loued in guden trawen vnde geſvoren vnde loved vnde ſvere toden hilghen dat ek noch myne erůen eder myne vrund de dor mynen willen dun vnde laten willen deſſe vengniſſe de an my geſchen is to luneborch vnde aldat dar van geſcen is an my eder an mynen vrunden id ſy vengniſſe eder dot ſlach nummer mer wreken willen eder witten an den heren wendaſlawe vn̄ heren alberte hertogen to ſaſſen vnde to luneborch vn̄ 35 deme rade vnde den menen Borgheren to luneborch noch an eren erůen eder nakomelinge dat to ſcaden moghe komen ok en wille ek der heren erer man eres landes des rades vnde der Borghere vor Benomd erer erůen noch erer nakomelinge vnde alder dede heren eder do rad mid rechte vor dedinghen moghen vyend nummer mer werden noch ere ergheſte weruen mid rade noch mid dade de wile ek leůe ſunder myne rechten heren mote ek wol Behulpe weſen vnder ſiner Banneren dar de vppe deme velde is vnde 40 vor vnrechtede my ok iemend na deſſer tid de mynes heren vor Benomd vnder ſate were eder on to rechte to vordedinghe Borede dat ſcolde ek on kundighen vnde erme rade hulpen ſe my dar negeſt wan ek dat alſo vor kundighed hedde ſo mochte ek my ſulůen Be hulpen weſen weder dene de my vor vnrechted hedde alſo langhe wend my recht van on ſcude dar ſcolde ek my denne an noeghen laten vnde hir mede ſcolde deſſe ede lofte vn̄ orveyde nicht mede vor 45 broken weſen de ek ge dan hebbe alſo vore ſcreuen ſteyd men de ſcullen By wller macht Bliůen vnde

Bouen alle deſſe vor ſcreuene ſtucke vnde en Jewelik By ſunder love ek Johan van elminghufen in ghuden truwen mid mynen Borghen de hir na ſcreuen ſtan mid ener ſamder hand ſtede vnde vaſt vn vor broken ane argheliſt to holdene   vnde ek hermen Bok frederik van wenthuſen knapen Be kenen in duſſem
ſuluen Breue dat we alle deſſe vor ſcreuene ſtucke en Jewelik By ſunder loven mid Johanne van olmelin-
5 ghehuſen vor By nomd vñ vor ene den vor ſcreuen heren van ſaſſen vñ luneborch vñ deme to luneborch
vñ den menen borgheren vñ eren nakomelinghen ſtede vñ vaſt vn vor Broken to holende funder ienigher
leye argheliſt vnde hulpe rede   to ener grotteren By tughinge alle deſſer vor ſcreuene ſtucke ſo hebbe ek
Johan elmelinghehuſen ſakewolde hermen Bok frederik van wenthuſen vor By nomenden mede lovere vnſe
Ingſ witliken ge henghed laten an deſſen Bref   de ge ſcreuen vñ geuen is Na godes Bord dryttey hun-
10 derd jar dar na indeme veer vñ Seuentigeſten iare des erſten ſondaghes na ſunte walburghe daghe der
hilghen Juncvrowen.
                                                                                                                    K. O.
Ek wollerd van lenghede knape Bekenne openbare in deſſem Breue dat hebbe ge louend in guden truwen vnde ge ſworen vnde loued vnde ſuere to den hilghen dat ek vnde myne eruen eder mine vrund de
15 dor mynen willen dun vnde laten willen deſſe vengniſſe de an my geſchen is to luneborch vñ aldat dar
van ge ſchen is an my eder an mynen vrunde id ſe vengniſſe eder dot ſlach nummer mer wreken willen
eder witten anden heren wedzſlawe vñ heren alberte hertoghen to ſaſſen vñ to luneborch vñ deme rade
vñ den menen Borghere to luneborch noch an eren eruen eder eder nakomelinge dat to ſcaden moghe
komen   ok en wille ek der heren erer man eres landes des rades vnde der Borghere vor Benomd erer
20 eruen noch mid rade noch mid dade de wile ek leue   ſunder myne rechten heren mote ek wol Be hulpen weſen vnder ſiner banneren dar de vppe deme velde is   vñ vor vnrechtede my ok iemend na deſſer
tid de mynes heren vor Benomd vnder ſato were oder en to rechte to vor dedinghede Borde dat ſcolde
ek on kundighen vñ orenue rade   hulpen ſo my dar nicht rechtes vinme Binnen achte weken dar negeſt
wan ek dat alſo vor kundighed hedde ſo mochte ek my ſuluen Be hulpen weſen oder de my vor
25 vnrechted hedde alſo langhe went my recht van on ſcude   dar ſcolde ek my denne an noghen laten
vñ hir mede ſcolde deſſe ede lofte vnde orueyde nicht mede vor Broken weſen de ek ge dan hebbe alſo
vore ſcreuen ſteyd men de ſcullen By willer macht bliuen   vñ bouen alle deſſe vor ſcreuene ſtucke vñ en
iewelik By funder love ek wollerd van lenghede in guden truwen mid minen Borghen de hir na ſcreuen
ſtan mid ener ſamder hand ſtede vnde vaſt to holene vñ vor broken ane argheliſt   vnde ek henr de dowe-
30 neghe Johannes van ſelle knapen Be kennen in duſſem ſuluen Breue dat we alle deſſe vor ſcreuene ſtucke
en Jewelik By funder louen mid wollerde van lengheden vor benomd vñ vor ene den vor ſcreuen heren van
ſaſſen vnde luneborch vñ deme to luneborch vñ den menen Borghere vñ oren nakomelinge ſtede vñ vaſt
vn vor broken to holdene funder Jenigher leye arghe liſt vñ hulpe rede   to ener grotteren by tughinge alle
deſſer vor ſcreuene ſtucke ſo hebbe ek wollerd van lenghede ſakewolde hinr de douinghe Johannes van
35 ſelle mede louere vnſe Ingeſ witliken ge henghed laten an deſſen Bref   de geſcreuen vñ geuen is nagodes
Bord dryttey hunderd iar dar na indeme veer vñ Seuentigeſten iare des erſten ſondages na ſunte walburghe
daghe der hilghen Junchvrowen.
                                                                                                                    K. O.
Ek Hinrik muſſel val knape bekenne openbare in deſſem breue dat ek hebbe loued in guden truwen
40 vñ ghe ſworen vn loued vñ ſwere to den hilghen dat ek noch myne eruen eder myne vrund de dor mynen
willen don vñ laten willen deſſe vengniſſe de an my to lunenborch gheſchen is vñ al dat dar van ghe
ſcheen is an my eder an mynen vrunden id ſi vengniſſe eder dotilach nummer mer vreken willen odder
witen an den heren hern wendzſlawen vñ hern alberte hertoghen to ſaſſen vñ to lünenborch vñ deme rade
vñ den menen borgheren to lunenborch noch an eren edder nakomelingen dat on to ſchaden komen moghe
45 ok en wille ek der heren erer man eres landes des rades vñ der borghere vorbenomd erer eruen noch
orer nakomelinge vñ alle der de do heren edder de rad mid rechte vordegbedinghen moghen vyend num-

bor mer werden noch ere erghofte weruen mid rade noch mid dade de wyle ek leue funder myme rechten heren mote ek wol behulpe wefen vnder finer bannere dar de vppe deme velde were vn vor vnrechtede my ok iemand na deffer tid de myner heren vorbenomd vnder fate were edder on to rechte to verdeghedinghede borede dat fcholde ek on kundeghen vn ereme rade hulpen fo my dar nicht rechtes vmme binnen achte wekenen dar negheft wanne ek dat alfo verkundighed hedde fo mochte ek my wol fuluen by hulpe 5 wefen weder den de my vor vnrechted hedde alfo langhe went my recht van on weder vore dar fcolde ek my denne ane noghen laten vn hir mede en fcholden deffe ede lofte vn orveyde nicht mede verbroken wefen de ek ghe dan hebbe alfo na vnde vore ghefereuen fteyd men de fchullen by wller macht bliuen vnde bouen alle deffe ftucke fchal ek vn wille on ore rechten fone vn ene rechte olde oreveyde holden alle deffe vorfereuenen ftucke vn en iewelik befunder loue ek hinrik mufzelval in guden truwen mid 10 minen borghen de hir na fcreuen ftan mid ener famenden hand ftede vn vaft vnvorbroken ane arghelift to holdende vn ek horman van der gho wifch vn herman van medehem knapen bekonen in deffem fuluen breue dat we alle deffe vor fereuenen ftucke vnde on iewelk befunderen louen mid hinrike mufzelval vor benomd vn vor ene. den vorfereuenen heren van faffen vn lunenborch vn deme rade to lunenborch vn den menen borgheren vnde eren nakomelingen ftede vn vaft vnvorbroken to holdende funder ienigherleye 15 arghelift vnde hulpe rede to ener grotteren betughinge alle deffer vor fereuenen ftucke fo hebbe ek hinrik mufzel val fakewolde vnde herman van der gho wifch vn herman van medehem vor benomden mede louero vnfe inghefegheje witliken ghehenghed laten to deffem breue de ghe fereuen vnde ghe gheuen is Na godes bord dryttenhundert iar dar na in dem veer vnde fouentigeften iare des erften Sondaghes na funte walburge daghe der hylghen iunevrowen.
20

K. O.

Ek alberd ftich Bekenne openbare in deffem Broue dat hebbe loued in guden truwen vnde ghe fworen vnde loued vnde fwere to den hilghen dat ek noch myne eruen eder myne vrund de dor mynen willen dun vu laten willen deffe vengniffe de an my ge fchen is to luneborch vn aldat dar van ghe fchen is an my eder an mynen vrunden id fy vengniffe eder dot flach nummer mer wreken willen edder witten an 25 den heren wodzilawe vn horn alberte hertoghen to faffen vn to luneborch vn deme rade vn den menen Borgheren to luneborch noch an oren eruen eder nakomelinghen dat on to fcaden moghe komen ok en wille ek der heren erer man eres landes des rades vn der Borghere vor Bynomd erer eruen noch erer nakomelinge vn alder dede heren eder de rad mid rechte vordedinghen moghen vyend nummer mer werden noch ere ergefte weruen mid rade noch mid dade de wyle ek leue funder myme rechten heren 30 mot ek wol Be hulpen wefen vnder finer Bannere dar de vppe deme velde is vn vor vnrechtede my iemand na deffer tid de mynes heren vor Benomd vnder fate were eder on to rechte to vor dedinghe Borede dat fcolde ek on kundeghen vnde oreme rade hulpen fo my dar nicht rechtes vmme Bynnen achte weken dar negheft wan ek dat alfo vor kundeghet hedde fo mochte ek my fuluen wol behulpen wefen weder dene de my vor vnrechted hedde alfo langhe wend my recht van on weder vore dar fcolde ek my denne 35 an noghen laten vnde hir mede fcolde deffe ede lofte vnde orveyde nicht mede vor broken wefen de ek ghe dan hebbe alfo vn vor fereune fteyt men de fcullen By wller macht Bliuen vnde Bouen alle deffe vor fereuen ftucke en Jewelik By funder loue ek alberd ftich in guden truwen mid minen Borghen de hir na fereuen ftan mid ener famder hand ftede vnde vaft vn vorbroken ane arghelift to holdene vnde ek Olrik van reden henrik van eluelingrode knapen Bekenen in duffem fuluen Breue dat we alle deffe vor 40 fereune ftucke en Jewelik By funder louen mid alberte ftighe vor benomd vn vor ene vor benomden heren van faffen vn luneborch vnde deme to luneborch vnde den menen Borgheren vn oren nakomelinge ftede vnde vaft vn vorbroken to holdende funder ienigher leye arghelift vnde hulpe rede to ener grotteren Be tughinghe alle deffer vor fereune ftucke fo hebbe ek alberd ftich fakewolde olrik van reden henrik van eluelingherode vor benomden mede lovere vnfe ingef witliken ghe henghed laten to deffen Breue de 45

gefcreuen vñ geuen is Na godes bord trydteyhunderd hunderd iar dar na in deme veer vñ Seuentigeften
iare des erften fondaghes na funte walburghe der hilghen Junchvrowen.

**18. Die Herzöge Wenzlaus und Albrecht von Sachsen und Lüneburg gestatten mit Bewilligung der Herzöge
Friedrich und Bernhard von Braunschweig und Lüneburg den Gebrüdern Helmold und Diedrich Turike,
Bürgern zu Hannover, einen Altar in der Kirche St. Georgii zu Hannover zu bauen und zu dotiren,
reserviren aber sich und allen Herzögen zu Lüneburg das Patronatrecht über den Altar, sobald die Nachkommenschaft der Gründer daselben ausgestorben sein wird. — 1374, den 15. und 21. Mai. H. O.**

We wentzlav vnde. Albrecht van godes gnaden. Hertoghen to Saffen vnde to Lůneborch. bekennen
openbare in deffemo breue. vor ¹) alle den. de en fen. eder horen lefen. Dat we med vorberaden. vnde wol
bedachtem mude vñ mit witfchop. vnde vulbord der hochgeboren vorften ²). vnfere leuen bŭlen. fredereeke
vnde berde ³). Hertoghen to brŭnfw. vnde to luneborch. hebbet begnadet vñ ghe orlouet vnfen leuen ghe
trůwen Helmolde. vñ Diderike. broderen ghe heten de Tŭriken ⁴) Borgheren to honouere. eyn altar to
būwende. vnde to bewedemende in vfer kerken to funte Jŭrigen to honouere. de vns to vorlenende bort.
Alfo dat de lenware des lenes bi deffen vorbenomden broderen vñ bi oren eruen. de van en komende
fint io ⁵) bliuen fchal. vnde wanne deffe vorbenomden brodere vñ ere Eruen. de van en komende fint.
alle döt vñ ⁶) van deffer werlde ghefcheden fint. fo fchal de lenware des fuluen. altares vallen an vs
vnde an vfe nakomelinghe. Hertoghen to Lůneborch Des to Orkůnde vnde to betůghinge ⁷) hebbe we
vorbenomden Wentzlav vñ Albrecht. Hertoghen to Saffen vñ to lůneborch vfe jnghezeghele laten ghe
hanghen ⁸) an deffen bref de fcreuen vnde ghe gheuen is. ⁹) Na godes bort Drittenhundert jar. dar na in
deme vere vnde feuentigheften jare. Des hilghen daghes to pingheften. ¹⁰)

**19. Ritter Ludolf von Alvensleben und sein Bruder Friedrich begeben sich mit ihrem Schlosse Rogätz für
hundert Mark Silbers auf halbjährliche Kündigung in den Dienst der Herzöge Wenzlaus und Albrecht
von Sachsen und Lüneburg gegen jedermann mit Ausnahme des Stiftes Magdeburg und ihrer Freunde,
deren sie zu Recht mächtig sind. — 1374, den 21. Mai. K. O.**

Ik ludelef von aluenlleue ridder vñ Vrederik von aluenlleue ſin broder bekennen in duffem openе
breue dat we gelouet hebben vñ louen. den hochgebornen Vörften Hern wentllaw vñ Hern albrechte
Hertboghen to Saffen vñ lůneborch vnde eren rechten Eruen dat we Ene eweliken in guden truwen. vñ
ane argelift. vñ wedder rede. to denfte willen fitten vnde feulen behulpen wefen myt vfeme flote rogetze..
dat ere opene Hus ſin fcal weder aller menliken vt ghe nomen dat ftichte to Magdeborch vñ vnfe vrunde.
der we mechtich fin to rechte. Hir vnime do vor benomden vnfe Heren van faffen vnde lůneborch vns
to borghe louet hebben. Hvndert mark brandoborgefces fuluers. brunfvikefeer wichte vñ witte. de we in
vnfe nvt vñ vromen gebracht hebben.. Were ok dat de vor benomeden vnfe Heren eder ere Eruen
kryghen welden von vfeme flote rogetze. eder dar op efcheden.. fo fcullen fe dar enen Houet man fetten.
de Ene vñ vs bo queme fy. vnde vs borchhuldunghe dŭ. alfo ge wenlik je op den veften. Wörde ok de
borch vrede von Ene oder den finen. eder von vns. eder den vnfen ghebroken. dar en fcolde nen wedder
wrake vmme fcen men dat fcalen tve vnfer vor ghenomden Heren man. vñ tve vnfer vrůnd vor richten
myt mynne eder rechte. alle köfte fcolden ok fyn der vor genomden vnfer Heren oppe deme flote rogetze.
alle do wile do krych ghe werde wen lij des begheređen vñ do vor benomden vnfe Heren fcolden vs
redelke wedder ftadynge gheuen. fulkes gůdes dat to rogetze jo höret an der vyende gůde wu we dat
ir werđen konden von den Vyenden. na eres Houet mannes rado. vñ alle vrôme den we op de veyende
neemen. an dyngnyffe ghe vangnen. eder name. fcolde wefen der vor bo nomden vnfer Heren.. Worde ok

---

Ein anderes Original zeigt ausser anderen kleinen Verfchiedenheiten auch diefe: ¹) vor fehlt. ²) vorften fehlt. ³) frederikes
vnde Berndes. ⁴) Türiken. ⁵) komen ftatt komende fint io. ⁶) deyhere vnde al ftatt de van en — döt vñ. ⁷) Tuge. ⁸) hengen.
⁹) Hier ist eingeschaltet: to honouere. ¹⁰) des negeften mandages vor Pingheften statt Des hilghen daghes to pingheften.

vfe flot roghetze von der vorbenomden vnfer Heren kryges weghene vor buwet. eder beftallet. dar God vôre fy. fo fcolen fe. vns. vñ vnfe flot ledeghen. des erften. fe. kvnnen vñ moghen. vñ worde vnf ok vnfe flot af gedrvngen in erome kryghe vñ gewunnen. dat God wende. fo fcolen vnfe vorbenomden Heren. vñ we vns nicht fonen noch vreden myt den ghenen de vns vñ Ene. dat afghewunnen hedden. fe en hebben vns vñ we Ene wedder ghehulpen to deme flote.. Dön. fo. des nicht in eneme Jare. fo fcolen. fe. vnf 5 in enem Jare darna redelike wedder ftadynge dön an gelde eder an ener anderen veften. alfe tven eren manne vñ tven vfen vrunden redelik dûchte wefen.. Ok fcolen de vorbenomden vnfe Heren van Saffen vñ lûneborch vnfer ghewaldich fyn. to mynne. eder to rechte. wedder aller menliken to allen tyden vñ vns. truliken vordedyngen vnfes rechten. wedder aller menliken.. Ok fcolen de vor benomden vfe Heren. alle de wyle de krych warede vñ. fe. vns to denfte behouden ftan vor allen redeliken fchaden deme we 10 jn ereme denfte nemen vñ redeliken bewifen mochten.. Weret ok fake dat de vor benomden vnfe Heren von faffen vñ to lûneborch vnfer to erom denfte nicht behoueden. oder we ene oder eren Eruen. nicht lenger to denfte welden litten. myt vnfeme flote roghetze. vñ. fe. vns eder we dat eyn half Jar vore leten wetten. fo fcolde we Ene. wenne dat halue Jar vmme comen were. von ftaden an. wedder gheuen vñ betalen Hvnderd mark brandeborgefces fuluers. vñ wenne we dat gedan hedden fo fcolde we duffes 15 lôuedes von En vnbvnden wefen. vnde fo fcolden. fo. vnf deffen feluen vnfen bref denne ok von ftaden an wedder gheuen.. alle duffe vorefereuene ftucke loue we vor benomden von aluentleue ludelef ridder vñ vrederik knecht vn myt vnf vñ vor vns Her Hinrik von aluentleue vñ Her Gherard von wederden Rede vñ ganz to holdene ane gyngerleye argheliff vnde to enem orkunde hebbe we vor benomden facwoldoghen vnde bôrghen vnfe Inghefeghele gehenget laten an duffen bref. na Goddes bord dretteynhun- 20 dert Jar in deme veere vnde feuentigheften Jare in dem hylghen daghe to pyngften.

20. **Die Herzöge Friedrich und Bernhard von Braunschweig und Lüneburg geloben, die von den Herzögen Wenzlaus und Albrecht von Sachsen und Lüneburg den Gebrüdern Turike über den zu gründenden Altar ausgestellte Urkunde zu halten. — 1374, den 28. Mai.** H. O.

We frederik vnde Bernd, brodere van godes gnaden. Hertoghen to Brûnfwich vñ to Lûneborch. bekennet openbare in deffeme breue vor alle den do en feed. eder horet lefen. Dat we den bref den. Her 25 Wentaflaw vnde Her Albrecht vfe leue bôle van Saffen vnde van Lûneborch hebbet ghegheuen den wifen lûden Helmolde vñ Diderike brodere gheheten Thûrike vnde oren Eruen den fchülle wo vnde willet ok trüweliken holden eren bref den fe en darvp ghegheuen hebbet up dat Altar alfe dat vt wifet Ok wille we en to dar vorderlic to wefen wür fe des bedorfet. Des to Orkunde vñ to betûghinge hebbe we 30 vorbenomden brodere. Frederik vñ Bernd Hertoghen to Brûnfwich vñ to Lûneborch vfe jnghezeghele laten an deffen bref ghehanghen. De ghegheuen vñ ghefcreuen is na goddes bort Dufent vnde Drehûndert jar in deme vere vnde Seuentigheften jare des erften Sündaghes na Pinkeften.

21. **Die Herzöge Friedrich und Bernhard von Braunschweig und Lüneburg verpfänden den Rittern Hans von Honlege und Ludolf von Veltheim und den Knappen Ludolf von Honlege und Heinrich von Veltheim 35 Schloss und Stadt Vorsfelde nebst dem Werder für 800 löthige Mark und Schloss und Stadt Königslutter für 650 löthige Mark, also beide Schlösser und Städte mit Vogteien, Gericht und Zöllen, aber ohne geistliche und weltliche Lehne für 1450 löthige Mark, unter Vorbehalt des Oeffnungsrechtes. Von dieser Summe haben die von Honlege und von Veltheim 250 löthige Mark ausgegeben, um Königslutter von dem Ritter Lippold von Stenbeke einzulösen. Die übrigen 1200 Mark sind ein Ersatz für den Schaden, 40 den sie und ihre Freunde mit den Ihrigen im Dienste der Herzöge und des Vaters derselben und durch Kost und Zehrung erlitten haben. — 1374, den 9. Juni.** IV.

We Freder vnd Bernd. von godes gnaden. hertogen to Brunfwik vñ to Juneb Bekennen etc. Dat. wo. den geftrengen luden. hern hanfe von honlege hern ludolfe von velthem Ridern Ludolfe von honlege vñ binr

von velthem knapen vn̄ hern diderike von walmede to orer getruwen hand hebbet vor fattet vn̄ vor pendet
vnfe Slote varffelde hus vn̄ Stad mid dem werdere dat dar to horet vor achtehundirt lodigen mark brunfwikfer wichte vn̄ vitte¹) vn̄ luttere hus vn̄ Stad vor feuendehalfhundirt lodige mark der fuluen wichte
vn̄ vitte to brunfwik an deffem gelde hebben fe luttere to fik gelofet vor durte half hundirt lodige mark
5 von hern lippolde von ftenbeke de anderen twelfhundirt mark hebben we on geuen vor fchaden den
fe vn̄ ore vrund mid den oren in vnfes vadir dinfte genomen hebben vn̄ in vnfem vn̄ vor kofte vn̄
teringe dar²) vns deffe vorfereuen fummen geldes an afrekenen vn̄ afflan fchollen alfo dat deffes geldes
al to hope is vefteyndehalf hundirt lodige mark brunfwikfer wichte vn̄ vitte dat³) deffe vor fereuen Slote
entfament vor fint vorpendet vn̄ we vorpenden on deffe vorfereuen Slote vn̄ Stede mid vogedigen mid
10 rechte richte tollen nvd vn̄ gemeynliken mid allir tobehoringe alfe de dar to horden by vnfes vadir thiden
dem god gnade ane geftlike vn̄ manlike leen vor deffe vorbenompten fummen geldes In deffer wijs alfe
hir nafereuen fted dat we deffe vorbenonden Slote varffelde vn̄ luttere entfament vn̄ or iowelk befundern lofen mogen wenne we vnfe brudere vn̄ eruen willen vn̄ konen vri de fchollen fe vns ane wedir-
fprake to lofende geuen vor deffe fummen geldes alfe hir vorfereuen fteid Vn̄ wenne we vnfe brudere
15 edir eruen deffe⁴) on deffe vorbenompten vefteyn hundirt mark betalet hedden alze hir vorfereuen fteid
famend edir befundern So fchollen fe vns vnfen brudern vn̄ eruen deffe vorfereuen Slote luttere vn̄ varffelde mid allir nvd vn̄ tobehoringe alze we on de nv gefad hebben famend vn̄ befundern ledik vn̄ los
wedir antworden ane alle wedir fprake hindir vn̄ vor toch Ok fchollen deffe vorbenompten Slote vns vn̄
vnfen eruen open wefen to allen thijden vn̄ to allen vnfen noden wenno wo gebeden wedir aller malken
20 nymande vd genomen Se enfchullet ok dar aff vn̄ dar to nymande befchedigen noch uor vnrechten vn̄
fchullet ok vnfe lude de to deffen Sloten horen truwelken hegen vn̄ vor degedingen vn̄ de nicht vor dernen
Minne vn̄ rechtes fchollen we vn̄ vnfe eruen ouer fe vn̄ ouer ore eruen mechtik wefen to allen tijden
wolde fe auer Jemand vor vnrechten vn̄ hulpen we on nicht mynne ofte rechtes bynnen achte weken dar na
fo dat vor vns voklaget hedden fo mochten fe fik von den Sloten wol vnrechtes der weren alze lange⁵) wo
25 on mynne efte rechtes konden helpen wolden we ok eddir vnfe eruen von deffen Sloten orleygen welken
ameechtman we den dar vp fetten de fcholde fo vn̄⁶) ore vorfchaden vor waren Schude om auer fchade
von om eddir den finen den fcholde on de ameechtman wedir don binnen dem negeften verndel Jares dar na
wenne he dar vmme gemanet worde in vrund fchop edir In rechte Worden ok deffe Slote eyn edir fo
beyde vor loren von⁷) kriges wegen da god vor fy So fchollen we on binnen dem negeften Jare dar na
30 andir flod helpen bvwen in dat fulue ge lach dar fe de gulde deffer vor benomden Slote af bekrechtigen
konden worden ok deffe vorbenomden Slote von ores eygea kriges wegen vorloren ore eyn eddir fe beyde
da god vor fy So fchollen fe ore ghelt alfe fe dat nv dar an hebben vorlefen doch en fchollen we vns
noch fe fik nicht Sönen noch vreden mid den de vns eddir on deffe Slote alfo afgewünen hedden we en
hedden de flod wedir bekreftiget edir id were vnfe wille an beyden fyden dat we vor benompten hertogo
35 freder vn̄ bernd gebrudere hertogen to brunfwik vn̄ to luneb vn̄ vnfe eruen alle deffe vorbenompten ftukke
ftede vafte vn̄ vnuorbroken holden willen Des hebben we to vrkunde vnfe Inges an deffen breff laten hengen De gheuen is na goddes bort dritteynhundirt Jar dar na in dem vir vn̄ feuenchtiften Jare an vridage vor viti.

22. **Die Rathsherren Diedrich Springintgud und Albert Hoyke schreiben den übrigen Rathsherren zu Lüne-
40 burg, dass sie kaum in der nächsten Woche zurückkehren können, weil sie den Herzog Albrecht von
Sachsen und Lüneburg am morgenden Tage zur Tagefahrt nach Hannover, von dort nach Celle und dann
zu der mit dem neuen Rathe zu Braunschweig abzuhaltenden Tagefahrt begleiten. Jedoch hoffen sie, wenn
die Tagefahrt des Rathes der Stadt Lüneburg mit der Geistlichkeit zu Lübeck auf die Zeit zwischen dem**

¹) Es ist zu lesen *witte*. ²) Hier fehlt *fe*. ³) dar statt *dat*. ⁴) *deffe* muss ausfallen. ⁵) Hier fehlt *went*. ⁶) Hier fehlt *de*.
45 ⁷) Hier fehlt *en/tu*.

18. und 24. Juni angesetzt wird, dabei sein zu können. Nur wünschen sie, weil für sie die Reise nach Lübeck mit Gefahr verbunden ist, dass die Tagefahrt zu Lüneburg oder Hamburg gehalten wird. — (1374, den 10. Juni.) L. O.

Honorabilibus viris Dominis confulibus in lüneborch. Dominis et amicis noftris prefentetur *).
Vnfe plichteghe denft to vorn. Leuen heren juwen bref hebbe we wol vorftan vmme dat antwerde dat de prelaten wedder van lubeke to jů bracht hebben. vn bidden jůk to wetende, dat we kume jn deffer to komenden wekene to hus komen konnen. wente we morne mit vnfem heren to daghen riden jeghen honouere vñ wan vnfe here denne to tzello wedder kumt. fo wel he mit deme nyen rade van Brunfwik daghe holden. dar we ouer wefen meten. men latet jn der jrften vullen wekene na funte vites daghe twifchen jů vñ der papheyt van lubeke daghe maken vp welke tijt gi willen dar wille wo oft god wel denne wol bj komen. vñ de ftede feghe we leueft to lüneborch. ofte to hamborch. doch ramet des funeften mit der ftede wente gi wol weten dat we to lubeke varlik rident hebben. Dominus vos conferuet Scriptum Sabbato ante vitj Sub Sigillo mej. T. Springintgud.
T. Springintgud et albertus Hoyke.

23. Bischof Heinrich von Verden erlaubt dem Nicolaus Floreke **), Vicar in der Capelle St. Fabiani zu Bardowiek, die zu dieser Vicarie gehörenden Ländereien, weil sie von Feinden und Räubern täglich verwüstet und durch Abgaben an die Vögte zu sehr belastet werden, zu vertauschen oder zu verkaufen. — 1374, den 30. Juni. K. O.

Hinricus dei et apoftolice fedis gracia Epifcopus verdenfis. Omnibus ad quos prefens fcriptum peruenerit falutem in domino nofcant tam prefentes quam pofteri. quod difcretus vir dominus nicolaus florcke perpetuus vicarius in capella fancti fabiani in bardewich. nobis fuis infinuacionibus patefecit. quod bona ruralia ad fuam vicariam fpectantia, magnis fubiacent periculis. eo quod cottidianis deuaftantur hoftium et predonum incurfibus. ac aduocatorum et curiouum exactionibus nimium aggrauantur et quod ideo ipfe dominus nicolaus modicum, et fere nullum percipit de bonis illis fructum, dolenter enarrauit, Supplicans nobis humiliter vt licentiam permutandj bona illa ruralia in redditus cerciores. feu vendendj eadem bona in toto, vel in parte reponendjque pecuniam ex vendicione huiufmodi prouenientem. in aliorum bonorum magis certorum comparacionem uel empcionem. concedere dignaremur. Nos igitur dicti domini nicolai precibus, tamquam racionabilibus, fauorabiliter inclinati. Poffeffori predicte vicarie hanc graciam concedimus in hijs fcriptis. quod bona ruralia ad eandem fpectantia vicariam. permutare feu vendere. et in alios redditus certos reponere, valeat. iuxta concilium patronorum vicarie fepedicte. redditus vero via permutacionis aut vendicionis comparati. debent apud memoratam vicariam totaliter perpetuis temporibus remanere. datum Rodenb anno domini M CCC LXXIIII^{to} vltima die menfis Junij noftro Sub Sigillo.

*) Diese Worte befinden sich auf der Rückseite des Schreibens.

**) Das Verhältniss des Nicolaus Floreke zu dem am 3. Mai 1366 beendeten Streite (cfr. Theil III. pag. 200 Nr. 298) findet in folgender Urkunde seine Erklärung:

Die Rathsherren der Stadt Lüneburg bezeugen, dass ihr Mitbürger Nicolaus Schomaker dem Nicolaus Floreke, Vicar des Altars St. Johannis in der Capelle St. Fabiani zu Bardowiek, und allen Nachfolgern desselben Salzgüter zu Lüneburg tauschweise für Güter zu Barum überlassen hat. — 1366, den 10. November. K. O.

Nos Confules Ciuitatis Lyneborgh. Johannes beve, Albertus hoyke fenior. Dithmarus de molendino. Hinricus de arena. Johannes vifcule Ludolphus vintlo. Hartwicus de falina. Hartwicus abbenborgh. Hartwicus holfte, Nicolaus garlop. Johannes fommelbrecker Thidericus fpringintgůd Tenore prefencium recognofcimus et teftamur. quod Nicolaus fchomaker, conciuis nofter. pro quibusdam bonis in villa barme, iam totaliter eiusdem Nicolai poffeffioni traditis et dimiffis, cum expreffo. confenfu ac ratihabicione fratris fui hinrici. necnon heredum ipforum, via permutacionis dimifit, ac in indicio tradidit Domino Nicolao floreken. perpetuo vicario altaris fancti Johannis Ewangelifte. In Capella fancti fabiani in bardewich. et vnicuique. eiufdem domini Nicolai, in eadem vicaria fucceffori. redditus perpetuos fex marcarum denariorum luneborgenfium. in dimidio Choro falis, in falina luneborgh In Gunchpannen ad

24. Kaiser Karl IV. gestattet zum Schutze der bischöflichen Güter und um Friedensruhe herzustellen dem Bischofe Gerhard von Hildesheim und dessen Nachfolgern, zwei Freigrafenstühle innerhalb der Herrschaft und der weltlichen Gerichtsbarkeit des Bischofs und der Kirche, nämlich zu Peine und Sarstedt, nach Art der Freigrafenstühle in Westphalen von neuem zu errichten, und verbietet allen Reichsgetreuen, namentlich den Freigrafen in Westphalen bei Verlust ihres Amtes, den Bischof und die Kirche daran zu hindern*). — 1374, den 4. Juli.

K. O.

Karolus quartus diuina fauente clemencia Romanorum Imperator femper Auguftus et Boemie Rex Notum facimus, tenore. prefencium vniuerfis, Quod ad deuote peticionis inftanciam, venerabilis Gerhardi Hildefemenfis Epifcopi principis et deuoti noftri dilecti pro bono ftatu, bonorum fuorum Epifcopalium et vt pacis tranquillitas, fub eius, dominio refloreat non improuide neque per errorem, fed animo, deliberato. fibi, fuifque Succefforibus, Epifcopis et Ecclefie Hildefemenfi, imperpetuum tenore prefencium auctoritate Cefarea, hanc graciam facimus, de certa fciencia et donamus, Quatenus, duas fedes officij freygrauiatus, fiue Comitum liberorum, qui freygrauen volgariter, appellantur, de nouo ftatuere, perpetuo et habere, poffint libere, vnam videlicet in loco, qui dicitur Peynis, et aliam in loco, qui dicitur Tzerftede, confiftentibus in dominio et Jurifdicione temporali Epifcopi et Ecclefie Hildefemenfis predictorum, fecundum omnem, modum et formam, prout fedes freygrauiatus, fiue Comitum liberorum, de confuetudine parcium Weftfalie, folite, funt feruari, Mandantes, vniuerfis, et fingulis, principibus Comitibus Baronibus, Nobilibus Militibus Clientibus. Ciuitatum et locorum vniuerfitatibus, et alijs quibufcunque noftris et Imperij Sacri fidelibus, et fignanter, Comitibus liberis, fiue freygrauijs, Weftfalie quibus fub pena priuacionis officiorum fuorum freygrauiatuum, firmiter inhibemus, ne Epifcopum et Ecclefiam fupra dictos fuper premiffis fedibus, et earum conftitucione, quomodolibet audeant impedire prout eciam alias, noftram voluerint indignacionem grauiffimam enitare, Prefencium fub Imperialis, noftre Maieftatis figillo teftimonio literarum Datum Tangermunde Anno Domini Milleſimo Trecentefimo Septuagefimo quarto, Indictione Duodecima IIII° nonas Julij Regnorum noftrorum Anno vicefimo, octauo Imperij vero vicefimo.

De mandato domini .. Imperatoris
Nicolaus Camericenfis prepofitus.

Auf der Rückseite der Urkunde steht geschrieben: R. Voltzo de Wormacia.

25. Ritter Hans von Vreden schwört dieselbe Urfehde und Sühne, wie am 7. Mai 1374 die übrigen Gefangenen zu Lüneburg sie geschworen haben. — 1374, den 4. Juli.

K. O.

finiftram manum. dum itur in domum huttinghe, perpetuis temporibus habendos et tollendos, ac pacifico poſſidendos. Hij redditus fic perſolui debent expedite fingulis annis. quod in quolibet quatuor terminorum anni videlicet in feftis Natiuitatis chriſti, Pafche. Natiuitatis beati Johannis baptifte, Mychaelis, viginti quatuor folidi bemiuole dabantur et exfoluentur. vicario prenarrato. Qui de predictis redditibus duodecim folidos, ad memoriam domini Werneri de halberftad in die beati Wenefflaj, follempniter peragendam. Canonicis et vicarijs Ecclefie bardewicenfis fideliter miniftrabit Idem etiam vicarius de prefcriptis redditibus, procurare debet lumen cereum. quod perpetuis temporibus ardere debet infra omnes horas Canonicas, in Choro Ecclefie fancti Petri in bardewich et poni debet fuper pelulum in Choro pendentem, ut dei et fanctorum, laceat ad honorem. Eft tamen huic contractui talis annexa gracia. quod Nicolaus fchomaker. eius frater Hinricus. et Ipforum heredes, feu Jus proprietatis habens in dimidio Choro falis preexpreffo. poteft et poterunt. fex marcarum redditus, in alio dimidio Choro falis antiquorum bonorum fulinarium, eque bene valenti preexpreffo dimidio Choro falis. feu fn vno domioio fartaginis comparare feu emere. et eofdem pro iftis fex marcarum redditibus tradere vicario prenarrato. Vel fi magis placet Nicolaus fchomaker, et eius heredes poffunt vnum plauftrum falis antiquorum bonorum falinariorum. quod fit ab omni cenfu liberum, tradere vel prefentare domino Nicolao floreken. et cuilibet eius in vicaria predicta fucceffori, perfecta feu tota proprietate tollendum et habendum, pro fex marcarum redditibus fepedictis. Poftquam autem vnus nam dictorum trium modorum. fecundum beneplacitum vicarij prenarrati. fuerit ad effectum realiter perductus, ac fufficienter literarum teftimonio confirmatus. ex tunc principalis diuidius chorus falis, in domo huttinghe poſitus, de fex marcarum redditibus in eo defcriptis. erit liber. quitus, penitus et folutus. In premiſſorum certiorem teftimonij firmitatem, figillum noftrum, ob rogatum partium, prefentibus eft appenfum. Datum Anno domini Milleſimo Trecenteſimo, fexageſimo fexto. In profefto beati Martini Epifcopi.

*) Cfr. die Urkunde des Kaisers Karl IV. vom 8. October 1374 in Joannis Tabularvm litterarvmqve vetervm Spicilegivm I. pag. 62.

Ik Her Hans von Vreden. Riddere Bekenne openbare in deffeme breue. Dat ek hebbe ghelouet in guden truwen. vnd ghe sworen. vnd loue vnd swere tho den hilghen. Dat ek noch mine eruen. eder mine vrůnd. de dorch minen willen don vnd laten willen deffe venniffe de an mi ghefcheyn is to Lunenborgh vnd al dat dat dar von ghefcheyn an mi is eder an minen vrůnden. id fi venniffe oder dotflach nummer werken en wille eder witen an den.. heren Wentllawen. vnd hern Albrechte. hertoghen tho Saffen vnd 5 tho Lunenborgh vnd dem Rade vnd den meynen borgheren to Lunenborgh. noch an oren eruen eder na komelingben dat On. to scaden moghe komen. Ok en wille ek der heren erer man. ores landes. des Rades vnd der borghere. vorbenompd orer eruen noch orer nakomelingheren. vnd al der de de heren eder de Rad mid rechte vor deghedinghen moghen. vighent nummer mer werden. noch oro ergherlto weruen. mid rade noch mid dade de wile ek leue. Sunder minem rechten beren.. mot ek wol behulpen wefen. 10 vndir finer banner dar de vp dem velde is. vnd vor vnrechtede me ok Jemand. na fliffer tyd de mines. heren. vorbenompd vnderfato weru. eder On to rechte vor deghedinghe borde dat fcolde ek On.. kundeghen vnd orem rade. hulpen Se mi dar nichtes rechtes vmme binnen achte weken dar neyst wanne ek dat alfo vor kundeget hedde. So mochte ek mi fuluen wol behulpen wefen wer den de mi vor vnrechteghet hedde alfo langhe went mi von Ome. recht weder vore, dar fcolde ek mi denne an ghenoghen laten 15 vnd hir mede fcolden deffe ede. lofte. eder oner veyde nicht vorbroken wefen, de ek ghe dan hebbe, alfo vore vnd na ghefereuen fteyt men de feullen by vuller macht bliuen vnd bouen alle deffe ftucke fcal ek vnd wil On.. ene rechte fone vnd rechte Olde oner veyde holden, Alle deife vorfereuen ftucke vñ eyn iowelk by Sundern loue ek, Her Hans von Vreden riddere in goden truwen mid minen borghen de hir na ghefereuen ftan mid eyner Samderhand fteyde vnd vaft vnd vnvorbroken ane arghelift tho holdende. Vnd, 20 ek Johan von Vreden tho Keyrich berghe vnd Wafmod von Gerdeffchen knapen bokenen in deffem Suluen breue, dat we. alle deffe vor ghefereuen ftucke vnd eyn. Jowelk by Sunderen louen mid hern Hanfo von Vreden vorbenompd vnd vor On.. den vorbefereuen heren.. von Saffen vnd von Lunenborgh vnd dem Rade tho Lunenborgh vnd dem gheneynen borgheren vnd oren na komelingben fteyde vnd vaft vnd vnvorbroken tho holdende Sunder Jengherleyghe arghelift vnd hulpe rode, Tho ener groteren betůghinghe alle 25 deffer vorfereuen ftucke So hebbe ek her Hans von Vreden Sakewolde vnd Johan von Vreden vnd Wafmod von Gerdeffche vorbenompd mede louere vnfe Inghefeghele ghe henghet laten tho deffem breue de ghefereuen vnd ghegeuen is Na Goddes bord Dufent iar dre Hundert iar in dem vere vnd Seuenteghelten iare in Sunte Olrikes daghe.

22. Kaiser Karl IV. ertheilt mit Rath seiner und des Reiches Fürsten, Grafen, Freien und Getreuen, weil das 30 Reich, wenn die Fürstenthümer in demselben ungetheilt bleiben, gestärkt wird, durch ihre Wiedervereinigung also dem Reiche Ehre und Nutzen entsteht, den Herzögen Wenzlaus und Albrecht von Sachsen und Lüneburg einerseits und dem Herzoge Erich von Sachsen-Lauenburg andererseits seine Bewilligung, ihre von ihren Stammvätern getheilten Fürstenthümer, Herrschaften, Lehne, Lande, Schlösser, Mannschaften, Leute und Güter, nicht nur die jetzigen sondern auch die zukünftigen, mit allen Ehren, Würden und Freiheiten 35 zu einem ungesonderten Lehn, Fürstenthume und Lande zusammen zu legen und zu vereinigen, so dass die Vereinigung und Zusammenlegung von Ober- und Niedersachsen, wie sie dieselbe vorgenommen haben oder noch vornehmen werden, ewig bestehen und, falls auf einer Seite keine Lehnserben hinterbleiben, Fürstenthümer, Herrschaften, Schlösser, Mannschaften, Lande und Leute mit allen Ehren, Würden und Freiheiten auf den andern Theil und dessen Nachkommen vererben sollen. Er gestattet, dass auf diese Be- 40 stimmungen die Mannschaften, Lande, Städte und Leute in beiden Fürstenthümern beiden Theilen Erbhuldigung leisten. — 1374, den 8. Juli.

Wir Karl, von gotes, gnadon, Romifcher keifer, zu allen czeiten, Merer des Reichs vnd kunig zu Beheym. Bekennen vnd tun kunt offenlichen mit diefem brieue allen den die yn fehen oder horen lefen, Wenn fcheimbarlichen offembar ift das die hochgebornen Wenczlaw, des heyligen Romifchen Reichs, Erez- 45

Marfchalke, vnd Albrecht feyn vetter, herczogen von Sachfen und lunemburg an eynem teyle, vnd Erich
herczog in nidern Sachfen, den man nennet von Lowemburg, gevettere an dem andern teyle vnfern lieben
oheymen vnd furften von iren vorvaren vnd Eltern alfe herczogen von Sachfen von eynem Stamme, vnd
eyner geburte her komen feyn, vnd das, die fich vormals, durch merungen, iros geflechtes, von eynander
5 in iren lehen, landen Sloffen leuten, vnd gutern gefundert vnd getoylet haben, vnd ouch alfo vncz her
gefundert vnd geteylet feyn, vnd wann nu wir von iren wegen, demuticlichen gebeten feyn, das wir darzu
das fie iro furftentume herfcheffto lande Sloffe leute vnd guter, wider zufammene legen mugen, vnd fich
beyderfeyt damit in ewige vngefunderte voreinete vnd gefamente furftliche lehen, erbefchaffte vnd eygen-
fchaffte, als fie von alters, her komen feyn zueynander foczzen, als eyn Romifcher keyfer, yr oberfter lehen-
10 herre, von vnfern vnd des Reichs wegen, vnfern willen gunft vnd volbort geruchten zugeben, Danon haben
wir eygentlichen betrachtet das von fulcher, widereynungen, vnd zufamenelegungen, vns vnd dem Romifchen Reyche vil eren vnd fromen entftehen mugen Sunderlichen dauon, wenn das heylige Reiche furder-
licher gemeret vnd gefterket wirdet So feyne furftentume, nemlichen die mit den daffelbe Reiche aufge-
feczt ift vngefundert vnd vngeteylet beleiben, vnd darumb mit wolbedachtem mute, rate vnferr. vnd des
15 Reichs furften Grauen freyen vnd lieben, getrewen, haben wir von keyferlicher macht vnd von rechter
wiffen darzu, das die obgenanten vnfere oheymen, die herczogen in obern vnd nydern Sachfen, yre gefun-
derte vnd geteylete furftentume, dofelbeft mit landen Sloffen Manfcheffen leuten vnd guteren, die fie iczunt
haben vnd die fie, mit hilffe gotes, hernach gewinnen, in allen eren wirden vnd furftlichen, freyheytten, vnd
rechten, als fie die iczunt haben vnd befiezzen vnd ouch hernach haben vnd befiezzen werden, zueynander, in
20 bofamente voreinete, vnd vngefunderte leben, furftentume herfcheffte, vnd lande zemelichen legen vnd vor-
fchreiben mugen fur vns vnd vnfere nachkomen an dem Reiche Romifche, keyfere und kunige, vnfern
vnd des Romifchen Reichs vrlaub, gunft willen vnd volbort gegeben, vnd geben, von keyferlicher mechte,
vollenkomenheyt mit kraffte diez brieues. Alfo, das fulche widereynungen, zufamenelegungen vnd vor-
machungen, wie fie die begreyffen, werden, oder die iczunt begriffen, haben, gancze volle, vnd vnwider-
25 rufliche, krafft vnd macht ewiclichen, haben fullen, vnd ouch alfo vornemlichen, das der obgenanten bey-
derteyle furftentume herfcheffte, Sloffe Manfcheffte, lande und leute, von yrem eynen teile als verre daffelbe
teyl vnder yn nicht, lehenferben hinder ym leffet in allen eren wirden freybeitten vnd rechten, als diefelben,
furftentume her komen feyn, an des andern teyles, vnder yn yrer Erben, oder nachkomen, lehenferben
genczlichen erben vnd gefallen fullen gleycherweife, als ob fie beyderfeyt an iren furftlichen lehenen, her-
30 fcheffen, landen Manfcheffen, leuten, vnd gutern vngefundert weren vnd hieruff mugen
ouch iro Manfcheffte, lande Stette vnd leute, am beyderfeyt erphuldingen tun den genanten beyden teylen,
wenn fie des von yn ermanet werden, ane hinderniffe vnd ane allerleye widerrede. Mit vrkunt diez brieues vorfigelt mit vnferr keyferlicher Maieftat Ingefigel der geben ift zu Tangermunde noch Crifts geburt
dreyczenhundert Jar darnach in dem viervnd Sibenczigften Jare, des nehften Sunabendes vor fente Mar-
35 garethen tage, vnferr Reiche in dem achtund Czwenczigften, vnd des keyfertums in dem Czwenczigften Jaren.

         Ad Mandatum domini Imperatoris
         Theodorus damerow.

Auf der Rückseite der Urkunde steht geschrieben: R. Voltzo de Wormacia.

Gedruckt in Beckmann's Historie des Fürstenthums Anhalt, Theil 5, pag. 50 und 51; Hugo's Bericht pag. 54—60, No. XLV;
40 Nadendorf's Registrum Theil III. pag. 85.

  27. **Die Bürgermeister und Rathsherren der Stadt Lüneburg vergleichen und sühnen sich mit den Aebten zu
  Walkenried, Amelunxborn, Dobberan, Riddagshausen, Hiddensee (oder Hiddens-Öe) und Niencamp, mit der
  Aebtissinn zu St. Johann in Lübeck und mit den Capitaln zu Lübeck, Ratzeburg, Schwerin und Hamburg
  wegen aller Zwietracht über die von ihnen für sich, für die Stadt Lüneburg und für ihre Helfer gehobenen,
45 den Klöstern und Stiften gehörenden Renten und Güter auf der Saline zu Lüneburg. Sie setzen jene Klöster und Stifte wieder in den Besitz der ihnen entzogenen Salingüter, gestatten ihnen, dieselben, wie zur**

Zeit der Herzöge Otto und Wilhelm von Lüneburg, zu benutzen, versprechen, dieselben gleich ihren eigenen zu beschirmen und zu vertheidigen, das Giessen der Staigen Eimer (zum Behufe der Stadt) nebst allen anderen von ihnen auf das Salingut gelegten Lasten abzuschaffen und hinsichtlich dieser Alles dem Ermessen des Abtes Werner zu Lüneburg, des Probstes Heinrich zu Ebstorf, des Domdechanten Johann und des Domherrn Jacob Krumbeke zu Lübeck, der Bürgermeister Jacob Pleskow und Johann Perseval zu Lübeck 5 anheimzustellen. — 1374, den 13. Juli.   XVIII.

Vor alle de ghenen de deffen bref zeen vñ hören. bekenne we albert boyke. Johan viscule etc ut supra. Borghermeftere vñ Radmanne der stad to Luneborgh. dat we mid den gheestliken vederen. den ebbeten. van walkendereede. Amelingheſborne dobberan. Reddaghefhufen. hiddenzee. vnde nygenkampe. vñ mid der Ebbedisghen. to funte Johannefe to Lubeke. mid den Erliken heren. dome Capittule to Lubeke. to Raceborgh. 10 to zweryn. vñ to Hamborgh. mid den Conuenten. Capitulen. vnde perfonen. de in vorfcreuene Clostere. stighte vñ kerken fament vñ bifunderen. hôred. vmme allerleyie schelinghe. twidracht. vñ stucke. de twifgen en. vnde vns ghewefen hebben. vmme de rente vñ vmme dat gûd. de fe. ere perfonen. vñ ere godefhufe. hebben vppe der zulten to Luneborgh. do we wedder eren willen vpghebôred hebben. alfe van vnfer weghene. vnfer stad meenheyt weghene. vñ alle der anderen weghene de in vnfen faken. vns ghehulpen hebben. in 15 deffer wyfe. alfe hyr na ghe fchreuen steyt. hebben vruntliken verlikent vnde alfe zôned, vnder anderen stucken. de twifchen vns. vnde en ghedoghedinghed fint. To dem eersten male. fo feole we fe staden. vñ setten. vnde stedet vñ settet fe. vn erer gywelken wedder in de werv. vnde in do befittinghe alle eres zulte gûdes. alfo dat fe alle eres fulto gûdes. funder ienegherleyie hinder ewighliken bruken fcollen mit aller vryheyt alfe fe vñ ere voruaren brukeden bi der Eddelen vorften tyden. hern Otten. vñ hern wilhelmes. 20 Hertoghen to Luneborgh den god guedigh fy. Vortmer fo fcolle vñ wille wy der vor benômden Heren. vñ godefhufe gûd. vppe der fulten to Luneborgh befchermen. vñ vordeghedinghen. ghelyk vnfeme eghenen gûde. vnde de flyghe Emmere. dhe we gheten leten. vñ alle andere befuaringhe. de we vppe dat fulte gûd ghefat hadden. fcolen afghaan. vn men fchal dat holden na befegghinge der Erliken heren. hern werners abbetes to Luneborgh. Hern hinrikes proueftes to Ebbekeftorpe. Hern Johannes dekens. vñ hern 25 Jacobes krumbeken. dômheren to Lubeke. Hern Jacobes pleſkowen. vñ hern Johannes perfeualen. borghermeftere to Lubeke. der dar to kôren fint to beydentfiden. vñ enfeollon in deme gûde nene befwaringhe meer don. vnde fcollen dar vôre wefen. dat dar neen befuaringhe ane fchee. alfe vore ghefcheen is. vnde dar wille. vñ feole we alle vnfen vlyth. vñ vnfe maght to dôn. vñ to keren in gûden truwen. funder ienegherleyie argheliſt. Alle deffe vor benômde ſtucke loue we in gûden truwen. vor vns. vñ vnfe nacômelinghe. 30 ftede. vñ vaſt to holdende funder ienegherleyie argheliſt. vnde funder hulperede. To bekantniſſe hebbe we vnfe jnghefeghel. gheheghend to deſſem breue. Dhe ghefcreuen vñ gheuen is to luneborgh Na godes boord Dritteynhunderd iar jn deme veer vñ foueunteghestem iare. jn funte Margreten daghe der hilghen juncvrowen.

26. Bischof Gerhard von Hildesheim hebt als Vollstrecker der Provinzial-Statute in seiner Diöcese das von dem Domherrn Herwig Ring von Sauwelnhem zu Mainz als Vollstrecker der Provinzial-Statute in der 35 Diöcese Mainz wegen der Gefangenschaft des Johann Prese, Scholasters St. Crucis zu Hildesheim, über die Stadt Hildesheim verhängte Interdict auf, weil der Scholaster nicht innerhalb der Grenzen des Archidiaconats der Stadt Hildesheim gefangen oder gefangen gehalten ist, auch die Gebrüder Burchard und Bernhard von Mollen, früher Bürger zu Hildesheim, welche bei der Gefangennahme gegenwärtig gewesen sein sollen, in Stadt und Diöcese Hildesheim verfestet und daraus vertrieben sind. Er befiehlt der Geistlich- 40 keit der Stadt, den Gottesdienst wieder zu beginnen. — 1374, den 24. Juli.   XII.

Gherardus dei et apostolice sedis gracia hildenfemenfis Episcopus Executor ſtatutorum prouincialium per noftram Ciuitatem et dyocefin in ipfis ſtatutis prouincialibus deputatus honorabilibus et difcretis viris dominis Ecclefiarum noftre Cathodralis Sancti Mauricii Sancte Crucis Sancti Andree et Sancti Johannis. Decanis. Prelatis Capitulis Canonicis et Vicariis necnon aliis Collegiis Monaſteriis eorumque prelatis et bene- 45

ficiatis in eifdem ac aliis clericis quibufcunque per ciuitatem et diocefin noftram hildenfemenfem vbilibet conftitutis. quibus prefentes exhibite fuerint Salutem In domino et mandatis noftris infra fcriptis humiliter obedire. Licet alias Johannes Vrefe Scolafticus Ecclefie fancte Crucis hildeñ quofdam proceffus feu mandatum factos. per honorabilem virum dominum Herwicum Ringh de Sauwelnhem Canonicum Ecclefie Maguntine
5 Executorem quondam ftatutorum prouincialium in Ciuitate et dyocefi Maguntina A Reuerendo in chriftro patre ac domino Johanne bone memorie tunc Archiepifcopo Maguntino ut afferuit deputatum fpecialiter fuper execucione ftatutorum prouincialium occafione feu pretextu captiuacionis et detencionis dicti Johannis Vrefen Scolaftici coram Capitulo noftre Ecclefie hildeñ produxerit et Canonicos pro tunc in eodem Capitulo noftro prefentes requifiuerit pro execucione dictorum proceffuum feu mandati facienda. verum quia dicti proceffus
10 Ciuitatem et dyocefin noftram hildeñ non comprehendunt prout ex eorum infpectione cuilibet ipfos intuenti liquido ad apparet. Nec dictus Johannes vrefe Scolafticus in terminis archidyaconatus Ciuitatis hildeñ captus aut detentus fuerit. Eciam quia Borchardus et Bernardus fratres dicti de mollem quondam ciues hildeñ quos dictus Johannes vrefe Scolafticus afferuit coram dicto Capitulo noftro ut intelleximus captiuacioni fue interfuiffe. ipfamque et detencionem ipfius ratas habuiffe. in et de ciuitate et dyocefi hildeñ predictis fint
15 profcripti et de ipfis expulfi et exterminati ac ab adminiftracione gubernacione difpolicione et ordinacione bonorum et rerum fuarum omnium in Ciuitate hildeñ diftituti. nec domicilium neque receptaculum in dicta Ciuitate noftra hildeñ habent. nec jurifdictionem de facto uel de Jure exercent. nec habere vel exercere poffunt. obftantibus profcripcione expulfione deftitucione et aliis fupra fcriptis. prout de hijs omnibus et fingulis premiffis per literas auctenticas. Inftrumenta publica. et fide dignorum teftium fufficienti perhibicione
20 et teftimonio legitimo ac ad plenum fumus informati Quare confideratis. attentis et rimatis premiffis in dei nomine pronunciauimus et declarauimus ac prefentibus auctoritate noftra ordinaria et dictorum ftatutorum prouincialium prefentibus pronunciamus et declaramus. Paragrafum. Statuentes de maioritate et obediencia et Capitulum Alexander de raptoribus dictorum ftatutorum prouincialium. clerum noftre ciuitatis hildeñ non artare feu tangere occafione premifforum eundemque clerum dictorum ftatutorum occafione. ceffacionem diui-
25 norum feu Interdictum iuxta continenciam dictorum paragraf. et ftatuti feruare non debere ipforumque diuinorum officia cum folempnitate debita et confueta foro refumenda Mandantes vobis omnibus et fingulis fupra dictis in virtute fancte obediencie quatenus vifis prefentibus abfque dilacione. tempore debito in Ecclefijs Monafterijs Capellis ac aliis veftris locis ecclefiafticis noftre Ciuitatis hildeñ diuinorum officia cum folempnitate debita refumatis in effectu. In quorum omnium et fingulorum premifforum euidens teftimonium atque
30 fidem prefentem noftram declaracionem. ac omnia et fingula premiffa per Arnoldum de Indagine. Hermannum dictum Sconeknecht notarios noftros publicos. infra fcriptos et quemlibet eorum fcribi et publicari mandauimus et noftri figilli Secreti appenfione communiri Acta funt hec ante caftrum noftrum Sturewold hildeñ diocefis Anno domini M Trecentefimo. Septuagefimo quarto Indictione XII menfis Julii die XXIIII pontificatus fanctiffimi in chrifto patris ac domini noftri domini Gregorij diuina prouidencia pape vndecimi Anno
35 quarto. hora quafi Completorij prefentibus honeftis viris. dominis henrico de Brunfwich. quondam prepofito Monafterii Canonicorum regularium in Richenberge prope opidum Goflar. helmberto plebano in Heynde. Thiderico plebano in Efbeke Bertoldo Brunonis de brunfwich. Henrico Buffonis. henrico de Honouere et henrico Redenberch. hildeñ Minden et verdeñ. dyocefium clericis. Hermanno de Guftede Afwino de fteynberge. henrico de wenden armigeris et fatellitibus noftris. necnon ludolfo de wenden opidano in Aluolde
40 dicte noftro diocefis et quam pluribus aliis fide dignis teftibus ad premiffa vocatis fpecialiter et rogatis.

Et ego Arnoldus de Indagine clericus hildenfemenfis publicus Imperiali auctoritate notarius pronunciacioni et declaracioni omnibufque aliis et fingulis premiffis dum fic per Reuerendum patrem ac dominum noftrum dominum Gherardum hildeñ Ecclefie Epifcopum prefatum ut premittitur agerentur et fierent vna cum prenominatis teftibus ac hermanno notario publico
45 infra fcripto. prefens interfui eaque fic fieri vidi et audiui et de mandato eiufdem epifcopi. hic me vna cum dicto hermanno fubfcripfi. et in hanc publicam formam redegi. quam meis nomine

et figno folitis et confuetis vna cum appenfione figilli ipfius domini epifcopi ac annotacione figni et fubfcripcionis prefati hermanni fignaui in teftimonium omnium premifforum vocatus eciam et legitime requifitus.

Et ego hermannus dictus Sconeknecht clericus Maguntine diocefis publicus Imperiali auctoritate notarius pronunciacioni et declaracioni ac omnibus aliis et fingulis premiffis dum fic per Reuerendum in chrifto patrem ac dominum noftrum dominum Gherardum epifcopum hilden prefatum ut premittitur agerentur et fierent vna cum arnoldo de indagine notario publico ac aliis teftibus prefcriptis prefens interfui eaque fic fieri vidi et audiui ac de mandato dicti domini epifcopi per dictum Arnoldum notarium confcribi et in hanc publicam formam aliis occupatus negociis redigi feci hic me tamen propria manu fubfcripfi et hoc publicum Inftru- 10 mentum meisque nomine et figno confuetis fignaui in teftimonium omnium premifforum fpecialiter requifitus.

29. **Bischof Wedekind von Minden, Bischof Gerhard von Hildesheim, Herzog Albrecht von Sachsen und Lüneburg, Reichserzmarschall, die Herzöge Friedrich und Bernhard von Braunschweig und Lüneburg, Graf Gerhard von Hoya und Bruchhausen, sein Sohn Otto, Graf Erich von Hoya und der edele Herr Wedekind von 15 dem Berge, Vogt des Stiftes Minden, errichten einen Landfrieden auf die Dauer der drei nächsten Jahre. Die Bürgermeister und Rathsherren der Städte Minden, Hildesheim, Lüneburg und Hannover treten demselben bei.** Für Irrungen unter sich ernennen die Verbündeten den Herzog Albrecht von Sachsen und Lüneburg zum Schiedsrichter, wenn dieselben aber ihn betreffen, den nicht betheiligten ältesten der verbündeten Herren. Ueber Irrungen zwischen zweier Herren Mannschaften und Städten soll des Beklagten Herr 20 richten. Für den Fall, dass die Verbündeten des Landfriedens wegen gegenseitig Hülfe und Heeresfolge bedürfen, bestimmen sie die Zahl der von jedem unter ihnen zu stellenden Gewaffneten und ernennen den edelen Herrn Wedekind von dem Berge zum Landvogte. Er soll sie zur Heeresfolge aufbieten, darf, wenn ihn die bestimmte Zahl der Gewaffneten zu klein dünkt, dieselbe erhöhen, soll in Irrungen mit Anderen, die nicht im Bunde sind, Richter der Verbündeten sein und darf sie, um am Landfrieden Verbesserungen 25 vorzunehmen, zusammenrufen. Frühere Bündnisse sollen durch den Landfrieden nicht beeinträchtigt werden, die Aufnahme Anderer in den Landfrieden auf Wunsch der Verbündeten durch den Landvogt geschehen. Wenn der Eine oder Andere der Verbündeten schon in Fehden verwickelt ist, so brauchen ihm die Anderen keine Hülfe in denselben des Landfriedens wegen zu leisten. — 1374, den 15. August. L. O.

In godes namen amen. Wy Wedekind van godes gnaden vnd des Stoles to Rome Bifcop to Minden. 30 Gherd van der fuluen gnade Bifcop to Hildenſ. Albrecht van godes gnaden Hertoghe to Saffen vnd to Luneborch. vnde des hilghen Romifchen rikes ouerfte Marfcalk. Fredc̄ vnd Bernd van godes gnaden Hertoghen to Brunfw̄ vnd to Luneborch. gherd van der fuluen gnade godes greue to der Hoye vnd to Brochuffen. Otto vnfe Sone. Erik van godes gnaden Greue to der Hoye. Wedekind Here to dem Berghe. vnd en edel voghet des Stichtes to Minden. bekennet vnd betughet openbaro in deffeme breue vor al den ghennen 35 de one feed eder horet lefen, dat wy mid rademem mode endrechtlich worden find, vnd vns vorbunden hebbet to deffen neyften dren Jaren na gifte deffes breues eynen willen komenen fteden vaften lantvrede to holdende to fterkende, vnd den to richtende, vnd dar vort by to varende alfe hir na ghefcreuen fteyt. Vnde wy Borghermeftere vnd Radman deffer Stede. Minden. Hildenſ. Luneborch. vnd Honouere bekennet ok in deffem fuluen breue, dat wy deffen lantvrede holden willet truwelken. vnd richten, vnd fterken helpen alfe hir na 40 fcreuen fteyt, alfo dat binnen deffen dren. Jaren alder malk he fy gheyftlich eder werflich, de binnen vnfen landen vnd ghebede befeten is vnd rechtes pleghen wil. ofte van buten inkomet, he fy pelegrime kopman. ofte we he fy. fcal fteden vrede hebben. vor vnrechter ghewalt, an liue vnd an güde vnd wy vnder twifghen noch nemand vnfer vnderfaten. fcal den anderen orlighen noch mid vorfate fchaden don, vnde alder malk fcal bliuen by fyneme rechte, vnd weme wes werende is, dat binnen deffen lantvrede up ghe- 45

ftan is, de nach dat vorclaghen vnd vorvolghen, dar he van rechte fcal. vnd dar fcal men ome richten to
rechten tiden. vnd malk fcal nemen vnd don wat eme recht to wifet. Were ok dat wy heren vnder ander
ofte mid den Steden, ofte de Stede mid vns fcelaftich worden, vnd vns nicht vorgan en konden. in vrunt-
fcap ofte rechte, den fcal vnfe Here Hertoghe Albrecht von Saffen vnd Luneborch en fchedere wefen na
5 mynne ofte na rechte, alfo verne als em de fake fuluen nicht an en gha. Were auer de fake fins fulues,
fo fcolde dat vorfcheden we dan de eldefte Here vnder vns were den de fake nicht an en ghinge. Were
auer de twidracht twifghen enes Heren Manfcop vnd Steden. ofte finer manfcop vnder twifghen. eder des
Heren Stede vnder ander, des fcal de Here en fcheder vnd en richter wefen, Were ok de fchelinghe twifghen
twiger Heren manfcop vnd Steden. ofte der manfcop vnd Stede byfunder, en kunnen fo fik in vrunfcap
10 nicht vorgan, fo fcal des beclagheden Here en richter vnd en fcheder wefen, vnd de klegher fcal binnen
achte daghen fyne fake befcreuen fenden, dem Heren vnd dem ghennen den he fculdeghet. vnd dar fcal de
beclaghede fine fake enteghen fetten, vnd de ok bynnen achte daghen an den Heren fchicken, vnd de fcal dat
vorfcheden dar na bynnen ver wekenen. wan dat an one ghebracht is. vnd wo id de mid rechte vorfchedet,
dat fcal malk nemen vnd don, vnd we deme aldus nicht en doyt, de fcal finer fake vorluftich wefen. We
15 hir en bouen, he fy bynnen deffem lantvrede befeten, ofte buten, wene anverdighede bynnen vnfen landen
ofte ghebede, mid orlege, mid roue. mid duue, mid brande, mid vengniffe, mid dotflaghe, ofte mid wun-
dende, vnd in der hanthaftighen dat begrepen worde, den fcal men vor richten na fines brokes vnd richtes
rechte. We ok enen vorueftoden man, ofte vredebreker gripet, de fcal den to gherichte bringen, vnd
nene vengniffe louen laten, noch dem lantvrede entvoren, dede he dar vntruwelke by teghen den lant-
20 vrede, vnd des vorwunnen worde, de fcal eme like fculdich wefen. vnd wert he vluchtich, vnd is dar
iemand by, de fcal dat mid gherochte befcryen, vnd dem rochte fcal men volghen na rade der Heren
Ammetlude. vnd vnderfaten In erem ghebede, vnd na rade der Stede in orem ghebede, als en vor den lantvrede dat dunket nutte vnd goed wefen. Sculdeghede men ok wene de deffen vorfcreuenen lantvrede
fcolde vorbroken hebben de in der hanthaftighen dat nicht befcryet en were, den fcolde de Richter laden,
25 dar dat vngerichte ghefchen were, dat he bynnen verteynachten velich to vnd af vor queme, vnd fich vor
antworde. Ne konde he fich na rechte nicht vorantweren. ofte en queme he nicht. men fcolde one dar
vor veften. vnd he fcolde fyn recht darvmme liden, Were auer dat he fich bynnen den verteynachten
mid dem klegere vorghinge. alfo dat dem klegere ghenoghede, vnd dem Richtere fine plicht dede, fo fcolde
de elaghe legherd wefen. We ok vorueftet wert vnd bynnen verteynachten fich nicht ut der vorueftinge
30 tut. vnd pleghet rechtes. dat fcal de richtere kunneghen mid fynen breuen, den Heren vnd Steden. de in
deffem lantvrede find. vnd fcal den vort in vorueftinge don in allen ouerften richten.. Vnd de vorueftede
ne fcal nerghen vrede gheleyde ofte velichheyt hebben. wor men fins bekomen mach, vnd men fcal one
angripen. in al vnfen gherichten. vnde dar fcal malk to helpen de dar by is. dat men ouer one richte,
vnd fcal in der vorueftinge bliuen vnd vorueftinge recht liden. wan deffe lantvrede al ut ghefloten is. yd
35 en were dat he des klegers vnd Richters willen hir vnder irworue mid mynne ofte mid rechte. We one ok
witliken hegbede ofte hufede, eder ienigerhande vorder dede, dar he dem lantvrede mede vor bleue, vnde
entverd worde, vnd des vorwunnen were, de fcal dem handdedighen like fculdich wefen. Were dat
ienighe ftucke in deffen lantvrede vellen, dar vnfer aller nod vnd behof to were. alfo an hulpe, an volghe.
an ftallende, vnd in welker wis des dar nod to were, dar hebbe wy to ghekoren vnd to ghefat. den
40 Edelen man Hern Wedekinde Heren to deme Berghe vorg. to eynem lantvoghede den men dat kunneghen
fcal. wenne des noed is. vnd de. de volghe von vns efghen fcal alfe hir na ghefcreuen fteyt. vnd wan
he vns dar to efchet dat fcole wy vnd willet don, vnd dar ok io by bliuen, Were ok dat ienich Here,
ofte iemand de in deffem lantvrede nicht begrepen were, vnfer welken. ofte vnfer vnderfaten anclagede,
ofte mid vngherichte an venghe, des wy to rechte mechtich weren, den fcal de Edele man Her Wedekind
45 Here to dem Berghe van vnfer aller weghene to rechte boden wan he dar to ghe efchet wert, vorvnrechtede one dar en bouen ienich man. des fcole wy eme behulplich wefen vnd fines rechtes by em bliuen,

vnd de fulue Her Wedekind vorg̃ fcal des ok wulle macht hebben oft men deſſen lantvrede wor mede
vorbeteren moghe. dar fcole wy by riden, ofte de vnfe by fenden. wo he dat van vns efghet. des wille
wy eme by ſtan vnd al vogich wefen. Vnd wy Wedekind Bifcop to Minden fcolen volghen mid teynen
ghewapent. Vnd wy Gherd Bifcop to Hildenſ mid vif vnd Twintegh ghewapent Vnd wy Albert Hertoghe
to Saſſen vnd to Luneborch Frederͬ vnd Bernd Hertoghen to Brunſw vnd to Luneborch mid vertich ghe- 5
wapent. Wy Gherd Greue to der Hoye vnd Otte vnfe Sone mid vifteynen ghewapent. Wy Erik Greue to
der Hoye mid vifteynen ghewapent. Wy Wedekind Here to dem Berghe mid vif ghewapent. Vnde wy
Radman van Minden mid verteynen ghewapent. Wy Radman von Hildenſ mid verteynen ghewapent. Wy
Radman van Luneborch mid twen vnd Twintech ghewapent. Vnde wy Radman der Stad to Honouere mid
twolf ghewapent. Were ok dat dem vorbenomden Hern Wedekinde de volghe to klene duchte fo mach 10
he de volghe meren ofto mynneren na legenicheyt als eme dat nutte dunket. des fcole wy vnd willet
eme alle horich vnd volgich wefen, vnde wanne wy deſſe volghe dot, fo fcal malk mid den fynen koſt
vnd fchaden ſtan, vnd win fcal men delen na antal wapender lüde. vnd wanne wy de volghe dot, vnd
to velde t-d, heuet iemand mid dem anderen fchelinge, ofte fculde, de up dem velde mede iſt. bynnen der
tid vnd achte daghe dar na ne fcal. eyn den anderen nicht anverdighen noch manen, mid worden, noch 15
mid werken, doyt he dat dar en bouen, men fcal ouer one alfo ouer enen vredebrekere richten. Were ok
ienich vnfer vnderfaten de in dem lantvrede befeten were vnd one nicht fweren en wolde. de vnd de fine
fcolen des lantvredes nicht gheneten, vnd wad deme iemand bynnen ofte buten dem lantvrede dede, dar
fcole wy vnbeworen mede wefen, Vnd vorvenghe he fik mid ichte in dem lantvrede den fcole wy mid
rechte vor volghen alfo vorfcreuen ſteyt vnd fine viande alle wefen, Were ok dat ienich here ofte man 20
de in deſſem lantvrede nicht en were Lüde ofte gud ligende hedde in eynes anderen Heren lande do in
deſſem lantvrede were Schüde deme fchade in Luden ofte in güde, dat en doruen de anderen Heren nicht
weren, vnd dar nene volghe vmme don van des lantvredes weghene. Ok fcal eyn iuwelik Here de in
deſſem lantvrede begrepen is, finer land vnd Lüde, vnd de Manfcop des ores vnd en iewelik Rad ouer
Stede mechtich wefen vnd der ghebruken alfo vore na wonheyt vnd na rechte, Welich vnfer vorſten, 25
Heren. ofte Stede er defer tid mid iemande fich vorbunden heuet de mach dat holden alfo he des vor
plichtid is, vnd dar ne fcal deſſe lantvrede nicht mede vorbroken wefen. Vnd welk vnfer aldús. nu mid
weme in vorbunde fete, vnd vns up den nicht helpen mochte, deme ne dorue wy nene hulpe weder don
up den fülnen. Stünde ok ienich vnwille up vnfer ienigheme vmme des vorfcreuenen lantvredes willen,
fo fcole wy vnd willet malk by dem anderen truweliken behulplich bliuen. Ok wan deſſe lantvrede al ut 30
gheileten is alfo langhe went dat degher berichtet fy in vrunfcap ofte in rechte. Were ok dat wy Heren
vnd Stede vorg̃ ichtefwelke Heren vnd Stede in deſſen lantvrede nemen wolden dat mach don de Land-
uoghet mid wulbord der Heren vnd Stede de dar neyſt by ghelegen find, vnde de fcolet alle deſſe
articule de deſſe bref bynnen holt ſtedighen louen vnd fweren. vnd redelike volghe don, vnd ore openen
bezeghelden breue dar up durch deſſen bref hengen, Were ok dat vnfer ienich mid weme alrede in open- 35
bar vede fete. deme ne dorne wy anderen Heren vnd Stede up den ghenen nicht helpen vnd nene volghe
don van deſſes lantvredes weghene. Were ok fake dat deſſe vorg̃ Her Wedekind Here to dem Berghe
bynnen deſſer tid afghinge des god nicht en wille ofte echte nod beneme dat he deſſes nicht bewaren
konde, fo fcole wy Heren vnde Stede eynen anderen in fyne ſtede weder fetten bynnen verwekenen de
vns dar nütte dünket to wefen. Al deſſe vorfcreuen ſtucke ghemenliken vnd er en iewelik byfunder hebbe 40
wy Heren alle vorg̃ an guden truwen ghelouet vnd up de Hilghen ghefworen gheſtauedes edes. vnd louet
vnd fweret de ſtede vaſt vnd vnuorbroken to holdende ane argeliſt. ut ghefproken dat hilghe Romiſche
rike. vnd wy Borghermeſter vnd Radman der vorbenomden Stede hebbet deſſen vorg̃ lantvrede ghelouet an
guden truwen vnd an de hilghen ghefworen. vnd louet vnd fweret den ok truweliken ſtede vaſt vnd vnuorbroken to holdende ane argeliſt utghefproken dat vorgbefcreuene Rike. Vnd des to eyner mererer be- 45
kantniſſe vnſes truwen loftes vnd ede hebbe wy Heren vorg̃ vnſe Ingezeghele vnd wy vorg̃ de Radman

vnfer Stede Jngezeghele witliken ghehanghen laten an deffen bref. Ghegheuen na godes bort drutteynhundert iar in dem vor vnd Seuentighelten Jare des hilghen daghes vnfer vrowen der erften.

Wy Wedekind Here to dem Berghe vnd eyn edele voghet des Stichtes to Minden bekennet openbare in deffeme fuluen breue dat dit es eyn recht Copie vnd eyn vtfcrift des rechten lanturedes vnd hebbet
5 des tughe vnd bekantniffe vnfe Inghefeghel witliken ghehenghet laten an deffen bref Gheuen up de fuluen tid alfo hir vor ghefcreuen fteyt.

30. Graf Otto von Schauenburg verbindet sich mit dem Herzoge Otto von Braunschweig und gelobt, ihm nie Feind zu werden, ihm stets zu seinem Rechte behülflich zu sein, nie zu demsem Nachtheile andere Bündnisse zu schliessen, zum Kriege ihm zwanzig Gewaffnete guter Leute zu senden und ihm zur Vertheidigung
10 seines Landes mit aller Macht zu folgen. — 1374, den 17. August.   K. O.

Wy Otto van Gbodes gnaden greue to Holften Stormern vñ to Schowenburch. bekennet in doffem opnen breue. Dat wy vns vor eynet vñ ghenfliken vorftricket hebbet myd dem hochgheborenn vorften hertoghen Otten van Brunfwich vnfem louen fwaghere in alder wys alze hir na befcryuen fteyt dat wy fyn vygent nicht werden en fchuld noch en willet al de wile dat wy lyuet vñ fchullet vñ willet ome truwel-
15 ken behulpich fyn to fynem rechten vp aller malken   Wor wy auer rede in vorbunde fetten wes wy den van ere weghne plichtich weren dar fcholde doffe vorbund vnvorbroken myde wefen.   Vortmer en fchulle wy vns ok myd nemende meyr vor bynden dar yd doffem vor ghenanten hertoghen van Brunfwich to fchaden mochte komen.   Were ok dat doffem vor ghenanten hertoghen krich an velle dar he vns to effchede. fo fcholde wy ome fenden twintich ghewapent ghuder lude. vñ wan de in fyn land quemen fo fcholde
20 he on vor pleghen voder vñ fpife.   vñ wo dicke he. dat van vns effchede. fo fcholde wy ome de fenden vñ fcholde vns dat verteynnacht vore witen laten.   Were ok dat fyn land jemand myd macht ouer teen wolde. beftallen eder vorbuwen dar fcholde wy ome truwelken to volghen vñ helpen ome dat wyren myd al vnfer macht   Wan wy dan in fyn land quemen fo fcholde he vns vñ vnfen vrunden vor pleghen voder vñ fpife.   Were ok dat wy ome vnfe denre fenden eder fuluen volgheden alze vor fcryuen fteyt fo fcholde
25 wy vnfen eghenen fchaden ftan vñ den vromen fcholde wy delen wat reyflich haue eder burghere weren na autale der wapenden lude.   Ok we de kofte dede de fcholde dinghede. name vñ hufmannes haue hebben to der kokene   Alle doffe vorfcryuenen artikele fchulle wy vñ willet ome truwelken to dem beften holden ane arghelift vñ louet ome dat entruwen in ede ftad ftede vñ vaft to holdende. ane arghelift vñ hebbet des to bekantniffe vnfe inghezyghel ghehanghen laten an doffen bref   Anno domini M. CCC LXXIII°
30 feria quinta poft affumptionem beate marie virginis.

31. Bischof Heinrich von Verden ernennt für ein Darlehn von 200 Mark löthigen Silbers und von 150 Mark Pfennige die Gebrüder Hermann und Hans Spörken zu Vögten über das in der Umgegend von Uelzen, in der Vogtei Uelzen und zu Bevensen gelegene Gut seines Stiftes, wovon er nur den Zehnten zu Barum (bei Bevensen) ausnimmt. — 1374, den 24. August.   K. O.

35 Wi her her hinrik van godes gnaden Bifchop to Verden. bekennen vnde betughen openbare in deffem breue vor alle den genen de ene horet lefen eder feen. Dat we fchuldich Sin van rechter fchult hermene Sporeken vñ hanfe Sineme brodere vnde groten hermens echten huffrowen. vñ eren rechten eruen twe hundert lodighe mark fuluers. Brunfwikefcher witte vñ wichte, vñ anderhalfhundert mark Luneborgher penninghe De fo vns rede lenet hebben an gudem fuluere. vñ an guden ghenghen gheuen ghelde.
40 vñ wi in vnfes ftichtes nüt ghe keret hebben. Dar wi fe vore hebben ghe fat vñ fetten to voghoden ouer vnfes ftichtes gud dat vmme vlleffen vñ in der voghedye to vlleffen beleghen is. vñ to Beuenfen. vñ to vnfeme ftichte hord. behaluen den tegheden to Barme.   vnde wi eder vnfe nakomelinghe noch nemant van vnfer weghene. noch van vnfer nakomeling weghen fchollen noch ne willen. hermene noch hanfe vñ greten hermens huffrowen vorbenoemt noch ere rechten eruen nicht entfetten van deme gude. eder

van deme tynfe. wi en hebben en ore gheit ghenfliken vñ all be red. vñ wi willet vñ fchollet mid en
daghe holden twifchen hir vñ funte Michelis daghe de nũ negheft tokomende is. vnde willen vruntliken
van en fcheden   To ener vollenkomenen bewifinghe alle deffer vorfcreuenen ftucke dat wi do den vorbenomeden hermens Sporeken vnde hanfe Sinem brodere vnde Greten hermens huffrowen. vñ eren rechten
eruen vnvorbroken willen holden. So hebbe wi Bifchop hinrik vorbenomenet vnfe Inghezeghel witliken vñ 5
mit gudem willen ghe henghet laten to deffeme breue   De gheuen vñ fcreuen is Na godes bort dritteynhundert iar Indeme ver vnde Seuentigheften iare Indeme hilghen daghe Sunte Bartholomeus des Apofteles.

32. Adolf, erwählter Erzbischof von Mainz und Bischof von Speier, und das Domcapitel zu Mainz verbinden
sich mit dem Herzoge Otto von Braunschweig auf Lebenszeit des Erzbischofes und des Herzoges gegen
den Bischof Ludwig von Bamberg, gegen seine Brüder, die Markgrafen von Meissen, gegen die Landgra- 10
fen von Hessen und gegen jedermann. Hiervon nehmen sie ihre Bundesgenossen aus, der Erzbischof
namentlich den Erzbischof Kuno von Trier nebst dessen Stifte. Sie verpflichten sich, dem Herzoge 120,
er ihnen 100 leicht bewaffnete Reiter zu Hülfe zu senden. Zu täglichem Kriege sollen sie in eines ihrer
Schlösser auf der Seite der Werra, wo Rustenberg (oder Rusteberg) liegt, 50, er in eines seiner Schlösser
40 leicht bewaffnete Reiter als Besatzung legen. In einem anderen Kriege, als gegen die Genannten, sol- 15
len sie ihre 50 Mann in eines seiner Schlösser, er seine 40 Mann in eines ihrer Schlösser zwischen Grünberg und Mainz legen. Eroberte Schlösser sollen den Verbündeten gemeinsam gehören, wenn es nicht
Lehn, Eigenthum oder Pfandschlösser des Einen unter ihnen sind. Jeder von ihnen schuldet dem andern,
wenn er angegriffen, belagert oder verbannt wird, treue Hülfe. Sechzehn Meilen in die Runde sollen der
Erzbischof und das Domcapitel dem Herzoge zu Göttingen, er ihnen zu Rustenberg Heeresfolge leisten. 20
Keiner von ihnen soll dem Andern Schlösser zu nahe bauen, noch der Leute des Anderen sich anmassen.
Für künftige Irrungen zwischen ihnen selbst, ihren Mannen, Burgmannen und Unterthanen setzen sie ein
Schiedsgericht zu Duderstadt und Göttingen ein. — 1374, den 30. August.   VIII.

Wir Adolff von gods gnaden erwelt erczebifchoff zu Mencze vnd bifchoff zu fpir, vnd wir Endres
von brůnecke dümprobift heinr beyer dümdechand, Otto von fchonenburg fchulmeifter vnd der Cap- 25
pittil gemeynlich des dumes zu Mencze, bekennen vftunliche an diefem briefe, vnd dun kund allen luden,
daz wir dorch nůcz, vnd fchůrůnge, alle vnfir lande Manne vnde, vns mid dem hochgeborn furftin vnd
herren hern Ottin herczaugen zu Brunfwik, herczaugen Ernftes Son, vireynet vnd virbunden haben, vir-
eynen vnd virbynden vns geinwertlich mid diefem brieffe, yn allir mafze als her nach gefcheben fted, zu dem
erftin [1]) daz wir dem vorg herczaugen Ottin follen vnd wollen behulffin fyn, vnd er vns auch her widdir 30
getruwelichen mid alle vnfir macht ane alle geuerde, welchir vnfir des bedarff, weddir hern ludewige Marc-
graffin zu Miffen Bifchoff zu Babenberg, die Marcgraftin von Miffen, die lancgraffin von heffin, vnd widdir
die, er helfere iczund fin, adir hernach werden, vnd wedir allirmenlich, ane widdir die, den wir hude zu-
thage mid eyden vnd globeden virbunden fin, doch alfo daz wir vns beidirfijd, zu den felben zu den wir
vns iczund virbunden haben, furbafs nicht me virbynden follen, noch follich virbuntniffe irlengen, ane wil- 35
len der andern partige, doch nemen wir vz vnfern herren vnd nefen hern Conen iczund erczebifchoff zu
Trier, vnd finen ftift,   Ouch [2]) ift geredt waren daz wir des vorg herczaugen Ottin hulffe bedorften wo.
vnd wan. vnd wie dicke. daz were vnd yn ermanten So fal er vns fenden hundirt mid gleuen an alle
geuerde vnd wanne die komen yn vnfir flofze, adir yn vnfir hirburge fo follen wir en reichen vnd geben
kofte, futir, vnd bufflag vnd keyne phandlofunge důn,   daz felbe follen vns dem vorg herczaugen Ottin 40
wedir dun, wan er vnfir hulffe bedarff, vnd vns ermand, So follen wir ym hundirt vnd czwenczig mid
gleuen fenden an geuerde, vnd den fal er auch geben kofte futer, vnd bufflag, vnd keine phandlofunge
důn,   vnd waz wir dan von beiden fiten. gefangen erkriegen von geburen adir kuchinfpife die follen dem

---

[1]) Am Rande zur Seite steht *Nota*.   [2]) Am Rande zur Seite steht *Nota*.

werden vnd gefallen, des die Ryet ist vnd die koste dût, waz abir von gedingnisse gefiele, adir sust von gefangen were, furstin, Graffin herren Ritter knechte adir burgere die sollen wir beidirsijd teilen nach Manczal gewapender lude, die wir dan beidirsijd vff dem felde haben vnd sollen iglichir parthie amptlude den andern dar zu helffin vnd eindrechtig werden, daz folliche gedingnisse gefallen, vnd auch folliche felicheid
5 die dan gefchoen gehalden werden, Ouch [3]) ist geredt quemez zu dogelichem kryge daz wir des vorḡ herczaugen Ottin hulffe bedorffin, widdir den vorgefchrebenen herren ludewige Bifchoffe zu Babinberg. die Marcgraffen von Miffen. vnd die lancgraffin von heffin, fo fal er vns legen virczig mid gleuen, yn fyn eigen ftofz vff fine eygen kofte adir andirfwo hien, da ez den vienden allirneft gelegen ift, nach gelegenheid der kriege. So sollen wir des felben glich dem vorḡ herczaugen Ottin legen, funfezig mid gleuen vff die fiten der
10 wirra, als Rufteberg gelegen ift, yn vnfir eigen Slofz vnd vff vnfir kofte, adir andirfwo hien da ez auch den vienden allirneft gelegen ift, nach gelegenheid der kriege, widdir die vorḡ herren, vnd waz wir erkriegen vff beide fiten, do wir mid enandir vff dem felde fin, adir vnfir amptlude, von kuchinfpife, von gefangen adir von gedingniffe daz follen wir teilen nach Manczal gewapender lude die wir beidirfijd vff dem velde haben, Werez [4]) abir fache daz wir des vorḡ herczaugen Ottin hulffe bedorfften zu eynem andern
15 kriege ane weddir die vorgefchrebenen herren, So fal er bie vns legen verczig mid gleuen vffe fine eygin kofte yn vnfir flofze eynez hie diefijd grunenberg, wo ben wir, adir vnfir amptlude yn heifchen, adir heifchen liefzin. Des [5]) felben glich follen wir bie don vorḡ herczaugen Ottin wedir legen, funfezig mid gleuen yn fyn eygen Slofz, vnd vff vnfir eygen koft, wanne er daz von vns heifchet, adir heifchen lefzit mid boden adir mid briefin, vnd waz wir dan beidirfijd irworben do wir mid enandir vff deme velde fin, adir vnfir
20 amptlude daz follen wir beydirfijd teylen nach manczal gewapender lude als vorgefchreben ftêd, vnd werez fache daz wir Slofze gewunnen. die follen wir teylen nach manczal gewapender lude. die wir bedirfijd vff dem velde haben, vnd die behalden vns beidirfijd, vnd dan eynen burgfrede fweren vnd virbrieffin als gewontlich ift, adir die brechen abe wir der femptlich zu rade werden, were abir daz vns icht worde vor die flofze, efz were geld adir waz daz were, daz follen wir abir teilen nach manczal gewapender lude als vor-
25 gefchreben ftêt Werefz abir daz folliche Slofze von vns, adir dem Stifte zu Mencze vff eyne fiten, adir von demu vorḡ herczaugen Otten zu lehen rûrten, eigen weren, adir phandis ftunden, fo follen die flofze der parthie von der fie zu lehen rurten adir eigen weren weddir werden, wileher abir phandis ftunden die fal man zu lofen geben, als fie verphendit weren an alle geuerde vnd follen abir daz geld teilen nach manczal gewapendir lude als vorgefchreben ftêd, were [6]) auch fache daz den vorḡ herczaugen Ottin yman
30 obirezihen wolde, beftallen adir vorbuwen daz follen wir yme getruwelich helffin weren von ftund, als vns adir vnferm obirften amptmanne zu Rufteberg daz vorbot wurde mid boden adir mid briefin mid vnfire felbis liebe vnd mid alle vnfir macht, vnd des felben glich fal vns der vorḡ herczauge Otte wedir thun wan vns des noid ift, adir vnfern obirften amptmanne zu Rufteberg vnd daz von ym heifchen adir heifchen lafzin mid boden, adir mid brieffin. Ouch fal vns der vorḡ herczauge Otte von diefir brieffe vnd Bunt-
35 niffe wegen folgen fefzehen mile vmbe vnd vmbe Rufteberg, So follen wir herczaugen Ottin hien wedir folgen fefzehen mile vmbe vnd vmbe Gottingen [7]) an alle geuerde Ouch fal vnfir einer den andern nicht vorbuwen, adir des andern lande adir lude nicht yn nemen, ane wifzin vnd willen der andern parthie, vnd was kriege Bruche, miffehelunge, vnd vfflauffe czufchen vns beidirfijd, allen vnfern Mannen. Burgmannen vnd vndirthanen von diefem hudigen dage furbafz entften mogen von waz fachen das komen mochte, vffe bede
40 fiten, vnd folliche bruche die mid namen nach data diefis brieffis entften mogen zu entfcheiden, dar zu haben wir vff fiten gegeben vnd befcheiden heinr knorron, vnd Siffrid von bulczingifleiben den alden So haid der vorḡ herczauge Otte vff fine fiten dar zu gegeben vnd befcheiden Burcharde vomme fteinberge den Jungen, vnd hermanne von Colmacz rittere, So haben wir bedirfijd zu eynem funften vngeraden dar

---

[3]) Am Rande zur Seite ftebt *Nota*. [4]) Am Rande zur Seite ftebt *Nota*. [5]) Am Rande zur Seite ftebt *Nota*. [6]) Am Rande
45 zur Seite ftebt *Nota*. [7]) Am Rande zur Seite ftebt *Nota*.

zu gegeben, heinr von hardinberg rittere den eldern die vns bedirfijd zu den heilgen gefworn haben, gliche
fcheidelude zu finen, Alfo [b]) werez daz vns vnfir diner adir vndirthane, die vorderunge antreffe fo follen
die vorg funffe wan fie von vns, adir vnfirn amptluden ermanet werden zu hufe, adir zu hofe mid boden adir
mid briefin, münd wedir münd, ryden gein dudirftad ynnewendig verezendagen neft nach der manunge,
vnd da beider parthie anfprache vorderunge vnd wedirrede virhoren, mogen fie dan die gudlich virrich- 5
ten daz ift gud, mag des nicht gefin fo follen fie obir die brüche die alfo furbafz entften mogen vff er
eyde recht fprechen ynnewendig eynem manden als dicke des noid gefchied, vnd waz die funffe adir
das mererteil vudir yn, fprechen vor recht, daz fal von beiden parthigen gehalden, vnd folnfurd werden,,
Dreffe [b]) abir die vorderunge den vorg herczaugen Ottin, fine diener, adir vndirtane ane, fo follen die funffe
ryden gein gottingen bynnen verczehen dagen, als fie auch ermanet werden, vnd follen auch da beidir 10
parthie anfprache vnd vorderunge vnd weddirrede virhoren, vnd die fache gudlichen richten abe fie mogen,
adir recht dar vbir fprechen vff er eyde bynnen eyme manden, vnd wilcher fin recht dar vbir gefprichet
vnd virfigelt, befchreben gibit iglichir parthie, der mag von danne ryde, vnd waz die funffe adir daz mererteil vudir, yn, alfo fprechen, daz follen wir vnfir diener, vnd vndirtane vffe bede fiden halden vnd folnfuren,
vnd wilchir parthie manne Borgmanne dienere, adir vndirtane des nicht halden wolden So follen wir bedir- 15
fijd vnfir eyner dem andirn, behulftin fin getruwelichen, daz, daz von den, adir deme gehalden werde   Auch
ift gered abe der vorg vier einer adir me abegingo adir da bie nicht gefyn mochte, von welcher fiten daz
gefchee fo fal die parthie der des noid ift, ander dar zu geben vnd befcheiden, alfo fcheideliche bynnen
einem manden,   der adir die follen auch globen vnd fweren zu dünen, als der gefworn hatte, an des
ftad er gegeben vnd gefeczet werdet, vnd fal daz gefchehen als dicke des noid ift,   vnd werez fache daz 20
der vorg heinr von hartinberg ritter abe ginge von dodes wegen, daz god lange fpar, wanne dan die viere
gemandt werden, zu hufe adir zu hofe, münd wedir münd mid boden adir mid brieffin, fo follen fie bynnen
verczendagen riden gein dudirftad, vnd follen dar nach yn den neftin verczehen dagen einen funften vngeraden an fine ftad kiefin vff er eide der beiden parthien allirnüczlichift vnd fcheidelicheft fij,   mochten fie
des nicht gedün, fo follen fij zuftund ryden gein Gottingen vnd da vnforezougenlich binnen verczehen dagen 25
neft dar nach einen funften vngeraden kiefin vff er eide, der fal dan auch beiden parthion, globen vnd
fweren glich zu finen an alle geuerde,,   vnd fal diefz Buntniffe vnd einunge weren vnfir des vorg Adolffes
erwelten erczebifchoffs zu Menoze Bifchoffis zu Spir vnd des vorg herczaugen Ottin lebethage vnd nicht
lengir,   vnd ift mid namen gered, werez daz der vorg her Adolff erwelt erczebifchoff zu Menoze bifchoff
zu Spir, abe ginge von dodis wegon, adir fuft von dem Stifte queme daz god vorbiete, So globen wir En- 30
dres dumprobift heinr dumdechand, Otte fchulmeifter, vnd daz Cappittil zu Menoze vorg geinwortlich mid
diefem briefe, daz wir keynen wer der fij, zu eynem erczebifchoffe, adir vormunder nemen adir entphaen
follen, adir zu dem Stifte lafzin komen, er globe vnd fwere danne zu den heilgen diefe buntniffe vnd
eynunge zuuorbriefin zuuorfegoln vnd zuhalden des vorg herczaugen Ottin lebethage vz,   diefz Büntnifz
vnd einunge haben wir beidirfijd globit, vnd liblich zu den heilgen gefworen ftede vnd vefte zuhalden ane 35
allirleige argelift vnd geuerde,   vnd des zu Orkunde, vnd veftir ftedicheyt haben wir adolff erwelt Erczebifchoff zu Menoze Bifchoff zu Spir vnfir Ingifigil an diefin brieff gehangen. So haben wir Endres dumprobift, heinr dumdechand, Otte fchulmeifter vnd daz Cappittel gemeynlich des dumes zu Menoze vmbo gemeynen kundlichen nüez, vnd friede lande vnd lude des ftiftis zu Menoze vnfirs Cappittils Ingifigil zu des vorg
vnfirs herren adolffes erwelten erczebifchoffs zu Menoze Bifchoff zu Spir, Ingifigil andiefin brieff gehangen 40
Datum anno dominj Milloftmo. CCC. feptuagefimo quarto, tercia feria poft Bartholomei apoftoli.

**33. Domprobft Ekhard zu Minden, vom päpftlichen Stuhle dem Domprobfte Nicolaus Hud in Hildesheim zum
Befchirmer ernannt, befiehlt allen Pfarrern und Geiftlichen, dass fie die Ritter Conrad von Lutter, Ludolf**

---

[b]) Am Rande zur Seite fteht Nota.   [b]) Am Rande zur Seite fteht Nota.

von Veltheim, die Knappen Heinrich von Veltheim und Diedrich von Winnigstede, Vögte der Söhne des
verstorbenen Herzogs Magnus von Braunschweig, die Gemeinde, die Rathsherren und die Vorsteher der Innungen in der Stadt Braunschweig und diejenigen, welche zur treuen Hand der Herzöge und der Stadt
das Schloss Wolfenbüttel inne haben, unter Androhung des Bannes und des über die Stadt und über das
Land der Herzöge zu verhängenden Interdictes ermahnen, die Abgaben, welche sie unter dem Vorgeben,
damit das Schloss Wolfenbüttel für die Herzöge einlösen zu wollen, eintreiben, von den Leuten, Gütern
und Zehnten der Domprobstei zu Hildesheim ferner nicht zu fordern. — 1374, den 3. September.   K. O.

Dei gracia Eghardus prepositus Ecclefie Mindonfis. Conferuator domini Nycolai prepofiti hildeñ a fede
apoftolica in forma concilij viennenfis que Incipit Militanti Ecclefie fpecialiter deputatus, vniuerfis rectoribus
et vicerectoribus Ecclefiarum parrochialium, et alijs beneficiatis et clericis quibufcunque vbilibet conftitutis
qui ad infra fcripta requifiti fuerint. Salutem et mandatis noftris ymmo verius apoftolicis firmiter obedire.
Quamuis iuxta facrorum canonum ftatuta, quibus per omnes principes terre et ceteros homines de oterne
conuenit falutis neceffitate obedire. Quamuis etiam fecundum catholicorum Imperatorum precepta, necnon
exempla eorum, qui tempora Incarnacionis dominj noftri ihefu chrifti fummi facerdotis preceffernnt, nec diuine
legis noticiam habuerunt. Sacerdotes et poffeffiones eorum fuerint fintque ad omnipotentis facerdotis honorem
in plena libertate, abfque exaccionibus dimittendi, ac ipfi facri canones, eos qui Ecclefias et viros Ecclefiafticos
et bona ipforum tallijs feu collectis et exaccionibus alijs nituntur aggrauare. fautorefque eorum excommuni-
cionj fubiacere decreuerunt. Tamen prout pro parte dicti domini Nicolai prepofiti hildeñ nobis extitit pro-
pofitum querulofe. nonnulli Duces principefque terrarum communitates Ciuitatum Opidorum et villarum, Ad-
uocatique et Officiati dominorum temporalium, ac caftra habentes feu detinentes, nituntur litones bona dicte
prepofiture Ecclefie hildeñ tallijs feu collectis et exaccionibus aggrauare.   Specialiter autem domini Cunradus
de Luttere Ludolfus de Veltum milites et hinricus de Veltum ac Tydericus de winnigftede armigeri, aduocati
Illuftrium principum domicellorum ducum in Brunfwich, filiorum Illuftris principis quondam domini Magni
ducis in Brunfwich vltimo defuncti. necnon communitas et quidam gerentes fe pro confulibus et alij pro
vnionum rectoribus fe habentes in opido Brunfwich hildeñ et halberftadenfis diocefium ac caftrum wlfelbutle
dictarum halberftadenfis et hildeñ diocefium nomine dictorum domicellorum ducum et communitatis opidi et
aliorum predictorum poffidentes feu detinentes, de litonibus. de bonis dicte prepofiture litonicis. et de alijs
bonis. ymmo et de decimis ac prepofituram ipfam fpectantibus, quod valde a chrifti fidelibus patet hor-
rendum. petunt et exigere nituntur fubfidium, afferentes hoc debere darj feu permitti tolli pro dictis Illuftribus
domicellis ducibus in Brunfwich ad redemptionem caftri wlfelbutle pro eifdem domicellis faciendam.   fuper
quibus fuit petitum pro parte fepe dicti domini Nicolai prepofiti per nos de oportuno ac celeri remedio pro-
uiderj.   Nos igitur attendentes, quod clericis non licet, non decet, nec expedit, ut abfque vlla etiam coac-
cione, fubfidia de Ecclefiarum bonis quibufuis principibus, feu alijs laicis conferant quouifmodo. nifi prius
Romanus fuper hoc Pontifex confolatur Quodque nequaquam dictis domicellis ducibus feu alijs expedit predicta que in fpecialem vergunt dei Iniuriam tolleraij.. Vobis vniuerfis et fingulis qui et prout et inquantum
pro parte dicti domini Nicolai prepofiti requifiti fueritis, in virtute fancte obedientie et fub excommunicacionis
pena diftricte precipiendo mandamus, Quatenus fpecialiter predictos dominos, Cunradum ac Ludolfum milites,
necnon hinricum et Tydericum armigeros, ac communitatem et gerentes fe pro confulibus ceterosque pro
vnionum rectoribus fe habentes in Opido Brunfwich hildeñ et halberftadenfis diocefium, ac etiam alios in
fpecie qui vobis pro parte dicti domini Nicolai prepofiti fuerint nominati, Moneatis quos et nos tenore prefencium monemus. Quatenus infra fex dies a tempore monicionis veftre quorum duos pro primo duos pro
fecundo et reliquos duos pro tercio et peremptorio termino affignamus, ipfi et eorum quilibet a tallijs feu
collectis et exaccionibus alijs litonum villicorum et hominum et bonorum quorumcunque dicte prepofiture
Ecclefie hildeñ, ac decimarum et reddituum prepofiture eiufdem omnino defiftant, et de cetero confimilia
nequaquam committant. Alioquin fingulares perfone predicte et quicunque alij laicj per vos moniti, etiam
fi duces principes et cuiufcunque ftatus uel condicionis exfiftant talia committentes et eorum fautores excom-

municacioni Jure ex concilio lateranensi se nouerint subiacere nec communioni fidelium reddendos, donec
satisfaccionem fecerint conpetentem, non Juuante contra hec dicti domini Nicolai confensu, si forsitan in futu-
rum quod absit accederet, nisi Romanus pontifex super hoc prius consolatur. predictos etiam nominatim
expressos et alios quoseunque pro parte dicti domini Nicolai prepositi nominandos, Monentis post predictos sex
dies quos et nos tenore presentium monemus, Quatenus infra alios sex dies immediate predictos sex priores 5
sequentes caufam racionabilem eorum nobis in Curia habitacionis nostre in Ciuitate Mindenfi oftendant, quare
non debeant predicti excommunicati publico nuntiarj. Alioquin post quatuor dies dictos vltimos sex immediate sequentes eosdem rebelles excommunicatos publice in Ecclefiis vestris singulis diebus dominicis et
festiuis nuncietis. Prohibentes in genere quod et nos tenore presentium prohibemus. ne quis eisdem par-
ticipet quouismodo. Quod si gerentes se pro confulibus Opidi Brunfwicensis ac pro rectoribus vnionum, 10
denunciaciones predictas per quatuordecim dies animis sustinuerint Induratis. Extunc. videlicet. post dictos
quatuordecim dies quorum quatuor pro primo, quatuor pro secundo, et reliquos quatuor pro tercio et peremptorio termino assignamus in ipsum Opidum Brunfwich hilden et halberstadensis diocesium et terram Ducum
Interdicti sentenciam quantum Jure poterimus curabimus promulgare, et ad alias penas canonicas procede-
mus. presertim cum non obstantibus Indulgencijs specialibus uel generalibus vigore literarum apostolica- 15
rum in forma concilij viennensis militanti Ecclefie ad nos directarum procedere debeamus. ad nostre Juris-
diccionis plenariam explicacionem. In signum execucionis vos qui requifiti fueritis reddite literas Sigillis
vestris sigillatas. Ipsarumque literarum exhibitores, et ad execucionem ipsarum requifitores ad nocumentum
eorum nemini pandentes, Sed ipsos quantum in vobis est reddentes securiores. Hesitanti de Jurifdiceione
nostra fidem congruis locis et temporibus faciemus requisiti. Datum et actum in Ciuitate Mindenfi. in habi- 20
tacionis nostre curia. Anno post natiuitatem domini M. Tricentesimo Septuagesimo quarto tercia die Mensis
Septembris hora diei sexta uel quasi nostro sub Sigillo.

**34. Arnold Bandow schwört dieselbe Urfehde und Sühne, wie am 7. Mai 1374 die übrigen Gefangenen zu
Lüneburg sie geschworen haben, ohne jedoch Bürgen zu stellen. — 1374, den 9. September. K. O.**

Iek arnd bandow bekenne openbare in deffem breue dat ik hebbe ghe louet in guden truwen vñ ghe 25
suoren vñ loue vnde Suere tu den hilghen dat ek nogh myne eruen eder myne vront de doreh mynen
willen dũn vñ laten willen deffe venghenitze de an my tũ Luneborch vnde allent dat dar van ghe Schen
is an my eder an mynen vronden Id sy venghenitze eder dot Slach number mer wreken wille eder willen
an den heren hern wentzlawen vñ hern albrechte hertoghen tũ faffen vñ tũ Lũneborch dem Rade vñ den
meynen Borgheren to Lũneborch nogh an eren eruen eder na komelinghe dat en to schaden komen moghe 30
ok en wil ik der heren erer man eren landes des Rades vnde der Borgher vor be nommet erer eruen noch
erer na komelinghe vñ alder de de heren eder de Rad myd Rechte vor dedynghen moghen vygent number
mer werden noch ere ergheste wernen mid Rade eder mid dade de wile ik leue Sunder mynem eruen
Rechten heren mud ik wol by hulpen wesen vnder siner Banneren dar de oppe dem velde were vñ vor
vnrechtede mek joment na deffer tid de dar vor by nomeden heren vnder sate were eder tu Rechte to vor 35
dedinghende borde dat scholde ik en kundeghen vnde erem Rado hulpen Se my dar nycht Rechtes vmme
bynnen achte wokenen dar negheft wan ik dat vor kundeghet hedde so mufte ik my sulven wol by hulpen
wesen weder deno vnde de my vor vnrechteghet hedden alzo langho wente my Recht weder vore dar
scholde ik my denne ane noghen laten vñ hir mede Scholen deffe ede louede vñ orueyde nyeht mede vor
broken wesen de ik ghe dan hebbe alfo na vñ vore sereuen steit men do seholen by voller macht bliuen 40
vñ bouen al deffe stukke seal ik vñ wil en eyne Rechte fone vñ eyne Rechte olde orueyde holden alle
deffe vor sereuenen stukke vnde en Jewelk by funderen loue ik arnd van bandow vor my vñ myne rechten
eruen den vor sereuenen heren van fassen vñ tu Luneborch vñ dem Rade tũ luneborch vñ den menen borgheren vnde eren na komelinghen stode vñ vast tũ holdende vnvorbroken funder jengher leyge argheliſt vn

hulperede vnde hebbe des tu eyner kantnitze myn inghefeghel witleken laten benghen an deffen bref Datum anno dominj M. CCC LXXIIII fequenti die natiuitatis Marie.

26. Der Priester Meister Günther von Laine und Eckebrecht Plumeyer, Vicar zu Hildesheim, von dem Meister Johann von Peine, Pfarrer zu Fallersleben, bevollmächtigt, um eines Tausches willen die Pfarre zu Fallersleben *) dem Herzoge Albrecht von Lüneburg zu resigniren, bevollmächtigen ihrerseits dazu den Johann von Fallersleben, Vicar in der Kirche St. Crucis zu Hildesheim. — 1374, den 27. September.   K. O.

In nomine Domini amen.   per hoc prefens Inftrumentum publicum cunctis pateat euidenter. Quod anno natiuitatis eiufdem M. CCC. LXX Quarto. Indictione Duodecima. menfis Septembris. die XXVII. Pontificatus fanctiffimi in chrifto patris ac Domini noftri. Domini Gregorij. Diuina prouidentia. pape XI. anno Quarto. Hora vefperarum. uel quafi. In mei notarii publici fubfcripti et teftium infra fcriptorum vocatorum ad hoc et rogatorum prefentia. Conftituti Difereti ac honefti viri. Domini. magifter Ghunterus de Luine prefbiter. et Eggheberus dictus Plumeyere. perpetuus vicarius in Ecclefia hildenfemenfi. procuratores ac procuratorio nomine. Difereti. ac periti viri. magiftri, Johannis de Peyne. Rectoris parrochialis Ecclefie in vallerflene halberftadenfis dyocefis. habentes. plenum ac fufficiens mandatum. Sub forma cuiufdam publici inftrumenti. per me notarium publicum infra fcriptum fcripti. fignoque meo Solito et confueto fignati.

*) Die Älteste Urkunde über Fallersleben, eine Schenkung des Königs Otto I. an die dortige Kirche enthaltend und angeblich im Jahre 966 ausgestellt, theilt aus dem Originale Leuber unter Nr. 1608 in seiner Diequifitio plenaria ftapulas Saxonicae mit. Wie dort angegeben ist, steht unter der Urkunde das Monogramm Otto's I. und in dem Siegel befindet sich sein (nicht seines Sohnes) Bildnifs. Weil er sich in der Urkunde und in der Umschrift des Siegels nicht Kaiser, sondern König nennt, muss die Urkunde vor dem 2. Februar 962 ausgestellt sein. Die Königinn Edgide, von der als einer Verstorbenen darin gesprochen wird, starb am 26. Januar 946. Die Urkunde ist von dem Canzler Bruno für den Ercanzler Friedrich unterzeichnet. Erfterer war seit dem 30. Mai 940 Canzler, bis er in der Mitte des Jahres 953 Ercanzler wurde. In Urkunden des Königs erscheint der Erzbischof Friedrich von Mainz vom 18. Februar 940 bis zum April 953 als Ercanzler; er starb 954. Wegen des Verhältnisses des Königs zu seinem Sohne Ludolf kann die Urkunde nur vor Anfang des Jahres 953 ausgestellt worden sein. Aus derselben Rückficht setzt man sie noch paonder in die Zeit vor dem Winter 951. Sie fällt also in den Zeitraum von 946 bis 951. Der darin genannte Graf Lindulf wird auch in einer gleichfalls vom dem Canzler Bruno für den Ercapellan Friedrich unterzeichneten Urkunde des Königs Otto I. vom 14. Juli 949 erwähnt (cfr. Erhard's Regesta historiae Weftphaliae I. pag. 128 und daselbst Codex diplomaticus pag. 45 No. LVI.). In daselbe Jahr kann daher auch füglich die der Kirche Fallersleben ausgestellte Urkunde gesetzt werden. Am 1. October dieses Jahres befand sich König Otto I. in Magdeburg. In der Urkunde selbst steht, dass sie am 5. October gegeben und dass die Schenkung am 4. Wochentage (3. October) zu Magdeburg geschehen sei. Obwohl die angegebene Jahreszahl 966 zu der dabei angegebenen 9. Indiction passt, müssen beide gefälscht sein, wenn nicht etwa, wie Leuber am angeführten Orte annimmt, die Urkunde anfangs ohne jede Zeitangabe gewesen und diese erst von Otto II. zum Zeichen seiner Beftätigung hinzugefügt worden ist. Zufälliger Weise nämlich fällt sowohl im Jahre 966, als auch im Jahre 949 der vor dem 5. October vorhergehende 4. Wochentag auf den 3. October. Leibnitz in seinen Annales imperii (Tom. II. pag. 691) hält die Urkunde für ocht und setzt sie in das Jahr 900. In Hofman's Antiquitates Magdeburgenses (cfr. Theil II. dieses Urkundenbuches pag. 79 Anmerkung), woraus sie von ihm entnommen ist, hat er zur Seite die Worte geschrieben: „Imo 950 si vera indicto, uel est 952." Das Original der Urkunde wurde früher im Domarchive zu Magdeburg aufbewahrt. Fallersleben gehörte nämlich, wie eine Urkunde des Kaisers Otto II. vom Jahre 973 zeigt, dem Erzbisthume Magdeburg. Jetzt befindet sich das Original im geheimen Staatsarchive zu Berlin. Ihr wörtlicher Inhalt ist mit Weglassung des Chrisma's, des Monogramm's und des Recognitions-Zeichens folgender:

In nomine sanctae et indiuiduae trinitatif Otto diuina auxiliante clementia rex. Nouerit omnium fidelium nostrorum tam praesentium quam et futurorum induftria, qualiter nof pro remedio animae dilectiffimae coniugif nostrae aedgidif et pro falute filii nostri liudulfi ad aecclefiam fancti michaelif archangeli fanctorumque martyrum coftmae et damiani, nec non et fanctorum martyrum alexandri eucoti et theodoli in loco ualareflebo conftructam. cui uir uenerabilif nomine marco prae eft, tradimuf noftri proprii iurif manfas quinque et totidem familiaf fitaf in pago therlingo in comitatu liudulfi in uilla gimin. et omne quicquid in predicto loco uidellicet gimin jure habuimus fiue in aquif fiue in pratif fiue in agrif feu etiam in niis uel in pafcuif et in faltibus ad praedictam aecclefiam donauimus. et ut haec firma permaneant anuli noftri inpreffione infignire iuffimuf.

Signum domini Ottonif Inuictiffimi regif   Brun cancellariuf ad uicem friderici archiancancellarii recognoui.

Actum in magedaburg palatio. anno dominicae incarnationif DCCCCLXVI. indictione VIIII. feria IIII.
data III. Non. Octobris feliciter amen.

de quo ibidem videre volentibus fidem fecerant oculatam. ad Refignandum dictam Ecclefiam in vallerfleue. ex caufa permutationis faciende. aut alias. pure. libere et fimpliciter. cum quocumque beneficio ecclefiaftico curato uel non curato In manibus Illuftris principis Domini Alberti dei gracia. Ducis luneborgenfis. aut alterius cuiufcumque. poteftatem. ad hoc habentis. aut alias vbicumque huiufmodi Refignatio fuerit facienda. et ad alia faciendum. prout in dicto mandato eis et. cuilibet eorum in folidum. Dato et conceffo. plenius 5

Der Freiherr Leopold von Ledebur hat zu Ende des Jahres 1834 oder im Anfange des folgenden diese Urkunde im geheimen Staatsarchive zu Berlin abgeschrieben und dabei bemerkt: „Das der schön geschriebenen Urkunde aufgedruckte wohlerhaltene Wachssiegel zeigt im Kniestück den linke gewandten König mit Schild in der Linken und Fähnlein in der Rechten. Die Halbkreisschrift: † OTTO DI GRA REX." Obiger Abdruck ist nach dieser Abschrift besorgt worden. Der Herr Professor und Bibliothekar Hoffmann von Fallersleben hat die Güte gehabt, uns nebst den Abschriften der folgenden über Fallersleben handelnden fünf Urkunden zur Benutzung mitzutheilen. Diese mit der grössten Sorgfalt von ihm selbst vor 30 Jahren angefertigten 5 Abschriften sind auf seinen Wunsch nochmals mit den inzwischen an das königliche Archiv wieder abgelieferten Originalien verglichen und vollenkommen richtig befunden worden. Zwei derselben sind schon im ersten Theile dieses Urkundenbuches (pag. 229 und 317) nach ungenauen Abschriften mitgetheilt.

1. Ritter Jordan von Campe entsagt zu Gunsten der jungen Herzöge Otto und Wilhelm von Braunschweig und Lüneburg seinen 15 Ansprüchen auf die Güter und die Vogtei zu Fallersleben. — 1326, den 14. Juni. K. 0.

Ego Jordanus de Campe miles. recognofco. publice. per prefentes. Me. cum Illuftribus principibus, Ottone et wilhelmo domicellis de brunfwik et lyneborch placitaffe. et concordaffe. in hunc modum. Quod. vna cum omnibus heredibus meis et fingulis quorum poterit intereffe. bona fub voluntate et matura. renunciaui et prefentibus renuncio omni impeticioni quam habui in bonis et aduocacia in vallerfleue. dimittens ipfa dictis principibus et eorum heredibus ac fuccefforibus pacifice et fine impeticione aliqua Jure 20 hereditario poffidenda. dictj autem principes dabunt michi. ac domine (iden vxorj mee. necnon domino Johanni de faldere filio dominj Afchwini. Quadraginta quinque marcas puri argenti, quarum viginti marcas, dabunt nobis In fefto beatj martini proxime nunc venturo. et viginti quinque marcas. in fefto Purificacionis marie proxime fubfequente. Quod. fi in aliquo illorum terminorum neglexerint. vnus eorum lyneborch ad Jacendum intrabit. Iniscendo quatuor feptimanis. quibus finitis pecuniam non folutam dabunt nobis abfque prorogacione atque mora. In quorum teftimonium Sigillum meum prefentibus eft appenfum. Datum, anno dominj. 25 M. CCC. XXVI. In vigilia beatj vitj.

2. Die Grafen Ludolf, Johann, Burchard, Gerhard und Wilbrand von Woldenberg verkaufen den Herzögen Otto und Wilhelm von Braunschweig und Lüneburg das Dorf Fallersleben, den Stuhl zu Grevenlah, das Gericht über alle dazu gehörenden Dörfer und die Grafschaft über dem Papenstieh. — 1337, den 10. October. K. 0.

We Ludolf. Jan. Borcherd. Gherod. Wilbrand. van godes gnaden Greuen van Woldenborghe. bekennet openbare. dat we heb- 30 bet vorkoft vn laten den erbaren vorften Hertoghen Otten vnde hertoghen Wilhelme van Brunfwich vn van Luneborgh broderen vn eren eruen. mit wlbort al vfer eruen. Dat dorp to vallerfleue vor leyghen vn ledich mit alleme rechte. vn den ftol to deme Greuenla vn dat ghe richte ouer al de dorp de dar in horet. vn de Graffcup ouer den Poppendiek de an gheyt to deme Drechterbeke wente to den bolen to dem knefbeke, mit alleme rechte vn nút alfo it vfe elderen vn hebbet ghe had we. ane vor leyghen gút icht we dat dar inne hedden., vn we willet des ere rechten waren wefen vor alle den de dat mit rechte bifpraken moghet wr fe des bedor- 35 net, vn wan we des ghe manet werdet, vn willet de lenwaro ouer dit beferoene gut holden en to gude al fo langhe wente fe dat leyn weruen moghen. vortmer we fcullet vn willet alle vfe man de deffes gudes van vs wat hebbet an de vorbeferoenen vorften wifen. Alle deffe vorbeferoenen dingh loue we vorbenomden grouen mit famerder hand en truwen in deffeme breue de befeghelet is mit vfen Ingbefegheln den vorfprokenen vorften vn eren ernen to haldende vaft vnde ftede. Dit is ghe fehen na goddes bord 40 Dufent Jar. Drehundert Jar. in deme Senen vn drittegheften Jare in funte Gallen daghe.

3. Die Gebrüder Heinrich, Jordan, Ludolf, Bertram, Conrad und Jordan von Campe übertragen den Rittern Harnold von Marenholtz und Heinrich Knigge die Entscheidung in ihrem Streite mit den Herzögen Otto und Wilhelm von Braunschweig und Lüneburg, von denen sie die Hälfte der Dörfer Fallersleben und Sülfeld nebst der Hälfte des Gerichtes zu Grevenlah fordern, und geloben dem Herzögen eine Sühne wegen aller bisherigen Irrungen. — 1340, den 17. December. K. 0.

Dit fint de fchulde de we.. van dem Campe ghenet vfen heren Hertogen Otten vn Hertogen wilhelme van Brunfwich vn 45 Luneborg. To deme erften vordere we dat dorp half to vallerfleue mit alleme rechte. vn Solenelde half mit alleme rechte. vn dat richte to dem Greuenla half mit alleme rechte. Deffer fchulde vn allerfcheilughe fint we gan to hern Harneyde van Marmholte vn to hern Hinrike kinghen [1]), wat fe vs bir vmme betet in minne fder in rechte dar fcal vs wol ane noghen. Hirna we. Hinrik.

---

[1]) Für *kinghen*, welches in der Original-Urkunde steht, wird *knighen* zu lesen sein.

continetur. iidemque procuratores et eorum quilibet. vi. vigore. et auctoritate Supradicti mandati. ipſis dati et conceſſi ut promittitur. ac omnem poteſtatem ipſis et eorum cuilibet inibi. datam et conceſſam. in Diſcretum virum Dominum Johannem de vallerſleue. perpetuum vicarium in Eccleſia ſancte Crucis hildenſemenſis. ibidem preſentem. plenarie ac omnimode transſtulerunt. Acta ſunt hec ante gradus Eccleſie. ſancte Crucis hildenſemenſis. anno Indictione die menſo. Pontificatu et hora quibus Supra. Preſentibus Diſcretis

Jorden. Ludolf Bertram. Conrad vñ Jordan van dem Campe brodere, bekennet vñ betughet openbare in deſſem breue de beſeghelet is mit vſen Inghefegelen. Dat we hebbet ghelouet, vñ louet mit famender hand intruwen in deſſem breue, vſen vorbenomden heren hertogen Otten vñ hertogen wilhelme van Brunſwich vñ Luneborg, ene rechte Súne allerſchellinghe de we mit en hebbet ghehat het In deſſen dach. Dit is gheſchen na Godis bord. Duſent Jar drehundert Jar, in deme vertegheſten jare, Des Sondaghes na Sunte
10 Lucien daghe.

4. Baldewin von Campe und ſeines Bruders Jordan Söhne Heinrich, Jordan, Ludolf, Conrad und Jordan von Campe verkaufen alle ihre Güter in und vor dem Weichbilde Fallersleben mit allem Rechte, Gerichte und Nutzung den Herzögen Otto und Wilhelm von Braunſchweig und Lüneburg und überlaſſen ihnen das Patronatrecht über die Kirche zu Fallersleben. — 1344. den 4. Juli.   L. 6.

15 Ek olde Boldewin Ichteswanne Des olden hern Jordenes Broder van Dem kampe. vñ wj hinric, Jorden. ludolf. Cord. vñ Junghe. Jorden. ok ghe heten kempeke knapen vñ Brodere van Deme kampe Ichteswanne Des vorbenomden Olden hern Jordenes van Deme kampe Sone, bekennet openbare In Deſſeme breue vnde dot witlik alle Den De Ene Sicht eder leſen horet. Dat wj vñ al vſe Eruen Endrachtliken. mid gudeme willen vñ mid vulbord vſer vñ alle Der De ſik Dar To mid rechte Ten mochten, vñ moghet. hebbet vor koft vñ vor kopet In Deſſeme Jegenwardighen breue To Rechteme Erue kope vñ Ewelliken to be ſittende Den
20 achbaren vorſten vſen heren hertogen otten vñ hertoghen wilhelme van brunſw vñ luneborch Eren Eruen vñ nacomlinghen, alle Dat güd Dat we hadden In Deme wikbelde To valerſleue Ledich vñ vorleghen vorſet vñ vn vorſat. Beyde binnene vñ butene Dat ij an holte an broke an velde. an Molen. an watere. an weyde vñ an wiſchen. vñ wor an Id ſij. mid allerhande Rechte vñ Richte vñ nùt. alſo alſe Id vs vſe Elderen Ernst hebbet vñ alſo als we Dat beſetten vñ ghehat hebbet vor achte vñ ſeuentich mark vſ brudert vñ Eme verdingh lodiges Silneres De es Rede betalet Sin als Dat es vnde vſer ghiwelkeme noget,, Ok late we Den
25 vorſprokenen vorſten hertoghen otten vñ hertoghen wilhelme. Eren Eruen vñ nacomlingen Mid alle Deme wikbelde to valerſleue Dat we ym vorkoft hebbet De lenware Der kerken To valerſleue, vñ aller gheyftliker len De to Deme güde horet vñ De we mid Deme vñ in Deme gude ghehat hebbet. Mid alledeme rechte vñ wonheyt alſo alſe we ſe had hebbet,, vnde we ſcullet vñ willet Des kopes vñ Des vorbenomden Dinges En recht warent weſen. vor alle an ſprake der vorbenomden vorſten. eren Eruen vñ nacomlingen wan ſe eder Jemant van erer wegene Dat van vs eſchet, wor vñ wanne, vñ wo Dicke Se Des bedornet,, Ok fo hebbe we Den
30 vorbenomden vorſten vſen heren Dat Sulue güd mid alleme Rechte Kichte vñ nüt als Id vorbeſcreuen is ane Jengerhande ruderſchet vp gheleten. vñ latet Dat ym vp In Deſſeme breue. alſo Dat we van alle Deme gude latet vñ In Deme wikbelde to valerſleue vñ In Deme güde nichtes nicht rechtes geyſtlikes eder werlikes be holdet. alle Deſſo dingh vñ ſtaghe loue we Olde boldewin vñ hinrik Jorden ludolf Cord vñ Junghe Jorden van Deme kampe De vorbenomt Sin mid Samenderhant In truwen In Deſſeme breue vor os vñ alle vſe eruen Den vorbenomden vorſten vſen heren vñ nacomlinghen vñ Eren Eruen ſtede vñ vaſt to boldende vñ To
35 Eyner be tughnghe Deſſes kopes. Des warendes vñ vplatinghe vñ afſtatinghe vnde vſes loudes vñ aller vorbenomden ſtucke So hebbe we Deſſes bref ym beſegelt witliken mid vſen Ingbeſegelen. Na goddis bord Dritteynhundert Jar In Dem ver vnde vertigheſten Jare In deme heyligen Daghe Sante Olrikes.

5. Jordan, Conrad und Jordan von Campe, Söhne Jordan's, ertheilen ihre Zuſtimmung zu dem in ihrem Namen von ihren Brüdern Heinrich und Ludolf von Campe mit den Herzögen Otto und Wilhelm von Braunſchweig und Lüneburg errichteten Vertrage über ihre Güter in und vor dem Weichbilde Fallersleben. — 1344. den 7. Juli.   L. 6.

We, Jorden. Cord. vnde Junghe Jorden. Ok ghe heten. kempeke knapen vñ Brodere van Deme kampe Ichteswanne Des Olden. horn Jordens Sone van Deme kampe bekennet Openbare InDeſſeme Jeghenwordighen. breue. vnde Dot witlik. alle den. De ene Sen edder Leſen hored,. wat vñ wo danne wis Hinrik vñ Ludolf vſe Brodere ghe deghedinghet vnde ghe Dan hebbet mid Den achbaren vorſten. Hertoghen. Otten. vñ Hertoghen willich, van Brunſw vnde luneb. vſen heren. van vſer weghene. mid al vſeme gúde
45 Dat we hadden, In Deme wikbelde vn butene To vallerſleue. Dat Si an. holte an broke. an velde. an. Molen. an watere vñ an weyde vñ an wiſchen vñ wor an Id Sl. mid alle Deme Rechte vñ Richte Dat Dar to hord. vnde mid dar Lenware Der kerken To vallerſleue vñ aller Deuſtliker Len. De To Deme Gúde h(o)red vñ de wy vnde vſe vorbenomden brudere. To Deme vñ mid Deme Súluen gúde had hebbet. Dat we So Dat ghehen hebbet vñ ſtedeghet vnde wlbordet Indeſſeme breue. Dar we vſe Ingbeſeghele mid witſchop. vore henghet hebbet. vñ is ghe ſchen. Na Goddes Bord Dritteynhundert Jar In Deme vervndevertigheften
50 Jare Des Negheſten midwekenes. na Sante Olrikes Daghe.

viris Dominis. Hermanno de Drothe. prefbitero Mindenfis dyocefis. ac magiftro Petro dicto Rutingh. Rectore fcolarium. Supradicte Ecclefie Sancte Crucis. et aliis. quam pluribus fide dignis teftibus. ad promiffa vocatis Specialiter et rogatis.

Et Ego Arnoldus de Indagine clericus hildenfemenfis Publicus Imperiali auctoritate Notarius. Supradictis omnibus et fingulis vna cum prenominatis teftibus prefens interfui. eaque 5 fic. fieri. vidi et audiui et in hanc publicam formam. redegi. quam meis nomine et figno Solitis et confuetis Signaui in teftimonium omnium premifforum. vocatus et legitime requifitus.

36. Verzeichnis der von dem Herzoge Otto von Braunschweig und von dem Herzoge Friedrich von Braunschweig und Lüneburg *) verlehnten Güter. IV.

Dit is dat ghud dar min here Hertoghe Otte hertoghe to brunfwik vñ [1]) Min Junchere Frederik her- 10 toghe to brunfwik vñ to luneborch vedderen midde belenet hebbet Ridderē knapen vñ borghere.

Thileken fchatten vñ heyniken van dalum vedderen tw huue vppe deme velde to debbenum.

Thileken den moygere to woltdorpe III huue to woltdorpe.

Brant van honen to watenftede ene huue mid alle deme dat dar to hored. vñ III fchillinge gheldes to kremmelinge an twen hōuen. dit hadde hored henninge helyas. 15

Symon de mulre mid der molen to lindowe [2]).

Luder [3]) der weftum to bornum by kiffenbruge mid ener baluen huue [4]).

Hinrik fchule I hūue to dettene [5]).

Cord van lindum I huue to lindum.

Reben vñ egeling wagen IIII huue to lutteken denkte de Gherike paule vñ fine brodere had- 20 den had.

Herwich kale I huue to tymberm en mark gheldes an twen huuen to groten denkte.

Herman crul to brunfw IIII huue to bortuelde eynen buhof dar to et XI kodhoue dar fulues dit hadde hans van der molen had vñ egeling fin veddere.

Henning diderfinge I hāue to nedderen Tzicte. 25

Hinī fchule II huue to tymmerla To denftorpe II huue Item I huue to dettene [6]).

Her Jan van Brunfwik enome preftere to meydeborch II wifchepel weten in dem tegbede to ekenbardeloue to finem liue.

Ludeke van dem haghen vn fine oruen [7]) IIII huue vn twene hōue to brotzem dit hadde had detmer muntmeftere vn fin brodere. 30

Hinrike bocke IIII huue vn enen buhof to groten ftockem [8]).

Hinī korkhof de lange den tegheden to nendorpe IIII punt gheldes to fchopenftede. an duffen ghuden heft min here hertoghe otte vn min Junchere hertoghe frederik papen otten bekant LX lodighe mark.

Egbert korfe to groten denkte ene huue to groten denkte. 35

---

*) In einem alten Urkundenverzeichniffe ist folgende Urkunde vom 21. October 1374 regiftrirt:

Einen bref hartogen Frederichs vnd hartogen Bernts tho Brunf brodere hertogen Magnus Sone dar jn fe fick hebben tho hope gefat mit hartogen Otten tho Brunf hertogen Ernftes sone vormunderfcop vnd gudere haluen etc Anno. XIIIC LXXIIII vndecim millium virginum.

[1]) Die Worte min here — vñ sind durchstrichen. [2]) Das Wort lindowe ist durchstrichen und statt deffen ist von der Hand, 40 die das Folgende geschrieben hat, gesetzt lowendals. [3]) Mit dem Worte Luder beginnt eine andere etwa gleichzeitige Hand. Nach ihr folgen noch drei andere auch gleichzeitige Hände, die, wie sie, das Lehnsregister fortgesetzt haben. Dieſe vier Handschriften sind im Obigen durch viermaligen Einrücken der Zeilen unterschieden. [4]) Der Satz Luder — huue und die von derselben Hand darüber geschriebenen Worte by kokerbeke/cen thjeden sind durchstrichen. [5]) Der Satz Hinrik — dettene ist durchstrichen. [6]) Der Satz Hinī — dettene ist durchstrichen. [7]) Die Worte vn finen oruen sind durchstrichen. [8]) Der Satz Hinrike — ftockem ist 45 durchstrichen.

Herman ghereken I hůue to eziete mid allem rechte. de hans van dem kyle hadde⁹) had
vñ ludeman van twelken had hadde.

Hinrik ghefen to kochinge ene wurt vñ ene grafnut an dem broke.

Henning horneborch vñ ludolff reben I punt gheldes an twen huuen vppe deme velde
to berclinge do huuen buwet hans kerftens vñ fricke kerftens brodere.

Thileke vñ thileke der Weften to bornem by kiffenbrugke I huue vñ I hoff vppe
deme velde to bornem by kiffenbrugke.

Ludeman kale II huue to groten denkte V punt in deme vryen dinge to der
pefere VII punt in moneta in brunfw vxor eius eſt foror illorum der elers et habet
ea ad dotalicium ¹⁰).

Herman vechtelde vñ Junge hinr kerkhoff VI punt et V fol in deme haluen ber
tolen to brunfw mid des falighen fone ¹¹).

Ludeman vñ hans kale brodere II huue to groten denkte do hadde de fprin-
gheſche had. Item XXV fol an ener huue darfulues. V punt an deme vryendinge to der pefere ¹²). VII punt in moneta in brunfw vxor eius habet ea ad
dotalicium et eſt foror illorum der elers.

Tymme bok VI huue to derfum mid allem rechte.

Tymme bok V huue to hefnum de hadde diderik van cletlinge.

37. Herzog Otto von Braunschweig und Herzog Friedrich von Braunschweig und Lüneburg belehnen ihren Capellan Johann von Braunschweig mit zwei Wispel Weizen des Scheffelzehnten zu Eichenbarleben zur Leibzucht. V.

We Otto vñ frederich etc Bekennen openbare Induffem breue dat we hebbet be gnadet vñ gelenet hern
Jane van Brunfw vnfem Cappollane to fynem liue mit twen wifpel wetes anders fchepeltegeden to Ey-
konbarleleue mit aller to behoringe de dar to hort alfe on Hans van Eyllleue van vnfen elderen gehad
hadde vñ willen des fyne heren vñ waren wefen wanne ome des nod is des to Orkunde fo hebbe we
ome duffen bref befogelet geuen mit vnfem Ing hertogen freder des we Otto mede bruket gefcheen nach
der bord chrifti etc.

38. Bischof Albert von Halberstadt verbindet sich auf Lebenszeit mit dem Herzoge Otto von Braunschweig und verspricht, die Feinde desselben nicht zu hausen oder zu hegen, noch ihnen förderlich zu sein, ihm gegen jedermann mit Ausnahme der Bundesgenossen und derjenigen, gegen welche er ihm Recht verschafft, zu helfen und ihm mit 30 oder mehren leichten Reitern Heeresfolge zu leisten. Jeder von ihnen soll des Anderen Land, Mannen und Leute bei Rechte lassen, sie schützen und vertheidigen. — 1374, den 22. October. VIII.

Wir albr von gods gnaden, vnd des heilgen ftuls zu Rome Bifchoff zu halbirftad, bekennen vfinbar yn
diefem brieffe, daz wir vorbunden vnd vor eynd haben, mid dem irluchten vorften, vnferm lieben herren vnd frunde, herczaugen Ottin herczaugen zu brunfw zu vnfir beydir liebe, Indiefir wijs daz wir fine
viginde nicht hüfen heghen, adir vordern follen, fundern wir follen ene getruwelichen behulffin wefin kein
allirmelchen, von den wir ene nicht rechtis gehelffin kunden, vfzgenomen die, mid den wir gereyde mid
eyden vnd mid globeden vorbunden fin, vnd wanne her vns zufolge wederben wolde, daz folde her vns
achtage vor zuwifzin thun, fo follen wir adir vnfir amptman ome volgen mid drifzig gletigin, Begerde

⁹) Das Wort *hadde* ift durchſtrichen. ¹⁰) Der Satz *Ludeman — dotalicium* ift durchſtrichen. Von der folgenden Hand ift
darüber geſchrieben: *hans kale XXV fol an ener huue to groten denckte*. ¹¹) Die Worte *mid des falighen fone* ſind von der folgenden Hand geſchrieben. ¹²) Die Worte: *V punt an deme vryendinge to der pefere* ſind durchſtrichen. Daneben ſteht *dominus frũ redemit.*

he auch vnfir fterker zu folginde, das folde he vns lengere czijd vore, zu wifzinde thůn, fo folden wir eme die volge thun fo wir fterkeft mochten, vnd wanne wir eme die volge theden als vorgefchreben ift, vnd yn fin land quemen, fo folde her vns beforgen vnd geben, kofte fuder vnd hůefflag, vnd was fromen her denne neme, die folde fin bliben, Ouch fal vnfir eyn des andern lant man vnd lude bie rechte lafzin, vnd fie fchuczen vordern vnd vorteydingen fo he getruwelichift mag, Czu Orkunde, diefir ding haben wir 5 eme diefin brieff gegeben befigelt mid vnferm angehangeden feerete Nach gods gebord driczenhundert Jar Indem veervndfebinczigiften Jare anfant feuerus dage.

39. Der Domdechant, das Domcapitel, die Bürgermeister und die Rathsherren zu Bremen bezeugen den Abschluss eines Vertrages zwischen dem zum Graben, welcher der alte Deich genannt wird, gehörenden Erbexen und 10 Landleuten, nämlich zwischen den Bauern zu Walle, Mehr, Wasserhorst, Bavendam, Gröpelingen, bei der Wümme, zu „Wischhusen", Oslebshausen und Grambke (im Blocklande nahe bei Bremen). Gegenstand des Vertrages ist ein anzulegender Graben und Siel oder Schleuse. — 1374, den 31. October.   XXIV.

In godes namen amen wy her Johan van Tzefterfulete domdeken vñ dat Capittel vñ wy Borghermefter vñ Radman der ftad to Bremen doet witlik al den ghenen de dezen bref lezet ofte lezen hort dat vor vns hebbet ghewefen de menen erfexen vñ de menen lantlude de ze hort van rechtes weghene to deffen 15 graueue de hir nafcreuen fteyt de ze gheheten is de olde dyck vñ hebbet des menliken vordreghen vñ sint des ganzeliken vp en ghekomen dat de Bur van walle fcholen vñ willekoret tho holdenc twyer morghene lanck van deme nyen dyke wedder inte valle twifchen dem velle der Bur van den More vñ der Bure van der horft vñ deze vorfcreuenen Bur van walle fcholen legghen enen zyl van teyn voten wyet den zo eweliken bolen fcholet. vñ deze vorfcreuenen menen lantlude fcholen vñ willet holen to dezem 20 vorfcreucnen zyle enen Grauen de zo wyet ze zefteyn vote vñ fchal an ghan van dem waller velle erft auer Gruvers gud de ze eghen is des fichtes van Bremen wente tho den vorfereuenen zyle den en iewelik bolen fchal yeghen zynen anfchote alzo de Bur van bouen damme by dor enen zyden vñ de Bur van Groplinghe bi der anderen zyde. de Bur van der wümme zyden bi der enen zyden de van Groplinghe de van wifchufen vñ de van Oslueshufen dar na yeghen bi der anderen zyden malk na synen anfchote Vort- 25 mer de Bur van der horft yeghen eren anfchote de Bur van grambeke vñ de Bur van den More dar en yoghen Were ok dat zyk de velt nicht like en drupen So feholde en yewelik burfchup den grauen maken alzo vere alze ere veltmarke ghinghe Vortmer de menen lantlude fcholen maken Menliken alzo velc des grauen alzo licht twyfchen den nyen dyken vn den zile vorfcreuen To ener openbaren betughinghe al dezer vorfcreuenen ftucke zo hebbe wy domdeken vñ Capittel vnzes Capittels grote jnghezeghel vñ wy Borgher- 30 mefter vñ Radman vorfcreuen vnzer ftad jnghefeghel ghehanghen an dezen bref de fe gheuen is na gods bort drutteyn hundert yar in dem vere vnde zouenteghoften iare in deme hilghen auende alle godsfhilghen.

40. Henning von Molne ersucht den Herzog Albrecht von Sachsen und Lüneburg, dem Rath der Stadt Lüneburg zur Zahlung von 120 Mark anzuhalten und es ihm nicht zu verargen, wenn er die Rathsherren pfändet. Er versichert dem Herzoge seine Bereitwilligkeit zum Dienste, aus welchem sie ihn verdrängen. L. O. 35

Illuftri principi alberto duci Saxonie et Luneborch domino Suo gratiofo detur*).
Mynen denft bereyt to allen tyden. Ik bidde Juw leue ghnedeghe here van Saffen vñ van lůneboroch. dat gy willen beryohten den rat van luneborch dat Se my gheuen twyntech mark vñ hundert de Se my Schuldech Synt. Weret dat gy Se nycht berychten kůnden. vñ dat de ratmanne my myn gheld nycht en gheuen van ftaden an. wente Ik Se dycke vñ vele ghemaned hebbe vñ my nyn lyk kan wedder varen 40 So mut Ik mynes Schaden na komen wor Ik kan. vñ mud on dat af panden. vñ bidde Juw dat id wedder

---

*) Diese Worte befinden sich auf der Rückseite des Schreibens.

Juw nycht en Sy. wente Ik Juw gherne denen wille wanne gy myner be doruen wente de ratmanne dryngen myk vñ dryuen myck van Juwen denft Enes antwordes bidde Ik leue gnedeghe here.
                                                                        Hennyngh de molne.

41. Johann Knigge ersucht die Rathsherren Diedrich Springintgud, Albert Heyke und Johann Semmelbecker zu Lüneburg, ihm dafür, dass er die Bühne vom 25. September 1373 vermittelt hat, die versprochene Belehnung zu geben oder ihm wenigstens seine Zehrungskosten, welche 36 Mark betragen, zu ersetzen. L. O.

Den wifen ftrengen ratmannen hern diderike fprinkintgud hern hoyken vn hern femelbeckeren detur.*)

Salutatione premiffa her diderik fprinkindatgut leue fvnderlike vrunt alfo gy wol wetet dat de van bucken vñ gy, her hoyke vñ her femelbeckere weder my fpreken to den broderen to den broderen to honouere dat ek holpe truweliken to richten dat de krich ghe font worde vñ dar nen hinder an en were gy wolden mek alfo handelen dak ek jv danken fcolde vñ hedden mek gerno ene befceden fvmmen geldef ghe louet vñ ek fegede jv ek wolde dar gerne dat befte to don wor dat et me vogede ok wete gy wol her diderik dat gy me beden riden na der fone vor honouere gy wolden mine teringhe wol ftan vñ dar hebbe ek wol fef vñ drittich lodeghe mark ouer vor teret dat ek wol be wifen wille vñ hebbe dar noch mine pande vore ftande dit hebbe ek ghe dan vppe jvwen louen vñ loue jv des wol dat dat alfo fee vñ wille dat noch gerne vor denen alfo et fek juttzo begint wor dat et mek vogede vñ wor dat ek dif noch nicht vor denet en hedde en wille gy me auer nicht mer to ghode don fo gevet me auer mine teringhe weder de ek witliken bewifen mach went me ouer deghedinghe nv nement nicht en gaf men al ek vmme mine penninghe kofte eyn antwerde bidde ek weder dar ek mek na richten moghe wante ek hebbe dar wol lenk den eyn jar vppe hanghet wille gy mek wat geuen dat fendet mek by deffen boden vñ bedet an min denft geuen to der halreborch vnder minen jaghefeghele.
                                                                        Joh knieghe format.

42. Ritter Heinrich von Salder ersucht die Rathsherren der Stadt Hannover, dass sie den Rathsherrn Johann Semmelbecker zu Lüneburg und dessen Bürgen, Rathsherren und Bürger daselbst, die ihm so jämmerlich und schändlich wortbrüchig geworden sind, an seine Schuldforderung mahnen, schimpft und warnt sie, sich vor jenen wortbrüchigen Leuten zu hüten**). L. O.

Min denft to voren gy wifen radlude van honouere ek danke iuk fere dat gy vor my ghe boden hebben tyghen Jo. Semelbeckere, vnde tigen de vor on ghelouet hebben de hir na befereuen ftan nv dunket my dat my iuwe bede noch icht helpe vnde bidde iuk dat gy noch berichten Semelbeckere dat he my holde alzo danc breue alze he my ghe gheuen heft dar he my na truwen inne ghelouet heft vnde truwelos werd Dyt fynt de borghen de hyr befereuen ftad Tyle fpringintgud Albert hoyke llinr van der molen ludeke van vintlo Hartuch van der Sulten Jo rokfwale Jo van Erpenfen Jacob van der Molen, deffe vorfereuen borghen hebbet my ghe louet vor Semelbeckere des fe my ore opene bezeghelden breue ge ghouen hebben vnde werdet my des truwelos alzo fe my darinne ghelouet hebben vor Semelbeckere Konde ik noch iuwer berichtinghe dar an ghenethen dat fe my So jamerlyken vnde fo Schendlyken nicht truwelos worden oror openen bezeghelden breue alze fe begunt hebbet dat welde ik tigen iuk iummer vordenen is des nicht So mod ek ore breue vnde ore Inghefegele benelen Sloten Sv to deme haghen alzo langhe wend fe oro ore tigen my bed bewaren wen fe noch ghedan hebben wente in vnfem lande nemend is denne de olde ftinkende Vynneghe fpetellefche Sv benelet werd de is in gude vnde in oren to bod moghe Vortmer bouen alle dingh So warne ik iuk vnde alle gude lude dat gy vnde fe fik hoden vor oren worden

*) Diese Worte befinden sich auf der Rückseite des Schreibens.   **) Auf der Rückseite des Schreibens befindet sich wohl ein Siegel aber keine Aufschrift.

vor oreme louede wante id alsodane lude synd dat se oren worden vnde oreme louede neyne macht en
gheuen   Eyner andwerde bidde ik ift id iuk weder werde.
                                                    Hinr̄ de Salder miles format.

43. Die Rathsherren der Stadt Lüneburg geloben, die 800 Mark Pfennige, welche sie der Stadt wegen dem
Rathsherrn Johann Semmelbecker und dieser dem Ritter Heinrich von Salder schulden, letzterem zu bezah- 5
len. — 1374, den 13. December.   XVIII.

We Radmanne der ftad to Luneborgh. ut fupra. bekennen openbar vn̄ betughen in deffem breue. dat we
achte hundert mark luneborgher penninghe. dhe we Johanne femmelbeckere vses rades kvmpane fchuldegh
sint van vnfer ftad weghene. fcollen vn̄ willen entrichten. betalen vn̄ gheuen. hern hinrike van zalderen Riddere. finen vrunden. vn̄ eren eruen. de in den breuen vtedrucked fint. dhe her hinrik van zalderen. vn̄ 10
syne vrund hebben van Johanne femmelbeckere vp achte hvnderd mark. Dar ok Johan femmelbecker ym
to bōrghen vore sad heft diderike fpringintgōde Hinrike van der molen Alberte hoyken. Hartwighe van
der zulten. Ludolue vintlo Johanne rōefralen. Johannefe van erpenfen vn̄ Jacobe van der mōlen. Deffer
achte hvndert mark fcholle we vn̄ willed. Johanne femmelbeckere. fyne eruen. vn̄ ere bōrghen. alfo entleddeghen vn̄ benemen. dat fe loos ghelaten werden. der achte hundert mark. Dat fe ok dar nicht meer vmme 15
maned enwerden. van hern hinrike van zalderen. vn̄ den fynen. Johan femmelbecker heft ok mid gūdeme
willen vor vns. vp vnfeme Raadhufe ghewillekōred. dat he vn̄ fyne eruen willen den tins. edder de rente
entrichten. den van zalderen dhe vor dhe achte hvnderd mark bōred. deffe neghefteu to komenden twe iar
vmme. dhe men anrekenen fchal van wynachten. dhe nv negheft to komed na deffes breues vthgift. Dar
na fcholle we den tins entrichten. oft dat gheld beftande bleue bi vs. Al deffe ftucke lōue we. vor vns. 20
vn̄ vor vnfe nacōmelinghe. in truwen Johanne femmelbeckere. vn̄ fynen eruen. ftede vn̄ vaft to holdende
funder arghelift.   To ener grotteren bewifinghe. vnde tughniffe. hebbe we vnfer ftad jnghefeghel. ghehenghed laten to deffem breue. Dhe gheuen is na ghodes bourd Dritteynhundert iaar. jn dem veer vn̄ fōuen-
teghefftem iare. jn funte Lucien daghe. der hilghen Juncvrouwen.

44. Herzog Otto von Braunschweig verpfändet unter Vorbehalt des Oeffnungsrechtes dem edelen Herren Johann 25
und Gottschalk von Plesse sein Schloss Bovenden mit dem Gerichte, mit seinen im Gerichtsbezirke wohnenden Leuten und mit sechs Mark jährlicher Hebung bei dem Rathe der Stadt Northeim für 400 Mark
Silbers auf die Dauer von wenigstens sechs Jahren, gestattet ihnen, wenn er ihnen nach dieser Zeit keine
Zahlung auf Kündigung leistet, das Schloss und jene Hebung an seine Mannen zu verpfänden, und verspricht, vorgenommene Bauten ihnen bei der Einlösung nach Abschätzung zu vergüten. — 1374, den 30
18. December.   K. O.

Wy Otte von godes Gnaden Hertoge to Brunfwich Ichtofwanne Hertogen Ernftes fon Bekennen vor
vns vnde vor vnfe Eruen uffelychen in duffem breue vor allen luden de on feen eder horen lefen Dat
wy hebbet gefad vnde fettet in düffem fuluen breue Vnfen leuen getruwen Den Edelen hern Johanne vnde
Junchern Godefchalke hern to Pleffe vnde oren eruen Vnfe hus vnde Slot to Bouenten myd al deme Rechte 35
dat dar to bord myd gheholte in velde myd watere myd weyde in dorpe myd gerichte vnde myd den luden
de dar Inne fyttet de os horen myd allerflachten nūd vnde myd alden Rechtin alfe dat nv is vnde noch
werden mach vnde alfe we dat wente her to befeten hebbet vnde Ses mark Gheldes by deme Rade to
Northeym der fuluen ftad wichte witte vnde were De os fcholden vallen alle Jar uppe fente Mertens dach
Des fcal de Rad to Northeym den vorgenanten von Pleffe vnde oren Eruen on oren funderlyken bref gheuen 40
Dat fe de ghulde on willen gheuen uppe fente Mertens dach ane vortoch hinder vnde woderfprake vnde ane
allerhande vorbedunghe Vor veer hundert mark fuluers Ghotyngheffcher wichte witte vnde were do os al
vnde wol an Redeme ghelde betalet fint In duffer wis dat we dat hus Bouenten myd finer to behorynghe
in duffen Neyften to komenden fes Jaren de neyft na cyn ander komen na ut ghift duffes breues nicht weder
lofen en fchullen van duffen vorfcreuen von Pleffe vnde orn eruen   Wanne duffe vorfcreuen fes Jar 45

vmme komen find vnde wir eder vnſe Eruen Vnſe hus Bouenten myd den ſes mark gheldes to Northeym
weder loſen willen Dat ſchulle wy den ergenanten von Pleſſe oder oren eruen vorkundygen uf ſente mychelis
dach vnde gheuen on den ore gheld veer hundert mark uppe lechtmyſſen de neyſt dar na kumpt na ut
ghift duſſes breues vnde betalen on dat in der ſtad to Gotynghe vnde gheleyden on dat gheld veer hun-
5 dert mark eyne myle weghes von Gotynghe an welke ſtede ſe dat eſchen vor vns vnde vor alle den de
vmme vnſen willen don vnde laten willet ane Argeliſt vnde geuerde Wolden ok de vorbenanten von Pleſſe
eder ore eruen or gheld veer hundert mark weder Eſſchen na duſſen vorſcreuen ſes Jaren dat moghen ſe
don alle Jar up ſente mychelis dach ſo ſchulle wir oder vnſe eruen on ore gheld veer hundert mark
gheuen vñ betalen to lechtmyſſen De neyſt kumpt na der Eſſchunghe vnde betalen on dat in allwis alze
10 vorſcreuen ſteyt Wo we on or gheld veer hundert mark moghten gheuen ſo moghen ſe bouenten vnde de ſes mark gheldes to Northeym vorſetten vor or gheld veer hundert mark Oreme genoten de
vnſe man were eder vnſen mannen weme ſe willen weme ſe dat ſetten deme oder den ſchulle wir eder
vnſe eruen dat vorſcriuen vnde vorbreuen alze we den vorgenanten von pleſſe hebbet ghe dan vnde de
ſcholden vns de ſeluen bewarynge weder don alze de von Pleſſe vore hebbet Wat ok de vorbenanten
15 von Pleſſe eder ore Eruen witlyken vor buweden an vnſem huſ vnde ſlote to bouenten an muren an Grauen
oder an buwe de borchlich were vnde an vorwerken an ſchunen do to dem vorbenanten hus bleuen Wanne
wir eder vnſe Eruen vnſe hus Bouenten weder loſen wolden ſo ſcholden den buw werdygen twene vnſer man
vnde twene orer frund wes de vere ouer eyn kemen vnde ſpreken vmme den buw dat ſcholde wir eder vnſe
eruen Den vorſcreuenen von Pleſſe oder oren Eruen weder gheuen myd der vorſcreuen ſummen gheldes veer
20 hundert mark ane weder ſtede Ok ſcal dat hus Bouente vnſe vnd vnſer Eruen opene ſlot ſin to alle vnſen
noden Were dat we dar af krighen wolden ſo ſcholde we bekoſtighe Portenere tormanne vnde wechtere
vnde ſe vnde or geſinde vor vnuoghe bewaren de wile de krich warde Wurde ok bouenten von vnſes
kryghes weghene verloren ſo ſcholde we vnde wolden on Bouenten weder helpen alzo vurder alze we dat
vor mochten bynnen deme neyſten to komenden iare were dat we des nicht en deden eder don en kon-
25 den ſo ſcholde we vnde wolden on ore gheld veer hundert mark weder gheuen ane wederſprake bynnen
deme Neyſten verdendeyl Jares dar na in al der wis alze vorſcreuen ſteyt Ok ſchulle wir dat hus Bouenten vnde al dat dar to hort vnde De vorſcreuenen von Pleſſe vnde ore eruen truweliken vor Antworden vnde
vordedinghen lyk anderen vnſen ſloten vnde mannen vnde Schullen orer to Rechte mochtich ſin Wolde
ſo Jement vor vnrechten vnde hedden ſe Jemende wor vmme to to ſprekende dat ſchullen ſe vns vor kun-
30 dighen Moghe wir on na der vorkundeghinde aller Neyſt in twen Manden Rechtes ghe helpen dat ſchullen
ſe nemen Konde wir on dar en bynnen Rechtes nicht ghe helpen So mochten ſe ſich von Bouenten ſeluen
irkoueren vnde on Rechtes helpen Des beſten dat ſe mochten vnde on vnrechtes irweren Were ok dat ſe
Jement ſulfwoldychlichen an ghrepe myd hanthaftygher dat Des moghen ſe ſich to ſtund irweren alze ſe beſt
moghen ane vnſe vnde vnſer Eruen vor dacht vnde weder ſprake Ouch en ſchulle wir noch vnſe eruen
35 vnde neymant von vnſer weghene vnde der wir mechtich moghen ſin De vorgenanten von Pleſſe eder ore
eruen nichtes behinderen Dringhen oder beſchedygen An vnſem vorgonanten hus Bouenten Noch an alle Deme
dat dar to hort vnde wat we on dar to ghe ſad hebbet Were ok dat Der lude Jenich de wy in dem
dorpe to Bouenten on myd dem hus hebben geſad dar ut vore vnde dar en buten wonen wolde De ſcholde
uſe bliuen Were ok dat vnſer lude Jenich vore in dat dorp to Bouenten de ſcholde ore bliuen De wile
40 ſe dar Inne wonen wolden vnde De wile de vorgenanten von Pleſſen or gheld an deme hus to Bouenten
hedden Alle Duſſe vorſcreuen ſtucke vnde eyn Illich Artykel byſundern Hebbe wy vorgenante Hertoge
Otte Duſſen ergenanten von Pleſſe vnde oren Eruen ge Redet vñ Redet in duſſem breue vor vns vñ vor
vnſe Eruen ſtede vaſt vnde vnbrokelken to holdende ane Jenegherleyge Argheliſt vnde ghe verde vnde hebbet on des to orkunde vnde to tuchniſſe Duſſen vnſen bref gegheuen veſtliken beſegheld myd vnſem Gro-
45 ten Ingeſeghele vnde is geſcheyn Na godes bord Dritteynhundert Jar in Deme veer vnde Seuentegheſten
Jare Des Mandages vor ſente Thomas dage.

45. Verordnung*) des Raths der Stadt Lüneburg, betreffend Verlobungen, Verlobungsgeschenke, Aussteuer der Bräute, Hochzeiten, Brautbäder, Trachten der Jungfrauen, Frauen und Bürger**). L. Cnopt.

In godes namen Amen. Welkem manne een vrouwe edder Juncvrowe. loued werd. dhe fchal van der tyd. wente to der boghtyd nenerleyie köfte dön mid wyne. mid bere. mid krude. mid ghaue dön. behaluen, wanne men dhe brüd bevaghen fchal. dar möghed twolf vröwen tofamno komen. fes vrowen van des brudegames weghene. vñ fes vrowen van der brvd weghene. Dar magh dhe hrödegham zenden twe ftöueken wynes. vnde anders nenerleyie klenade. Der brüd elderen, edder vrund möghed denne ok den vrowen dhe to er komen krude gheuen. dat en fchal nicht mér koften. men achte fchillinghe. Wan men dhe brud bevaghed. wel denne de brudegham, der brud enen dök zenden. dhe en fchal nicht beter wefen, men alfe dre mark penninghe¹). In dem düke. edder mid dem döke. enfchal noen ghold. neen fuluer vñ nenerleyie andere klenade van des brvdeghames weghene, mede bracht werden. Dhe brud vñ brudegham fcolled nenen vördanz holden. edder hebben. Id en fchal ok nenman dön van erer weghene Dhe nachdanze. fcolled degher auelecht bliuen. Makede ienman nachtdanz. dhe feoldo dat beteren mid theyn lodeghe marken Ghinghe icen vrouwe to dem nacht dantze. ere man fchal dat beteren mid dren lodeghen marken. dhe fulue böte fcolled ok lyden beyde Juncvrowen vnde wedewen. dhe to dem nacht danze ghinghen Dhe klenade dhe dhe brudegham in der brud hvs zenden fchal fchal men ghouen in deffer wyfe. Der brud vadere vñ broderen malkem een par hofen²) Der brud möder een par fcho. Der brud een par feho. Weren dar meer vrowen in dem hufe. dhe der brvd to hoorden. malker een par fchö. Den meghoden. vnde knechten in dem hvfe. malkem veer fchillinghe. De brvd magh in des brudeghammes hvs zenden. des brudeghames vadere. een badelaken van ener mark. dem brudeghammes möder ok alfo. Dem brudeghamme een badelaken van ener mark vñ een par lyneper cledere. ane fmide. Wel men vmme dhe lynene kledere boorden zetten. de eine fchal nicht beter wefen. men alfe een fchillingh. Den meghoden vñ knechten in dem hvfe. malkem veer fchillinghe. Den kynderen in des brudeghames. vnde in der brvd hufen gywelken. enen fchillingh penninghe edder een klenade van enem fchillinghe. Wan men dhe brutlicht maken fchal fo enfcholled dar nicht men fes vrowen. vñ ere meghede to komen. To groten dagh hoghtyden fchal een brutlicht hebben fes pund waffes. Dat andere ok fes pund.

Den vrowen. vñ meghoden. dhe to den lichten helpen. fchal men nene köfte. vnde nenen wyn gheuen, men mid en dogh wol beer fchenken. vñ mvfchaten vn unghever gheuen. vñ anders neen krude. De brudegham fchal fik nicht nye kleden, vnde nenman mid eme. id fy vrund edder vrünede.

Willen dhe Juncvrowen. fmyde. fpan. edder lyften hebben do eren hoyken. dat enfchal nicht beter wefen. men een lodegh mark. Wanne de Juncvrowen. manne nomen hebben. fo enfcolled fe dat nicht lengher dreghen. men een iaar na der hoghtyd.

Dhe vrouwen moten wol dreghen. krufe vn ftripede wumpele. dreghen. mid enem flighten bökerey van zyden. Dar enfchal neen ghold. neen fuluer ingbewracht wefen. dar enfcholled ok nene vorhauene deer. edder parlen vppe wefen. de vrowen fcolled ok nene ghuldene edder fuluerne natelen dreghen.

Welk Juncvrowe edder vrowo wel hebben ene danzel kögbelen, edder hoyken, mid fuluer befpanghed. dat enfchal to famne nicht beter wefen. wen een half³) lodeghe mark. Dhe beyier vmme den danzel rök.

---

*) Diese Verordnung steht auf einem in das Copiar XVII. eingelegten Folio-Bogen. Sie ist geschrieben von der Hand des Nicolaus Floreke. Ueber ihn ist die Anmerkung auf Seite 234 im dritten Theile nachzusehen. Wie die Handschrift zeigt, hat er die Verordnung in seinen späteren Jahren geschrieben. **) Aehnliche Verordnungen bestanden in der Stadt Braunschweig cfr. Urkundenbuch der Stadt Braunschweig Band I. pag. 5 No. II. §. 20; pag. 43 No. XXXVIII; pag. 44 No. XXXIX. §. 12—21; pag. 64 No. LIII. §. 16—24; pag. 69 No. LIII. §. 97 und 98; pag. 71 No. LIII. §. 117—123; pag. 72 No. LIII. §. 126 und 127; pag. 74 No. LIII. §. 137 und 138; pag. 120 No. LXI. §. 239—254; pag. 124 No. LXI. §. 287 und 288; pag. 128 No. LXII §. 10—17.

¹) Statt *dre mark penningh* hat anfangs gestanden *een lodegh mark*. Am Rande steht von derselben Hand geschrieben *ok enfchal neen vrowe beter dok dregen wen dre mark penninge*. Diese Worte sind aber durchstrichen. ²) Die Worte *Der brud vadere* — *hofen* sind am Rande von derselben Hand hinzugefügt. ³) *half* ist am Rande von derselben Hand hinzugefügt.

vñ vmme andere kledere. fchal wefen van bundwerke. edder van zydenem wande. dar enfchal ghold edder fuluer. odder parlon, nenerleyie wys mede wefen. Dhe beyiere fcolled ok nicht breder wefen. wen ener haluen elen breed Dat fuluer to dem mowen id fyn fpangen edder knepe⁴), vnde vor dem rocke fchal nicht meer weghen. men ene lodeghe mark. Ok enfcollen de vrowen edder juncvrowen nene kra-
5 ghene vmme den hals dreghen. mid zyden. mid parlon. mid gholde. edder mid fuluere bezad. Se enfcolled ok nene klinghende klocken edder klinghende knöpe hebben. Dhe brafe vor dem rocke. dar de vrowen mede to dem danze ghaan. fchal nicht beter wefen. wen veer lodeghe mark. Ok enfcollen dhe vrowen vp eren boyken. nenerleyie fnyde dreghen. vnde dat bremelfe vmme den hals, vnde vor dem boyke fchal nicht bréder wefen. wen een half quartheer Dhe zöme to den vrowen boyken. fcholled nicht breder wefen.
10 men darde half quarteer Wome hundert mark mede gheuen werden. dem fchal men. twolf mark weerd Inghedömef gheuen. vnde alfo voord, na marktalen der medeghift. fchal men dat Inghedöme metegheu. Men fchal ok dem brudeghamme nicht meer Inghedömes opembare to dreghen. odder hemelyken bringhen. men alfe em van rechte bören magh. dat by eme bliuen fchal. Dhe brudegham fchal ok fik nicht bedeghedinghen laten dar to. dat he to dem Inghedöme wod legghen fcolle. Der dreghere, de dat Inghedome
15 bringhen dem brudeghame fchal nicht meer wefen. men theyne to dem höghesten. erer möd wol min wefen. Den enfchal men nene kofte don vñ anders nicht gheuen. men malkeme enen fchillingh penninghe. Dar en fcolled ok bi dem Inghedome nicht men twe vrowen ghaan. mid eren twen megheden. In des brudeghames hvs enfcolled ok men twe vrowen mid twen megheden wefen. de dat Inghedöme entfangen. vñ den megheden möd men wol veer fchillinge geuen⁵). Nene ghuldene ftucke fchal men to kolten ghe-
20 uen. edder maken. lakene. pole. vñ kuffene fcal men mid fpanghen nicht befetten. vñ mid parlen nicht beneyen. men fchal dat holden na older wönheyt⁶).
Wan dhe brudegham to der brutlacht bidden fchal. fo fcal he fulf durtle wefen. ane knechte⁷). van der brùth weghene möghed ok dre erer vrund wefen. Dar enfchal men nene kofte mede hebben. men möd en doch wol fchenken. Se enfcolled ok hogher wen to feftegh fchottelen nicht bidden. to dem aller
25 meften. Wan de bruth to der kerken ghaan fchal dat fcal fe don wan dat ftilmeffe to der hömiffen dan is⁸).
Des cerften daghes. wan dhe bruth to der kerken gheyt. fo enfchal fe des Middaghes nene ghefte hebben men de Juncvrowen allene. Dhe brudegham fchal ok des middaghes nene ghefte hebben. Des eerften auendes myt de brudegham wol to veftheyn fchottelen hebben fittenden vrowen. vñ veer droften de dar denen. vnde veer lude de dar vmme ghan. Dhe achte möten wol na ethen. Dath fulue möd dhe
30 bruth ok wol dön. Des anderen morghens. wan de rechte brvtlacht is. fo möd de brudegham wol hebben veertegh⁹) fchottelen fittender vrowen. Der bruth vñ der Juncvrowen fchottelen fchal men nicht rekenen. Twolf dröften fcolled dar wefen. dhe dar to etende vñ to drinkende gheuen. vnde nicht meer. vnde dre ammichtlude. Veer man. vñ veer vrowen. moten wol vmme ghaan de dar to zeen dat men de ghefte leffliken¹⁰) handele. vñ nicht meer. Men fchal ok nogh vrunden. nogh vrömeden. köfte zenden. buten des
35 brudeghames. edder der bruth. hvs. Id enfchal ok neenmand ghefte fetten. edder to fik nemen van des brudeghames edder van der brvth weghene buten des brudeghames. edder der bruth hvs. bouen veftheyn fcottelen des auendes. vñ feftegh des morghens¹¹).
Dhe brvdegham. vñ de bruth fcollen des cerften auendes veer richte gheuen. vñ nicht meer. Des anderen daghes to middaghe. vyf richte. vñ nicht meer. des anderen auendes echter men veer richte. To
40 der fchottelen fcolled mer twe lude fitten. men fchal ok in dhe fchottelen mer en richte gheuen. Nener-

---

⁴) Die Worte id fyn fpangen edder knepe sind von derselben Hand am Rande hinzugefügt. ⁵) Die Worte vñ den megheden — geuen sind von derselben Hand am Rande hinzugefügt. ⁶) Unter die Worte men fchal dat holden na older wönheyt sind Punkte gesetzt, d. h. sie sollen nicht gelten. ⁷) Die Worte ane knechte sind durchstrichen. ⁸) Die Worte Wan de bruth — dan is sind später und zum Theil am Rande von derselben Hand hinzugefügt und dabei ist bemerkt: nota de futu insimilardorum in primo folio.
45 ⁹) Statt veertegh hat anfangs feftegh gestanden. ¹⁰) Statt de ghefte lefliken hat anfangs dat volk gheliken gestanden. ¹¹) Die Worte bouen veftheyn — morghens sind von derselben Hand mit anderer Dinte später hinzugefügt.

hande wilbrat vn nenen wyn fchal men dar gheuen Mer beer fwel vn tunghen. mód he wol vor een
richte gheuen oft he wel. Swan dar ghetten is. fo fcal men dar danzen, wente dat dhe vefpere vto is.
vnde nicht leugh. fo fchal men den vrowen fchenken. dar mede fchal id enen ende hebben. Des leften
auendes fo mót de brudegham wol hebben. feffe. fyner vrund. vnde dhe bruth alfo vele. de dar ethen,
men fe enfcollen nicht danfen 12). 5

Ok enfchal nenes mannes wyf dregen fcharlakens kledere vn krufe dóke vn wumpele vnde danzel-
rocke mid buntwerke bezeed. id en fy dar ere man to fes hunderd marken ryke vnvorbórghed fy.
Wan dhe brúd to dem bade 13) wel ghaan na der brutlacht. fo fchal fo men fulf fefte vrowe wefen.
vn gywelk der vrowen magh ene magbed hebben. Dar enfchal nenerleyie navolghe vorder mede wefen
van vrowen edder mannen. Ok enfchal men dar in den ftouen neen krude. vnde nenen drangh den vro- 10
wen gheuen. Der baftóuerfchen fcal dhe brvd dre fchillinghe gheuen. vor dat brvdbath. vn nicht meer.
Wan dhe brvd wedder in kvmt. van dem bade. fo magh men den vrowen wol gheuen mufchaten vnde
engheuer. vnde fchenken en dar to. men fcal auer vorder nene kófte hebben. vn anders neen krude 14).
Ok enfchal neen borgher fuluerne ghordele dreghen. dhe meer wegben wan dre lodeghe mark. Dhe
borghere enfcolled ok nenerleyie kledere dreghen. mid fuluere bezad. edder mid ziden beneyed. 15
Id en fchal neen bórgher kórter rocke dreghen. men en hand breeth bouen dat kny. fe moted auer
wol lengher wefen.
To der dagh hochtyd enfcolled nicht men veer fpellude wefen vn een kokenbeckerfche. den fchal de
brudegham fuluen. malkome gheuen achte fchillingbe vnde fchal fo nerne 15) verzenden.
Id enfchal ok neen man ghefte bidden. veer wekene vor der hoghtyd. vn veer wekene na fyner 20
hoghtyd.
Weme werded benedden dren hunderd mark 16). mid fynem wyue. dhe fcal dón ene auenthoghtyd.
dhe fcal men aldus holden. Des daghes wan do hoghtyd wefen fchal. fo fcollen de vrowen vn de Juncvrowen tik famnen to der bruth hvs. vor vefpere. Dar fchal de brudegham komen mid fynen vrunden.
Dar fcal men eme de bruth gheuen. Altohand dar na. fcal men eme dhe bruth in dat hvs bringhen. Dar 25
fchollen fe danfen. Des auendes fchal he vnde de bruth to famne hebben to twintegh fcottelen vnde nicht
meer. he móch wol hebben veer droften. de dar denen. vnde twe man. vn twe vrowen. de dar vmme
ghaan. dhe moten wol na ethen. men fchal dar meer veer richte gheuen vn nicht meer. vn neen wiltbrade vn nenen wyn fcal men dar gheuen he enfchal men twe fpellude hebben. vn ene kokenbeckerfchen.
den fchal he fvluen malkeme gheuen veer fchillinge. vn fcal fo nicht verzenden. wan de brúth to bedde 30
is. fo fchal men dar nenen hanen bringhen. vn nenerhande kofte vorder hebben.
Des anderen daghes fchal dhe brúth fulf fefte vrowe. to der kerken ghaan. ane fpellude. vn de moten
mid dem brudegamme wol ethen. Dhe brudegham nicht zenden. men een par fcho. dhe brut mod dem
brudegamme wol zenden een par linener kledere vn een baddelaken. Dhe brutlicht fcolled wefen gywelk
van dren punden. To den ftouen magh fe ghaan 17) 35
Ok enfchal neen gherende man. vmme offerpenninghe. edder vmme keremiffen. den borgheren in ere
hvs ghaan. edder fe dar vmme hónfpraken. Den orgheltrederen. fchal men malkeme gheuen dre 18) penninghe giwelkes daghes. dar enhóuen fcolled fe dhe lude vppe nene kófte driuen. vn dem dhe vppe den
orghelen zinghd. enen fchillingh gywelkes daghes.

12) Die Worte *de der ethen — danfen* sind von derselben Hand später hinzugefügt. Alles Folgende ist von ihr mit anderer 40
Dinte geschrieben. 13) Statt *bade* hat anfangs *flouen* gestanden. 14) Die Worte *vn anders neen krude* sind von derselben Hand
am Rande hinzugefügt. 15) Statt *nerne* hat anfangs *nicht* gestanden. 16) Statt *benedden — mark* hat anfangs gestanden *hunderd
mark edder min*. Die Worte *benedden — mark* sind von einer etwas späteren Hand des 14. Jahrhunderts geschrieben. 17) Der
von derselben Hand später hinzugefügte Satz: *To den ftouen* (nämlich Badestuben) *magh fe ghaan* ist nicht zu Ende geführt.
18) Statt *dre* hat anfangs *veer* gestanden, ist jedoch nicht durchstrichen. 45

46. Lippold von Hanstein stellt einen Revers aus, dass ihn Herzog Otto von Braunschweig mit dem Gerichte, der Gülte und dem Gebiete zu Reiffenhausen (oder Reifenhausen) und „Dedaxshusen" mit Ausnahme der leibeigenen Leute belehnt hat, und gelobt, ihm zu dienen, als ein Mann seinem Herrn. — 1375, den 27. Januar.   IX.

Ich lippolt von hanftein bekenne offintlich an duffem brebe daz de Irluchtige furfte myn liebe gnedige here hertzoge Otto zu brunfzwigh vor fich vnd fine rechte erben mich vnd ob ich liebes erben gewunne dacz knechte weren begnadet vnd beloget[1]) had zu rechten man lene all fyne gerichte Recht vnd gulde vnd gebede daz her had zu Ryfenhufen[2]) vnd zu dedaxifhufen[3]) irfucht vnd vnirfucht, wie man daz gofinden edder genennen mach alz fine eldern, vnd her dacz bifz her gehad haben alfo fal ich dacz keren zu myme nüczze vnd fromen vfzgenomen fyne egen lude die on med orem liebe an gehoren, duffer vorgefcreuen gerichte Recht gulde vnd gebeide wel her myn vnd ob ich erben gewunne alz vorgefcreuen is vnfe here vnd rechte were fin vor rechter an fprache wanne vns des noit is vnd wil vns med duffen vnd andern vnfen guden vor thedingen vnd befchermen gelich andern finen Mannen vnd wer follen yme vnd fynen erben dienen vnd bequeme fin alz ein Man finem heren   des zu orkunde han ich myn Ingefel an duffen breib gehangen   an dem fonabende vor vnfer fruwen tage lichtmiffen anno dominj M. CCC feptuagefimo quinto.

47. Abt Werner zu Lüneburg, Domdechant Johann und Domherr Jacob Krumbeke zu Lübeck, Probst Heinrich zu Ebstorf, die Bürgermeister Jacob Pleskow und Johann Perseval zu Lübeck bestimmen, nachdem sie die Noth der Stadt Lüneburg anerkannt haben, die ihr von dem Salingute der geistlichen Stifte zu leistende Hälfte dem Vergleiche vom 13. Juli 1374 gemäss in folgender Weise. Das Giessen der Steigen Eimer zum Behufe der Saline soll gänzlich aufhören, dafür sollen sie im Jahre 1375 vierzig Mark Pfennige von jeder Herrschaft, die Hälfte der Böningen und des Fluthgutes, im Jahre 1376 dreissig Mark Pfennige von jeder Herrschaft, ein Viertel der Böningen und des Fluthgutes, in den beiden folgenden Jahren ein Viertel von jeder Herrschaft, von den Böningen und dem Fluthgute entrichtet werden, nach diesen vier Jahren aber die Saline ewig frei bleiben, jedermann, ohne von der Stadt behindert zu werden, sein Salingut benutzen und der Rath zu Lüneburg die Klöster und Stifte in ihrem Salingute getreu vertheidigen und beschützen. — 1375, den 28. Januar.   K. C. 14.

We Werner Abbet to Luneborgh. Johan deken. Jacob crumbeke domhere hinr prouest to Ebbe Jacob plefcowe Johan perfouale Borghermeftere to lubeke. zateflude deffer nafcreuen ftucke bekennen vnde betughen openbare in deffem breue dat in den deghedinghen de vorbreued fynt. twifghen den Clofteren ftichten vnde Godefhufen walkenrede Amelinghefborne. Dobberan Redaghefhufen. lindenze vnde nyenkampe. vnde myt der Ebbedifghen to funte Johannefe to Lubeke. myt erliken domheren deme Capitule to lubeke. To Ratzeborgh to fweryn vnde to hamborgh. myt den Conuenten. Capitulen vnde perfonen alle de dar in hored. famed edder befunder af eyne fyden vnde deme rade vnde der ftad to luneborch vnde de dar to hored af ander fyd. begrepen is dat wy felfe horen fcolen vnde bekennen de noth de noth de den van luneborgh an lygghende is vnde fcholden dar na ramen vnde zaten hulpe en to donde van deme fultegude dat bynnen der Stad to luneborgh is ghe leghen, Des hebbe we de noth hort vnde bekant. vnde der hulpe gheramed vnde de ghe zated in deffer nafcreuen wife In deffeme ieghenwordeghen Jare na goddes bort. M. CCC. LXXV iare fo fcalme en lenen van iewelker herfcap. virtich mark pennynghe vnde de helfte van den bonynghen vnde van den vlutgude van den ftighe de fe alfus langhe goten hebben to erer vnde to orer ftad behof de fchullen fe nicht mer gheten laten. alze fe dat ok fze loued hebbet in eren bezegelden breue. Dar na in dem LXXVI Jare fcalme den van luneborgh lenen van iewelker herfcap XXX. mark pennynghe. dat verdendel van

---

[1]) Eine andere Abschrift im Copiare IX. liest *beloyin*.   [2]) Eine andere Abschrift im Copiare IX. liest *Ryzenhufen*.   [3]) Eine andere Abschrift im Copiare IX. liest *dedaxfhufen*.

den bonynghen vnde ok van den vlutghude, men de ſtighe ſcolen af blyuen alze vore is ghe ſcreuen. Dar na in dem LXXVII jare vnde in dem LXXVIII Jare ſo ſcalme en lenen dat verdendel van den here-ſcappen. vnde van den bonynghen vnde van dem vlutghude vnde de ſtighe ſcolen ewighen aue bliuen. alze de rad to luneborgh dat heft bezegheld   Vnde bouen deſſe vorſcreuen hulpe ſo ſchal de ſulte bynnen den ſuluen veer jaren vnde na to ewighen tyden vry weſen. vnde bliuen.   vnde eyn Jewelk ſchal ſynes gudes vp 5 der ſulten ſunder Jengherhande hinder edder beſwarynghe bruken. Alzo dat noch de rad to luneborgh noch iemant van der ſtad edder van erer weghene ienich hinder dar ane don. vnde ſcolen dat truweliken holden in aller wiſe alze ſe dat vorbrened hebbet. vnde de rad to luneborgh vnde do dar to hored ſcolen de Cloſtere ſtichte vnde goddeshues in ereme ſulteghude truweliken vordeghedinghen vnde beſchermen alze ſe ok ghe loued hebbet in orem bezegholden breue   vnde deſſe vorſcreuen zate hebbet ſe ghe anna- 10 met in beydentſyden   To bekanniſſe vnde to tughe deſſer vorſcreuen zate hebbe wy Werner abbet. Johan deken. Jacob crumbeke hinř prouest Jacob pleſcowe vnde Johan perſeuale vorbenomd dor bede willen der vorſcreuen heren vnde des rades to luneborgh. vnſe Ingheſegele henget to deſſem breue.   De gheuen is to lubeke na goddes bord in deme drytteynhunderd vnde vif vnde ſeuentigheſten Jare in deme achten daghe ſunte Agneten. 15

48. Die Herzöge Wenzlaus und Albrecht von Sachsen und Lüneburg und Herzog Bernhard von Braunschweig und Lüneburg bestätigen den am 21. Januar 1368 abgeschlossenen Verkauf des Gutes zu Echem und „Luninghorst" an den Abt und Convent des Klosters Scharnebeck. — 1375, den 3. Februar.   K. O.

We her Wentzlaw. vnd her Albert. van Godes gnaden hertogen to Saſſen vnd to Luneborch. vnde we Junkher Bernhard. van den ſeluen gnaden hertoge to Brunſwich vnd to Luneborch. Bekennen openbare in 20 diſſeme breue vor alle den Jennen do en ſeen vnd horen leeſen. Dat we vulbordet. ſtedight vnd Egent. den kop. des gudes to Echem. vnd to Luninghorſt. myt allir to behoringe. vnd de leenware dar ouer. Den du Geiſtliken lude. de Abbet vnd de Couent. des Cloſters to Schermbeke. gekoft hebben. van deme Hoch-geborenen fürſten. hern wilhelme hertogen to Brunſwich vnde to Luneborch, deme God gnedich ſy. Dat we noch vfte Eruen. oder nakomelinge. dar In to komenden tiden. nicht mer vp zaken willen oder ſcullen. 25 Vnd willet on das rechte warende weſen wan on des not is. vnde ſe trüweliken dar to vordegedingen.   Dat we dit ſtede vnde vaſt holden willen. So hebbe we vnſe Ingel gehenget heten to deſſeme breue. De geuen is. na goddiſbord drytteynhundert Jar In dem vif vnd Seuentigeſten Jare In Sunte blaſius dage.

49. Cardinal Johann, päpstlicher Pönitentiar, schreibt an die Bischöfe von Verden und Minden Folgendes. Die Rathsherren und Bürger der Städte Lüneburg, Hannover und Uelzen haben, wie sie behaupten, dem vom 30 Herzoge Wilhelm zu Lüneburg in der Aussicht, dass er keine Söhne hinterlassen würde, an sie ergangenen Befehle nicht zu widersetzen nicht wagend, dem Herzoge Magnus von Braunschweig, unbeschadet der Rechte eines jeden und unter der Bedingung, dass er sie von der Anklage des Kaisers, dem nach des Herzoges Wilhelm Tode das Herzogthum heimfiel, befreien solle, gehuldigt und ihn als ihren Herrn aufgenommen. Diese Bedingung, von beiden Herzögen angenommen, hat Herzog Magnus nach dem Tode des Her- 35 zogs Wilhelm nicht erfüllen können. Der Kaiser hat vielmehr das Herzogthum, als ihm heimgefallen, einem Enkel des Herzogs Wilhelm, dem Herzoge Albrecht von Sachsen, dem es ohnehin wegen Erbrechtes gebührte, verliehen. Diesem haben sie auf kaiserlichen Befehl und weil ihm das Herzogthum dreimal gerichtlich zuerkannt ist, als ihren Herrn aufgenommen. Von einigen einfältigen Priestern werden sie deshalb für meineidig erklärt. Auf ihre Bitten, dass ihnen dagegen vom päpstlichen Stuhle geholfen werde, befiehlt 40 der Cardinal dem Bischofe von Verden und dem Bischofe von Minden, ersterem hinsichtlich des Raths und der Bürger zu Lüneburg und Uelsen, letzterem hinsichtlich des Rathes und der Bürger zu Hannover, hierin nach den Vorschriften des canonischen Rechtes zu verfahren. — 1375, den 21. Februar.   XIV.

Venerabili in chrifto patri dei gracia Epifcopo verdenfi uel eius vicario in fpiritualibus Johannes miferacione diuina tituli fanctorum Nerei et achillei prefbyter Cardinalis Salutem et finceram in domino caritatem Ex parte proconfulum Confulum ac aliorum hominum utriufque fexus opidorum de luneborg et vlleffen veftre diocefis nobis oblata peticio continebat quod quondam nobilis Wilhelmus dux Luneborgenfis
5 ipforum hominum dux, olim dum vitam duceret in humanis prolem non habens, fufpicans fe ab hac luce abfque paruulo ¹) feu herede deceffurum, dictos proconfules confules et homines induxit eisque mandauit, vt ipfi quondam Magno duci Brunfwicenfi pro tunc viuenti homagium et Juramentum fidelitatis preftarent et ipfum in eorum dominum reciperent ipfique proconfules confules et homines fe mandato dicti eorum dominj opponere non prefumentes prefatum magnum in eorum dominum receperunt fibique homagium et
10 Juramentum fidelitatis preftiterunt fine tamen iuris preiudicio cuiufcumque et fub condicione quod idem Magnus ipfos ab impeticione dominj Imperatoris Romanorum femper Augufti, ad quem dicti ducatus difpoficio decedente duce fine herede deuoluitur abfolui liberari et quitari facere deberet,   de qua condicione dicti duces contenti fuerunt, predictamque facere dictus magnus promifit. Deinde vero mortuo dicto Wilhelmo duce fine prole mafculini fexus prefatus magnus dictos proconfules Confules et homines alios iuxta
15 condicionem Juramenti ipforum ab impeticione dicti dominj Imperatoris prout promiferat abfolui, liberari et quitari facere non potuit quinymmo predictus dominus Imperator dictum ducatum per mortem dicti Wilhelmi vacantem cum eius dominio Nobili viro Alberto duci Saxonie nato filio Carnalis prenominati Wilhelmi tamquam ad Imperium deuolutum coiam fi eidem ex fucceffione hereditaria deberetur donauit Ipfumque Infeudauit de eodem et debitis obferuatis follemnitatibus inueftiuit et omnibus hominibus et vafallis ipfius ducatus
20 more cefario maieftatis mandauit vt ipfum Albertum in ducem luneborgenfem et eorum dominum reciperent et tenerent Et quia tunc dicti ducatus cum eius dominio fuerat eidem Alberto per tres diffinitiuas fententias adiudicatus predicti proconfules confules et homines eundem Albertum iuxta dictum mandatum domini Imperatoris prefati in ducem et dominum ipforum receperunt, ob quod nonnulli fimplices presbyteri et alij ipfos proconfules confules et homines alios indebite reputant effe periuros Super quibus ipfi proconfules confules
25 et homines fecerunt humiliter fupplicari eis per fedem apoftolicam mifericorditer prouideri Nos igitur attendentes quod fuper hiis poteftis exequi ordinario iure veftri officij debitum paftoralis auctoritate domini pape cuius penitenciario curam gerimus negocium huiufmodi ad vos duximus remittendum vt agatis cum eis iuxta canonum inftituta Datum Auinione. VIIII kalendas marcij Pontificatus domini gregorii pape XI. anno. V^{to}

H. O.
30 Vidit dominus And.
Venerabili in chrifto patri.. dei gracia Epifcopo Mindenfi uel eius Vicario in fpiritualibus Johannef miferacione diuina tituli fanctorum Nerei et Achillei prefbyter Cardinalis Salutem et finceram in domino caritatem. Ex parte.. Proconfulum.. Confulum et aliorum hominum utriufque fexus Opidi Honouere veftre diocefis nobis oblata petitio continebat quod quondam Wilhelmus Dux Luneburgenfis ipforum dominus olim
35 dum vitam duceret in humanis prolem non habens fufpicans fe ab hac luce abfque prole feu herede deceffurum dictos Proconfules Confules et homines induxit et eis mandauit vt ipfi quondam Magno duci Brunfwicenfi pro tunc viuenti homagium et iuramentum fidelitatis preftarent et ipfum in eorum dominum reciperent ipfique Proconfules Confules et homines fe mandato dicti eorum domini opponere non prefumentes prefatum Magnum in eorum dominum receperunt fibique homagium et iuramentum fidelitatis preftiterunt fine
40 tamen iuris preiudicio cuiufcumque et fub conditione quod idem Magnus ipfos ab impetitione domini.. Imperatoris Romanorum femper augufti, ad quem dicti Ducatus difpoficio decedente Duce fine herede deuoluitur abfolui liberari et quittari facere deberet, de qua conditione dicti Duces contenti fuerunt, predictamque dictus Magnus facere promifit, Deinde uero mortuo dicto Wilhelmo fine prole fexus mafculini prefatus Magnus dictos Proconfules Confules et homines iuxta conditionem iuramenti ipforum ab impetitione

45   Das Copiar XV. lieft: ¹) *prole* ftatt *paruulo*.

dicti domini .. Imperatoris prout promiferat abfolui liberari et quittari facere non potuit quinymmo predictus dominus Imperator dictum Ducatum per mortem dicti Wilhelmi vacantem cum eius dominio Nobili viro Alberto Duci Saxonie nato filie carnalis prenominati Wilhelmi tamquam ad Imperium deuolutum etiam fi eidem ex fucceffione hereditaria deberetur donauit ipfumque infeudauit de eodem et debitis obferuatis folemnitatibus inueftiuit et hominibus ac vafallis ipfius Ducatus more Cefaree maieftatis mandauit ut ipfum Albertum in Ducem Luneburgenfem et eorum dominum reciperent et tenerent. Et quia tunc dictus Ducatus cum eius dominio fuerat eidem Alberto per Tres diffinitiuas fentencias adiudicatus, predicti proconfules Confules et homines eundem Albertum iuxta dictum mandatum domini .. Imperatoris prefati in Ducem et dominum ipforum receperunt, ob quod nonnulli fimplices prefbyteri et alij ipfos Proconfules Confules et homines indebite reputant effe periuros. Super quibus ipfi Proconfules Confules et homines fecerunt humiliter fupplicari ois per fedem apoftolicam mifericorditer prouideri. Nos igitur attendentes quod fuper hiis poteftis exequi ordinario iure veftri officii debitum paftoralis Auctoritate domini pape cuius penitenciarie curam gerimus negocium huiufmodi ad vos duximus remittendum ut agatis cum eis iuxta Canonum inftituta. Datum Auinione VIIII kalendas Martij Pontificatus domini Gregorii pape XI Anno Quinto.

figilletur. G. de Dompnis.

Auf der Rückseite der Urkunde steht geschrieben: Theodericus de Luneburg.

Gedruckt in Rehtmeier's Chronica pag. 1850.

50. Herzog Albrecht von Braunschweig schlichtet als Schiedsrichter die Fehde zwischen dem Herzoge Otto von Braunschweig und dem Landgrafen Hermann von Hessen und bestimmt, nachdem sie einander auf sein Geheiss für sich, ihre Mannen, Lande und Leute und für alle Theilnehmer an der Fehde, Landgraf Hermann namentlich für den Landgrafen Heinrich von Hessen, eine Sühne gelobt haben, Folgendes, welches zu erfüllen beide Theile geloben. Die Landgrafen von Hessen sollen dem Herzoge Otto, so lange er lebt, die Hälfte ihres Schlosses „Allerberg" (entweder Allerburg oder Ellerburg an der Eller zwischen Bockenhagen und Silkerode auf dem Eichsfelde oder noch wahrscheinlicher Allerberg bei Reinhausen) mit der Hälfte alles Zubehörs überlassen und mögen dieselbe nach seinem Tode von seinen Erben durch Zahlung der Hälfte des für das Schloss entrichteten Kaufgeldes und der hundert Mark löthigen Silbers, welche er nach ihrem Rathe auf das Schloss zum Behuf des Baues am Mauerwerke verwenden wird, einlösen. Landgraf Hermann soll ihm innerhalb der drei ersten Jahre nach dem Tode des Landgrafen Heinrich 3000 casselscher Mark, jedes Jahr 1000 Mark, bezahlen. Dafür soll Herzog Otto nebst seiner Mutter und seinen Schwestern auf Land und Leute zu Hessen und auf die Nachlassenschaft des Landgrafen Heinrich Verzicht leisten. Jeder von beiden soll den Mannen des andern Billigkeit und Recht erweisen, der andere ihm behülflich sein, dass dieselben sich daran genügen lassen, keiner sich der Mannen des andern anmassen. Es folgen Bestimmungen über Lehne der von Kolmatsch und über Güter der von Gladebeke zu Harste. Die Landgrafen schliessen die Markgrafen von Meissen in die Sühne ein. Alle Gefangenen sollen in Freiheit gesetzt, rückständiges Gefangengeld nicht entrichtet werden. In einem Kriege zwischen dem Landgrafen von Hessen und dem Stifte Mainz darf Herzog Otto, seinem Bunde getreu, dem Stifte Hülfe leisten und eine Besatzung von 40 leichten Reitern in eins seiner Schlösser legen, soll aber bei dieser Hülfeleistung den Landgrafen von Hessen alles zu gute halten. — 1375, den 26. Februar.

IX.

Wir Alb von gots gnaden hertoge to brunfz bekennen offintlik an duffem jegenwurtigen breue dat vns de hochebornn fürften hertoge Otte to brunfz vnfe feddere vnde lantgraue herman to heffen vnfe Ohme jn truwen globt han waz wir fe heiten vmme fulke tweiunge die bis vff diefen hudigen tag twifchen jn vnde den jren beyderfit belöffen fin, daz fie daz tůn füln des han wir fie geheiffen zům erften daz fie beide or eyn deme anderu eine gantze fůne globt han vor fich or beyder manne lande vnd lůde vnde vor alle de de vff beiden fiden zu feyden komen fin vnde mit namen fo had vnfe ohm lantgraue herman duffe fune globt vor vnfen Ohme lantgrauen hinŕ zů Heffen, hiir vff das ir ein dem andern tůn ful als hiir nach

geſcreven ſtat daz hieſzen wir vnſe ohme dey lantgrauen zů heſſen daz ſii vnſem ſettern hertzogen Otten zů
brůnſzw ir Sloz den Allerberch halp vff lazen ſuln ledich vnde loſz zů ſinem libe mit aller zůbehoringe halb.
als ſie daz biz her jnne gehad habin, vnd jme den antwůrten zůſchen hir vnde Oſtern die negſt komen
vnde wanne vnſe egnante vettere herzoge Otte nicht longer en iſt So mogen vnſe vorgnante Ohme de
5 lantgrauen oder ire rechten erůen daz halbe teyl des vorgnanten Sloſſis vnde waz dazů gehort von vnſes
egnanten vettern herzogen Otten rechten erben weder loſzen vor daz gelt halb, als der allerberch gekoſſt
iſt Och mag vnſe vettere egnant C lodige mark vorbuwen an deme ſelben Sloſze. an můrwerke nach rade
vnſes ohmes des lantgrauen zů beſſen vnde ſolden vnſe ohme oder ire rechten erben vnſes egnanten vettern rechten erben dy C lodige mark ab her de alſo vorbuwete och weder gebin mit der loſzinge des
10 egnanten Sloſſzis, vnde wan ſie daz halbe teil des egnanten Sloſzis, geloſt hetten, ſo ſolden ſie en daz
widder antworten mit allem rechte als dar zů gehort vnde jn geantwůrtit were Och ſal vnſe ohme lantgraue herman ader ſine rechten erben vnſem egnanten vettern herzogen Otten ader ſinen rechten erben
geben drey tuſint mark keſſilſcher wichte vnde wiſze noch tode vnſes Ohmen lantgrauen hinr bynnen den
negſten dren jaren als vnſe Ohme lantgraue hinr abegangen were y des jars tuſint mark der ſelben wichte
15 vnde wiſze als vorgeſcreben ſtet, vnde ſuln vnſem egnanten vettern ader ſinen erben, dij, betzalen zů kaſſel
vnde geleyden lazen biz tzů Můnden alſe verre als ſe Můnden mechtig ſin, Weren ſie des aber nicht mechtig
So ſolden ſie en daz gelt geleyden lazen geyn Gottůngen oder jeyn Ffredeland jn welcher der Sloſze eyn
ſe wolden vor allen den de dorch ſe tůn vnde lazen ſullen vnde wullen ane geůerde vnde ſuln hiir vmme
vnſe egnante vettir herzoge Otte vnde alle ſine rechten erben eyne rechte vortzight dón alles rechten
20 fforderinge vnde anſprake dij ſij gehat han, adir gehaben mỏchten wiz vff dieſen hůdigen tag an deme lande
vnde den lůden zů heſſen vnde an deme daz vnſe egnante Ome lantgraue Hinr noch ſinem tode hinder
ome leſzet, vff vnſe ohme lantgrauen Hinr vnde lantgrauen Hermanne vň ire rechten libs erben Och ſal
vnſes vettern hertzogen Otten Můter vnde ſine ſweſter dieſe ſelben vortzig tůn an deme lande vnde an den
luden zů heſſen, als vnſe vorg ſettere getan had,   Werez och daz vnſe vetter egnant des nicht mit ju ver-
25 mỏchte daz ſie daz tůn wolden So ſal her vnſen egnanten ohmen den lantgrauen des bekant vnde beſtendich
ſin vnde ſal ſiner Muter ader ſinen ſweſtern keynerleye hůlffe ſtůre ader rad tůn dij weder vnſe vorg Ohmen
de lantgrauen ader ire rechten erbin weren Och heyſzen werez daz vnſes vettern herzogen Manno vnſes
Ohmen den lantgrauen zů zuſprechen hetten ader vnſes Ohmen Manne vnſers vettern egnant zů zůſprechen
hetten dar ſal iglicher des andern Mannen frůntſcaff ader recht wedir faren lazen,   Werez daz ſie des nicht
30 von on nemen wolden vnde ſie da pober yue wolden angryffen vnde beſchodigen dar ſolde vnſe vettere
vnſen Omen vnde vnſe Ome vnſem ſettern ir igliker deme andern ztu behůlffin ſin vnde ire Manne dar
tzů halden daz ſie jn an rechte lieſzen gnůgen. Och enſal vortmer er deyner des andern Manne jn nemen,
weder des andern willen   Och ſuln vnſe Omen de lantgrauen lyhen hern hermanne von Colmatz vnde ſinen
rechten erůen. ſůlch als ſander Sterne von jn tzů lehen haben ſal. vnde weret daz de egnante herman ader
35 ſine erben daz gud vort eyne orem gnotzen vorkoffen wolden deme ſolden es vnſe egnanten Omen bekon-
nen vnde lyhen zů ſulchem rechte als her herman daz von oñ hatte Och ſal vnſe egnante vettere hanſe
von gladebeke ſin gud gelden, daz her ztů herſte had. alſe zwene vnſes vettern Manne vnde zwene hanſes
frůnde ſprechen des itz werd ſij, Werez daz vier korlůde dar vmme nicht endrechtig konden werden,
waz wir denne hertzoge Albr̃ vnſen egnanten vettern. hanſe dar vmme heyſzen geben daz ſal vnſe vetter
40 vnde ſal yme darmede hans den gnůgen lazen   Och ſal hans von gladebeke der Elder vnde hans
von gladebeke ſin bruderſon er eyn deme andern tůn nach ſchulden vnde antworten als daz herkomen iſt, wes
er eyn deme andern plichtig iſt, vnde ſuln wir hertzoge Alb̃. des eyn oberman ſin, waz wie ſie dar vmme
heyſzen jndeme rechten deme ſuln ſie alſo folgen.   Oůch nemen vnſe egnanten Omen dy.. lantgrauen dy.
Margrauen von Myſen jn ore ſůne vnde ſuln alle gefangen vnde alle gelt daz noch vorhanden ſtet vff alle ſiten
45 ledich vnde lỏſz ſin Als ouch vnſe egnante vettere ſich vorbůnden had mit deme ſtiffte von Mentze,
werotz daz der ſtiffte ztů kryge qweme mit vnſeme egnanten Omen don lantgrauen So ſolde vnſe vettere

deme ſtiffte von ſines vorbûntniſſes wegen behûlfin ſin vnde folde vertzig mit gleuien legen jn ſyne eygen Sloſze, vnde folde de hûlffe vnſen egnanten Omen den lantgrauen ztû gude halden Alle dûſſe vorgeſereben rede ſtûgke vnde Artikele vnde ir iglichen bijſundern haben vnſe egnante vettere hertzoge Otte vnde vnſe Ome lantgraue harman ir eyn deme andern entruwen globt ſtede vnde vaſte ztu haldene ano allerleye argeliſt vnde geûerde, vnde ſuln das alſo vnder eynander vorſchriben vnde vorſegeln Weretz oûch das 5 deheynerleye jnſal ader ſchelinge enſtûnden twiſchen vnſen egnanten vettern vnde ohmen vmme dieſze vorgeſereben vnſe heyſinge vnde Artikele das ſolden ſie vor vns brengen vnde waz wir hertzoge Alb ſij dar vmme heyſzen deme ſolden ſie alſo folgen vnde jn dar anne gnûgen laten, Des ztû orkûnde han wir hertzoge Alb. vnſe jngeſ vnden an dûſſen breff latzen drûgken, der gegeben iſt ztû Mûnden Nach criſti goburd XIIIᶜ jar dar na jndeme fûnf vnde LXX. jare an deme mantage aller neiſt nach deme Sondago als men ſingit Exûrge. 10

61. Die Rathsherren der Stadt Lüneburg geloben, ihren Antheil an der von ihnen und den Herzögen Wenzlaus und Albrecht von Sachsen und Lüneburg verschriebenen Schuld, nämlich 3000 Mark Pfennige, zur Hälfte am 25. December 1375 und zur andern Hälfte ein Jahr darauf dem Wilbrand von Reden dem älteren und seinem Sohne Heinrich zu zahlen. — 1375, den 11. März. XVIII.

We Radmanne der ſtad to Luneborgh. bekennen vñ betughen openbare in deſſem breue. dat we ſchuldegh 15 ſint van rechter ſchuld. wilbrande van reeden dem elderen. vñ hinrike ſynem ſone. vñ eren eruen. Dre duſent mark Luneborgher penninghe. der ſuluen drier duſent mark. ſcolle we vñ willen en veſtheynhunderd mark betalen. in den negheſten tokomenden wynachten. na vthgift deſſes breues. vnde de anderen veſtheyn hvndord mark. dar na in den negheſten tokomenden wynachten. alſe dat iar vmme kvmt. Deſſe beredinghe ſcholle we vñ willed en dôn in der ſtad to luneborgh vp de vorſchreuene tyde. mid reden vnbo- 20 wornen penninghen. do ghinghe vnde gheue ſyn ſunder vortogh vñ hinder. Alle deſſe vorſchreuene ſtucke loue we Radmanne der ſtad to Luneborgh. vor vns. vñ vnſe nacômelinghe. dem vorſchreuenen wilbrande von reeden. dem elderen. hinrike ſynem ſone. vñ eren eruen. ſtede. vaſt. vñ vnvorbroken. in gûden truwen to holdende. vñ hebben des to tughe. vnſer ſtad Inghefeghel. vor vns. vñ vor vnſe nacômelinghe. to deſſem breue henghed. Dhe gheſchreuen vñ gheuen is na godes bord Dritteynhvnder iar Dar na in dem vyf vñ 25 ſouenteghelſtem iare. des ſondyghes to grotem vaſtelauende.

Nota. Hirmede is de Raad loos gholaten alle der handelinge de de raad. mid hertoghen wentzlawe. vñ hertoghen alberte van faſſen vñ van luneborgh. vorbreued. vñ bezegheld hadde. wilbrande van reeden vñ ſinen ſônen alſo vele. alſe der den raad an rûrede. Dar en ſcal de raad nene vôrder anſprake vmme liden van wilbrande. vnde ſinen eruen. 30

62. Die Herzöge Wenzlaus und Albrecht von Sachsen und Lüneburg geloben, denjenigen, welche in ihrem Kriege zu ihrem Behufe dem Ritter Werner von Bartensleben folgen und nachreiten, den in ihrem Dienste erlittenen Schaden zu ersetzen, behalten sich aber Gefangene und Brandschatzung allein vor. — 1375, den 13. April. K. O.

We wentzlaw vnde Albrecht van Godes gnaden hertogen To Saſſen vnde to Luneborch Bekennen in 35 diſſem openen breue dat we alle den Jennen. de hern wernere van Bertenſleue in vnſeme krŷge to vnſeme behufe volgen vnde na Ryden Stan vor allen witliken ſchaden. den ſe in vnſeme denſte nemen vnde vns rodeliken bewiſen môgen. is id ok dat de Jenne de demo ſuluen hern wernere van Bertenſleue to vnſeme behufe volgen vnde na Ryden vromen nemen an vaugenen oder dyngetal de vrôme ſcal vnſe weſen Des to orkunde So hebbe we vnſe Ingeſ laten hengen an diſſen brof De geuen is to Luneborg na godis bord 40 Dritteynhundert Jar dar na In deme vif vnde Seuentigeſten Jare des negeſten vrydages vor Palmen.

63. Henning (Johann) Knigge schreibt dem Rathsherren der Stadt Lüneburg: Durch den von Diedrich Springintgud in ihrem Namen mit ihm zu Hildesheim errichteten Vertrag hat er nur unter der Bedingung, dass

am 22. April 1375 ihm 30 Mark Zinsen entrichtet würden und er zugleich eine neue Ausfertigung des
Schuldbriefes erhielte, sich verpflichtet, die 300 Mark bei dem Rathe zu Lüneburg bis zum 13. April 1376
stehen zu lassen. Er ersucht sie nun um Auszahlung der 300 Mark oder um Zinszahlung und Ausfertigung
des neuen Schuldbriefes. Die 30 Mark schuldet er an Pickard und bedarf ihrer sogleich. Der alte Schuldbrief soll ihnen von dem Rathe der Stadt Hannover ausgehändigt werden, wenn sie den neuen, welchen
er ihnen zur Besiegelung zuschickt, besiegelt ihm zurücksenden. L. O.

Den wyſen vorſichteghen beſchedenen Ratheren dem rade to luneborch geſcreuen.*)
Minen wilghen denſt touorn. An de wiſen vorſichtighen beſchedenen Ratheren to lûneborch weten
ſchulle gy dat her dydrik Sprynintghmt myd my ghedeghedynget heft to hildenī van Juwer weghen vmme
de dre hůndert mark dat ek de by Jů wolde ſtan laten wente paſchen de nů negheſt tokomende is ſo
wolde he my gheuen druttich mark to Tynſe van Juwer weghen nů to paſchen de weghe is vñ gy ſcholden
my den bref vmme bezegheln vñ des is my noch nicht geſchen des bidde ek Jů vruntliken dat gy deſſer
ſtůcke eyn don dat gy my gheuen dat ghelt oder de druttich mark dar vp vñ beſeghelet my den bref
vmme van ſtunt an alz ek myd hern Sprynintghůde deghedynget hebbe went deſſe drůttich mark mote
gy my van ſtunt an gheuen went ek de pickerde ſchulde byn vñ dat vppe eden vn loften ſteyt vn ſende
Jů den bref den gy beſegheln ſchollen vñ ſchikket dat my de bezegheit weder werd by deſſem boden
ſo ſcholle gy den olden bref wedder vynden by dem rade to honouere. were dat gy deſſes nicht en deden
ſo moſt ek myn ghelt hebben went my des grot behöf is hir bewiſet Jů an alz ek Ju wol to loue vñ
latet my dat vor denen bedet ouer my Jůwes beſcreuen anworde bidde ek weder dar ek my na richten
moghe Screuen vnder mynen Iñ. Hennyng knyege hoc.

54. Herzog Otto vergleicht sich mit den von Wintzingerode, seinen Burgmannen zu Uslar, über das Dorf
Allershausen. — 1375, den 20. Mai. K. O.

Wu Otto von der Gnade Godes Hertoghe to Brunſwik Be kennet openbare in deſſeme breue von vnſer
vnd vnſer eruen wegen dat we Gentzliken vnd wol Geſcheyden ſyn vmme alle ſchelinge vnd vnwillen de
wy hadden weder henrike vnd dyderke vnd corde orem veddern alle von wintzingerode vnſe borchman to
vſler vnd by namen vmme dat dorp to allerdeſhuſen met al ſiner tobehoringe dar we eder vnſe eruen. neyner-
leyge recht vorder ane en hebbet. ſunder dat ſo eder orer eyn von orer aller wegen dat von vns to lene
hebbet. vnd we be kennet ou dar eynes erflīken lenes ane in deſſeme breue were ok dat henrik vnd
dyderik brodere af Gingen ane lyues eruen ſo be kenne we hern Jane von wintzingerode domheren to pal-
borne eyner lifſucht an orem deyle were ok dat Cort henrik vnd dyderik vorgenant alle er ome ane
lyues eruen af Gingen ſo be kende we dem vorgenanten hern Jane eyner lyfſucht an deme Gantzen dorpe
to allerdeſhuſen vnd an al orem Gude dat ſe von vns hebbet vnd Geuet on des to orkunde deſſen bref
be ſegelt mot vnſeme ingeſegele hir ſint an vnd ouer Ge weſen her von Gladebeke ritter Henr̄ kyphot vnd
anderer vnſer man Genoch Datum anno dominj M̄ CCC LXXV. dominica die ante vrbani pape.

55. Die Herzöge Wenzlaus und Albrecht von Sachsen und Lüneburg und Herzog Bernhard von Braunschweig
und Lüneburg erlauben dem Rathe der Stadt Hannover wegen seines treuen Dienstes, einen oder mehrere
Juden, wie viel derer ihm zum Behufe der Stadt nützlich dünkt, ungeachtet ihrer früheren Verfügung
gegen die Aufnahme derselben in die Stadt aufzunehmen, stellen die Juden unter die Gewalt des Rathes,
gestatten ihm, von demselben Dienst, Pflicht und Beede zu fordern, versprechen, dieselben unentgeltlich,
jedoch freiwilliger Vergütung unbeschadet, zu vertheidigen und zu allem diesen die Zustimmung des Herzogs Friedrich von Braunschweig zu erwirken, sobald derselbe sich mit ihnen gesühnet und wieder vereinigt haben wird. — 1375, den 8. Juni. H. O.

---
*) Dieſe Worte ſtehen auf der Rückſeite des Schreibens.

We Wentzlaw. vnde Albrecht. van godes gnaden. hertogen to Saffen vñ to Luneborch. vnde we Bernd van den feluen gnaden godes. hertoge to Brunfwich vñ to Luneborch. Bekennen openbare in deffeme breue. de witliken befegheit is met vnfem Ingefelen. wo wól dat we vnfeme rade der ftad to honouere. vormals vorbreuet hebben. dat fe neyne Joden. to fik nemen foullen. in de ftad to honouere. doch Jo So hebbe we nù an gefeen. gróte trûwe vñ willige denfte. de vns. de fuluen vnfe leuen getrûwen de Rad der ftad to bono- 5 uere. dicke nùtliken gedan hebben. vnde noch in to komenden tiden don mógen vnde hebben deme fuluen rade der ftad to honouere. de nu fynd vnde noch na en komen. erlóuet vñ de gnade gedan dat fe mógen to fik nemen. in de ftad to honouere. Joden eynen oder mer alz on dat to der ftad behôue dùncket nùtte wefen. vnde der foullen fe mechtich wefen. vñ wes fe der Joden. de fe in to komenden tiden. to fik nemen. geneten mógen an plichte denfte oder bede. des foolle we vñ vnfe nakomelinge. hertogen to Luneborch en ghun- 10 nen. vñ fe dar an nicht hinderon. Ok mógen fe den oder de Jóden laten vñ wedder nemen. wo dicke dat id on nutte duneket fyn. vnde foullet der Jo mechtich fyn. vnde der bruken vñ geneten. in aller wis alfe vorferenen fteit. vnde we. vnde vnfe nakomelinge hertogen to Luneborch. willen de feluen Joden. de fe to fik in de ftad nemen. vor bidden vñ vordegedingen. vnde dar en doruen fe vns. neynerleie plicht noch denft vmme don. Wolden fe vns auer wat gheuen vñ wat to Lefniffe don. van ereme guden willen. dat mochte 15 we wol nemen. Vñ wanne ok vnfe bole. hertoge freder van brunfwich fik met vns wedder gefônet vnde vor eynet heft. So wille we fyner mechtich fyn. dat he on des fynen bref gheue dat he alle deffe vorferenene ftucke. vulborde. vnde de ftede vñ vaft holden wille. Alle deffe vorferenen ftucke wille we deme vorben rade. der ftad to honouere. de nu fynd vñ noch to komende fynd. ftede vñ vaft holden. alfo befchedeliken. dat id wedder vnfen heren den keifer. vñ dat Romiffche Ryke nicht en fy. Geuen to Luneborch Na goddif- 20 bord dritteynhundert Jar dar na In deme vif vnde Seuentigeften Jare. des negeften vrydages vor pinxften.

56. Die Herzöge Wenzlaus und Albrecht von Sachsen und Lüneburg und Herzog Bernhard von Braunschweig und Lüneburg überlassen dem Rathe und den Bürgern der Stadt Hannover wegen des treuen Dienstes derselben die zum Schloss Lauenrode gehörende Fischerei, sobald sie oder er dieselbe von dem herzoglichen Vogte zu Hannover eingelöset haben werden. und versprechen, hierzu die Zustimmung des Herzogs Friedrich 25 von Braunschweig zu erwirken, wenn derselbe sich mit ihnen geföhnet und wieder vereinigt haben wird.
— 1375, den 8. Juni. XX.

We Wentzlaw vñ Albrecht van godes gnaden, hertogen to Saffen vñ to Luneborg vñ we Bernd van den fuluen gnaden godes hertoge to Brunfw vñ to luneborg. Bekennen openbare in deffeme breue. dat we myt wolbedachtem mode hebbet gegheuen vñ ghelaten geuen vñ laten in deffeme breue vnfen leuen 30 ghetruwen deme Rade vñ den ghe meynen borgheren der ftad to honouere. de nv fint vñ noch tokomende find. dorch funderlikes truwen denftes willen. den fe vns ghe dan hebben vñ noch don moghen in tokomenden tyden. vnfe viffcheryge. de we hat hebben to deme Slote to louwenrode. alfo welke tyd dat we. odir fe. de fuluen viffcherye nv van vnfemo vogede to honouere erft gelofet. eder fynen willen dar vmne ghe maket hebben. dat denne de Rad vñ de ghe meynen borgere der vorbenomden ftad to honouere. de nv fin 35 vñ noch tokomende fynd. der zuluen viffcheryge. ewelicken bruken vñ gheneten fchullet vñ alle de Rento vnde ghulde. de van der zuluen viffcherye vallen vñ komen mach, vpnemen. vñ to der ftad behoue hebben vñ beholden fchullet. vnde we vñ vufe Nakomelinge hertogen to luneborg fe dar an neyne wis hinderen willet vñ wanne ok vnfe bole hertoge frederik van Brûnfw fik myd vs weder fonet vñ vor eynet heft. fo wille we fyner mechtich fyn. dat he on des fynen bref gheue. dat he alle deffe vorferenuen ftucke 40 vulborde. vñ de ftede vñ vaft holden wille. dat we alle deffe vorferenenen ftucke ftede. vñ vaft holden willen hebbe we vnfe Inj laten benget an deffen bref. de geghenen is Na godes bord dritteynhundert Jar. In deme vif vn Seuentigheften Jare, des Negheften vrydages vor pinxften.

57. Der Rath der Stadt Lüneburg vertrauet dem Conrad von Selder das Schloss Hitzacker bis zum 1. Juni 1376 an und verpflichtet ihn, Land und Leute davon zu beschirmen, keine Gegner des Rathes und der 45

Stadt auf dem Schlosse zu hegen oder zu vertheidigen, dasselbe dem Herzoge zu Lüneburg und dem Rathe zu gute zu halten und nach dem Rathe des letzteren, falls der Herzog vom Schlosse Krieg führen will, sich zu richten. Die Gegenleistung des Rathes sollen Engelke Cappenberg und Heine Wulf von Dannenberg bestimmen. — 1375, den 9. Juni. L. O.

5 Dit fint deghedinghe de twifschen kůrde van falderen vnde deme Rade van Luneborch ghe deghedingbet fint fo dat de rat van Luneborch eme deyt dat fclot tho hitzackere vp finen ghe louen fo dat ho dat lant vnde lude dar van be fchermen fchal. alfe he vorderft kan vnde nemende vp deme fclote vntholden heghen ofte vor deghedinghen. de wedder den Rat vnde de Rat tho Luneborch fi. vnde dit fclot tho ghude holden. vnfem heren tho Luneborch vnde dem rade van Luneborch. Vnde were dat vnfe here van Lune-
10 borch yeneghen funderghen krigh dar van hebben wolde fo fcholde kůrt dat holden na Rade des Rades tho Luneborch Wes de rat tho Luneborch korde van falderen hir en Jeghen don fchal des blift de rat van Luneborch By engbolken Cappenberghe. vnde kůrt van falderen blift des by heynen Wlue van dannenberghe dat fe. orer vulle macht hebben fchollen van beydent fiden vmme allerleyge anval de twifschen en beyden vp ftan mochte. Vnde were dat deffer twiger en aue ghinghe des god nicht en wille er de Rat
15 vnde kůrt van falderen ghe fcheden weren fo fcholde de des fates man do wefen hedde enen anderen In de ftede faten des ghe likes fcholde wefen oft fe beyde aue ghinghen des god nicht en wille dat fe vp Jewelke fiden enen dar tho fchicken fcholden de fe ghentliken erfcheden fcholden vnde yo vulle macht hebben fcholden af beydent fiden vnde dit fclot tho hitzackere fchal kůrt van falderen Truweliken be halden van deffen negheften pinxften na vtghift deffes Breues vort over en Jar Dit is ghe fchen an deme Jare alfe
20 men fchref Dufent Jar vnde drehundert Jar an deme vif vnde fouentigheften Jare In deme hilghen auende tho pinxften. Vnde tho ener groteren be tughinghe fo hebbe wy Ratmanne van Luneborch vnde kůrt van falderen vnfe Ingbefeghelle ghe henghet an deffen Bref.

56. Die zu Lübeck versammelten Rathsherren der Seestädte, der Städte Preussen's, Liefland's und der Süderseeschicken dem Bürgermeister und den Rathsherren der Stadt Minden eine Abschrift des von ihnen gefasse-
25 ten, gegen die Frevler und Mörder der Rathsherren der Stadt Braunschweig gerichteten Beschlusses, damit sie denselben zu Minden veröffentlichen, wie er zu Lübeck veröffentlicht ist, auch in allen verbündeten und den übrigen zur deutschen Hanse gehörenden Städten verkündet werden soll, und bitten, auf den Vollzug desselben zu achten. — 1375, den 24. Juni.

Sapientibus et honorabilibus viris dominis. proconfuli. et Confulibus Ciuitatis Mindenfis. amicis
30 noftris valde dilectis . . detur *).
Alloquio falutifero complacibilitatis et honoris antelato. Amici quam dilecti fcire velitis Nos dudum illud lamentabile factum, quod proch dolor in Ciuitate Brunfwicenfi. jn homifcidio illorum bonorum virorum Confulum Brunfwicenfium contigit. in concilija noftris, maturis deliberacionibus et confilijs preuijs pertractaffe. Et contra huiufmodi fceleris patratores ad compefcendum eorum rebellionem ne alijs prodeat in exem-
35 plum. quoddam edictum ftatuiffe jam lubeke in prefencia noftrum omnium in publico ciuiloquio intimatum Et in alijs ciuitatibus noftris ac ceteris in henfa theotonicorum comprehenfis intimandum. Cuius copiam vobis tranfmittimus prefentibus interclufam. Dilectionem veftram attente deprecantes. Quatinus idem edictum fine protractione vobifcum in publico veftro ciuiloquio publicare ac intimare curetis, facientes illud iuxta fui tenorem per omnes veftros firmiter exequi ac obferuari propter commune bonum ac noftrorum
40 omnium amoris ob refpectum . . Pro quo ad complacendum vobis et veftris uolumus vbilibet inueniri pro-

---

*) Diese Worte befinden sich auf der Rückseite des Schreibens. Das Original desselben wird im Archive der Stadt Minden aufbewahrt. Nach einer daraus von dem (im Jahre 1851 verstorbenen) Bibliothekar Mooyer zu Minden angefertigten Abschrift ist obiger Abdruck besorgt.

niores. Datum anno domini M CCC LXX quinto In fefto Natiuitatis Sancti Johannis Baptifte fub fecreto Ciuitatis lubicenfis quo pro hac vice vtimur omnes ad premiffas.

Confules Ciuitatum maritimarum nec non prufcie. lyuonie. et de mare Meridiano jn data prefentium lubeke ad placita congregati.

59. Cardinal Johann, päpstlicher Pönitentiar, beauftragt den Bischof von Paderborn, dass er den Herzog Albrecht von Braunschweig und den edelen Herrn Heinrich von Homburg, welche den Subdiaconus Bertold Proyt in der Diöcese Paderborn gefangen genommen, ihn eine Zeit lang in Gefangenschaft gehalten haben und deshalb in den Bann gerathen sind, von dem Banne befreie, weil sie dem Gefangenen nach seiner Entlassung Genugthuung geleistet haben und durch Kriegsgefahr und Unsicherheit der Wege nach Avignon zum Papste zu reisen verhindert werden, drohet ihnen jedoch mit Erneuerung des Bannes, wenn sie nach Beseitigung der Hindernisse die Reise nicht machen. — 1375, den 28. Juni.

Bischof Heinrich von Paderborn befreiet obigem Auftrage gemäss den ihn darum bittenden edelen Herrn Heinrich von Homburg von dem Banne. — 1376, den 25. April. K. O.

Henricus dei gracia Padeburnenfis epifcopus Vniuerfis et fingulis dinionum Rectoribus per Ciuitates et diocefes Maguntinenfem Padeburnenfem ac alias vbilibet conftitutis ad quos prefentes litere peruenerint falutem in domino Nuper nobis literas Reuerendi in chrifto patris et domini domini Johannis miferacione diuina tituli fanctorum Nerei et Achillei presbyteri Cardinalis domini noftri Pape penitenciarij fanas et integras fuo figillo pendenti in cordula ferica more penitenciarie Romane figillatas. Nobilis vir dominus Henricus dominus de homborg noftre Padeburnenfis diocefis prefentauit fupplicans vt ad earum execucionem procedere dignaremur quarum tenor fequitur in hec verba. Venerabili in chrifto patri.. dei gracia Epifcopo Padeburnenfi vel eius vicario in fpiritualibus Johannes miferacione diuina tituli fanctorum Nerei et Achillei presbyter Cardinalis Salutem et finceram in domino caritatem Ex parte Alberti ducis Brunfwicenfis Maguntinenfis diocefis et Nobilis viri Henrici domini loci de homborg veftre Padeburnenfis diocefis nobis oblata peticio continebat, quod olim ipfi prout lacius vobis exponent Bertoldum Proyt Subdyaconum dicte veftre diocefis ceperunt et aliquamdiu captum detinuerunt quem tamen ftatim poftea penitus illefum priftine reftituerunt libertati propter quod excommunicacionis incurrerunt fentenciam in tales generaliter promulgatam Verum cum dicti fignificantes dicto Subdyacono iniuriam paffo fatisfecerint prout afferitur competenter, et propter guerrarum et viarum pericula fedem apoftolicam perfonaliter vifitare non poffint, debite fuper hijs abfolucionis beneficium petituri fecerunt humiliter fupplicari fibi fuper hijs per fedem predictam mifericorditer prouideri, Nos igitur auctoritate domini pape cuius penitenciario curam gerimus Circumfpectioni veftre cum in diocefi veftra huiufmodi delictum fuerit vt dicitur perpetratum, committimus, quatenus fi eft ita. Prefatos ducem Albertum et Henricum a dicta fentencia et peccatis fuis alijs que vobis confitebuntur nifi talia fint propter que merito fit fedes confulenda predicta abfolutis hac vice in forma ecclefie confueta et iniungatis inde eorum cuilibet auctoritate predicta pro modo culpe penitenciam falutarem. et alia que de Jure fuerint iniungenda. Prouifo quod impedimentis ceffantibus predictis fedem perfonaliter vifitent ante dictam Alioquin in eandem fentenciam ipfo Jure nouerint fe relapfos, Datum Auinione IIII. kalendas Julij Pontificatus domini Gregorij pape. XI anno quinto. Ipfius igitur Nobilis domini Henrici precibus fauorabiliter annuentes, de premiffis literis et contentis in eis inquifiuimus diligenter, et quia feruatis feruandis inuenimus Bertoldo proyt fubdyacono predicto. de capcione et detencione ac alia manuum violenta iniectione per dictum dominum Nobilem competenter fatisfactum. Ipfumque dominum.. Nobilem ex certis caufis nobis expreffatis vt pro abfolucione obtinenda. fedem apoftolicam perfonaliter ad prefens vifitare non poffit impeditum, fepe dictum dominum Nobilem ab excommunicacionis fentencia quam occafione capcionis detencionis feu manuum iniectionis incurrit duximus abfoluendum et in dei nomine abfoluimus in hijs fcriptis Iniuncta fibi de commiffis huiufmodi penitencia falutari Ita. tamen quod impedimentis huiufmodi ceffantibus fedem perfonaliter vifitet ante dictam Alioquin in eandem fentenciam ipfo Jure nouerit fe relapfum, quem abfolutum publice nuncietis. Datum fub noftro figillo anno domini M CCC LXX fexto. foria fexta infra octauam Pafche.

60. Die Landgrafen Heinrich und Hermann von Hessen überlassen dem Herzoge Otto von Braunschweig, so lange er lebt, die Hälfte ihres Schlosses "Allerberg" mit der Hälfte alles Zubehöres und behalten sich das Recht vor, dieselbe nach seinem Tode von seinen Erben mit der Hälfte des für das Schloss entrichteten Kaufgeldes, nämlich mit 350 Mark löthigen Silbers, und durch Zahlung der hundert Mark löthigen Silbers, welche nach ihrem Rathe auf das Schloss zum Behufe des Baues am Mauerwerke verwendet werden sollen, einzulösen. Sie und er sollen sich Burghut geloben *). — 1375, den 2. Juli. VIII.

Wir heinr̄ von gods gnaden lancgraffe zu heſſin, vnd wir herman, vnſis vorbenanten herren vetter von den ſelben gnaden lancgraffe zu heſſin, bekennen an dieſem vſſin briefe, daz wir dem Irluchten furſtin hercʒaugen Ottin, zu brunſwik vnſem lieben ſone, vnd vnſom lieben Oymen, haben gelaſʒin vnd laſʒin, von vnſir
10 vnd von vnſir rechtin erben wegen vnſir Sloſʒ den Allerberg halb ledig vnd lois zu ſynem lybe, mid aller zubehorungo halb, als wir den biſʒ her ynne gehad haben,   vnd wanne ſiner zu korcʒ wert, ſo mogen wir, adir vnſir rechtin erben, daz halbe teyl des vorḡ ſloſʒis, vnd waʒ dar zu gehorit, von ſinen rechten erben wedirloſin, vor daz geld halb, als der allerberg gekauft iſt vor vordehalbhundert lodige mark, duderſt gewichte vnd wiſʒe,   ouch ſo mag vnſir ſone hercʒauge Otte vorḡ, vnſir Oyme adir ſine rechten erben, hun-
15 dert lodige mark dieſir ſelben ſtad gewichte vnd wiſʒe vorbuwen an dem ſelben ſloſʒe an mūrewerke nach vnſem rade   vnd wir adir vnſir erben wollen vnd ſollen ſinen rechten erben, die hundert lodige mark vorgeſchriben abbe¹) ſie die virbuweten ouch wedirgeben mid der loſunge des egenanten ſloſʒis,   vnd wanne wir daz halbe teyl des ergenanten ſloſʒis geloſt hetten, ſo ſollen ſine rechten erben vns adir vnſin rechtin erben daz wedir antworten mid alme rechtin als dar zu gehorit vnd en geantwort iſt   Ouch ſo ſal vnſir eyner
20 dem andern borchude thun, als wontlich iſt, da wir vſſe bede ſyden mede beward ſin,   wanne wir auch vnſir vorḡ ſloſʒ den allerberg halb loſin wollen adir vnſir erben, von vnſis vorḡ ſones vnd vnſis Oymen erben daʒ ſollen wir en virkundigen zu ſente Michels thage, adir zu Oſtern,   virkundigen wirs en zū ſente Michels thage ſo ſollen vnd wollen wir en er geld geben yn der erſtin wochen nach Oſtern,   virkundigen wirs en zu Oſtern, ſo wollen wir en er geld geben yn der gemeynd wochen²) die neſt kummet,   alle dieſe
25 vorſchribene artikele vnd erer yowelchen beſundern globen wir heinr̄ von gods gnaden lancgraffe zu heſſin vnd wir herman von den ſelben gnaden lancgraffe zu heſſin von vnſir vnd vnſir rechtin erben wegen, vnſem vorḡ ſone vnd vnſem Oymen hercʒaugen Ottin zu brunſwik ſinen rechten erben yn guden truwen ſtede vnd veſte zu haldende ane allirleige geuerde   Datum anno dominj M CCC LXX quinto ſigillis noſtris maioribus appenſis feria ſecunda proxima poſt diem beatorum petri et pauli apoſtolorum.

30 61. Der Rath der Stadt Lüneburg verpfändet an 14 Bürger zu Lüneburg den ihm von den Salininteressenten bewilligten vierten Pfennig der Vorbate (oder der aus dem Fluthgute den Salininteressenten zu entrichtenden Pacht) in 19 Salzhäusern zu Lüneburg für 960 Mark Pfennige, welche der Rath den Bürgern der Stadt Hannover schuldete, jene 14 Bürger diesem für die Stadt Lüneburg bezahlt haben und der Rath ihnen am 25. Juli 1376 zurückerstatten will. Diejenigen, welche während des nächsten Jahres in den Salzhäusern
35 sieden, sollen ihnen für obige Summe und für fällig werdende Zinsen jenen vierten Pfennig entrichten. Falls einer dieser Sieder wegen Forderungen an den Rath sie pfänden oder die Zahlung hindern will, verspricht der Rath ihnen über ihn nach dem Salzrechte zu richten, ihm nämlich die Brände aus dem Feuer zu ziehen und ihm die Sohle im Sohlbrunnen vorzuenthalten. — 1375, den 12. Juli. XVIII.

Wy Raadmanne der ſtad to Luneborgh. Bekennen vn̄ betüghen openbare in deſſeme breue. Dat wy
40 ſculdich ſynt van rechter ſcult Hern Johanne Rokſwalen. vn̄ Johanne berkwinkele. vn̄ eren eruen Hunderd

---

*) Cfr. die Urkunden des Herzogs Otto von Braunschweig und seiner Mutter von demselben Tage in Schmincke's Monumenta Hassiaca Theil III. pag. 114 und in Schmincke's Historische Untersuchung über Otto den Schützen, Beil. 4.
Eine zweite Abschrift obiger Urkunde findet sich auch im Copiar VIII und eine dritte im Copiar IX. ¹) In der anderen Abschrift steht ab statt abbe, in der dritten Abschrift eff. ²) In der anderen Abschrift steht Meintwochen und in der dritten Meyntwochen statt gemeynd wochen.

mark Luneborger penninghe. vñ den fchaden den fe dar vmme dût. Olrike grónenbaghene vñ fynen eruen hundert mark vñ den fchaden den fe dar vmme dût. Johannes brande vñ fynen eruen hundert mark. vñ den fchaden den fe dar vmme dût. Johanne nygenborghe. vñ Bardewike. vñ eren eruen hundert mark vnde den fchaden den fe dar vmme dût. Gherardufe Weuelkouene vñ fynen eruen hundert mark vnde den fchaden den fe dar vmme dût. Reyneken vnde helmeken broderen ghe heten van berghen. vñ eren eruen 5 hundert mark. vñ den fchaden den fe dar vmme dût, Werneken bifpinghe vñ fynen eruen Seftich mark. vñ den fchaden den fe darvmme don. Hannefe boyemanne vñ finen eruen hundert mark vñ den fchaden den fe dar vmme don. Córde van boltzen vñ fynen eruen hundert mark vñ den fchaden den fe dar dut. Vnde langhen ghereken hoyemanne vñ hildemere vnde eren eruen hundert mark der vorbenomeden penninghe vn den fchaden den fe dar vmme dût. De deffe vorfcreuene mit redeme gheelde van vfer weghene vñ to der ftad nût 10 vñ behûf den bórgheren wol honouwer wol betalet hebben. Deffe vorfcreuenen fummen gheoldus fcholle wy vñ willet eneme Jewelken van den ghennen de hyr vorfcreuen ftaan Sine vorbenomeden fummen bereden. mit reden vnbewornen penninghen nv to funte Jacobes daghe de nv negheft tokomende is. na der vightift deffes breues vort ouer eneme iare vnuortoghet. Vortmer hebbe wi ene funderlike bewaringhe daan. alfe hir na ghe fcreuen fteyt. alfo dat wi eneme Jewelken van deffen vorbenomeden perfonen. vñ ere eruen fchollen wifen. 15 vñ wifet in deffe naghefcreuene hufe vppe der fulten to Luneborgh. de funderliken to deffen vorfcreuenen perfonen mit vnderfchede ghe lecht. vñ ghe delot fint. alle na ghe fcreuon fteyt. dar fe ere vorfcreuenen fummen. mit deme fchaden van deme ghennen. de de hus to deffeme neghelten iare bezeden fcal. entfanghen fcholen van deme voerden penninghe der vorbate. de deme Rade van den Rentoneren ghe orlouet is vp to borende. Vñ willet vñ fcholet. dat bewaren mit der bede. de wi pleghet to biddende vppe dat to komende iar dat 20 fe in orer beredinghe nicht ghe hindert en werden. Vortmer were dat fake dat Jenich man were van den ghennen de deffe hus bezóde. dar wi fe anghewifet hebben. vnde anwifen Reekenfchop hedde mit deme Rade. It were van fchult. edder van lófte. dar en fcal he fe nicht vnme panden. edder hinderen in orer betalinghe. vñ dede dat Jenich man. dar en bouene dat wil wi richten na der fulten rechte. alfo. dat men eme de brende vth theen fcholde. vñ de zolen in deme zode wore beholden. Were ok dat deffe vorbe- 25 nomede perfonen. Her Johan Rokfwale. Johan Berkwinkel. Olrik grónehaghen. Johannes brand. Johan nygenborgh vñ Bardewik. Gherardus weuelkouen. Reyneke vñ helmeke van berghen. Werneke bifpingh. Hannes hoyeman. Cord van boltzen. Langhe ghereke hoyeman vñ Hildemer vñ ere eruen ieneghen fchaden nemen in deffer beredinghe. de fchade queme to. wo he to queme. den fchole wi vñ willet en ghenselken wedder legghen mit der erften fchult vnbeworen. Vnd dit fint de namen der hus dar wi fe hebben in ghe wifet. 30 vñ wifen. alfe vorefcreuen fteyt To deme erften Her Johanne Rokfwalen. vñ Johanne Berkwinkele to boyginghe vñ to zeueninghe. Olrike grónehaghene to oueren berndinghe vñ to vor koerden beerndinghe. Johannes brande to Brokhufen vñ to Dithmeringhe. Johanne Nygenborghe vnde Bardewike to Vlinghe. vñ to Kódetzinghe Gherardufe weuelkouene to Ghoffeltzinghe. vñ to Eluerdinghe. Reyneken vñ Helmeken van berghen to Beetzehufen. vñ to Vdinghe. Werneken bifpinghe to Enninghe. Johanfe hoyemanne to Ebbinghe 35 vñ to Ludoluinghe. Cord van boltzen to twen Cluuinghen. Vn langhen ghereken. Vñ Hildemore to Eueringhe vñ to Deyginghe. Alle deffe vorefcreuene ftücke. vñ een Jewok by funderen loue wi Raadmanne der ftad to Luneborgh. Deffen vorefcreuenen perfonen. vñ eneme Jewelken bifunderen. vn enes Jewelken eruon ftede vñ vaft. to holdende in gluden truwen fundor Jenigherleye hulperede vñ argholift. To ener beteren betûghinghe So hebbe wi vorbenomeden Raadmanne vnfer Stad Iughefeghel ghehenghet witliken to deffome 40 breue. De ghe fcreuen vnde gheuen is Na godes brod Drutteynhundert iar. In deme ryf vñ Seuentigheften iaro In Sünte Margreten daghe der hilghen Junkvrowen.

62. Die Herzöge Wenzlaus und Albrecht von Sachsen und Lüneburg und Herzog Bernhard von Braunschweig und Lüneburg erklären, dass mit ihrer Bewilligung und auf ihr Geheiss die Bürgermeister und Rathsherren der Stadt Lüneburg 530 Mark Pfennige jährlicher Rente in dem herzoglichen Salzzolle zu Lüneburg 45 an Rathsherren und Bürger zu Lübeck und Hamburg für 5300 Mark Pfennige Capital verschrieben haben. Der Rath zu Lüneburg soll für dieses ihm ausbezahlte Capital die Rente vierteljährlich zu Lübeck entrichten. Sowohl den Herzögen als ihm steht es frei, noch ausserdem 1700 Mark unter Verpfändung des Zolles aufzunehmen. Obige Gläubiger haben das Vorrecht, das Geld zu dieser neuen Anleihe herzugeben. Wenn sie keinen Gebrauch davon machen, behalten doch die eilf ersten unter ihnen wegen ihrer 4000 Mark und darnach die übrigen drei wegen ihrer 1300 Mark die Priorität vor den neuen Gläubigern. Der Rath soll ihnen Capital und Rente zu Lübeck auszahlen, wenn er oder die Herzöge den Zoll für mehr als 7000 Mark verpfänden wollen. Die Herzöge verleihen für Capital und Rente, welche sie von allem Schoss, Schatzung und Beede befreien, Sicherheit zur Zeit eines Krieges oder Zwistes zwischen ihnen oder ihren Mannen oder Unterthanen und den Städten Lübeck und Hamburg und Sicherheit gegen Uebergriffe ihrer Vögte und Amtleute, gestatten auch, falls die Gläubiger Einbusse oder Schaden erleiden, mit Bewilligung der Rathsherren zu Lüneburg, dass diesen und dem Gute derselben das Geleit in den Städten Lübeck und Hamburg entzogen werde und dass die Gläubiger das Gut derselben und der Bürger Lüneburg's überall mit Beschlag belegen mögen. Jeder Gläubiger darf seinen Theil der Rente Anderen verkaufen oder verpfänden, der Antheil eines jeden aber auch gesondert wieder gekauft werden. Die Herzöge geloben, dass Herzog Friedrich von Braunschweig, falls er wieder ihr Freund wird, diesen Vertrag bestätigen soll. Bleibt er ihr Feind, so wollen sie und die Rathsherren die Gläubiger gegen seine Ansprüche schützen. — 1375, den 22. Juli.

K. Cncpt.

We Wentßlaw vnd A. veddern etc vn we Bernd van den zuluen gnaden etc.[1]) Bekennen vn betugen openbar Jn desser Jegenwardigen scrift vor al den Jenen de see seen ofte horen Dat vnse leuen getruwen borgermestere vn Radmanne vnser stad to Luneborch. mid vnser vn vnser eruen vn nakomelinge wulborde vn bete vn na vnser truwen radgheuen vn manne Rade vnde be hogelicheyt Recliken vn redeliken vor koft vn gelaten hebben. den erliken luden de hir nascreuen stan vn eren Rechten eruen In vnsem zulte tollen be legen in der vorbenomden vnser Stad to Luneborch Jarlike Rente alze hir na volget vor sodane summen geldes alze hir na bescreuen steyt. de se van en an Reden getelden giftigen gelde vnd gengen lubeschen vn hamborger penningen op ge bord vnde entfangen hebben. Alze hern Jacobe plescowen borgermestere her hinr Constantine Radmanne to lubeke hundert mark geldes vor dusent mark der vorbenomden penninge her heynen hoyers borgermestere to hamborch vn her gizelberte van der nyenstad borgere to lubeke veftich mark geldes vor vif hundert mark Johanne van lune vn herdere van stade borgern to lubeke hundert mark geldes vor dusent mark[2]) Johanne vn vlrike brodern ge heten van der nyenstad borgern to lubeke veftich mark geldes uor vif hundert mark. Merten klotekowen borgere to lubeke drittich mark geldes vor drehundert mark godeken gammen borgere to lubeke vif vn seftich mark geldes vor seuendehalf hundert mark Johanne van anclem borgere to lubeke vif vn drittich mark geldes uor verdehalf hundert mark vn Arnde van lenpe[3]) borgere to lubek drittich mark gheldes vor drehundert mark[4]) Desse uorscreuenen Rente scullen see vn ero nakomelinge den vorbenomden luden vn eren eruen alze enem Jeweliken sine Rente alze hir vore screuen steyd vt dem vor screuenen zulte tollen Jewelkes Jares to veer tiden Jnne Jare alze dat ene verdendel der zuluen Rente uppe sunte micheles dach dat andere uppe wynachten dat derdde to paschen vn dat verde verdendel Jares[4]) uppe[5]) sunte Johannes dach to middensomere binnen der stad to lubeke betalen vn antworden vnbeworen Jn aller wise alze see den vorbenomden kopern dat uor breued hebben Vortmer weret dat we eder see to Rade worden den vor screuenen zulte tollen hogher to uor pandene ofte to vor plichtende wan desse uorscreuene summe geldes sik strecket so en schollen noch en willen we edder se den zuluen tol-

—————

*) vn Arnde — drehundert mark ist Zusatz von derselben Hand, welche den Schluss des Conceptes geschrieben hat.

Das Copiar XIV. zeigt folgende Verschiedenheiten: 1) Wy Wentzlaw vnd Albrecht veddern van godes gnaden hertoghen to Sassen vnd the Luneborg, vnd wy Junchar Bernd van desfulven gnaden hertoghe to Brunfwic vnd tho Luneborg. 2) Hier ist im Copiar XIV. eingeschoben: hermens van der Molen Borghere to Lubeke. XL. marc geldes vor IIIIC marc. knerde pole Borghere to Lubeke XXX marc gheldes vor IIIC marc. 3) Lenepe. 4) Jares fehlt. 5) to.

len nicht hogher vorpanden. vor fetten. noch vorplychten. Men [6]) dat deſſe vorbenomenden ſummen de de vorbenomden vſe Ratmanne van luneborch van den vorbenomden lůden alrede dar vp entfangen hebben met der andern ſummen de we eder ſy dar noch vp nemen [*]) fik to hope drape vppe ſeuenduſend mark lubeſcher penninghe vñ nicht hogher vñ hebben den ſuluen vſen radmannen gheorloued vñ ghegůnd dat ſy den ſuluen tollen. wente vppe ſeuenduſend mark lubeſcher penninghe vor ſedten moghen. vñ is 5 dat wy edder ſe den ſuluen tollen bouen der vorbenomden kopere ſummen. de dar is vifduſend vñ drehunder mark vor panden. vorſetten edder vorplichten willen. wente vppe de vorbenomden ſummen. der ſeuenduſend mark ſo ſchollen wy vñ ſy den ſuluen kopern de hogher vorpandinghe vorſettinghe vñ vorplichtinge der ouerghen ſeuenteynhunderd mark erſt beden vn der ſcholen. ſy negheſt weſen. oft ſe willen. willen ſe auer nicht ſo moghe we vñ vnſe radmanne de ouerghen [7]). ſeuenteynhunderd mark doen weme wy willen 10 vñ ſo ſchal der vorbenomden kopere alſe de [8]) erſten elue mid den erſten veerduſend marken. tins in deme ſulte tollen de erſte tins vñ betalinghe vñ dar na der leſten dryer lude mit den leſten dritteynhunderd marken. de negheſte tins vñ betalinghe weſen vñ bliuen wolden auer wy ofte vſe [9]) radmanne van luneborch den dicke ghenomden radmanne [10]). den vorſprokenen. tollen. vorpanden. ofte vorplichten bouen de vorgherurten ſeuenduſend mark ſo ſchollen vnſe radmanne van luneborch den dicke ghenomden kopern. ere 15 vmbeworen gheld mid der plychtinghe rente. bynnen der ſtad to lubeke antwerden [11]). ſunder hinder vñ vortogheringhe vñ ſo moghe wy mit dem tollen doen. wes wy to rade werden vortmer ſchal deſſe vorſchreuene rente mit dem houedſtole van alleme ſchote. vñ ſchattinghe. vñ van aller bede. vs edder den vſen to gheuende vry vñ quit weſen vortmer were dat god afkere dat ienich orloghe ſchelinghe twidracht edder vnmõd enſtunde twiſchen vs vſen mannen vñ vnderſaten eder [12]) andern luden an ene ſide. vñ twiſchen 20 den radmannen borghern vñ deneren der ſtede lubeke vn hamborch ofte [12]) erer herſchop an de anderen ſide dat en ſchal dar nicht anſchelen. De vorgheſcreuenen rente mit dem houedſtole ſchal den vorbenomden kopern vry vñ ſunder hinder volghen. vñ wol na erem willen betaled werden. binnen der ſtad to lubeke alſe vorſcreuen ſteit. Ok en ſchole wy vſe eruen vn nakomelinghe vſe voghede amptlude denere vñ vnderſaten de ſuluen kopere an der vorſcreuenen rente vñ an dem houedſtole nicht hinderen. edder bewerren. 25 noch ſtaden dat ſy dar ane ghehinderd odder be werred werden men dat wy ſe truweliken vorderen willen dat en de ſuluen rente mit dem houedſtole wol na erem willen betaled werden [13]) alſo vorſcreuen is. wered auer dat de ſuluen kopere ienich gebrek an dem vorbenomden gheuen gheldo leden edder dar vmme. vn ok dor der vorſcreuenen rente ienighen ſchaden nemen ofte koſte deden ſo hebbe wy dat ouer gheuen vñ wlborded ſunder wederſprake alſe dat ok de vorbenomden radmanne van luneborch ſuluen ghewilkored 30 hebben dat ſe vñ ere gud in den vorbenomden ſteden lubeke vñ hamborch nenes leides nyeten ofte [13]) bruken ſchollen vñ dat de vorbenomden kopere. der ſuluen vſer radmanne vñ borghere van luneborch gud in welkeren ſteden ſe dat an komen moghen antaſten. vpholden bekummern beſetten. vn fik des vnderwinden ſunder alle hinder vñ wederſprake alſo langhe wente en de vorſcreuene rente mit deme houedſtole gantz vñ vullenkomeliken na erem willen betalet ſy vortmer is twiſchen vs vñ vſen radmannen van luneborch an 35 ene ſide vñ den vorbenomden koperen an de andern ſide ghe deghedinged dat ſe vñ erer iewelk ſin del der vorbenomden rente vor ſodane ſummen gheldes alſe he vt ghe leghed heſt enem andern weme he wil vort an vorkopen. edder vorſetten mach. vñ dat wy vñ vſe nakomelinghe vnde de vorbenomden vſe radmanne van ſunderliker ghunſt weghene der ſuluen kopere de ſe vs mit willen dar vp ghegeuen hebben de vorgheſcreuenen rente to ſamede edder van enem iewelken ſyn deel moghen wedder kopen. vor ſodane ſummen 40 gheldes alſo vorbenomed vñ de wanne wy en den wederkoop en half iar to voren witlik dõn vñ ſo ſchole wy en den houedſtol vñ de ſchuldeghen rente to ſamede bynnen der ſtad to lubeke gheuen vñ betalen vnbe-

---

[b)] de de — vp nemen iſt eine Correctur derſelben Hand, welche den Schluſs des Conceptes geſchrieben hat; es hat ſtatt deſſen anfange geſtanden: *de we edder ſo dar noch vp nemen.*

[6)] vom ſtatt *Men.* [7)] Hier iſt eingeſchoben *vorpandinge der.* [8)] *der.* [9)] Hier iſt eingeſchoben *vorſ.* [10)] vom *luneborch* — *45 radmanne* fehlt. [11)] Hier iſt eingeſchoben *vnd wedderſpraken.* [12)] *ofte.* [13)] *werde.*

woren Alle deſſe vorſcreuenen ſtucke loue wy vor vs vñ vſe nakomelinghe in guden truwen den dicke
ghenomden kopern vñ eren rechten eruen ſtede waſte [14]) vñ vngebroken to holden ane [15]) alle argheliiſt vñ
alle nighe wnde vñ hulprede alles rechtes beyde geyſtlikes vñ werltlikes vt gheſloten Ok loue wy in der
ſuluen wyſen vor iunkberen vroderecke des vorbenomden herteghen berndes broder alſo wered dat he vſe
5 vrint [16]) wedder worde dat he den deſſe vorſcreuen handelinghe mede wlborden ſtedeghen vñ be ſeghelen
ſchollen [17]) bleue he auer vſe vigent ſo ſla wy mit vſen vorbenomden radmannen dar vore dat denne
van eme vn van ſinen hulperen den vorbenomden kopern [18]) an der vorſprokenen erer rente vñ an erem
ghelde neen anſprake [19]) noch wedderſtal ſcheen ſcholle men dat ſe dar ane vngehindert vñ vredeſame-
liken bliuen ſchollen. in aller wyſe alſo vorſcreuen ſteyt To orkunde vñ merer bewaringhe alle deſſer vor-
10 ſcreuen ding ſo hebbe wy vſe ingheſeghel mit willen vñ mit rechter wyſchop ghe hengbed laten to deſſem
breue. Tuge deſſer dingh ſynd vſe leue getruwen her balthazar herre to Camentz her dider van alten
Ridder her Johan van bücken [20]) wllebrant van Reden Gheuerd van dem berghe [21]) vnde vlr lützk [22]) vñ
vele ander guder [23]) lude de hir vñ an ſyn gewefen [24]) Geuen to luneborch na godes bord drittenhundert
Jar in dem vif vnde Seuentigeſten Jare an ſunte Marien Magdalenen dage °).

15 63. Herzog Albrecht von Braunschweig gelobt, mit dem Herzoge Otto von Braunschweig Burgfrieden und
Burghut auf dem Schlosse Hindenburg oder Hinnenburg an der Söse (zwischen Badenhausen und Osterode)
und auf dem Schlosse Windhausen am schwarzen und weissen Wasser (bei Gittelde) zu halten, giebt mit
ihm Gesetze gegen Friedensbrecher auf beiden Schlössern, bewilligt beim Verkaufe seines Antheils ihm das
Näherrecht und verspricht, seinen Antheil keinem Herrn zu verpfänden. Wer von beiden Herzögen seinen
20 Theil der Schlösser verpfändet, soll dem andern von dem Pfandbesitzer Burghut geloben, wer von ihnen
neue Amtleute auf die Schlösser setzt, diese den Burgfrieden und die Burghut beschwören laſſen. In einem
Kriege beider Herzöge gegen einander sollen ihre Amtleute und ihr Gesinde auf beiden Schlössern und in
dem dazu gehörenden Gebiete sich neutral verhalten. Von beiden Herzögen sollen die Schlösser gegen
Angriffe und Belagerung vertheidigt werden. — 1375, den 1. August. IX.

25 We albr̄ von der gnade godes hirtoge to brunſz bekennen vnd betugen induſſem opinbreue von vnſer
vnd vnſer rechten erbin wegen. vnd doit witlich aln luden. de duſſen breiff ſeyt eder horet leſen dat we
vns voreynet vorſtrigket vnd vorbunden hebbit mit deme irluchtigen forſten vnſem ſeddern hirtogen otten
von brunſz hirtogen Ernſtes ſone ſeligen vnd mit ſinen rechten eruen, vmme eynen rechten borchfrede vnd
vmme eyne borghode mit on to der hindenborg vnd to wynthufen vppe den huſen to haldende mit wor-
30 den vnd mit werken vnd de borgfrede ſchal ſtan vnd angan vp den huſen vnd floten von der rechten
Ringmüren to der hindenborg, vnd wenden wente vppe de zoze dat water vmme vnd vmme, vnd von der
rechten Ringmüren to winthufen vnd wenden wente vppe de watere, der eyn dat ſwarte. vnd dat andere
dat witte hetet, vmme vnd vmme an den ouern huſen vnd den borgfrede ſchalme halden vnd widder den
inallerwis als hir nageſcreuen ſteit des not iſt. We eder vnſe eruen eder neymant von vnſer wegen der
35 we mochtig ſin enſchuln noch enwiln den ergenanten hirtogen otten vnſen ſeddern eder ſine erbin nichtes beſchedigen eder behindern an orem deile der hūs to der hindenborg vnd to winthufen vnd wat we
dar hebbit vnd an dem goude [1]) de vns mit den huſen geworden ſint, Ouch enſchal vnſe amptman tor
hindenborg vnd to winthufen noch ſin geſinde de he mit ſek vp den floten heft deme vorſcreuenen hirtogen
otten, vnſem ſeddern ſinen eruen eder ſinem geſiude dat he dar vppe heft, vppe der hindenborg vnd to
40 winthuſen nicht miſſehandeln mit worden eder mit werken. wore auer dat dat von vnſem amptmanne eder

---
°) Der Schluſs des Conceptes von *Tuge deſſer — Magdalenen dage* iſt von anderer Hand geſchrieben.
[14]) raſt. [15]) ene fehlt. [16]) wrund. [17]) ſcholle. [18]) kopern fehlt. [19]) Hier iſt hieder eingeschoben. [20]) Hier iſt eingeſchoben *Archidyaken to Modelcorps*. [21]) Hier iſt eingeſchoben *knape*. [22]) Olric Lutzeke Borgheremeſter to honoure statt vlr̄ lützk.
[23]) truwardighe statt guder. [24]) de hir an vnd oder weren.
45 [1]) erue vnd gude statt goude.

gefinde vorbrochin worde des got nicht enwille, dar enfcholde we eder vnfe amptman eder neymant von vnfer wegen mit dem ergeften to komen. we vnd vnfe feddere. vnd vnfer beider amptlude vnd gefinde fchuln den fredebrechir gripen efte we konden vnd den nicht fchutten, were auch dat he eynen dot geflagen hedde, men fcholde on widder doden. were auer dat he enwech queme fo fcholde vnfe amptman fek des ledigen mit finem eyde, dat he finer nicht mechtig enwere, vnd alles argen dar vnfchuldig an 5 were, vnd gehin denne hirtogen otten vnfem feddern eder finen eruen dat were gelt vor den doden vnd fcholde fo nochten mit vns mit vnfen amptluden mit hirtogen otten mit finen amptluden infeide fitten de wille he ome vnd vns vnd den frunden den doden nicht gebeterd enhadde, Were auch dat eyn den andern wundede, dat he lam bleue eder lemede ane wunden. worde de begrepin deme fcholde men de hant flan, queme he auer enwech fo fcholde vnfe amptman hirtogen otten vnfem feddern eder finen erbin 10 geuen dat halue weregelt, vnd fcholde dat mit dem fredebrechir richten vnd halden inallerwie als hir vorfcreuen fteit. were auch dat eyn dem andern, eynen dunflag floge ane wunden dar he nicht aff enfterfe eder lam bleue, vnd worde dar ouer gegrepin demo fchalde men den dumen aflan floruo he auer eder bleue lam vnd worde begrepen, fo fcholde men ouer on richten inalle derwis als hirvorfcreuen fteit queme he auer enwech dat jenne nicht enftorfe eder lam bleue von dem flage fo fchalde vnfe amptman 15 hirtogen otten vnfem feddern eder finen eruen gehin eyn ferdel des were goldes vnd fcholdet mit deme richten vnd halden inallerwis als hirvorfcreuen fteit. were auch dat eyn dem andern mit worden ouel handelde de om an fine ere treiden de fcholde men ome to boute widder don vnd fcholde de wort widdir fprechin vor den de vppe den hufen hindenborg vnd winthufen weren vnd fprechin he hedde ome vnrechte gedan vnd were om leit, were dat we eder vnfe amptman finer darto nicht mechtig enwern. fo fcholde 20 we on laten gan vnd gehin vnfem feddern hirtogen otten. vor on twintig punt waffes vnd fchullet dat mit dem richten vnd halden jnaller wife als vorfcreuen fteit, Ouch enfchullo we noch enwillet vnfen del der flote hindenborg vnd winthufen neynem hern fetten Ouch enfchullo we noch enwillet vnfen del der flote hindenborg vnd winthufen neynem hern fetten Fortmer fchullen we noch enwillet de ergenanten flote hindenborg vnd winthufen nemande geuen eder vorkopen wenne vnfem feddern hirtogen otten vorgenant eder finen eruen Fortmer fo fint vnfe feddere hirtoge otte vnd we mit eyn ander ouer 30 komen von vnfer vnd vnfer eruen wegen vnd hebbet dat vnder eyn ander geredet, were dat he finen deil eder we vnfen deil an der hindenborg vnd an winthufen vorfetten wolde, dat vnfer neyn dat doyn fchal he enhebbe deme andern erft borchode hulpen vnd dat om de beftalt fy inallerwis als duffe is, de we vnder eyn ander vorbreuet hebbin, Ouch enfchal vnfer neyn, neynen nigen amptman fetten, eder der andern amptlude entfetten, de amptlude de enhebbin dat erft mit eyn ander mit eyden voritrigket vnd vor- 35 bunden dat fe duffe borchode vnd borgfrede vnd artikele vnder eyn ander halden wiln ane argelift, Ouch enfchulle we eder enwilt eder neyn vnfer amptlude eder gefinde de we hebbit vp den hufen vnd floten tor hindenborg vnd winthufen vnfen feddern hirtogen otten fine lant Man vnd lude eder wes he wille mechtig wefen to rechte niehtes befchedigen eder befchedigen laten von den ergenanten floten hindenborg vnd winthufen eder dar widder to don, were auer dat dat vnwitlich gefcheigo dat fcholde we eder vnfe ampt- 40 lude vnd wolden witlichen von ftuntan keren vnd widder don, infruntfchap eder inrechte ane hals vnd hant vtgefprochin, were dat vnfe feddere hirtoge otte, vnd fine eruen we vnd vnfe eruen to krige eder to feide quemen. fo fcholde dat hus tor hindenborg vnd dat hus to winthufen vnd vnfer beider amptlude vnd gefinde de dar weren feilich fitten vnd vnfer neyn den andern befchedigen an den hufen hindenborg vnd winthufen vnd wat we dar hebbit, vnd an dem erue vnd gude de vns mit den hufen geworden fin were 45 auch dat vns jemant befchedigede an dem hus tor hindenborg vnd an dem hus to winthufen alfo dat de

72

beſtallet worden oder vns jemant an ſprache dar an deide eder vorlorn worden dat ſcholde we vnd wolden
mit vnſer ganczen magt weren ane argeliſt vnd enſchuln vns mit den nicht freden eder ſonen we enhedden
dat erſt becreftiget na vnſem willen alle duſſe vorſcreuen artikel vnd ſtůgke vnd or itlichin beſunder to
haldende vnd widder to donde eſte des not were, vnd we von dem ergenanten vnſem ſeddern hirtogen otten
5 eder von ſinen eruen dar vmme gemant worden geloue we vorgenante hirtoge albert to brunſz dem ergenanten hirtogen otten hirtogen to brunſz vnd ſinen eruen von vns vnd vnſer eruen wegen intruwen induſſem
breue ganſz vnd ſtede ane argeliſt to haldende vnd hebbin on dat mit vpgerichten fingern vnd mit geſtabe-
den eyden to den hilgen geworn to haldende duſſes to eyner bekantniſſe vnd to eyner feſtenunge hebbe we
hirtoge albert vorgenant vor vns vnd vor vnſe eruen vnſe grot Ingh an duſſen breif gehangen na der bort
10 vnſes hern XIII^c Jar inden fif vnd ſedentigeſten Jare an ſinte peters dage als men den plog vt werpet.

64. Johann Clůver, sein Sohn Johann und Johann Corlehake bescheinigen, für die Gefangenschaft der beiden
letzteren bei dem Grafen von Schauenburg von den Herzögen Wenzlaus und Albrecht von Sachsen und
Lüneburg Schadenersatz erhalten zu haben. — 1375, den 26. August.   K. O.

Ich Johan de Clůuere de Eldere, Johan ſin ſone vn̄ Johan Corlehake, knapen Bekennet vnde betů-
15 ghet openbar in deſſem breve, vor al den ghennen de ene ſeed vn̄ horet leſen dat Hertoghe wenſlaf vn̄
Hertoghe albert Hertoghen van ſaſſen vn̄ van Lůneborch hebbet vs ir leghert vn̄ wedder dacn vn̄ wedder
lecht vſer venghniſſe dar vſee vengh de greve van Scowenborch mik Junghen Johanne den Clůuere vn̄
mik Johanne Corlehaken beyde van alleme ſchaden vn̄ van dem vorluſt vn̄ hovetghud, vn̄ latet ſe vn̄ den
bref quit van vſer weghene, den ſe vs dar vppe gheven hebbet vn̄ ſe en ſchal nement van vſer weghene
20 dar vmme manen Vnde thu ener mere(n) betůghinghe dat wi ſtede vn̄ vaſt holden willen ſo hebbe wi
Johan de Clůuero vn̄ Johan vor(gen̄) vn̄ Johan Corlehake vnſe rechten inghezeghele witliken vnd mid willen ghe haughet tho deſſem breve Do ghe gheven vn̄ ſcreven is na godes bort drůtteynhundert iar in deme
vj(ſten) vn̄ Seventigheſten iare in deme hilghen ſůnte auguſtines des hilghen lereres.

65. Graf Otto von Schauenburg verbindet sich mit dem Herzoge Albrecht von Sachsen und Lüneburg, um
25 gemeinsam mit ihm ein Schloss zum Lohof (bei Probsthagen) zu erbauen. Jeder von ihnen soll gleich viel
Leute auf eigene Rechnung zum Baue stellen und die Hälfte des erbaueten Schlosses zu seinem Antheile
bekommen. Der Graf verspricht, dem Herzoge, dem Lande und den Leuten desselben vom Schlosse keinen
Schaden zuzufügen, seinen Amtmann auf dem Schlosse dem herzoglichen Amtmanne daselbst Burghut geloben zu lassen und mit dem Grafen von Wunstorf ohne Bewilligung des Herzogs keinen Frieden noch Sühne
30 zu schliessen. Beide Verbündeten wollen, jeder auf eigene Rechnung, sich mit gleicher Anzahl Leute getreu
helfen, um vom Schlosse sich der Herrschaft Wunstorf zu bemächtigen. So viel sie davon durch Krieg,
Vertrag oder Kauf erlangen, soll, gleichmässig unter sie getheilt, beim Schlosse verbleiben. Ebenso wollen sie eroberte Schlösser der Herrschaft Wunstorf unter sich theilen und sich einander gegen jedermann,
der sie daran hindert, mit ganzer Macht beistehen. — 1375, den 5. September.   K. O.

35 We Otte van godes gnaden Greue to holſten. vnde to ſchouwenborch. Bekennet openbare in deſſeme
breue dat we vns met vnſeme leuen Ohemo hertogen Albrechte van Saſſen vnde luneborch fruntliken vor
eynet vnde des genſelken vordragen hebben. dat he vnde we endrechticliken oyn nyge ſlot buwen ſcullen.
vnde willen to deme lohoue. alſo dat we dare beiderſit like vele lůde to bringhen. vnde iewelk de ſyne
dar Spiſen ſcal. vnde wan dat Slot gebuwet is. So ſcal dat ſulue ſlot half vnſe. vnde vnſer Eruen weſen.
40 vnde half. vnſes Ohemes. vorbenompt. vnde ſiner Eruen. vnde we. noch vnſe Eruen. en ſcullen noch ne
willen. den vorbenomeden vnſen Ohemen. noch ſyne Eruen noch Ere lande. vnde lude van deme ſuluen
ſlote. nenewis beſchedigen, nochte beſchedigen laten vnde wene we eder vnſe Eruen vppe demeſuluen
ſlote to ammechtmanne ſetten. de ſchal vnſes Ohemes oder ſyner Eruen Ammechtmanne vppe demeſuluen
ſlote eno redelike borchhude don. als wontlik is vppe den veſten. Ok en ſcůlle we vns noch en willet.

met deme Greuen van wünſtorpe nicht vreden noch ſonen. we en don dat met den vorbenomeden vnſes Ohemes eder ſiner Eruen guden willen. vnde deſſe vorbenomede vnſe Ohem. vnde we. ſcůllen dar trůweliken vmme arbeiden. vnde vnſer en ſcal dar deme andern met like vele lůden vnde kōſten trůweliken to helpen dat wo de herſcop to wůnſtorpe to deme nygen flote bekrechtigen.   vnde wat we der ſuluen herſcop to wunſtorpe bekrechtigen. id ſe met krighe. met degedinghen. oder in kope welkewis dat ſchůd dat 5 ſchal halff vnſe vnde vnſen Eruen bliuen to demeſuluen nygen flote. vnde dat dare to beholden. vnde de ander helffte ſcullen deſſe vorbenomeden vnſe Ohem van Saſſen. vnde lůneborch. vnde ſyne Eruen to ereme deile deſſeluen flotes beholden   vnde dar en ſcůlle we noch vnſe Eruen. den vorbenomeden vnſen Ohem. noch ſyne Eruen. nenewis an hinderen.   vnde dat ſulue gud. dat we met godes hůlpe van der herſcop to wůnſtorpe bekrechtigeden eder flote derſeluen herſcop. dat ſcůlle we vnde willet like. vnde na belegenheit 10 vnſer beider lande deilen.   vnde wolde vns dat jemand weren eder vns dar an hinderen he were we he were. dar ſcal. vnſer en deme andern trůweliken. met gantzer macht to volgen vnde beholpen weſen. als vns denne beiderſit des nod vnde behuf werd eder vnſen Eruen   Alle deſſe vorſcreuene ſtůcke. vnde artikele ſamentliken. vnde iewelk beſůndern lōue wo Otte vorbenompt. vnſeme vorſcreuene Oheme van Saſſen. vnde van luneborch. vnde ſinen Eruen ſtede vnde vaſt to holdende vnvorbroken. vnde hebbet des to. Orkunde 15 vnſe Ingeſegel vor vns. vnde vnſe Eruen gehenget laten an deſſen bref.   De Gegeuen is Na godes bord drittoynhundert Jar In deme viue vnde Seuentigeſten Jare des negeſten middeweken vor vnſer frouwen dage der lateren.

66. Die Herzöge Wenzlaus und Albrecht von Sachsen und Lüneburg und Herzog Bernhard von Braunschweig und Lüneburg schenken dem Hospitale St. Spiritus zu Hannover eine Wiese in der Wevelser- oder Weser- 20 **Masch (hinter Herrenhausen). — 1375, den 6. September.** H. O.

Nos Wentzlawus. et Albertus. dei gracia duces Saxonie et Luneborch Necnon Bernhardus. dux In Brunſwich et Luneborch. Vniuerſis et ſingulis ad quorum noticiam. preſens ſcriptum peruenerit. volumus eſſe notum. Quod in honorem diuini numinis et noſtrarum ac progenitorum noſtrorum animarum ob ſalutem. proprietatem et dominium. Cuiuſdam. prati ſiti In der Weuelſcher merſch. quem Ludolfus Rycharding. a 25 nobis et noſtris prodeceſſoribus. in pheodo tenuit Cum omnibus. ſuis Juribus. prouentibus. et obuencionibus. Domui et pauperibus Sancti ſpiritus. in honouere. Erogauimus. et liberaliter preſentibus. Erogamus.   In Cuius donacionis. et Erogacionis publicum teſtimonium. ut ad perpetuam memoriam. preſcriptorum. Sigilla noſtra proſentibus ſunt appenſa.   Datum Anno domini M CCC Septuageſimo. quinto. feria quinta ante feſtum Natiuitatis marie virginis glorioſe. 30

Gedruckt in Grupen's Origines et antiq. Hanoverenses pag. 91.

67. Der Rath der Stadt Hameln schliesst über das Münzen einen Vertrag mit den edelen Herren Siegfried und Heinrich von Homburg unter Bedingung wechselseitiger Verpflichtung, falls sie zu Bodenwerder oder an anderen Stellen münzen lassen. Er gelobt nämlich unter Vorbehalt von vier Schillingen Gefahrgeld, aus der löthigen Mark 48 Schillinge prägen zu lassen, gestattet, dass der edelen Herren Amtleute zu 35 **Bodenwerder oder die dortigen Rathsherren die Pfennige in der Münze zu Hameln untersuchen und die diesem Vertrage zuwider handelnden Münzer mit zehn löthigen Mark bestrafen, und verspricht, vor Ablauf der nächsten drei Jahre diesen Vertrag mit den edelen Herren zu erneuern oder einen besseren mit ihnen zu errichten. — 1375, den 21. September.** K. O.

Wy Radman to hamelen. bekennet in duſſem breue vnder vſer Stad Ingbezeghele. vñ betughet opembare. 40 dat wy vs hebbet vordreghen myd den Edelen mannen. hern Syuerde vñ hern hinrike heren to homborch. alfo dat wy pennynghe flan laten. dar men van achte vñ vortich ſchillinghen mōghe bernen eyne lodeghe mark Brůnſw witte vñ hemelſcher wichte. dar ſcolen mede weſen veer pennynghe to var pennynghen. Alſo wan ſe des luſtet. ſo moghet ſe ore Ammechtlude. eder Radman van dem Werdere. to hamelen in ſenden.

vñ nemen. vñ nemen de pennynghe vte der Monte vnghewittet. vñ laten de bernen. Wan fe der nicht envunden, alfe hir vorfcreuen fteyt. fo fcholde on de Montere gheuen Teyn lodeghe mark to broke. vñ dar wille wy ghut vore wefen. Were ok dat fe des to rade worden dat fe ok welden flan laten to dem Werdere. eder in ener anderen ftede. fo fcolden fe vs. des fuluen ghelik weder befetten. Dufse vorbunt fcal
5 waren van nů to fůnte Micheles daghe an vort ouer dre iar. er duffe dre iar vmme komen. wil wy by fe komen. vñ willet duffes fuluen vor ramen. eder enes beteren. Wes wy vs den vordreghet. dat wille wy vppe beydent fiden befetten. Duffe bref is ghe gheuen na Godes bord drutteynhundert iar in dem viften iare bouen Seuentich an fůnte an fůnte Matheus daghe.

68. Die Bürgermeister und Rathsherren der Stadt Lüneburg verschreiben den in der Urkunde der Herzöge
10 vom 22. Juli 1375 Genannten, ferner den von Thisenhusen und zweien Lübeckern für 7000 Mark Pfennige Capital, welche sie zum Nutzen der Stadt Lüneburg verwandt haben, eine jährliche Rente von 700 Mark Pfennige in dem herzoglichen Salzzolle zu Lüneburg und wiederholen nicht nur alle in jener Urkunde vom 22. Juli 1375 aufgestellten Bedingungen, sondern geloben auch, dass zwei Bürgermeister der Stadt Lüneburg und zwei Salzmeister daselbst im Falle säumiger Rentenzahlung ein Einlager zu Lübeck halten
15 sollen, und gestehen den eilf ersten Gläubigern mit 4100 Mark, dann den drei nächsten mit 1400 Mark vor den letzten vier Gläubigern mit 1500 Mark die Priorität zu. — 1375, den 29. September. XIV.

Alle de iennen de deffen ieghenwardighen bref zen ofte horen Beghere wi Borgermeftere vnd Radmanne der Stad to luneborg beyde ieghenwardigen vnd tokomende witlik to wefende vnd bekennen openbare in deffer iegenwardigen fcrift, dat wi mit endrachtigem rade vnd vulborde vnfer vnd vnfer menheit, vnd fun-
20 derken mit vulborde vnd van hete der dorluchtigen fourften hern Wentzlaw vnd hern Albrechtes hertogen to Saffen vnd to luneborg vnd iunchern Berndes hertogen to Brunff vnd to luneborg vnfer gnedigen heren Reekeliken vnd redoliken vorkoft vnd gelaten hebben, den erliken luden do hir naferenen ftan vnd eren rechten eruen In dem Sulte tolne vnfer vorbenomden heren, de dar licht binnen der Stad to luneborg Jarlike renthe alfe hir na volged, vor alfodane fummen geldes alfo hir na gefcreuen fteid, de wi an reden getel-
25 leden Lubefchen vnd Hamborger penningen de ghenge vnd gheue fin, van en vpgebored, vnd wol na vnfem willen entfangen hebben, vnde in vnfer Stad nůt vtgheleghet vnd gekeret hebben. Alfo hern Jacobe plefcow Borgermeftere vnd hern hinrike Conftantine Radmanne to lubeke C mark geldes vor M mark der vorbeñ penninge. hern heynen hoyers Borgermeftere to hamborg vnd hern Ghifelbrechte van der Nyenftad borgere to lubeke veftich mark geldes vor V^c mark Johanne van lůne vnd herdere van Stade borgeren to lubeke
30 C mark geldes vor M mark, hermene van der Molen borgere to lubeke vertich mark geldes vor IIII^c mark Euerde paal borgere to lubeke XXX mark geldes vor III^c mark Johanne vnd Olrike broleren geheten van der nyenftad borgeren to lubeke L. mark geldes vor V^c mark, Mertiin klotekow borgere to lubeke XL mark geldes vor IIII^c mark Godeken Gannnen borgere to lubeke LXX mark geldes vor VII^c mark Johanne van Anekem borgere to lubeke XL mark geldes vor IIII^c mark Arnde van lenepe borgere to
35 lubeke XXX mark geldes vor III^c mark, hern Bartholomewefe Riddere Johanne finem vedderen knapen geheten van thifenhufen vnd hern Johanne pertzeualen borgermeftere to lubeke C vnd XX mark geldes vor XII^c mark vnd Rembertufe Rofendale borgere to lubeke XXX mark geldes vor III^c mark. Deffe vorfcreuene renthe fcole wi vnd vnfe nakomelinge den vorbeñ luden vnd eren eruen alfe enem iewelken fine rente alfo hir vorfcreuen fteid vth dem vorfereuenen Sultetolne iewelkes Jares to ver tiden in me Jare.
40 alfe dat ene verdendel der fuluen rente vppe fůnte Michaeles dagh, dat andere vppe winachten, dat derde to pafchen, vnd dat verde verndel to fůnte Johannis dage to Middenfomere, binnen der Stad to lubeke betalen vnd antworden vnbeworen. Weret auer dat wi dat vorfumeden, vnd de Rente to rechter tid nicht enbetaleden, So fchullen twe vfer Borgermeftere vnd Twe Sultemeftere, de fe dar to effchen. binnen vertennachten dar na wanne fe ghe effchet fyn to lubeke inriden. vnd dar en recht inlegher to holdende vnd nicht
45 dar vth to fchedende, de vorfcreuene Rente en fin en vullenkomeliken betalen. Edder id fy anders mit

erem willen. Ok hebbe wi den vorbeñ koperen geloued. vnde louen in deſſer ieghenwardigen fchrift, dat vnſe vorbeñ heren Edder wi den vorſcreuenen Sülte Tolne nicht hogher vorpanden. vorſetten noch vorplichten ſcholen noch en willen. wen ere vorſcreuene Summe geldes de dar is VII^M mark fik ſtrecked. Wolde wi auer den vorſprokenen tolne, vorpanden. edder vorplichten bouen de vorſcreuenen VII^M mark. ſo ſchole wi den vorgerűrden koperen ere vmbeworne gheld mit der plichteden Rente weder gheuen, vnd antworden 5 binnen der Stad to lőbeke. funder hinder, vnd vortőgeringe, vnd don denne mit deme Toln wes wi to Rade werden. Vortmer is twuſſchen vns vnde den vorbeñ koperen ghedegedinged. dat de erſten Elue mit den verduſend. vnd hundert marken de ſe erſt uth gheleghed hebben ſcholen den erſten tins vnde de erſten betalinghe in deme vorbeñ Sülte tolne hebben vnd beholden. vnd dar na de anderen dre, de negoſten betalinge, vnd dar negheſt de leſten viere, de leſten. Ok en ſchal deſſe vorſcreuene Rente mit deme houeſtole 10 van allem ſchote vnd van aller bede vnde beſchattinge vnſen heren. vs. edder mit vs to gheuende. vry. vnd quijt weſen. Vortmere wered, dat god afkere dat iennich orlőge ſehelinge Twidracht. Edder vmnőd vntſtűnde, twiſſchen vſen heren den hertogen van lűneborg vnd vns ofte anderen luden an ene ſyde. vnd twiſſchen den Ratmannen vnde borgeren van lubeke. vnd van hamborg. ofte erer herſchopp an de anderen ſyde, dat en ſchal dar nicht ane ſchelen. de vorſcreuenen Rente ſchole wi mit dem houeſtole. den vorge- 15 feden koperen wol na erem willen betalen alſe vroſcreuen ſteid. Vortmer is twiſſchen den vorbeñ lűden. vnd vs ghodegedinged, dat vnd erer iowelk ſyn del der vorbeñ Rente, vor Sodane Summen gheldes alſo he ut gheleghed heft enem anderen weme he wil. vordan vorkőpen edder vorſetten mach. vnd dat vſe vorbeñ hern de hertogen van lűneborg vnd wi vnd vnſe nakomelinge. van gnaden. vnde van gunſte wegen der vorbeñ kopere. de ſe vns mit willen dar up gheghenen hebben. de vorſcreuenen Rente to ſamene. edder 20 van allen Jewelken ſyn del. moghen wederkopen. vor ſodanen Summen gheldes alſe vorbeñ is. wanne wi en den wederkőpp en half iar touoren witlik don. Vnd ſo ſchole wi en den houeſtől. vnd de ſchuldegen. Rente to ſamene binnen der Stad to lubeke gheuen. vnd betalen vmbeworen. Vortmer weret dat deſſe vorbeñ Ratmanne vnd Borgere der vorbeñ Stede. lubeke vnd hamborg. vnd her Bartholomeus. vnd Johan van Thiſenhuſen yenich ghebrek an dem vorbeñ erem golde leden Edder dar vmme. vnd ok dor der vorſcre- 25 uenen Rente yenigen ſchaden nemen, ofte koſte deden. ſo hebbe wi ghewillekored. vnd gheloued. willekoren vnd louen in deſſen Jegenwardigen breue vor vns vnd vnſe Nakomelinge, dat wij vnd vſe gűd in den vorbeñ Steden. lubeke vnd hamborg nenes leides neten ofte bruken ſcholen vnd dat ſe vſe gud in welken ſteden ſe dat an komen. mogen antaſten vpholden beků̈mmeren beſetten. vnd fik des vnderwinden ſunder allen hinder vnd wederſprake Alſo lange wente en de vorſcreuene Renthe mit deme houeſtole gantz. vnd 30 vullenkomen na erem willen betalt ſy Alle deſſe vorſcreuenen ſtucke loue wij vorbeñ Borgermeſtere vnd Ratmanne to luneborg vor vns, vnd vnſe nakomelinge in guden truwen den vorbeñ Ratmannen vnd Borgern van Lubeke vnd van Hamborg. vnd hern Bartolomewes vnd Johanne van Thiſenhuſen vnd eren rechten eruen ſtede vaſte vnd vnghebroken to holdende ſunder argeliſt vnd alle nye vűnde vnd helperede alles rechtes beide gheiſtlikes vnd wertlikes Vortmer ſo loue wi in der ſuluen wiſe vor Junchern frederoke des 35 vorbenomden hertogen berndes broder Alſo, were id dat he der vorſprokenen vnſer heren vrund wedder worde alſe wi hopen, dat he denne deſſe vorſcreuenen handelinge mede vulborden. Stedegen vnd ſeghelen ſchole. Bleue he auer ere vnd vnſe viand, ſo louen vnd ſtan vnſe heron vnd wi dar vore, dat van eme vnd ſynen helpern den vorbeñ kőperen, an de vorbeñ erer Renthe vnd an erem ghelde nene anſprake hinder noch wederſtalt ſchen ſchole. Men dat ſe dar an. vnghehindert vnd vredeſamelken bliuen ſcholen, vnd wi 40 dar ane ſchadelos holden willen In aller wiſe alſe vorſcreuen ſteid To orkunde vnde to merer bewaringe alle deſſer vorſcreuenen dingk. So hebbe wi vnſer Stad Ingeſegele mit willen vnd mit vulborde vier vnd vſer gantzen meynheid ghe henged laten to deſſem breue. Tughe deſſer vorſcreuenen dingk, fynt wi Ratmanne to luneborg de nu ſynt Diderek Springintgud. Albert hoyke Johan viſeule, Hartwich van der Salten. Ludolf van vintlo. Hartwich Abbenborg, Johan Semmelbeeker Johan van der brugge, Ludeman Rűſcher 45 Clawes van der molen. Heyne Sotmeſter. Johan Rokſwale. Jacob van der brugghe Heine műnter Brand Tzer-

Rede, Sander Schellepeper. Haffeke Clawes Schomaker Didor Brömes, vnd Johan de langhe Ghe gheuen vnd gefcreuen to luneborg Na Godes bord drittenhundert Jar In deme vif vnd Seuentigeften Jare vppe Sünte Michels dach. des hilgen ertzen engels.

69. **Die Herzöge Wenzlaus und Albrecht von Sachsen und Lüneburg geloben, falls sie am 11. November des folgenden Jahres 200 Mark brandenburger Silbers und ein Jahr darnach ebenso viel nebst dem Betrage des Unterschieds, um welchen 200 Mark brandenburger Silbers mehr werth sind, als 200 Schock, zu Wittenberg den edelen Gerhard und Hermann von Wederden, Gebrüdern, nicht bezahlen, ihnen dafür unter Vorbehalt des Oeffnungsrechtes das Schloss Jessen (an der schwarzen Elster) mit allem Recht und Zubehör, die Stadt Jessen ausgenommen, auszuliefern. So oft eine rückständige Zahlung erfolgt, ebenso oft sollen die von Wederden den Herzögen das Schloss wieder abtreten. — 1375, den 9. October.** K. O.

Wir Wenzla des hiligen Reichs ertzmarfcalk vnde albrecht gevetteren van gods gnaden. hertzogen. tzu Sachfen. vnde tzu Lunaburg Bekennen. offentlich mid deffeme briefe allen den die on. feben. adir horen lefen. daz wir van rechter fchult fein fchuldich den Edlen. Gerharden. vnde hermanne van Wederden. gebruderen. vnde iren rechten erben. vierhundirt mark Brandeburg filbers vnde dar tzu den oberlauff. des gebrechen. was tzweibundirt fcok erger fein wenn tzweibundirt marg Brandeburg filbers de wir yn gelobit haben. vnde mid krafft deffes briefes tzu betzaln tzu Wittenberg. tweihundirt marg uffe fante mertons tag der fchierft kuemtzig ift vort ober eyn Jar. vnde de andern tzwei hundirt mark mid fampt deme oberigen. gebrechen. der tzweierhundirt fcocke als van deme felben fentt mertens tage abir vort obir ein Jar als tzu Wittenberg. ift, eyne gemeine gewerunge, Wordes abir fache daz wir den Egenanten Gerharden. vnde hermannen. adir iren rechten. erben. die egenanten vierhundirt marg Brandeburg filbers uff die vorbefcreiben tzeid nicht betzalten. So fullen vnde wollen wir egenante herren. er Wenzla vnde er albrecht adir vnfe erben. den obengenanten Gerharden. vnde hermanne gebroderen adir iren rechten. erben. vnfir hues trum Jeffen. mid allem rechte vnde mid allen feinen tzugehorungen vzgenomen vnfer Stad Jeffen. do felbft vnde ire tzugehorungen. vor de Egenante Summen geldes yn entwerten. ane widerrede vnd geverde vnd als offt wir fie ires geldes betzaln. fo offt fullen fie vns das egenante vnfer hues Jeffen mid allen feinen tzugehorungen. herren. er wenzla vnde er Albrecht hertzogen. tzu Sachfen. vnde tzu Lunaburg. den obengenanten Gerarden. vnde hermanne gebruderen. vnde iren rechten. erben. vnde tzu iren vnde irer erben. getruwen. handen. den edlen ern Gerharden. ern frittzen vnde ern. Gerharden. allo geheiffen. van wederden. Stete vnde gantz tzu haldene ane widerrede argelift vnde geuerde Mit vrkund diffes briues vor figilt mid vnfen. anhangenden Jngefigeln. Gegeben. tzu Wittenberg. nach Crifti gebort. drittenhundirt Jar dar nach in deme fuenf vnde Sibentzigftem Jare an fantt dionifii tage vnde feiner gefellen. der heilgen. merterer.

70. **Die Knappen Eilhard und Ernst von Dotessem verleihen dem Heneke von Hottenem die Freiheit, so lange er lebt und sie das Schloss Ruthe besitzen. — 1375, den 29. November.** XII.

We Eylerd vñ Ernft knechte gheheiten von doteffem dot witlik alle den de deffen bref feen eder horen lefen dat heneke von bottenem fchal vry ledich vñ los wefen von os aller anfprake de wile dat he leuet vñ we de Ruthe hebbet. deffes to eyner bewifinge hebbe we ome deffen bref gheghouen bezegelet to ruggehaluen mit vfen Ingefigelen Na godes bord drittenhundert Jar in dem vif vñ feuentigeften Jare in finte andrens auende des hilgen apoftelen.

71. Der Rath der Stadt Hannover gelobt, falls er es dahin bringt, dass der Wasserweg von Hannover nach Bremen schiffbar wird, von den Schiffen der Bürger Bremen's keine Abgaben, noch von letzteren und von allem Gute derselben, welches sie zu Schiffe bringen oder wegfahren, mehr oder öfter, als von seinen eigenen Bürgern, zu nehmen. Die Bürger Hannover's sollen von dem Korne, welches sie in oder vor die Stadt Bremen bringen, den dritten Theil in der Stadt Bremen lassen und da verkaufen oder aufschütten, damit es, falls der Rath zu Bremen ihnen die Ausfuhr desselben aus der Stadt nicht erlaubt, dort bleibe. Der Rath der Stadt Hannover verspricht, keinerlei Gut den Feinden der Stadt Bremen zu Schiffe wissentlich zuzuführen. — 1375, den 27. December *). H. C. 14.

Wy Rad der Stad to Honouere bekennet opembare in diffeme breue, Wanne wy dat vortbrineghet Dat de waterweeh is mit Schepen to varende van Honouere to Bremen So nefchole wy noch enwillet van den Schepen der Borghere to Bremen nicht nemen. Vortmer fo enfebole wy van den Börgheren to Bremen vnde van al ereme gude dat fe to Schepe tho eder aff vöred nicht meer, noch vurder, eder leng, nemen, men alfe wy van vnfen eghenen Börgheren dot. Ok wat vnfe Borghere kornes bringehet in de Stad, eder vor de Stad to Bremen Des kornes fcholet fe den Dryddendeel in der Stad to Bremen io laten vnde dar vorköpen, eder gheten dat dar vp. alfo dat id dar io blyue Id enfy dat de Rad to Bremen ön orloue dat korn vte der Stad to vorende, Ok fo nefchole wy neynerleye gud. dal voren to Schepe, der Stad vygende van Bremen mit witfchop dar mede to fterckende, Alle diffe vorfcreuenen ftücke vnde erer iowelk. wille wy Rad to Honouere vnde vnfe Nakomelineghe ftede vafte vnde vnuorbroken holden vnde hebbet des to orkünde vnde to bekantniffe vnfer Stad Ingheſ ghehancghen to diffem breue, Ghegheuen na Goddes bord. Drytteynhundert Jar In deme vyffvndefeuentigheften Jare an deme Hylghen daghe. Sünte Johannis des apofteles vnde Ewangeliften.

72. Der Rath der Stadt Bremen bewilligt, falls der Rath und die Bürger zu Hannover es dahin bringen, dass der Wasserweg von Hannover nach Bremen schiffbar wird, den Bürgern der Stadt Hannover und denen, welche das Gut derselben bewahren, Folgendes. Sie dürfen ihre Waare zu Bremen ausschiffen, dort verkaufen, dort lassen, von dort wegbringen und seewärts verschiffen und bringen, wohin sie wollen. Ihre Waare, welche sie von der See oder anderswoher bringen, dürfen sie nach Hannover oder anderswohin verschiffen und transportiren oder darüber zu Bremen in obiger Weise verfügen. Zwei Drittel des Korns, welches sie in oder vor die Stadt Bremen bringen, dürfen sie ausführen, wohin sie wollen. Hinsichtlich des letzten Drittels und der Zufuhr zu Gunsten der Feinde soll die Bestimmung der Urkunde vom 27. December 1375 gelten. Sie brauchen dem Rathe zu Bremen von ihrem Gute nicht grössere Pflicht leisten noch mehr Zins geben, als die Bürger Bremen's selbst, auch nicht mehr Wagelohn, als diese, falls sie ihr Gut zu Bremen wiegen lassen, entrichten. Der Rath der Stadt Bremen will unter Bedingung der Wechselseitigkeit sich für die Bürger Hannover's und deren Gut auf allen Hin- und Rückreisen durch Fürsprache verwenden. Er und die Bürger Bremen's wollen sie und die Bewahrer ihres Gutes, zum Behufe desselben Schiffe zu miethen und zu bekommen, nicht hindern. Wenn der Wasserweg zwischen Hannover und Bremen schiffbar gemacht sein wird, darf der Rath der Stadt Hannover, bis die darauf verwandten Kosten dadurch ersetzt sein werden, von allen nach oder von Hannover zu verschiffenden Gütern, nämlich von einer bremer Mark Werth Waare zwei hannoversche Pfennige, aber von den Schiffen selbst keine Abgabe erheben. Diese Pflicht soll, wenn ihr bei der Abfahrt genügt ist, von der mit der Fracht erkauften oder erhandelten Rückfracht bei der Heimkehr nicht gefordert werden. Leistet der Rath zu Hannover zum Frieden und zur Sicherheit der Leute und des Gutes während der Reise auf diesem Wasserwege

---

*) Obige Urkunde, auf deren Rückseite von derselben Hand geschrieben steht *Copia litere bremenfium fgillate*, wurde erst am 7. Januar 1376 ausgefertigt cfr. Cassel's Urkunden von einigen Verträgen, welche die Stadt Bremen zum Besten ihrer Handlung aufgerichtet. pag. 8 und 9 No. IV, in der Anmerkung, wofelbst die Urkunde gedruckt ist.

jemandem Freundschaft, so darf er, so oft dies geschieht, zum Ersatze der dabei getragenen Kosten, in der bezeichneten Weise von der Waare Abgaben nehmen. Dieser Vertrag soll dem Gesetzen und dem Rechte der Kaufleute, die in der Hanse sind, unschädlich sein*). — 1376, den 7. Januar. H. O.

Wy Radheren der Stad to Bremen, bekennet opembare in diſſeme breue, wanne de Rad vñ borghere to Honouere vortbrineghen, dat eyn waterwech is mid ſchepen, tovarende van Honouere to Bremen, ſo ſchölen deſuluen borghere de nv ſint vñ noch tokomen vñ van ērer weghene de ēre gud vorwaret, mechtich weſen, ēre gud to Bremen vp toſchopende vñ dar tovorkōpende, dar tolatende, dar weder vt tobrineghende, vor hen to vörende, vñ to der zee wart toſchepende vnde tobrineghende, eder anders worn ōn dat bequemeſt is, Vnde āre gud, dat ſe van der zee tobrineghet, eder van wennen ſe dat brineghen. eder brineghen laten, des ſchölen ſe in derſuluen wyſe mechtich weſen, vort an to Honouere eder anderſwor. toſchepende vñ tovörende, eder to Bremen vp toſchepende vñ dar tovorkopende oder dar tolatende, eder weder vt tobrineghende wor ōn dat bequemeſt is, Men wat de van Honouere kornes brineghet in vnſe ſtad eder vor vnſe ſtad, des kornes Twe deel möghet ſe vören vnde laten wor ſe willet men, ſe ſchölet den driddendeel des kornes in vnſer ſtad io laten, vñ dar vorköpen, eder gheten dat dar vp, alſo, dat id dar io bliue Id enſy dat vnſe Rad ōn orleue, dat korn vte vnſer ſtad tovörende, Ok ſo enſchölet ſe nenerleye gud dale vören, vnſe viande mid witſchap dar mode toſterkende, Ok ſo enſchölet ſe van ēreme gude vns eder vnſer ſtad, nenerleye plicht eder tzyſe gheuen, vördere wen vnſe borghere in vnſer ſtad to gheuende pleghet, Were ok dat ſe, ēre gud to Bremen weghen leten, dar ſcholen, ſe wagheloen vore gheuen ghelyk vnſen borgheren vñ nicht meer, Ok wille wy vñ ſchölet de borghere to Honouere vnde ēre gud vppe den Reyſen, vt vñ tohufward trüweliken vorbidden, wor wy können vnde möghen, vnde des ghelykes ſchölet ſe vnſen borgheren weder don. Ok wille wy vñ vnſe medeborghere, de borghere to Honouere, vnde ēres gudes vorwarers an ſchepen tohūrende vñ towinnende to ēreme gude nicht hinderen, Vortmer, wanne de Rad vñ borghere to Honouere vortbrineghen, dat de waterwech is, mid ſchepen tovarende van Honouere to Bremen, wat de waterwech denne ghekoſtet heft, dat ſe redeliken bewyſen möghen, dat ſchölen de Rad van Honouere weder vpnemen, van allerleye gude, dat to Honouere mid ſchepen to eder af ghevöret wert, wo vele des gudes were, io van eyner Bremer marquerd gudes twe Honouerſche pennincghe, alſo lancghe, went dat dar van al betalet were, men van den ſchepen enſchölet ſe nicht nemen. Auer van welkeme gude ſe diſſe plicht in der vtreyſe ghenomen hedden, wat to der Reyſe mid dem gude ghekofft oder ghetūghet were, dar van enſchölden ſe in der wederreyſe, diſſe plicht nicht nemen. Were ok dat de Rad to Honouere iemande vrüntſchap deden dorch vrede vnde velicheyt willen der lüde vnde des gudes de vppe der Reyſe diſſes waterweghes weren, wat dat koſtede, dat ſchölden de Rad van Honouere, van allerleye gude wedernemen, in der wyſe alſe vorſereuen is, wanne vñ wo dicke dat ſchūde, Ok ſo neſchal diſſe bref, des menen koopmannes ordinancien eder rechte, de in der Henze ſint norghen an tohinder komen. Alle diſſe vorſereuenen ſtücke vn ērer Jowelk biſunderen wille wy Radheren to Bremen vorſereuen, vnde vnſe nakömelingghe ſtede vaſt vñ vnvorbroken holden vñ hebbet des to orkunde vnde to tüchniſſe, vnſer ſtad Ingheſegbel, ghehangghen to diſſem breue, Gheghenen nā. Goddes bord Dryttenhundert Jar in dome ſeſten vñ ſeuentigheſten Jare, des lateren daghes, der heyligher dryger koninghe.

73. Die Herzöge Wenzlaus und Albrecht von Sachsen und Lüneburg und Herzog Bernhard von Braunschweig und Lüneburg gestatten dem Rathe der Stadt Lüneburg, die 30 löthigen Mark, welche er am nächsten 13. April, und die 150 löthigen Mark, die er am folgenden 25. December für sie dem Ritter Ludolf von Tzallenstede zu bezahlen übernommen, ferner die 100 löthigen Mark, welche der Rath für sie den Rittern Ordenberg und Siegfried Bock bezahlt hat, also 280 löthige Mark, und die fällig werdenden Zinsen, falls sie dem Rathe dieses Geld nicht an den genannten Tagen zurückerstatten, auf die Pfandsumme der Schlösser

---

*) Am 15. April 1392 liess der Rath von Hannover ein notarielles Transsumpt von dieser Urkunde anfertigen.

Bleckede und Hitzacker und der Zölle zu Lüneburg und Hitzacker zu schlagen, geloben auch, den Rath von der Pfandstücken nicht zu entsetzen, bevor sie ihm die Pfandsumme und obiges Geld erstattet haben. — 1376, den 20. Januar. K. O.

Van der gnade godes. We Wentzlawe vnde Albrecht. Hertoghen to Saſſen vñ to Luneborgh. vnde Junchere Bernd Hertoghe to Brunſwich vnde to Luneborgh. bekennen opembar in deſſem breue. vor alle den, dhe ene zeen. edder leſen hören. dat vſe Raad der Stad to Luneborgh. dor vnſer ſunderliken bede willen. vor vns gheloned hebben. dem vrömen Riddere. Hern Ludelue van tzellenſtede. vñ ſynen eruen. durtegh lodeghe mark brunſwikeſcher witte vñ wighte. to gheuende in der boghtyd to paſchen. dhe nv negheſt to komende is. vnde dem ſuluen hern ludelue vnde ſynen eruen. anderhalf hundred lodeghe mark. der ſuluen witte vñ wighte. to gheuende in der negheſten boghtyd to wynachten. dar na. Na vthghift deſſes breues. Dhe ſuluen durtegh lodeghe mark. vnde anderhalf hundred mark brunſwikeſcher witte vnde wighte. ſcholle we vnde willen. vnſemo Rade to luneborgh. vppe dhe vorſchreuene tyde gheuen vnde betalen. alſo. dat ſe. hern ludelue vnde ſynen eruen. mede betalen. vnde on wl don möghen. binnen vſer Stad to luneborgh. Ok ſcolle we vñ willen. vnſeme Rade to Luneborgh. Hunderd lodeghe mark brunſwikeſcher witte vnde wighte. In den negheſten paſchen. na vthghift deſſes breues wedderghouen vnde betalen. dhe ſo vor vns. Hern ordenberghe. vnde hern Syuerde. den Böcken. vor vns bered hebben. Were dat we des nicht endeden to den vorſchreuenen tyden. ſo ſchal vnſe vorbenömde Raad to luneborgh. dhe vorbenömden dre Summen. dhe to ſamne löpen. vppe twintegh marke myn. wen dre Hundred mark lodeghes ſuluers Brunſwikeſcher witte. vnde wighte. Mid dem ſchaden. den ſo dar vmme dön. eer we ym ere gheld wedder gheuen. vppe vnſe Slote. Blekede, vñ hidzaker. vñ vp den tollen. ſlaan. vnde dar inne hebben. vnde beboolden. bóuen dhe eerſten ſummen gheldes. dhe we, on, in den ſuluen Sloten. vnde in dem Tollen to luneborgh. vnde to Hidzaker. vore verpended hebben. alſo vnſe breue dat vthwyſed. vnde wo. edder vnſe eruen. edder nacömelinghe. enſchollen. nogh enwillen. vnſen vorbenömden Raad to Luneborgh. nogh dhe ere. van vnſen Sloten. Blekede. vnde Hidzaker, mid dem tollen. vnde van deme ſulte tollen. in vnſer Stad to Luneborgh. nicht entſetten. edder entweren. we enhebben on dhe eerſten Summen gheldes. dhe wo on. dar vore. inne vor breued hebben. mid deſſer Summen. dhe deſſe bref inne heft. ghanſliken vnde alto male. na ereme willen be red. Al deſſe vorſchreuene ſtucke. vnde een gywelk biſunder. loue we Wentzlawe vñ Albrecht hertoghen to Saſſen vnde to Luneborgh. vnde Junchere Bernd Hertoghe to Brunſwich. vnde to Luneborgh. vor vns. vñ vnſe eruen. vnde nacömelinghe. vnſeme Rade to luneborgh. ſtede. vaſt. vnde vnvorbröken in güden truwen to holdende. vnde hebben des to tughe vnſe Ingheſegele. vor vns. vnſe eruen. vnde nacömelinghe. to deſſem breue witliken henghen laten. Dhe ghegheuen is na godes boord Dritteynhundert Jar In dem Ses vnde ſüenteghſten iare In der Hilghen marterer daghe ſunte fabianes vñ ſunte Sebaſtianes.

Auf der Rückseite der Urkunde steht von etwas späterer Hand (nämlich im Jahre 1392) geschrieben:

De Bocke vnd de van tzellenſtede in Blekede. ſumme vnde tins XXIIIIᶜ mark vnd LXXX mark in Blekede vnd hidzacker vnd in demo zultetolne. vnd den tins heft do Rad XV. iar utgheuen.

74. Dompropst Nicolaus und die Domherren zu Hildesheim, unter ihnen der Subdiaconus, Herzog Heinrich von Braunschweig, geloben, dazu förderlich zu sein und alle erlaubten Mittel aufzubieten, um zu bewirken, dass der Bischof von den Leuten und den Gütern der Domprobstei keine Schatzung, Beede und Dienst verlange. — 1376, den 2. März. XII.

We Nicolaus domproueſt. Otto Scolemeſter Otto van Boldenſe. hinrik von woldenborch ffrederik van Beruelde preſtere. diderik van Stockem Cord Bok Greue vulbrant von halremunt. diderik van Tzellenſtede. dyakene. Siuerd van der Gowiſch Siuerd van Rutenberge Greue hermen van Euerſtene. lippold von deme Steynberge. Borchard hoye. diderik van Stockem. Ghuntzel van ghittelde. hertoge henř van Brunſwik. luder van bardeleue. wilhelm volkerſom Aſchwin Schenke Eghard van Eldinge henning van ſtockem vnde Johan lutzeke ſubdyaken domhoren to bildenſem bekennet dat vnſer Jowelk ſchal vnde wol vorderlik dar to weſen

alfe he mit gode vnde mit eren beft mach dat vnfe here van hildenfem fchattinge. bede. denft ouer lude
vnde ouer gud der domproueftie dar he nen recht to en hefft late. vnde ok dar to dat vnfe heren de domprouest vnde Capittel vnde ok de domprouest funderliken wor ome dat funderliken to boret dar to dat
vnfe here van hildenfem de fchattinge bede vnde denft late. don dat befte dat fe mit godde vnde mit eren
5 vnde mit gheiftlikem rechte moghen Des hebbe we vnfer Jowelk vor fek vnfe Ingefegel to deffem breue
henget laten Na godes bord dufent dre hundert Jar in deme fefvnde feuentigeften Jare des erften dages
in der vaften.

75. **Knappe Heinrich von Reden überlässt dem Rathe der Stadt Hannover alles ihm von der Herrschaft Lüneburg verliehene Recht über die Fischerei, die zu dem Schlosse Lauenrode gehört hat. — 1376, den
10 6. April.** H. O.

Ek Henrik van Reden knecht bekenne vnde betüghe opembare in diffeme Breue den ek witliken vnde
trüweliken gheueftent hebbe mit myneme Inghefeghele. Wat rechtes ek vnde myne eruen van der herfchop Breue weghene van lüneborch. went an diffe tyd ghehad hebbet. an der vyfcherye de to deme Slote
to Lowenrode ghehord hadde. Dat recht vnde de vyfcherye mit al érer tobehoringhe vnde nvth hebbe ek
15 den Befcheden Mannen Deme Rade to Honouere de nv leued vnde noch tokomende fyn. ghelaten vnde
late, alfo dat ek vnde myne eruen nicht rechtes meer dar an enhebbet noch beholdet. Ok enfchole wy
noch Jemand van vfer weghene de herfchop to lüneborch vnde den Rad van honouere. van der vorbenomden vyfcherye weghene nicht andeghedinghen ienegherleye wys. wer in Gheyftliker noch in wertliker
achte. Alle diffe vorfcreuenen ftucke vnde iriowelk byfunderen hebbe ek Henrik vorbenomd vor my vnde
20 vor myne eruen in truwen gheloued vnde loue. Deme Rade vnde den ghemeynen Borgheren to honouere.
vnde ören nakömelinghen. ftede vafte vnde vnuorbroken to holdende. Vortmer we. Luder van der het-
leghe. vnde Dyderik Türeke. Borghere to honouere bekennet vnde betüghet opembare. dat wy an vnde
ouer diffen deghedinghen ghewefen hebbet. dat de ghehandelet vnde vultoghen fynt in aller wyfe alfe
vorfcreuen fteyt. Des hebbe wy dorch henrikes bede willen vorbenomd vnfe Inghefeghele to merer betü-
25 ginghe ghehenghet an diffen Breff. Na Goddes bord drytteynhundert Jar In deme Seffevndefeuentighe-
ften Jare. in der Hochtyd to Palmen.
<small>Gedruckt in Grupen's Origines et antiquitates Hanoverenses pag. 181.</small>

76. **Werner von Giltan, Bodo von Hodenberg, Diedrich Must und Helmich stellen dem Rathe der Stadt Hannover eine Quittung aus. — 1376, den 13. April.** H. O.
30 We Werner van Ghyltene, Bode van Hödemberghe Thyleke ruft, vnde helmyke bekennet opembare
in diffeme breue. Dat we vruntliken ghefcheden fynt van deme Rade to Honouere alfo dat fe vs nichtes
meer plichtich enfynt, vnde dat we on dancket Des hebbe ek Werner vorbenomd myn Inghefeghel to
orkunde vnde to tüghe witliken van vfer aller weghene ghehenghed an diffen breff Vnde is ghefcheen
na Goddes bord Drytteynhundert Jar In deme Sef vnde feuentigheften Jare, In der Hochtid to pafchen.

35 77. **Adolf, erwählter Erzbischof von Mainz und Bischof von Speier, verzichtet auf die ihm von dem Herzoge
Otto von Braunschweig gegen die Landgrafen Heinrich und Hermann von Hessen im Bündnisse vom
30. August 1374 versprochene Hülfe. Jedoch soll das Bündniss gegen andere Herren und Leute in Kraft
bleiben. — 1376, den 13. April.** VIII.

Wir Adolff von gods gnaden erwelte erzebifchoff zu Menzce bifchoff zu Spire bekennen vfündlichen
40 mid diefem briefe, als wir vns mid dem hochgeborn furftin vnfem lieben neben herczaugen Ottin von
brunfw vorbunden haben, alfo daz vnfir eyner dem andirn helffin fal wedir dij hochgeborn furftin hern
heinr vnd hermanne lancgrafin zu heffin vnfir lieben nefin als dij bundbriefe fagen, dij wir bediruyd dar
obir gegeben haben, des han wir vorezegen, vnd vorezihen auch geinwordeclich mid diefem briefe, vf

fulche hulffe dij vns herczauge Otte von brunfw thun fal, wedir dij vorg lancgrafin zu heffin, doch alfo
das derfelbe verbund mid dem ogenanten herczaugen Ottin fal bliben ftene vnd gehalden werden keyn
andirn hern, vnd luden, als dij bundbriefe vzwifin vnd vorfigilt fin, Des zu Orkunde han wir vnfir Ing
an diefen brieff gehangen, Datum Elteuil in fancto die pafche Anno domini M CCC LXX fexto.

**78. Die Ritter Hans und Lippold von Vreden, Gebrüder, begeben sich mit ihrem Schlosse Freden in den Dienst
der Herzöge Wenzlaus und Albrecht von Sachsen und Lüneburg gegen den Herzog Otte von Braunschweig.
— 1376, den 20. April.** K. O.

Ik her hans vnde her lippold brodere geheten van Vreyden Bekennet openbare in diffeme breue dat
we in vnfer leuen gnedigen herren. hern wentzlawes vnde hern Albrechtes hertogen To Saffen vnde to
Luneborch. dienft gefaren fynd met vnfeme flote vreyden. alfo dat we vigende werden fcullen. van dem fuluen flote vreyden. hertogen Otten van brunfwich vnde fyner hulpere. alle de wille dat vnfer vorbeñ herren.
kriech met eme waret. vnde vnfe vorbeñ herren. fcullet vnde willet vns. vor allen redoliken fchaden vnde
vor redelike kofte ftan de we in oreme dinfte nemen vnde don. vnde allen vromen den we oder de vnfe
nemen van vnfes herren vigenden de fcal der vorbeñ vnfer herren wefen. ane dat fik to butone boret. vnde
weret dat god gheue dat we oder de vnfe vromen nemen. an vangenen an guden luden. dar fcolde we den
fchaden na vnfer vorbeñ herren Rade mede erlegeren als id redelik were. Ok fcullet vns vnfe vorbeñ
herren. vredegut ghouen Jegen vnfe gut yft me dat in den vigenden hebben mach. als id rodelik is. vnde
weret dat we beftallet werden fo fcullet vnfe vorbeñ herren. vns redden bynnen fes. wekenen met ganfer
macht ane argelift. vnde weret des god nicht en wille dat vnfe flot vreyden. verbuwet oder van vnfer
vorbeñ herren krieges wegene. vorloren worde So fcullet vnfe vorbeñ herren. vnde willet vnde we. ernftlikon
kriegen. myt den Jennen de dat flot vorbuwet odir gewunnen. vnde vns anbeydentfiden met on nicht fonen
oder vreden. de vorbuwinge en were erft aue dan. oder fe en bedden vns des flotes weddor behulpen. odir
vnfe vorbeñ herren. fcolden vns dat flot gelden. alfe twen oren mannen vnde twen vnfen vrunden duncket
redelik wefen Ok en fculle we vns nicht fönen oder vreden met hertogen Otten van brunfwich alle de
wile dat vnfer herren. kriech. met eme waret Söne vnd vredes fcullet vnfe vorbeñ herren. ouer vns vnde
de vnfe mechtich wefen van ores kryeges wegene. vnde vnfe vorbeñ herren. fo fcullet fik auer nicht fönen
oder vreden. fe en fcullen vns vnde de vnfe. dar mede Inne befönen. vnde bevreden Ok fcullet vnfe
vorbeñ herren. vns vnde de vnfe truweliken. to vnfeme rechte vordegedingen Jegen hertogen Otten van
brunfwich. Alle deffe vorfcreue ftucke. loue we vorbeñ hern hans vnde her lippold. den vorbeñ vnfen
heren. her wentzlaw vnde her Albrechte hertogen to Saffen vnde to Luneborch. vnde eren rechten eruen
in guden truwen ftede vaft vnde vnuorbroken to holdende. vnde hebbet des to orkunde. vnfe Ingefegele.
witliken laten hengen. an deffen bref. Deghouen Na godifbord dritteynhundert Jar. dar na In deme fofte
vnde Seuentigoften Jare. am Sondage na pafchen alfeme finget Quafimodo geniti.

79. Rabode (Wale's) Rechnungsablage zu Neustadt und Mandelsloh vom Mai 1376 bis 26. Februar 1378. K. O.

. . . . quam myn here (van) dem (berghe) vñ was to der nyenftad (wente des
funn)auendes vore Jubilate dat is des dridden fundaghes na pafchen vñ de wile vortorede men in kelre
vñ in kokene LXXXIIII pund VIII fol vñ IIII penninghe vñ do fuluos alfo he en wech riden wolde do
dede ok Rabode eme to pantquitinghe LXXXII pund vortmer des Sunnauendes en auend ghaf men vt
IIII fol vor vifche eyghere vñ botteren.

Item iubilate in differ woken. IIII fol vñ III tal vor achte fyden fpekkes et II tal vor III ko dra-
ghes vleyfches. XXI fol vor lampvleyfch. XXVIII fol vor fwyn ghrones vleyfches. XXIIII fol vor eynen
offen. III fol vor eyghere. XVII fol vor vif fteneken botteren. VIII fol vor vifche X fol vor ftocvifch.
XII fol vo bofflach III fol vor neghele to den erkenoren vppe demo torne. XVI fol den tynımerluden de
fo makeden XIIII fol den feghers de de dolen faghoden. I molt rogghen vor XXIIII fol XXXIX fol

vor ł voder moltes VI ſtl vor hoppen IIII voder haueren iewelich voder vor dre pund VI ſtl myn dat
is de ſumme XI pund IIII ſtl myn.
  Item cantate. VI ſyden vleyſches vor II tal vñ VIII ſtl. IIII tal vor VII koyghe droghes vleyſches.
II tal V ſtl myn vor II ſwyn ghrones vleyſches. I tal vor eyne ko ghrones vleyſches. VIII ſtl vor . VI.
5 lammere. des mydwekens III ſtl vor viſche vñ eyghere des vridaghes . V . ſtl vñ IIII d vor viſche vñ
III ſtl vor oley. des ſunnauendes III ſtl vor viſche vñ eyghere VI ſtl vor hofflach XXXIX ſtl vor ł
voder moltes VI ſtl vor hoppen XXIIII ſtl vor I molt rogghen XIIII ſtl vor X ſtocviſche IIII voder
haueren. iowelich voder vor III tal VI ſtl myn dat is de ſumme XI tal IIII ſtl myn.
  Item dominica vocem que ebdoma dicitur cruceweken II Swyn eyn ghrone vñ eyn droghe vor
10 XXXIIII ſtl IIł ſtl vor II lammere des mandaghes IIII ſtl vor viſche vñ eyghere des dinſchedaghes
IIII ſtl vor viſche vñ eyghere des mydwekens quam myn here van lūneb to der nyenſtad VIII ſtl
vor viſche II ſtl vor eyghere des donreſdaghes I ſyden ſpeckes vor VIII ſtl IIł ſtl vor II lammero
des vridaghes VI ſtl viſche. VI ſtl vor eynen las. XX d vor oley XXVI d vor ſaffran des ſunnauendes en morghen III ſtl vor viſche II ſtl vor eyghere des auendes VI ſtl vor viſche vnde eyghere. VI
15 ſtl vor hofflach. IIł tal vor ſtocviſch den men allentolen hir na ghe ghethen heft I voder rogghen vor
IIIł tal et IIII ſtl ł voder moltes vor XXXIX ſtl. VI ſtl vor hoppen III voder haueren iuwelich voder
vor III tal. VI ſtl myn de ſumme dat is II ſtl vñ. VIII tal III tunnen *) vor ₦ tal den men gheten
heft ſint dat myn here to deme erſten male van der Nyenſtad reyd.
  Item dominica exaudi. IX koyghe de nien nam I ſyden ſpeckes vor achte ſtl IIł ſtl vor II lam-
20 mere des mandaghes. VIII ſtl vor viſche vñ eyghere. II ſwyn ghrones vleyſches vor II tal II ſtl myn
des dinſchedaghes II ſtl vor lamp vleyſch V ſtl vor krude III molt haueren de myn here myt ſynen denren vor vodert heft iewelich molt vor XVIII ſtl dat is de ſumme VI ſtl vñ VI tal. vñ des daghes reyd
myn here wedder en wech des auendes XVI d vor eyn lam des mydwekens IIII ſtl vor viſche vn
eyghere des donredaghes II ſyden ſpeckes vor VIII ſtl des vridaghes IIII ſtl vor viſche XV d vor
25 oley des ſunnauendes V ſtl vor viſche vñ eyghere XXIIII ſtl vor I molt rogghen ł voder moltes vor
XXXIX IIII ſtl vor hoppen IIł voder haueren vor I ſtl vñ IIII tal.
  Item pentecoſtes IIII koyghe VI ſchap II ſyden ſpeckes vor XVI ſtl des mydwekens was quatertempere VII ſtl vor viſche vñ eyghere des vridaghes IIII ſtl vor viſche XX d vor oley des Sunnauendes VIII ſtl vor viſche vñ eyghere. VIII ſtl vor hofflach I molt rogghen vor XXIIII ſtl ł voder
30 moltes vor XXXIX ſtl VI ſtl vor hoppen IIł voder haueren vor VII tal V ſtl myn.
  Item dominica trinitatis. VI koyghe XII ſchap I oſſen I ſyden ſpeckes vor VIII ſtl I ko droghes
vleyſches vor XVI ſtl des mandaghes IIII ſtl vor viſche vñ eygere des mydwekens ₦ ſtl vor viſche
vñ eyghere des vridaghes V ſtl vor viſche XV d vor oley des Sunnauendes VII ſtl vor viſche vñ
eyghere ł voder moltes vor II tal VI ſtl vor hoppen. XXIIII ſtl vor I molt rogghen II voder haueren
35 dat molt vor XVIII ſtl dat is de ſumme VIII ſtl vñ II tal XV ſtl vor eyne ſtalene borſt deme platen-
ſlegere de ek myneme heren van lūneb ſende.
  Item dominica Secunda poſt pentecoſten VI koyghe VI lammere. I . ſyden ſpeckes vor VIII ſtl I . ko
droghes vleyſches vor XVI ſtl. des mandaghes II ſtl vor viſche vñ eyghere des mydwekens II ſtl vor
viſche des vridaghes IIł ſtl vor viſche XX d vor oley des ſunnauendes IIIł ſtl vor viſche II ſtl
40 vor eyghere. des auendes quam myn here van lūneb VI ſtl vor viſche vn eyghere II molt rogghen
vor VIII ſtl vñ II tal ł voder moltes vor II ſtl vñ II tal. XV ſtl vor ł molt wetenes moltes VIII ſtl
vor hoppen VI molt haueren vor VIII ſtl vñ V tal.
  Item dominica tercia poſt Pentecoſton XII koy. XVIII ſchap I ſyden ſpeckes vor VIII ſtl des mandaghes was auend ſynte Johannes VIII ſtl vor viſche XVIII d vor oley III ſtl vor krude II ſtl vor

45 *) III tunnen heringhes.

faffran vn des daghes reyd myn here en wech des vridaghes III fͫl vor vifche I fͫl vor oley des Sunnauendes was auend finte peters vn finte paulus IIII fͫl vor vifche XV d vor oley I fͫl vor eyghere I molt rogghen vor XXIIII fͫl XXX fͫl vor folt dat vorfolten is fint der tyd dat myn here erft van der nyenftad reyd I voder moltes vor II fͫl vn II ǳd VIII fͫl vor hoppen VI molt haneren de myn here myt den fynen vorvodert heft vor VIII fͫl vn V ǳd. vn V molt haueren de meu vor vodert heft myt vn- 5 fen deghelkes denren vor ѵ ǳd.

 Item dominica quarta poft Pentecoften VI koyghe IX fchap I ko droghes vleyfches vor XVI fͫl des mandaghes II fͫl vor vifche vn eyghere des mydwekens III fͫl vor vifche vn eyghere des vridaghes III fͫl vor vifche XV d vor oley des funnauendes III fͫl vor vifche vn eyghere. I molt rogghen vor XXIIII fͫl I voder moltes vor II fͫl vn II ǳd VIII fͫl vor hoppen V molt haueren vor ѵ ǳd. 10

 Item dominica quinta poft Pentecoften VII koyghe I ko droghes vleyfches vor XVI fͫl XVI fͫl vor II fyden fpeckes des mandaghes XVIII d vor vifche des mydwekens II fͫl vor vifche vn eyghere des vridaghes V fͫl vor vifche XV d vor oley des funnauendes fcholde myn here van Luneb ghekomen hebben V fͫl vor vifche XVIII d vor eygbere. I molt rogghen vor XXIIII fͫl I voder moltes vor II fͫl vn II ǳd VIII fͫl vor hoppen V molt haueren vor ѵ ǳd. Ѵ fͫl vor hofflach. 15

 Item dominica Sexta poft Pentecoften VII koyghe vn XII fchap I fyden fpeckes vor VIII fͫl des dinfchedaghes quam myn here des mydwekens III fͫl vor vifche XVIII d vor eyghero vn in deme daghe reyd myn here wedder en wech des vridaghes IIII fͫl vor vifche. XV d vor oley des funnauendes VI fͫl vor vifche vn eyghere I molt rogghen vor XXIIII fͫl I voder moltes vor II fͫl vn twe ǳd VIII fͫl vor hoppen. IX molt haueren myneme heren van luneb vn fynen denren vn myneme heren 20 van dem berghe vn vfe deghelkes denre. de vor vodert fyn dat molt vor XVIII fͫl dat is de fumme VIII ǳd vn II fͫl.

 Item dominica Septima poft Pentecoften VI koyghe X fchap I fyden fpeckes vor VIII fͫl des mandaghes XVIII d vor vifche. I fͫl vor eyghere des mydwekens II fͫl vor vifche vn eyghere. des donrefdaghes was finte Jacobus auend III fͫl vor vifche XV d vor oley des vridaghes IIII fͫl vor vifche 25 XV d vor oley. des Sunnauendes ѵ fͫl vor vifche vn eyghere II molt rogghen vor VIII fͫl vn II ǳd I voder moltes vor II fͫl vn II ǳd VIII fͫl vor hoppen V fͫl vor hoppen VI molt haueren vor V ǳd I fͫl myn.

 Item dominica Octaua poft pontekoften V koyghe VIII fchap I fyden fpeckes vor VIII fͫl. I ko. droghes vleyfches vor XVI fͫl des mandaghes vn des mydwekens IIII fͫl vor vifche vn eyghere des 30 vridaghes III fͫl vor vifche XV d vor oley des auendes quam myn here van Luneb II fͫl vor fpirlinghe XV d vor oley IIII fͫl vor eynen las des funnauendes X fͫl vor vifche vn eyghere IIII fͫl vor crude I molt rogghen vor XXIIII fͫl I voder moltes vor II fͫl vn II ǳd VIII fͫl vor hoppen V molt haueren vor ѵ ǳd de myt vfen deghelikes denren vor vodert fyn vn IIII molt haueren de myn here myt fynen denren vor vodert heft vor IIII ǳd vn II fͫl. 35

 Item dominica nona poft Pentecoften VII koyghe XII oues IIII fͫl vor honre I fyden fpeckes vor VIII fͫl des mandaghes II fͫl vor vifche vn eyghere vn des daghes reyd myn here en wech des vridaghes V fͫl vor vifche XV d vor oley des funnauendes VII fͫl vor vifche vn eyghere VIII fͫl vor hofflach I molt rogghen vor XXIIII fͫl I voder moltes vor II fͫl vn II ǳd VIII fͫl vor hoppen vn myn here heft myt fynen denren vor vodert II molt haueren vor XXXVI fͫl vn IIII molt haueren myt 40 vnfen deghelikes denren vor III ǳd VIII fͫl myn.

 Item dominica decima poft Pentecoften VII koyghe XIII fchap I fyden fpeckes vor VIII fͫl II fͫl vor honre des donrefdaghes was auend vfer vrawen der krudwyghynghe VI fͫl vor vifche XV d vor oley. I fͫl vor witbrod des vridaghes IIII fͫl vor vifche XV d vor oley des funnauendes ѵ fͫl vor vifche vn eyghere II fͫl vor fpirlinghe VI fͫl vor hofflach. II molt rogghen vor VIII fͫl vn II ǳd I vo- 45 der moltes vor II fͫl vn II ǳd VIII fͫl vor hoppen III vodor haueren vor III fͫl vn VIII ǳd.

Item dominica vndecima poft penthecoften   VIII koyghe vñ XI fchåp I fyden fpeckes vor VIII fol   des mandaghes II fol vor vifche vñ eyghere   des vridaghes VII fol vor vifche vñ ale XV d vor oley   des funnauendes IIII fol vor vifche. XV d vor oley   vñ was auend finte Bartholomeus. I molt rogghen vor XXIIII fol I voder moltes vor II fol vñ II tol VIII fol vor hoppen. VIII molt haueren vor IIII fol vñ
5 VII tol IIII fol vor hofllach.

Item dominica ipfo die fuit dies Bartholomei   VIII koyghe vñ X fchåp I fyden fpeckes vor VIII fol IIII fol vor honre   des mandaghes II fol vor vifche   des mydwekens II fol vor vifche vñ eyghere   des vridaghes V fol vor vifche vñ ale XX d pro oleo   des funnauendes VI fol vor vifche vñ ale I molt rogghen vor XXIIII fol I voder moltes vor II fol vñ II tol VI fol vor hoppen VIII molt haueren vor
10 VII tol vñ IIII fol.

Item dominica prima poft Bartholomej   IX koyghe vñ XII fchåp I fyden fpeckes vor VIII fol   des mandaghes II fol vor vifche   des mydwekens III fol vor vifche vñ eyghere   des vridaghes IIII fol vor vifche XV d vor oley des funnauendes VI fol vor vifche vñ eyghere I molt rogghen vor XXIIII fol I voder moltes vor II fol vñ II tol VII fol vor hoppen. VIII. molt haueren vor VII tol vñ IIII fol.

15 Item dominica secunda poft Bartholomei was auend vfer vrowen der latern   IX koyghe vñ XII fchåp I fyden fpeckes vor VIII fol   des mandaghes was vfer vrowen dach der lateren III fol vor vifche vñ eyghere des mydwekens II fol vor vifche vñ eyghere   des vridaghes IIII fol vor vifche XX d vor oley   des funnauendes VI fol vor vifche vñ oyghe I molt rogghen vor XXIIII fol I voder moltes vor II fol vī II tol VII fol vor hoppen VII molt haueren vor VI fol vñ VI tol.

20 Item dominica prima poft feftum natiuitatis marie   X koyghe XII fchåp I fyden fpeekes vor VIII fol   des mydwekens was yd quatertempere IIII fol vor vifche XX d vor oley   des vridaghes VII fol vor vifche XX d vor oley   vñ do nam ek Rabode mandeflle in.   des funnauendes was finte matheus VI fol vor vifche XV d vor oley III molt rogghen vor IIII tol vñ II fol to mandeflle vñ to der nyenftad I voder moltes vor IIII fol vñ IIII tol XII fol vor hoppen III voder haueren vor VII tol V fol myn I tunnen
25 haringhes vor XXXIIII fol.

Item dominica in qua fuit fanctus matheus   VIII koyghe X fchåp III fyden fpeckes vor XXIIII fol des mandaghes vñ des mydwekens X fol vor vifche vñ eyghere   des vridaghes IIII fol vor vifche XV d vor oley   des funnauendes quam myn here van dem berghe   VII fol vor vifche vñ eyghere II molt rogghen vor VIII fol vñ II tol to mandeflle vñ to der nyenftad I voder moltes vor II fol vñ II tol VI fol
30 vor hoppen IIII molt haueren vor III tol.

Item dominica ante feftum michelis   XI koyghe. XII fchåp IIII fyden fpeckes vor XXXII fol   des mandaghes was finte michelis dach vñ do quam myn here van luneb III fol vor vifche vn eyghere   dinfchedaghes IIII fol vor honre   des mydwekens IIII fol vor honre vn II fol vor eyghere vñ do des fuluen daghes reyd myn here en wech.   des vridaghes V fol vor vifche XV d vor oley   des funnauendes V fol
35 vor vifche vñ eyghere II molt rogghen vor VIII fol vñ II tol II molt moltes vor III tol IIII fol myn VIII fol vor hoppen. VI molt haueren de vor vodert fin vñ de is gheworden van der ghulde IIII fol vor hofllach.

Item van deme dridden fundaghe na pafchen wente nů hebbe ek ghekoft XVI voder béres iewelich voder vor IIII tol   dat is de fumme vor LIIII tol   et III tunnen botteren iewelke tunnen vor V tol
40 dat is de fumme vor XIIII tol   Item van finto peters vñ finte paulus daghe wente nů IIII tol vor folt et III tol vor I tunnen kefe.

Item dominica prima poft feftum michelis   V koyghe vñ XI fchap II fyden fpeckes vor XVI fol des mandaghes vñ des mydwekens II fol vor vifche vn eyghere   des vridaghes IIII fol vor vifche XV d vor oley.   des funnauendes V fol vor vifche vñ eyghere I tunnen haringhes XXXIIII fol II molt rogghen
45 vor II tol vñ VIII fol II molt moltes vor III tol IIII fol myn VII fol vor hoppen. V. molt haueren

twen koken to lone XXX ſol vñ deme ſlutere I ℔ II beckers XXX ſol IIII wechteren II ℔. II the-
gheders XXII ſol deme portenere VIII ſol.

Item dominica ſecunda poſt michaelis   VI koy X ſchâp II ſyden ſpeckes vor XVI ſol   des vridaghes N ſol vor viſche XV d vor oley   des ſunnauendes VII ſol vor viſche vñ eyghere I voder rogghen
vor XXXVI ſol II molt moltes vor III ℔ IIII ſol myn VI ſol vor hoppen IIII molt haueren.   5

Item dominica tercia poſt feſtum michaelis   des ſundaghes quam myn here van lůneb XII koyghe
XIIII ſchâp I ſyden ſpeckes vor VIII ſol VI ſol vor bonre   des mydwekens IIII ſol vor viſche vñ eygere
des donreſdaghes reyd myn here en wech   des vridaghes IIII ſol vor viſche XV d vor oley   des ſunnauendes V ſol vor viſche vñ eyghere. II molt rogghen vor VIII ſol vñ II ℔ II molt moltes vor III ℔
IIII ſol myn VI ſol vor hoppen. V. molt haueren.   10

Item dominica quarta poſt michelis   III ſwyn XII ſchâp   des mandaghes was auend ſinte ſymonis vñ
Jude III ſol vor viſche XV d vor oley   des vridaghes IIII ſol vor viſche. XV d vor oley   des ſun-
nauendes III ſol vor viſche vñ eyghere. II molt rogghen vor VIII ſol vñ II ℔ II molt moltes vor III ℔
IIII ſol myn VI ſol vor hoppen IIII ſol vor hoſſlach. III molt baueren.

Item dominica prima poſt Symonis et jude   II ſwyn III koy VI ſchâp   des vridaghes IIII ſol vor 15
viſche XV d vor oley   des ſunnauendes III ſol vor viſche vñ eyghere II molt rogghen vor VIII ſol vñ
II ℔. II molt moltes vor III ℔ IIII ſol myn VI ſol vor hoppen. III molt haueren.

Item dominica Secunda poſt Symonis et Jude   I ſwyn II koy IIII ſchâp I ſyden ſpeckes vor VIII ſol
des vridaghes IIII ſol vor viſche XV d vor oley I tunnen haringhes vor XXXII ſol   des ſunnauendes
IIII ſol vor viſche vñ eyghere. II molt rogghen vor VIII ſol vñ II ℔ II molt moltes vor III ℔ IIII ſol 20
myn VIII ſol vor hoppen. III molt haueren. IIII ſol vor hoſſlach.

Item dominica prima poſt Martini   V koyghe IX ſchâp I ſyden ſpeckes vor VIII ſol   des vridaghes
IIII ſol vor viſche XV d vor oley   des ſunnauendes IIII ſol vor viſche vñ eyghere. II molt rogghen vor
VIII ſol vñ II ℔ II molt moltes vor III ℔ IIII ſol myn VII ſol vor hoppen. III molt haueren.

Item dominica ſecunda poſt Martini   V koyghe IX ſchâp I ſwyn   des mandaghes was ſinthe kathe- 25
rinen auend II ſol vor viſche X d vor oley   des vridaghes III ſol vor viſche XV d vor oley   des ſunnauendes was ſinte andreas auend IIII ſol vor viſche XV d vor oley II molt rogghen vor VIII ſol vñ
II ℔ II molt moltes vor III ℔ IIII ſol myn VII ſol vor hoppen IIII molt baueren.

Item dominica ipſo die fuit ſanctus andreas.   VI koy IIII ſchâp   des donreſdaghes was ſinte barberen dach XVIII d vor oley   V d vor oley des vridaghes III ſol vor viſche XV d vor oley   des ſun- 30
nauendes IIII ſol vor viſche vñ eyghere. II. molt rogghen vor VIII ſol vñ II ℔ II molt moltes vor III
℔ IIII ſol myn VII ſol vor hoppen IIII molt haueren VII ſol vor hoſſlach.

Item dominica prima poſt Andree   III koyghe II ſwyn des vridaghes IIII ſol vor viſche XV d
vor oley   des ſunnauendes III ſol vor viſche vñ eyghere. I voder rogghen dat ghegheten dat ghe worden
is. II molt moltes vor III ℔ IIII ſol myn, VI ſol vor hoppen III molt haueren. III ſol vor hoſſchlach. 35

Item dominica Secunda poſt andree   IIII koyghe VIII ſchâp des Midwekens was quatertempere
III ſol vor viſche XV d vor oley I tunnen haringhes vor XXXIII ſol   des vridaghes III ſol vor viſche
XV d vor oley   des ſunnauendes III ſol vor viſche XV d vor oley I voder rogghen II molt moltes vor
III ℔ IIII ſol myn VI ſol vor hoppen III molt haueren III ſol vor hoſſlach.

Item dominica tercia poſt Audree   III koy vñ II ſwyn vñ V ſchap   vñ to wynachten auende VI ſol 40
vor viſche XVIII d vor oley   des vridaghes III ſol vor viſche XV d vor oley   des ſunnauendes III ſol
vor viſche vñ eyghere. I voder rogghen. II molt moltes vor III ℔ vñ IIII ſol.

Item dominica prima poſt natiuitatis chriſti   VII koyghe XII ſchap III ſwyn   des vridaghes III ſol
vor viſche XV d vor oley   des Sunnauendes IIII ſol vor viſche vñ eyghere. II molt rogghen II molt
moltes vor III ſol vñ III ℔ VI ſol vor hoppen III molt haueren.   45

Item dominica poſt circumciſionis domini   V koyghe IX ſchap I ſwyn   des vridaghes IIII ſol vor vifche XV d vor oley des funnauendes V fol vor vifche vñ eyghere. II molt rogghen. II molt moltes vor I fol vf II tal VII fol vor hoppen IIII molt haueren.

Item van finte michelis daghe wente nů hebbe ek ghekoft II voder beres vor VIII tal.

Item dominica poft epiphanie domini IIII koyghe, IX fchap III fwyn des vridaghes IIII fol vor 5 vifche XV d vor oley des funnauendes IIII fol vor vifche vñ eyghere. II molt rogghen II molt moltes vor I fol vñ II tal. VI fol vor hoppen III molt haueren.

Item dominica die jpfo die fuit prifche virginis V koyghe VIII fchap II fwyn des vridaghes IIII fol vor vifche XV d vor oley des funnauendes VI fol vor vifche vñ eyghere I voder rogghen I voder moltes VI fol vor hoppen III molt haueren.

10 Item dominica ipfo die fuit dies pauli VI koyghe IX fchap. I. fwyn des vridaghes IIII fol vor vifche XV d vor oley XVIII d vor fpirlinghe. des funnauendes vaftedemen vfer vrowen to lichtmiffen IIII fol vor vifche XV d vor oley I fol vor witbrod II molt rogghen II molt moltes VII fol vor hoppen II molt haueren.

Item dominica ante feftum purificationis marie III koy VIII fchap II fwyn des vridaghes IIII fol 15 vor vifche XV d vor oley. XVIII d vor fpirlinghe des funnauendes IIII fol vor vifche vñ eyghere. I voder rogghen. I voder moltes VI fol vor hoppen, III molt haueren.

Item dominica efto michi III koyghe III fwyn VI fchap II fol vor eyghere. II molt rogghen I voder moltes VI fol vor hoppen, III molt haueren.

Item dominica invocauit I molt rogghen, I voder moltes VI fol vor hoppen. III molt haueren.
20 Item reminifcere II molt rogghen I molt moltes VI fol vor hoppen II molt haueren vor XXIIII fol.
Item oculi II molt rogghen I voder moltes VI fol vor hoppen II molt haueren vor XX fol.

Item dominica letare II molt rogghen I voder moltes VI fol vor hoppen III molt haueren vor XXXVI fol.

Item dominica Judica II molt rogghen I voder moltes VI fol vor hoppen II molt haueren vor 25 XXVII fol.

Item dominica domine II molt rogghen I voder moltes VI fol vor hoppen II molt haueren vor XXVII fol.

Item heft men gheten in deffer vaften XII tunnen haringhes to mandefille vñ to der nyenftad vor XVIII tal honouerfcher penninghe V fol vñ IIII tal vor oley V tal vor ftocvifch II tal vor mandelen 30 II tal vor fpirlinghe. XXX fol vor vighen XVI fol vor ris XXX fol vor bonen V fol vñ II tal vor verfche vifchu Item van wynachten wente nů to pafchen III voder beres vñ II tunnen vor XIII tal Item van finte michelis daghe wente to pafchen III tunnen botteren de tunnen vor V tal dat is de fumme XIII tal III *) I tunnen kefe vñ IIII tal vor folt.

Item Refurexi IIII fwyn III koyghe des vridaghes III fol vor vifche I molt rogghen I molt mol-35 tes VI fol vor hoppen XXXVI fol vor III molt haueren II koken II tal to lone I tal deme beckere. I tal deme flutere. XII fol deme houemeftere. III wechteren XXX fol. dem portenere VIII fol VIII fol vñ II tal vor hofflach van wynachten wente nů.

Item dominica quafimodogeniti. VI fwyn. II koyghe I tunnen botteren vor V tal des mandaghes vñ des mydwekens VIII fol vor vifche vñ eyghere des vridaghes vñ defunnauendes V fol vor vifche 40 XVIII d vor eyghere. I molt rogghen I molt moltes VI fol vor hoppen III molt haueren vor XXXV fol.

Item dominica mifericordia domini VII fwyn II koyghe des mandaghes vñ des mydwekens II fol vor vifche vñ eyghere des vridaghes vñ des funnauendes V fol vor vifche II molt rogghen I voder moltes VI fol vor hoppen II molt haueren vor XXVIII fol VI fol vor hofflach.

Item dominica Jubilate IIII fwyn II koyghe des mandaghes vñ des mydwekens II fol vor vifche

45 *) Hier fohlt tal vor.

vñ eyghere des vridaghes vñ des funnauendes was fente marcus dach VI ſml vor viſche I molt rogghen I molt moltes VI ſml vor hoppen III molt haueren vor XXXV ſml.

Item dominica cantate IIII ſwyn III koyghe des vridaghes vñ des funnauendes V ſml vor viſche vñ eyghere I voder rogghen I molt moltes VI ſml vor hoppen II molt haueren vor XXVIII ſml.

Item dominica vocem. et dicitur cruceweken. II ſwyn vñ I ko V ſml vor eyghere VI ſml vor viſche des vridaghes IIII ſml vor viſche des funnauendes III ſml vor viſche vñ eygere I voder rogghen. I molt moltes VI ſml vor hoppen II molt haueren vor XXVI ſml.

Item dominica exaudi V ſwyn II koyghe des vridaghes III ſml vor viſche des funnauendes XVIII d vor viſche vñ eyghere I voder rogghen. I molt moltes VI ſml vor hoppen XVIII ſchepel haueren vor XXI VII ſml vor hoſſlach.

Item dominica Penthecoſtes III ſwyn II ko des mydweken was yd quatertempere III ſml vor viſche vñ eyghere des vridaghes III ſml vor viſche des funnauendes III ſml vor viſche vñ eyghere. I molt rogghen I molt moltes VII ſml vor hoppen II molt haueren vor XXVI ſml III ſml vor hoſſlach.

Item dominica trinitatis IIII ſwyn II koyghe des vridaghes IIII ſml vor viſche des funnauendes IIII ſml vor viſche vñ eyghere I tunnen botteren vor III ſml vñ V tal I voder rogghen I molt moltes VII ſml vor hoppen. I molt haueren vor XIII ſml.

Item dominica domine IIII ſwyn II ko des vridaghes III ſml vor viſche des funnauendes III ſml vor viſche vñ eyghere I molt rogghen I molt moltes VII ſml vor hoppen II molt haueren vor XXI ſml V ſml vor hoſſlach.

Item dominica factus IIII ſwyn I ko des vridaghes IIII ſml vor viſche. X d vor oley des funnauendes III ſml vor viſche vñ eyghere I voder rogghen I molt moltes. VII ſml vor hoppen. II molt haueren vor XXVIII ſml.

Item dominica respice IIII ſwyn I ko des vridaghes IIII ſml vor viſche X d pro oleo des funnauendes IIII ſml vor viſche vñ oley I molt rogghen I molt moltes. V ſml vor hoppen II molt haueren vor XXI ſml IIII ſml vor hoſſlach.

Item dominica dominus III ſwyn I ko des dinſchedaghes was auend ſinte Johannes II ſml vor viſche X d vor oley des vridaghes III ſml vor viſche XV d vor oley des funnauendes IIII ſml vor viſche vñ eyghere I voder*) vor XXXVI ſml I molt moltes VII ſml vor hoppen II molt haueren vor XXI ſml.

Item dominica prima poſt Johannis III koy I ſwyn des vridaghes III ſml vor viſche X d vor oley des funnauendes III ſml vor viſche vñ eygere I molt rogghen vor XXIIII ſml I molt moltes VII ſml vor hoppen II molt haueren vor XXVII ſml.

Item dominica ſecunda poſt Johannis II ſwyn II koyghe des vridaghes IIII ſml vor viſche XV d vor oley des funnauendes II ſml vor viſche vñ eyghere I voder rogghen vor XXXVI ſml I voder moltes VII ſml vor hoppen II molt haueren vor XXI ſml VIII ſml vor hoſſlach. I tunnen botteren vor III **) vñ V tal.

Item dominica Tercia poſt Johannis IIII vaccas I porcum des vridaghes III ſml vor viſche X d vor oley des funnauendes IIII ſml vor viſche vñ eyghere I molt rogghen vor XXIIII ſml I molt moltes. VII ſml vor hoppen II molt haueren vor XXVI ſml.

Item dominica quarta poſt Johannis VI koyghe IIII ſcap des vridaghes IIII ſml vor viſche I ſml vor oley des funnauendes was ſinte Jacobus dach VI ſml vor viſche vñ eyghere. I molt rogghen vor XXIIII ſml I voder moltes vor XXXVI ſml VII ſml vor hoppen III molt haueren vor XXXVI ſml VIII ſml vor hoſſlach.

Item dominica prima poſt Jacobi V koy VI ſcâp I ſwyn des vridaghes III ſml vor viſche I ſml

---

*) Hier fehlt rogghen. **) Hier fehlt ſol.

vor oley des funnauendes IIII ſol vor viſche vñ eyghere I molt rogghen vor XXIIII ſol I voder moltes vor XXXVIII ſol VII ſol vor hoppen II molt haueren vor XXVI ſol V ſol vor hoflach.

Item dominica fecunda poſt Jacobi VI koy VIII fchåp des vridaghes IIII ſol vor viſche XV d vor oley des funnauendes vaſtedemen ſinte Laurenciefe V ſol vor viſche vñ oley I molt rogghen vor 5 XXIIII ſol I voder moltes vor XXXVI ſol VII ſol vor hoppen III molt haueren vor XXXVIII ſol IIII ſol vor hoflach.

Item dominica Tercia poſt Jacobi V koyghe VIII fchåp III fwyn des vridaghes III ſol vor viſche XV d vor oley des funnauendes was vſer*) dach der krutwyghynghe V ſol vor viſche vn eyghe I voder rogghen vor XXXVI ſol I molt moltes vor XXIIII ſol VI ſol vor hoppen III molt haueren vor XXXVI 10 ſol IIII ſol vor hoflach.

Item dominica prima poſt aſſumptionis marie IIII koy I fwyn VIII fchåp des vridaghes IIII ſol vor viſche X d vor oley des funnauendes vaſtemen ſinthe Bartholomeum V ſol vor viſche X d vor oley I molt rogghen vor XXIIII ſol I molt moltes vor XXIIII ſol VII ſol vor hoppen II molt haueren vor XXVI ſol VIII ſol vor hoflach I tunnen botteren vor V tal.

15 Item dominica fecunda poſt Aſſumptionis marie IIII koy VI fcåp II fwyn des vridaghes IIII ſol vor viſche X d vor oley des funnauendes IIII ſol vor viſche vñ eyghere I molt rogghen vor XXIIII ſol. I molt moltes vor XXII ſol VII ſol vor hoppen. III molt haueren vor XXXI ſol.

Item dominica Prima poſt Bartholomej V koy VII fchåp I Swyn des vridaghes VI ſol vor viſche X d vor oley des funnauendes IIII ſol vor viſche vñ eyghere I molt rogghen vor XXIIII ſol I molt 20 moltes vor XXIIII ſol, VII ſol vor hoppen III molt haueren vor XXXII ſol V ſol vor hoflach. dren theghedees XXXVI ſol.

Item dominica fecunda poſt Bartholomei IIII koy VIII fchåp I fwyn des vridaghes IIII ſol vor viſche. X d vor oley des funnauendes V ſol vor viſche vñ eygere. I molt rogghen vor XXII ſol I molt moltes vor XXIIII ſol VI ſol vor hoppen II molt haueren vor XXI ſol IIII ſol vor hoflach. I tunnen 25 haringhes vor XXX ſol.

Item dominica Tercia poſt Bartholomei III koy V fchåp des mydwekens was quatertempere III ſol vor viſche X d vor oley des vridaghes IIII ſol vor viſche XV d vor oley des funnauendes III ſol vor viſche X d vor oley I molt rogghen vor XXIIII ſol I molt moltes vor XXIIII ſol VI ſol vor hoppen II molt haueren vor XXIIII ſol X ſol vor hoflach.

30 Item dominica quarta poſt Bartholomei IIII koy. VI fchåp I fwyn des vridaghes IIII ſol vor viſche X d vor oley des funnauendes IIII ſol vor viſche vñ eyghere I molt rogghen vor XXIIII ſol I molt moltes vor XXIIII ſol V ſol vor hoppen II molt haueren vor XXII ſol I tunnen botteren vor V tal V ſol vor hoflach.

Item van pafchen wente to ſinte michelis daghe heft men koſt VI voder beres iuwelich voder vor 35 IIII tal dat is de fumme XXIIII tal. IIII tal vor folt IIII tal vor II tunnen kefe.

Item des fundaghes vore ſinte michelis daghe V koy XII fchåp des vridaghes vñ des funnauendes V ſol vor viſche XV d vor oley XVIII d vor eyghere I molt rogghen I molt moltes. VI ſol vor hoppen II molt haueren.

Item des fundaghes na ſinte michelis daghe VI koyghe X fchåp des vridaghe vñ des funnauendes 40 VI ſol vor viſche vñ eyghere I ſol vor oley I molt rogghen I molt moltes V ſol vor hoppen II molt haueren VIII ſol vor hoflach.

Item des fundaghes vore ſinte gallen daghe V koyghe XI fcap des vridaghes vñ des funnauendes VII ſol vor viſche eyghere vñ oley I molt rogghen I molt moltes V ſol vor hoppen III molt haueren. I tunnen haringhes vor XXXI ſol.

45 Item des Sundaghes was ſinte Lucas dach. V koy. IX fchåp. des vridaghes vñ des funnauendes

*) Hier fohlt ʒruʒem.

VI ſot et III d vor viſche eyghere vñ oley I molt rogghen I molt moltes VI ſot vor hoppen II molt haueren V ſot vor hoſſlach.

Item des ſundagbes na ſinte Lucas daghe VIII koy XIII ſchap des dinſchedaghes was auend ſinthe Symonis vñ Jude VIII ſot vor viſche vñ oley des vridaghes VI ſot vor viſche XVIII d vor oley des ſunnauendes was auend alle ghoddes hilghen IIII ſot vor viſche XVIII d vor oley II molt rogghen 5 I voder moltes VI ſot vor hoppen VI molt haueren I tunnen haringhes vor XXVIII ſot.

Des ſundaghes was alleghoddes hilgben dach VI koy. XII ſchap des vridaghes VI ſot vor viſche I ſot vor oley. I ſot vor eyghere I molt rogghen I molt moltes VI ſot vor hoppen IIII molt haueren VI ſot vor hoſſlach.

Des ſundaghes na alleghoddes hilghen daghe VI koyghe X ſchayp des vridaghes V ſot vor viſche 10 vñ oley des ſunnauendes V ſot vor viſche vñ eyghere II molt rogghen. I molt moltes IX ſot vor hoppen III molt haueren.

Item des ſundaghes naſinte mertins daghe IIII koy VIII ſchap II ſwyn des vridaghes IIII ſot vor viſche vñ oley des ſunnauendes IIII ſot vor viſche vñ eyghere I molt rogghen I molt moltes IX ſot vor hoppen IIII molt haueren. 15

Des anderen ſundaghes naſinte mertins daghe V koy XII ſchap I ſwyn des vridaghes V ſot vor viſche des ſunnauendes vaſtodomen ſinte andreaſe V ſot vor viſche vñ oley II molt rogghen I molt moltes IX ſot vor hoppen III molt haueren VIII ſot vor hoſſlach.

Item des ſundaghes vore ſinte andreas daghe VI koy X ſchap II ſwyn des vridaghes III ſot vor viſche vñ I ſot vor oley des ſunnauendes IIII ſot vor viſche vñ eyghere I molt rogghen I molt moltes 20 IX ſot vor hoppen IIII molt haueren XXIX ſot vor I tunnen haringhes.

Item des Sundaghes was ſinte nycolawes dach IIII koyghe III ſwyn XII ſchap des vridaghes V ſot vñ III d vor viſche vñ oley des ſunnauendes V ſot vor viſche vñ eygere II molt rogghen I molt moltes IX ſot vor hoppen IIII molt haueren. VI ſot vor hoſſlach.

Item des Sundaghes was Sinte Lucien dach VI koy XVI ſchap vñ III Swyn des mydwekens was 25 quatertempere VII ſot vor viſche vñ oley des vridaghes vñ des ſunnauendes vor viſche vñ oley. XII ſot I molt rogghen I molt moltes IX ſot vor hoppen VI molt haueren.

Item des Sundaghes vore wynachten was myn here van dem Berghe to der nyenſtad VI koy XX ſchap V ſwyn an des hilghen hilghen kerſten auende VI ſot vor viſche XVIII d vor oley des ſunnauendes IIII ſot vor viſche vñ eyghere II molt rogghen. I molt moltes IX ſot vor hoppen VII molt haue- 30 ren VIII ſot vor hoſſlach.

Item van ſinte michelis daghe wente nū. IIII. voder beres vor XVI tūt II tunnen botteren vor IX tūt honouerſcher penninghe. VI tūt vor ſolt III tūt vor I tunnen keſe vñ X tūt vor pantquitinghe van ſinte michelis daghe wente nū.

Item des ſundaghes na jynachten de woron de heren III XII koyghe XL ſchap VIII ſwyn XXI ſot 35 vor viſche III ſot vor oley IIII ſot vor eyghere vñ III molt rogghen I voder moltes VIII molt haueren IX ſot vor hoppen vñ II voder hildent beres vor VIII tūt I tunnen botteren vor V tūt.

Item des ſundaghes na nyeniare II koyghe X ſchap III ſwyn des vridaghes V ſot vor viſche vñ oley des ſunnauendes IIII ſot viſche vñ eyghere I molt rogghen I molt moltes IX ſot vor hoppen II molt haueren. 40

Item des ſundaghes na twolften II koyghe XVI ſchap III ſwyn des vridaghes VIII ſot vor viſche vñ oley des ſunnauendes III ſot vor viſche vñ eyghere I molt rogghen I molt moltes IX ſot ſot vor hoppen III molt haueren I tunnen haringhes vor XXVIII ſot V ſot vor hoſſlach.

Item des ſundaghes was ſinthe Anthonies dach II koy XII ſcāp III ſwyn des vridaghes VII ſot vor viſche vñ oley des ſunnauendes IIII ſot vor viſche vñ eyghere I molt rogghen I molt moltes 45 IX ſot vor hoppen IIII molt.

12

Item des fundaghes vore finte paulus daghe II koyghe XIIII fchap IIII fwyn des vridaghes VIII fol vor vifche vñ oley des funnauendes IIII fol vor vifche vñ eyghere. I molt rogghen I molt moltes IX fol vor hoppen III molt haueren.

Item des fundaghes na finte Paulus daghe. I ko XII fchap vñ III fwyn des mandaghes was auend 5 vfer vrowen to liehmiffen VI fol vor vifche vñ oley des vridaghes VI fol vor vifche vñ oley. des funnauendes V fol vor vifche vñ eyghere I molt rogghen I molt moltes IX fol vor hoppen III molt haueren I tunnen botteren vor V fol.

Item des fundaghes na vfer vrowen daghe to liehtmiffen I ko XVI fchap III fwyn des vridaghes VI fol vor vifche vñ oley · des funnauendes V fol vor vifche vñ eyghere I molt rogghen I molt moltes 10 IX fol vor hoppen III molt haueren VIII fol vor hofllach.

Item de andere Sundach na vfer vrowen daghe II ko XII fchap IIII fwyn des vridaghes V fol vor vifche vñ oley. des funnauondes quam myn here van Lûneb VIII fol vor vifche vñ eyghere I molt rogghen I molt moltes IX fol vor hoppen III molt haueren.

Item dominica ante Petri II ko. XVI Scáp. III fwyn des dinfchedaghes vaftedemen finte mathyefe 15 V fol vor vifche vñ oley des vridaghes VI fol vor vifche vñ oley des funnauendes V fol vor vifche vñ eyghere I molt rogghen I molt moltes VIII fol vor hoppen III molt haueren IIII fol vor hofllach.

Item des fundaghes to ghroten vaftelauondo VI fwyn X fcáp.

Item hebbe ek vt gheghenen to pantquitinghe duffen honouerfehen alfe Bafiliefe van der nyenftad Rotberte van edingherode myt eren kumpanen vñ weren to der nyenftad VIII dage myt XXIIII perden. 20 VII tal vñ V fol.

Item to deme anderen male weren fe dar VI. daghe myt XXVIII perden vñ gaf vt III fol vñ IIII tal.

Item to deme dridden male was Bafilies to der nyenftad brineman vñ kreûet myt. XX. perden vñ ghaf vt to pantquitinghe III tal et II fol myn.

Item do ek Mandeflle in nam do weren de honouerfehon to dor nyenftad myt XXX perden IIII daghe 25 vñ ghaf vt to pantquitinghe VIII fol vñ III tal.

Item hebbe ok vt gheghcuen to pantquitinghe mynes heren denren van luneb vñ anderon denren vñ luden de na mek ghereden fyn XXXVIII tal vñ II fol.

Item hebbe ek ghe gheuen kerftiane van hauekhorfte II tal to wlfte fyner teringhe.

Item Ghifelore haueren bere vñ hanfe bennemolen IIII tal.
30 Item Bertolde vñ henneken broderen gheheten weftfelinghe II tal.

Item ludeken van Luehten II tal.

Item Johanne van ebbinghohufen I tal.

Item ludeke Juncheren X tal de he vorteret heft in reyfen myt mynes heren denren van lûneb in reyfen dar he ghoredon was alfo to walfrode vñ ok anders wor.
35 Item hebbe ek ghegheuen Jeghore I perd dat ek kofte vor X tal.

Item hebbe ek bered ludeken van luchten I perd vor XVIII tal vñ fynen hingheft vor XXIIII lodighe mark.

Item Otten mefter detmers I perd vor XI tal.

Item Stotze I perd vor XII tal.
40 Item hebbe ek Jeghere I perd beród vor XII tal.

Item ebbinghehufen fynen hingheft vor XXIII tal.

Item ftonefande I perd vor VI tal.

Item ludolfofe I perd vor IX tal dat ludeke Junchere vor los do he was myt deme van kamits vore ghoddenftede.
45 Item ludeken Juncheren I perd vor X lodighe mark.

Item heyneken van me haghen I perd vor IX ɷl.
Item kerſtiane hauekhorſte I perd vo XIIII ɷl.
Item Ghiſelere haueren berɢ I perd vor X ɷl.
Item hanſe Bennemolen I perd vor VIII ɷl.
Item henneken weſtfelinghe I perd vor VI ɷl.   5
Item Corde walen I perd vor X lodighe mark.

 Todeme Erſten hebbe ek vpghenomen III ɷl van blotröne II ɷl van blotröne Item XII ɷl van
roſenhaghen Item II voder haueren van cyneme manne van motele vor VI ɷl II fōl myn Item van dinghetale C ɷl vñ V ɷl vf wat dar boden was dat nam her diderich van alten Item II ɷl van koninghes tintze, XXII fōl van deme ghericht Item LX ɷl van den borgheren to der nyenſtad Item XXX ɷl 10
van Eyneke. Item XVI ɷl vñ VI fōl van deme tintze vte der börde Item VII ɷl van der oueren möle
vñ III ɷl vñ IIII fōl ok dar van Item II ɷl van der nederen molen.
 Item hebbe ek vpghenomen van Borchwede XXXVI ɷl et C ɷl vñ VIII d.
 Item van deme Rodenwolde C ɷl XX ɷl IX fōl vñ IIII d.
 Vñ diſſe vpname hebbe ek vpghenomen bynnen anderhaluen iare to der nyenſtad vñ dat is de twe 15
deyl der ghulde do dar ghe worden is.
 Item to ſinte michelis daghe de nū nelkeſt was nam ek vp van deme rodenwolde van me tintze LXX ɷl.
vn II ɷl myn vñ II fōl myn vñ X ɷl van koningheſtintze VI fōl.
 Item vte der börde to der nyenſtad. XXVIII bremere mark. III ɷl van me tolende II ɷl van der
nederen möllen.   20
 Item III ɷl IIII fōl myn van koninghes tyntze to der nyenſtad.
 Item van Borchwede van nū paſchen dat en weghe is wente toder vaſten hebbe ek vpghenomen van
bröke vte der ghraweſeop XXXIIII ɷl.
 Item IIII fōl vñ III ɷl van den vryen.
 Item nū to ſinte micholis daghe van tintze XXV ɷl VII fōl vñ IIII d.   25
 Item nū tovaſtelauendo van derbede XXXV ɷl XIII fōl vñ VIII d.
 Vñ dit is de twe deyl van der ghulde de in der Ghraweſeop ghe worden is.

**60. Ritter Diedrich von Alten überläſst dem Rathe der Stadt Hannover alles ihm von der Herrſchaft Lüne-
burg verliehene Recht über die Fiſcherei, die zu dem Schloſſe Lauenarode gehört hat. — 1376, den
21 Mai.**   H. O. 30

Ek her Dyderik van Alten Rydder bekenne vnde betüghe openbare in diſſeme breue den ek witliken vnde trůweliken gheueſtent hebbe mit myneme Ingheſeghele. Wat rechtes Ek vnde myne Eruen.
van der herſchop breue weghene van luneborch wente an diſſe thyd ghehad hebbet. an der vyſcherye. de
to deme Slote to lowenrode ghehord hadde. Dat recht vnde de vyſcherye mit al erer tobehoringhe vnde
nyth hebbe ek den beſchedenen Mannen deme Rade to Honouere de nv leued vnde noch tokomende fynt 35
ghelaten vnde late. alſo dat Ek vnde myne Eruen nicht Rechtes meer dar an enhebbet noch beholdet.
Ok enſchole wy noch Jemand van vſer weghene. de herſchop to luneborch. vnde dem Rad van Honouere.
van der vorbenomden vyſcherye weghene nicht andeghedineghen jenegherleye wys. wer in Gheyſtliker noch
in werltliker achte. Alle diſſe vorbeſcreuenen ſtücke vnde iryowelk byſunderen hebbe ek her Dyderik vorbenomd vor my vnde vor myne eruen intruwen gheloued vnde loue. Deme Rade vnde den ghemoynen 40
Borgheren to honouere. vnde eren Nakomelingehen ſtede vaſt vnde vnuorbroken toholdende. Vnde is gheſchen na Goddes bord Dryttyenhundert Jar. In deme Seſſevndeſouentigheſten Jare An deme bylghen
auende der hymmeluard vſes heren.
Gedruckt in Grupen's Originea et antiquit. Hanoveranseɢ pap. 182.

                                       12*

61. Die Herzöge Wenzlaus und Albrecht von Sachsen und Lüneburg und Herzog Bernhard von Braunschweig und Lüneburg verpfänden den Gebrüdern Daniel und Iwan von Borch, falls sie denselben nicht zwischen dem 29. März und 5. April 1377 hundert löthige Mark bezahlen, das Dorf „Lusemur" (Moor) mit Zehnten, Schatz, Beede und Vogtei und acht Mark jährlicher Hebung zu Jehrden. — 1376, den 12. Juni. K. O.

Wy Wentzlaf vnde Albrecht van der gnade godes. Hertoghen to Saſſen vnde to Luneborch. vnde wy Bernd van der ſuluen gnade Hertoghe to Brunſwik vnde to Luneborch be kennen vnde Be tûghen openbare in deſſem breue. dat wy ſchuldich ſint van rechter ſchuld den wyſen luden Dannele vnde ywane broderen ghe heten van Borch. Junghen Hinrikes ſone van Borch vnde Eren Eruen vnde deme ghônnen de deſſen bref heft mit ereme willen. Hundert lodighe mark Brunſwikeſcher witte vnde wichte. De ſuluen hundert lodighe mark ſcûlle wy vnde willet en rede be talen In den negheſten achte daghen der hochtid to paſchen na der vtghift deſſes breues in vnſer ſtad to luneborch vnbekummert vor alleſweme. vnde dat gheld vñ eren boden to velighende dor vnſe land vort an. wente to Hamborch. Edder to Boxthehude. Edder to Horneborch in der dryer ſtede en. wor en dat be quemeſt is. vor al den ghônnen de dorch vnſen willen don vnde laten willen. Were dat wy des nicht en deden. ſo hebbe wy en vor de vorſcreuen hundert lodighe mark ghe ſet vñ Setten In doſſem breue vnſe dorp to dem Lûſemuûre. to enem Rechten pande mit allerleye rechte Thegbeden ſchatte. Beede. vnde nût. voghedye. vnde mit aller tobehoringhe. alſe dat to der herſchop to Luneborch nû hort. Vnde achte mark gheldes vppe den Jerdenen vredichliken to brukende vñ vp to nemende. Des ſcole wy ſe truweliken be ſchermen vor vnſen ammetluden vnde den vnſen. vnde vor al den ghonnen de dorch vnſen willen don vnde laten willen. Vnde ſcolen en des en recht warende weſen vor alleſweme wo dieke en des be huf is. Wan wy auer en de vorbenomeden hundert lodighe mark wedder gheuen willen. dat ſcole wy en veerwekene to voren kundighen. vñ ſo ſcolen ſo do be talinghe van vns in vnſer ſtad to luneborch nemen vnbekummert vor alleſweme. vnde dat gheld vñ ere boden to velighende alſe vore ſcreuen ſteyt Vnde wan wy en de be talinghe al dus ghe dan hebben. ſo ſcal vnſe vorſereuene dorp to dem luſemuûre vñ do achte mark gheldes to den Jerdenen vns vñ vnſen eruen wedder leddich. quyt. vñ los weſen. alſo dat ſe dar nynerleye recht mer ane be holden ſcolen Alle deſſe vorſereuen ſtucke loue wy Hertoghe wentzlaf. Albrecht vñ bernd vorbenomed mit vnſen eruen. Den vorſereuen dannele vnde ywene vñ eren eruen vñ deme ghônnen de deſſen bref heft mit ereme willen. vñ to eren truwen handen woldeken voghede to Môzdeborch. Ghodeuerde hern Ghodeuerdes ſone van borch. Hern Gheuerde vñ Aluerike Broderen van Bordeſſo Hern Minrike Gheuerde. langhen vreder allen ghe heten ſchalten. Corde van zaldere Junghen Johanne deme Clûuere, Heluerte. Heyneken. Dyderike ghe heten van mandeſſo. Dannele vñ Johanne ghe heten Monik. Borcharde van Hemelinghe vnde Otten van Inthen. ſtede vñ vaſt to holdende vnvorbroken in ghuden trûwen To ener groteren be tughinghe ſo hebbe wy vnſe Inghezeghele ghe henghet heten to deſſem breue De ghe gheuen vnde ſcreuen is to luneborch Na godeſbort duſent dre hundert Jar. in deme Sos vnde Souentigheſten Jare In des hilghen lychammes daghe.

Auf der Rückseite der Urkunde steht von etwas späterer Hand (nämlich im Jahre 1892) geschrieben:
Houetſumme IIII^c mark. vnd dar Tyns up. XVI. iar vor . X . mark ene De ghantze ſumme is des houetſtoles vnd tinſes. IX^c mark vnd . X . mark.
Vor dit gheld hadde de Rad ghe louet vnd hebbet deſſen breff ghe loſet.

62. Die Herzöge Wenzlaus und Albrecht von Sachsen und Lüneburg geloben, den Gebrüdern Daniel und Iwan von Borch hundert löthige Mark von der Reichssteuer der Stadt Lübeck am 8. September 1377 zu bezahlen, und stellen dafür Bürgen. — 1376, den 12. Juni. K. O.

Wy Wentzlaf vnde Albrecht van godes gnaden Hertoghen to Saſſen vnde to luneborch Bekennen vnde be thughen openbar in deſſem breue. dat wy den wyſen luden Dannele vnde ywene Junghen hinrikes ſones van borch vnſen leuen ghe truwen vnde Eren eruen. vnde deme ghônnen de deſſen bref heft mit eremo willen. vñ to eren trûwen handen Woldeken voghede to Môzdeborch. Ghodeuerde hern ghodeuerdes ſone

van Borch. Hern Gheuerde vnde Aluerike broderen van Bordeflo. Hern Minrike. Ghenerde. vnde langhen
vrederike allen ghe heten Schulten. Junghen Johanne dem Clûuere. Helmerte. Heyneken. vnde Dyderike.
ghe heten van Mandeflo Dannele vnde Johanne ghe heten Monik. Borcharde van Hemelinghe vnde Otten
van Inthen. van vnfeme thynze den vns de Raad van lubeke alle Jarlikes van vnfes heren weghene des
keyfers plecht to gheuende. Schuldich fin van Rechter fchuld hundert lodighe mark Brunfwikefcher witte 5
vnde wichte. de wy en fcolen vnde willen rede vn vortoghet be talen van deme thynfe in deffer negheften vnfer vrowen daghe alfo fe ghe boren wart vort ouer en Jar na der vtghift deffes breues in vnfer ftad
to luneborch vn vor kümmert vor alles weme. vnde dat ghelt vnde eren boden to velighende dor vnfe land
vort an wente to Hamborch edder to Boxtehude. edder to Horneborch in der dryer ftede ene. wor en dat
be quemeft is vor al den ghonnen. de dorch vnfen willen don vnde laten willen. Dat loue wy en trüwen 10
in deffem breue. de ghe veftent is mit vnfen Inghezegholen. Were dat wy en der be redinghe nicht en
deden alfo vore fcreuen is fo fcolen dat vnfe borghen de hir na ghe fcreuen ftad vor vns don. Vnde wy
her Dyderik van alten. Cûrd van zaldere. Wafmund van Medinghe Cûrd van Boldenfen. Hennigh van bodendike. Hinrik van dem Heymbroke. Hermen Sporeke. Otrauen van Beruelde Hans van dem Berghe. Ludelef
van Eftorpe. vnde Zegheband van Eftorpe be kennen vnde louen in guden trüwen mit famender hant open- 15
bar in deffem fuluen breue. Were dat vnfe vorbenomeden heren van Saffen vnde luneborch Dannele vnde
ywene vnde Eren eruen vnde dem ghonnen de deffen bref heft mit erem willen. vnde den ghonnen. de hir
vore fcreuen ftad to erer trüwen hant. De hundert lodighe mark Brunfwikefcher witte vnde wichte vppe
de thyd nicht en be taleden alfo vore fcreuen is. fo fcole wy vnde willen. wan wy des van en Samend
edder be funder ghe manet werden. van en. edder mit eren breuen. edder van eren warhaftighen boden. bin- 20
nen verteynachten dar na in de ftad to luneborch komen. vnde dar en recht Inlegber Inne holden vnde dar
nicht vt wy en hebben en de fuluen hundert lodighe mark ghenzliken vn al be talet. in allerleye wyfe alfe
hir vorefcreuen fteyt. Alle deffe vorefcreuen ftueke. loue wy her Dyderik van alten Curd van zaldere.
wafmund van Medingh Curd van bolden. Hennigh van Bodendike. Hinrik van dem Heymbroke. Hormen
Sporeke. Otrauen van bernelde Hans van dem Berghe. Ludelef van Eftorpe. vnde zegheband van Eftorpe. 25
Den vor benomeden Dannele vnde ywene. vnde eren eruen. vn dem ghonnen de deffen bref heft mit erem
willen vnde to erer truwen hant den ghönnen de hir vore fcreuen ftad in guden trüwen ftede. vaft. vnde
vn vor broken to holdende. vnde hebben des to be kantniffe vnfe Inghezeghele mit vnfer vorfcreuen heren
Inghezeghelen to deffem breue ghe henghet laten. De ghe fcreuen vnde ghe gheuen is to luneborch Na
godes Dritteyn hundert Jar in deme Soa vnde Souentigheften Jare in Des Hilghen Lychammes daghe. 30

**83. König Wenzel beftätigt dem Reichserzmarfchalle und Herzoge Wenzlaus von Sachsen und Lüneburg alle
demselben und zu seinen Fürstenthümern gehörenden Rechte, Würden, Freiheiten, Gnaden, Gewohnheiten
und Herkommen nebst allen Urkunden, mit welchen derselbe von dem Kaiser Karl IV. und von anderen
Kaisern und Königen begnadet worden ist. — 1376, den 8. Juli.** D. C. 16.

Wir Wenzlau von Gotes gnoden Romifcher konigk zu allen Zeiten morer des Reichs vnd konig zu 35
Behem, zu ewigem gedechtnuffz Bekennen vnnd thun kunt offentlich mit diefem brieffe allen den, die In
fehen oder horen lefen, Alleine vnfere konigliche Wirdikeit durch angeborne gitte zu allermenniglich geneigt
fey, Fride, gnode vnd auch gemoch zu fchoffen allen des Reichs getreuen vnderthanen, Doch meinen wir
mit funderlichen gunften die zu fordern vnder den vnfere gnode mildiglichen mite zu tilon die in Merklichen Dinften vnd in fteten treuen fich vnns vnnd dem heiligen Reich vor andern getreulichen beweift 40
hant vnnd ftetlichen mit gantzen treuen erzeiget   Douon wan fur Vnfer kunigliche Maieftat kommen ift
der hochgeborne Wenzlau Herzog zu Sachfen vnnd zu Luneburg, des heiligen Reichs Erzmarfchall vnnfer
lieber Ohem vnd Furft, vnnd hat an vns begert, vnd vnns fleiffiglichen gebethen, Das wir Ime alle feine
Rechte, Wirdikeit, freiheit gnade gewonheit vnnd heerkhomen, vnd alle feine hantfeften vnd briffe die er vber
feine rechte wirdikeit freiheit gnode gewonheit vnd herkhommen, vnd vber folche pfandfcheffte, als er von 45

Romiſchen keiſern vnnd konigen hat, vnd auch vber andere Sochenn, als er von dem allerdurchlauchtigſten
furſten vnnd hern hern Carolo Romiſchen kayſer zu allen Zeeiten merern des Reichs vnnd kunige zu Behem, vnſerm liben hern vnnd Vater vnnd von andern ſeliger gedechtnus Romiſchen keyſer vnd konigen
vnſern Vorfarn, vnnd dem heiligen Reich erworben vnnd heerbrocht hat, beſtetigen vnnd befeſten, vnd auch
5 Confirmirn geruckten von ſunderlichen vnſern koniglichen gnoden Des hoben Wir ob angeſehen ſeine red-
liche vnd vornunftige bete, vnnd mergliche getreuen Dinſte vnd ere, die er vns vnnd dem heiligen Reiche
offte vnuordroſſenlich erbottenn hat vnnd ſtettiglichen mit ganzen treuen erzeiget, Mit ſunderlichem Rodt
vnſerer furſten grafen vnd herrenn, mit wolbedochtem mute rechter wiſſen vnnd mit koniglicher mechte
Volkhomenheit Beſtetigen befeſten vnnd Confirmirn wir Ime alle ſeine Rechte wirdikeit freiheit gnade, gewon-
10 heit vnnd heerkhommen, Die zu Ime vnnd ſeinen furſtenthumen gehoret vnnd alle ſeine hantfeſten ſchrifften
vnd briue domit er von den obgenenten vnſerm hern vnd vater kayſer karln vnd andern Romiſchen kay-
ſern vnd konigen vnſern Vorfarn vnd dem heiligen Reich begnadet vnd befreihet iſt vnd herbracht hat,
vber alle ſeine furſtentumb rechte freiheite gnode gewonheite beſizunge Eygenſchefte Vheſten Stedte lannde
leute, Cloſter vnnd Cloſter Vogteien, Manne Manſchafften, lehen lehnſchaffte, Welde holzen puſche velder,
15 weide waſſer Waſſerleuſte Fiſchereien geiegte Wiltpene, gerichte geleite Zolle Munze, ehre nuze Zeinſe
gabe, vber pfandeſchoft vnd vber andere Dinge, Wie man die benennen mog mit ſunderlichen worten, vnnd
beſtettigen auch vnd Confirmirn Ime dus alles, das douor geſchriben ſtehet, vnnd alle die hantfeſten vnd
briue in allen puncten meynungen vnd artikeln von Worte zu Worte als ſie begriffen vnnd beſchriben ſein,
gleicher Weiſe, als op ſie an diſem brieff gentzlichen begriffen weren, oder op ſie durch recht oder gewon-
20 heit hirinne begriffen ſein ſolden, Wir ſollen vnnd wollen auch den obgenenten vnſern Ohemen vnnd furſten, dobey als vorgeſchriben ſtehet beholten, vnd mit guten treuen ſchauern vnnd ſchuzen, Das er dobey
bleibe ane alles geuberde, Wir gebitten auch von vnſer koniglichen gewalt allermenniglichen, Das nie-
mant den obgenenten vnſern Ohem vnd Furſten widder dieſe Vnſere konigliche gnode beſtetigung vnnd
Confirmatio hindern, Irren ader beſchedigen ſolle in keine Weis, Wer aber freuenlich dowider tete, Der
25 ſoll als offte Dos geſchihet Duſent mark lotiges goldes Die gefallen ſollent halb in vnſer Cammer vnnd
halb Dem obgenenten vnſerem Ohemen, dem Herzogen von Sachſen vnd Luneburgk vnd dorzu in vnſere
vnd des Reichs vngnad ſchwerlichen ſein vorfallen, Mit vrkhunde dizs briffes, vorſigelt mit vnſerer koniglichen Maieſtet Innſigell, Gegeben zu Aehe noch Criſti goburt, Dreizenhundert Jahre dornach In dem Sechs
vnnd Sibenzigſteun Jhare, des neſten Dinſtags vor Sancte Margarethen tage, vnſerer reiche des Bemiſchen
30 in dem virzehenden vnnd des Romiſchen In dem Erſten Jhare.

De mandato dominj Regis
Nicolaus Camericenſis prepoſitus
R. Wilhelmus kortelangen.

**84. Herzog Otto von Braunschweig gelobt mit neun seiner Mannen, worunter Graf Heinrich von Hohnstein
35 und der edele Herr Johann von Pleſſe sich befinden, den zwischen ihm und dem Herzoge Albrecht von
Sachsen von dem Bischofe Gerhard von Hildesheim vermittelten Frieden bis zum 24. Juni 1377 zu halten
und, falls er oder die Seinen ihn brechen, sich mit ihnen zum Einlager in Hildesheim zu stellen. — 1376,
den 9. August.** K. O.

Wy otte von godes Gnaden hertoge to Brunſwich bekennet in duſſen openen breue vor alle den de
40 on ſen horen oder leſen Dat de erwerdyge in gode vader vnde here Biſchop Gherd to hildenſem vnder
vns vñ hertogen Alberte von Saſſen eynen vrede gedeidinghet heſt, alzo dat de vrede ſtan ſcal wente to
Johannes daghe to myddenſomere erſt to komende vñ den dach al Den vrede we gholouet hebbet vñ
louet in Duſſer ſcrift Sulf teghede myd vnſen mannen do hir na beſcreuen ſtan Greue henr von honſteyne
her Johan edele here to pleſſe her Bertold von Adelcueſſen, her Borchard von deme Steynberge her her-
45 man von Colmar her hermen von Gladbeke her Johan von Eſcherte Borchard von luttere vnde henr von

veltem Duſſem vorſcreuenen hertogen von Saſſen vn̄ ſinen mannen de in ſinem breue benomet ſind. in aller
wis alze hir na geſcreuen ſteyt. To deme Erſten vor vnſer beyder man land vnde lude hulpere ſlot vn̄
Stede vortmer ſchullet alle vanghenen dach hebben up beyden ſyden Duſſe vorſcreuenen tyd ane Bur
vnde Borghere de ghe vanghen weren vn̄ den me nicht ghe louen en wolde de ſcholden Borghen Setten
alze it redelik were ſo ſcholde me on ok dach gheuen alze vorſcreuen is Ok ſcal alle dinghetal vnde 5
alle vanghenen gheld dat in borghen hand ſteyt dat vnbedaghet is ſtande bliuen Duſſe vorgenanten tyd.
Were ok dat Jement de in vnſer hulpe ge weſt were vanghenen hedde vn̄ den vanghenen nenen dach gheuen en wolde alze vorſcreuen is. So ſcholde wy vorgenante hertoge Otte vnde wolden Duſſen vorſcreuen
hertogen Alberte von Saſſen vnde be vns weder vnſer eyn deme anderen myd ghanſer macht truwelken
dar to helpen uppe den oder uppe do de den vanghonen nenen dach gheuen en wolden alzo langhe went 10
wy den oder do dar to holden vnde Drungheu dat ſe oder de den vanghenen Dach gheuen alze vorſcreuen
is. Were ok dat Jenich de vnſer hulpe ghe weſt were Duſſes vredes nicht hoolden en wolde alze vorſcreuen is Deme oder den en ſcolde we noch ne wolden nichtes behulpen ſin myd rade oder myd dade noch
deme oder den nichtes ſtaden dat ſe ſik vte vnſen ſloten ichtes behulpen noch weder dar in Dor we mechtich weren vortmer were ok dat Duſſo vorſcreuene vrede ſtucke vn̄ artykele oder or Jenich ſunderlyken 15
von vns oder von den vnſen vor broken wurde des nicht en ſehe vn̄ we vn̄ de vnſe hir vorſcreuen ſtad
Dar vmme ghemanet wurden myd boden oder myd breuen to hus oder to houe Dar we oder de vnſe vorgenant wonhaftych weren ſo ſcolde we vnde de vnſe vn̄ wolden ryden in de olden Stad to hildenſem bynnen
den erſten verteynnachten alze de manynghe gheſchen were vn̄ holden dar eyn recht in legher vnde dar
nene nacht buten to benachtende de broke en were erſt al vn̄ degher weder dan na vredes rechte oder it 20
en were myd guden willen. vn̄ ſchullen der oder des meners Dar warden verteynnacht So ſcholde ok de
dar komen hynnen den verteynnachten do do manynghe gedan hedde vn̄ dar von vns vn̄ von den vnſen
vredes recht nemen. en deden ſe oder he des nicht do de manynghe ghe dan hedden bynnen den verteynnachten ſo mochte wy vn̄ de vnſe weder von dennen ryden ane anſprake von der manynghe weghen
Alle Duſſe vorſcreuen rede ſtucke vn̄ artykele vn eyn Iſlich byſunder hebbe wy vorgenante hertoghe Otto 25
to voren vn̄ vnſe man de hir vore gheſcreuen ſtan Duſſem vorgenanten hertogen Alberte von Saſſen vn̄
ſinen mannen de in ſinem breue benomet ſtan in gbuden truwen ghe louet vn̄ louet ſtede vn̄ vaſt toholl-
dende ane Jenegherleyge arghelift vnde gheverde Des to Orkunde vn̄ bekantniſſe hebbe wy vorgenante
hertoge Otte vn̄ vnſe man vor benomet vnſe Ingeſegele alle myd eyn ander an Duſſen brof ghe henghet
laten Ghe gheuen na godes bord Dryttey̆nhundert Jar vn̄ dar na in deme Ses vn̄ Seuentyghſten Jare an 30
ſente Laurentius auende des hilgen merteleres.

**85. Die Rathsherren der Städte Lübeck und Hamburg entscheiden auf Klage der Stadt Hannover und auf
Gegenklage der Stadt Lüneburg vom 18. Juni, welche wichtige Aufschlüsse über Begebnisse während des
gegen den Herzog Magnus geführten Krieges enthält, in den Irrungen beider über Erstattung der während
jenes Krieges von der Stadt Hannover gemachten Auslagen, der aufgelaufenen Zinsen und des erlittenen 35
Schadens, ferner über die angebliche Verpflichtung der Stadt Lüneburg, sogar nach dem Tode des Herzogs
Magnus eine Besatzung in Hannover zum Schutze der Stadt in dem noch mit den Seinen über das Herzogthum Lüneburg fortdauernden Kriege zu halten. — 1376, den 8. September. H. O.**

Witlik ſi alle den ghennen de deſſe ſcriſt ſeen edder horen leſen. Dat wij. Radmanne van lubeke vnde van
hamborch. verſcheyden hebben. de van lünenborch vnde de van honouere. vmme ere ſchelinge de ſe vnder twiſſchen 40
hadden. na der van honouere claghe vnde der van lunenborch antworde de hir na gheſcreuen ſtan. alſe ſe des bi vs
gheblevē ſijn. De claghe der van honouere lūd aldus. An iv Erbaren heren. Radheren Der ſtede. lubeke vnde
hamborch. bringhe wij De Rad to honouere vſo ſake vnde ſchulde de wij yeghen de van lunenborch hebbet
aldus. To dem erſten. Dat ſe vns loueden to lenende vijfhundert lodighe mark Do wij mit en dat orloghe
anghinghen. Dit gheld konde vs van en nicht werden. vnde wij moſten dat oppe tins nemen. vnde wij 45

hebbet dar vppe to tinſe ghegheuen druddehalfhůndert lodighe mark. Vortmere hebbet ſe vs ghelouet bebreuet vnde beſeghelt. dat ſe vs vnde vſen borgheren vruntliken ane vſen ſchaden betalen welden. dat wij vt deden. alſe ere breue wol vtwiſet. des vtſcrift wij iv ſendet mit deſſer ſcrift Hir van ſint ſe vs noch ſculdich. achtedufent půnd. Druddehalfhundert půnd vnde vijf půnd myn drier ſchillinge honouerſcher 5 penninge houet ghudes. Vortmere twedufend půnd. verdehalfhundert půnd. achteyn půnd. vñ viro ſchillinge. honouerſcher penninge tinſes. De wij vppe der van lůnenborch ſchuld vſen borgheren to tinſe ghegheuen hebbet. Vnde hir en bouen den tins des wij en dar op van ſente Michels daghe wente an deſſen dach plich- tich ſijn. to gheuende. Deſſen tins mote wij vſen borgheren gheuen. dar vmme dat wij van der van lůnen- borch bede vnde broue wegheno en louedeu. wat ſe vt deden. Dat ſcholde en ſchadeloa weder werden to
10 den tiden alſe de vorgherorde bref vt wiſet. Dar inne ſteyt. Dat in dat weder werden ſcholde ſonder eren ſchaden. Alſe do vſe borghere dat ere vt ghedan hadden. vnde eres gheldes mit leue nicht lengher wach- ten en wolden. Do manede wij de van lůnenborch vele. alſo langhe dat ſe vs bidden leten in erme breue dar mede wij dat noch wol bewiſen moghet. dat wij dar redeliken ſchaden vmme deden. dene wolden ſe gherne liden vnde welden dat gheld mit deme ſchaden to danke betalen. Vordmere hebbet ſe vs ghelouet
15 vnde beſeghelt dat to honouere weſen ſcholden hundert ghewapent De wile de krijch warede mit hertoghen. Magnuſe vnde den ſynen vmme de herſchop to lůnenborch. Nu hertoghe Magnus dot is. Doch wared de krijch vmme de herſchop to lůnenborch mit den ſynen. Vñ ſe ne holdet vs nicht alſe ſe vs ghelouet hebbet, in erme breue. Des wij groten ſchaden hebbet. in dotſlaghe. in venghenifſe. in ſchattinghe, vnde in name. vnde in vorwuſtinghe vſes erueghudes. des vs allet neyn nod en were. were vs de hulpe gheſcheen. de ſe
20 vs gheloued hebbet in erme breue Deſſe ſchade den wij hir van hebbet, dat vs de hulpe nicht gheſcheen en is. de is mere wan viredufend lodighe mark. Vordmere do wij deſſen ſchaden rede gheleden hadden. vnde vs io de hulpe nicht en ſchůde. alſe ſe vs gheloued hebbet. nv holde wij ſuluen wapende lude. de vs rede houen dufend lodighe mark ghekoſtet hebbet. Vortmere leten de van lunenborch vs bidden in erme breue. Do ſo mit vſen heren to honouere erſt quemen. dat wij en yeghen ſendeden vppo de alre.
25 Dat dede wij Dar wart albert van biſpinghedorpe vſe medoborgher gheuanghen. vnde wart beſchattet. alſo dat eme de venghenifſo koſtede Druddehalfhůndert lodighe mark. vijfvndetwintich lodighe mark vnde oneu verding. an ſchattinge. an tinſe. an teringhe vnde bodonlone. vnde eyn perd van achte lodighen mar- ken dar he op gheuanghen ward. Dar na ſande wij ene to lunenborch vmme dat gheit Der venghenifſe weder to irnanende. Do ward he ander warf gheuanghen. vnde ward beſchattet dat eme koſtede. hundert
30 lodighe mark vnde ſeuen lodighe mark. Des heft he weder op ghenomen. Neghentich lodighe mark. myn. vijf verdinghe van twen vanghenen. Vortmere hebbe wij na vſeme ghelde mit vſeme werde to lůnenborch to Jare verterd hundert mark vnde drevndeſeuentich mark penninge ane dat vor der tijd dar na ver- tered was. Vortmere oppe deme weghe vnde andere teringhe ane vſen werd wol veſtich lodighe mark. Deſſer vorſereuenen ſtucke vnde ſake bliuo wij. De Rad van honouere bi iů Erbaren heren Radheren
35 to lubeke vnde to hamborch mit rechte to vorſchedende wer de van lunenborch vs erer openen beſeghel- den broue icht plichtich ſijn to holdende. vnde wer ſe vs vnde vſen medeborgheren. vſe gheld. dat houet- gud mit deme tinſe. vnde alle vſen vorſereuenen ſchaden. icht plichtich ſijn to gheuende. vnde weder to donde vnvertoghed ane vſen ſchaden. To deſſer claghe lůd der van lůnenborch antworde aldus.

Vnſe denſt vnde vruntlike gröte to voren. Leuen heren vnde vrunde Radheren to lubeke vñ to ham-
40 borch. wij Radmanne van lunenborch ſcriuen iv yeghen der van honouere claghe vſe antworde vnde in welker wiſe wij vmme vſen krijch to ſamende komen ſijn. Jv is wol witlik. wo hertoghe Magnus van Brunſw. vs vorvnrechtede. vñ do he dat ghedan hadde. In welker mate de van honouere do in vare ok mit hertoghen Magnus ſeten. Dat weten ſe ſuluen wol. dat he ſe vnghemakes vnde verderues nicht en wolde verdraghen hebben. Na der tijt. Do wij des to rade wůrden. Dat wij vſe rechten heren. hern
45 wentzlawe. vñ hern alberto hertoghen to ſaſſen vñ to lůnenborch to vs vutfangen wolden. alſe wij van ere. vñ rechtes. vnde van bode vſes heren des keyſers weghene plichtich weren to donde Do lete wij dat den

van honouere verftan. Des boleerden lik de van honouere bi fteden vnde bi wifen luden. dat fe des fuluen ok plichtich weren to donde. Do höue wij vfe famelinge aldus an De van honouere fanden eren fcriuer to vs to lunenborch. vnde boghunden mit vs to deghedinghen. Dat en vfe heren van faffen vn van lunenborch grote vrieheyt befegbelen fcholden dar dor flat van honouere grot macht ane lach in groter vriebeyd to bekrechtighende. Vn alfo verworuen fe van vfen heren. dat fe dat flot to lowenrode wynnen 5 mochten. vnde dar na to ener tijd dat fulue flot breken vnde wüfte maken Hir ouer queme wij to worden mit erer bodefchop. dat wij en vfer ftad breue gheuen. vnde vfer een fcholde deme anderen truweliken to deme krighe hulpen. Den noch fo en konde vs dat van en nicht to wetende werden. ofte fo vfe heren in laten. vn en huldighen wolden. edder nicht. Des hadden fe enen hemeliken boden. de vmme dat werf twiffchen en vn vs dat bearbeydede. vnde wes vs de bode feghede van erer woghene des löuede 10 wij em. alfe icht fe vs dat fuluen ghefcreuen. edder to ghefproken hedden. vnde des ghelikes lßueden fe em weder van vfer weghene. wente wij vruchteden in beydent fiden. dat em anders de breue de wij vnder tüffchen ghefand hedden. mochten hebben ghenomen worden. To leften vnboden fe vs hi den fuluen heymeliken boden. Dat fe vfe heren van faffen vn van lunenborch in laten. vn en huldeghen wolden Dar op fo verbodede wij vnfen heren hertoghen wentzlawen. de toech mit grotem volke her nedder vnde mit 15 groten koften Vnde alfo toech vfe here hertoghe Albert vord an mit eme to honouere vn wunnen dat flot to lowenrode. vnde alfo dat erft ghewonnen was. Do breken de van honouere dat Slot to male nedder. des fe doch alfo to hant nicht fcholden ghedan hebben. wente men oppe dem Slote grote kofte vele bequemeliker mochte ghehadt hebben vte deme lande. wenne dat men de köfte binnen der ftad holden fcholde. Dar fe vs to dem erften groten fchaden an deden. To der fuluen tijt leten fe vfe heren to honouere in. 20 Men fe en wolden en nicht huldighen van vs vnboden hadden. Dat vs vnverwinliken fchaden ghedaan heft, . wente hertoghe Magnus troftede fik dar op, dat he mit vfen heren neene foene an en ghinge. vnde hadde ghelöued dat en de van honouere wolden weder in ghelaten hebben. Do hadde wij en wulbrande van reden. deme god gnedich fi. vn fynen foen vnde fyne vedderen mit alfo vele wopeneren vnde fchutten to ghedeghedinghet. alfo fe fuluen hebben wolden. den ghantzen krijch vt. Den wij vor tzolt vnde fchaden 25 ftunden. vnde dar weren vele lude mede den wij dor der van honouere bede willen tweuolden tzolt gheuen. vppe dat fe dar denen wolden vnde der tzoldenere perde. fchade. vnde andere fchade is vs hogher komen wen de rechte fchade den krijch vt Dat to famende hogher lopt. wen Twelf dufent lodighe mark. vnde dat wij dem Biffcop van Mynden. Dem Greuen van Schowenborch gheghenen hebben. Dat fe den van honouere to helpe weren. van vfer heren weghene. Dat lopt echter vppe grot gheld. Dat wij wulbrande 30 van reden de ere bouetman to honouere was van fynen köften to Riklinge gheghenen hebbet. vn van finen köften to honouere dat lopt echter vppe grot gheld dat wij wol bewifen moghen Ok hebben de van honouere Dinghetal vnde rede gheld op gheburd dat fo af gherekend hebben. Vnde alfo wij den krijch an ghehauen hadden to lichtmiffen. In dem negheften Eluen dufend Meghede daghe Do fteghen De vyande to lunenborch in To dem mingeften .... dat ufño late vtïúòn vñme komen was. Do lande wij 35 vnfen burghermefter to honouere vmme degheghinghe twiffchen den heren. Do verduchte vs vnmaten fore an dem krighe dat de vs to koftlik worde Do hadde vnfe borghermefter ghedeghedinghet mit der manfchop in dem honouerfchen lande. dat fik wolden vruntliken uit en ghefated hebben der heren krijch al vt. Vn wolde hertoghe Magnus de van honouere dar en bouen befchedeghed hebben. dat wolde en de manfchop ghewered hebben hulpen. alfo dat fe vnder twiffchen. in ereme langhnde ane fchaden ghebleuen 40 hedden. alfo lange. dat fe feen hedden. welker here de land bekrechtighed heddo. Dat fe ere fünefte dar vt mochten prouet hebben. vn des wolde wij den van honouere gheghünd hebben. dat fe vnde wij groter köfte ouerich ghewefen hedden. Dat verfprekon do van honouere. Dar mede hebben fe vs vnde fe to vnverwinliken fchaden bracht. Dar na bödo wij en den van bomborch. vnde etlike andere de vfe vanghene weren to helpe to eren fchulden. Dat vertoghen fe vs vnde gheuen dar nenen ende mede alfo 45 lange dat vs de vanghenen af ghedeghedinghed worden. Den noch en konde wij des nicht mit en ver-

13

moghen Dat fe vfen heren van Saffen vnde van lunenborch huldighen wolden. Des wij vnverwinliken fchaden ghenomen hebben. Dar fik hertoghe. Magnus to troftede alfe vorfereuen fteyt. Dar na gheuen fe vs eren befeghelden openen bref, Dat fe vfen heren van faffen vn van lunenborch to ener befchedenen tijt io huldighen fcholden. Do do tijt al vore ghaan was. Do fpreke wij mit etliken eres rades kumpanen dar
5 vmme. De gheuen vs to der huldinghe alfodanen miftroft. van Der van honouere wegbene. Dat wij vnfen heren to honouere dar op nicht komen dorften laten. wente wanne vfe here dar ghekomen were vnde fe eme den nicht ghehuldighed hedden. dar vruchtede wij groteren fchaden ane. yeghen vfe vyande vnde vor der tijt. vñ in der tijt. Dat Hertoghe Magnus Riklinghe beftallede. wat handelinge do binnen honouere was. Dat men hertoghen Magnus to honouere wolde weder in ghelaten hebben. Dat weten fo wol. Ok hebbe
10 wij dos een deel wol ervaren. Do toech vfe here miit vfer hulpe to honouere alfo ftark, Dat Riklinge dar van entfat wart. vñ blef dar alfo lange. Dat beringhe Magnus. dot blef. Do effchede vfe here huldeghinghe van den van honouere. De verweerden fe eme wol verteyn nacht. dat he dar lach mit alle den fynen. vnde dede grote teringhe ouer To leften deden fe eme huldeghinghe. Dar na binnen fes wekenen edder achten warıl der heren fßene degherlinghet. vnde endighet. Dar do van honouere an. vnde ouer. vnde in
15 Rade weren. In der foene bedegbedingheden de heren in beydent fiden al ere Slote Riddere vnde knechte Stede. borghere bure vnde alle de ghenne de in der herfchop to lunenborch befeten fijn. Do de foene twifchen den heren alfo witliken vnde alfo openbar was gheendet. vnde den heren beydent fiden dar op gbehuldigbet was. Do hadde fik der heren krijch gheendet. wo de van honouere ander wornen to krighe komen fijn. dat weten fe wol vnde dat en is vfer handelinge nicht. wente fe lyk vs fuluen in der heren
20 fône befônet fijn Ok hebbe wij alberte van bifpinghedorpe two vanghene gheuen De ene het Otbranen van wenden. De is alfo rike vñ alfo ghût alfe albert was. wolde he den verghenes loes laten des en konde wij nichte beteren. Leuen heren vñ vrunde. alfe hir vorefereuen fteyt hebben de van honouere vfe breue kreghen. vñ alfo fijn wij mit en komen to dem krighe. vñ aldus fijn wij van en mit môdwillen in vnverwinliken fchaden ghekomen. dar vs wol groter claghe vmme nod were. dar wij wol vele groteren
25 fchaden ouer ghenomen hebben wan fe. Leuen heren dûnket iv. Dat wij en bouen deffe ftucke ichtes plichtich fiju dat wille wij en na iuwem befegghende. na iaren. vñ na fteden. vñ na ftûnden. wanne wij dat vormôghen. vñ vord bringhen konnen gherne dôn ane vfer flat verderf. wente wij to groten vnverwinliken fchaden ghebracht fijn. des wij wol mochten verdrach ghehadt hebben. Vnde bidden dat ghi vs des erfcheden. Oheferenen vnder vfem fecrete Dat to rugghe drucket is an deffen bref to tûchniffe deffer vor-
30 fcreuenen ftucke Na godes bord drutteynhûndert iare In dem fes vndefeuentighelten iare Des negheften midwekens na fente Vites daghe.

Alfo Ghi Erlaren heren vnde leuen vrunde. Borghermeftere vnde Radmanne der ftede lûnenborch vnde honouere. der twidracht vnde fchelinghe de twifchen Jv is an beydent fiden ghebleuen fijn bi vs Radmannen to lubeke vnde to hamborch. vñ des begherende fijn van vs dat wij Jû dar ane erfcheyden. So fpreke wij Jù vor recht. Dat
35 wij rechters nicht en weten. na claghe vñ na antworde alfo vore ghefereuen fteyt. Alfe Ghi Radmanne van honouere feriuen an iuwer anclaghe van openen breuen. De Jû vnde iuwen borgheren. De Radmanne van lunenborch gheghenen hebben. De fchullen fe iv van rechtes weghene holden. Wes ghi fe auer vorder fchuldighet in iuwer anclagbe vmme tins. vnde fchaden. vorder den ere breue vt wifet. Wes fe Jû des bekennet. Dat fchullen fe Jû holden van rechtes weghene. Wes fe auer nicht bekennen den moghen fe fik vntleddighen mit ereme rechte na erer ftad won-
40 heyd. Vortmere. Alfe Ghi van lûnenborch fcriuen in iuwem antworde vmme fchaden. Des ghi van der van honouere weghene ghenomen hebben Wes Jù de van honouere dar an to ftan. Dat fchullen fe Jû holden van rechtes weghene. Wes fe Jû auer nicht to ftan. Des moghen fe fik vntleddighen mit ereme rechte na erer ftad wonheyd. Gheghenen vnder vfen fecreten beneden in deffen bref ghedrucket to tûchniffe deffer vorfereuenen ftucke Na godes bord drûtteynhûndert iare In deme fefvndefeuentigheften iare In vfer leuen vrowen Daghe der hilgben Joncvrowen
45 alfe fe gheboren ward.

86. Die Herzöge Wenzlaus und Albrecht von Sachsen und Lüneburg bewilligen den Rathsherren und Bürgern der Stadt Lüneburg Folgendes: Der herzogliche Vogt soll zu den Zeiten, wenn er die Abgabe vom Holze zu erheben pflegt, nur solches, welches als Brennholz zur Stadt gefahren wird, aber kein Zimmerholz, kein zum Gebrauche zugerichtetes oder zu Geräthen verarbeitetes Holz, noch andere Waare, die zur Stadt gefahren wird, ausserdem sowohl vor als in der Stadt nichts, was den Bürgern gehört oder sie betrifft, nehmen. Er soll ausser 18 Pfennigen von grossen und einem Schillinge von kleinen Fischerkähnen nichts von frischen oder getrokneten Fischen in oder vor der Stadt, auch am Mittwochen und zu anderen Zeiten von den Gegenständen, die zu Markte gebracht werden, nichts nehmen. Von den Plätzen vor der Stadt, auf welchen die Häuser abgebrochen sind, soll den Herzögen, wie früher, die Pfanniggülte entrichtet werden. Von den Eigenthümern dieser Plätze und von den Hoken zu Lüneburg sollen die herzoglichen Vögte keinen Hofdienst fordern. Niemand in der Stadt soll anders als mit Stadtrecht behindert werden. Wer vor der Stadt Strassenraub, Diebereı oder Todtschlag begeht oder jemanden verwundet, den darf man fangen, zu Lüneburg einbringen und nach Stadtrecht richten. Die Herzöge bestätigen dem Rathe und den Bürgern alle denselben von früheren Herzögen zu Lüneburg verliehenen Privilegien, Gerechtsame, Gnaden, Freiheiten und Gaben. — 1376, den 9. October. XIV.

Wy Her Wentzlawe. vnde Her Albrecht., van godes gnaden., Hertoghen to Saffen vnde to Luneborgh. bekennen vnde betughen openbare in deffem breue vor alle den ghonnen. dhe ene zeen edder hören lofen. dat wy hebben anghezeen mannegherleyie. truwe deenft. dat vns mid ganfer andacht vnde vnvordroten is ghefcheen van vnfen leuen ghetruwen Radmannen vnde borgheren vnfer Stad to Luneborgh. Hirvmme fo hebbe we en eendrachtliken. vnde mid beradenem mode. vnde mid gudome willen ghegheuen vnde ghelaten. vnde gheuen vnde laten in deffem breue. alle deffe nafchreuene vrygheyt. vnde ftucke. alfo dat fe. vnde ere naoomelinghe. der eweliken bruken fcollen. ane vnfe. edder vnfer eruen. edder nakomelinghe. edder iemandes van vnfer weghene. hinder. edder wedderfprake. To dem cerften. In den tyden. alfe vnfe voghet to Luneborch. van vnfer weghene. dat holt plecht to nemende. dat he [1]) dat bornheolt neme. dat men denne vor bernebolt to der ftad vored. vn anders nenerleyie holt. He enfeal ok nenerleyie tymmer-holt. bodene. ftanden. thouere. ammere. edder andere kopenfchop. welkerleyie dhe fy. do men to vnfer Stad Luneborgh vored. edder loth bringhen. nemen. edder neuten laten. vnde wod borgheren to Luneborgh hoord. vnde fo anvored. des enfeal he to voren. buten. edder binnen der Stad nenerleyie wys. nemen. edder hinderen laten. Vortmer en feal vnfe voghed. edder jenman [2]) van vnfer weghene to Luneborgh. van den vifcher kanen [3]) meer nemen. Men van dem groten kanen. achteyn Luneborgher penninghe. vnde van dem lutteken kanen. enen fchillingh Luneborgher penninghe. vnde dar enbouen. enfcal he nenerleyie vifche. fe fyn gröne. edder dröghe. binnen der Stad. edder dar enbuten. nemen. edder nemen laten. Ok. enfchal vnfe voghed. edder dhe fyne. nogh ienman van vnfer weghene. des midwekens. edder in anderen tyden. nenerleyie veylinghe. edder andere kopenfchop. dhe men to Luneborgh. to dem markede veyle bringhed. nemen. edder nemen laten. Vortmer wor we in den wörden. dar dhe hus vppe ftunden. vor der Stad to Luneborgh. eer dhe hvs to bröken wörden. penningh ghulde inno hadden. dhe ghulde wille we vns beholden. Dar en bouen en fcollen vnfe voghede. nogh dhe ere. edder nen mand van vnfer weghene. nenerleyie houedeenft. vordermer efchen. edder nemen. van den ghennen. den dhe wörde to höred. Ok fo enfcolle wy nogh vnfe voghede to Luneborgh, nogh Jenmand van vnfer weghene. van den boken to Luneborgh. nenerleyie houedeenft meer efchen laten. oddder nemen. Ok fo enfchal men nemando hinderen. in der Stad to Luneborgh. ane mid der Stad rechte. Dede ok Jenmand fulfwold. buten vnfer Stad Luneborgh. alfe in ftraten roue. edder in deuereje. edder in dodflaghe. edder in wunden dhe dar van quemen. den. edder dhe. magh men vrygliken bekrechteghen. funder bröke. vnde in vnfe ftad to Luneborgh bringhen. vnde

---

Das Copiar XV. heet: [1]) denne, welches zwischen he und dat eingeschoben ist. [2]) yenich ftatt jenman. [3]) Hier ist nicht eingeschoben.

dar magh men dat richten. na dem Stad rechte. Hir mede besteclehghe we dem Rade. vnde den borgheren to Luneborgh. dhe nv sint vnde eren nacomelinghen. vor vns. vnde vor vnse eruen vn nakomelinghe witliken. vnde mid gudeme willen. al dhe Priuilegia. Rechticheyt. Gnade. vrygheyt. vnde ghaue. dhe se hebben vorworuen. edder ghekoft van vnsen vorvaren. Hertoghen to Luneborgh. samend. edder bysunderen. 5 vnde scolled vnde willed se. vnde erer gywelken. bysunderen. by alle dessen vorschreuenen ghauen vrygheyden vnde Gnaden. vnde by eneme gywelkem stucke. bysunderen. eweghlyken laten. vnde ane alle wedderspreke. dar truwelyken vrygh. vnde vmbeworren by beholden. vnde mid dessem breue. scollen alle andere breue. dhe se van vnsen voruaren. edder van vns hebben. nicht vorbroken wesen. wente we en. dessen bref. vnde al dhe anderen breue. vnde enen gywelken bref. vnde een gywelk stucke. dat in den 10 breuen begrepen is. dar na en. bysunderen, des behof is. truwelyken. vnde vnvorbroken holden willed. Alle desse vorbeschreuene stucke. vnde een gywelk by sunderen loue we. Her Wentzlawe. vnde Her Albrecht. Hertoghen to Sassen. vnde to Luneborgh vorbenomed. vor vns. vnde vor vnse eruen. vnde nakomelinghe. den vorschreuenen Radmannen. vnde borgheren. vnser Stad to Luneborgh. dhe nv sint. vnde eren nakomelinghen. in guden truwen, stede. vast. vnde vnvorbroken to holdende. sunder ienegherhande were. hinder. edder 15 wedderspreke. Vnde to orkunde vnser vorschreuenen ghaue. vrygheyt. stedeghinghe. vnde loftes. so hebbe we. her Wentzlaw vnde her Albrecht. Hertoghen to Sassen vnde to Luneborgh. vorebenomed. vor vns alle. vnde vor enen gywelken bysunderen. vnse jnghesegele witliken. vnde mid willen ghebenghed laten to dessem breue. Dhe gheuen is to Luneborgh Na godes borl Drytteynhunderd iaar. dar na in dem ses vnde souenteghestem iare. jn sunte. Jyonisij daghe. vnde syner zelschop.

20 **87. Die Herzoge Wenzlaus und Albrecht von Sachsen und Lüneburg bestätigen und erneuern den Rathsherren und den Bürgern der Stadt Lüneburg die denselben von dem Herzoge Wilhelm von Lüneburg und Braunschweig und von dem Herzoge Magnus, Sohne des Herzogs Magnus von Braunschweig, verliehenen und ungeachtet des Verlustes der darüber ausgestellten Urkunden nicht außer Gebrauch gekommenen Gerechtsamen, Gnaden, Freiheiten und Gaben *). — 1376, den 9. und 10. October. XIV.**

25 In godes namen. Amen. To ewegher dechtnisse. desser naschreuenen stucke. We Her Wentzlawe vnde Her Albrecht [1]) Hertoghen to Sassen vnd to Luneborgh bekennen vnde betughen openbare in dessem breue. Dat vnse leuen Radmanne vnde borghere vser Stad to Luneborgh. alle desse naschreuenen rechticheyd [2]) vnde ghaue. had [3]) hebbet. vorbreued. van. seligher dechtnisse. den [4]) Hoghghebornen vorsten. Hern Wilhelme. Hertoghen to Luneborch vnde to brunswich. vnde van Hertoghen Magnus [5]). Hertoghen Magnus sone des 30 elderen van brunswich [6]). vnde dat se by der [7]) suluen Heren tyden. vnde dar na. vnde ok nogh. al der naschreuenen rechticheyt. Gnade vryghcyd. vnde ghaue. rowelyken ghebruked hebbet. vnde in brukelker

---
*) Cfr. Theil IV. pag. 34 No. 38.

Obige Urkunde giebt den Wortlaut der fünf Urkunden, durch welche die Herzöge von Sachsen und Lüneburg folgende Privilegien der Stadt Lüneburg bestätigt haben, nämlich: I. die Urkunde der Herzöge Wilhelm und Magnus vom 6. November 1369 35 (Theil III. No. 426 pag. 287), II. die Urkunde des Herzogs Wilhelm vom 29. November 1365 (Theil III. No. 264 pag. 191), III. die Urkunde des Herzogs Wilhelm vom 20. September 1367 (Theil III. No. 330 pag. 219), IV. die Urkunde des Herzogs Wilhelm vom 20. December 1365 (Theil III. No. 267 pag. 193), V. die Urkunde der Herzöge Wilhelm und Magnus vom 27. October 1369 (Theil III. No. 425 pag. 286). — Die fünf Bestätigungsurkunden dieser fünf Privilegien sind in dem Copiar XV. auf pag. 49[b] No. LXI., pag. 47 No. LIX., pag. 46 No. LVIII., pag. 48[b] No. LX. und pag. 45 No. LVII. In extenso vorhanden und ergeben, 40 kleine Verschiedenheiten des Dialectes und der Orthographie abgerechnet, hinsichtlich der Bestätigungsformel folgende Varianten zu obigem Texte. Mit Bezug auf obige Reihenfolge der fünf Privilegien ist zu jeder Variante eine oder mehrere der römischen Ziffern I, II, III, IV, V hinzugefügt, um dadurch anzudeuten, in welcher der fünf Bestätigungsurkunden die Variante sich befindet. Ist sie in allen fünf vorhanden, so sind die Ziffern weggelassen.

[1]) Hier ist eingeschoben *van der gnade godes* IV. [2]) Hier ist eingeschoben *gnade vrykeyt* II, III, IV. [3]) *gehad.* [4]) *dem* statt 45 *den.* [5]) Statt *Hertoghen Magnus* steht *Juncheren Lodewige* II, IV. [6]) Die Worte *vnde van Hertoghen Magnus — brunswick* fehlen. III. [7]) Statt *der* steht *des* III.

were fint. al deſſer naſcreuenen ſtucke. alleen ⁶) ſe der breue biſter ſint gheworden. vnde dhe breue luded van worden to worden aldus. Van der gnade godes. We Her Wilhelm. vnde her Magnus Hertoghen ⁹) to ¹⁰) brunſwich vnde to ¹⁰) Luneborgh bekennen in deſſem breue. et cetera. Reuerte duo folia. ante iſtud folium et ibi inuenies totum Priuilegium. quod hic ſtabit Cum tali Signo ¹¹). Finito illo priuilegio. ſequitur immediate in fine iſtius noui priuilegij. Vortmer bekenne we her Wentzlaw vnde her Albrecht hertoghen to Saſſen vnde to Lune- 5 borgh vorebenōmed. in deſſem ieghenwardeghen vnſem breue. dat we vor vns ¹²) vor vnſe eruen. vnde nakōmelinghe. alle deſſe vorſchreuene rechticheyt. Gnade. vrygheyt. vnde ghaue. vnde een gywelk ſtucke by ſunderen. witliken. vnde mid gūdem willen. wlborden. ſtedeghen vnde vornygen. vnde ok vnſe leuen Radmanne. vñ borghere vnſer Stad to Luneborgh. dhe nv ſyn. vnde ere nacōmelinghe. mid al den vorſchreuenen rechticheyden. Gnade ¹³). vrygheyden. vnde ghaue ¹⁴). ſamende. vnde byſunderen. vnde ¹⁵) vp een nyge. 10 vnde anderwerue ¹⁶) beghauen. in deſſem breue eweghlyken to brukende. vnde we. ¹⁷) vnſe eruen. vnde nakōmelinghe. ſcollen vnde willen ſe. vnde ere nakōmelinghe. by al den vorſchreuenen ſtucken. ſamend vnde byſunder. ewelyken laten vnde truwelyken ¹⁸) beholden ſunder ienegherleyie wedderſprake. Dat loue we in truwen in deſſem breue vnde to orkunde vnſer vorſchreuenen wlbord. ſtedeghinghe. vornyginge. Ghaue vnde loftes. hebbe we Hertoghe Wentzlawe. vnde Hertoghe Albrecht voreghenōmed ¹⁹) vnſe Inghe- 15 ſeghele. vor vns alle vnde enen gywelken byſunderen. witliken to deſſem breue henghed laten. Dhe gheuen is ²⁰) na godes boord Dritteynhunderd Jaar. dar na. in dem ſes vnde ſōuenteghelſtem iare. an ²¹) ſunte dyoniſies daghe des hilghen martereres ²²).

88. Albert Hoyke ſchreibt ſeinem Schwager Diedrich Springintgud und meldet ihm, daſs er an dem Orte ſeines Aufenthaltes ohne Bürgen oder Pfänder kein Geld mehr bekommen kann. Mit Schaden hat er dem Hein- 20 rich Bernſtert 21 Laſt Salz in Bezahlung gegeben. Werner Zeles *), welcher 140 Wispel Salz erhalten hat, darf nicht mehr als 27 Laſt empfangen und das Uebrige muſs Branswik nebſt Tonnen und Geld bekommen. Weil er ſtark gemahnet wird und der Credit ſehr leidet, wenn die Leute ohne Bezahlung bleiben, bittet er, daſs dem Branswik noch mehr Salz geliefert werde. Ferner bittet er, dem Biſchofe und dem Rathe zu ſchreiben und für die Schuld, um welche er ein Einlager hält, Bürgen zu ſtellen, damit er von 25 dannen komme. L. O.

Swagero ſuo dilecto thiderico ſpringtgude detur **).
Salutatione amicabili premiſſa. Weten ſcholle gi leue ſwagher dat ik en kan hir nenes gheldes meer bekomen ik en hebbe borghen edder pande Ok heft id my hinř bernſtert zo na brocht dat ik em muſte betalen redes ſoltes XXI. leſte myt ſchaden. Alſo gi my ſchreuen hebbet dat gi hebbet antwordet werner 30 zeles. C. wiſpel vñ. XL. wiſpel ſoltes. des bidde ik Iu dat gi em nicht meer en antworden nicht men alſo XXVII leſte aſ werden moghen ſoltes, vn dat hir ouer blift van deſſem ſolte dat antwordet brunſwike vñ antwordet em dat to tunnen vn ghelt. Vñ bidde Iu vruntliken dat gi dar to helpen dat brunſwike meer ſoltes werde wente ik grote maninghe lide vñ vſe loue zere krenket wert werdet de lude nicht beret. Vñ zendet io breue de biſcope vñ dem rade. ok late ik Ju de platen maken. myt roleue vn myt den 35 anderen luden wil ik gherne ſpreken. leue ſwagher helpet hir to dat dit gheld vorborghet werde dar ik hir vore inne ligho dat ik van dennen kome. Valete in Criſto precipite michi. reſponſum peto.
per Albertvm hoyken.

---

⁶) Hier iſt eingeſchoben *dat* I, II, IV, V. ⁹) Statt *vnde her Magnus Hertoghen* ſteht nur das eine Wort *Hertoghe* II, III, IV. ¹⁰) Statt *to* ſteht *van* II, IV. ¹¹) Die Worte *Reuerte — Signo* mit dem im obigen Abdrucke nicht wiedergegebenen Zeichen beſi- 40 hen ſich nur auf Privileg I. ¹²) Hier iſt *vñ* eingeſchoben. ¹³) *Gnaden.* ¹⁴) *ghauen.* ¹⁵) *vnde* fehlt. ¹⁶) Hier iſt *mede* eingeſchoben. ¹⁷) Hier iſt *vñ* eingeſchoben. ¹⁸) Hier iſt *by* eingeſchoben. ¹⁹) *vorebenōmed* ſtatt *voregenōmed.* ²⁰) Hier iſt eingeſchoben *to Luneborgh* II, III, IV. ²¹) Statt *an* ſteht *des negheſten vrigdaghes na* II, III. ²²) *martelerus.*

*) Heinrich Bernstert und Werner Sels oder Zels waren Bürger zu Lübeck, cfr. Theil IV. Einleitung pag. XC und pag. CLVIII.
**) Dieſe Worte befinden ſich auf der Rückſeite des Schreibens.

89. Bertold Kind verlangt von dem Rathe zu Lüneburg die Absendung eines Boten nach Ebstorf, Futter und Speise für die Leute und einen Führer, ferner, wenn Gerhard Hoken und Hartwig Heest (beide am Holstein) kommen wollen, die Absendung eines Boten nach Winsen, der ihnen Speise und Futter schafft und sie nach Ebstorf, wohin er selbst aufbrechen will, zu ihm bringt. — (1376, den 4. November.) L. O.

Den Erliken Heren deme Rade To Luneborch detur*).

Mynen willigen denft to allen tyden Leuen vrunde my duchte ghut dat gy enen boden hedden to ebbekeftorpe dat den luden voders vñ Spyfe noch worde vñ enen hedden dar de vs vort brochte dar we wefen fcholden. Vn ik wil dar wefen nu en donnerdage neghelt to komende fo ik erften kan were ok dat her gherd hoken vñ hartwich leeft en boden hedden. dat fe komen wolden fo mofte gy to morghene anent iuwen boden hebben to wynzen de en fchope Spyfe vñ voder vñ de Se my brochte en donnerdaghe naucht to ebbekeftorpe. Scrouen des noghoften dinfdaghes na allen godes hilgen daghe.

Bertelt kynt dat
proprio fub figillo.

90. Bischof Gerhard von Hildesheim verbindet sich der Eintracht und des Friedens wegen mit dem Herzoge Otto von Braunschweig und mit dem Herzoge Friedrich von Braunschweig und Lüneburg. Er gelobt, nie ihr Feind zu werden und ihnen, sofern es die Ehre erlaubt, zur Vertheidigung ihrer Schlösser, Lande und Leute förderlich zu sein. Er und sie setzen für etwaige Irrungen zwischen ihnen, ihren Amtleuten und Mannen ein Schiedsgericht ein. Herzog Friedrich soll alle von den Herzögen Wenzlaus und Albrecht von Sachsen und von seinem Bruder Bernhard dem Bischofe und dem Stifte rücksichtlich der Herrschaft Lüneburg besiegelten Urkunden halten und das Stift gegen jedermann, der dasselbe daria hindert, vertheidigen helfen. Wenn der Bischof wegen einer Reise ausser Landes oder wegen Krankheit einen Administrator ernennen muss, soll dieser, bevor er über die Schlösser, Lande und Leute des Stifts gesetzt wird, diesen Vertrag zu halten, schriftlich geloben. — 1376, den 21. December. VIII.

Wir Gerd von gods gnaden Bifchoff zu hildenffem, bekennen vftinbar indiofem brieffe, vor allen den die en fehen, adir horen, daz wir mid gudir vorfafze, vnd willen, vnd mid Rade vnfir getruwin manne, vmbe eindrechtücheid vnd vredes willen, vns vorfafzet vnd voreynd haben, vorfafzin vnd voreynen indiefir fchrift mid den irluchten furftin herczaugen Ottin zu Brunfw, vnd herczaugen freder berczaugen zu brunfw vnd zu luneborg, alfo daz wir er vigind nummer werden follen die wile daz fie leben Ouch¹) foln wir vnd woln en getruwelichen helffin mid allem flieize wo wir daz vormogen, daz fie ere flofze land vnd lude vorteidingen vnd vreden, wo wir daz mid eren gethun mogen, Vordmer²) were auch daz nû mer, nach vfzgift diefis briefiis, vndir en vnd vns, adir vndir vnfir beydir anpluden fchelunge vffttunde inwelchir wije daz gefchege, dar han wir zubeidinfiden vier fcheidiflude zu gekoren, wir hern afchwine fchencken, vnd hern Gorle von Elffe, vnd fie hern Borcharde voume fteinberghe den Jungern, vnd hern hermanno von gladebocke, die foln dar vmbe zu famen ryden zu glicher malftad vnd follen vns dar vmbe fcheiden in frundfchaff, adir in rechte, Werez daz diefe vire ezweytrechtig worden yn dem rechtin, fo han wir eyntrechtlich zubeydinfyden dar zu gekoren Ernfte von dothefim zu eynem obirmanne, mid welchen czwen her mid dem rechtin zuvellet, wie ez die fcheidit mid dem rechten, alfo fal daz bliben, vnd das fal Ernft yo fcheiden bynnen den erften vierwochen, darnach wanne daz von eme geofchet worde, vnd was he fcheidit als vorgefchreben, ift daz fal oyn dem andern thun bynnen den noftin vierwochen nach finer fcheidinge, Were auch daz diefir funffer Jenyeh abegingo von dodes weyn des nicht gefchee, welch vnfim die abe ftorbe, der folde yo eynen guden man wedir fafzen zu des thoden ftede, adir wir zubeidinfiden, eynen

---

*) Diese Worte befinden sich auf der Rückseite des Schreibens.
¹) Diesem mit Ouch beginnenden Satze zur Seite steht, von gleichzeitiger Hand geschrieben, Nota. ²) Diesem Satze zur Seite stehet, von gleichzeitiger Hand geschrieben, Nota.

obirman bynnen vierwochen die folden tulmechtig fin, als diefe vorbenanten fcheidiflude, vnd obirman Were [3]) auch daz ere man mid vns adir erer Jenich, adir vnfir man mid en, adir erer Jenich, adir vnfir beidir manne vndirenandir fchulhaftich worden, des foldeman auch bliben bie den vorg vier fcheidifluden, vnd deme obirmanne, die folden daz fcheiden als vorgefchreben ift, vnd wie fich an rechte nicht wolde gnugen lafzin, kein den folden wir en, vnd fie vns getruwelichen helffin daz wir den dar zu brechten daz her fich an rechte gnugen liefze, Ouch [4]) foln alle brieffe die vnfir eyner dem andirn er gegeben haid von diefem brieffe nicht vnmechtig wefin, vordmer [5]) fchulle wo vnd willet fie vnd alle die ere geiftlich vnd werltlich bie erem rechten lafzin, vordmer [6]) fal herczauge freder vorg vns vnd vnfim fifte halden alle die brieffe die herczauge wenczlawe, vnd herczauge albr von Saffin vnd her vnd fin Brudir herczauge Bernd, vns vnd vnfim ftifte befigilt haben von der herfchaff wegen zu luneborg vnd wolde vns adir vnfir ftifte dar ymand ichtes ane hindern, daz folde her vns getruwelichen weren belffin, were [7]) auch daz wir bufzen landis riden wolden, adir krank worden, des god nicht enwolle, alfo daz wir wolden vnd moften feczen eynen vormunden, dem en folden wir noch enwolden nicht fladen zu vnfin flofzin, landen vnd luden, der enbette erft vorbrieffit zuhaldinde, diefin vorg herren herczaugen Ottin vnd herczaugen froder alle ftucke vnd artikele yn allirwijs, als hir vorgefchreben ift, Alle diefe vorgefchreben ftucke, vnd eyn Jowelch befundern haben wir bifchoff Gerd vorbenompt den vorgefchreben herren herczaugen Ottin vnd herczaugen freder yn guden truwin globt vnd globen in diefir fchrift yneidiftad ftede vnd vefte zu haldinde, ane alle lift vnd vgefunde, des zu bekentniffe haben wir vnfir Ing an diefin brieff gehangen lafzin, dar be veftlich mede befigilt ift, vnd ift gefcheen nach gods gebord driczenhundert Jar yn dem fes vnd febinczigiftin Jare anfante thomas dage des heilgon apoftels.

91. Keiso (Heidenreich), Pfarrer zu Bodentzich, resignirt seine Pfarre dem Herzoge Albrecht von Sachsen und Lüneburg zu Gunsten des Geistlichen Johann von Walmow. — 1377, den 14. Januar. K. O.

Principi generofo ac domino fuo domino Alberto dei gracia duci Saxonie et Lunenborg. dominus heyfo Rector parrochialis Ecclefie in Bodendyk oraciones in chriflo deuotas vobis mi domine illuftris Ex nimio fenio meo inpotencia videlicet et defectibus meis Ecclefiam meam in bodendyk parrochiacam verden- fis dyocefis libero meo arbitrio ac fana premeditacione et deliberacione Refigno per prefentes humiliter Supplicando quatenus domino Johanni de walmow clerico ydoneo et difereto prefencium oftenfori hildenfemenfis dyocefis quem veftre virtuofitati tranfmitto puro propter deum dignemini prouidere de Collacione prefentacione et induciono cum Tuicione ipfius Ecclefie memorate datum et actum coram teftibus fide dignis Johanne de oppel et Ludemanno volkmari quorum figilla cum figillo meo in teftimonium premifforum prefentibus funt appenfa Anno domini M CCC LXXVI] in die felicis beati martiris.

92. Die Herzöge Wenzlaus und Albrecht von Sachsen und Lüneburg bescheinigen, von dem Rathe der Stadt Uelsen hundert Mark Pfennige von dem Gelde, welches derselbe am nächsten 29. September ihnen zu zahlen schuldig ist, nun erhalten zu haben. — 1377, den 31. März. K. O.

We Wentzlaw vnde Albrecht van godes gnaden hertogen to Saffen vnde to luneborch. bekennen openbar in deffem breue dat vns vnfe leuen getrüwen de Rad van vlfen nv ge geuen hebbet hundert mark luneborger penninghe van dome gelde dat fee vns nv to deffeme negeften funte michelis dage geuen fcullen der feluen hundert mark luneborger pennige fegghe we en quit ledigh vnde los in deffem breue vnde hebben des to orkunde vnfe Ingefegele laten hengen an deffen bref. de gegeuen is na godes bord drutteynhundert Jar dar na in demo feuen vnde feuentigeftem Jare. des dinxfedages in den pafchen.

93. Die Herzöge Albrecht und Friedrich von Braunschweig, Gebrüder, verbinden sich mit den Herzögen Wenzlaus und Albrecht von Sachsen und Lüneburg. Sie geloben, nie Feinde derselben zu werden, noch ihnen

---

[3]) Diesem mit Were beginnenden Satze zur Seite steht, von gleichzeitiger Hand geschrieben, Nota.   [4]) [5]) [6]) [7]) Beim Beginne jedes dieser 4 Sätze steht zur Seite am Rande, von gleichzeitiger Hand geschrieben, Nota.

Unrecht zuzufügen, sondern ihnen stets, sofern es die Ehre erlaubt, gegen jedermann mit Ausnahme des heiligen römischen Reiches behülflich zu sein. Frühere, der Hülfe und des Bündnisses wegen zwischen ihnen errichtete Verträge sollen erloschen sein. — 1377, den 3. Mai. K. O.

Von goddes ghnaden we Albr̄ vnde Frederik broders Hertogen to Brunſwyg. Bekennen openbare in
5 duſſem breue dat we mit wolbedachten müde vnde Rechten witten. vns tho den hochebornen furſten hern Wentzlaw vnde hern Albrechte vedderen hertogen to Saſſen vnde to luneborch vnſen leuen Ohemen voreynet vnde vorbunden hebben vor eynen vnde vorbynden mit kraft duſſes breues alze bir na ghefcreuen ſteyt. we vorgenanten hertogen Albr̄ vnde frederik en ſchullen noch en willen alle vnſe leuedaghe entfamet edder byſunder der vorgenanten hertogen Wentzlaw vnde hertogen Albr̄ vygende ſyn noch werden edder ſe
10 vor vnrechten dorch nenerleye ſtucke edder ſako willen nenorleye wys ane alle gheferde. Sunder we ſchullen vnde willen on alle vnſe leuedaghe truweliken behulpen ſyn weder allirmalken da we dat mit eren don moghen vt ghenomen dat hilge Romyſche Ryke. vnde ſchullen vnde willen on ſulke hulpe don alze eyn vrund dem anderen. Alze we ouk duſſe eynunge vnde buntniſſe den vorgenanten vnſen Ohemen hertogen Wentzlaw vnde hertogen Albr̄ intruwen ſtede to holdende gheloues hebben. mit duſſen breuen ſchullen
15 ſulke andere breue de we vormals von hulpo vnde buntniſſe weghen aneynander ghe gheuen hebben aue ſyn. vnde vnſer itliker ſchal de ſuluen erſten breue dem anderen vnder vns ane vortoch weder gheuen vnde antworden ane alle gheferde Alle duſſe vorgeſcreuen ſtucke vnde Articule vnde or itlik byſunder geloue we vorgenanten her Albr̄. vnde her Frederik. hertogen to Brunſwyg. den vorgenanten hern Wentzlaw vnde hern Albr̄ hertogen to Saſſen vnde to luneborch. vnſen leuen Ohemen ſtede ganz vnde vnuorrucket to haldende
20 in guden truwen ane allirleye Argeliſt. Mit orkunde duſſes breues beſegelt mit vnſen angehangenen Ingeſegelen. Ghegheuen vp dem velde vor Dannenberge Na goddes burd Dritteynhundert Jar dar na in dem feuen vnde Seuentigeſten Jare an dem daghe des hilgen Cruces alze it gevunden wart.

94. Verzeichniss über die den Bürgern Lüneburg's zu Calbe, Tilsen, Dannenberg und zwischen Braunschweig und Lüneburg geraubten, zum Theil nach Calbe und Salzwedel gebrachten Waaren. K. O.

25 Dit is dat den borgeren to Luneborch genomen wart dat to Calue vp ge dreuen wart.

To dem erſten den Gronehagenen. I. zak mid wülle dar weren ynne V vůluordeſche lakene de weren alzo gud mid der wülle alzo LX mark ſuluers.

Item Ludeken rutere vn̄ hanſe tzouorde C bint ſpirlinghes vn̄ XX bint alzo gud alzo XVIII punt lubeſche penninghe.
30 To Calue.

Item Johanne van der heyde. II ſtrv̄ buckinghes vn̄ IIII enghelſche lakene alzo gud alzo XVIII mark lubeſche penninghe.

Item gherhardo hoyemanne hoyemanne II vate neghenoghen vn̄ XXXII ſchok negenogen vn̄ LXX bint ſpirlinghes iewelk tunne neghenoghen vor XXIIII mark lubeſch de ſpirlingh alzo gud alzo XVIII mark
35 lubeſch *).

Item Gherardo hoyemanne I. vat neghenoghen alzo gud alzo XXIIII mark lubeſch.
To tylzen.

Item Gherardo hoyemanne I. vat neghenoghen alzo gud alzo XXIIII mark lubeſch.

Ludeke van vintlo XIX lakene de van meydeborgh quemen vn̄ II tunnen Coppers vn̄ III ſchiuen
40 Coppers. Dat is alzo gud alzo C mark vn̄ XXXV mark. Dit gud nam her kerſten bynnen Dan(nenbergh).

Item Ludeke ruter vn̄ Henneke bruns. XV tunnen heringhes de worden ghe nomen twiſchen brunſw̄ vn̄ luneborch, des heringhes is een del ghe komen in de nyenſtad to Soltwedele. de is alzo gud alzo XXX punt lubeſche d. Des bidde wi in leue ghnedige here wes dar in ghekomen is van gude dat vnſen borgheren

---
*) Hier steht die Bemerkung am Rande: .... er kerſten (nämlich Dit gud nam her kerſten).

hort dat gy eu dat los bidden willen quyd vñ vrygh edder wes van dem gude worden is vñ laten vns dat alle wege teghen iv mid vusem denste vor schulden.

Item Albert van empfen XX tunnen heringhes alzo gud also. L mark lubefche penninghe de em ghoert greuyngh twifchen brunfw vn luneborgh nam.

Item Clawes hoghe XII tunnen heringhos de nemen em de van Calue do fint alzo gud alzo XXX mark 5 lubefche penninghe vñ LXX bint fpirlinghes. alzo gud alzo XVIII mark lubefch de Summa XLVIII mark lubefch.

95. Nicolaus, Probst zu Cambray, Domherr zu Magdeburg und Breslau, Gebhard von Schraplau, Balthasar von Camenz und Ludolf von Alvensleben vermitteln im Auftrage des Kaisers Karl IV. zwischen den Herzögen Wenzlaus und Albrecht von Sachsen und Lüneburg einerseits und dem Conrad von Salder andererseits eine Sühne wegen der Pfandschaft des Schlosses und der Stadt Dannenberg. Conrad von Salder tritt für sich und seinen Vetter Gebhard von Salder das Schloss und die Stadt mit der Vogtei, das in die Vogtei Lüneburg gehörende Sundergut und alles, was er hierzu von den früheren Herzögen zu Lüneburg und von beiden Herzögen besitzt, dem genannten Gebhard von Schraplau und dem Wilbrand von Reden ab und gelobt, diesen alle in seinem Besitze befindlichen Urkunden über die Pfandstücke vor dem nächsten 24. Juni auszuliefern. Sie sollen dann an demselben Tage ihm zu Hannover 600 Mark Silbers, wofür herzogliches Geleit bis zu Calenberg bewilligt wird, auszahlen und den Herzögen die Pfandstücke ausliefern. — 1377, den 5. Mai. K. O.

Wir Niclas probift zu Cemerik Tumherre zu Meideburg vnd zu Brefzlaw Gebhart von Schrapelow Balthazar von Camencz vnd Ludolff von Aluenfleuen Bekennen vnd tun kunt offenlichen mit difem briue, Das wir von wegen des Allirdurchleuchtigiften furften vnfers lieben gnedigen herren, hern karls Romifchen keifers zu allen zeiten Merer des Reichs vnd kunigs zu Beheim, zwifchen den hochgeborn furften, vnd herren hern Wenczlan des heiligen Reichs Erczmarfchalk vnd hern Albrecht gefettern herczogen zu Sachfen vnd zu lunemburg uff eyne feiten vnd Conrad von Salder uff die ander feiten, von wegen, der pfantfchafft Dannemberg hufes vnd Stat. eyne gancze fune geteidinget haben, In fulicher maffen als hernach gefchriben fteet Czu dem erften das derfelbe Conrad von Salder von finen. hern Gebharts von Salder, feines vettern vnd yr beider erben wegen vnd wen das anrüret, vns den vorgenanten Gebhart von Schrapelow vnd Wulbrand von Reden. abegetreten hat vnd abe trittet, Dannemberg, hufes vnd Stat der vogteyen dofelbift, des fundergutes das da gehoret in die vogtey zu lunemburg. vnd alles des gutes das er ynnegehabt hat mit Dannemberg. von den alden herczogen zu lunemburg, vnd auch den obgenanten herczogen von Sachfen, Vnd fal auch vnuerczogenlichen widergeben vns egenanten Gebhart von Schrapelow vnd Wulbrant von Reden alle briue die er hat vbir Dannemberg hawes vnd Stat vbir die vogtey dofelbift, vbir das fundergut welicherley die feyn, die Dannemberg vnd die vogtey zu lunemburg antreten, vor dem nehften fante Johans tage des Tawffers,. Vnd wenne das gefchit das der obgenante Conrad vns vorgenanten. Gebharten, von Schrapelow, vnd Wilbrand von Reden fuliche briue genczlichen geantwortet hat So fullen wir ym, geben vnd beczalen, uff den egenanten fante Johans tage Sechshundert Marken filbers Brunfwigis gewichtes, vnd witte, oder dofur fo vil pfenninge oder filbers, als fich das geburet, nach redlicher werungen domite man Sechshundert lotigen Marken filbers beczalen muge, vnd. fullen die beczalungen tun, in der Stat zu hanower vmbekummert allir fachen. Vnd daffelbe gelt fullen die vorgenanten vnfere herren von Sachfen. vnd lunemburg ficher helffen geleiten, gen dem kalemberge. Vnd doruff fullen wir obgenante von Schrapelow vnd von Reden den obgenanten vnfern herren von Sachfen vnd lunemburg Dannemberg hawes vnd Stat, lediclichen wider entwerten, vnd auch die briue die die herczogen von lunemburg, vbir Dannemberg, die vogtey vnd andere guter, die dorczu gehoren, als vorgefchriben ift den von Saldern gegeben hetten,. Hiemite feyn alle fachen genczlichen gefunet vnd verrichtet vnd der vorgenante Conrad von Salder, hat gelobt fuliche obegefchriben Sune den. vorgenanten vnfern herren dem keifer, den herczogen von Sachfen vnd lunemburg

vnd vns allen teidingsluten, fur fich den obgenanten. hern Gebharten feynen vettern, vnd alle die durch
yren willen tun vnd laffen, ftete zu halden vnd dowider nicht sutun in dheinoweis. Des zu urkunde haben
wir vnfir allir Infigele an difen brieff laffen hengen der geben ift zu felde vor Dannemberg Nach Crifts
gepurte Dreiczenhundert Jare dornach in dem Siben vndfibenczigiften Jare des nehften dinftagis Nach dem
5 Suntage als man finget vocem Jocunditatis.
Gedruckt in Gercken's Diplomataria veteris Marchiae Brandenb. Tom. II. pag. 615.

96. Herzog Albrecht von Sachsen und Lüneburg präsentirt dem Archidiakon in Modesdorf zu der von den Gir
gegründeten, in der Halle der Kirche St. Cyriaci vor Lüneburg gelegenen und durch Resignation des
Vicars Otto von Hutvlet erledigten Vicarie des Altars der Capelle aller Heiligen, über welche ihm nach dem
10 Aussterben der Gründer das Patronatrecht gebührt, seinen Schreiber, den Geistlichen Ludolf von Münster.
— 1377, den 17. Mai. K. O.

Albertus dei gracia dux Saxonie et Luneborch. Venerabili viro domino archidiacono in Modoftorpe in
ecclefia verdenfi vel eius in hac parte Commiffario, Sincere caritatis affectum Ad vicariam altaris Cap-
pelle omnium fanctorum fundatam. per vafallos. noftri ducatus Luneborch. dictos ghir nunc pie defunctos.
15 Sitam in porticu ecclefie fancti Cyriaci extra muros Luneborch Cuius Iufpatronatus. ob carenciam heredum
ipforum Jure hereditario. ad nos pertinere dinofcitur Nobis vacantem per libram Refignacionem difcreti
viri domini Ottonis de hutvlot prefbiteri vltimi ipfius vicarie viccarij vobis difcretum virum. Ludolfum de
Munftere clericum Scriptorem noftrum dilectum dignum duximus prefentandum. Cum debita Requificione
fupplicantes. Quatinus eundem ad dictam vicariam Inftituere. et de eadem Inueftire velitis Sibique de fructi-
20 bus. redditibus. Jvribus et pertinencijs vniuerfis. dicte vicarie integraliter refponderi faciatis In Cuius
prefentacionis teftimonium prefentes literas Sigillo noftro iuffimus communirj Datum et actum Luneborch
Anno dominj M CCC LXXVII in fefto pentecoftes.

97. Die Herzöge Wenzlaus und Albrecht von Sachsen und Lüneburg belehnen den Knappen Friedrich von
Wustrow und dessen Vettern Gerhard und Albert von Wustrow mit dem Schlosse und der Stadt Wustrow.
25 Er und seine Vettern geloben, mit Schloss und Stadt stets ihnen zu Dienste zu sitzen, bei ihnen zu bleiben und ihnen gegen jedermann behülflich zu sein. Auch räumen sie ihnen beim Verkaufe des Schlosses
das Näherrecht ein. Der zur Kriegsführung auf das Schloss zu sendende herzogliche Hauptmann soll
den von Wustrow Burghut geloben und jeder den andern für Unfug entschädigen. Die übrigen Bedingungen
stimmen mit mehren bei Verpfändung von Schlössern üblichen überein. — 1377, den 24. Mai. K. O.

30 Wy wentflav vnde albrecht van godes gnaden hertoghen to Saffen vn to Luneborch Bekennen vn betughen openbare indeffeme breue dat vnfe leuen ghe truwen vredorik van wuftrue knape. Ghert vnde albert
fine voddoren ok ghe heten van wuftrue. Ero Slot to wuftrue. hus vnde Stad to enem rechten erflene van
vns vntfanghen hebben vnde wy fe dar mede belenot hebben. alfo dat fe vnde ere Eruen. vns vnde vnfen
Eruen ewichlichen to denfte Sitten fchollen mid deme fuluen erem Slote. hus. vnde Stad. vnde vns dat
35 open holden Schollen to allen vnfen noden. wanne vn wo dicke wy des be gheron vn fe fchollen ok mid
deme fuluen Slote to wuftrowe hus vn Stad truweliken by vns bliuen vnde vns dar mode be holpen fin
vppe allormalken wo de ghe nant fi neman vt ghenomen vnde wy fchollen ok do vorbenomeden van
wuftrue vnde ere Eruen eres rechten vordoghodingben lik anderen vnfen ghetruwen mannen. vnde wy
fchollen ok erer vn erer Eruen to allen tiden mochtich Sin Jeghen allefweno to like vnde to rechte. wolde
40 fe auer dar en bouen Jement vor vnrechten dat fcholden fe vns witlich dûn. vn fo fcholde wy den recht
vor en beden. konde wy en denne bouen achte weken dar na nicht likes edder rechtes helpen fo mochten Se fik fuluen helpen des wolde wy en Staden. wente alfo langhe dat en lik edder recht mochte wedder varen. were ok dat wy edder vnfe Eruen orlighen wolden van dem vorbenomden Slote to wuftrue
vnde vp ofcheden fo fcholde de kofte vppo deme Suluen Slote vnfe wefen de wyle de krigh warede vnde

wy des begherden vñ de houetman den wy dar vp Setteden Scholde en borch bude dŭn alſo wonlik is vppe den veſten. vnde were dat vnſem houetmanne edder den ſinen van en edder den eren vnnoghe ſchude dat ſcholden ſe en wedder dŭn bynnen veer weken dar na in mynne eſte in rechte vnde de vorbenomden van wuſtreue vnde ere Eruen en ſchollen vnſe lant vnde lude van dem vorbenomden Slote to wuſtreue nene wis vor vnrechten edder be ſchodighen laten. vnde were dat wy der vor benomeden van 5 wuſtreue be dorften to denſte. vnde ſe vmme vnſen willen vigende worden. vnde vnde vns denden ſo Scholde wy en ſtan vor koſte vnde vor redeliken ſchaden. worde ok ere Slot to wuſtreue van vnſes krighes weghene beſtallet edder vor buwet dat ſcholde wy en helpen vntſetten mid ganſer macht alſo wy erſten konden ane arghelift. worde ok en ere ſlot af ghe wunnen van vnſes krighes weghene des got nicht ne wille So ſcholde wy vns. noch Se. ſik nicht ſunen noch vreden mid den de dat ſlot ghe wunnen hedden. 10 wy en hedden en denne ere ſlot erſt wedder ghe bolpen. konde wy en auer des bynnen eneme iare dar na nicht wedder helpen So ſcholde wy en denne alſo gut eyn ander Slot wedder laten buwen dar ſe de ghulde des ſuluen ſlotes wedder af bekrechtighon mochten were dat wy des nicht en doden ſo ſcholde wy en denne wedder ſtadinghe dŭn alſo dat twen vnſen mannen vnde twen eren vrenden duchte redelich weſen. were ok dat ſe edder ere eruen ere Slot to wuſtreue dorch erer nod willen moſten vor kopen ſo 15 ſcholden ſe vns edder vnſen Eruen eſt wy nicht en weren dat erſt en beden wolde wy dat denne hebben vnde kopen vmme ſo dane ſvmme gheldes alſo en andere lude ere ghenoten dar vmme gheuen wolden dar ſcholden ſe vns denne dat vore gheuen vnde laten. wolde wy ouer des nicht hebben vmme ſo danne ſummen gheldes alſe en van anderen luden eren ghenoten dar voro werden mochte ſo mochten ſe dat ſuluc Slot to wuſtreue denne vor kopen vnde laten bedderuen luden ane vorſten heren. vnde ſteden ereme ghenoten weme ſe wolden. vnde weme ſe dat denne vor koſten edder leten eren ghenoten de ſcholden dat ok van vns vnde van vnſen Eruen to eneme erfleno vntfan vnde vns ſo danne bewaringhe dŭn mid breuen vnde mid loften alſo ſe ghe dan hebben. Des to orkunde dat wy den vorbenonden vrederiko Ghert vñ alberte ghe heten van wuſtreue vnde eren Eruen alle deſſe vor ſchreuen ſtucke ſtede vñ vaſt holden willen ſo hebbe wy vnſe ynghefeghele *) henghet laten an deſſen bref de gheuen is to Luneborch na godes bort 25 dritteynhundert iar dar na in deme Souen vnde Souentigheſten Jare des erſten Sondaghes na pinghoſten.

K. O.

Ich vrederik van wuſtreue knape Ghert vnde Albrecht ſyne vedderen ok gheheten van wuſtreue bekennen vnde bethugen openbare in deſſeme breue dat wy vnſe vnſe ſlot wuſtreue hus vnde ſtat to eneme rechten 30 Erflene vntfangen hebben van den hochgheborenen vorſten vnſen leuen gnedyghen heren. hern wentſlaw vnde hern Albrechte hertogen to Saſſen vnde to luneborch. Alſo dat wy vnde vnſe eruen den vorbenomden vnſen heren vnde eren Eruen. ewichlichen to denſte ſitten ſchollen myt deme ſuluen vnſeme ſlote wuſtreue hus vnde ſtat vnde en dat open holden ſchollen to allen eren noden wanne vnde wo dicke ſe des begeren. vnde willen ok myt demo ſuluen ſlote wuſtreue hus vnde ſtad truwelich by en blyuen vnd en dar mede truweliken beholpen ſyn vp allor malken wo de ghenant ſynt nemant vt ghenomen. vnde de vorbe- 35 nomden vnſe heren ſchollen och vns vnſes rechten vordeghedyngen ghelik anderen eren trüwen mannen. vnde ſchollen ok vns vnd vnſe Eruen to allen tyden mechtich ſyn Jegen alles wene to like vnde to rechte. wolde vns auer dar en bouen jement vor vnrechten. dat ſcholde we den vorbenomden vnſe heren witlich don. De ſcholden denne recht vor vns beden. konden ſe vns denne bynnen achte wekenen dar na nicht likes edder rechtes helpen So mochte we vns ſuluen helpen. vnde des ſcholde ſe vns ſtaden went alſo 40 lange. dat vns lik odder recht mochte wedder varen. Were ok dat de vorbenomden vnſe heren odder ere Eruen orligen wolden van den vorbenomden ſlote wuſtreue vnde vp Eſchede So ſcholde de koſte vppe deme ſuluen Slote ere weſen de wile de krich warede vor de des begherden. vnde de houetman den ſe dar

---

*) Die beiden herzoglichen Siegel ſind mit Leinewand überzogen. Auf der Leinewand des zweiten Siegels ſteht von einer Hand des 16. Jahrhunderts geſchrieben: dath ys vnſe erſte len bref. Eine andere Urkunde iſt ſo verzeichnet: Der von Waſtrow 45 Lehnbrief, von den Herzögen Wenzlaus und Albrecht von Sachſen und Lüneburg ertheilt 1377.

14*

vppe fetten fcholde vns borchhude dûn. alfo ghewonliken is vppe den veften vnde were dat vns edder den
vnfen van deme fuluen ereme houetmanne Jenige vnnoghe fchude. dat fcholde he vns wedder dôn bynnen veer
weken dar na in mynne efte in rechte. vnde we vnd vnfe Eruen en fchollen der vorbenomden vnfer heren
land vnde lude nene wis vor vnrechten edder befchedegen noch befchedegen laten van deme flote to wuftreue
5 vnde were dat de vorbenomden vnfe heren vnfer denne bedorften to denfte vnde we vmme eren willen
vigende worden vnde en deneden fo fcholden fe vns ftan vor kofte vnd vor redeliken fchaden. worde ok
vnfe flot wuftreue van der vorbenomden vnfer heren kryges weghene beftallet edder vorbuwet dat fcolden
fe vns helpen vntfetten mid gantfer macht alfe fe erften konnen ane arghelift. Worde vns ok dat flot
wuftreue afghewunen van eres kryges weghene des god nicht en wille fo fcholden fe fik noch vns nicht
10 fönen noch vreden mid den de dat flot ghewunen hedden. Se enbedden vns denne vnfe flot erften wedder
ghe hulpen konden fe vns des auer bynnen enem Jare dar na nicht wedder helpen So fcholden fe vns
alfo ghut en ander flot wedder laten buwen dar wy de ghulde des fuluen flotes wedder af bekrechtighen
mochten. were dat fe des nicht en deden. So fcholden fe vns denne wedderftbadynge dôn des fuluen
flotes alfo dat twen eren mannen vnde twen vnfen vrunden duchte redelik wefen. were ok dat we edder
15 vnfe Eruen vnfe flot wuftreue dor vnfer not willen moften vor kopen fo fcholde we dat den vor benomden
vnfen heren edder eren Eruen eft fe nicht weren erften beden. Wolden fe dat denne hebben vnde kopen
vme fo danne enen Summen gheldes alfo vns andere lude vnfe ghenoten dar vmme gheuen wolden dar
fcholde we en dat denne vore gheuen vnde laten. wolden fe ouer des nicht hebben vmme fo danne fumme
gheldes alfo vns van anderen luden vnfen ghenoten dar vore werden mochte So mochte we dat fulue flot
20 wuftreue denne vorkopen. vnde laten bedderuen luden ane vorften vnde heren vnde fteden vnfen ghenoten
wen we wolden vnd werne we dat denne vorkoften edder leten vnfen ghenoten de fcolden dat ok van
den vorbenomden vnfen heren vnde eren eruen to eneme rechten erflene vntfan. vnde en fo dane be warynghe
dôn mit breuen vnd loften alfo we ghedan hebben Alle deffe vorfcreuenen ftucke vnde eneme Jewelken
befunder loue we vrederik Ghert vnde Albrecht vorbenomet alle gheheten van wuftreue vor vns vnde
25 vor vnfen eruen fakewelden vnde mit vnfen medeloueren de hir na befereuen ftan her Mathiefe van Jnghow.
henneke van bulow her hinrikes fone van bulow. vnd dyderk van bodendik mid ener famedon hant den
vorbenomden vnfen heren hern wentflaw vnd hern. Albrechte hertoghen to faffen vnd to luneborch vnd
eren eruen vnd na komelynghen in ghuden truwen ftede vnd vaft vnd vnvorbroken to holdende funder argelift vnde hebben des to orkunde vnd to meer betughinge wy fakewolden vnd medeloue alvorbefcreuen
30 vnfe Inghezeghele witliken vnd mid ghuden willen laten hengen an deffen bref de gheuen is to luneborch Na
godes bord dritteynhundert Jar in deme feuen vnd feuentygeften Jare. des negheften fundaghes na pinkften.

96. Herzog Otto von Braunschweig bevollmächtigt für sich und für die herzoglichen Gebrüder Friedrich, Heinrich und Otto von Braunschweig den Bischof Gerhard von Hildesheim, zwischen ihnen einerseits und den Herzögen Wenzlaus und Albrecht von Sachsen und Lüneburg und dem Herzoge Bernhard von Lüneburg und Braunschweig andererseits eine Sühne zu vermitteln und über ihre Streitigkeiten zu entscheiden, gelobt auch für sich und für die drei herzoglichen Gebrüder, sich der Entscheidung des Bischofs zu fügen und alles zu halten, wozu derselbe sich in ihrem Namen verpflichtet. — 1377, den 8. Juni.   X. O.

We Otto van godes gnaden Hertoghe to Brunfwik Bekennen openbare indiffem breue dat we van
vnfer weghen vnde van hertoghen frederkes weghen hinř vnde Otten hertoghen frederkes Brodere weghen
40 hebben bevolen vnde vulle macht ghegeuen bevelen vnde mechteghen indufler ferift Dem erwerdighen vater
ingode vnde heren Biffchop gherde van hilden alfo dat he vns vnde hertoghen frederʼ van Brunfwik hinř
vnde Otten des fuluen hertoghen frederkes brodere af ene fyd vnde hertoghen wentzflawe hertoghen alberte
van Saffen vnde Luneborch vnde hertoghen Bernde van Luneborch vnde Brunfwik af ander fyd vmme
alle fchelunghe vnde twidracht dede ghe wefet is twifchen oñ vnde vns bet an duffen hutegen dach, mach
45 fonen vnde ghentzleken irfcheden   vnde wat he van vnfer weghen vnde van hertoghen frederkes weghen

hinř vnde Otten weghen des fuluen hertoghen frederkes Brodere inder fone vnde fchedunghe deyt dedinghet louet befeghelet vnde verbreuet dat wil we vnde hertoghe freder hinř vnde Otte hertoghen frederkes brodere in aller wis ftede vnde vaft vnde vnverbroken holden, Vnde de fone vñ fchedunghe vnde alle ftucke vnde dedunghe de in der fone vnde fchedunghe begrepen fyn vülthen vnde dome ghentzleken vtvolghen alfo, rechte icht we fuluen vñ hertogho freder hinř vñ Otte hertoghen frederkes brodere de fono 5 vnde fchedungho ghe dedinghet hedden Ok bekenne we hertoghe Otte vorbenomed dat we hebben ghe heten vnde vulbordet vnfem heren Biffchop gherde van hilden dat he vor vns vñ vor hertoghen freder hinř vnde Otten des fuluen hertoghen frederkes brodere vnfe Ingbefeghele henghen mach an den fonefbref dar de fone vñ fchedunghe twifchen hertoghen wentzflawe hertoghen alberte vnde hertoghen Bernde af ene fyd, vnde vns vñ hertoghen frederke hinř vnde Otten hertoghen frederkes brodere af ander fyd in allen 10 ftucken vnde dedinghen openbar inne befcreuen is, de fone vnde fchedunghe dar vullenkomen mede to veftende Vnde willen om des bekennich wefen wan vnde wůr des nod is vñ dat van vns ghe efchet wert Des to groter bekantniffe hebbe we vnfe Inghefeghele an duffen bref witleken henghen laten. De ghe geuen is to haldefleue Na godes bord drittenhundert Jar an deme feuen vnde feuentigheften Jare des funnauendes Na funte Bonifacius daghe. 15

99. **Bischof Gerhard von Hildesheim** vermittelt als Bevollmächtigter der nicht gegenwärtigen Herzöge Otto und herzoglichen Gebrüder Friedrich, Heinrich und Otto von Braunschweig in Gegenwart und mit Bewilligung des Kaisers Karl IV. eine Sühne und Einigung zwischen ihnen einerseits und den anwesenden Herzögen Wenzlaus und Albrecht von Sachsen und Lüneburg und dem nicht gegenwärtigen Herzog Bernhard von Lüneburg und Braunschweig andererseits hinsichtlich aller Zwistigkeiten, um welche sie mit einander 20 in Krieg gerathen sind. Herzog Friedrich und seine Brüder Heinrich und Otto werden für sich und ihre Erben mit den Schlössern Lichtenberg, Neubrück, Thune, Wettmershagen, Wendhausen, Brunsrode, Vorsfelde, Campen, Bahrdorf und Twieflingen von dem Herzogthume und der Herrschaft Lüneburg abgefunden und übernehmen nach dem Verhältnisse dieses Gebietes zu dem übrigen Herzogthume Lüneburg einen Theil der aus dem Kriege der Herzöge Wenzlaus und Albrecht gegen den Herzog Magnus von Lüneburg und Braun- 25 schweig herrührenden Schulden. Auf einer vor dem nächsten 1. August von allen Herzögen zu haltenden Zusammenkunft sollen Herzog Friedrich und seine Brüder Heinrich und Otto alle zu der übrigen Herrschaft Lüneburg gehörenden Schlösser und Mannschaft an die Herzöge Wenzlaus, Albrecht und Bernhard, diese die genannten zehn Schlösser mit dazu gehörender Mannschaft an jene weisen und die überwiesene Mannschaft der ihnen geleisteten Huldigung entlassen. Sofort sollen alle Gefangenen bis zum nächsten 25. Juli frei- 30 gelassen werden und bis dahin die Herzöge auf beiden Seiten bei den Ihrigen die völlige Freiheit derselben erwirken. Die Herzöge Wenzlaus, Albrecht und Bernhard sollen von den Herzögen Otto und Friedrich das Schloss Gifhorn der Pfandurkunde des Herzogs Wilhelm oder Magnus gemäss einlösen. Ist an derselben etwas dem Rechte nicht gemäss oder können beide Herzöge sie nicht bis zum nächsten 25. Juli herbeischaffen, so sollen der Bischof und sein Bruder, der edele Herr Wedekind von dem Berge, und, falls 35 beide nicht einig werden können, der Kaiser über die Einlösung des Schlosses weiter bestimmen. In dereinstigen Irrungen über diese Sühne sollen beide Brüder Schiedsrichter und der Kaiser Obmann sein. Auch ist dieser ausserdem befugt, nach eigenem Gutdünken und nach dem Rathe des Bischofes und dessen Brudern zum Nutzen der Lande und Leute zwischen den Herzögen beiderseits eine freundliche Einigung und Verbindung, der sie sich fügen sollen, zu stiften. Am nächsten 1. August sollen sämmtliche Herzöge vor 40 dem Kaiser zu Tangermünde diese Sühne vollziehen oder, wenn dies schon vorher geschehen ist, sie erneuern und sie von ihm bestätigen lassen. — 1377, den 12. Juni *). XVII.

---

*) Wenn, wie in No. 79 pag. 87 Zeile 20, die „Dominica Factus" nicht der zweite, sondern der dritte Sonntag nach Pfingsten war, so ist obige Urkunde nicht am 5. Juni sondern am 12. Juni 1377 ausgestellt. Für diese Annahme spricht das Datum der vorhergehenden Urkunde, welche wegen ihres Inhaltes früher als die obige ausgestellt sein muss. 45

We gerd van godis gnaden vnd des ftoles to Rome Bifchop to Hildenfem. Bekennet openbare in deffem
breue. dat wi in iegenwardicheit des allerdorchluchtigeften vorften vnd heren des Romifchen Keyfers Karles
to allentiden merer des rikes. vnd Koninges to Behemen mit finem willen vnd vulborde vorzonet vnd vorenet
hebben. vorzonen vnd voreenen mid deffem breue de hochgebornen furften hertogen Wentz hertogen Albrechte
5 van Saffen vnd Luneborg vnd hertogen Bernde van Luneborg vnd Brunfw vnd ere eruen op ene zide. vnd de
hochgeborne furften hertogen Otten vnd hertogen freder van Brunfw vnd hertogen hinr vnd hertogen Otten
vnd [1]) hertogen freder brodere vnd ere eruen aff ander zide. vmme alle fchelinge dar fe vnd ere helpen [2]) anbei-
dentziden vmme to krygo komen vnd wofen fin bet an deffen hutigen dach. vnd do dat ok alfo en fonefman de
van hertogen Otten vnd hertogen freder des gemechtiget is. Vnd deffe sone fchal ftede vnd vaft bliuen alfo.
10 icht de vorben vorften fuluen dar iegenwardich hedden gewefen. Vnd we fint des bekennich wan vnd wor
des not is vnd deffe breff gelesen wert in doffer wiis. dat me hertogen freder vnd fine broderen. hertogen
hinr vnd hertogen Otten vnd ere eruen afffchedet van dem hertogedome vnd herfchop to Luneborg mid
den Sloten de hir na befcreuen ftaad. alfe Lichtenberge. Brügge. tüne. Witmerfhagen. Wenthufen. Brunefrode.
Varfuelde. ka(mp) Bardorpe. Twifflinge. Vnd were dat ienige Manfchop dorp. edder lüde. dede to deffen
15 floten horden in der vogedye richte vnd gebede to Giffhorne horich hedden gewefen. de fcholden des
gerichtes vnd gebedes al leddich vnd los wefen. mit deffen vorben teyn Sloten fchollen de vorben hertoge freder van Brunfw. hinr vnd Otto fine brodere vnd ere eruen deger vnd al van dome hertogedome
vnd der herfchop to luneborg. aff gezonet affgedelet. vnd gefcheiden wofen. vnd bliuen. vnd dar vorder
mer nenerleye anfprake beholden. vnd nenerleye hinder dar ane dön. Ok fo en fchollen. hertogen Wentz.
20 vnd Albrecht van Saffen vnd Luneborg. vnd hertoge Bernd vnd ore eruen to den vorgenanten teyn Sloten
dar ienigerleye hinder ane dön. Vortmer de fchuld vnd fchade de me plichtich is van dem erften orloge.
dat was twiffchen hertogen Wentz. vnd hertogen Albrechte van faffen aff ene fide. vnd hertogen Magnus van
Luneborg vnd Brunfw aff ander zide wat des roret de Manfchop an de nü bliuet to dem lande to Luneborg. de fchal hertoge Wentz hertoge Albrecht vnd hertoge Bernd golden van der herfchop to Luneborg.
25 Wat auer anroret de Manfchop der herfchop to Brunfw vnd de Slote de me nu hertogen freder vnd finen
eruen to legget vnd de Manfchop de dar to horet de fchuld vnd den fchaden fchal hertoge freder vnd fine
eruen gelden van der herfchop to Brunfw vnd van den Sloten de me eme nü leed. Ok fchal hertoge freder vor fik de vorben fine brodere hertogen hinr vnd hertogen Otten vnd vor ere eruen alle de Slote vnd
Manfchop de to der herfchop Luneborg horet funder de teyn Slote alfe de hir vorben fint. wifen an herto-
30 gen Wentz an hertogen Albrechte vnd an hertogen Bernde finen broder vnd vorlaten en der huldoginge
de fo en gedan hebbet. des gelik fchollen fe ene wedder don an den Sloten vnd an der Manfchop dar me
en nü mede afffchedet in alle der wife alfe dat hir vor vtgeluttert is. Ok en fchal hertoge Wentz hertoge
Albrecht vnd hertoge Bernd alle der Slote de me hertoge freder vnd finen eruen nü led van der herfchop
to Luneborg fik wedder hertogen Otten van Brunfw vnd wedder hertogen freder vnd ere eruen nicht vnder-
35 winden. Ok fo enfchollen hertoge Otte van Brunfw vnd hertoge freder de vorgen hinr vnd Otte fine brodere vnd ere eruen alle der Slote de hertogen Wentz hertogen Albrechte vnd hertogen Bernde bliuen to
dem hertogedome vnd der herfchop to Luneborg wedder hertogen Wentz hertogen Albrechte vnd wedder
hertogen Bernde vnd wedder ere eruen fik ok nicht vnderwinden. Ok alle de ienne dede hebben gewefen
in helpe hertogen Otten vnd hertogen freder wedder hertogen Wentz wedder hertogen Albrechte vnd wed-
40 der hertogen Bernde were me den wes plichtich van rechte dar fe vmme to kryge komen fin. dat fchal
me en dön. dat fulue fchollet fe wedder dön. wo fik dat geboret. Vnd ok de ienne dede fint gewefen
in helpe hertogen Wentz hertogen Albrecht. vnd hertoge Bernd wedder hertogen Otten vnd hertogen freder
were me den wes plichtich dar fe vmme to kryge komen weren dat fcholde me en dön. vnd dat fulue
fcholden fe ok wedder dön wo fik dat geborde. dat fchal me an beydent ziden aldus holden ane dat bin-

45   [1]) *vnd muss ausfallen.*   [2]) *helpere.*

nen veyde gefehen is.. Ok fchollen alle vangene de van der heren kryges wegen gevangen fin vnd den de heren vor fchaden ftan los wefen vnd de vangenen an beident ziden fchollen van ftünden an dach hebben bette oppe fünte Jacobes dach negeft tokomende vnd hir twifschen fchal en iewelk here vor fik vnd de fine vormogen vnd vortbringen ane allerleye wedderfprake vnd hinder. dat de vangen an beident ziden io los wefen vnd werden. Vmme Giffhorne dat Slot. dat fchal de vorben hertoge Wentż. hertoge Albrechte 5 vnd hertoge Bernd. van hertogen Otten. vnd hertogen fredeř van Brůnfw lozen na vtwilinge fülker breue de ichtefwanne hertoge Wilhelm edder hertoge Magnus edder fe beide dar ouer gegeuen hebben. Were auer wat vnredelikes an den breuen wat dar vmme wi vorgenante Bifchop Gherd van Hildenfem. vnd Edele her Wedekind here to dem Berge vnfe leue broder endrechtliken vtfpreken dar bi fchal dat bliuen ane wedderfprake. Were auer dat wi nicht endrechtich werden könden. wat denne vnfe here do Keyfer 10 dar vmme fprikt dar bi fchal dat bliuen ane allerleye wedderfprake. Were auer dat hertoge Otte vnd hertoge fredeř der breue ouer de vorpendinge van Giffhorne. twifschen hir vnd achte dage na funte Jacobes dage negeft tokomende nicht hebben enkonden. fo fchollen de degedinge van der lozinge wegene des Slotes Giffhorne. oppe vns vorben Bifchop Gerde van Hildenfem. vnd hern Wedekinde heren to dem Berge vnfen broder ftan. vnd wat wi endrechtliken dar vmme fpreken dar vore fchollen de vorgen hertoge Otte, 15 vnd hertoge fredeř den vorben hertogen Wentż hertogen Albrechte vnd hertogen Bernde. Giffhorne to lozende don. Were dat wi brodere an den degedingen nicht endrechtich werden konden wat denne vnfe here de Keyfer dar vmme fprikt dar bi fchal dat bliuen ane alleloye wedderfprake. Were ok dat ienigerleye twidracht van deffer zone were binnen deffer tid. edder hir namals opftünde welkerwiis dat fchüde dat fcholle wi vorben Bifcop Gerd van Hildenfem vnd de edele her Wedekint vnfe broder irfcheden in vrünt- 20 fchop edder mit rechte vnuortoget wanne wi dar to geefchet werden. vnd wat wi dar ane fcheiden dat fchal alfo bliuen ane ienigerleye wedderfprake. Worde wi auer an der fchedinge twidrachtich. fo fchollen vnfe here do Keyfer des en ouerman fin vnd wat he dar vmme fpreke dat fchal alfo bliuen. vnd fchal gancze macht hebben. der vorben fürften vnd heren an beident ziden bouen deffe vorfcreuene zone vrüntliken[3]) vorenen vorbinden. vnd vorbreuen landen vnd luden to nůtten. wo dat finen gnaden alder boquemeft dun- 25 cket fin na vnfem vnd vnfes broders rade vnd des fchollen em de fulnen fürften gentlikon horen vnd vulborden. Deffe zone fchal ok vnfchedelik fin allermalkem deme wes plichtich is van redelyker fchult wegene an beident ziden. Were ok dat wi vorben Bifchop Gherd van hildenfem. binnen deffer vorfcreuenen tyd er deffe zone vůltogen worde affgingen van dodes wegene des god nicht enwille. edder van rechte edder nod wegene to deffen vorben degedingen nicht komen enkonden. fo fchal hertoge Otte vnd hertoge fredeř van Brunfw 30 eynen anderen binnen verteynachten in vnfe ftede fetten den fe volle macht geuen alle degedinge to handelende vnd vůltotende. van erer wegene in allerwiis alfe hir vorfcreuen is likewiis. Were dat de edele her Wedekint here to dem Berge binnen deffer vorfcreuenen tiid affginge van dodes wegene des god nicht enwille. er wen deffe zone vůltogen worde. edder van echter nod wegene to deffen vorben degedingen nicht komen konden. fo fchal hertoge Wentż. hertoge Albrecht. vnd hertoge Bernd enen anderen binnen ver- 35 teynachten in fine ftede fetten. den fe volle macht geuen aller degedinge to handelende vnd vůltotende van erer wegene in aller wife alfe hir vorfcreuen is. binnen deffer ergenantem tid. alfe twifschen hir vnd achtedage na funte Jacobes dage negeft to komende. fchollen de vorben fürften in ene ftede to zamene komen, de en an beident ziden bequeme is Vnd hertoge Otto van Brunfw fchal dar mit fik bringen hertogen fredeř. Hinř vnd Otten hertogen fredeř brodere. vnd ok de Manfchop de van erer wegene de Slote inne hebbet 40 de to der herfchop Brunfw [4]) horet vnd de vorben hertoge Wentż vnd hertoge Albrecht. edder erer eyn van erer beyder wegene fchal dar mit fik bringen hertogen Bernde Stede vnd Manfchop de fik an fe holden vnd van erer wegene de Slote inne hebbet. de to deme hertogedôme vnd der herfchop Luneborg horet.

---

[3]) Es muss heissen /e vrüntliken to.   [4]) Im Texte steht *Luneborg*; aber darüber, ohne dass *Luneborg* durchstrichen wäre, ist von derselben Hand *Brunfw* geschrieben.

Vnd oppe deme fuluen dage fchollen do vorbeñ fürften an beident ziden. Stede. Slote. Manfchop. lüde vnd
gud van ſik wifen. vnd fe der huldeginge leddich laten alle in deſſer zone hir vore genfliken begrepen is.
Vnd icht idlike Stede vnd Manfchop dar nicht enquemen. fo fchollen denne de fuluen fürften an beidentziden
fo fe van deme dage theen in Stede vnd Slote riden wor des nod is vnd fchollen deffe zone vūltheen alfe
5 fe hir vor begrepen is. vnd fchollen dat vnder enander vorbreuen alfo dat redelik is. dat deffe zone ftede.
vaſt vnd wol geholden werde. Were ok dat oppe deme dage. edder twiſchen hir vnd funte Jacobes dage
negeſt tokomende ienich inval fchäde alſo. dat deffe zone nicht vültogen worde, ſo ſchollen deſſe vorbeñ
fürſten vnd heren hertoge Wenti. hertoge Albrecht vnd hertoge Bernd vnd ok hertoge Otte hertoge freder
hertoge Hinr̄ vnd hertoge Otto. hertogen freder brodere. des achteden dages na ſünte Jacobes dage negeſt
10 tokomende to Tangermunde fin vnd bringen dar mid fik de van der Stede wegene vūlle macht hebben,
vnd dar to de Manfchop. vnd komen to Tangermunde vor vnfen heren den Keyfer vnd vülteen vor eme
deſſe zone vnd ſchedinge vnd alle degedinge in allerwis genfliken. alfe hir vorfcreuen is Were auer dat
deffe vorbeñ fürſten oppe deme dage. edder binnen deſſer vorfcreuenen tid⁵) genfliken vnd wol berichte-
den. vnd deſſe zone ſchedinge. vnd alle degedinge genfliken vültogen worden in aller wiis alfe hir vorfcreuen
15 is Doch allikewol fchollen deſſe vorgen fürſten an beidentziden des achteden dages na ſünte Jacobes dage
negeſt tokomende to Tangermunde vor vnfen heren den Keyfer komen. vnd fin vnd fchollen deſſe zone
vornyen. to merer veſtinge vnd bidden vnfen heren den Keyfer mit enander dat he en geue fine breue
dar he de zone inne beſtedige.. Alle vredebrake de an beidentziden bette an deffen hütigen dach in⁶)
gefchen were. fcholle wi vorgeñ Bifchop Gerd. vnd de edele her Wedekind vnſe broder macht hebben to
20 berichtende. vnd irſchedende mit vrüntfchop edder mit rechte. vnd wo wi de ſcheden dat ſchal alſo bliuen
ano ienigerleye wedderſprake.. Ok Bekenne wi vorgeñ Wenti van godis gnaden des heiligen rikes ertze
Marfchalc vnd Albrecht van godis gnaden hertogen to Saſſen vnd to Luneborg. dat de vorbeñ
Erwerdige vader in gode. vnd here Biſchop Gerd van Hildenſem deſſe zone vnd fchedinge in vnſer iegenwardicheit mid vnfem güden willen witfchop vnd vulbort gedegedinget vnd vtefproken heft. Vnd wi louen
25 vor vns vnd vnfe eruen. vnd vor den ergeñ Hochgebornen furſten hertogen Bernde hertogen to Luneborg
vnd to Brünſw̄. in guden truwen ſunder ienigerleye argeliſt. dat wi de vorfcreuene zone vnd fchedinge genfliken
vülteen vnd holden willen in aller wiis alfe ſe hir vor vteſproken is.⁷) van worde to worde hir fcreuen is..
Vnd hebben des to bekantniſſe vnfer beider Ingeſeg laten hengen an deſſen breff.. Vnd wi vorbeñ Bifchop Gerd alfo en ſoneſman mid vüllermacht van des vorgeñ Hertogen Otten van Brünfw̄ van ſiner wegene.
30 vnd van Hertogen froder wegene Hinr̄ vnd Otten des fuluen Hertogen freder brodere to deſſer zone gezad.⁷)
gogouen. gelouen. vor don fuluen Hertogen Otten Hertogen freder Hinr̄. vnd Otten ſine brodere in guden
truwen funder iengerleye argeliſt dat ſe de vorfcreuene zone vnd fchedinge genfliken vülteen vnd holden.
vorbreuen.⁷) vorfegelen ſchollen in allerwiis alfe hir vor van worde to worde vteſproken vnd gefcreuen ſteid.
Vnd wanne de vorbeñ Hertoge Otte vnd hertoge freder van Brünſw̄ vor ſik vnd vor de ergeñ Hinr̄ vnd
35 Otten deſſes fuluen hertogen freder brodere deſſe zone fuluen vorbreuet vnd befegelt hebben. alfe hir vor-
begrepen is. So fcholle wi Bifchop Gherd van hildenfem deſſes gelouedes des wi in deſſem breue gedan hebbet vnd don leddich vnd los weſen. Vnd deſſes to bekantniſſe hebbe wi Bifchop Gherd van Hildenſem vnſe
Ingeſeg vnd ok Hertogen Otten Ingeſeg van Brunſw̄ van ſinem hete vnd vulborde an deſſen breff hengen
laten.. De geuen is to Tangermunde Anno dominj M CCC LXXVII des negeſten vrydages na deme Son-
40 dage alſe me ſinget factus eſt.

100. **Knappe Heinrich Kemerer ſühnt ſich mit dem Rathe und den Bürgern der Stadt Hannover und erkennt
in künftigen Irrungen mit dem Rathe den Herzog von Lüneburg, mit Bürgern der Stadt Hannover den
Rath der Stadt als Richter an.** — 1377, den 13. Juli. H. O.

---

⁵) Hier fehlt ſik. ⁶) in muſs ausfallen. ⁷) Hier fehlt vnd.

Ek Henrik de Kemerere knecht bekenne vnde betůghe opembare in diſſem breue de gheueſtont is mit myneme Inghefeg̈. Dat ek my vrůntliken gheſöned vnde ghentzliken vorlykend hebbe mit deme Rade vnde mit den ghemeynen borgheren to Honouere vmme alle ſchelinghe de twiſchen ŏn, vnde my wente an diſſe thyd ghewefen hefft, Aldufdane wys. Were dat Jenich ſchelincghe worde twiſchen deme Rade vorbenornd, vnde my. dar vmme wille ek vnde ſchal rechtes blyuen to gheuende vnde to nemende vor myneme 5 heren van Lůneborch. vnde dat enwille ek noch enſchal nicht vorder ſoken, eder anders wor vorderen Were ok dat Jenich ſchelincghe nv rede were, eder noch wőrde twyſchen Jenegheme der borghere to Honouere vnde my. wanne vnde wo dycke dat ſchude. dar wille ek vnde ſchal rechtes vmme blyuen by deme Rade to Honouere vorbenomd vnde ek enwille dat ok nicht vorder ſőken eder vorderen. Alle diſſe ſtucke loue ek vnde dat Rade vnde den ghemeynen borgheren to Honouere in guden truwen ſtede vnde vaſt 10 to holdende. Datum anno domini M̃. CCC. Septuageſimo ſeptimo In die beate Margarete virginis.

101. Ulrich Lutzeke und Burchard Tetze schreiben den Rathsherren zu Lüneburg: Diejenigen Rathsherren zu Hannover, mit denen sie Rücksprache genommen haben, behaupten, wegen grosser Schulden und weil den Bürgern der Stadt Hannover von ihrem Landgute, auf dessen Ertrag sie zu ihrer Ernährung meistens angewiesen sind, nichts einkömmt, zur Einlösung des Schlosses Neustadt nichts beitragen zu können. Wenn 15 aber der Herzog von Lüneburg den neuen Landfrieden mit dem Bischofe von Hildesheim und mit anderen benachbarten Herren vorwärts bringt, so möchten der Rath und die Bürger von Hannover zur Einlösung des Schlosses Neustadt wohl das Ihrige beitragen, nämlich Geld dazu aufleihen und verzinsen. Sie bitten daher, den Herzog zu bewegen, dass er seinem Versprechen gemäss den Landfrieden fortsetzt. L. 0.

     Magne honeſtatis et prudencie viris dominis proconſulibus Ciuitatis luneborgenſis dominis et 20 amicis noſtris predilectis detur *).

Vnſe willeghe denſt touorn. Leuen heren vnde vrunde alſe wy van jů ſehededen Dat wy mid deme Rade ſpreken ſcholden dat ſe dar wat tho deden. Dat de Nyeſtad gheloſed worde. dar hebbe wy mid Itliken Ratmannen heymeliken vmme ſproken. de ſeegheo. dat ſe in ſo groteme ſchaden vnde ſchulden ſytten. dar van dat en van ereme lantghude nicht enwerde dar de van honouere ore neringghe al meſtich an heb- 25 ben. dat ſe tho der loſe nicht vormőghen to donde. Sunder wat wy mid rade vnde ſodanen dyngghen alſe wy Jů ſuluen ſegheden. der herſchop to denſte. vnde deme lande to ghude. don konden. dat dede wy gherne vnde beuelet dat Juwer vorſichtighen wyſheyd to beſorghende. wo dat nütteſt worde. Doch ſo vormodet ſik vſe Cumpane vnde wy des wol. Were dat vſe Here van luneb. mid vſeme heron van hildenſ. vnde mid anderen heren de eme hyr beſeten ſint. den nyen lantfrede vortbrechte, dat denne de Rad vnde borghere 30 to der loſe der Nyen Stad wol mede inlegheden nach orer achte alſe id ŏn by ſteyt. wat ſe möchten. alſo dat ſe dat alſolanghe vortynſeden dat ſe dat houetgud entrichten konden. Hir vmme bidde wy Jů denſtliken. Dat gi dat beſte dar tho don by vſeme heren. dat he den Lantfrede vortſette. alſe he ok tighen vs gheſproken hefft. dat he gherne don wille. ſunderliken vormode wy vs wol. dat he Jů des yo nicht enthőre. Vnde wy beghered. dat diſſe breff heymelik by Jů bliue Ghebedet an vnſe denſt Gheſereuen 35 vnder Olrikes Ing des Ik Borch hir tho mede bruke.

                                                  Olṙ Luczeke et
                                                  Borch Tecze. veſtri.

102. Die Herzöge Wenzlaus und Albrecht von Sachsen und Lüneburg und Herzog Bernhard von Braunschweig und Lüneburg schenken zu ihrem und ihrer Eltern Seelenheil dem Hospitale St. Spiritus zu Hannover ihre 40 drei Mühlen vor der Stadt, nämlich die neue Mühle bei der Danzelmarsch (am Brande), die Luchten-Mühle und die Trepen-Mühle, und gestatten den Müllern die Benutzung der herzoglichen Holzungen zur Ausbes-

---

*) Diese Worte befinden sich auf der Rückseite des Schreibens.

serung der Mühlen. Jedoch sollen der Rath der Stadt und die Vorsteher des Hospitals den Herzogen einen
jährlichen Zins aus den Mühlen entrichten. — 1377, den 11. August. H. O.

We Wentzlaw. vnd Albrecht van godes gnaden. hertoghen to engheren. to Weftfalen. to Saffen. vnde
to Luneborch. Palantzgreuen to Saffen. Greuen to Breene. des heyligen Romiffchen Rykes. Ertzemarfchalke.
5 vnde we Bernd. van den fuluen gnaden godes. hertoge to Brunfwich vnde to Luneborch Bekennen openbare in diffem breue. dat we endrechtliken vnd myd wolberadenem mòde dorch god vnde dorch falicheit
vnfer elderen vnd vnfer eghenen feele willen. hebben gelaten vnd gheghenen. den armen luden des hufes.
des heiligen geiftes. bynnen hùnouere vnd to erer hand vnfen leuen getruwen. demo Rade to honouere.
vnd den vormunderen des fuluen hufes we. fe. fyn an der tyd. vnfe mòlen dre vor honouere de Nygenmò-
10 len by der Dantzolmerfch de Lùchten molen vnd trepenen molen myd allem egendùme met allerleye nvt
vnde to behòringe alfo de fuluen molnere. de vorfcreuenen molen. van vnfen vorvaren vnd elderen hertogen to Luneborch gehad hebben wente an deffe tyd In deffer wie dat de Rad to honouere. vnd de vormun-
dere des fulhen hufes. vns vnfen eruen vnd nakomelingen hertogen to Luneborch alle Jar gheuen fchullen
vte der Nygenmolen teyn bremere mark geldes half to funte Michahelis vnde half to paffchen. vnde vte
15 den anderen molen twen. vte iewelker molen alle wekene twe fchepele gerftens moltes. Deffen fuluen tyns
fchullet fe vns redeliken vnde vnbeworen ghenen. to den vorfcreuenen tyden. vnde ok fchullet de fulnen
molnere der vorfcreuenen molen bruken vnfer holte to beteringhe der mòlen in aller wis alfo fe vorgedan
hebben. by vnfer vorvaren vnde elderen tyden. na vnfeme vnde vnfer Amechtlude Rade. We willet vk vnd
fchullet on vnd oren nakomelingen alle deffer vorfcreuenen ftucke. rechto warende wefen Des to orkunde.
20 dat we alle deffe vorfcreuno ftucke ftede vnde vaft holden willen. hebbe we vnfe ingefegele vor vns vnfe
eruen vnde nakomelinge. hertogen to Luneborch laten hengen an deffen bref De gheuen is to Luneborch
Na godisbòrt dritteyn hundert Jar. in deme Seuen vnde Seuentigeften Jare des negeften dynkfedages na
funte Sixtus dage.

103. Landgraf Hermann von Heffen belehnt den Conrad von Afche mit der Freiheit über neun Hufen in der
25   Mark zu Moringen und mit dem Zehnten darüber, mit der Freiheit über seinen Sattelhof und über dreizehn
Koten daselbst und mit dem Zehnten darüber, mit der Freiheit über die Strasse innerhalb dieser Güter
und mit einer Mühlenstelle daselbst. — 1377, den 24. August. K. O.

We Lantgraue Herman van Der gnade godis Lantgraue to Heffen bekennet in deffem openen breue Dat
wy hebbet ghelent vñ lenet Corde van Afche. vnfem manne. to eynem rechten man erue lene. De vryheyt ouer
30 negen Houe. vñ den thegheden dar ouer de ghelegen fint in der marke to Moringhen. vñ de vryheyt ouer
finen fedelhof vñ ouer dritteyn kothòne dar fulues vñ den thegheden dar ouer. vñ de vryheyt ouer de ftraten de in deme gude lid vñ de dar to Hort vñ eyne molenftede. in deffem vorbeñ gude. vñ myd allem
rechte. dat to deffem vorbeñ gude hort vñ wilt des fin bekande Here fin woro fek Dat gheboret in dem
rechten Deffe breff is ghegeuen nach godis bord Dritteyn Hundit Jar Dar na in dem feuen vñ feuenti-
35 geften Jare in die bartolomey Datum noftro fub Sigillo pendente.

104. Erzbischof Albert von Bremen und der Vogt Conrad Kamermeister zu Bremervörde verpflichten sich unter
Angelobung eines Einlagers in der Stadt Bremen, dem Grafen Christian von Oldenburg für 900 löthige
Mark, welche sie ihm wegen früheren Dienstes, Reitens, Kost und Auslagen schulden, innerhalb der Zeit
bis zum 25. Juli 1378 die Herrschaft und das Schloss Stotel mit der ganzen Grafschaft als Pfand auszulie-
40 fern. — 1377, den 29. August. K. O.

Wy Her Albert van Godes ghenaden Ertzebifchop. der hilghen kerken to Bremen vnde Cord kamermefter voghet to vòrde bekennet vñ betùghet openbare vor allen lùden de deffen bref feet ofte bòret lefen.
Dat wy van vòrders denftes rydens vñ van koft weghene vñ van redes gheldes weghene dat wy vntfanghen vnde vpghebòret hebbet van den Eddelen manne Junchern kerftene greuen to Oldenborch vnde in

nütticheyt vnde in bederf des Stichtes van Bremen ghekeret hebbet zint fchůldich van rochter fchůld. den zůluen vorenomden Greuen kerftene vnde zinen rechten aneruen. Twe. hundert lŏdighe mark gudes weftfelifchen zůluers Ofenbrucgher wycht alze to Bromen vor der weffele in tale vnde in Műnthe ghinghe vnde gheue zint, dar wy. den vőronomden Greuen kerftene van Oldenborch vñ zinen rechten aneruen. vőre fcŏlet vnde willet vor en recht pand antworden vnde antworden laton In ene vafte brůkeliko were makeliken to bezittene 5 de alinghen herfcap vnde dat Selŏt to Stotle vnde de Gantzen graueffchop alze de vmme vñ vmme begrepen vnde belegben is. myt lande. myt lůden myt welde. myt rychte mit rechte. myt renthe mit gůlde myt aller to behoringhe vnde vpkominghe rechtes welde vn vnrechtes vnde mit allerfclachter nuth rak vnde rům Twifchen hir vñ den hilghen daghe sůnte Jacopes des hilghen Apoftels de nu erft to kumpt na ghifte deffes breues zunder ienigherhande wedderzaghe zunder vőretoch vnde zunder arghelift. Were auer dat wy des nicht en 10 deden des god doch nicht en wille. dar velle in wat dar in velle hinder ofte vőretoch vñ dat queme to wo dat to queme Jenigherleye wys So fchole wy vnde willet na den vorenomden hilghen daghe sůnte Jacopes wanner wy dar vmme ghemanet vnde to gheefchet werdet van dem vorenomden Greuen kerftene van Oldenborch ofte van zinen rechten aneruen by boden ofte mit breuen. edder wodane wijs ze vns dat kůndeghen latet In vnfe hůs edder in vnze antworde In komen vőtftandes In de Stad to Bremen bynnen de Mûren 15 vñ dar nicht vt nynerleye wys wy ne hebben den vorenomden Greuen kerftene van Oldenborch vnde zinen rechten aneruen betalet vnde beréd, to eren willen de vorefereuenen Twe. hundert lŏdighe mark In guden zůluere vn myt ghelde alze vőrefereuen fteyt deghere vnde altomale den leften penningh mit den erften zo dat en in der betalinghe wol ghenŏghe vnde fcoolet vñ willet en dar to vorvůllen vnde vororzaten al dat ghebrek, des ze na ghebleuen zint In renthen In gůlden vñ in vpkominghe der herfcap van Stotle vorgheー20 nompt bynnen der tyd vnde alle de wyle dat wy en der zůluen herfcap to Stotle nicht gheantwordet en hebbet de tyd zy kort edder langh. eer wy de vorenomden Stath to Bremen růmen vnde dat vt komen Jenigherleye wiis, vnde wy mŏghen ofte ne fcőlen edder en willet vor dit vorenomde gheld. dat legher bynnen der Stad to Bremen alze voro fcreuen is nicht lengh vorteen. den dre maned na der tyd dat wy dar in komet vnde binnen den dren maneden fcole wy vnde willet den vorenomden Greuen kerftene van 25 Oldenborch vñ zinen rechten aneruen de betalinghe deffes vőrenŏmden gheldes, vorvůllinghe vñ vororzatinghe des ghebrekes vullencômeliken doen in allermate alze vorefereuen fteyt Alle deffe vőrefereuenen ftůcke to zamende vnde en iewelich byzunder loue wy her Albert Ertzebyffchop to Bremen vnde Cord kamermefter voghet to vőrde vorghenompt myt zamenderhand In guden truwen vnde In eedeftat den vorenomden Greuen kerftene van Oldenborch vñ zinen rechten aneruen ftede vñ vaft vñ vnuorbroken to holdene vñ to 30 vultende zunder Jenigherhande wedderfprake hůlperede edder arghelift vñ hebbet des to openbarer bekantniffe vnfe Inghezegbele zamentlikes mit gudem willen vñ mit gantzer wytfcap ghebanghen laten to deffen breue Datum Anno domini Milleſimo CCC᷂ᵐᵒ Septuageſimo Septimo Ipfo die decollacionis fancti Johannis Baptifte.

105. Erzbifchof Albert von Bremen verpfändet für 300 bremer Mark (die Mark zu 32 Grote gerechnet) die Vogtei und das Gericht in der Lechteren oder im Lechterlande (am südlichen Weserufer) an den Grafen Christian von Oldenburg und an deſſen Gemahlinn Agnes. — 1377, den 29. Auguſt. XXVI.

Wy her Alberdt van der genade godes Ertzebiffchupp der billigen kercken to Bremen doth kundich vnde wytlick alle den Jenen de deffen breff zedt vnde lezen horet vnde bekennet vnde betuget openbar dat wy hebbet gezatet vnde zettet myt guden wyllen In deffem breue deme Edelem manne Juncher kerftene 40 Greuen to Oldenborch Greuynnen Agneten fyner echten vrowen, vnde orer twyer kynderen offt ze en worden de vogedye vnde dat Richte In der Lechteren myt aller to behoringe myt allen rechte myt aller vpkomynge vnde myt aller Slachtenuthe vor drehundert bremer marck ene Jewelyke bremer marck to rokene by twe vnde drytich grote alzulkes geldes alfze vp der weffle to Bremen ginge vnde geue ys myt alzulken vnderfche Dat wy ne fcolet noch ne wyllet wy edder vnfe amptlude noch nemant van vnfer wegen de voge- 45

dye vnde dat Richte vorgenompt En nicht wedder afflozen offt afflozen laten Id en fy myt vulbort Greuen kerftens Greuynnen Agneten vorgefcreuen vnde orer twyger kynder offt fe one worden vnde myt oren guden wyllen alle de wyle de wy leuet Deffe zatinge vnde alle deffe vorgefcreuenen ftucke hebbe wy Biffchop Albert vorgefcreuen gelouet vnde louet vaftlyken In guden truwen in deffem breue Greuen kerften
5 van Oldenborch Greuynnen Agneten fyner vrowen vnde orer twyer kynder offt fe on wurden vnde to orer truwen handt Den Eraftigen knapen Gerde Speckyne Meynerde van Oldeneffche den Jungen Gerde van apen vnde Siuerde van lyne Stede vnde vaft to holdene vnuorbroken Sunder Jenigerhande argelift vnde hebbet des to tuge alle deffer vorgefcreuenen ftucke vnfe Ingezegell myt witfchap vnde myt wyllen gehanget laten to deffem breue Datum Anno domini Millefimo tricentefimo Septuagefimo feptimo Ipfo die decol-
10 lationis fanctj Johannis baptifte.

106. **Ritter Werner und Knappe Bosse von Bertensleben bescheinigen, von den Herzögen Wenzlaus und Albrecht von Sachsen und Lüneburg für alle Schuld, Sold, Kost und Schaden, um welche sie dieselben gemahnt haben, Bezahlung erhalten zu haben. Die von den Herzögen ihnen ausgestellten Pfandverschreibungen, der besondere Schuldschein der Herzöge über 1200 löthige Mark und die über Wolfsburg und Wendhausen gegenseitig ausgefertigten Urkunden sollen jedoch in Kraft bleiben. — 1377, den 10. September.** K. O.

Wir Wernher Ritter, vnd Boffe knecht. beyde geheiffen von Bertynfleue. Bekennen offenlichen mit diefim brieue fur vns vnfire rechte Erben vnd vnfire freunt, den daz anlangen mag, daz wir, die hochgeboren furften vnfire gnedige herren, ern weneźlaw vnd ern Albrecht herczogen zu Sachfen vnd Lunemburg ledig vnd los laffen allir Rochenfchafft allir fchulde Solt, kofte vnd fchaden, dar wir yn vmb zugefprachen haben
20 vnd gemanet, vnd die fie vns vnd vnfirn Erben fchuldig woren bis an diefin hewtigen tag, ane die fchulde, dar wir nach ire pfande vor haben, vnd die Summen geltes, als Czwelffhundert lotige Mark, dar fie vns befundern ire briefe, vff gegebin haben vnd ane die briefe die fie vnd wir vns vnderlang gegeben haben, als vff die wolffesburg vnd wenthufen, als der Edel her wedekynt herre zu dem Berge, vnd der Erfame herre er Nicklas Probift zu Cameryk, vnd der Edel Balthazar herre zu Camencz, zwifchen vns getoydinget
25 haben, Vnd wir vnd vnfir Erben noch nyemand von vnfir wegen fullen noch enwollen fie noch ire Erben dorumb nicht mer manen, oder die an fie furdern in cynigeweis, des zu vrkunde daz wir den vorgenanten vnfirn herren vnd iren Erben in guten trewen ftete vnd vefte halden wollen haben wir vnfire Inglügele an diefin brieff laffen hengen Der geben ift zu Tangermunde Nach Crifts geburte Dreyeczehnhundirt Jar dornach in dem Sibenvnd Sibenczigften Jare an dem neheften donirftage noch vnfir frawen tage Natiuitatis.

30 107. **Graf Gottfried von Ziegenhain und seine Gemahlin Agnes verzichten, weil Herzog Otto von Braunschweig, Bruder der Gräfinn, für die ihr von ihm zum Brautschatze aus dem Anfalle des Landes Hessen in einer Urkunde vom 3. August 1371 versprochenen 1000 Mark löthigen Silbers später seine Freunde, Mannen und Städte als Bürgen gestellt hat*), auf die Erfüllung der über die Zahlung dieser Summe in jener Urkunde enthaltenen Bedingungen, unbeschadet des übrigen Inhalts der Urkunde. — 1377, den 15. September.** K. O.

35 Wir Gotfrid grefe czů Cyginhain vnd wir Agnes von brůnfwig fin eliche huffrouwe bekennen mit vnfern erbin offinliche an difem briefe vor allen luden die difen brieff feben horen odir lefen, Alfe vns der Hochgeborn furfte Herre Otte Hirczouge czü brůnfwig vnfir fwager vnd bruder virbrietht hat, vnd virfchriben in cyme briefe, der gegebin ift in dem Jare alfe man fchreib nach Chrifti geburt Driczen hundert Jar dar nach in dem eyn vnd Sybinczigeftem Jare, am Suutage neift nach fancti Peters tage alfe he enbunden wart,
40 Tufent lotige mark filbers Gottingifcher wichte, wizze, vnd were, vns Gotfrid grefin czü Cyginhain mit Agnefin finer fwefter vnfir huffrouwen, czü brutfchaeze czü gebene vfz dem ancfalle czü heffen, Ouch hat der vorgenante vnfir fwager vnd bruder mit den vorgenanten Tufent margken, vnd in dem felben briefe

*) Vr. Wench's Hessische Landesgeschichte. Band II. Urkundenbuch, No. 420.

der gegebin ift in dem Jare nach Chrifti gebort, alfe vore ftet gefchriben, vns Gotfrid grefin czü Cyginhain
furder worte ftucke vnd artikele virbriefit vnd vorfchriben die die vorgenanten Tufent mark nicht ane
rurent,   dez hat der vorgenante vnfir fwager vnd bruder fiedir der czyt, daz he vns die vorgenanten Tufent mark vnd andir worte ftucke vnd artikele do miede virbriefit hat mit gudem willen vnd mit vorbedachtem mudo mit vns fundern vmb die vorgenanten Tufent mark, andirwerbe tedingen lafzen, die he vns nü 5
beftalt virburget vnd virbriefit hat, mit finen frunden mannen vnd mit finen fteden,   Vnd wir vnfir erbin
vnd nachkomen, en follen odir en wollen vnfirn vorgenanten fwager vnd bruder fine erbin vnd nachkomen
vmb die Tufent mark von dez erftin briefis wegen nicht manen noch fordern an iren landen vnd luden,
vnd wir fegin fie der vorgenanten Tufent mark, die vns virfchriben fint in dem erftin briefe der gegebin
ift in dem Jare nach Chrifti gebort alfe vore ftet gefchriben quijt ledig vnd lois, doch daz die andern worte 10
ftucke vnd artikele die vns pobin die vorgenanten Tufent mark virbriefit vnd virfchriben fint, vnd die die
vorgenanten Tufent mark nicht ane rurent, mit allen worten punten vnd artikeln bij alle irre macht bliben
follen, alfe fie in dem erftin briefe vfzwifent, der gegebin ift in dem Jare nach Chrifti gebort, alfe vore ftet
gefchriben,   dan der Tufent mark von dez erftin briefis wegen der gegebin ift in dem Jare alfe man
fchreib nach Chrifti gebort, alfe vore ftet gefchriben, fagen wir vnfir erbin vnd vnfir nachkomen, den vor- 15
genanten vnfirn fwager vnd bruder fine erbin vnd nachkomen quijt ledig vnd lois, Ouch follen vnd wollen
wir vnd vnfir erbin die vorgefchriben Tufent mark irfordern in nemen, vnd irmanen, nach den andern
briefin, do der vorgenante vnfir fwager vnd bruder vns die vorgenanten Tufent mark mit finen frunden
mannen vnd mit finen fteden, andirwerbe inne beftalt, virburget vnd virbriefit hat,   vnd vnfir vorgenante
fwager vnd bruder, fine erbin vnd nachkomen follen vns daz czü gude vnd czü dem beftin halden, alfe he 20
fich dez mit finen frunden mannen, vnd mit finen fteden, vns virfchriben han, ane alle geuerde, Zü warem
Orkunde vnd merer ficherheid aller difer vorgefchriben, ftucke vnd artikele fo han wir Gotfrid grefe czü
Cyginhain vnd wir Agnes von brunfwig fin eliche huffrouwe vorgenant vnfir Ingefigele vor vns vnd vnfir
erbin an difen brieff gehangen,   Der gegebin ift nach Chrifti gebürt Driczen hundert Jar in dem Sybin
vnd Sybinczigeftin Jare an dynftage neift nach dez heilgen Crucis tag alz is irhaben wart. 25

108. **Graf Gottfried von Ziegenhain und seine Gemahlian Agnes geloben dem Herzoge Otto von Braunschweig, Bruder der Gräfinn, von den 400 Mark Brautschatz, für welche er ihnen Bürgschaft gestellt hat, die ihnen
von den Bürgern der Stadt Göttingen ausbezahlten 100 Gulden abzurechnen, wofür sie denselben einen
Theil der mit Beschlag belegten Waaren auf Borg gegeben haben, und gestatten ihm, den übrigen Theil
der wegen des Brautschatzes von ihnen mit Beschlag belegten Waaren der Bürger Göttingen's, worunter 30
Baumwolle, Papier, Handschuhe, Taschen, Tücher, Zwirn, Blech, Zinn und Felle, bis zum 7. März 1378 abholen zu lassen, widrigenfalls sie die Waaren so theuer als möglich ausbieten lassen, ihm darnach noch zwei
Wochen lang den Vorkauf gestatten und dann auf die eine oder andere Weise dafür erzielten Erlös von
jenen 400 Mark abrechnen wollen. — 1377, den 15. September.** K. O.

Wir gotfrid grebe tzu tziginhayn vnde wir Agnes von brunfwig fin eliche huffrowe bekennen mit vnfen 35
erben vfüntliche an diffem briefe vor allin ludin dy yn fehen horin adir lefen. daz wir in genomen han
vnde in nemen. hundert guldin von den von gottingen. dar wir yn irs gudis eyn teil vor tzu borge haben
gegeben.   dar tzu habe wir in genomen der von gottingen gudis daz noch an ware ift. Nün vnde vünf-
tzich. farocke. hundert phunt boumwüllen. tzwey ris pappirs groffes mafzes. vnde dry ris pappirs kleyns
mafzes. Ses tofin hentfchen achte taffchen. dry tüchere tzu redebüdeln. eyn gebünd tzwernes. eyne tunnen 40
mit bleche. tzwey ftucke tzens. eylf fel rotloffches. vnde tzwene büdelle mit komelle dy wigin feftzich phunt
ane eyn phünt. daz wir den von gottingen haben gekummert. vff den hochgeborne forftin. herrin Otten
hertzogin tzu brunfwig vnfen fwagir vnde brudir. vmme vnfes brutfchatzes willen.   vnde Sollen vnde
wollen die vorgefchriben hundert guldin vnfem vorgenanten fwagere vnde brudere adir fynen erben tzu vornt
abeflan. an den veirhundert marken dy he vns. mit fynen gifeln virfcriben vnde beftalt hat von vnfes brüt- 45

fchatzes weyn. vnde daz andere vorgefcriben gůd der von gottingen. daz noch an ware ift. daz follen wir
vnde wollen. vnfem vorgenanten fwagere. fynen erben adir nach kommen tzu gude haldin vnde ynne behaldin.
tzwiffchin hire vnde vff den funtag. alze man tzu kore finget Invocauit. daz ift vff den funtag alzo man
veir nůne gevaft hat. in der vaftin neyft kummet nach gift diffes brieffes. Mit alzotan vndirfcheide. vffe
5 wilche tzid vnfe vorgenante fwagir vnde brudir. adir fyne erben. hij tzwiffchin vnde der vorgefcreben tzid.
als wir daz gůt vndir vns behaldin follen. vns fcreben. adir mit fichirbotfchaft wizzin lyfzin. vnde vns das
vorgefcreben gůd der von gottingen. das noch an ware ift von vns antwortin hifzin. Ez were den von gottingen.
adir andirs wome das were. deme ez vnfe vorgenante fwagir vnde brudir mit fyme vorfegeltin brieffe.
adir mit fichirbotfchaft vns antwortin hiffe. adir fyne erben adir nach kommen den adir deme. folde wir
10 vnde woldin. daz vorgefcreben gůt der von gottingen das noch an ware ift. vffo wilche tzid daz were. hij
tzwiffchin vnde dem erften funtage in der vaftin neyft kummet nach gifft difzes brieffes. gutlichin vnde mit
gudin willen antwortin. vnbeclayt vnbefaft vnde vnbekummert vnde fij daz vůren vnde tragen lafzin wi bij
woldin. vnde wir follen vnde wollen yn das gůd veilichin vnde geleidin. vnde die. die daz vorgefcreben
gůt. von vnfes vorgenanten fwagirs vnde brudirs wegin. adir fyner erben adir nach kommen. entphingen.
15 vor vns vnde vor alle den. die vmme vnfen willen thun vnde lafzin. fullen vnde wullen ane alle geverde
vnde argelift. Were abir daz vnfe vorgenante fwagir vnde brudir. adir fyno erben adir nach kommen. das
vorgefcreben gut der von gottingen das noch an ware ift. vndir vns blibin lyfzin biz daz die erfte funtag
in der vaftin neyft kummet nach gift difzes briefes vorlyffe. aftir dem vorgefcreben funtage. zo folde wir
vnde woldin daz vorgefcreben gut der von gottingen. das noch an ware ift. vorkouftin. vor eyne fummen
20 geldes alze wir tůreft kůndin vnde daz vor enbyden. vnfem fwagere vnde brudere vorgenant adir fynen
erben adir nach kommen. tzu Munden adir tzu dem Sichelnfteyne. adir cyme irme amptmanne da felbis
mit vnfem briefe adir bodin. vnde dar nach bynnen vertzentagin allir neyft als wir yn daz enpodin han. Sal
vnfe vorgenante fwagir vnde brudir. adir fyne erben adir nach kommen. cynen adir tzwene. da by fchicken.
beduchte denne dy tzwene adir eynen. daz wir daz vorgefcreben gut der von gottingen gliches kouffes
25 geybin. waz denne die fummo geldes were. daz folde wir vnde wolden vnfem vorgenantin fwagere vnde
brudere fynen erben adir nach kommen. mit den vorgefcreben hundert guldin gutlichin abeflan. an den vorgefcreben
veirhundert markon. ane alle geverde. beduchte abir die vorgenantin tzwene adir eynen. daz
man das vorgeforeben gůt. noch vele veyle vnde tzu nahe geben wolde. zo foldin die tzwene adir eyn daz
gut behaldin. vor fotan gelt daz eyn andir dar vor geben wolde. alzo daz doch die felben tzwene adir eyn.
30 vnfes vorgenantin fwagirs vnde brudirs. adir fyner erben adir nachkommen brief brengen. daz. daz mit
yron willen fij. vnde vns auch daz gelt gereide dar vor geben. adir vns daz fichir machin vnde beftellen
mit gudin borgin. daz vns daz gelt dar vor ane vftzoch vnde ane allin hinderfal gereyde worde bynnen
den neyftin fes wochin. vnde daz gelt folde wir vnde wolden. mit den vorgefcreben hundert guldin vnfem
vorgenantin fwagir vnde brudir fynen erbeu adir nach kommen auch gutlichin abeflan. an den vorgefcreben
35 veirhundert marken. ane alle geverde Alle diffe vorgefcreben ftucke vnde artikele wir. wir vorgenantin fwagere vnde brudere fynen erben adir nach kommen tzu gude vnde tzu dem beftin tzu haldene
in alle der mafze alze vor ftet gefcreben. ane argelift vnde ane alle geverde. Tzu kuntfchaft vnde merer
fichirheit allo differ vorgefcreben ftucke vnde artikele han wir gotfrid grebe tzu tziginhayn vnde wir agnes
von brunfwig fin eliche hůffrowe vorgenant. vnfe Ingefigelle vor vns vnfe erben vnd nach komen veftlichin
40 an difen brief gehangen. Der gegeben ift nach Chrifti gebort vnfers herrin. dritzenhundert Jar. dar nach
in deme febin vnde fubintigiftin Jare an dinftage neyft nach des heilgin cruzes tage als ez erhaben wart.

109. Die Herzöge Wenzlaus und Albrecht von Sachsen und Lüneburg geloben, die Herrschaft Lüneburg und die
darzu gehörenden und die etwa noch hinzu kommenden Lande, alle Stifte, Städte, Weichbilder in der Herrschaft,
alle Prälaten. Aebte, Pröbste, Freien, Dienstleute, Ritter und Knappen, Rathsherren, Bürger und
45 Bauern und alle Eingeseeeenen der Herrschaft Lüneburg, namentlich die Rathsherren und Bürger der Stadt

Lüneburg, die Saline, die Wechsel und Münze daselbst und die Salininteressenten, ferner die Rathsherren und Bürger der Stadt Hannover und die Münze und Wechsel daselbst bei allen vor dem Tode des Herzogs Wilhelm von Braunschweig und Lüneburg besessenen Rechten, Gerichten und Gewohnheiten zu lassen, ihnen alle von dem Herzoge Wilhelm und seinen Vorfahren verliehenen Priviligien und Urkunden zu halten, Land, Leute und Städte in den ihnen von anderen Herren verliehenen oder noch zu verleihenden Rechten zu schützen, neue Burgen, Schlösser oder Festen in der Herrschaft Lüneburg nicht anders als zum Nutzen der Lande und nur nach dem Rathe und mit Genehmigung der Mannen und Städte zu erbauen, nach Anweisung des Raths der Städte Lüneburg und Hannover wohlgeborene und andere biedere Leute, die ihnen, dem Lande und den Städten zu Nutz und Frommen dienen, aus Landeseingeborenen in ihren Rath zu berufen. Sie verpflichten ihre Erben und Nachfolger, dieses Alles vor der ihnen zu leistenden Huldigung eidlich und schriftlich zu geloben. Endlich versprechen sie, bei der Herrschaft und bei den Städten und Landen zu Lüneburg getreu zu bleiben und sich davon weder durch Verträge abbringen noch auf irgend eine andere Weise davon scheiden zu lassen, auch keine Gnade oder Recht in Anspruch zu nehmen, um von der Erfüllung ihres Gelübdes sich zu befreien. Alles dieses geloben sie denselben Geistlichen, Freien, Dienstleuten, Rittern, Knappen, Städten und Weichbildern wie in der Urkunde vom 6. Januar 1371. — 1377, den 3. October. **XIV.**

Wy Wentzlawe vnde Albrecht van Godes gnaden Hertoghen to Saffen vnde to Luneborgh. bekonned vor vns. alle vnfe eruen vnde nakömelinghe vnde betughed opembare in deffem breue. allen. de en seen. edder hören lefen dat wy. mid wlbedachtem mode. vnde van rechter wetene. gheloued hebben. vnde ghefwören to den hilghen. louen vnde fweren. in güden truwen funder ienegherleyie arghelift mid kraft deffes breues. dat wy. dhe Heerfcop to Luneborgh. vnde dat land de dar to höred. vnde de to der fuluen hoerfchop. nogh komen möghen. Alle Stichte. Stede. wicbelde de in der Herfcop liggen fint vnde ok alle perfonen. de de vorftaan. vnde dar to hören. Prelaten Ebte prouefte. vrygen. deenftlude. Riddere vnde knechte. Radmanne. borghere. vnde bvre. fe. alle. vnde enen Gywelken byfunderen. de in der vornömeden herfcop. wonachtegh. vnde befeten fynt. de nv leued. edder na en. ghebören möghen werden. fe fyn papen. leyien. junovrowen. vrowen. edder Man gheiftlik. edder werldlik. in welker achte fe fyn. eres leuendes famond edder byfunder. vnde byfunderen de Radmanne der Stad Luneborgh vnde de borghere. de nv fint ere eruen. vnde nakömelinghe. dhe zulten de wefte. vnde de Munthe. in der Stad to Luneborgh. vnde al de ghenne. de güd vppe der zulthen hebben. vnde ok by namen. de Radmanne vnde de borghero der Stad to Honouere. de nv fint. edder na en möghen werden. dhe mvnthe. vnde de wefle. in der fuluen Stad to Honouere. laten by allen rechten. richten. vnde wönheyden. de fe had hebben. famend. edder byfunderen. by des hoghgebornen. vnde Eddelen. vorften hern wilhelmes. vormales. Hertoghen to Brunfwich vnde to Luneborgh. dem God gnedegh fy. vnde fyner Elderen. vnde vorvaren tyden. vnde willen fe mid güdem willen. ane hinderniffe. vnde wedderfprake. dar by. ftedelyk bolden vnde laten. Ok fchollen wy. vnde willen. alle Priuilegia. Hantueftinghe vnde alle breue. na erer vthwifinghe. alfo. de befchreuen ftaan. den vorbenömden. Prelaten. Ebten. prouoften. vrygen. denftluden. Riddern vnde knechten. Radmannen. borghern. vnde bvren. de fe. vnde een Gywelk byfunderen hebbet. van den vorfchreuenen Hern wilhelme. Hertoghen to brunfwich. vnde to Luneborgh. fynen Elderen. vnde vorvaren. truwelyken. vnvorbröken holden. vnde nene wys breken. edder breken laten. Ok fchollen we. vnde willen. doffe vorfchreuene. land. lude. vnde Stede. mid allen truwen vordeghedinghen. eres rechten. vnde ere breue de fe van anderen Heren. nv hebben. edder nogh verweruen möghen. in to komenden tyden. wör. wanne. vnde wo dicko. en. des nöd fy. Ok enfcollen wy nogh en willen. in der vorfchreuenen herfchop. to Luneborgh nenorleyie. nyge börghe. Slote. edder veften. meer buwen. edder maken laten. Dat enwere denne dorch der lande nvt willen. na rade. vnde wlbord der Man. vnde der Stede. Ok fchollen wy vnde willen na anwyfinghe des Rades der ftad to Luneborgh. vnde des Rades der Stad to Honouere. wolgheböron in dem lande. vnde andere bedderue lude in vnfen Raad nemen. dhe vns. dem lande. vnde den Steden. truwe. nutte. vnde vrömelyk fyn. vnde we vorplighten vnfe eruen.

vnde nacômelinghe. weme de herſchop. na vnſeme dode bören magh. dat ſe alle deſſe vorſchreuene ſtucke.
eer men en ienogherleyie huldeghinghe dô. to den hilghen ſweren ſchollen. vn vorbreuen. vnde ok vnvorbroken ewichliken ſcollen holden Ok wille we truweliken by. der heerſchop. by den Steden vnde landen
to Luneborgh bliuen. vnde vns neuerleyie wys laten van en deghedinghen. edder ſcheiden. Vnde enſchollen
5 nogh enwillen. neuerleyie gnade. edder recht. beſchreuen. edder vnbeſchreuen. vns to helpe nemen.
dar wy. deſſer vorſchreuenen ſtucke ienegh. den na deſſes breues vthwyſinghe. mede aflegghen möghen.
edder breken.   Al deſſe vorſchreuene ſtucke. hebbe wy gheloued. vnde loued vor vns. vnſe eruen. vnde
nacômelinghen. in güden truwen. allen prelaten. Ebten. prôueſten. vrygen. deenſtluden. Ridderen vnde
knechten. de in der herſchop to Luneborgh. vnde in den vorſprokenen landen beſeten ſint vnde den Raad-
10 mannen. vnde bôrgheren der Stede. Luneborgh honouere. vlſen. Luchowe. dannenberghe. pattenſen Munderen.
Eldagheſen Nygeſtad. Tzelle. vnde der wiebolde. wynſen Dalemborgh. Horborgh. blekede vnde rethem.
vnde allen eren nacomelinghen to dônde ghanſliken. vnde vnvorbröken. to holdende truwelyken To ener
grotteren betughinghe. ſo hebbe wy. vnſe Inghefeghele. mid wiſchop. laten henghen. to deſſem breue. Des
ſint tughe. de Erwerdighe vader in gode. Her Hinrik Biſchop to bruneſberge. Her Niclawes prôueſt to
15 kemeric. Dhe Eddelen Manne her wedekind. vôghed to dem berghe. Her Baltazar here to Camentz. vnde
de Strengher riddere her cône van kocſtede. her henningh van tzieſer. her Rodolf van vppyn. vnde her
Ghunther de lôfer. vnde vele anderer güder lude. Ghogheuen to Luneborgh. Na godes boord duſent iaar.
drehundord iaar In deme ſôuen. vnde ſôuenteghelſtem iare. In deme negheſten ſunauende. na ſunte Mycheles daghe.

20 110. Die Herzöge Wenzlaus und Albrecht von Sachsen und Lüneburg bestätigen die von den früheren Herzögen
von Braunschweig und Lüneburg und von ihnen selbst den Prälaten, Stiften, Rittern und Knappen, Rathsherren und Bürgern der Herrschaft und der Stadt Lüneburg und allen Uebrigen, die es betrifft, über Gerechtsame, Freiheiten und Gnaden ausgestellten Privilegien, Handfesten und Urkunden, namentlich die Privilegien, welche der Stadt Recht und Gericht, die Zusicherung, dass keine neue Saline angelegt, die Ein-
25 fuhr des Holzes zum Behufe der Stadt Lüneburg und der Saline nicht gehindert oder verboten werden
soll, und andere Freiheit der Saline betreffen, nebst vielen anderen Privilegien, nachdem sie dieselben mit
ihren Räthen und Mannen wegen allerlei in Zukunft möglichen Zwischenfällen besichtigt, untersucht und
richtig befunden haben. — 1377, den 3. October. XIV.

Wy Wentzlawe vnd Albrecht van godes Gnaden Hertoghen to Saſſen vnd to Luneborgh. bekennet
30 vnde betughed openbare in deſſem breue. dat dat wy. der mannegherleyie inualles willen. dat ſcheen moghte.
in to komenden tyden. hebbet mid vnſen truwen Raadgheuen. vnde Mannen bezegheld. gheseen. vnde horen
leſen. de Priuilegia. Handueſte. vnde breue der Rechticheyd. vryheyd vnde gnade. de vnſe leuen ghetruwen. Prelaten. Stichte Riddere vnde knechte Radmanne vnde bôrghere vnſer Heerſcop. vnde Stad to Luneborgh. vnde alle de. de dat anrôred. wôr do beſeten ſyn. hebben van manneghen vnſen Elderen vnde vor-
35 varen. Hertoghen to brunſwich vnd to Luneborch. vnd ok van vns ſuluen. ſamend. edder byſunder. vnde
ſunderlyken de Priuilegia vppe der Stad recht vnde Richte. Nenerleyie nyge zulthen meer¹) to makende
Nenerleyie holt. to der Stad to Luneborgh. vnde der aulten. vnde des zoltes behoff. dar ſulues to verhin-
derende. nogh to verbodende. vnde vppe alle andere vryheyt der zulthen. vnde vele anderer Priuilegia. de
ſe hobben. vnde de hebbe wy mid ganſem vlite. vnde andacht gheluttered. vnde gheweghen. vnde went wy
40 de Priuilegia. in allen ſtucken redelyk hebbet gheuunden Des wlborde wy de Priuilegia. mid wiſſer weten-
heyt vnd mid wllom berade. vnde ſtedeghen. de. mid al eren ſtucken. de dar inne ſint begrepen. In deſſem
ieghenwardeghen breue vnde louen vor vns. vnd vnſe eruen. vnde nakomelinghe den vorbenômden Prelaten. Stichten. Ridderen vnde knechten. Radmannen. vnde borgheren vnde alle den. de dat anrôred. eren

¹) meer fehlt in dem Copiare XV.

eruen. vnde nakömelinghen. alle ere Priuilegia. Handuaſte. vnde breue. de ſe hebbet. ſament edder byſunder. na alle erer vthwiſinghe. truweliken to holdende vnde vnvorbröken.   Deſſer ſtucke ſint tughe. de Erwerdighe vader in gode. Her Hinrik. Biſchop to bruneſberghe. Her Nicolaus Prôueſt to Kemerik De Eddelen Manne Her wedekind voghed to dem berghe. Her baltazar here to Camentze. vnde de Strenghen Riddere Her Cône van Cokſtede. Her Hennink van tzyefer. Her Rodolf van vppyn. Her Ghunther de Löſer. 5 vnde anderer gůder lude.   To ener grotteren betughinghe ſo hebbe wy vorghenömden Wentzlawe vnde Albrecht. vnſe Ingbeſeghele mid wiſchop laten henghen to deſſem breue.   Dho gheuen is to Luneborch na godes boord. duſent iaar. drehundert iaar. In demo ſöuen vnde ſöuentegheſtem iaare. In deme negheſten ſunauende. na ſunte Mycheles daghe.

111. **Die Herzöge Wenzlaus und Albrecht von Sachsen und Lüneburg, von den Rathsherren und Bürgern der Stadt Lüneburg um eine besondere Begünstigung gebeten, denselben nämlich ohne Verderb der Stadt aus der noch auf 100000 Mark Pfennige sich belaufenden Schuld zu verhelfen, erklären, dass sie, soviel die Rathsherren und Bürger durch Beede und Freundschaft von der Saline und von den gemeinen Gütern in Lüneburg erzielen können, ihnen wegen oft erwiesener treuer Dienste gönnen, ihnen dabei förderlich sein und sie in dem, was in oder ausserhalb der Stadt Lüneburg bewilligt wird, schützen wollen, damit die Stadt frei von Schulden werde. Sie geloben, falls ihre Fürsprache bei den Betheiligten erfolglos bleibt, hinsichtlich der Schulden der Stadt dem Rathe und den Bürgern bei jedermann förderlich und günstig zu sein und sich gegen sie niemandes anzunehmen. — 1377, den 3. October.** XIV.

Wy Wentzlawe vnde Albrecht van Godes gnaden Hertoghen to Saſſen vnde to Luneborgh. bekennen openbare in deſſem breue. dat vnſe leuen truwen Radmanne. vnde borghere. vnſer Stad to Luneborgh ſik 20 ſwarliken ieghen vns beklagbed hebben. dat ſo van vnſer Stad weghene to Lvneborgh. in groten ſchaden vnde ſchulde. de nogh lopet vppe hundert duſent mark penninghe. ghekömen ſyn. dar ſe ane vnſe ghunſte. vnde vörderniſſe nicht vthkomen enkonen. ane der Stad verderf.   Des hebbe we angheszeen. mannegherleyie truwe deenſt dat vns. vnſe Radmanne vnde börghere. dicke truwelyken ghedaan hebben. alſo. wes ſe ſik mid bede. vnde vruntſcop¹). behelpen konen van der zulten vnde van den menen gůden binnen Luneborgh. ſamend. edder byſunderen. des wille wy en ghonnen. vnde ſe truwelyken darto vorderen.   Vnde were dat en dat voorſtandegh wörde. buten der Stad. edder dar binnen. ſo ſchollen we vnde willen ſe dar truwelyken to verbidden. vnde to vordeghodinghen. wōr. vnde wi dicke. en. des nöd is. vnde ons behōf. alſo. dat ſe vnſe Stad to Luneborgh. ſik ſuluen. vnde ere börghere dar ſulues. vth den vornomeden ſchulden bringhen.   Vnde were dat ſe vnſer bede. ieghen deſſe vornömeden nicht gheneten kondon. ſo ſchollen we. vnde willen vnſem Rade. vnde vnſen börgheren to Luneborgh. to den vorbenömden ſchulden ghunſtegh. vnde truwelyken vordelyk²) weſen ieghen alleſwene. vnde enſchollen nogh enwillen des. nemande. ieghen ſo vordeghedinghen. mid ieneghen ſtucken.   Al deſſe vorſchreuene ſtucke. loue we. vor vns. vnſe eruen. vnde nacömelinghe. dem Rade. vnde den borgheren to Luneborgh. eren eruen vnde nakömelinghen. ſtede. 35 vaſt. vnde vnvorbröken. truwelyken to holdende.   To ener grotteren betughinghe ſo hebbe wy vnſe Ingbeſeghele. mid wiſchop laten henghen to deſſem breue   Deſſer vorſchreuenen ſtucke ſunt tughe. dhe Erwerdighe vader in gode Her hinrik Biſchop to Brunesberghe Her Niclawes Prōueſt to Cemerik dhe Eddelen Manne Her wedekind voghed to dem berghe. Her Baltazar Here to Camentz. vnde de ſtronghen Riddere. Her Cône van cokſtede. Her Henningh van tziefer. Her Rodolf van vppyn. Her Ghunther de löſer. vnde vele anderer gůder lude.   Ghegheuen to Luneborgh na godes boord duſent iaar. drehundert iaar. In demo 40 ſöuen vnde ſöuenteghſtem iare. In dem negheſten ſunauende. na ſunte Mycheles daghe.

112. **Die Rathsherren und Bürger der Stadt Lüneburg geloben, eine Bestimmung in der von den Herzögen Wenzlaus und Albrecht von Sachsen und Lüneburg den Städten Lüneburg, Hannover und Uelzen am 6. Januar**

Das Copiar XV. lieſt: ¹) vruntliken ſtatt vruntſcop. ²) vorderlyk.

1371 ertheilten Urkunde, auf welche die Huldigung erfolgt ist, nämlich die Bestimmung, dass, falls die Herzöge, ihre Erben und Nachfolger oder ihre Amtleute das in jener Urkunde enthaltene Gelöbniss irgend wie verletzen, innerhalb des ersten Vierteljahres, nachdem die Städte darum gemahnt haben werden, nach schiedsrichterlichem Urtheile des Rathes der Stadt Lübeck Genugthuung geleistet werden soll und dass im
5 entgegengesetzten Falle die Herrschaft, Lande, Städte und Leute sich zu anderen Herren halten mögen und aller den Herzögen geleisteten Huldigung entbunden sein sollen, nebst der Urkunde selbst, in welcher diese Bestimmung enthalten ist, in Zukunft nicht in Anwendung zu bringen, weil sie einsehen, dass daraus Zweifel und Unwille erwachsen kann. — 1377, den 4. October. K. O.

We Radmanne. vnde borghere ghemeinlich. der Stad to Luneborgh. don witlik. al den ghennen. de deffen
10 bref zeen. edder hören lefen. Do vnfe Leuen Gnedeghen Heren Her Wentzlaw. vnde her Albert Hertogben to Saffen. vnd to Luneborgh cerft in de Heerfcop to Luneborgh quemen. van Leninghe weghene. vnfes Heren des keyfers. do gheuen fe vns. vnde der Stad to Luneborgh¹). der Stad to honouere. vnde der Stad to vlfen. funderlyke breue. dar we en vphuldegheden. In den breuen fteyt een artikel. de fprikt van worden to worden aldus. Vnde were. dat God vorbede. dat van vns. vnfen eruen. vnde nacomelinghe.
15 edder van vnfen amnetbluden. der vorfchreuenen ftucke Jenegh worde broken. dat fcollen wy wedderdon. wanne wy darvmme ghemaned werden. van den vorbenomden Steden. binnen dem eerften veerdendele iares. alfe dhe Borghermeftere vnde Radmanne to Lubeke. edder ere nacomelinghe fpreken edder fchreuen. vnder der Stad Inghefegele. dat we id wedder don fcholden. in minne. edder in rechte. En dede wy des nicht. fo verplighte wy vns. mid güdeme willen. vnfe eruen. vnde nacomelinghe. dat denne de vorbenomde heerfchop. land. ftede. vnde lude. lik an andere
20 heren möghen holden. de en euenen. vnde fe by rechte beholden. vnde fchollen aller vorplightinghe. horfam vnde ede. de fe vns ghedaan hebben. edder vnfen eruen. vnde nacomelinghen. van vns. vnde en. leddegh. quyd. vnde loos wefen. vnde ok ane allerleyie vorwyt. vnde anfprake ewelyken bliuen. Hirvmme. Dat we vornomden Radmanne vnde borghere to Luneborgh. dat merken. dat dar twiuel. vnde vnwille. van komen möghte. fo bekenne we. Radmanne vnde borghere to Luneborgh, in deffer ieghenwardeghen fcrift. dat we den artikeles.
25 vnde der breue. dar de artikel inne fteyt. nicht bruken fchollen. noch enwillen in tokomenden tyden. edder vns dar. nenerleyie wys, mede. behelpen. Alle deffe vorfchreuene ftucke loue we Radmanne. vnde borghere²) to Luneborgh. vor vns. vnfe eruen. vnde nacomelinghe. vnfen leuen heren Hern Wentzlawen. vnde her Alberte. Hertoghen to Saffen vnde to Luneborgh. eren eruen. vnde nacomelinghen. ftede. vaft. vnde vnuorbroken to holdende. To tughe hebbe we vnfer Stad Ingheseghel mit witfchop henghed laten to
30 deffem breue. Dhe gheuen is to Luneborgh. na godes boord. Dufent Jar. Drehundert Jaar In dem fouen vnde fouentogheftem iare. In dem negheften. fondaghe. na funte. Mycheles daghe.

113. Die Herzöge Wenzlaus und Albrecht von Sachsen und Lüneburg einigen sich mit den Rathsherren und Bürgern der Stadt Lüneburg, dass diese ihnen und ihren Erben, wie früher dem Herzoge Wilhelm von Braunschweig und Lüneburg, Stadtpflicht, Beede genannt, jährlich leisten sollen. Die Herzöge geloben, sie
35 damit bei alter Gewohnheit und Recht zu lassen, sie dafür getreu zu vertheidigen und sie mit keinem Dienste oder Beede ferner zu beschwaren. — 1377, den 9. October. XIV.

Wy Wentzlawe vnde Albrecht van Godes gnaden Hertoghen to Saffen vnde to Luneborgh. bekenned in deffem breue. dat we vns. mid vnfen leuen Radmannen vnde borgheren. vnfer Stad to Luneborgh vorened vnde vordreghen hebbet in deffer wyfe. dat fe vns. vnde vnfen eruen alleiarlykes. Stad plight don
40 fchollen. dat bede ghenomed is. alfe fe. feligher dechtniffe. Hertoghen Wilhelme Hertoghen to Brunfwich. vnde to Luneborgh pleghen to donde. de wyle he leuede. vnde fchollen vnde willen fe darmede by older wonheyt vnde rechte laten. Vnde dar vore fchollen we vnde willen. fe truwelyken vordogheding hen.

Ein anderes durchschnittenes Original, von welchem das Siegel abgefallen ist, zeigt außer einigen Verschiedenheiten der Rechtschreibung noch folgende Varianten: 1) vnfer Stad statt der Stad to Luneborgh. ²) Dasselbe schiebt der Stad ein zwischen borghere und to.

wôr. vnde wô dicke. en des. famend, edder byfunder behôf. edder nôd is. vnde fe dat van vs efchen Vnde dar enbôuen vnfcholle we fe famend. edder byfunderen. mid nenem doenfte. edder bode. vorder befwaren. Alle deffe vorfchreuene ftucke loue we. vor vns. vnfe eruen. vnde nacômelinghe. dem Rade. vnde den borgheren to Luneburgh. eren eruen. vnde nacômelinghen. in gûden truwen. ganz vnde vnvorbroken to holdende. Deffer ftucke ûnt tughe. de Erlike vader in gode. Her Hinrik. Bifchop to Brunefberghe. Her Niclawes prôueft to Kemeric. de Eddelen. her Wedekind. vôghed to dem berghe. Her Baltasar Here to Camentz. Her Cône van kocftede. Her henningh van tzieſer. Her Rodolf van vppyn. Her Gbunter lôfer vnde her dyderik van althen. Riddere. vnde vele anderer gûder lude. To ener grotteren wiffenheyt deffer vorfchreuenen ftucke. hebbe we vnfe Inghefeghole. mid witfchop. henghed laten to deffem breue. Dhe gheuen is na godes boord dufent iaar Drehundered iaar In deme föuen vnde fouenteghaftem iare. In funte dyonifij daghe. des 10 hilghen marteleres.

114. Herzog Otto von Braunschweig einerseits, der Reichserzmarschall Wenzlaus und sein Vetter Albrecht, Herzöge von Sachsen und Lüneburg, andererseits errichten in Gegenwart des Kaisers Karl IV. über alle ihre Irrungen und über den Krieg, worin sie um des Herzogs Friedrich von Braunschweig willen mit einander gerathen sind, eine Sühne und geloben, dieselbe dem Kaiser und sich gegenseitig zu halten. Aller Streit 15 nebst Klagen auf Schadenersatz ist an beiden Seiten beigelegt. Jedoch für alles, was von den Mannen und Dienern des einen Herzogs dem andern oder dessen Mannen über die Sühne hinaus und während des Friedens geschehen ist, und für den Schaden, welchen der eine Herzog dem andern während des Friedens etwa zugefügt hat, soll Ersatz geleistet werden. Hierüber sollen der von dem Herzoge Otto dazu gewählte Bischof Gerhard von Hildesheim und der von den Herzögen Wenzlaus und Albrecht dazu gewählte edele 20 Herr Wedekind von dem Berge, bei denen die Klage vor dem nächsten 6. December eingereicht werden muss, innerhalb der Zeit bis zum nächsten 25. December in Freundschaft oder nach dem Rechte, falls sie aber nicht einig werden können, der von beiden Seiten zum Obmann gewählte Graf Gerhard von Hoya innerhalb der Zeit bis zum 2. Februar 1378 nach dem Rechte richten. Die dem Herzoge Otto, seinen Mannen oder Bürgern verpfändeten Schlösser der Herrschaft Luneburg soll er mit der Erbberechtigung sofort 25 an die Herzöge Wenzlaus und Albrecht weisen; seine Mannen und Bürger aber dürfen dieselben so lange zu Pfande behalten, bis ihnen beide Herzöge die Pfandsummen auszahlen, und brauchen sie ihnen nicht früher auszuliefern. Diese Sühne soll der ersten, vormals zwischen den Herzögen Wenzlaus und Albrecht und den Herzögen Friedrich und Bernhard von Braunschweig errichteten Sühne unschädlich sein. — 1377, den 24. und 25. October. K. O. 30

Wir Otte von gotes gnaden herczog zu Brunfwig Bekennen vnd tun kunt offenlichen mit diefem brieue allen den die yn fehen oder horen lefen, Das wir vns mit den hochgebornen furften herczogen Wenczlaw des heiligen Reichs ErczMarfchalk vnd Albrecht Geuettern herczogen zu Sachfen vnd zu Lunemburg vmb allerley czweytracht fchelungen vnd kriege daryn wir mit yn vnd fie mit vns komen waren, beyde von 35 herczogen fridrichs wegen von Brunfwig vnfers vettern vnd faft wie fich die vorlauffen haben bis vff diefen heutigen tag in gegenwortigkeit des Allerdurchleuchtigften furften vnd herren hern. karls Romifchen keylers zu allen czeiten Merers des Reichs vnd kunigs zu Beheim vnfers gnedigen herren Mit wolbedachtem mute vnd rechter wiffen gar vnd genczlichen vorrichtet vnd eyne gancze fune vffgenomen haben in aller der weyfe als hernach gefchriben fteet Alle fchaden vnd fchelungen feyn an beyderfeit genczlichen hingeleget Was ober boben fune oder ynwendig frides vnfere Manne vnd diener den egenanten herczogen 40 von Sachfen vnd Lunemburg oder iren Mannen getan hetten das fullen fie yn widertun nach dem als das der Erewirdige in gote vatter herre Gerhart Bifchoff von hildenfheim den wir darczu gekoren haben vnd der Edel her Wedekint vogt von dem Berge den die egenanten herczogen von Sachfen vnd Lunemburg darczu gekoren haben vffprechen werden mit freuntfchafft oder mit rechte Mochten ober die czwene nicht vbereyn komen in freuntfchafft oder rechte So fol das erfcheiden mit rechte der Edel herre Gerhart Graue 45

16*

von der hoye. als eyn obirman den wir vnd ouch die egenanten herczogen von Sachsen vnd Lunemburg darzu an beyderseit gekoren haben. Vnd was die czwene scheideleute eyntrechticlichen oder der Obirman darumb vssprechen werden das sol also volczogen vnd genczlichen werden gehalden Darczu sullen wir vnser diener vnd Manne mechtig sein ane alles geuerde. Hetten ouch wir den egenanten herczogen von
5 Sachsen vnd Lunemburg ichtes schaden getan bynnen fride das sullen wir yn ouch widerkeren als das die egenanten scheidlute oder der obirman vssprechen werden. vnd wollen das tun ane argelist vnd ane allerley widerrede, Gleicherweis was der egenanten herczogen von Sachsen vnd Lunemburg diener oder Manne vns oder den vnsern boben sune oder bynnen frides schaden getan hetten das sullen sie widertun als das die egenanten schiedlute oder der obirman vssprechen werden hetten ouch die egenanten herczogen selben
10 vns schaden getan bynnen frides das sullen sie ouch gleicherweis widertun als danor begriffen ist Wir vnd die egenanten herczogen von Sachsen vnd Lunemburg vnd vnser beyder diener vnd Manne sullen sulchen schaden klage vnd antworte beschriben geben den egenanten schiedluten vnd dem obirmanne czwischen hie vnd sante Niclas tage der schirest kumpt Vnd dieselben schiedlute sullen das an beyden seiten scheiden mit freuntschafft oder rechte als danor begriffen ist czwischen hier vnd den nehsten weynachten ane alles
15 geuerde Teten sie des nicht So sol der egenant Graue Gerhart sulche stucke scheiden mit rechte czwischen hie vnd vnser frawen tage lichtmesse der schirest kumpt Vnd was derselbe also scheidet mit rechte das sol an beyderseit werden gehalden Alle. Slosse die zu der herschafft zu Lunemburg zugehoren vnd die wir vnsere Manne oder Burger in pfandes weyse ynnehaben die sullen vnd wollen wir von stadan mit irer Erbeschafft weysen an die egenanten herczogen von Sachsen vnd Lunemburg Vnd dieselben Slosse
20 sullen vnsere Manne oder Burger zupfande haben vnd halden ane hindernusse als lange bis das yn die egenanten herczogen von Sachsen vnd Lunemburg ir gelt beczalet haben nach vsweysungen sulcher brieue die sie vber sulche pfantschafft von der herschafft von Lunemburg haben Vnd wenn yn ir gelt nach vsweysungen yrer brieue beczalet ist So sullen sie den egenanten herczogen vnd herschafft zu Lunemburg die Slosse vnd ire zugehorungen wider antworten ane allerley widerrede Diese gegenwortige sune sol
25 vnschedlichen sein der ersten sune die czwischen den egenanten herczogen von Sachsen vnd Lunemburg vnd herczogen fridrich vnd herczogen Bernthe von Brunswig vormals geschehen ist wenn die sol gehalden werden vnd beleiben als die vorsigelt gelobt vnd vorbrieuet ist Vnd diese gegenwortige sune geloben wir vorgenanter herczog Otte mit wolbedachtem mute rechter wissen in guten trewen ane argelist stete vaste vnd vnvorruket zuhalden dem egenanten vnserm herren dem keyser vnd den vorgenanten herczogen Wencz-
30 law vnd herczogen Albrechten von Sachsen vnd Lunemburg hieruber sint gewest die Erwirdigen in gote vater her Gerhart Bischoff von hildensheim vnd her heinrich Bischoff zu dem Brunsberge vnd die Edelen her Gerhart von der hoye her kirstan von delmenhorst vnd her Reche von hamburg Grauen her Wedekind vogt von dem Berge her heinrich von Schrapelaw her peter von Wartemberg her Thime von Coldicz her hans von Cothbus her Otte Schenke von Zeydaw her kune von kochstete her Gunther von der drosel, her
35 Rudolf von oppin her Wernher von Bertensleuen her Aschwyn Schenke her Burghart von Steinberge Berthold von Adolessen her Ludolff von Veltheim vnd Ernste von Deweczheim Des zu vrkunde haben wir vnser Ingesigel an diesen brieff lassen hengen Der geben ist zu Tangermunde Nach Cristi geburte Dreyczenhundert Jar darnach in dem SibenvndSibenczigsten Jare des nehsten Sunabendes. vor sente Symonis et Jude tage der heyligen Czwelfboten.
40   K. O.

Wir Wenczlaw des heiligen Reichs Erczemarschalk vnd Albrecht geuettern von gotes gnaden herczogen zu Sachsen vnd zu Lunemburg Bekennen vnd tun kunt offenlichen mit diesim briefe Allen den die yn sehent oder horent lesen, das wir vns mit dem hochgebornen fursten hern Otten herczogen zu Brunswig vmb allirley tzweytracht Schelungen vnd kryege, doryn wir mit yn, vnd er vns vnd er vns beyde von seinen vnd
45 herczog frydrichs von Brunswig seines vettern wegen komen weren vnd sust wie sich die vorlawssen haben bis vff diesin. hewtigen tag, in gegenwortykeit des Allirdurchluchtigsten fursten vnd herren ern karls Ro-

mischen keysers zu allen zeiten Merers des Reichs vnd kunigis zu Beheim vnsers gnedigen herren, mit wolbedachtem mute vnd rechter wissen, gar vnd genczlichen vorrichtet vnd eine gancze Sune vffgenomen haben in alle der weise, als hernach geschriben stehet, Alle schaden vnd schelungen sein am beyderfijt genczlichen. hingeleget Was aber boben Sune oder ynwendiges frydes vnsere Manne vnd diener. dem egenanten herczog Otten, oder seinen Mannen getan hetten, daz sullen sie yn widertun nach dem als das der Edel er Wedekynd vogt von dem Berge, den wir dorczu gekoren haben. vnd der Erwirdige in gote vater her Gerhard Bischoff zuhildensheim, den der vorgenante herczog Otte dorczu gekoren hat. vßprechen werden, mit freuntschafft oder mit rechte, Mochten aber die tzwene nicht vbereyn komen in freuntschafft oder rechte So sal das erscheiden mit rechte der Edel er Gerhart. Graue von der hoye. als eyn oberman, den wir vnd auch der egenante herczog Otte dorczu am beyderfijt gekoren haben, vnd was die tzwene schie- 10 delewte eyntrechticlichen oder der Oberman dorumb vßprechen werden, das sal also volczogen vnd genczlichen werden gehalden. Dorczu sullen wir vnßr diener vnd Manne mechtig sein ane allis geuerde. Hetten auch wir dem egenanten herczog Otten ichtes schaden getan bynnen fryde, das sullen wir yn widerkeren. als das die egenanten Schiedelewte oder der Oberman vßprechen werden vnd wollen daz tun ane argelist vnd ane allerleye widerrede Gleicherweys was des egenanten herczog Otten diener oder Manne vns oder 15 den vnsern boben Sune oder bynnen frydes schaden getan hetten das sullen sie widertun. als das die egenanten Schiedelewte oder der Oberman vßprechen werden hette auch der egenante herczog Otte selber vns schaden getan bynnen frydes, das sal er auch gleicherweys widertun als douor begriffen ist. Wir vnd der egenante herczog Otte vnd vnsere beyder diener vnd Manne sullen, sulichen schaden clage vnd antworte beschriben geben den egenanten Schiedelewten, vnd dem Obermanne tzwischen hier vnd sante Niclas 20 tage der schirest kumpt. vnd dieselben Schiedelewte sullen das am beyderseiten scheiden mit freuntschaffte oder rechte als douor begriffen ist, tzwischen hier vnd den nehesten wynachten ane allis geuerde Teten sie des nicht So sal der egenante Graue Gerhart suliche stucke scheiden mit rechte tzwischen hier vnd vnsir frawen tag lichtemesse der schirest kumpt, vnd was derselbe also scheidet mit rechte, das sal am beyderfijt werden gehalden Alle Slosse. die zu der herschafft zu Lunemburg geboren. vnd die der vorgenante 25 herczog Otte seine Manne oder Burgere in pfandesweyse ynne haben Sal derselbe herczog Otte von stadan mit irer erbeschafft, an vns weisen, vnd dieselbin Slosse sullen seine Manne vnd Burgere zu pfande haben vnd halten ane hindernusse, als lange bis das wir yn ir gelt beczalt haben nach vßweyfunge sulicher brieue die sie vber suliche pfandschafft von der herschafft zu Lunemburg haben, vnd wann yn ir gelt nach vßwey- funge irer brieue beczalet ist So sullen sie vns vnd der herschafft zu Lunemburg die Slosse vnd ire zuge- 30 horungen wider antworten ane allirley widerrede, diese gegenwortige Sune sal vnschedelichen seyn, der ersten Sunen die tzwischen vns vnd herczogen frydrichen. vn herczogen Bernth von Brunsfwyg furmals ge scheen ist, wanne die sal gehalden werden vnd beleiben, als die vor segelt gelobet vnd vorbryuet ist,. Vnd diese gegenwortigen Sunen geloben wir obgenante Wenczlaw vnd Albrecht herczogen zu Sachsen vnd Lu- nemburg mit wolbedachtem mute rechter wissen, in guten trewen ane argelist, stete vaste, vnd vnuorrucket 35 zuhalden dem egenanten vnserm herren dem keyser vnd dem vorgenanten herczogen Otten vom Brunfwyg hirvber sint geweßt die Erwirdigen in gote vetere bor Gerhard Bischoff von hildensheim. vnd her heinrich Bischoff zu dem Brunsperge vnd die Edeln her Gerhard von der hoye. her kyrstan von delmenhorst, vnd her Reche von hamburg Grauen her Wedekynd vogt von dem Berge her heinrich von Schrapelaw. her petir von Wartemberg her Thimo von Coldicz. her hanns von kotthebus, her Otte Schenke von Sydow her 40 kune von kochstette, her Gunther von der drosel her Rudolpff von Oppyn her Wernher von Bertensleuene her Aschweyn Schenke, her Burghard vom Steynberge, Berthold von Adoleffsen. her ludolff von veltheim vnd Ernste von dewczheim Dis zu vrkunde haben wir vnßr Ingsigele an diesin bryeff lassen hengen der geben ist zu Tangermunde nach Cristi geburte dreyczehenhundirt Jar dornach in dem SybenvndSibenczig- sten Jare an dem Suntage vor sante Symon vnd Juden tage. 45

115. Reichserzmarschall Wenzlaus und sein Vetter Albrecht, Herzöge von Sachsen und Lüneburg, verbinden sich nach dem Rathe des Kaisers Karl IV. lebenslänglich mit dem Herzoge Otto von Braunschweig. Sie geloben, sich zum Vortheil, ihm zum Schaden mit seiner Herrschaft, seinem Lande, seinen Städten, Schlössern, Festen, Mannen, Lehnen, Leuten und Gute sich nicht zu befassen noch sie sich anzueignen, seine Städte, Festen, Mannen und Leute gegen ihn nicht zu vertheidigen noch sich derselben gegen ihn anzunehmen, seiner Mannschaft und seinen Leuten keinen Schaden zuzufügen. Jeder der drei Herzöge soll den Mannen des anderen Recht erzeigen.] Die Herzöge Wenzlaus und Albrecht sollen, falls ihre Mannen, Städte und Unterthanen dem Herzoge Otto, seinen Mannen, Städten und Unterthanen Schaden zufügen oder dieselben angreifen, sofort nach der Aufforderung dafür sorgen, dass die Ihrigen Genugthuung leisten oder wegen Schadenersatzes sich vergleichen, und dem Herzoge Otto gegen diejenigen, welche sich dessen weigern, so lange behülflich sein, bis Genugthuung oder Schadenersatz erfolgt. Sie versprechen, Feinde des Herzogs Otto, seiner Herrschaft, seiner Lande, die er hat oder noch erhält, niemals zu werden. Aus dieser Einigung und diesem Bundnisse nehmen sie das heilige römische Reich, den Kaiser, seinen Sohn, den römischen König, und ihre eigenen Bundesgenossen aus und geloben, alles Obige dem Kaiser, dem Könige und dem Herzoge Otto zu halten. — 1377, den 25. October. K. O.

Wir Wenczlaw des heiligen Reichs Erczmarschalke, vnd Albrecht geuettern von gotis gnaden Herczogen zu Sachfen vnd zu Lunemburg, Bekennen vnd tun kunt offenlichen, mit difem brieue allen den die yn fehen oder horen lefen, Das wir vns, mit wolbedachtem muto, mit wiffen vnd rate des Allirdurchleuchtigiſten furften, vnd herren, hern karls, Romifchen keifers zu allen zeiten merer des Reichs vnd, kunigs zu Beheim, vnfirs lieben gnedigen herron, mit dem hochgeborn furften, hern Otten herczogen zu Brunfwig, voreynet, vnd vorbunden haben, voreynen vnd vorbinden vns, mit craffte difz briues, alle vnfir lebetage, in guten trewen, ane eydes ſtat, vnd ane allis geuerde, in allir der maſſen als hirnach gefchriben ſtet. Wir fullen vnd wollen, alle vnſire lebetage. vns nicht, vnderwinden, oder vns czu czienhen feine herſchafft, lande Stete, Sloffe veften, Manne lehen lute vnd gute ym zu fchaden vnd vns zu frumen, in dheineweis ane argeliſt vnd ane allis geuerde, Auch, fullen vnd wollen wir, feine Stete veſten Manne vnd lute wider yn, ym zu fchaden, vnd vns zu frumen, nicht, verteidingen oder verfprechen, in dheineweis ane allis geuerde, Vnd fullen auch feine Manſchafft, vnd lute, nicht veruwrechten Auch fal malk, des andern manuen als vile tun als recht iſt, Were auch das vnfire Manne Stete oder vnderfeffen, den egenanten herczogen Otten vom Brunfwig, feine Manne Stete oder vnderfeſſen, fchedigten oder angriffen do got fur fey, So fullen vnd wollen wir czuhant, als wir des. von dem egenanten herczogen Otten, oder feinen hauptluten, ermanet werden, vnuerczogenlichen bostellen vnd fchaffen. das ym die vnfirn, fulichen fchaden vnd czugriffe, vnuerczogenlichen widertun, oder, fich mit ym dorumb richten nach freuntfchafft oder, rechte, Wer aber das vns doran eynige vnfir Stete oder Manne widerfeffig wurde, vnd vnfirs gebotes, nicht volgete So fullen vnd wollen wir, wider diefelben, dem egenanten herczogen Otten trewlichen beholffen feyn So lange das ym vnd den feinen fulicher fchade genczlichen widertan wirdet, oder das ym dorumb widerferet, was recht iſt ane allis geuerde, Auch fullen vnd wollen wir, alle vnfire lebetage, des egenanten herczogen Otten, feyner herfcheffte vnd lande, die er yczunt, hat, oder hernach gewinnet, veynde nicht, werden in dheineweis In difer eynungen vnd buntnuſſe, nemen wir vs das heilige Romiſche Reiche, vnſirn egenanten herren den Romifchen keifer, vnd foynen Son den Romifchen kunig, gegen die wir vns mitnichte verbinden Auch nemen wir vs, andere furften vnd herren, vnd andere, mit den wir vormals in verbunde fiezen vnd feyn, wider die fal vns dife gegenwurtige buntnuffe, nicht, binden oder zu fchaden kunen, ane alles geuerde, Dife gegenwurtigen eynungen vnd buntnuffe, Geloben wir obgenante Wenczlaw vnd Albrecht, herczog zu Sachfen vnd zu lunemburg, mit wolbedachtem muto, rechter wiffen in guten trewon ane argeliſt, ſteto vaſte vnd vnuorrucket, zu halden, vnſir lebetage, dem egenanten vnſirn herren dem keifer, feinem Sone dem Romifchen kunige, vnd dem vorgenanten herczogen Otten vom Brunfwig, hiruber feint gewefſt, die Erewirdigen in gots vater, her Gerhard Bifchoue zu hildenfheim, vnd ber heinrich Bifchoue zu dem

Brunſperg, vnd die edeln, her Gerhart, von der, hoye her, kirſtan von delmenhorſt, vnd her Bothe von homburg Grauen her Wedekind vogt von dem Berge, her heinrich. von Schrapelow her Peter vom Wartemberg, her Thime von Coldicz, her hans von Chotebus, her Otte Sohenke von zeidaw, her kune von kochRete, her, Gunther von der Droſel her Rudolph von Oppin, her Wernher vom Bertenſleuen, her Aſchweyn Schenke, her Burghart vom Steinberge, Berthold von Adolefſen her ludolph von veltheim, vnd Ernſte von Dewezheim, Des zu vrkunde haben wir vnſir Inſigele, an diſen brieff, laſſen hengen Der geben iſt zu Tangermunde, Nach Criſts geburte dreiczenhundirt Jare, dornach iu dem Sibenvndfibenczigiſten Jare, des. sehſten Sontagis vor ſante Simonis vnd Jude tage.

116. **Kaiser Karl IV. beurkundet, dass seine Räthe, Bischof Heinrich von Ermeland zu Braunsberg und Nicolaus von Resimburg, Probst zu Cambray und Domherr zu Magdeburg und Breslau, von ihm mit den Herzögen von Sachsen und Lüneburg in die Stadt Lüneburg gesandt, um die Irrungen der Herzöge mit den Bürgermeistern und Rathsherren der Stadt freundlich zu schlichten, bei ihrer Rückkunft nach Tangermünde ihm Folgendes berichtet haben. Sie haben mit den edelen Herren Wedekind von dem Berge und Balthasar von Camens seinen Auftrag ausgeführt und sind mit Diedrich Springintgud, Albert Hoyke und Johann Lange, Abgeordneten des Rathes, übereingekommen, dass zur Tilgung der Schulden der Stadt, in welche sie um der Herzöge, der Herrschaft und ihrer selbst willen durch den früheren Krieg gerathen ist, die mit Renten auf der Saline begüterte Geistlichkeit Hülfe leisten soll und dass alsdann auch der Rath der Stadt einen redlichen Theil der Schulden aus eigenen Renten und Gute zu tilgen übernehmen will. Namentlich ist verabredet worden, dass von den dieser Schulden wegen in der Urkunde der Herzöge (vom 3. October) erwähnten 100000 Mark Pfennige die ersten der Uebereinkunft gemäss zu erhebenden 12000 Mark Pfennige zum Nutzen der Herrschaft Lüneburg verwandt werden sollen. Mit 2100 Mark löthigen Silbers soll nämlich Schloss und Stadt Lüchow für die Herzöge eingelöset und das von den 12000 Mark Pfennige dann übrig bleibende Geld zur Einlösung des Schlosses Neustadt und anderer Schlösser, welche der Herrschaft am allernützlichsten sind, verwendet werden, so dass kein Pfennig des Geldes zu besonderm andern Nutzen der Herrschaft kommen soll.** — 1377, den 30. October. K. O.

Wir karl von gotes gnaden Romiſcher keyſer zu allen zeiten Merer dos Reichs vnd kunig zu Beheim Bekennen vnd tunkunt offenlichen mit dieſim briefe Allen den die yn ſehent oder horent leſen, das vmb ſuliche ſchelungen, als tzwiſchen den hochgeboren .. Herczogen zu Sachſen vnd zu Lunemburg vnſern lieben Oheim vnd furſten vff eyne ſeite, vnd den .. Burgermeiſtern vnd Rate irer Stat zu lunemburg. vff die andir ſeite, dorumb wir die freuntlichen zurichten, den Erwirdigen Heinrichen Biſchoue zum Brunſperge, vnd Niclaſen von Reſymburg Probſte zu kamerig, Thumherren zu Meydeburg vnd zu Breſlaw, vnſere Rete vnd liebin andechtigen, mitſampte den egenanten vnſern Oheim in die Stat zu Lunemburg geſant hatten, dieſelbin vnſir Rete, der Biſchoff von Brunſperg vnd der Probiſt von kamerig, da ſie wider bey vns qwamon gen Tangermunde, vns vnderweiſet, geſaget vnd berichtet haben, das ſie vnd die Edeln Wedekynd vogt von dem Berge, vnd Balthazar von Camentz ſuliche Schelungen freuntlichen beyderſijt hengeleget vnd vorrichtet hetten, vnd das ſie vndir andern Stucken, mit Dietrichen Springeſgut, Albrecht Hoyken vnd Johann langen Burgern zu Lunemburg, von des Rates wegen der Stat dofelbiſt, geteydinget hetten vnd eygentlichen vbirtragen. vnd vbireyn komen weren, das zubeczalben ſuliche ſchulde, der Stat zu lunemburg, die ſie von der egenanten vnſir Oheim der herſchafft zu Lunemburg, vnd ireſſelbis wegen von dem kryege, der furmals in derſelbin herſchafft bis vff die zeit gelyden was, ſchuldig waren, die Pfaffheit, die in der Sultzen zu lunemburg Renten hat, zu ſulichen ſchulden hulffe tun ſolde, So wolde auch der Rat von lunemburg, der ſchulde cyn redelich teil vbir ſich nemen, von ireſſelbis Renten vnd gute, vnd das auch nemelichen vbirtragen were, das von der Summon hundirttawſunt, Marke pfennynge, die vor ſuliche ſchulde, in der egenanten, vnſir Oheim brieuen begriffen iſt, Czwelfftawſunt Mark lunemburger pfennynge, die von ſulicher teydinge wegen zum erſten geſielen, der herſchafft zu lunemburg zu nucze ſolden geuallen

Alſo, das man von denſelbin Czwelfftawſunt, Marken pfennyngen, den egenanten vnſern Oheim, den herczogen zu Sachſen vnd zu lunemburg, ſolde geloſet habin, luchaw haws vnd Stat, vor eynvndczwonczig hundirt lotige Mark,   vnd das vberige, ſolte man keren, vmb die loſungen der Newenſtat vnd andir Sloſſe, die der herſchafft zu lunemburg allirnuczlichiſt weren, Alſo das des egenanten geltes keyn pfennyng in ſun-
5 derlichen andern nucz, der herſchafft komen ſolte,   Dieſir obgeſchriben teydingen, haben vns die vorgenanten vnſir Rote berichtet in alle der maſſen, als douor begriffen iſt,   Mit vrkunde dicz briefes vorſigelt mit vnſir keyſerlichen Maieſtat Ingſigel.,   Der geben iſt, zu Tangermunde Noch Criſts geburte Dreytzehenhundirt Jar dornach in dem SibenvndSibenczigiſten Jare an dem nehesten freitage vor Allirheiligen tag Vnſir Reiche in dem tzweyvnddreyſſigſten vnd des keyſertums in dem dreyvndczwenczigſten Jaren.
10   de mandato domini .. Imperatoris
                                                                                                                       de poznañ Nicolaus.

Auf der Rückſeite der Urkunde ſteht geſchrieben: R. Wilhelmus kortelangen.

117. Graf Adolf von Holstein stellt einen Revers aus, dass das halbe Schloss Haseldorf*) mit der halben Vog-
15 tei und mit dem Kirchspiele „Langenbrok" **), wie es Ritter Hartwich Heest besessen hat, ihm für 3000 Mark Pfennige von dem Erzbischofe Albert von Bremen verpfändet ist, gelobt, mit Wissen desselben Vögte und Amt-

---

*) Cfr. die Urkunden über Haseldorf aus den Jahren 1375, 1376, 1377, 1378, 1379, 1381, 1384 in Michelsen's Urkundensammlung der Schleswig-Holstein-Lauenburgschen Geſellſchaft. Band 2. pag. 310, 314, 326, 328, 331, 333, 334, 337 und 343.   Das Schloss ist, wie folgende Urkunde zeigt, ums Jahr 1317 erbauet worden.

**Dompropst Folkwin, Domdechant Friedrich und das Domcapitel zu Bremen überlassen dem Ritter Daniel von Borch die Ein-
20 künfte vorigen Jahres aus dem Hofe zu Grohn (bei Lesum) zum Behufe des Ausbauens des neu erbaueten Schlosses Haseldorf. — 1317, den 14. August.   XXIV**

Vniuerſis hanc literam viſuris, ſolquinus dei gracia propoſitus ſrederious Decanus, totumque Capitulum eccleſie Bremenſis Salutem in eo in quo eſt omnium vera ſalus.   Noueritis quod cum Curia in Grone cum omnibus ſuis pertinentiis oſſet obligata tituli pignoris, Wilkino dicto ſtocken militi ac ſuis heredibus pro ducentis et quinquaginta marcis denariorum Hamburgenſium, nec Inue-
25 nire poſſemus vias congruas ad redimendum Curiam iam predictam, tandem cum Daniele de Borch milite placitauimus per hunc modum quod predictam Curiam redemit pro dictis ducentis et quinquaginta marcis denariorum Hamburgenſium. vt ſic ad Jus et proprietatem eccleſie Bremenſis ipſam reducaret per ſolucionem pecunie memorate.   Verumtamen in recompenſacionem eiuſdem pecunie ac ſuis heredibus conceſſimus quod memoratam Curiam cum omnibus ſuis Juribus et prouentibus obtinebunt per tres annos a feſto beati Jacobi nunc preterito continue conputandos.   Et quia de anno nunc preterito prouentus et redditus ſepe dicte Curie
30 ſoluti non fuerant. Volumus ut eoſdem redditus ſeu prouentus ex toto recipiat ad meliorandum Caſtrum in Haſeldorpe conſtructum de nouo in edificiis neceſſariis et ſtructuris.   Eſt eciam adiectum ſi per aduentum Archiepiſcopi prefatum Danielem aut ſuos heredes ante lapſum dictorum trium annorum contigerit impediri, quod procurabimus ipſi ſuppleri omnem defectum quem ſuſtinuerit in hac parte   In cuius rei teſtimonium Sigillum noſtrum preſentibus duximus apponendum.   Datum Bremis Anno Dominj Milleſimo. CCC. XVII. In vigilia Aſſumpcionis beate marie virginis.

35 **) Die Güter zu „Langenbrok" (worüber Theil III. pag. 15, Anmerkung, Urkunde Nr. 1 zu vergleichen ist) wurden, wie aus den beiden folgenden Urkunden erhellet, von dem Herzoge von Sachſen-Lauenburg und von dem Grafen von Holſtein dem Stifte Bremen 1333 zurückgegeben.   Die dritte Urkunde vom 28. Juni 1343 zeigt, dass das Stift Bremen noch entferntere Güter jenſeits der Elbe in der Nähe des Landes Ditmarſchen zwiſchen den Jahren 1273 und 1306 erworben hatte.

**I. Herzog Albrecht von Sachſen-Lauenburg überläſſt mit Zuſtimmung ſeines Oheims Giſſelbert, Grafen von Holſtein und Dom-
40 capitels zu Bremen, dem Erzbiſchofe Burchard von Bremen die demſelben vorenthaltenen Güter zu „Langebruk" und verzichtet auf allen Recht darüber. — 1333, den 3. December.   XXIV**

Nos Albertus dei gracia dux ſaxonie angarie et weſtualie vniuerſis preſencia viſuris cupimus eſſe notum Quod cum nuper inter Reuerendum in Chriſto patrem et dominum noſtrum dominum Borchardum ſancte bremenſis eccleſie Archiepiſcopum ex vna et ex parte ex altera ſuper bonis dictis langhebruk bremenſis dyoceſis per nos aliquamdiu detentis queſtio ſeu diſſenſio mota fuiſſet. Tandem ſuper eiſdem bonis plenius informati dicta bona prefato domino noſtro Archiepiſcopo et eccleſie ſue bremenſi ſponte et libere
45 ex certis et legitimis cauſis cum omnibus Juribus et pertinenciis ſuis ſicut ipſa bona detinuimus integraliter dimiſſimus et reſignauimus ac ſibi vacuam et plenam poſſeſſionem dictorum bonorum reſtituimus in ipſum et ſuam bremenſem eccleſiam omne Jus ſi quid

leute auf das Schloss zu setzen, welche, wie früher Tideke Hoken, des Schlosses wegen dem Erzbischofe Gelöbnisse leisten sollen, verpflichtet sich, bei ihm gegen Uebergriffe zu klagen und ihm das Schloss zu öffnen. Stirbt der Graf innerhalb der nächsten zehn Jahre, so soll das Schloss dem Erzbischofe, sobald er die Pfandsumme dem Rathsherren zu Kiel und Neustadt auszahlt, von dem gräflichen Vogte ausgeliefert werden. — 1377, den 31. October.   XXVI. 5

Wy Alef van der gnade godes Greue to Holften vnde tho Stormeren Bekennen vnde betugen openbar In deffeme breue dat wy van deme Edelen heren vnfeme louen Oheme heren Albertde deme ertzebifcope to Bremen hebben innenamen dat haluo felod vnde de haluen vogedye to hafeldorpe mid deme kerfpele to deme langhenbroke vnde mid der to behoringe alfo id hart hoeften hadde vmme dre dufent mark penninghe alfo to lubeke vnde tho hamborch ghenge vnde gheue fyn Des fcholle wy oppe dat flot fetten vogede 10 vnde Ammetlude mid fyner witfcop de eme waringhe doen mogen van des flotes wegen na vnfem rade alfo Tideke hoken vore hefft doen vortmere offt vns oueruanck fchude vnde deme Stichte den fchole wy wytlick doen vnfem heren vnde oeme vorbenoemet vnde vort volgen den foes weken mid vnfor clage wyl he edder kan he vns bynnen deffer tyd rechtes odder likes helpen dat fcholle wy nhemen   dat flot fchal vnfeme

nobis feu heredibus aut fucceforibus noftris in dictis bonis forfitan competebat uel competere poterat integraliter transferentes adeo 15 quod nec nos nec heredes neque fucceffores noftri quicquam Juris in dictis bonis in perpetuum poterimus vendicare. In cuius teftimonium figillum noftrum vna cum figillo nobilis viri domini Ghifelberti Comitis holtzacie noftri avunculi dilecti prefentibus duximus apponendum Et nos Ghifelbertus dei gracia Comes holtzacie et Cantor ecclefie bremenfis in euidens confenfus noftri ad premiffa preftiti teftimonium figillum noftrum appofuimus huic fcripto   Datum Lubeke Anno domini M CCC XXXIII feria Sexta poft feftum beati Andree apoftoli.   20

2. Herzog Albrecht von Sachsen-Lauenburg und Graf Giselbert von Holstein, Domcantor zu Bremen, geloben dem Erzbischofe Burchard von Bremen, die Zustimmung des Grafen Gerhard von Holstein zur Abtretung der Güter zu „Langebruck" zu erwirken. — 1333, den 3. December.   XXIV.

Nos Albertus dei gracia dux Saxonie angarie et weftualie et Ghifelbertus Comes holtzacie et Cantor ecclefie bremenfis Recognofcimus per prefentes dilucide proteftantes quod promifimus[1]) in his fcriptis fide data promittimus. Reuerendo in Chrifto patri ac 25 domino domino Borchardo fancte bremenfis ecclefie Archiepifcopo[2]) fuper reftitucione et dimiffione bonorum dictorum langhebruch per nos Albertum ducem Saxonie predictum factis litteras figillatas confenfui nobilis viri domini Gherhardi Comitis holtzacie continentes infra hinc et epyphaniam domini debebimus procurare promifimus nichilominus dicto domino Archiepifcopo quod per nobilem virum dominum Gherhardum Comitem predictum non debebit in poffeffione predictorum bonorum aliquatenus impediri uel moleftari fed omne impedimentum quod fibi per dictum dominum Gherhardum Comitem aut fuos factum fuerit in dictis bonis fide data 30 promifimus diftrigare[3]) In cuius rei teftimonium figilla noftra prefentibus funt appenfa   Datum Lubeke Anno domini M CCC XXXIII Sexta feria poft feftum beati andree apoftoli.

3. Die Vögte, Rathmannen, Geschworenen und die Gemeinde des Landes Ditmarschen bezeugen, dass einst Erzbischof Giselbert von Bremen einen ihnen benachbarten Landestheil, „Suderwelt" genannt, von dem Grafen Heinrich von Holstein gekauft hat. — 1343, den 28. Juni.   XXIV. 35

Vniuerfis prefencia vifuris feu auditoris Aduocati. Confules. Jurati ac commune terre Dhitmarcie falutem in domino. Duobus exiftentibus amicis fanctum eft prehonorare veritatem. Hinc eft quod ad noticiam omnium tam prefencium quam futurorum cupimus peruenire quod venerabilis in Chrifto pater et dominus Ghifelbertus pro tunc Archiepifcopus fancte bremenfis ecclefie iufto empcionis tytulo comparauit ac emit a Nobili viro domino hinrico Comite quondam terre holtzacie quandam partem terre dictam suderuelt contiguam noftre terre Dhitmarcie cum omnibus fuis redditibus pertinenciis vfufructibus agris cultis et incultis pafcuis pra- 40 tis filuis aquarum decurfibus cum pleno Jure maiore et minore poffidendam In dotem beati petri ficut dictus hinricus Comes antea poffidebat pro mille ac octingentis marcis denariorum lubiconium fibi Integraliter perfoluta quod conftat omnibus tam noftram terram quam alias terras circumiacentes inhabitantibus eft ociam adeo notorium quod nulla terginerfacione poteft celari. Datum meldorpe Anno domini M CCC XLIII In vigilia beatorum petri et pauli apoftolorum prefentibus difcretis viris dominis Rudolpho de edelake Conrado de tricouwe Johanne de bokelenborch Ecclefiarum rectoribus et hinrico de horno Milite cum pluribus aliis fide dignis   In 45 quorum euidens teftimonium figillum noftre terre prefentibus eft appenfum

[1]) Hier fehlt *et*.   [2]) Hier fehlt *quod*.   [3]) *diftrigare*.

leuen oeme vnde fynen nakomelingen apenftān tho alle fynen noden wor wy nicht mogen likes vnde rechtes
mechtich wefen   vortmer offt wy ftoruen funder erfnamen alfo funder echte kindere So behoide wy vnde
beualen dat gelt to genende twen edder dren to famende de vns loff entfangen hebben In deme breue de
vnfe oem vnfz hefft gheuen oppe dat Slod vnde pande vorbenomet   weret ock dat wy ftoruen byn deffen Teyn
5 Jaren negeft tokamende So ghunne wy vnfeme oeme vnde fynen nakomelinghen der lofinge   weme¹) fe dat
gelt dat wy in deme Slote vnde pande vorbenomet hebben gheuen den Ratluden van deme Kyle vnde den
ratluden vnfer nyen Stadt in deme lande to Holften So fchal vnfe voghet de denne oppe deme Slote is dat
Slodt vnde pande vorbenomet mid alle tobehoringe antworden vnfeme Ohem edder fyne nakomelinge   vortmer wanne vns dat Slodt aue lofet werdt na vntwifinge²) vnfes oemes broues de³) he vns gheuen hefft fo
10 fchole wy edder vnfze voghet de oppe deme Slote denne is vnfeme leuen ohem edder fynen nakomelinghe
dat Slot vnde de vorfcreuen pande wedder antworden funder vortoch vnde alle ergelift   Alle deffe vorfcreuen ftucke loue wy Aleff Greue tho Holften vorbenomet mid vnfen erfnamen alfo offte wy echte kindere
vunnen⁴) vnfem leuen ohem heren Alberde Ertzebifcope to Bremen vnde fynen nakomelinghen vorbenomet
ftede vnde vaft tho holende funder alle argelift vnde helperede   Tho ener vullenkomen betugheniffe is
15 vnfe Ingefel henget vor deffen breff van vnfen heete vnde vullekome beraden mode   De gheuen vnde
fcreuen is nha godes bordt Drutteinhundert Jar In deme Seuendefeuendechften Jare In aller ghoden Hilghen Auende.

**118. Die Herzoge Wenzlaus und Albrecht von Sachsen und Lüneburg und Herzog Bernhard von Braunschweig
und Lüneburg geben dem Abte und Convente zu Oldenstadt den Hof in der Stadt Uelzen *) mit dem
20 Stalle zurück und befreien ihn von Stadtpflicht. — 1377, den 11. November.   K. O.**

We Wentzlaf vn Albrecht vedderen van godes gnaden beyde hertoghen to faffen vnde to Lůneborg.
vnde (we) hertoghe Bernth van gnaden gnaden hertoghe to Brunfwyk vn to Lůneborg. (be)kennen openbare
in deffem breue, Dat We dor funderghe ghunfte vnde (be)de willen. hebbet den erliken lůden hern Lud
.... dem Abbete vn (dem ga)ntzen Couente vnfes Clofters to Olden(ftad leddig) wedder gheuen (dat
25 gud) dat fo vn ere vorvaren gh(ehat hebb)et vppe .... (bynn)en vnfer Stad to vlleffen vor deme
.... dore .... M(it) deme ftalle de dar vppe fteyt Alfo dat fe (vnde er)e nakomelinghe den zůluen hof mit deme ftalle vorbath mer, don vn laten moghen. wor id erome godefhufe biqueme is,   Vn We
vrigen vn eghen in deffem breue den vorbenomden heren, deffen vorfcreuenen hof mit deme bůwe dar
vppe van aller ftatplicht alfo, alze he der herfcop vry vn eghene gewefen heft, vnn vn vnfen nakomelin-
30 ghen dar nicht mer rechtes ane to beholdende   Des to orkůnde hebbe We hertoghe Wentzlaf vn Albrecht
vn Bernth vorfcreuen vnfe ynghezeghele gehenget laten an deffen bref   de gheuen vn fcreuen is Na
godes bord dufent iar drehůndert Jar Indeme feuen vn feuentigheften Jare In Sůnte Mertens daghe des
hilghen Bifchopes.

**119. Kaiser Karl IV. erlaubt dem Grafen Gerhard von Hoya auf Wiederruf, zu Gadesbünden auf der Strasse
35 zwischen Rethem und Nienburg einen Zoll zu erheben. — 1377, den 17. November.   L. O.**

Wir Karl von gotes genaden. Romifcher Keifer zu allen zeiten merer des Reichs vnd Kunig zu Beheim Bekennen vnd tun kunt offenlichen mit difem briue allen den die yn fehen oder horen lefen, das
wir durch getrewer dinfte willen, die vns vnd dem Reiche, der edel Gerhart, graue von der hoye vnfer
lieber getrewer getan hat, vnd furbas defte williclicher tun mag in kumfftigen czeiten Mit wolbedachtem
40 mute, vnd rechter wiffen. demfelben Gerharten, erlaubt gegůnft, vnd dife befundere genade getan haben,
Erlauben gunnen vnd tun ym die mit keiferlicher machte in crafft diez briues, das er vnd feine erben

---

¹) ..... ²) ..... ³) ..... ⁴) .....
*) Die gleichzeitige Auffchrift auf der Rückfeite der Urkunde lautet: .....

Grauen zu der hoye czu Ghodefbunde uff der ſtraſſen zwiſchen Rythum vnd Nygemborch eynen czoll das
iſt, von yedem pferde das kawffmanſchafft treget vnd furet, vnd douon man czoll pfliget zu geben, eynen
alten turnos groſſen oder dafur ſo vil pfenninge als ſich das nach rechter lantwerungen geburet, uff heben
vnd nemen mugen als lange vnd wir, oder vnſer nachkomen an dem Reiche Romiſche keiſer oder kunige
das nicht widerruffen. Vnd dorumb gebieten wir allen furſten geiſtlichen vnd werltlichen Grauen freyen 5
dinſtluten Rittern knechten Steten vnd allen andorn vnſern vnd des Reichs getrewen, ernſtlichen vnd veſtic-
lichen, das ſie den vorgeñ Grauen Gerhart vnd ſeine erben ſulichen czoll vffheben vnd nemen laſſen, vnd
ſie doran nicht hindern oder yrren in dheineweis Als lieb yn ſey vnſer vnd des Reichs hulde czu behalten
Mit urkund dicz briues verſigelt, mit vnſer keiſerlichen Maieſtat Inſigele der geben iſt zu Minden Nach
Criſts geburte dreiczehnhundert Jare dornach in dem Siben vnd ſibenczigiſten Jare des nehſten dinſtags vor 10
ſante Elſbethen tage vuſer Reiche in dem czwey vnd dreiſſigiſten vnd des keiſertums in dem drey vnd-
czwenczigiſten Jaren.

De mandato domini Imperatoris
Nicolaus Camericenſis prepoſitus.

Auf der Rückſeite der Urkunde ſteht geſchrieben: R. Johannes Luſt. 15

120. Hermann Bock meldet den Rathsherren der Stadt Lüneburg, daſs die fraglichen Pferde vertheilt ſind und
daſs er die Plöte, welche in dem vorigen Frieden Alten-Medingen und nun während dieſes Friedens auf
herzoglichen Straſsen geplündert und Leute des Herzogs beraubt haben, auf flüchtigem Fuſse verfolgt, ſie
auf handhafter That ergriffen und ihnen Gleiches mit Gleichem vergolten hat.

Honorabilibus viris Conſulibus Ciuitatis Luneborg preſentetur hoc *). 20
Vruntliken grut myt mynem denſte to voren. wetet gy leuen heren. dat dee perde als gy my en
boden hebben rede delet ſin. vnde wetet dat ik dee ſchinnet hebbe de hir vor in dem anderen vrede
olden Medinghe ſchinneden vnde dat weren de ploten vnde nů ſchinnet hebben in deſſem vrede myns heren
ſtraten vnde ſine man. vnde bin en ghe volghet vppe vlüchteghem vōte vnde hebbe ſee ſchinnet vppe hant-
hafter dat. dar ſee myns heren man ſchinneden vnde ſine ſtrate. 25

Herman Bok feruitor veſter
format ſuo ſub ſigillo proprio.

121. Die Rathsherren der Stadt Lüneburg einerseits, die Aebte zu Harsefeld, Lüneburg, Oldanſtadt, Walkenried,
Amelunxborn, Dobberan, Loccum, Reinfeld, Riddaghausen, Niencamp, Scharnebeck und Hiddensen (oder
Hiddens-Öe), die Pröbſte, Dechanten und Capital der Domkirche zu Verden, St. Andreae daſelbſt, beatae 30
Mariae in Hamburg, St. Blaſii zu Braunſchweig, St. Petri et Pauli zu Bardowiek und St. Sixti zu Ramelsloh, die Pröbſte zu Heiligenthal, Ebstorf, Lüne, Medingen, Buxtehude, Neukloſter (bei Buxtehude),
Walsrode, Diſtorf, Dambke, Wienhausen, Isenhagen und Mariensee, die Aebtiſsinn zu St. Johann in Lübeck
und die Proviſoren des Hospitals St. Spiritus zu Lübeck andererſeits errichten in ihren Irrungen über die
genannter Geiſtlichkeit gehörenden Renten und Güter auf der Saline zu Lüneburg einen Vergleich und 35
eine Sühne. Sie wählen gemeinſam den Abt zu Reinfeld, die Pröbſte zu Heiligenthal und Lüne, den Bur-
ſarius zu Scharnebeck, vier Rathsherren und Capital der Bürger zu Lüneburg, denen der Rath ein Verzeichniſs
der Schulden geben ſoll, in welche die Stadt wegen allgemeiner Landesnoth gerathen iſt und welche von
der Rente des Salzgutes derer, die ſich zu dieſer Sühne halten, bezahlt werden ſollen. Von der Rente
jeder Pfanne sollen 100, von der Rente jedes Wispels 50 Mark Pfennige und ſo fort von jeder anderen 40
Rente nach Verhältniſs jährlich entrichtet werden. Dieſe Abgabe sollen jene zwölf Männer erheben und
zur Bezahlung der Schulden anweisen. Die Rathsherren und Bürger geloben, ſich ausserdem der Rente
und des Salzgutes derer, die ſich zu dieſer Sühne halten, nicht zu bemächtigen, ſo nicht zu kürzen oder

---

*) Dieſe Worte befinden ſich auf der Rückſeite des Schreibens.

zu beschweren, jene Salininteressenten vielmehr bei Recht, Freiheit, im Besitz und Nutzung zu lassen und zu vertheidigen. Wie sie gethan haben, soll jeder neu erwählte Rathsherr dem Rathe schwören, dies alles zu halten und niemanden in den Rath zu wählen, der nicht denselben Eid leiste. Brechen sie diesen Vergleich, so unterwerfen sie sich mit Bewilligung der Herzöge in dieser Angelegenheit der Gerichtsbarkeit der Bischöfe von Lübeck und Ratzeburg. Wird aber die Stadt belagert, geräth sie und die Saline in Noth oder droht beiden Verderben, so sollen auf die Anzeige davon die Aebte zu Lüneburg, Dobberan, Reinfeld, Scharnebeck, die Dechanten zu Lübeck und Hamburg, die Pröbste zu Ebstorf und Lüne und, wenn diese sich nicht einigen können, mit ihnen der Rath der Städte Lübeck und Hamburg die der Stadt Lüneburg zu leistende Hülfe bestimmen. Die Rathsherren schreiben dem jährlich zu wählenden Soodmeister sein Verhalten vor und bewilligen, dass der Vergleich vom päpstlichen Stuhle bestätigt werde. — 1377, den 25. November. K. O.

We Diderik Springintgud. Albert Hoyke. Johan Langhe. Ludolf van Vintlo. Hartwich Abbenborg. Johan Semelbecker. Clawes van der Molen. Johan van der Brugge. Ludeman Rufcher. Johan Rocfwale. Heyne Sotmefters. Jacob van der Brügge. Heyne Munther. Brand van tzerftede. Sander Schellepeper. Haffeke. Clawes Schomaker. Diderik Bromes. Engelbert Cappenberch. Johan Grabowe. Johan Dicke. Eyleman Beuc. Radmanne der Stad to Luneborg. bekennet openbare in deffem breue. Dat de Gheftliken heren. vnd vedere de Ebbete der Cloftere. to Herfcuelde. to Luneborg. to Oldenulleffen. to Walkenrede. to Amelungefborne. to Dobberan. to locken. to Reynenuelde. to Riddagheshufen. to Nyencampe. to Schermbeke. vnd to Hiddenfee. vnd de Erhaftighen heren. de Prouefte. Dekene. Canonike vnd Capitele des Domes to Verden. to funte Andreafe dar fulues. to vfer vrowen to Hamborg. to funte Blafio to Brunfwich. to Bardew. vnd to Ramello. De Erliken heren de prouefte der Cloftere. to dem Hilgbendale. to Ebbekeftorpe. to Lune. to Medinghe. to Buxtehude. to dem Nyencloftere. to Walfrode to Diftorpe. to Dambeke. to Winhufen. to dem Ifenbaghene. vnd to funte Marienfe. De Ebbediffe to funte Johanfe. vnd de vornumder des Hilghenghefles to Lubeke. vnd vele anderer gheftliker vnd werliker Prelaten vnd beren. vor fik vnd ere Couente vnd Capitele. Stichte Clofter. kerken. godefhus vnd Leen vnd vor alle ere vnderdanen perfonen. vnd vor alle de, de fik an deffe nafcreuene zone holden willen ghedeghedinghet hebbet endrachtliken mid vns vnd we mid ene. vnd hebbet vruntliken vordroghen vmme alle fchelinghe twidracht vnd ftucke. de twifchen en vnd vns langhe tid bit in deffen dach ghewefen hebbet. vmme ere renthe vnd gud dat fe hebben vppe der zulten to Luneborg. vnd vmme alle andere ftucke de dar van ghekomen fint in vortiden. de dogher vnd altomale ghe endet fint vnd zonet in deffer nafcreuenen wife. We hebbet endrachtliken ghekoren. vnd kefet to beydenfiden de Erliken heren. den Abbet to Reynenuelde. den prouefte to dem bilghendale. den prouefte to Lune. vnd den Burfarium to deme Schermbeke. de wifen lude. Diderik Springintgude. Alberte hoyke. Johan Langhe. vnd Heynen Sotmeftere vorbenomd. De befchedene Borgbere. Godfridus van haghene hinrik witten Johan van der Molen. vnd Hanfe boyemanne. den twoluen fchulle we. vnd willet befcreuen gheuen de fchulde vnd den fchaden de me legheren fchal van des zultegudes renthe der de fik an deffe zone holdet wat dar van kumpt in nafcreuener wife des fchollet de twolue vnd anderen nemend mechtich wefen vp to borende vnd to vurwifende. to betalinghe der fchulde. vnde wene fe efchet to hulpe van den prelaten. edder vt dem Rade to Luneborg de en fchal des nicht wegheren. De hulpe to betalinghe der fchulde fchal me nemen van der renthe des zultegudes in deffer wife, van der renthe iewolker pannen. hundert mark penninghe. van der renthe iewelkes wifpels vechtich mark pennige vnd alfo vort an van aller anderen renthe vppe der zulten na antale. Dat vorfcreuene ghelt fchal me nemen by der helfte iarliker renthe. We auer fine fumme de en an roret na antale fines fultegudes an den fchulden entledeghet de fchal to dem negheften wynnachten edder wan he dat entledeghet dar na fine vullen renthe funder hinder vp nemen. Wat auer nicht entledeghet wert van dem zultegude lepe dar reddelik fchade vp. des fchollet do vorbenomden twolue mechtich wefen to fatende vppe der renthe de ere zultegud nicht entledeghot na reddelker wife. Bouen deffe vorforeuene hulpe en fchulle we noch vfe Borgbere noch vfe edder ere nakomelinghe edder eruen der vorbenomden heren. noch erer Conuente Capittele Süchte Closter kerken godeshus edder Leen. noch alle der de sik an desse zone holden willet renthe edder zultegud nummermer mid vrenele. edder sulfwolt anverdeghen edder vnderwinden nemen edder beholden noch beweren edder vürergheren noch hinderen. edder beswaren nenerleye wis mid rade noch mid dade hemelken edder openbare, men we schullet vnd willet de zulten vnd dat gud dar vppe vnd de renthe alle der de sik an desse zone holdet 5 by aller rechticheit vnd vryheit were nûd vnd brukinghe rowelken laten vnd truwelken dar by beholden vurdeghedinghen vnd beschermen. na al vser macht to ewighen tiden. We ok na desser tid van vns edder ewighen van vnsen nakomelinghen. in den Rad to Luneborg wert ghe koren. de schal dem Rade to Luneborg zweren to den hilghen alse we van vser vnd vnser borghere. vnd der Stad weghene ok to den hilghen hebbet ghe zworen. dat he alle de vorscreuenen stucke vppe de vryheit der zulten vnvurbroken holden wille. 10 vnd nemende kesen wille in den rad he en zwere ok den sulnen eed. den we hebbet ghe zworen. Schude auer des god nicht enwille dat we edder vse borghere edder ere nakomelinge edder eruen desse zone yemende mid ichte vurbreken de se vs helde. de gud vppe der zulten hedde he were ghestlik edder werlik. so wilkore we dat we edder de de zone brikt alle beswaringe ghestlikes rechtes dar vmme liden willet vnd schal liden sunder yenigherhande helpe edder were also langhe went we edder de de zone brikt dat 15 vullenkomelken wedder dan bedden. alse we vs des in anderen breuen vurplichtet hebben. de we vppe desse suluen zone in latine hebbet gheghenen vppe dessen suluen dach. Were auer dat yenigherhande openbar echtenod der Stad vnd der zulten to Luneborg. in tokomenden tiden anliggehende were alse icht de stad belecht worde edder andere echte nod dar de stad to Luneborg vnd ¹) de zulte van vurderuen mochte ²) des god nicht enwille. de nod scholde we kundeghen den prelaten de dat anroret. vnd sunderliken den 20 Ebbeten to Luneborg. to Dobberan. to Reynenuelde. to Schermbeke. den dekenen to Lubeke. to Hamborg. den Prouesten to Ebbekestorpe. vnd to Lune. edder den de ere stede bewaret wan se nicht yeghenwardich sint. vnd de ³) schullet dar vmme sunder vortoch to samende komen. wes de achte edder dat meste del van en vmme bulpe der nod mid vs vurdreghen. also scholdeme dat holden. konden se auer des nicht vurdreghen so scholden de rad to Lubeke vnd de rad to Hamborg de we dar to endrachtliken biddet vnd 25 keset der stucke ouerlude wesen. mid weme de to vellen van den achte prelaten also scholdeme denne dat holden. vnd dar mede enscholde desse zone in nenen stucken ghebroken wesen. Ok is sunderliken ghedeghedingot vnd endet we to Sotmester wert alle iar ghe koren de en schal nicht seden vppe der zulten noch kumpenye hebben edder yemant van syner weghene. Ok wan he zwert to dem sode so schal he dar na wanneme dat van em eschet vor den prelaten vnd Radmannen de des iares in deme kore weren. wil- 30 koren by dem ede den he to dem sode zworen heft. dat he nene vnplichtighe stighe. edder andere vnreddelke ghote gheten wille. De Sotmester schal ok alle iar vor ver prelaten vnd ver Radmannen rekenschup don wegherde he des me scholden ⁴) ene assetten. vnd nummerner to sotmester kesen. De segger schal ok to synem ammechte zweren. vnd alle dat we eruaren kunnet. dat der zulten schedelik is. dat schulle we vnd willet truwelken rechtverdeghen vur ⁵) we moghet sunder arghelist. Ok en schal desse breff de 35 anderen breue de we ok vppe desse suluen zone. vnd vppe dessen suluen dach ghe gheuen hebben de in latine stat. noch de breue dessen breff breken. men se schullet alle mechtich blyuen. Vnde to bekantnisse vnd tuchnisse alle desser vorscreuenen stucken ⁶) hebbe we Radmanne vorbenomd mid der stad Inghesegheto to Luneborg dessen breff gheuestent. De gheghenen is Na godes bort. Drittenhundert iar In dem Seuen vndseuenteghesten Jare. In sunte Katherinen daghe der hilghen Juncvrowen. 40

Gedruckt in von Hodenberg's Lüneburger Urkundenbuch, Abtheilung XV. oder Urkundenbuch des Klosters St. Johannis zu Walsrode Nr. 186 pag. 129—131.

K. 0.

In nomine domini Amen. Nos Thidericus Springintgud. Albertus Hoyke. Johannes Langhe. Ludolphus Vintlo. Hartwicus Abbenborg Johannes Semelbecker. Nycolaus de Molendino Johannes de Ponte. Ludeman- 45

Eine andere Original-Urkunde liest: ¹) edder statt vnd. ²) mochten. ³) se statt de. ⁴) scholde. ⁵) wur. ⁶) stucke.

nus Rufcher. Johannes Rocfwale. Heyno Sotmefters. Jacobus de Ponte Heyno Munther. Sanderus Schellepeper. Brand de tzerftede. Haffeke. Nycolaus Schomaker. Tidericus Bromes. Engelbertus Cappenberch. Johannes Grabowe. Johannes Dicke. Eylemannus Beue. Confules Ciuitatis Luneborg. Ad perpetuam rei memoriam. Quoniam ea que geruntur in tempore. ne lapfu temporis gefta fimul cum tempore dilabantur.
5 neceffe eft ea fcripturarum teftimonio perhennare. Dudum fiquidem inter Venerabiles et Religiofos patres et dominos. In Ilerfeuelde. in Luneborg. in Vetari ulleffen. in Walkenrede. in Amelungheftorne. in Dobberan. in Locken. in Reynenuelde in Riddagherbufen. in Nyencampe in Schermbeke et in Hiddenfee. Monafteriorum Abbates. Necnon Honorabiles dominos ecclefie Verdenfis fanctorum Andree verdis et fancte Marie in Hamborg Blafii in Brunfwich. Petri et Pauli in Bardew et fancti Sixti in Ramello Ecclefiarum
10 prepofitos Decanos Canonicos et Capitula in hilghendale. in Ebbekeftorpe. in Lune. in Medinghe. in Buxtehude. in Nouo clauftro. in Walfrode in Diftorpe. in Dambeke in Wynhufen. in Ifenhaghene. et in Marienfee. Monafteriorum prepofitos. Ac Abbatiffam Monafterii fancti Johannis. et prouifores hofpitalis fancti fpiritus in Lubeke fancti Benedicti Ciftercienfis. Premonftratenfis et fancti Auguftini Ordinum Maguntinenfis. Bremenfis Verdenfis Hildenfemenfis. Swerinenfis. Mindenfis Lubicenfis Halberftadenfis et Rofchildenfis
15 Diocefium multosque alios prelatos et perfonas Ecclefiafticas ex vna et nos Confules predictos ex altera. fuper bonis et redditibus fuis falinaribus. orta graui materia diffenfionis, tandem ipfi prelati de benignitate maxima neceffitati quam ob communem vtilitatem notorie incidimus condefcendentes de certa fubuencione pro huiufmodi neceffitatis releuacione vna nobifcum communiter facienda et in alijs literis noftris fub data prefencium in ydiomate wlgari confectis expreffa pro fe Ecclefijs Conuentibus Capitulis et Monafteriis et omni-
20 bus fibi fubiectis gratiofe concordarunt. omnes lites queftiones et difcordias ex ipfa diffenfione quomodolibet fubortas amicabiliter et integraliter nobifcum componentes. Nolentes igitur tante gratitudinis beneficenciam obliuioni committere aut pofteris noftris viam contra ipfam compoficionem veniendi relinquere fed eam omnibus quibus poffumus modis et cautelis precludere cupientes. tenore prefencium recognofcimus. quod nos Confules prenominati fingulariter finguli nomine noftro proprio. necnon Ciuium Luneborgenfium in animas
25 noftras et eorum pro nobis et ipfis ac fuccefforibus noftris tactis more noftro fanctorum reliquijs. in prefencia predictorum prelatorum libere et fponte corporale preftitimus Juramentum quod fcilicet falua fubuencione protacta bona et redditus falinares eorundem prelatorum Conuentuum Ecclefiarum Capitulorum Monafteriorum et beneficiorum et omnium predictam compoficionem ratificancium et obferuancium nullo vmquam tempore temere volumus aut debemus inuadere vfurpare occupare detinere peiorare uel eciam impedire. aut
30 grauare quouis modo feu ingenio per nos uel alios confilio aut facto publice uel occulte fed ipfam falinam bona et redditus falinares omnium predictorum et aliorum hanc compoficionem ratificancium et obferuancium debemus et volumus in omni Jure et libertate abfque dolo conferuare manutenere et defendere. et ad inftar aliorum bonorum noftrorum et Ciuitatis Luneborg. iuxta omnem poffibilitatem noftram fideliter propugnare omnesque pretactos permittere bonis et redditibus fuis falinaribus cum omnj proprietate poffef-
35 fione vtilitatibus et vniuerfis et fingulis obuencionibus perpetuis gaudere temporibus libere pacifice et quiete. Nec debemus aut volumus. aut fucceffores noftri perpetuo debent deinceps aliquem ad Confulatum luneborgenfem recipere nifi in principio huiufmodi fue recepcionis Confulibus Luneborgenfibus qui fuerint pro tempore de obferuandis compoficione et libertate faline predictis et de non recipiendo aliquem ad Confulatum nifi ille id ipfum corporali Juramento fuo firmet fimile preftet facramentum. Quod fi huiufmodi compofico-
40 nem et Juramenta. per Confules et Ciues Luneborgenfes aut alterutrum eorum prelatis ipfis aut cuicunque alteri. Ecclefiaftice uel feculari perfone horum et redditus falinares habenti et pretactam compoficionem feruanti aliquando quod abfit violari uel eis in aliquo contraueniri contigerit. Nos ex nunc Confules uel Ciues Luneborgenfes tunc in hoc culpabiles de confenfu fuperiorum noftrorum fcienter et fponte Jurifdiccionj et coherccioni dominorum Epifcoporum. Lubicenfis et Raceborgenfis qui fuerint pro tempore in hoc tamen cafu
45 duntaxat tenore prefencium fubicimus et fubmittimus et Jurifdiccionem ipforum quo ad hoc omnj Jure quo melius fieri poterit prorogamus volentes et confencientes quod predicti domini Epifcopi uel eorum alter aut

deputatus ab ipfis feu eorum altero in cafu tranfgreffionis predicte cenfuram ecclefiafticam et alia Juris
remedia oportunis proceffibus in tunc Confules uel Ciues Luneborgenfes in hoc culpabiles femel et pluries
ferre et exercere poffint et promulgare. Renunciantes expreffo in omnibus et fingulis premiffis omni excepcionj non fic gefte rei, non fic inite compoficionis, non fic preftiti Juramenti, non fic celebrati contractus, non
fic fubiectionis fubmiffionis et prorogacionis facte, non fic confenfus adhibiti aliter uel plus fcriptum quam 5
fit dictum et econtra, doli, mali, vis, metus, fraudis, omnj actionj in factum condiccionj indebiti ob iniuftam
uel turpem caufam omnj ftatuto confuetudini et priuilegio loci et fori in integrum reftitucionj appellacionj
omnj impetracionj literarum apoftolicarum et aliarum quarumcunque et cuilibet alteri excepcionj et auxilio
Juris Canonicj et Ciuilis quibus contra premiffa uel eorum aliquod facere uel nos iuuare poffemus quouis modo et fpecialiter Juri dicenti generalem renunciacionem et factam extra iudicium nifi fpecialis proceffe- 10
rit non valere. Verum fi aliqua ineuitabilis neceffitas puta Ciuitatis obfidio aut alia grandis aduerfitas de
qua Ciuitas et falina verifimiliter deftrui deperire uel ad nichilum redigi aut notabiliter periclitarj uel
graue detrimentum fuftinere poffent quod abfit emerferit debebunt Confules tunc Luneborgenfes id quod
imminet prelatis quos res tangit et fpecialiter in Luneborg in Dobberan in Reynenuelde et in Schermbeke
Monafteriorum Abbatibus in Lubeke et in Hamborg Ecclefiarum Decanis. Necnon in Ebbekeftorpe et in 15
Lune Monafteriorum prepofitis. feu eorum locatenentibus infinuare et exponere qui fuper hoc debebunt
abfque difficultate conuenire. et quidquid Octo predicti. uel maior pars ex ipfis ad fuccurfum neceffitatis
huiufmodi faciendum iudicauerint id fierj debebit et obferuarj. Qui fi in hoc diffenferint ad quam partem
prelatorum prenominatorum confenfus Confulum Lubicenfium et hamborgenfium quos ad hoc fuperiores con-
corditer eligimus et rogamus accefferit eorum feruari debebit arbitrium compoficione Juramentis et omni- 20
bus aliis fupra fcriptis falua moderacione huius articuli nichilominus in fuo robore vna cum alijs literis
noftris fuper ifta eadem compoficione in wlgari confectis ydiomate perpetuo duraturis. Ceterum quia parum
effet compoficiones et ordinaciones huiufmodi inire uel facere nifi fit qui eas tueatur. Profentibus rogamus
petimus et confentimus vt premiffa omnia et fingula cum executorum deputacione meliori modo quo fieri
poterit per fedem apoftolicam confirmentur. In quorum omnium et fingulorum teftimonium. prefentes literas 25
Sigillo Ciuitatis Luneborg fecimus communirj Sub teftimonio venerabilium virorum dominorum Anthonij
de thune Rectoris Ecclefie fancti Johannis in Luneborg. Bertoldi de Dunowe Officialis Curie Verdenfis.
Tyderici de herfeuelde vicearchidiaconj in Modeftorpe et aliorum multorum fide dignorum ad hoc fpecialiter
rogatorum. Datum Luneborg. Anno dominj Milleftmo Trecenteftmo Septuagefimo feptimo Indiccione Quin-
tadecima. In die beate Catherine virginis et martiris gloriofe. 30

**122. Die Rathsherren der Stadt Lüneburg schwören den Prälaten den im Vergleiche vom 25. November der
Saline wegen bedungenen Eid*).** — (1377, den 25. November.) XVIII.

Dith is de wyfe des eedes. den de Raad to Luneborch fwôr vppe dem Radhufe den Prelaten, van der
[illeg.] ighenen

Dat we. nogh vfe bôrghere. nogh vfe, edder ere, nakomelinghe. edder eruen. deffer heren. mid den. 35
we vs. nv to deffer tyd. ghesoned hebbet. vnde alle der. de fik an deffe zône holden willet. renthe. edder
zulte gûd. nummermeer mid vreuele edder fulfwoold anuerdeghen. nemen hinderen. edder befwaren. willet.
nenerleyie wys. Mer we willet de zulthen. vnde dat gûd dar vppe. by aller rochticheyt vnde vryheyt laten.
vnde befchermen. na al vfer macht to ewighen tyden Ok enwille we nemande in den Raad to Luneborgh
kefen. he en fwere. dat he de vorfchreuene ftucke holden wille. vnde dat he nemande. in den Raad kefen 40
fcholle. he en fwere ok alle deffe ftucke. truwelyken to holdende. dat vns god alfo helpe. vnde de hilghen.

**123. Der edele Herr Balthasar von Camens und Vogt Johann von Rostock zu Lüneburg geben im Auftrage des
Herzogs von Lüneburg dem Kloster Scharnebeck für 100 Mark Pfennige den Hof zu Lüneburg zurück, in**

---

*) Dieser Eid folgt im Copiare XVIII. auf die beiden Verträge vom 25. November 1377.

welchen der Herzog vom Rathe der Stadt eingewiesen worden ist, und geloben, den Hof dem Kloster zu
beschirmen. — 1377, den 4. December. K. O.

Wo baltazar. eddele. here van camnitz. vn iohan van roftok voghet to Luneborch Bekennet in deffem
openen breue. dat we hebbet entfanghen vñ vppe boret. van den gheftliken heren. dem abbete vñ den heren
van fcermbeke hundert mark lunob penninghe van vfes heren weghene van luneborch.. Vn we hebbet
fe van vfes heren weghene wedder wifet in eren hof den fee hebbet in der ftat to luneborch. to be fittende
vñ to be holdende mit alfodaner vrygheit. alfo fe ene be feten hadden vor der tijt eer vfe here van luneborch dar in ghe wifet wart van dem rade to luneborch.. Vñ we fcollet vñ willet deffen vorbenomeden
heren den hof truweliken be fcermen.. alfo dat nement van vfes heren weghene. edder des he mechtech
is. nenerleye wis in dem bono meer woninghe hebben fcolle.. Dit loue we Baltazar here van camnitz vn
iohan van roftok. den gheftliken heren. dem abbete vñ den heren van fcermbeke in goden truwen mit ener
fameden hant vnvorbroken to holdende ane argheliſt. To ener be kantniffe fo hebbe we vfe inghefeghele
henghet laten an deffen bref De gho fcreuen vñ gheuen is na godes Bort dritteynhundert iar. in dem
feuen vñ feuenteghelten iare in funte barbaren daghe.

124. Drei zwischen dem 24. October und 6. December 1377 aufgestellte Verzeichnisse über den Schaden, welcher
dem Herzoge Albrecht von Sachsen und Lüneburg und seinen Unterthanen von dem Herzoge Otto von
Braunschweig und von dessen Leuten und Helfern während der Sühne und des Friedens zugefügt worden
ist, namentlich über die Räubereien der auf dem Schlosse Gifhorn sitzenden von Veltheim zu Kahlen,
Stedden, Hagen, Garssen, Fuhrberg, Altenhagen, Osterloh, Wahrenholz, Bostel, Walsrode, Theren, Rehwin-
kal, Hörsten, auf dem Grote*) zu Eschede, Hohnhorst und Scharnhorst, über Einäscherung der Dörfer
Garssen, Hahlen und Altenhagen durch Heinrich von Veltheim, über Beraubung der Bürger zu Lüneburg,
Uelzen, Celle und Hannover, über Raub, Brand, Gefangennahme und Todtschlag in der Vogtei Bodenteich,
durch die von Veltheim und von Honlege aus den Schlössern Gifhorn und Campen verübt, über Räuberei
derselben und des Heinrich von Wenden zu Garssen, über die Gefangenschaft des Bertold Kind, des Heinrich von Helmbruch, des Anne von dem Knesebeck und der von Alden, über die dem Bürger Diedrich
von dem Steinhus abgenommene Schatzung, über Räuberei zu Wolthausen, über die Theilnahme des Heinrich von Veltheim an dem Zuge des Ritters Hans von Schwichaldt gegen Celle und über die Niederlage,
welche der Vogt und die Bürger zu Celle von ihnen erlitten, über den Brand des Schlosses zu Hohne,
von dem Ritter Heinrich von Veltheim angestiftet, über Raub, Brand und Todtschlag, von den von Veltheim und von Honlege im Lande Sachsen-Wittemberg verübt, über Beraubung und Einäscherung des Dorfes Flettmar, durch die von Wenden, Santersleben, Pape Otto und von Weferlinge und durch andere Mannen der Herrschaft Braunschweig aus Gifhorn, Braunschweig und anderen braunschweigischen Schlössern
ausgeführt, über Raub und Gefangennahme zu Schwachhausen und Nordberg und endlich über den im
letzten Frieden, für welchen Balthasar von Camens, Conrad von Marenholtz, Burchard von Steinberg und
Ludolf von Veltheim sich verbürgten, von dem Herzoge Friedrich und von den Braunschweigern unternommenen Angriff. K. O.

Dyt is de fchade do vns hertoghen Albrechte van Saffen vnde Luneb vnde den vufen van vufeme Oeme
hertoghen Otten van brunſ vnde den fynen vnde fynon hulperen bynnen foene vnde vrede gefcheen is vte
deme lande to brunſ vnde dar wedder In.

To deme erften male hebben de van Ghefthorne nomen bynnen vrede to helen fees perde dat perd yo
vor fees mark penninghe Dat weren XXXVI mark penninghe. tho fteden vnde to helen achte halue ftige
fwyn de werd weren drittey̆n mark vnde hundert Tho deme hagene verde halue ſtyge grotes voes vnde
twe ryndere. de weren werd XXXVI lodige mark, vnde achte perde de weren werd XL mark pennynge

---

*) Ueber den Gau Grete zwischen Ise, Aller, Lachte und Aschau. cfr. die Urkunde vom 29. Juni 1384.

To gertzen vefte halue ftige fcap vnde vefteyn ryndere grotes vees de weren werd XXIX mark vnde fees fchillinge Tho deme vurberge alse vele wylder perde demen achtede vppe hundert lodyge mark Tho Ofterloge XIIII^{er} perde demen achtede vppe feuentich mark To deme hornynges boue dre perde fues grote ryndere vnde vyff fwyn de men achtede vppe XXXV mark penninge To waronholte vnde to deme borftele VIII grote (ryndere) dre perde vnde vyff fwyn demen achte vppe XXIIII mark .... de (to) deme borftele VI houede grotes ves demen achtede vppe XXIIII^{er} mark Bek(eken) deuynges XX houede grotes (vees vnde t)we perde, de weren XL mark penninge werd Deme olden gogreuen to deme borftele VIII houede grotes ves de weren XII mark werd To gertzen Reynynges vrouwen XI houede grotes vees de weren XI mark gewerd Ludeken to gertzen VIII hyndere¹) Drydehalue ftyge fcap vnde eyn perd de achtemen vppe XXIX mark et IIII^{or} fchillinge Lutzemannen to gertzen achte grote ryndere de weren wol achte mark pennyngo werd Deme prouefte van walfrode veer perde de weren wol XX mark gewerd bunghere to tzelle voer perde de weren wol XXIIII^{er} mark werd Eggelken dre perde de weren XVIII mark gewerd Coneken van martzene dre perde de weren XVIII mark gewerd Eynem borghere van honouere twe perde de weren XXI mark werd vnde dre mark reder pennynghe de ene nomen worden Berkhoue vnde tymmen van torne dre perde de weren drittich mark penninges werd To deme hagene VIII perde de weren wol achte vñ vertich mark werd Deme manne van deme Rewynkel XX houede grotes vees de men achtede vppe XXX mark To gertzen nú an dem fomere veer ftyge koye de weren wol twyntich mark vnde hundert werd de prone nemen halp Ok nú an deffem fomere eyn perd dat vnfen deneren vor gefhorne nomen ward dat was wol XL mark pennynge werd vnde eyn knecht de dar dod geflagen ward Do fulues nomen de van geffhorne dar prone mede was to horften twe perde de men achtede vppe XVI mark.

Wygger van deme kampe fchynde vorwaghene vppe vnfer Strate dar fchach vnfen borgeren van luneb vnde van vlleffen grod fchade dar nomen her ludelff vnde hinrik van velthem vnde de ore deyl mede de fchade lopp fik vppe dre dufent lodyge mark O(k nam her) hinrik van velthem in vnfer (vogedy)e to vlleffen dewyle we weren buten landes to twen tyden wol achte fchok koye vnde vele fchap fwyn vnde perde vnde vengen vnfe lude vnde flogen vns der eyn deyl dod de fchade lopp fik vppe dufent lodyge mark Ok heft papo otte vnde fyne hulpere vns bynnen vrede aff gevangen bertolde kynde vnde hinrik van dem heymbroke des fe to fchaden hebbet achte hundert mark vnde hebbet vns ok foder der tyd aff gevangen vnfen man Anne van deme knefbeke.

Ok fynd hazelbach vnde fyne gefellen bynnen vrede befchattet de fchattynge vnde terynge fik lop vppe achte hundert lodyge mark Ok hebben de van veltem vnde de van Honlege vnde ander vnfes oemes hertogen Otten man vnde denere bynnen vrede vns fchaden gedan an roue an brande an name an dotflaghe in vnfem lande to faffen meer wen vppe dufent brandeborger mark Ok worde vnfem borgere dyderik van dem ftenhus bynnen vrede alse alle vangenen geld fcholde beftan blyuen geld aff maned des he to fchaden heft ver hundert pund honorfcher²) penninge Ok hebbet de van veltem vnde de van honleghe vnde ore hulpere bynnen vredes Invnfer vogedye to bodendyke fchaden gedan an roue an brande an name vnde an vangenen alse we berichtet fyn meer wen vppe twe dufent mark penninge vnde bouen dat is vns inder fuluen vogedye bodendyke fchade gefchen an roue an brande an name an vangenen vnde an dod flaghe van den van velthem van den van honleghe vnde van eren hulperen van giffhorne vnde van deme kampe vnde vte den vogedyen dar fulues vnde dar wedder tho wol vppe feuen hundert lodyge mark Ok worden de van alden vnde ander vnfe manne vnde denere bynnen vrede van den bred(enb)ekefchen vnde eren hulpere gevangen vnde befchattet vnde °).

Ok nemen papo Otte prone vnde ere hulpere vns vppe der dreuere eluen perde yo dat perd van veer lodygen mark Ok nemen de fuluen to helen twe perde dat perd yo vor veer lodyge mark vnde vengen vns vnfen meyger aff vnde fchatteden ome aff X mark penynge.

°) Hier ift im Manuscripte eine groffe Lücke. Etwa ein Drittel des Vorigen würde fie füllen.

¹) ryndere. ²) honnoverfcher.

Ok ward dat dorp vletmer bynnen vrede vorbrand vnde nemen dar al dat dar was vte gefborne inte geffborne vte brunſwich inte brunſwich vnde van den brunſwickeſchen floten alze de ſchade lep vppe vyff hundert lodyge mark dat deden de van wenden Santerſleue pape otte de van weuerlinge vnde der herſchap man van brunſwich.

5 Ok nemen vns in demo ſuluen vrede prone Cord van geffborne vnde horſteke de koyge to ſwochufen vnde dre perde to Nordborch dat perd van VI lodygen marken vnde vengen vnſen meyger do vnde ſchatten eme aff XX mark.

Indeſſeme leſten vrede hebbet ſe vns affgewnnen dar hertoge vrederich vnde de brunſwickeſch mede vppe deme velde weren XI Royſige perde vnde ſees knochte der ſe vere entlyueden Vor deſſen leſten 10 vrede hadde geloued de van Camentze vnde Cord van marnholte van vaſer wegene van ghenner wegene her borchard van deme ſtenberge vnde her ludelff van velthem.

K. O.

Dit is mynem heron van luneborch genomen bynnen vrodes. blanckon mynes heron meygere III perde der was io eyn wol dre lodige marke wert ludeman dotmers oyn borger to Tzelle worden nomen dre perde 15 dat dede pape otte vnde pröne io dat perd van IIII lodigen marken. luder van belen II perde dat perd van III lodigen marken Tylen Jvngen eyn perd van eyner lodigen mark Henninghe walen dre perde io dat perd van III lodigen marke. Henneken van me bagene den vengen ſe dat ſchadode eme twintich mark. Tideken plokhorſte borger to Tzelle deme nemen ſe eyn perd van teyn marken vnde ſchattedlen eme af veſteyn mark To deme vůrberge nemen ſe mynem heren wilde perde alſo gut alſo hundert lodige 20 mark To me oldenhagene achte perde io dat perd van II lodigen marken. van me oldenhagene dre ſtige koye. ludelf van honlego hinrik van wenden met hinrikes hulpe van veltem nemon ſe to gerſſen VI ſtige koye. vte dor vogedie tu gefhon vn dar wes.

Des anderen mydwekens in dervaſten nomen Cord van gofborne prone vnde ghereke harpe mynem heren vor tzelle vier kloſter perde io dat perd van VI lodigen mark vnde vengen ludere van belen eynen 25 borger van Tzelle Pape Otte vnd prone vnd ere kumpane nemen vppe der dreuere by wulthufen cluen perde io dat perd van vier lodigen marken.

Ok nemen de ſuluen tu belen II perdo io dat perd van IIII lodigen marken vnde vengen mynes heren meyere vnde ſchatteden deme af X mark.

Ok ward dat dorp vletmer vorbrand vnde do ſuluen nemon ſo dar al dat dar was vte ghefborne vnde 30 Inte gefborne vte brunfwich vnde inte brunfwich vnde van den brunfwikeſchen floten alze de ſchade lep vppe vyff hundert lodyge mark dat deden de van Wenden vnde ſanterfleue. Pape Otte. de van Weuerlynge vnde der herfchap man van brunfwich.

Indeſſeme ſuluen vrede nam prone. Cord van ghefborne vnde horſteke de koyge tho Swechuſen vnde nemen dre perde to nordborch dat perd van VI lodygen marken vnde vengen dar myns heren meyer vnde 35 ſchatten eme aff XX mark.

Indeſſeme leſten vrede hebbet ſe mynem heren affgewnnen dar hertoge frederich vnde de brunſwikeſchen ſuluen vppe deme velde weren XI reyſygo porde, vnde VI knechte der ſe veere entlyueden Vor deſſen leſten vrede heft geloued van myns heren wegene de van Camentze vnde Cord van Marnholte vnde van ghenner haluo her Borchard van deme ſtenberghe vnde her ludeleff van velthem.

40 K. O.

Dit ys Dat Hinrik van veltem heft gbe nomen Oppe Dem grote myns heren luden tů dem criſtem male.

In Dem Dorppe tů Eſche Ludemanne gherckinghe XIIII bouede voes alzo gbut als XX(I mark) VI ſtighe ſchape vor XXVIII mark XVIII Swin vor IX mark VI tzegben vor XVIII ſchillinghe Plůnderwar vor. III. mark.

Danlo van Eſche VI ſtighe ſchape vor XXX . V . tzegben vor XV ſchillinghe Plůnderwar vor III mark.

45 Hans Oppe Dem kampe . 1 . ko vor II mark VIII Swin vor . V . mark . XI . ſchape vor III mark minus IIII ſchillinghe Plůnderwar vor II mark.

Wolfert van Dem Danlo VIII ſtighe ſchape vor. XL. mark XVI Swin (vor X) mark X tzeghen (vor II) mark Plunderwar vor II mark.

Henneke......neghen vnd twintich ſchape vor VII. mark et IIII ſchillingbe Plúnderwar vor. III. mark.

Albert van Der O. III ſtighe ſchape vor. XV. mark VI Swin vor IIII mark VI tzeghen vor XVIII ſchillingbe Plunderwar vor. III. mark.

Ludeman lichthope Plúnderwar vor. IIII. mark.

Rodewolde VI kûye vor XII mark. VIII Swin vor IX mark XVI tzeghen vor III mark Plúnderwar vor II mark.

Heyne brokelman Plúnderwar vor. V. mark.

Berttolt van eſche III kûye vor VI mark XVI ſchape vor IIII mark Dre Swin vor II mark.

Sydert van eſche twe perde vnd eyne helden vor. XII. mark.

De ſmet van eſche X Swin vor VI mark XII tzeghen vor II mark Plûnderwar vor. I. punt.

De knapeſcho van eſche VI kûye vor XII mark II ſtighe ſchape vor VIII mark.

Hans bûrink II ſtighe ſchape vor VIII mark plunderwar vor XXIIII ſchillingbe.

Ludeke. tok van eſche ver houede vees vor III mark II ſtighe ſchape vor. X. mark húſ vnd hof vor brant De ſchade gheyt Oppe. XL. mark.

De kerkhere van Eſche vnd Sin meyer nemen tů ſchaden Oppe. XL. mark.

Ludeke moller van Eſche XV houede vees vor XXX. mark VII ſtighe ſchape vor. XXXV. mark III ſtighe Swin vor. XL. mark XV tzeghen vor III mark minus III ſchillingbe Plunderwar vor XIIII. mark.

In Dem Dorpe tů hoenhorſt Gheuert van hoenhorſt III kûye vnd twe Oſſen vor. X. mark V tzeghen vor. I. mark.

De moller van hoenhorſt V houede vees vor VI mark III ſtighe ſchape vor XIII mark XV tzeghen vor III mark.

Helmeke in Dem winkel IX houede vees vor XI mark XLIII ſchape vor XI mark minus IIII ſchillinghe XXVI tzeghen vor V mark minus II ſchillinghe I perd vor III mark.

Henneke mowe two perde vnd eyne helden vor XI mark two tzeghen vor VI ſchillinghe.

In Dem Dorppe tů weyemborſtolde Ludeman ſcheuerlink. XXXII. ſchape vor VIII mark VI tzeghen vor I mark plunderwar vor I mark beneke ſchomaker I melke ko vor II mark . XXXII. ſchape vor VIII mark. Kerſten gropeſſhorn III melke kûye vor VI mark henneke wûnneken twe melke kûye vor IIII. mark.

Deſſe en Sin hir nicht al.

In Dem Dorppe tů ſcharenhorſt Syuert Soltauwen X houede vees vor XV mark . XLV. Swin vor XXX mark I perd vor X mark IX tzeghen vor XXVII ſchillingbe Plúnderwar vor XXIIII mark Ok XXIII ſchillingbe reydengheldes Dit wart Syuerdes meyeren ghe nomen Ludemanne meynen van kraghen plunderwar vor III mark richarde van ſcharenhorſt XV houede vees vor XXIIII mark V ſtighe ſchape vor XXIII mark XI tzeghen vor II punt XVI Swin vor XII mark Plunderwar vor IX mark Heynen kalemanne XLIII ſchape vor XI mark minus IIII ſchillingbe Plúnderwar vor VII mark Diderike lodewiginghe van ſcharenhorſt V houede vees vor V punt IIII ſtighe ſchape vor XVII mark VII Swin vor V mark et IIII ſchillingbe V tzeghen vor I mark Plunderwar vor XXIII ſchillingbe Helmken kinen van ſcharenhorſt XI houede vees vor XVII mark III ſtighe ſchape vor XIII mark vif grote Swin vor V mark Plúnderwar vor XXIIII ſchillinghe Herwighe van ſcharenhorſt VIII houede vees vor XII mark XXIIII ſchape vor VI mark Plunderwar vor IIII mark Otten Solttouwen vrouwen an kûyen an ſchapen an Swinen an parlen vnd an reydem gheldo vnd plunderwar Oppe achtentich mark tů ſchaden Dat Se myt erem rechte vor ſtan wil.

Dit ys Dem borgheren tů tzelle ghe nomen Oppe Dem Grete XV ſtighe ſchape vor. LXXV. mark.

Der vogbedefchen X Swin vor X mark Johan van kraghen X Swin vor VII mark Hans Soltouwen vrouwen XIII Swin vor IX mark plunderwar vor I punt Hoyerfhufen XI Swin vor XI mark VII kůye vor VII punt Sellen ver kůye vor V mark.

Ok hilt hinrik van veltem Oppe Dem Paluorde vnd lid riden prighenitzer. wyer van Dem kampe
5 bodendorpe vnd ander Syne Dener beyde horfteken vnd lit vns by nachte bernnen Dre Dorpe alze gherffen helen vnd Den Oldenhaghen vnd Dede vns vnd Den vnfen tů fchaden Oppe vif hundert mark lodich.

Ok Do har hans van Swichelde was vor tzelle vnd toch Dar vnfem voghet vnd vnfe borgher neder vnd Deden vns vnd Den vnfen Dar tů fchaden Oppe Důfent mark Dar ftunt hinrik van veltem Den Dridden Deyl an vnd fpifede vnd voderde Do tů yfembotle.

10 Ok brande hinrik van veltem vnfe flot tů hone (neder).

Ok ward dat dorp vletmer vor brand vñ do fulues nemen fe dar al dat dar was vte ghefhorne vñ Inte gefhorne vte brunfwich vñ inte brunfwich vñ van den brunfwikefchen floten alze de fchade lep vppe viff hundert lodighe Dat deden de van wenden. vñ fanterfleue. pape otto. de van weuerlige vñ der herfchap man van brunfwich.

15 In deffeme fuluen vrede nam prone Cord van ghefhorne vñ horfteke de koye tho Swechufen vñ nemen do perde to nordborch dat perd van VI. lodighen marken vñ vengen dar mynes heren meyer vñ fchatteden eme af . XX . mark.

Indeffeme leften vrede hebbet fe mynem heren af ghe wnnen dar hertoghen froderich vñ de brunfwikefchen fuluen vppe demo velde weren . XI . reyfeghe perde vñ VI knechte der fe vere entliueden vor
20 deffen leften vrede hoft gelouet van mynes heren weghene de van Camentze vñ Cord van marneholte vñ van (ghonne)r halue her Borchard van deme ftenberghe (vnde) her ludeloff van veltem.

125. Erzbischof Albrecht von Bremen vergleicht sich mit seinem Schwager, dem Herzoge Erich von Sachsen-Lauenburg, wegen aller Streites und aller Fehde und errichtet mit ihm ein Bündniss. Er gelobt, Feind desselben nie zu werden, ihm gegen jedermann, ausgenommen den Herzog Otto von Braunschweig, die Söhne
25 des Herzogs Magnus, die Grafen Gerhard, Otto und Erich von Hoya, die Grafen Conrad und Christian von Oldenburg, die edelen Herren von Diepholz und den Grafen Adolf von Holstein, mit zwanzig Gewaffneten und erforderlichem Falls mit ganzer Macht Hülfe zu leisten und ihm seine Schlösser zu öffnen. In Irrungen des Erzbischofes und seiner Mannen mit dem Herzoge sollen erzbischöfliche und herzogliche Mannen entscheiden, in Irrungen des Erzbischofes mit den Mannen und Leuten des Herzogs, namentlich mit
30 den Wurstfriesen und Hadelern, soll der Herzog ihm zum Rechte oder Vergleiche verhelfen, zur Zeit einer Sedisvacanz im Stifte der Herzog seine Klagen gegen das Stift, dessen Mannen und Leute vor dem Domcapital vorbringen. Dem Erzbischofe verbleiben die ihm von Johann von der Liet und von Johann Clüver verkauften Antheile an dem Schlosse und der Börde zu Bederkesa. Kann er andere Antheile daran mit des Herzogs Rath und Hülfe erwerben, so will er sie gegen Ersatz der halben Kosten mit ihm theilen
35 und seinen Theil dem Diedrich von Mandelsloh lassen, welcher damit vom Herzoge belehnt und davon dessen Mann werden soll. Die Kosten der Abfindung für die Kinder des Johann von der Liet wollen sie gemeinsam tragen. — 1376.   K. O.

Wy Albrecht van goddes gnaden Ertzebifcop der heilighen kerken tho Bremen bekennen vñ betughen an deffer ieghenwardighen fcrift. dat wy alle fchelinghe voyde maninghe vñ Twidracht de twifchen dem
40 hogheboren vorften vnfen leuen fwagher Erike hertzoghen tho Saffen. Enghoren vñ tho weftualen. finen mannen vnde vns went in deffen dach ghe wefen heft ghenflikcn vñ al neder ghelecht hebben. vnde hebben vns mit om ghe fatet. an eyne ftede vafte vrůntfcap. alzo dat wy fyn viant number werden willet noch fcullet. vñ fcolet om behulpe wefen ieghen eynen ieweliken. dar wy fines rechten vñ likes mechtich moghen wefen. vñ fcolet om vnfe Slote open holden tho den fuluen noden   Hir neme wy vth hertoghen Otten van
45 Brůnfw vnfen vedderen. vñ vnfes bolen hertoghen magnus kindere. Greuen Gerde vñ Greuen Otten fineu

zone. vnde Greuen Erike van der hoya Greuen Corde vñ Greuen kerſtene van Oldenborch vñ de van dopholte. vñ Greuen Alue van holſten. Were auer dat ze one dar en bouen vor vnrechten wolden alſo wy ſiner mechtich weren tho like vñ tho rechte. ſo en ſcole wy nicht behulpe weſen den heren de ieghen om ſin. vñ wan he vnſer hulpe bedarp. dat ſcal he vns tho voren kundighen ver weken ſo ſcole wy om behulpe weſen mit Twintich ghewapenet behouet he vnſer vordere ſo ſcole wi om behulpe weſen mit vnſer 5 gantzen macht.   vñ wanne wi om aldus helpen vñ volghen. ſo ſcal he vns vor koſte vñ vor ſchaden ſtan. Were ok dat wi eder vnſe man ſchelhaftich worden mit vnſen vor benomden Swaghere hertoghen Erike van Saſſen. ſo ſcolen twe ſiner man riden in eyne ſtede dar ſe moghen velich weſen vn twe vnſer man Wanne Wy dar vmme gomanet werdet bynnen verteynachten dar na. vñ van dennen nicht ſcheden ſe en hebben dat vore ſcheden an mynne eder an rechte. Worde ok vnſe vorbenomde ſwagher. ſchelhaftich mit 10 deme Stichte van Bremen eder mit des ſlichtes mannen eder luden. vñ dar nyn biſcop en were. ſo ſcal he dat vor volghen vor deme Capitele tho Bremen.   konde eme den noch lik eder recht weder varen bynnen achte wekenen. ſo mach he ſik ſuluen helpen ſunder broke ieghen dat ſlichte. vnde.. Capitel.   Ok ſcole wi be holden an der borch vñ an der Borde tho Bederkes A. dat deil dat wy koft hebben van Johanne van der lyet. vñ dat deil dat wy koft hebben an der Borch to Bederkes A. van Johanne deme Cluuere. 15 konde wi ok mit ſinem raede vñ helpe wes vordere be dringhen vñ be krechtighen an der Borde tho Bederkes A. eder van lande vnde van Sloten. dat ſin vederlike erue nicht en were dat ſcole wi half hebben vnde he half vñ wat dat koſtet des ſcole wi mallik de helfte vth leeghen.   vñ wes wi aldus tho ſamende wynnen vñ bekrechtighen in der Borde tho Bederkes A. dat deil dat vns dar an tho valt dat ſcole wi laten Diderike van Mandeſlo vñ deme ſcal he id lenen. dorch vnſer leue vnde vruntſcap willen.   vñ de 20 ſcal ſin man dar af werden.   Ok ſcal men Johannes kinderen van der lyet ir legheren. an mynne eder an rechte. vnde wat dat koſtet, dat ſcole wi tho like vth leeghen.   Were ok dat wy ſchelhaftich worden mit vnſen vorbenomden ſwaghers mannen vñ luden. dat ſcole wy vñ willet vor volghen achte weken.   en hulpe he vns denne nicht likes eder rechtes. ſo moghe wy vns ſuluen helpen dat en ſcal weder om nicht weſen.   des ſuluen ghelik ſcal he ok don.   Were ok. dat wy ſchelhaftich worden mit den vreſen. eder 25 mit den hadeleren. de ſchal he tho like eder tho rechte vor moghen bynnen. alzo langher tyd. alzo vore ſcreuen is.   Were id dat ſe des nicht en deden. eder ſe om des nicht horen en wolden. ſo moghe wy vns ſuluen helpen ieghen ſe.   dat en ſcal weder om nicht weſen.   Ok en ſcole wy vnſen vorbenomden ſwaghers man ieghen recht nicht vordeghedinghen.   Ok wille wy vñ ſcolet. vnſen vorbenomden ſwagere vñ de ſine by allem rechte laten vñ on dar truwelikſten by beholden ſunder hulperede vñ argheliſt mit vnſer 30 ghantzen macht Alle deſſe vorſcreuenen ſtucke loue wy Albrecht Ertzebiſcop tho Bremen vorbenomd. vñ vor vns. vñ mit vns vnſe leuen truwen. Cord Camermeſter Heyneke van Mandeſlo. Her Mynric ſchulte Riddere. Johan de Cluuere de oldere. langhe vrederik ſchulte. Cord van der hude. ywan van Borch. vñ Johan van Werzeben. den vorbenomden vnſen leuen Swaghere hertoghen Erike van Saſſen. tho ſiner truwen hand hern. vikken Marſchalke Riddere Betemanno Taabele. henneken ſchacken tho weninghe Detleue 35 Gronouwen Bertolde van Ritzerov. Helmolde van Pleſſe. Heyneken ſcarpenberghe vnde frederike van Wantzenberghe an guden truwen. ſtede vnde vaſt tho holdende. ſunder argheliſt. Tho wytliker bekantniſſe vñ tho tughe. hebbe wy Albert Ertzebyſcop tho Bremen vor ghenompt vnſe Inghezeghel vñ vnſe medeloure vor benomd mit vns ere Inghezegheles. an deſſen bref ghe henghet.   Ghe gheuen na goddes bord. drutteynhundert Jar dar na an deme achteden vñ Seuentigheſtem Jare. 40

126. Die Bürgermeiſter und Rathsherren der Stadt Lüneburg ertheilen dem Rathe und den Bürgern zu Uelſen für die durch Vergleich auf 4500 Mark Pfennige feſtgeſetzten Kriegsſchulden und für die auſſerdem an Bürger Uelsen's ſchuldigen 1521 Mark Pfennige eine Anweiſung von 500 Mark an den Probſt zu Ebstorf und von ebenſo viel an den Probſt zu Heiligenthal. Zur Tilgung des Reſtes der Schuld ſetzen ſie 100 Mark Pfennige aus, die von der Saline zu Lüneburg bei allen Fluthen, bis die Schuld dadurch völlig abgetragen 45 ſein wird, entrichtet werden ſollen. — 1378, den 6. Januar.   XVIII.

Wy Dyderich fpringhintgud Albert hoyke Johan Langhe Borghermefter. vnde de meynen raatman. tho
luneborch. vnde vnfe nakomelinge. Bekennet vnde betughet openbare In deffeme breue dat wi vns mit vnfen
leuen funderliken vrunden mit demo Rado vñ mit den borgheren der ftad to vlfen. vmme al dat fe vns
ghe wunnen hebbet jn demo krygbe. vppe den bouetbref den fe van vns hebben. vñ van reekenfchop
5 weghene. alfo. alfe vnfe Rad mit ereme Rade rekent heft van erer borghere weghene Den wi fchuldich
fint van vnfes krighes weghene. alfo dat we vns fameliken vordreghen vmme ene fummen gheldes. veftc-
half dufent mark luneborgher penninghe dc to luneborch ghingbe vñ gheue fin. Deffe doghedinghe hebben
ghe deghedinghet de Erbaren heren her hinrik proueft to Ebbekoftorpe. her Johan proueft to lüne. her Johan proueft to Medinghe vnde Johan langhe Borghermefter to luneborch vorfcreuen. Ok fo hebbe we
10 ghedegbedinghet mit en vmme andere fchülde dar we en breue uppe gheuen hebben de uppe de Rente
ftóden. alfo Johanne lembeken elfte half hundert mark. hermene fteno anderhalf hundert mark. Johanne
hollenftede hundert mark vñ en vñ twintich mark. Clawes vrowe van wezende anderhalfhundert mark. vñ
appele veftich mark. Deffe fumme is vefteynhundert mark vnde en vñ twintich mark penninghe. Wes
we deffen bedderuen luden hir vmme plichtich fin van Tinfes weghene des bliuet fe bi vns dat we fo dar
15 ane beforghen alfe fe vns wol to ghe louen. Al deffe vorfcreuene fumme is fes dufent mark vnde en vñ
twintich mark penninge. Des hebbe we gym bewifet to deme proueste to Ebbekefdorpe vif hundert mark.
vñ to deme proueste to demo hilghendale vif hundert mark. Dat weren dufent marc. fo bleue we en noch
fchuldich vif dufent mark vñ en vñ twintich mark penninghe. De fcal me en betalen in deffer wife dat
me en van ftaden an fchal gheuen to allen vloden hundert marc penninghe van der fulten to luneborgh
20 funder jenigherleye hinder vnde vortoch alfo langhe wanne deffe vorfcreuene fchuld wol vñ altomale betalet is. Vñ wanne deffe betalinghe aldus ghefchen is. fo fchollen fe vns wedder antwerden de breue de fe
gheuen fint vppe deffe vorfcreuenen fchult. Alle deffe vorfcreuene dingh de loue wi Dyderik fpringint-
ghud. Albert hoyke Johan Langhe Borghermeftere vñ de meynen Ratman vor vns vñ vnfe nakomelinghe.
deme Rade to vlfen vorbenomet Eren nakomelinghen vñ den meynen borgheren dar fulues vñ to erer tru-
25 wen hant. Deme gheyftliken manne hern Otten proueste to deme hilghendale. her Johanne hanten preftere
vñ hinrike witten vnfeme borghere vñ wente fe dat bevalen vñ we deffen bref heft mit ereme willen funder jenigherleye hinder vñ brok ftede vñ vaft to holdende To ener beteren wiffenheyt vñ warer bekantniffe deffes louedes fo hebbe vnfer ftat Inghefeghel mit witfchap vñ witliken ghe henghet laten to deffeme
breue De gheghenen vñ ghefchreuen is Na godes bord Dufent iar drehundert iar. In deme achte vñ feuen
30 tighesten iare In der hilghen dryer koninghe daghe.

127. **Graf Otto von Hallermund und seine Söhne Otto und Wilbrand verpfänden ihren Theil der Vogtei zu
Völksen mit dem Gerichte dem Bertold von Ilten und den Gebrüdern Arnold und Hartmann von Lathufen
für 12 Pfund Pfennige, behalten sich jedoch die Hälfte der Strafgelder für blutrünstige und ähnliche Beschädigungen vor. — 1378, den 7. Januar.** XL

35 We Her Otte Greue to Halremude Juncher Otte vnde Juncher Wilbrand vfe Zone. bekennet vnde
betughet openbare in diffeme Breue bezegbelt mid vfen Inghezegbelen dat we vnde vfe Eruen mid Willen
vnde Vulbort alle dor de it antrid vnde antreden mach. hebbet vorpendet vnde ghefat ene rechte Sate
vfen Del der Voghediye to Volkerfen binnen vnde buten dem Dorpe mid allem Rechte vnde Gherichte dat
dar to hort mid Vnrechte vnde Vngherichte dat dar to valt vnde vallen mach. Bertolde van Iltene Arnde
40 vnde Hartmanne Broderen gheheten van Lathufen vnde oren Eruen. vor thwolf Pund Honouerfcher Penninghe. We fcullet vnde willet Sate vnde Voghediye vorbenomed ore rechten Warande wefen wur on des
nod is vnde wanne dat van vs famet eder funder gheefchot wert. aldus dane Whis Wat dar van Vngherichte to valt in differ Sate van funderliken Broken alfe Blot Roue [1]) vnde des ghelik dat fcullet fe vs

---

[1]) *Rone.*

half gheuen wur vnde wanne dat valt vnde vallen mach. Wanne fe auer vs eder we on famet eder funder dat vorekundeghet twifchen Wynachten vnde Twolften. fo fculle we vnde willet dar na to deme allernegheften tokomenden Pafchen. na diffeme erften Jare vm de vorfereuenen twolf Pund van on weder ledegben vnde lofen funder iengherhande lengher Vortoch diffe benomde Voghedye. Alle diffe vorfereuenen Stucke vnde ir iuwelk bifunder vnde ghanz hebbe we vor vs vnde vor vfe Eruen mid famder Hand an 5 Truwen ghelouet vnde louet Bertolde van Iltene Arnde vnde Hartmanne van Lathufen vnde oren Eruen ftede vaft vnde vnuorbroken to holdende mid ghuden Truwen fnnder iengherhande Lift eder Hulperede. Diffe Bref is ghogheuen na Goddes Bort dufent vnde drehundert Jar in deme achte vnde feuentegheften Jare. des negheften Daghes. na Twolften.

128. Die Gebrüder Ludolf und Manegold von Eftorff sühnen sich mit dem Domprobste und dem Domcapital zu 10 Hildesheim und geloben, in keinem anderen Falle, als in einer Fehde gegen den Bischof von Hildesheim, Feinde derselben zu werden. — 1378, den 13. Januar. K. 0.

We. Ludelf. vñ. Maneke brodere heten van Eftorpe. bekennet openbare in deffem. breue. dat we vs ghefonet hebbet. mit den. Erbaren heren. dem Domproffte. vñ dem Capitele to hildenfem. in deffer wis. dat we noch de vfe. eder nimmend van. vfer weghene fcollen. eder enwillen. des. Domproffes eder des Capit- 15 tels. vigonde nichtmer wefen. eder werden. id en ware. dat de bifcop van hildenfem vfe vigend worde. eder we fine. fo en fcolden we. vñ enwolden. nene aufprake mit deffem breue. eder dor deffes breues willen liden. van dem domproffte. eder van demme Capitele ichto we denne ere fcade wor weren.,, Were ok dat iemmend vfe vigent were. eder noch. vfe vigont worde. oder we wes vigonde worden. dar de domproffft. vñ dat Capitel. midde feten in fammende ghude., wo denne dat fammende gut were. dat fcolle we 20 den Erbaren heren. dem Domproffte vñ dem Capitele witlik don. Is dat fe vns binnen verteynpachten. rechtes helpen konnen. dat fcolle we nemen., Scheghe des nicht vñ we fe denne befchedegheden in demme fammeden ghude. fo en fcolle we vñ en willen nene anfprake. van dem domproffte vñ demme Capitele liden. dor deffes breues willen. alfo vorfereuen is. Dit loue we den Erbaren heren vorbenomt mit fammeder hant. ftede vñ vaft. vnuorbrokelken to holdende. Vñ is ghefchen. na. goddes bort. dritteynhundert iar in 25 dem. achteden vñ Seuentegheften iare. des achteden. daghes to Tuelften. vñ hebbet des to tugho vfe inghefegele henghet laten to deffem breue.

129. Gerhard von Rokestorp schwört dem Herzoge von Lüneburg eine Urfehde und gelobt, in keinem anderen Falle, als in einem Kriege seines Landesherrn gegen den Herzog, Feind desselben zu werden. — 1378, den 13. Januar. K. 0. 30

Ik ghereke von rokeftorpe bekenne indefme openen breue dat ik hebbe ghelouet vnde Sworen to den hilghen mynem heren von luneborch vnde alden fynen ene rechte orueyde alfo dat ik nummermer vyent werden fchal noch nummert von myner weghen myns heren von luneborch fyner manne ftede lande vnde lude. aldewile dat ik leue ane vmme mynes rechten erue lantheren willen doe ik myt eren vnde myt rechte nicht vmme ghan en konde oft de myne heren vyent von luneborch were deme mach ik helpen lik anderen fynen mannen vnde nene kuntfcop vorder vp em to donde wanne fyk ouer myn here myt mynem 35 heren von luneborch vredede eder fonede den vrede eder fone fchal ik truwelken holden Were ouer dat ik ierghene vnwitliken in myns heren fchade eder der fynen were vnde ik dar vmme manet worde fo fcholde ik van ftaden an komen in myns heren flot von luneborch vnde dar nicht vt ik en hedde den fchaden weder dan myt fruntfcop eder myt rechte hir vmme fo fchal ik vnde do myne myns heren von 40 luneborch vnde fyner man velich wefen. alle deffe vorfereuen ftucke loue. ik ghereke von rodekeftorpe intruwen funder ienegerleyo arghelift eder hulperede ftede vnde vafte to holdende vnde hebbe des to ener groteren bekantniffe myn inghefeghel an deffen bref ghebanghen laten na godes bord drutteynhundert iare indeme achteden vnde feuentigheften iare des achteden daghes der hilghen dryer konyngbe.

130. Bischof Heinrich von Verden gelobt, dass, wenn die Herzöge Wenzlaus und Albrecht von Sachsen und
Lüneburg ihm, dem Stifte oder dem Ritter Heinrich von Issendorff am nächsten 24. Juni oder am folgenden 16. März 400 löthige Mark bezahlen, ihnen das für diese Pfandsumme dem Stifte verpfändete Schloss Lauenbrück wieder ausgeliefert werden soll. Sie jedoch sollen ihm alsdann des Stiftes Gut wieder überlassen, welches er zum Schlosse gelegt hat. — 1378, den 12. März. K. O.

Wy her henrik van der Gnade godes Biſſchop thû Verden Bekenned openbare in deſſem breue dat de
Edelen dorluchtighen vorſten herteghe Wenzſlaw. vnde herteghe Alberd herteghen tho Saſſen vnde tho
Luneborch hebbet vns vnde vnſeme ſtichte ghe ſad ere Slot de lowenbrügge vor ver hundert lodighe mark
de ſe vns vnde vnſeme ſtichte. edder hern henrik. van ydzendorpe edder ſynen eruen willet betalen thû
ſunte Johannes daghe tho middenſomere de de negheſt tho komende is. En kunden ſe des nicht dûn ſo
ſcullen ſe de vorbenomden ver hundert lodighe mark betalen tho midvaſten de dar negheſt tho komet ſunder ienghorleyge hinder vnde vortoch Vñ wanne ze dat ghedan hebbet. ſo Scûlle wy edder her henrik
van ydzendorpe. edder ſyne eruen. den ſe dat ghelt betalet den vorbenomden vorſten ere ſlot de lowenbrügge weder antwerden van ſtaden an ane vortoch mit alle deme dat dar tho hort vñ ſo ſcullen ſe vns
vnde vnſem ſtichte van verden des ſtichtes gûd dat wy tho dem ſlote gheloght hebben weder laten vnde
weder andwerden van ſtaden an vnv(orto)ghert Were ok dat dat vorbenomde ſlot er der tid dat ſe dat
loſeden van vngheluckc weghen vor(loren) worde ſo ſcullen de vorbenomden vorſten vñ wy vns mit den
gennen de dat ghewunnen hedden nicht ſônen noch vreden wy en hedden dat ſlot endrechtliken weder
bekrechtighet. odder eyn ander ſlot in dat Sulue gherichte weder ghebûwet dar me de ghulde des ſlotes
af bekrechtighen mochte. Worde ok dat ſlot er der tid dat ſe dat loſeden vorbrand ſo ſcolden de vorbenomden vorſten vñ wy endrechtliken eyn ander ſlot weder bûwen in de ſuluen ſtede Des tho ener
tüghinghe hebbe wy vnſe ingheſeghel mit vnſer prelaten vñ domheren inghezeghele. de hir na ſcreuen ſtad
Vñ wy her Symon dûmproueſt her Johan dûmdeken her herman van der hagheue Her ſtacies vñ her
Reymberd ghe hoten van monckhuſen vñ her kerſten van ſtelle dûmheren tho verden Bekenned dat wy
ouer deſſen ſtücken dat alſo ghedeghedinghet ſind hebbet gheweſen vñ hebbet des tho tüghe mit vnſes
heren ingheſeghel van verden vmme der beyder partyghe bede willen vnſe ingheseghele witliken an deſſen
bref ghe benghet Gheuen na godes bord drytteynhundert Jar In deme achte vnde ſeuentigeſten Jare
vppe ſunte gregorius dach.

131. Bischof Heinrich von Verden, sein Domcapitel und die Rathsherren und Bürger zu Verden begeben sich
mit allen ihren Schlössern in den Dienst und in den Schutz der Herzöge Wenzlaus und Albrecht von
Sachsen und Lüneburg. Irrungen zwischen ihnen sollen zu Walsrode durch ein Schiedsgericht geschlichtet
werden. — 1378, den 17. März. K. O.

Van der gnade godes Wy her henrik Biſſchop thû verden. Symon dûmproueſt Johan dûmdeken vnde
Capittel. R(adman) vñ Borghere thu verden Bekennen openbare indeſſem breue Dat wy ſynd gheuaren in
der hochgheborenen v(orſten) Hern Wenſlawes vñ hern Albertes Herteghen tho ſaſſen vnde tho luneborch.
denſt. alſo dat wy en mit alle v(nzen) ſloten truweliken tho denſte weſen ſcollen vñ willen vnde en. de ſuluen vnze ſlote ſcollen vñ willen. open holden (ioghen) aller malken tho al eren noden. wan vñ wo dicke en
des nod is vnde ſe des begheren al de wile dat ſe leuen (wor)den ſe ok wor verunrechtet vñ ſe vns dat
witlik dedon ſo ſcolde wy en binnen enome mande dar na rechtes helpen. oft wy kunden vnde dat ſcolden
ſe denno nemen. künde wy ouer des nicht. dûn binnen der tid ſo ſcolde wy vñ wolden. en mit vnſer
gantzen macht trûweliken behulpen ſyn ane argheliſt. vnde hir vmme ſcullen de vorben heren vns vñ
dat gantze ſtichte trûweliken vordeghedinghen. beſchermen vñ behulpen weſen ieghen alles weme. dar wy
recht nemen vnde gheuen willen mit al erer macht. de wile dat ſe leuen. vnde de vorbeñ heren ſcullen
vnſer. tho like vnde tho rechte mechtich weſen ieghen alles weme tho allen tiden. Ok ſcolle wy ſe vnde
do ere mit nichte voruvnrechten Sunder ſe by alleme rechte laten vnde des ghelik ſcullen ſe vns vñ den

vnfen ok weder dûn worde ok fchelinge eder twidracht twiffchen den vorbeñ heren. vnde vns odder twiffchen den eeren eder den vnfen dar fcolden fe twene vt ereme vnde wy. twene vt vnfeme Rade. vmme tho famene fenden tho walfrode binnen. eynem manden dar na wan vnfer eyn dat dem anderen ghekundeghet hedde. vnde van dennen nicht en wech tho theende fe en hedden dat ghe fcheden in vruntfcop eder inrechte worden de vorbeñ heren ok wor befchedeghet vnde de genne de den fcaden ghe dan hed- 5 den in vnfe Slot edder land. kwemen dar mochten fe eder ore ammechtlude mit den eren den volghen vnde dar fcolde wy fe tho vorderen vnde truwelikeu tho behulpen wefen in alle der wife alfo vns dat fuluen ghe fchen were wolden ok de vorbeñ heren vt vnfen floten orloghen fo fcolden fe. de flote bemannen. dar na. en. vnde. vns. des behof were eder worde vnde fcolden denne den eren de fe dar hedden fpyfe fchicken vnde wy fcolden denne de vorbeñ heren vñ de ere vor vnuoghe bowaren Schûde auer 10 en. eder den eren van vns eder den vnfen ienich vnuoghe. dat fcolde wy eder vnfe ammechtlude de van vnfer weghene dar weren. en vnde den eren weder dûn in vruntfcop edder inrechte binnen verteynnachten dar na. wan wy van en. eder den eren dar vmme ghemaned worden. Nemen auer fe vnde wy in beyden fyden vromen an vanghenen an namen eder an dingtale dat fcolde men delen na antale wapender lûde in beyden fyden de dar mede vppe deme velde hedden ghe wefen Ok wered dat men fik mit iemende vor- 15 ghrepe dar men an vruntfcop mede fete dat fcolde men weder dûn. Ok en fcûlde wy vns denne nicht fûnen edder vreden wy en deden dat vnfer eyn mit des anderen gluden willen vnde de vorbeñ heren fcolle fûne vnde vredes mechtich wefen ouer vns dar fe vns likes eder rechtes helpen kunnen. vñ vns mit en. in de fûne vñ vrede nemen vñ vns dar truwelikeu an verwaren worde ok vnfer floto iennich vorloren beftallet. vnde verbûwod. dat fcollen fe vns helpen redden mit erer gantzen macht alze fe erften konnen 20 fûnder arghelift. were ok dat wy biffchop henrik af ghinghen vnde wolde. denne vnfe nakomelingh biffchop tho verden in deffem verbunde wefen dat mochte he dûn wolde he auer. dar nicht inne wefen fo mochte wy dûmprouest. dûmdeken. Capittel. Radman vñ Borghere des ftichtes tho verden dem fuluen hiffchope dûn des wy en van. ere vnde van rechtes weghene plichtich weren vnde dar mede fcholde deffe bref vnde verbund vnvorbroken wefen. fûnder de fcolde io by vûller macht bliuen alfo dat wy dem vorbeñ heren 25 dûn fcolden des wy en van des fuluen bundes weghene plichtich weren in alle der wyfe alze hir vore fchreuen fteyt Alle deffe ftucke vnde eyn iowelk befûnder loue wy Biffchop henrik Dûmprouefl. dûmdeken capittel vnde Radman van verden vorbeñ. den vorfchreuenen vorften ftede vñ vaft tho holdende vnde vnverbroken fûnder arghelift Des tho ener betughinghe hebbe wy vnfe ingheseghele witliken an deffen bref ghe henghet laten Do gheuen vñ ghe fcreuen is Na godes bord Dritteynhundert Jar. In dem Achte 30 vnde feuentigeften iare In Sûnte Ghertrûde dagho der bilghen Juncvrouwen.

132. Herzog Albrecht von Sachsen und Lüneburg giebt dem Abte und Convente zu Scharnebeck den ihnen von den Rathsherren der Stadt Luneburg genommenen Hof in der Stadt, in welchem er gewohnt hat, zurück. — 1378, den 28. März. K. O.

We Albrecht van godes gnaden. Hertoge To Saffen vnde to Luneborch Bokennen openbare in deffem brene. dat we dorch funderliker vruntfcop willen. de vns de abbet vnde de Couent to deme Schermbeke dan hebbet on wedder laten hebben oren hoff in der Stad to Luneborch den de Rad to Luneborch. on genomen hadden. dar we ynne wonoden Vnde we vnde vnfe eruen noch neymant van vnfer wegene en fchullen fe dar neynerleye wis mer an hinderen Men fe fchullet des vorfcreuenen houes myt aller toberinge vnde vryheit Rouweliken bruken. in aller wis alfo fe den vore gehad hebben. Des to Orkunde 40 hebbe we vnfe ingefegel laten hengen an deffen breff. De gheuen is Na goddefbort dritteyn hundert Jar dar na in dome achte vnde Seuentigeften Jare des fondages to myduafien.

133. Die Gebrüder Erich und Diedrich von Zime huldigen dem Herzoge Erich von Sachsen-Lauenburg und geloben, ihm als ihrem Lehnsherrn zu dienen. — 1378, den 4. April. K. O.

Wy Eryk vnd Diderik Brodere ghe heten van Elme Bekennen vnd betugen an deſſeme Jeghenwardighen breue dat wy vnd vſe eruen willen vnd Seullen vnſes leuen erue heren vnd gnedighen. heren Hertoghen Erykes thu Saſſen des Jungeren vnd ſiner Eruen ere truwen holden erue Man weſen. in güden truwen vnd wy willen vnd ſcullen en trueliken denen alſo truwe holde bedderue Man erem rechten leen
5 heren Sundir ienigherhande argheliſt Des ſchal vſe vorbenomede here hertoghe eryk vs vor deghedingen vnd by rechte laten vnd ſine amptlude. Alle deſſe vorſcreuenen ſtucke loue wy Eryk vnd Dideryk vore nomet vnd vſe eruen Mit vs wolder hinrikes ſone vnd heyneke Scharpenbergh demo dorluchtighen vorſten hertoghen Eryke van ſaſſen vorbenomet vnd ſinen eruen ſtede vaſt vnde vntobroken tu holdende tu Ener groteren bekantniſſe vnd bewaringe ſo hebbe wy thu tughe vnſe Inghefegbele mid endracht vnd Mit willen
10 vor deſſen openen bref ghe hengt laten. De gheuen vnd ſcreuen is na godes bort drutteynhundert Jar dar na an deme achte vnd ſouentighiſteme Jare des ſondagbes alſo Men ſingt Judica.

134. Verzeichnis der Einnahmen auf dem Schlosse Celle unter dem Vogte Brendeke vom 7. April 1378 bis 9. März 1379. K. O.

Anno dominj M CCC LXXVIII des ſondages to palmen rekende Brendeke voged myd mynem heren
15 hertogen Albrechte to Saſſen vnde to luneborch deſſet heft Brendeke ſynd der tyd vppe nomen.
Des mydwekens vor palmen XIIII^{or} ₰ van leyde to Tzelle Des donredages in der palme weken II ₰ Des donredages in den paſchen III ₰ Des vrydages dar na III ₰ van dren karen Des negeſten mydwekens na ſente Wolberge dage VI marcas et IIII^{or} ₰ to Wenſen Des negeſten ſonauendes na ſente iohannis geheten vor der porten III ₰ to tzelle Des mandages dar na I ₰ Des mydwekens IIII^{or} ₰ Des ſon-
20 auendes IIII^{or} ₰ Des mandages inder vyſten weken na paſchen II ₰ van leyde. Des mydwekens II ₰ Des donredages IIII^{or} ₰ et II d. Des vrydages VII marcas et V ₰ to Wenſen van leyde Des ſonauendes IIII^{or} ₰ to tzelle van leyde Des mandages in der Cruttze weken vor pinxſten II ₰ Des vrydages dar na IIII^{or} ₰ Des negeſten ſondages vor pinxſten VI marcas to Wenſen van leyde Des mydwekens II ₰ to tzelle Des mandages vor ſente vites dage IIII^{or} ₰ Des mydwekens indes hilgen
25 lichamen auende II ₰ Des vrydages dar na I ₰ to tzelle Des ſeluen dages VIII marcas to Wenſen Des negeſten ſondages vor ſente iohannis dage to mydenſomere II ₰ to tzelle van leyde. Des mandages XVIII d Des mydwekens inſente iohannis auende I ₰ Des negeſten vrydages dar na VII marcas to Wynſen In ſente peters auende I ₰ Des negeſten vrydages vor ſente Ulrikes daghe VIII mark to wenſen van leyde. Des negeſten donredages vor allexander II ₰ Des ſonauendes vor ſente margareten daghe
30 VI marcas et III ₰ to Wenſen van leyde Des mandages dar na II ₰ to tzelle Des donredages I ₰ Des dyngeſdages vor ſente marien magdalenen daghe II ₰ to tzelle van leyde Des negeſten vrydages vor ſente iacobes dage V marcas et I ₰ to Wenſen van leyde Des ſeluen dages IIII^{or} ₰ to tzelle van leyde Des ſondages in ſente peters dage XIIII ₰ Des mandages dar na VII marcas et I ₰ to Wenſen van leyde. Des ſeluen dages I ₰ to tzelle. Des mydwekens I ₰ Des ſonauendes IIII^{or} ₰ Des Sondages
35 vor ſente Laurentius dage XII ₰ In ſente Laurentius dage XVI d. Des mydwekens dar na XVIII d. Des negeſten mandages nach vnſer vrouwen aſſumptionis eyn pünd. In ſente bartholomei dage IX marcas et II ₰ to Wynſen. Des ſonauendes inſente iohannis auende decollationis VIII ₰ to tzelle van leyde Des negeſten ſondages vor vnſer vrouwen dage natiuitatis XXIIII^{or} ₰ Des ſeluen dages VI marcas et II ₰ to Wynſen Des negeſten ſondages vor des hilgen Cruttzes dage XXVIII ₰ to tzelle. Des ſeluen dages
40 VIII marcas et II ₰ to Wynſen Des vrydages dar na III ₰ Inſente matheus auende XXIIII^{or} ₰ to tzelle An deme ſeluen auende XIX marcas minus I ₰ to Wenſen van leyde Des negeſten ſondages vor ſente michaelis dage II ₰ to tzelle van leyde Des mandages dar na V marcas et VII ₰ to Wenſen Inſente michahelis auende IIII^{or} marcas to tzelle Inſente michahelis dage XI marcas et VI ₰ to Wenſen Des negeſten donredages na ſente michaelis daghe XVIII ₰ to tzelle van leyde Inſunte dyoniſius auende VII
45 mark to Wenſen van leyde in ſunte dyoniſius dage eyn pund to Tzelle Des negeſten donredages vor

funte gallen dage XII mark to Wenfen van leyde   Des fondages darna eyn pund to tzelle van leyde
In der clffdufent megode aueu X mark to Wynfen   Des negeften dyngefdages vor funte fymonis vnde
Judo dage XVIIII de to tzelle van leyde   in funte fymonis vñ iudo auende XVI de to tzelle   In funte
fymonis vnde iude auende XXI marcas to Wynfen   in deme hilgen dage XX de to tzelle   in aller hilgen dage eyne mark to tzelle   Des negeften fondages vor funte mertens dage XXI mark et IIII^{or} $ to
Wynfen van leyde   Des fuluen dages VIII $ to tzelle   Des negeften vrydages na funte mertens dage
VII $ Des fuluen dages XX mark to Wynfen van leyde   Des negeften mydwekenes vor funte elizabet
dage I mark   Des donredages dar na XVIII mark et VII $ to Wynfen   Des Sondages in funte cecilien
auende III $ Infunte Cecilien dage II $ Des negeften fondages vor funte andreas dage VIII mark
et IIII^{or} $ to tzelle   Infunte andreas dage VI $ Des negeften donredages na funte andreas dage II mark
to tzelle van leyde   Infunte barbaren auendo I mark to tzelle   In funte barbaren dage XXXV mark to
Wynfen   In funte nycolawes dage XIII^{or} mark et III $ to tzelle van leyde   Des vrydages vor funte lucien
dage IIII^{or} $ Infunte lucien dage XII $ to tzelle van leyde   Des negeften dyngefdages na funte lucien
dage XIII mark to Wynfen van leyde   Des mydwekenes inder quater tempora vor wynachten V mark
et V $ to tzelle van leyde   Des negeften donredages vor des hilgen kerftes dage IX mark minus IX de
to Wenfen van leyde   In nyenyares dage IX mark et II $ to tzelle   Des negeften dyngefdages na nyen-
yare VIII mark to Wenfen   Des negeften fonauendes na den hilgen dren konynge dage V mark to Wenfen
van leyde   Des negeften mandages na den hilgen dren konynge VI mark et V $ to Tzelle van leyde   Des
Sondages in funte marcellins dage VII mark to Wynfen van leyde   Des mandages XX de to tzelle   In
funte fabian Auende IX marcas et XVIII de to Tzelle van leyde   Des fuluen dages V marcas to Wynfen van leyde   Des negeften vrydages na funte paulus dage VII mark et IIII^{or} $ to tzelle van leyde   Des
negeften vrydages na vnfer vrouwen dage lichtmyffen VII mark et VII $ to Wenfen   Infunte feolaftike
dage III mark et IIII^{or} $ to tzelle van leyde   Des negeften donredages vor funte peters dage III mark
et VI $ to tzelle van leyde   Des vrydages dar na IX mark to Wenfen   Des fuluen dages XVII $ to tzelle
van leyde   Des erften fonauendes inder vaften III mark et III $ to Tzello van leyde   Des erften man-
dages inder vaften VIII mark van leyde to Wenfen van den hildeñ wagen   Des fuluen dages III mark
van karen to Wenfen van leyde   Des anderen mandages inder vaften IIII $ et II de   Des mydwekenes
dar na IIII^{or} marcas et IIII^{or} $ to tzelle van leyde   Des negeften fonauendes vor funte Valentinus daghe
XXXII marcas de rekende berkhoff deme vogede   de hadde he vor haueren geuen van dem leyde   vnde
XX mark et XXIII $ vor gud bir ok van deme leyde. *)

Des vrydages Inden pafchen XI mark myn II $ to Soltowe van leyde   Des mandages inder verden
weken na pafchen XII mark to Soltowe van leyde   Des negeften fondages vor funte vites dage XXI marcas
Infunte Jacopes dage XIX mark   Des negeften dyngefdages na vnfer vrouwen dage affumptionis XIIII^{or}
mark   Des negeften fondages vor vnfer vrouwen dage natiuitatis XII mark to Soltowe van leyde   In den
wynachten XLV mark van leyde to foltowe.

Summa huius eft I^c XXXIII^{or} marcas et VI $.

Des mandages Inder dryden weken na pafchen XXII $ minus II de to tolne vnde III marcas et II $
to leyde van henneken eyken vppa der bode   van holmed tolners eken XIIII^{or} $ to tolne vnde XXVI $
to leyde   van Ludeken detmers eken III $ et IIII^{or} de to tolne   Des vrydages vor vnfes heren godes
hemeluard XVI $ vnde dre peyninge to tolne vnde VI $ to leyde   Van buzele XII $ et II de van eynem
vlote   Van henneken vifchere vñ van borftele VIII $ van eyneme vlote   Des vrydages in den pinkeften
eyn pund van henneken eken vppa der bode   Des mandages vor funte Olrikes dage V $ van polere van
eyneme vlote   Des negeften mandages vor funte marien magdalenen dage XVI $ et IIII^{or} de van borftele
eken to tolne   Infunte Agneten dage XV $ et III de to tolne vnde X $ to leyde van borftels eyken.

*) Auf einem beiliegenden Zettel steht von derselben Hand geschrieben: „IIII^{or} C marcas LXXXV marcas IIII^{or} $ et I denar."

Summa huius eft XIII marcas VI ℔ et II ḍ.

Des fonauendes inder dryden weken na pafchen helt de voget godyng *) to wenfen deffet fynd de broke de dar vellen Pageman V mark van broke.

Des Sondages was godyng to dorpmarke Arnd van Weftenholte XXIIII^{er} ℔ van broke De radere van orbeke V mark Henneke van deme rype IIII^{or} mark Olrich to tetygborftele cyne mark Bernd van deme yetebroke I mark pennynge.

Des mandages was godyng to Soltowe Grotewal van deme erpefborftele IIII^{or} marcas henneke van deme broke XXIIII^{or} ℔.

Des lateren dages Johannis to mydden fomere helt de voget godyng to Soltowe De bure van Soltow eyn pund van broken Dat land dre mark.

Des anderen dages was godyng to dorpmarke henneke hoyers to orbeke eyn pund Ludeke to krelen I mark hermen to Entzynge I mark De Weuere van Walfrode VIII ℔ hermen dregere to dufhorne VI ℔ Ryfchman VIII ℔ Deneke VIII ℔ Ghogreue to virdo I mark.

Des negeften dyngefdages na vnfer vrouwen dage affumptionis was godyng to Soltowe deffe broke de vellen dar De bure van deme erpefborftele III marcas Oli van deme pantefhorne eyn pund henneke hoffman IIII^{er} mark van broke.

Des negeften fondages na vnfer vrouwen dage der lateren was godyng to Winfen De bure van wenfen dre mark De witkere II mark De bure van fteden XII ℔ van broken.

Des negeften dyngefdages na funte tomas daghe held de voged godyng to foltowe vnde bad de kerfpellude van foltowe vmme koye to myns heren kokene dar van heft de voged vppe nomen twe pund pennynge.

Des mydwekens was godyng to dorpmarke De bure van Valingborftele I mark De bure van Wenttzinge dre mark Vrycke to dorpmarke VI mark vor eyne hud do he to vnrechte kofte.

Des negeften vrydages na pauli do was goding vnde vryding to bergen deffet fint de broke Henneke van deme hope X ℔ van dren mannen V mark et IIII^{or} ℔ van broken.

Des Sonauendes dar na was godyng to dorpmarke Olneke van Varnholte III mark Vricke to dorpmarke X ℔ henneke vynke IIII^{or} ℔ De bekerworte VI ℔ baffenfchutte IIII ℔ henneke Werners III mark de bure van borftlinge I mark de bure van deme yetebroke VIII ℔.

Des negeften donredages na funte Gherdere daghe De meyer van okfentzelle IIII^{or} ℔ van broke Glumere IIII^{or} ℔ leyneke II ℔ lebard XXIIII^{or} ℔ De botelfche IIII^{or} ℔.

Des Sondages vor vnfes heren godes hemeluard henneke plate eyn pund.

Des fondages vor funte laurentius dage Hunger VI ℔ van broke de velkencre X ℔ heyneke ftouere V ℔ De Subotere III ℔ Rifehuod IIII^{or} ℔ van broke.

Summa huius eft LXXIX marcas et II ℔.

Deffet is dat brendeke voged van den vangenen hefft vppe nomen Henrich van deme Werdere dre lodyge mark. Eyn bekerknecht dre mark pennynghe dar louede bunzel vor De houemeyfter van deme Ronnefberge vor eynen knecht eyn voder moltes vor fees mark pennynge vnde eyn voder baueren vor IIII^{or} mark pennynge et IIII^{or} ℔ Heyneke ftouere twe pund pennynge van eyneme ftouere de pennynge vorwyfede myn here Borftel vnde Sperwater IIII^{or} mark pennynge vor eynen man Weygetop dre mark pennynge vor eynen fchoe knecht Her Nycolawes de kekhere eyne lodyge mark vor eynen permeterer. De meyger bunzel weftertzelle vnde krageman XV mark lodych vor eynen man van deme fuluen gelde hefft de voged geuen. Ryne XXII mark pennynge van myns heren wegene vnde bunzele XIII mark pennynge et II ℔ vor den roggen den myn here van den fpikere nemen leed van deme fuluen gelde hofft de

---

*) Als Helmeke Meyger, Vogt zu Zelle, 1449 Rechnung ablegte, waren dabei gegenwärtig Curd von Marenholte, Ernst von Bothmer u. s. w. und gemenliken de Gogreuen der vogedie.

voget beholden blyuendes geldes XVII mark pennynge et VI ₰ Van twen lynenweuern twe voder beres dat
quam in myns heren keller Muldryuere twe lodyge mark dar louede hermen van vletmere vore Hoge-
nel IIII^{or} lodyge mark dar louede bochtendorp vore Hermen van oldendorppe twe lodyge mark Heyneke voged twe lodyge mark dar louede vore bunzel vnde lowe Bochtendorp twe lodyge mark vor eynen
wllenweuer knecht Merdorp myd fyneme fone twe voder haluerftedefch beres dat quam in myns heren 5
keller Lampe VI lodige mark vor eynen goldfmed van haluerftad Eyn Rademakere eyne halue lodyge
mark Eyn gerwer knecht V mark pennynge hans tůneman XII lodyge mark dar louede bochtendorp
vore van dren vangenen van godenftede dre lodyge mark. Van vangenen de luttelom vnde Eykberch
hadden gevangen dre lodige mark.

C marcas LXXXIII marcas. 10

Tyns van Valingborftale Vocke van barlige XIII ₰ et IIII^{or} denar Wyenhagen X ₰ Eggerd van
vrylinge II ₰ Eggerd vnde freder I mark vor eynen wuftenhoff Odde gerdes fone van orbeke XII ₰
Ludeke van Elfferynge IIII^{or} ₰ Cord van klynte VI ₰ Item VIII ₰ Cok IIII^{or} ₰ Henneke van deme
bokel VIII ₰ heyne VIII ₰ Elerd to Oddeftynge XIII ₰ et IIII^{or} ₰ henneke elerynge XIII ₰ et IIII^{or} ₰
De vorbruginge van Walfrode XXIIII^{or} ₰ De hofflude XXXIII mark pennynge. 15

Dufhorne Ghereke to Crelen II ₰ Tileke kruze II ₰ hermen vidfinge XIII ₰ et IIII^{or} ₰ Ghereke to der meygere V ₰.

Soltowe*) Johan van Emmynge IX ₰ Beke van der heyde eyn pund Tileke van deme holte XXI ₰
Henneke to Wolterdynge V ₰ Bode V ₰ Werneke van deme hope IX ₰ vor eynen wuftenhoff VII ₰
Ghereke van alnedynge I mark. 20

Bergen Van Offen meyneke Wefthorn XI ₰ minus IIII^{or} ₰ Item hermen IIII^{or} ₰ Item ludeke
IIII^{or} ₰ hermen van katenfen VII ₰ minus IIII^{or} ₰ henneke eylerdes van katenfen VII ₰ minus IIII^{or} ₰
helmed van bellenfen VII ₰ minus IIII^{or} ₰ Volberd van bagene III ₰ minus III ₰ Godeke van deme
hazele VII ₰ minus IIII^{or} ₰ Tittze van werdebome II ₰ Meympe to hone V ₰ Deneke van deme
honhorne VI ₰ Henneke eylebertes van euerften VII ₰ minus IIII^{or} ₰ Beteke wend III ₰ et IIII^{or} ₰. 25
meyneke III ₰ et IIII^{or} ₰. De molner to bellenzen II ₰ De meyger to blekmer XII ₰ henneke got-
fchalkynge to bekelynge VI ₰ De harde to hone V ₰ De koter to hone IIII^{or} ₰ henneke van
honhorne VIII ₰ Olderd to hazelhorft VI ₰ henneke kochyng to blekmere VI ₰ Item henneke IIII^{or} ₰
Cord van reddynge XXVII ₰ minus IIII^{or} ₰ hermen van deme hukefhole VII ₰ minus IIII^{or} ₰.

Wittzendorpe Johan van helmerdynge VII ₰ minus IIII^{or} ₰ To megnynholte byrman dre mark 30
Clawes eyn pund De wedewe VII ₰ minus IIII^{or} ₰ De bodekere V ₰ Schilling VII ₰ minus IIII^{or} ₰
Hermenfborch VI ₰ hoyer to vellichfen III ₰ et IIII^{or} ₰ De meyger to bekedorpe eyn pund hermen
yunge XIII ₰ et IIII^{or} ₰ Odde gerkynge eyn pund brugeman XII ₰ hermen pole X ₰ Vlenhop
VIII ₰ Ludeke van deme rewynkel XII ₰ Ludeke van hetendorpe III ₰ et IIII^{or} ₰ woltman IX ₰
et VIII ₰. helmed IIII^{or} ₰ Merten van deme yle VI ₰ Odde to der lynden I mark vor eynen wuften- 35

---

*) In einem zur Zeit des Herzogs Heinrich (nach dem Jahre 1409) geschriebenen Hebungsregister beschliesst Folgendes die
Aufzeichnungen über: Solttow In dem kerfpel:

To dem ftubbekefsborne V wikhempten hanuran hoffmate XVI fwin vn XVI honer.

Ok fchal vn la plichtich deffe fuluc meyger dat hij fcal mid I perde riden blj den hoffluden wenne fe theen na korne edder
inde hereward,, Hir vor beholt hij jnne befanderken tinfs van den hoffluden alse van reynaken hone to ditmeringe IIII f van dem 40
sikhone to deymeringe I fwin van IIII f van deme hone tho hotainghe danft wan de meyger mid den hoffluden uthe were dat de
man denne in des meygers hone fyn arbeyd fcholde don alfolange dat de meyger wedder qweme.

Item van dem Nordoyde VI hempten roggen vn I krufenweder.

Van I koten to wolterdinge IIII f ok befft hij de gnade van IX honen dat fe ome moten inder erne meygen.

Ok befft myn gnedige here Hertoghe blnf efft flowech dar hane vorde jndeme hone tom ftubbekefshorne dat he denne twige 45
indem iare voderen vn herbergen.

hoff Dydor to muden XII ₰ heyne godekynge to Wefende I mark Ludeke van deme Lutterlo I mark
De meyger to growynge IIII^{or} ₰.
Wenfen Henneke fchene to bennetze XIIII^{or} ₰ Henneke vynke XIIII^{or} ₰ Syuerd ryzeken VII ₰
Henneke elerzlynge VII ₰ Henneke to deme borftele XIIII^{or} ₰ van demo adelhorne to Wenfen XI ₰
Henneke lenderkes VII ₰ De meyger van deme Walle VII ₰ De Crogore V ₰ et III de heyneke
kynynge IIII^{or} ₰ Beneke tymmynge to Wlthufen VII ₰ van honnekon yungen houe IX ₰ Belleman
to Sutwenfen XIIII^{or} ₰ Tyleke tymmynge XIIII^{or} ₰ Wildich to Abbenburen IIII^{or} ₰ Ghereke wildyg
IIII^{or} ₰ Henneke tymme to Jeuerfen VII ₰ Hegkelke to bokholte VIII ₰ De Tymmerman van fwarmefteden VIII ₰ van deme flonhoue to fwarmefteden VIII ₰ Ludeke tyttze to marklygdorpe VIII ₰
10 henneke tyttze VIII ₰ Ludeke kreued VIII ₰.
Sluteryge Lampe van deme Hornynges houe XVIII ₰ Ghereke bonfak III mark wolkmar van
ofterloge VIII ₰ to tynttze vnde IIII^{er} ₰ vor eyn hoff fwyn Ludeke van Ofterloge VII ₰ Symon van
oldentzelle XXVII ₰ hermen butekots XIIII^{or} ₰ De volbertefche XXI ₰ hermen van oldentzelle VIII ₰
Tyleke van oldentzelle XXI ₰ Cerften meyfe VII ₰ Ghereke knop IIII^{er} ₰ vor I hoff fwyn ludeman
15 ranttze III mark Symberch X ₰ Otte to helen X ₰ van deme meygerhoue vnde VII ₰ to tynttze vor
eyne koten Cerften dobeler vnde henneke fchilling VII ₰ to tynttze vnde VII ₰ van der papenwich De
olderlude to Weftertzelle X ₰ Ludeman fporyg XIIII^{or} ₰ hermen detyg IIII^{or} ₰ vor eyn hoff fwyn.
Sperling IIII^{or} ₰ van lande beneke plate III ₰ henneke plate V ₰ Santman II ₰ henneke lyrer
II ₰ prudel XVI de bauerkop XVI de bonfak XVI de eyn man van ofterloge XVI de Rakenberch
20 X ₰ Schurer I ₰ van lande Henneke vppe der bode VIII ₰ vor eyne wifch Jorden vor deme dore
IIII^{or} ₰.
Vlotwede Dedeke van bokelfcampe VIII ₰ Strukman IIII^{or} ₰ bungere III ₰ ludeman ebelyn-
ges IIII^{or} ₰ beneke rouere I mark pennynge Beleke van oldentzelle IIII^{or} ₰ Grotewale IIII^{or} ₰ De
meyger van Ekelge IX ₰ minus III de. Ludeman fcepeltzeman III ₰.
25 Summa huius eft I^C marcas XIIII^{or} marcas et III denař.
De bure van brokele dre marcas.
Tyns rogge van valingborftele Soetefank van elferynge VI hymten roggen Ludeke plukelunyg VI
hymten roggen Santman VI hymten roggen Hermen vppe deme berge IIII^{or} hymten roggen Rychard
van deme houe VI hymten roggen Henneke van deme kronefnefte VI hymten roggen Syuerd van
30 vttzinge IIII^{or} hymten roggen.
Dufhorne Tyleke meyerdyngo IIII^{or} hymten roggen Heyne van deylige IIII^{er} hymten roggen Johan
de Luttekeman VI hymten roggen Ludeke van deme broke VI hymten roggen Heyne van oftenholte
I fcepel roggen Henke tudde VI hymten roggen Beneke ryboldes van bokhorne IIII^{or} hymten roggen
Hermen van ellinghufen IIII^{or} hymten roggen Hermen proueftes IIII^{or} hymten roggen Henneke olrikes van
35 krelen VI hymten roggen Wychman van borftlinge VI hymten roggen Ghereke bekman van krelen VI
hymten roggen Deneke van futborftele IIII^{or} hymten roggen Hermen van deme kolke III hymten roggen
Wichman van futborftele IIII^{or} hymten roggen Hermen van deme berge VI hymten roggen Hoyer to
oftenholte VI hymten roggen ghereke fchilling VI hymten roggen honneke Wneeken VI himten roggen
Lutteke ghereke to Crelen IIII^{or} hymten roggen Merten van ofterborftele IIII^{or} hymten roggen Ludeke
40 Wynekinge IIII^{or} hymten roggen. hermen blote IIII^{or} hymten roggen De wedewe van bokhorne IIII^{or}
hymten roggen Olrich fchindelblok IIII^{or} hymten roggen Wigelke van bokhorne IIII^{or} hymten roggen.
Dorpmarke Werneke Wernhagen IIII^{or} hymten roggen Danman van Enttzinge III hymten roggen
Hermen van enttzinge III hymten roggen Henneke rikmans fone van yetebrok I fcepel roggen Henneke
borndes fone I fcepel roggen Heyne van deme Honglufse IIII^{or} hymten roggen Eggerd van vrylinge
45 VI hymten roggen Henneke van deme hone III fcepel roggen minus I hymten Henneke van deme

vlotwede IIII°' hymten roggen   Henneke roders to deme myddelstendorpe XVIII hymten roggen   Henneke luders van orbeke VI hymten roggen   Henneke segerd to megborstele I scepel roggen   Hermen meyger II scepel roggen   Eluer van deme hone VI hymten roggen   Gherd van Hunerdynge IIII°' hymten roggen   Werneke van deme hope VI hymten roggen   Van tytlinge III scepel roggen.

Bergen   Henneke van bekelinge IIII°' hymten roggen   Heyne van werdebome IIII°' hymten roggen ß Henneke van blekmer IIII°' hymten roggen   Werner van Wyldyngeshusen XVI hymten roggen   Otte van wyldingeshusen XVI hymten roggen   Heyne van deme myssselhorne VI hymten roggen.

Soltowe   Beke van der Heyde VI hymten roggen   Olrik van Hermedynge IIII°' hymten roggen Ghereke van Hermendynge VI hymten roggen.

Wensen   Heyne vnde detmar van deme Walle I scepel roggen   Kersten van hoppenstede I scepel 10 roggen to tynttze vnde II scepel roggen van deme tegoden.   Helmold berndynge VI hymten rogghen Henneke meyerdynge VI hymten roggen   Euerd borstelinge VI hymten roggen.

Wyttsendorpe   Ludeke van rodenhorst II scepel roggen.

Vlutwede   Blanke van oldentzelle III scepel roggen   Ranse van der borch II scepel roggen   bungere van bokelscampe VI hymten roggen   Ludeman ebelinges VI hymten roggen   henneke meyerynge van 15 ekele VI hymten roggen   henneke abelen VI hymten roggen   Strukman VI hymten roggen   Sander van oldentzello II hymten roggen   Ludeman scepelttzeman VI hymten roggen   Boleke van ekelgo VI hymten roggen   Jorden Clawesynge VI hymten roggen   Van deme borstele ghereke knop VI hymten roggen Henneke denyge VI hymten roggen   Coneke blyfhyr nicht VI hymten roggen   Warenholt III hymten roggen   De oluerdesche III hymten roggen.   20

De summe des roggen is LIIII°' scepel roggen et IIII°' hymten roggen   dat maket XLVIII marcas et VIII d. den scepel vor XIIII°' ß.

Van deme Rade to tzelle hundert mark pennynge.

Des negesten sonauendes vor pinkesten VIII mark van byr gelde   Insunte bartholomewes dage II mark III ß et II d van byr gelde vte des rades kellere.   Insunte dyonisius auende XVII ß et II d   Insunte 25 Elzeben auende II mark van bir gelde   des negesten sonauendes na der hilghen dren konynge dage XVII ß et IIII°' d   Des anderen sonauendes inder vasten X ß van bir gelde.

Ok hefft de voged vor kofft eyne styge koye vor XXX mark van den koyen de vor godenstede nomen worden vnde XXX mark vor eyne styge koye de vor brunswik nomen worden.

Insunte thomas daghe XIX ß et V d van den buren van deme oldenbaghene   van den buren van 30 helen XII ß vor eyne koe.

Insunte ylligen dage XIIII°' mark et IIII°' ß van ledere   Des negesten mydwekens na sunte andreas dage XXXIII mark et VI d van ledere   Des negesten sonauendes vor vastelauende VIII mark van ledere.

Hermen van deme rype XXVII ß minus IIII°' d to tynttze Insunte wolberge dage   Van heynen van peyne IIII°' mark van myns heren wegene   Van vlotweden van hagene V mark van lene   Van eyner 35 wessynge V mark   Van eyneme manne van kolyge V mark van leene.   Van dammane van enttzinghe IIII°' mark van lene   Van dydes brunynges gude XIIII°' mark van leene   Item XX mark pennynge van dydes ghude.   Van brendeken van der Wense beterynge IX mark et VI ß   Vte deme rychte van Valingborstele III mark et II ß vor melke koye   Vte deme rychte van bergen VI marcas vor melke koyo Vte deme Vlotwede XXXI ß to molt pennyngen vnde to kopennyngen   Van den buren van brokele twe 40 mark pennynge vor eyne melke koe   Van eyneme moder perde X mark van lene van gryndow   Van den buren van Jeuersen X mark pennynge vor de koye de myn here on weder geuen heed   Van haueren VIII mark van eynem manne van munstere.

Summa huius est IIIc marcas XXXIX marcas XII ß et III d.

Item III mark et III ß   De bure van helen dre marcas.

126. Verzeichniss der Ausgaben auf dem Schlosse Celle unter dem Vogte Brendeke vom 11. April 1378 bis 9. März 1379 und vom 7. November 1379 bis 13. Februar 1380. **K. O.**

Anno dominj M. CCC. LXXVIII des Sondages to palmen rekende Brendeke voged myd mynem heren hertogen Albrechte to Saffen vnde to Luneborch. bouen alle vp nemen vnde vt geuen bleff myn here
5 brendeken fchuldich II^c marcas XXXIIII^or marcas II ₰ et III denar̃.

Deffed heft brendeke voged mynem heren fynt der tyd gewnnen.

Des feluen fondages vor witbrot I ₰ vor vifche IIII^or ₰ vor etich IIII^or de vor lecht X de Hanze van mundero vnde fynen kumpanen III marcas et IIII^or ₰ vor fcoa dage to loene vnde to gudeme bere Den fagers XII ₰ et II de to lone vn̄ to byre vor vyff daghe Vor ftokvyfch III ₰ Claweze fwertueghere.

10 Des mandages vor witbrot VIII de vor etich IIII^or de vor enen haluen himten fcradener erwete II ₰ vor vifche XVIII de vor twe ftokvifche XVIII de vor eyn pund talges VII de inden ften vor lecht X de.

Des dyngefdages vor witbrot X de vor twe par repe XIIII^or de to deme hoffwagen vor etich IIII^or de vor dre pund ryfes XXI de vor twe pund mandelen XXVIII de vor vifche I ₰ vor lecht XVII de
15 do degedyngede myn here des nachtes vor veer ftokvifche III ₰

Des mydwekens vor witbrot III de vor etich IIII^or de vor veer ftokvifche III ₰ et II de vor lecht VI de vor twe repe IIII^or de to den wynden.

Des donredaghes vor witbrot III de vor eyn verdeuat erwete I ₰ vor ftynt I ₰ vor lecht VI de vor fchoe I mark myner vrouwen vn̄ eren junchvrouwen.

20 Am Styllen vrytage vor witbrot VI de vor lecht VI de.

Des Sonauendes vor witbrot III de den vifcheren IIII^or de vor lecht VI de vor olye XXIX ₰ et IIII^or de Hanze van mundero vnde fynen kumpanen II marcas et VI ₰ to lone vor vyff dage to gudem bere vnde to dem ftouene Den faghers XII ₰ to lone to gudem bere vnde to deme ftouene vor VIII fcepel roggen VIII marcas vor IIII^er fcepel moltes N mark.

25 Summa huius eft XXIII^or marcas III ₰ et IIII^or denar̃.

Des fondages to pafchen inder anderen weken vor VII wetenbrot III ₰ vor lecht VI de.

Des mandages vor eyn lam XXII de myner vrouwen vor etich II de vor witbrot III de vor lecht VI de.

Des dynges vor witbrot III de vor lecht VI de vor kolfad VII ₰ et IIII^or de.

30 Des mydwekens vor witbrot III de vor eyn hoeken XVI de myner vrouwen vor lecht VI denar̃.

Des donredages vor witbrot II de vor twe lammere IIII^or ₰ vor lecht VI de Do was myn here nachtes tho hermenfborch vnde vorterde dar vor brod II ₰ vor byr XIII ₰ vor vleyfch X ₰ vor eyero I ₰ vor haueren I mark vor how V ₰ hern pawel vnde hanze vryberge III ₰ to panquitinge.

Des vrydages do quam myn here vor witbrot X de vor enen haluen hymten fcradener bonen II ₰
35 vor Olye V ₰ et IIII^or de Den vifcheren IIII^or de vor etich VI de vor viffche XXII de vor lecht X de vor veer ftokvyfche XIIII^or ₰ de nam myn vrowe mede vppe den wech to fente helpe hermen pilttze II ₰ den fende myn here to Vlleffen.

Des fonauendes in fente Juryens dage vor witbrot I ₰ vor etich VIII de vor viffche II ₰ vor eyere III ₰ vor lecht XI de vor one tunnen botteren VIII marcas lutteken olrike vor VI fcepel moltes
40 VII marcas et IIII^or ₰ vor IX fcepel roggen VIII mark et VII ₰ Den tymmerluden XXIX ₰ et IIII^or de vor veer dage to loene vnde to gudeme bere Den faghers IX ₰ et IIII^or de to lone vnde to byre.

Summa huius eft XXXII marcas et IIII^er ₰.

Des Sondages vor fente marcus dage in der dryden weken do hadde myn here gefte vor witbrot I ₰ vor etich IIII^or de vor eyere XVI de vor lecht X de Den wechteren III marcas to lone Den
45 beckeren III marcas Deme wagenknechte XII ₰ Deme bolthowere XII ₰.

Des mandages vor witbrot X de vor eyere II ₰ vor etich X de. to wiltbrade dat myn vrouwe mede nam vp den wech to fente helpe   vor lecht X d̄   vor fchoe XIIII^{or} ₰ myner vrouwen vppe den wech to fente hulpe.

Des dyngefdages   vor witbrot VIII d̄   vor etich IIII^{or} d̄   vor vifche VI d̄ des auendes mynem heren   vor eyere V d̄   vor lecht VI d̄.

Des mydwekens   des morgens ad myn here vnde myn vrowe.   myn here red to der nyenftad vnde 5 myn vrouwe gink to fente hulpe   vor witbrot V d̄   vor etich II d̄   vor vifche XVIII d̄   vor eyere II ₰   vor vyff repe VIII d̄ to den rannnen   vor lecht II d̄.

Des donredages quam myn here van der nyenftad   vor ene tunnen beres 1 mark   vor witbrot III d̄   vor eyere VI d̄   vor etich II d̄   vor lecht VII d̄.

Des vrytages   den vifcheren IIII^{or} d̄   vor witbrot IIII^{or} d̄   vor etich VI d̄ to enem laffe vnde to 10 anderen vifchen   vor Olye III ₰ et IIII^{or} d̄   vor lecht VII denar̂.

Des Sonauendes   vor witbrot I ₰ vp myns heren tauelen vnde to moefe   vor etich II d̄   vor eyere IIII^{or} ₰   vor lecht VII d̄   Den tymerluden II marcas et VI ₰ to loene vor vyff dage to gudem bere vnde to dem ftouen   Den fagers XII ₰ to lone vor vyff daghe to gudeme bere vnde to dem ftouene   vor eyn vad byres III marcas et V ₰ mündere   vor VI fcepel rogen VI marcas et IIII^{or} ₰   vor hoppen 15 XIIII^{or} ₰   vor IIII^{or} fcepel moltes V marcas.

Snmma huius eft XXIX marcas et XX denar̂.

Des negeften fondages na fente Wolberghe dage in der verden weken   vor witbrot VI d̄   vor eyere VII d̄   vor lecht II d̄   Des feluen auendes red myn here to hermenfborch vnde was dar nacht vnde vorterde dar an byre an brode vnde an vleyffche vnde vornoderde an haueren an hoy to famene III 20 marcas et IIII^{or} ₰.

Des mandages   vor eyere VIII d̄. den tymerluden   vor lecht II d̄.
Des dyngefdages   vor VI fyden vleyfches V marcas et IIII^{or} ₰ d̄ fyden vor XIIII^{or} ₰   vor lecht II d̄.
Des mydwekens   vor eyere XI d̄ den tymerluden   vor lecht II d̄.
Des donredages   vor lecht II d̄.   25
Des vrydages   den vifcheren IIII^{or} d̄   vor dre pund olyes II ₰ auend vnde morgen.

Des Sonauendes   hernen pils III ₰ to terynge   do brachte he mynem heren otten breff van der gowyfch to luneborch   vor eyere XV d̄. den tymerluden   vor twe fcepel moltes II marcas et III^{or} ₰   vor hoppen VII ₰   vor III fcepel rogen III marcas et V ₰   Den tymmerluden III marcas et IIII^{or} ₰ vor fees daghe to loene vnde to gudeme bere   vor IIII^{or} fcepel haueren III marcas minus XVI d̄ den werkperden 30 den hymten vor X d̄.

Summa huius eft XIX marcas V ₰ et III denar̂.

Des fondages na fente iohannis dage gheheten ante portam latinam in der V weken   vor lecht II d̄.
Des mandages   vor ene tunne botteren VIII marcas ruffcheborne.   Enem boden II ₰ de myne heren breff hern dyder van Alten to dem kalenberge brachte   vor eyere XIIII^{or} d̄   vor lecht II d̄.   35
Des dyngefdages quam myn vrouwe van fente hulpe   vor witbrot III d̄   vor eyere VII d̄ myner vrouwen   vor lecht III^{or} d̄.

Des mydwekens   vor witbrot III d̄   vor eyere II ₰   vor vifche XXII d̄   vor lecht IIII^{or} d̄.

Des donredages   vor twe fyden fpeckes III marcas   vor witbrot IIII^{or} d̄   vor etich IIII^{or} d̄ to wiltbrade   vor eyere V d̄ to enem ree mofe vn̂ dem kynde   vor eyn lam XXII d̄ myner vrouwen   vor lecht 40 IIII^{or} denar̂.

Des vrydages   den vifcheren IIII^{or} d̄ van Wynfen   Den vifcheren II d̄ van langlege   vor witbrot II d̄   vor olye III ₰ et II d̄   vor eyn halff ftoucken beres IIII^{or} d̄ her lyppelde   vor lecht IIII^{or} d̄   Des feluen dages was myn here to bergen vn̂ vorterde dar vor brod IIII^{or} ₰   vor byr VI ₰   vor botteren vnde vor olye VII ₰   vor kefe V ₰   vor eyere V ₰   vor haueren eyn pund   vor how IIII^{or} ₰ to ron- 45 neheyden hues.

Des fonauendes vor witbrot IIII˜ ₰ vor vyſſche VIII ₰ vor eyere II ₰ vor eyn ſtoueken beres VIII ₰ hern lyppelde Do felues quam myn here to Walfrode vnde held dar eynen dach myd dem greuen van der hoyen vnde was dar nacht vnde vorterde dar vor brod XIX ₰ vor witbrod III ₰ vor eyere VI ₰ vor botteren X ₰ vor viſſche VIII ₰ vor dre leſſe XXI ₰ vor Crude IIII˜ʳ ₰ vor dre tun-
5 nen beres III marcas et VI ₰ vor ynnebruwen byr IX ₰ vor ene ſyden droges vleyſſches VIII ₰ vor X wychemten haueren VI mark et II ₰ vor how V ₰ in myns heren herberge To pantquitinge VIII ₰ et IIII˜ʳ ₰ dem van Cameneze Den tymmerluden II marcas et VI ₰ vor viſſ daghe to lone to gudeme bere vnde to dem ſtouene vor IIII˜ʳ ſcepel moltes V marcas vor hoppen XIIII˜ʳ ₰ vor VI ſcepel roggen VI marcas et II ₰.
10 Summa huius eſt XLIII marcas et X denaꝛ. to walfrode dach.
Des fondages inder VI weken do reed myn here van walfrode to der nyenſtad. vnde her werner van bertenlleue Euerd van marnholte vnde de voged bleuen dar nacht vnde vorterden dar vor brod III ₰ vor ynnebruwen byr IIII˜ʳ ₰ vor gud byr VI ₰ vor ſpek XVIII ₰ vor how vnde vorhaueren V ₰ in heynen hus van peyne To pantquitinge eyne mark hern wernere vnde euerde to Werenberges hūs
15 Des feluen dages red de voged van deme berge de van Cameneze vnde hermen fporoke to foltowe vnde weren dar nacht vnde vorterden dar dre mark vnde veer ſchillynghe vor witbrod II ₰ myner vrouwen vor eyn lam XXII ₰ vor etich IIII˜ʳ ₰ vor lecht IIII˜ʳ ₰ vor eyn ſtoueken beres VIII ₰ her lyppelde.
Des mandages vor witbrod IIII˜ʳ ₰ vor eyn ſtoueken beres VIII ₰ her lyppelde vor eyere III ₰ et II ₰ do quam myn hore van der nyenſtad vor dre lammero V ₰ et IIII˜ʳ ₰ vor etich II ₰ vor
20 lecht IX ₰.
Des dyngefdages vor witbrod VIII ₰ vor vyff lammere IX ₰ et I ₰ vor eyere II ₰ den kyn-deren vor ene ſyden droges vleyfches XII ₰ Wagenknechte vor etich IIII˜ʳ ₰ vor lecht IX ₰.
Des mydwekens vor witbrod VIII ₰ vor viſſche XX ₰ vor eyero II ₰ do ad myn here neyn vleyfch vor lecht IIII˜ʳ ₰. Do red myn here to walfrode vnde was dar twe nacht vnde held to verden eynen
25 dach vnde vorterde dar vor brod I mark vor witbrot IIII˜ʳ ₰ vor ynnebruwen byr XII ₰ vor gud byr III marcas vor droge vleyfch XII ₰ vor Crude IIII˜ʳ ₰ vor eyere III ₰ vor haueren V marcas VIII ₰ vor how V ₰ To pantquitinge IIII˜ʳ ₰ Euerde van marnholte.
Des donredages vor witbrot II ₰ vor eyero I ₰ demo kynde vor lecht III ₰.
Des vridages de vifcheren II ₰ van langleghe vor witbrot II ₰ vor Olye XXVIII ₰ vor lecht
30 III ₰ Des feluen dages quam myn here van Walfrode to bergen vnde vorterde dar vor brod II ₰ vor ynnebruwen byr XVIII ₰ vor gud byr I ₰ vor ale III ₰ vor botteren XVIII ₰ vor XV hymten haueren XIII ₰ Wilhelme XVI ₰ do gink he na gotfchalke van reden Perfonen II ₰ do gink he myd myns heren breuen to vlleſſen vñ to bodendyke.
Des Sonauendes vor witbrod III ₰ vor eyere III ₰ vor vyfche X ₰ vor etich II ₰ vor
35 lecht III ₰ vor IIII˜ʳ ſcepel moltes V marcas vor hoppen XIIII˜ʳ ₰ vor VI lcepel rogen VI marcas et II ₰ Den tymmerluden III marcas et VI ₰ vor fees dage to lone vnde to gudeme bere.
Summa huius eſt XXXV marcas V ₰ et II denaꝛ.
Des fondages vor fente Urbanus dage inder feueden weken vor witbrod III ₰ vor etich II ₰ vor eyere III ₰ den kynderen vor eyn halff lam XI ₰ myner vrouwen vor lecht III denaꝛ.
40 Des mandages in der Cruttze weken vor eyne tunnen botteren VII marcas glumere vor kablaw XXIIII˜ʳ ₰ vor eye III ₰ vor vifche I ₰ vor lecht V ₰ do ad myn vrouwe by lechte Des feluen dages quam de voged to wynfen vnde hadde dar vyff vnde vertich gewapend vnde twyntich fchutten vnde held de dar myd fpize vnde myd vodere ene nacht vnde ander haluen dach vnde red myd den feluen luden vor godenſtede vor brod III marcas vor eyn vad vnde fees tunnen beres IX marcas et
45 II ₰ des beres quam eyn vad in myns heren keller vor haryrge II marcas vor eynen las VII ₰ vor droge ale VII ₰ vor grone ale VIII ₰ vor XXX wychemten haueren XVII marcas et VI ₰ den wichem-

ten vor IX ℔ den haueren voderde de voged to wynſen vnde to tzelle twe nacht To pantquitinge den
van hademſtorpe to der borgentrykeſchen hues VII ℔   Den van Alden lamborte vñ Johanne VI ℔ to
wemynges hus Den van honhorſt XXVI ℔ to glumern hus Werner moneke myd ſynen geſellen XIIII͛ ℔
to hoyerſhuzen hus   Segebande van Eſtorpe vyſſcheren vñ raſſchen XV ℔ to arndes Cramers vnde to
eggelken hus to pantquitinge.

Des dyngeſdages vor witbrot II d̄   vor eyere III ℔   vor viſche I ℔   vor lecht III d̄.

Des mydwekens in vnſes heren godes hemel vard auend vor witbrod II d̄ vor eyere V ℔ do weren
hir de wapen lude vor verſche vyſſche III ℔   vor ander viſche III ℔ henneken myd den wyden ogen
vor etich IIII͛ d̄ vor lecht III d̄.

Des donredages in vnſes heren godes hemmel vard vor witbrot III d̄ vor etich IIII͛ d̄ vor eyere
II d̄ vor lecht III d̄.

Des vrytages den viſcheren IIII͛ d̄ van wynſen den viſcheren II d̄ van langleghe vor witbrot
II d̄ vor Olye III ℔ et IIII͛ d̄ vor lecht III donā́.

Des ſonauendes quam myn here van Luneborch vnde ad to bergen vnde vorterde dar VII ℔ vor witbrod X d̄ vor mynen heren vor myne vrouwen vnde to moeſe vor wyſſche VIII d̄ vor eyere III ℔ 15
vor etich IIII͛ d̄ vor lecht VI d̄ vor IIII͛ ſcepel moltes ℣ marcas vor boppen XIIII͛ ℔ vor VI
ſcepel rogen Vℓ marcas et II ℔ Den tymmerluden II marcas et Vℓ ℔ vor vyff dage to loene to gudeme
bere vñ to dem ſtouen Vor heſpen Crampen ynworpe vnde vor negele IIIℓ marcas et IIII͛ ℔ to beyden berchvreden ludemanne ſmede.

Summa huius eſt LXV marcas et III ℔.   godenſtede.   20

Des negeſten ſondages vor ſente bonifacius daghe in der achteden weken vor witbrot I ℔ vor dre
Junghe honre I ℔ vor eyere III d̄ mynem heren do was eme nicht wol vor etich IIII͛ d̄ vor
lecht VI denā́.

Des mandages hadde myn here gheſte vor witbrod XIIII d̄ vor mynen heren vor myne vrouwen
vnde to enem moeſe vor etich II d̄ vor eyere II ℔ vor IIII͛ yunghe honre XVI d̄ vor lecht VI d̄ 25
Perperſacke II ℔ do brachte he myns heren breue hinr̄ van reden vnde bertolde van landeſberghe vor
twe tunnen beres twe mark mynem heren.

Des dyngeſdages vor wytbrot X denā́ vor etich IIII͛ denā́ vor dre yunge honre X d̄ vor
lecht VII denā́.

Des mydwekens vor ene tunnen botteren VII marcas heyneken glumere vor witbrod I ℔ vor 30
eyere XXVI d̄ vor vyſſche I ℔ vor enen troch I ℔ to howende in dat bakhus vor lecht IIII͛ d̄ do
red myn here to honouere.

Des donredages vor myn vrouwe to brokel vor wytbrot IIII͛ d̄ vor ſcapen vloyſch XIIII͛ d̄ vor
lecht IIII͛ denā́.

Des vrydages den vyſſcheren IIII͛ d̄ van Wynſen Den vyſſcheren II d̄ van langlege vor 35
olye III ℔ et IIII͛ d̄ vor witbrot IIII͛ d̄ vor lecht I ℔ do quam myn here van honouere vnde ad
by lechte.

Des ſonauendes vor witbrod XIIII͛ d̄ vor mynen heren vor myne vrouwen vnde to eneme moeſe
vor eyere IIℓ ℔ vor viſſche XXIII d̄ vor etich IIII͛ d̄ vor lecht X denā́ Den tymmerluden IIℓ
marcas et IIII͛ ℔ vor VI dage to loene vnde to gudeme bere Den ſaghers XVI ℔ et IIII͛ d̄ to lone 40
vor VII dage vnde to gudeme bere vor helden IIII͛ d̄ to to makende henneken ſmede vor VI ſcepel
moltes VII marcas et IIII͛ ℔ vor boppen XXI ℔ vor IX ſcepel rogen VIII marcas et VI ℔ vor III͛
ſcepel haueren II marcas minus XVI d̄ den werkperden Vor gud byr X ℔ dat an ſtoueken balet ya
vppe dat hus deme vogede vnde den de myd eme bir ynne bodden.

Summa huius eſt XXXV marcas et I denā́.   45

Des Sondages to pinxſten na ſente bonifacius dage in der negeden weken vor witbrot X d̄ vor etich VI ₰ vor ene tunnen beres XVII ₰ in myns heren keller ghereken vppe der bode vor lecht VIII ₰ vor VIII fcepel boppen VII marcas den fcepel vor XIIII˚' ₰.

Des mandages vor witbrot VIII ₰ vor Creaete I ₰ mynem heren vor etich II ₰ vor lecht VII ₰ vor ene tunnen beres XVII ₰ mundere de leed de voged mynem heren voren to dorpmarke Vor fchoe XIII ₰ et IIII˚' ₰ myner vrouwen vnde eren yunchvrouwen.

Des dyngefdages vor wytbrod VIII ₰ vor etich IIII˚' ₰ vor lecht IIII˚' ₰. Do red myn here to dorpmarke vnde was dar nacht vor vorterde dar vor brot V ₰ vor haueren III marcas et II ₰.

Des mydwekens vaftemen de quater tempere vor witbrot VII ₰ vor myne vrouwen vnde to moefe vor vifche I ₰ vor eyere XIIII˚' ₰ vor lecht IIII˚' ₰ vor haw XVI ₰ dem arften de bir na mynem heren komen was vor VIII hyrnten haueren VI ₰ et II ₰.

Des donredages vor witbrot III ₰ vor eyere X ₰ vor etich II ₰ vor lecht IIII˚' ₰ vor twe fychtebudele IIII˚' ₰ et IIII˚' ₰.

Des vrydages vor myn vrouwe to louenborch vor witbrot IIII˚' ₰ Den vifcheren IIII˚' ₰ van Wynfen Den vyffcheren II ₰ van langleghe vor Olye XX denaŕ.

Des Sonauendes vor vyffche VIII ₰ vor lecht I ₰ vor III fcepel moltes III marcas et VI ₰ vor V fcepel rogen V marcas et III ₰ vor haueren eyne mark den voruoderde de voged in deffer weken myd den luden de myd eme hyr ynne hodden.

Summa huius eft XXIIII˚' marcas et XVI ₰.

Des negeften fondages vor fente Vites daghe in der Teynden woken Eneme boden IIII˚' ₰ de brachte mynem heren gotfchalkes van reden breff to Wynfen vp de lue vor lecht I ₰.

Des mandages vor eyere VI ₰ vor lecht I ₰ Des vogedes kumpanen XIIII˚' ₰ to terynghe do roden fe myd hern brande van dem bus to vlleffen.

Des dyngefdages vor eyere VIII ₰ dem vogede vnde fynen kumpanen vor lecht I ₰.

Des mydwekens in den hilgen lichamen auende vor eyere XVIII ₰ dem vogede fynen kumpanen den tymmerluden vnde den faghers vor lecht I ₰.

Des donredages vor eyere II ₰ vor lecht I ₰.

Des vrydages den vyffcheren IIII˚' ₰ van Wynfen Den vyfcheren II ₰ van langlage vor Olye III ₰ et II ₰ den tymmerluden vnde den fagers des morgens vñ des auendes vor enen heket XVIII ₰ dem vogede vor lecht I ₰.

Des fonauendes vor eyere XXVIII ₰ deme vogede den tymmerluden vnde den fagers vor II fcepel moltes II marcas et IIII˚' ₰ vor III fcepel rogen III marcas et V ₰ Vor haueren XXIIII˚' ₰ de de voged vorvoderde Den tymmerluden XI ₰ to loene vor IIII˚' dage vor lecht I ₰.

Summa huius eft IX mark et V denaŕ.

Des negeften fondages vor fente Johannes dage mydden fomere indor XI weken vor eyere VIII ₰ deme vogede vor lecht I ₰.

Des mandages vor lecht I ₰.

Des dyngefdages vor lecht I denaŕ.

Des mydwekens Infente iohannis auende mydenfomere vor vyffche III ₰ dem vogede myd den fynen vor Olye II ₰ vor lecht I ₰ Den wechteren dre mark to loene.

Des douredages in fente Johannis daghe vor lecht I ₰.

Des Vrydages den vyffcheren IIII˚' ₰ van Wynfen Den vyffcheren II ₰ van langlege vor Olye III ₰ et II ₰ do quam myn vrouwe tho vns van Wynfen vor witbrot II ₰ vor eyere I ₰ deen kynde vor twe par repe XIIII˚' ₰ to dem hoffwagen vor lecht II denaŕ.

Des fonauendes vor witbrot III ₰ vor eyere II ₰ vor vyffche X ₰ vor lecht III ₰ vor twe fcepel moltes III marcas vor dre fcepel rogen III marcas et V ₰ vor ene baluc tunnen botteren IIII˚' marcas Vor haueren XXIIII˚' ₰ den de voged voderde.

Summa huius eft XIIII^{or} marcas III ₰ et II denaŕ.

Des negeften fondages vor fente peters daghe inder XII weken vor witbrot VIII de vor VI yunghe honre II ₰ vor fcapen vleyfch I ₰ vor eyere VII de vor erdene putte III ₰ et II denaŕ vor lecht III de.

Des mandages infente peters auende vor witbrot II de vor Olye III ₰ et II de vor vyffche III ₰ 5 vor buckyge III ₰ vor eyere I de deme kynde vor lecht III de.

Des dyngefdages vor witbrod II de vor eyere VI de vor lecht III de Eneme knechte II ₰ to terynge de myns heren breue to Alden vnde to rethem vorde Langen hanze II ₰ et IIII^{or} de to lone do haw he fparen in deme grephel de quemen to Wynfen Hanze van mundere II ₰ to terynge do vor he to Wynfen vppe de lue. 10

Des mydwekens vor witbrot II de vor eyere XXVI de myner vrouwen vn̄ dem vogede vor vyffche I ₰ vor lecht IIII^{or} de.

Des donredages vor witbrod III de vor eyere I de dem kynde vor etich II de vor lecht IIII^{or} denaŕ.

Des vrydages den vifcheren IIII^{or} de van Wynfen Den vyffcheren II de van langleghe vor wit- 15 brot II de vor Olye III ₰ et II de vor buckyge II ₰ vor lecht IIII^{or} de.

Des fonauendes vor witbrot II de vor eyere II ₰ vor etich II de vor lecht III de Den tymmerluden X ₰ to loene vor IIII^{or} fcepel moltes N̄ marcas vor VI fcepel rogen VI marcas et II ₰ vor haueren XXIIII^{or} ₰ den de voged voderde in deffer weken vor IIII^{or} fcepel haueren III marcas minus XVI de den werkperden den hynten vor X denaŕ. 20

Summa huius eft XVII marcas et VII ₰.

Des fondages infente Olrikes dagho inder XIII weken vor witbrot III de vor etich II de vor eyere IIII^{or} denaŕ vor lecht III de.

Des mandages badde myn vrouwe den hertogen van louenborch to gafte vor witbrot XVI de vor eyere III ₰ vor Crude III ₰ et II de vor ene tunnen beyres I mark vor Etich IIII^{or} de vor lecht 25 III denaŕ.

Des dyngefdages vor witbrot II de vor eyere I de dem kynde vor lecht III denaŕ.

Des mydwekens vor witbrod II de vor etich II de to wiltbrade vor lecht III de peperfacke II ₰ do brachte he myns heren breff hazelbach Den lemdeckers XXIIII^{or} ₰ to lone vor beyde berchvrede to Cleuende vor lem to grauende VI ₰. 30

Des donredages vor witbrot III de vor eyere X ₰ euerde van marnholte vnde dem vogede vor etich II de vor lecht III denaŕ perfonen IIII^{or} ₰ do gink he na mynen heren to wittenb vor gud byr XIX ₰ et IIII^{or} de dat an ftouken vppe dat hus gehalet den luden de hir ynne hodden.

Des vrydages den viffcheren VI de van Wynfen vnde van langleghe vor witbrot II de vor eyere I de deme kynde vor Olye XXVIII de vor lecht III denaŕ. 35

Des fonauendes vor witbrot II de vor eyere XVI de myner vrouwen dem vogede myd fynen kumpanen vor vyffche IIII^{or} de myner vrouwen vor hufflach IIII^{or} ₰ den werkperden arnde fmede vor eyn ftouken botteren V ₰ vor lecht III de vor IIII^{or} fcepel moltes N̄ marcas vor VI fcepel rogen VI marcas et II ₰ vor haueren eyn pund de voderde de vogod.

Summa huius eft XVII marcas VI ₰ et V denaŕ. 40

Des negeften fondages na fente allexanders dage in der XIIII^{or} weken vor witbrot III de vor etich II de vor lecht III denaŕ.

Des mandages vor witbrot II de vor eyere VII de myner vrouwen vor lecht III de.

Des dyngefdages vor witbrot II de vor eyere III de vor IIII^{or} honre XVI de myner vrouwen vor lecht II de. 45

Des mydwekens vor witbrot II de vor eyere VIII de vor lecht III de.

Des donredages vor witbrot II de vor eyere VI de myner vrouwen vnde dem kynde vor etich II de vor twe honre VIII de myner vrouwen vor lecht III de.
Des vrydages den vifcheren VI de van wynfen vnde van langlege vor witbrot II de vor Olye III ß et II de vor bonen VI de myner vrouwen vor eyere I de deme kynde vor lecht III denar.
5 Des Sonauendes vor witbrot II de vor eyere XVIII de vor lecht III de Peperfacke IX ß de gink na mynem heren to Wittenberge vor IIII^{or} fcepel moltes N marcas vor VI fcepel rogen VI marcas et II ß vor Eyne tunnen bottaren VII marcas et IIII ß glumere vor haueren XXVIII ß den de voged indeffer weken voruoderde.
Summa huius eft XX marcas et VIII ß.
10 Des fondages in fente Arnolffus dagbe inder XV weken vor wytbrod II de vor etich II de vor twe honre VIII de myner vrouwen vor lecht III denar.
Des mandages vor witbrot II de vor twe honre VIII de vor vyffche VI de vor eyere I ß myner vrouwen deme vogede myd fynen kumpanen vor Etich II de Vor lecht III de.
Des dyngefdages vor wytbrot II de vor ver honre XVI de myner vrouwen vor lecht III de Do
15 felues hadde de voged to Wynfen XII wapend de vorterden dar vor byr vnde vor haueren III marcas et V ß myd den feluen luden wolde he vor brunfwich.
Des mydwekens in fente marien magdalenen auende vaftede myn vrouwe vor Olye VIII de vor vyffche XI de vor oyn hoen IIII^{or} de deme kynde vor witbrot II de vor lecht III de.
Des donredages in fente marien magdalenen daghe vor witbrot II de vor twe honre VIII de myner
20 vrouwen vor lecht II de.
Des vrydages den vyffcheren VI de van Wynfen vnde van langlege vor witbrot II de vor Olye III ß et II de vor lecht II de.
Des fonauendes vaftomen fente Jacobe vor witbrot II de vor etich II de vor eyare XXVIII de vor V bufyferne XX de den werkperden vor lecht II de vor negele VI ß to den bonen to den berch-
25 vreden vor III fcepel moltes IIII marcas et I ß vor hoppen I mark vor VI fcepel rogen VI marcas et II ß vor haueren II marcas et IIII^{or} ß den voderde de voged do hadde he vyff wapend beden van honoure To pantquitinge VII ß et IIII^{or} de den van honouere to hanfes hus van hamelen vnde indes rades kellere.
Summa huius eft XVII marcas II ß et V denar.
30 Des fondages in fente Jacobes daghe in der XVI weken vor witbrot II de vor lecht II de Der meyerfchen V ß de gaff fe den luden to lone de er planten hulpen.
Des mandages vor witbrot II de vor lecht II de.
Des dyngefdages vor witbrot II de vor lecht II de.
Des mydwekens in fente pantaleones daghe vor twe fydes fpeckes III marcas vor twe flote IX ß
35 to deme nyen porthus vor witbrot II de vor etich II de vor eyere II de vor lecht III denar.
Des donredages vor witbrot III de vor ene rynderne braden II ß myner vrouwen vor eyere VIII de myner vrouwen vor lecht III denar.
Des vrydages vor witbrot II de Den vyfcheren VI de van wynfen vnde van langleghe vor eyere I de deme kynde vor Olye III ß et IIII^{or} de vor buckyge IIII^{or} de vor lecht III de.
40 Des fonauendes vor witbrot III de vor eyere VIII de vor lecht III de vor IIII^{or} fcepel moltes N marcas et IIII^{or} ß vor VI fcepel roggen VI marcas et II ß vor haueren XVII ß de voderde de voged myd myns beren mannen vnde myd fynen kumpanen de myd eme hyr yane hodden vor IIII^{or} fcepel haueren III marcas minus XVI de den werkperden vor hoppen eyne mark.
Summa huius eft XIX marcas VI ß et V denar.
45 Des Sondages infente peters dage inder XVII weken vor witbrot III de vor etich IIII^{or} de vor eyere III de vor lecht III de vor ene tunnen beres XVII ß myner vrouwen.

Des mandages vor witbrot II ᛰ vor eyere I ₰ vor fchapen vleyfch XXII ᛰ vor lecht III ᛰ.
Des dyngefdages vor witbrot II ᛰ vor etich II ᛰ vor lecht III ᛰ.
Des mydwekens quam myn here van praghe vor eyn vad beres IIII^{or} marcas et IIII^{or} ₰ vor witbrot V ᛰ vor eyere XVIII ᛰ vor etich II ᛰ vor enen heket VI ᛰ vor lecht VII ᛰ vor dre fcepel haueren II marcas et I ₰ de voderde de voged mynen heren myd fynen deneren Eneme boden III ₰ 5 de gink to honouere.
Des donredages vor witbrot VI ᛰ vor fchapen vleyfch XXVIII ᛰ vor etich II ᛰ vor eyere VIII ᛰ vor lecht VIII ᛰ.
Des vrydages vor witbrot VII ᛰ Den vyfcheren VI ᛰ van wynfen vnde van langleghe vor Olye X ₰ et II ᛰ vor vyffche II ₰ vor etich IIII^{or} ᛰ vor lecht X ᛰ Enem boden IIII^{or} ₰ de vordalen*) 10 in dat her gink.
Des fonauendes vor ene tunnen botteren VII marcas et IIII^{or} ₰ glumere vor witbrot I ₰ vor eyere III ₰ vor etich IIII^{or} ᛰ vor vyffche III ₰ vor lecht VI ᛰ vor IIII^{or} fcepel moltes N marcas et IIII^{or} ₰ vor VII fcepel rogen VII marcas et I ₰ Vor VI hynten grutte XXIIII^{or} ₰.
Summa huius eft XXIX marcas III ₰ et II ᛰ. 15
Des fondages infento Ciriacus dage inder XVIII weken vor witbrot VI ᛰ vor etich II ᛰ vor eyn halff fcap III ₰ vor lecht III ᛰ.
Des mandages infento Laurentius auende vor witbrot III ᛰ vor etich IIII^{or} ᛰ vor vyffche II ₰ vor Olye III ₰ vor lecht IIII^{or} ᛰ.
Des dyngefdages infente Laurentius daghe vor witbrot II ᛰ vor fchapen vleyfch III ₰ et IIII^{or} ᛰ 20 vor etich IIII^{or} ᛰ vor lecht XIIII^{or} ᛰ do quam myn here des nachtes.
Des mydwekens vor witbrot I ₰ vor eyere III ₰ vor vifche III ₰ et IIII^{or} ᛰ vor etich IIII^{or} ᛰ vor lecht VIII ᛰ Des feluen dages quemen to belen wapenlude de na mynen heren reden do he vor brunfwik vnde vorterden vor eyn voder beres VII marcas deme rade to tzelle Des beres ward eyn vad vorfpifet to helen vnde dat andere vad beres ward to brokel vorfpifet vor IIII^{or} fcepel haueren III marcas 25 to helen Ok weren do to dem borftel de honouerfche vnde vorterden dar vor eyne tunnen beres XVII ₰ vor twe wychemten haueren eyn pund.
Des donredages vor witbrot III ᛰ vor eyere III ᛰ vor lecht III ᛰ Do felues was myn heren myd den guden luden vorbrunfwik vnde quam des auendes to brokele vnde was dar nachtes vnde dar voderde de voged vor XXIII wichemten haueren XIIII^{or} marcas et VI ₰ dem wychemten vor X ₰. 30
Des vrydages quam myn here to tzelle myd den guden do voderde de voged des auendes vor XV fcepel haueren IX marcas et VI ₰ den fcepel vor X ₰ vor witbrot I ₰ den vifcheren VI ᛰ van wynfen vnde van langleghe vor wytlyge VII ₰ vor vyffche III ₰ et IIII^{or} ᛰ vor Olye VII ₰ et II ᛰ vor eyn vad beres IIII^{or} marcas detmere vor lecht XVI ᛰ.
Des fonauendes vaftemen vnfer vrouwen dor wortewyginge vor witbrot I ₰ vor vifche III ₰ et 35 II ᛰ vor erwete I ₰ vor Olye II ₰ vor lecht VI ᛰ vor V fcepel moltes VI marcas minus I ₰ Vor XII fcepel roggen XI marcas et IIII^{or} ₰ do hir vp deme hus to Wynfen to helen to deme borftel vnde to brokel vorfpifet fynt.
Summa huius eft LIX marcas IIII^{or} ₰ et VI denar. vor bran?.
Des Sondages in vnfer vrouwen daghe Affumptionis inder XIX weken vor witbrot VIII ᛰ vor 40 eyere III ᛰ vor lecht VIII ᛰ eneme boden XVIII ᛰ de gink to der blomennow.
Des mandages vor witbrot VI ᛰ vor eyere VIII ᛰ vor etich IIII^{or} ᛰ Vor lecht VIII ᛰ.
Des dyngefdages vor witbrot VI ᛰ vor eyere IIII^{or} ᛰ vor etich IIII^{or} ᛰ vor lecht XVI ᛰ vor hunnych IIII^{or} marcas et IIII^{or} ₰ to myns heren kerfedranke.

---

*) In dem Worte dalen (Dahlem oder Salzdahlum) scheint an dem Buchstaben d etwas corrigirt oder derselbe durchstrichen zu 45 sein. Das Papier des Manuscripts hat aber an dieser Stelle durch Feuchtigkeit so sehr gelitten, dass es deshalb so scheinen kann.

Des mydwekens vor witbrot VII d̶ vor vyſſche I ℔ vor eyere XXVIII d̶ vor twe honre VIII d̶ vor etich II d̶ vor lecht VI d̶.
Des donredages vor witbrot VI d̶ vor etich I ℔ vor eyere III ℔ vor Olye VIII d̶ den yegers to broke vor lecht VIII d̶.

Des vrydages vor witbrot VI d̶ Den vyſſcheren VI d̶ van wynſen vñ van langleghe vor etich IIII^{or} d̶ vor Olye IIII^{or} ℔ et II d̶ vor vyſſche IIII^{or} ℔ minus II d̶ vor erwete I ℔ vor lecht VI d̶ vor eyere XI d̶ den vromeden luden de hir woren Do ſelues weren wapent lude to ſteden de reden na mynen heren de held de voged dar myd ſpize vor viſche XIIII^{or} ℔ vor enen keſe III ℔.

Des Sonauendes vor witbrot VI d̶ vor eyere IIII^{or} ℔ et III d̶ vor vyſſche X d̶ vor lecht I ℔ vor IIII^{or} ſcepel moltes VI marcas vor hoppen XVIII ℔ vor X ſcepel rogen IX marcas et VI ℔ de to ſteden to deme borſtel vnde bir vp gheten ſynd.

Summa huius eſt XXIII marcas VI ℔ et V denar.

Des Sondages vorſente bartholomej daghe inder XX weken vor ſchoe XIII ℔ et IIII^{or} d̶ myner vrouwen vnde eren yuncvrouwen vor witbrot VI d̶ vor etich IIII^{or} d̶ vor eyere IIII^{or} d̶ vor honre I ℔ vor lecht VI d̶ vor eyne ſyden ſpeckes XVIII ℔ glumere.

Des mandages inſente bartholomej auende vor witbrot VIII d̶ vor etich IIII^{or} d̶ vor vyſſche III ℔ et IIII^{or} d̶ vor Crude III ℔ vor buckynge V ℔ vor Olyo III ℔ et IIII^{or} d̶ Vor lecht I ℔.

Des dyngeſdages vor witbrot VI d̶ vor eyere IIII^{or} d̶ vor honre I ℔ vor lecht I ℔.

Des mydwekens vor witbrod VI d̶ vor etich IIII^{or} d̶ vor viſche III ℔ et II d̶ vor eyere III ℔ et IIII^{or} d̶ vor lecht VIII d̶ Vor enen ſcepel haueren IX ℔ den bunden.

Des donredages vor Crude I ℔ vor witbrot VIII d̶ vor etich IIII^{or} d̶ vor eyere IIII^{or} d̶ vor lecht VIII denar.

Des vrydages vor witbrot VI d̶ Den vyſſcheren VI d̶ van wynſen vñ van langleghe vor vyſſche IIII^{or} ℔ do weren myns heren man hir van alden vnde van rethem vor Olye V ℔ et II d̶ vor ſtok- vyſch XXVIII d̶ vor bukkyge III ℔ vor etich IIII^{or} d̶ vor erwete I ℔ vor lecht I ℔ vor Crude II ℔.

Des ſonauendes vor ene tunnen botteren VII marcas et IIII^{or} ℔ glumere vor witbrot VIII d̶ vor etich IIII^{or} d̶ vor viſche II ℔ vor eyere IIII^{or} ℔ vor lecht I ℔ vor VI ſcepel moltes IX marcas vor hoppen XXVII ℔ vor IX ſcepel rogen VIII marcas et VII ℔ vor IIII^{or} ſcepel haueren III marcas et IIII^{or} ℔ do voderde de voged myns heren man van Alden vnde van rethem.

Summa huius eſt XXXV marcas V ℔ et IIII^{or} denar.

Des ſondages inſente iohannis dage decollacionis in der XXI weken vor witbrot VIII d̶ vor etich II d̶ vor locht XVI d̶.

Des mandages beneken XX d̶ den ſende myn hero myd ſynen breuen to werbeke vor witbrot VI d̶ vor etich VIII d̶ to deme beren vor lecht VIII d̶.

Des dyngeſdages red myn hero to Luneborch vnde ſyn raed bleff hir do van Camencze vnde her pawel vor witbrot V d̶ vor etich IIII^{or} d̶ vor eyere IIII^{or} d̶ vor lecht VI d̶ Wernereſe IIII^{or} ℔ to terynge do vorſende ene myn hero vor enen ſcepel haueren IX ℔ den hunden.

Des mydwekens vor witbrot IIII^{or} d̶ vor vyſſche XX d̶ vor eyere VIII d̶ vor lecht VI d̶.

Des donredages to pantquitinge XIIII^{or} ℔ et II d̶ eme van Camencze to detmers huos vor wit- brot IIII^{or} d̶ vor eyere III d̶ Vor lecht IIII^{or} d̶.

Des vrydages den vyſſcheren VI d̶ van wynſen vnde van langleghe vor witbrot IIII^{or} d̶ vor Olye III ℔ et II d̶ vor buckyge IIII^{or} d̶ vor lecht VI d̶ Perperſacke XVI d̶ do gink he myd myns heren breuen to Alden vnde to Rethem.

Des ſonauendes vor witbrot V d̶ vor eyere I ℔ vor vyſſche XVIII d̶ vor locht VI d̶ vor

II fcepel moltes III marcas et II ₰ vor hoppen XVIII ₰ vor IX fcepel rogen VIII marcas et VI ₰ Vor twe ftelle XII ₰ to deme hoffwaghene.

Summa huius eft XV marcas V ₰ et I denar.

Des negeften fondages vor vnfer vrouwen dage der lateren in der XXII weken perfonen XX de do gink he myd myns heren breuen to wunftorpe vnde to der nyenftad vor witbrot IIII^{or} de vor eyere 5 III de vor lecht VI de vor hufflach XXVI de den werkperden.

Des mandages vor witbrot V de vor eyere III de vor etich IIII^{or} de vor lecht VI de vor Crude I ₰ kromere II ₰ to terynge do red he to honouere.

Des dyngefdages in vnfer vrouwen auende Natiuitatis vor witbrot IIII^{or} de vor vyffche XXII de vor Olye XVI de vor buckyge I ₰ vor lecht VIII de. 10

Des mydwekens in vnfer vrouwen daghe quam myn here van fweryn vor witbrot VI de vor twe fwynen braden XXVI de vor etich VI de vor vyfche XVIII de vor eyere XVIII de vor Crude XVIII de vor lecht I ₰ vor IIII^{or} fcepel haueren II marcas et VII ₰ mynem heren.

Des donredages vor witbrot VIII de vor etich VI de vor fwynen vleyfch IIII^{or} ₰ et II de vor eyere III de vor lecht I ₰ vor dre fcepel haueren vnde vor dre hymten II marcas et IIII^{or} ₰ mynem 15 heren Vor enen fcepel haueren IX ₰ den hunden.

Des vrydages des morgens ad myn here vnde red do yegen den byfchop van hildenfem to dage to borchtorpe Den vyffcheren VI de van wynfen vnde van langleghe vor witbrot V de vor Olye IIII^{or} ₰ vor vyffche III ₰ vor erwete I ₰ vor lecht VI de. Do quam de voged van deme berge wedder van mynem heren vnde den voderde de voged vor eynen fcepel haueren XI ₰ greten pepefchen. 20

Des Sonauendes vor witbrot IIII^{or} de vor eyere XVI de vor vyffche XVIII de vor lecht IIII^{or} de vor twe fcepel moltes III marcas et II ₰ vor hoppen XVIII ₰ vor IX fcepel roggen VIII marcas et VI ₰.

Summa huius eft XX marcas III ₰ et III de.

Des fondages vor des heyligen Cruttzes dage in der XXIII weken vor witbrot II de vor etich II de 25 vor eyere IIII^{or} de vor lecht IIII^{or} de.

Des mandages vor witbrot II de vor eyere VI de vor lecht IIII^{or} de beneken I ₰ Do gink he na mynem heren myd enem broue to der nyenftad.

Des dyngefdages quam myn here van der nyenftad vor witbrot IIII^{or} de vor etich II de vor eyere X de vor lecht I ₰ vor twe fcepel haueren vnde IIII^{or} hymten XXV ₰ mynem heren vnde fynen dene- 30 ren den fcepel vor XI ₰.

Des mydwekens vaftemen quater tempora perfonen XX de do brachte he myns heren breff gotfchalke von reden vor vyfche V ₰ Do ad myn here vnde red to Luneborch vor olye III ₰ et IIII^{or} de vor buckyge VIII de vor witbrot III de vor etich II de vor lecht VI de vor enen fcepel haueren IX ₰ den hunden. 35

Des donredages vor withrot III de vor etich IIII^{or} de vor lecht VI de.

Des Vrydages den vyffcheren VI de van Wynfen vnde van Langlege vor witbrot II de vor haryge IIII^{or} ₰ vor Olye III ₰ et IIII^{or} de vor lecht VI de.

Des Sonauendes vor witbrot III de vor vyffche XVI de vor haryge III ₰ vor Olye XXVIII de vor lecht VI de Des feluen dages quam myn here van Luneborch to foltowe vnde ad dar vnde was dar 40 nacht vnde vorterde dar vor brot X ₰ vor ynne bruwen byr VI ₰ vor ene tunnen gudes beres XVII ₰ vor haryge III ₰ vor bow III ₰ in myns heren herberghe vor IIII^{or} wichemten haueren III marcas vor II fcepel moltes III marcas et II ₰ vor hoppen XVIII ₰ vor IX fcepel rogen VIII marcas et VI ₰.

Summa huius eft XX marcas VII ₰ et V denar.

Des negeften fondages vor fente mathewes daghe in der XXIIII^{or} weken do red myn here van fol- 45 tow na der könen bruge vnde hold dar eynen dach myd dem byfchope van bremen. vnde red des auendes to walfrode vn was dar nacht vnde vorterde dar felues vor brod XI ₰ vor ynne bruwen byr X ₰ vor vromed byr I mark vor lecht I ₰ vor folt I ₰ vor how IIII₀ʳ ₰ in myns heren herberghe vor V wychomten haueren III₺ marcas et V ₰ Vor witbrot II dᵣ myner vrouwen vor eyere II dᵣ vor lecht VI dᵣ Vor ordene putte XVIII denaȓ.

5 Des mandages in fente mathewes auende des morgens ad myn here to walfrode vor haryge XXVI dᵣ vor witbrot IIII₀ʳ dᵣ vor haryge VI ₰ vor Olye IIII₀ʳ ₰ vor vyffche IIII₀ʳ ₰ et IIII₀ʳ dᵣ vor lecht I ₰ Vor twe fcepel haueren eyn pund mynem heren.

Des dyngefdages vor witbrot VIII dᵣ vor eyere IIII₀ʳ dᵣ vor etich VIII dᵣ vor ene halue fyden fpeckes XI ₰ vor lecht I ₰ Vor haueren eyn pund pennynge.

10 Des mydwekens vor witbrot VIII dᵣ vor oyere XI dᵣ vor etich VIII dᵣ vor twe fcepel haueren eyn pund mynem heren to vodere vor lecht I ₰.

Des donredages vor witbrot VII dᵣ vor honre I ₰ vor fchapen vleyfch I ₰ vor lecht VIII ₰ vor haueren XVIII ₰ den men voderde vor enen fcepel haueren IX ₰ den hunden.

Des vrydages den vifcheren VI dᵣ vor witbrod VI dᵣ vor haryge VIII ₰ vor vifche III ₰ et 15 II dᵣ vor eyn verdewad erwete I ₰ vor Crude I ₰ vor lecht I ₰ vor XXI hymten haueren XIIII₀ʳ ₰ mynem heren.

Des fonauendes vor witbrot VI dᵣ vor haryge V ₰ vor vyfche III ₰ et IIII₀ʳ dᵣ vor eyere III ₰ vor etich II dᵣ vor lecht I ₰ vor twe fcepel moltes III marcas et II ₰ vor hoppen XVIII ₰ vor VII fcepel rogen VI marcas et II ₰ vor XXI hymten haueren XIIII₀ʳ ₰ mynem heren myd fynen dene-
20 ren to vodere.

Summa huius eft XXVII marcas et IIII₀ʳ ₰.

Des negeften fondages vor fonte michaelis dage inder XXV weken vor witbrot VI dᵣ vor eyere II dᵣ vor etich IIII₀ʳ dᵣ vor lecht VIII dᵣ.

Des mandages vor witbrot VI dᵣ vor eyere VIII dᵣ vor etich VI dᵣ vor lecht VIII dᵣ.

25 Des dyngefdages infente michaelis auende vor witbrot VII dᵣ vor eyere II dᵣ vor lecht I ₰ vor enen fcepel haueren IX ₰ den hunden vor eyn voder beres VIII marcas. dat byr quam to der nyenftad vor twe leffe VIII ₰ mynem heren vor twe bekede V ₰ mynem heren.

Des mydwekens Infante michaelis daghe vor wetenbrod VI dᵣ vor vyffche III ₰ vor eyere III ₰ et II dᵣ vor etich II dᵣ vor haryge XVI dᵣ vor lecht I ₰ Enem boden II ₰ de brachte mynſ 30 heren breff demo prouefte van Walfrode.

Des donredages des nachtes red myn here vnde wolde vor de hagenborch hebben getogen Des fel-uen nachtes was her hartwich van de fulten hogeborte Junge iohan van honhorft to wynfen Ok quam dar der fuluen dages ludelff van Eftorpe myd XXVIII perden vnde vorterden dar tofamene vor brod VIII ₰ vor byr XXIIII₀ʳ ₰ vor haueren III marcas et V ₰ Vor wetenbrod II dᵣ myner vrouwen vor vleyfch 35 IIII₀ʳ ₰ vor eyne fyden fpekkes I mark heyneken van tornen vor enen fcepel haueren X ₰ ludelue van Eftorpe vnde fynen deneren den men hir voderde vor hufflach IIII₀ʳ ₰ myns heren roffe.

Des vrydages vor wetenbrod II dᵣ den vyfcheren VI dᵣ van Wynfen vn van Langleghen vor roue I ₰ vor dacht VIII dᵣ vor olye III ₰ vor haryge IIII₀ʳ ₰ onem boden II ₰ de gink to brunfrode vor enen fcepel haueren IX ₰ den hunden.

40 Des Sonauendes quam myn here van der nyenftad vor eyne tunnen botteren VII mark glumere vor wetenbrod V dᵣ vor vyfche III ₰ vor eyere I ₰ vor haryge III ₰ vor VII fcepel roggen VI marcas et II ₰ vor hoppen VIII ₰ vor twe fcepel moltes III marcas Den Wechteren III mark to Loene Den beckeren mark III mark Deme Wagenknechte XXIIII₀ʳ ₰ Deme holthouore XXIIII₀ʳ ₰ vor twe tunnen Embekes beres III marcas et IIII₀ʳ ₰ des beres ward mynem heren eyn tunne vnde 45 myner vrouwen de andere tunne.

Summa huius eft XLVII marcas VI ₰ et IIII₀ʳ dᵣ. hagenborch.

Des negeften Sondages na funte michaelis daghe inder XXVI weken vor wetenbrod VIII de vor fwyne vleyfch XX de vor roue VIII de vor haueren XIIII^{or} ₰ mynem heren vñ fynen deneren Vor ene tunnen ottekes I mark.

Des mandages vor wetenbrot VI de vor vyfche XIIII^{or} de vor haryge VIII de vor honre I ₰ vor twe fcepel haueren vnde vyff hymten XXVI ₰ et III de myneme heren.

Des dyngefdages vor wetenbrot VI de vor eyne braden XX de vor honre I ₰ vor XXIII hymten haueren XIX ₰.

Des mydwekens do myn here gheten hadde do red he to Soltowe vnde was dar nacht vnde vorterde dar vor brod VIII ₰ vor ynne bruwen bir XII ₰ vor eyere II ₰ vor haryge III ₰ vor botteren I ₰ vor lecht I ₰ vor haueren IIII^{or} marcas vor how III ₰ in myns heren herberge To pantquitinge V ₰ deme van Cameneze vnde Euerde van marnholte vor wetenbrod V de vor vifche XX de vor haryge X de vor eyere XIIII^{or} de.

Des donredages vor wetenbrot IIII^{or} de do quam myn here weder van Soltowe vor fwyne vleyfch XXVIII de vor enen fcepel haueren IX ₰ den bunden.

Des vrydages den vifcheren VI de vor wetenbrot VII de vor olye N ₰ et II de vor vyfche III ₰ et II de vor haryge X ₰ vor roue VIII de vor erwete I ₰.

Des fonauendes des morgens ad myn here vnde red to honouere vor wetenbrod VI de vor vyffche III ₰ vor eyere XVIII de vor haryge III ₰ vor IIII^{or} fcepel moltes VI marcas vor hoppen VIII ₰ vor VII fcepel roggen VI marcas et II ₰.

Summa huius eft XXVI marcas III ₰ et I de.

Des negeften Sondages na funte dyonifii dage inder XXVII weken vor wetenbrod II de vor fwyne vleyfch XXVIII de vor eyere II de vor enen fcepel roue IIII^{or} ₰ Peperfacke N ₰ do gink be myd myns heren breuen to Beuenfen Eneme boden II ₰ de gink to der nyenbrughe.

Des mandages quam myn here van der nyenftad vor wetenbrod IIII^{or} de vor haryge VI de vor eyere X de vor haueren XII ₰.

Des dyngefdages vor wetenbrod VI de vor fwyne vleyfch IIII^{or} ₰ et II de Beneken vte der kokene XX de do gink be to Ghefthorne vnde to Wulffelbuttele Enem boden VIII de de gink to deme Otterfberge vor haueren XIIII^{or} ₰ myneme heren.

Des mydwekens vor wetenbrod VI de vor eyere VIII de vor vyffche XVIII de vor haryge VIII de vor enen fcepel haueren IX ₰ den bunden henneken tyefynge XX de de gink des nachtes to hermenfborch na mynem heren myd eynem breue do was myn here nacht to hermenfborch vnde vorterde dar an brode an byre vnde vorvoderde dar an haueren vnde an howe XXIX ₰.

Des donredages vor wetenbrod VI de vor Crude I ₰ vor twe par repe XVIII de den werkperden vor eyn pund talges V de in den ften vor eyere II de do quam myn here van hermenfborch vor haueren XII ₰ myneme heren vñ den fynen.

Des vrydages do was hertoge Vrederich van brunfwich hir den leed myn here to gafte bidden vor wetenbrod VIII de den vyffcheren VI de van Wynfen vñ van Langleghe vor Olye N ₰ et II de vor haryge X ₰ vor Crude I ₰ vor ftockvyfch II ₰ vor vyffche X de vor haueren XII ₰.

Des Sonauendes infunte gallen dage des nachtes ad myn here vnde red to honouere vor wetenbrod V de vor vyffche XX de vor haryge XXVIII de Den fagers XXVI ₰ vor VII dage to loene vor twe fcepel moltes III marcas vor hoppen VIII ₰ vor VII fcepel rogen VI marcas et II ₰.

Summa huius eft XX marcas et XXIII denar.

Des negeften fondages na funte gallen dage in der XXVIII weken quam myn here van honouere vor wetenbrod VI de vor fwyne vleyfch VI de vor enen fcepel roue IIII^{or} ₰ et IIII^{or} de vor IIII^{or} fcepel hoppen vnde IIII^{or} hymten II marcas III ₰ et II denar vor II fcepel haueren vnde III hymten XXIII ₰ mynem heren vñ fynen deneren.

Des mandages do weren hir myns heren prelaten Ebbete vnde prouefte de led myn here to gafte bidden vor wetenbrod XVIII d· vor eyn vad beres IIII^{or} marcas et III ß vor Crude IIII^{or} ß vor eyere VIII d· vor lecht XVIII d· Beneken II ß den fende myn here to brunfwich vor twe fcepel haueren vnde dre hymten XXIII ß.

Des dyngefdages quam hir her Werner van bertenfleue Euerd van marnholte Wilbrand van reden vnde hermen Sporeke vor wetenbrod VI d· vor eyne fyden fpeekes X ß vor lecht II ß vor eyn pund talges VI d· inden fteen vor dre fcepel haueren XXX ß.

Des mydwekens des nachtes ad myn here vnde red to hildenfem vor wetenbrod IIII^{or} d· vor vyffche X d· vor haryge X d· vor eyere VIII d· vor lecht VI d· Vor enen fcepel haueren X ß do weren hir de van Obbornfhufen vn ander myns heren man de hir hulpen ynne hoden.

Des donredages vor wetenbrod VIII d· vor fwyne vleyfch XXII d· vor lecht I ß vor enen fcepel haueren IX ß den hunden.

Des vrydages den vyfcheren VI d· vor wetenbrod IIII^{or} d· vor erwete I ß vor olye IIII^{or} ß vor haryge IX ß vor lecht II ß do quam myn here van hildenfem vor dre fcepel haueren XXX ß.

Des fonauendes vor ene tunnen botteren VII marcas Enem boden II ß de gink to honouere myd myns heren brene Tynermane XII ß to terynge de red to luneborch vor wetenbrot VI d· vor barynge VII ß vor vyffche VI ß vor eyere III ß vor grutte XIIII^{or} d· vor eynen haluen hymten fenepes II ß vor lecht I ß vor IIII^{or} fcepel moltes VI marcas vor IX fcepel roggen VIII marcas et VI ß vor dre fcepel haueren XXX ß Do fulues quam yunge iohan van honhorft Johan van hademftorp to wynfen vn weren mynem heren reden vnde myn here quam dar ok des anderen (dages) vnde vorterden dar to famene vor brod vor byr vor vyfche vor haueren vnde vor how IIII marcas et VII d·.

Summa huius eft XLV marcas . . . .

Des negeften Sondages na der Elff dufent megede dage inder XXIX weken vor wetenbrod VI d· vor enen fcepel haueren IIII^{or} ß vor dacht VI d· vor dre fcepel haueren XXX ß vor eyne tunnen beres XVII ß in myns heron keller.

Des mandages red myn here to bergen vnde do van Camentz bleff do hir vnde dar vorterde myn here an byre an brode an haueren vnde an hauwe III mark vnde V ß vor VII hymten haueren V ß deme van Kamencze vnde den de hyr myd ome bleuen vor wetenbrod V d·.

Des dyngefdages vor wetenbrot V d· vor III fcepel haueren XXV ß.

Des mydwekens infunte fymonis vnde Jude auende vor eyne tunnen barynges II marcas et IIII^{or} d· vor wetenbrod V d· vor vyffche V ß et IIII^{or} d· vor olye IIII^{or} ß et II d· vor erwete I ß vor dre fcepel haueren XXX ß.

Des donredages Infunte fymonis vn Jude dage vor wetenbrot V d· vor fecke IIII^{or} ß in dat bakhus vor enen fcepel haueren XI ß myns heren mannen de hir dome vogede hulpen ynne hoden.

Des vrydages den vyffcheren VI d· vor wetenbrot II d· vor olye III ß et V d· vor erwete I ß vor enen fcepel haueren XI ß des vogedes kumpanen vor enen fcepel haueren IX ß den hunden.

Des fonauendes vaftenen allen hilgen vor wetenbrod II d· vor vyffche I ß vor verfohen haryng I ß vor olye III ß et III d· Beneken VI d· do brachte he mynem heren eynen breff na to der nyenftad des auendes quam myn here van honouere vor dre fcepel haueren II marcas et I ß Den fagers II marcas et IIII^{or} ß vor negen dage to lone vor IIII^{or} fcepel moltes VI mark vor IX fcepel rogen VIII mark et VI ß.

Summa huius eft XXXIIII^{or} marcas IIII^{or} ß et II d·.

Des Sondages in aller hilgen auende inder XXX weken vor twe voder kole X ß vor eyn voder beres VII marcas et VII ß deme rade vor wetenbrod VI d· vor enen fcepel roue IIII^{or} ß vor IIII^{or} fcepel haueren II marcas et III d·.

Des mandages vor wetenbrot VI d· vor enen fcepel haueren X ß mynem heren vnde fynen deneren.

Des dyngesdages red myn here to Soltowe yegen Vreder Schulten vnde was dar nacht vñ vortarde dar vor brod VII ₰ vor gud byr VIII ₰ vor ynnebruwen byir IX ₰ vor eyere vnde vor varfche botteren II ₰ vor lecht I ₰ vor how IIII^{or} ₰ vor haueren eyn pund vor wetenbrod IIII^{or} ᴅ Vor eyere IIII^{or} ᴅ myner vrouwen.

Des mydwekens perſonen II ₰ de gink myd myns heren breue to horneborch vor wetenbrod II ᴅ 5 vor eyere VI ᴅ vor enen ſcepel haueren IX ₰ den hunden.

Des donredages vor wetenbrod II ᴅ vor eyere II ᴅ vor X hymten haueren VII ₰ et II denaŕ myns heren mannen de hir lune hodden vnde des vogedes kumpanen.

Des vrydages den vyſſcheren VI ᴅ van winſen vnde van langlege vor eyn verdeuad erwete I ₰ vor wetenbrod II ᴅ vor olye XXVIII ᴅ vor XI hymten haueren VII ₰ et IIII^{or} denaŕ. 10

Des Sonauendes vor wetenbrod II ᴅ vor eyere X ᴅ vor vyſſche I ₰ vor eyn verdeuat grutte XIIII^{or} ᴅ Eyneme boden II ₰ de brachte mynem heren eynen breff to wynſen vppe de elue vor eyn voder beres VII mark dat quam in myns heren keller den ſagers XVII ₰ et II ᴅ to lone Ghereken hendeleue IX ₰ dar vore dat he de ſage blocke behuw vor II ſcepel moltes IIIɉ marcas et IIII^{or} ₰ vor VI ſcepel rogen V marcas et IIII^{or} ₰ vor XVI hymten haueren XI ₰ et II denaŕ. 15

Summa huius eſt XXXIIIɉ marcas VI ₰ et II ᴅ.

Des negeſten Sondages vor ſunte mertens dage in der XXXI weken vor ander haluen ſcepel roue V ₰ et III ᴅ vor wetenbrod II ᴅ Enem boden II ₰ de brachte mynem heren eynen breff to Winſen vppe de lue vor XVI hymten haueren X ₰ et IIII^{or} ᴅ vor IIII^{or} ſcepel hoppen vñ III hymten II marcas.

Des mandages vor wetenbrod II ᴅ vor eyere VI ᴅ myner vrouwen vor eyne hûd III ₰ to gerende 20 do quemen hir myns heren denere Otte van glyn hans Sporeke vnde hondorp des auendes voderde de voged vor III ſcepel haueren ane eynen hymten XXII ₰ minus II denaŕ.

Des dyngesdages vor wetenbrot II ᴅ vor II ſcepel haueren vnde V hymten XXI ₰ et IIII^{or} denaŕ.

Des mydwekens in ſunte mertens auende vor wetenbrod VI ᴅ vor twe ſcepel haueren vnde vyff hymten XXI ₰ et IIII^{or} ᴅ. 25

Des donredages In ſunte mertens dage quam myn here van Luneborch vor wetenbrot IIII^{or} ᴅ vor eyere VI ᴅ vor IIII^{or} ſcepel haueren vnde dre hymten II marcas et VI ₰ mynem heren myd ſynen deneren Vor enen ſcepel haueren IX ₰ den hunden.

Des vrydages bad myn here ſyne prelaten vnde ſynen Rad van Luneborch to gaſte den vyſſcheren VI ᴅ vor wetenbrod III ₰ vor olye V ₰ et III denaŕ vor vyſſche XVI ₰ et II ᴅ vor ſtockvyſch 30 VI ₰ vor eynen haluen hymten erwete XX denaŕ Vor VI ſcepel haueren ane twe hymten III marcas N ₰ et II ᴅ.

Des ſonauendes bad myn here hern mathieze van Jagow vnde de veltem to gaſte vor wetenbrod VI ᴅ vor vyſſche VII ₰ vor eyere V ₰ vor IIII^{or} ſcepel moltes VI mark vor negen ſcepel rogen VIIɉ mark et VI ₰ Vor VI ſcepel haueren III mark et XVIII denaŕ. 35

Summa huius eſt XXXIIɉ marcas VII ₰ et II denaŕ.

Des negeſten Sondages na ſunte brixii dage inder XXXII weken do ad myd mynem heren her mathies van yagowe vnde van velthem vor wetenbrod II ₰ vor honre II ₰ vor V ſcepel haueren vnde II hymten IIɉ mark VI ₰ et IIII^{or} ᴅ.

Des mandages vor wetenbrod VI ᴅ vor eyn vad vnde twe tunnen beres V marcas in myns heren 40 keller vor IIII^{or} ſcepel haueren vnde IIII hymten II mark VII ₰ et II ᴅ mynem heren.

Des dyngesdages des morgens ad myn here vnde red to vlleſſen vor wetenbrod IIII^{or} ᴅ vor eyere VI ᴅ myner vrouwen Wilhelme II ₰ de gink to deme byſchoppe van hildenſem myd myns heren breue Beneken IIɉ ₰ et II ᴅ de gink myd myns heren breuen to alden vnde to rethem vor eynen haluen ſcepel haueren N ₰ des vogedes kumpanen To pantquitinge II mark Otten van glyn to hoyerſhuſen bûs. 45

Des mydwekens vor wetenbrot II ᴅ vor dacht XVI ᴅ to lechten vor eyne extze IIIɉ ₰ deme holthowere vor I fcepel haueren IX ₰ den hunden vor eynen haluen fcepel haueren X ₰ des vogedes kumpanen.

Des donredages do quam myn here van vlleffen vor wetenbrod IIII^{or} ₰ vor X fcepel haueren III marcas et V ₰ vor eyn flot IIII^{or} ₰ to deme nyendore vor haken vnde Crampen III ₰ to der dore
5 vppe deme fleynen dore.

Des vrydages de vyffcheren VI ₰ vor wetenbrod IIII^{or} ₰ vor eyn verdeuad erwete I ₰ vor olye III ₰ et V ₰ vor eynen fcepel haueren X ₰ des vogedes kumpanen Henneken tysfynge IIII^{or} ₰ de gink myd myns heren breuen to Verden Hermen piltze II ₰ to terynge do red he to deme greuen van Wnftorpe vnde to hern brande van deme hus vor lonewand IIII^{or} ₰ et V ₰ to venfteren vnde to
10 budelen vp myner vrouwen dorntzen Do red myn here to Wynfen vppe de alre vnde was dar nacht vnde vorterde dar vor brod XIX ₰ vor vyffche II ₰ vor harynge XIX ₰ vor dre fcepel haueren XXX ₰.

Des Sonauendes vor wetenbrod II ₰ vor eyere XVI ₰ myner vrouwen vor XVI hymten haueren XII ₰ Otten van glyn myns heren deneren vnde des vogedes kumpanen vor IIII^{or} fcepel moltes VI mark
15 vor IX fcepel roggen VIII marcas et VI ₰ vor ene tunnen botteren VII mark glumere vor eyn voder beres vnde XIII tunnen beres XXI mark dat byr quam in myns heren keller ane eyne tunnen beres de drank myn here myd den fynen to Wynfen vppe der alre.

Summa huius eft LXIIII^{or} marcas et XIIII^{or} denar.

Des fondages in funte Cecilien auende in der XXXIII weken vor vyff fcepel hoppen vnde eynen
20 hymten III mark VI ₰ et III denar den fcepel vor negen ₰ vor wetenbrod II ₰ vor V hymten roue XXV ₰ vor XVII hymten haueren XII ₰ et III ₰ otten van glyn vnde de bir ynne hodde Des fuluen auendes was de voget to Wynfen myd henr van hademftorpe vnde warde myns heren dar vnde voruoderde dar IX hymten haueren VII ₰.

Des mandages vor wetenbrod IIII^{or} ₰ vor eyere VI ₰ myner vrouwen vor X fcepel haueren III
25 mark et V ₰ do quam myn here van wynfen vppe der alre vnde balde dar gheten vnde voderde dar VI hymten haueren vor V ₰.

Des dyngefdages vor wetenbrod VI ₰ vor IIII^{or} fcepel haueren vnde I hymten II mark IIII^{or} ₰ et III ₰ hermen piltze VI ₰ den fende de voget to honouere.

Des mydwekens Infunte katherynen auende vor wetenbrod IIII^{or} ₰ vor erwete I ₰ vor vyffche
30 IIII^{or} ₰ vor olye IIII^{or} ₰ vor V fcepel haueren vnde dre hymten III mark IIII^{or} ₰ et III ₰ do quemen hir myns heren man benrich van langlege Ulrik bere. vurbop vnde henr van hodenberge.

Des donredages vor wetenbrod VII ₰ vor enen fcepel roue V ₰ vor vyff fcepel haueren vnde dre hymten III mark IIII^{or} ₰ et III denar.

Des vrydages den viffcheren VI ₰ vor wetenbrod VI ₰ vor eyn verdeuad erwete I ₰ vor VI
35 pund olyes III ₰ et III denar do quam myn here van Camencze vnde hermen fporeke vor XXII hymten haueren XIX ₰ do red myn here to hermenfborch Beneken XX ₰ de gink myd myns heren breue to der uyenbrugge Buffen XX ₰ de gink to borchwede vn to borchtorpe.

Des Sonauendes vor wetenbrod II ₰ vor eyere VI ₰ vor vyffche II ₰ vor eynen fcepel haueren IX ₰ den hunden vor enen fcepel haueren X ₰ myns heren perden de bir do ftande bleuen vnde des
40 vogedes kumpanen vor IIII^{or} fcepel moltes V mark vor IX fcepel roggen VIII mark et VI ₰.

Summa huius eft XXXIII marcas et VI ₰.

Des negeften fondages vor funte andreas daghe in der XXXIIII^{or} weken vor twe voder kole XV ₰ vor VII fcepel hoppen III^{or} marcas et I ₰ vor wetenbrot III ₰ vor eyere III ₰ vor dacht XIII^{or} ₰ to lechte vor IX hymten haueren VII ₰ et III denar.

45 Des mandages in funte andreas auende vor wetenbrod III ₰ vor grutte XIIII^{or} ₰ vor olye III ₰ et III ₰ vor X hymten haueren VIII ₰.

Des dyngefdages Infunte andreas dage   vor wetenbrod II d̄   vor erdene putte XXVI d̂   vor VIII hymten haueren VI ₰ des vogedes kumpanen vnde den guden luden de bir myd dem vogede ynne weren.

Des mydwekens   vor wetenbrod II d̄   vor eyere V d̂   vor brod IIII^{or} ₰ den yegers to broke vor VIII hymten haueren VI ₰.

Des donredages   vor wetenbrod II d̄   vor XVII hymten haueren XIIII^{or} ₰ et IIII^{or} d̂ de myne heren 5 mannen de bir ynne weren vñ des vogedes kumpanen.

Des vrydages den vyffcheren VI d̂ vor wetenbrod II d̂ vor erwete I ₰ vor eyn verdeuat grutte XIIII^{or} d̂   vor olye XXVIII d̂   vor vyffche III ₰   vor XVIII hymten haueren XIII ₰ et V d̂.

Des fonauendes Infunte barbaren dage   do vaftemen funte nycolawes   do quam myn here van luneborch do felues was hir her werner van bertenftoue Euerd vnde Cord van marnholte vñ llengerdûs   vor weten- 10 brod V d̂   vor olye IIII^{or} ₰ et IIII^{or} d̂   vor vyffche VIII ₰   vor erwete I ₰   vor grutte XXVIII d̂ vor VI fcepel haueren III marcas et VII ₰   vor IIII^{or} fcepel moltes V mark   vor IX fcepel roggen VIII marcas et VI ₰.

Summa huius eft XXVI marcas VII ₰ et II d̂.

Des Sondages in funte nicolawes auende in der XXXV weken   vor wetenbrot VI d̂   peynemanne 15 VI ₰   de gink myd des vogedes breuen to den buren vnmo dat dyngelgeld   beneken II ₰   den fende myn here to mofdeborch   vor heden XVI d̂ to lechte   vor dre fcepel hoppen ane twe hymten XXIII ₰ et II d̂   vor V fcepel haueren vnde III hymten III marcas VII ₰ et III d̂.   Euerde van marnholte Gotfchalke van reden vnde des vogedes kumpanen III marcas to terynge   do reden fe van myns heren wegene to deme flathage.   20

Des mandages in funte nycolawes dage   do myn here gheten hadde do red he to der nyenftad   vor wetenbrod IIII^{or} d̂   vor vyffche VI d̂   vor eyne affe I ₰ to deme hoffwagene   vor XIIII^{or} hymten hauere XII ₰   vor Clauen vnde ynworpe to den ftokken vnde vor yfhaken XII ₰   ludemane fmede   vor IIII^{or} elen wandes X ₰ alberte tornmanne   vor V elen wandes XIII ₰   benneken tornmanne   vor IIII^{or} elen wandes X ₰ Crone dem w(echtere)   vor IIII^{or} elen wandes X ₰ Schelen dem wech(tere)   vor IIII^{or} elen 25 wandes X ₰ volberte dem w(ochtere)   De meyerfchen X ₰   vor eynen wulnrok (vnde) II ₰ vor eyn par fchoe   bouemefter de myns heren koy hod X ₰ (vor) IIII^{or} elen wandes   vor eyn par fchoe III ₰ fynem yungen de (e)me holp (h)oden   vor III elen wandes VIII ₰ deme fchapere   Deme fwene XIIII^{or} ₰ to lone de des byfchoppes van bildenfem fwyn bewarden   vor eyn par fcho III ₰ fyneme knechte   Brande van ofterloge eyne mark to loene   Ceritzebome eyne mark to loene   de twe bewarden myns hern fwyn in 30 der mafte.

Des dyngefdages vaftede myn vrouwen   vor wetenbrot II d̂   vor vyffche I ₰   vor eyn pund olyes VII denar̄   vor XX hymten haueren XVII ₰.

Des mydwekens In vnfer vrouwen dage conceptionis vor wetenbrod III d̂   vor vyffche VI d̂   vor XVIII hymten haueren XV ₰   Peperfacke XII ₰ to terynge   do gink myd myns heren breuen to greuen 35 henr̄ van holften   vor Schoe I mark myner vrouwen vnde eren yunchvrouwen.

Des donredages quam myn here van honouere   vor wetenbrod VI d̂   vor hufflach VII ₰ et I d̂ den werkperden   vor twe hefpen vnde eyne krampen XIIII^{or} d̂ to der ouen dore to der groten dornitzen   vor V fcepel haueren vnde dre hymton III mark VII ₰ et III denar̄.

Des vrydages   den vyfcheren VI d̂   vor wetenbrod VIII d̂   vor erwete I ₰   vor grutte XIIII^{or} d̂ 40 vor olye IIII^{or} ₰ et I d̂.   vor vyffche III ₰   vor V fcepel haueren III marcas et V ₰   vor weten mel IIII^{or} d̂   vor twe fichte butele VI ₰ in dat bakhus.

Des fouauendes   vor wetenbrod VII d̂   vor vyffche IIII^{or} ₰   vor eyere II ₰   vor III fcepel haueren vñ IIII^{or} hymten II mark et I ₰   vor eyn par repe VIII d̂ to deme hoffwagene   vor IIII^{or} fcepel moltes V mark   vor IX fcepel roggen VIII marcas et VI ₰.   hanze van mundere felff verde XXVIII ₰ et 45 II d̂ to loene vor vyff dage   vor eyne tunnen botteren VII mark glumere.

Summa huius eft LIII marcas IIII^{or} ₰ et IIII^{or} dr.

Des Sondages Infunte Lucien auende inder XXXVI weken   Peynemanne V ₰   de gink myd myns heren breue to mofdeborch   Wilhelme VI ₰   de gink do to Werbeke   vor dre fcepel haueren vnde twe hymten XXXI ₰ et VI dr   vor dre vates beres vnde IIII^{or} tunnen beres XIIII^{or} mark et V ₰.

5 Des mandages Infunte Lucien dage   vor wetenbrod VI dr   vor dre fcepel haueren vnde ver hymten II mark et I ₰.

Des dyngefdages des morgens ad myn here vnde red to der nygenftad   vor wetenbrod IIII^{or} dr   vor eyere I dr deme kynde   vor enen folen II ₰ to deme hoffwagene   vor XVII hymten haueren XIIII^{or} ₰ et II dr myns heren mannen de hir ynne weren   do fulues was Euerd van marnholte nacht to Wynfen 10 vnde vorterde dar XII ₰ vnde volgede mynem heren to der nygenftad.

Des mydwekens vaftemen de quatertempora   vor wetenbrot II dr   vor olye XXI dr   vor grutte XIIII^{or} dr   vor vyffche III ₰   vor XVI hymten haueren XIII ₰.

Des donredages quam myn here van der nygenftad   vor wetenbrod IIII^{or} dr   vor vyfche I ₰ mynem heren   vor eyere VI dr   vor dre fcepel roue XII ₰ et II dr   vor IIII^{or} fcepel haueren vnde eynen hym-
15 ten II marcas IIII^{or} ₰ et III dr   vor eynen fcepel haueren IX ₰ den hunden   vor VI fcepel gherften III^{or} marcas et IIII^{or} ₰ den meftefwynen.

Des vrydages   den vyffcheren VI dr van wynfen vnde van langleghe   vor wetenbrod V dr   vor V pund olyes III ₰ et III dr   vor vyffche III ₰   vor fafforan I ₰ to ftokvyfchen   vor IIII^{or} fcepel haueren et IIII^{or} hymten II mark et VI ₰   vor enen feepal grutte vnde VI hymten erwete IIII^{or} mark et III ₰.

20 Des Sonauendes   vor wetenbrod VI dr   vor weten mel IIII^{or} dr to vifchen   vor VII pund olyes IIII^{or} ₰ et I dr   vor vyffche IIII^{or} ₰   vor IIII^{or} fcepel haueren III mark   vor IIII^{or} fcepel moltes IIII^{or} mark   vor IX fcepel roggen VIII marcas et VI ₰   den tymmerluden II mark vnde XX dr to loene.

Summa huius eft LIII marcas VII ₰ et II denar.

Des negeften fondages vor funte thomas dage inder XXXVII weken   vor wetenbrod VI dr   do red 25 myn here to Wynfen vppe de alre vnde myn here van Camencze bleff hir   vor twe fcepel haueren eyn pund den van Camencz vnde den de hir myd eme do weren   do bleff myn here nacht to Winfen vñ vorterde dar vor brod VIII ₰   vor byr II mark   vor enen heket II ₰   vor VII fcepel haueren III^{or} mark et I ₰.

Des mandages Infunte thomas auende   vor wetenbrod IIII^{or} dr   vor olye XXV dr   vor vyffche 30 XVI dr   vor XX hymten baueren eyne mark   Des feluen dages quam myn here to Soltowe vnde was dar nacht vnde hadde dar wapene lude vnde dar ward dat red wendich vñ vorterde dar vor brod XXVI ₰ vor haryge XIIII^{or} ₰ et II dr   vor twe vate beres VII mark et II ₰   vor olye V ₰   To pantquitinge V ₰ in myns heren berberge   To pantquitinge VI ₰ Gotfchalke van reden den van berueldo vnde hermen fporeken   vor XIIII^{or} fcepel haueren IX marcas minus IIII^{or} ₰.

35 Des dyngefdages In funte thomas dage quam myn here van Soltowe   vor wetenbrod VIII dr   vor V fcepel haueren III mark et V ₰   vor VIII hymten hoppen V ₰ et IIII^{or} dr   Wilhelme II ₰ den fende myn here to dannenberge.

Des mydwekens   vor wetenbrod VII dr   vor vyffche XVIII dr   vor eyere VI dr   vor Crude I ₰ mynem heren to vifchen   vor IIII^{or} fcepel haueren vnde twe hymten III mark et XVIII dr   vor enen 40 fcepel haueren X ₰ den hunden.

Des donredages   vor wetenbrod VI dr   vor V fcepel haueren III mark et V ₰.

Des vrydages in des bilgen Cerftes auende   vor wetenbrod VIII dr   den vyffcheren VI dr van wynfen vnde van langleghe   vor vyffche III ₰ et II dr   vor olye IIII^{or} ₰ et I dr   vor negele XXI ₰ et IIII^{or} dr to deme ftennen dore ludemanne fmede   hanze van mundere vnde fynen kumpanen XXIX ₰ et 45 IIII^{or} dr to loene vnde to gudeme bere   vor IIII^{or} fcepel baueren vnde twe hymten III mark et XVIII denar   vnde X mark pennynge mynem heren to offerpennynge.

Indes hilgen Cerftes dage vor wetenbrod X d vor IIII*or* fcepel moltes IIII*or* mark vor IX fcepel roggen VIII mark et VI ₰ vor X fcepel haueren III mark et V ₰ Eynem yungen vte deme bakhus II ₰ den fende de voged to der nygenbrugge van myns heren wegen.

Summa huius eft LXIX ₰ ₰ et V denař.

Des Sondages Infunto Steffans dage inder XXXVIII weken do red myn here to luneborch word 5 vor wetenbrod IIII*or* d vor XXI hymten haueren XVII ₰ et III d myns heren deneren de hir ynne weren vnde des vogedes kumpanen.

Des mandages vor wetenbrot II d vor XVI hymten haueren XIII ₰ Peynemanne III ₰ de gink to brunfwich van myns heren wegen.

Des dyngefdages vor wetenbrot II d vor XV hymten haueren XII ₰ et III d. 10

Des mydwekens vor wetenbrot II d vor eyere VI d vor XIII hymten haueren XI ₰ et III d vor enen fcepel haueren X ₰ den bünden.

Des donredages vor wetenbrot IIII*or* d vor XVIII hymten haueren XV ₰ vor eyn vad vnde dre tunnen beres VI mark vnde VII ₰ in myns heren keller.

Des vrydages In nyenyaros auende vor wetenbrod III d den vyffcheron VI d van wynlen vnde 15 van langleghe vor olye XXVIII d vor dacht XXII d to lechten vor eynen hymten wetens meles IIII*or* ₰ to kokende vor honnych vnde Crude III ₰ vor XVIII hymten haueren XV ₰.

Des Sonauendes in nyenyares dage vor eyne tunnen botteren VII mark glůmore vor wetenbrod II d vor vyffche III ₰ vor eyere IIII*or* d vor III fcepel moltes III mark vor VIII fcepel roggen VII mark vor XX hymten haueren XVII ₰. 20

Summa huius eft XXXII marcas et X denař.

Des negeften fondages na Nyenyares dage in der XXXIX weken vor wetenbrod II d vor XXI hymten haueren XVII ₰ et III d perfonen II ₰ de gink na mynen heren to Wynfen vppe de alre.

Des mandages vor wetenbrot II d vor XIII hymten haueren XI ₰ et III d.

Des dyngefdages vor wetenbrot II d Beneken III ₰ den fende de voged van myns heren wegene 25 to wulfelbuttele vor XVIII hymten haueren XV ₰ myns heren mannen de hir myd deme vogede Inne weren Vor eynen fyntener talges IIII*or* mark tydeke van brunfwich.

Des mydwekens Inder hilgen dren konyge auende vor wetenbrot II d Eneme boden III ₰ de myd myns heren breuen gink to deme kalenberge Enem boden III ₰ de gink to dem Witmerfhaghen vor XVIII hymten XV ₰. 30

Des Donredages vor wetenbrot II d.

Des Vrydages den vyffcheron VI d vor wetenbrot II d vor eyn bon VI d myns heren haueke vor olye XXV d vor X hymten haueren VIII ₰.

Des fonauendes vor wetenbrot II d vor vyffche XVIII d vor X hymten haueren VIII ₰ vor eyere VI d myner vrouwen vor III fcepel moltes III mark vor VIII fcepel roggen VII mark hanze 35 van mundere vnde fynen kumpanen IIII*or* mark to lone to gudeme bere vů to deme ftouene.

Summa huius eft XXIII marcas II ₰ et III denař.

Des negeften Sondages na der hilgen dren koninge dage inder XL weken vor wetenbrot III d vor eyere IIII*or* d myner vrouwen vor XVII hymten haueren XIII*or* ₰ et III denař.

Des mandages vor wetenbrot II d vor XIX hymten haueren XV ₰ et V d myns heren mannen de 40 hir deme vogede hulpen ynne hoden vnde des vogedes kumpanen vor eyn voder kole VI ₰ myner vrouwen.

Des dyngefdages peynemanne VI ₰ de gink to Vroden myd eyneme antwerde van myns heren wegene vor wetenbrot II d vor eyere V d myner vrouwen vor XX hymten haueren XVI ₰ myns heren mannen de hir deme vogede hulpen ynne hoden.

Des mydwekens vor wetenbrot II d vor eyere IIII*or* d myner vrouwen vor XVII hymten haueren 45 XIII ₰ et V d.

Des donredages vor wetenbrot II ₰ vor eyne tunnen ettekes I mark vor XIIII hymten haueren XI ₰ et II denař vor twe fcepel roue vnde IIIIᵒʳ hymten IX ₰ et IIIIᵒʳ denař.

Des vrydages den vifcheren VI ₰ vor wetenbrot II ₰ vor IIIIᵒʳ pund olyes XXVIII ₰ vor XX hymten haueren XVII ₰ et III ₰ vor hefpen krampen negele vnde lnworpe IIIIᵒʳ mark et IIIIᵒʳ ₰ ß ludemanne fmede to deme dore.

es Sonauendes Vor eyne tunnen botteren VII mark glumere vor wetenbrot II ₰ vor vifche I ₰ vor oyere IIIIᵒʳ ₰ hanze van mundere vnde fynen kumpanen III mark et XX ₰ to lone to gudeme bere vnde to deme ftouene vor XX hymten haueren XVII ₰ et III ₰ vor IIIIᵒʳ fcepel moltes IIIIᵒʳ mark vor IX fcepel roggen VIII mark et VI ₰ Do fulues was myn here nacht to hermenfborch vñ vorterde
10 anbyre anbrode anhaueren vñ anhowe IIIIᵒʳ mark pennynge.

Summa huius eft XXXVIII marcas VII ₰ et III denař.

Des Sondages In funte marcellins daghe in der XLI weken do quam myn here van Luneborch vor wetenbrot VIII ₰ vor VII fcepel haueren vnde dre hymten V mark et III ₰ do weren hir de van bertenlleue de van deme knefbeke vnde ander myns heren man.

15 Des mandages vor wetenbrot VI ₰ vor eyere IIIIᵒʳ ₰ perfonen II ₰ den fende myn here to deme bifchoppe van hildenfem peynemanne III ₰ de gink to rethem vor V fcepel haueren III mark et V ₰.

Des dyngefdages vor wetenbrot VI ₰ vor V fcepel haueren III mark et V ₰.

Des mydwekens vor wetenbrot VIII ₰ vor eyere I ₰ vor vyffche I ₰ vor IIIIᵒʳ foepel haueren
20 vnde ver hymten III mark et III ₰ Vor pile I mark mynem heren de hinrich twerch ftickede.

Des donredages vor wetenbrot X ₰ vor eyere IIIIᵒʳ ₰ myner vrouwen vor IIIIᵒʳ fcepel haueren III mark.

Des vrydages den vifcheren VI ₰ vor wetenbrot VI ₰ vor VII pund olyes IIIIᵒʳ ₰ et I ₰ vor vifche IIIIᵒʳ ₰ vor V fcepel haueren III marcas et V ₰ Des fuluen dages quam hinrich van velthem
25 Cord van marmholte ludelff van Eftorpe vnde hartman fporeke to wenfen vnde reden na myneme heren vnde vorterden dar vor brod XXVIII ₰ vor gnd byr IIIIᵒʳ mark vor ynnebruwen byr VIII ₰ vor barynge XXI ₰ vor vyffche IIIIᵒʳ ₰ Vor X fcepel haueren VI mark et IIIIᵒʳ ₰ den fcepel vor X ₰.

Des Sonauendes vor wetenbrot V ₰ vor eyere I ₰ vor vyffche IIIIᵒʳ ₰ mynem heren vnde myner vrouwen vor V hymten haueren IIIᵒʳ ₰ et II ₰ myns heren perden de hir ftande bleuen vnde hern
30 pawele Eneme boden I ₰ de gink to Lendorpe na myns heren dyngelgelde vor VI fcepel moltes VI mark vor IX fcepel roggen VIII mark et VI ₰ Des fuluen dages quam myn here to foltowe myd den guden luden vnde toch dar mede in dat fluchte to bremen vnde vorterde to foltow vt vnde weder to hus to dren nachten vor brod IIIIᵒʳ mark vor Innebruwen bir XXII ₰ vor twe voder beres vnde eyne tunnen beres XV mark et I ₰ vor I halue tunnen botteren IIII mark vor harynge XXII ₰ vor kese VI ₰
35 vor grutte II ₰ vor lecht II ₰ vor how XII ₰ in myns heren herberge vor XLI wichomten haueren XXVI mark et II ₰ den fcepel vor X ₰ de ward to foltowe vnde to fnewerdynge vodert.

Summa huius eft Iᶜ marcas XIII ₰ et III denař.

Des negelten fondages vor funte paulus dage in der XLII weken vor eyn voder kole VII ₰ myner vrouwen vor V hymten haueren IIII ₰ et II ₰ vor wetenbrod II ₰.

40 Des mandages vor wetenbrod II ₰ vor V hymten haueren IIIIᵒʳ ₰ et II ₰ myns heren perden de hir do ftunden vnde hern pawele vor vifche VI ₰ myner vrouwen Do fulues red hinrich van reden vnde Johan van mandello van mynem heren vnde weren nacht to walfrode vnde vorterden dar IIIIᵒʳ mark et IIIIᵒʳ ₰.

Des dyngefdages vor wetenbrot II ₰ vor V hymten haueren IIIIᵒʳ ₰ et II ₰ Do fulues red myn
45 here to bergen vnde was dar do nacht vnde de guden lude bleuen to foltowe do vorterde myn here to bergen an byre anbrode an haueren vnde an howe XXIIIIᵒʳ ₰.

Des mydwekens vor eyne tunnen botteren VII mark glumere Do quam myn here myd den guden luden to Tzelle vnde led de dar fpifen vnde vorterden vor XIII fcepel haueren IX mark den fcepel vor XI ₰ vor eynen keze IIIIᵒʳ ₰ vor IIIIᵒʳ tunnen beres IIIIᵒʳ marcas et IIIIᵒʳ ₰ dat quam in myns heren keller.

Des donredages vor wetenbrot VI ₰ vor IIIIᵒʳ fcepel haueren III mark. 5

Des vrydages do myn here gheten hadde do red he to der nyenftad vor wetenbrot VI ₰ den vyfſcheren VI ₰ vor VI pund olyes III ₰ et IIIIᵒʳ ₰ vor eyne dytzele I ₰ to deme hoffwagene vor III fcepel haueren XXV ₰ deme van Camencze vnde myns heren deneren de hir do myd eme bleuen.

Des Sonauendes vor wetenbrod VI ₰ vor eyere I ₰ vor XVI hynnten haueren XI ₰ et II ₰ vor IIIIᵒʳ fcepel moltes IIIIᵒʳ mark vor IX fcepel rogen VIII mark et VI ₰. 10

Summa huius oft XLIIIIᵒʳ mark et II ₰.

Des negeften fondages vor vnfer vrouwen dage lychtmyffen in der XLIII weken vor wetenbrot II ₰ vor XXII hymten haueren I mark.

Des mandages vor wetenbrod IIIIᵒʳ ₰ vor eyere I ₰ vor vyfſche I ₰ vor XXV hymten haueren XVIII ₰ et III ₰ deme van Camencz vnde den de myd eme hyr ynne weren Des fuluen dages quam 15 myn here to walfrode vnde held dar oynen dach myd deme greuen van der hoyen vñ vorterde do dar vor roggen brod I mark vor wetenbrot II ₰ vor eyne tunnen gudes beres XVII ₰ vor ynnebruwen byr XIIIIᵒʳ ₰ vor fpek II ₰ vor folt I ₰ vor lecht I ₰ vor how III ₰ in myns heren herberghe vor V wichemten haueren III mark et II ₰.

Des dyngefdages in vnfer vrouwen auende lichtmyffen do quam myn here van walfrode vor weten- 20 brot I ₰ vor vyfſche III ₰ vor III pund olyes XVIII ₰ vor IIIIᵒʳ fcepel haueren II mark et III ₰.

Des mydwekens in vnfer vrouwen dage vor eyere XXII ₰ vor vyfſche XVIII ₰ vor wetenbrot VIII ₰ vor eyn hon VIII ₰ myner vrouwen vor eyn bon VI ₰ myns heren haneke vor IIIIᵒʳ fcepel haueren II mark et III ₰.

Des donredages vor wetenbrot VI ₰ vor IIII fcepel haueren II mark et III ₰. 25

Des vrydages den vyfcheren VI ₰ vor wetenbrot I ₰ vor VI pund olyes III ₰ vor IIIIᵒʳ fcepel haueren II mark et III ₰.

Des fonauendes vor wetenbrot VIII ₰ vor eyere XVIII ₰ vor vyfſche III ₰ vor twe fcepel roue vnde veer hynnten roue IX ₰ et IIIIᵒʳ ₰ vor eynen haluen fyntener talges XXVIII ₰ vor IIIIᵒʳ fcepel haueren II mark et III ₰ vor eyn ftoueken botteren V ₰ vor VI fcepel moltes VI mark vor IX 30 fcepel roggen VIII marcas et VI ₰.

Summa huius eft XXXVIII marcas et XXIII denař.

Des Sondages Infunte dorotheen daghe inder XLIIIIᵉⁿ woken vor wetenbrot VI ₰ vor eyere IIIIᵒʳ ₰ vor IIIIᵒʳ fcepel haueren et V hymten III mark IIIIᵒʳ ₰ et III ₰ vor eyn voder kole IIIIᵒʳ ₰ et II ₰ mynem heren buffen XX ₰ de gink na hinř van reden. 35

Des mandages vor wetenbrot VI ₰ vor eyere II ₰ vor affe yferne IIII ₰ vor eyne affe XVI ₰ to deme hoffwagen vor hufflach VI ₰ et II ₰ den werkperden vor IIIIᵒʳ fcepel haueren et IIIIᵒʳ hymten III mark et III ₰ vor III vate beres X mark et V ₰ in myns heren kelrer.

Des dyngefdages vor wetenbrot VI ₰ vor eyere VI ₰ vor eyn drach laken XVIII ₰ de Luder in dem kellere vor III fcepel haueren et V hymten III mark et XXI ₰. 40

Des mydwekens vor wetenbrot VI ₰ vor vyfſche XVI ₰ vor eyere II ₰ do ad myn here nicht vleyfch Beneken XVI ₰ de gink to meynerfen buffen XVI ₰ de gink van myns heren wegene vppe den Ifornehagen vor IIIIᵒʳ pund botteren XXVIII ₰ vor III fcepel haueren II mark et III ₰.

Des donredages vor wetenbrot VI ₰ vor eyere IIIIᵒʳ ₰ vor III fcepel haueren XXV ₰ vor eynen fcepel haueren IX ₰ den hunden. 45

Des vrydages do quam myn here van Camencze van deme houe van goffeler vor wetenbrot VIII de vor VI pund olyes III ₰ Den vyffcheren VI ₰ van wenfen vñ van langleghe vor eynen hymten erwete IIII*or* ₰ vor III fcepel haueren vnde III hymten II mark et III ₰.

Des fonauendes vor wetenbrot VI ₰ vor eyere XXVI ₰ vor vifche III ₰ vor dacht XIIII*or* ₰ to lechte vor dre fcepel haueren XXX ₰ vor VI fcepel moltes VI mark vor IX fcepel roggen VIII 5 mark et VI ₰ vor eyne baluc tunnen botteren IIII*or* mark.

Summa huius eft XLVI marcas III ₰ et IIII*or* denař.

Des negeften fondages vor funte Valentynus dage in der XLV weken vor wetenbrot VIII ₰ vor fwyne braden XXVI ₰ vor eyere II ₰ vor twe fcopel haueren et IX hymten XXVII ₰.

Des mandages vor wetenbrot VIII ₰ vor eyne braden XVIII ₰ vor eyere IIII*or* ₰ do red myn 10 here to deme houe to kolne Vor II fcepel haueren XV ₰ myns heren perden myns heren deneren vnde des vogedes kumpanen perfonen III ₰ de gink na hertogen Albrechte van brúnfwich perperfacke II ₰ de gink to Luneborch.

Des dyngefdages vor wetenbrot II ₰ vor eyere IIII*or* ₰ myner vrouwen vor eynen fcepel haueren X ₰ deinen voderde vor eynen fcepel haueren IX ₰ den hunden.

15 Des mydwekens vor wetenbrot III ₰ vor eyere X ₰ vor vyffche I ₰ myner vrouwen vnde hern pawele vor XIX hymten haueren XIIII*or* ₰ et III ₰.

Des donredages vor wetenbrot II ₰ vor eyn par fcho II ₰ deme fchapcherde vor dre elen wandes VI ₰ deme fwene to eyneme hoyken vor II fcepel haueren XV ₰.

Des vrydages vor wetenbrot IIII*or* ₰ den vyffcheren VI ₰ vor IIII*or* pund olyes II ₰ vor II 20 fcepel haueren XV ₰ myns heren deneren vnde des vogedes kumpanen vor eynen hymten erwete IIII ₰.

Des Sonauendes vor wetenbrot III ₰ vor eyere XVI ₰ vor vyffche I ₰ vor Crúde V ₰ vor II fcepel haueren XV ₰ vor IIII*or* fcepel moltes IIII*or* mark vor IX fcepel roggen VIII mark et VI ₰ vor twe wichemten erwete III mark.

Summa huius eft XXV marcas et V denař.

25 Des negeften fondages vor funte peters dage inder XLVI weken to Waftelauende vor weten mel IIII*or* ₰ et II ₰ dat mel vor bok me to deffem waftelauende vor wetenbrot VIII ₰ vor eyere IIII*or* ₰ vor etich XVI ₰ to galreyden vor II fcopel haueren XV ₰ vor eyne tunnen beres I mark myner vrouwen.

Des mandages vor wetenbrot VIII ₰ vor Crúde V ₰ vor XXI hymten haueren XV ₰.

Des dyngefdages vor wetenbrot VIII ₰ vor eyere I ₰ perfonen vnde peperfacke eyn pund to 30 terynge do gingen na mynen heren to kolne peynemanne III ₰ de gink to vlleffen Beneken IIII ₰ de gink to wynfen vor XXI hymten haueren XV ₰ myns heren perden fynen deneren de hir bleuen weren vnde des vogedes kumpanen.

Des mydwekens vor wetenbrot II ₰ vor vifche III ₰ vor II fcepel haueren XV ₰ vor eyn exe XXII ₰ deme holthowere to to makende.

35 Des donredages Infunte mathies daghe vor wetenbrot III ₰ vor eyn verdeuat grutte I ₰ vor XXI hymten haueren XV ₰ myns heren deneren vñ des vogedes kumpanen vor eynen fcepel haueren IX ₰ den hunden.

Des vrydages den vifcheren VI ₰ vor wetenbrot II ₰ vor eyn verdeuat grutte I ₰ vor XXI hymten haueren XV ₰.

40 Des fonauendes vor wetenbrot II ₰ vor eyn verdeuad grutte I ₰ peynemanne IIII*or* ₰ de gink to brunfwich vor XXI hymten haueren XV ₰ vor III fcepel moltes III mark vor VI fcepel roggen V marcas et IIII*or* ₰.

Summa huius eft XX marcas II ₰ et V denař.

Des negeften fondages na funte mathies daghe in der XLVII weken vor wetenbrot III ₰ vor vifche 45 XVIII ₰ vor XX hymten haueren XIIII*or* ₰ et III ₰.

Des mandages vor wetenbrot II ₰ vor XXI hymten haueren XV ₰.

Des dyngefdages vor wetenbrot II de vor XXII hymten haueren XVI ₰ et III de.
Des mydwekens vor wetenbrot III de vor vifche XVIII de vor lecht I ₰ vor XXIII hymten haueren XVII ₰ do quam myn here van deme houe van kolne.
Des donredages vor wetenbrot VI de vor etich IIII^{er} de vor lecht III ₰ des nachtes ward myner vrowen we Beneken III ₰ de gink to wenthufen vor III fcepel haueren XXV ₰ vor cyne tunnen 5 honyges III marcas to myns heren mede vor XII hymten grutte III mark et XVIII de vor eynen fcepel haueren IX ₰ den hunden.
Des vrydages den vifcheren VI de vor wetenbrot V de vor fenep I ₰ vor etich VIII de to fenepe vnde to vifchen vor vifche VIII de vor dre pund botteren II ₰ glumere myner vrowen vor III fcepel haueren et IIII^{er} hymten XXVIII ₰. 10
Des Sonauendes vor wetenbrot VI de vor vifche V ₰ vor III fcepel haueren et V hymten XXIX ₰ et III denar vor IIII^{er} fcepel moltes IIII^{er} mark peperfacke II ₰ de gink to honouer vor olye XXVIII ₰ vor IX fcepel roggen VIII mark et VI ₰.
Summa huius eft XXX marcas et I ₰ et V denar vnde eyn perd vor X mark hertogen Otten knechte vor harynge. 15
Des fondages alzemen finged Reminifcere in der XLVIII weken vor wetenbrot VI de vor etich VI de vor vifche VI ₰ vor kole I ₰ myner vrouwen vor III fcepel haueren et IIII^{er} hymten II mark et I ₰ Deme yungen vte deme bakhus II ₰ de gink to deme knefbeke.
Des mandages vor wetenbrot IIII^{or} de vor vifche IIII^{er} ₰ vor IIII^{er} fcepel haueren II marcas et III ₰. 20
Des dyngefdages vor wetenbrot VI de vor vifche V ₰ vor IIII^{er} fcepel haueren II marcas IIII^{er} ₰ et III de.
Des mydwekens vor wetenbrot VI denar vor vifche III ₰ vor IIII^{er} fcepel haueren et IIII^{er} hymten II marcas et VI ₰ *).
Des Sondages Reminifcere C marcas. et LXXXX marcas minus VI ₰ de bleff myn here brendeken 25 fchuldich.

Des mandages **) VIII de vor wytbrod IIII de vor etyk Do folues red myn here to Walfrode toghen de van Mandeflo III ₰ hertogen bernde to dem ftoven XXV ₰ vor III ch haueren myns heren perden de hir ftunden hertogen Berndes heren pawels wllebrandes van reden vnde anderer myns heren deuren Des Soluen nachtes was myn here to Walfrode to dage teghen de van Mandeflo Dyt is dat he dar vor- 30 dede III ₰ vor wytbrod II mark et VI ₰ vor gud ber . X . ₰ vor ynnebrowen Ber II ₰ vor folt III mark vor VI ch haueren twyge vor vodert IIII ₰ vor hev . I . ₰ vor lecht.
Des dinfedages . I . ₰ vor wytbrod IIII de vor etyk . I . fer lodich vor enen vanghenen hanfe van krottorpe Des avendes quam myn here van walfrode III tol vor V. ch haueren vorvodert.
Des mydwekns VIII de vor wytbrod III ₰ vor vyfche II ₰ vor eygere IIII de vor etyk III tol 35 vor VI ch haueren vor vodert. Do folues quemen Otto van der ghowich Euerd van Marnholte afchwyn van zaldere.
Des Donredages in Sunte Mertens avende . I . ₰ vor wytbrod VIII de vor etyk III tol vor VI ch haueren myns heren perden vnde der deme des vor avendes voderde.
Des vrydages in Sunte Mertens daghe IIII de vor etyk XII ₰ vor haringh VIII de vor wytbrod 40

---

*) Die Aufzeichnungen der letzten vier Tage von den Worten *Des fondages alzemen finged Reminifcere in der XLVIII weken* an sind durchstrichen. **) Von dem folgenden Verzeichnisse der Ausgaben, geschrieben von anderer Hand, fehlt der Anfang, welcher die Zeit vom 6. März bis 6. November 1379 also 36 Wochen umfasst.

VI ꝺ den vyſcheren .I. tul vor twene ꝺh haueren myns heren perden de hir bleuen hertogen Berndes
gheneſe andreas Bomen hondorpe vnd andren Do Solues red myn here to der Nygenſtad alſo he vp den
dach red to hamelen toghen den Byſchop vnde herteghen Otten.
   Des Sonnavendes VI ꝺ vor wytbrod IIII ꞩ vor eygere V ꞩ vor vyſche VII mark IIII ₰ minus
5 vor IX ꝺh ſiliginis vorbacken IIII mark vor IIII ꝺh moltes .I. tul vor twe ꝺh haueren des avendes
vorvodert X ꞩ vor .I. ꝺh haueren den werkperden.
   Summa huius eſt LXXIII mark et VI ₰ et II ꝺ.
   Des Sondages in der XXXVII weken VI ꝺ vor wytbrod IIII ꝺ vor etyk XXV ꞩ vor III ꝺh
haueren myns heren perden herteghen Berndes vnde denren myns heren vnde des rades knechten van
10 Luneborch de myt dem wande quemen dat myns heren horde.
   Des mandages VI ꝺ vor wytbrod III ꞩ hertoghen Bernde to dem ſtoven .I. tul vor twe ꝺh haueren
vor vodert.
   Des dynſedages VI ꝺ vor wytbrod .I. tul vor twe ꝺh haueren vor vodert.
   Des mydwekens VI ꝺ vor wytbrod IIII ꝺ vor etyk Des avendes red hertoghe Bernd to wenſen
15 vp de alre tegboo mynen heren VIII ₰ vor X mod haueren deme voderde den de hir do Bleuen Des
Solues nachtes was myn here vnde hertoghe Bernd to wenſen Dyt is dat ſe dar vorterden III ₰ et IIII ꝺ
vor brod .I. ꞩ vor ene votte gus II ꞩ vor Boteren XI ꞩ vor ynnebrowen Ber XVIII ꞩ vor gud Ber
IIII ꝺh haueren vor II mark vor vodert.
   Des donredages Do quam hertoghe Bernd van Wenſen vnde de van Camenez VI ꝺ vor wytbrod
20 IIII ꝺ vor etyk XXIII ꞩ vor twe ꝺh haueren et II mod des avendes vor vodert.
   Des vrydages Do red hertoghe Bernd vnde de van Camenez IIII ꝺ vor wytbrod III ꞩ et II tut
vor .I. tunnen haring VI ꝺ den vyſcheren XIII ꞩ vor .I. ꝺh haueren et IIII mod heren Pawels perden
gheneſe vryberge vnde andren myns heren denren de hir weren.
   Des Sonnavendes IIII ꝺ vor wytbrod VI ꞩ vor vyſche II ꞩ vor eygere XIII ꞩ vor .I. ꝺh
25 haueren et IIII mod den dome des voravendes voderde X ꞩ vor .I. ꝺh haueren den werkperden de
weken over V mark vor VI ꝺh ſiliginis vor backen IIII mark vor IIII ꝺh moltes vorbrowen.
   Summa huius eſt XXIIII mark et XII ₰ et II ꝺ.
   Des Sondages in der XXXVIII weken IIII ꝺ vor wytbrod IIII ꝺ vor etyk Des avendes vor
vodert XV ₰ vor XXI mod haueren heren pawels perden haſelbaches geneſe vryberge den piperen vnde
30 andren Do ſolues .I. voder beres et II tunnen vor IX mark dat in den keller quam.
   Des mandages IIII ꝺ vor wytbrod IIII ꝺ vor etyk XV ₰ vor XXI mod haueren alſe des aven-
des vore.
   Des dynſedages IIII ꝺ vor wytbrod IIII ꝺ vor etyk II ꞩ vor rovo XXI mod haueren vor
XV ꞩ den ſoluen.
35 Des Midwekns IIII ꝺ vor wytbrod XVIII ꝺ vor eygere XXI mod haueren vor XV ꞩ den Soluen.
   Des donredages in Sünte katherinen avende IIII ꝺ vor wytbrod IIII ꞩ vor vyſche XV ꞩ vor
XXI mod haueren den Soluen.
   Des vrydages in Sünte kathorinen dage IIII ꝺ vor wytbrod IIII ꞩ vor hariugh VI ꝺ den vyſcheren XXI mod haueren vor XV ₰ den ſoluen.
40 Des Sonnavendes Do quam myn here vnde hertoge bernd van dannenberghe to alſo de dach ſcholde
weſen hebben twyſchen mynem heren vnde dem Margreuen VIII ꝺ vor wytbrod XI ꞩ vor vyſche
VI ꞩ vor eygere .V. ꞩ vor haringh IIII ꞩ vor .I. ſloveken botteren .X. ꞩ vor .I. ꝺh haueren den
werkperden II tul vor IIII ꝺh haueren myns heren perden hertoghen Berndes vnde den de myt eme hir
weren V mark vor VI ꝺh ſiliginis verbacken IIII mark vor IIII ꝺh moltes verbrowen.
45 Summa huius eſt XXVIII mark et XIII ₰ et II ꝺ.
   Des Sondages in der XXXIX weken VI ꝺ vor wytbrod IIII ꝺ vor etyk Do Solues red myn

here to pattenfen to dage tegen den Byfchop Des avendes voderdeme hir II ch haueren vor XV ß hertogen Bernde hafelbache de hir do Bleuen to male Do folues IX mark vor eyn voder beres vnde twe tunnen dat de voget kofte enem manne af van honouer.

Des mandages IIII d vor wytbrod IIII d vor etyk . I . ß vor eygere II ß vor dacht to lichton II ch haueren vor XV ß alfo de vor avendes.

Des dinfedages in Sünte Andreas avende IIII d vor wytbrod II tal vor eyne tunnen haringes VI ß vor vyfche II ch haueren vor XV ß alfo des avendes vore.

Des Midwekens in Sünte andreas dage IIII d vor vytbrod IIII d vor etyk . I . ß vor eygere XV ß vor II ch haueren den foluen.

Des donredages VI d vor wytbrod IIII d vor etyk Des avendes quam myn Here her werner lange wulbrand vnde andre myns heren denre do voderdeme IIII ch haueren vor II mark et III ß.

Des vrydages VI d vor wytbrod VI d den vyfcheren Des avendes red myn here vnde hertoge Bernd teghen Lüneborch des avendes voderdeme myns heren perden de hir bleuen hafelbaches heren pawels andreas bemen genefe vryborge kreuete den piperen XVIII mod haueren vor XIII ß.

Des Sonnavendes III d vor wytbrod II ß vor eygere IIII ß vor vyfche X ß vor . I . ch haueren 15 de weken over XVIII mod haueren vor XIII ß den foluen alfo vore V mark vor VI ch Siliginis de weken over IIII mark vor IIII ch moltes.

Summa huius eft XXXIII mark et VI ß et VII d.

Des Sondages in der XL weken IIII d vor wytbrod IIII d vor etyk Des avendes vor voderdeme myns heren perden twen de hir beftan weren heren pawels genefe andreas bemen hinr vnde andren de hir ynnehodden . I . ch vor X ß.

Des mandages in Sunte Nycolaus avende IIII d vor wytbrod IIII ß vor vyfche III ß perfonen den her pawel zende to dem Byfchope myd myns heren breuen III ß twen mennen de de porten makeden by der vlotrennen hinder dem felote III ß vor felod vnde krampen to der foluen porten VIII ß twen mennen dede to makeden myr vrowen oven vnde in der hove dornfen X ß vor . I . ch haueren alfo des avendes vore.

Des dinfedages in Sünte Nycolaus dage III d vor wytbrod IIII d vor etyk X ß vor . I ch haueren alfo dar vore.

Des mydwekns in vnfer vrowen avende vor holen II d vor wytbrod IIII ß vor vyfche III ß enem Boden de to dem greuen van wünftorpe gingk myd myns heren breue X ß vor . I . ch haueren alfo vore.

Des donredages III d vor wytbrod IIII d vor etyk . X . ß vor . I . ch haueren den alfo vore.

Des vrydages II d vor wytbrod VI d den vyfcheren XVIII d beneken de to Euerde van Marnholte gynk to der bruge myd myns heren breue IIII ß vor yshaken . X . ß vor . I . ch haueren alfo vore.

Des Sonnavendes III d vor wytbrod IIII ß vor vyfche . I . ß vor eygere III mark IIII ß minus 35 vor . I . ch erwete . X . ß vor . I . ch haueren den werkperden . X . ß vor . I . ch haueren alfo vore V mark vor VI ch filiginis verbacken IIII mark vor IIII ch moltes ver browen.

Des nachtes was myn hero to Hermenfborch Dyt is dat he dar vorterde dat Clawes dem vogede rekende XVIII d vor brod V ß vor botteren vnde kefe . I . ß vor lecht II mark vor IIII ch haueren XVIII d vor hev Ok vor dede dar folues de Greue van wünftorpe do Ludolfus en vorde na mynem heren XVIII ß vor alle kofte IIII ß vor deden dar de knechte de to der molen vorden*).

Summa huius eft XVIII mark et IX ß et III d.

Des Sondages in der XLI weken III d vor wybrod IIII d vor etyk XVI mod haueren vor XII ß IIII d minus III ß plumphofen de na mynem heren ging myd breuen to Luneborch.

---

*) Die Aufzeichnung von *Des nachtes was myn here to Hermenfborch bis to der molen vorden* ist auf einem befonderen Blättchen nachgetragen. Es bleibt ungewiss, zu welchem Tage der Woche sie gehört.

Des mandages III de vor wytbrod IIII de vor etyk III ₰ vor afyferne to dem hofwagene III ₰ vor remonleder den werkperden XVI mod haueren vor XII ₰ IIII de minus vodert.
Des dynfedages III de vor wytbrod IIII de vor etyk XVI mod haueren vor XII ₰ IIII de minus.
Des mydwekns do vaftme quatuor tempora III de vor wytbrod IIII ₰ vor haringh XVI mod haue-
5 ren vor XII ₰ IIII de minus.
Des donredages III de vor wytbrod IIII de vor etyk XVI mod haueren vor XII ₰ IIII de minus vodert.
Des Vrydages II de vor wytbrod VI de den vyfcheren VII ₰ vor haringh III ₰ vor vyfche Des avendes quam myn here vnde hertoge Bernd de van Camencz Euerd van Marnholte do voderdeme IIII ch haueren vor II mark et III ₰.
10 Des Sonnavendes VI de vor wytbrod IX ₰ vor vyfche . V . ₰ vor haringh Des avendes voderdeme V ch vor III mark III ₰ minus to . X . ₰ Do folues quam hermen fporeke de putteker hafelbach V mark vor VI ch filiginis IIII mark vor IIII ch moltes X ₰ vor . I . ch haueren den werkperden.
Summa huius eft XIX mark . I ₰ minus.
Des Sondages in der XLII weken VI de vor wytbrod IIII de vor etyk XVI de vor krude III
15 mark et II ₰ vor V ch haueren.
Des mandages VIII de vor wytbrod IIII de vor etyk III mark et II ₰ vor . V . ch haueren.
Des dynfedages in Sünte Thomas avende IIII de vor wytbrod IIII de vor etyk VIII ₰ vor vyfche III mark et II ₰ vor V ch haueren.
Des mydwekns in Sünte Thomas dage XV ₰ vor fychtebudele XII ₰ vor feeke in dat bakhus
20 III ₰ IIII elen lynes lakens to enem drachlaken VI de vor wytbrod IIII de vor etyk XX de vor vyfche III mark vor . I . tunnen haringes III mark et II ₰ vor V ch haueren.
Des donredages VIII de vor wytbrod IIII de vor etyk XXIIII ₰ to pantquitinge Euerde van Marnholte de hir hadde wefen II mark et III ₰ vor IIII ch haueren.
Des vrydages VIII de vor wytbrod VI de den vyfcheren II ₰ vor dacht to lochten II mark et
25 III ₰ vor IIII ch haueren vodert XII ₰ IIII de minus vor VII par fcho myr vorowen vnde eren Juncvrowen XXIIII ₰ vor fcho vnde ftavele hertogen Bernde entelen.
Des Sonnavendes in des hilgen kerftes avende VIII ₰ vor vyfche XXVI de vor haringh verfch IIII de vor etyk II mark et III ₰ vor IIII ch haueren vodert . X . ₰ vor . I ch haueren den werkperden VII mark IIII ₰ minus vor IX ch filiginis IIII mark vor IIII ch moltes.
30 Summa huius eft XL mark et XIIII ₰ IIII de minus.
Des Sondages in des hilgen kerftes dage in der XLIII weken IX de vor wytbrod VIII de vor etyk II mark et III ₰ vor IIII ch haueren.
Des mandages IX de vor wytbrod IIII de vor etyk II mark et III ₰ vor IIII ch haueren.
Des dynfedages VI de vor wytbrod IIII de vor etyk Do folues red myn here to der Nygenftad
35 Des avendes voderdeme hern pawelo hafelbache wyczen genefe fchorleken vryberge fchillinge vnde andren XV ₰ vor XXI mod haueren.
Des mydwekns III de vor wytbrod VI de vor eygere IIII de vor etyk XV ₰ vor XXI mod haueren vodert III mark to lone veer woeteren.
Des donredages IIII de vor wytbrod XV ₰ vor XXI mod haueren vodert.
40 Des vrydages Do quam hertoge Bernd van der nygenftad van mynem heren Otte van Rytferow de putker heygne fchorleke vnde andre myns heren denre IIII de vor wytbrod VI de den vyfcheren VIII de vor bradharingh III ₰ hertogen bernde to dem ftoven . I . tal vor II ch haueren vodert.
Des Sonnavendes in nyge Jars avende IIII de vor wytbrod VII ₰ vor vyfche II ₰ vor eygere II ₰ vor rove do weken over III ₰ vor dre verdevad mels to kokende III ₰ vor krude . I . til vor
45 twe ch haueren vodert X ₰ vor . I . ch haueren den werkperden V mark vor VI ch filiginis vor backen IIII mark et IIII ch moltes vorbrowen to XVII ₰ do ch.

Summa huius eft XXIII mark vnde VII ß et VII dr.

Des Sondages in nygen Jars dage in der XLIIII weken   IIII de vor wytbrod   IIII de vor etyk
. I . ttf vor twe ch haueren vodert.

Des mandages   IIII de vor wytbrod   VI de vor . I . hon dem valkn   IIII de vor etyk   . I . ttf vor
II ch haueren vodert.

Des dynfedages   IIII de vor wytbrod   IIII de vor etyk   IIII mark et IIII ß vor VII ch hoppe et
VI mod to IX ß . I . ttf vor II ch haueren vodert.

Des mydwekns   IIII de vor wytbrod   IIII de vor etyk   . I . ttf vor II ch haueren vodert.

Des donredages in twelften avende   Do quam myn here van honouer alfo he vp dem dage wefen
hadde tegen den Byfchop vnde hertogen otten   VI de vor wytbrod   IIII ß vor vyfche   II ß perfonen
de to Verden gingk myd myns heren Breue   III mark et III ß vor IIII ch haueren et IIII mod.

Des vrydages   VI de vor wytbrod   IIII de vor etyk   VI de den vyfcheren   VII ß vor vyfche avend
vnde morgen   . I . ß vor II punt olyes   Do folues was de olye vor fpyfed den de voged fatte van den
hildenfemfchen wagene do me dat ber affatte   II mark et XI ß vor IIII ch haueren et IIII mod.

Des Sonnavendes   IX de vor wytbrod   IIII de vor etyk   IX ß vor haringh avend vnde morgen
VIII ß vor vyfche   III ß vor eygere   IIII de vor etyk   V ch haueren vor III mark III ß minus   Do
folues quam her Werner van Bertenfcleue vnde andre X ß   vor . I . ch haueren den werkperden   V mark
vor VI ch filiginis vorbacken   IIII mark et IIII ß vor IIII ch moltes.

Summa huius eft XXIX mark et V. ß I. dr minus.

Des Sondages in der XLV weken   VIII de vor wytbrod   IIII de vor etyk   III mark III ß minus
vor V ch haueren vorvodert.

Des mandages   VIII de vor wytbrod   IIII de vor etyk   III mark III ß minus vor V ch haueren.

Des dynfedages   VIII de vor wytbrod   IIII de vor etyk   III mark III ß minus vor V ch haueren
vodert.

Des mydwekns   IX de vor wytbrod   . V . ß vor vyfche   IIII de vor etyk   II ß vor eygere   III
mark III ß minus vor V ch haueren.

Des donredages   VI de vor wytbrod   IIII de vor etyk   Des avendes red myn here to Borchtorpe
tegen den Byfchop to dage   Des nachtes was he vp dem afemore dar voderdeme II ch haueren vor
XV ß   Des folues avendes quam de van Camence hir wedder yn vnde andere myne heren deure den
voderdeme III ch haueren vor II mark et III ß.

Des vrydages   IIII de vor wytbrod   IIII ß vor VI punt olyes   IIII ß vor vyfche   VI de den vyfcheren   II mark et III ß vor IIII ch haueren   Des nachtes was myn here to Borchtorpe   Dar voderdeme
III ch haueren vor XXV ß.

Des Sonnavendes   Do quam myn here van Borchtorpe van dem dage her Werner van Bertenfcleue
her kerften bofel vnde andre myns heren man   VIII de vor wytbrod   IIII de vor etyk   IX ß vor vyfche
III ß vor eygere   III ß vor IIII ch haueren   . X . ß vor . I . ch haueren den werkperden
VII mark IIII ß minus vor IX ch filiginis vorbacken   IIII mark et IIII ß vor IIII ch moltes.

Summa huius eft XXXIIII mark et VI ß et III dr.

Des Sondages in der XLVI weken   VI de vor wytbrod   IIII de vor etyk   VII mark vor . I . voder
beres in myns heren keller   Do folues red myn here to Walfrode tegen heren Jane van fafterfvlete   Des
avendes voderdeme hir hertogen bernde den van Camence vnde andre IIII ch haueren vor II mark et
III ß   Des folues nachtes was myn here to Walfrode   Dyt is dat he dar vor dede   XVIII de vor wytbrod   . I . mark vor . I . tunnen beres   VI ß vor ynnebrowen ber   . I . ß vor etyk   II ß vor fpek
. I . ß vor lecht III ch haueren vor XXIIII ß   III ß vor hov   Ok des folues nachtes was binrik de fyne
myd fynen gefellen vnde de honouerfchen to Amburen   . I . tunnen beres vor . I . mark   . I . ttf vor
II ch haueren.

Des mandages IIII de vor wytbrod IIII de vor etyk Des avendes voderdeme hertogen bernde den van Camensc hinr synen de honouerschen VI ch haueren vor IIII mark I ₰ minus De nacht was myn here nochten to Walsrode XVIII de vor wytbrod XXIIII ₰ vor gutber VIII ₰ vor ynnebrowen ber . I . ₰ vor solt . I . ₰ vor lecht III ₰ Euerde van Marnholte to pantquitinge III ch haueren vor XXIIII ₰.

5 Des dynsedages VIII de vor wytbrod IIII de vor Etyk Do solues quam myn here van Walsrode to Do voderdeme VII ch haueren vor IIII mark et VI ₰.

Des mydwekens VIII de vor wytbrod IIII de vor etyk XVIII de vor vysche . I . ₰ vor eygere . I . ₰ vor verschen haringh XX de peperfacke de to Lechtenberge ging myd myns heren breve Do solues red myn here to Honouer vnde binrik fyne myd synen gesellen vnde de honouerschen Den soluen to 10 pantquitinge VI mark et V ₰ et II de in den herbergen Des avendes voderdeme hertogen Bernde den van Camencz vnde andre myns heren denre III ch haueren et III mod vor II mark et VI de.

Des donredages IIII de vor wytbrod IIII de vor etyk II mark et VI de vor III ch haueren et III mod.

Des vrydages IIII de vor wytbrod IIII de vor etyk VI de den vyscheren III ₰ et IIII de vor 15 V pmt olyes to VIII de III mark III ₰ minus vor . I . tunnen haringes II mark et VI de vor III ch haueren et III mod.

Des Sonnavendes IIII de vor wytbrod IIII de vor etyk VIII ₰ vor vysche . I . ₰ vor eygere II mark II ₰ minus vor III ch haueren vodert X ₰ vor . I . ch haueren den hunden de do komen weren . X . ₰ vor . I . ch haueren den werkperden V mark vor VI ch siliginis verbacken IIII mark et IIII ₰ 20 vor IIII^{or} ch moltes verbrowen.

Summa huius est LIIII mark et X ₰ et II de.

Des Sondages in de XLVII weken IIII de vor wytbrod VIII de vor etyk II mark et II ₰ vor II tunnen beres hirvp II mark II ₰ minus vor III ch haueren vodert.

Des mandages Do quam myn here van honouer to VI de vor wytbrod VIII de vor etyk II ₰ 25 vor rove II ₰ vor dacht to lechten III mark vor IIII ch haueren vodert.

Des dynsedages VI de vor wytbrod VIII de vor etyk III mark et V ₰ vor . I . vad beres III ₰ hertogen Bernde to dem stoven III mark III ₰ minus vor V ch haueren Do solue quam Bertold van honhorst wol myd XXVI perden.

Des mydwekens IIII ₰ vor vysche VI de vor wytbrod VIII de vor etyk XVIII de vor eygere 30 II mark vor eynen ch Erwete II ₰ vor eyn Ingesegel dat myn here graven led dat willebrande van Reeden horde II mark et III ₰ vor IIII ch haueren vodert Des avendes weren de twe Ros to Bergen vnde de de so dar brochten . X . ₰ vordoden se dar dede Clawes dem vogede rekende.

Des donredages VI de vor wytbrod VIII de vor etyk Do solues Red myn here to Honouer III mark vor IIII ch haueren vodert hertogen Bernde vnde den de hir bleuen.

35 Des vrydages VII mark vor eyn voder beres hirvp VI de vor wytbrod VII ₰ vor haring IIII ₰ vor VI pmt olyes to VIII de XX de vor olye vnde haring den Jegeren VI de den vyscheren III mark vor IIII ch haueren.

Des Sonnavendes IIII de vor wytbrod VIII ₰ vor vysche avend vnde morgen III ₰ vor eygere IIII de vor etyk V mark vor eyne tunnen botteren XXV ₰ vor III ch haueren vodert V mark vor 40 VI ch siliginis vorbacken IIII mark et IIII ₰ vor IIII ch moltes to XVII ₰ X ₰ vor . I . ch haueren den hunden X ₰ vor . I . ch haueren den werkperden.

Summa huius est XLVIII mark et VI ₰.

Des Sondages in der XLVIII weken VI de vor wytbrod VIII de vor etyk Do solues quam myn here van honouer IIII mark III ₰ minus vor vor V ch haueren vodert.

45 Des mandages VI de vor wytbrod VIII de vor etyk III ₰ eynem boden de na Euerde van Marnholte gingk myd myns heren breve IIII mark III ₰ minus vor V ch haueren.

Des dynfedages VI ₰ vor wytbrod VIII ₰ vor etyk Do folues red myn here to dem houe to wyttenberge Do folae voderdeme myns heren Roffe vnde dren andren perden heren pawels fchorliken genefe hinř van medinge vryberge der Jegere vnde andren de hir ynne hulpen hoden I₰ ₰ haueren vor XV ₰.

Des mydwekns in vnfer vrowen avende Lychtmiffen VIII ₰ vor wytbrod XVII ₰ vor eyne tunnen beres myr vrowen XVI ₰ plumphofen de to Lochtenberge gingk myd myna heren breue XV ₰ vor 5 I₰ ₰ haueren vodert.

Des donredages in vnfer vrowen dage IIII ₰ vor wytbrod IIII ₰ vor etyk XV ₰ vor I₰ ₰ haueren.

Des vrydages IIII ₰ vor wytbrod VI ₰ den vyfcheren . V. ₰ vor Clyge VII ₰ vor haringh XV ₰ vor I₰ ₰ haueren.

Des Sonnavendes IIII ₰ vor wytbrod IIII ₰ vor etyk II ₰ vor vyfche XVII ₰ vor . I. tunnen 10 beres myr vrowen XV ₰ vor I₰ ₰ haueren X́ mark vor VI ₰ filiginis IIII mark et IIII ₰ vor IIII ₰ moltes X ₰ vor . I . ₰ haueren den hunden X ₰ vor I. ₰ haueren den werkperden.

Summa huius eſt XXVI mark IIII ₰ minus.

Des Sondages to vaftelauende in der XLIX weken . I. ₰ vor wytbrod II₰ ₰ vor etyk den vaftelauend over III ₰ vor III verdevad wetens meles IIII ₰ vor eygere to backene V₰ ₰ vor krude Do 15 voderdeme I₰ ₰ vor XV ₰.

Des mandages VI ₰ vor wytbrod XVII ₰ vor . I tunnen beres den vaftelauend over XVII ₰ vor deden de tymberlude vnde de yegers to hermenfborch XV ₰ vor I₰ ₰ haueren.

Des dynfedages VI ₰ vor wytbrod XV ₰ vor I₰ ₰ haueren.

Des mydwekns in der vaften X́ ₰ vor vyfche IIII ₰ vnde IIII ₰ vor VII punt olyes to VII ₰ 20 III ₰ vor wytbrod XII₰ ₰ vor talch to lychten II ₰ vor dacht to lychten XV ₰ vor I₰ ₰ haueren.

Des donredages III ₰ vor wytbrod III ₰ I ₰ minus vor V punt olyes III ₰ vor vyfche IX ₰ peperfacke vnde plumphofen de tegen mynen heren gingen do he van dem houe quam XV ₰ vor I₰ ₰ haueren.

Des vrydages II ₰ vor wytbrod VI ₰ den vyfcheren III₰ ₰ vor VI punt olyes XV ₰ vor I₰ ₰ 25 haueren.

Des Sonnavendes III ₰ I ₰ minus vor V punt olyes III ₰ vor wytbrod Do reden de voged vnde her pawel to der oygenftad . I . ₰ vor X ₰ X́ mark vor VI ₰ filiginis IIII mark et IIII ₰ vor IIII ₰ moltes X ₰ vor . I . ₰ haueren den hunden X ₰ vor . I . ₰ haueren den werkperden VI mark et IIII ₰ vor II₰ tunnen haringes. 30

Summa XXVIII mark et IX ₰ et VII ₰.

Des Sondages in der L weken Do quam myn here vnde hertoge bernd VIII ₰ vor vyfche VII ₰ I ₰ minus vor XI punt olyes VIII ₰ vor wytbrod III mark et II ₰ vor . V. ₰ haueren vodert.

Des mandages VIII ₰ vor wytbrod IX ₰ vor vyfche IX mark vor II₰ fcimtener olyes III mark vor . I . ₰ Erwete to III ₰ den mod III mark III ₰ minus vor X́ ₰ haueren. 35

Summa huius XX mark deſſer twyger dage.

136. Die Herzöge Wenzlaus und Albrecht van Sachsen und Lüneburg, Herzog Bernhard von Braunschweig und Lüneburg, Ritter Werner von Bertensleben, Wilbrand van Reden und Heinrich van Langelege geloben, dem Ritter Diedrich van Alten 400 löthige Mark am 10. April 1379 zu bezahlen. — 1378, den 11. April. K. O.

We Wentzlaw vnde Albrecht van godes gnaden hertogen to Saffen vnde to Luneb́ vnde we Bernd 40 van godes gnaden hertoge to Brunfw̄ vnde to Luneb́ her werner van bertenſlē Ridder lange wullebrand van Reiden vnde hinrik van langelge Bekennen openbare in deffeme breue dat we fchuldich fyn rechter fchult hern diderike van Alten vnde finen Eruen vier hundert lodige mark brunfw̄ witte vnde wichte de we en oder hern hanſe van honlege ludolffe finem fonen oder harn fritzen vnde harn Gherarde van wederden van orer wegen fchullen vn̄ willen geuen vnde betalen. alfe nu to pafchen vort ouer eyn iar ane hinder 45

eder vortoch Des to Orkunde dat we alle deſſe vorſcreuen ſtucke dem vorbeñ hern diderike van alten vnde
finen Eruen vnde den Jennen de deſſen breff ane ôre wederſprake hebben ſtede vnde vaſt holden willen.
hebbe we vnſe ingeſegele laten hengen an deſſen breff de gouen is Na godes bord dritteyn hundert iar.
In deme achte vnde Seuentigeſten iare an deme hilgen dage to palmen.

5 137. **Rabode Wals, vor das Freigericht zu Blest (bei Lemgo) geladen, schwört, daſs auf den wegen dieſer Ladung mit dem edelen Herrn von der Lippe zu haltenden Tagefahrten Herzog Albrecht von Sachſen und Lüneburg ſeiner zu Allem, was die Ehre gebietet, mächtig ſein ſoll. — 1378, den 17. Mai.** K. O.

Ek Rabode wale be kenne vñ be thûghe indiſſeme openen breue. dat de dorchlûchtighe Hogheborne
vorſte min leue gnedeghe here Hertoghe Albrecht. van Saſſon vñ Luneborch heft ghe ſcreuen, deme van der
10 Lippe dat ho miner wille to den eren mechtich weſen. teghen ene oder teghen alleſwene alſo van der
ladinghe weghene. dat ek to byſt ghe laden bin Were nv. dat mineme Heren myd deme van der Lippe
oder mid anders weme. dar vmme borede daghe to holdende. dat he miner vppe den daghen ſcal mechtich
weſen. to den eren vñ dat ek vppe den daghen to den eren antwerden wille dat hebbe ik ghe loued vñ
ſworen in den Hilghen. Mid vp gherichteden vingheren, vñ ſtauedes Eedes. Vñ loue dat. vñ ſwere in diſ-
15 ſeme breue in eede ſtad. Tho eyner be thûghinghe is min inghezeghel. ghe henghet an diſſen bref Datum
Anno dominj M ĊĊĊ LXX̄ octauo ſecunda feria proxima poſt dominicam qua Cantatur Cantate.

138. **Die Herzöge Wenzlaus und Albrecht von Sachſen und Lüneburg und Herzog Bernhard von Braunſchweig und Lüneburg ertheilen dem Rathsherren der Stadt Celle das ausſchliesſliche Recht des Verkaufes und Schankes von Wein und fremdem Bier in der Stadt und geloben, von dem Guts derselben und der Bürger
20 für Geleit und Zoll nicht mehr, als zu den Zeiten des Herzogs Wilhelm dafür gegeben iſt, zu nehmen. — 1378, den 8. Juni.** K. C. 17.

Wier Wentzelau undt Albrecht von Gottes Gnaden hertzogen zu Sachſen undt zu Lüneb undt wir
Berend von Gottes gnaden hertzog zu Braunſchw̄ undt Lüneb̄ bekennen offenbahr in dieſem brieffe, daſs
wir mit gutem willen unſern lieben getreuen den Rahtmännen in [1]) unſer Stadt zu Zello die gnade gegeben
25 haben ewiglich zu halten [2]), daſz Sie undt die Sie darzu ſetzen, wein undt frombd bier mögen feil haben
zapffen undt Schenken umb pfennige in der Stadt keller unter dem Rahthauſze undt waſz ſie des verkauf-
fen oder Schencken, dar ſollen Sie unſz unſern Erben undt Nachkommen von geben von jeglichem [3]) halben fuder biers einen alten braunſchw̄ Schilling oder ſechzehn Lüneb̄ pfennige, alſz die alte [4]) gewohnheit
undt pflicht geweſen iſt [5]), von dem fuder weinſz ein Stübgen weinſz [6]), undt ſo [7]) ſollen wier ſelber undt
30 alle unſere Erben undt nachkommen undt alle Bürger undt Bürgerinnen [8]) von Zelle, undt [9]) Niemandt ſoll
binnen der Stadt zu [10]) Zelle wein oder frembd bier zapffen oder vor gold [11]) Schencken, es ſey dan mit
des [12]) vorbenandten unſers Rahts zu Zelle volbort undt willen. Ferner haben wir denſelben unſern Rahtmännen undt Bürgeren zu Zelle die ewige gnade geben, daſz Sie von Ihrem Guete unſz, vnſern Erben undt
Nachkommen keynerley geleite oder Zoll mehr [13]) geben ſollen mehr alſz Sie bey [14]) hertzog Wilhelm zeiten
35 gegeben haben Auff daſz [15]) alle dieſe vorgeſchriebene dinge ſtets ewig undt unverbrüglich bleiben, haben
wir vorbenandte hertzogen Wentzelau undt hertzog Albrecht undt hertzog Behrend unſere Inſiegel laſzen
hengen an dieſem brieff, der geſchrieben undt gegeben iſt zu Zelle nach Gottes geburt des 1378ten
Jahrs [16]) des dingſtage nach pfingſten.

Eine andere Abſchrift aus dem 17. Jahrhunderte zeigt folgende Verſchiedenheiten: [1]) in fehlt. [2]) zu behaltende. [3]) iedweden
40 ſtatt jeglichem. [4]) alte fehlt. [5]) bishero geweſen ſtatt geweſen iſt. [6]) von dem Fuder weins mager ſtübichens weines rund von dem
halbem Fuder weins 1 ſtübichern weins. [7]) Auch ſtatt undt ſo. [8]) Bürgerſaſzum ſtatt Bürgerinnen. [9]) noch ſtatt undt. [10]) zu fehlt.
[11]) pfennig ſtatt gold. [12]) ohne ſtatt es ſey dan mit des. [13]) mehr fehlt. [14]) vormahls bey. [15]) Vendt damit ſtatt Auf daſz.
[16]) nach Gottes Geburt dreyzehen hundert in dem Acht undt Siebenzigſten Jahre.

129. Graf Ludolf von Wunstorf begiebt sich mit seinem Theile der Stadt Wunstorf, mit dem Schlosse Blumenau und mit seiner ganzen Herrschaft Wunstorf in den Dienst und in den Schutz der Herzöge Wenzlaus und Albrecht von Sachsen und Lüneburg und der nachfolgenden Herzöge zu Lüneburg. Besonders von ihren Schlössern Neustadt und Bordenau sollen sie ihn vertheidigen. Irrungen zwischen ihm und ihnen sollen zu Neustadt durch ein Schiedsgericht geschlichtet werden. Beim Verkaufe der Herrschaft Wunstorf bewilligt er ihnen das Näherrecht. — 1378, den 22. Juni. K. O.

We Ludelff van godes gnaden Greue to Wunftorpe Bekennen openbare in diffeme breue dat we vnd vnfe eruen myt vnfemo deile der Stad to Wunftorpe myt vnfem flote der blomenow. vnde myt vnfer ganfen herfchop to Wunftorpe in der houchgebornen furften hern bern Wentzlawes vnde her Albrechtes hertogen To Saffen vnde to Luneborch. denft gefaren fynd alfo dat we vnde vnfe eruen den fuluen vnfen heren de wile fe leuet vnde na orem dode eren eruen vnde nakomelingen hertogen to Luneborch myd den vorbenomeden vnfen floten eweliken fchullen dienen vnde behulpen wefen vnde on de fuluen vnfe flote fchullen open holden to allen oren noeden. to allen tyden vppe allermalken dar we eres rechten mechtich fyn. Vnde de vorbenomeden vnfe heren vnde ore nakomelinge fchullen vns vnde vnfe eruen truweliken vordegedingen vnde behulpen wefen iegen allefwene dar we recht nemen vnd gheuen willen vnde de fuluen vnfe heron vnde ore nakomelinge foullen ok vnfer vnde vnfer eruen vnde der vnfer to allen tyden mechtich wefen to vruntfcop vnde to rechte. Vnde wolde vns yemant vorvnrechten fo folde we on witlik don vnde konden fe vns denne bynnen eynem Manden dar na alz we on dat witlik gedan hedden neynes rechten helpen fo fcholden fe vns dar truweliken to vordegedingen vnde behulpen wefen funderliken myd oren floten der Nyenftad vnde der bordenow. in aller wife alz we on don fcullen myt vnfen floten alfo vorfcreuen fteit vnde we vorbenomede Greue ludelf van Wunftorpe vnfe eruen vnde nakomelinge en fchullen de vorbenomeden vnfe heren ore eruen ore land vnde lude vnde alle de Jenne de on boren to vor degedingende nicht vorvnrechten vnde de van vnfen floten vnde dar wedder to nicht befchediegen noch befchedigen laten Worden ok de vorbenomeden heren ore eruen oder de ore wor befchedigt vnde de Jenne de dat gedan hedden in vnfe flote oder land quemen den mochten fe oder de ore dar volgen dar fcolde we vnde de vnfe fe truweliken to vorderen vnde on dar to behulpen wefen alfo vft vns dat fuluen gefchen were Worde ok fchelinge oder twydracht twiffchen den vorbenomeden vnfen heren vnde vns des god nicht en wille oder twiffchen den oren vnde den vnfen dar fcholden fe tweyne vte eremo rado vnde we tweyne vte vnfem rade vmme to Samende fenden to der Nyenftad bynnen verteynnachten dar na alze fe vns oder we on dat gekundiget hedden vnde de fcholden dat fcheden bynnen den negeften verteynnachten dar na in vruntfcop oder in rechte Were auer dat fe des nicht don konden. fo fcholden fe kefen eynen ouerman de fcholde dat dar na bynnen den negeften verteynnachten in rechte fchieden Were auer dat fe des ouermannes nicht eyn tellich weren fo fcholden fe dar vmme dobbeln vnde wieme denne to velle de kore des ouermannes de fcholde fik des mechtigen dat de ouerman bynnen den vorbenomoden verteynnachten dat fo fchieden fcholde Ok en fchullet deffe vorbenomeden fchedes lude neymande keefen to eynem ouermanne fik he en duncke on dar nutte vnde gut to wefen to beydent fiden Were ok dat we vorbenomede Greue ludelff oder vnfe eruen van nood wegene de herfcop to wunftorpe vor kopen oder vorlaten wolden dat foolde we den vorbenomeden vnfen heron vnde na orem dode oren eruen vnde nakomelingen hertogen to Luneborch witlik don vnde wür we eynem anderen de herfcop vmme laten wolden dar foolden fe deme kope de negeften vmme wefen vier Mande vmme dar na alz we on dat witlik gedan hedden weret dat fe der herffchop denne bynnen vier manden nicht kopen wolden fo mochten we de herfcop vorkopen vnde laten wieme we wolden. vnde dar en foolden fe vns nicht an hinderen. Worden vns ok oder vnfen eruen vnfe flote beftallet oder vorbuwet fo fcholden fe vns truweliken end fetten myt orer ganfen macht alfo fe erften mochten ane argelift Worde ok deffe breff icht geergert oder dat he van vngelucke vorloren worde fo fcolde we vnfe eruen vnde nakomelinge bynnen veer wekenen dar na wanne we van den vorbenomeden vnfen heren oren eruen oder nakomelingen dar vmme gemanet worden oder fe dat van vns efcheden deffen

breiff vor nyen in aller wife vn worden alfo he hir befcrouen fteit Alle deffe vorfcreuenen ftucke vnde eyn Jewelk befunderen loue we vorbenomede Greue ludolf van wunftorpe vnde vnfe eruen in guden truwen vnde funder argelift ftede vaft vnde vnuorbroken to boldende den vorbenomeden vnfen heren. hertogen wentzlawe vnde hertogen Albrechte ere leuedage vnde na orem dode oren eruen vnde nakomelingen her-
5 togen to Luneborch vnde hebben des to orkunde vnfe ingef van vnfer vnde vnfer eruen wegene laten hengen an deffen breff De gheuen is na goddefbord dritteyn hundert Jar dar na in deme achteden vnde Seuentigoften Jare des negeften dyngeffe dages vor funte Johannis dage to Middenfomere.

140. Kaiser Karl IV. wiederholt sein Zeugnis vom 30. October 1377 über den von dem Rathe der Stadt Lüneburg mit den Herzögen von Sachsen und Lüneburg getroffenen Uebereinkommen. — 1378, den
10 **15. Juli.** K. O.

Wir karl von gotes gnaden Romifcher keyfer zu allen zeiten Merer des Reichs vnd kunig zu Beheim Bekennen vnd tunkunt offenlichen mit diefim briefe Allen den die yn febent oder horent lefen. Als wir furmals vnfir bekentnuffe in vnfern keyferlichen briefen getan haben vmb fuliche Schelungen als tzwifchen den hochgeboren . . hertzogen zu Sachfen vnd zu lunemburg vnfern lieben Oheim vnd furften vff eyne feite,
15 vnd dem . . Burgermeiftern vnd Rate irer Stat zu lunemburg, vff die andir feite, Dorumb wir die freuntlichen zurichten, den. Erwirdigen Heinrichen Bifchouen zum Brunfperge, vnd Niclafen von Refymburg Probifte zu Cameryk Thumherren zu Magdeburg vnd zu Breflaw, vnfere Rete vnd liebin Andechtigen, mit fampte den egenanten vnfern Oheim, in die Stat zu lunemburg, gefant hatten, Alfo, bekennen wir abir vnd tun zu wiffen Allirmeniclichen Das, diefelbin vnfir Rete, der Bifchoff vom Brunfperg, vnd der Probift von Ca-
20 meryk, do fie wider bey vns qwamen, gen Tangermunde vnd auch fider derfelbin zeit, vns vnderwey fet gefaget berichtet vnd offenlichen fur vns bekant haben, das fie vnd die Edeln Wedekynd vogt von dem Berge vnd Balthasar von Camenzs, fuliche Schelungen freuntlichen beiderfijd, hingeleget vnd vorrichtet hetten, vnd das fie vndir andern Stucken, mit Dyetrichen Springefgut, Albrecht Hoyken vnd Johan langen Burgern zu Lunemburg, von des Rates wegen der Stat dofelbift geteidinget hetten vnd eigentlichen vbirtragen vnd
25 vbireyn komen weren, das zuboczalhen fuliche fchulde der Stat zu lunemburg, die fie von der egenanten vnfir Oheim der herfchafft zu lunemburg vnd ireffelbis wegen, von dem kryege, der furmals in derfelbin herfchafft bis vff die zeit gelden was, fchuldig waren, die pfaffheit, die in der Sulczen zu lunemburg, Renten hat, zu fulichen fchulden hulffe tun folden So wolde auch der Rat von lunemburg der Schulde eyn redelich teil vbir fich nemen von ireffelbis Renten vnd gute, vnd das auch nemelichen vbirtragen were,
30 das von der Summen hundirttawfunt Marke pfennynge, die vor fuliche fchulde in der egenanten vnfir Oheim Briefen begriffen ift, Czwelfftawfunt Mark lunemburger pfennynge, die von fulicher teydinge wegen zum erften gefielen der herfchafft zu Lunemburg, zunacz folden gefallen Alfo das man, von denfelbin Czwelfftawfunt Marken pfennyngen den egenanten vnfern Oheim den hertzogen zu Sachfen vnd Lunemburg, folde gelofet haben, Lachow haws vnd Stat, vor eyuvndczwenczig hundirt lotige Mark, vnd das vberige folte
35 man keren vmb die lofungen der Newenftat, vnd andir Stoffe, die der herfchafft zu lunemburg allirnuczlichfte weren, Alfo daz des egenanten geldis keyn pfennyng in funderlichen andir nucze der herfchafft komen folde, Diefir obgefchriben teydingen haben vns die vorgenanten vnfir Rete, berichtet in allir der maffen als donor begriffen ift, Mit vrkunde dies briefes vorfigelt mit vnfir keyferlichen Maieftat[1]) Ingfigel, der gebin ift zu Prage noch Crifts geburto dreyczehenhundirt Jar dornach in dem AchtvndSibenczigften Jare,
40 an der heiligen Czwelffboten tage, den man nennet diuifio Apoftolorum vnfir Reiche des Romifchen in dem

---

[1]) Ein anderes Original, welches aufserdem nur einige Verfchiedenheiten der Rechtschreibung zeigt, lieset *mit vnferm anhangenden statt mit vnfer keyferlichen Maieftat.* Das Siegel, welches anhängt, zeigt nur den Adler; dagegen an obigem Originale das grosse Majestäts-Siegel hängt.

dreyvnddreyſſigſten des Bohemiſchen in dem tweyvnddreyſſigſten vad des keyſertums in dem viervnd-
cweneſigſten Jaren.
De mandato domini Imperatoris
Johannes Luft.

Auf der Rückseite der Urkunde steht geschrieben: R. Wilhelmus kortelangen.

141. Graf Otto von Schauenburg verbindet sich mit dem edelen Herrn Heinrich von Homburg, gelobt, nie Feind
desselben zu werden und ihm gegen jedermann, die Bundesgenossen ausgenommen, mit aller seiner Macht
Hülfe zu leisten. Ihre Irrungen soll zu Hameln oder Münder ein Schiedsgericht schlichten. — 1378, den
13. September. K. O.

Wy Otte van goddes gnaden greue to Holſten vnde to Schouwenborch.. Bekennen in duſſem openen
Breue.. Dat wy vns voreynet vnde vor bunden hebbet, mid deme edelen manne vnſem leuen neven..
Hern Hinrike Heren to Homborch.. Aldusdanewys dat wj̇ Sin vyend nicht werden en ſchullen noch en
willen de wyle wj̇ leuet, vnde wj̇ ſchullet ome trůweliken behulpich weſen mid al vnſer macht vp aller
malkeme ane vppe de dar wy rede mede in vor bůnde ſittet vnde dar, dar wj̇ des van ere weghene nicht
don en mochten. Were ok dat vnder vns eder vnder den vnſen ſchelinge eder twydracht worde dar en
ſcholde wj̇ noch nemend van vnſer weghene myd wederwrake to kómen, men wy ſcholden dar vmme
binnen den neyſten verteynnachten na des dat de ſchelinge ſchen were to ſamende ryden, eder ſenden vnſe
vrund dar vmme to ſamende in de Stad to Hamelen, vnde ſchoden dat myd vrůntſchop.. Were dat wy
des nicht don en konden.. So ſcholde wj̇ dat bringhen an vere vnſer vrůnd. de vere de ſcholden dar
vmme van ſtaden an in ryden in de ſtad to Hamelen vnde dar nicht vt, ſe en bedden dat geſcheden in
vrůntſchop eder in rechte vnde dat ſcholden ſe jo don binnen den neyſten varteynnachten. Were nv wj̇,
de, des nicht en wolde deme en ſcholde wy noch de vnſe to neyneme vórdere weſen ſo langhe wend he
recht weſen wolde. Al duſſe vorſcreuenen Stücke vnde artikele vnde oyn iuwelik byſůnderen lóue wj̇ Otte
greue to Holſten vnde to Schouwenborch vnſem leuen neven Hern Hinrike Heren to Homborch in trůwen
in ede ſtad ſtede vnde vaſt to holdende ane alle lyſt. To merer bewiſinghe al duſſer vorſcreuenen ding So
hebbe wj̇ vnſe Inghezoghel witliken ghehanghen laten an duſſen Bref, De gheghenen is na Goddes bord
Drůtteynhůndert Jar in deme Achteden Jare bouen Seuentich Des neyſten mandaghes na vnſer leuen vrouwen daghe alze ſe gheboren ward.

Transfixum:

Ok ſo bekenne wy vorbenomde Otte greue to Holſten vn̄ to Schouwinborch dat wy vns voreynet vn̄
vordregen hebbet mit vnſem leuen neuen hern hinrike heren to homborch vorbeſcreuen in doſſem tranſſixe
dor deſſen iegenwordigen bref getogen vn̄ mit vnſem Ingeſegele geveſtent. were dat ſchelinge vnder vns worde,
dat wy hebben gekoren vn̄ geeſchet twee vnſer man vor ſchedeſlůde, hern Arnde van Cerſne riddere vnde
hinr van Rottorpe knapen, dar en iegen hefft vnſe neue van homborch gekoren twee ſiner man to ſche-
deſlůden hern hugen van dem werdere riddere vn̄ Ernſte haken knapen. de ſcholen in ryden in de vorbenomde ſtat to hamelen eder to Můndere, oft ſe to hamelen nicht velich in ryden mochten. wanne ſo dar vmme
gemanet werdet vnvortoghet vn̄ en ſcholen dar nicht vt ſe en hebben vns geſcheden in vrůntſchop eder in
rechte. Werot dat ſe twydrachtich worden in dem rechten So hebbe wy gekoren heynoken van Monik-
huſen hern Dideř ſone to eynem ouermanne. mit weme de to velt mit dem rechten, deme ſchal dat recht
volgen ane wederſprake. Were ok dat der vorbenomden ſchedeſlůde welk afflyuich worde, eder de ouerman
wo dicke dat ſchůde, alſo dicke ſcholen de leuendigen ſchedeſlůde in eyne legelike ſtede to ſamende ryden
vn̄ vordregen eynes alſo gůden in des doden ſtede vn̄ vornygen dit tranfix vmme wandelinge der namen,
vn̄ veſtenen dat auer mit vnſen Ingeſegelen alze eyr.

142. Wedekind von dem Berge, edeler Vogt des Stiftes Minden, benachrichtigt die Prälaten, Klöster und Geistlichen, welche Gülten auf der Saline zu Lüneburg besitzen, dass er, auf den Inhalt der Urkunden des

Kaisers vom 30. October 1377 und 15. Juli 1378 und auf den Vergleich vom 25. November 1377 sich beziehend, an Diedrich Springintgud, Albrecht Hoike und Johann Lange, Bürgermeister zu Lüneburg, geschrieben hat, es nehme ihn Wunder, dass sie das von den Herzögen, von dem Lande und den Leuten auf sie und den Rath der Stadt gesetzte Vertrauen täuschen und die Schlösser Lüchow, Neustadt und andere Schlösser mit den zuerst erhobenen 12000 Mark Pfennige nicht eingelöset haben; er ermahne sie, dem Vertrage gemäss die Bezahlung ohne Verzug zu leisten, damit die Herzöge, er und die anderen Unterhändler des Vertrages nicht andere Wege in dieser Angelegenheit einschlagen brauchen. — (1378), den 15. September*).   H. O.

Wy Wedekind here to dem Berge vnd edel voghet des Stichtes to Minden. Enbeden allen Prelaten Closteren vnd papen de gulde vppe der Sulten to luneb hebben vnsen besundern vrunden vnse vruntschop. Besundern vrunde van weghen der deghedinge de wy lest deghdingeden to luneb dar inne begrepen worden twolef dusent mark penninghe to losende itlike Slote der herschop to luneb scriue wy eyne ynneringhe. den de mit vns de deghedinget hebben also hir na van worde to worde ghe screuen steyt. Wy wedekind here tom Berge vn edel voghet des Stichtes to Minden enbedet vnsen besundern vrunden Diderke Springintgud Albrechte hoyken vnd Johanne langen Burghermesteren to luneb vnse vruntschop. Besundern leuen vrunde gy weten wol do wy by Ju weren to luneb van weghen vnser heren van Saffen vn luneb to samende mit den Erwordighen heren hern hinrike Bischope to Brunsborgo hern Nyclaw prouefte to Cemerik vnd dem Edelen Balthazar heren to Camintz vnd ok van der Stad weghen to luneb landen vnd luden der herschop to luneb to eren fromen vnd nütte deghedingeden. Wo in den fuluen deghedingen van fchulde weghen der stad to luneb. do se van der herschop to luneb vn eres sulues weghen van dem krighe do ghelеden is schuldich was mit in en(erdregben) vnd ouer eyn quemen. dat de papheyt de in der Sulten Rente heft to sulken schulden hulpe don scholde. So wolde ok de Rad van luneb der schulde eyn rodelich deyl ouer sik nemen van eres sulues Rente vnd gude. vnde wart ok nemeliken in deghedingen ouer dregen dat van der Summen hundert dusent marken penninghe. do vor sulke schulde in dor vorghefcreuen vnser heren van Saffen vn luneb breuen begrepen is twolef dusent mark penningen luneb do van sulker deghedinge weghen tom ersten uellen der herschop to luneb to nütte scholden vallen also dat men van den fuluen twolef dusent marken penninge. der herschop scholde ghe lofet hebben. luchow. hus vnd Stad vor en vnd twintich hundert lodighe mark. vn dat ouerighe scholde men ghekeret hebben vmme de losinge to der Nyenstad vnd anderer Slote de der herschop to luneb aller nützlikeste weren also dat des gheldes eyn penning nicht in sunderlike andere nütte der herschop komen scholde. vn wanne als wy vornomen hebben sek de papheyt vmme ire Summen mit der Stad ouer dregen vnd vorrichtet heft vnd de erghenomden twolf dusent mark penninge de van sulker Summen der schulde ouer dreghen wart noch nicht ghe vallen sin. vn alle sulke deghedinge. vppe Juwe sulues vn des Rades to luneb gheloueu begrepen worden vn gy fuluen wol wetet vn beuunden hebbet dat de vorghenomden vnse heren van Saffen vnd luneb ganfen ghe louen der herschop landes vn lude vppe de Rad to luneb. vn nemeliken Ju ghe sat vn ghe dan hebben. Nympt vns vunder dat gy den gheloueu fuluen broket vn mit dem vorbenomden ghelde de Slote nicht ghelofet en hebbet also beredet vn ghe deghedinget wart. dar vmme bidde wy vn manen Ju ernftlikon in truwen. dat gy to ёnden vnuortoghentlike sulke sake mit der betalinge des vorghenomden gheldes twolf dusent mark. So ernftliken bedacht fint. vn ende gheuet dat vnse heren wy vnd vnse mededeghedingeslude nicht ander weghe in den saken soken doruen. vn biddet des Juwe beschreuen antworde by dessem boden dar wy vns na richten moghen. ghe gheuen des Achteden daghes vnser vrowen do se ghe boren wart besegheit mit vnsem anghedruckten Inghefeghele.

143. Heinrich Rebock mit seinem Sohne Conrad gelobt, wegen der Gefangenschaft seines Sohnes Heinrich den Herzog Albrecht von Sachsen und Lüneburg und den Rath und die Bürger der Stadt Hannover nicht mehr anzuschuldigen. — 1378, den 17. September.   H. O.

---

*) Auf der Rückseite des Schreibens befindet sich keine Aufschrift.

We, Henrik gheheten Rebok de eldere. vnde Cord Rebok fyn fone kennet openbare in diffeme breue. Dat we. den dorchluchtighen vorften vnde heren Hertogen Alberte van Saffen vnde Lüneb. Den Rad vnde de ghemeynen Borghere to Honouere. vnde by namen Rotberts van Edincgherode vnde Mertene van lude. vmme den fchaden den Henrik rebok myn fone Henrikes vorbeñ van fyner venghiffe weghene ghenomen hefft vnde gheleden. vnde vmme alle ftucke de an eme ghefchen vnde dar van angheuallen fyn. nicht 5 meer andeghedincghen noch fchüldeghen enwillen noch enfcholen. vnde ok fo nemand van vfer weghene, Dat loue wy on in guden truwen ftede vnde vaft to holdende, Des hebbe wy to orkunde vnde betuchniffe vfe Inghefeghele witliken ghehenghet an diffen breff. Datum anno domini M. CCC. LXXVIII. In die beati Lamberti martiris.

144. Ritter Diedrich von Alten bescheinigt, hinsichtlich seiner auf die Verpfändung des Schlosses Ruthe (vom 10 25. November 1349) an Conrad von Elvede sich gründenden Forderung von dem Bischofe Gerhard von Hildesheim befriedigt worden zu sein. — 1378, den 18. November. K. O.

Ek her diderik van Alten Ridder bekenne openbar vor my vñ myne eruen in duffem breue, Dat de erwerdighe vader in Gode vñ here myn here Biffcop Gherd to hildenfem, van my vñ mynen eruen entledighet heft den bref, den Cord van Eluede van Sinen vorvaren vñ Sinem Stichte hadde vp de Rute, 15 vñ we laten oñ vñ Sin Stichte ledich vñ los aller anfprake van des breues weghen Des to bekantniffe hebbe ek her diderik vorbeñ vor my vñ myne eruen myn Inghefegele an duffen bref ghehenget laten, Na Godes bort drittenhundert iar in dem achteden vñ Seuentighefften iare des donerfdaghes vor finte elizabet daghe.

145. Ritter Gebhard von Salder und sein Vetter Conrad von Salder liefern der ihnen einst von dem verstorbenen Herzoge Magnus von Braunschweig und Lüneburg ertheilten Anweisung gemäss das Schloss Hallerburg 20 dem edelen Herrn Siegfried von Homburg und seinen Söhnen Heinrich und Burchard für 1100 Mark löthigen Silbers aus. — 1378, den 25. November. K. O.

We her Gheuerd Riddere vnde Cord knecht vedderen ghe heten van faldere bekennet vnde betüghet vor os vnde vor vfe eruen in deffeme openen breue, dat we hebbet gheantwordet vnde to lofe ghe gheuen dat 25 flot de Halreborch vnde allet dat dar to hord mit aller flachten nyt in holten in velden in ackeren in wateren in wifchen vnde in weyden, den edelen heren hern Syuerde heren to homborch hern henrike vñ Junchern Borcharde fynen Sonen vnde oren eruen, vor eluen hundert mark lodighes filuers hildenfemefcher wichte vnde witte de fe os in vnfer leue vnde ghenoghe beftalt vñ vorwiffent hebbet vnde antwordet vnde lated on dit vorbenomde flot ledich vnde los in ore brukelken were alfo alfe vnfe here hertoghe Magnus 30 Hertoghe tho Brunfwich vnde Lüneborch deme God gnade by fynem leuendighen liue van fyner vñ van fyner eruen weghene vns an de vorbenomden heren tho homborch vñ an ore eruen ghe wifed heft, dat we on mid dem vorbenomden Slote Halreborch fcholden to lofe fitten, Duffer vorbenomden ftucke fchülle we vñ willet vnde vnfe eruen den vorbenomden heren tho homborch vnde oren eruen bekennich wefen wanne wur vnde wu dicke on des nod oder behöf is, vnde dat van os ghe efchet werd famend eder befunderen, 35 Dit loue we vorbenomden van faldere vor os vnde vor vfe eruen mit famender hand in guden truwen den vorbenomden heren tho homborch vnde oren eruen ftede vaft vnde vnbrekelken to holdende, vñ des to orkunde hebbe we on vor os vñ vor vnfe eruen deffen bref ghe gheuen witliken befeghelt vñ truwelken ghe veftend mit vnfen Inghezegelen. Na Godes bord vnfes heren Dritteyn hundert iar in deme achteden iare bouen Souentich iar. In finte katherinen daghe der hilghen Juncvrowen.

146. Herzog Albrecht von Sachsen und Lüneburg schreibt den Rathsherren der Stadt Lüneburg auf Veranlassung eines von dem Ritter Gebhard von Salder an sie gerichteten Briefes, dass er, von dem Kaiser des Landfriedens wegen zur Heeresfolge gegen das Schloss Dannenberg, von welchem aus ihnen beiden Scha-

den und Unfug zugefügt wurde, aufgeboten, dem Kaiser vor Dannenberg gefolgt ist, dass er seine Ehre
gegen den Ritter Gebhard von Salder und gegen Conrad von Salder verwahrt hat und dass darauf vor
Dannenberg in Gegenwart der Rathsherren (am 5. Mai 1377) die Sühne erfolgt ist. Diese Sühne hat er
gehalten, bis ihm Ritter Gebhard von Salder Feindschaft ankündigte. L. O.

5 Vnſen leuen getruwen dem Rade to Luneborch detur*).
       Albertus dei gracia dux
       Soxonie et Luneb.
Vnſe gunſt. vnde guden willen to voren. Leuen vründes alſe her Gheuerd van zaldern Jw ſcreuen
heſſt des ſchöle gy weten dat vnſe here de keyſer vns van des landfredes wegen ladode to volgen vnde
10 to komende vor dannenberghe. vmme den ſchaden vnde vnfoghe de eme vnde vns dar van ſchen was.
des volghede we eme vor dannenberge. vnde deden ene vorwaringhe an hern Gheuerde vnde Corde van
zaldern vnde de vorwaringhe ward darſelues vor dannenberge geſonet dar gy an vnde ouer waren. Vnde
an de ſelue ſone hilde we vns. went dat her Gheuerd van zaldern. vns by vnſen deneren enbod dat he
vnſe vigend ſyn wolde Geuen vnder vnſem Secret.

15 147. Knappe Ludwig von Roedorf bescheinigt, hinsichtlich seines Antheiles an dem 3000 Mark, wofür er und
seine Vettern Hardegsen und Moringen nebst anderen Gütern dem Herzoge Otto von Braunschweig verkauft haben, von diesem befriedigt worden zu sein. — 1379, den 26. Januar. K. O.

Ek Lodewich van Roſtorp knape. Ichteſwanne ſone hern Lodewiges van Roſtorp des Ridders bekenne
openbar in diſſem breue. Dat de hogheborne vorſte min here Hertegh e Otte van Brunſwich my vul. vñ
20 ghenoch ghedan heft vor minen deil. der dryer duſent mark. Dar ek vnde mine vedderen ome vore verkoſt
hebben. Herdegheſſen vnde Moringen vnde ander vnſe gud vnde erue. alſe dat de breue vt wiſet, de we ome
dar ouer ghegheuen hebben. Vnde ſegge vnde late on van miner vñ van miner eruen weghen mynes deles
des vorgenanten gheldes vmbetwungen vnde mit vorebedachtem mode quith ledich vnde los in diſſem breue.
Vnde ek eder mine eruen noch peyment van vnſer wegen en willen noch enſchullen den vorgenanten minen
25 heron van Brunſwich noch ſine eruen. dar nvmmer mer vmme anſpreken manen noch bedeghedingen ieni-
ghewis. Vnde hebbe des to eyner openbaren bewiſinge vñ betughinge myn Ingeſeghel to diſſem breue
gehangen. Diſſer ding ſint tughen de Strengen manne. her Heymſerd van Stochuſen. her Gyſeler van Munden Riddere Arnold van Roringen vnde Herman van Sneyn knechte vnde anderer vromer lude ghenoch
Vñ we. vorgenanten . . Heymſerd. Gyſeler. Arnold vñ Herman bekennen dat vns diſſe vorgenant ding
30 witlik ſin. vnde hebben des to eyner betughinge vñ dorch bede willen Lodewiges van Roſtorp vorgeſcreuen
vnſe Ingeſegele mit ſineme Ingeſeghele gehangen to diſſeme breue. De ghe gheuen is. Na goddes bord
vnſes heren Duſent dre Hundert Jar in deme neghen vñ ſeuentigheſten Jare des noiſten Midwekens na
ſinte Paulus daghe alſe he bekart wart.

148. Johann Edendorp, Vicar in der Kirche zu Bardowiek, vermacht einer dortigen Vicarie ausser Salingütern
35 zu Lüneburg auch ein Haus zu Bardowiek, weil ein von ihm früher derselben geschenktes Haus abgebrannt
ist, als Herzog Magnus von Braunschweig am 22. März 1371 fast alle Häuser der Canonici. Vicare und
Einwohner zu Bardowiek in Asche legte. — 1379, den 6. März. K. O.

In nomine domini amen. Vniuerſis et ſingulis Preſentes literas viſuris ſeu audituris. Ego Johannes
edendorp perpetuus vicarius in eccleſia Bardewicenſi verdenſis dioceſis oraciones in chriſto ſalutares Quo-
40 niam que aguntur in tempore, ne ſimul labantur cum curſu temporis. expedit ut in ſcripta publica redigan-
tur, Sciant igitur preſentes ac futuri, Quod ad vicariam altaris ſanctorum trium Regum. vndecim milium
virginum. decem milium martirum. Margarete virginis. Marie magdalene. Anthonij confeſſoris. necnon omnium

---

*) Dieſe Worte befinden sich auf der Rückseite des Schreibens.

martirum. fiti in Capella fancti Stephani prothomartiris fub turrj ecclefie Bardewicenfis partem ad auftralem. quam inftaurauit honorabilis vir dominus dithmarus bollo pie memorio decanus ibidem. ad quam dotandum. difcretus vir Magifter Thidericus bromes. quondam notarius ciuitatis luneborg dimidium plauftrum falis quolibet flumine in domo Seueninghe in fartagine wechpanne. ad finiftram cum itur in ipfam domum comparatum per eum cum reliquijs dicti domini dithmarj iure perpetuo affignauit permanfurum, Item ad 5 quam dictus dominus Thidericus vna mecum dimidium plauftrum falis quolibet flumine in domo Enninghe in Sartagine guncpanne ad dextram manum cum itur in ipfam domum affignando deputauit, Ceterum ad quam difcretus vir thidericus bollo frater dicti domini decani opidanus in luneborg dimidium plauftrum falis quolibet flumine in tota domo denqueringhe in quatuor fartaginibus ibidem politis dedit et affignauit. iure perpetuo pertinendum. Sub hac condicione, Quod de hoc dimidio plauftro falis prouentus dimidij Rump. 10 falis fingulis annis in anniuerfario domini leonardi hollen fratris dictorum thiderici et dithmari debent diftribui in luneborg hoc modo. plebano fancti Johannis dabitur vnus folidus. Capellanis fuis decem et octo denarij equaliter dinidendi. Scolaribus et campanario vnus folidus eque, et tribus fenioribus vicarijs ibidem decem et octo denarij. Apnd fanctum fpiritum in nouo foro. Rectori vnus folidus. de quo dabit campanario dnos denarios. Duodecim vicarijs ibidem quatuor folidi. eque parciondi. porciones abfencium inter 15 prefentes diuidantur, Si aliquid ultra decem folidos hos fuperfuerit de prouentibus dimidij Rump falis id vicarius qui deputabitur pro tempore tamquam poffeffor retinebit. Si vero defectus fuerit Ita qnod ad decem folidos. huiufmodi prouentus fe non extenderint. tunc fubtrahet racionabiliter vicarius utrobique. Qui omnes in craftino beati thome apoftoli memoriam perpetuam domini leonardi predicti peragere debent vigilijs et miffa animarum ac fratrum ipfius predictorum. Item ad quam honefta quedam matrona domina mechtildis 20 dicta maleres dimidium plauftrum falis in falina luneborg quolibet flumine in domo butzinghe in Sartagine wechpanne ad finiftram manum cum itur in ipfam domum Jure perpetuo affignauit permanendum feu poffidendum. hoc modo. Qnod fingulis annis cenfus duarum marcharum perpetue de dicto dimidio plauftro debent diftribui. prima in anniuerfario domini Johannis maleres fratris dicte mechtildis. ac Elizabet fororis fue in Craftino diuifionis apoftolorum in ecclefia Bardewicenfi predicta, in vigilijs et miffa animarum pro 25 memoria perpetua eorundem. Alteram vero marcam fecundum ordinacionem fue extreme voluntatis. De eodem dimidio plauftro voluit diftribui in Sollempnitatibus quatuor confolacionum. fcilicet. decem milium martirum. Marie magdalene. et in ipfius octaua. marthe virginis. necnon concepcionis marie. virginis gloriofe. Ita quod in qualibet confolacione quatuor folidi prefentibus in miffa diuidantur. Infuper pro falute anime mec et parentum meorum Johaunis et margarote. necnon omnium benefactorum meorum affigno poft obitum meum 30 dimidium plauftrum falis per me comparatum in falina luneborg quolibet flumine tollendum in domo vdinghe in guncpanne ad finiftram manum in introitu dicte domus Jure proprietario perpetue poffidendum, de quo dicti altaris vicarius qui fuerit pro tempore dabit octo folidos. fexto. Idus, februarij. ad perhennem memoriam predicti domini dithmari. et fratris fui Jacobi. atque meam necnon parentum meorum vigilijs ac miffis perhenniter peragendam. Preterea do et affigno mere propter deum poft obitum meum vnum dimi- 35 dium plauftrum falis in falina luneborg quolibet flumine in Hinxfte ad dextram in guncpanne per me comparatum. de quo prenominati altaris vicarius dabit annuatim de coniunctis bonis per fe diftribuendo vnam marcam denariorum paruorum luneborgenfium feria quinta proxima poft letare. in memoriam honorabilium dominorum hinrici Greuing. quondam Thefaurarij. hermanni Nyebur. prepofiti in ebbekeftorpe. Bertoldi longi canonicorum necnon Johannis edendorpe vicarij in ecclefia bardewicenfi necnon omnium facer- 40 dotum qui de dicta ecclefia por viam vniuerfe carnis difcefferunt, Tandem quamuis dux Brunfwicenfis nomine Magnus quandam domum per me Johannem de nouo conftructam ad dictum altare deputatam. Anno domini M CCC LXXI. Sabbato proximo ante dominicam qua cantatur. Judica. fere cum domibus canonicorum pariter vicariorum necnon villanorum in bardewich incendio annullauerit, Nichilominus ego Johannes prenominatus aliam domum per me de nouo Anno domini M CCC LXXV. conftructam affigno fiue do poft 45 mortem meam perpetue permanendum. cum duabus areis liberis fiue quitis. de omni adnocacia et decimis

coniunctim fitis circa habitacionem campanarij. morantis in area pertinenti cuftodie bardewicenfi Ita quod
de fuperiorj area fex folidos et de inferiorj area quinque folidos luneborgenfium denariorum paruorum dicti
altaris vicarius pro tempore qui fuerit dabit dominis canonicis annuatim. et vnum folidum vicario altaris
perpetuo fancte trinitatis. Sed dicte domus et arearum vfufructum quamdiu vixero apud me cum Jure
5 prefentandi perfonas ad altare prefatum obtinebo. fed poftquam diem claufero extremam. do in prefentibus
prefentacionem perfonarum ad vicariam prenominatam honorabilibus viris ac dominis. decano et duobus
fenioribus capituli ecclefie bardewicenfis actu facerdotibus et fine fraude refidentibus in ewm permanfuram
Qui infra menfem a tempore vacacionis ad eandem vicariam prefentare atque inftituere debent conferendo
perfonas dignas et ydoneas actu facerdotes. Qui fecundum confuetudinem ecclefie Bardewicenfis predicte
10 decano cum alijs vicarijs debent obedire. Necnon in qualibet feptimana quatuor miffas ad minus ad dictum
altare. vnam de patronis. fecundam pro defunctis. Terciam de fancta cruce. quartam de domina noftra nifi
fefta prepediant celebrabit. Excepto domino et magiftro Johanne de roleueftorpe primo dicti altaris vicario
qui ad tempora vite fue fit abfolutus de dictis oneribus altaris memorati. In quorum omnium et fingulorum euidens teftimonium prefentes literas per notarium publicum infra fcriptum fubfcribi feci. ac figillo meo.
15 vna cum figillo honorabilis viri domini Swideri eggheman Thefaurarij ecclefie Bardewicenfis fepe dicti robo-
rari. Acta funt hec in capella fancti ftephani fub turrj ecclefie Bardewicenfis. Anno domini Millefimo Trecentefimo Septuagefimo Nono Indiccione prima. Menfis marcij die fexta hora vefperarum uel quafi. Prefentibus difcretis viris dominis. hinrico dyfen. Conrado poteftok perpetuis vicarijs in prenarrata ecclefia Bardewicenfi necnon hinrico leonia perpetuo vicario ecclefie hildenfemenfis ac verdenfis dioceſum teftibus ad
20 premiffa vocatis fpecialiter et rogatis in teftimonium veritatis.

Et ego Arnoldus de Bardewich clericus verdenfis diocefis publicus Imperiali auctoritate
Notarius premiffis omnibus et fingulis dum fic ut premittitur per prefatum dominum Johannem
edendorp agerentur et fierent vna cum prenominatis teftibus Anno Indiccione Menfe die hora
et pontificatu Sanctiffimj in chrifto patris ac domini noftri. domini Vrbani diuina prouidencia
25 pape. VI. anno primo, quibus fupra prefens interfui eaque fic fieri uidi et audiui et in hanc
publicam formam redegi quam figno meis et nomine folitis fignaui Requifitus et rogatus in
teftimonium omnium premifforum.

**149. Herzog Otto von Braunschweig und Herzog Friedrich von Braunschweig und Lüneburg schenken zu ihrem
und ihrer Eltern Seelenheil dem Klofter auf dem Rennelsberge vor Braunschweig die demselben von ihrem
30 Lehnsmanne, dem Bürger Conrad von Sunnenberge zu Braunschweig, überlassenen fünf Hufen zu Sonnenberg mit Höfen und Hausstellen, frei von Vogtei und Dienst. — 1379, den 2. April.   V.**

In nomine fancte et Indiuidue trinitatis Dei gracia Otto Dux in Brnfw nec non fredericus dei gracia
dux in brunfw et luneburch. Omnibus in perpetuum memoria hominum confulte iuuatur dum gefte rei
veritas litterarum teftimonio roboratur. Hinc eft quod notum effe volumus vniuerfis tam prefentibus quam
35 futuris Quod difcretus vir Conradus dictus de Sunnenberge Ciuis in brunfw pia motus affectu quinque manfos fitis in Campis ville. funnenberge Cum curijs et areis in eadem villa fitis ad dictos manfos pertinenti-
bus prouiforibus prepofito. Abbatiffe nec non monialibus clauftri in Rennelberge foras muros Brunfw fiti
fponte affignauit et dimifit Quos quidem manfos cum Curijs et areis ipforum ac alijs eorum pertinentijs
et Juribus ficud a nobis idem Conradus tenebat in pheodo nobis libere refignauit qua refignacione lega-
40 liter per dictum virum Conradum facta et a nobis admiffa et recepta. Nos bona deliberatione prehabita
predictus quinque manfos cum Curijs et areis et eorum omnibus pertinencijs et Juribus villa filuis Campis
pratis pafcuis vijs et invijs ab omni Jure aduocatie et quibuflibet feruicijs liberos in honorem dei omnipotentis et gloriofe virginis marie et fanctorum omnium nec non ob remedium animarum parentum noftrorum
et noftre appropriauimus dicto clauftro in Rennelberge ac prouiforibus eiufdem nomine prefati clauftri dotali
45 iure et ecclefiaftica libertate perpetuo permanfuros Mittentes dictum clauftrum et prouifores eiufdem nomine

ipfius clauftri In poffeffionem bonorum omnium predictorum Corporalem volentes fepe dictum clauftrum ac
prouifores ipfius in poffeffione ac proprietate et libertate eorum manforum Curiarum et arearum et fuorum
pertinencium legittime defenfare et warandare Igitur vt hec omnia et fingula fine omni exceptione Juris
canoniej et Ciuilis perpetuo firma maneant atque rata Sigilla noftra in euidens Teftimonium prefentibus
duximus apponenda Teftes huius rei funt Conradus prothonotarius domini ducis Ottonis predicti et pru- 5
dentes viri Hinricus kegel Hinricus cokerbeke et Schule ambo pro nunc aduocati domini Ottonis predicti
et prudentes viri bertoldus de Ofterrode Johannes groteian Eggelingus de Schallinge Ciues brunfwicenfes
Acta funt hec anno domini M CCC feptuagefimo nono in vigilia Palmarum.

**150. Herzog Otto von Braunschweig und Herzog Friedrich von Braunschweig und Lüneburg schenken zu ihrem
und ihrer Eltern Seelenheil dem Kloster Riddagshausen die ihnen von Eggeling von der Molen resignir-** 10
ten fünf Höfe zu Wittmar unter Asseburg, schatzfrei. V.

We Otte van der gnade godis Hertoge to bruñ vñ we frederich van den fuluen gnaden Hertoge to
bruñ vñ lunebř Bekennen etc dat we de vif houe teghet vri to witmere vnder der affeburch de Ecgeling
van der molen vore van vns to lene hadde de he vns vp gelaten heft alfe fich dat gebord de fuluen vif
houe teghet vry mit allem rechte in dorpe in velde alfe dar to hort de hebbe we dem abbete dem Co- 15
uente to Riddagefhufen dorch vnfer vñ vnfer elderen fele falichcyt ghe egenet vñ vri gelaten ouk wil we
dat fulue godifhus vorb ander befittinge egendoms vriheyt der vorfcreuen vif houe truweliken vordegedingen vñ willen des ore rechte ware wefen wanne on des nod is des to bekantniffe fo hebbe we on duffen
bref befegelet geuen mit vnfen Jnḡ deffer dinge fint tuge vnfe getruwen ber Bertold van adeleueffen her
wolter van bunoldefhufen vñ her lud van veltem vñ hinř Cokerbeke vnfe voghet to wulf gefcheen nach 20
der bord chrifti etc.

**151. Pabst Urban VI. verleiht einen Ablass allen Gläubigen, welche die von dem Schlosse zu Lüneburg nach
einem anderen Orte verlegte Klosterkirche St. Michaelis jährlich zu bestimmten Zeiten besuchen und zur
Deckung der Kosten für die nothwendige Reparatur derselben, welche der Abt und der Convent der dort
bisher herrschenden Kriege wegen nicht bestreiten können, beitragen. — 1379, den 4. April.** K. O. 25

Urbanus epifcopus feruus feruorum dei Vniuerfis et fingulis chrifti fidelibus prefentes litteras infpe-
cturis Salutem et apoftolicam benedictionem Licet is de cuius munere uenit ut fibi a fuis fidelibus digne
et laudabiliter feruiatur de abundancia fue pietatis quo merita fupplicum excedit et uota bene feruientibus
fibi multo maiora retribuat quam ualeant promereri, nichilominus tamen defiderantes domino reddere popu-
lum acceptabilem et bonorum operum fectatorem fideles ipfos ad conplacendum fibi, quafi quibufdam alle- 30
ctiuis muneribus, indulgencijs filicet et remiffionibus inuitamus, ut exinde reddantur diuine gracie aptiores,
Cum itaque ficut accepimus ecclefia Monafterij fancti Michaelis in Luneborgh ordinis fancti Benedicti Verdenfis diocefis, de Caftro loci Luneburgh, in quo fita fuit, cum ipfo Monafterio ad alium locum tranflata,
magna reparacione indigeat, ad quam eciam propter guerrarum difcrimina, quo ibidem hactenus uiguerunt,
dilectorum filiorum.. Abbatis et Conuentus ipfius Monafterij non fufficiant facultates, et propterea pie fidelium 35
elimofine nofcantur plurimum oportune, Nos cupientes ut dicta ecclefia cum reparata fuerit, congruis hono-
ribus frequentetur, et ut chrifti fideles, eo libencius caufa deuocionis confluant ad eandem, et reparacioni
ipfius ecclefie manus porrigant adiutrices quo ex hoc dono celeftis gracie uberius confpexerint fe refectos,
de omnipotentis dei mifericordia, et beatorum Petri et Pauli Apoftolorum eius auctoritate confifi, omnibus
uere penitentibus et confeffis, qui in Natiuitatis, Circumcifionis, Epyphanie, Refurrectionis, Afcenfionis, et 40
Corporis domini noftri yhefu chrifti, Penthecoftes necnon in Natiuitatis, Annunciacionis, Purificacionis et
Affumpcionis beate Marie virginis, et Natiuitatis beati Johannis Baptifte, et Apoftolorum Petri et Pauli et
fancti Michaelis, ac ipfius ecclefie dedicacionis feftiuitatibus, et celebritate omnium fanctorum, ac per ipfa-
rum Natiuitatis, Epyphanie, Refurrectionis, Afcenfionis, Corporis chrifti, necnon eiufdem Natiuitatis, et Af-

fumpcionis boate Marie et Natiuitatis beati Johannis et Apoftolorum Petri et Pauli predictorum feftiuitatum octauas et per Sex dies dictum feftum Penthecoftes immediate fequentes, prefatam ecclefiam deuote uifi- tauerint annuatim et reparacioni ipfius ecclefie manus porrexerint adiutrices, fingulis videlicet feftiuitatum celebritatis vnum Annum et Quadraginta dies, Octauarum uero et Sex dierum predictorum diebus quibus predictam ecclefiam uifitauerint, et manus porrexerint ut prefertur Centum dies de iniunctis eis penitencijs mifericorditer relaxamus prefentibus poft decennium a data earum computandum minime ualituris, Dat Rome apud Sanctammariamintranftiberim II Nonas Aprilis Pontificatus noftri Anno Primo.

        Vidit   Wernerus.
        Valafcus.   R^{ta} Gratis
                                            Ma. de Monte.

152. Die Eingeseesenen des Kirchspiels Lehe huldigen dem Herzoge Erich von Sachsen-Lauenburg. — 1379, den 17. April.   K. O.

Wy menen Lude de wonachtich fin in dem kerfpele to lee bekennet vnde betughet in deffem openen breue dat wy hebben ghe huldighet louet vnde fworen. vnde huldighet louet vnde fweret in deffem Jeghen- wardighen breue vfem leuen gnedighen heren Erike herthoghen to faffen to engheren vnde to weftfalen heren to louenborgh vnde finen eruen. by en in guden truwen to bliuene vnde to donde alfe boderue truwe man eren heren to rechte foolen vnde vortmer to gheuende vnde to donde alle des wy en van rechte plichtich fin. to witliker bekantniffe vnde to merer betughinghe hebbe wy vfes kerfpels inghefeghel an deffen bref ghe henght. ghe gheuen na ghodes bort drutteynhundert iar dar na in dem neghen vnde fouen- tigheften iare des erften fondaghes na pafchen.

Gedruckt in Michelsen's Urkundensammlung, Band II., pag. 408 und in Hugo's Bericht, Beilagen Nr. XXIX, pag. 381.

153. Herzog Erich von Sachsen-Lauenburg nimmt die Eingeseesenen des Kirchspiels Lehe, wie seine übrigen Unterthanen, in seinen Schutz. — 1379, den 17. April.   K. O.

Wy Erik de iunghere van ghodes gnaden hertoghe to faffen to enghore vnde to weftfalen here to louenborgh be kennet vnde be tughet in deffem openen breue dat wy de befchedenen bederuen lude de wonachtich fin in dem kerfpole to lee. hebben ghe nomen vnder vfe be fcherminghe vnde entvanghen vor vfe truwen bederuen lude alfe fe vs vnde vfen eruen ghe huldighet louet vnde fworen hebben. vnde fcollen vnde willen fe in ghuden truwen vor deghdinghen Jeghen enen Jewelken de fe vor vnrechtet ghe lyk anderen vfen bederven mannen. to witliker bekantniffe vnde to tughe hebbe wy vfe Inghefeghel an deffen bref ghe henght. ghe gheuen na ghodes bort drutteynhundert iar dar na in deme neghen vnde fouentighe- ften iare des erften fondaghes na pafchen.

154. Heinrich von Uslar mit seinen Söhnen Heise und Heinrich gelobt in einem Vergleiche, dass bei dem Tode seines Bruders Hermann dessen Antheil an dem alten Schlosse zu Gleichen, an der Vorburg und am Gra- ben nebst dessen ganzem Nachlasse auf seinen Vetter Hildebrand von Uslar und dessen Söhne Diedrich. Hildebrand und Otto erblich übergehen soll und dass er seinem Bruder Ernst, wenn derselbe dagegen Einspruch erhebt, nicht beistehen will. — 1379, den 6. Mai.   K. O.

Ek Henrick von vfler. Vnde wy Heyfe vnde henrick. des filuen Henrickes Sone. knapen. Bekenned vnde betuged indifem open Breue. von vfir vnde von vfir rechten eruen wegen. vnde doyt witlick alle den de diffen breff. Seed eder hored lefen. Dat wy vns na rade vnfir frunde. fruntlicke tho grůnde ghe eyned. vnde gherichtedhebbet. Mid Hildebrande von vflere. Tylen. Hildebrande. vnde Otten Synen fonen vnfin red- dern. vmme allen vnwillen. vphghelofte. vnde wörd. De vnder vns gheuallen waren. wente vph diffen dach. Na ut ghift diffes. Breues. Indiffer wis. Dat we myd gudem willen. myd guder wulbord. myd vorbedachtem mode .. vnde myd gudem rade vnfir frund. Ouer ghe gheuen hebbet. vnde ouer geued. welke tijd dat herman. myn Broder. vnde vnſe veddere. .von dodes wegen aff gheyd Dat god lange. fryſte. Dat he denne Bo eruen ſchal. vnſe vorgnanten veddern. Hildebrande vnde Syne Sone. vnde ore rechte eruen. Myd alle deme dat he. bynderſek leed. An leen gude An oygen gude. An erue An weddeſchatte. An varender haue. An aldeme dat he heft vph deme oldenhus tho den. lüchen. Inder vorborch. vnde Indeme grauen.. vnde we en willed noch en ſcholed. See nummer mer nichtes an behyndern. Eder on dar nicht vmme tho ſpre- 5 ken.. weder myd geyſtlickem. eder myd wertlickem. richte. Eder myd neynen vngeuogen worden eder myd werken.. Vnde. we. hebbet dar vph vertogen. vnde vertiged indiſſem ſiluen vnſim breue. Al vnſis rechten. Dat we dar an. hadden. oder hebben mochten. Were auer dat herman myn Broder. vnde vſe veddere. eyr aff gynge. wenne Ernſt myn Broder vnde vſe. veddere. Vnde Ernſt hermans doyd aff leuede.. vnde Hildebrande. vnde fynen. Sonen vnſen veddern.. vmme Hermans erue tayl Tho ſpreke vnde os dat 10 aff vordern wolde.. Dat ſchole wy. vnde willed vnſen vorgnanten vedderen tho gudem holden. ane argeliſt. vnde gheuerde. Vnde. Ernſte mynem. Brodere. vnde vnſem veddern Dar tho nichtes behulpen noch beſten- dich weſen. vnde redet vnde loued alle diſſe vorſcreuen. ſtucke vnde artikele. vnde iowelk by ſundern. vnſin vorgnanten veddern. Hildebrande. von vſier. Dydericke. Hildebrande. vnde Otten fynen ſonen. vnde oren rechten eruen.. von vſir. vnde von vür rechten eruen weghin Inguden truwen indiſſem ſiluen vnſim 15 breue. Al. gantz. vnde ſtede on tho boldende. ane argeliſt. Den wy on. vnde oren rechten eruen. vor vns vnde vor vnſe eruen. Tho tuchniſſe. hebbed. ghe geuen. veſtlicke bezegeld myd vnſin ingeſ.. Vnde tho merer wetenſchaph. Hebbe wy ghebeden. vnſe frund. De bir na. be ſcreuen ſtad De dit vnder vns ghode- ghedynget. hebbet. Dat ſo ore ingeſ Tho tuchniſſe dorch vnſir bede willen. By vnſe Ingeſ andiſſen breeff hebbet. ghe hangen.. Vnde we Arnd von Roryngbin De Eldere. knape. Hans. klyngobil. vnde Herman de 20 Rode Borgere tho goi. Bekenned vnde Bethüget. indiſſem ſiluen Breue. Dat wy hir By. vnde ouer fynd ghe weſt. vnde diſſe vorſcreuen ſtucke vnde Artikele.. vnder den vorgnanten von vſler godeghedynget heb- bet.. vnde hebbet des dorch orer bede willen. vnſe Ingeſ. By ore yngeſ. Tho tuchniſſe ghe hengen an diſ- ſen Breeff. vnde is gheſcreuen Na godes Bord. Dritteynhundert iar Dar na in deme negen vnde Seuen- tigeſten iare. An ſinte Johannes. dage des hilgen apoſteln. dem me nomed Johannes ante portam latinam. 25

155. Die Herzöge Wenzlaus und Albrecht von Sachsen und Lüneburg und Herzog Bernhard von Braunschweig und Lüneburg erklären, dass die Aebte, Pröbste und Convente, die Bürger zu Lüneburg und die Salinin- teressenten, obgleich ihnen zu keiner Beede von der Saline oder dem Salingute verpflichtet, in Berücksich- tigung der grossen Noth der Herrschaft Lüneburg, weil nämlich die Lande von einigen Schlössern arg beschädigt werden und diese in Ermangelung eines jeden anderen Rettungsmittels auf ewige Zeiten der 30 Herrschaft verloren sein möchten, ihnen zur Hülfe gegen diese Noth vier Mark Pfennige von jeder Pfanne auf der Saline zu Lüneburg und zwei Mark von jedem Wispel bewilligt haben. Sie geloben für sich, ihre Erben und Nachfolger, in künftigen Nöthen keine Beede von der Saline zu nehmen, sondern diese und die Salininteressenten bei aller Freiheit zu erhalten. — 1379, den 15. Juni. XIV.

We Wentzlaw vnd Albrecht van godes gnaden Hertoghen to Saſſen vnd to Lůneborgh vnde Bernd 35 van den ſuluen gnaden hertoghe to Brunſw vnd Luneborgh bekennen openbar in deſſem breue. Wol dat wi nenerleye bede. van plicht. rechte. edder wonheid. ouer de zülten to Luneborgh. noch ouer dat ghud vppe der zülten enhobben. Doch hebben anghefeen vnſe louen andechtighen Ebbete. Prouefte. vn andere papheit vnde ſamelinghe gheiſtliker lude. vnſe Borghere der Stat to Luneborgh. vnd alle de anderen de gud vn renthe in der zülten to Luneborgh hebben openbare grote not de vnſer herſchop to Luneborgh anliggende 40 was van ichteſwelken Sloten dar de land ſwarliken van beſchedeghed worden. vn do van der berſchop to ewighen tiden mochten ghe komen weſen. de wy anders nenerleye wis redden enkonden. Des hebben ſe vmme willen vnſer vruntliken bode vns mit gudem willen to den ſuluen noden to hulpe gheuen van iewel- ker pannen vppe der zülten to Luneborgh veer mark Lüneborgher penningho vn van iewelkem wiſpele twe mark der ſuluen penninghe. der vruntſchop danke wy en vn willet de ieghen ſe to allen tiden gherne 45

vruntliken vorfchulden wor fe den bedorven vn van vns efcheu. Vnd vppe dat, dat vns hir ane vmme nenes rechten willen men vmme vruntfchop ghe fchen is, nemende in tokomenden tiden to fchaden enkome. fo enwille we noch vnfe erven edder nakomelinghe enfchollen alfodane noch ienegherleie ander bede ouer de zulten edder dat zulto gud vmme nenerleye not noch fake nummermer don edder nemen. men we
5 fchollet vn̄ willet de zülten dat gud vn̄ de renthe vppe der zulten mit aller tobehoringhe. vn̄ alle de. de dar renthe vppe hebbet by aller vriyheit, rechticheit, vn̄ wonheit de de zulten anrōret rowelikeu laten de fe famend edder befundern van vnfen vorvaren vn̄ van vns hebbet vnde had hebbet. vn̄ de fchollen van deffer vruntliken bede weghen degher vnuorbroken wefen vn̄ ewichliken blyuen. Alle deffe vorfchreueuen ftucke vn̄ en Jewelich befundern. loue wy Wentzlaw Albrecht vnde Bernd vorbenomend vor vns vnfe erven
10 vn̄ nakomelinghe. den vorfchreuenen Ebbeten. Proueften. vnd anderer papheit vn̄ famelinghe gheiftliker lude. vnd vnfen Borgheren der Stat to Luneborg vn̄ eren nakomelinghen vnd erven. vnd allen den de gud edder renthe in der fuluen fulten hebbet vnd erer iewelkeme ftede vaft vnd ewichlich to holdende in guden truwen.   Vnde des to orkunde fo hebbe we vnfe Inghefaghele mit witfchop vn̄ guden willen henghed laten an deffen bref. de ghe gheuen is to Luneborg Na godes bort. Dritteinhundert Jar dar na in deme
15 neghen vnde fouentigheften Jare In funte Vitis daghe des hilghen merteleres.

156. Die Herzöge Wenzlaus und Albrecht von Sachsen und Lüneburg und Herzog Bernhard von Braunschweig und Lüneburg erklären, dass die Aebte, Pröbste und sonstige Geistlichkeit, die Mannen, Ritter und Knappen, und die Bürger in der Herrschaft Lüneburg ihnen zur Einlösung einiger Schlösser, von denen die Lande arg beschädigt werden und die sonst auf ewige Zeiten der Herrschaft verloren sein möchten, eine
20 allgemeine Beede über ihre Leute, zu welcher diefelben nicht von Rechts wegen verpflichtet sind, bewilligt haben. Sie geloben für sich, ihre Erben und Nachfolger, diese Beede nicht für ein Recht noch für eine Pflicht oder Gewohnheit zu halten und um keinerlei Noth willen sie ferner zu fordern, sondern die Geistlichkeit, die Mannen und die Bürger bei Recht, Gewohnheit und Freiheit zu lassen. — 1379, den 15. Juni.   XIV.

25 Van godes gnaden we Wentzf. vnd Albrecht Hertoghen to Saffen vn̄ Luneborg. Bernd Hertoghe to Brunfw vnd Luneborg. bekennet openbar in deffem breue. dat vnfe leuen andechtighen Ebbete. Proufte vn̄ andere papheit vn̄ vnfe truwen manne Riddere vn̄ knechte vn̄ Borgere in vnfer herfchop to Luneborg. vns to vruntfchop mit gudem willen hebbet ghe ghund vn̄ to helpe gheuen ene mene bede ouer ere lude to lofinghe ichtefwelker Slote. dar de land fwarlike van befchedeghet worden vnd we van der herfchop
30 mochten ewichlik ¹) ghe komen wefen der bede fe vns doch nicht van rechtes weghene plichtich en fynt noch en weren   Der vruntfchop wille we en danken vn̄ fe dar vmme vorderen in allen ftücken dar fe vnfer to bedoruen. Vnde we noch vnfe erven edder nakomelinghe enwillet noch enfchollet de bede vor nen recht. noch plicht. edder wonheit hebben. vn̄ ok vmme nenerleye not willen nummerner don.   men we fchollet vn̄ willet fe by aller rechticheit. wonheit vn̄ vriyheit laten de fe famend edder befundern van
35 vnfen vorvaren edder van vns hebbet vn̄ de fchollet van deffer bede weghene degher vnuorbroken blyuen Alle deffe vorfchreuenen ftucke vn̄ en iewelk befundern. loue we Wentzf. Albert. vn Bernd vorbenomend vor vns vnfe erven vn̄ nakomelinghe den vorfchreuenen ebbeten proueften papheit ridderen knechten vn̄ borgeren vnd eren nakomelingen ²) vnd eruen vnde erer iewellikem ³) to holdende in guden truwen. vnde des to orkunde hebbe wy vnfe Ingefegele ⁴) witliken ghenget laten to deffem breue. De geuen is na godis
40 bord Dritteyn hundert iar. in dem Negen vnde feuentigeften Jare. In funte Vites dage des hilgen merteleres.

¹) Das Copiar XV. lieft *ewichlik mochten*. ²) Die Worte *den vorfchreuenen ebbeten — nakomelingen* find im Copiar XV. durchftrichen und von anderer Hand ift daneben die Bemerkung gefchrieben: *hec verba non funt in originali*. ³) Die Worte *den vorfchreuenen ebbeten bis zu den beiden erften Silben des Wortes iewellikem* find im Copiar XIV. von anderer gleichzeitiger Hand auf einer radirten Stelle gefchrieben. In dem Copiar XV. ift zwifchen *iewellikem* und *in der* Zufatz *ftede vaft vnd ewichlikin* eingefchoben.
45 ⁴) Das Copiar XV. lieft *Infegele*.

157. Die Herzöge Wenzlaus und Albrecht von Sachsen und Lüneburg verleihen dem Woldeke, Vogte des Schlosses Moisburg, und seinem Sohne Ludolf das Schloss und die Vogtei Moisburg mit hoher und niederer Gerichtsbarkeit, geistliche und weltliche Lehne ausgenommen, unter Vorbehalt des Oeffnungsrechtes zur Leibzucht für 1700 Mark Pfennige und geloben, sie und deren Erben nicht eher, bis diese Summe zurückbezahlt und Vergütung für die im Schlosse, in der Vorburg und der Mühle unternommenen Bauten geleistet sein wird, vom Schlosse und der Vogtei zu entsetzen. Nach dem Tode der Herzöge sollen sich Woldeke und sein Sohn zu den nach Ausweis der über die Herrschaft Lüneburg errichteten Sühne nachfolgenden Herzögen halten. — 1379, den 19. Juni. K. C. 14.

Wy wentzlaw vñ albrecht von godes gnaden hertogen to zassen vñ to luneborch bekennen openbare in dessem breue dat wy myt willen vñ vulbord al vnser eruen dorch sunderliker vrunschop truwe vñ denst hebbet begnadet de vromen lude woldeken voghet vnses Slotes Mosdeborch vñ ludelue sinen sone myt dessem suluen vnsem Slote Mosdeborch dat so brukeliken besitten schallen ore leuedaghe vñ en Juwelik besundergen myt allem rechte vñ richte hogheft vñ sideft vñ mit aller tobehoringe vñ myt aller slachten nud alse de voghedie beleghen is wo dannewis dat. dat benomet is vñ men dat benomen mach vñ alse dat to dem suluen Slote vñ voghedie. hord ane gheystlike vñ werlike lên. de wy vns sulnen beholdet Vortmer bekenne wy dat wy dessem vorscreuenen woldeken vñ ludelue vñ oren eruen schuldich sind rechter schuld souenteyn hundert mark pennige alse to hamborch vñ to luneborch ghinghe vñ gheue sind des no schulle wy noch vnse eruen edder vnse nacomelinge noch ne willet se ore leuedaghe in sament noch orer Jeweliken besunderen noch ore rechten eruen na dessem vorbenomeden woldeken vñ ludelues dode. entsetten noch entwechtigen desses vorscreuenen Slotes vñ der voghedie myt alle orer tobehoringe alse hir vorscreuen steyt noch dar an beweren edder hinderen edder myt ichte beworen edder hinderen laten wy en hebben oren eruen berod vñ betalet na orem dode desse vorbenomeden souenteyn hundert mark penighe myt vmbeworen reden pennigen alse in der Stad to hamborch ofte in ener anderen stede do vns an beydentsyden bequeme is. dar se desse vorbenomeden pennige velich vñ vngehindert vp nemen moghen sunder Jenigherleye hinder. vñ ane vortoch vñ dit vorbenomede Slot mosdeborch schullet desse vorbenomede woldeke vñ ludelef vñ ore eruen vns vñ vnsen eruen vñ nakomelingen truweliken bewaren vñ vns dat open holden vppe allermalkem to al vnsen noden wanne vñ wo dicke vns des nod is vñ wy dat eschen edder eschen laten Were ok dat wy van dessem vorbenomeden Slote Mosdeborch orligen wolden. welken ammechtman wy dar vp setten de schal on borchlhude. don dat he se vn de oor vnse schaden vñ vor vngevoghe beware schude ouer on edder den eren von vns edder van dem vnsen schade den scholde wy edder de sulue vnse ammechtman wedder don in vrunschoppen edder in rechte bynnen dem neghesten verdendel Jares dar na wanne wy edder he von on dar vmme gemanet wurden. vñ wy schullet on ok denne vrede gud gheuen in der vygende gude oft se dat an den vygenden hebben konden also dat redelik is Worde ok dat sulue Slot van vnses kryghes weghen bestallet edder vor buwet dat schulle wy on helpen entsetten vñ redden ane argelist myt al vnser macht alse wy erst kunnen worde ok dat sulue Slot van vnses kryghes weghen vor loren des nod en wille so schulle wy vñ se sik nicht sonen noch vreden myt den de dat slot gewunnen hedden wy en hebben on wedder holpen to dem slote. edder dat en sy an beydentsyden vnse gude wille. Were ok dat wy on des slotes nicht wedder helpen konden so schulle wy on den bynnen eynem Jare dar na alse se dat vorbenomede slot von vnses kryghes weghen vor loren hedden eyn ander slot in dat sulue gerichte wedder buwen dar se de voghedie myt orer to behoringe van be kreghtigen mochten. were auer dat wy des nicht en deden so schulle wy on weddorstadinge don. desser vorscreuenen summen gheldes alse twen vnsen mannen vñ twen oren vrunden duchte redelik were worde ok dat vorbenomede slot mosdeborch vor loren van vngelucke vñ nicht von vnses kryghes weghen so scholden wy vñ wolden on truweliken dar to helpen dat se dat wedder bekreghtigeden vñ wy vñ se en scholden vns nicht sonen edder vreden myt den Jennen de dat slot gewunnen hedden wy en hedden on des slotes wedder holpen edder vnser en dode dat myt des anderen guden willen vñ wy en schullet ok vñ willet dessem vor-

25

benomeden woldeken vñ ludelue vñ ore eruen myt deſſem ſlote moſdeborch truweliken vor degedingen lik
anderen vnſen truwen mannen vñ deſſe vorbenomede woldeke vñ ludeleſ vñ ore eruen ſchullet vns vñ de
vnſe vñ de Jenne de vns bord to vordegedingende van dem dem ſlote moſdeborch edder dar to nenerleye-
wis beſchedigen edder vor vnrechten wy ſchullet ok Mynne vñ rechtes ouer ſe vñ ore eruen mechtich
5 weſen to allen tiden wedder enen Juwelken vor vnrechtede ſe ouer Jament vñ en hulpe wy on bynnen
den negheſten achte weken dar na alſe ſe vns dat gekundiget hadden dar vmme nicht likes edder rechtes
ſo mochten ſe ſik von dem ſuluen ſlote wol vnrechtes irweren alſo lange went ok lik edder recht wedder
varen konde wanne wy vorbenomeden heren edder vnſe eruen vñ nakomelinge vnſe ſlot moſdeborch myt
ſiner tobehoringe wedder hebben willen von deſſem vorbenomeden woldeken vñ ludelues eruen na orem dode
10 edder de ſuluen ore eruen deſſe vorbenomeden ſummen gheldes wedder hebben willen dat ſchulle wy on
edder ſe vns kundigen vñ to wetende don twiſſchen ſunte Michelis daghe vñ ſunte Mertens daghe vn wanne
de lotinghe aldus gekundiget is ſo ſchulle wy denne dar na bynnen den negheſten achtedagen to paſchen dit
vorſcreuene gheit bereden ane hinder vñ vortoch in allerwiſe alſe hir vorſcreuen ſteyt vñ wan ſe aldus
von vns beret vñ betalet ſind ſo ſchullet ſe vns vnſe ſlot moſdeborch myt aller tobehoringe vñ vortoch
15 wedder antweren were ok dat ſe in dem vorbenomeden ſlote in der vorborch in der molen wad vorbuwet
hedden edder dar noch wad Inne vorbuweden na vnſem rade dat ſe redelken bewiſen mochten dat ſchulle
wy on ghelden wan wy dit ſlot van on loſen vñ wedder legghen myt redem ghelde alſe twen vnſen mannen
vñ twen oren vrunden redelik duchte weſen were ok dat wy vorbenomeden heren van dodes weghen af
ghinghen er der tid dat wy dit vorbenomede ſlot von dem vorſcreuenen woldeken vñ ludelues eruen wed-
20 der loſeden ſo ſcholden ſik deſſe vorbenomeden woldeke vñ ludeleſ vñ ore eruen na vnſem dode myt
dem ſlote moſdeborch holden an vnſe nakomelinge hertogen to luneborch den denne de herſchop to luneborch na vns na vtwiſinge vnſer ſone broue von rechte to vor ſtande bord vñ den denne dar mede to
denſte vñ to loſinge ſitten in allerwiſe alſe ſe vns nv don ſchullet vñ alſe hir vorſcreuen ſteyt Alle deſſe
vorſcreuenen ſtucke ſament vñ en Jowelik beſundern loue wy wentslaw Albrecht vorbenomet vnſe eruen
25 vñ nakomelinge deſſem vorbenomeden woldeken vñ ludelue vñ oren eruen to eyner truwen hand waſmede
van medinge hinr groten bertelde vñ lutteken bertolde allo geheten van dem heymbroke langen ernſte ſporeken detleue kinde hermene vñ hanſe von werfbe. Curde van boldenſen dem Jungeren borcherde van
hemelinge ſtede valt vñ vnuorbroken to holdene ſunder argeliſt to eynem orkunde vñ merer bekantniſſe
alle deſſer vorſcreuenen ſtucke hebbe wy wenczlaw vñ Albrecht vnſe Ing an deſſen bref gehangen laten De
30 gheuen is na godes bord. drutteyn hundert Jar in dem neghen vñ ſouentigeſten Jare des negheſten ſondaghes vor ſunte Johannes daghe baptiſten.

158. **Graf Otto von Schauenburg errichtet für ſich und ſeine Erben wegen des Vorfalls, daſs Herzog Magnus
von Braunſchweig umkam, wegen aller mit demſelben und deſſen Sohne Friedrich geführten Fehde und
aller bisher obwaltender Irrungen mit dem letzteren eine Sühne, ſo daſs derſelbe und ſeine Erben dies
35 alles nicht ahndan noch dafür Rache nehmen ſollen** *). — **1379, den 25. Juli.** K. O.

Wy Otte van godes gnaden greue to Holſten vnde to Schouwinb bekennet openbare in deſſem breue
dat wy vnde vnſe eruen dem hogebornen fürſten hertogen vrederike van Brunſwig hertogen Magnus Sone
vnde ſinen eruen hebbet gedan vnde dōt eyne rechte ſtede vaſte ſone der ſchicht, dat ſin vader hertoge
Magnus van Brunſwijg aflywych ward. vnde vortmer aller der vedhe vnde vnwillen de twiſchen on vnde
40 vns vp geſtan is. vnde geweſen heft (vnde) allerleye ſchelinge vnde ſchicht, dar ſin vader he vnde ſine eruen
mit vns ſchelachtich vmme weren (vnde geweſen) hebbet wente an deſſen dach vnde hebbet vns mit on
vmbe alle deſſe vorſcreuenen ſchicht vruntliken (gerichtet vnde gezo)net, alſo dat he ofte. ſine eruen noch

---

*) Die Gegenbeſcheinigung des Herzogs vom 25. Juli 1379 (nicht 1373) ſtebt in Michelſen's Urkundenſammlung der Schles-
wig-Holſtein-Lauenburgiſchen Geſellſchaft, Band II., pag. 295, Nr. CCXXIX.

neymand van orer wegene des nicht anden ofte wreken willet noch en fcholet mit worden eder mit werken alde wile fe louet   To tüge vnde to vefte alle deffer vorfcreuen ding vnde ftüke de wy on in güden truwen louet vnde hebbet gelouet ftede vnde vaft vnbrokelik funder alle lyft to holdende, fo hebbe wy des vnfe Ingefegel witliken vnde veftliken gehangen laten to deffem breue. De ghegheuen is na godis bord Drütteynhundert Jar in dem negeden Jare bouen Seuentich an funte Jacopes dage des hilgen Apoftels. 5

159. Herzog Albrecht von Sachsen und Lüneburg kündigt wegen des grossen ihm und den Seinen geschehenen Unrechts und mit ihm um seinetwillen kündigen auch Ritter Christian Bosel, Wasmod von Meding, schwarzer Lambert von Alden, alle übrigen von Alden, Hermann und Hans Spörken, Gottschalk und langer Wilbrand von Reden und Ulrich und Werner Behr dem Bischofe Gerhard von Hildesheim Fehde an.   K. O.

Weted herre van hildenfum dat we willet iuwe vygend wefen vmme dat grote vnrecht dat gy vns vnde 10 den vnfen gedan hebbet vnde willet des vnfe ere an iü wol vor wared hebben   to Rugge befegelt med vnfem ingef.
Albertus dei gratia
Saxonie et luneb dux etc.

Ouk weted herre van hildenfum [1]) dat we wafmod van medinge fwarte lambert van alden [2]) godfchalk 15 van Reeden lange wullebrand van Reeden. vnde olrik [3]) beere. willed iuwe vigende wefen vmme vnfes heren willen van luneborg. vnde bruket der fuluen vor waringe vnder des vorbenomden vnfes herren Ingef.

160. Ritter Lippold von Vreden begiebt sich mit dem Schlosse Freden in den Dienst des Herzogs Albrecht von Sachsen und Lüneburg gegen den Bischof von Hildesheim, so lange der Krieg beider dauern wird. — 1379, den 1. August.   K. O. 20

Ik her lippold van vreyden Ridder. Bekenne openbare in deffeme breue dat myn leue gnedighe. here her Albrecht hertoge To Saffen vnde to luneborch. my in fyn dienft genomen heft met deme flote vreyden alfo dat ik eme dar truweliken mede dienen vnde behulpen wefen fchal vnde eme dat open vnde to gude holden fchal vppe den bifcop to hildenfem alle de wile dat mynes vorbenomeden heren kriech met eme waret vnde ik fchal fuluen kofte vromen vnde fchade ftan. Worde auer dat floet vreyden beftallet oder vorbuwet 25 van mynes heren krieges wegene fo fchal myn here my dat redden met ganfer macht. ane argelift alfo he erften kan. Were auer dat myn here my oder de myne vorbodede vnde bede dat we na eme redden met wapenden luden fo fcolde he my vnde den mynen vor kofte vnde vor fchaden ftan vto mynem hus vnde dar wodder In den we in mynes heren dienfte nemen den we eme redeliken bewifen mochten   vnde allen vrouwen den ik oder de myne denne nemen de fcolde mynes heren wefen ane wat fik to butende 30 borede   vnde myn here en fchal fik nicht fönen oder vreden met dem bifcope he en bedegedinge my des dat my vruntfcop oder recht wedderfaren moge lik eme fuluen vnde ik en fcal my ok nicht fönen noch vreden met deme bifcope oder den fynen mynem vorbenomeden heren en konne lik oder recht wedderfaren oder ik en do dat myt mynes heren gudeme willen   deffes to Merer betuginghe dat ik mynem vorbenomeden heren alle deffe vorfcreuene ftucke ftede vnde vaft holden wille fo hebbe ik myn ingefegele witliken 35 vnde met gudeme willen gehangot laten to deffome breue   Deghenen is na godefbört drütteynhundert Jar dar na in deme negen vnde Seuentigeften Jare in funte Peters dage alz eme de bande affprungen.

161. Friedrich von Bervelde, Probst zu Dannenberg, resignirt wegen Altersschwäche seine Probstei den Herzögen zu Lüneburg, Patronen derselben. — 1379, den 2. August.   K. O.

Illuftribus et Magnificis Principibus Dominis Ducibus Lüneborgenfibus Dominis Suis graciofa ac omnibus 40 aliis et Singulis quorum intereft vel intereffe poterit in futuro. Fredericus de Beruelde prepofitus in Dannen-

---

Mit gleichzeitiger aber anderer Hand ift Folgendes eingeschoben: [1]) her kerften bosel [2]) vnde alle we van alden heeren vnde hans fpöreke [3]) werner.

berghe Paratam ad queuis beneplacita voluntatem. Dictam prepofituram meam in Dannenberghe. Cuius Jufpatronatus ad vos pertinere dinofcitur et cui nimio grauatus fenio amplius preeffe non poffum. Cum omnibus et Singulis Juribus eiufdem prepofiture michi in eadem competentibus libere fponte pure et Simpliciter in manibus veftre dominacionis refigno per prefentes Petens Refignacionem huiufmodj per vos recipi et admitti In cuius Refignacionis euidens teftimonium Sigillum meum prefentibus eft appenfum Datum Anno dominj M CCC Septuagefimo Nono Menfis Augufti die Secunda.

162. Die Herzöge Wenzlaus und Albrecht von Sachsen und Lüneburg setzen den Rathsherren und Bürgern der Stadt Lüneburg die denselben verpfändeten Schlösser Bleckede und Hitzacker ausserdem noch für 2400 Mark Pfennige, für welche dieselben ihnen keine Zinsen berechnen sollen, zu Pfande und geloben, ver Bezahlung dieser und der ersten Pfandsumme sie von den Schlössern nicht zu entsetzen. — 1379, den 27. September. K. O.

Van Godis gnaden wi Wentzlaw vñ Albrecht Hertogen tho Saffen vnde tho Lůneborg Bekennet openbare in deffem breue dat we vnfen leuen Radmannen vnde borgeren vnfer Stat Luneborg vorfat vñ vorpendet hebbet vnfe Slote Blekede vnde Hidzaker mit allen tobehoringen vor vorvndetwintich hundert mark penninge de tho Lůneborg ginge vnde geue fynt de fe vor vns in reden penningen vtgegeuen hebbet boren de Summen dar we en de fuluen Slote vor. vorpendet hebbet alfe de breue vtwifet de fe dar vp hebbet vñ wanne we de vorfcreuenen Slote lofen willet na vtwifinge der irften breue fo fcolle we deffe vervndetwintich hundert mark mit der irften fummen tho famend vtgeuen vñ betalen anders vnd er enfcolle we fe van den Sloten nicht entfetten. vnd vppe deffe vorbenomeden vervndetwintich hundert mark enfcollen fe vns nenen tyns eder rente flan vnde rekenen. Alle deffe vorfcreuenen ftůcke vñ en iewelik befunderen loue wi Wentzlaw vñ Albrecht hertogen tho Saffen vnd tho Luneborg vorbenomed vor vns vnde vnfe nakomelinge mit ener famenden hand vnfen leuen getruwen Radmannen vnde den gemenen borgeren vnfer Stat Lůneborg vnde eren nakomelingen ftede vaft truwelikon vñ vnuorbroken tho holdende. vnde hebben des tho tůge vnfe Ingefegele mit gudeme willen an deffen bref heten hengen. De geuen is na Godis bord Dritteynhundert Jar. In deme Negen vnde Souentigeften Jare. In der hilgen dage fůnte Cofme vnde Damianj.

Auf der Rückseite der Urkunde steht von gleichzeitiger Hand geschrieben: . XXIIIIᶜ mark Blekede et hidzaker ane Schaden. Eine etwas spätere Hand (nämlich im Jahre 1392) hat hinzugefügt:

De Summe van alle deffen breffen de an de Slote roret de in den zatebreuen utedrucket ys is LXXVIIIᵐ mark . C . mark LXV mark.

Darto ghaf dat land to der zate bauen XIIᵐ mark.

Alzo is de ghantze fumme XCᵐ mark . C . mark vnd LXV mark.

Wanne de zultetolne al gheloset is fo find deffe breue alle los.

K. O.

Wie Radmanne vñ meynen Borgere der Stat Luneborg Bekennen openbare in deffem breue dat de hochgeboren vurften. vnfe leuen gnedigen heren her Wentzlaw vn her Albrecht hertogen tho Saffen vnde tho Lůneborg vns vorfat vnde vorpendet hebbet ero Slote Blekede vñ Hidzaker mid allen thobehoringen vor vervndetwintich hundert mark penninge de tho Luneborg ginge vñ gheue find de wo vor fe in reden penningen vtegeuen hebbet bouen de fummen dar fe vns de fuluen flote vor vorpendet hebbet alfe de breue vtwifet de we dar vp hebbet. vnde wanne fe de vorfcreuen flote löfen willet na vtwifinge der irften breue. fo fcollen fe deffe vervndetwintich hundert mark mit der irften fummen tho famende vt geuen vnde betalen anders vnd er enfcollen fe vns van den floten nicht entfetten. vnde vppe deffe vorbenomeden vervndetwintich hundert mark enfcolle we en nenen tyns eder Rente flan vnde rekenen. Des tho orkůnde vñ tho merer betůginge hebbe we vnfer Stat Ingefegel laten hengen an deffen bref. de geuen is tho Lůneborg Na godis bord Dritteyn hundert Jar. in deme Negen vnde fouantigeften Jare In fůnte Cofme vnde Damianj dage der hilgen Mertelere.

163. Die Herzöge Wenzlaus und Albrecht von Sachsen und Lüneburg verpfänden den Rathsherren und Bürgern der Stadt Lüneburg unter Vorbehalt des Oeffnungsrechtes das Schloss Lüderzhausen mit Gericht, Vogtei, Dienst, Zoll, Fähre und Fährschatz für 2400 Mark Pfennige auf die Dauer von wenigstens einem Jahre. Der herzogliche Amtmann auf dem Schlosse und der Vogt der Stadt auf demselben sollen sich Burghut geloben. Nach dem Tode der Herzöge sollen die Rathsherren und Bürger sich mit dem Schlosse zu den nach Ausweis der über die Herrschaft Lüneburg errichteten Sühne nachfolgenden Herzögen halten. — 1379, den 27. September. K. O.

Wie Wentzlaw vnd Albrecht von godis gnaden Hertogen tho Saffen vnde tho Lüneborg. Bekennen openbar in deffem breue vor alle den de en feen edder horen lefen. dat we mit willen vnde vulbord vnfer erven vnde na rade vnfer trůwen manne. hebbet gefat fettet vnde vorpendet in deffem breue vnfen leuen getrůwen Radmannen vnde Borgern vnfer Stat tho Lůneborg vnfe Slot Luderdefhufen. mid allerleye rechte vnde Richte. mid lande. watere weyde. wifchen. vifcherie. mid vogedie denfte vnde bröke grot vn cleyne. mid holte. ackere vnde Tolne. vn mid der vere vnde verfchat. mid allerleye nůt Rente vnde tobehöringen. alfe dat by des bouchgeboren vůrften hertogen wilhelmes tiden deme god gnedigh fy gewefen heft. vor vervndetwintich hundert mark lůneborger penninge. dar vor fe vns vul gedan. vnd vnfen willen dar vmme gemaked hebben. Alfo dat fe dat felue vnfe Slot Luderdefhufen dar vor Inne hebben fchollen van nů tho fůnte Michelis dage vord ouer en Jar na vtgift deffes breues vnde dit felue vnfe Slot luderdefhufen follen fe vns trůweliken bewaren vnde vns dat open holden tho allen tiden tho allen vnfen noden. wanne vnde wo dicke we dat efchen vnde des begerade find. vnde wanne dat Jar na vtgift deffes breues vmme komen is. fo moge we vnfe Slot luderdefhufen mid finen thobehoringen alfe vorfcreuen fteyt van den vorbenome- den vnfen Radmannen vnde Borgeren wedder lofen vor de vorbonomeden fummen vervndetwintich hundert mark luneborger penninge. doch yo fo fcolle we en de lofinge des Slotes na deme Jare en half Jar vore kundigen. vnde en denne dar na alfe dat halue Jar vmme komen is de beredinge dön in vnfer Stat lůne- borg. mid reden vnbewornen penningen de dar ginge vnde geue find. anders vnd er en fcolle we noch vnfe Ammechtmanne edder iemend van vnfer wegene fe van deme vorbenomeden Slote nicht entfetten. vnde wanne we en de beredinge dar alfo gedan hebben alfe vore fcreuen fteyt. fo fcollen fe vns vnfe Slot Luderdefhufen mid allen fynen tobehöringen alfo fe dat van vns gehad hebbet wedder antwor- den ane ienegerleye hinder vnde vortoch. vnde wanne we dat vorbenömede Slot löfed. Is dar denne fad gefeyd. de fad fcolle we golden na be fegginge twier vnfer manne vnde twier vte deme Rade tho Lůneborg icht we willen wille wi nicht fo fcolle wi edder vnfe Ammechtman fe de fad. vnde Corn feluen winnen vnde wech bringen laten, dar fcolle we fe tho vorderen vn nicht hinderen. were ok dat we van deme Slote Luderdefhufen orligen wolden. welken Ammechtman we dar vppe fettet de fchal en borchude dön vnde en dat vor wiffenen dat he fe vnde de ere vor vnuoge vn vor fchaden beware. Schude auer en eder den eren van eme eder den fynen vnuoge eder fchade, den fcolde en de felue vnfe Ammechtman wedder dön in mynne eder in rechte binnen deme negeften verndel Jares dar na alfe he dar vmme gemaned worde. we fcollen en ok denne vrede gud geuen wor fe dat in der vigende gude hebben konnen alfe dat redelik is. worde ok dat Slot van vnfes kryges wegene beftallet eder vorbuwet dat fcolle we en helpen redden mid vnfer gantzen macht alfe wi irften konnen ane argelift. worde ok dat Slot van vnfes kryges wegene vorloren des god nicht enwille. fo fcolle we vns. noch fe fik nicht fönen noch vreden mid den gennen de dat gewunnen hadden. we en hebben en wedder gehulpen tho deme Slote. eder id en fy anbey- dentfiden vnfe gude wille were ok dat we en denne des Slotes nicht wedder helpen konden. fo fcolde we en binnen enem Jare dar na alfe fe dat van vnfes kryges wegene vorloren hadden en ander Slot in dat fulue gerichte wedder buwen dar fe de vogedie vn de tobehoringe des Slotes afbekrechtigen mochten. were auer dat we des nicht en konden. fo fcolde we en eres vorbenömeden goldes wedderftadinge dön. alfe twen vnfen mannen vn twen vte deme Rade tho luneborg důchte redelik wefen. worde ok dat Slot luderdefhufen van vngelůcke vnde nicht van vnfes kriges wegen vorloren. fo fcolle we vnde willen en dar

trůweliken tho helpen dat fe dat wedder be krochtigen. vnde we foollet ok vnde willet de vorbenomeden vnfe Radmanne vñ Borgere vnd ere denre de fe vppe deme Slote luderdefhufen hebben trůweliken vor degedingen mid deme fuluen Slote. vor vnrechtede fe auer Jemand dat foollen fe vns witlik don en helpe we on denne bynnen den negeften achte weken dar na nicht likes oder rechtes. fo mogen fe fik van
5 deme fuluen Slote wol eres vnrechten erweren. alfo lange dat we en mynne efte rechtes helpen konnen. Were ok dat we vorbenomeden heren van dodes wegen afgingen er der tid dat we dat vorbenomede Slot van den vorbenomeden vnfen Radmannen vnde borgeren tho luneborg wedder lofeden fo fcolden fik de fuluen Radmanne vnde Borgere denne na vnfem dode mit deme Slote luderdefhufen holden an vnfe nakomelinge hertogen tho luneborg den denne de herfcop tho lůneborg na vnfem dode na vtwifinge vnfer fone breue
10 van rechte tho vorftande borede. vñ denne den dar mede tho denfte vnde tho lofe fitten in aller wis alfe fe vns nů dön foollen vñ hir vorfcreuen fteyt. Alle deffe vorfcreuenen ftücke vnde en iewelik befunderen loue wy Wentslaw vnde Albrecht hertogen tho Saffen vnd tho luneborg vorbenomed mit ener famenden hand vor vns vnd vnfe nakomelinge. vnfen leuen getrůwen Radmannen vnde den gemenen Borgeren vnfer Stat Luneborg vnde eren nakomelingen ftede vaft vnde truweliken vnuorbroken tho holdende. vñ hebben
15 des tho tůge vnfe Ingefegele mid gudeme willen heten hengen an deffen bref. De gegeuen is na Godis bord Dritteynhundert Jar. In deme Negen vnde fouentigeften Jare. In fůnte Cofme vnde Damianj dage der hilgen Mertelere.

K. O.

Wye Radmanne vnde gemeynen Borgere der Stat Lůneborg Bekennen openbare in deffem breue. dat
20 de houchgeboren fůrften vnfe leuen gnedigen heren her Wentslaw vnde her Albrecht. Hertogen tho Saffen vnde tho Lůneborg vns hebben gefat vnde vorpendet ere Slot Luderdefhufen. mid allerleye rechte vnde richte. mid lande watere weyde wifchen vifcherie. mid vogedie denft vnde broke grot vñ cleyne. mid holte ackere vnde tolne. vñ mid der vore vñ verfchat. mid allerleye nůt rente vnde tobehoringe alfo dat by des houchgeboren fůrften hertogen wilhelmes tiden deme god gnedich fy. gewefen heft. vor ver vnde
25 twintich hundert mark Lůneborger penninge. dar vore wy en vulgedan vnd eren willen dar vmme gemaked hebben. alfo dat wy dat fulue ere flot Luderdefhufen dar vor Inne hebben foollen van nů tho fůnte Michelis dage vort ouer en Jar na vtgift deffes breues. vnde dit fulue ere flot Luderdefhufen foolle wy dan vorbenomeden vnfen heren trůwelikon bewaren. vnde en dat open holden tho allen tiden tho allen eren noden wanne vnde wo dicke fe dat efchen vnde des begernde fynd. vñ wanne dat Jar na vtgift
30 deffes breues vmme komen is. fo mogen de vorbenomeden vnfe heren ere flot Luderdefhufen mid fynen tobehoringen alfo vorfcreuen fteyt wedder lofen vor de vorbenomeden vernude twintich hundert mark penninge. doch fo foollen fe vns de lofinge des flotes na dem Jare. en half Jar vor kündigen vñ vns denne dar na alfe dat halue Jar vmme komen is de beredinge důn in der Stat tho Lůneborg mid vnbeworrnen reden penningen do dar ginge vnde geue fyn. anders vnde er en foollen fe noch ere Ammechtman oder
35 iemand van erer wegen vns van dem vorbenomeden flote nicht entfetten. vnde wanne fe vns de beredinge der lofinge alfo gedan hebben alfe vorfcreuen fteyt fo foolle we en ere flot luderdefhufen mid allen fynen tobehoringen alfe we dat van en gehad hebben wedder antworden ane ienegerleye hinder vnde vortoch. vnde wanne fe dat vorbenomede flot lofed Is dar denne fad gefeyd de foollen fe golden na befegginge twier erer manne vnde twier vte dem Rade tho luneborg icht fe willen. willen fe nicht fo foollen fe oder
40 ere Ammechtman vns de fad vnde Corn fuluen winnen vnde wech bringen laten. dar foollen fe vns tho vorderen vnde nicht hinderen. Were ok dat de vorbenomeden vnfe heren van deme flote Luderdefhufen orligen wolden. welken Ammechtman fe dar vpfetten deme foolle we oder vnfe voged dar fulues borchlde důn vnde en dat vorwiffenen dat we en vnde de fyne vor vnuoge vnde vor fchaden bewaren. Schude auer em eder den fynen. van vns oder den vnfen vnuoge oder fchade. den foolle we oder vnfe voged dar fulues
45 van vnfer wegen en wedder důn in mynne oder in rechte bynnen deme negeften verndel iares dar na wanne we dar vmme gemaned werden. fo foollen vns ok denne vrede gud geuen wor we dat in der vyende

gude hebben konnen alſe dat redelik is. worde ok dat ſlot van eres kryges wegen beſtallet eder vorbuwet
dat ſcollen ſe vns helpen redden mid erer gantzen macht alſe ſe irſten konnen ane argeliſt. Worde ok
dat Slot van eres kryges wegen vorloren des got nicht enwille ſo ſcollen ſe ſik. noch we vns. nicht ſonen
noch vreden mid den gennen de dat ge wunnen hedden ſe en hebben vns wedder ge hulpen tho deme Slote.
eder id en ſy an beydentſiden vnſe gude wille. Were ok dat ſe vns denne des ſlotes nicht wedderhelpen 5
konden. ſo ſcolden ſe vns bynnen enem Jare dar na alſe we dat van eres kryges wegen vorloren hadden
en ander Slot in dat ſulue gerichte wedder buwen dar we de vögedie vnde de tobehoringe des ſlotes af
bekrechtigen mochten. Were auer dat ſe des nicht en deden ſo ſcolden ſe vns denne vnſes vorbenomeden
geldes wedder ſtadinge dŭn. alſe twen eren mannen vn̄ twen vte deme Rade tho Lüneborg dŭchte redelik
weſen. Worde ok dat Slot Luderdeſhuſen van vngelücke vn̄ nicht van eres kryges wegen vorloren. ſo ſcol- 10
len ſe vns dar truweliken tho helpen dat we dat wedder be kreftigen. vn̄ de vorbenomeden vnſe heren.
ſcollet ok. vns vnd vnſe denre de we vp deme ſlote Luderdeſhuſen hebben truweliken vor degedingen mid
dem ſulven ſlote. Vor vnrechtede vns auer yemant. dat ſcolle we en witlik dŭn. vn̄ helpen ſe vns denne
binnen den negeſten achte weken dar na. nicht likes oder rechtes. ſo moge we vns van deme ſäluen ſlote
wol vnſes vnrechten irweren alſo lange dat ſe vns mynne ofte rechtes helpen können. Were ok dat vnſe 15
vorbenomeden heren van dodes wegen afgingen er der tid dat ſe dat vorbenomede ſlot van vns wedder
loſeden. ſo ſcolde we vns na ereme dode mid deme Slote luderdeſhuſen holden an ere nakömelinge hertogen
tho luneborg den denne de herſcop tho lüneborg na ereme dode na vtwiſinge erer ſone breue van
rechte tho vorſtande borede. vnde denne den dar mede tho denſte vn̄ to loſe ſitten in aller wis alſe we den
vorbenomeden vnſen heren nŭ dŭn ſcollen vn̄ hir vor ſcreuen ſteyt. Alle deſſe vor ſcreuenen ſtücke vn̄ en 20
yewelk beſunderen. loue we Radman vn̄ ge meynen bürgere der Stat lüneborg den vorbenomeden vnſen
heren eren erven vnde nakomelingen hertogen tho lüneborg ſtede vaſt vnde vnvorbroken tho holdende. vn̄
hebben des tho tŭghe vnſer Stat Ingeſegel laten hengen an deſſen bref. De geuen is na Godis bord. Dritteynhundert Jar. In deme Negen vnde Souentigeſten Jare. In ſunte Coſme vnde damianj dage der hilgen Merteleŕe. 25

164. Die Herzöge Wenzlaus und Albrecht von Sachsen und Lüneburg verpfänden dem Aschwin, Johann und
Aschwin von Salder unter Vorbehalt des Oeffnungsrechtes das Schloss Lichtenberg mit den Gerichten, aber
ohne geistliche und weltliche Lehne für 6000 Mark löthigen Silbers auf die Dauer von wenigstens fünf
Jahren und weisen die Burgmänner des Schlosses an sie. Die von Salder sollen mit zehn Mark jährlich
die Zäune und das Dach des Schlosses ausbessern. Die Urkunden, welche sie über das Schloss von den 30
früheren Herzögen zu Lüneburg besitzen, sollen nicht mehr gelten. Nach dem Tode der Herzöge sollen
die von Salder sich mit dem Schlosse zu dem Herzoge Friedrich oder zu dem Herzoge Bernhard von
Braunschweig halten, welchem von beiden nach Ausweis der errichteten Sühne der Herrschaft Lüneburg
vorzustehen gebührt. — 1379, den 11. November. K. O.

We Wentzlaw vnde Albrecht van godes gnaden hertoghen tho Saſſen vnde tho Luneborch. Bekennen. 35
openbare indeſſeme breue dat we hebben geſad. vnde vorpendet vnde ſettet indeſſeme breue vnſe Slot lechtenberghe. myd alleme rechte vnde myd gerychten. vnde myd alle deme dat dar to hored ane gheyſtlike
vnde menlyke loen der vorſette we nicht Aſſchwyne Aſſchwyns ſone. Jane hanſes ſone vnde Aſſchwyne
hern Euerdes ſone alle geheten van Saldere vnde eren eruen vnde to orer truwen hand Otten van der
gowylſche Bertoldo van Ilten vnde hinrike van Cramme vor Sees duſend mark lodyghes ſuluers brunſwyke- 40
ſcher wytte vnde wichte. Deſſet vorbenomde Slot myd alleme rechte ſchullet ſe Inne hebben nŭ van deſſen
negeſten to komende wynachten vord ouer vyff Jar vnde wanne de vyff Jar vmme komen ſint So moghe
we on. vnde ſe vns de loeſe des ſeluen Slotes lechtenberghe kundighen alle Jar to wynachten. vnde wanne
we on. eder ſe vns de loſe kundighet hedden. dar na vort ouer eyn Jar to wynachten. ſchulle we. vnde
willet on ore gheld foes duſent mark lodighes ſuluers brunſwikeſcher wichte vnde witte vmbeworen wedder 45

gheuen. vnde betalen ane hinder vnde vortoeh. Inder Stad tho Brunfwich eder tho Honouere inder twyer
ftede eyne welker fe kefen.   dar vnde veer myle van dennen welkhend fe willen. fchulle we vnde willet
on dat gheld velighen vor alle den de vnme vnfen willen don vnde laten willen.   vnde wanne on dat gheld
bered ys. fo fchullet fe vns dat Slot Lechtenberghe. wedder antwerden. myd alle deme dat dar to hored
5 ane hinder vnde wedder fprake   were ok dat we on ore gheld. denne vppe do tyd alse vore gefcreuen
fteyd nicht engheuen. So moged fe dat felue Slot lechtenberghe myd fyner to behorynghe. vort an vorpenden vnde vorfetten. vorde vorbenomden fummen gheldes bederuen luden. eren genoten. weme fe willen.
ane vorften. heren. vnde fteden   vnde weme fe dat denne fetten. deme fchulle we fodane breue gheuen.
vnde bewarynghe don. alse we on gedan hebben.   vnde de feluen. fchullen vns ok. alzo dane bewarynghe
10 wedder don myd breuen vnde lofften alze fo vns gedaen hebbet   Ok fchal dat Slot lechtenberghe vns
open wefen to allen vnfen noeden. wanne vnde wo dicke we dat efchen. vnde des beghcrende fyn.   vnde
were dat we dar aff orleghen wolden. So fcholde we alle kofte don. vude ftan. deinen vppe deme hufe
hebben fcholde   vnde welken Ammechtman we dar fettedem. de fcholde fe vnde de ore vor fchaden
vnde vor vnuoghe bewaren. vor fyk vnde vorde fyne.   Schade on auer fchade eder vnuoghe. dat fcholde
15 on de Ammechtman wedder don. in mynne eder in rechte bynnen denne negeften verdendeyl yares dar na
wanne fe dat van ome efcheden   mynne na ereme rade to fokende vnde rechtes fchulle we ouer fe vnde
ere eruen mechtich wefen to allen tyden   worden fe ok fcholachtich myd yemande vnde enhulpe we on
nicht mynne eder rechtes bynnen veer weken darna wanne fe dat van vns efcheden So mochten fe fik
van deme Slote lechtenberghe wol vnrechtes erweren. alzo langhe dat on lik eder recht mochte wedder
20 varen   were ok dat on we rende eder neme vor deme Slote eder indeme rychte dat to lechtenberghe to hort
dat mochten fe van ftunden an wol weren vnde wedder don.   worde ok dat Slot lechtenberghe van vngelucke vorloren. des god nicht enwille. So enfcholden we vnde fe vns nicht foenen noch vreden. myd deme
eder myd den de dat Slot gewunnen hedden. eder myd den de fik des flotes vnderwinden we enhedden on
des flotes wedder hulpen. eder we enhedden on ere geld genfliken wedder gheuen dat fe an deme flote
25 lechtenberghe hebbet   kunde we des nicht doen. fo fcholde we vnde wolden on eyn ander Slot indat felue
garychte buwen dar fe de ghulde de to lechtenberghe hored aff bekrechtighen mochten   dar fcholden fe
ere gheld an hebben. vnde myd deme rechte an fytten alse fe nû an deme flote lechtenberghe fitten   worde
ok dat Slot lechtenberghe beftallet eder vorbuwed des fchulle we vnde willet fe entledighen. helpen myd
alle vnfer macht vppe vnfe kofte vnde vnfe aeenture   wanne we van deme Slote lechtenberghe orleghen
30 wolden fo fcholde we vnde wolden on vrede glud gheuen tyeghen de vorwerk vnde dat buwerk dat to dem
Slote hored alze vorder alzemen dat inder vyende ghude hebben mochte   Ok fchullet fo de borchmanne
to lechtenberghe by rechte laten   vnde we willet de borchmanne nû an fe wyfen vnde wyf(et) fe an fe an
deffeme breue dat fe on dat Slot helpen holden vnde bewaren alle de wyle dat fe ere geld dar an hebben
alze fe dat myd vns holden vnde bewaren fcholden offt we dat feluen lo(ne) hedden.   Ok fchullet fe dat Slot
35 lechtenberghe beteren myd tuenen vnde myd daeke alle Jar wor des nod is myd teyn marken   de fchulle
we vnde willet on ok wedder gheuen (myd) der vorbenomden fummen geldes. dar on dat Slot vore fteyt
wanne we dat van on lofed   Ok fchulle we vnde willet fe truweliken vordegedynghen vnde dat Slot lechtenberghe myd alle deme dat dar to hored vnde willet des ere rechte were wefen wor vnde wanne on des
noed is   Ok fo fchullet alle breue doed wefen de fe hebbet van vnfen elderen vnde voruaren bertoghen
40 to luneborch   were ok dat we vorbenomde heren van dodes weghene aff ginghen. eer der tyd dat we dat
vorbenomde Slot lechtenberghe van den vorb(enom)den van Saldere eder eren eruen wedder lofeden So
fchullet fe vnde ere eruen fik myd deme feluen Slote lechtenberghe na vnfeme dode holden an vnfe boelen
hertoghen fre(derik e)der hertoghen Bernde van brunfwich deme denne de herfchop to luneborch na vns na
vtwyfinghe vnfer foene breue to vorftande borede vnde denne vort an an (ere eruen) vnde on dar mede to
45 denfte vnde to lofe fitten in aller wyfe alse fe vns nû don fchullet vnde hir vore gefcreuen fteyt   Deffes to
Orkunde dat we on alle deffe vo(rfcreuenen) ftucke ftede vaft vnde vnuorbroken holden willen habbe we vnfe

Ingefegele witliken gehenged laten to deffeme breue De ghe gheuen is na godesbord drytteynh(undert
Jar) dar na indeme neghen vnde Seuentigeften Jare In funte Mertens daghe des hilghen Byfchopes.

165. Herzog Albrecht von Sachsen und Lüneburg vergleicht sich mit dem Ritter Werner von Bortensleben um
dessen Forderungen, unbeschadet der gegenseitig ausgestellten Urkunden.   K. Cnept.

We Albr̃ Bekennen dat her Johan van Efcherte her Lud vñ pardum van deme Knofebeke Euerd vñ 5
Cord van marnholte Rabode wale vñ Otrauen van beruelde ge degedinget hebben twifchen vns vñ hern
wernere van bertenfleue alfo dat we vns vmme alle rekenfcop fchaden vñ fronen, vñ vmme allen vnwillen
de twifchen vns vnde eme wente an deffen dach gewefen hefft. fruntlich ge enet vnde gentzlik berichtet
hebben. funder vmme de breue de we vnder ander gheuen hebben de fcullen mit deffen degedingen
vnuorbroken wefen vñ by vuller macht bliuen vñ dar en fcullo wo beider fyt nene hulperede tigen nemen. 10

166. Ritter Ludolf von dem Knesebeck und Paridam und Werner von dem Knesebeck stellen einen Revers
aus, dass ihnen die Herzöge Wenzlaus und Albrecht von Sachsen und Lüneburg und Herzog Bernhard
von Braunschweig und Lüneburg das Schloss Knesebeck mit Vogtei, Gericht und allem Zubehör, geistliche
und weltliche Lehne ausgenommen, für 2430 löthige Mark unter Vorbehalt des Oeffnungsrechtes verpfändet
und versprochen haben, ihnen zur Vermehrung der Gülte des Schlosses 30 löthige Mark jährlicher Hebung 15
zuzulegen. — 1379, den 6. December.   K. O.

Wy Her Ludolf van dem Knefbeke Ridder olden ludolues zone Pardum van dem knefbeke walmedes
fone vnde werner van dem knefbeke hern Ludolues fone Bekennet openbare in deffem breue dat de houch-
ghebornen furften her wentzlas vnde her Albrecht hertoghen to Saffen vnde to Luneborgh vnde Juncher
Bernt hertoge to Brunfwich vnde to Luneborgh vnfen leuen gnedeghen heren vns dat Sat hebben ere Slot 20
den knefbeke med allerleyge rechte nůd vnde to behoringhe dar to belegheu is ane gheeftlike vnde
werlike leen vor veer vnde Twintich hundert lodege mark vnde drittich lodege mark Brunfwikefcher wichte
vnde witte de alrede in ere vnde in erer vor varen nůd ghe komen find alfo wy en dat ghe Rekent hebben.
hir to fchollet fe vns legghen drittich lodige mark gheldes Brunfwikefcher wichte vnde witte to beteringhe
der gulde des Slotes in legheliken gude dat to deme Slote belegheu is alle iar to Sunte Michaelis daghe vp 25
to nemende. Were ok dat fe gulde nicht maken konden dat fee to deme Slote belegheu were fo fcholden
fee ofte ere eruen vns efte vnfen eruen drittich lodige mark Brunfwikefcher wichte vnde witte alle iar to
Sunte Mertens daghe ghleuen. Hir vore fcholle wy dat vorbenomde ere Slot den knefbeke inne hebben vnde
en dat truweliken bewaren vnde en edder eren eruen dat open holden to allen tidon vnde to allen eren noden
Jeghen alleſwene wanne vnde wo dicke fee dat efchen edder dat efchen laten vnde des be gherende find. 30
Wolden fee ok van dem fuluen orem flote knefbeke orleghen fo fcholden fee vns eynen ammechtman dar vp
fetten deme fcholde wy ghe mak fchicken. vnde welken ammechtman fee dar fetten deme fcholde we
edder vnfe eruen hornhůde dôn alfo dat wy en vnde de fine vervuaghe vnde vor fchaden be warden
Stunde auer em edder den finen van vns edder van den vnfen ienich vnuoghe edder fchade dat fcholle
wy em edder den finen wedder dôn in vruntfchop edder in rechte bynnen deme neghsten verdendel iares 35
dar na alzo we van eme dar vmme ghe manet worden Ouch fchollen fee vns vredegud gheuen in der
vigende gude alz id Redelic is ieghen de ghulde de to dem flote beleghen is Worde ok dat Slot Knefbeke van eres krighes weghen be ftallet edder vorbuwet dat fcholden fee vns helpen Redden med ghantzer
macht alzo foe erften konden ane argheliſt. Worde ok dat fulue ere Slot van eres krighes weghen vorloren
des god nicht ene wille fo fcholden fe fik noch we vns nicht vreden noch fonen med den iennen de dat 40
Slot ghe wunnen hadden wy en deden dat endrechtliken vnfer eyn mid des anderen guden willen. Were
ok dat feu vns des flotes bynnen enem iare dar na alfo we dat van eres krighes vorloren hadden nicht
wedder helpen konden fo fcholden fee vns een ander Slot indat fulue gherichte wedder buwen dar wy de
feluen voghdighe vnde gherichte af bekreftighen mochten Were auer dat fe des nicht ene deden fo fchol-

den fe vns vnfes geldes wedder Stadinghe don med anderen panden alfo twen eren mannen vñ twen vnfen vrunden duchte Redelich wesen Se fchollet vns ok med deme feluen erem Slote truweliken vor deghedinghen to vnfem Rechten vnde fchollet mynne vnde rechtes ouer vns vnde ouer vnfe eruen mochtich wefen to allen tiden jegben allefweme. vor vnrechtode vns auer iemant dat fcholle we en witlich don. konnen
5 fe vns denne nicht likes edder Rechtes helpen bynnen enem verdendel iares dar na alfo we en dat ghe kundeget hadden fo moge wy vns vnfes vorechten van deme Slote wor erweren went alfo langhe dat vns lik edder Recht wedder varen konde, vnde we fchollet de vorbenomden vnfe heren vnde de ere. ere land vnde lude vnde de genno de fe vor deghedinghet van deme feluen eretne flote knefbeke edder dar wedder to edder vte der voghedige nene wis befchedegen edder befchedegen laten noch vor vnrechten. Were ok dat
10 we in deffem vorbenomden erem flote wat vorbuwen wolden dat fcholle we don na Rade vnde na hete der vorbenomden vnfer heren vnde wes we denne dar ane vorbuweden dat wy en Redeliken bewifen mochten dat fcholden fe vns ghelden alfo twen eren mannen vnde twen vnfen vrunden duchte redalik wefen. wanne fe ere Slot van vns lofeden Were ok dat fe edder ere nakomelinghe ere Slot den knefbeke van vns edder van vnfen eruen wedder lozen wolden edder we oder vnfe eruen. vnfe gelt dar vns ere Slot vore to pande fteyt wedder
15 hebben wolden dat fchollen fe vns eder we en witlich don to allen Sunte Mertens daghen edder bynnen den negheften achte daghen dar na wanne vnfer eynem van dem anderen de loze alfus ghekundeget were dar na ouer en iar to Sunte Mertens dage eder bynnen den negheften achte daghen dar na fchollen fe vns vnfe rede vorfchreuene gelt betalen vmbeworren med Redeme lodigen fuluere in der Stad to brunfwich to wenelinghe to Calue edder to der wuluefborgh. vnde wanne we aldus betalet fint fo fcholle we en edder eren
20 nakomelinghen edder weme fe dat leueft hebben willet ere Slot den knefbeke van Stunden an vmbeworren wedder antwerden med alle der to behoringhe de dar to belughen ift Were ok dat fee denne deffes vorbenomden eres Slotes knefbeke van vns edder van vnfen eruen vppo de tid nicht ene lozeden alfo fe vns edder wy en de loze aldus ghe kundeget hadden fo moghe wy dat Slot vor de vorbenomden Summen geldes anders weme vor penden weme wi willen bedderuen laden vnfen ghenoten ane vorften heren vnde
25 Steden, vnde weme wy dat denne fetten de fchal edder fcholden den vor benomden vnfen heren alfo dane vor waringhe don alfo we en go dan hebbet Ok fcholden vnfe heren en dat Slot wedder vorbreuen alfo fe vns ghe dan hebbet Wore ok dat we dar Sad ghe feyget hadden wan fe ere Slot van vns lofeden weme we denne dat flot van erer weghene antwerden de fcholde vns vnfe Saad gelden alfo twen eren mannen vnde twen vnfen vrunden duchte Redelic wefen Alle deffe vor fchreuenen ftucke vnde artikele
30 loue wy vorbenomden her ludolf van dem knefbeke Ridder olden ludolues fone Pardum van me knefbeke wafmedes fone. Werner van me knefbeke hern ludelues fone vnde vnfe Rechten eruen den vorbenomden vnfen leuen gnedigen heren hern Wentflawe vnde hern albrechte hertogen to Saffen vnde to Luneborgh vnde Juncher Bernde hertoghen to Brunfwich vnde to Luneborgh vnde eren rechten eruen Stede vaft vnde vnuorbroken to holdende funder arghelift eder hulperede vñ fetten en dar vore to borgen vnfe leuen vrunde
35 de hir na fchreuen ftan vnde wy her werner van bertenfleue Ridder her gheuert van aluenfleue Ridder Bernt vñ Junghe hinric beyde ghebeten van der fchulenborgh Boffe van bertenfleue Anne van me kampe vnde Junghe hans van me knefbeke hanfes fone bekennet openbare indeffeme breue dat wy ghe louet hebben vnde louen in guden truwen mid fameder hand deffen vorbenomden vorften hern wontflaw vnde hern Alberte hertogen to Saffen vnde to Luneborgh vnde Juncker bernde hertogen to brunfwich vñ to luneborgh
40 vnde eren eruen dat deffe vorbenomden her ludolf van me knefbeke olden ludolues fone Pardum van me knefbeke wafmedes fone. werner van me knefbeke hern ludelues fone vnde ere eruen alle deffe vor fchreuenen ftucke vnde artikele ftede. vaft vnde vnuorbroken holden fchollen. Weret dat en edder eren eruen in alle deffen vor fchreuenen ftucken ienich hinder fcheghe edder brok worde vnde we borgen dar vmme manet worden famende edder bi funderen bi boden eder bi breuen fo fcholle wy vñ willen binnen den
45 negheften verteynachten na der manighe in riden in de Stad to vlfen vnde dar en recht in legher inne bolden vnde dar nicht vt de hinder vnde de broke ene fi den vorbenomden heren edder eren eruen ghenflikes

vnde al wedder dan alſo dat en ghe noghe edder we ene don dat med der vorbenomden heren ghudeme willen daſſes to orkunde vn̄ to meres betughinghe dat wy dit ſtede vaſt vnde vnvorbroken holden willen hebbe wi vnſe Inghesegele med der vorbenomden vnſer vrunde Inghesegele witliken ghe henghet laten in deſſen breff De gheuen is na godes bort dritteynhundert Jar in dem neghen vnde Souentigheſten Jare dar na In Sunte Nicolaus dagbe des hilghen biſchopes.   5

167. Die Gebrüder Gottschalk, Hans und Hermann von Campen ſtellen einen Revers aus, daſs die Herzöge Wenzlaus und Albrecht von Sachſen und Lüneburg ihnen Bordenau, den Wall und das Dorf mit der Mühle, Fiſcherei und Nutzung des Waldes mit dem über der Leine gelegenen Acker, welcher, als dort noch ein Schloſs ſtand, von demſelben aus bebaut wurde, für dieſelbe Summe, wofür der verſtorbene Herzog Wilhelm es ihnen zu Pfande ſetzte, nämlich für 220 Mark löthigen Silbers verpfändet und ſie beauftragt 10 haben, den Wall mit Planken zu verſehen, auf demſelben ein Haus (Schloſs), einen Burgfrieden und dazu Thore und Brücken, auch in der Vorburg ein Vorwerk und dazu Planken, Thore und Brücken zu erbauen. Bei der Einlöſung, die nicht in den nächſten drei Jahren Statt finden ſoll, ſind die Herzöge verpflichtet, nach Abſchätzung die Koſten zu erſetzen, welche die von Campen durch Bauen und Graben zum Behuf des Schloſſes anwenden. Letzteres ſoll den Herzögen ein offenes Schloſs ſein. Nach dem Tode derſelben 15 ſollen die von Campen dem Herzoge Bernhard von Braunſchweig und Lüneburg und nach ſeinem Tode dem nach Ausweis der über die Herrſchaft Lüneburg errichteten Sühne nachfolgenden Herzoge den Pfandvertrag halten. — 1380, den 1. Januar.   K. O.

We her Godſchalk hans vnde hermen. brodere gheten van Campen. Bekennen openbare in deſſeme breue vor vns vnde vnſe eruen dat vnſe leuen guedighen heren her Wentzilaw vnde her Albrecht hertogen 20 to Saſſen vnde to Luneborch. vns godan vnde geſad hebben de Bordenow den wal vnde dat dorp myd der Molen myd der vyſſcherye vnde myt allerleye rechte nūd vnde to behorynge alſe id dar belegen is. vnde des woldes to brukende in aller wyſe to vnſeme behoue myd deme Ackere. vnde myd allerleye nūd vnde to behorynghe de gelegen is ouer der leyne den men plach to buwende. vnde to brukende van deme ſlote do dar eyn ſlot was. vor twyntich mark vnde twe hundert lodighes ſeluers honouerſcher vychte vnde witte 25 dar vnſe here hertoge Wilhelm deme god gnedich ſy vns dat vorſatte. vnde den wal moghe we plancken vnde buwen dar vp hus bercherede. doer vnde brüggen dar to. vnde in de vorborch moge we buwen. vorwerk plancken. dor vnde brugghen dar to. wad we dar an vorbuwen vnde vorgrauen to behoue des Slotes. dat ſchullet vnde willet vnſe vorbenomden heren vns gelden. na beſeggynge twyer erer manne vnde twyer vnſer vründe. to den tyden alze ſo dat Slot vnde gud van vns loſen alze vore geſcreuen is vnde 30 de loſe des ſlotes vnde des gudes. enſchullet vnſe vorbenomden heren. vns. noch we on nicht kundigen bynnen deſſen negeſten dren Jaren vnde wanne deſſe dre Jar vmme komen ſynt, So moghet ſe vns vnde we on. de loſe kundigen alle Jar bynnen den achte daghen to paſchen vnde ſo vort ouer twe yar na der kundigheden loſe. bynnen den achte dagen to paſchen ſchullet ſe vns bereden. in der ſtad to Honouere. twyntich mark vnde twe hundert lodiges ſeluers honouerſcher wichte vnde witte vnde dar to wad we dar an 35 vorbuwet vnde vorgrauen hebbet alze hir vore ſcreuen is vnde wanne we bereed ſynt. ſo ſchulle we on dat Slot vnde dat vorbenomde gud wedder antworden van ſtunden an. myd alleme rechte. nūd vnde toehorynge alze id dar belegen is Vortmer ſchullet ſe rechtes mechtich weſen. ouer vns vnde vnſe eruen to allen tyden Ok ſchullet ſe vns truweliken vordeghedyngben wor vns des need is vnde wi ſchullet ſe vnde ere eruen vorſchaden vnde vor vnnoghe bewaren van deme ſlote vnde dar wedder to vnde deſſet ſlot Borde- 40 now ſchal vnſer vorbenomden heren vnde erer eruen open weſen to allen oren nooden Were ok dat vns we vorvnrechten wolde eder vor vnrechtede ſo ſcholde we dat vor on vorclagen vnde voruolgen en hulpen ſe vns dar denno nicht vmme likes eder rechtes bynnen den negeſten ſees weken dar na wanne we on dat witlik gedan hedden. So mochte we van deme ſlote vns ſeluen wol behulpen weſen. vnde dar ſchullet ſe vns truweliken to helpen alze lange dat vns recht wedder varen moge Were ok dat vns we rokeloſe ouer toghe. myd 45

roue eder myt brande. dat mochte we van ſtunden an weren vnde dar ſchullet vnſe vorbenomden heren vnde
ere Ammechtman vns truweliken to helpen. Vnde wanne vnſe vorbenomden heren van deme ſlote orleghen
wolden. we ere ammechtman dar were. de ſcholde vns vnde de vnſe vorſchaden vnde vorvnuoge bewaren
vor ſik vnde vor de Jenne de myd eme dar weren Schude vns aner ſchade. eder vnuoghe. den ſcholde vns
5 de Ammechtman wedder doen an mynne eder in rechte bynnen eynem manede dar na wanne we on dar
vmme gemaned hedden Ok ſchullet de vorbenomden vnſe heren eder ere Ammechtman vns vredoghut geuen
yegen des vorbenomden ſlotes ghulde. vte der vygende ghude vnde de vorbenomden vnſe heren eder ere
amechtman. ſchullet de portenere vnde de wechtere bekoſtigen vnde dat ſlot bewaren alle dewyle dat dat
orlege ſteyt Worde ok dat Slot van vngelucke vorloren des god nicht enwille welker wys dat ſchede ſo
10 ſchullet ſe vns eyn ander pand alzo gud dar vns an genoghe indes ſlotes ſtede ſetten vor vnſe vorbenomde
gold vnde buw. Deden ſe des nicht. ſo ſchullet ſe vns vnſe vorbenomde gold wedder gheuen vnde gelden
dat buw in aller wyſe alzo vore ſcreuen ſteyt bynnen deme negeſten Jare dar na ane hinder vnde vortoch
Deſſe vorſcreuenen ſtucke ſchullet vns vnſe vorbenomden heren voruelegen myd mogeliker vorwarynge eer
we ſe eder eren Ammechtman vppe dat ſlot laten. Were ok dat we ſaed geſeyed hedden de ſcholden ſe
15 vns gelden na beſegginge twyer erer manne vnde twyer vnſer vrunde Alle deſſe vorſcreuenen ſtucke vnde
articule loue we vnſen vorbenomden heren hern Wentzſlawe vnde hern Albrechte hertogen to Saſſen vnde
to Luneborch vnde eren eruen myd ſamender hand ingudon truwen ſtede vaſt vnde vnuorbroken to holdende
ane ienigherleye hulpe rede vnde argeliſt. Vnde were dat vnſe vorbenomden heren her Wentzſlaw vnde
her Albrecht van dodes weghene aff ghingen des god lange nicht enwille So ſcholde we eder vnſe eruen
20 alle deſſe vorſcreuenen ſtucke vnde articule holden vnſeme heren hertogen Bernde hertogen to Brunſwich
vnde to Luneborch in aller wyſe alze vore ſcreuen is vnde na ſyneme dode. deme denne de herſchop to
luneborch borede to vorſtande na vtwyſinghe der vorbenomden vnſer heren ſoene breue Des to merer
betuginghe hebbe we vnſe Ingeſegele witliken vnde myd gudeme willen gehenget laten to deſſeme breue
de ghe gheuen is na godes bord dritteynhundert Jar dar na indeme Achtentygheſten Jare In nyenyaren daghe.

168. Ludolf Juncher, Vogt zu Neustadt, vergleicht sich mit den Rathsherren der Stadt Hannover wegen des
Schadens, welchen die ihnen von ihm geliehenen sechs Gewaffneten vor Oheen auf dem Zuge der von Hannover
gelitten haben, und erklärt, dass die Rathsherren ihm deshalb nur noch 14 Pfund weniger vier
Schillinge schulden, welche sie und die Geschworenen zu Hannover ihm von dem nächsten Sehess zu bezahlen
versprochen haben. — 1380, den 8. Januar.   H. O.

30 Ek Ludolf ghehethen iunchere voghet tho der Nyenſtad bekenne openbare in diſſeme breue dat de
beſchedenen manne de Rad tho honouere ſek degher vruntliken myt my vorghayn hebbet, vmme alle den
ſchaden den Cord van der Rith, herman viſbeke, iohan van Ebbinghehuſen, kreuet vñ Andreas beme de
ek vt ghe beden vñ deme Rade van honouere ghe lénd hadde. ghe leden hebbet, vor Oſen in der van honouere
Reyſe. den ſchaden hebbet my de van honouere irlegheret, vñ wedderlayn. alſo dat ſe my. noch diſſes
35 vorbenompden noch iemende van vſer weghene. dar van nichtes mer plichtich en ſyn. wen veyrtheyn honouerſche
pünd, myn ver ſchillinghe. de my de Rád vñ de ſworenen tho honouere. gholouet hebbet van ereme
negheſten tho komenden ſchötho tho betalende. were ok diſſer vorbenompden ſes perſonen edder erer iennich
den Rád vñ borghere tho honouere hir an bouen van diſſes vorghebeſchreuen ſchaden weghene iengherleyghe
wys an deghedinghen myt rechte. dar wolde ek vñ ſcholde de van honouere van entleſten vñ af nemen
40 wanne ſe dat van my eſchenden edder eiſchen lethen   dat loue ek on ſtede vaſte vñ truwelken tho holdende
des hebbe ek tho orkunde. myn ingheſegbel ghehenghet lathen an diſſen bref Na ghoddes burt dritteynhundert iar in deme Achtentigheſten iare des ſundaghes na twelfthen.

169. Die zwölf am 25. November 1377 Verordneten gegen den Prälaten und dem Rathe der Stadt Lüneburg
über Einnahme und Ausgabe von dem aus der Saline zur Abtragung der Schulden der Stadt bewilligten

Zuschusse Rechnung ab. In zwei Jahren sind aus den 216 Pfannen, den 814 Wispeln, einem Fuder und dem übrigen Gute auf der Saline erhoben 63192 Mark. Damit sind 50270 Mark Schulden abgetragen. Die Forderung der Bürger zu Hannover und Uelzen beläuft sich noch auf 9075 Mark. Andere verbriefte Schulden betragen 4685 Mark. Zu rechnen ist noch auf 14181 Mark als sichere Einnahme von der Saline. Von anderen 800 Mark sind wahrscheinlich wohl nur 300 zu erwarten. — 1380, den 17. Februar. K. O. 5

De fulte heft II^c pannen vñ XVI Oc heft fo VIII^c wifpel vñ XLIII vñ I pī Dat bremer fuluer fonnauende vridage vñ wegbe fynt vorflagen vppe XVII wifpel De hulpo van allem deffem vor fcreuen gude der fulten is LXIII^m mark II^c mark myn VIII mark Van deffen fummen is betalet in twen iaren dat hir na fcreuen fteyt.

To dem erften Hern iohanne femelbecker VIII^c mark Hern iohanne grabouwen. V^c mark Hern ludeken van vintlo. II^c mark XIX mark myn IIII. Den van der molen IX^c mark XXIII mark Hern iohanne van der bruggen II^c mark Hern hartwighe abenborghe I^c mark XVII mark vñ XXXII den Hern alberte hoyken XIIII^c mark vñ VII mark Hern brande van tzerftede XLVI mark Hern haffeken. L. mark Hern fandere VI^c mark LXV mark Hern diderio fpringintgudu XI^c mark XXXVI mark vñ IIII fot Hern heynen fotmeftere XXVIII mark dar to is eme worden .C. mark . LV. mark vñ .V. fot vñ IIII den. de in vnfer rekenfcop nicht en weren Hern heynen muntere IIII^c mark LXV mark Hern rocfwalen V^c mark dar to is eme worden .C. mark .VIII. mark .V. fot vñ LIII den.

De fumme is VII^m mark II^c mark myn XVIII fot vñ VIII den.

Hern iohanne fceponftede VIII^c mark Johan langhe to lubeke XV^c mark vñ XL mark dar is vppe komen to fcaden by twen iaren to deme erften iare II^c mark to dem anderen iare XXXII mark van dem dridden iare II^c mark Hern ghifelberte .C. mark to fcaden Hern hartwighe van der fulten . M . mark Hern hanfe van honlinghe VII^c mark Dome archidiakene VII^c mark . XX. mark Hern hinrike knigen VI^c mark Deme hilgen geyfte XII^c mark Harteken van reden VIII^c mark vñ . XL . mark Hinrik witten vñ der drakefoen . VI^c mark Gotfride van baghene . II^c mark vn . V. mark vt dem herbergherer boke vñ LXXXV. mark eme fuluen Den van hannouere . VII^m mark vñ . VI^c mark Den van vlfen XXXV^c mark Deme capittel to bardewich C mark. LXXXVIII mark Deme fancmeftore to hamborch VI mark dar to XL mark bouen rekenfcop Deme van dem hilghendale . III^c mark LXX mark van des hilghen geyftes vñ grundifes weghen Hermene van dem fande . III^c mark vnde XXVIII mark vte deme herbergherer boko Clawefe garlope III^c mark Hern hartwige van der fulten to hamborch III^c mark dar to XLVI mark XI fot vor vor fetenen tyns Deme prouefte van dem yfenhaghene LXXXX mark van des fancmefteren weghene van hamborch Deme prouefte van lune . XVI . mark vñ . IIII . fot van lutteke brodes weghene.

De fumme is XXII^m mark .C. mark .V. mark vñ VII fot.

Hern iohanne dicken VI^c mark vñ XXIX mark vnde XXXII den vor tyns Mertene van dem fnakenbeke II^c mark Deme prouefte van buxtehude III^c mark van hern ludeken weghene van vintlo vñ dar to XIII mark buten vnfer rekenfcop Johanne fchermbecken III^c mark vñ . X . mark Heynen peynen II^c mark vñ XX mark Der ftonefchen LVIII mark Detmer hoyemanne dem eldederen to lunenborch II^c mark XLV mark vor fwar folt Scrammen to lubeke III^c mark XLV mark vñ . V . fot Heynen van crochele .C. mark vñ IIII mark Nyenborghe .C. mark XLIII mark vñ VII fot Tweuolden koghelen . II^c mark Hern iohanne langen to lunenborch C. mark vñ XXXII mark Jerfdeborghe XXVI mark Lutteke marken LXXXXI mark van gheuert weghene van dem berghe Roleue munter to lubeke II^c mark vnde XXXIII mark Brande foelen to hannouere . V^c mark XXX. mark Hern brande van tzerftede . XV. mark vñ . V . ℔ Hinrik van redon XV^c mark dar to II^c mark vñ . X. mark buten vnfer rekenfcop Bernd laghendorpe to vlfen .C. mark vnde XIX mark Werner bardewike .C. mark LXXXVII mark dar to . X . mark vor tyns buten der rekenfcop.

De fumme is . V^m mark. VIII^c mark XXI mark XI fot vnde VIII den.

Wernero van penſo LV mark Oc were wi ſculdich vor want deſſen na ſcreuenen luden Hern alberte
boyers to hamborch . C . mark LXXXVII mark   Clawefe van gholderſen . II^c mark XXVI mark Cla-
weſe rodenborghe II^c mark XXVI mark   Vicken eylbeken II^c mark myn XXIIII ſol   Heynen weſelo
. II^c mark vn . VII . mark.
5   Deſſe ſumme is van deſſem wande . M . mark vnde XXXIII mark.
    Hern diderik brandes XLV mark   Henninghe winnighuſen II^c mark dar to XL mark vor tyns buten
der rekenſcop Johanne van calue II^c mark vn X . mark   Colre . C . mark LXXII mark   Clauus eker-
manne C mark LIX mark Ibinghe vn kyle II^c mark dar to XLVIII mark buten vnſer rekenſcop   Oberde
van bucken IIII^c mark   Johanne rauene . C . mark IIII mark   Herman ſporekene VI^c mark vnde
10 tureken . CCC . mark   Hanſe ſporeken III^c mark . C . mark to tynſe buten vnſer rekenſcop   Lubbert arn-
holte LVIII mark vn III ſol   Der teynpenninghifchen. CXX mark   Ludeken rauene CXX . mark   Hern
ludolue van tselonſte . V^c mark vnde XXV mark   Maken van ompſen vn crane XL mark.
    De ſumme is IIII^m mark VIII^c mark XVII mark vnde III ſol.
    Dyt na ſcreuene gholt is den herbergheren be talet   Hanſe hoyemanne VI^c mark myn IX mark vn
15 V. ſol   Hinrik witten III^c mark LXVI mark vn VII. ſol   Her diderik bromeſe . II^c mark vn XXIX
mark   Cürde van boltzen LXXX mark   Ludeken van bilne . L . mark   Hinrike van erpenſen LXXVIII
mark. vn X ſol   Hanſe abenborghe III^c mark vn XXIX mark   Langhen ghereken hoyemanne XXXV
mark   Reymbern biſpinge XXX mark vn III ſol   Godeke van gherſtede XXXVII mark   Hern iohanne
ſemelbecker XLV mark myn I ſol   Alberto ſtotyn XXXV mark vn XLIIII mark buten vnſer rekenſcop
20 To dem bouwe der heren van damo hus . III^m mark vn III mark   Den cloſter vrouwen van obbekeſtorpe
C. mark   Den moniken van riddaghes buſen XXV mark buten vnſer rekenſcop   Dame capittele to brunſ-
wic II^c mark   Hinrik murmeſtere . L . mark   Johanne hutsinghe . L . mark.
    De ſumme . V^m mark . VII^c mark XLIIII mark . V . ſol.
    Quappenmunde . LXXX . mark   Deme biſcope van hildenſem . V^c mark LXXX mark   Hern dide-
25 rike van alton VI^c mark XLV mark   Hogheberten II^c mark vn XLIII mark   To ener reyſe to deme
keyſere to twen to lubeke twe to molne to vinen to winſen . C . mark . LIX . mark   Hinrik plan XL
mark   Schirhorn XIIII mark vn . II . ſol   Weſelo XX mark   Meyſter iohanne vritsen XIIII mark vn
. III . ſol   Meyſter iohanne arſten . X . mark   Born ſcutten XI mark   Hern iohanne hoſeringhe XXVI
mark   Wolters vrouwen van boldenſen XVIII mark vortmer . XI . mark her bromes   Clauus hoghen
30 . C . mark vor haringh vnſem heren   Meyſter wulrat X mark myn XXVI den   Hincen grimpinnen . L .
mark   Viſſchere . X . mark   Voſſe deme voghede XVI mark van enes weghene van northuſen.
    De ſumme II^m mark LVI mark vn XXXIIII den.
    Hern vinken II punt   Schiltknechte IIII mark vu VI ſol   Hanſeken biſpinge XIII mark vor ſlach
doke   Hanſe nyeburc XXX mark van der hertoginnen weghen vn VIII mark to eme perde   Vnſem heren
35 van lunenborch XX mark   Ludeken van bilne XXXIIII mark vor koſte den hannouerſchen   Der widen
veldiſchen XXXVII mark   Hern ybinghe vn her kile LXXII mark   Hern herman biſcopinge XL mark
Johanne van der molen to brunſwik . VII . mark van hertoghe magnus weghene   Rotgher pickerde XII.
mark vp des rades ſtal   Detlof manen VI mark   Godeken withon . X . mark   Vortmer binnen hamborch
V^c mark vor de rente der van der molen de me dar ſculdich was.
40   De ſumme is VIII^c mark vn . VII . mark myn IX den.
    Herman braſchon . V . mark myn II ſol   Hinrik van dem damme II^c mark vor tyns   Den baruoden
vn den predigheren to lubeke LVIII mark . V . ſol IIII den vor tyns   Bodenwerdere . L . mark   Detlof
manen VI mark   Den cloſtervrouwen to lubeke XXVIII mark myn VI ſol   Caſtorpe VIII mark   Coſ-
velde XXIIII mark   Cürde van boltsen . II^c mark vn XV mark   Jacob ſten XXX mark to tynſe vor
45 II iar   Hern iacobe van der bruggen . X . mark   Dom prouſte van dom hilghendale XXV mark vor
koſte   Hanſe hoyemanne . X . mark vor koſte   Gotfride van baghene . L . mark vor koſte der en del vor

teret is   De fcade van deme wande van twen iaren III^C mark vñ VII mark   De fcade van deme folte
III^C mark XXXVIII mark vñ VII fol.   Scade van bun werke XLIII mark.   Deme capittel van lubeke
LXXVII mark de me mofte en weder gheuen van deme gbelde dat vnfen heren wart van der fulten
Ploten . C . mark vñ LX mark   Wernere fuluerbernere XX mark   Wittorpe XX fol vñ XV fol de he vor
terede to lubeke   Johan nyebur IIII mark   Johan ftop II mark   Hermene van der molen LXXV mark 5
vñ LXXV mark to den anderen iare.
    De fumme is XVIII^C mark IX mark V fol IIII den.
    De fumme al der vore fcreuenen fummen is viftich dufent mark . II^C mark LXX mark myn XIII den.
    Den van hannouere vñ van vlfen is men noch fculdich IX^M mark vñ LXXV mark dar is fundergher
prelaten gut to tekent dar me de fummen van fcal betalen.   10
    Deffe na fcreuene fcult hebbe wi gotfridus van haghene hinrik witte vñ hans hoyeman louet vñ vor
breuet to be talende van der ftat weghen   Ludeken drewes . C . mark vñ XX mark   Johanne van heyn-
fen . C . mark vñ XX mark   Cort fcomakere vñ meyneken van oehtmiffen . C . mark vñ XV mark   Lutteken marken . C . mark vñ . I . punt   Johanne fnewerdinge LXXXXVI mark vñ VIII fol   Drewefe mul-
tere . C . mark vñ VIII fol   Horn iohanne hoyera IIII^C mark vñ LXXXXII mark   Hern rufchere 15
IIII^C mark   Johanne van hacbede V^C mark   Hermene van der molen VI^C mark   Gropen van oudorpe
. VIII^C mark vñ LXXX mark vor tyns   Der turifchen III^C mark vor tyns   Hern albort hoyken XLIII
fol   Detmere hoyemanne III^C mark vñ XXX mark vñ III mark vñ II den   Hanfe brandes LXXXXI
mark   Hinrike van reden II^C mark vñ XL mark   Ludeken floteroggen . C . mark   Hern hartwige van
der fulten XVIII mark   Her clauus van der molen XXXVIII mark.   20
    De fumme is IIII^M mark VI^C mark LXXXV mark III fol vñ II den.
    To deffen feulden vñ to der van hannouere vñ der van vlfen fculden de me noch be talen fcal hebbe
wi to hulpe van der fulton dat wiflic is verteyn dufent marc hundert marc. LXXXI marc vñ XVI den.
    Hir en bouen fcollen funderghe lude de wi deme rade hebbet ge fcreuen gheuen noch van ereme fulte
gude vt gheuen bi neghen hundert marken   der komet wol by dren hundert marken vt   dat andere mot 25
de rat reehtverdighen.
    Deffe rekenfcoop hebbe wi twelue de de hulpe van der fulten be wareden ge dan den prelaten vnde
deme rade   Na godes bort dritteyn hundert iar in deme achtentigbeften iare des anderen vridaghes in
der vaften.

170. **Manegold von Eftorff meldet dem Rathe der Stadt Lüneburg, dass Bertold von Heimbruch und Johann** 30
von dem Berge das Vorwerk nebst Ställen, Balken und allem auf dem Schloffe Bleckede, woran ale Scha-
den anrichten konnten, abgebrannt und zu Stiepalen geplündert haben. Er bittet, deshalb zu schreiben und
dafür zu sorgen, dass dort weiter kein Schaden geschieht. Auch Dahlem ist niedergebrannt und der Hagen
wird verwüstet, dass er nie wieder bepflanzt werden kann.   **L. O.**

        Honorabilibus et difcretis viris confulibus ciuitatis Luneb hoc detur *).   35
    Mynen denft to voren   wetet gy ratmanne to Luneb dat bertolt van dem heymbruke vñ johannes van
dem berghe to blekede vor brant dat vorwerk vñ ftelle vñ balken vñ wat vp deme flote je dar fe fchaden
ane dūn möghen   vñ ok je my to wetende worden dat fe to dem ftypelfe fcholen nömen hebben   hir bidde
ik jū vmme dat gy dar breue fenden vñ maken dat dat dar neen fchade mer en fche.   wetet dat dalem
vor brant Js vñ fe heuwet den haghen dat it nůmmer mer kan be fet werden.   40
                                  per me manegboldum de eftorpe.

171. **Ritter Mainrich Schulte, Gebhard Schulte, langer Friedrich Schulte, Berteld Schulte, Friedrich Schulte, genannt**
Schrammeke, Johann Schulte, Sohn Mainrich's, Gedewart und Iwan von Berch, Moritz Marschalck und Hein-

---

*) Diese Worte befinden sich auf der Rückseite des Schreibens.

rich von der Osten, alle auf dem Schlosse Horneburg, und die Gebrüder Wilhelm und Nicolaus von der
Kula auf dem Schlosse Kuhla söhnen sich mit den Herzögen Wenzlaus und Albrecht von Sachsen und
Lüneburg und mit dem Herzoge Bernhard von Braunschweig und Lüneburg. Sie, und wer auf den Schlössern Horneburg und Kuhla sitzt, sollen nie Feinde der Herzöge werden, vielmehr sie, ihre Lande, Leute
und Schutzbefohlenen aus beiden Schlössern und deren Gebiete vor Schaden bewahren und den Herzögen
die Schlösser gegen jedermann mit Ausnahme des Erzbischofes von Bremen öffnen. In ihren künftigen
Irrungen mit den Herzögen soll ein Schiedsgericht zu Winsen, in künftigen Irrungen des Erzbischofes mit
den Herzögen ein Schiedsgericht zu Hamburg und als Obmann der Herzog von Sachsen-Lauenburg richten.
Fügt der Erzbischof sich dem Schiedsspruche nicht, so wollen sie ihm mit den Schlössern gegen die Herzöge
nicht beistehen, wohl aber wenn diese dem Spruche sich nicht fügen. — 1380, den 15. April. K. C. 14.

Wy her Hinrik Ridder. Gheuerd. langhe ffrederik. Bertold. ffrederik Scrammeke Johan hern Mynrikes fone. knapen alle goheten. Sculten. Godeverd van borgh. vnd ywen Jungben hinrikes fone van Borgh
Mauricius de marfcalk. vnd hinrik van der Often hormannes fone. knapen. bekennet openbare indeffem
breue dat wy vns myd den hogeboren vorften hern Wentslayr. vnd hern Albrechte. hertogen to Saffen vnd
to luneborch. vnd myd Junchern Bernde hertogen to brunfwich. vnd to luneborgh. vmme allerleye gefchicht
vnd fchelinge de aldus lange twifchen en vnd vns gewefen hebben vruntliken ge eynet. vnd gefonet hebben
alzo dat wy vnd vnfe eruen. vnde we befeten were vp vnfem flote horneborch. deffer vorbenomeden heren
erer eruen vnd nacomelingen hertogen to lüneborch. viende number werden feullen. vnd en feullet ok deffe
vorbenomeden heren. ere lande vnde lude. vnd de Jenne de fe vordaghedinget van vnfem vorbenomeden
flote horneborch edder dar to. vnd vnfem gebede truwelike vorfcaden bewaren. vnd zo nenewis. dar van
edder dar to befeedigen edder befcedigen laten. nochte vorvnrechten. vnd wy feullet ok vnd willet deffen
vorbenomeden heren eren eruen vnd nacomelingen. hertogen to luneborgh. vnfe vorfcreuen flot horneborch
opene holden to allem erom behoue. dar wy one nenes likes edder rechtes helpen konnen. wan fo dat efchen.
eder efchen laten funder vp vnfen heren den Bifcop van Bremen. were auer dat Jenigerleye feelinge worde
na deffer tyd twifchen den vorfcreuenen heren vnd vns. dar fcullen ze twene erer manne. vnde we twe
vnfer vrunde to fenden. binnen den negeften twen maneden. dar na. alze vnfer eyn van dem anderen dar
vmme ge manet wort. de fcullot in Ryden to Wynfen vnd dar nicht vt fe ne hebben defchelinge erfcheden invruntfcop edder inrechte. vnd des fcullet fe gantze macht hebben. vnd wo fe dat fcheden. dat
fcal vnfer eyn dem anderen dün. bynnen verweken. alto hant dar na alze fo dat gefeeden hebben. Were
ok dat deffe vorbenomeden heren. myd vnfem heren van Bremen feelhaftich worden. edder vnfe here van
Bremen myd den vorbenomeden heren fchelaftich worde der fchelinge fcullet fo bliuen malk by twen fynen
mannen. vnd de fcullen dar vmme bynnen den negeften veerweken. dar na alze erer eyn deme anderen
dat gekündiget hedde inriden inde ftad to hamboreh vnd fcullet dat dar feeden in vruntfcop. Were auer
dat ze des invruntfcop nicht orfceden konden. fo fcullet fe dat dar Jo fcheden mid rechte Were auer
dat ze denne dar des rechtes nicht eyntellich werden konden. fo feullet fo fik dar des beydenfyden beropen.
an den hertogen van Saffon to louenborch. vnd des by eme bliuen vnd wo de denne dat erfchedet dat fcal
erer eyn dem anderen dün. bynnen den negeften achte weken. dar na alze dat gefeeden were. Vnd were id
fake dat vnfe here van Bremen. den vorbenomeden heren. des denne nicht dün wolde alze em to gefeeden
worde. fo fcolde wy myd vnfem flote horneborch dar ftille to fitten. vnd eme vp de vorbenomeden heren
vnd vppe de ere nenerleye hulpe dün. Were ok dat de vorbenomeden heren vnfem heren van Bremen des
denne nicht dün wolden. alze en to fcoden werde fo mochte we vnfem heren van Bremen myd vnfem vorfcreuen flote behulpen wefen. alze lange dat fe eme dat deden. vnd wanne fe vnfem heren van Bremen dat
dün wolden alze enc to fcheden were. fo fcolde he dat ane vortoch van en nemen. vnd were dat he des denne
van en nicht en neme. fcolde wy myd vnfem vorfcreuen flote horneborch dar denne van ftunden an ftille
to fitten vnd vnfem heren van Bremen vp de vorbenomeden heren. vnd vp de ere nicht mer behulpen wefen
vnd dar fcolde denne deffe breff vnvorbroken mede wefen. funder de fcolde Jo by wllor macht bliuen na

alse vore in aller wyfe. alse vorfcreuen fteyt Alle deffe vorfcreuen ftucke vnd articuli. vnd Jowelk by funderen loue we den vorfcreuen heren eren Eruen vnd nacomelingen hertogen to luneborch myd famder hand in guden truwen ftoden vaft vnd vnvorbroken to holdende funder Jenigerleye argelift edder hulperede vnd hebben des to Orkunde vnd meror bekantniffe vnfe ingefele van vnfer vnd vnfer Eruen wegene laten henghen an deffen bref De geuen vnd fcreuen is Na godes bord Dritteynhundert Jar darna indem 5 achtighesten Jare des fondages na pafchen alse men finget Jubilate deo.

K. O.

We Willeko. vnde Clawes brodere geheten van der kula Bekennen openbare indeffeme breue dat we vns mid den houchgeboren fürften hern Wentzlaw vnde hern Albrechte hertogen to Saffen vnde to Luneborch vnde Junchern Bernde hertogen to Brunfw vnde to Luneborch vmme allerleye gefchicht vnde fche- 10 linghe de aldus langhe twifchen en vnde vns gewefen hebben. fruntliken vereuet vnde ghefönet hebben alfo dat we vnde vnfe Eruen vnde we befeten were vppe vnfeme flote to der kula. Deffer vor benomden heren eror Eruen vnde nakomelinghen hertogen to luneborch vigende nummermer werden fcullen. vn ok deffe vorbenomeden heren ere lande vnde lude vnde de Jenne de fe vordegedinghet van vnfeme vorbenomeden flote kula oder dar to vnde vte vnfen gobeden trüweliken vor fchaden bewaren. vnde fe nenewis dar 15 van eder dar tho befchedighen eder befchedigen laten nochte vor vnrechten. vn we feullet ok vnde willet deffen vorbenomeden heren eren Eruen vnde nakomelinghen hertogen to Luneborch vnfe vorfcreuen flot kula open holden to alleme ereme fe houe dar we en nenes likes eder rechtes helpen konnen wan fe dat efchen eder efchen laten funder vp vnfen heren van Bremen Were auer dat Jenigherleye fchelinghe worde na deffer tid twifchen den vorfcreuen heren vnde vns dar fcullen fe twene erer manne vnde we twene 20 vnfer frunde to fenden bynnen den negheften twen Maneden dar na. alfe vnfer en van dem anderen dar vmme ghemanet wert defcullet in Riden to Winfen vn dar nicht vt fe en hebben defchelinghe erfcheiden infruntfcop eder an Rechte vnde des feullot fo gantze macht hebben vnde wo fe dat fcheiden dat fcal vnfer een dem Anderen don bynnen verweken alto hand dar na alfo fe dat ghe fcheiden hebben. Were ok dat deffe vorbenomeden heren mit vnfeme heren deme Bifchope van Bremen fchelhaftich worden. oder 25 vnfe here van Bremen mit den vorbenomeden heren fchelhaftich worde. der fchelinghe fcullet fe bliuen malk by twen finen Mannen. De fcullet dar vmme hinnen den Negheften werwoken dar na alfe erer en Dem Anderen dat ghekundighet hedde in Riden inde ftad to hamborch vnde fcullen Dat dar fcheiden infruntfcop. Were auer dat fe des infruntfcop nicht erfcheiden konden. So feullet fe dat dar io fcheiden in Rechte. Vnde were auer dat fo dar denne des Rechtes nicht entlich werden konden. So fcullet fe 30 fek dar des beropen beident fiden an den hertogen van Saffen to louenborch vnde des by eme blyuen. Vnde wo de dat denne fcheidet dat fcal. erer en dem Anderen don bynnen den negheften achte weken dar na alfe dat ghe fcheiden were. Vnde were id fake dat vnfe here van Bremen den vorbenomeden heren des denne nicht don enwolde alfe eme to ghefcheiden worde. So fcolle wy mit vnfeme flote kula dar ftille to fitten vnde eme vppe de vorbenomeden heren vnde vppe de ere nenerleye hulpe don. Were ok dat de 35 vorbenomeden heren vnfeme heren van Bremen des denne nicht don wolden alfe eme to fcheiden worde. So mochte we vnfem heren van Bremen mit vnfem vorfcreuen flote behulpen wefen. alfe langhe dat fe eme dat deden Vnde wanne fe vnfem heren van Bremen dat don wolden alfe en to fcheiden were fo fcolde we dat ane vortoch van en nemen. vnde were dat he des denne nicht van en neme. So fcolde we mit vnfeme vorbenomeden flote kula dar denne van ftaden an ftille to fitten vnde vnfem heren van Bremen 40 vppe de vorbenomeden heren vn vppe de ere nicht mer behulpen wefen. Vnde dar fcolde denne deffe bref vnuorbroken mede wefen funder de fcolde io by willer macht bliuen na alfe vore in allerwife alfe vore gefcreuen fteyt.. Alle deffe vorfcreuen ftucke vn articule vn en iewelk befunderen loue we. vorbenomeden willeko vn Clawes vor vns vnde vnfe Eruen. Den vorbenomden heren eren Eruen Nakomelinghen hertoghen to luneburg mid famderhand inguden truwon ftede vaft vnde vnuorbroken to holdende ane ienygher- 45 leye argheluft eder hulperede. vnde hebben des to Orkunde vn meror bekantniffe vnfe Ingbefeghele van vnfer vnde vnfer Eruen wegben laten hengbet an doffen bref. De gheuen is na godes bord drytteynhundert iare darna indem achtentighoften Jare des fondaghes na pafchen alfe men finghet Jubilate deo.

172. Graf Otto von Hallermund und seine Söhne Otto und Wilbrand verkaufen ihrem Vetter, dem Grafen Heinrich von Hallermund, einen Hof zu Diedersen und ihren Antheil an der „Scheven-Mühle" unter der Bedingung, dass diese Güter nach seinem Tode ihnen heimfallen. — 1380, den 23. April. XI.

Wy van Goddes Gnaden Greue Otte van Hallermunt, Junkher Otte Junkher Wullebrand vfe Sone bekennet jn duffem openen Breue vnder vfen Ingbefeghelen dat wy vfem Vedderen Greuen Honroke van Hallermunt hebbet vorkoft vnde vorkopet to beholdende al de wile dat he leuet enen vfen Hof to Dyderfen dar to duffer Tyd Brokes vppe fyt vnde de Scheuen Molen de vfe vnde fin famed was mit aller Nuth Rechte vnde Tobehoringhe vnde willet deffes alles fin rechten Warende wefen Alle duffe Dingh loue wy vorbenomden Greuen van Halremunt vfem vorfcreuenen Vedderen jn duffem Breue mit famedor Hand jn guden Truwen ftede to holdende, Wan he auer dod is, fo fchal dyt vorfcreuene Gud vfe vnde vfer Eruen weder wefen ledich vnde los., Na Goddes Bort dufent Jar drehundert Jar in deme achtentigheften Jare jn funte Georgius Dagbe des hilghen Martelers.

173. Die Ritter Diedrich von Alten, Lippold von Vreden und Werner von Bertensleben entscheiden auf Klage des Bischofs Gerhard von Hildesheim über den Herzog Albrecht von Sachsen und Lüneburg wegen Vertragsverletzung, wegen Schadens, der ihm von Heinrich von Roden aus dem Schlosse Ricklingen, von den Spörken und von dem Vogte Brendeke zu Calle zugefügt ist, wegen des Zuges des Herzogs gegen Bodenburg, wegen des Schadens, welchen Hermann von Godenstede erlitten hat, wegen Schuldforderung, wegen des Vorfalles vor Hannover und wegen der Gefangenschaft des Ernst von Dotzem und des Heinrich Bock. K. O.

Dyt fpreke we vor recht her dyderik van Alten her lippold van vreyden vnde her werner van bertenfleue na fchulden vnfes heren van hildenfem vnde na antwerde vnfes heren van luneborch. alze hir na gefcreuen f(teyt) hefft vnfe here van luneborch vnfem heren van hildenfem breue ghegheuen der he eme bekennych ys hefft he eme der nicht geholden fo fch(al) he eme de noch holden na vtwyfingbe der breue.

To deme anderen ftucke na fchulde vnde na antwerde hefft vnfe here van luneborch vnfem heren van hildenfem breue geuen der he eme bekennich is dat he eme de bylliken holde na vtwyfyngbe dar breue.

Tho deme drydden ftucke na fchulde vnde na antwerde. hefft vnfe here van luneborch vnfem heren van hildenfem breue ghouen der he eme bekennych ys wor he eme der nicht geholden hefft dar fchal he fe eme noch holden.

To deme verden ftucke na fchulden vnde na antwerde: hefft vnfe here van luneborch des Slotes rykelynge vnde hinrikes van roden to der tyd nicht mechtich gewezen vnde is he ek feluen dar van befchedyged vnde de fyne So en is he vnfem heren van hildenfem dar nichtes plichtich vmme.

To deme vofften ftucke na fchulde vnde na antwerde: vnfe here van luneborch fchal hermen Sporeken to dagen bryngen wes he eme nicht entledyged dar fchal vnfe here van luneborch feluen antwerden wes he plichtich ys.

To deme Seften ftucke na fchulde vnde na antwerde vnfe here van luneborch fchal brendeken fynen voged to dagen bryngen wes (he) eme nicht entledyged dar fchal vnfe here van luneborch feluen antw(er)den w)es he plichtich is.

To deme Seueden ftucke na fchulden vnde na antwerde: Segghe we vor recht alze we to deme feften ftucke vore gefecht hebben.

Tho deme achten ftucke na fchulden vnde na antwerde: bekant vnfe here van hildenfem dat vnfe here van luneborch vor bodenborch gewefen fy myd fynem willen So en ys vnfe here van luneborch eme

dar nichtes plichtich vmme. bekant he des nicht fo fchal vnfe here van luneborch dar vmme antwerden des
ho plichtich is.

To deme negeden ftucke na fchulden vnde na antwerde. wad vnfe here van luneborch an hermene
van Godenftede gedan hefft das hebbe he fik wol vorwared. kan he do vorwarynghe to bryngen fo en ys
he vnfem heren van hildenfem dar nichtes plichtich vmme.

Tho deme teynden ftucke na fchulden vnde na antwerde mach vnfe here van luneborch dat bewyfen:
dat vnfem heren van hildenfem dat geld bered is dar he vor ene geloued hadde hern Gheuerde van Saldere dat he des billiken genete. kan he des nicht don fo fchal he dat geld vnfem heren van hildenfem
noch betalen.

To deme Elfften ftucke na fchulde vnde na antwerde:·· vnfe here van luneborch fchal hartmanne fporeken to dage bryngen wes ho ene nicht entledyghen kan dar fchal vnfe here van luneborch vmme antwerden des he plichtich ys.

Tho deme twelfften ftucke na fchulden vnde na antwerde v(nfe here van) luneborch fchal hartmanne
bryngen to antw(erde vorm)ach he des nicht So fchal he dar vmme don des h(e plichtich ys).

To deme drydteynden ftucke na fchulden vnde na antwerde vnfe here van luneborch fchal hartmanne
to dagen bryngen wes fik hartman an den ftucken to don eren nicht vorwaret hefft eder vnfen heren
van luneborch nicht entledygen kan. dar fchal vnfe here van luneborch vmme antwerden des he plichtich is.

Tho deme drytteynden ftucke. na fchulde vnde na antwerde vmme de fchicht de vor honoere
gefcheen is fpreke we vor recht ya we ghevlogen to vnfem heren van luneborch to fynem Slote to honouere vppo gnade vnde hefft he don gnade dan dar en ys he vnfem heren van hildenfem nichtes plichtich
vmme vnde is Ernft van dottzem gevangen. vnde hefft vnfe here van luneborch fyn geld dar vmme gheuen vnde ône los gefchapen. fo en ys he vnfem heren van hildenfem dar nichtes plichtich vmme vnde
vmme hinrike boeke. den hadde he gevanghen dar hadde he fchulde mede doch yo ghaff he one vnfem
heren van hildenfem vmme vruntfchop willen los.

**174. Die Herzöge Wenzlaus und Albrecht von Sachsen und Lüneburg und Herzog Bernhard von Braunschweig
und Lüneburg leisten zu Gunsten des Bischofes Gerhard von Hildesheim und seines Stiftes Verzicht auf
das Schloss Coldingen und dessen Zubehör. — 1380, den 25. April.** K. O.

We Wentzlaw vnde Albrecht van godes gnaden hertoghen tho Saffen vnde tho Luneborch. vnde we
Bernd van den feluen gnaden godes hertoghe to Brûnfwik vnde to Luneborch. Bekennet indeffeme openen
breue vor vns vnde vor vnfe eruen vor allen luden de en feen. horen. eder lofen. dat we vortycht gedan
hebbet. vnde genfliken vortyget indeffer fcryfft. des bufos to koldinge. vnde alle des dat dar to hored. alfo
dat we eder vnfe eruen noch nemand van vnfer weghene eder vnfer eruen wegen Byffchope Gherde to
hildenfem fyne nakomelynghe dat Capitel vnde dat Stichte to hildenfem. vmme koldinghe vnde vmme alle
dat. dat dar to hored nûmmer meer befchuldigen. befchedighen eder bedeghedyghen enfchullet noch enwillet myd worden eder myd werken Alle deffe vorferevene rede ftucke vnde articulo vnde or idlik befûn-
deren hebbe we vorgenanten hertoghe Wentzlaw hertoghe Albrecht vnde hertoghe Bernd deffen ergenanten
Byffchope Gherde to hildenfem fynen nakomelynghen deme Capittele vnde deme Stychte to hyldenfem en
truwen geloued vnde louen vor vns vnde vor vnfe eruen ftede vaft vnde vnuerbrokelik to holdende ane
allerleye arghelyft vnde gheuerde vnde hebbet des to bekantnyffe vnfe Ingefegele vor vns vnde vor vnfe
eruen ghehangen laten an deffen breff. dar he veftlyken mede befogheld ys na godes bord drittzyn hundert Jare indeme Achtentygeften Jare des negeften mydwekens na der Dominiken Cantate.

**175. Gottschalk, Wilbrand und Burchard von Reden leisten zu Gunsten des Bischofes Gerhard von Hildesheim
und seines Stiftes Verzicht auf das Schloss Coldingen und dessen Zubehör. — 1380, den 25. April.** K. O.

Ik Gotfchalk wullebrand vnde Borchard vedderen. vnde brodere alle dre gheheten van Reden bekennet in deffeme openen breue vor vns vnde vnfe eruen. vnde vor allen luden. de on foen horen eder lefen. dat we vortycht gedan hebbet. vnde genflyken vortyged indeffer fcryfft. des hufes to koldynge vnde alle des dat dar to hored alfo dat we eder vnfe eruen noch nemend van vnfer oder vnfer eruen weghene Byffchoppe
5 Gherde to hildenfem. fine nakomelinge dat Capittel vnde dat Stychte to hildenfem vmme koldinge vnde vmme alle dat. dat dar to hored nümmer meer befchuldigen. befchedigen eder bedegedingen enfchullet noch enwillet myd worden eder myd werken Alle deffe vorfcreucne Rede ftücke vnde articule vnde or idlik befunderen hebbe we vorgenanten Godfchalk wullebrand vnde Borchard deffen ergenanten byffchope Gherde to hildenfem fmen nakomelingen deme Capittele vnde dat Stychte to hildenfem en truwen geloued
10 vnde louen vor vns vnde vor vnfe eruen ftede vaft vnde vnuorbrokelik to holdende ane allerleye arghelyft vnde gheuerde vnde hebbet des to bekantnyffe alle dre vnfe Ingefegele vor vns vnde vnfe eruen gehanghen laten an daffen breff dar he veftlyken medde befegeld ys na godes bord drytteyn hundert Jar indeme Achtentygeften Jare des midwekens na der dominiken alfemen fingbed Cantate domino.

176. Heinrich und Iwan von Borch, Söhne Godewart's, söhnen sich mit den Herzögen Wenzlaus und Albrecht
15   von Sachsen und Lüneburg und dem Herzoge Bernhard von Braunschweig und Lüneburg und versprechen, die von ihren Freunden, den Burgmännern zu Hornsburg, am 15. April 1380 gelobte Sühne zu halten, als ob sie von ihnen selbst besiegelt wäre. — 1380, den 6. Mai.   K. O.

We. Hinrik vnde ywan bern Godeverdes fune van Borch Bekennen openbare in deffeme breue dat we vns mit den houchgeboren vörften vnde heren. hern Wentzlaw vnde hern Albrechte hertogen to Saffen
20 vnde to luneborch vnde Jünchern Bernde hertogen to brunfw vnde to luneborch vmme allerleye fchicht vndo fchelinghe. de twifchen an. vnde vns alduslangbe gewofen hebben fruntliken vor enet vnde ge fonet hebben alfo dat we öre. noch erer lande eder lude vigende nummermer werden fcullen noch en willen de wile dat we leuen vnde en de fone breue do vnfe frunde de Borchmanne to horneborch den vorfcreuen heren gegeuen vnde befegilt hebben. in guden trüwen mid famenderhand ftede vaft vn vnuorbroken hol-
25 den willen. van worde to worde alfe de fcreuen vnde befegelt fyn vnde in allerwife alfe efft we de felven breue mit vnfen ingefegeln befegelt hedden. des to Orkunde vnde merer be tuginghe hebbe we vnfe ingefegele witliken vnde mit gudem willen gehenget an deffen breff De Gheuen is Na godes bord drittteyn-hundert iar darna in deme achtentigeften iare des negeften fondages vor pinghelten.

177. Die Herzöge Friedrich und Heinrich von Braunschweig und Lüneburg, Gebrüder, leisten zu Gunsten des
30   Bischofs Gerhard von Hildesheim und seines Stiftes Verzicht auf das Schloss Coldingen und dessen Zubehör*). — 1380, den 5. Juni.   K. O.

We Frederik vnde hinrik Brodere van godes gnaden. hertoghen. to Brunfwik. vnde to Luneborch. Bekennen in deffeme openen breue vor vns. vnde vor vnfe Eruen. vor allo den. de on. feen. horen. eddir lefen. dat we vortieht ghedan. hebben. vnde genfliken vortyget in deffer Scrift des hufes Coldinge vnde
35 alle des dat dar to horet. alzo dat we eddir vnfe Eruen noch nemant van vnfer weghene eddir van vnfer Eruen weghene den Erwerdigen vader in gode vnde heren. vnfen. heren. Biffcop Gherde. to hildenfem. fyne nakomelinge dat Capitel. vnde dat Stichte to hildenfem. vmme Coldinge vnde vmme alle dat. dat dar to hord nummer befchuldigen. befchodigen. eddir bedechdingen. ne feullen. noch ne willen. myd worden. noch myd werken. Alle duffe vorfcreuenen ftücke. Rede. vnde articule hebbe we hertoghe frederik. vnde
40 hertoghe binrik vorfcreuen vnfem Erghenanten. heren. Biffeop Gherde to hildenfem fynen nakomelingen. dem Capitele vnde deme Stichte. to hildenfem en truwen. gheloueet. vnde louen vor vns vnde vor vnfe Eruen ftede vaft vnde vnvorbrocliken to holdende ane Jengherleye arghelift vnde hebbet duffes to Orkunde

---

*) Diefelbe Urkunde, jedoch nur von dem Herzoge Friedrich ausgestellt und ohne Angabe der Zeit ihrer Ausfertigung, findet sich zwischen Urkunden der Jahre 1394 und 1393 in dem Copiar V.

vnſe Inghefeghele. vor vns vnde vnſe Eruen. ghehenget. laten. an duſſen breff. Gheuen na. Goddes. bord drytteynhůndert. Jar. in dem. achtentigheſten Jare in funte Bonifacius daghe. des hilleghen Mertilers.

178. Ludolf und Hermann von Herze *) und Heinrich von Twyste schwören, wegen der Gefangenschaft des ersteren, Ludolfs, zu Homburg sich an dem Herzoge Otto von Braunschweig, an dem edelen Herrn von Homburg und an dem Grafen Hermann von Everstein nicht rächen zu wollen noch Feinde derselben jemals 5 zu werden. — 1380, den 25. Juli.   K. O.

We.. Ludolff.. vnde Herman brodere gheheten van Herze.. Vnde Henrich van twyfte.. Bekennen openbare in duſſem breue.. Dat wij hebben ghelouet in ghuden truwen vnde ghefworen.. vnde louet vnde fweret myt vp gherichteden vingeren vnde mit ſtaueden eden to den hilghen.. Dat wij noch vnſe vrunt. 10 de dorch vns don vnde laten willen deſſe vengniſſe. de an my Ludolue van herze vorbenompt tho homborch gheſchen is. vñ al dat dar van gheſcheen is, nummer wreken willen eder witen an vnſem heren Hertoghen Otten van Brúnſwich an vnſem heren to homborch. an grauen hermanne van Euerſteyne deme Jüngeren noch an al den de dar mede weren an volke vñ an gheverde.. Ok en wille wij noch en ſchulen duſſer vorbenompten heren. noch al der, De de heren mit rechte vordeghedingen moghen vyend nummermer werden, de wile wij louen. Alle deſſe vorſcreuen ſtucke vnde eyn Jůwelik biſunderen loue wij Ludolff. 15 Herman. vñ Henrich vorbenomt mit ſamederhant, on. an ghuden truwen ſtede vaſt vnde vnuorbroken to boldende ane argheliſt.. Tho eyner groteren betughinge al duſſer vorſcreuen ſtucke So hebbe wij vnſe Inghefeghele witliken ghehenget laten an duſſen breff.. De ghegheuen is na Goddes bord drytteynhůndert Jar in deme Achtentigeſten Jare in funte Jacopes daghe des hilgen apoſtels.

179. Die in der Urkunde vom 15. April 1380 genannten Schulte, von Borch, Marschalck und von der Oste auf 20 dem Schlosse Horneburg, Heinrich und Iwan von Borch, Heinrich Scharpenberg und Nicolaus von der Kula auf dem Schlosse Kuhla verpflichten sich mit den Schlössern Horneburg, Brobergen und Kuhla zu ganz derselben Sühne, wie sie in den beiden Urkunden vom 15. April 1380 enthalten ist.   K. Cncpt.

We her Mynrik Schulte rydder Gheuerd Schulte. Langhe frederik Schulte bertold ſchulte. frederik ſchulte gheten ſcrammeke iohan ſchulte hern mynrikes ſoene godowerd van borch ywan van borch hinrik 25 van borch vnde ywan fyn broder godewerdes ſones Mauritius de marſchalk. hinrik van oeſten hermens ſoene. heyneke ſcharpenberch Clawes van der kula Bekennen openbare indeſſeme breue. dat we vns myd den hochgebornen vorſten hern wentzlaw vnde hern Albrechte. hertoghen to Saſſen vnde to luneborch vnde myd Juncheren Bornde hortoghen to brunſwik vñ to luneborch vmme allerleye geſchicht. vnde ſchelynghe. de aldus langhe twyſchen on. vnde vns geweſen hebben vrůntliken voreyned vnde geſoened hebben. alzo dat we 30 vnde vnſe eruen vnde we befeten were vppe den Sloten. horneborch. Brokberghen. vnde kula. deſſer vorbenomden heren. orer eruen vnde nakomelinghen hertogen to luneborch vygende nummermer werden ſchullen. vnde ſchullet ok. deſſe vorbenomden heren. ere lande vnde lude. vnde de Jenne de ſe vordeghedynget van deſſen vorbenomden Sloten horneborch Brokberghe vnde kula eder dar tho: vnde vte vnſen gebeden truweliken vorſchaden vorwaren vnde ſe nenewys dar van eder dar tho boſchedyghen eder beſchedigen laten 35 noch vorvnrechten. Vnde we ſchullet ok vnde willet deſſen vorbenomden heren vnde oren eruen vnde nakomelinghen. deſſe vorſcreuen Slote horneborch (Brok)berghe vnde kula open holden to allem oreme behoeue. dar we on neynes lykes. eder rechtes helpen (konnen) wanne ſe dat eſchen eder eſchen latet Sunder vp vnſen heren den Byſchop van bremen. Were auer dat yenigherleye ſchelinge worde na deſſer tyd twyſſchen den vorſcreuen heren vnde vns. dar ſchullen ſe twene orer manne. vnde we twe vnſer vrůnde 40 to ſenden bynnen den negeſten twen maneden dar na alze vnſer eyn. van dem anderen dar vmme gemaned werd De ſchullet inryden to wynſen vnde dar nicht vt. ſe enhebben de ſchelinge erſcheyden in vrunt-

---

*) In dem Siegel heisst dieser Name *Heyrſe*.

fchop oder inrechte. vnde des fchullet fe gantze macht hebben. vnde wo fe dat fcheyden dat fchal vnfer
eyn dem anderen don bynnen veer weken alto hand dar na alze fo dat gefcheyden hebben. were ok dat
deffe vorbenomden heren myd vnfen heren van bremen fchelafftich worden oder vnfe here van bremen.
myd den vorbenomden heren fchelafftich worde. der fchelynghe fchullet fo blyuen malk by twen fynen
5 mannen vnde de fchullen dar vmme bynnen den negeften veer weken dar na alze erer eyn deme anderen
dat gekundighet hedde Inryden in de Stad to Hamborch vnde fchullen dat dar fcheyden invruntfchop.
were auer dat fo des invruntfchop nicht erfcheyden konden. fo fchullet fo dat dar yo fcheyden myd rechte.
were ok dat fe denne dar des rechtes nicht eyntellich konden werden fo fchullet fe fik des beyderfiit
beropen an den hertoghen van Saffen to louenborch vnde des by eme blyuen v(nde wo de dat) denne
10 erfcheydet dat fchal vnfer eyn deme anderen don bynnen den negeften achte weken (darn)a alze dat ghe-
fcheyden were vnde were id fake dat vnfe here van bremen den vorbenomden heren des denne (nicht)
doen enwolde alze eme to gefcheyden worde So fcholde we myd den Sloten horneborch Brukberghe vnde
kula dar ftille to fitten vnde eme vppe de vorbenomden heren vnde vppe de ere nenerleye hulpe don
Were ok dat de vorbenomden heren vnfem heren van bremen des denne nicht don enwolden alze on to
15 fcheyden worde So mochte we vnfeme heren myd den vorfcreuen Sloten wol behulpen wefen. alfo langhe
dat fo eme dat deden vnde wanne fe vnfeme heren van bremen dat doen wolden alze on to fcheyden
were fo fcholde he dat ane vortoch van on nemen Were auer dat he des denne van on nicht en neme
fo fchol(de w)e myd den vorfcreuen Sloten horneborch brokberghe. vnde kula dar denne van ftunden
an (fti)lle to fitten. vnde vnfem heren van bremen vppe de vorbenomden heren. vnde vppe de ere nicht
20 mer behulpen wefen vnde dar fcholde deffe breff denne vnuorbroken mede wefen funder de fcholde yo
by wuller macht blyuen. na alze vore in aller wyfe alze vore gefcreuen fteyd Alle deffe vorfcreuen ftucke
vnde (en i)owelk befundern loue we den vorbenomden heren eren Eruen vñ nakomelingen mid famder hand
in guden truwen ftede vaft vñ vnuorbroken to holdende funder jenigerleye arge(lyft vnde) hebben des to
Orkunde vñ to tüge vnfe ingefegele van vnfer vñ vnfer eruen (wegen laten h)engen an deffen breff de
25 geuen is etc. na godes bord etc [1]).

**150. Ritter Meinrich Schulte, sein Sohn Johann, Godewart von Borch und Nicolaus von der Kula, Knappen.
schwören den Herzögen Wenzlaus und Albrecht von Sachsen und Lüneburg und dem Herzoge Bernhard
von Braunschweig und Lüneburg eine Sühne und Urfehde und geloben, wie am 15. April 1380 mit ihren
Freunden, den Burgmannen zu Horneburg, niemals Feinde der Herzöge und der Lande und Leute derselben
30 zu werden. — 1380, den 3. August. K. O.**

We her Minrik fchulte ridder, Johan fyn fone. Godevert van borch vnde Clawes van der kula knapen
Bekennen openbare in deffeme breue Dat we den houchgeboren vorften vnde heron hern wentzlaw vnde
hern Albrechte hertogen to Saffen vnde to Lüneborch vnde Junchern Bernde hertogen to Brünfw vnde to
Luneborch hebben gelouet vnde mit vp gerichteden vingeren to den hiligen gefworen vnde louen vnde fwe-
35 ren ene gantze föne. vnde ene rechte Orueyde. vmme allerleye fchicht. vnde fchelinghe. de twifchen en.
vnde vns. wente an deffe tid gewefen hebben eweliken vnuorbroken vnde ane argelift to holdende alfo
dat wo öre. noch erer lande oder lüde vigende nümmermor werden fcullen noch en willen de wile dat we
leuen na vtwifinghe vnfere föne breue de we en mit vnfen frunden den Borchmannen. to horneborch. gegeuen vnde befegilt hebben. Des to Orkunde vnde merer bekantniffe hebbe we vnfe ingefegele witliken
40 vnde mit guden willen gehenghet an deffen breff. De fcreuen vnde gheuen is to winfen Na godes bord
drittynhundert iar dar na in deme achtentigeften iare des negheften vridaghes vor funte Sixtus daghe.

**151. Otto von Bredenvlet, Arnold von Stade, Christian von der Lyd, Johann von der Hagen, Ulrich Viselhovet.
Segebode und Hermann von dem Kerkhove, Heinrich Snor und Gerhard Schutte schwören den Herzögen**

---

[1]) Alle deffe — bord etc ist von einer anderen gleichzeitigen Hand nachgetragen.

Wenzlaus und Albrecht von Sachsen und Lüneburg und dem Herzoge Bernhard von Braunschweig und
Lüneburg eine Sühne und Urfehde und geloben, niemals Feinde derselben und der herzoglichen Lande und
Leute zu werden noch ihnen Schaden oder Unrecht zuzufügen. — 1380, den 3. August. K. O.

Ek Otto van bredenulet. Arnd van ftade Kerften van der lyd Johan van der hagene. Olrik vifelhoued
Segebode vnde herman brodere beyde geheten van me kerchoue. hinrik fnor. vnde gereke Schutte. Bekennet 5
openbar in duffem breue dat we den houchgebornen furften hern wentzlawe. vñ hern Albrechte hertogen to
Saffen vnde to Luneborg. vñ Junchern bernde hertogen to Brunfwik vnde to Luneborg. hebben ge loued
vnde med vprichteden vingeren to den hilgen gefworen. Iouen vnde fweren in duffem breue ene gantze fone
vnde ene rechte orueyde vrmme allerleye gefchicht vnde fchelinge de twiffchen on vnde vns wonte an deffe
tyd gewefen hebben. ewelikcn vnuorbroken to holdene ane Argelift. Alfo dat we ere noch erer lande vnde 10
lude vygende nummermer werden fcullen noch newillen de wile dat we leuen vnde ouk de vorbenomden
heren noch ere lande vnde lude nummermer befchedigen noch nenewis vor vnrechten willen de wile dat
we leuen Vnde we her Minrik fchulte Riddere. gödeverd van borch. Claus van der kula. vnde Otto van
bredenulet knapen Bekennen in deffeme fuluen breue dat we hir fin an vnde ouer gewefen dat duffe vorbenomden knapen vnde lude deffen vorfcreuenen heren de fone vnde de orueyde alfo geloued vnde gefworen 15
hebben alze vore fcreuen fteyd. vnde hebben des vnfe ingefegele vmme erer aller bede willen to orkunde
vnde to merer bekantniffe witliken vnde med guden willen laten hangen an duffen bref de ge geuen is
na godes bord drutteynhundert Jar dar na in deme Achtentigeftem Jare des negeften vrydages vor funte
Sixtus dage.

182. Herzog Friedrich von Braunschweig und Lüneburg bewilligt dem Heinrich Kerkhof den Verkauf jährlicher 20
Hebungen in der Münze zu Braunschweig an das Kloster auf dem Rennelsberge bei Braunschweig und
behält sich als Lehnsherrn das Recht des Wiederkaufes vor. — 1380, den 15. August. V.

We freder van godis gnaden hertoge to brunſ vñ luneb͛ Bekennen openbare In duffem breue dat
hinrich bouen dam kerchoue delange heft vorkoft viue vñ vertich fchillinge geldes inder muntye to brunfw
vor twe vñ drittich mark Brunfw wichte vñ witto de van vns to lene gad der Junchvrouwen Seffeken 25
bouen dem kerchoue fynes broder dochtere vñ na orem dode der Ebdefchen vñ dem gantzen Conuente
vppe dem Rennelberge by brunſ dat fchullen fe delen alfe hinrikes bref vtwifet were ouk dat de vorb
hinrich ftorue ane eruen des god nicht enwille fo fcholde we vñ vnfe eruen der vorb Ebdeffchen vñ deme
gantzen Conuento des vorb Cloftores defuluen vorb penninge wedder geuen vñ wanne we edder vnfe eruen
dat wedder lofen wolden dat fcholde we one eynhalf Jar vorekundigen laten dat dit vaft ftede holden 30
werde des hebbe we vnfe Inʒ to Orkunde gehenget laten an duffen bref nach chrifti gebord M CCC
LXXX In vafer vrouwen auende wortmiffen.

183. Die Rathsherren der Stadt Lüneburg geloben, dem Heinrich Langbeen und Mathias Wulfhagen, Bürgern zu
Hamburg, am nächsten 29. September 130, ein Jahr darnach 120 und noch ein Jahr später 110 Mark Pfennige von der herzoglichen Beede für die Herzöge Wenzlaus und Albrecht von Sachsen und Lüneburg und 35
für den Herzog Bernhard von Braunschweig und Lüneburg zu bezahlen. — 1380, den 16. August. XVIII.

Nos Confules Ciuitatis Luneborg recognofcimus in hijs fcriptis. quod ad petitionem et ad voluntatem noftrorum dominorum Wentzeffai et Alberti Saxonie necnon Domicelli noftri Bernardi Brunfw et in Luneborg
Ducum illuftrium. de precaria fua difcretis viris heynoni Langbeen ac fuis heredibus aut Mathic wulfhaghen
ad fideles manus ipforum Ciuibus hamborgenfibus in Nundinis noftris proximis beati mychaelis CXXX. et 40
in Nundinis beati mychaelis occurrentibus ftatim poft illis CXX. et iterum in alijs Nundinis fancti mychaelis
has vltimas proximo fubfequentibus CX. marcas Luneburgenfium denariorum in quibus eifdem Ciuibus
dicuntur obligati fore. perfoluere volumus et debemus In quorum teftimonium noftre Ciuitatis Sigillum
prefentibus eft inpenfum. Datum anno domini M CCC. LXXX In craftino affumptionis beate virginis.

164. Ritter Brand von dem Hus stellt einen Revers aus, dass ihm die Herzöge Wenzlaus und Albrecht von Sachsen und Lüneburg die Hälfte des Schlosses und der Stadt Neustadt mit der Hälfte alles Zubehöres, Rodewald und die geistlichen und weltlichen Lehne ausgenommen, für 350 löthige Mark auf die Dauer von wenigstens zwei Jahren verpfändet haben. Ueber die andere Hälfte sollen sie den Gottschalk von Roden als Vogt setzen, ihn, bevor sie die Pfandsumme zurückbezahlt haben, seines Amtes nicht entsetzen und, wenn er es freiwillig niederlegt, den von ihm Bezeichneten, wenn er aber stirbt, einen anderen von Roden nach Rath des Brand von dem Hus zum dortigen Vogte ernennen. — 1380, den 21. September.   K. O.

Ik Brand van deme Hus Ridder Bekenne opembare in diſſeme Breue dat de houchgeboren Furſten Her Wentzlaw vnde Her Albrecht Hertogen to Saſſen vnde to Lüneborch. My vnde mynen eruen ſchüldich ſint verdehalff hundert lodige mark hemeliſcher wichte vnde were.   dar vore hebben ſe my vnde mynen eruen geſad vñ vorpendet de helfte ores Slotes der Nygenſtad huſes vnde Stad mit der helfte aller tobehoringe alſe id dar to horet vnde belegen is vt ge nomen den Rodenwolt vnde ore gheyſtlike vnde werltlike leen de ſe on ſuluen beholden alſo dat we de helfte des vorbenomden Slotes mit der helfte aller tobehoringe dar vore ynne hebben vnde beſitten ſcholen van nů to Sånte Michelis dage an ouer twe Jar,   vnde wanne de twe Jar vmme komen ſyn, ſo mer moghen ſe vns edder we on de loſinoge des vorbenomden Slotes kundegen alle Jar in den Twelff nachten to wynnachten,   vnde wanne de loſinoge alſus gekundeget is, ſo ſcholen ſe vns denne to den negeſten tokomenden Paſchen vnſe vorbenomden verdehalfhundert lodige mark weder gheuen vnde betalen in der Olden Stad to honouere eder to wunſtorpe in der twiger Stede eyne wor vns dat denne bequemeſt is alſo dat ſe vns yo vnbeworen werden, vnde wanne we van on alſo betalet ſyn, So ſcholē we on de helfte des vorbenomden Slotes mit der helfte aller tobehoringe vnbeworen weder antwerden ane yenegherleye hinder eder vortoch,   vnde were dat ſe vns denne de vorbenomden Summen geldes to ſodanen tiden nicht engheuen wanne de loſekundegbinege geſchen were alſe vore ſcreuen is, So mochte we de helfte des vorbenomden Slotes mit der helfte aller tobehoringe, denne vort an vorſetten vnde vorpenden vor de vorbenomden ſummen geldes bederuen luden vnſen genoten, ane fruſten heren vnde Steden,   vnde weme we dat denne ſetten deme ſcholden ſe denne vor waringe don in aller wyſe alſe ſe vns nů gedan hebben.   Vnde de ſuluen ſcholden on denne ok weder vorwaringe don mit breuen vnde loften, in aller wiſe alſe we ōn ge dan hebben,   Vnde de vorbenomden heren ſcholet mynne vnde rechtes to allen tiden ouer vns mechtich woſen, vorvnrechtede vns auer iemand dat ſcholde we ōn witlik don, enhulpen ſe vns denne bynnen den negeſten twen maneden dar na dar vmmo nicht likes eder rechtes, So moghe we vns van deme vorbenomden ſlote wol vnrechtes erweren, alſo lange dat vns lik eder recht mochte wederfaren, were ok dat, dat ſlot van vnſes kryges wegene vorloren worde des god nicht enwille ſo ſcholde we vnſe vorbenomden ſummen geldes dar an vorloren hebben,   konden ſe vns auer denne dar wes to ſtaden do ſtan dat ſe dat vorbenomde ſlot weder bekrechtegeden dat ſcholden ſe vns truweliken to güde holden.   Were ok dat dat ſlot van vngelücke eder van ores kryghes wegheno vorloren worde So ſchol den ſe vns vnſe vorbenomden verdehalff hundert lodighen mark bynnen deme negheſten Jare dar na weder gheuen vnde betalen in der twiger ſtede eyne alſe vore ſcreuen is, Vñ de anderen helfte ores vorbenomden Slotes ſcholen ſe don Gotſchalke van Roden alſo dat he ore voghet dar ſchal woſen,   vnde dar van ſcholen ſe one nicht entſetten alſo lange wente ſe hebben vns vnſe vorbenomden verdehalff hundert lodige mark albetalet alſe vorſcreuen is,   Vnde he ſchal vns van orer wegene vnde we ōme weder borchede don alſo dat wo an beyden ſyden dar an vor waret ſyn vnde alſe id redelik is,   were ok dat gotſchalk van Roden ore voghet dar nicht lengh weſen wolde, ſo ſcholden ſe dar eynen anderen ghuden man to voghede ſetten na Gotſchalkes. beſegginege,   were ok dat gotſchalk aff ghinege van dodes wegene ſo ſcholden ſe dar eynen anderen van Roden to voghede ſetten na mynem heren Brandes rade vorbenomd eder myner eruen eft ek nicht enwere do vns beyder ſijt bequeme ſy,   Vnde wene ſe dar na gotſchalke to voghede ſetten de ſcholde vns na borchude don alſe gotſchalk vor gedan hefft, vnde we eine weder alſo dat we anbeydent ſyden dar an vorwaret ſyn vnde alſe id redelik is,   were ok dat diſſer borgen de hir na beſcreuen ſtan jenich aff ghincge van dodes so scholde we eynen anderen also guden in iuwelkes stede de dar aff ge gan were setten bynnen den negesten verteyn nachten dar na wenne dat van vns ge eschet worde de scholde louen vor vns alle disse vorscreuenen stucke in eynem sunderliken breue vnde dar mede scholde disse breff vnuorbroken bliuen Alle disse vorbescreuenen stucke vnde eyn iowelk bysundern loue ek her Brand van deme hus vorbenomd vor my vn vor myne eruen den vorbenomden heren Hern Wentzlawe vnde Hern Albrechte vn 5 oren eruen in guden truwen stede vast vnde vnuerbroken to holdende vnde hebbe des to Orkunde vnde merer bekantnisse myn Inghesegel van myner vnde myner eruen wegene laten henegen an dissen breff, Vnde we lodewich van deme hus Arnd vnde Hennyngh geheten knyggen lance Segebande vnde Juncge werner van Reden harbord van mandesso vnde Stacius van Mandesso Stacius zone bekennen in diffeme suluen breue dat we vns hebben to Borgen geset vor den vorbenomden hern Brande van deme hus vnde 10 syne eruen vnde hebbet vor se gelouet vn louet entruwen mit samderhand in diffem breue vnsen vorbenomden heren vnde oren eruen. were dat on ienich brok eder hinder worde in dissen vorscreuenen stucken vnde we sament eder sunder dar vmme gemanet wordet so scholde we bynnen den ersten verteyn nachten na der manynege komen in de Olden Stad to honouere vnde dar eyn recht in legher ynne holden, vnde dar nicht buten benachten de broke en sy on ghentzliken weder dan, eder don dat mit orem ghuden willen 15 to eyner opembaren betuginege alle disser vorscreuenen stucke hebbe we borghen ok vnse Ingesegele witliken gehanegen an dissen Breff, de gegheuen is to honouere, Na Goddes Bord Drytteyn hundert Jar in deme Achtentigesten Jare an Sünte Matheus Daghe des hilgen Apostols.

185. Abt Bodo von Corvey verbindet sich mit dem Grafen Hermann von Everstein gegen die von Schartenberg, von der Malsburg und von Dalwigk zu Schauenburg in Hessen (bei dem Dorfe Hof am Fusse des Habichts- 20 waldes in der Umgegend von Cassel). — 1380, den 23. September.   E. O.

Wy Bodo van der gnade goddes abbot des Stichtes to Coruey bekennet vn betuget openbare in dessem openen breue dat wy vns na Rade vnser vrund eyndrechtliken vor dreghen vor strieket vn vor eynet hebbet mid vnsem leuen Oheme greuen Hermene van euerstene greuen Otten sone van euerstene deme god gnade, Induffer wise dat wy eme scholet vnde willet be hulpen wesen mid lande vn mid luden mit al vnser 25 macht alse bi namen vppe alle de sebardenberghesschen hessen, vppe alle ere helpere, Vnde en scholet noch en willet vns mit allen dussen vorgheschreuenen sunderken ane vnsen vorg Ohem van euerstene nicht vreden, eder sonen, vorwort noch neyne degheding hebben, id en si dat wi dat endrechtliken vn semptliken don vn handelen malk mid des anderen wetenschap vn willen, Ouk so scholen wi vn willet alle de wile dat wi mit 30 dussen vorg kriget vn nicht ge richtet en werdet vnsem vorscreuenen ohome van euerstene dat sin, vn der siner, besehutten vn weren helpen, kegen alle dusse vorg van Schardenberge, van der malsborgh van dalwigh vn alle ere helpere, wore vn wanne eme des not is, vn dat van vns eschet. Wan auer vns vn vnsem vorg Ohome greuen Hermanne van euerstene vrede, vorwort eder sone na willen oder na rade vnser beyder vrund weder varen konde de scholde wi vn wolden semptliken nemen, geuen vn don vn nicht besundern, 35 Alle desse vorscreuenen stucke vnde artikele loue wi vorscreuene bodo abbet des stichtes to Coruye dem vorscreuenen vnsem leuen Oheme greuen Hermanne van euerstene in guden truwen stede vn vast to holdende ane allerleyge argelist Vnde des to tugnisse so hebbe wi vnse homelike ingesegel witliken an dussen brof laten ge hanghen Datum anno dominj M CCC Octuagesimo dominica die proxima ante festum Michaelis.

186. Die Ritter Aschwin Schenk und Lippold von Vreden bezeugen folgende Uebereinkunft zwischen dem Bischofe 40 Gerhard von Hildesheim und dem Herzoge Albrecht von Sachsen und Lüneburg. Ueber die Irrungen beider mit Ausnahme derjenigen Puncte, welche in der von dem Herzoge Otto von Braunschweig zwischen beiden vermittelten Sühne enthalten sind, sollen der von dem Bischofe gewählte Ritter Hans von Schwicheldt und der vom Herzoge gewählte Ritter Lippold von Vreden und, wenn diese sich nicht einigen könnon, mit ihnen ein von ihnen gewählter Obmann, über die Irrungen des Bischofes mit Heinrich de Wend die Ritter Heinrich von Schwicheldt und Johann von Escherte, in den Irrungen des Herzogs mit dem Ritter Ludolf von Tzellenstede die Ritter Lippold von Vreden und Heinrich von Schwicheldt richten. — 1380, den 27. September.

K. O.

Dyt fynd de degedinge. de begrepen fynd. Twiffchem Dem Erwerdighen in gode vadere vnde heren. hern Gher Bifchope to Hildenfem. vnde dem Houchgebornen fürften hern Alberte hertogen to Saffen vnde to Luneborch. To dem erften de fone de hertoge Otte van brunfwich gededinget heft de en fchal vppe deffe nafcreuene fcheidellude nicht komen To dem anderen male. hebbet do heren fcheideflude gekoren. vnd der is aff eyne fiden. her hans van Swichgelte. vnde aff anderefid her lippold van vreyden. de fcullet alle ftucke vnde fchelinge. de men an fe bringet twiffchen den vorbenomeden heren. vnde den oren. fcheyden. vnde de ftucke vnde fchelinge fcullet fe an beydentfiden. Jewelk an fynen fcheidefman bringen met oren befegelden breuen. van nu an wente en fondage negeft to komende. vort ouer achte dage. vnde alfo lange dar na. fchal Jewelk fyn antwerde. dar en iegen met fynen befegelden breuen by de fcheideflude fenden. de fchullen dat fcheiden. bynnen den negeften veer wekenen. dar na endrechtliken met Rechte. Were ok dat fik we in fynen clagen vnde fculden wes vorgbete. des fcolde he vnuorfumet wefen. dar mochte he vmme fculdigen vnde fpreken na alfo vore. vnde dat en queme vppe deffe febeydeflude nicht Were ok dat deffe fcheideflude. nicht eyn werden enkonden met deme Rechten. So fcolden deffe fuluen fcheidellude (en)drechtliken eynen ouerman dar to kefen bynnen verteynnachten myd wieme de to velle. myd deme Rechten dar fcolde dat by blyuen. vnde dat fcolde de ouerman Jo don bynnen den negeften veerwekenen. vnde wat endrechtliken fcheiden worde. dat fcolde orer eyn dem anderen don. bynnen dem negeften vordendeil Jares dar na Were nu dat deffe vo(rfcr)euenen fcheideflude des ouermannes nicht eyn werden konden. So fcolden fo der Recht thoen. dar id fik van Rechte borede. Vortmer vmme Hinrike dem wende. vnde hern ludelue van Tzellenftede. des heft vnfe here van hildenfem gekoren. hern Hanfe van Swichgelte. vnde Hinrik de went hern Johanne van Efcberte de fcullen fe endrechtliken fcheiden. na hinrikes fculden vnde na vnfes heren van hildenfem antwerde. vnde na vnfes heren van hildenfem fculden vnde na hinrikes antwerde. dat eyne by dem anderen wes orer eyn dem anderen van Ere wegene plichtich is. Vnde vnfe here van Luneborch heft gekoren hern lippolde van vreyden. vnde her ludelff heft gekoren hern hanfe van Swichgelte. de fcullen fe ok endrechtliken fcheiden. Na hern ludelues fculden vnde na vnfes heren van Luneborch antworde. vnde na vnfes heren van Luneborch fculden vnde na hern ludelues antworde. dat eyne by dem anderen. wes orer eyn dem anderen van Ere wegene plichtich is. Vnde wanne vnfe here van hildenfem vnde hinrik de wend. vnde vnfe here van Luneborch. vnde her ludelff van Tzellenftede. endrechtliken gefcheiden fynd alfo vorfcreuen is. vnde wat en endrechtlikon to gefcheiden wert dat fchal eyn dem anderen don bynnen dem negeften vordendeil Jares na der fcheydinge. vnde dat fcullen fe to beydentfiden vor wiffenen Jowelk myd twen borgen. alfo man dar van gefcheiden is. Were ok dat deffe vorfcreuenen heren. endrechtliken fcheiden worden Twiffchen hir vnde funte Mertens dage. In vruntfchop oder in Rochte. So fcullen de degedinge. vnfes heren van hildenfem. vnde hinrikes des wendes. vnde vnfes heren van Luneborch. vnde hern ludelues van Tzellenftede vor fich ghan. Were des nicht fo fcolden de borgen. de vnfe here van hildenfem hinrike gefad hedde. vnde de borgen de hinrik vnfem heren van hildenfem wedder gefad hedde. vnde de borgen de vnfe here van Luneborch hern ludelue ge fad hedde. vnde de eme her ludelff wedder ge fad hedde to Jowelker fyden. ledlich vnde loes vnde vnuorplichtet wefen. To merer bekandniffe alle deffer vorfcreuenen degedinge. fo hebbe we her affwyn fchencke. vnde her lippolde van vreyden Riddere vnfe ingel gedrucket laten to Rugge an deffen breff Dogheuen is Na godefbort drittcyn hundert Jar. in dem achtentigeften Jare. des negeften donrefdages vor fente Michahelis dage.

187. Der Pfarrer und die Bürgermeister zu Neuburg (in Mecklenburg) bezeugen, dass ihr Mitbürger Hermann von Thodendorp seinem Vetter Johann vor ihnen eidlich versichert hat, er und sein Vater haben ihr Erb-

gut zu Gansau und in beiden Dörfern Jarlitz von den von Wittorp, ihr Erbgut zu Thondorf von den van Meding, ihren Hof zu Molzen von den Herzögen von Lüneburg, ihren Hof zu Oldenstadt von dem Stifte Verden zu Lehn empfangen, die Koten zu Oldenstadt und der Hof zu Toendorf seien ihr freies Eigenthum. — 1380, den 29. September. K. O.

Wy Her Marquard kerkhero tho nŷborch Jheſſe witte vn̄ andreas krankov borghermeſtere to nuborch bekennen vn̄ bethughen openbare in deſſem breue. dat Hermen van thodendorpe vnſe borgher heft vor vs ghe wesen vn̄ heft synem vedderen Johanse ghe zecht vn̄ witlik ghe maket myd zynem ede den he vppe de hilghen heft ghe sworen vor vs dat syn vader vn̄ he hebben ere erue dat ze hadden to ghanzeue vn̄ tho beyden dorpen tho verleneſſen van den van wittorpe tho lene entfanghen vn̄ anders nicht vn̄ ere erue to thodendorpe hebben ze entfanghen van den van Medinghe eren hof tho moldeſſen hebben zo entfanghen van dem hertheghen van luneb vn̄ eren hof to olden vlzen van dem Stichte van verden de koten to olden vlzen vn̄ den hof to thedendorpe hebben ze vor vryg vn̄ eghen ghe holden Tho ener openbare bewyſinghe deſſer vorſchreuenen ding zo hebbe wy vorbenomden vnſe Inghezeghele myd ghõdem willen ghe henghet an deſſen bref De ghe ſcreuen is na ghoddes bord drytteynhundert Jar In dem Achtheghesten Jare In Sunte Mychahelis daghe des hilghen erze engheles.

188. Herzog Albrecht von Sachsen und Lüneburg schreibt dem edelen Herrn Simon von der Lippe, Herzog Otto von Braunschweig habe in der von demselben zwischen ihm und dem Bischofe von Hildesheim vermittelten Sühne sich für diesen, dass er das vor das Schloss Calenberg gebauete Schloss „Naberuhausen" vor dem 29. September breche, verbürgt. Weil trotz öfterer Mahnung das Schloss noch nicht gebrochen ist, ersucht er den edelen Herrn, den Herzog Otto zu veranlassen, dass es sofort gebrochen werde. K. O.

Vnſen früntliken denſt to voren. Leue Oem Juncher Symon van der Lyppo. we Bogheren iu to wetende alſe vnnse Naberſhufen dat de Biſchop van hildenſem. vor vnſe ſlot den kalenberch ge buwet hefft. Dat hertoghe Otto van Brūnſw.. vns. do we vns mit demo biſchoppe ſöneden. dat entrüwen loüede vor den biſchop. dat de Biſchop dat ſulue ſlot naberſhuſen io vor ſunte Michils dage. de nilkeſt was wedder breken vnde aff don ſcholde. des en is nicht geſchen. wol dat we en dar vmme dicke vnde vele gemanet hebben Des Bidde we Ju dat gy den vorben̄ hertogen Otten berichten dat he vns. noch ane vortoch holde vmme naberſhuſen. dat dat aff kome. vnde gebroken werde alſe he vns dat entrüwen gelouet hefft. dat we en dar vordere nicht vmme manen dörnen. dat neme we gerne. wenne könne we iuwer anwisinghe nicht geneten. So möte we dat ſcriuen. alſe he vns entrüwen ge louet hefft. dat ho vns des nicht geholpen hefft alſe en bodderue man. bidden deſſes iuwe antworde Geuen vnder vnſem Signete.

Albertus dei gratia. dux
Saxonie et Luneborch.

189. Bischof Gerhard von Hildesheim verpfändet dem Heinrich Bock für 100 Mark, welche er demselben als seinem Amtmanne schuldet, und für 200 Mark, wofür der frühere Bischof Heinrich dem Ritter Timme Bock die Burg Gronau mit der Gülte zu Pfande gesetzt hat, auf die Dauer von wenigstens zwei Jahren dieselbe Burg mit 30 Mark löthigen Silbers jährlicher Gülte, nämlich 17 Mark in dem Dorfe Eberholzen, fünf Mark aus der Hälfte der Einkünfte von den Flössen und der Fähre zu Poppenburg und acht Mark aus den Einkünften der Vogtei Gronau, behält sich jedoch von allen Strafgeldern, die höher als eine Mark angesetzt werden, den eine halbe Mark übersteigenden Betrag vor, und gestattet dem Heinrich Bock, zu einem nothwendigen Bau an der Burg funfzig löthige Mark zu verwenden. — 1381. XII.

We Gherd van godes gnaden biſſcop to hildenſem Bekennet openbar mit deſſem breue vor alle den de on ſeen edor horen dat we ſchuldich ſint henriko Bocke vn̄ ſinen eruen vnde to orer truwen hand her alſewine domheren vn̄ henrike broderen van cramme dre hundert mark lodich hildenſemſcher witte vnde wichte der vnſe vorvare Biſſcop henrik twe hundert mark vorpendet hadde an der Borch Gronawe vnde an

der ghulde hir na befereuen hern Tymmen Bocke riddere vnde fynen eruen als de breff vt wifede de on dar vp gegeuen was. vor deffe drehundert mark hebbe we mit willen vñ vulleborde vnfes Capittels to hildenfem on bewifet. vñ in ore were gheantwordet drittich mark gheldes lodich jarliker ghulde. des hebbe we on dat dorp to Eberholthufen vnde wat dar von vallen mach bewifet vñ gefad vor feuenteyn mark
5 gheldes vñ de helfte der vloten vñ der vêre to poppenborgh vñ wat dar van valt vor viff mark gheldes vnde wat von der vogedye to gronawe valt vor achte mark gheldes. In deffer wife. weret dat dar broke vellen de men mit rechte then mochte bouen eyne halue mark dar fcholde henrik eder fine eruen to vorn io van deme broke eyne halue mark nemen wat dar en bouen were des fcholde we vnfe nakomelinge eder dat Capittel wan neen biffcop en were mechtich wefen. Se fchullet auer vpnemen wat dar van jenighen bro-
10 ken valt de benoden eyne halue mark fin. Vortmer hebbe we mit willen vñ vulborde vnfes capittels to deffer ghulde vñ vor dit ghelt beuolen vnfe borch Gronawe vñ wat dar tho hord vnde de in ore were ghe-antwordet. aldufdane wijs dat we. vnfe nakomelinge eder dat Capittel. wan neen Biffchop en were in deffer vorfcreuenen fate der ghulde vnde beuelinge der borch. fe fchullen vnde willen roweliken befitten laten. van nu to deffem paffchen neift to komende vort ouer twey Jar vñ we en fchullen on noch fe vns byn-
15 nen deffer tijd nene lofe kundighen. wan auer deffe twe jar vmme komen fint fo moghe we. vnfe nako-melinge eder dat Capittel wan neen Biffchop en were on eder fe vns de lofe deffer vorfcreuenen fate vnde beuelinge alle Jar kundighen twiffchen wynachten vñ vaftelauende dar na in der pafchewekene neift to komende fcholde we on de ergenanten drehundert mark betalen funder vortoch vñ in val. vnde de betu-linge fcholde we vñ wolden on don to hildenfem eder to (loftere in deffer twier ftede ener dar fe dat effehe-
20 den vnde veleghen on dat gheld van der ftede dre mile vor alle den de vmme vnfen willen don vñ laten willet. Vñ we vnfe nakomelinge. eder dat Capittel wen neen Biffchop en were. fchullet fe in deffer ghulde vñ were der beuelinge roweliken befitten laten vñ der nicht entwoldighen dit vorfcreuene ghelt en fi on erft ghenfzliken betalet to fodaner tijd vñ alfe vorfcreuen is vñ wanne we on dat betalet hedden fo fcholden fe vns vnfe vorbonante ghulde vñ Borch wedder in vnfe were antworden ane jenigherleye hinder
25 vnde wedderfprake Ok fo moghe we deffe vorfcreuenen hundert mark dar vns de erghenante henrik bok vp gewunnen hadde do he vnfe amthman was to allen tiden funderken af betalen vñ wanne we dat ghe-dan hedden fo fcholden fe vns des quitebreue gheuen fo hedden fe noch an der ghulde vnde Borch twe hundert mark dar moeltte we de vor lofen vnde dar mede en feholde deffe breff nicht vnmechtich werden Ok fo moghen fe van ftund an. veftich lodige mark vorbuwen an der Borch Gronauwe na vnfeme Rade
30 vnde bete. dar des meyft nod is. vñ de veftich mark fchullen fe vt legghen na redeme ghelde bi eynen wefter to hildenfem eder to Gronauwe vñ dar wille we eynen vnfer denre by fenden de vns dar reken-fchup van do wat des gheldes an der borch vorhuwet werd. vñ de veftich mark fchulle wy io an der borch vorbuwen vñ in anders neyne nud keren Ok fo en fchullen deffe vorfcreuene hinrik bok noch fine eruen noch nemant von orer wegen vns vnfe nakomelinge vnfe Capittel noch de vnfe noch
35 de vns boret to vordeghedingende van der Borch Gronauwe noch dar weder in nicht befchedighen noch vor vnrechten. were auer dat id von miframe fchude vnde fe dar vmme ghemanet worden fo fcholden fe dat hynnen ver weken na der maninge wedder don in vruntfchop eder mit rechte Alle deffer vor-fcreuenen ftucke vnde eynes jowelken funderliken vorplichte we vns Bifcop Gherd vorbenant vor vns vñ vnfe nakomelinge den Ergenanten henrike Bocke vnde finen eruen vñ to orer truwen hand. hern Afch-
40 wine vñ henrike van Cramme ftede vnde vaft to holdende ane alle lijft vñ hebbet to bekantniffe vnfe In-gefegele an deffen breff ghehenget laten. Vñ we nycolaus dompraueft ludolf deken Otto fcolmefter vñ dat ghantze Capittel to hildenfem Bekennet openbar dat alle deffe vorfcreuenen ftucke mit vnfem willen vñ vulborde ghe fchoen fin vñ hebbet to bekantniffe vnfes Capittels Ingefegel bi vnfes vorfcreuenen heren Ingefegel an deffen bref ghehengt laten Gheuen na godes bord dufent drehundert Jar in deme eyn vnde
45 achtentigeften Jare.

190. **Ritter Conrad von Steinberg antwortet dem Domprobste, Domdechanten und dem Domcapitel zu Hildesheim, er habe auf das Schloss Winzenburg Geld hergeliehen und an Heinrich Bock entrichtet, welcher die Forderung an das Schloss besessen habe. Dies zu beweisen erbietet er sich.** XII.

An de Erbarn wyſen heren. deme domproueſte deme deken vnde dem gantzen Cappittel to deme dome to hildenſem ſchal duſſe breff.

Den Erbarn. wyſen heren deme domproueſte deme dekene vnde dem gantzen Cappittel to deme domo to hildenſem. Myn willegho denſt alſe gy my hebben ſcreuen laten vmme dat hus to wintzenborch des bidde ek ju wetten dat ek hebbe gelt gelecht dar an vnde hebbe dat henreke bocke entrichtet alſe ju vnde vele bederuen. luden wal witlik is. de dat gelt rede dar anne hadde vnde wil dat beholden vnde bewaren. alſe ek beſt kan alſe eyn bederue man vnde loue ju dar des beſten wol to, datum meo ſub Sigillo.
Conr de Steynberge miles.

191. **Der edele Herr Walther von Dorstadt antwortet dem Domcapitel zu Hildesheim. Für 30 Mark und für die 535 Mark, welche er dem Heinrich Bock für den von demselben und von Hans von Borchtorp auf dem Schlosse Wiedelah ausgeführten Bau bezahlt hat, ist ihm vom Bischofe Gerhard das Schloss Wiedelah verpfändet worden. Auf des Bischofs Geheiss hat er zum Baue daselbst etwa 150 Mark verwandt. Gefällt es nun dem Domcapitel nicht, dass er sich im Besitze des Schlosses befindet, so möge es den Bischof veranlassen, ihm das Geld zu erstatten und das Schloss einzulösen. Auch er beabsichtigt zu klagen, wie er schon früher, aber ohne Erfolg, gethan hat.** XII.

Reuerendis dominis Capitulo
Eccleſie hildenſemenſis.

Mynen willegen denſt touorn. den Erbarn heren dem Cappittele des Stichtes to hildenſem. Alſe gy mek hebben geſcreuen vmbe dat wydenla des beghere ek gyk wetten. dat myn here van hildenſem Biſſchop Gherd mek heſſt geſat dat Slod wydenla mit der tobehoringe vor drittich mark vnde vor vyffhundert mark vnde verteghedehalue mark de ek gaff hinrike Bocke vor buw dat he vnde hans van Borchtorpe dar vorbuwet hadden. dat mek myn here van hildenſem hed Ok ſo orlouede mek myn here de Biſſchop vnde hed mek dat ek an deme wydenla. ſcholde vnde mochte anderhalffhundert mark vorbuwen. dat ek mit ome degedingede vnde ek loue ek hebbe de ok rede wol dar ane vorbuwet. weret nu dat gyk dat icht weder were. dat ek to deme wydenla byn ſo bidde ek gyk dat gy mynen heren des berichten vnde anwyſen dat he mek dyt gelt geue vnde loſe dat wydenla vppe paſchen wento ek wille ome kortliken ok de loſe kundigen Ok hebbe ok ome de loſe wal ere ghekundighet dat he dat wydenla doch nicht enloſede datum meo ſub Secreto.
Her wolter de Eddel van dorftat.

192. **Bischof Gerhard von Hildesheim erklärt, dass sein Vogt, Ritter Hans von Schwichelt, als derselbe aus Nothwehr im Kriege gegen den Herzog von Lüneburg Schatzung von Dörfern und Leuten im Stifte erhob, sie unter andern auch von Leuten der Domprobstei ohne Bewilligung des Domprobstes, Domdechanten und Domcapitels, also mit Unrecht, erhoben hat, verspricht, es nicht wieder zu gestatten und den Betrag der erhobenen Schatzung zurückzugeben. — 1381, den 16. Februar.** K. O.

We gherd van godes gnaden. biſcop to hildenſem. betůget openbare in deſſem iegenwerdigen breue, dat dor nodwere willen, des landes, vnſes ſtichtes tigen den hertogen to Luneborgh, her hans van ſwichelte, vnſe voghet, nam ſchatinghe, van dorpes. vn van luden. In dem lande, van ichteſwelken. In ghelde, vn van anderen in korne, vn in der ſuluen ſchattinge, nam he, vnde andere vnſe denere van ſiner wegen, van ichteſwelken luden, der domproueſtie in korne, XLV. voder haneren. twe voder gherſten. vn in redem ghelde van henninghe eyken, der domproueſtie laten .X. mark, van tileken beynum .XX. mark, der domproueſtie Meyere, vn hir en bouen noch eyne mark, ane vulbord des domproueſtes. dekens. vn Capitels.

vnfes flichtes. des bekenne we, dat her hans vorbeñ. vnfe voget, dat van vnfer wegen mit rechte, nicht
don en mochte, van den luden der domproueftie, vñ dat des gbelik mer fobe, des en fculle we vñ en
willot nicht ftaden, ane ore vulbord, vñ we vorplichtet vns in deffem ieghenwerdigen breue, dem domprouefte. dem dekene, vn dem capitele, vnfes vorbeñ flichtes, dat we dat vorbeñ ghelt. XXXI mark. vñ
5 dat vorbeñ. korn. viue vñ vertigh voder haueren. twe voder gherften, willet vñ fcullet betalen. ane vortogh
vñ iengerleye hinder de helfte achte dage na funte wolborge dage, vñ do anderen helfte to funte Johannis
daghe to midden fomere, de neyft to komende fint to hildenfem. oder to Peyne, wore de vorbeñ. domproueft.
deken vñ capitel. eder dat Capitel, icht wol neyn domproueft en were. eder nicht binnen landes enwere,
dat leueft denne hebben willet, In der vorbeñ. twyer ftede eyn. Des hebbe we vnfe Inghefegel. to deffem
10 breue ghehenget laten, Na godes bord dufent vñ dre hundert Jar In dem eynen vnde Achtigeften Jare.
des neyften Sonauendes na funthe Valentinus daghe. des hilghen Marteleres.

193. Verzeichniss der Ausgaben auf dem Schlosse Celle unter dem Vogte Brendeke vom 24. Februar 1381 bis 16. November 1381. K. O.

Anno dominj M CCC LXXXI.
15 Deffed heft Brendeke vogcd mynem heren hern Albrechte hertogen to Saffen vnde to Luneborch gewunnen van dage to dage Sodder des Sondages in groten vaftelauendes dage*).

To deme Erften male.

Des Soluen Sondages to vaftelauende In der Erften weken   VIII d vor wytbrod   VII ß vor krude
to galreygden .I. mark vor eyne tunnen beres myr vrowen   IIII ß vor eynen hymten wetenfmels to Coken
20 IIII ß vor eygere   III ß vor etyk den vaftelauende over   XIIII d vor lycht   XXV ß vor Ilt fchepel haueren myns heren perden vnde Hermene Bocke vnde den de hir bleuen weren.

Des mandages   .I. ß vor wytbrod   VIII ß vor folt   XIIII d vor lycht   .I. mark vor eyne tunne
beres deme entelen vp halde den knapen   XXV ß vor Ilt ch haueren vodert.

Des dynfedages   XIIII d vor wytbrod   II ß vor eygere   I ß vor krude   XIIII d vor lycht   XXV ß
25 vor Ilt ch haueren vodert.

Des mydwekens des erften dages in der vaften   IIII d vor wytbrod   V ß vor vyfche   III ß .I. d
minus vor .V. punt olyes   II ß et IIII d vor ½ mod grutte   IIII ß vor Ilt mod bonen   II ß vor negele
to der kokene   VIII d vor lycht   XXV ß vor Ilt ch haueren vodert.

Des donredages   IIII d vor wytbrod   .V. ß vor vyfche   III ß .I. d minus vor V punt olyes   XV d
30 vor grütte   VI d vor lycht   XXV ß vor Ilt ch haueren vodert.

Des vrydages   II d vor wytbrod   VI d den vyfcheren van langbelgen vn van wonfen   III ß .I. d
minus vor V punt olyes   VI d vor lycht   XXV ß vor Ilt ch haueren.

Des Sonnauendes   II d vor wytbrod   III ß .I. d minus vor .V. punt olyes   IIII ß vor vyfche
IIII ß poygnemanne   de gingh to Luchow vnde mande volenfchers Borgen   VI d vor lycht   IIII ß vor
35 folt   XXV ß vor Ilt ch haueren vodert   .X. ß vor .I. ch haueren den werkperden de weken   .X. ß vor
.I. ch haueren den hunden den hunden   VI mark VI ß minus vor IX ch filiginis de weken to X ß den ch
IIII mark vor IIII ch moltes vorbrowen.

Summa huius eft XXIX mark minus XV den.

Des Sondages Invocauit In der andren weken   Do quam myn hero van dem hove to Münden   VIII d
40 vor wytbrod   VI ß II d minus vor X punt olyes to VII ß dat punt   VI ß vor vyfche avend vnde mor-

---

*) Auf einem einliegenden Zettel ftebt Folgendes, welches sich auf die Zeit vom 14. Februar 1380 bis 21. Februar 1381 bezieht:
Dyt is de fumma de de voged heft vt gegeven fodder dat de voged Rekende myd mynem heren dat was des dynfedages ne
allemane vaften. wente nd to groten vaftelauendo fefteynhundert mark IX mark minus et IIII fchillinges.

Des vpnemendes van allerleyge ftucken des is de fumma dryfteynhundert mark vnde III fchillingo.
45 Des blift myn hero deme vogede fchuldich alles vpnemendes vnde vtgovendes CCC mark et IX mark et VI di.

gen XVIII d vor lycht IIII mark vor grutte vnde erwete gekoft to Lůneborch XIIII ß vor eyne tunnen
etykes III mark et IIII ß vor .I. voder Beres bir vp III mark et II ß vor .V. ch haueren vodert.
Des mandages VIII d vor wytbrod .V. ß IIII d minus vor VIII punt olyes IIII ß vor vyfche
VI d vor lycht XV ß vor lł ch haueren vodert Des avendes quam myn here to Dorpmarke dyt is
dat he dar vorterde .X. ß vor haringh VIIł ß vor ftokvyfch .I. mark vor. I. tunnen Beres. 5
    Des dynfedages IIII d vor wytbrod III ß vor vyfche II ß et IIII d vor IIII punt olyes IIII
mark et II ß vor eynen Cintener vnde eyn verdendel talges .X. ß vor .I. ch haueren den de hir bleuen
Des avendes quam myn here to Verden alfo de dach dar was myd dem Byfchope vnde den Bremeren
vnde den van Mandeflo vnde was dar wente des donredages na dem etene Dyt is dat he dar vorterde
XXVIII ß vor brod III mark vor twe tunnen Bremer Beres II mark vor twe tunnen hildenfemefches 10
Beres .X. ß vor olye III. ß vor grutte V ß vor fpirlingh II mark et I. ß vor haringh III ß vor
folt III ß et IIII d vor mandelen .I. ß vor etyk VIII ß vor kole IX ß vor bolt VI mark vor
XVI mold haueren vodert to dren tyden.
    Des mydwekns III d vor wytbrod III ß I d minus vor V punt olyes III ß perfonen dode gingh
na dem Byfchope van hildenfem myd myns heren Breven II ß henneken de to Brunfw myd myns heren 15
brev III ß vor vyfche II ß vor dacht to lychten .X. ß vor .I. ch haueren vodert.
    Des Donredages III d vor wytbrod III ß .I. d minus vor V punt olyes III ß vor vyfche IIII ß
vor .I. voder kole II ß Benneken de to gyfhorne gingh myd myns heren Breven II mark vor IIII ch
boppen .X. ß vor .I. ch haueren vodert.
    Des Vrydages II d vor wytbrod VI d den vyfcheren III ß .I. d minus vor V punt olyes .I. 20
mark vor eyne tunnen beres demo entolen vp haldo X. ß vor .I. ch haueren.
    Des Sonnavendes II d vor wytbrod III ß .I. d minus vor V punt olyes IIII ß vor vyfche X. ß
vor .I. ch haueren den werkperden Do folues weren de hunde en wech III mark IIII ß minus vor
VI ch filiginis IIII mark vor IIII ch moltes V mark vyf tymberluden do arbeygden verteynacht to
dem planken to der hammeygden to der kokene. 25
    Summa hnius eft LVII mark et XIII ß et IIII den.
    Des Sondages Rominifcere in der dridden weken IIII d vor wytbrod III ß I. d minus vor V punt
olyes IIII ß vor vyfche X. ß vor .I. ch haueren.
    Des mandages Do quam myn here alfo he hadde wefen tegen hertogen Otten to Tzerftede vp eynem
dage VIII d vor wytbrod VI ß II d minus vor X punt olyes V ß vor vyfche VIł mark vor eyn 30
voder beres III mark et II ß vor V ch haueren vodert.
    Des dynfedages VIII d vor wytbrod VI ß II d minus vor X punt olyes VI ß vor vyfche III
mark et II ß vor V ch haueren vodert.
    Des mydwekns VIII d vor wytbrod V ß IIII d minus vor VIII punt olyes IIII ß vor vyfche
III ß et IIII d vor eynen hymten zenpfades III ß hertogen Bernde to dem ftoven III mark et II ß vor 35
.V. ch haueren vodert.
    Des donredages VI d vor wytbrod V ß IIII d minus vor VIII punt olyes IIII ß vor vyfcho
XX d vor rope to dem hof wagene Do folues red myn here to Luneborch word II mark II ß minus
vor III ch haueren den de hir bleuen.
    Des Vrydages II d vor wytbrod VI d den vyfcheren III ß I d minus vor V punt olyes III ß 40
perfonen de gingh na dem greven van der hoyge myd myns heren breven II mark II ß minus vor
III ch haueren vodert.
    Des Sonnavendes III d vor wytbrod III ß I d minus vor V punt olyes IIII ß vor vyfche III ß
eynem boden de to Rodenborch gingh myd myns heren Breven II ß peygnomanne de to gyfhorne gingh myd
myns heren Breven II mark II ß minus vor III ch haueren vodert .X. ß vor .I. ch haueren den werk- 45
perden de weken VI mark VI ß minus vor IX ch filiginis IIII mark vor IIII ch moltes vorbrowen.

Summa huius eſt XXXVII mark. et IIŧ ß.

Des Sondages Oculi in der IIII weken IIII d vor wytbrod .V. ß IIII d minus vor VIII tzd olyes IIII ß vor vyſche XV ß vor IŧĉĥhauerenvodertDesavendesweren to wenſen vp der alre her Berthold van Rutenberge wullebrand Knighe vnde andre myt XXXIIII perden vnde reden na mynem heren
5 de teringe is IIŧ mark vor ſpiſe vnde haveren.

Des mandages III d vor wytbrod .V. ß IIII d minus vor VIII punt olyes III ß vor vyſche .I. mark vor eyne tunnen Beres entelen gehald XV ß vor Iŧ ĉĥ haueren vodert.

Des dynſedages Do ſolues toch myn vrowe over vp de Lů III ß I d minus vor V punt olyes .I. ß vor vyſche XV ß vor IX par ſcho myr vrowen vnde eren Juncvrowen XV ß vor Iŧ ĉĥ haueren
10 vodert VII ß vor Lutteken Ludeken zadel to pantquitinghe.

Des mydwekns III ß minus .I. d vor V punt olyes XVI d vor vyſche XXV ß vor IIŧ ĉĥ haueren do weren de wedder komen de myd mir vrowen vorder weges reden.

Des donredages III ß .I. d minus vor V punt olyes .I. ß vor vyſche VI mark IIII ß minus vor grůtte vnde Bonen XXV ß vor IIŧ ĉĥ haueren vodert.
15 Des Vrydages XXI d vor III punt olyes VI d den vyſcheren X ß vor .I. ĉĥ haueren vodert.

Des Sonnavendes XXI d vor III punt olyes IIII ß vor eyn voder kole in myns heren Camer X ß vor .I. ĉĥ haueren vodert .X. ß vor .I. ĉĥ haueren den werkperden IIII mark IIII minus vor VI ĉĥ ſiliginis II mark vor twe ĉĥ moltes.

Summa huius oſt XXVIŧ mark et II den.
20 Des Sondages Letare in der .V. weken III ß minus .I. d vor V punt olyes II ß vor vyſche III ß Benneken de to oveſuelde vnde to der Brugge gingh myd myns heren Breven .X. ß vor .I. ĉĥ haueren.

Des mandages in die annunciacionis marie II ß et IIII d vor IIII punt olyes II ß vor vyſche .V. mark et XIIII d to pantquitinghe hern Bertholde van Rutenberge vnde ſyner gelellen myd XXXIIII perden .X. d vor .I. ĉĥ haueren.
25 Des dynſedages II ß et IIII d vor IIII punt olyes .I. ß vor vyſche .X. ß vor .I. ĉĥ haueren.

Des mydwekns II ß et IIII d vor IIII punt olyes .I. mark vor .I. tunnen Beres entelen gehald II ß vor IIII mod rove .X. ß vor .I. ĉĥ haueren.

Des donredages Do quam myn here alſo he ſe geſond hadde myd den ſoltwedelſchen .I. ß vor wytbrod V ß et III d vor IX punt olyes IIII ß vor vyſche IIII mark et IIII ß vor eyn vad vnde
30 eyne tunnen Bere in myns heren keller IIŧ mark vor IIII ĉĥ haueren.

Des Vrydages VI d vor wytbrod VI d den vyſcheren Do ſolues quemen myns heren riddere III ß vor twe hekede .V. ß et III d vor IX punt olyes III mark et II ß vor .V. ĉĥ haueren.

Des Sonnavendes .V. ß vor wytbrod V ß vor vyſche VI ß II d minus vor .X. punt olyes .I. mark vor twe ĉĥ hoppen II ß vor dacht to lychten III mark. et II ß vor .V. ĉĥ haueren des avendes
35 .X. ß vor .I. ĉĥ haueren den werperden V mark vor VI ĉĥ ſiliginis II mark vor II ĉĥ moltes.

Summa huius eſt XL. mark et XV ß et .I. den.

Des Sondages Judica in der VI weken VI d vor wytbrod .V. ß IIII d minus vor VIII punt olyes IIII ß vor vyſche Do ſolues red myn here to dorpmarke vnde was dar twe nacht vnde dre etene do de dach was myd dem Byſchope vnde den van Mandello to des Byſchope brůgge dyt is dat dar ward
40 vortered II ß vor wytbrod VI ß vor olye IX ß vor ſtokvyſch VIII ß vor grone vyſche II mark vor twe tunnen Beres .V. mark vor VIII ĉĥ haueren vodert.

Des mandages II ß et IIII d vor IIII punt olyes .I. ß vor vyſche .X. ß vor .I. ĉĥ haueren.

Des dynſedages Do ſolues quam myn here wedder van deme dage to des Byſchopes bruge VI d vor wytbrod III ß vor vyſche V ß IIII d minus vor VIII punt olyes IIŧ mark vor IIII ĉĥ haueren.
45 Des mydwekens VI d vor wytbrod .V. ß vor vyſche II ß vor eynen ŧ mod zenpes V ß IIII d minus vor VIII punt olyes IIŧ mark vor IIII ĉĥ haueren .I. mark vor .I. tunnen beres in den keller.

Des donredages IIII d vor wytbrod IIIʒ ẞ vor VI punt olyes III ẞ vor vyfche XIIII ẞ vor
.I. Las mynem heren Do folues red myn here to Wyfendorpe .I. mark vor .I. tunnen Beres dar folues.
Des Vrydages VI d den vyfcheren II ẞ et IIII d vor IIII punt olyes XV ẞ vor IF cħ haueren
den de hir bleuen II ẞ eynem boden de to pattenfe gingh myd myne heren Breve II ẞ eynem boden
de to Brunfw gingh myd myns heren Breve.
Des Sonnavendes III ẞ vor vyfche II ẞ et IIII d vor IIII punt olyes II ẞ vor dacht to lechten
.I. ort vor IIII ftucke foltes .I. ort vor twe cħ haueren de bir ynehodden .X. ẞ vor .I. cħ haueren den
hunden .X. ẞ vor .I. cħ haueren den werkperden IIII mark et II ẞ vor VI cħ filiginis to XI ẞ II
mark vor twe cħ moltes.
Summa huius ofl XXXI mark. et III ẞ et II den.
Des Sondages in palmedage in der VII veken IIII ẞ vor vyfche IIIʒ ẞ vor VI punt olyes II ẞ
eynem boden de gingh to dem kalenborge .I. mark vor .I. tunnen Beres entelen vp gehald .I. ort vor
twe cħ haueren vodert.
Des mandages II ẞ et IIII d vor IIII punt olyes II ẞ vor vyfche XVI d vor etyk to senpe
.I. ẞ vor fmedewerk to dem vangenkeller .I. ẞ eynem boden to der brûge gingh XVI d vor eyne
boden to binden in dem Bakhûs .I. ort vor twe cħ haueren vodert.
Des dynfedages quam myn here van wynfen vp der lû III ẞ vor vyfche XIII ẞ vor eynen las
IIII ẞ et .I. d vor VII punt olyes .I. mark vor .I. tunnen bere in dem keller III mark et II ẞ vor
.V. cħ haueren.
Des mydwekns IIII ẞ vor vyfche III ẞ I d minus vor .V. punt olyes III ẞ vor eynen hymten
vnde water ambe to befmeden in dem Bakhûs IIIʒ mark glumere vor eyn vad Beres III mark et II ẞ
vor .V. cħ haueren.
Des donredages IIIʒ ẞ vor vyfche IIII ẞ et I d vor VII punt olyes IIII d vor etyk VIII ẞ et
IIII d vor hinř weftfales armborfte to lofende III mark et II ẞ vor V cħ haueren.
In dem ftillenvrydage IIIʒ ẞ vor wytbrod III mark et II ẞ vor V cħ haueren.
In pafchavende IIII d vor wytbrod IIII ẞ et I d vor VII punt olyes VI ẞ vor krude VI ẞ
vor wygelbrod I ẞ vor IF ftoveken etekes .I. ẞ vor negele to der kokene III mark et II ẞ vor V
cħ haueren X. ẞ vor .I. cħ haueren den hunden .X. ẞ vor I. cħ haueren den werkperden IIII mark
et II ẞ vor VI cħ filiginis II mark vor twe cħ moltes XXX mark vor X tunnen haringes de vaften
over de de voged af fetten led vnde ghelden mofte.
Summa huius LXVI mark et XI ẞ et II den.
Des Sondages to pafchen in der VIII weken III mark et II ẞ vor V cħ haueren.
Des mandages .I. mark vor .I. tunnen Beres hir vp Do folues red myn here vp eynen dach to
hamelen tegen den hertogen van dem Berge II mark et III ẞ vor IIII cħ haueren myns heren perden
des van weringrode vnde andren myns heren man de hir ynnehodden.
Des dynfedages II mark et III ẞ vor IIII cħ haueren.
Des mydwekns IIII d vor etyk II mark et III ẞ vor IIIʒ cħ haueren VIʒ mark vor .I. tun-
nen Botteren.
Des donredages II mark et III ẞ vor IIIʒ cħ haueren.
Des vrydages VI d den vyfcheren II ẞ et IIII d vor IIII punt olyes .I. mark vor .I. tunnen
beres entelen vp gehald II ẞ veftfale de na everde van marnholte gingh myd myns heren Breve II ẞ
perfonen de to Ebbekoftorpe gingh myd myns heren Breve II mark et II ẞ vor IIIʒ cħ haueren.
Des Sonnavendes III ẞ vor vyfche II mark et III ẞ vor IIIʒ cħ haueren .X. ẞ vor .I. cħ haue-
ren den hunden .X. ẞ vor I cħ haueren den werkperden IIII mark et II ẞ vor VI cħ filiginis to XI ẞ
II mark vor twe cħ moltes.
Summa huius eft XXXII mark. et XI ẞ et II den.

Des Sondages in der IX weken Do quam myn here van dem dage to hamelen VI d wytbrod VII mark vor I voder beres glumere III mark et II ₰ vor V ch̃ haueren.
Des mandages VI d vor wytbrod III mark et II ₰ vor V ch̃ haueren.
Des dynſedages VI d vor wytbrod III ₰ vor twe hokene VI d vor etyk VIII ₰ et IIII d vor 5 X mod haueren myns heren perden.
Des mydwekens VI d vor wytbrod II ₰ vor eyn hoken VIII ₰ et IIII d vor X mod haueren.
Des donredages in die Marci IIII d vor wytbrod IIII ₰ vor vyſche Do ſolues red myn here to Borchtorpe tegen den Byſchop vp eynen dach IIII ₰ vor vyſche deme dar vorde .I. mark vor. I. tunnen Beres II mark XVI d minus vor haueren dar gevodert.
10 Des vrydages Do quam myn her van Borchtorpe wedder VI d den vyſcheren IIII d vor wytbrod .X. ₰ vor .I. Las II ₰ et IIII d vor IIII punt olyes II ₰ vor haringh VIII ₰ et IIII d vor X mod haueren myns heren perden.
Des Sonnavendes VI d vor wytbrod .V. ₰ vor vyſche avend vnde morgen XVIII d vor eygere IIII mark vor I. veder Beres hir vp VIII ₰ et IIII d vor X mod haueren vodert .X. ₰ vor .I. ch̃ 15 haueren den werkperden .X. ₰ vor .I. ch̃ haueren den hunden IIII mark et II ₰ vor VI ch̃ filiginis IIII mark vor IIII ch̃ moltes.
Summa huius XXXIII mark. IX ₰.
Des Sondages in der .X. weken IIII d vor wytbrod IIII d vor etyk Do ſolues red myn here to Dorpmarke vnde was dar de nacht De teringe dar ſolues .I. mark vor eyne tunnen beres XXIIII ₰ 20 vor IIII ch̃ haueren vodert Hir Inne voderdeme VIII ₰ vor X mod haueren den de hir bleuen.
Des mandages XVIII d vor eyn hoken VIII ₰ vor .X. mod haueren Do ſolues was myn here to verden vp eynem dage de teringe II mark vor twe tunnen beres III mark vor entelen penninge to der koft IIII mark vor VIII ch̃ haueren.
Des dynſedages XX d vor eyn hoken VIII ₰ vor .X. mod haueren Do quam myn here wedder 25 to dorpmarke van verden to Dar ſolues to teringe .I. mark vor .I. tunnen beres III mark vor VI ch̃ haueren vodert to twen tyden.
Des mydwekens .I. ₰ vor eygere VIII ₰ vor X mod haueren.
Des donredages XX d vor .I. hoken VIII ₰ vor X mod haueren .I. mark vor Ber dat me entelen vp halde.
30 Des vrydages Do quam de voged in van mynem beren VI d den vyſcheren II ₰ et IIII d vor IIII punt olyes .V. ₰ vor ſecke in dat bakhus XV ₰ vor II ch̃ haueren.
Des Sonnavendes III ₰ vor vyſche II ₰ vor eygere XV ₰ vor II ch̃ haueren .X. ₰ vor .I. ch̃ haueren den werkperden IIII mark et II ₰ vor VI ch̃ filiginis de weken II mark vor twe ch̃ moltes.
Summa huius XXVIII mark et III ₰ minus II d̃.
35 Des Sondages in der XI weken II ₰ vor eyn hoken .I. mark vor .I. tunnen beres entelen vp gehald XXIIII ₰ vor III ch̃ hoppen III ₰ eynem boden de na mynem heren gingh over de heygde myd der Brunſwikſchen Breve XV ₰ vor II ch̃ haueren.
Des mandages .I. ₰ vor eygere XV ₰ vor II ch̃ haueren III mark veer wechteren to lone III mark dren Bekkeren XXIIII ₰ dem holthowere.
40 Des dynſedages XX d vor .I. hoken III ₰ vor keden vnde halfbende den walhunden XX d vrycken lylyen to pantquitinge XV ₰ ver II ch̃ haueren.
Des mydwekens .I. ₰ vor eygere XV ₰ vor II ch̃ haueren.
Des donredages Do quam myn here vnde hertoge Bernd de greve IIII d vor wytbrod .V. ₰ vor dre hokene IIII d vor etek III mark et II ₰ vor V ch̃ haueren vodert.
45 Des vrydages IIII d vor wytbrod VI d den vyſcheren IIII ₰ vor haringh III ₰ .I. d minus vor V punt olyes III mark et II ₰ vor V ch̃ haueren vodert.

Des Sonnavendes IIII d vor wytbrod   IIII d vor etyk   .V. ß vor vyfche   III ß vor eygere
IIII ß vor haringh   III ß hertogen Bernde to dem ftoven   III mark et II ß vor V ch haueren   .X. ß
vor .I. ch haueren den werkperden de weken   IIII mark et twe ß vor VI ch filiginis vor backen   II mark
vor II ch moltes.
 Summa huius eft XXXIII mark minus VII den.
 Des Sondages in der XII weken   IIII d vor wytbrod   II ß vor dre honre   .X. ß vor .I. ch haue-
ren myns heren perden vnde hertogen Berndes   Do ne voderde de voged nemende mer.
 Des mandages IIII d vor wytbrod   II ß vor dre honre   II ß vor eygere   II mark vor twe tunnen Beres hir vp   III ß hertogen Bernde to dem ftoven   .X. ß vor .I. ch haueren vodert.
 Des dynfedages III d vor wytbrod   III ß vor twe hokene   Do folues red myn here to der Nygen-
ftad tegen den groven van der hoyge   III ß vor III mod haueren myns heren perden de hir bleuen.
 Des mydwekens   Do quam myn here wedder van der Nygenftad   IIII d vor wytbrod   IIII d vor
etyk   III ß vor twe hokene   .I. ß vor eygere   VIII d vor haringh   .I. mark vor .I. tunnen Beres
.I. ud vor twe ch haueren.
 Des donredages   IIII d vor wytbrod   III ß vor twe hokene   XVI d vor twe honre   III mark et
II ß vor .V. ch haueren.
 Des vrydages   IIII d vor wytbrod   IIII ß vor VI punt olyes   .V. ß vor haringh   III ß vor kab-
blaw   VI d den vyfcheren   III mark et twe ß vor V ch haueren.
 Des Sonnavendes   Do folues hadde myn here eyne famnige alfo he toch vor twyflinghe   .I. ß vor
wytbrod   VIII d vor etek   VI ß vor eygere   VIII ß vor vyfche   VI mark vor eyne tunnen Botteren
III mark vor eyne tunnen haringes   XXVII mark vor vyf voder beres dat de voged kofte dat do vor
tered ward vnde endeles in myns heren keller quam   XI mark VI ß minus vor XVII ch haueren do fol-
ues vodert   VI mark III ß vor IX ch filiginis vor backen   IIII mark vor IIII ch moltes   X ß vor .I. ch
haueren den werkperden.
 Summa huius eft LXXII mark et V den.
 Des Sondages In der XIII weken In der Cruce weken   .I. ß vor wytbrod   IX ß vor .V. hokene
VIII d vor etek   Do folues toch myn here to Brunfw vnd vord vor twyflinge   .I. ud vor twe ch haueren
den de hir bleuen.   V. ß fchorleken vnde bemen to pantquitinge vor haueren   III ß et IIII d Lutteken
Ludeken vor haueren.
 Des mandages   Do vaftedeme III ß vor eygere   XX de vor kabblaw   XVI d vor vyfche   .I. ud
vor twe ch haueren vodert den de hir ynne hodden.
 Des dynfedages   Do quam hertoge Bernd wedder van twyflinge myd vetigen gewapend   VI d vor
wytbrod   VIII ß vor kabblaw   V ß vor vyfche   IIII ß vor eygere   VI ß vor haringh   VI mark et
IIII ß vor X ch haueren vodert.
 Des mydwekens   Do quam myn here van Brunfw to vnde van twyflinge   .I. ß vor wytbrod   VI ß
vor vyfche   IIII ß vor haringh   III ß vor eygere   VIII d vor etek   .X. mark vor XVI ch haueron
vodert.
 Des donredages In der hymmeluard   .I. ß vor wytbrod   .V. ß vor dree hokene   II ß vor honre
IX mark IIII ß minus vor XIIII ch haueron vodert.
 Des Vrydages   VI d vor wytbrod   IIII ß vor haringh   VI d den vyfcheren   V ß IIII d minus
vor VIII punt olyes   II ß vor .I. heket   IIII ß hertogen Bernde to dem ftoven   VI mark VI ß minus
vor IX ch haueren   Do folues waren de Lude entelen reden.
 Des Sonnavendes   VIII d vor wytbrod   IIII ß vor eygere   III ß vor haringh   VI ß vor vyfche
IIII mark et VI ß vor VII ch haueren vodert   .X. ß vor .I. ch haueren den werkperden   VI mark et
III ß vor IX ch filiginis   IIII mark vor IIII ch moltes.
 Summa huius eft LIIII mark. et X ß.

Des Sondages in der XIIII weken VIII d vor wytbrod IIII d vor etek IIII mark et VI ß vor VII ch haueren vodert.

Des mandages IIII d vor wytbrod .I. ß Benneken de to Brunsw gingh myd myns heren Breve Do folues Red myn here vnde hertoge Bernd vnde her Jan van Efcherte to Lüneborch word II½ mark 5 vor IIII ch haueren hern Bertholde van Rutenberge vnde den do hir bleuen.

Des dynfedages IIII d vor etek II ß vor eyn hoken II ß Sortefe de heren Bertholdes vnde fyner gefellen entfegebreve droch to gyfhorne III mark et twe ß vor .V. ch haueren vodert myd den wynren.

Des mydwekns III ß vor twe bokene III ß peygnemanne de na mynem heren gingh to wynfen myd der Brunfwikfchen vnde Cordes Breve van marnholte III mark III ß minus vor V ch haueren.

10 Des donredages III ß vor twe hokene II ß vor dacht to lychten II ß eynem Boden de gingh to gyfhorne myd myns heren Breven III mark III ß minus vor V ch haueren.

Des vrydages IIII ß vor VI punt olyes VI d den vyfcheren II ß vor haringh III mark III ß minus vor V ch haueren.

Des Sonnavendes In pinxfte avende IIII ß vor eygere VI mark vor eyne tunnen Botteren .V. ß 15 vor vyfche III mark III ß minus vor V ch haueren Do folues quem dre voder beres in myns heren keller van peygne to VI mark et III ß vor IX ch filiginis IIII mark vor IIII ch moltes.

Summa huius eft XXXIX mark et X ß minus IIII den.

Des Sondages to pinxften in der XV weken IIII ß vor eynen fchapefbuk II½ mark vor IIII ch haueren.

20 Des mandages IIII d vor wytbrod II ß eynem boden de to Brunfw gingh myd myns heren Breve .I. ß vor eygere Do folues quam myn here vnde hertoge Bernd vnde her Jan van efcherte van luneborch to IIII mark et VI ß vor VII ch haueren vodert.

Des dynfedages IIII d vor wytbrod VIII ß vor twe fchapefbuke XIIII ß vor eyne tunnen etekes IIII mark et VI ß vor VII ch haueren.

25 Des mydwekens IIII d vor wytbrod II ß vor eygere XVIII d vor vyfche IIII ß vor eynen fchapefbuk Do folues quam eyn vnde negentich vnde hundert ch haueren van Luneborch VIII ch voderdeme des foluen avendes.

Des donredages IIII d vor wytbrod VIII ß vor twe fchap VII ch haueren et X mod des foluen haueren.

30 Des vrydages VI ß II d minus vor X punt olyes IIII d vor wytbrod IIII ß vor dre hekede VI d den vyfcheren II ß peygnemanne de to ghefhorne gingh myd entfegebreven korlehaken Do folues quam kurlehake vnde fyne gefellen vnde de VItsere vnde andre myns heren man XII ch haueren vodert.

Des Sonnavendes IIII d vor wyfche IIII ß vor eygere III ß vor kablaw .X. mark vor twe voder honouerfches Beres hir vp VI mark et III ß vor IX ch filiginis vorbacken IIII 35 mark vor IIII ch moltes XI ch haueren vodert.

Summa huius eft XXXVI mark. et IIII ß et IIII den.

Des Sondages In der XVI weken VI d vor wytbrod VIII ß vor twe fchap .I. ß vor dre honre Do quemen de van Alden XII ch haueren vodert.

Des mandages IIII d vor wytbrod VIII ß vor twe fchapefbuke XVI d vor IIII honre XVI d 40 plumphofen vnde parfonen de to Meygnerfen gingen .I. voder Beres gaf eyn man de vor over dat water in den hagen.

Des dynfedages VI d vor wytbrod Do folues nam hertoge Bernd in der holtmarke XII ch haueren vodert.

Des mydwekenes In vigilia Corporis chrifti II ß vor vyfche III ß vor eygere II ß peygnemanne 45 de to Brunfw gingh myd myns heren Breve Do quam her Jan van Efcherte vnde hinr Bok XIII ch haueren vodert.

Des donredages In die Corporis chrifti IIII d vor wytbrod XVI d vor dre honre Do folues geuen de van Borchtorpe eyn voder Beres mynem heren XIII ch haueren vodert.
Des vrydages IIII d vor wytbrod VII ß vor XII punt olyes VI d den vyfcheren VI ß vor vyfche Do folues Red myn here vnde hinr Bok vnde korlehake .X. mark et III ß to pantquitinghe kurlehaken XIII ß kerftene bauekhorfte to pantquitinghe VII ch haueren vodert dan de hir bleuen 5 Do folues was myn here vp eynem dage tegen de bremer to Soltow vnde was twe nacht to dorpmarke II mark vor twe tunnen Beres VII ß vor ynnebrowen ber to foltow VIII ß vor eygere vnde botteren IIII ß vor brod to foltow .V. mark vor X ch haueren II ß vor hev to Soltow.
Des Sonnavendes II d vor wytbrod .V. ß vor vyfche IIII ß vor eygere VI mark et III ß vor IX ch filiginis IIII mark vor IIII ch moltes .V. ch haueren vor vodert. 10
Summa huius eft XXXII mark. XIII ß minus IIII den.
Des Sondages in der XVII weken II d vor wytbrod .I. mark vor eyne tunnen beres de to langelgen quam .I. ox vor twe ch haueren .V. ch haueren vodert.
Des mandages II d vor wytbrod II ß hertogen bernde to dem ftoven V ch haueren vodert.
Des dynfedages II d vor wytbrod II ß peygnemanne de to Brunfrode gingh myd myns heren 15 Breve V ch haueren vodert.
Des mydwekens II d vor wytbrod .I. ß vor eygere V ch haueren vodert Do folues quemen de van alden to wynfen vp de alre de teringe .I. mark vor eyne tunnen beres II mark II ß minus vor III ch haueren.
Des donredages II d vor wytbrod II ß mathyefe de mynem heren volgede myd Breven over de 20 heygde Do folues quemen de alder hir vnde de honouerfchen VII ch haueren vodert.
Des vrydages V ß IIII d minus vor VIII punt olyes II ß vor vyfche VI d den vyfcheren VII ch haueren vodert.
Des Sonnavendes In vigilia Johannis Baptifte II d vor wytbrod .V. ß IIII d minus vor VI punt olyes VI ß vor vyfche IIII mark et VI ß vor VI ch filiginis IIII mark vor IIII ch moltes VII ch 25 haueren vor vodert.
Summa huius XV mark et II ß. minus II den.
Des Sondages in die Johannis in der XVIII weken II d vor wytbrod .I. mark vor two ch hoppen VII ch haueren vodert.
Des mandages VI d vor wytbrod XVI d vor IIII honre Do folues quam myn here van Luchow 30 to X ch haueren vodert.
Des dynfedages VI d vor wytbrod XVI d vor IIII honre IIII ß vor eynen ketel in de kokene II ß eynem boden to der Bruge myd myns heren breve XI mark vor twe voder Beres van hogerfhafen Dat myn myns heren keller quam Do folues hadde myn here eyn Red anlechcht Dat wedderwendich ward XV ch haueren vodert des dages twyge. 35
Des mydwekns VI d vor wytbrod II ß vor vyfche XX de vor eygere XII ch haueren vodert.
Des donredages VI d vor wytbrod XVI d vor IIII honre XI ch haueren vor vodert.
Des Vrydages IIII d vor wytbrod VI d den vyfcheren V ß IIII d minus vor VIII punt olyes II ß vor vyfche II mark et IIII ß vor. I. ch erwete XXIIII ß vor I ch grutto XI ch haueren vodert.
Des Sonnavendes in die petri et pauli VI d vor wytbrod VI ß vor vyfche .V. ß vor eygere 40 Do folues red myn here to honouer vnde to der nygenftad tegen den greven van der hogye II ß peygnemanne de myd eygnem haueke vnde myd breuen gingh to honouer VI mark et III ß vor IX ch filiginis IIII mark vor IIII ch moltes VIII ch haueren vodert dan de hir bleuen.
Summa huius XXVIII mark. et III ß. minus II den.
Des Sondages in der XIX weken VIII d vor wytbrod .I. ß vor dre honre Do folues quam myn 45 vrowe over myd dem Legere van wynfen .V. ch haueren vor vodert.

Des mandages VIII d vor wytbrod II ß vor VI honre Do folues quam myn here van der Nygenſtad to VI ch haueren vodert.
Des dynſedages VIII d vor wytbrod .I. ß vor dre honre Do quemen myns heren denre wedder vnde hadden gebrand vp de van veltem VIII ch haueren vodert.
5 Des mydwekens VIII d vor wytbrod III ß vor vyſche XVIII d vor eygere VIII ch haueren vodert.
Des donredages VIII d vor wytbrod II ß vor VI honre II ß peygnemanne de to Brunſw gingh myd Breuen XX d eynem boden de to gyfhorne myd enſeggebreuen gingh VIII ch haueren vodert.
Des vrydages VI d vor wytbrod .V. ß IIII d minus vor VIII punt olyes VI d den vyſcheren
10 Des avendes quam Hinr Bok bermen Sporek Iwyn van Borch wullebrand van Reden myd eren gezellen alſo myn here eyne Samnighe hadde IIII ß vor vyſche XXVIII vor IIII punt olyes XVII ch haueren vodert Do folues was myn here de nacht to dorpmarke vnde korlehake myd ſynen geſellen Do folues Reed myn here vord to verden vp eynen dach Dar folues vor terde ho des Sonnavendes VII mark vor alle koſte.
15 Des Sonnavendes VI d vor wytbrod IX ß vor vyſche XII ß vor eygere Do folues quam korlehake vnde ſyne geſellen VI mark et III ß vor IX ch ſiliginis IIII mark vor IIII ch moltes XVII mark vor III voder honnoverſches beres XXII ch haueren vodert Des avendes quam myn here to dorpmarke van verden to. Dyt is de teringhe do he de erſten nacht vnde de andren dar was vnde ok korlehake dar myd eme XVII ß vor .I. tunnen Beres .I. mark vor brod XI ß vor alee VI ß vor droge vyſche XIII ß
20 vor dre loſſe V ß vor eynen heket V ß et IIII d vor keſe .I. mark vor botteren VIII mark vor XVI ch haueren vodert.
Summa huius eſt XLIII mark et XIII ß et IIII den.
Des Sondages In der XX weken Do quam myn here van verden to van oynem dage VIII d vor wytbrod II ß vor VI honre XXIIII ch haueren vor vodert.
25 Des mandages VIII d vor wytbrod .I. ß vor eynen heket XVI d vor eygere Do folues red hertoge Bernd myd den guden luden alſo ſe Branden glenttorpe IIII ch haueren vor vodert.
Des dynſedages I d vor wytbrod XIII mark vor twe voder Beres deme den guden laden na ſande to moygnerſen do ſe wedder quemen XXI ch haueren worden dar gefand V ch haueren vor vodert hir ynne.
30 Des mydwekens VIII d vor wytbrod II ß vor vyſche XX d vor eygere XI mark vor twe voder honouerſches Beres dat yn myns heren keller quam Do folues quam hertoge Bernd vnde de guden Lude wedder yn van meygnerſen to XXIIII ch haueren vodert.
Des donredages VIII d vor wytbrod .I. mark vor twe ch hoppen Do folues Redeen de guden lude de myn here hadde gebeden laten .V. mark korlehaken to pantquitinghe VI mark et III ß to
35 pantquitinghe Ywyne van Borch .VI. mark IIII ß minus den Bremeren to pantquitinghe II mark et II ß her gheuerde van aluenſcleue Deſſe nacht was korlehake vnde de Bremeren to Dorpmarke vnde ywyn van Borch Dyt is dat ſe dar vor terden XXIIII ß vor ynnebrowen Ber II mark vor IIII ch haueren.
Des Vrydages VIII d vor wytbrod .V. ß vor vyſche V ß IIII d minus vor VIII punt olyes II ß eynem boden to Brunſw myd myns heren breuen VIII ch haueren vodert Des folues nachtes vor
40 myn here to honouer word vp eynen dach tegen den Byſchop van hildenſem.
Des Sonnavendes VI d vor wytbrod .V. ß vor eygere VI ß vor vyſche auend vnde morgen II ß vor dacht to lychten XVI d vor ſelen rope to dem houewagene VI mark et VI ß vor .I. tunnen Botteren VI mark et III ß vor IX ch ſiliginis to XI ß IIII mark vor IIII ch moltes VI ch haueren vodert.
Summa huius eſt LXVI mark et X den.
45 Des Sondages In der XXI weken VI d vor wytbrod XIII mark to pantquitinghe dem van weringrode VI ch haueren vodert.

Des mandages VIII d vor wytbrod Do folues quam myn here wedder van honouer to .I. ß vor eygere VIII ₰ haueren vodert.

Des Dynfedages VIII d vor wytbrod II ß vor VI honre XVIII d Benneken de to wenthufen gingh myd myns heren Breve na kannenfolegere VI mark et IIII ß Hinr̄ Booke to pantquitinghe to Büngeres hus .I. mark heygnafen to pantquitinghe dar folues VIII ₰ haueren vodert. 5

Des mydwekens VIII d vor wytbrod III ß vor vyfche II ß vor eygere 1₰ ₰ haueren in den marſtal myns heren perden.

Des donredages VIII d vor wytbrod II ß peygnemanno de to Brunfw gingh myd myns heren Breve 1₰ ₰ haueren myns heren perden.

Des Vrydages VIII d vor wytbrod II ß vor vyfche .V. ß IIII d minus vor VIII punt olyes 10 XX d Benneken de gingh to dem kalenberge myd myns heren Breve XXVIII d vor twe affe to dem hofwagen VI d den vyfcheren Do folues was myns heren hauere al vor vodert XV ß vor 1₰ ₰ haueren myns heren perden de de voged wan.

Des Sonnanendes VIII d vor wytbrod VI ß vor vyfche .V. ß vor eygere XVIII ß vor twe ₰ boppen IIII mark et II ß vor VI ₰ filiginis IIII mark IIII ₰ moltes XV ß vor 1₰ ₰ haueren in 15 den marfchaftal.

Summa huius eft XXXIII mark. et XIII ß.

Des Sondages In der XXII weken VIII d vor wytbrod VIII mark heren Bertholde van Rutenberge to pantquitinghe dar de voged wemige fyn teldene perd vorfatte.

Des mandages VIII d vor wytbrod .X. d vor twe honre .I. mark vor .I. tunnen etekes XV ß 20 vor 1₰ ₰ haueren in den marſtal.

Des dynfedages VIII d vor wytbrod .I. ß vor III honre XI mark vor twe voder Beres [1]) XV ß vor 1₰ ₰ haueren.

Des mydwekns in vigilia Jacobi VI d vor wytbrod IIII ß et I d vor VII punt olyes VI ß vor vyfche XVI d peygnemanne de to der brügge gingh XV ß vor 1₰ ₰ haueren. 25

Des donredages in die Jacobi VIII d vor wytbrod .I. ß vor krude XX d vor IIII^{or} honre Do folues quemen mynem heren XLIIII ₰ haueren van Lüneborch .V. ₰ haueren des folues avendes vorvodert.

Des vrydages VIII d vor wytbrod VI d den vyfcheren IIII ß et .I. d vor olye II ß vor vyfche .V. ₰ haueren vorvordert. 30

Des Sonnavendes VIII d vor wytbrod .V. ß vor eygere VI ß vor vyfche VI mark et IIII ß vor eyne tunnen Botteren .V. ₰ haueren vodert .I. ₰ haueren den hunden IIII mark et II ß vor VI ₰ filiginis to XI ß IIII mark vor IIII ₰ moltes.

Summa huius eft XXXIX mark et IX ß.

Des Sondages in der XXIII weken VIII d vor wytbrod XX d vor IIII^{or} honre VI d vor krude 35 XVIII ₰ eynem boden to Brunfw V₰ ₰ haueren vor vodert.

Des mandages VIII d vor wytbrod III ß eynem boden to der nygenftad myd myns heren breve [2]) Do folues [3]) hadde myn here eyne Samnige IX ₰ haueren vor vodert.

Des dynfedages VIII d vor wytbrod .I. ß vor krude XVI d eynem boden to meygnerfe III mark vor .I. vad beres to kerffeberen IX ₰ haueren vodert. 40

Des mydwekns VIII ß vor wytbrod II ß vor eygere XX d vor vyfche V₰ mark vor .I. voder

---

*) Auf dem Umfchlage ſteht ein Theil derfelben Abrechnung im Concepte. Daſſelbe lieſt ſtets *fchepel* ſtatt ₰ (*chorus*), ₰ (nämlich *himten*) ſtatt *mod̄* (*modius*) und *roggen* ſtatt *filiginis*. Manche Anſätze fehlen im Concepte oder ſind geringer. Folgende bedeutendere Abweichungen kommen außerdem darin vor: [1]) Hier ſteht der Zuſatz: *VIII mark herbertholde van wittenborghe tu' pantquitinghe.* [2]) Hier findet sich der Zuſatz: *Do folues quemen myns herrn man myt Den lunenborgern.* [3]) *folues* fehlt. 45

Beres Do folues roed myn here vnde karde wedder to to Borchtorpe⁴) X ch haueren vor vodert Do was myns heren hauere vppe.

Des donredages VIII d vor wytbrod IIII mark IIII ß minus vor VI ch haueren.

Des vrydages VI d vor wytbrod VI d den vyfcheren .V. ß IIII d minus vor VIII punt olyes 5 III mark vor IIII ch haueren.

Des Sonnavendes VIII d vor wytbrod VI ß vor vyfche .V. ß vor eygere III mark vor IIII ch haueren VI mark et III ß vor IX ch filiginis IIII mark vor IIII ch moltes.

Summa huius XXVI mark. et IIII den.

Des Sondages in der XXIIII waken VI d vor wytbrod Do folues roed myn here tegen den Byfchop 10 van hildenfem vnde tegen de van Mandeflo⁵).

Des mandages III d vor wytbrod VI d vor eygere myr vrowen IIII mark vor IIIIer tunnen Beres hanfe van mundere to Dorpmarke XX d vor II mod haueren myns heren perden De hir beftan weren⁶).

Des dynfedages III d vor wytbrod XX d vor twe mod haueren.

Des mydwekns Do quam myn here wedder vnde hertoge Bernd III ß vor eygere VIII d vor 15 wytbrod II ß vor vyfche .X. ß vor .I. ch haueren in den marftal De andren myd garven vodert.

Des donredages VIII d vor wytbrod II ß vor erdene pütte VI mark et IIII ß vor eyn voder Beres dat eyne vad hir vp dat andre den tymberluden to Dorpmarke Do folues red myn here tegen de Brunfwikfchen dar Hinr van velthem nicht ne quam⁷) Des avendes quam myn here wedder III mark et II ß vor V ch haueren vodert.

20 Des Vrydages VIII d vor wytbrod VI d den vyfcheren .V. ß IIII d minus vor VIII punt olyes II ß vor vyfche .X. ß vor .I. ch haueren.

Des Sonnavendes VIII d vor wytbrod .V. ß vor eygere VI ß vor vyfche II ß vor dacht to lychten IIII mark et II ß vor VI ch filiginis IIII mark vor IIII ch moltes .X.ß vor .I. ch haueren vodert .X. ß vor .I ch haueren den hunden.

25 Summa huius oft XXVI mark et II ß et II den.

Des Sondages in der XXV weken VIII d vor wytbrod II mark vor IIII ch hoppen .X. ß vor .I. ch haueren vodert.

Des mandages VI d vor wytbrod XX d vor eyn verken VI d vor eygere VI d vor krude Do folues red myn here to Dorpmarke vnde was dar de nacht⁸) II mark vor IIII ch haueren vodert 30 .I. mark vor .I. tunnen Beres⁹).

Des dynfedages III d vor wytbrod .V. ß vor .I. ch haueren den de hir bleuen¹⁰) Do folues held myn here eynen dach vor der lantwere to veerden myd dem Byfchoppe.

Des mydwekns in vigilia Affumptionis marie Do folues quam myn here van dem folven dage¹¹) III ß vor vyfche VIII d vor wytbrod XXVIII d vor IIII punt olyes .I. mark vor .I tunnen Beres 35 III mark vor IIII ch haueren.

Des donredages in die Affumptionis marie VIII d vor wytbrod .XX. d vor eyn verken VI d vor krude IIII d vor eygere .I. oxt vor twe ch haueren myns heren perden hermen bockes dyderik vryttzen hinr Bockes kumpanen herwyges van vtze.

Des Vrydages Do gingh myns heren famnige to alfe he dar mede toch vor glentorpe VIII d vor 40 wytbrod VIII ß et II ß vor XIIII punt olyes IX ß vor vyfche VI d den vyfcheren XVII mark IIII ß myn vor III voder honouerfches Beres VIII mark vor XII ch haueren vodert.

Des Sonnavendes VI d vor wytbrod VIII ß vor eygere VI mark et IIII ß vor .I. tunnen Botteren VI ß vor vyfche Do folues toch myn here vor glentorpe VI mark vor eyn voder hildenfemfchen bere dat me dar hen vorde dar me veer vad dar to nam hir vppe XVII ß vor kopbrod dat ok dar mede quam .X. ß vor .I. ch haueren den hunden .I. ch haueren vor .X. ß heren ludelue van dem knefbeke vnde andren de hir bleuen VI mark et III ß vor IX ch filiginis IIII mark vor IIII ch moltes.

Summa huius eft LXIII mark et VII den.

Des Sondages in der XXVI weken IIII d vor wytbrod .X. ß vor .I. ch haueren in den marftal vnde heren Ludelue van dem knefbeke dede ynnebodde.

Des mandages VIII d vor wytbrod II ß vor eygere Des avendes quam myn here alfe he glenttorpe gewunnen hadde III mark et IIII ß Buggere vor eyn vad Beres .V. mark vor VIII ch haueren vodert.

Des dynfedages VIII d vor wytbrod .I. ß vor eygere V d vor krude .V. mark vor VIII ch haueren.

Des mydwekns VIII d vor wytbrod III ß vor vyfche II ß vor eygere VI d vor krude VI mark IIII ß minus vor .I. voder Beres hanfe van Brugen N' mark des kluvers gefellen to pantquitinghe III mark et II ß vor .V. ch haueren vodert.

Des donredages VIII d vor wytbrod Do folues red myn here to vitze .I. mark vor eyne tunnen Beres deme mede vorde Des avendes quam he wedder III mark et II ß vor V ch haueren.

Des Vrydages in Vigilia Bartholomej VI d vor wytbrod .V. ß IIII d minus vor VIII punt olyes III ß vor vyfche VI d den vyfcheren III ß vor haringh den de de koy nemen to Swan III mark et II ß vor .V. ch haueren.

Des Sonnavendes VIII d vor wytbrod .V. ß vor eygere .V. ß vor vyfche III. mark et II ß vor V ch haueren IIII mark et II ß vor VI ch filiginis IIII mark vor IIII ch moltes.

Summa huius eft XLVII mark. et XIII ₰ et IIII den.

Des Sondages in der XXVII weken IIII d vor wytbrod VI d vor krude Do folues red myn here to Honouer vnde hertoge Bernd Do folues quam eyn voder haueren van Borchtorpe II ch dar folues van vorvodert den de hir bleuen.

Des mandages IIII d vor wytbrod II ß perfonen de na heren fporeken vnde na dyder van Bodendike gingh myd myns heren Breve II ch haueren vor vodert.

Des dynfedages IIII d vor wytbrod II ß vor eygere II ß vor dacht to lychten II ch haueren vodert Do was de bauere vor vodert van Borchtorpe Des avendes quam myn here vnde hertoge Bernd van honouer to .I. tal vor twe ch haueren vodert.

Des mydwekns VI d vor wytbrod XVIII d vor eygere III ß vor eynen heket Do folues red myn here to Luneborch word .I. tal vor twe ch haueren den de hir bleuen.

Des donredages IIII d vor wytbrod II mark vor IIII ch hoppen .I. tal vor twe ch haueren.

Des Vrydages III d vor wytbrod III ß I d minus vor .V. punt olyes VI d den vyfcheren .I. tal vor twe ch haueren vodert.

Des Sonnavendes III d vor wytbrod III ß vor eygere IIII ß vor vyfche XXV ß vor III ch haueren vodert .I. ch haueren den hunden vor X ß IX ch filiginis vorden gebacken van dem tegeden to Oldenczelle IIII mark vor IIII ch moltes.

Summa huius eft XIIII mark. et IX den.

Des Sondages in der XXVIII weken IIII d vor wytbrod .I. mark vor eyne tunnen Beres entelen vpgehald XXV ß vor III ch haueren.

Des mandages IIII d vor wytbrod X mark vor twe voder honouerfches Beres Deffed hebbet de Jegere to twen tyden vordan in deme wyfenen Broke IX ß et IIII d vor Ber VIII ß vor Botteren vnde eygere III ß vor folt .V. mark IIII ß minus vor haueren den hunden vnde perden VIII ß to Wenfen do fe Jageden in dem Rutenbroke.

Des dynfedages III d vor wytbrod .I. tal vor twe ch haueren.

Des mydwekens III d vor wytbrod .I. ß vor eygere Vł mark vor .l. tunnen Botteren III ß peygenemanne de to dem knefbeke myd myns heren Breven .I. œl vor twe c̃h haueren.

Des donredages VIII d vor wytbrod Do folues quam myn here van Lûneborch to IIł mark vor IIII c̃h haueren.

5 Des Vrydages VI d vor wytbrod VI d den vyfcberen IIIł ß vor VI punt olyes IIł ß vor eynen beket III ß henneken de na Greuen Otten gingh myd myns heren Breve IIł mark vor IIII c̃h haueren.

Des Sonnavendes In vigilia Natiuitatis marie Do red myn here to Bergen tegen den Byfchop van veerden vnde was dar de nacht .I. mark vor .I tunnen Beres .I. ß vor wytbrod VIII ß vor vyfche .I. ß vor olye .I. ß vor ale II mark vor IIII c̃h haueren XVI d vor wytbrod hir vppe allem gefynde
10 Des avendes quam Greve erek van der hoyge myd XXIIII gewapend VI ß vor droge hekede II mark vor twe tunnen Beres der dem Greuen eyn ward in de herberge III mark et II ß vor .V. c̃h haueren Do folues hadde myn here eyne famnige IX c̃h filiginis van dem tegeden to Oldentselle IIII mark vor IIII c̃h moltes .I. c̃h haueren den hunden vor X ß .I. c̃h haueren vor X ß den werkperden.

Summa buius eſt XLVII mark et .I. ß.

15 Des Sondages In der XXIX weken VI d vor wytbrod VIII mark vor eyn voder Beres Des avendes quam myn here van honouer to Vł mark et II ß vor IX c̃h haueren.

Des mandages VIII d vor wytbrod Do folues Red myn here to Brunſw̃ myd .L. wapend .I. œl vor II c̃h haueren de hir ynne hodden.

Des dynfedages III d vor wytbrod VIII d vor eygere .I. œl vor twe c̃h haueren.
20 Des mydwekns III d vor wytbrod .I. ß vor eygere II ß peygnemanne de to Brunſw̃ gingh na mynem heren .I. œl vor twe c̃h haueren.

Des donredages IIII d vor wytbrod Xł mark vor twe voder honouerfches Beres .I. œl vor twe c̃h filiginis.

Des Vrydages III d vor wytbrod III ß I d minus vor V punt olyes VI d den vyfcheren .I.
25 mark vor eyne tunnen etokes .I. œl vor twe c̃h haueren.

Des Sonnavendes VIII d vor wytbrod VI ß vor eygere VIII ß vor vyfche Des avendes quam myn here wedder van Brunſw̃ myd veftigen gewapend .V. mark vor VIII c̃h haueren IIII mark et II ß vor VI c̃h filiginis IIII mark vor IIII c̃h moltes.

Summa huius XLVI mark.

30 Des Sondages in der XXX weken VIII d vor wytbrod .I. ß vor krude VI d vor eygere VI mark VI ß minus vor IX c̃h haueren.

Des mandages .I. ß vor wytbrod II ß vor eygere dem greven de ad neyn vlafch XVI d vor .I. beked VI mark VI ß minus vor IX c̃h haueren.

Des dynfedages VIII d vor wytbrod VI d vor krûde Des morgens red greve eryk vnde kurle-
35 hake XVIIł mark et III ß et IIII d to pantquitingbe den greven vnde kurlehaken IIII mark et II ß vor V c̃h haueren.

Des mydwekens VI d vor wytbrod IIł ß vor cynen beked Do folues red myn here to honouer .I. œl vor twe c̃h haueren.

Des donredages IIII d vor wytbrod II ß peygnemanne de to Brunſw̃ gingh .I. œl vor twe c̃h haueren.
40 Des Vrydages III d vor wytbrod VI d den vyfcheren III ß I d minus vor .V. punt olyes XVIII ß vor VI mod erwete .I. œl vor twe c̃h haueren.

Des Sonnavendes VI d vor wytbrod IIII ß vor vyfche IIII ß vor eygere .X. ß vor .I. c̃h haueren den hunden .X. ß vor .I. c̃h haueren den werkperden VI mark et III ß vor IX c̃h filiginis IIII mark et IIII ß vor IIII c̃h moltes to XVII ß Des avendes quam myn here van honouer to III mark
45 III ß minus vor V c̃h haueren.

Summa huius LIIII mark et VI den.

Des Sondages in der XXXI weken VI d vor wytbrod .I. ß vor krude XV ß vor IX par fcho myr vrowen vnde eren Juncvrowen III mark III ß minus vor V ch haueren.

Des mandages VI d vor wytbrod .I. ß vor eygere .l. mark vor twe ch boppen III mark III ß minus vor V ch haueren vodert.

Des dynfedages VI d vor wytbrod XVI d eynem Boden de to der Bruge gingh III mark III ß b minus vor V ch haueren.

Des mydwekns In der quatuor tempora VI d vor wytbrod IIII ß vor VI punt olyes V ß vor vyfche .I. ß vor krude III mark III ß minus vor V ch haueren.

Des donredages VI d vor wytbrod VII d vor olye do ad myn here neyn vlefch XVI d vor vyfche VI d vor krude Do folues red myn here to honouer .I. ort vor twe ch haueren. 10

Des vrydages VI d vor wytbrod IIII ß vor VI punt olyes VI d den vyfcberen Do quam myn here van honouer to III mark et II ß vor V ch haueren.

Des Sonnavendes VI d vor wytbrod IIII ß vor VI punt olyes V ß vor vyfche X ß vor .I. ch haueren den .bunden .X. ß vor .I. ch haueren den werkperden III mark et II ß vor V ch haueren des avendes IIII mark et II ß vor VI ch filiginis V mark vor IIII ch moltes to XVIII ß. 15

Summa huius eft XXVIII mark et XI ß minus III den.

Des Sondages in der XXXII weken .I. ß vor wytbrod Do folues quam de hertoge van Lowenborch vnde Berthold van honhorft de Junge kluuere de honouerfchen wullebrand van Reeden vnde andren myne heren man*) VIII mark vor XII ch haueren.

Des mandaghes. VIII d vor witbrod .I. ß. vor eygero VI mark et II ß. vor IX ch haueren Do 20 fulues red myn here to brunfw.

Des dinfedaghes III d vor witbrod VIII ß. vor enen ch boppen XIIII ß. vor ene tunnen ettekes XXV ß. vor III ch haueren.

Des midwekens. III d vor witbrod .I. ß vor eygere II ß. peynemanne de gingh to brunfw. XXV ß. vor .III ch haueren. 25

Des donnerdaghes. .I. ß. vor witbrod VIII d vor krude Do fulues quam myn here hertheghe Bernd vnde de bertoghe van lowenborch van brunf. XVII ch haueren vor voderdeme do van den klofterwagen. de mynem heren horde.

Des vrydaghes .I. ß vor witbrod XIII ß. minus II d vor XXII pund olies VIII ß vor vifche VI d den vifcheren XXII ß. vor VI. las vören Do fulues red de hertheghe van lowenborch to hus mid 30 den fynen. VI ch haueren des auendes de mynes heren horde van den klofterwagen.

Des Sonnauendes VIII d vor witbrod VI ß vor vifche IIII ß vor eygere V mark vor IIII ch moltes to XVIII ß VI mark vñ III ß. vor IX ch roggen VIII ch haueren des auendes van mynes heren haueren van den klofterwagen.

Summa huius eft. XXXII mark et IIII ß. minus II den. 35

Des Sondghes inder XXXIII weken. VI d vor witbrod Do fulues red myn here to wenfen vpde alre theghen de manflefghen. vñ red vort to berghen. III ch haueren mynes heren perden. vñ den de hir holpen inne hoden. Deffe nacht was min here to Berghen XII ß vor brod XIII ß vor innebrowen ber IX ß vor gud ber VIII ß to pantquitinghe inden herberghen.

Am mandaghe III d vor witbrod .I. ß vor eygere XX d. peynemanne de to brunfw gingh III ch 40 haueren van mynes heren haueren.

Des dinfedaghes III d vor witbrod III ch haueren van mynes heren haueren.

Am midweken III d vor witbrod .I. ß vor eygere. II ß enem boden to Luneborch mid mines heren breue II mark minus II ß. vor III ch haueren Do was mynes heren hauere vor uodert.

---

*) Alles Folgende ist im Manufcripte von einer anderen gleichzeitigen Hand gefchrieben.

Des donnerdaghes III d vor witbrod II mark minus II ß vor III ch haueren.
Des vridaghes. III d vor witbrod VI d den vifcheren IIII ß vor VI pund olies II mark minus II ß vor III ch haueren.
Des fonnauendes. VIII d vor witbrod VIII ß vor vifche IIII ß vor eygere. Do fulues quam myn
5 here van deme markede to Luneborch IIII mark minus IIII ß vor VI ch haueren. X ß vor I ch haueren den hunden. XIIII mark et VII ß. vor XXI ch roggen de vorbacken worden do myn here den berchfrede let laden IIII mark vor IIII ch moltes.
Summa huius eft. XXXII mark IX ß et 1. den.
Des Sondaghes inder XXXIIII weken. VIII d vor witbrod Do fulues gingh mynes heren fammelinghe
10 to VI mark et II ß. des auendes vor IX ch haueren. de voruodert worden. Ok quemen van honouere XXXVI vat bers in mynes heren kelre.
Des mandaghes VI d vor witbrod I. ß. vor eygere Do fulues red myn here to der nygenftad II mark minus III ß. Bertolde van honhorft to pantquitinghe XXV. ß. vor III ch haueren des auendes.
Des dinfedaghes. II d vor witbrod II mark et IIII ß. vor .I. ch erwete II mark vor .I. ch grutte.
15 XXV. ß. vor III ch haueren des auendes.
Des midwekens III d vor witbrod II ß vor eygere .I ß vor vifche Des auendes quam myn here van der nyenftad to. IIII mark et VI ß vor VII ch haueren. II mark et IIII ß. hanfe van mundere vn fynen ghefellen III ß. et II d. vor neghele de quemen to dorpmarke Ok gheuen de hildefemfchen wagen en voder bers. dat In mynes heren keller quam.
20 Des donnerdaghes. VI d vor witbrod XX d vor .I. fwinen braden VIII d vor krude II ß vor dacht to lichte IIII mark minus IIII ß vor VI ch haueren.
Des vrydaghes VI d vor witbrod VI d den vifcheren III ß vor vifche VI ß minus II d vor X pund olies Do fulues quemen de van rethem van alden et hademeftorpe IIII mark et VI ß vor VII ch haueren.
Des Sonnauendes VI d vor witbrod IIII ß vor wifche III ß vor eygero Do fulues red myn here
25 to der heyde wort XXV ß vor III ch haueren den de hir bleuen Deffo wekene en bok me nicht X ß vor .I. ch haueren den hunden IIII mark et IIII ß vor IIII ch moltes den ch vor XVII ß.
Summa huius eft XXXVII mark et XIIII ß minus .I. d.
Des Sondaghes inder XXXV weken III d vor witbrod .I. mark vor II ch hoppen VI mark den tymmerluden vn vor yforno werk. to der molen to wenfen. XXV ß vor III ch haueren.
30 Des mandaghes. VI d vor witbrod .I. ß vor eygere Do fulues quam myn here van der heyde III mark et II ß vor V. ch haueren.
Des dinfedaghes. VI d vor witbrod XVIII d vor .I. fwinen braden. III mark et II ß vor .V. ch haueren.
Des midwekens. IIII d vor witbrod XVIII d vor vifche .I. ß vor eygere Do fulues red myn here to dorpmarke XXV ß. vor III ch haueren. VI mark vor .I. tunnen botteren.
35 Des donnerdaghes. IIII d vor witbrod Do fulues quam myn here weder van dorpmarke III mark et II ß vor .V. ch haueren.
Des vridaghes VI den vor witbrod VI den den vifcheren .V. ß. minus IIII d vor VIII pund olies III mark et II ß vor .V. ch haueren.
Des Sonnauendes. VI d vor witbrod III ß vor eygere VI ß vor vifche X ß vor .I. ch haueren
40 den hunden III mark et II ß vor .V. ch haueren. IIII mark et II ß vor VI ch roggan.
Summa huius eft. XXXVII mark et XIIII ß et I .d.
Des Sondaghes inder XXXVI weken VIII d vor witbrod XVIII d vor .I. fwinen braden Do fulues quam hertheghe bernd van luneborch to. Ok quam her ludolef van deme knefbeke hermen bok. hermen fporeke langhe wilbrand, Borchard van reden vn andere mynes heren denre vnde man. XI ch haueren
45 van dem haueren den de klofterwagen brachten do me den berchfrede lud.
Des mandaghes. in die XI milium virginum VI d vor witbrod XVIII d vor .I. fwinen braden Do

fulues red myn here. to honouer myd den guden luden IIII ch haueren. des auendes van mynes heren haueren. den de bir bleuen.

Des dinsedaghes III d vor witbrod   IX. ʒ. vor .VI elen. wandes der meyerschen   III ʒ der meyerschen vor .I. par scho.   III ʒ. vor par sco der meyerschen maghet.   deme swene VII ʒ. minus IIII d vor .I rog. IIII ch haueren. van mynes heren haueren.

Des midwekens. III d vor witbrod   .I. ʒ vor eygere   XX d peynemanne de gingh to honouere. XIIII ʒ vor .I. tunnen etteken. IIII ch haueren van mynes heren haueren.

Des donnerdaghes. VIII d vor witbrod Des auendes quam myn here van honouere to vnde hadde indem Stichte wesen. XI ch haueren van mynes heren haueren.

Des vrydaghes VIII d vor witbrod VI d den vischeren VI ʒ minus II d vor X pund olies XV ʒ vor haringh V ʒ vor vische. XI. ch haueren van mynes heren haueren Desse nacht was de van meklenborch to hermensborch dyt vorde he dar VI mark vor .I. voder bers. XV ʒ vor vische de de voghet koft hadde VIII ʒ vor how. X mark vor XX ch haueren. des koftemen XII ch to VIII ʒ et VIII ch to VII ʒ Ok quam .I. voders bers In mynes heren kelre dat de hildesemschen vorlude gheuen dat se myn here leyde.

Des Sonnauendes. do vastedeme sunte Symon et Judas. .I. ʒ vor witbrod .V. ʒ vor vische IX ʒ vor verschen haringh VI ʒ minus II d vor X pund olies. Do sulues rod her ludelef van dem knefbeke hermen bok et hermen sporeke vñ andere mynes heren man. Des auendes quam de van mekelborch van hermensborch to IIII ʒ vor vische .V. ʒ minus IIII vor VIII pund olies. Do floch men ene tunnen haringh vp de mynen heren horde IIII mark vor .I. vat bers dat in des van mekelborch herberghe quam. XXI ch haueren des auendes do was de hauere vppe den de klosterwagen brachten VI mark et III ɟ. vor IX ch roggen III mark et III ʒ vor IIII ch moltes to XVII ɟ.

Summa huius est XXXVI mark et IX ʒ et II d.

Des Sondaghes inder XXXVII weken VIII d vor witbrod Do sulues red myn here to brunsw. de van mekelborch de blef myd den synen IX mark et IX ʒ vor XVII ch haueren.

Des mandaghes VI d vor witbrod .I. ʒ vor eygere XX. d vor vische Do sulues quam III vat bres vt mynes heren kelre indes van mekelborch herberghe IX mark et IX ʒ vor XVII ch haueren.

Des dinsedaghes VI d vor witbrod IX mark et IX ʒ vor XVII ch haueren.

Des midwekens. do en at de van meklenborch neyn vlesch VIII d vor witbrod XX d vor eygere III ɟ vor vische Ok quam do sulues vt mynes heren kelre .I. vat bres in des van meklenborch herberghe IX mark et IX ʒ. vor XVII ch haueren.

Des donnerdaghes. in alle goddes hilghen auende .I. ʒ vor witbrod XI ʒ vor XVIII pund olies III ʒ vor .I. bind spirlingh IX ʒ vor vische .I. tal verschen haringh Des auendes quam myn here van brunſ to X mark et XI ʒ vor .XIX. ch haueren.

Des vridaghes in alle goddes hilghen daghe .I. ʒ vor witbrod XIII ʒ minus II d vor XXII pund olies. VI d den vischeren VIII ʒ vor vische XVIII ʒ vor haringh IIII mark vor .I. vat bers. in des van meklenborch herberghe Do sulues quam de kluuer korlehake Bertold van honhorst XII mark minus III ʒ. vor XXI ch haueren.

Des Sonnauendes. .I. ʒ vor witbrod III ʒ vor eygere VIII ʒ vor vische X ʒ vor haringh VI mark vor .I. mark vor .I. tunnen botteren .I. mark vor .I. tunnen bers dede quam indes van mekelborch. herberghe III mark minus III ʒ. vor .V. ch haueren deme dem van mekelborch vor de herberghe vorde III mark et VI ʒ vor VI ch haueren deme hir vppe voderde VI mark et III ʒ vor IX ch roghen IIII mark vor IIII ch moltes Do sulues red myn here to der nyenstad vnde de van mekelborch XVIII ʒ. vor II ch haueren. des auendes. III mark Bertolde van honhorst to pantquitinghe.

Summa huius est LXXXXVIII mark. VIII ʒ.

Des Sondaghes inder XXXVIII weken III d vor witbrod XXIII ʒ. vor III ch haueren.

Des mandaghes. IIII d vor witbrod Do fulues quam her kerften bofel langhe wulbrand van reden
.V. mark et .I. ₰ vor IX ch haueren.
Des dinfedaghes. IIII d vor witbrod XXVII ₰ vor III ch haueren her kerften vn wulbrande van
reden Do fulues reden fe to honouer wort na mynem heren. XVIII ₰ vor II ch haueren des auendes
5 den de hir bleuen Diffes fuluen nachtes quam myn here vn de van mekleborch van der nyenftad to
XXVII ₰. vor III ch haueren dem van mekelborch vor fine herberghe.
Des midwekens Do en at myn here vn de van meklenborch nen vlafch .I. ₰ vor witbrod VIII ₰
vor vifche auend vn morghen VII ₰ vor haringh XIII mark minus I. ₰ vor XXIII ch haueren den ch
to IX ₰. Do fulues quam en vat bers vt mynes heren kelre. indes van meklenborch herberghe Ok quam
10 her kerften Bofel wulbrand van honouer to.
Des donnerdaghes. .I. ₰ vor witbrod VI mark vor .I. voder bers in mynes heren keller. Do fulues
red de van meklenborch .V. mark et X ₰. vor X ch haueren mynes heren perden. her kerftens vn langhen wulbrandes perden.
Des vridaghes. VI d vor witbrod VI d den vifcheren .V. ₰ et III d vor IX pund olies X ₰ vor
15 haringh III ₰ vor vifche Do fulues red myn here her kerften bofel. vn wulbrand van reden to honouer
to. XVIII ₰ vor II ch haueren den de hir bleuen.
Des Sonnauendes. VIII d vor witbrod .V. ₰ vor vifche III ₰ vor oygere IIII ₰ vor haringh.
.VI. mark vor .I. tunnen botteren. VI mark et III ₰ vor XI ch haueren. XXVIII ₰. deme molre to
wenfen to lone III mark III beckeren. to lone .I. mark dem fwene dode hoffwine bodde.
20 Summa huius LXVII mark et XV. ₰. minus II d.
Alles vpnemendes vnde vtgevendes alle deffer rekenfchop Blift myn here Brendeken dem vogede Schuldich Sofhundert mark.
Des vpnemendes is de Summa gans Eluenhundert mark et LXXXXVI mark et X Sol cum III de *).
Tota Summa Expofitorum eft vefteynhundert mark et LXXIII mark et IX ₰ Luneborgenfium dena-
25 riorum **).

184. Die Herzöge Wenzlaus und Albrecht von Sachsen und Lüneburg und Herzog Bernhard von Braunschweig
und Lüneburg einerseits, die Rathsherren und Bürger der Stadt Braunschweig andererseits verbinden sich
auf die Dauer der nächsten drei Jahre, einander sich nicht Feinde zu werden. Die Herzöge wollen die
Rathsherren und Bürger gegen jedermann getreu vertheidigen, diese jene vor Schaden bewahren und davor
30 warnen. Beide Theile wollen mit aller Macht sich gegenseitig gegen Unrecht helfen, mag es der Stadt aus
herzoglichen Schlössern oder den Herzögen aus den Schlössern der Stadt von irgend jemandem zugefügt
werden. Die Feinde und verfestetan Leute des Einen soll der Andere nicht, die Herzöge nicht in ihren
Schlössern, die Rathsherren und Bürger nicht in der Stadt, hausen oder hegen. Treffen diese ihre Feinde
in herzoglichen Schlössern, oder jene die ihrigen in der Stadt an, so soll jedem sein Recht über seine
35 Feinde gestattet sein. Die Herzöge sollen in ihrem Lande und auf ihren Strassen die Rathsherren, Bürger
und deren Gut, gleich den eigenen Unterthanen und deren Gut, getreu vertheidigen. Die früher der Stadt
von dem Herzoge Albrecht besiegelte Urkunde soll auser Kraft treten; jedoch sollen die darin erwähnten
50 Mark ihm bezahlt werden. Während der drei Jahre soll keiner von ihnen den Feinden des Anderen
Speise liefern oder denselben förderlich sein. — 1381, den 3. März. K. Cncpt.

---
*) Die beiden Sätze Alles vpnemendes bis cum III d. sind durchstrichen. **) Auf dem Umschlage, welcher einen Theil obiger
Abrechnung im Concepte enthält, steht ausserdem von derselben Hand Folgendes geschrieben:
De menne van Siverdiffe¹) hebben Dinghet vor vor mark Dar beft vor louet Do here van Siuerften henninkl beleken edeke De
buremefter De menne van wolde hebben gho dinghet vor vor mark vnd vor vif par vlamefche hofen vnd vor eyn Dok Sardokes
Deffe Dingbetal gheyt vt tū vnfer vrouwen Daghe Der lateren neft tū komende De van ftoyuhorft Dingheden vor achte mark lubefch.
45 Dem marfchalke vnd Dem fcriuere III verdink vnd eyn par hofen.

¹) Es hat anfangs Siverffe statt Siverdiffe da gestanden. Darüber ist von derselben Hand geschrieben tsirdiffen.

We Wentzla vnd Albi etc vnde we Bernd etc Bekennen openbare in duſſem breue dat we vns med den erliken wiſen luden den Ratmannen vn brugern gemeynliken der ſtad to Brunſw fruntliken vor oyned vnde geſated hebben med allen deſſen ſtuchken de hir naſcreuen ſtan. To dem erſten en ſchulle we vnde en willen vnde ouk nemand vnſer man des we mechtich ſind vmme nemandes willen ere vigend werden binnen duſſen negeſten dren Jaren na vtgift duſſes breues vnde we ſcullen vnde willen ſee truweliken uor degedingen Jegen allermalken. Were ouk dat ſee yemand van vnſen ſloten vor vnrechtede der we nicht mechtich werden kunden dar ſcolde we on to behulplik weſen med al vnſer macht. Ouk en ſculle we vnde en willen ere vigende vnde ere vor veſtenden lude in vnſen Sloten der we mechtich ſind mid witſcop nicht huſen eder hegen wedder oren willen. Were ouk dat de vorgenanten Ratmanne eder erc Borgere ere vigende an quemen in vnſen Sloten der we nicht mechtich ene weren. dar ſcolde we on Rechtes ouer ſtaden vnde ſee ſcolden ane vare vnde ane Broke klagen vnde we ſcullen ſee vnde ore gud in vnſem lande vn vp vnſen Straten truweliken vordegedingen gelik andern vnſen Burgern vnde vndcrſaten de vns van Rechte to uordegedingende Bored. vnde med duſſem breue ſcolde de erſte bref vnmechtich ſin den we on uore beſegelt hadden. ane vmme de veſtich mark de ſcullen ſee vns geuen in allerwiſe alzo de ſulue erſte bref vtwiſet. Ouk ene ſcullen we vn enwillen binnen deſſer tid nemande ſpiſen eder voedern de ore vygende worden.

K. O.

We de Rat der ſtad to Brunſwich vn de borghere ghemeynliken dar ſulues bo kennen in doſſem breue dat we os vruntliken ir eynet hebben mit den hoghebornen vorſten vnſen gnedeghen Heren Hern Wenſclaw vn Hern Albrechte Herteghen to Saſſen vn to Luneborch. vn mit vaſem Junchern Bernde Herteghe to Brunſwich vn to Luneborch mit alle doſſen ſtucken de hir na ghe ſcreuen ſtan. To dem erſten en ſchulle we vn willen vn ok neymant des we mechtich ſin vmme neymandes willen ore vyent werden binnen doſſen negheſten dren jaren na vt ghift doſſes breues. vn we ſchullen vn willen de vorbenomeden vnſe Heren truweliken vor ſchaden be waren vn oren ſchaden wernen wor we dat mit eren don moghen. Were ok dat ſe jemant van vnſen ſloten ver vnrechteghede der we mechtich werden konden dar ſcholde we one be hulpelik to weſen mit al vnſer macht. Ok en ſchulle we vn en willen ore vyende vn ore vâruesteden lude in vnſer ſtad vn wor we des mechtich ſin mit witſchop nicht huſen oder heghen wedder oren willen. Were ok dat ſe oder de öre öre vyende an quemen in vnſer ſtad der we nicht mechtich en weren dar ſcholde we one rechtes ouer ſtaden vn ſe ſcholden ane vare vn ane broke klaghen. mit doſſem breue ſcholde de erſte bref vnmechtich ſin den os vnſe Here Herteghe Alberd vor ghe nomet voro be ſegheiet hadde an vmme de veſtich mark de ſcholde we ome gheuen in aller wiſe alſe de ſulue erſte bref vt wiſet. Ok en ſchulle we vn en willen binnen doſſer tid neymande ſpiſen oder vorderen de ore vyende worden. Alle doſſe vorſcreuenen ſtucke loue we vorbenomeden Ratmanne vn borghere ghe meynliken den erghenanten vnſen Heren ſtede vaſt vn vnvorbrokelik to holdene funder jengberleye argheliſt vn hebbet des to oyner be kantniſſe vnſer ſtad jnghefeghel ghe henghet an doſſen bref vn is gheſchen na Goddes bort dritteynhundert Jar an deme eyn vn achtenteghoſten jare des erſten ſondaghes in der vaſten.

196. Die Herzöge Wenzlaus und Albrecht von Sachsen und Lüneburg und Herzog Bernhard von Braunschweig und Lüneburg einerseits, die Rathsherren und Bürger der Stadt Braunschweig andererseits verbinden sich gegen den Ritter Ludolf von Veltheim und gegen Heinrich und Hans von Veltheim. Sie geloben, nicht eher Sühne oder Frieden mit den von Veltheim zu schliessen, bis dieselben den Herzögen wegen der diesen auf der Heide abgenommenen Gefangenen und des Rathsherren und Bürgern wegen des Schlosses Asseburg ersetzen, wozu sie von Ehre und Rechts wegen verpflichtet sind. Hundert löthige Mark Entschädigung sollen die Herzöge, wenn sie nicht wegen des Schlosses, ebenso viel die Rathsherren und Bürger, wenn sie nicht wegen der Gefangenen Feinde der von Veltheim werden wollen, entrichten. Beide Theile verpflichten sich, Feinde derer zu werden, die sich in diese Angelegenheit mischen wollen, und nicht ohne ihre beider-

seitige Einwilligung Sühne oder Frieden mit dem von Veltheim, falls sie mit demselben zu Fehde kommen, zu schliessen. Wird Gifhorn wieder gewonnen, so sollen ein herzoglicher und ein städtischer Vogt gemeinsam auf dem Schlosse sitzen, bis die Rathsherren und Bürger den Herzögen, falls diese mit ihnen es erobert haben, die Hälfte der Pfandsumme, wofür die von Veltheim es besassen, falls aber die Herzöge allein es erobert haben, jene Pfandsumme ganz bezahlen; und in dem letzteren Falle soll, bis die Zahlung erfolgt, der herzogliche Vogt zwei Drittel, der städtische ein Drittel alles Zubehöres des Schlosses in Nutzung nehmen. Nach erfolgter Zahlung sollen die Herzöge den Rathsherren und Bürgern das Schloss ausliefern und diese es der ihnen von den früheren Herzögen von Lüneburg darüber ausgestellten Pfandverschreibung gemäss besitzen. Gewinnen sie aber ohne Hülfe der Herzöge das Schloss, so treten sie gleich ohne Zahlung in den alleinigen Besitz desselben wieder ein. — 1381, den 3. März.   K. Conpt.

We Wentzla vnde Albt etc vnde we Bernd etc Bekennen openbare in duſſem breue. dat we vns med den wiſen lnden den Ratmannen vnde burgern gemeynliken der ſtad to Bruni͡ ſruntliken vor eyned vnde geſated hebben Alſo dat we ſcullen vnde willen vigend werden horn ludelues hini͡ vnde hanſes van veltheim vnde we en ſcullen vns med on nicht ſonen eder freden. ſe ene don deſſen vorbenomden Ratmannen vn̄ burgern vmme de aſſeborch wes ſee on van ere vnde van Rechtes wegen dar vmme plichtich ſind. Were ouk dat we deſſer van veltheim vigend nicht werden wolden vmme deſſer vorſcreuenen aſſeborch willen. So ſcolde we vnde wolden. deſſen vorſcreuenen Ratmannen vnde Burgern hundert lodige mark geuen ane wedderſprake. Were ouk dat ſek hir yemand an ſteken wolde dus oder der vigend ſeolde we werden van ſtunden an in aller wiſe alze we der van veltheim vigend weren. Wanne we auer med den van veltheim to veyde komen ſo en ſculle we vnde willen vns med en nicht ſonen eder freden. we en dun dat med der vorſcreuenen Ratmanne vn̄ burger willen   Were ouk dat god welde dat we gifhorne medeynander wunnen. So ſcolden vns de egenanten Ratmanne vn̄ burger de pennigge half wiſſenen eder na willen genen de de van veltheim dar ane hadden. de wile ſee des nicht ene deden ſo ſeolde vnſe voged vnde ore voged medenander vppe deme ſlote weſen. went alzo lange dat ſe vns do pennigge na willen gegeuen oder bered hadden. vnde ſo ſcolde we on dat ſlot weder antwerden. Vnde wanne ſee dat ſlot gefhorne in orer were weder hadden. So ſcolden ſee dat holden in aller wiſe alze der olden herſcop breue van luneborch vtwiſen de ſee dar vp hebben. Were ouk dat we dat ſlot wunnen ane ere hulpe. So ſcolde ore voged med vnſeme vogede vp deme ſlote ſitten went alzo lange dat ſee vns de pennigge al bered eder vor wiſſend hadden na vnſem willen de de van veltheim dar ane hadden. vnde vnſe voged ſcolde bruken de twey deyl alle der toboringe des ſuluen ſlotes de wile we dat Inne hedden vn̄ duſſe vorgenanten Ratmanne vn̄ Burgere den driddendel. vn̄ wanne ſe vns de pennigge alzo bered oder vor wiſſend hadden. So ſcolde we on dat ſlot weder antwerden in allerwiſe alze vorſcreuen is. Were ouk dat ſee dat ſlod wunnen ane vnſe hulpe ſo ſcolden ſee dat holden in aller wiſe alze der olden herſcop breue van luneborch vtwiſen de ſee dar up hebben alze vorſcreuen is.   K. O.

We do Rat der Stad to Brunſwijg. vnde borghere ghemenliken dar ſulues. bekennen Openbare indeſſem breue. dat we vs mid vſen leuen gnedighen hern. den hochghebornen vorſten. horen wenzſlawen. vn̄ heren Albrechte hertoghen to ſaſſen. vn̄ to luneborgh. vn̄ mit vſem leuen junghern Bernde. hertoghen to Brunſwijg. vn̄ to Luneborgh vrundliken gheſated. vnde vor enet hebbet. alſo dat we ſchullen. vn̄ willen vygend werden. hern ludelues. hinrekes. vn̄ hanſes van veltheim. vn̄ ſchullen n met on nicht ſonen. edder vreden. ſe en don deſſen vorbenomeden vſen heren vmme de vanggheu de ſe on vppe der heyde afgrepen des ſe on. van ere. vn̄ van rechtes weghene plichtich ſin. were ok dat we der van veltheim vygend nicht worden walden. vmme der vorſcreuenen vangghenen willen. ſo ſcholde we vn̄ welden den vorbenomeden vſen heren hundert lodeghe mark gheuen ane wedderſprake. were ok dat ſek iemend hir an ſteken welde. des. edder doro vygend ſcholde we werden van ſtund an in aller wiſe alſe we der van veltheim vygend weren. wenne we auer mid den van veltheim to veyden komen ſo enſchulle we vs mid on nicht ſonen edder vreden we en don dat mid deſſer vorſcreuenen vſer heren willen. were ok dat dat Ghod welde. dat we ghiſhorne midenander wunnen. ſo ſcholde we. vñ welden den erghenanten vſen heren de penninghe half wiſnen edder gheuen de de van velthem dar an hadden. do wile we des nicht vndeden ſcholde ore voghet mid vſem voghede dar vppe weſen alſo langhe wente we on de penninghe ghe wiſſant. oder be reed hadden. ſo ſcholde de ſulue ore voghet. vs dat ſlot wedder antworden. vñ wenne we dat ſlot ghiſhorne in vſer were wedder hedden. ſo ſcholde we dat holden in aller wiſe alſo de breue vtwiſen der olden herſchop van lunebargh de we dar vp hebben were ok dat de vorbenomeden vſe heren Ghiſhorne wunnen ane vſe hulpe ſo ſcholde ore voghet mid vſem voghede an deme ſlote ſitten wente we one de penninghe al bered oder ver wiſſend hedden na orem willen. de de van velthem dar an ghehad hedden. vñ ore voghet ſcholde bruken der twe dele aller to behoringhe des ſlotes. vñ vſe voghet des dridden deles. de wile we dat inne hedden. vñ wenne we de penninghe alſo be red edder ghe wiſſend hedden. ſo ſcholden vn vſe heren. dat ſlot wedder antwerden. in aller wiſe alſe vore ghe ſcreuen is. were ok dat we dat ſlot an deſſer vorbenomeden vſer heren hulpe wunnen ſo ſcholde we vñ welden dat holden in aller wiſe alſe der olden herſchop van luneborgh breue vtwiſen de we dar vp hebben alſe vorgheſcreuen is. alle deſſe vorſcreuenen artikele. vñ enen iowelken bi ſunderen loue wo de Rat. vñ de borghere ghemenliken der ſtad to Brunſwijg diſſen vorbeſcreuenen vſen leuen gne- dighen heren. hern wenzſlawen. vñ hern Albrechte. hertoghen to Saſſen. vñ to luneborgh. vñ vſem leuen jungheren hertoghen Bernde. hertoghen to Brunſwijg vñ to Lunebargh. truweliken to holdene ane ienghereleyge arghelift. vnde betughet dat mid vſer ſtad inghefeghele. dat we openbare to ener bekantniſſe ghehengt hebben an deſſen bref. Na Ghoddes bort dretteyn hundert jar in deme en vnde Achtenteghſten iare des erſten Sundagheſ in der vaſten.

196. Die Gebrüder von Mandelsloh geloben, die Bürger der Stadt Hannover, deren Leute und Gut auf dem Waſſerwege zwiſchen Bremen und Hannover und die zur Herſtellung eines Fahrwaſſers zwiſchen Hannover und der Aller ausgeführten und noch zu unternehmenden Arbeiten zu ſchützen. — 1381, den 27. März. XXII.

Wij Heyneke Dider vnde Stacius brodere geheten van Mandeſlo bekennet openbare jn deſſem breue dat wij ſamend vnde biſundern de borgere van Honouere vnde de ore vnde ore gud vppe dem water wege twiſſchen bremen vnde honouere vnde ok wat an dem ſuluen waterwege twiſſchen honouere vnde der Alre an müden vnde an weren dar de Scheep dorghan gemaket is vnde noch gemaket werd ſcholet vnde willet truwelken beſchermen vnde vorbidden vnde vordeghedingen ſo wij aller vordorſt konnen vnde wur wij dat vor mogen. Dat loue wij on ſtede vnde vaſt to holdende Des hebbe wij to orkunde vnde merer bekantniſſe vnſe Ingel gehenget laten an deſſen bref. Datum Anno dominj M. CCC. Octogeſimo primo feria quarta poſt Dominicam Letare In Quadrageſima.

197. Die Herzöge Wenzlaus und Albrecht von Sachſen und Lüneburg und Herzog Bernhard von Braunſchweig und Lüneburg verpfänden den Gebrüdern Gebhard und Johann von Salder die Vogtei Lauenrode mit allem Rechte und Gerichte, nur nicht mit geiſtlichen und weltlichen Lehnen, für 400 löthige Mark auf halbjährige Kündigung nach dem erſten Jahre. — 1381, den 30. März. K. O. 35

We Wentzlaw vnde Albrecht van godes gnaden hertogen to Saſſen vnde to Luneborch vnde we Bernd hertoge to Brunſwich vnde to Luneborch Bekennen openbare in deſſeme breue de beſegheld is mit vnſen Ingeſegelen. dat we hern Gheuerde vnde Jane bertoldes ſone alle ghe heten van Saldere vnde oren rechten eruen vnde to orer truwen hand lyppokle van Saldere. vnde dyderike van Mandeſlo geſad hebben. vnde ſetten in deſſeme breue. de voghedye to Louwenrode. mit allerleye rechte vnde richte. vngheherichte nüd vnde to behoringe ane gheyſtlike vnde werlike leen. der enſette we on nicht vor veer hundert lodyghe mark ſuluers brunſwikeſcher wichte vnde witte Alſo dat ſe de ſuluen voghedye dar vore Inne hebben vnde beholden ſchüllen wente nü to paſchen vort ouer eyn Jar vnde dar na moge we on. eder ſe vns inder ſuluen paſche wekene de loſynghe kündygen vnde denne dar na in der meyntwekene ſchulle we on do ver-

hundert lodyghe mark betalen. inder Stad to honouere. vnde on de ghe leyden vnde veligen. dre myle weghes van dennen. vor alle den Jennen. de vmme vnfen willen doen vnde laten willen vnde weret dat we on denne de veyrhundert lodige mark in der meyntwekene nicht betaleden wenne we on vore to pafchen eder fe vns de lofynge der vogedye gekundyged hedden. fo fcholden fe de fuluen vogedye myd alleme
5 rechte Inne beholden. vnde vnfe na fereuenen borgen fcholden on In ryden to honouere. vor dat geld. alfo lange dat wo on dyt vorfcreuene gheld deger vnde al betalet hebben fo fcolde de voghedye myt alleme rechte. wedder lediich vnde los wefen vns vnde vnfen eruen. ane yenigherleye wedder fprake Vortmer fette we on to borghen vnfe manne do hir na beferouen ftan alzo dycke vnde alzo mennigh der aff ftorue alzo dicke vnde alfo meunigen fchulle we vnde willet wedder in der ftede fetten bynnen den erften vertoynnachten
10 dar na wanne we dar vmme gomaned werdet de mogelik to nemende fy. de eder de. de fchullen louen in oren funderliken openen bezegelden breuen. hir to in aller wys alfe ed fyk hir to bored dar enfchal deffe breff fyner macht nicht mede vorlefen vnde we her Jan van Efcherte Ryddere. Euerd van Marnholte Olde werner vnde ghotfchalk ghe heten van reden fwarte lambert van alden vnde lange wullebrand van Reden knapen bekennen in deffeme fuluen openen breue vnder vnfen Ingefegelen. dat we horn Ghouerde
15 vnde Jane bertoldes fone ghe heten van Saldere vnde oren rochten eruen vnde to orer truwen hand lyppolde van faldere vnde dyderike van mandeflo gheloued hebben vnde louen indeffeme breue myt famender hand vor vnfe vorbenompden heren dat fe on alle deffe vorfcreuenen ftucke ftede vnde vaft holden fchullen in aller wis alfe hir vore gefcreuen fteyd vnde weret dat on dar yenich brok an worde vnde we borgen dar vmme maned worden famend oder by funderen. fo feole we bynnen den erften vertoynnachten na der
20 manynge In ryden in de Stad to honouere vnde dar eyn recht Inleger inno holden alzo lange dat on alle deffe vorfereuene ftucke dogher vnde al vultogen fyn vnde gheholden deffes to merer bewyfynge hebbe we vorbenompden borgen vnfe Ingefegele by vnfer vorbenompden heren Ingefegele witliken gehenged laten an deffen breff de ghe gheuen ys na godes bord dritteyn hündert Jar in deme eyn vnde Achtentigeften Jare in deme negeften fonauende na Mytvaften.
25 Gedruckt in Grupen's Originas et antiquit. Hanoverenses pag. 241.

198. Heinrich von Reden bescheinigt, von den Herzögen Wenzlaus und Albrecht von Sachsen und Lüneburg nach Rechnungsablage Bezahlung erhalten zu haben, behält sich jedoch sein Recht wegen Forderungen, über welche er ihre Schuldverschreibung besitzt, und wegen einer anderen 100 löthige Mark betragenden Forderung vor. — 1381, den 30. März. K. O.

30 Ik hinrik van Reden be kenne openbare in deffem breue dat ik myne louen genedigen heren hern wentzla vnde Albrechto hertogen to Saffen vn to luneborch ledich vn los latet alle rekenfcop fchulde vn fenden de ik by on ge nomen hebbe wente an deffen dach vii danke on vruntliken dat fe my de wol irlecht vn be talet hebben befunderen des ich ere openen befegelden breue hebbe vn ane hundert mark lodich de fe my funderliken fchuldich bliuen des to mereren be tuginge hebbe ich myn Ingezegel ge henget laten
35 an deffen bref Datum Anno dominj M CCC LXXXI fabbato poft dominicam qua cantatur letare.

199. Der Probst Heinrich, die Aebtissinn Elisabeth und der Convent des Klosters Wienhausen geloben zum Danke dafür, dass Herzog Albrecht von Sachsen und Lüneburg, Reichserzmarschall, ihnen die Kirche zu Brökel geschenkt hat, nach dem Tode des dortigen Pfarrers Johann von Otbernshusen einen Priester auf der Pfarre zu halten, zehn oder zwölf Nonnen und zwei Priester jährlich am Tage der Kirchweih nach
40 Brökel zum Gottesdienste zu schicken, auch von dem an diesem Tage eingenommenen Opfer und von anderen Einkünften der Pfarre die Kosten zu bestreiten für zwei jährliche Memorien der Eltern des Herzogs und nach seinem Tode für seine Memorie, verbunden mit der Gedächtnissfeier der Herzöge und Herzoginnen von Sachsen, von Lüneburg und von Braunschweig. — 1381, den 31. März. K. O.

We Her Hinrick prouest. Vrouwe Elzabe Ebbedifche vnde de gantze Conuent der meghede goddes to
45 Wynhufen Bekennen openbare in deffeme breue dat vnfe loue gnedige here. hertoge Albrecht hertoge to

Angern. to Weftualen. to Saffen vnde to Luneborch palentzgreue to Saffen. Greue to Brene vnde des hiligen Romifchen rikes Ertzmarfchalk. vns. vnde vnfeme Clofters hefft to geleeht vnde eweliken gegeuen mit
willen vnde vulbord finer Eruen de kerken to Brökelte mit aller to behöringhe dorch notdorfft vnfes clofters vnde fünderliken dorch finer. vnde finer Elderen zele falicheid willen. vnde ok dat dat denft vnfes
herren goddes vnde finer leuen Moder maget Marien dar in der vorfcreuen kerken ghe meret werde   hir 5
vmme dorch deffer erliken gaue vnde gnade willen. So wille we vnde vnfe nakömelinge fcullet na der tid.
dat her Johan. van otbernfhufen. de dar nů kerkhere is van deffer werlde gefcheiden is. enen prefter Erliken holden. in der wedeme der fuluen kerken. de dar goddes denft. vnde dat volk dat dar tho hört
erliken vnde godeliken holde vnde vorfta.   vnde wanne de kerkmiffe dar is So wille we. vnde vnfe nakömelinge fcullet dar fenden teyn vrouwen.   eder twelue vnde twe preftere de dar dat goddes denft vnde loff 10
vnfer leuen vrouwen meren na erer macht   Ok wille we vnde vnfe nakömelinge fcullet alle iarlikes van
deme offere dat dar vppe den kerkmiffen dach kumpt vnde van alle der redeften Rente vnde gülde der
fuluen benomeden korken gheuen den vrouwen in vnferu Cloftere den profteren de mit vns wonhafftich find.
vnde vnfen bröderen vnde Sufteren Sefteyn mark luneborger penninghe. dar fculle we vnfes leuen vorbenomeden heren elderen bedechtniffe mede beghan. laten twige alle iarlikes. io des achten dages na vnfer leuen 15
vrouwen dage der erften alfe fe to himmele vör. vnde des achteden dages to lechtmiffen vnde to iowelker deffer vorfcreuen tid. fculle we. geuen deme prouefte twe luneborger fchillinge. der Ebbedifchen twe
fchillinge vnde iewelker vrouwen vn iowelkem preftere. enen fchillingh. deme Scriuere achte penninghe
vnde deme koftere achte penninghe   Ok fculle we den vrouwen to iowelker deffer vorfcreuen tid gheuen
twe gude richte vnde ene gude tunne hildenf beres. vnde malker twe witte brod. vnde den bröderen vnde 20
den Sufteren malkeme ene weggo. vnde enen guden beker beres van deffen vorfcreuen Sefteyn marken.
vnde wes dar ouer ware. dat fculle we gheuen der köfterynnen to deme luchte der Jar tid.   Vortmer
wanne vnfe leue gnedige herre hertoge albrecht vorbenömit van deffer werlde fcheidet. So fculle we vnde
willen fünderliken fync Jar tid began alle iarlikes in deffer wife. dat we fcullet deffer vorfcreuen tid. ene
leggen vnde began vppe den dach. alfe he geftoruen vnde van deffer werlde gefcheiden were vnde we 25
fcullen ok denne darmede bedacht wefen alle der heren vnde vrouwen. de vorftoruen weren vte der herfcop to Saffen Luneborch vnde to Brunfw. dar we nene befundere bedachtniffe van ne hedden.   Alle deffe
vorfcreuen ftücke vnde en iowelk befundern loue we her Ilinrik prouft vrouwe Ilzabe Ebbedifche. vnde
gantze Conuent des clofters to Winhufen. vor vns vnde vnfe nakömelinge vnfem leuen vorbenömeden heren
hertogen Albrechte. hertogen to Saffen vn to Luneborch vnde finen Eruen vnde nakömelingen ftede vaft 30
vnde vnuorbroken to holdende vnde hebben des to Orkünde vnde merer bekantniffe vnfes prouefles vnde
vnfes clofters Ingefegele witliken. vn mit gudem willen laten hengen an deffen breff. de Gegeuen is. na
Goddes bord dritteynhundert Jar in deme en. vnde achtentigeften Jare des negeften Sondages na vnfer vrouwen dage alfe fe gobodefchopet wart.

200. Ritter Diedrich von Alten und seine Söhne Werner und Reiner stellen einen Revers aus, dass die Herzöge 35
Wenzlaus und Albrecht von Sachsen und Lüneburg ihnen unter Vorbehalt des Oeffnungsrechtes das Schloss
Calenberg mit Gericht, Recht, Nutzung und allem Zubehör, jedoch ohne geiftliche und weltliche Lehne, wie
fie es fchon im Befitze haben, ferner eine jährliche Hebung von 25 Mark löthigen Silbers im Zolle zu
Hannover und den Hof zu Engelboftel, auch alle heimfallende Lehne in der Vogtei Calenberg auf einjährige
Kündigung nach den erften fünf Jahren für 4400 löthige Mark und für die auf 300 löthige Mark festgesetz- 40
ten Koften des ihnen am Schloffe geftatteten Baues verpfändet haben, und geloben, fich mit dem Schloffe
nach dem Tode der Herzöge zu demjenigen Sohne des Herzogs Magnus von Braunschweig, dem die Herrschaft Lüneburg gebührt, und nach deffen Tode zu dem älteften unter den Söhnen der beiden Herzöge
von Sachfen und Lüneburg zu halten. — 1381, den 5. April. K. O.

We her Dyderik van Alten Riddere. Werner vnde Reyner fine fone Bekennen openbare indeffeme breue de wytlyken befeghelt ys myd vnfen Ingefegelen dat de hochgebornen fürften vnfe leuen gnedighen heren her Wentzlaw vnde her Albrecht hertoghen to Saffen vnde to Luneborch. vns vnde vnfen eruen ghefad vnde vorpendet hebben ore Sloed· den Kalenbereh vor veer hundert lodyghe mark vnde veer
5 dufend brunfwykeffcher witte vnde wichte mit gherichte rechte nüed vnde allerleye tobehorynge ane gheyftlyke vnde werlyke leen vnde alze we dat rede inweren hebben   vnde dar to fculle we vte oreme Tollen to honouere alle Jar nemen vyff vnde Twyntich lodighe mark. vnde dar to fchulle we ok hebben den hoff to Endelyngborftelde alzo de dar in fyner veltfcheyde beleghen is Alfo dat we dat felue Sloed den Kalenberch mit den tobehorynghen alzo vore gefcreuen is dar vore Inne hebben vnde beholden fcollen alzo lange
10 dat vnfe vorbenompden heren dat vor de vorfcreuenen fummen gheldes wedder loefen   Deffet vorbenompde Sloed fchulle we vnfen vorbenompden heren vnde oren eruen open holden to alle oren noeden wanne vnde wo dycke on des noed ys vnde fo dat effchen oder effchen laten   Were ok dat fe van deme vorbenompden flote Orligen oder krygen wolden. welken Amptlıman fe vns vppe dat floed fetteden den fcolde we des bewaren icht eme oder den fynen fchade fchüde van vns oder den vnfen dat we ome den fchaden wedder
15 don wolden in vrüntfchop oder in rechte bynnen deme negeften verden deyl Jares dar na wanne we van eme dar vmme ghemaned worden   vnde vnfe vorbenompden heren fcolden vns ok denne vredeghud gheuen yegen de rente de we to deme flote hebben vnde yegen vnfe buwerk. dat we to deme Slote hebben. alze id redelyk ys wor we dat inder vygende gude hebben moghen   Mynne vnde rechtes fcullet de vorbenompden heren ouer vns vnde de vnfe to allen tyden mechtich wefen wedder aller malken   were auer
20 dat vus yemand vorvnrechtigede. dat wolde we vnfen heren twene maneden vore kündygben   vnde en hulpen fe vns denne dar vmme nicht lykes oder rechtes bynnen der tyd vnde queme we dar vmme to kryghe. myd deme oder den de vns vorvnrechtet hedden. So mochte we van deme floete wol vnfes vnrechten weren vnde des Slotes to vnfer noed brüken alzo lange dat vns lyk oder recht wedder varen konde.   dar enfcolden fe vns neyn hynder to wefen.   were ok dat dat Sloed vorloren worde. van vnfer vorbenompden
25 heren kryges weghene. oder van vnfes kryges weghene dar fe vns nicht lykes oder rechtes helpen konden. fo enfcolden vnfe vorbenompden heren vnde we vns beyderfiid nicht vreden noch foenen myd den Jennen de dat floed gewnnen hedden fe enhedden vns des flotes wedder. behulpen oder vnfer eyn dede dat mit des anderen gudem wyllen   were ok dat fe vns des Slotes nicht wedder helpen konden So fcholden fe vns bynnen eynneme Jaro dar na eyn ander Sloed indat fulue gerichte buwen laten dar we de ghulde des vorbenompden
30 Slotes aff bekrechtigen mochten   deden fe des nicht fo fcolden fe vns alze dat yar vmme komen were. vnfe vorbenompden fummen gheldes wedder gheuen vnde betalen   were ok dat dat Sloed beftallet oder vorbuwed worde. fo fcolden fe dat redden vnde entfetten myd ganfer macht alfe fe erfte mochten ane argheliyft   Ok enfculle we oder de vnfe de vorbenompden heren ore befetene man vnde de ore van deme flote oder dar to nicht rouen noch befchedygen oder befchedygen laten.   were dat id fchude dat fcolde we bynnen eynem maende
35 dar na wedder don in vruntfcop oder in rechte   Ok fcullet fe vns vordegedyngen to vnfeme rechte dar fe vnfer mechtich fynt to rechte   were ok dat yemand to vns indat fulue gerichte buwen wolde. dat vns to fchaden komen mochte. dat fcolden fe vns helpen keren   Ok moge we an deme flote dar vns des behueff ys vorbuwen dre hundert lodyge mark   vnde wad we der dar an vorbuwen. dat we redelyken bewyfen mogen. dat fcullet fe vns ok wedder gheuen. wanne fe dat floed van vns loefen   Deffet vorbenompde floet en fcullen fe
40 van vns bynnen vyff Jare nicht loefen an vt ghifft deffos breues   vnde wanne de vyff yar vmme komen fynt vnde fe oder oro nakomelynghe dat vorbenompde Sloet van vns oder van vnfen eruen wedder hebben wolden oder we vnfe vorbenompden fummen geldes wedder hebben wolden dat fcolden fe vns oder we on. eyn yar vore kundygen   vnde wanne de lofe aldus gekundyget ys fo fcullet fe vns dar na wanne dat yar vmme komen ys vnfe vorbenompden fummen gheldes gheuen vnde betalen inder Stad to Honouere. eder
45 to hildenfem in der twyer ftede eyne. wor vns dat bequemeft is vnde fcullet vns dat denne. twe mile weges van dennen veligen vor alle de yenne de vmme oren willen doen vnde laten wyllen   vnde wanne fe vns

alzo betalet hebben fo fculle we vnfen vorbenompden heren ore Sloed den Kalenberch mid aller to behorynghe. de fe vns dar to gelecht hebben ane vortoch wedder antwerden were ok dat fe vns denne de vorbenompden fummen gheldes nicht en gheuen vnde betaleden to fodanen tyden alze vore gefcreuen is So mochte we dat felue Sloed den Kalenberch vor de vorbenompden fummen geldes denne vort an vorfetten bederuen luden vnfen genoten weme we wolden ane furften heren vnde Steden weme we dat fetteden 5 dome fcolden fe vorwarynge doen mit breue alze fo vns gedan hebben. vnde de fuluen fcolden vnfen heren ok wedder bewarynge doen mit breuen vnde lofften alze we vnfen heren gedan hebben. were ok dat vnfen vorbenompden heren leen gud anftorue vnde ledich worde in der voghedye to deme Kalenborghe dat fcolde we to deme Slote beholden alzo lange dat fe dat Sloed van vns lofeden vnde weret dat doffe vorbenompden vnfe heren ftoruen vnde van dodes weghene aff ghinghen eer der tyd. dat fe dat vorbenompde 10 Sloet den Kalenberch wedder van vns lofeden. fo fcolde we vns mit deme Slote deme Kalenberge na vnfer vorbenompden beyder heren dode holden an hertoghen Magnus fone van Brůnfwich deme denne de herfcop to Luneborch van rechte to vorftande borede vnde vort an an der vorbenompden heren fone eynen den eldeften vů den denne dar mede to denfte vnde to loefe fitten in aller wyfe alze we on nů doen fcöllen na vtwyfynghe der breue de fe vnder andern ghe gheuen hebben vnde weret dat deffer na fcreuenen vnfer 15 borgen Jenich ftorue alfo dicke alze dat gefehoge fo fcolde we vnfen vorbenompden heren eynen anderen alfo guden borgen de mogelyk to nemende were indes ftede fetten de geftoruen were. vnde de fcolde alle deffe vorfcreuene ftucke vnde articule louen in fynenme funderlyken breue. dat he vnfen heren de holden wölde in aller wyfe alze vore gefcreuen fteyd vnde dar enfcolde deffe breff fyne macht nicht mede vorleefen vnde yo by ganfer macht blyuen. Alle deffe vorfcreuene ftucke vnde articule louo we vorbenomp- 20 den her dyderik werner vnde Reyner deffen vorbenompden vnfen heren vnde oren nakomelingen ftede vaft vnde vnuorbroken to holdende funder yenigherleye hulpe rede. vnde argelyft vnde fetten on vort an dar vore to borgen vnfe vrund de hir na gefcreuen ftan wo her Jan van Effcherte ryddere Cord van Alten Godfchalk van Reden Odrauen vnde Johan van Beruelde Arnd knygghe. hinrik van Reden vnde Rabode wale Bekennen openbare in deffeme fuluen breue. dat we den vorbenompden vnfen heren hern Wentzlaw 25 vnde hern Albrechto hertoghen to Saffen vnde to Luneborch vnde oren nakomelynghen geloued hebben vnde louen in guden truwen mid famender hand vor den vorfcreuenen hern dyderike van Alten wernere vnde Reynere fyne fůne vnde ore eruen dat fe vnfen vorbenompden heren vnde oren nakomelingen alle deffe vorfcreuenen ftucke vň articule fament oder eyn yewelk befunderen ftede vaft vnde vnuorbroken holden fcullen vnde weret dat vnfen vorbenompden heren oder oren nakomelyngen dar Jonich hinder oder 30 brok an worde vnde we borgen dar vmme gemaned worden famend oder byfůndern oder eyn yewelk dar he wonachtich were fo fcolde we bynnen den erften verteynnachten na der manynge In Ryden in de Stad to honouere vnde dar eyn recht inleger Inne holden vnde dar nicht vt de broke vnde de hinder enfy vnfen vorbenompden heren oder oren nakomelyngen gentlyken vnde al wedder dan na gnaden oder na rechte oder we en doen dat mit oreme guden wyllen Deffes to Merer bewyfinge hebbe we vnfe Ingefegele wyt- 35 lyken vnde myd gudeme wyllen gehenged laten by vnfer fakewolden Ingefegele an deffen breff de ghe gheuen ys na godes bord dritteyn hundert Jar in deme eyn vnde Achtentigeften Jare des negeften vrydages vor palmen.

201. Pfarrer Hermann zu Eitzum resignirt dem Herzoge Albrecht von Sachsen und Lüneburg den Altar St. Johannis in der Kirche St. Aegidii zu Hannover zu Gunsten des Geistlichen Ludolf Reimbeker. — 1381, 40 den 23. April. K. O.

Magnifico et illuftri principi domino. domino dilecto et graciofo. Domino Alberto duci Saxonie et Luneburͨ. Hermannus plebanus ecclefio parrochialis in yfenom. hildefemenfis diocefis. Humilimas in domino oraciones cum obfequiofa voluntate deprecandi. Illuftriffime princeps et domine graciofe veftre magnificencie fignifico per prefentes. Quod pio defiderio et finceritate cordis affectu pure et fimpliciter propter 45

deum libere et voluntarie ex caufis diuinitus me mouentibus. Altare fanctorum Johannis ewangelifte et Baptifte in ecclefia fancti Egidii in opido honnouerenfi fitum. Myndenfis diocefis. ad ueftram pertinens graciofam prefentacionem. Difcreto ac honefto viro. Ludolpho Rymbekere clerico hildefemenfis diocefis cum omnibus Juribus quibus ex graciofa veftra fauorabilitate poffedi ex certa fciencia non per errorem matura
5 deliberacione prehabita refignaui. et refigno vobis. per prefentes. cum tali fiquidem condicione. vobis humiliter et inftanter fupplicando. quatenus pure propter deum perfatum Ludolphum pro prefenti refignacione ad dictum altare. et neminem alium dignemini prefentare. alias vero fi fecus fieret refignacionem reuoco hic exproffe et volo ipfam habere irritam caffam et nullam nec ipfam approbo uel confirmo. veftra illuftrali magnificencia in omnibus femper falua. promittens eciam huiufmodi refignacionem altaris fupradicti quoad
10 veftram graciofam prefentacionem prefati Ludolphi et non aliter me velle gratam ratam et firmam tenere et habere et in nullo contra venire. In cuius refignacionis euidens teftimonium meum figillum prefenti litere ex mea certa fciencia eft impenfum Sub Anno ab incarnacione domini. Milleſimo. ČCC. LXXX primo ipfo die beati Georgii prefentibus Difcretis viris. Magiftro martino dicto malchow et Ludolpho. vrombalchg clericis ac publicis notariis Swerinenfis et Bremenfis diocefium teftibus ad premiffa vocatis et rogatis.

15 **202.** Ritter Gebhard von Salder verkauft dem Ritter Diedrich von Alten und deſſen Söhnen Werner und Reiner die zwiſchen dem Mühlenwege und dem Damme vor dem Schloſſe Calenberg belegene, 45 Morgen Landes umfaſſende Holzung, welche sein Grossvater von den von Röſing gekauft hat. — 1381, den 1. Mai. K. O.

Ek her gheuerd van Saldere Riddere bekenne openbare indiffeme breue vnder mynem Ingesegele dat ek vñ myne eruen hebbet vorkofft vñ vor kopet enen eruen kop. her Dyder van alten riddere. Wernere
20 vnde Reynere finen fönen. vñ eren eruen. vnfe holt vor deme kalenberge. dat belegen is twiffchen deme mölen wege vñ deme damme. alfe vele. alfo dat hefft viff vñ vertich morgene landes. dat myn older vader her gheuerdes van den van Rotzingen koffte. vñ fchûn des ore rechten warende wefen. wûr vñ wanne on des nod vñ behoff is vñ fo dat van vns effchet eder effchen lated. Were ok dat Jenige heren. eder Jemend, do van alten vmme dit holt bededingeden dar fcolde we de van alten van lodegen vñ entleften.
25 Diffe vorgefcreuenen ftucke loue ok hergheuerd verbenomd vor my vñ vor myne eruen entruwen ftede vn vaft vñ vn vorbroken to holdende. gegeuen na goddeffbort Düfent vñ Drehûndert Jar indeme eyn vñ vñ achtentigeften Jare indeme hilgen dage Philippi et Jacobi der hilgen apoftele.

203. Herzog Albrecht von Sachſen und Lüneburg erbietet ſich, hinſichtlich der Klage der von Mandelsloh gegen ihn ſich der Entſcheidung des Domprobſtes und des Domcapitels zu Hildesheim zu fügen. — (1381), den
30 21. Mai. XII.

Albertus dei gracia dux faxonie et luneborch. Den Erfamen heren deme domprouefte vnde deme Capittele to bilden. Vnfen vruntliken grut to vorn. Gi Erfamen heren bifunderen vrunde. wi laten Ju weten dat vns to wetende worden is dat de von Mandeflo ouer vns claghen dat we fe vorvnrechten dat fe vns doch yo mit vnghelike don vnde mit vnrechte. wente gi vnfer io fchullen mechtich fin recht to
35 nemende vnde to gheuende to gheuende vñ to nemende. wo fek dat gheboret. vnde bidden Jû dat gi dat vor vns boden. Gheuen to Brunf in Sinte Mauricius dage vnder vnfeme Signete.

204. Die Knappen Aſchwin von den Roden und Henning und Diedrich von Roden verſprechen, dem Grafen Otto von Hallermund und ſeinem Sohne Otto, wenn dieselben ihnen 30 löthige Mark bezahlt und eine Urfehde gelobt haben werden, das Gefängniss zu erlaſſen und ſie aller übernommenen Verbindlichkeit zu
40 entheben. — 1381, den 1. Juni. XI.

Ek Affchwin van den Röden vnde Hennicgk van Roden vnde Diderik van Roden Knapen bekennet in deffeme openen Breue alle den de ôn feyt eder höret Wanne Greue Otte van Halremunt vnde Junchghere Otte fin Sone ôs betalet hebbet drittich lodighe Mark vnde eyne olde ore Veyde ghedan na des Houetbre-

nes Vtwilinge den se da dar vppe ghegheuen hebbet so schullet se ledich vnde los wesen der Vancgnisse van
os vnde aller Vorrodinge de se os ghodan hebbet   To ener Betuchnisse hebbe we vse Ingbesegele ghehangen an dessen Breyf.   Datum Anno Domini M CCC octogesimo primo in die sabato ante Festum Pentekostes.

205. Eberhard und Conrad van Marenholtz, Rabodo Wals, Otraven und Johann von Bervelde geloben, den Herzögen Wenzlaus und Albrecht von Sachsen und Lüneburg und dem Herzoge Bernhard von Braunschweig 5
und Lüneburg mit 40 leicht bewaffneten Reitern zu dienen.   Dafür sollen während des Krieges mit denjenigen, deren Feinde sie um der Herzöge willen werden, diese ihnen vierteljährlich 240 löthige Mark
für Beköstigung und Futter geben.   Ihr Gewinn und Schaden kommt auf Rechnung der Herzöge. — 1381,
den 8. Juni. K. O.

We Euerd vnde Cord van Marnholte Rabode Wale Otrauen vnde Johan van beruelde. Bekennen 10
openbare indesseme broue. dat we vns hebben vor oyneged vnde vordraghen myd den hochgebornen fursten
vnsen lenen gnedyghen heren hertogen Wentzlaw vnde hertoghen Albrechte van Sassen vnde van Luneborch vnde hertogen Bernde to Brunswich vnde Luneborch dat we scullen vnde wyllen. on deenen. myd
vertych glauyen. indesser wyse dat vns vnse heren scolen gheuen io to eyneme verdendeyl yares de wyle
dat vnser heren krych ward myd den der we vmme vnser heren wyllen vygende werden vertych lodyghe 15
mark vnde two hundert to hulpe vnser koste vnde vnseme vodere.   vnde vromen vnde schaden den we
nemen do were vnser heren   vnde dat scholde we holden. in desser wyse   were dat we vromen nemen. an
Reysoneren vnde schaden dar en yeghen. so moghe we esschen van vnsen heren dar by to komende. eder
dar by to sendende dat so vns van deme vromen vnsen schaden erlegghen bynnen vnweken   en desen
vnse heren des nicht bynnen der tyd So mochte we suluen van deme vromen. vnsen schaden erleggen 20
wolden vnse heren vns ok in desser wys vnsen schaden myd deme vromen erleggen ofte we des nicht on
esschen dat scolden se vns ok wytlyk don veer wekon to voren dat se dar by komen eder senden wolden
dar scolde we denne berede tho wesen. dat we dat nemen   wanne denne vnse schade alsus erlecht w(ere.
b)leue en bouen dat scolde we by vns beholden so lange ofte we auer van Reyseneren nemen vromen vnde
schaden dar en yeghen. So mochte we yd vmme den vromen vnde schaden auer holden. an beydentsyden 25
also vore screuen ys   Wad vromen auer bouen bleue. wanne syk richtede vnser heren krych myd den dar
we vmme vnser heren wyllen mede in veyde komen weren den vromen scolde we truwelyken keren. weme
vnde wäre vnse heren den hebben welden.   wanne we ok schaden nemen des se myd deme vromen nicht
erleggen en konden den schaden scolden vns vnse heren wedder don bynnen deme negesten verdendeyl
Jares dar na alse de schade genomen were.   were ok dat we meer wepenere behoueden daghelyken to 30
holdende vnde helden de myd rade vnde wulborde vnser heren So scolden vns vnse heren. dar na gheuen
to hulpe vnser koste alse syk dat geboren mochte. na mantale der vorscreuenen wepenere vnde der summen geldes de vore geschreuen ys   were ok dat we vnse vrund beden de na vns reden den wo vor schaden stunden myd den were vrome vnde schade vnser heren. to deme Rede gelyk vns   were ok dat we
vromen nemen an bürhaue. name. oder dingtale den vromen scolde we vnde wolden vnsen heren rekenon 35
to hulpe vnser koste   vnde were dat we wad vordyngheden dat scolden vns vnse heren truwelyken vorwaren vor sek vnde den oren vnde an mannen   Alle desse vorscreuene stücke loue we vorben Euerd
vnd Cord van Marnholte Rabode Wale Otrauen vnde Johan van beruelde den vorben vnsen heren hertogen
Wentzlaw vnde hertogen Albrechte to Sassen vnde to Luneborch vnde hertogen Bernde van Brunswich
vnde Luneborch stede vast vnde vnuorbroken to holdende vnde hebben des to Orkünde vnse Ingesegele 40
laten hengen an dessen breff   de ghe gheuen ys na godes bord drytteyn hundert Jar dar na andeme eyn
vnde Achtentygesten Jare des Sonauendes in den pingbesten.

206. Die Herzöge Wenzlaus und Albrecht von Sachsen und Lüneburg verpfänden dem Diedrich Hogeherten sehn
Mark jährlicher Hebung in dem Wehre zu Bleckede für 100 Mark Pfennige. — 1381, den 24. Juni. K. O.

We Wentzlaw. vnde Albrecht van godes gnaden. hertoghen to Saſſen vnde tho luneborch Bekennen oponbare in deſſeme breue dat we hebben geſad vnde ſetten. vnſeme leuen getruwen Dyderike hogeherten. vnde ſynen rechten eruen. de teyn mark goldes de we hebben in deme were to Blekede. vor hundert mark luneborger penninghe Alle Jar to ſente Mertens dage. vp to nemende. de wile we on. de hundert mark
5 nicht wedder gheuen vnde betalen   Doch Jo ſo moge we. de ſeluen teyn mark geldes. van deme vorbenomeden Dyderike hogeherten. vnde ſynen eruen. vor hundert mark luneborger penninghe wedder loſen wanne we willet   Des to Orkunde. dat we deme vorbenomeden Dyderike hogeherten vnde ſynen eruen. Alle deſſe vorſcreuonen ſtucke ſtede vaſt vnde vnuorbroken holden willen hebbe we vnſe Ingeſegele. laten hengen. an deſſen breff.   Degheuen is to Tzelle na godesbört dritteyn hundert Jar. In deme eyn vnde
10 achtentigeſten Jare in ſente Johannes dage baptiſten to Middenſomere.

207. Die Eingeseſſenen der Wester-Innung des Kirchspiels Lüdingworth oder die im Westen der Kirche Geseſſen verpflichten sich, dem Herzoge Erich von Sachsen-Lauenburg und seinen treuen Mannen zwölf Scheffel Hafer für die Hülfe, die er und seine Vögte zu Bederkesa ihnen leisten ſollen, jährlich zu Bederkesa zu entrichten. — 1381, den 10. August.   K. O.

15 Gnedighe here van zaſſen. We dût Jv wetlyk an deſſen breue Dat Jv vñ Juwen trüwen mannen ſcullen Gheuen .XII. ſchepel haueren. tho bederkes. as. Dar vmme dat gy vns be hulpe ſchullen wezen vñ Juwe voghede tho bederkes. as. vñ wor gy dat vor moghen. Vñ de XII ſchepel haueren vor be nomet ſchulle we vt gheuen tho. allen paſchen de by weſten der kerken ſettet tho der ludyngwûrt. Tho eyner grotteren bothughenisſe Dat dyt war ys zo hebbe we weſter ynnyghe, tho der ludingwûrt des kerſpels
20 ynghezeghel vor be nomet ghe henghet laten vor deſſen bref. De dar gheuen vñ ſchreuen is. na ghodes bort. Duſent iar, Drehundert iar, an deme eynen vñ achteghoſten iare. an dem hylghen daghe ſunte Laurentius. des hylghen merteleres.

208. Knappe Heinrich von Langelage, Vogt zu Rethem, überläßt dem Rathe zu Lüneburg das zu Celle nicht fern vom Schloſſe gelegene Haus seines verstorbenen Vaters Christian von Langelage nebst Hof und Hausstelle. — 1381, den 22. September.   XV.

Ik Hinric van Langelge knape voghet to Rethem bekenne vnd betughe openbar in diſſem breue vor alle den de den ſeen eder horen leſen dat ik mit vulbord myner eruen vnd all der yenen de dat anroren mach vor laten hebbe vnd vorlate in deſſem breue dem Rade to luneborg de nu is vnd eren nakomelingen vor eyne Summen gheldes de my van en rede bered is hus hof vnd word mit alle den tobehoringen vnd
30 mit allem rechte alſe dat belegen is to Tzelle nicht verne van dem Slote dat mynen vadere Kerſten van langelge dem god gnade to hord hadde ewelken to brukende vnd mede to donde vnd to latende wat ſe willen alſo dat ik my eder mynen eruen eder nemende van vnſenthaluen dar nenerleye recht eder eghendom eder anſprake mer en behelde vnd ik vnd myne eruen ſcholen dem Rade to luneborg vnd eren nakomelingen des huſes mit al ſinen tobehoringen alſe vorſcreuen is rechte warende weſen wur vñ dicke
35 on des behûf is Alle deſſe vorſcreuen ſtucke vñ en iewelk beſundern loue ik hinrik van langelge vorben vor mik vnd vor myne eruen dem Rade to luneborg de nu is vnd eren nakomelingen ſtede vnd vnvorbroken in guden truwen to holdende ane yenningerleye brok eder hinder. Des to tughe ſo hebbik myn Ingeſ mit gudem willen to deſſem breue henget De gheuen is anno M̃ CCC. LXXXI Mauricij et ſociorum eius.

40 **209.** Walther Kule, Sohn Heinrich's*), verspricht, die ihm und seinen Erben zum Ersatze des erlittenen Schadens und der ihm während seiner Gefangenschaft abgenommenen Schatzung auf die Dauer der nächsten zwölf Jahre von dem Herzoge Erich von Sachsen-Lauenburg übertragene Grafschaft im Lande Hadeln

---

*) Umschrift des Siegels: (Wald)er. Hinric. Kule S...

dem Herzoge nach den ersten sechs Jahren für 600 Mark, sonst nach Verlauf der zwölf Jahre ohne Entgelt zurückzugeben und während jener Jahre den herzoglichen Leuten kein Unrecht zuzufügen. — 1381, den 29. September.   K. O.

Ik Wolder kule anders ghe heten hinrikſen bekenne in deſſem breue openbare. dat ik den deghedinghen utuolghen ſcal vñ wil. de dar ghe deghodinghet ſen, twiſſchen mynem heren herteghen Erike deme 6 Jungeren uan ſaſſen. vñ my vñ mynen eruen. in deſſer wys, dat ik ſcal mit mynen eruen, de greueſcop in deme lande tho hadelen. hebben twelf Jar, uor ſcaden vñ ſcattinghe myner venguiſſe, mit deſſem vnderſcede Wan ik edder myne eruen de greueſcop ſes Jar hebben Inne hat ſo mach myn here uorbenomet edder ſyne nakomelinghe. de greueſcop uan us loſen uor ſes hundert mark eft ze willen. Weret ouer dat ze der denne nicht enloſeden. ſo ſcal ik edder myne eruen de uorbenomden greueſcop ſes Jar de dar na 10 negheſt uolghen, beholden uor ſcaden vñ ſcattinghe alſo dar uorſcreuen ſteyt, Vñ wan deſſe uorbenomden twelf iar ſen vmme komen, ſo ſcal myn here uan my vñ mynen eruen vmme alle ding der uorbenomder uegniſſe notlos weſen. vñ de greueſcop ſcal mynem heren vñ ſynen nakomelinghen quit vñ los. weſen, Jodoch ſo ſcal ik Wolder uorbenomet edder myne eruen. mynes heren lude nerghen ane uor vnrechten. Dit loue ik Wolder uorbenomet mit mynen eruen. mynem heren uorbenomet vñ ſinen nakomelinghen, uaſt vñ 15 ſtede tho holdende vñ hebbe des tho tughe myn Inghezeghel tho deſſem breue ghe hengbet laten, de Screuen is Na godes bort drutteynhundert Jar dar na In deme enen vñ achtentegeſten Jaro in ſunte Michabelis daghe.

210. Herzog Otto von Braunschweig und Landgraf Hermann von Hessen verschreiben, im Falle dass einer von ihnen, ohne Leibeserben zu hinterlassen, stirbt, sich einander für 300000 Mark löthigen Silbers ihre Schlösser, Burgen, Städte, Lande und Leute mit allen dazu gehörenden Herrschaften, nämlich der Herzog dem 20 Landgrafen Sichelnstein, Schloss und Stadt Münden, Bramburg (am rechten Weserufer nördlich von Hemeln), Gieselwerder, Schönsberg (bei Hofgeismar), Lauenförde, Niemever, Fürstenberg, Schloss und Stadt Uslar, Schloss und Stadt Moringen, Schloss und Stadt Hardegsen, Harste, Friedland, Brackenberg, Dransfeld, Bovenden, Niedeck, Northeim, Brunstein, Windhausen, Hindenburg (zwischen Badenhausen und Osterode), Stadt und Schloss Gandersheim, Stauffenburg, Seesen, Gebhardshagen, Harsburg und Göttingen, und der Landgraf 25 dem Herzoge Schloss und Stadt Cassel, Schloss und Stadt Grebenstein, Schloss und Stadt Immenhausen, Schloss und Stadt Trendelburg, Zierenberg, Schartenberg (bei Zierenberg), Schloss und Stadt Wolfhagen, Witzenhausen, Ziegenberg, Arnstein (beide bei Witzenhausen), Allendorf, Fürstenstein (zwischen Allendorf und Eschwege), Bilstein (oder Beilstein bei Allendorf), Eschwege, Wanfried, Schloss und Stadt Sontra, Reichenbach (bei Lichtenau), Lichtenau, Schloss und Stadt Spangenberg, Melsungen, Schloss und Stadt 30 Rodenberg, Friedewald (bei Hersfeld), Schloss und Stadt Homberg, Schloss und Stadt Gudensberg, Schloss und Stadt Felsberg, Niedenstein und Falkenstein (bei Niedenstein). Jene Summe soll, ungetheilt, dem Ueberlebenden ausbezahlt werden, bevor er die Schlösser, Städte, Lande und Herrschaften des Verstorbenen herausgiebt. Jeder von ihnen gelobt, seine Amtleute, Burgmannen und Bürger und die Pfandbesitzer seiner Schlösser und Städte dem Anderen hierauf huldigen zu lassen, die sich dem widersetzenden Städte und 35 Schlösser mit Ausnahme des Schlosses Göttingen zur Huldigung anzuhalten, dem Andern auf Tagefahrten gegen Anschuldigungen wegen dieses Vertrages beizustehen, in einem wegen des Vertrages entstehenden Kriege ihm 32 leicht bewaffnete Reiter in seine Schlösser zu senden, ihm erforderlichen Falls in eigener Person und mit Land und Leuten Heeresfolge zu leisten und zum Nachtheile dieses Vertrages sich mit den Söhnen des Herzogs Magnus von Braunschweig, mit den Markgrafen von Meissen oder mit Anderen in 40 kein Bündniss noch in Unterhandlungen einzulassen. Stirbt der Herzog, ohne Leibserben nachzulassen, so soll seine Wittwe, Herzogin Margaretha, auf ihr Leibgeding, Stadt und Schloss Münden und Sichelnstein, verzichten und der Landgraf ihr dafür Schloss und Stadt Grebenstein zum Leibgedinge anweisen. Der Herzog und der Landgraf errichten mit einander ein Schutz- und Friedensbündniss auf Lebenszeit und ernennen zur Schlichtung ihrer und ihrer Unterthanen Irrungen ein Schiedsgericht. — 1381, den 2. October.   VIII. 45

Wir von gods gnaden Otte herczauge zu brunfwik, vnd wir von den felbin gnaden herman lantgrafe
zu heffin bekannen vffindlichen yn diefem briefe, allen den dij an fehin, horin, adir lefin, daz wir mid vor-
bedachten mude, nach rade vnfir frunde von beidinfiten, vmbe daz vnrecht gedrank, vnd felbwalt, dij an
vns vffe beidefiten, gefcheen ift, vns midenandir vireynet virftrickit, vnd mid eyner faczunge, diefir nach-
5 gefchreben fummen geldis, mid vnfin nachgefchreben flofxin, Steden borgen, landen, herfcheften, vnd luden,
dij dar zu gehoren vorbunden vnd vorfchreben han, vnd vireynigen, virftricken virbynden, vnd virfchriben,
vns bir mode, vnfir eyn dem andirn mid kraft diefis briefis, mid namen wir Otte herczauge zu brunfwik, mid
diefen nachgefchreben vnfirn flofxin, borgen, fteden landen, vnd luden Sichlinfteyn Munden hus vnd ftad,
Bramborg, werdir, fchonenberg Lewinforde, Nygenüffir, forftinberg, vfler hus vnd ftad Morungen hus vnd
10 ftad, herdeffen hus vnd ftad, herfte fredeland, Brackinberg, Dranffeld, bobinczen, Nydecke Northeim, Brunfteyn,
Winthufen, hindinborg, Gandirfchein hus vnd ftad, Stauffinborg, Seffin, Uebehardifhayn hartfburg vnd Gottingen mid allen eren herfcheften vnd zugehorungen, vnd wir herman lantgrafe zu heffin mid diefen nach
gefchreben vnfirn flofxin, borgen Steden landen vnd luden, Caffil hus vnd Stad, Grebinfteyn hus vnd ftad,
Ymmenhufen hus vnd ftad, Drendilborg hus vnd ftad Tzirenberg, Schartinberg Wolfhayn hus vnd Stad,
15 wiczinhufen czeginberg Arnfteyn, Aldindorff, forftinfteyn bielfteyn, Efchenewege, wenefreden, Santra hus vnd
ftad, Richinbach, lichtenauwe, Spanginberg hus vnd ftad, Melfungen, Rodinberg hus vnd ftad, fredewalt,
hoenberg hus vnd ftad, Gudinfborg hus vnd ftad, felfborg hus vnd ftad, Nydenfteyn vnd falkinfteyn, mid
allen eren herfcheftin, vnd zugehorungen, alfo werez daz vnfir eyner abe ginge von thode ane lybis erben
des god nicht virhenge, welchir vnfir eyner daz were, fo folde dem andirn, drij werbe hundert, Thufind
20 lodige mark filbirs gudir were, als zu den gezciden danne genge vnd gebe were, vor gegeben vnd wol
beczalt fin, vnd dij beczalunge fal gefchin, er danne dij flofze borge, Stede, lande, herfchefte, vnd lude,
mid eren zugehorungen von yme quemen, vnd fal der flofze borge adir ftede, fundirlichen, eyn ane daz
andere nymand von yme lofin, fundir man fal fij, mid enandir vor dij vorbenanten fummen geldis mid enandir lofin, vnd follen alle vnfir amptlude, borgmanne vnd borgere dij diefe vorgefchreben vnfir flofze ynne
25 haben dar ane vnd dar ynne liezen, vnd yn den gerichten dij zu diefen vorgenanten vnfirn flofxin gehoren,
von beidenfiden, vnfir iglichem eyne rechte huldunge thun, globen vnd fweren zu diefir vorgenanten fummen geldis getruwelichen zu gude zu halden ane allirleige argeleift vnd geuerde, Ouch enfal vnfir debei-
ner, eynen andirn amptman zu diefen vorgenanten flofxin, borgen vnd Steden feczen, adir entfoczin, dij
amptman habe erft rechte huldunge gethan, globt vnd gefworen vnfir iglichem zu finen phennyngen, yn
30 alle der wife, als diefe briefe vzwifin dij wir dar obir gegeben han, ane geuerde, Werez auch daz vnfir
eyner, diefir vorgenanten finer flofze, borge adir ftede eyne adir mer vorfeczen mufte, adir wolde dij muchte
her vorfeczen rittern adir knechten wnne her wolde ane forftin adir hern, vor eyn mogolich zidlich geld,
als dij flofze, borge adir ftede da vor mogelich zuuorfoczin weren, vnd folde vnfir eyner dem andirn, daz
vngeferlich halden, vnd zu dem beftin kerin ane geuerde vnd waz flofze borge adir ftede, von vns gereide
35 virfafzt fin, adir virfafzt worden, vnd ab dij fumme geldis, dij von vns dar vff virfchriben fin, an vnfir
eynen irftorbe, vnd gefile nach ynhalde vnfir briefe als vorgefchriben fted fo folden dij deme, dij flofze,
borge, adir ftede, alfo virphendit weren, mid den flofxin borgen vnd fteden deme herrin an den dij vorgenante fumme geldis irftorben vnd gefallen were, zu eyner lofunge ften vnd yme dij zulofinde geben ane
wedirrede, vor als vole geldis als fij en ftunden ane geuerde, vnd folde auch der herre der fij lofte mid
40 den andirn, flofxin borgen vnd fteden wedir zu lofine geben vor dij vorgenanten drij werbe hundert Thufind lodige mark filbirs, vnd vor dij fummen geldis da vor her fij von en geloft hette, ane geuerde, vnd den,
den wir alfo vnfir flofze virfefatin, adir virfafzt hettin, folden vnfir iglichem zu der vorbenanten fummen
geldis huldingen thun, globen vnd fweren, dij flofze eme nicht zu entfremden, vnd mid den flofxin, eyner
lofunge an vns zuwartinde, weme daz geborte ane geuerde, Werez auch das vnfir eynar gefchuldigit
45 worde von weme, daz were, vmbe diefe vorgerurten vireynunge vnd virftrickunge, vnd geborte deme dar
vmbe zu thagen zu rydinde, dem folde der andere dij thage helffin leiftin vnd mid den finen dar zu ryden,

an ftede wo fich das geborte, bynnen vieren milen weges vz fyme lande, vnd yme getruwelichen vffe den
thagen raden vnd helffin, vnd fin befte vorkeren ane geuerde, vnd follen vnfir eyn den andirn vnd dij
fine zu den thagen vz vnd heim zu rydinde bewaren glich fich felbir ane geuerde, Werez auch das fich
eynige der vorgenanten vnfir flofze borge, adir ftede eyn adir mer, wedir diefe virfazzänge eynunge vnd
virftrickunge, fefztin, yn welchir hande fache fij das vor nemen, dem folde der andere dar zu getruwelichen 5
raden, vnd helffin, mid alle finer macht das her dij dar zu brechte wij her kunde, das fij dij huldungen
theden globeten vnd fwûren, als vorgerurt ift, ane geuerde Ouch als wir Otto herczauge zu brunfwik
hern hermanne lantgrafin zu heffin vnfim Oymen, vnfir flofz gottingen, mid andirs vnfirn flofzin, vor dij
vorbenante fummen geldis virfchreben han, das wir dij zu keyner huldunge, bij vnfim leben nicht dringen follen, wanne fij meynen er gewonheid fij das fij keyme erme herren, bij des andern lebethagen hul- 10
den follen,   andirs han wir vnfim Oymen lantgrafin hermanne vorgenant, vor dij vorbenante fummen
geldis, alle vnfir recht das wir dar ane han, vnd bifz her bracht haben dar ane virfchriben mid andirs
vnfirn flofzin zu haben ane geuerde,   Werez auch das wir, vmbe diefir vorgefchriben fache vireynunge,
vnd virftrickunge willen, mid ymande wer dij were, zu krige quemen, worden wir danne des radis, das wir
eyns tegelichen krigis mid enandir obirquemen, fo folde vnfir eyner bij den andirn, zu tegelichem kryge 15
yn des hern flofz deme der krig enftunde vnforczoglichen bynnen virczenthagen legen, czweno vnd drifzig
erbare man mid gleyuen, wol gerurftir inde, vnd wanne dij yn des hern flofz quemen, fo folde der herre,
bij deme fij legen, fie bekoftigen, vnd der herre dij fij dar gefandt hette, folde en vorfchaden ften ane geuerde
vnd werez das fij vromen nemen an gefangen, was da reyfzigir lude gefangen worden, foldeman teylen
nach anczal der gewapenden inde dij gleyuen hettin, dij keinwordiget von beidir hern fiden vff dem velde 20
weren ane geuerde, was abir von geburen gefangen, kuchinfpife gnomen worde, adir von gedincze gevile,
das folde dume hern alleyne werden, vnd volgen der dij kofte hette ane geuerde, Were auch das man
vmbe diefir fache eynunge, vnd virftrickunge willen, vff vnfir synen caihonde worde adir ab nod worde
vnfir eyner dem andirn zu folginde dem folde der ander das helftin weren, mid fyns felbis libe mid lande
vnd luden, vnfir iglichir vff finen fromen, fchaden vnd vorluft, ane alle geuerde, Ouch[1]) enfoln noch en- 25
wollen wir mid herczaugen frederiche, herczaugen magnus feligen fone vnd finen brudirn, mid den Marc-
grafin von miffen noch mid deheimen andirn hern, adir mid nymande keynerleige virbundniffe aberichtunge,
adir teydinge thun, nemen adir anegehin heymclich adir vffinbar yn eyngirhande wife, da wir diefe briefe
vireynunge adir virftrickunge yn die heinerhande wife mede virfchrenkin gekranken, adir virbrechin, mogen,
fundir alle argelift vnd geuerde, Werez auch das wir Otte herczauge zubrunfwik, von thodis weyn abe- 30
gingen ane libis erbin des god nicht enwolle, als wir danne der wolgeborn Grethin vnfir elichin huffrauwen,
vnfir Slofz borg vnd Stad Munden, mid allen eren zugeborungen vnd Sichlinfteyn mid finer zugehorunge
zu libgedinge gemacht han, Ift zufchen vnfim Oyme hern hermanne lantgrafin zu heffin, vnd vns beredt,
das Grethe vnfir huffrauwe, die huldunge als er von den vorbenanten flofzin zu erer lipczucht gefchen ift,
fal thegirlichen virczigen vnd follen vnd wollen, wir herman lantgrafe zu heffin vnfa Oymen herczaugen 35
Otten huffrauwen vorgenant, vor Munden vnd Sichlinfteyn zulipgedinge machin, vnfir Slofz borg vnd ftad Grebinfteyn, mid als viele gulde vnd gehulze als zu Munden, vnd zu Sichlinfteyn zugehord, dij fij iczund zu
libgedinge haid, vnd folden vnd wolden, wir fij yn das libgedinge feczen, vnd er das machen, das fij wol
hebinde vnd bewart were, vnd wanne wir das gethan hettin, fo foldeman vns Munden borg vnd ftad mid
erer zugehorunge vnd fichlinfteyn mid finer zugehorunge antworten zu den andirn flofzin, vnd dij mid andirs 40
vnfirn Oymen herczaugen Ottin flofzin borgen vnd fteden, vor dij vorbenante fummen geldis haben als vorgefchreben fted ane geuerde, vnd folde dij vorbenante vnfis Oymen herczaugen Ottin huffrauwen, dij amptlude
borgmanne vnd borgere zu Munden vnd zum Sichlinfteyn er huldunge eyde vnd globede, dij fij er zu erer
lipczucht gethan han ane alle wedirfprache ledig vnd los fegen, vnd der vff fij, gentflich vnd luttirlich nun-

---

[1]) Diefem mit Ouch beginnenden Satze ftoht von gleichzeitiger Hand zur Seite am Rande geschrieben Nota.

mer mer zu vordern, virczigen ane geuerde, Ouch fal vnfir eyner dem andirn zu gude, fin land fine lude, fine vndirthanen fine ftrafzin vnd gud, welchirleige daz ift getruwelichen fchuren, vnd fchirmen, als lange als wir leben glich deme fine ane geuerde, Ez fal auch vnfir deheiner des andirn flofze, land lude, Manne, borgmanne, borgere, adir gebure zu yme czihen, yn nemen, adir virteidingen wedir den andirn, wanne vnfir
5 iglich fal ez deme andirn zu gude keren dij wile wir lebon, mid landen vnde luden als vor gerurt ift fundir alle geuerde vnd argelift, Ez en fal auch dehein der vnfirn den andirn en adir fin gud kummern, adir vffhalden, her enhabe en danne erft irfordirt adir fij rechtis bruch worden, an deme gerichte da her gefefzin ift ane geuerde, Werez auch daz ergen eyn herre adir andirs wer dij were, vns adir vnfir vndirfafzin ane griffin, da wir keyne vffinbare vede wiftin daz folde vnfir eyner dem andirn vnd vnfir amptlude von
10 vnfir weyn, getruwelichen belffin weren mid landen vnd luden, als dicke fich daz gebord, ane geuerde, Ez enfal auch vnfir eyner des andirn vygind nummer mer werden dij wile wir leben, wanne wir follen vnd wollen vnfir beidir lande vnd lude, mid enandir fchuren vnd fchermen vnfir iglicher dem andirn zu gude, truwelichen ane allirleyge geuerde fundir alle argelift dij menfchen hercze irdenken mag ²), Were auch daz wir adir vnfir amptlude vnfir manne borgmanne, adir vndirthane vndirenandir czweytrechtig wor-
15 den des folden vnd wolden wir felbir adir vnfir iglichir czwene der finen vff thage, an vnfir beidir malftede, zu thagen ryden, adir fenden, dij daz frundlich adir rechtlich fcheiden vnd richtin folden eintrechteclich, Worden dij des rechtin czweiende, So han wir von beidentfiten den geftrengen ebirharde von buchenauwe rittere vnfirn lieben beymelichen vnd getruwen, zu eyme vngeraden vnd obirmanne gekoren vff wilche fiden der des rechten beftunde, daz folde voergang haben, vnde folde daz vnfir eyner dem andirn, vnd den
20 finen thun vnd nemen, nach deme als daz von den vieren vnd den funften vzgefprochen worde ane geuerde, vnd vmbe waz fache man zu thagen komen were dij foldeman erft vz richtin, als vorgefchreben fted, vnd andirs keyne fache daryn cziehen ane geuerde, dij fache were erft entricht vnd wanne wir, adir dij vnfirn alfo zu thagen ryden, fo folden vnd wolden wir mid enandir vnd vnfir iglich den andirn vnd dij fine zu dem thage vz vnd heim bewaren fchuren vnd fchirmen, glich eme vnd den finen ane geuerde ³),
25 Werez auch daz vnfir eyns manne, borgmanne, adir vndirthanen, deme andirn vmbe fchult hette zuzufprechin daz folde her an finen hern brengen, der folde vor den manen vnd fchriben, fo folden vnd wolden, wir bedirfijd vnfir iglichir czwene der finen, yn den neftin virczenthagen nach dem als her vor en fchrebe vnd gemand hette vff thage zu famene fenden, Waz denne dij viere eintrechtlichen, adir ab dij viere nicht eintrechtig worden, welchir vnfir czwen denne vnfir obirman beftunde vnd irkente daz redelich fchult were,
30 dij folde vnfir eyn des andirn mannen borgmannen adir vndirthanen richtin bynnen den neftin virczenthagen, als daz von en vz gefprochin worde ane geuerde, theden wir des nicht, phenten fij vns denne dar vmbe daz muchten fij thun vz eres hern flofzin vnd daryn vnd folden mid den phanden phentlichen gewerben vnd thun Were abir daz vnfirs eyns manne borgmanne adir vndirthane diefem alfus nicht volgeten, als vorgefchreben fted, vnd vnfir eynen hir obir ane griffe, fo folde der, des manne daz theden, dij nicht
35 halden, vnd folde fij, von yme vnd vz finen flofzin landen vnd gebiden wifin, vnd folde vnfir eyner dem andirn vff dij, von ftund getruwelichen helffin alfe lande bifz fij deme gerecht worden den fij alfo ane gegriffin hettin, ane geuerde, Gingo auch Ebirhard von buchenauwe ritter er vnfir eyme von thodis weyn abe daz gol lange vorczihe, fo folden wir yn den neftin virczenthagen dar nach, als Ebirhard virfcheiden were, iglichir czwene finer dinere vff eynen thag zufamene fenden, vnd dij vire folden eintrechtlichen, vff ere
40 eyde vnd globede dij fij vns gethan hettin oynen obirman, an Ebirhardis ftad kyfin, der vns beidirfijd glich gefefzin vnd bequemelich were, kunden fij des nicht eintrechtig werdin, fo folden dij felbin viere, vff ere eyde vnd globede iglichs czwene eynen kifen, dij vns bedirfijd glich gefefzin vnd bequeme weren, vnd foldin danne dij vire vff ȳdij fiten cyneriglich eyns worffis mid dren glichen worffeln der meiftin augen werffin, vnd von welcherme dij meiften augen geworffin worden dij folden den, den fij gekoren hettin zu

45 ²) Hier fteht am Rande von gleichzeitiger Hand gefchrieben Nota. ³) Hier fteht am Rande von gleichzeitiger Hand gefchrieben Nota.

eyme obirmanne gewunnen haben, vnd den folden wir beide vnd wolden zu eyme obirmanne haben, vnd der folde vns beyden globen vnd fweren, vnfir iglichem glich vnd vngeferlich vz richtunge zuthunde yn allen fachen dij an en quemen, vnd bracht worden nach deme als vorgefchreben ift anegeuerde, Ouch enfoln adir enwollen wir keynerleige ftucke, fache hulffercde adir wedirfpeache, fuchen, vynden, adir vornemen, da mede wir diefe vorgefchreben eynunge virftrickunge, facxunge vnd diefen keinwordigen brieff 5 mid allen finen ftucken puncten vnd artikeln wedirfprechin, gekrenken virbrechin, adir virhalden muchten yn eynigirhande wife ane geuerde, Diefe vorgefchreben eynunge virftrickunge, virfacxunge, vnd alle diefe vorgefchreben rede pungte, ftucke, vnd artikele femptlich vnd befundern, als dij bir vorgefchreben ften vnd begreffin fin, han wir vorgefchreben, wir Otte herczaugo zu brunfwik, vnd wir herman lantgrafe zu heffin entruwen globt, vnd liblichen mid vffgerachten vingern zu den heylgen gefworen ftede vefte, vnd 10 vnforbruchlichen zu haldino fundir argelift ane alle geuerde, Dijs alliz zu bekentniffe, zu warem Orkunde vnd zu ganczir ftedicheid geben wir Otte herczauge zu brunfwik, vnd wir herman lantgrafe zubeffin diefen brieff mid vnfirn Ing bir ane gehangen veftlich vorfegilt, Der gegeben ift an mittewochen neft nach Michahelis des heilgen ertfzengels, Anno dominj Millefimo CCC LXXX primo.

211. Herzog Otto von Braunschweig und Landgraf Hermann von Hessen treffen mit einander die Uebereinkunft, 15 dass der Herzog über den Reinhardswald keinen Förster setzen soll, so lange der Landgraf oder dessen Leibeserben leben, und dass der Landgraf das Kloster Hilwartshausen bei Rechte lassen soll. — 1381, den 2. October.
IX.

Wir von godes gnaden Otto hertoge to brunfzw vnde von den fuluen gnaden harman lantgraue to hef- fen Bekennen opinliken Indůffem breue dat we medenander ouerkomen fin dat we Otte hertoge to Brůnfzw 20 vorgenant den Reynerfwalt fortmer nicht fořfte[1] eder keynen knecht to fořftinde dar ouer fetten fchullen eder willen de wile[2] ohme lantgraue harman vorgenant adir fine lyues eruen eff he de gewunne leneden vnde we harman lantgraue to heffen vorgenant fullen vnde willen dat klofter to Hilworfhufen bij rechte laten Des to Orkunde hefft vnfer igliker fin Ingef vp diffen breff laten drůgken gegeuen an deme negften middeweken na Michelis Anno domini M CCC LXXXI. 25

212. Herzog Otto von Braunschweig und Landgraf Hermann von Hessen treffen mit einander die Uebereinkunft, ihre Irrungen über Holzungen, Wasser oder Feld durch ein Schiedsgericht schlichten zu lassen und durch Grenzsteine und in Urkunden die Grenze zu bezeichnen, welches Alles sofort innerhalb der nächsten vier Wochen geschehen soll. — 1381, den 2. October.
IX.

We von godes gnaden Otte hertoge to Brůnfzw vnde we von den fuluen gnaden harman lantgraue to 30 beffen Bekennen opinbar Induffem breue, dat we medenander ouerkomen fin, dat fek vnfer cyn mit dem andern fal fcheiden laten ôf fij vmme geholte water eder felt, wor vnfer cyn deme andern vmme to tofpre- ken hefft, vn foln dat vormalftoden vnde vnfer cyn deme andern verbreuen vnde fal dijt allit gefchein vnůortoglik bynnen dúffen negften veyr weken na data dúffes breues ane geuerde, des to orkunde hefft vnfer igliker fin Ingef vp diffen breff laten drůgken Gegeuen an deme Middeweken noft na Michelis Anno 35 dominj M CCC LXXXI.

213. Die von Sowinge (Sauingen)*) erklären, dass sie ihre Wohnung auf dem oberften Walle zu Bahrum dem Dompropfte und dem Domcapital zu Hildesheim ausgeliefert haben, dass diese mit ihrer Bewilligung dieselbe haben abbrechen und den Wall, worauf sie stand, zerstören lassen. Sie gestatten, dass die Gräben zugedämmt werden, so fern es noch nicht geschehen ist, und versprechen für sich und ihre Erben, auf dem 40

---

[1] förften. [2] Hier fehlt vn/e.

*) Sie werden auf der Rückseite der Urkunde von einer Hand des 15. Jahrhunderts de sueringe, von einer des 17. aber von Saueringen genannt.

Walle nicht mehr zu bauen noch bauen zu lassen und wegen dieser Angelegenheit den Domherren oder
dem Stifte keinen Schaden zuzufügen. Als Entschädigung erhalten sie 25 löthige Mark. — 1381, den
19. October. K. O.

We ver Ghefe Hanfes wedewe van Sowinghe Tyderik vn Hans van Sowinghe duffer vorbenompden
5 Ghefen vn Hanfos fone bekennet openbar in duffem breue vor vns vn vnfe Eruen dat we hebbet ghedeghedinghet myt vnfem heren dem domproueste vn Capitele to hildenfem dat we on hebbet gheantwordet
vnfe woninghe vp dem ouerften walle to Barum alfufdanne wis dat fe myd vnfem willen vn vulborde hebben defuluen woninghe ghebroken laten vn den wal dar de woninghe vppe ftunt hebbet ghemaket vn to
broken laten wo on dat boqueme was vn wor de grauen nicht to dempet fyn dar moghet fe de noch to
10 dempen laten vnde we eder vnfe Eruen en foullen noch en willen vp duffen vorbenompden wal nicht
mer buwen eder buwen laten Id en fche myd duffer vorbenompden vnfer heren willen Ok on foulle we
eder en willen Eder vnfe Eruen noch nemant van vnfer weghen duffe vorbenompden vnfe heren Eder dat
ftichte to hildenfem vmme duffe vorforeuen deghedinghe Eder fake nichtis vordenken noch befchedeghen
Vn we Ghefe vn Tyderik vorbenompd willot vn foullet dat vormoghen dat hans van Sowinghe vnfe fone
15 vn broder vorbenompd wan he to Jaren kumpt al duffe vorforeuen ftucke ftede vn vnbrokelken holden
fcal vnde dor duffer deghedinghe willen hebbet vns vnfe vorbenompden heren riue vn Twintich lodighe
mark Brunfw wichte vnde witte al betalt Duffes to orkunde fo hebbe we Tyderik vn hans vorbenompd
vfe Inghefeghele ghehenght laten an duffen bref Vnde ek Ghefe vorforeuen bruke Tyderikes vnde hanfes
myner fone Inghefeghele went ek neyn Inghefeghel en hebbe Ghcuen na goddes bord dryttoynhundert Jar
20 in deme eyn vn achtygbendeftem Jare des Sonnauendes na funte Ghallen daghe.

214. Die Herzöge Wenzlaus und Albrecht von Sachsen und Lüneburg einerseits, Herzog Friedrich von Braunschweig und Lüneburg und die Stadt Braunschweig andererseits errichten auf die Dauer von sechs Jahren
ein Bündniss. Keiner von ihnen soll des Andern Feind werden noch ihm und den Seinen Unrecht thun.
In künftigen Irrungen zwischen beiden Theilen, in Irrungen der Herzöge Wenzlaus und Albrecht mit den
25 Mannen des Herzogs Friedrich oder mit der Stadt Braunschweig oder mit seinen anderen Städten, in
Irrungen des Herzogs Friedrich und der Stadt Braunschweig mit Mannen oder Städten der Herrschaft
Lüneburg und in Irrungen zwischen Mannen oder Städten beider Herrschaften soll ein aus zwei Mannen
der Herzöge Wenzlaus und Albrecht und aus zwei Mannen und Freunden des anderen Theils bestehendes
Schiedsgericht und Heinrich Beek, als Obmann, richten. Gegen diejenigen Mannen und Städte auf der einen
30 Seite, welche den Mannen und Städten auf der anderen Seite Unrecht thun und sich dem Ausspruche des
Schiedsgerichtes nicht fügen, wollen die Verbündeten gemeinsam als Feinde auftreten, bis dem Rechte
Genüge geschieht. Ebenso wollen sie sich gegenseitig gegen jedermann getreu helfen, der, ausserhalb des
Landes Braunschweig und des Landes Lüneburg gesessen, einem von ihnen oder Mannen und Städten eines
der beiden Länder Unrecht thut. In einem Kriege eines der Verbündeten soll ihm der andere 20 Gewaff-
35 nete, aber auf Erfordern mehr Leute senden und ihm, wenn der Feind in eins der beiden Lande einzudringen oder in demselben Schlösser zu belagern oder Festungwerke anzulegen beabsichtigt, mit aller Macht
Heeresfolge leisten. Keiner von ihnen soll zum Nachtheile des Andern die Feinde und verfesteten Leute
desselben hausen oder hegen. Durch dieses Bündniss sollen die früheren Verträge unter den Verbündeten
nicht aufgehoben werden. — 1381, den 31. October. K. O.

40 We. Wentllaw. vn Albrecht. van ghoddes gnaden. Hertoghen tho Saffen. vn tho Luneborch. be kennet
openbare In deffem breue. Dat we. vns. mid. Deme hochgheborne vorften. vnfeme bolen. Hertoghen Fre-
dorike. Hertoghe tho Brunfwich. vnde tho Luneborch. vn mid Deme Rade. vn mid den borgheren tho brunfwich. vruntliken hebbet vor enet. vn ghe fatet tho Ses Jaren. na vtghift deffes breues. Alfo. Dat we. bynnen
der tyd ere vygende nicht fchöllen werden. Vn ok. fe. noch. de öre. bynnen des nicht vor vnrochten fcho-
45 len. Were auer. Dat vnder den voro be nomeden vnfem bolen. deme Rade. vn den borgheren. vn vns.

bynnen deſſer tyd. Jennich ſchelinghe velle. des ghod nicht en wylle. Dar ſcholden ſe tho keſen Twene
orer manne. vñ vrůnde vñ we. twene. vnſer manne tho keſen. De ſcholden vns der ſchelinghe bynnen
enem maneden. dar na. alſe. en. Dat vor kvndeghet worde erſcheden. In vrůntſchap. eder mid rechte. Könden auer. de vere vns alſo nicht vorſcheden. So ſcholden ſe. Hinrike bocke. keſen tho enem ouermanne.
mid weme. de. denne tho velle. mid deme rechten. Dar ſcholde id by blyuen. Were ok dat Jemich twy- 5
dracht worde twiſſchen des. vorbenomden vnſem bolen. Hertoghen frederikes mannen. eder der Stad tho
brunſwich. efte anderen ſynen Steden. vñ vns. edar twiſſchen. Hertoghen frederike. Deme Rade tho brunſwich vñ vnſer Herſchap tho Luneborch mannen. eder ſteden. eder. twiſſchen vnſer beyder mannen. efte.
Steden. De ſchelinghe ſcholden ſe vns. tho beydentſiden vor kvndeghen. vn ſo. ſcholde we beyderſyt. ſe.
denne wyſen. an vnſe ſchedelude. De ſcholden ſe. ſcheden bynnen vere wecken dar na. Scheden ſe. ſe. 10
denne nicht. endrechtliken bynnen der tyd. So ſcholden ſe der ſchelinghe blyuen. by vnſeme ouermanne.
vñ mid weme de. denne tho velle. mid deme rechten. dar ſcholde id by bliuen. Were ok vnſer manne.
eder ſtede Jennich. de des vorbenomeden vnſes bolen. Hertoghen frederikes manne. De van brunſwich. edder
ander ſyne ſtede ver vnrechtede. vñ ſek an der ſchedinghe. nicht en wolde ghe nogben laten. Dere. eder. des
vygende. ſcholden. ſe. vñ we werden. vñ dar ſcholden ſe. vñ we. vnſer een. dem anderen trůweliken tho 15
be hůlpen weſen. alſe langhe. dat de recht neme. vñ gheue. alſe ſik dat ghe borde. Were ok Jemant De.
baten vnſes vorbenomeden. bölen. Hertoghen frederikes. vñ vnſen landen. beſeten were. De en. eder vns.
edder vnſer manne eder. Stede. Jenneghen ver vnrechtede. vñ do. vns dat vor kvndeghede. na vtwiſinghe.
deſſes breues. Deme ſcholden. De ſulue Hertogbe frederik vñ de Rat. tho brunſwich. vñ ander ſyne Rode.
vñ manne. vñ we. vñ vnſe. manne. vñ ſtede. trůweliken be hulplik weſen. alſe. langhe. Dat ſe. vñ we. deme 20
rechtes hůlpen. Were ok. Dat de vorbenomden. Hertogbe frederik. vñ de Rat tho brunſwich. na deſſer
tyd. mid weme to kryghe quemen vñ van vns hůlpe eſſcheden. ſo. ſcholde we ſe. to rechte beden. en
kvnde we. en. denne. na vtwiſinghe deſſes breues. nicht rechtes helpen So ſcholde we vygende werden van
ſtvnden an. vñ en. vp de ſaluen. trůweliken be hůlpen weſen. ane arghelyſt. vñ ſcholden en. ok. denne
leeghen. Twintich wapent. In ore flote. wůr ſe de hebben wolden den krygh vt. wan ſe. dat van vs eſſche- 25
den. vñ den ſcholden ſe vor ſchaden ſtan. vñ en. denne gheuen ſpyſe vñ voder. vñ allen vromen. Den
ſe. denne dar midde nemen. de ſcholde ore weſen. Were ok. dat de voreſereuen Hertoghe Frederik. vñ
de Rad. van brunſwich. van vns vorder hůlpe eſſcheden. vñ we en volgheden. vñ lude brochten edder ſenden. wat we en denne. lude. brochten. edder ſenden. an de twintich ghe wapent. Dar ſcholde we. ſchaden.
vñ vromen medde ſtan. na mantale. der lude. Id ne were. Dat ſe. vns ſynderliken beden en to volghene 30
vp ore auenture. Were ok. Dat Jemant Indes vorbenomeden Hertoghen frederikes lande tho brunſwich
Infoken. edder. dar ynne ſtallen. eder. bůwen wolden. vñ ſe vns dat wytlik deden. vñ vns dar tho eſſcheden.
So ſcholde we en volghen. mid alle deme. dat we vte bringhen könden. vñ en. dat trůweliken helpen
keren ane arghelyſt. Ok en ſchole we. ore vygende vñ ore vorveſteden lude In vnſeme lande tho Luneborch nicht huſen. noch begben. en tho ſchaden. eder. we. en. dön. dat. mid oreme wyllen Were ok. Dat 35
Hinrik bök. bynnen deſſer tyd afgbinghe. So. ſcholden. de vere. ſchedeſlude. de we. dar beydentſiden tho
ghe koren hedden. ſek. enes anderen ouermannes vor draghen. vñ entellich werden. Ok en ſchůllen de.
erſten breue. De we vnder anderen gheuen hebben. mid deſſem breue. nicht vor broken weſen. Alle deſſe.
vore ghe ſereuenen ſtůcke. vñ artycule. vñ een Jöwelk by ſynderen. loue we. vor be nomeden Hertogbe. Wentſlaw. vñ Hertogbe Albrecht. Den vorbenomeden. Hertoghen frederike. vñ deme Rade. der ſtad tho brunſwich 40
ſtede. vñ vaſt. vñ vnverbroken tho holdene. ane arghelyſt. vñ hebben des tho. orekvnde. vnſe Inghefeghele.
wytliken. laten ghe henghet an deſſen bref. De ghe gheuen ys. Na ghoddes bord. Dritteynhvndert Jar.
Indeme. ene. vñ achtenteghesten Jare. In alle ghoddes hilligheden auende.

IV.

We frederik van goddes gnaden hertoghe to Brunſwich vñ to luneb. vñ we de Rad vñ de borghere 45
ghemenliken der Stad to brunſwich bekennet openbare in deſſem breue. dat we vns mit den bogheboren

vorſten. hern Wentſlaw vn̄ horn Albrechte to Saſſen vn̄ to luneb̄. vruntliken hebbet vorenet vn̄ gheſatet To ſos jaren na vtgift deſſes breues. Alſo dat we binnen der tyd ore vygende nicht ſchullen werden vn̄ ok ſe noch de ore binnen der tyd nicht vor vnrechten ſchullen   Were auer dat vnder den vorbenomeden heren. hern Wentſlaw. vn̄ hern albrechte vn̄ vns vn̄ deme Rade to brunſwich binnen deſſer tyd Jenich ſchelinge wörde
5 des god nicht en wille dar ſcholden ſe to keſen twene orer manne vn̄ we twene vſer manne vn̄ vſer vrunde to keſen. de ſcholden vns der ſchelinge bynnen enem mande dar na alſo one dat ghe kundeghet wörde jrſcheden jn vruntſchop. edder mit rechte   kunden auer de vere vns alſo nicht vorſcheden So ſcholden ſe hinr̄ bocke keſen to enem ouermanne. mit weme de denne to velle. mid dem rechten dar ſcholde id by bliuen..   Were ok dat jenich twidracht worde. twiſſchen den vorbenomeden hertoghen Wentſlawes vn̄ hor-
10 toghen albrechtes mannen. edder oren ſteden vn̄ vns edder twiſſchen hertoghen Wentſlawes vn̄ hertoghen albrechtes vn̄ vnſer herſchop to brunſwich mannen edder ſteden. edder twiſſchen vnſer beyder mannen vn̄ ſteden de ſchelinge ſcholden ſe vns to beydentzyden vor kundeghen.   Vn̄ ſo ſcholde we ſe denne to boydent-zydon wiſen an vnſe ſchedes lude   de ſcholden ſe irſcheden binnen ver wecken dar na   Schededen ſe. ſe denne nicht endrechtliken bynnen der tyd So ſcholden ſe der ſchelinge bliuen by deme ouermanne.   Vn̄
15 mit weme de denne to velle mit deme rechten dar ſcholde id by bliuen,   Were ok dat vſer manne edder ſtede ienich, de der vorbenomeden hertoghen Wentſlawes vn̄ hertoghen albrechtes manne edder ſtede vor vnrechtede vn̄ ſek ander ſchedinge nicht welde noghen laten. dere edder des vygende ſchollen ſe vn̄ we werden   dar ſcholden ſe vn̄ we vſer en deme anderen truweliken to behulpen weſen. alſe lange dat de recht nemo vn̄ gheue alſo ſek dat ghebordo,   Were ok iemont de buten der vorbenomeden hertoghen
20 Wentſlawes vn̄ hertoghen albrechtes vn̄ vnſem landen beſeten wore. de hertoghe Wentſlawes vn̄ hertoghe albrechtes ofte vnſer edder vnſer manne odder ſtede jenoghen vor vnrechtede vn̄ de vns dat vorkundeghede na vtwiſinge deſſes breues deme ſcholden de vore ſchreuenen hertoghe Wentſlawe vn̄ hertoghe albrecht vn̄ ore manne vn̄ ſtede vn̄ we vn̄ vnſe manne vn̄ ſtede truweliken behulpen weſen. alſo lange dat ſe vn̄ we deme rechten hulpen.   Were ok dat de vore benomeden hertoghe Wentſlaw vn̄ hertoghe albrecht binnen
25 deſſer tyd mit weme to krighe quemen vn̄ van vns hulpe oſſchoden. ſo ſcholde we ſe to rechte beden. Konde we en denne na vtwiſinge deſſes breues nicht rechtes helpen So ſcholde we vygende werden van ſtunden an vn̄ en vppe de ſuluen truweliken behulpen weſen ane arghelift. vn̄ ſcholden on ok denne leggen twintich ghewapent In ore flote wure ſe de hebben welden den krich vt wen ſe dat van vns oſcheden.   Vn̄ den ſcholden ſe vor ſchaden ſtan vn̄ one donne gheuen ſpiſe vn̄ voder   vn̄ alle den vromen den ſo denne
30 dar midde nemen de ſcholde ore weſen, were ok dat de vor ſchreuenen hertoghe Wentſlaw vn̄ hertoghe albrecht van vns vörder hulpe eſſcheden vn̄ we one volgheden vn̄ lude brochten edder ſenden wat we on denne lude brochten edder ſenden ane de twintich ghewapent dar ſcholde we ſchaden vn̄ vromen midde ſtan na antal der lude Id en were dat ſe vns ſunderliken beden on to volghende vppe ore auenture   Were ok dat Jement Inder vorbenomeden hertoghen Wentſlawes vn̄ hertoghen albrechtes lande to luneb̄. ſoken
35 edder dar inne ſtallen eder buwen welde vn̄ ſe vns dat witlik deden vn̄ vns dar to eſſcheden So ſcholde we en volghen mid alle deme dat we vt bringen konden vn̄ on dat truweliken helpen koren ane arghelift   ok en ſchulle we ore vygende vn̄ vor veſtede lude In vnſem lande to brunſwich nicht hufen noch heghen. en to ſchaden edder we en don dat mit orem willen   Were ok dat hinr̄ bok binnen deſſer tyd afghinge ſo ſchullen de vore ſchedesſlude de we an beydentziden dar to ghekoren hedden ſek enes anderen ouermannes
40 verdraghen vn̄ en tullich werden,   ok en ſchullen de erſten breue de we vnder anderen ghe gheuen hebben mit deſſem breue nicht vor broken woſen   Alle deſſe vor beſchreuenen ſtucke vn̄ artykele vn̄ eyn iowelk by ſunder loue we vorbenomede hertoghe frederik vn̄ de Rad der Stad to brunſwich mid ſamender hant den vorbenomeden hertoghen Wentſlaw vn̄ hertoghen albrechte Ingluden truwen ſtede vn̄ vaſt to holdende ane arghelift vn̄ hebben des to orkunde we hertoghe frederik vn̄ de Rad to brunſwich vnſe vn̄ vnſer Stad
45 Ingheſeghele wytliken ghe henget laten an deſſen breff   de ghe gheuen is Na der bord goddes dritteyn-hundert Jar In deme en vn̄ achtentegheſten Jare In aller goddes hilghen auende.

215. Herzog Friedrich von Braunschweig und Lüneburg belehnt den Herwig Kerstens mit einer halben Hufe Landes zu Watzum und verleiht sie der Frau desselben zur Leibzucht. **IV.**

We Vrederik etc bekennen in deſſem openen breue vor vns vn vor vnſe eruen dat we herwigke kerſtens vn ſinen eruen hebben gheleghen vn belenen to rechtem eruelene l̄ huue to watxem mit allem rechte mid allernud vn mit alle deme dat dar to hord Indorpe vn jnvelde ok bekenne we dat we albeyde ſiner eliken huſvrowen hebben gheleghen doſſe vorſchreuenen halue huue to orem lifghedinge vn willet des herwigke vorbenomet vn ſiner huſvrowen vorbenomd vn oren eruen rechte were weſen wur ſe des bedoruen to ener bekantniſſe etc.

216. Herzog Friedrich von Braunschweig und Lüneburg verleiht dem Heinemann Becker die Bude zu Linden mit dem Platze zur Leibzucht. **IV.**

We Freder etc bekennen openbare in deſſem breue vor vns vn vor vnſe eruen dat we heynemanne beckere vnſem knechte hebben gheleghen to ſinem liue dat tauerne blok vn de tauerne to linden mit allem rechte nut vn mit alle deme dat dar to hort jndorpe vn jnvelde vn willen des ſine were weſen wure ome des nod is To ener bekantniſſo hebbe we ome deſſen breff etc.

217. Die Herzöge Wenzlaus und Albrecht von Sachsen und Lüneburg und die Herzöge Friedrich und Bernhard von Braunschweig und Lüneburg verpfänden auf die Dauer von wenigstens acht Jahren dem Rathe und den Bürgern der Stadt Braunschweig die Schlösser Gifhorn und Fallersleben mit allem Zubehör, aber ohne geistliche und weltliche Lehne, für 2200 löthige Mark und für 50 löthige Mark, welche zum Baue verwandt werden sollen, indem sich die Herzöge Wenzlaus und Albrecht das Oeffnungsrecht vorbehalten. Diesen und dem Rathe wird nach neun Jahren einjährige Kündigung gestattet. Sterben die Herzöge Wenzlaus und Albrecht vor der Einlösung, so sollen der Rath und die Bürger sich mit beiden Schlössern, falls Herzog Friedrich dann noch lebt, zu diesem, sonst zu seinem ältesten Bruder und nach dessen Tode zu den Erben der Herzöge Wenzlaus und Albrecht nach Ausweis der über das Herzogthum Lüneburg errichteten Sühne halten. — 1381, den 31. October. **IV.**

We Wentſlav vnde Albrecht van der gnade goddes Herthoghen tho Saſſen vnde tho Luneb vnde we Frederik vnde Bernt van der ſuluen gnado goddes Herthoghen tho brunſwich vnde tho Luneb bekennet openbare indeſſem breue dat we vnſen leuen ghetruwen deme Rade vnde den borgheren der Stad tho brunſwich hebben vor Sad vnde vor pendet vnſe ſloto Ghifborne vnde vallerſleue myd allem rechte nut vnde tho behoringhe ghenomet vnde vnghenomet ane geyſlighe vnde werlike leen vor twe vnde twintich hundert lodighe mark brunſwiſcher witte vnde wichte de vns al betalt ſin van deſſem negheſten thokomenden winnachten an vort ouer achte jar wan de auer vmme komen ſint So moghe we vorbenomden Herthoghe Wentſlav vnde Herthoghe Albrecht den vore ſcreuenen Rade vnde borgheren tho brunſwich Edder ſe vns de loyſe der ſuluen Slote kundighen binnen den achte daghen tho winnachten vort ouer eyn jar vnde wanne we on edder ſe vns de loyſinghe der vorbenomden Slote alzo ghe kundighet hedden So ſcholde we one binnen den achte daghen tho winnachten vort ouer dat jar de twe vnde twintich hundert mark der vorbenomden witte vnde wichte inder Stad tho brunſwich betalen vnde wan dat gheld betalet is So ſchullet ſe vns de vor benomden Slote ane vortoch wedder antworden myd aller tho behoringhe alze vorder alzo ſe vnuerloren weren Weret ok dat we on alzo hir vor ſcreuen is des vorbenomden gheldes nicht en gheuen So moghen ſe ore penninghe bekomen myd den Suluen Sloten vnde myd deme dat dar tho hort myd weme ſe willen vnde vorſten vnde heren. vnde weme ſe de Slote leten vor dat vor ſcreuene gheld dome ſcholde we horthoghe wentſlav vnde herthoghe Albrecht vor ghe nomet alzodane breue gheuen vnde bewaringhe don dar vp alze we one ghe gheuen vnde ghe dan hebben vnde de ſuluen ſcholden vns ok denne redelike bewaringhe weddor don myd oren vrunden ok moghen ſe an den vorbenomden Sloten vor buwen voſtich lodighe mark der vorbenomden witte vnde wichte alzo dat ſe dar redeliken bewiſen moghen Weret auer dat an den Sloten van vnghelucke ſchade ſchude van brande wad ſe denne dar an vorbuwe-

33

den na vnfeme rade dat fcholde we one myd deme vorbenomden ghelde ghentzligben wedder gheuen vnde en konde we auer myd one nicht onich worden vmme dat ghe buwe wad denne twene orer kumpane myd deme Rade tho brunfwich myd oreme rechte behelden dat gheit fchal we one wedder gheuen myd der vor ghe fcreuenen fummen Ok fchal we vorbenomden herthoghe Wentflav vnde herthoghe Albrecht
5 der vorbenomden Slote rechte ware wefen vnde fe dar truweliken ane vordedingben vnde ores rechten wur vnde wanne on des nod is vnde fe dat van vns efoben   Weret ok dat fe iement an den vorbenomden Sloten Edder orer thobehoringhe befchedogbede edder ver vnrechtede dat fcholden fe vns herthoghen Wentflav vnde herthoghen Albrechte verkundighen en hulpe we one denne binnen den negheften ver wekenen dar na nicht mynne ichte rechtes So moghen fe fek van den vorghefcreuenen Sloten wol vnroch-
10 tes weren vnde we fchullen one dar tho behulpen wefen   Vortmer fchullet deffe vor benomden Slote Gif-horne vnde vallerfleue vnfer herthoghen Wentflawes vnde herthoghen albrechtes vnfe opene Slote wefen tho alle vnfen noden tho allen tiden   Weret ok dat we dar vp efcheden alzo dat we dar af orleghen welden So fcholde vnfe ammechtman denne we dar fetten fe vnde de ore vor fchaden bewaren Schude on auer edder den oren fchade den fcholde on defulue ammechtman wedder don ja mynne edder myd
15 rechte binnen negheften verwekenen dar na wan de fchade fcheen were vnde vns dat ghe kundighet worde ok fcholde we herthoghe Wentflav vnde herthoghe Albrecht en denne vrede gud gheuen jeghen de plöch-werke vnde vorwerke de tho den floten borden dar we vp efcheden alzo vorder alfe men dat jnder vyende ghude hebben mochte ok fcholde we denne bekoftighen Tornlude dorwerdere wechtere de van orer weghene dar weren de wile dat de krich warde   vnde de vorbenomden Ratmanne vnde borghere
20 fchullen vnfe lande vnde lude vnde de janne de vns boren tho verdeghbedinghende van den vor benomden floten vnde dar tho truweliken vor fchaden bewaren vnde de myd nichte vervnrechten noch befcheddeghen   Worden ok de Slot Ghifhorne edder vallerfleue orer jenich van vngheluche verloren des god nicht en wille So fcholde we van ftaden an vyende werden deer de de flote edder der Slote jennich ghe wunnen hedden vnde we en fcholden vns nicht fonen noch vreden myd den dede Slot edder de flote jenich ghe-
25 wunnen hedden we en hedden on der Slote beyde edder welker verloren were wedder ghehulpen Edder twe ander Slot efte fo beyde verloren waren efte eyn Slot efte dor eyn verloren were wedder jndat ghe-richte des flotes dat verloren were wedder ghe buwen Edder we en hedden on ore vorbenomde ghelt ghentz-liken wedder gheuen Vnde buwede we twe andere flot efte fe beyde verloren weren efte eyn flot efte orer eyn verloren were dar fcholden fe ore vorefcreuene ghelt ane hebben vnde myd deme rechte an fittes
30 alze fe jnden floten Ghifhorne vnde vallerfleue nv fitten vnde we fcholden on de gulde de tho den vor-fcreuen floten horet helpen bekrechtighen   vnde worde vs der flot jennich wedder efte fe verloren worden wo dat tho queme de fcholde we on van ftunden an wedder antworden edder ore ghelt gheuen alze vor-fcreuen is Vnde were dat wo vorebonomden Herthoghe Wentflav vnde Harthoghe Albrecht van des dodes weghene af ghinghen ore der tid dat we deffe vorbenomden Slote van dem Rade vn den borgheren van
35 brunfwich wedder lofeden So fcholde fek de vor benomden rad vnde borghere na vnfer beyder dode myd den vor benomden floten Ghifhorne vnde vallerfleue holden an vnfen boylen Herthoghen Frederike efte an finen eldeften broder efte he nicht en were vnde vord an vnfe eruen na vtwifinghe vnfer Süne breue de fe vn we vnder oyn ander gheuen hebbet Alle deffe vorfcreuenen ftucke loue we vorbenomden Hertoghe Wentflav vn Hertoghe Albrecht vnfen leuen ghe trawen deme Rade vnde den borgheren der Stad tho brunf-
40 wich ftede vnde vaft tho holdende vnde hebben des tho ener orekunde vnfe ingbezele laten ghe henghet an deffen bref de ghe gheuen is Na goddes bord dritteynhundert jar Indeme eyne vnde Achtenteghoften jare jnallergoddes hilghen auende.

218. Die Herzöge Friedrich und Bernhard von Braunschweig und Lüneburg ernennen den Hans von Papesturp zum Amtmanne über ihr ganzes Land auf die Dauer eines Jahres vom nächsten 11. November an und
45 befehlen ihm Wolfenbüttel mit Land und Leuten an.   IV.

We Frederˉ vñ Bernd brodere etc bekennen openbare in deſſem breue dat we hebben gheſad hanſe van papeſtorpe to enem ammechtmanne ouer alle vſe lant vñ hebben ome bevölen Wulferbutle lande vñ lude truwelikcn to vorſtande nv van Sunte mertens daghe nogheſt to komende vort ouer en Jar ane den tolen to linden. des ſchulle we ſelven bruken. Vortmer ſchulle we vn vnſe eruen dem vorbenomden hanſe van papeſtorpe vor allen ſchaden ſtan vñ alle den de he to ſek ladet vñ biddet na vns vñ na ome 5 to ridende. Were ŏʋ dat we vñ ſe ieuighen vromen nemen des vromen ſcal he mechtich weſen. Were ok dat ienich ſcade velle des god nicht en wille ſo ſcholde he den ſchaden mit deme vromen irleggen de wile dat de warde. Were denne dat van deme vromen wad ouer lepe dat were vnſe. Were ok dat me den ſchaden mit deme vromen nicht erlegken konde ſo ſcholde we edder vnſe eruen vñ welden one io des ſchaden entleſten vñ benomen ere we one entſetten dat we alle deſſe ſtucke etc. 10

219. Die Herzöge Friedrich und Bernhard von Braunschweig und Lüneburg stellen einen Revers aus, dass Johann von Ambleben ihnen die Hälfte seines Schlosses Ambleben für sechszehn löthige Mark auf die Dauer wenigstens eines Jahres vom nächsten 11. November an verpfändet hat, und geloben, wenn sie von dem Schlosse Krieg führen, ihn und sein Gesinde, welches zur Burghut gehört, zu beköstigen, ihm Schaden zu ersetzen, wenn er mit ihrem Amtmanne im Felde oder sonst in ihrem Dienste ist, und seinen Brüdern von ihrem 15 Amtmanne Burgfrieden und Burghut geloben zu lassen. IV.

We Frederik vñ bernd brodere etc bekennen openbare in deſſem broue vor vns vñ vor vnſe eruen dat Jan van ampleue vnſe leue truwe os vñ vnſen eruen gheſad vñ in vnſe were gheantword heft ſin deel halff des huſes to amploue mit ſteghen mit weghen mit vnweghen mit allem rechte vñ mit alle deme dat dar to hord Indorpe In velde jnholte an wifſchen an watere an weyde alſe me des ghenoten vñ bruken 20 mach vñ he dat ghe had heft wente her tó vor feſteyn lodeghe mark brunſw wichte vñ witte de we ome gheuſliken betalet hebben. Dat ſolue deel des huſes mach he edder fine eruen wedder loſen vor dat vorbenomede gheld nv to Sunte mertens daghe vort ouer en Jar. Were dat he edder fine eruen des nicht endeden So mach he edder fine eruen dat loſen darna alle jar to Sunte mertens daghe. vñ wanne he edder fine eruen dat loſen welde So ſcal he os edder vnſen eruen de loſinge kundeghen to Sunte mychelis daghe. So ſcal 25 he edder fine eruen os edder vnſen eruen vſe gheld wedder ghouen vnbeworen to ſunte mertens daghe denne negheſt to to komende in der Stad to brunſw ane ienigherleye hinder vñ vortoch. Were ok dat we edder vnſe eruen vnſe gheld wedder hebben wolden So ſcholde we ome odder finen eruen de loſinge kundeghen to Sunte mychelis daghe. So ſcholde he edder ſine eruen os edder vnſen eruen vſe gheld wedder gheuen vnbeworen to Sunte mertens daghe denne negheſt to to komende jnder ſtad to brunſw ane ieni- 30 gherleye hinder vñ vortoch. Were ok dat we edder vnſe eruen dar aff orleghen welden dat moghe we don wore vñ wanne os des nod is So ſchulle Jano vñ ſin gheſinde do to der borchhude horen in vnſe koſte nemen. Were ok dat Jan mit vnſem ammechtmanne wore vppe deme velde were, den we dar ſetten edder in vnſem denſte were ſo ſchulle we ome vorſchaden ſtan. Ok ſcal vnſe ammechtman enen borchvrede vñ one borchhude don ſinen broderen alſe he twiſſchen one vñ ſek ghedeghedinged heft vñ ſcal 35 des ſelven ghelik van one wedder nemen. Vñ wanne he edder fine eruen vns edder vnſen eruen vnſe gheld wedder gheuen heft So ſchulle we ome ſin ſlot wedder antworden vnbeworen ane wedder ſprake. Des to bekantniſſe hebbe we vnſe Ingheſeghele witliken an deſſem breff ghehenged laten datum anno etc.

220. Herzog Friedrich von Braunschweig und Lüneburg gelobt, dem Conrad Hotop am nächsten 11. November 18 löthige Mark zu bezahlen oder ihm ein während der Zeit erledigtes Lehn in oder ausserhalb der Stadt 40 Braunschweig zu verleihen und ihn vor der Bezahlung des Amtes nicht zu entsetzen. IV.

We Frederˉ etc bekennen openbare in deſſem broue vor vns vñ vor vnſe eruen alle den de deſſen breff ſeen edder horen leſen dat we ſchuldich ſint rechter ſchult Corde hotoppe vnſem deure. ylſeben finer oyliken huſvrowen vñ finen eruen achteyn lodege mark brunſwikſcher wichte vñ witte de we ome betalen ſchullen

vn willen To Sunte mertens daghe de negheft to komende is ane ienigherleye arghelift hinder vn vortoch
Were dat vns vnder deffer tid ienich leen gud los wurde binnen der Stad to brunfwich edder dar enbuten
dat ome bequeme were dat fcholde we vn welden ome le(nen) alfo vele alfe vir de penninge borde, ok
fchulle we vn willen one des ammechtes nicht entfetten edder nemende van vfer weghene de wile we ome
5 de penninge nicht betalet enhebben ouer deffen deghedingen is ghe wefen wilhelm van vtze lodewich van
tzampleue vn hans papoftorp vfe voghed To merer wiffenheyt dat we Corde vorbenomet ylseben finer
eyliken hufvrowen vn finen eruen alle deffe ftucke ftede vn vaft holden willen So hebbe we vnfe Inghefeghel witliken an deffen breff ghehenged laten datum anno domini etc.

**221. Herzog Friedrich von Braunschweig und Lüneburg gelobt, dem Conrad und Ulrich von Weferlinge und
10   dem Günther und Bosse von Weferlinge auf Wolfsburg am nächsten 29. September siebzig löthige Mark
     zu Königslutter oder Wolfsburg auszuzahlen, und stellt dafür Bürgen. — 1381, den 10. November.   IV.**

We hertoghe vrederik van goddes gnaden hertoghe to brunfw vn to luneb vn vnfe eruen we bekennen openbare In deffem breue dat we fchuldich fint rechter fchult vnfen leuen ghe truwen mannen Corde
vn olrike van weuerlinge. Ghuntere vn boffen van bertenfleue wonhaftich to der Wuluefborch. vn oren
15 eruen Seuentich lodeghe mark brunfwikfcher wichte vn witte de we one fchullen vn willen betalen vppe
deffen negheften to komenden Sunte mychelis dach vppe deme hufe to luttere edder vppe deme hufe to
der wuluefborch wur fe vnder deffen twen leueft willen ane ienegherleye hinder edder vortoch To eyner
beteren wiffenheyt Sette we one to borghen vnfe vrund vn man de hire na befchreuen ftan. We ludolff de
odele van Werberghe wonhaftich to werberghe. hern hilmar van oberghe Jane van ampleue hanfe papeftorpe
20 Junge ludolff van Wenden hern lodolfes fone van Wenden henninge van Woleke vn hinr van hotenfleue alle
borghen bekennen openbare In deffem ieghenwardighen breue dat we louet vn louen entruwen vor vnfen
Juncheren hertoghen vrederike van brunfw vn to luneb vn vor fine eruen Corde vn olrike van weuerlinge
ghuntere vn boffen van bertenfleue wonhaftich to der wuluefborch vn oren eruen Seuentich lodeghe mark
brunfwikfcher wichte vn witte de we one fchullen vn willen betalen vppe deffen negheften to komen-
25 den Sunte mychelis dach vppe deme hufe to luttere edder vppe deme hufe to der wuluefborch wur fe
vnder twen leueft willen mid redeme ghelde edder mid nogheden panden Dit loue we fakwolde vn borghen mit ener famden hant Corde vn olrike van weuerlinge Ghuntere vn boffen van bertenfleue vorbenomed
vn oren eruen ftede vn vaft vn vnvorbroliken to holdene Ane ienigherleye hinder edder vortoch hulperede
edder inval to eyner groteren bewifinge vn wiffenheyt hebbe we fakwolde vn borghen vnfe Inghefeghele
30 witliken vn mit gudem willen ghehenged laten an deffen breff na goddes bord dritteynhundert Jar In deme
en vn achtenteghoften Jare In Sunte mertens auende des hilghen biffchopes.

**222. Herzog Friedrich von Braunschweig und Lüneburg ersucht den edelen Herrn Ludolf von Werberge zu
     Warberg und die übrigen von ihm den von Weferlinge geftellten Bürgen, den Schuldbrief zu befiegeln,
     und verspricht, sie von der Bürgfchaft ohne ihren Schaden zu befreien.   IV.**

35 Vnfe gunft vn guden willen to vorn deme edelen ludolfe to Werberghe[1] hern hilmere van oberghe Jane
van ampleue hanfe papeftorpe Jungen ludolfe van wenden hern ludolues fone van wenden henninge van
woleke vn hinr van hotenfleue leuen getruwen We bidden gik vrnntliken vn mit allem vlite dat gy
juwe jnghefeghele an deffen breff[2] willen hengen laten wente we gik des loftes fchadelos af nemen willen
Des to tuchniffe hebbe we gik deffe breue befeghelt etc.

40 **223. Herzog Friedrich von Braunschweig belehnt die Söhne des verstorbenen Bürgers Henning Salige, die er
       für mündig erklärt hat, mit dem Zins in der Mühle hinter der Burg zu Braunschweig, mit dem vierten**

---

[1] Ueber *Werberghe* ist gefchrieben *morondi* in *werberghe*.   [2] Nämlich die vorhergehende Urkunde vom 10. November 1381 Nr. 221.

Theile des Bierzellen daselbst, mit der Fischerei zu Veltheim, mit Vogtpfennigen zu Berklingen und mit
fünf Hufen Landes zu Ahlum und belehnt damit ihre Mutter zur Leibzucht. IV.

We frederˉ etc bekennet in deſſeme openen broue dat we ludolfe vñ henninge brodere gheheten Sali-
gen borghere to brunſw̄ henninges kinderen Salighen deme god gnedich ſy de wẽ mundich hebben ghe
maket hebbet gheleghen vñ lenen in deſſem ſeluen breue to enem rechten erue lene den molen tins achter
der borch to brunſw̄ eyn verdendel an deme beer tollen dar ſelues, de viſſcherie to veltum. twe vñ twintich
ſchillinge gheldes voghed penninghe to berklinge vñ viff huue landes to adenum mit alle deme dat dar
to hort an holte an dorpe vn an velde vñ mit alleme rechte alſet ore elderen van os vñ van vnſen elderen
ghehad hebben ok hebbe we alle dit vorſchreuene gud tins vn ghulde ghelegen vn lenet in deſſem ſeluen breue to ener rechten liftucht Greton henninges wedewen Salighen vñ ſchullet vñ willet Se dar midde
belenen mit hande vñ mit munde alſe eyn wonheyt is wanne Se komet dar we ſint vñ dat van os eſſchet
ok ſchulle we vñ willet deſſes ore were weſen wure vñ wanne os des nod is vñ ſe dat van os eſſchet To
eneme orkunde alle deſſer vorſchreuenen dinge ſo hebbe on deſſen breff gegheuen mit vnſem jnghefeghel
beſeghelt nader bord goddes etc.

**224. Herzog Friedrich von Braunschweig und Lüneburg belehnt den Brand Klemmerogke mit Vogtpfennigen zu
Pümmelse.** IV.

We freiˉ etc bekennet openbare in deſſem broue vor vns vñ vor vnſe eruen vñ vor alle den de one
ſeen edder horen leſen dat we brande klemmerogke vñ ſinen eruen hebben gheleghen vñ belenen in deſſem breue twelff ſchillinge voghed penninge nyer penninge deme vns plach to ghouende vppe Sunte
mychelis dach de we hadden an dren huuen vppe deme velde to vimmelſe mit allem rechte ane den denſt
deme vns vñ vnſen eruen dar aff plichtich is vñ willen one vñ ſinen eruen deſſer vorbenomden twelff
ſchillinge rechte were weſen wure vñ wanne ome des nod is To merer wiſſenheyt dat we ome vñ ſinen
eruen dit ſtede vñ vaſt holden willen hebbe we ome deſſen breff beſeghelt ghegheuen vñ is ghegheuen
nader bord goddes. etc.

**225. Der Priester Johann von Braunschweig beklagt sich, dass ihm Hans Hordorp zu Alvensleben sein Lehn
nimmt, und bittet, dass ihm Herzog Friedrich von Braunschweig und Lüneburg Korngefälle zu Calvörde
und Eichenbarleben zu Lehn verleihe.** K. O.

Wettet dat mek hans hordorp nympt dat mek myn here van brunſw̄ hertzoghe frederik ghe legen heft
Ok byddet mynen heren dat he mek lene noch twene wiſpel de heft eyn iuncvrowe vñ is ſere kranc
des is I wiſpel by Caluorde in eynem dorpe dat het wyghelze vñ de andere wiſpel in dem dorpe dar dat
andere mine is to eyken bardeleue vñ diſſe iuncvrowe de het goſe eylſleue.
   per me her Jan van Brunſˉ preſbiter.
Diſſen hans hordorp den vint men to aluenſleue eder to hundesborch.

**226. Verzeichnis der Einnahmen auf dem Schlosse Celle unter dem Vogte Segeband Voss vom 12. November
1381 bis 31. Mai 1382.** K. O.

Anno domini M̊ ĊĊĊ LXXXĪ des negeſten dyngſedaghes na ſunte Mertens dage ſette myn here hertoge
Albrecht to Saſſen vnde to Luneborch Seghebande voſſe to voghede to Tzelle deſſet heft he ſynt der tyd
vppe nomen van ſiner wegen. K. O.
Van leyde to Wynſen vppe der alre In ſunte Elizabet auende XVII marcas et VI ₰ Des negeſten
londaghes na ſunte andreas dage XXV marcas et VI ₰ in vnſer vrouwen dage Concepcionis XX marcas
in ſunte thomas daghe XX marcas minus IIII ʷʳ ₰ Des negeſten donredaghes na nyenyare XVIII marcas et VII ₰ Des negeſten donredaghes vor ſunte paulus daghe XXVIII marcas minus IIIʷʳ ₰ Des
negeſten dyngſedaghes vor vaſtelauende XLVIII marcas minus IIIʷʳ ₰ Des erſten ſondaghes in der vaſten.

XVIII marcas et XX denař Infunte gregorius daghe X marcas Des negeften dyngfedaghes na mytvaften XXII marcas minus 1 ₰.
Summa huius eft II^C marcas et XXVII marcas.
Van leyde to Tzelle:- In funto Elizabet auende XII ₰ van leyde Des fonauendes vor funte kathe-
5 rynen dage eyn pund Des negeften donredaghes na funte katherynen dage IIII^{or} ₰ in funte nicolawes auende. VIII ₰ in funte nicolawes dage XII ₰ in funte Lucien dage eyn pund Des negeften mytwekens vor funte thomas dage XII ₰ Des negeften fondages vor wynachten VIII ₰ in nyenyares auende IIII^{or} ₰ Infunte paulus auende IIII^{or} marcas in vnfer vrouwen dage lichtmyſſen II marcas et IIII^{or} ₰ Des negeften mandages vor vaftelauende IIII^{or} marcas et IIII^{or} ₰ Des dyngfedages vor vaftelauende II
10 marcas Des fonauendes XXIIII^{or} ₰ Des erften dages inder vaften VIII marcas et IIII^{or} ₰ Des negeften dyngfedaghes na funte mathies dage I marcas Des anderen fonauendes inder vaften VII marcas Des fonauendes vor funte gregorius dage VIII ₰ Des negeften donredages na funte gregorius dage VII marcas et IIII^{or} ₰ Des mytwekens na mytvaften XII ₰ Des fonauendes na mytvaften I marcas Des mandaghes vor palmen I pund pennynghe Des dyngfedaghes vor vrouwen dage VIII ₰ Des fon-
15 auendes vor palmen III marcas Des mandaghes na palmen III marcas et IIII^{or} ₰ in pafche auende XVI ₰ et IIII^{or} denař in pafche dage IIII^{or} ₰ Des mandaghes inden pafchen. V ₰ Des mytwekens inden pafchen VI marcas minus IIII^{or} ₰ Des donredaghes V ₰ et IIII^{or} de Des vrydaghes inden pafchen X marcas van den hildenfemfchen wagenen In funto Tyburtius daghe VIII ₰ van leyde*) Des myt- wekens na funte Tyburtius dage IIII^{or} ₰ In funto iuriens auende XII marcas et IIII^{or} ₰ Des donredaghes
20 dar na VIII ₰ Des fonauendes III marcas et IIII^{or} ₰ In funte wolberge dage XIII marcas et IIII^{or} ₰ in funte ghodehardi dage III marcas minus IIII^{or} ₰ Des negeften fonauendes na funto ghodehardi dage XI marcas Des negeften dyngfedages vor vnfes heren godes hemmeluart II marcas et IIII^{or} ₰ In vnfes heren godes hemmeluart auende XIII ₰ et IIII^{or} denař Des negeften mandaghes vor pingeften XII mar- cas et IIII^{or} ₰ Des dyngfedaghes IIII^{or} ₰ Des mytwekens eyn pund Des negeften vrydaghes vor pin-
25 geften X ₰ Des negeften vrydaghes na pingeften XII marcas.
Summa huius eft I^C marcas XLII marcas et VI ₰.
Van Vem pennyngen III marcas et IIII^{or} ₰ vte deme kerfpole to wynfen.
In deme hylligen auende to wynachton X marcas van den buren van ftenhorft to dyngbede.
Des negeften mytwekens vor funte gregorius dage VI marcas et II ₰ van byrogelde vte des rades kellere.
30 Van kloeken XII ₰ to tolne van eyner eken.
Van leddere LXXXII marcas minus IIII^{or} ₰.
Van den buren van Jeuerfen V marcas et IIII^{or} ₰ Van ruttzen to Weftertzelle IIII^{or} ₰ vor eyn hof fwyn helmed vor der brugge to wyfendorpe XIII ₰ et IIII^{or} de dorlemanfche XIII ₰ et IIII^{or} denař Van den buren van helden X marcas Van den buren van ekeleghe XXVIII ₰ vor eyne koe Van den
35 buren van brokele IIII marcas vor twe koye Van den buren van ekeleghe X ₰ van molt pennynghen Van den buren van Jeuerfen III marcas Van den buren van deme haghene IIII^{or} marcas.
Summa huius eft I^C marcas XXXI marcas minus XXVIII denař.
Van bede LXXI marcas van dorpmarke.
Van koyen IX marcas minus IIII^{or} ₰ van bergen vñ van hermenfborch.
40 Summa omnium fummularum receptarum eft V^C marcas et LXXIX marcas.

Priſſeualke †) I ₰ bulder I ₰ Johan van der lyppe VI de heyne prufer I ₰ reyneke fmed V de benneke koeke I ₰ heyne bekkere I ₰ heyne holewech XVIII de Rolef de gropere I ₰ Eggelke I ₰ Rettzeke I ₰ hermen bekkere II ₰ tydeke kramere III ₰.

*) Mit diesem Satze beginnt eine neue Seite. †) Hiermit beginnt im Manuscripte ein anderes Heft.

Dat kerfpel to dorpmarke Vrylinge eggherd I mark   Orbeke odde XII ₰ vtfynge henneke XIII ₰ et IIII^{or} de Oftenholte wygenhagen X ₰ to der wroge heyne eyn pund kedynge I mark vor eynen wuftenhof Johann van deme bokele eyn pund.

Dat kerfpel to foltouwe hermen to der heyde eyn pund billerdynge koneke VI ₰ ludeke van hermedynge XIIII^{or} ₰ henneke to aluerdynge I mark vor eynen wuftenhof Item VII ₰ to tynfe van deme bopo werneke IX ₰ deymerdynge klyngenberch XIIII^{or} ₰ vrylinge henneke eyn pund wolterdynge koneke vppe deme berge I mark bode V ₰ Onynge Jacob XIIII^{or} ₰ to deme apelenbeke Olrich VII ₰ Ryffchmeyger VII ₰.

Kefpen to wenfen Jeuerfen bernd VII ₰ to der wyfene tyleke VII ₰ verdeke XIIII^{or} ₰ to deme walle detmer IIII^{or} ₰ wulthufen bernd VII ₰ retbruk X ₰ balke XIIII^{or} ₰ Abbenburen henneke IIII^{or} ₰ henneke heynen VII ₰.

Kerfpel to fwarmftede Swarmftede ghereke oyligellegere III ₰ Item cyn pund der nam meyer vp. to makelinghdorpe de betemanfche II ₰ honouerfch.

Do kerfpel to bergen Euerften henneke meyer XIIII^{or} ₰ heyne ftarke VI ₰ henneke oemes VII ₰ minus IIII^{or} de ludeke helmedes van belleofen VII ₰ minus IIII^{or} de Meyneke wefthorn XI ₰ minus IIII^{or} de hermen van katenfen VII ₰ minus IIII^{or} de hoyer van euerften VII ₰ minus IIII^{or} de Odde van dydeften VII ₰ minus IIII^{or} de henneke van honhorne VIII ₰ Arnd van hagene VII ₰ minus IIII^{or} de hermen van blekmere IIII^{or} ₰.

Werdebomene dyder VI ₰ Rempe van hone V ₰ ludeke honynge van offene IIII^{or} ₰ ludeke loge van offene IIII^{or} ₰ henneke meyer van blekmere XII ₰ Edelke van dudenfen III ₰ et IIII^{or} de henneke van deme hukefhole VI ₰ de volbertefsche van hagene VI ₰ beteke van euerften III ₰ et IIII^{or} de deneke van honhorno VI ₰ henne to bekelinge VI ₰ minus IIII^{or} de.

Kerfpel to Wyfendorpe Rodenhorft de wedewe XXVII ₰ minus IIII^{or} de Wyfendorpe wybo helmedes VII ₰ minus IIII de Clawes van meygnyncholte eyn pund Do ouermanfche van halmerdynge VII ₰ minus IIII^{or} de henneke hamborch van meygnincholte VI ₰ byrman van meygnyncholte III mark De fchomakere van meynyngholte VI ₰ ludeke van reddynge XXVII ₰ minus IIII^{or} de Oldeland van meynyngholte VII ₰ minus IIII de Tymmerman van markeborftele VII ₰ minus IIII^{or} ₰ hermen byrman van meynyngholte I mark Odde van wyfendorpe VII ₰ minus IIII^{or} de de rorlemanfche XIII ₰ et IIII^{or} de Helmed vor der bruggen XIII ₰ minus IIII^{or} de van werdebomene de rederfche I mark.

Hermenfborch. helmed to betendorpe IIII^{or} ₰ alheyd vlenhopes VIII ₰ Dyderic veltman van müden XII ₰ henneke van volkeffen III ₰ et IIII^{or} de De meyer van bekodorpe eyn pund heyne poele X ₰ helmen Junge XIII ₰ et IIII^{or} de Johan van wefende I mark Merten van muden XXIII ₰ ludeke van hetendorpe IIII^{er} ₰ fyole van wefende III ₰ et IIII^{or} de arnd kramere I ₰ ludeke tymmerman I ₰ De brugghemanfche van bekedorpe XII ₰ Kerften pypenbryngh I ₰ henneke hermens van bekedorpe X ₰ Cord poele VII ₰ minus IIII^{or} de.

Vlutwede Ekelge kerften nyeman IIII^{or} ₰ ftegemeyer XXII de henneke meyer VI ₰ buryngh IIII^{or} ₰.

Bokelfkampe henneke bunger III ₰ Jorden Clawefinge IIII^{or} ₰ brand IIII^{or} ₰ ftrukman IIII^{or} ₰ henneke Jutten XIIII^{or} ₰ De dreyere VIII ₰.

De bure van brokele IIII mark.

Oldentzelle henneke plokhorft IIII^{or} ₰ loze IIII^{or} ₰ kerften mese IIII^{or} ₰ to tynfe vnde III ₰ vor eynen vuftenhof luder haryngh IIII^{or} ₰ de rademakere I mark et circiter V ₰ fander VII ₰ honeman IIII^{or} ₰ henneke des gherdeners fwage XIIII^{or} ₰ bonfak III ₰ vor eyne koten.

Borch Ranfe IIII^{or} mark hilleke IIII^{or} ₰ Symon van der blomelage VIII ₰ van lande.

Ofterloge bonfak dedit XIIII^{or} ₰ et circiter XIIII^{or} ₰ Weftertzelle do olderlude X ₰ vor eynen vuftenhof fporyngh XIIII^{or} ₰.

Van deme borftele tydeke mengkynge IIII ^{or} ₰ luder van deme hagene II ₰ henoke abbetynge XXIX de ghereke honeman XXIX de wolkmar XXIX de henneke bonfak IIII ^{or} ₰.
Van deme buye merten IX ₰ minus III ₰ van helden Otto VII ₰ gherfen kort I mark hauckhorft heyne XXIIII ^{or} ₰.

5 Effche alburt van der oo XXIIII ^{or} ₰ et circiter VIII ₰ Rodewold XXVIII ₰ helmeke fmed IIII ^{or} ₰ hageboke VIII ₰ bortold van effche IIII ^{or} ₰ tydeke ledege XIIII ^{or} ₰ hans kampman X ₰ kokeffche XXIIII ^{or} ₰ lechthop XVIII ₰ henneke mertens VII ₰ weyge XXIIII ^{or} ₰.
Hoene de olde dreyere V ₰ helmeke XIIII ^{or} ₰ de weganere IIII ^{or} ₰.
Vmbergen heyne hinzeken X ₰ tyleke IIII ^{or} ₰ francke IIII ^{or} ₰.

10 Spechtelborne heyneke treybefinge IIII ^{or} ₰ frederich XV ₰.
Van den hofluden XXXV mark minus V ₰ to tynfe.
Tyns van der fulten Kerften van katenfen X mark et VI ₰ fmalekale XI mark Juries IX mark et II ₰ Pundhengeft VII mark et IIII ^{or} ₰ woze X mark.
Tyns van deme wede abbenfen henneke reyfen eyn pund honouerfch henneke engghelken XV ₰

15 honouerfch fintrewange XIII ₰ fprokhof eyn pund honouerfch henneke VIII ₰ aleke koneken XII ₰.
Bredelge kamerman VI ₰ honouerfch De fcradere III ₰ hinric I ₰ fchuuewegge III ₰ de euerdefche VI de tyeman III ₰ knyf I ₰ de wolterfche II ₰.
Negenborne de molnerfche IIII ^{or} ₰ luder II ₰ Rodenborftele XII ₰ honouerfch beyttzynborftele X ₰ Eltzenfen wittekop I ₰.

20 To deme metze de kroppeffche III ₰ honouerfch radelef VI ₰ de meyer VI ₰ henneken debbeken VI ₰.
Gheylhof henneke Jordanes IX ₰ honouerfch gheylhof IX ₰ hencke III ₰.
Weneborftele koneke XVIII de hencke I ₰ Melinghdorpe kort I ₰.
Voged tyns C mark LXXXXVIII mark minus XI de.

25 Leyde Des erften dages na der hilgen dryer konynge dage V mark et III ₰ to dorpmarke Item IIII ^{or} guldyne to leyde De fulues to Soltouwe II mark Des vrydages vor thome XXVI ₰ to foltouwe De fulues to dorpmarke II mark et V ₰ Dar na to foltouwe X mark Item to dorpmarke III mark Item to foltouwe IIII ^{or} mark.
Van ledere L mark minus II ₰.

30 Des negeften mandages na twelften IIII ^{or} mark minus II ₰ van kellerlage Des fonauendes Inden pafchen V mark van kellerlage Van offen pennyngen III mark et V ₰ van der heyde van hauerpeunyngen XXVI mark van hone III mark van hoffwynen Item II mark van herwige ftempele vor eynen offen van deme rade van hildenfem LXI mark IIII ^{or} ₰ et IIII ^{or} de van enem egenen wyue XX mark van talge V mark et XV denar.

35 Van hutten XII pund honouerfch Item van tylloyfe III pund honouerfch Dreuerman III pund honouerfch wilken III pund honouerfch.
Broke henneke van marfene XV mark Ifernoman I mark van bergen broke to deme vygendynge X ₰ van reddynge eyn man III mark van enem ftolen perde de rederiche van werdebomen V mark van Markelynghdorpe marquart I mark van broke.

40 Van deme kramere in deme wolde XXI ₰ van tynfe henneke fmed to bergen III mark van broke van der gherwerdeffche van markeborftele IIII ^{or} mark van richarde van deme bukeffhoele eyn pund pennynge van ghoreken puffele vnde van ludere van dydeften I mark.
Aleke to hoppenftede VII mark van leue Olneke to bennynghorne III mark van leue van deme walle XI mark van der rodenhorft XVIII mark.

45 Henneke ftokenfnydere III mark van broke van den bodekeren VI mark van broke broke van deme wede gerlich molner eyn pund honouerfch happe van deme metze XV ₰ honouerfch breyder

XIIII*r ₰ ghizeke van deme Jurfenborftele XII ₰ honouerfch fegelken knecht van negenborne XII ₰ benfe van bredelge VI ₰ ludeke prutze VI ₰ de berde van negenborne VI ₰ Cord van dem metze eyn pund honouerfch doyes XII ₰ Tydeke fmedes XXIIII*or* ₰ honouerfch twene prutzen VI ₰ henneke plumhof eyn pund honouerfch Johan van deme borftele VI ₰ henneke buſſen XII ₰ fcholner VI ₰ beneke mûſman VI ₰ ghizeke radelnynge eyn pund honouerfch hanneke muſman eyn pund 5 honouerfch lange henneke van eltzenſen eyn pund Prundel vppe der blomelaghe XIII ₰ to broke*) hermen rybold IIII*or* ₰ van ghildehuſe II ₰.

Van broke van oldentzelle ludemen blancken IIII*or* ₰ henneke fanders III ₰ luder harynges III ₰ blancke IIII*or* ₰ eylerd dedekynge VIII ₰ bokeberch II ₰ loze IIII*or* ₰ de feeperfche I mark. Tydeke viſſchers vppe deme nyenhagen VI ₰ Van gerſen de dobeler III ₰ buſſchohorn II ₰. 10

Bede van bergen XII mark van Jouerſen X mark van der wyſenen molen IIII*or* mark van deme wede LV mark van bede.

Water toln helmold tolnere VII mark van eggelinge van eltze III mark V ₰ et III de tydeke feradere IIII*or* mark minus I ₰ van kloken vnde van papen volkmere VIII mark minus II ₰ van nortmanne III mark et VII ₰ van borftele III mark et III ₰ van eggelinge vnde van kloeken III mark et I ₰. 15

De fumme des anderen vpnemendes IIII*c* LXVI mark III ₰ et II denar.

Korn tyns. Van byrde henneke van der bomene XX hymten roggen hofmate Item XVI hymten gerften hofmate Item II molt haueren hofmate.

De meyer van birde III molt roggen hofmate Item II molt gerften hofmate Item III molt haueren hofmate. 20

De houemefter van greſbeke eyn voder haueren vor de koppele to byrde.

Otferfen albert ftork II molt roggen II molt gerften II molt haueren verder mathe.

Oldenwalige kerften II molt roggen II molt gerften vnde II molt haueren verder mate.

Bordelfe II molt roggen II molt gerften II molt haueren van deme verdendyle.

Van walige IIII*or* fcepel haueren. 25

Duſhorne Ellingbuſen henneke IIII*or* hymten roggen hermen IIII hymten roggen.

Krelen ghereke bekman VI hymten roggen luder goſler VI hymten roggen Clawes van krelen IIII*or* hymten roggen.

Oftenholte henneke wnnokynge VI hymten roggen henneke IIII*or* hymten roggen.

Ettyngborftele henneke IIII*or* hymten roggen hermen IIII*or* hymten roggen. 30

Borftelinge Johan luttekeman VI hymten roggen.

Deylighe Coneke mertenynge IIII*or* hymten roggen tydeke kruſe IIII*or* hymten roggen.

Bernd van de Jetesbroke XVIII hymten roggen hofmate.

Heyne van hemynge IIII*or* hymten roggen bredelge.

Dorpmarke: Viſſingdorpe albert III wichemten roggen vte der molen hermen meyer van meg- 35 borftele III wichemten roggen hofmate ludeke feger fyn nabur XXII hymten roggen hofmate henneke van deme hone III wichemten roggen minus I hymten roggen hofmate to tynfe vnde II wichemten haueren hofmate.

Tydeke van deme myddelften dorpe II fcepel roggen.

De meyer van demo ftobbokefhorne V wichemten haueren. 40

Tytlinge heyne VI hymten roggen hunerdynge reyneke IIII*or* hymten roggen Vrylinge Eggerd VI hymten roggen.

Van der beyde beke VI hymten roggen werneke van deme hope VI hymten roggen ghereke van hormelinge VI hymten roggen Olrich van hermelinge VI hymten roggen Otte VI hymten roggen.

---

*) Mit dieſem Satze beginnt eine neue Seite.

Bergen kotenfen hermen VI hymten roggen.
Bellenfen henneke ftopenegel VI hymten roggen.
Henneke van boppenftede I fcepel roggen to tegeden.
Van bauen IIII° fcepel roggen minus IIII° hymten roggen to tegeden Item XVIII hymten haueren.
5 Van der rodenhorft XVIII hymten roggen to tegeden Item XVIII hymten haueren to tegeden.
Van der Luttere III fcepel roggen.
Van deme tegeden van der fulten IIII° fcepel roggen et III hymten roggen Item IIII° fcepel haueren.
Van deme mefelhorne I wichemten roggen verder mate.
Van ludeken van blekmere IIII°' hymten roggen.
10 Van werdebomen heyne fchillinges IIII°' hymten roggen.
Van bekelinge henneke ghodekynge IIII°' hymten roggen.
Beyenborftele punfak V hymten roggen.
Vlutwede Ekelge kerften nyeman VI hymten roggen et VI hymten haueren bungere VI hymten
roggen et VI hymten haueren ftegeman VI hymten roggen et VI hymten haueren.
15 Bokelfkampe grotewale VI hymten roggen et VI hymten haueren ketelhod VI hymten roggen et
VI hymten haueren bungere VI hymten roggen et VI hymten haueren Jorden VI hymten roggen et
VI hymten haueren brand VI hymten roggen et VI hymten haueren ftrukman VI hymten roggen et
VI hymten haueren.

227. Verzeichniss der Ausgaben auf dem Schlosse Celle unter dem Vogte Segeband Voss vom 12. November
20 **1381 bis 31. Mai 1382.** K. O.

Anno domini M CCC LXXXI des negeften dynxfedaghes na funte mertens daghe. fette myn bere hertoghe Albrecht to Saffen vnde to Luneborch Soghebande voffe to voghede to Tzelle deffet is dat hir na
ghe fcrouen fteyd dar he eme vp ghewunnen hefft.

Des mytwekens vor eyne tunnen botteren VI marcas vor eyne tunnen harynges III marcas vor
25 twe hundert ftokvyffches XIIII°' marcas vor peper vnde fafferan IX marcas et II ₰ vor verfchen
baryngh IIII° ₰ vor vyffche II ₰ vor eyere XVIII denař.

Des donredaghes Des vrydaghes vor olye IIII°' ₰.

Des fonauendes vor vyffche II ₰ vor II fcepel moltes II marcas et II ₰ vor III fcepel roggen
XXX ₰ vor XII hymten hoppen VII ₰ to twen bruweden fes hymten hoppen to twen fcepel moltes de
30 brendeke voged gekofft hadde. vnde fes hymten hoppen to twen fcepel moltes do de voged koffte vor
XXVII fcepel haueren XV marcas et XVI denař de in daffer wekene gevodert fynt.

Summa huius feptimane eft LI marcas VII ₰ et IIII° denař.

Des negeften fondaghes vor funte Elizabet daghe inder anderen weken. vor oyne tunnen beres I mark
hern Eggelberte Des mandaghes.
35 Des dynxfedaghes vor eyn halff voder beres IIII°' mark mündere deme fcradere.

Des mytwekens vor eyne tunnen harynghes III marcas.

Des donredaghes vor dre voder beres XVI marcas minus IIII°' ₰ ludere van der hettelege.

Des vrydaghes vor olye IIII°' ₰.

Des fonauendes vaftemen funte katherynen vor vyffche IIII°' ₰ vor olye IIII°' ₰ vor fchoe I marcas
40 myner vrouwen vnde oren yunchvrouwen herwyghe fchomakere vor II fcepel moltes II marcas et II ₰
vor VI hymten hoppen IIII°' ₰ vor VI fcepel roggen. IIII°' marcas et IIII°' ₰ vor XVIII fcepel haueren et I hymten haueren IX marcas et VIII denař.

Summa huius eft XXXIX marcas IX ₰ et IIII°' denař.

Des fondaghes in funte katherynen auende inder drydden weken vor V fcepel hoppen minus IIII°'
45 hymten hoppen XXX ₰ et VII denař vor eyn voder beres VI marcas et IIII°' ₰ hern Eggelberte.

Des mandaghes   Des dynxfedaghes.
Des mytwekens   vor eyne tunnen harynghes III marcas   vor vyffche IIII^or ₰ myneme heren vnde myner vrouwen   vor eyere XIIII^or denař.
Des donredaghes   Des vrydaghes   vor olye III ₰.
Des fonauendes   vor eyne tunnen botteren VI marcas   vor vyffche IIII^or ₰   vor eyere XX denař 5 vor VI fcepel roggen IIII^or marcas et IIII^or ₰   vor IIII^or fcepel moltes IIII^or marcas et IIII^or ₰   vor LVII wychemten haueren XXIII marcas et III ₰   den wychemten vor VII ₰.
Summa huius eſt XLVIII marcas II ₰ et V denař.
Des negeſten fondaghes na funte andreas daghe inder verden weken.   vor eyn half voder beres et II tunnen boros VI marcas et I ₰   hermene pilfe.   vor grone fwynen vleyfch IIII^or ₰.   10
Des mandaghes   vor eyne tunnen harynghes III marcas   Des dynxfedaghes.
Des mytwekens in funte barberen dage   do vaſtede myn here   vor vyffche III ₰   vor olye I ₰ vor eyere XVIII de myner vrouwen vñ oren yuncfurouwen   vor eyn voder koele X ₰ myneme heren.
Des donredaghes in funte nycolawes auende   vor vyffche IIII^or ₰   vor olye III ₰.
Des vrydaghes   vor eyne tunnen harynges III marcas   vor olye IIII^or ₰   vor eynen haluen hymten 15 fenepes XX dř.
Des fonauendes in vnfer vrouwen auende Concepcionis   vor twene hymten vnde eyn verdevad erweten VII ₰ wunnoken vppe der boedu   vor eynen wychemten grutte XXX ₰   vor olye XVIII de   vor eyere XV denař   vor IIII^or fcepel moltes IIII^or marcas et IIII^or ₰   vor IX fcepel roggen V marcas et I ₰   vor XLV wychemten haueren et IIII^or hymten haueren XVIII marcas III ₰ et V denař.   20
Summa huius eſt XLIII marcas et X denař.
Des fondaghes in vnfer vrouwen daghe Concepcionis inder vyfften weken.   vor IIII^or fcepel roeue et III hymten roue eyn pund.
Des mandaghes   Des dynxfedaghes   Des mytwekens   Des donredaghes.
Des vrydaghes   vor eyne tunnen harynges III marcas   vor olye IIII^or ₰   vor III voder beres XIII 25 marcas et II ₰ ludere van der bettelege.
Des fonauendes   vor eyne tunnen botteren VI marcas   vor vyffche II ₰   vor eyere XIII^or denař vor II fcepel moltes II marcas et II ₰ heyneken van tornen   vor IX fcepel roggen V marcas et I ₰   vor XXXIII wychemten haueren XIII marcas et VII ₰.
Summa huius eſt XLIII marcas. VI ₰ et II denař.   30
Des negeſten fondaghes na funte lucien daghe in der feſten weken.   vor eyne tunnen beres I marcas hanfe van brugghem   vor twe hymten foltes VI ₰.
Des mandaghes   Des dyngfedaghes.
Des mytwekens   do vaſtemen de quatertempore   vor eyne tunnen harynges III marcas   vor vyffche IIII^or ₰   vor olye IIII^or ₰.   35
Des donredaghes   Des vrydaghes   vor olye IIII^or ₰.
Des fonauendes in funte thomas daghe   vor vyffche IIII^or ₰ et IIII^or denař   vor olye IIII^or ₰   vor eyne tunnen harynges III marcas   vor IIII^or fcepel moltes IIII^or marcas et II ₰   vor X hymten hoppen VI ₰ minus II denař   vor VI fcepel roggen. III marcas et VI ₰   vor XXXIII wychemten haueren minus II hymten haueren XIII marcas V ₰ et V denař.   40
Summa huius eſt XXVIII marcas XIIII^or ₰ et I denař.
Des negeſten fondaghes vor wynachten in der feueden weken   Des mandaghes.
Des dyngfedages indes heylligen Criſtus auende   vor vyffche V ₰   vor olye VI ₰   hanfe van munderen vñ fynen kumpanen III marcas to loene   do makede he de treppen by der houedorneſſen.
In des hilligen Criſtus daghe   Des donredaghes.   45
Des vrydaghes vor olye IIII^or ₰   vor eyne tunnen harynges III marcas   hanfe papen henneken

fchutten. vnde oren gefellen V marcas et III ₰ to pantquitynghe to ludere fcradere to wolberte to fenge-
ftaken vnde to vryborges hus vor vyffche II ₰.
Des fonauendes vor eyere XVII denar̄ vor IIIIᵒʳ fcepel moltes IIIIᵒʳ marcas et IIIIᵒʳ ₰ vor XX
hymten hoppen XIII ₰ vor IX fcepel roggen V marcas et I ₰ vor XXXVII wychemten haueren XV
5 marcas V ₰ et III denar̄.
Summa huius eft XXXVI marcas IIIIᵒʳ ₰ et II denar̄.
Des negeften fondaghes na wynachten inder achten weken. Des mandaghes.
Des dyngfedaghes in nyenyares auende.
Des mytwekens vor eyere XIIIIᵉʳ ₰ vor eyn voder beres VI marcas et IIIIᵒʳ ₰ hanfe van brug-
10 geme.
Des donredaghes Des vrydaghes vor olye V ₰ vor eyne tunnen harynges III marcas.
Des fonauendes vor eyne tunnen botteren VI marcas vor vyffche V ₰ et II denar̄ vor eyere II ₰
vor olye II ₰ do vaftede myn heren den hilgen dren konynghen vor IIIIᵒʳ fcepel moltes IIIIᵒʳ marcas et
IIIIᵒʳ ₰ vor XX hymten hoppen XIII ₰ et IIIIᵒʳ denar̄ vor IX fcepel roggen V marcas et I ₰ vor
15 XXXVI wychemten haueren et V hymten haueren XV marcas V ₰ et II denar̄.
Summa huuis eft XL marcas et XXII denar̄.
Des fondaghes in twelfften auende inder negeden weken Des mandaghes.
Des dyngfedaghes vor eyn voder beres VI marcas et IIIIᵒʳ ₰ hanfe van bruggeme.
Des mytwekens vor eyne tunnen harynges III marcas Des donredaghes.
20 Des vrydaghes vor olye V ₰ vor vyffche III ₰ et IIIIᵒʳ denar̄ vor twe voder beres XI marcas
ghizeken berkhoeue.
Des fonauendes vor eyere XX denar̄ vor vyffche XVI denar̄ vor II fcepel moltes II marcas et
II ₰ vor X hymten hoppen VII ₰ minus IIIIᵒʳ denar̄ vor IX fcepel roggen V marcas et I ₰ vor
XXIX wychemten haueren et II hymten haueren XII marcas II ₰ et IIIIᵒʳ denar̄.
25 Summa huius eft XXXIX marcas III ₰ et IIIIᵒʳ denar̄.
Des negeften fondaghes na twelften inder teynden weken Des mandaghes Des dyngfedaghes.
Des mytwekens vor eyne tunnen harynges III marcas vor eyne tunnen botteren VI marcas.
Des donredaghes.
Des vrydaghes do quam myn here van honnouere vor olye V ₰ vor vyffche XVI denar̄ hanfe
30 van munderen vnde fynen kumpanen III marcas minus III ₰ to loene do hadde he maket dar men dat
water thuet.
Des fonauendes vor vyffche IIIIᵒʳ ₰ et II denar̄ vor eyere XVI d̄ vor IIIIᵒʳ fcepel moltes IIIIᵒʳ
marcas et IIIIᵒʳ ₰ vor XX hymten hoppen X ₰ vor IX fcepel roggen V marcas et I ₰ vor XXIII
wychemten haueren et IIIIᵒʳ hymten haueren IX marcas VII ₰ et III denar̄.
35 Summa huius eft XXX marcas XV ₰ et I denar̄.
Des fondaghes in funte fabiani vnde febaftiani auende inder elfften weken.
Des mandaghes Des dyngfedaghes Des mytwekens vor twe fcepel roeue X ₰.
Des donredaghes Des vrydaghes vor olye IIIIᵒʳ ₰ vor eyne tunnen harynges III marcas.
Des fonauendes in funte paulus dage vor eyne tunnen botteren VI marcas vor vyffche III ₰ vor
40 eyere XIII d̄ vor dro vate beres VIII marcas et VI ₰ ghizeken berkhoue vor eyn voder koele IIIIᵒʳ ₰
myner vrouwen vor IIIIᵒʳ fcepel moltes IIIIᵒʳ marcas et IIIᵒʳ ₰ vor hoppen XI ₰ vor VI fcepel rog-
gen III marcas et VI ₰ vor XVIII wychemten haueren et III hymten haueren VII marcas III ₰ et
IIIIᵒʳ denar̄.
Summa huius eft XXXII marcas IIIIᵒʳ ₰ et V denar̄.
45 Des negeften fondaghes na funte paulus dage inder twelfften weken.
Des mandaghes Des dyngfedaghes Des mytwekens Des donredaghes.

Des vrydaghes vor eyne tunnen haryngos IIȷ̵ marcas vor eyn voder beres VI marcas et IIII^{er} ₰ hanfe van bruggheme vor olye IIII^{er} ₰ vor grutte II ₰.

Des fonauendes in vnfer vrouwen auende lichtmyſſen vor olye XVIII ₰ vor IIII^{er} fcepel moltes IIII^{er} marcas et IIII^{er} ₰ vor XX hymten boppen XIII ₰ et IIII^{er} denar̄ vor IX fcepel roggen VI marcas et II ₰ vor XX wychemten haueren et II hymten haueren VIII marcas IIȷ̵ ₰ et I denar̄. 5

Summa huius eſt XXVIIȷ̵ marcas et XXIII denar̄.

Des fondaghes in vnfer vrouwen dage lychtmyſſen inder dryttenynden weken.

Des mandaghes vor eyn voder beres V marcas et IIII^{er} ₰ ghizeken berkhoeue.

Des dyngſedaghes Des mytwekens Des donredaghes.

Des vrydaghes vor olye V ₰ vor eyne tunnen haryngos IIȷ̵ marcas. 10

Des fonauendes vor grutte II ₰ vor vyſſche IIȷ̵ ₰ vor eyere XIIII^{er} denar̄ vor hoppen XIII ₰ et V denar̄ vor IIII^{er} fcepel moltes IIIȷ̵^{er} marcas V ₰ et IIII^{er} ₰ vor IX fcepel roggen VI marcas et II ₰ vor XXXI wychemten haueren et II hymten haueren XIIȷ̵ marcas IIȷ̵ ₰ et I denar̄.

Summa eſt XXXI marcas et VI ₰.

Des fondaghes vor funte fcolaftiken dage inder verteynden weken. Des mandaghes. 15

Des dyngſedaghes vor eynen wychemten grutte II marcas et VI ₰ hermene pilfe.

Des mytwekens vor vyſſche III ₰ et II de mynem heren vor eyere I ₰ Des donredaghes.

Des vrydaghes vor eyn voder beres V marcas et IIII^{er} ₰ ghizeken berkhoeue vor eyn voder koele IIIȷ̵^{er} ₰ myner vrouwen vor olye V ₰ vor eyne tunnen haryngos IIȷ̵ marcas.

Des fonauendes vor eyne tunnen botteren VIȷ̵ marcas et II ₰ hanfe van hamelen vor eyere III ₰ 20 minus II denar̄ vor eynen haluen hymten fenepes XX denar̄ vor V fcepel moltes IIII^{er} marcas VIȷ̵ ₰ et II de vor XVIII hymten boppen XIIIȷ̵^{er} ₰ vor IX fcepel roggen. V marcas et I ₰ vor XXXVȷ̵ wychemten haueren et III hymten haueren XV marcas et V denar̄.

Summa huius eſt XLIIȷ̵ marcas II ₰ et III denar̄.

Des fondaghes to vaſtelauende in der veſſteynden weken. 25

Des mandaghes vor eyne tunnen beres XVII ₰. myner vrouwen houemeſtere Des dyngſedaghes.

Des erſten mytwekens vor vaſten. vor vyſſche V ₰ vor olye V ₰.

Des donredaghes vor olye III ₰ vor vyſſche VIȷ̵ ₰.

Des vrydaghes vor eyn vad olyes VIIȷ̵ marcas minus VI. denar̄ Clawefe van helen vor hufflach V ₰ et V denar̄ den werkperden arnde fmede. 30

Des fonauendes in funte peters dagbe vor vyſſche IIII^{er} ₰ vor twe tunnen haryngos V marcas et IIII^{er} ₰ vor IIȷ̵ fcepel moltes IIȷ̵ marcas vor IX hymten boppen VIȷ̵ ₰ et III de vor VI fcepel roggen IIII^{er} marcas et I ₰ vor XXVII wychemten haueren et I hymten haueren XI marcas et I denar̄.

Summa eſt XXXIII marcas et IX denar̄.

Des erſten fondaghes inder vaſten in funte mathies auende inder feſteynden weken do quam myn here 35 van deme hoeue to kalue. vor hundert pund mandelen VIII marcas minus IIIȷ̵^{er} ₰ vor hundert pund ryfes III marcas et III ₰ vor twe hundert ſtokvyſſches XV marcas vor V wychemten erweten. ȷ̵X marcas et IIII^{er} ₰ vor eynen wychemten grutte II marcas vor twe fcepel roeue X ₰ vor vyſſche IIII^{er} ₰.

Des mandaghes in funte mathies dage vor vyſſche V ₰ Des dyngſedaghes vor vyſſche VȷȷȷIȷ̵.

Des mytwekens vor vyſſche IIȷ̵ ₰ Des donredaghes vor vyſſche II ₰. 40

Des vrydaghes vor dre voder beres XVI marcas minus IIII^{er} ₰ ludere van der hetteloge vor vyſſche V ₰.

Des fonauendes vor vyſſche II ₰ vor V tunnen haryngos XIII marcas et II ₰ vor IIȷ̵ fcepel moltes IIȷ̵ marcas vor VI fcepel roggen IIII^{er} marcas et XVI de vor LV wychemten haueren. minus II hymten haueren. XXVII marcas VIȷ̵ ₰ et IIII^{er} denar̄. 45

Summa eſt C marcas. XII ₰ et II denar̄.

Des negeften fondaghes na funte mathies daghe in der feuenteynden weken. vor vyffche IIII^{or} ß.
Des mandaghes   Des dyngfedaghes.
Des mytwekens vor weten mel. darmen to vaftelauende mede bock vnde vor weten brod IIII^{or} mar-
cas minus III denař dat hir vppe gheten is van funte mertens dage wente nů.
Des donredaghes   vor vyffche V ß   Des vrydaghes.
Des fonauendes vor vyffche IIII^{or} ß   vor IIII^{or} tunnen harynges XI marcas vor V fcepel moltes
IIII^{or} marcas et VII ß   vor IX fcepel roggen V marcas et I ß   vor XXVI wychemten haueren minus
I hymten haueren XIII marcas minus VIII denař.
Summa huius eft XXXVIII marcas IIII^{or} ß et I denař.
Des negeften fondaghes vor funte gregorius daghe inder achteynden weken.
Des mandaghes   vor vyffche III ß.
Des dyngfedaghes do quam myn here van luneborch vor vyffche V ß.
Des mytwekens in funte gregorius dage vor vyffche VI ß.
Des donredaghes   do quemen hir myns heren manne vnde de Rad van brunfwich vor eyn half
voder beres III marcas et IIII^{or} ß honemeftere   vor vyffche VI ß   vor fenep XXVII denař.
Des vrydaghes vor vyffche IIII^{or} ß.
Des fonauendes vor vyffche IIII^{or} ß   vor eyn voder koele IIII^{or} ß mynem heren vnde myner vrou-
wen vor V tunnen harynges XIII marcas et II ß   vor V fcepel moltes IIII^{or} marcas et VII ß   vor
IX fcepel roggen VI marcas et II ß   vor XXXVII wychemten haueren et IIII^{or} hymten haueren XIX
marcas III ß et II denař.
Summa huius eft XLVII marcas IIII^{or} ß et V denař.
Des fondaghes to mytvaften inder neghenteynden weken. vor vyffche II ß.
Des mandaghes   vor vyffche III ß.
Des dyngfedaghes do quemen hir vele wapener lude vnde do toch myn here vor gheffhorne. vor
twe koruc vyghen VI marcas et II ß   vor hundert pund mandelen. VIII marcas vor twe hundert pund
ryfes V marcas et VI ß   vor IX bynd fpirlynges vor vyffche VII ß.
Des mytwekens   Des donrodages.
Des vrydaghes do quam hir de greue van der hoyen mit vertich gewapend vnde reed des anderen
dages na myneme here vor gheffhorne.
Des fonauendes vor VI tunnen harynghes XIIII^{or} marcas et VII ß   vor V fcepel moltes IIII^{or} mar-
cas et VII ß   vor X fcepel roggen VI marcas et IIII^{or} ß   vor vyffche III ß   vor LX wychemten hauc-
ren. XXX marcas.
Summa eft LXXVI marcas.
Des negeften fondaghes to mytvaften inder XX weken vor vyffche III ß.
Des mandaghes in vafer vrouwen auende   vor eyn vad olyes X marcas minus VI ß hanfe van bruggeme.
Des dyngfedaghes vor X bynt fpirlynges XXIII ß et IIII^{or} d. de quemen myneme heren na in dat
heer. vor eyn voder beres V. marcas et IIII^{or} ß ludere van der hoteleghe.
Des mytwekens   vor vyffche V ß   vor XVIII hymten rooue VIII ß   vor IIII^{or} wyppen II marcas
et VI ß   vor eynen bamen III marcas et VIII d. to dome were to wynfen.
Des donredaghes   vor eyn voder koele IIII^{or} ß myner vrouwen.
Des vrydaghes do quam myn here hir wedder van gheffhorne. myt hertogen wenczlauwen vnde mit
deme greuen van der hoyen. vor vyffche XII ß   vor IIII^{or} tunnen beres IIII^{or} marcas myeken der
worden deme greuen twe tunnen vnde de anderen twe quemen hir vp inden keller.
Des fonauendes vor VII tunnen haryngos XVII marcas vor V fcepel moltes IIII^{or} marcas et VII ß
vor XII fcepel roggen VIII marcas   vor XL wychemten haueren XX marcas.
Summa eft LXXVI marcas et XX denař.

Des sondaghes to palmen inder XXI weken   vor vyssche III ß.

Des mandaghes   vor eyn voder beres VI marcas et IIII^{or} ß hanse van bruggeme   vor vyssche XX dr vor lenep II ß.

Des dyngsedaghes   vor vyssche V ß   Des mytwekens   vor vyssche III ß.

In deme guden donredaghe   vor dre voder beres XVI marcas et LIII^{or} ß ludere van der hetelege.   5

In deme styllen vrydaghe.

Des sonauendes   vor vyssche IIII^{or} ß   vor twe lammere IIII^{or} ß   vor VI tunnen harynges XVI marcas minus IIII^{or} ß   vor V scepel moltes V marcas III ß et III denar   vor IX scepel roggen VI marcas et VII ß   vor LIII wychemten haueren. XXVI marcas.

Summa est LXXVII marcas III ß minus I denar.   10

In deme hilligen dage to paschen. inder XXII weken   Des mandaghes.

Des dyngsedaghes   do was hir her Sobbe vnde andere ryddere mit eme   de hadde myn here do to ghaste   vor VIII lammere XII ß   vor VII honere IIII^{or} ß   Des mytwekens.

Des donredaghes   vor poper vnde safferan IIII^{or} marcas minus II ß.

Des vrydaghes   vor eyne tunnen harynges II½ marcas et II ß   vor vyssche II ß.   15

Des sonauendes   vor eyere II ß   vor talch dacht vnde lecht II marcas V ß et II ß dat synt vastelauende hir vppe vorbrand is   vor etyk II marcas et II ß de van sunte mertens daghe wente nu hir vp ghebalet ys   vor V scepel moltes VI marcas et II ß   vor IX scepel roggen VI marcas et III ß   vor XXXVI wychemten haueren et III hymten haueren XVIII marcas et II ß.

Summa est XLII marcas I ß et II denar.   20

Des ersten sondaghes na paschen inder XXIII weken.

Des mandaghes   vor eyere XVII dr   Des dyngsedaghes.

Des mytwekens   vor eyere III ß   vor eyne tunnen etykes XVII ß hanse van bruggeme   vor eynen hymten senepes IIII^{or} ß hanse van bruggeme.

Des donredaghes   vor twe lammere II½ ß.   25

Des vrydaghes   vor eyne tunnen harynges II½ marcas et II ß   vor IIII^{or} voder beres XXI marcas ludere van der heteleghe.

Des sonauendes   vor eyne tunnen botteren VII marcas   vor vyssche XVI dr   vor eyere V ß   vor V scepel moltes VI marcas et II ß   vor IX scepel roggen VII marcas et III ß   vor XLIII wychemten haueren. et V hymten haueren XXI½ marcas III ß et IIII^{or} denar.   30

Summa est LXVI marcas V ß et I denar.

Des negesten sondaghes vor sunte Juriens daghe inder XXIIII^{or} weken   vor eyn voder koele IIII^{er} ß myner vrouwen.

Des mandaghes   vor eyn lam II ß   Des dyngsedaghes   vor eyn lam XVI denar.

Des mytwekens   vor vyssche XX denar   Des donredaghes.   35

Des vrydaghes   vor dre vate beres IX marcas et VI ß   vor brod II marcas et VII ß   dat vordemen to dorpmarke vnde wart hir nochten wedder voret bunsele aluede vnde der resesschen.

Des sonauendes   vor vyssche XVIII dr   vor eyere VI ß de indesser weken hir ghe gheten synt   vor II½ scepel moltes III marcas minus III ß   vor IX scepel roggen VII marcas et IIII^{or} ß   vor XXVIII wychemten haueren et IX hymten haueren XIIII^{or} marcas et VI ß.   40

Summa est XXXVII marcas et V ß.

Des negesten sondaghes vor sunte wolborge daghe inder XXV weken.   Des mandaghes

Des dyngsedaghes   Des mytwekens   Des donredaghes   vor twe lammere III ß   Des vrydaghes.

Des sonauendes   vor eyne tunnen botteren VII marcas   vor vyssche III ß   vor eyere VIII ß de in desser weken ghe gheten synt   vor V scepel moltes VI marcas minus VI ß   vor IX scepel roggen VII½   45 marcas et IIII^{or} ß   vor XXIX wychemten haueren et II hymten haueren XV marcas et XVI denar.

Summa eft XXIIII^{or} marcas V ß et IIII^{or} denar.
Des fondaghes in funte ghodehardi dage inder XXVI weken.   Des mandaghes.
Des dyngfedaghes   do quam myn here van der nyenftad   vor vyffche XVI denar.
Des mytwekens   Des donredaghes   vor eyn lam XVI denar   Des vrydaghes.
5 Des fonauendes   vor vyffche III ß   vor eyere VII ß de indeffer weken hir gheten fynt   vor VI fcepel moltes VI marcas et III ß   vor IX fcepel roggen VII marcas et IIII^{or} ß   vor XXXVI wychemten haueren et III hymten haueren XVIII marcas et II ß.
Summa eft XXXII marcas VI ß et II denar.
Des fondaghes vor vnfes heren godes hemmeluart inder XXVII weken.
10 Des mandaghes   vor eyne tunnen botteren VII marcas et VI ß wemynge   vor vyffche IIII ß.
Des dyngfedaghes   vor vyffche IIII^{or} ß   vor IIII^{or} hymten grutte XV ß minus IIII^{or} denar.
Des mytwekens   vor vyffche V ß   Des donredaghes in vnfes heren godes hemmeluart dage.
Des vrydaghes   do quam myn here   vor vyffche II ß   vor bukkyngh II ß.
Des fonauendes   vor vyffche VI ß   vor eyere eyn pund de indeffer weken ghe gheten fynt   vor eyn
15 hundert ftokvyffches VIII marcas   vor XVIII hymten erweten III marcas et II ß   vor V fcepel moltes VI marcas et II ß   vor IX fcepel roggen VII marcas et IIII^{or} ß   vor XXIIII wychemten haueren et III hymten haueren XV marcas et III ß.
Summa eft XLIX marcas et XIII^{or} denar.
Des negeften fondaghes vor pyngeften inder XXVIII weken.
20 Des mandaghes   vor eyne tunnen botteren. VII marcas   vor VI voder beres XXXII marcas ludere van der hetteleghe.
Des dyngfedaghes   Des mytwekens   Des donredaghes.
Des vrydaghes   vor las III ß myneme heren hanfe piffere   vor eyne tunnen kabelouwes II marcas et II ß.
25 Des fonauendes   vor negen par fchoe XV ß myner vrouwen vnde oren yunchvrouwen herwyghe piffere. vor vyffche II ß   vor eyere VIII ß de indeffer weken ghe gheten fynt   vor V fcepel moltes V marcas et V ß   vor IX fcepel roggen VII marcas et IIII^{or} ß   vor XL wychemten haueren. minus V hymten haueren. XXV marcas minus IIII^{or} ß et II denar   Deme wagenknechte XXIIII^{or} ß to loene   Deme holthouwere XXIIII^{or} ß to loene   Dren bekkeren dre marcas   vor IX elen grawes wandes XXIII ß   hennneken tormanne vnde fyneme kumpane.
30
Summa eft LXXXVI marcas et XVI denar.
Des fondaghes to pingeften inder XXIX weken. in funte vrbanus dage.
Des mandaghes   Des dyngfedaghes   vor fchapen vleyfch V ß.
Des mytwekens   Des donredaghes   Des vrydaghes.
35 Des fonauendes   do quam myn here vor eyne tunnen botteren VII marcas   vor eyne tunnen kabelouwes II marcas et II ß   vor V fcepel moltes V marcas et V ß   vor IX fcepel roggen VII marcas et IIII^{or} ß   vor XXX wychemten haueren et IIII^{or} hymten haueren XIX marcas minus VIII denar.
Summa eft XL marcas minus VIII denar.
Summa omnium fummularum diftributarum eft XIIII^{or} C marcas. VIII marcas. V ß et IIII^{or} denar.

40 **223. Verzeichniss der Ausgaben und Einnahmen auf dem Schlosse Dorfmark unter den Vögten Fricke und Heinrich Louwe vom 12. November 1381 bis 31. Mai 1382.**   K. O.

Expofita.

Dit is dat ik fricke de Voghed hebbe vt gbegeuen feder funte Martens daghe van des Vogedes wegen tho tfelle   tho dem erften male . XIX. marke. luneb vn . IIII. fcillinge vor . XVIII. fcepel moltes den fcepel
45 vor . XVII. fcillinge   Item . XXXV. fcillinge lubefch vor . V. wichimten hoppen den wichimten vor . VII. fcil-

linge Item .XLIII. marke lubefch vor .II. voder bires Conrede van der molen Item .X. marke lubefch vn̄ .X. fcillinge vor .XVII. wichimten roggen den wichimten vor .X. fcillinge van funte Mertines daghe wand tho vaftellouent Item .XII. marke lubefch vor .II. tunnen boteren van funte Mertens daghe wente tho vaftellouent Item .XXIIII. fcillinge vor haring inder quatertempere vor wynachten Item .XVII. fcillinge vor .XXVI. pund olyea dat pund vor .VIII. pennigge van funte Martines daghe wente to vaftellouent Item 5 .X. fcillinge vor .V. fcepel erwiten de fcepel vor .II. fcillinge Item .VI. fcillinge vor .II fcopel grutte van funte Mertens daghe wente tho vaftellouent Item .XXX. marke lubefch vor .LX. wichimten haueren den wichimten vor .VIII. fcillinge de ik hebbe genodert van funte Mertines daghe wente to wynachten Item .XXVIII. fcillinge hanfe van mūnder vn̄ finen gefellen do he weder quam anderworuc to dortmarke Item helmke vn̄ fynen broder .XLIIII. fcillinge do bleuen med my do hans van munder wech toch Item 10 .IIII. marke deme Smede to Soltowe vor negel do quemen in mynes heren bu. feder funte Mertines daghe Item .XX. fcillinge dem lemdecker dat he de koken kleuede feder funte Martines daghe Item .II. marke lubefch twen wechteren do ik hadde gemedet Item .XIIII. fcillinge vor twe wichimten haueren de ik voderde Johanne dem klauere do he was to dortmarke twe nacht vn̄ .VIII. fcillinge vor pantquitinggh Johanne dem kluuere. 15

Summa eft .C. marke. vn̄ .IIII. marke .IIII. fcillinge myn.

Percepta.

Dit is dat ik Vricke voghed hebbe op genomen van mynes heren wegen van luneb vn̄ van des Vogedes wegen tho tzelle tho erften male .XX. marke lubefch van den luden vt deme kerfpel tho Soltowe de de voghed van luneb los bad tho horborch van mynes heren wegen van luneb[1]) Item .IIII. marke 20 lubefch vor leue tho vidfinghe van oyneme olden manne Item .II. marke vor leue van eynem manne to dufborne Item .XIII. fcillinge van dem manne to Soltowe de dat leyde gelt plach op to nemen dat hynricus vos hadde vorboden Item .II. marke van eynem manne den myne gefellen hadden ghevangen Item .X. marke lubefch de my worden vor Swyn do hynricus vos was to dortmarke Item .X. marke lubefch van beftermanne den hynrike van langlinge an dedingged Item .X. marke lubefch van hynrike van der 25 oyke den Spochte hadde gheuangen Item .VI. marke vor dinghetale van eynem manne van der louwenbroege Item .VI. marke vn̄ IIII fcillinge vor .X. wichymten rogghen de ik in hebbe ghemaned feder funte Mertines daghe.

Summa eft LXXI marke vn̄ .I. fcilling ²).

Dit is dat ik Vricke voged op hebbe genomen, van mynes heren wegen van luneb vn̄ des Voghedes 30 wegen tho tzelle, dat op deme Slothe to dortmarke is vordaen, tho deme erften male, heued my Vos de voghed ghefant twe fcepel moltes Item. eyn voder beres dat fette ik af deme glumer dor vnme dat he vor tho der ketneborich Item. eyne tunne boteren de fotte ik af eynem manne van eymbeic Item two tunnen berigges de fotte ik af twen mannen van wonftorpe Item. eyn tunne heringges de fende my de voghed van tzelle Item .XVIII. wichimton ruwes haueren hebbe ik af gebeden den lantluden in 35 der Voghedi. to dortmarke feder Wynachten Item .VI. wichimten ruwes haueren do bad ik van den hofluden to dortmarke Item .VI. wichimten wittes haueren de gheuen my de kerfpellude to dortmarke op dat ik en hulpe de erften dinghetale vt pandon ³).

Anno domini. M̄. ĊĊĊ. LXXXII. feria tercia poft Inuocauit Expofita per me Hynricum Louwen aduocatum in dortmarke ex parte aduocati in tzelle. 40

¹) Die Worte *tho erften — wegen van luneb* sind durchstrichen. ²) Die Worte *Summa — fcilling* sind durchstrichen. Dafür hat diejenige Hand, von welcher die Abrechnung des Vogtes Segebandt Vos 1381 und 1382 (Nr. 226 und 227) geschrieben ist, Folgendes nachgetragen: *Item dre mark van Ladders Item VI mark van eynem perde van den rufekers wegene Summa LXI marcas et I ʃ.* ³) Auf der folgenden Seite ist von der in voriger Anmerkung erwähnten Hand geschrieben: *XL marcas et VII ʃ circiter.*

Primo .XI. pûnt lubefch vor .XXII. wichymten rogghen den wichymten vor .X. ſtl Item .XVIII. mark luneb vor .XVI. fcepel brunſw moltes den fcepel. vor .XVIII. ſtl Item .XLI. ſtl lnneb vor .LXX. pûnt olyges dat pont vor .VII. d Item .XII. ſtl vor .IIII. hymten erwiten den fcepel vor .III. ſtl Item .IX. ſtl vor .III. fcepel grutte den fcepel vor .III. ſtl Item .XLV. ſtl lubefch vor .XXX. ſtocinſgho
5 Item .VI. pont lubefch vñ .VI. ſtl vor .III. tunnen baringhes. de tunne vor .XLII. ſtl Item .VIII. mark lubefch vor .XVI. wichymten wittes haueren den wichymten vor .VIII. ſtl do ik erſt quam tho dortmarke Item .III. mark lubefch vñ .VI. ſtl vor .IX. wichymten ruwes haueren den wichymten vor .VI. ſtl Item .V. mark. lubefch vñ .X. ſtl vor .X. wichymten wittes haueren den wichymten vor .IX. ſtl Item .III. mark lubefch vñ .VI. ſtl vor .VI. wichymten wittes haueren den wichymten vor .IX. ſtl Item .III. mark lubefch vñ
10 IIII. ſtl deme fmede vor ſlote vñ vor krampen Item .XVII. ſtl dem tymmermanne vor lone Item .XVIII. ſtl twen wechteren Item .XII. ſtl dem wagen knechte Item .XII. ſtl dem portenner Item .IX. mark lubefch vor .II. voder bers Item .III. mark lubefch vor. oyne halue tunne boteren Item .III. mark vñ .IIII. ſtl vor. twe wichymten moltes den wichymten vor .XXVI. ſtl Item .X. ſtl vor .I. wichymten roggen Item .XXI. mark lubefch. vor .XXVIII. wichymten wittes haueren den wichymten vor .XII. ſtl de
15 quam to foltow do myn here dor was Item .III. mark lubefch. vñ .XII. ſtl vor .X wichymten ruwes haueren den wichymten vor .VI. ſtl.

Summa eſt C̃ marcas et XV marcas minus IIIᵒʳ ₰.

Percepta per me Hynricum Louwen aduocatum in dortmarke ex parte aduocati in tzelle in anno predicto.
20 Primo .XI. mark lubefch vñ .IIII. ſtl op deme dûre op deme holtdinghe Item .IIII. mark op deme dûre Item Conrad van enſinghe .V. mark lubefch Item Conrades knechte .II. mark Item gherman vñ Vricke fcomeker .VIII. mark lubefch vor broke Item .IX. mark lubefch to dortmarke to deme boltdinghe Item .IIII. mark lubefch vñ .III. ſtl vor was penninghe Item .III. mark vñ .IIII. ſtl vor .II. koyghe de men plach to gheuen to funte wolborge daghe Item herman to deme ripe .I. mark bremer
25 Item .III. tunne haringes de fotte ik af van deme wagene den luden van reythim de ward geten to dortmarke Item .XVI. wichymten ruwes haueren de ghouen my de lantlude to bede.

Summa eſt L marcas minus II marcas.